Christoph Bochinger

»New Age« und moderne Religion

Religionswissenschaftliche Analysen

Chr. Kaiser
Gütersloher
Verlagshaus

Die Deutsche Bibliothek – CIP-Einheitsaufnahme

Bochinger, Christoph:
»New Age« und moderne Religion : religionswissenschaftliche
Analysen / Christoph Bochinger. – 2., durchges. und korrigierte
Aufl. – Gütersloh : Kaiser, Gütersloher Verl.-Haus, 1995
   Zugl.: München, Univ., Diss., 1992/93
   ISBN 3-579-00299-6

Dieser Band wurde mit der Unterstützung des Förderungs- und Beihilfefonds Wissenschaft der VG Wort gedruckt.

ISBN 3-579-00299-6
2., durchgesehene und korrigierte Auflage, 1995
© Chr. Kaiser/Gütersloher Verlagshaus, Gütersloh 1994

Das Werk einschließlich aller seiner Teile ist urheberrechtlich geschützt. Jede Verwertung außerhalb der engen Grenzen des Urheberrechtsgesetzes ist ohne Zustimmung des Verlages unzulässig und strafbar. Das gilt insbesondere für Vervielfältigungen, Übersetzungen, Mikroverfilmungen und die Einspeicherung und Verarbeitung in elektronischen Systemen.

Umschlagentwurf: Dieter Rehder, Kelmis/Belgien
Satz: Weserdruckerei Rolf Oesselmann GmbH, Stolzenau
Druck und Bindung: Wiener Verlag, Himberg bei Wien

Inhalt

Vorwort 19

Problembeschreibung

1. »New Age« als religionswissenschaftliches Problem 23

   1.1 Einleitung und Vorklärungen 23
        1.1.1 Aufbau der Arbeit 24
        1.1.2 Charakteristika der Neuen religiösen Szenerie 26
        1.1.3 Idee, Bewegung und Vermittlung:
             Zur Struktur der Trägergruppen 30
        1.1.4 »New Age«, »Neue religiöse Bewegungen«,
             »Neue religiöse Szenerie«: Zur Nomenklatur 35
        1.1.5 Redundanz als notwendiges Element der Vermittlung:
             Zur Sprachstruktur 38

   1.2 »New Age« als Deutungssyndrom: Sekundärliteratur
       in kritischer Sichtung 40
        1.2.1 Zur Wechselwirkung zwischen Phänomen und Deutung:
             Erkenntnisleitende Interessen des folgenden Literaturberichts 41
        1.2.2 Zur Vorgeschichte: Neue Religiosität der »Subkultur«,
             »östliche Mission« im Westen, »Jugendsekten«-Debatte 42
        1.2.3 »New Age« als Reflex moderner Problemkonstellationen
             in Einzelentwürfen 49
             1.2.3.1 Bedrohung kirchlicher Identität durch Säkularisierung
                   und religiösen Pluralismus: »New Age« als
                   »Selbsterlösungsreligion« 49
             1.2.3.2 »Sinnverlust« und »vagabundierende Religiosität«:
                   »New Age« als Fortsetzung der Moderne-Diskussion
                   in der kirchlichen Religionssoziologie 54
             1.2.3.3 Der Zwang zur Vereinheitlichung: »New Age«
                   als »Weltanschauung« 58
             1.2.3.4 Arbeit am »Mythos der Moderne« 61
             1.2.3.5 »Religion« und »Faschismus« in der ökologischen
                   Bewegung 63
        1.2.4 Sozialwissenschaftliche Zugänge 64
        1.2.5 Religionswissenschaftliche Zugänge 70
        1.2.6 Auswertung: »New Age«-Kritik als Reflex ungeklärter
             Verhältnisbestimmung zwischen Religion und Moderne 76

1.3. Methodische Überlegungen: »New Age« und die
Verhältnisbestimmung von Religion, Religionswissenschaft
und Theologie 80

    1.3.1 Religion als Gegenstand der Theologie –
Theologie als Gegenstand der Religionswissenschaft 80

    1.3.2 »New Age« und »Religion«: Zum religionswissenschaftlichen
Ort der Fragestellung 85

    1.3.3 Das Nebeneinander von »Kirche« und »Mystik« in der
Moderne: Anknüpfung an Ernst Troeltsch 92

Erster Hauptteil: Zeitgeschichtliche Zugänge

2. »New Age« als Sammelbegriff für eine Neue religiöse Szenerie
im deutschen Sprachraum 103

    2.1 Vorspiel: »New Age« in Entwürfen der religiösen Subkultur
der 70er und frühen 80er Jahre 105

        2.1.1 Symbol der Gegenkultur (Theodore Roszak) 105
        2.1.2 Findhorn, Lindisfarne und Umkreis 106
            2.1.2.1 David Spanglers Findhorn-Buch 106
            2.1.2.2 Sir George Trevelyan 110
            2.1.2.3 William I. Thompson 111
            2.1.2.4 Zur Bedeutung des ›spiritualistischen‹ Aspekts der
Findhorn-Gemeinschaft 112
        2.1.3 Rubrik der Zeitschrift »Esotera« 114
        2.1.4 »New Age« und »Wassermann-Zeitalter« bei Marilyn Ferguson ... 115
        2.1.5 »Wendezeit« als Synonym bei Fritjof Capra 117
        2.1.6 Weitere Belege in der Subkultur vor 1984 118
        2.1.7 »New Age« in esoterischen Bewegungen älteren Ursprungs 119
        2.1.8 Verwendung des Stichworts »Wassermann-Zeitalter« 124
        2.1.9 Zusammenfassung 125

    2.2 »New Age« in der Öffentlichkeit der 80er Jahre 126

        2.2.1 Zeitgeschichtliche Belege 126
        2.2.2 Zur inhaltlichen Bestimmung 128
        2.2.3 Wer wird zu »New Age« gerechnet? 133
        2.2.4 »New Age« eine Bewegung? »New Age« ein religiöses
Phänomen? – Zur Einordnung in der Öffentlichkeit 135
        2.2.5 Zusammenfassung 137

3. **Zur Prägekraft von Verlagsprogrammen für die religiöse Zeitgeschichte** 138

   3.1 Ursachen und Folgen eines Verlagsprojektes: »New Age« im Goldmann-Taschenbuch-Verlag 138

   3.2 Religiöse Erfahrung im interreligiösen Kontext: Literarische Grundlagen der Neuen religiösen Szenerie im Nachkriegsprogramm des Otto-Wilhelm-Barth-Verlages 143

      3.2.1 Okkultismus, religiöse Erfahrung, östliche Weisheit im Westen: Zur Geschichte des Verlages von 1920 bis 1970 143
      3.2.2 Autoren und Programmbereiche 148
      3.2.3 Der Verlag als persönliches Programm der Verlegerin: Zur Biographie Ursula von Mangoldts 154

   3.3 Studentenbewegung und Neue religiöse Szenerie: Zum Programm des Dianus-Trikont-Verlages 158

      3.3.1 Von Mao zum Dalai Lama: Zur Geschichte des Verlages von 1967 bis 1986 158
      3.3.2 Bewegung als Mythos 164
      3.3.3 Zwischen Kritik und Selbstmythisierung 168

   3.4 Absorptionsprozesse: Religiöse Impulse auf dem Weg von der Subkultur zum bürgerlichen Lebensstil 171

      3.4.1 Ansätze zur Vereinigung der Kräfte: Worpsweder Kreis 172
      3.4.2 Alternative Kongreßkultur von 1978 bis 1988: Zur Arbeit des »Forums humanistische Psychologie« und seiner Nachfolgeorganisationen 173
      3.4.3 Ältere Esoterik-Verlage als Erben der neuen Subkultur 176
      3.4.4 Kleinverlage mit spezifischem Beitrag 177
      3.4.5 Zur Arbeit kirchennaher Verlage 178
      3.4.6 Kirchen und Neue religiöse Szenerie 181

   3.5 Zusammenfassung 183

4. **Zwischenüberlegung: »Subkultur« und »Neue soziale Bewegungen« als analoge Problemstellungen in der sozialwissenschaftlichen Diskussion** 185

   4.1 »Progressive Subkulturen« und »Gegenkultur« als gesellschaftlich-politische Protestbewegungen 186

   4.2 »Religiöse Subkultur« zwischen Protest, Regression und Isolation 188

4.3 Spaltung, Funktionalisierung und Absorption der Subkultur 191

4.4 »Neue soziale Bewegungen« als zeitgeschichtliches Phänomen 193

4.5 »Neue soziale Bewegungen« und Neue religiöse Szenerie:
Versuch einer Verhältnisbestimmung 196

Zweiter Hauptteil: Begriffs- und Ideengeschichtliche Zugänge

5. Einleitung und Übersicht 205

   5.1 Methodische Vorbemerkung zum zweiten Hauptteil 205

   5.2 Wurzeln abendländischer Weltalterlehren 208

      5.2.1 Weltaltervorstellungen im Rahmen der Apokalyptik 209
      5.2.2 Goldenes Zeitalter und Lehre von der ewigen Wiederkehr 212
      5.2.3 Astrologische Weltalterlehren 215
      5.2.4 Weltalterlehren im Rahmen östlicher Religionen 219

6. **Hintergrund und Geschichte der Vorstellung des Neuen Zeitalters** 222

   6.1 Zum Kontext christlicher Tradition 222

      6.1.1 Vorklärung: »Chiliasmus« als historiographische Kategorie 222
      6.1.2 Zeitalterschemata und Endzeiterwartung in der Alten Kirche und im frühen Mittelalter 224
      6.1.3 »Reich des Heiligen Geistes« als Erneuerung der Kirche: Joachim von Fiore und seine Wirkung 227
      6.1.4 Zur Verkoppelung christlicher und platonischer Zeitvorstellungen um 1494 in Florenz 234
      6.1.5 Chiliastische Erwartungen nach der Reformation 240
      6.1.6 Zusammenfassung 243

   6.2 Neufassung spiritualistischer Traditionen in Emanuel Swedenborgs Lehre von der »Neuen Kirche« 244

      6.2.1 Vorklärung: »Spiritualismus« als historiographische Kategorie 244
      6.2.2 Emanuel Swedenborg und seine Wirkung 257

         6.2.2.1 Zur Biographie 257
         6.2.2.2 Welt- und Menschenbild 258
         6.2.2.3 Swedenborgs Selbstverständnis als Künder einer Neuen Kirche 260
         6.2.2.4 Hermeneutischer und kosmologischer Spiritualismus: Die Theorie der »geistigen Entsprechungen« 262

   6.2.2.5 Swedenborgs Verhältnis zum altkirchlichen Dogma
      und zur lutherischen Orthodoxie 264
   6.2.2.6 Zur Wirkungsgeschichte Swedenborgs
      im 19. Jahrhundert 267
  6.2.3 Auf der Rückseite der Aufklärung: Swedenborgs
   Schlüsselstellung für die Interpretation
   neuer religiöser Bewegungen 272
   6.2.3.1 Zur Brückenfunktion Swedenborgs bei der
      Entstehung freireligiöser Bewegungen 272
   6.2.3.2 Pluralität der Weltbilder und Nebeneinander rationaler
      und transrationaler Erkenntnisgrundlagen 275
   6.2.3.3 Einheit von »Religion« und »Wissenschaft« 278

 6.3 Zur Begriffsgeschichte des Ausdrucks »New Age« seit 1804 280

  6.3.1 William Blake und seine Wirkung 280
   6.3.1.1 Platonismus und Christentum 281
   6.3.1.2 Swedenborgs Erbe 282
   6.3.1.3 Die Polarität von »Himmel und Hölle« 283
   6.3.1.4 Anknüpfung und Traditionsbruch: Ein neuer Kontext
      der Vorstellung vom Neuen Zeitalter 284
   6.3.1.5 Blakes Verhältnis zu Naturwissenschaft der Moderne ... 285
   6.3.1.6 Blake als Vordenker moderner religiöser Entwürfe:
      Harmonie der Gegensätze, ewige Religion,
      atheistische Theologie 290
   6.3.1.7 Zusammenfassung: Zur Bedeutung Blakes für die
      Religionsgeschichte des »New Age« 291
  6.3.2 »New Age« nach 1900 293
   6.3.2.1 A. R. Orage und die Wochenzeitung »The New Age« 293
   6.3.2.2 Weitere Zeitschriften 299
   6.3.2.3 »New Age« in religiösen Einzelentwürfen 300
   6.3.2.4 Zusammenfassung: »New Age« als Ausdruck der Be-
      ziehungen zwischen politischen und religiösen Utopien
      im Kampf gegen das ›mechanistische Zeitalter‹ 302

 6.4 Zwischenbilanz I: Ideen- und begriffsgeschichtlicher Kontext
   des Terminus »Neues Zeitalter« 304

7. »Wassermann-Zeitalter«:
Geschichte eines modernen Mythologems 308

7.1 Spuren zu den Quellen in Astrologie und Altertumskunde 308

7.2 Ideengeschichtliche Voraussetzungen 313

7.2.1 Astrologische Weltalterlehren und Katastrophenerwartungen
von Mâshâ'allâh bis zu Johannes Kepler 313
7.2.2 »Stern der Weisen« und »frühchristliche Fischsymbolik«:
Neuzeitliche Theorien zur Nativität Jesu Christi 320
7.2.3 Die Präzessionshypothese: Datierungshilfe und Instrument
der Religionsdeutung zwischen 1790 und 1920 322
    7.2.3.1 Charles-François Dupuis und die Astralmythologie
    des 19. Jahrhunderts 322
    7.2.3.2 Hugo Winckler und Alfred Jeremias 328
7.2.4 Zur Entwicklung moderner esoterischer Weltaltervorstellungen
bei H.P.Blavatsky 333
7.2.5 Zusammenfassung 338

7.3 Begriffsgeschichtliche Konkretionen: Aquarius
als Bote des »New Age« 340

7.3.1 Grundlagen 340
    7.3.1.1 »Geometry in Religion« (1890) 340
    7.3.1.2 »The Aquarian Gospel of Jesus the Christ« (1908) ... 342
    7.3.1.3 Weitere Belege vor dem Zweiten Weltkrieg 345
7.3.2 Neuere Entwicklungen 349
    7.3.2.1 Alice Bailey 349
    7.3.2.2 Alfons Rosenberg 352
    7.3.2.3 Weitere Belege im deutschen Sprachraum nach 1945 ... 355
    7.3.2.4 Bedeutungswandel im englischen Sprachraum
    bis zur Hippie-Bewegung und zu Marilyn Ferguson 360
7.3.3 Zusammenfassung 363

7.4 Zwischenbilanz II: »Wassermann-Zeitalter« als Thema moderner
Religionsgeschichte im Beziehungsfeld zwischen Theorie und Mythos ... 365

7.4.1 Spezifika moderner astrologischer Zeitalterlehren
im Unterschied zu ihren Vorläufern 365
7.4.2 Rückschlüsse auf die Interessenkonstellation
moderner ›esoterischer‹ Religiosität 365
7.4.3 Rückschlüsse auf die Interessenkonstellation
der ›wissenschaftlichen‹ Astralmythologie 367

8. »Esoterik« und »Spiritualität«: Bedeutung und Hintergrund zweier Leitworte der gegenwärtigen religiösen Szenerie 371

8.1 Zur Bedeutung des Ausdrucks »Esoterik« 371

8.1.1 »Esoterik« als Sammelbezeichnung für Geheimlehren 372
8.1.2 »Esoterik« als »innerer Weg« 374
8.1.3 Neuere Versuche einer Synthese 375

8.2	Zur Bedeutung des Ausdrucks »Spiritualität«	377
	8.2.1 Romanische Traditionslinie	378
	8.2.2 Angelsächsische Traditionslinie	385
	8.2.3 Neuere Versuche einer Synthese	393

9. Auswertung des zweiten Hauptteils: Neue religiöse Szenerie zwischen Tradition, Säkularisierung und religiöser Reinterpretation ... 399

9.1	Ein eigenständiger Sektor moderner Religionsgeschichte	399
9.2	Im Spannungsfeld moderner Selbstreflexion zwischen Rationalität und Kritik am Rationalen	403
9.3	Ambivalenz der Säkularisierungsprozesse	405
9.4	Pluralistische Struktur der modernen Religionsgeschichte	406
9.5	Säkulare Themen in religiöser Deutung	407

Dritter Hauptteil: Säkulare Themen in religiöser Deutung: Themenwahl und Struktur neuer religiöser Entwürfe

10.	**Einleitung und Übersicht**	**411**
10.1	Zur Weiterführung allgemeiner Fragestellungen der modernen Religionsgeschichte in der Gegenwart	411
10.2	Interessenbereiche von Entwürfen der Neuen religiösen Szenerie	414
10.3	Ansätze zur Systematisierung am Beispiel des Kongresses »Geist und Natur«	415
10.4	Vorreiter in der Systematisierung der Interessenbereiche	417
10.5	Auswahlkriterien für die folgenden Arbeitsschritte	419

11.	**Naturwissenschaft und Religion bei Fritjof Capra**	**421**
11.1	Zugang	421
	11.1.1 Capras Gegenwartsdeutung und die öffentliche Diskussion um »New Age«	421

11.1.2 Aufbau des Entwurfs, Themenbereiche und Anfragen	426
11.2 Capras Deutung physikalischer Themen	427
11.2.1 »Alte« und »Neue« Physik	427
11.2.2 Die paradoxe Struktur der quantenphysikalischen Wirklichkeit	429
11.2.3 Werte, Erfahrung und ihr Einfluß auf das »Weltbild«	432
11.3 »Östliche Mystik« bei Capra	435
11.3.1 Mystik als Interpretationshilfe der Physik – Physik als Legitimation der Mystik	435
11.3.2 Capras Darstellung östlicher Religionen	437
11.3.3 »Östliche Weltanschauung« als Muster eines westlich-alternativen Denkens	443
11.4 Capras Sicht von Krise und Wandlung	448
11.4.1 Zur Übertragung naturwissenschaftlicher und religionsphilosophischer Weltdeutungsmuster in die Alltagswelt	448
11.4.2 Gegenwartserfahrung als Krisenerfahrung	449
11.4.3 Säkulare Zeitalterlehren: Toynbee, Sorokin, Mumford in Capras Deutung	450
11.4.4 »Wendezeit« als wiederverzauberte Zeitalterlehre	453
12. Auf der Suche nach einem Diskussionsrahmen zu Capras Entwurf	**454**
12.1 Religionsgeschichtliche Hintergründe	454
12.1.1 Sachliche Bewertung und Zuordnung der Konzeption Capras	454
12.1.2 Analyse der verwendeten Literatur	462
12.1.3 Zur Rolle von Alan Watts in der amerikanischen religiösen Szenerie	468
12.1.4 »Wissenschaftliche Religion« und Erfahrungsbegriff im Kontext des indisch-europäischen Kulturkontaktes	477
12.2 »Paradigmenwechsel« zwischen Wissenschaftsgeschichte, Epistemologie und postmoderner Zeitalterlehre	481
12.2.1 Thomas S. Kuhns Begriffsprägung	482
12.2.2 Umdeutung als ›kultureller Wandel‹ bei Ferguson und Capra	487
12.2.3 »Kartesianisches Paradigma« als heuristisches Modell zur Epochenbezeichnung	490
12.2.4 Systematische Unterschiede und Anknüpfungspunkte zwischen Kuhn und Capra	494

12.2.5 Zur Rückwirkung der These des »Paradigmenwechsels«
auf das Selbstverständnis von Naturwissenschaftlern und
die Interpretation ihres lebensweltlichen Kontextes 499

12.3 Verknüpfung säkularer und religiöser Themen bei Fritjof Capra
im Vergleich mit entsprechenden Fragestellungen
bei Carl Friedrich von Weizsäcker 501

    12.3.1 Zeitdiagnose: Multidimensionale Krise und
            Bewußtseinswandel 502
    12.3.2 Religiöser Ausgangspunkt und Rekonstruktion des Religiösen . 504
    12.3.3 Zur Übertragbarkeit naturwissenschaftlicher Aussagen
            über ›Krisen‹ und ihre Lösungen auf alltagsweltliche Probleme 506

12.4 Auswertung: Säkulare Fassung religiöser Topoi – religiöse
Deutung säkularer Themen – säkulare Religionsvermittlung 507

Schlußbetrachtung

Zusammenfassung 515

Kritische Rückfragen an Religionswissenschaft und Theologie 528

Dokumentationsteil

A. Literaturdokumentation zur Neuen religiösen Szenerie

1. Quellenliteratur 537

    1.1 Führer, Berichte und eigenes Schrifttum einzelner Gemeinschaften
         und Projekte 537

    1.2 Kompilatorische Darstellungen, Ansätze zur Theoriebildung 538

         1.2.1 Sammelbände, Lexika usw. 538
         1.2.2 Einzelentwürfe 540

    1.3 Interdisziplinäre Zugänge mit naturwissenschaftlichem und
         systemtheoretischem Hintergrund zur Verknüpfung von
         Materie und Geist 542

    1.4 Psychologische, psychotherapeutische und medizinische Zugänge
         zur Integration von Körper-, Selbst- und Transzendenzerfahrung 544

1.5 Zugänge mit ethnologischem und volkskundlichem Hintergrund: Zur Rezeption der Kultur der Indianer und zur Wiederaufnahme vorchristlicher Traditionen 546

1.6 Ökologische und politische Zugänge: Integration von Mensch und Natur, Friedensproblematik 548

1.7 Religiöse Wege 550

    1.7.1 ›Insider‹-Literatur aus neuen religiösen Bewegungen 550
    1.7.2 Neue Esoterik und Weiterentwicklungen metaphysischer Bewegungen des 19. Jahrhunderts................... 552
    1.7.3 Rezeption neuer religiöser Bewegungen im Christentum, christliche Meditationskultur 553

1.8 Weitere Themen im Zusammenhang von »New Age« 554

2. Sekundärliteratur über »New Age« und Neue religiöse Bewegungen im Westen 556

2.1 ›Insider‹-Stellungnahmen und Auseinandersetzung einzelner religiöser und sozialer Bewegungen mit »New Age« 556

2.2 Kirchliche und freikirchliche Autoren über »New Age« 556

2.3 Kirchliche und freikirchliche Autoren über neue Religiosität, Neue religiöse Bewegungen, Esoterik und entsprechende Sachthemen 561

2.4 Religionswissenschaftliche Beiträge über »New Age« und Neue religiöse Bewegungen im Westen 564

2.5 Soziologische, ethnologische, historische und philosophische Beiträge über »New Age« und Neue religiöse Bewegungen im Westen 567

2.6 Sonstige Sekundärliteratur über »New Age«, Neue religiöse Bewegungen und verwandte Themen in ihrer Öffentlichkeitswirkung 569

B. Literatur zu einzelnen Sachfragen (Quellen- und Sekundärliteratur) und allgemeine Fachliteratur

3. Hintergrundliteratur zu einzelnen Sachgebieten 575

3.1 Naturwissenschaft, »Weltbild«, »Religion« 575

3.2 Erkenntnistheorien interdisziplinär: Kognitionswissenschaft,
    Konstruktivismus, kulturanthropologische Beiträge
    zur Epistemologie und ihre Diskussion 576

3.3 Zur Diskussion der Thesen Thomas S. Kuhns 578

3.4 Psychologie, Medizin und »Ganzheitlichkeit« 579

3.5 Vorläufer heutiger religiöser und sozialer Alternativbewegungen
    und ihr Reflex in der Öffentlichkeit 581

3.6 Kulturtheoretische Grundlagenkonzepte zur Entwicklung
    des Menschen und seines Bewußtseins 582

3.7 Nichtchristliche Religionen und interreligiöser Dialog im Westen
    (ohne Fachliteratur) 583
    3.7.1 Vermittler östlicher Religionen im Westen, Übersetzungen 583
    3.7.2 Deutschsprachige Literatur über Zen-Buddhismus bis 1966 584
    3.7.3 Literaturliste Alan Watts 585
    3.7.4 Zur Philosophia-Perennis-Lehre 587
    3.7.5 Sonstige Hintergrundliteratur über nichtchristliche Religionen
          und interreligiöse Themen im Westen 587

4. Zur Religionsgeschichte des Neuen Zeitalters und zur westlichen Geschichte der Neuen religiösen Szenerie 589

4.1 Zeitalterlehren 589

4.2 Esoterische und freireligiöse Bewegungen 591
    4.2.1 Allgemeine Darstellungen und ältere esoterische Strömungen 591
    4.2.2 Swedenborg, Blake und der Transzendentalismus 592
    4.2.3 Einzelne Bewegungen zwischen 1840 und 1950 594
    4.2.4 Zur Bedeutung esoterischer Traditionen für die Entstehung
          der modernen Welt 596

4.3 Astrologie 597
    4.3.1 Astrologiegeschichte, Astronomiegeschichte, ältere
          astrologische Geschichtskonstruktionen, »Stern der Weisen« 597
    4.3.2 Astralmythologie und moderne astrologische Zeitalterlehren
          seit 1780 599

5.	**Zum soziologischen Deutungsrahmen religiöser Zeitgeschichte**	603
	5.1 »Neue soziale Bewegungen« und »Gegenkultur«	603
	5.2 Wertewandel- und Postmoderne-Diskussion	604
	5.3 Neuere Beiträge über inhaltliche und strukturelle Folgen von »Säkularisierung« und »Moderne«	605
6.	**Allgemeine Fachliteratur**	607
	6.1 Religionswissenschaft, Orientalistik und verwandte Gebiete	607
	6.2 Theologie und verwandte Gebiete	611
	6.2.1 Theologie der Religionen	611
	6.2.2 Sonstige theologische Literatur	613
	6.3 Soziologie und Kulturanthropologie	617
	6.4 Sonstige Fachliteratur	619

C. Ergänzende Dokumentation zu einzelnen Teilen der Arbeit

7.	**Angelsächsische Zeitschriften mit dem Titel »New Age« und »Aquarius« (zu Kap. 6.3 und 7.3)**	623
	7.1 »New Age«	623
	7.2 »Aquarius«	625
8.	**Literaturgeschichtliche Recherchen**	626
	8.1 Buchprogramm des O.W.Barth-Verlages (zu Kap. 3.2)	626
	8.1.0 Die deutsche Ephemeride	626
	8.1.1 Vorkriegszeit (soweit ermittelbar)	626
	8.1.2 Zeitraum von 1948-1972 (vollständig, soweit möglich)	629
	8.1.3 70er und 80er Jahre (Auswahl)	636
	8.1.3.1 Neuauflagen und Übernahmen (zumeist Neubearbeitungen)	636
	8.1.3.2 Neue Bücher	636

8.1.4 Bücher und Bearbeitungen von Ursula von Mangoldt 638
    8.1.4.1 Eigene Publikationen im O.W.Barth-Verlag 638
    8.1.4.2 Publikationen bei anderen Verlagen 638
    8.1.4.3 Bearbeitungen, Herausgeberschaft und Tagungsbände 639
    8.1.4.4 Übersetzungen aus dem Englischen und Französischen sowie Bearbeitungen (soweit ermittelbar) 639

8.2 Buchprogramm des Dianus Trikont-Verlages (zu Kap. 3.3) 641

    8.2.1 1967 bis Frühjahr 1980 (Auswahl) 641
    8.2.2 Herbst 1980 bis 1986 (vollständig, soweit erreichbar) 642

8.3 Reihenprogramme von Taschenbuchverlagen (zu Kap. 3.1) 645

    8.3.1 Bantam-Verlag, New York: Reihe »New Age« (Stand 1983) 645
    8.3.2 Goldmann-Verlag, Reihe »Sachbuch« (Auszug) 646
    8.3.3 Goldmann-Verlag, Reihe »Esoterik/ Grenzwissenschaften« (Auszug) 646
    8.3.4 Goldmann-Verlag, Reihe: »New Age – Modelle für morgen« ... 647
    8.3.5 Knaur-Verlag, Reihe »Esoterik – New Age« (Auszug) 649
    8.3.6 Herder-Verlag, Reihe »Zeit – Wende – Zeit« 649
    8.3.7 Fischer-Verlag, Reihe »Perspektiven« (Auszug) 649
    8.3.8 Rowohlt-Verlag, Reihe »Rororo Transformation« (Auszug) 650

9. Archivmaterial des Dianus Trikont-Verlages (zu Kap. 3.3) 652

9.1 Zeitschrift »Autonomie« (seit 1976) 652

9.2 Reaktionen auf: Herbert Röttgen und Florian Rabe: »Vulkantänze« (1978) 652

9.3 Reaktionen auf das Editorial vom Herbst 1980 653

9.4 Reaktionen auf das erweiterte Editorial vom Frühjahr 1981 654

9.5 Reaktionen auf das Editorial vom Herbst 1981 655

9.6 Auseinandersetzung mit dem Verband des linken Buchhandels (VlB) im Frühjahr/Sommer 1982 656

9.7 Texte zum »Schamanenkongreß« in Alpbach/Tirol vom 25.5.-4.6.1982 656

    9.7.1 Verlagstexte 656
    9.7.2 Reaktionen 657

9.8 Frankfurter Buchmesse 1982: Veranstaltungen des
Dianus Trikont-Verlags 657

9.9 Kongreß: »Keltisches Bewußtsein. Wissenschaft, Musik, Poesie«,
29.8.-2.9. 1984 im Stift Zwettl/Niederösterreich 658

    9.9.1 Verlagstexte 658
    9.9.2 Reaktionen 658

9.10 Verlagstexte zum Kongreß: »Metapolitik« (München, 7.10.1985) 658

9.11 Verlagstext zum Kongreß »Raum und Zeit«, Grainau 1986 659

9.12 Weitere Buchbesprechungen 659

D. Alphabetische Listen

10. Abkürzungsverzeichnis 663

11. Mehrfach zitierte Literatur und Sammelbände 664

E. Register

Personenregister 683
Sachregister 689

Vorwort

Die vorliegende Arbeit wurde zwischen 1987 und 1992 am Institut für Missions- und Religionswissenschaft der Universität München erstellt und im Wintersemester 1992/ 93 von der Evangelisch-Theologischen Fakultät als Dissertation angenommen.
Mein herzlicher Dank gilt meinen akademischen Lehrern, Prof. Dr. Horst Bürkle für die Anregung der Arbeit, Prof. Dr. Trutz Rendtorff für die Betreuung und die Erstellung des Zweitgutachtens, Prof. Dr. Michael von Brück für Hilfestellung in der Schlußphase und die Übernahme des Erstgutachtens und Prof. Dr. Dr. Hermann Timm für weitere vielfältige Ratschläge.
Ebenso herzlich danke ich meinen Münchner Assistenten-Kollegen Dr. Hans-Peter Müller, Dr. habil. Klaus Tanner, Dr. Eberhard Hauschildt und Dr. Martin Schreiner, für instruktive und ordnende Gespräche und Susanne Schmidt, Michaela Perkounigg, Henrike Sievert und Dieter Nahr für's Korrekturlesen.
Wohl mehr als andere Themen sind zeitgeschichtliche Fragestellungen von persönlichen Kontakten abhängig. So ist die vorliegende Arbeit vielen Gesprächspartnern außerhalb der Universität verpflichtet, ›Insidern‹ wie ›Beobachtern‹ der gegenwärtigen religiösen Szenerie. Manche von ihnen haben die Arbeit über lange Zeit begleitet und mir Bereiche dieser Szenerie erschlossen, die mit üblichen akademischen Mitteln kaum zugänglich gewesen wären. Neben Sachinformationen entstammen solchen Gesprächen auch wesentliche Elemente der Konzeption der Arbeit, indem sie die Richtung der weiteren Analysen und den Rahmen für die inhaltliche Interpretation mit prägten – auch dort, wo ich gegenteilige Positionen entwickelt habe. Stellvertretend für viele andere möchte ich die folgenden Namen hervorheben: Irmgard Hafner, Buchhändlerin, München; Roswitha Hentschel, Autorin, Ammerland/Obb.; Dr. Klaus-Josef Notz, Fachbereichsleiter Religion der Münchner Volkshochschule; Herbert Röttgen, Autor und ehem. Verleger, München; Dr. Susanne Schaup, Autorin und Übersetzerin, München; Pfr. Bernhard Wolf, landeskirchlicher Beauftragter für religiöse und geistige Strömungen, Nürnberg.

München, im Oktober 1993 *Christoph Bochinger*

Problembeschreibung

1. »New Age« als religionswissenschaftliches Problem

1.1 Einleitung und Vorklärungen

Die vorliegende Studie hat sich zum Ziel gesetzt, einen religionswissenschaftlichen Zugang zur Beschreibung der neuen religiösen Bewegungen zu erarbeiten, die unter der Bezeichnung »New Age« in der Öffentlichkeit bekannt geworden sind. Sie begreift diese Bewegungen als Teil der gegenwärtigen religiösen Topographie des deutschen Sprachraums, zu deren Markierungspunkten neben den ›Domen‹, ›Kirchen‹, ›Kapellen‹ und ›Wegkreuzen‹ verschiedener christlicher Konfessionen und einigen ›Kultbauten‹ anderer Weltreligionen allerhand kleinere ›Gebäude‹ gehören; auch ›Wohnwagensiedlungen‹ und ›Zeltplätze‹ sind dabei, deren Bewohner nicht immer im ehrwürdigen Grundbuch der abendländischen Religionsgeschichte verzeichnet sind. Es handelt sich um eine neuartige religiöse Szenerie, eine Silhouette aus Kirchtürmen, Minaretts und Synagogenkuppeln, Pagoden, Tempeldächern verschiedener Machart und Tradition; eine nachgebaute Pyramide ist dabei, sowie Hotels, Kongreßzentren und andere Profanbauten, die spontan und vorübergehend zu Zentren religiöser Betätigung werden können.

Das Thema stellt eine religionswissenschaftliche Arbeit vor ungewohnte Aufgaben. Die Phänomene der Neuen religiösen Szenerie erfüllen nicht die üblichen Merkmale von »Religionen«, wie sie zwar nur noch selten definiert, aber doch bei der praktischen Forschung gewöhnlich vorausgesetzt werden: Es gibt weder einen Schriftkanon noch festgefügte Sozialstrukturen und Institutionen; Lehren und Rituale sind, wenn überhaupt in beschreibbarer Form vorhanden, von keiner übergeordneten Instanz sanktioniert. Daher ist eine fundamentale »Beliebigkeit« zu verzeichnen, die den Beobachter leicht zur Nachahmung, d.h. zur unüberprüfbaren Spekulation verleitet. So ist bestritten worden, daß diese Szenerie im derzeitigen Stadium Gegenstand religionswissenschaftlicher Forschung sein kann.[1]

---

1. Vgl. dazu Rainer Flasche: »New Age« – Gegenstand der Religionswissenschaft?, in: Spirita. Zeitschrift für Religionswissenschaft (Marburg) Nr.1 (1987), 39-41.
   Anmerkung zur Zitation: Aufgrund der Bedeutung der literaturgeschichtlichen Hintergründe des Gegenstandes wurde eine sorgfältige, aber etwas komplizierte Zitationsweise gewählt: Bei der ersten Erwähnung wird der volle Titel zitiert (benutzte Ausgabe, ggf. Jahr der dt. Erstausgabe und Jahr der fremdsprachigen Originalausgabe). Mehrfach erwähnte Literatur wird im folgenden mit dem Namen des Autors und der Jahreszahl der Originalausgabe angegeben. Wo diese nicht ermittelt werden konnte, wird entweder die Zahl der benutzten Auflage (^{2}1983) oder ein Stern (*1987) hinzugefügt. Eine alphabetische Liste aller abgekürzten Angaben sowie der abgekürzt zitierten Sammelbände befindet sich am Schluß der Arbeit. Dort wird auch jeweils die benutzte Ausgabe genannt, auf die sich die angegebenen Seitenzahlen beziehen.

Jedoch ist das Phänomen derart markant, daß man nicht warten sollte, bis es historisch geworden ist.[2] Allerdings erfordert die fehlende zeitliche und räumliche Distanz zum Forschungsgegenstand eine besondere Methodik, die in mehreren Arbeitsschritten sukzessive entwickelt werden muß.

1.1.1 Aufbau der Arbeit

Die Arbeit setzt sich aus dem vorliegenden Einleitungskapitel und drei voneinander unabhängigen Hauptteilen zusammen.

In den folgenden Abschnitten werden einige Charakteristika der Neuen religiösen Szenerie bestimmt, die für die weitere Arbeitsweise entscheidende Bedeutung haben. Das »Neue« liegt zunächst nicht auf der inhaltlichen Ebene, sondern in der Art der Vermittlung religiöser Inhalte und ihrer Präsenz in der Öffentlichkeit, die mit den Gesetzmäßigkeiten der modernen Informationsgesellschaft zu tun hat. Unter ihren Bedingungen bekommen professionelle Wissensvermittler eine neuartige Funktion, die starke Rückwirkungen auf die Inhalte hat. Daraus erklärt sich der unscharfe Charakter des auffälligen Sprachjargons der Szenerie, der – obwohl vielen Autoren gemeinsam – nicht mit einem konsistenten gedanklichen System verwechselt werden darf. Daher wird zunächst nicht versucht, anhand von »Vordenkern« eine »Weltanschauung« von »New Age« zu bestimmen, sondern es werden die Prozesse in der Öffentlichkeit untersucht, die zur Entstehung des Syndroms »New Age« geführt haben.

Maßgeblichen Anteil an diesen Prozessen hatte auch die Sekundärliteratur über »New Age«, die in ihrem Bestreben, »New Age« zu definieren, eine solche »Weltanschauung« erst synthetisierte. Deshalb wird in Kapitel 1.2 gefragt, welche erkenntnisleitenden Interessen für die vereinheitlichende Schau des Syndroms verantwortlich sind. Wegen der disparaten Struktur der einzelnen Entwürfe der Sekundärliteratur kann man nicht von einem »Forschungsstand« sprechen. Aus diesem Grund werden aus der Fülle der Literatur einzelne, für bestimmte Umgangsweisen repräsentativ erscheinende Entwürfe herausgegriffen und in einiger Breite auf ihre methodischen Hintergründe und Argumentationsstrukturen befragt.

In Kapitel 1.3 wird versucht, das Thema in einen religionswissenschaftlichen und theologischen Diskussionsrahmen zu stellen. Damit soll Rechenschaft darüber gegeben werden, inwiefern sich eine wissenschaftliche Arbeit über ein solches ›Außenseiter-Phänomen‹ fachlich einbinden läßt und welche allgemeinen, Religionswissenschaft und Theologie als ganze betreffenden heuristischen Interessen mit der Analyse dieser Thematik verbunden sind. Ebenfalls klärungsbedürftig ist das Verhältnis theologischer und religionswissenschaftlicher Fragestellungen. Die Arbeit vertritt die These, daß man bei der Thematisierung eines zeitgeschichtlichen Phänomens der abendländischen Religionsgeschichte die üblichen Grenzziehungen zwischen beiden Disziplinen nicht einhalten kann, wenn auch die Grenzüberschreitungen methodisch reflektiert und kontrolliert werden müssen.

2. Vgl. dazu Walter A.Frank: New Age, Wissenschaft, Gesellschaft, in: Spirita Nr.1 (1987), 41-43.

Im ersten Hauptteil der Arbeit wird der zeitgeschichtliche Prozeß recherchiert, durch den der Ausdruck »New Age« im deutschsprachigen Raum in den öffentlichen Gebrauch gekommen ist. Dabei steht die Untersuchung einiger Verlagsprogramme im Mittelpunkt (Kap. 3). Es wird gezeigt, daß die sog. »New Age-Bewegung« Ausdruck einer Entwicklung ist, die schon nach dem Zweiten Weltkrieg einsetzte und seit Ende der 70er-Jahre durch Teile der Studentenbewegung verstärkt wurde. Die untersuchten Programme zeigen exemplarisch die zeitgeschichtlichen Hintergründe einer Verschmelzung, die es nahelegen, »New Age« nicht nur als Fortsetzung älterer esoterischer Bewegungen, sondern auch in einer gewissen Tradition des politischen und gesellschaftlichen Aufbruchs nach 1968 zu sehen. Die Entwicklung auf dem Buchmarkt spiegelt allgemeinere Gesetzmäßigkeiten der gegenwärtigen religiösen Vermittlungskultur wider, insbesondere die Verflechtung subkultureller Impulse mit breitenwirksamen Interessenkonstellationen. Das drückt sich darin aus, daß der Begriff »New Age« im deutschen Sprachraum von einem publikumswirksamen Taschenbuchverlag als Sammelbezeichnung für bereits vorhandene programmatische Ansätze eingeführt wurde, die ursprünglich aus subkulturellen Kleinverlagen stammten.

Als Zwischenüberlegung (Kap. 4) wird ein Vergleich mit der neueren soziologischen Diskussion zu »Subkultur« und »Neuen sozialen Bewegungen« eingeschaltet. Die dort festgestellten Strukturmerkmale können teilweise für die Neuen religiösen Bewegungen übernommen werden.

Im zweiten Hauptteil der Arbeit wird versucht, das diffuse, schwer zu beschreibende Gegenwartsphänomen »New Age« in einen historischen Zusammenhang zu stellen und dadurch den Zirkel aus ›Insider‹-Jargon und Paraphrasierung dieses Jargons in der Sekundärliteratur aufzubrechen. Ziel dieses Arbeitsschritts ist die Vergewisserung über die Vergangenheit der Konzeptionen, die in der Gegenwart in jenem Sprachjargon zum Ausdruck kommen. Erst eine solche Vergewisserung macht die zeitgenössische Kategorialität bewußt und bietet einen Schlüssel zur Verständigung jenseits oberflächlicher Worthülsen. Sie ist Voraussetzung sowohl einer weitergehenden religionswissenschaftlichen Arbeit an »New Age« als auch einer fundierten theologischen Auseinandersetzung.

Um den Gegenstandsbereich einzugrenzen, wurde der Ausdruck »New Age« sowie sein Synonym »Wassermann-Zeitalter« als Wegweiser und Strukturierungshilfe benutzt (Kap. 6 und 7). Ergebnis dieses Arbeitsschritts ist eine Zusammenstellung von Themenkomplexen moderner Religionsgeschichte, die auch in den sog. »New Age«-Entwürfen der Gegenwart greifbar sind und diese – trotz aller Ungenauigkeiten und Widersprüchlichkeiten im Detail – als Ausdruck einer umfassenden geistesgeschichtlichen Entwicklung erklärbar machen. Daran schließt sich eine begriffsgeschichtliche Analyse des Stichworts »Spiritualität« an, das für die christlich-theologische Ebene der Auseinandersetzung mit »New Age« zentrale Bedeutung hat und exemplarisch die Verständigungsschwierigkeiten beleuchtet, die diese Auseinandersetzung kennzeichnen (Kap. 8). Die Ergebnisse dieser ideengeschichtlichen Analyse (Kap. 5 bis 8) werden in Kap. 9 zusammengefaßt.

Im dritten Hauptteil wird versucht, die Ergebnisse der historischen Rückfrage zu überprüfen. Nach einleitenden Überlegungen zu möglichen Themenkonstellationen (Kap. 10) wird in Kapitel 11 exemplarisch Fritjof Capras Verknüpfung westlicher

Physik mit »östlicher Mystik« dargestellt. Ein Charakteristikum Capras ist die völlige Loslösung aus traditionell christlich geprägten Weltdeutungsmodellen. Sie sind ihm offenbar schlicht unbekannt; jedenfalls nimmt er (mit Ausnahme eines allgemeinen Exkurses über »ganzheitliches Denken«) nicht Bezug auf irgendwelche geistesgeschichtlichen oder theologischen Inhalte westlicher Provenienz, sondern setzt an ihre Stelle »östliche« philosophische, religiöse und ›theologische‹ Traditionen.

Capra ist als Repräsentant einer religiös nicht mehr sozialisierten Generation zu sehen, die gleichwohl religiöse Interessen hat. Es zeigt sich, daß er trotz des breiten Rekurses auf »östliche« Inhalte im wesentlichen westliche Fragestellungen und Zielsetzungen verfolgt, die sich an vielen Stellen in den Rahmen der »spiritualistischen« Tradition des »Neuen Zeitalters« einfügen. Zu dieser Tradition gehört unter anderem ein zentrales Interesse an der Verschmelzung von »Wissenschaft« und »Religion«, wie es in der modernen Religionsgeschichte seit Emanuel Swedenborg nachzuweisen ist (Kap. 6.2.).

In Kapitel 12 wird auf dieser Grundlage ein religions- und zeitgeschichtlicher Rahmen erstellt, der auch auf vergleichbare Entwürfe anwendbar ist. Wie die Analyse der religionsgeschichtlichen Hintergründe Capras zeigt, greift dieser bereits auf eine fest gefügte Deutungstradition zurück, die vornehmlich durch den Austausch zwischen Indien und Europa seit etwa 150 Jahren zustande kam und schon lange vor Capras Büchern, beispielsweise in der Person Alan Watts', zu ähnlichen Verknüpfungen ›östlicher‹ Traditionen und ›westlicher‹ Gegenwartsinteressen geführt hatte. Capras eigene Deutungen sind am religionsgeschichtlichen Material nur lückenhaft abgesichert; manche seiner Charakterisierungen widersprechen grundlegenden Voraussetzungen der jeweiligen Religion und Philosophie. Daran zeigt sich einmal mehr, daß sein Entwurf Ausdruck einer bestimmten Einstellungs- und Interessenkonstellation ist, die in westlichen und nicht in östlichen Problemen gründet.

In Kapitel 12.2 wird – exemplarisch für die Rezeption ›westlich‹-moderner Konzepte – die Entwicklung des Ausdrucks »Paradigmenwechsel« und seine Funktion in den Entwürfen Capras sowie Fergusons nachgezeichnet. »Paradigmenwechsel« entpuppt sich dabei als moderne, säkularisierte Version der Lehren vom »Neuen Zeitalter«. Auf diese Weise wird ein Interpretationsrahmen erstellt, der als Grundlage einer inhaltlichen Auseinandersetzung mit dem Phänomen »New Age« dienen soll.

1.1.2 Charakteristika der Neuen religiösen Szenerie

Zunächst muß Rechenschaft darüber gegeben werden, was das »Neue« an der zu beschreibenden Szenerie ist. Auffallend ist *erstens* die starke öffentliche Präsenz. ›Religionshaltige‹ Themen spielen eine wichtige Rolle auf dem säkularen Buchmarkt, in den Medien, auf Kongressen und in öffentlichen Veranstaltungen, die gleichwohl nichts mit den Kirchen und anderen traditionellen religiösen Institutionen zu tun haben. Eine neuartige religiöse Vermittlungskultur ist entstanden, die sich nicht an christliche Kommunikationsformen der Predigt, Katechese und Erbauung hält. Sie benutzt die Techniken und Kanäle des modernen Informationsmarktes und folgt dabei eigenen, neuartigen Gesetzmäßigkeiten, die es früher so nicht gab. Das »Neue« der gegenwärtigen religiösen Szenerie ist daher zunächst technologischer und kommunikationstheoretischer, nicht inhaltlicher Art. Doch ein neues Kommunikationsnetz bringt auch neue Formen der Sprache hervor. Daraus ergeben sich möglicherweise inhaltliche Konsequenzen.

Analysiert man den ›Sprachjargon‹ der Neuen religiösen Szenerie, stößt man auf ein *zweites* Charakteristikum: Es gibt in jenem Sprachspiel häufig Begriffe säkularer Herkunft, die mittels bestimmter Deutungsschemata eine religiöse oder weltanschauliche Wertigkeit erhalten. So ist z.b. das Wort »Polarität« für den modernen westlichen Menschen durch die Elektrodynamik geprägt, »Transformation« durch die Elektrotechnik, »Paradigmenwechsel« durch eine wissenschaftshistorische Debatte der 60er Jahre. Sie werden im Sprachjargon der Neuen religiösen Szenerie zu wertenden Deutungsbegriffen und stehen nun im Kontext religiöser und popularphilosophischer Vorstellungen. Eine ähnliche Durchdringung säkularer und religiös-weltanschaulicher Momente ist nicht nur auf der Sprachebene, sondern auch bei den vermittelten Themen zu beobachten, wie es z.b. im Stichwort »Tiefenökologie« zum Ausdruck kommt. Das läßt auf eine neuartige Strukturierung religiöser Inhalte schließen.

Drittens ist die Neue religiöse Szenerie durch eine neuartige ›Berufsgruppe‹ gekennzeichnet. Es handelt sich um säkulare Vermittler religiöser Inhalte, wie Journalisten, populäre Buchautoren, Lektoren in marktorientierten Taschenbuchverlagen, Kongreßorganisatoren und andere, deren Professionalität nicht in der Erforschung und Thematisierung religiöser Inhalte als solcher, sondern in ihrer öffentlichen Präsentation liegt, die aber gleichwohl nicht in kirchliche Strukturen eingebunden sind. Ihre Systematik stützt sich auf eine relativ kleine Anzahl kompilationshafter Bücher. Unter den Autoren dieser Bücher gibt es auffällig viele Naturwissenschaftler und auffällig wenige Theologen oder andere religiöse ›Fachleute‹ im konventionellen Sinne.

Diese Beobachtung läßt auf eine Gesetzmäßigkeit der gegenwärtigen Medienkultur schließen: Ein als Vermittler religiöser Inhalte fungierender Fernseh-Journalist ist in der Öffentlichkeit bekannter als ein Professor der Theologie oder Religionswissenschaft. Auch eine neuartige Autoritätsstruktur ist zu beobachten: Ein von Naturwissenschaftlern geschriebenes Buch über religiöse Inhalte wirkt anscheinend glaubhafter als das eines Theologen oder Religionswissenschaftlers, was mit den modernen Wertehierarchien zusammenhängen könnte: Naturwissenschaftlern wird zugebilligt, zu wissen, wovon sie reden, weil sie es gewohnt sind, mit »harten« Fakten umzugehen. Theologen unterstellt man dagegen dem Ideologieverdacht; sie werden als potentielle ›Werbeagenten‹ ihrer ›Firma‹, der Kirche, wahrgenommen.[3]

Die äußeren Strukturen der Neuen religiösen Szenerie wirken auf die thematisierten Inhalte zurück. So fließen Inhalt und äußere Form, Spezifisches und Allgemeinplätze, traditionale Gewißheit und postmodernes Zitat, ›Religiöses‹ und ›Profanes‹ ineinander. Daher ist bei der Analyse von »New Age« eine konventionelle Vorgehensweise nicht sinnvoll, die nach zentralen »Lehren«, »Kulthandlungen« oder religiösen Institutionen sucht. Man muß Wege finden, zwischen ›Jargon‹ und zugrundelie-

3. Nach der Erfahrung von Kollegen müssen Religionswissenschaftler in der Öffentlichkeit damit rechnen, ebenfalls als ›Theologen‹ eingestuft zu werden, da der Unterschied beider Disziplinen oft nicht bekannt ist.

den Überzeugungen, zwischen marktbedingten Etikettierungen und sozialen Neubildungen zu unterscheiden.

Bücherkäufer sind noch keine »Gemeinde«. Aber dennoch wäre es der falsche Weg, die »kommerziellen« Aspekte der gegenwärtigen religiösen Szenerie aussondern zu wollen. Vielmehr muß die besondere Gesetzmäßigkeit dieser Vermittlungskultur selbst zum Thema werden.

Als nächstes ist nach historischen Vergleichsmöglichkeiten zu suchen. Gerade wegen der zu beobachtenden Diskontinuität gegenüber traditionalen Strukturen legt die gegenwärtige religiöse Szenerie einen Vergleich mit der Umbruchsituation am Anfang unseres Jahrhunderts nahe. Damals wurden manche der heute vielbenutzten Termini, wie z.B. »Säkularisierung« und »Entzauberung«, aber auch Sammelbegriffe wie »Esoterik«, »Mystik«, »vagabundierende Religiosität«, geprägt oder in charakteristischer Weise gefüllt. Besonders in Ernst Troeltschs Beobachtungen zur damaligen religiösen Szenerie zeigen sich viele Gemeinsamkeiten mit der heutigen – ja mehr noch: Es lassen sich auch Kontinuitäten feststellen, die von damals bis heute reichen. Auch manche der Zeitdiagnosen Troeltschs scheinen sich fast wörtlich auf die Gegenwart übertragen zu lassen. Im Unterschied zu damals ist aber die neuartige Breite und Öffentlichkeit des Phänomens zu beachten, was – unter anderem – mit der modernen Verkehrs- und Informationstechnologie, mit Düsentriebwerken und Satzcomputern zu tun hat: Die Welt der Menschheit ist komplizierter und zugleich – aus der Perspektive des Subjekts – ›kleiner‹ geworden. Außerdem ist die Schicht der Intellektuellen stark gewachsen, und die Entfremdung von den christlichen Kirchen ist weiter fortgeschritten und umfaßt breitere, z.B. auch ländliche Bevölkerungsschichten.

Die Situation hat sich jedoch nicht nur in quantitativer Hinsicht verändert. Sondern die zunehmende Pluralisierung der religiösen und sozialen Welt hat neuartige Typen »soziologischer Selbstgestaltung« hervorgebracht.[4] Dadurch werden auch Deutungsmuster relativiert, die aus der Sicht der Früheren allgemeingültig schienen. Und so läßt sich gerade an einem ›exotischen‹ Thema der Gegenwart wie »New Age« überprüfen, ob die damals entwickelten Beschreibungsmuster noch zutreffen.

Während die religionswissenschaftliche Forschung zum Thema erst einsetzt, gibt es einige soziologische Zugänge, die »New Age« oder die »Neuen religiösen Bewegungen« in den größeren Zusammenhang eines »postmodernen« Wandels sozialer Strukturen stellen. Wichtige Stichworte dabei sind »Wertewandel«, »Gegen-« bzw. »Alternativkultur«, »Neue Unübersichtlichkeit«, »Neue soziale Bewegungen«, »Risikogesellschaft«.[5] Neben diesen neueren Theoriemodellen werden v.a. Max Webers Säkularisierungsthese und Ernst Troeltschs religionssoziologische Typologie der Kirche, Sekte und Mystik als Deutungsmuster verwandt. Doch ist es bezeichnend, daß sich die gegenwärtige religiöse Szenerie nicht ohne weiteres in die Schemata fügt, die zu Beginn unseres Jahrhunderts zur Beschreibung »moderner« Phänomene entwickelt wurden. Ein wichtiges Insider-Buch hat z.B. den Titel: »Reenchantment of the

---

4. Vgl. dazu unten, S. 31.
5. Vgl. dazu unten, Kap.4.

World« bzw. »Die Wiederverzauberung der Welt«.⁶ Und kirchliche Beobachter sprechen von der »Rückkehr der Zauberer«.⁷ Damit wird ausgesagt – oder zumindest behauptet –, daß sich in jener »Bewegung« eine Umkehrung des Säkularisierungsprozesses vollziehe, der, bei aller begrifflichen Unschärfe, ein zentrales Charakteristikum des »Modernen« ist.⁸

Es wäre zu einfach, solche »Wiederverzauberung« als eine – vielleicht mißglückte – Rückkehr zu vormodernen Positionen zu sehen. Ebenso sollte man auch »Fundamentalismus« nicht mit traditionellen Strukturen verwechseln. Denn beide, neuer Traditionalismus und neuer Pluralismus in Sachen Religion, setzen den Kontakt mit der »Moderne« schon voraus. Die neue ›Magie‹ unterscheidet sich von der alten vor allem durch ihre Reflektiertheit: Das Tun ist immer schon gedeutet, und die Deutung ›spielt‹ mit der Wirklichkeit und mit sich selbst.⁹

Ein weiterer historischer Vergleich bietet sich an: Die heutige religiöse Szenerie scheint in mancher Hinsicht der religiösen Welt der Spätantike verwandt. So ist bei den Beobachtern viel von »Synkretismus« oder »Neo-Gnosis« die Rede.¹⁰ Doch ist bei solchen Vergleichen Vorsicht geboten, da jene Phase der antiken Geschichte – wie auch die Zeit um den ersten Weltkrieg – von einem kulturellen Niedergang geprägt war, den man sachlich erst im Rückblick konstatieren darf und nicht prophetisch auf heutige Phänomene übertragen sollte: Dem Optimismus in der Rede vom »Neuen Zeitalter« korrespondiert oft ein Pessimismus der ›verdorbenen Gegenwart‹ bei den Beobachtern, der keine wirkliche Deutung der Szenerie, sondern lediglich eine Paraphrase ihrer Visionen mit negativem Vorzeichen darstellt.

Peter L. Berger hat die These vertreten, daß die »Religion« von der »Modernität« in eine Krise gestürzt worden sei, die zwar durch Säkularität, weit mehr aber durch

6. Morris Berman: Die Wiederverzauberung der Welt. Am Ende des Newtonschen Zeitalters, Reinbek: Rowohlt, 1985, (dt. Erstausgabe München: Dianus-Trikont 1983; Original: Reenchantment of the World, Ithaca und London 1981).
7. Hansjörg Hemminger (Hrsg.): Die Rückkehr der Zauberer. New Age – Eine Kritik, Reinbek: Rowohlt, 1987.
8. Zur Säkularisierungsproblematik im allgemeinen vgl. H.H.Schrey (Hrsg.): Säkularisierung, Darmstadt 1981. Im Blick auf »New Age« und die Neue religiöse Szenerie vgl. u.a. Franz Xaver Kaufmann: Auf der Suche nach den Erben der Christenheit, in: M.Haller u.a. (Hrsg.): Kultur und Gesellschaft. Verhandlungen des 24. Dt. Soziologentags [...] in Zürich 1988, Frankfurt: Campus, 1989 (darin S.277ff.: Plenum D: Religion und Kultur: im Zeichen des Wassermanns?, 277-288 (vgl. auch die Beiträge von A.Saurma, I.Moerth und J.Matthes im selben Band).
9. Vgl. dazu Horst Stenger: Der »okkulte« Alltag. Beschreibungen und wissenssoziologische Deutungen des »New Age«, in: ZfS 18 (1989), 119-135; im Zusammenhang des Fundamentalismus-Problems vgl. Martin Riesebrodt: Fundamentalismus als patriarchalische Protestbewegung. Amerikanische Protestanten (1910-28) und iranische Schiiten (1961-79) im Vergleich, Tübingen 1990, hier 28, der in Anlehnung an Karl Mannheims Konservativismus-Definition von »reflexiv gewordenem Traditionalismus« spricht (zum Stichwort »Fundamentalismus« vgl. unten, Kap.9.2., Anm.14).
10. Vgl. kritisch: Carl A.Keller: Christliche Gnosis und Gnosisversuche der Neuzeit – Was ist Erkenntnis?, in: O.Eggenberger u.a.: New Age aus christlicher Sicht. New Age, Apokalyptik, Gnosis, Astrologie, Okkultismus, Freiburg/Schweiz: Paulus, 1987, 51-94.

Pluralismus gekennzeichnet werde, genauer gesagt: durch technologischen Pluralismus, die Folge einer »beinahe unfaßbaren Expansion des Bereichs im menschlichen Leben, der Wahlmöglichkeiten offensteht«.[11] Der sich daraus ergebende »häretische Imperativ« bewirkt, wenn die These Bergers zutrifft, eine neue religionssoziologische Situation, in der Tat ein »Neues Zeitalter« *der Religion*. Möglicherweise kann die folgende Arbeit zur Überprüfung der These beitragen.

1.1.3 Idee, Bewegung und Vermittlung: Zur Struktur der Trägergruppen

In der Neuen religiösen Szenerie gibt es ein neuartiges Verhältnis zwischen Ideen und ihrer Rezeption, zwischen den Leitfiguren und ihrem ›Markt‹. Die professionellen Vermittler tragen ihre »Ideen« aus verschiedensten Quellen zusammen und geben sie an die Empfänger weiter, ohne im konventionellen Sinne »Prediger« oder »Katecheten«, »Seelsorger«, »Theologen« oder »Priester« zu sein. Ihre Kennworte sind »interdisziplinär« und »holistisch«. Ihre Leistung ist die Synthese und Zusammenschau, wogegen die Entwicklung der Begrifflichkeit und Denkweisen zumeist auf ganz andere Quellen zurückgeht, die ihnen oft nicht einmal bekannt sind, sondern bereits über andere Vermittler aufgenommen wurden. Manchmal liegen charakteristische Umprägungen vor, ohne daß man jedoch von einer eigenen »Lehre« sprechen könnte. Sie haben einen gut verständlichen, häufig aber redundanten Stil. Oft sind sie Wissenschaftsjournalisten. Sie versuchen, die verschiedenen Themen der heutigen Informationsfülle zu einem Kosmos zu ordnen, der dann auch sehr persönliche Züge annehmen kann. Eine ähnliche Funktion haben Zeitungsredakteure, Erwachsenenbildner und Verlagslektoren. Wie sich im weiteren zeigen wird, haben sie die heutige Verwendung des Ausdrucks »New Age« in Deutschland maßgeblich geprägt.

Den ›Machern‹ von »New Age« korrespondiert auf der anderen Seite eine nicht zu unterschätzende Zahl von »New Age-Beobachtern«, die das Phänomen in ebenfalls zahlreichen Veranstaltungen und Publikationen *von außen* betrachten. Sie sind vor allem im kirchlichen und freikirchlichen Raum zu Hause, aber auch in der politischen Welt. Ihr Argumentationsstil ist oft durch polemische, negative (manchmal auch positive) Wertung gekennzeichnet. Sie schreiben nicht weniger voneinander ab als die »Vermittler« auf der anderen Seite.[12] So ist geradezu ein zweites ›New Age der Beobachter‹ entstanden, das in Quantität und Schnelligkeit der Buchproduktion und Tagungsveranstaltungen dem »New Age« der ›Insider‹ durchaus ähnlich ist. Auch der Arbeit der Beobachter entspricht ein breites öffentliches Interesse an Information über jene Sache; ein gewisses Sensationsbedürfnis scheint hinzuzukommen, besonders wenn »New Age« mit okkulten Praktiken zusammengesehen wird.

---

11. Peter L.Berger: Der Zwang zur Häresie. Religion in der pluralistischen Gesellschaft, Frankfurt: S.Fischer, 1980 (engl. Original 1979), hier 9.16.
12. Ein Beispiel dafür ist die (falsche) Behauptung, der Ausdruck »New Age« sei von der Theosophin Alice Bailey geprägt; sie durchzieht den größeren Teil der Sekundärliteratur und dazu auch viele Bücher schlecht informierter ›Insider‹ (vgl. unten, Anm.172).

Will man die so entstandene öffentliche Meinung nicht unreflektiert übernehmen, ist sorgfältige Unterscheidung gefordert: Man läuft sonst Gefahr, die ›Vermittler‹ mit den ›Quellen‹ zu verwechseln. Oft benutzen ›Mitläufer‹, die am wenigsten Eigenes beizutragen haben, den Jargon der Szenerie am perfektesten und scheinen daher in ihrem Zentrum zu stehen. Verläßt man sich auf diese Multiplikatoren, so erscheint als neue (und schlechte!) »Weltanschauung«, was in Wirklichkeit nur ein Rezeptions- und Absorptionsprozeß der Öffentlichkeit ist. Ein ganz anderes Bild ergibt sich, wenn man den ›Quellen‹ nachgeht. Dann löst sich die postulierte Einheit des »New Age« in eine Anzahl verschiedener, voneinander relativ unabhängiger Ströme auf. Jedoch genügt es nicht, die ›Quellen‹ aufzuspüren, sondern darüber hinaus muß auch die Tätigkeit der ›Vermittler‹ selbst zum Thema werden.

In Anlehnung an eine analytische Figur Ernst Troeltschs soll daher im folgenden zwischen »Ideen« bzw. »Grundgedanken« und ihrer »soziologischen Selbstgestaltung« oder »Selbstorganisation«[13] unterschieden werden. Troeltsch versucht mit diesem Schema, den Weg von einer religiösen Idee oder Botschaft zur religiösen Bewegung zu beschreiben, der sozialen Gestalt, die sich aufgrund dieser Botschaft konstituiert.[14] Er wendet dieses Schema nicht nur beim Entwicklungsschritt von der Botschaft Jesu zur christlichen Urgemeinde an;[15] sondern ähnlich wird u.a. auch die Entwicklung von der »religiösen Idee« Luthers zum »soziologischen Grundschema des Luthertums« und weiter zum ›real existierenden Luthertum‹ seiner eigenen Zeit beschrieben.[16] Das Schema hat eine ideologiekritische Funktion gegenüber der Theologie, »nicht in der Pose der Entlarvung, sondern im Sinne der Ernüchterung gegenüber der sie umgebenden Tatsachenlage« (Volker Drehsen[17]). Sie lehrt die Wechselwirkung zwischen Ideen und sozialen Bewegungen, zwischen Theorie und Praxis, zwischen Weltbildern und sozialer Identität wahrzunehmen.

Diese analytische Figur ist auch im Blick auf »New Age« hilfreich, muß jedoch um eine dritte Instanz erweitert werden: Zum einen gibt es die ›Quellen‹, d.h. »Ideen« mit oft sehr spezifischem Kontext; dann gibt es den öffentlichen Raum, in dem die zu

13. In der Tat benutzt Troeltsch den Ausdruck »Selbstorganisation«, der zu den »Grundbegriffen der New Age-Bewegung« gezählt wird, schon im Jahr 1913 (s. nächste Anm.).
14. Troeltsch schreibt in einer Erwiderung auf theologische Kritik: »In Wahrheit zeigt bei einer näheren soziologischen Beleuchtung die Idee ihre starke Beeinflussung durch die aus ihr hervorgehenden Gemeinschaftsbildungen, Organisationen und Institutionen. Es liegen in ihr [...] verschiedene Möglichkeiten solcher Selbstorganisation, sie haben rückwirkend die Idee aufs tiefste bestimmt« (Ideologische und soziologische Methoden in der Geschichtsforschung, in: Gesammelte Schriften Bd.4, Tübingen 1925, 721ff., hier 722; zuerst 1913). Vgl. dazu Volker Drehsen: Neuzeitliche Konstitutionsbedingungen der Praktischen Theologie. Aspekte der theologischen Wende zur soziokulturellen Lebenswelt, Gütersloh: Mohn, 1988, hier 550: Die Soziologie habe bei Troeltsch die Funktion, einer »bloßen Orientierung an ›Ideen‹ entgegenzusteuern, indem sie die gesellschaftlichen Realfaktoren ins Spiel bringt«.
15. Ernst Troeltsch: Die Soziallehren der christlichen Kirchen und Gruppen, Neudruck Aalen 1977 (zuerst 1912), z.B. 34ff. 39ff. 54ff. 60ff.
16. Ebd., z.B. 434ff. 549ff.
17. Drehsen (1988), 550.

›Botschaften‹ gewordenen Ideen wirken; schließlich gibt es die Vermittler, die den Interaktionsprozeß ermöglichen. Mit ähnlicher methodischer Absicht hat Frank Usarski im Zusammenhang der älteren deutschen Buddhismusrezeption vorgeschlagen, zwei soziologische »Trägerschichten« zu unterscheiden: zum einen die Bereitsteller und Aufbereiter des neuen Gedankenguts, zum anderen die Rezipienten, die zum ›Hausgebrauch‹ auf deren Initiativen zurückgreifen.[18] (Die dritte ›Instanz‹ nach dem obigen Schema wären in diesem Fall die buddhistischen Quellentexte sowie traditionelle Lehrer im Osten, von denen die ›Vermittler‹ ihre Kenntnisse beziehen).

Auch in der Neuen religiösen Szenerie lassen sich – neben den ›Quellen‹ – diese beiden »Trägerschichten« ausmachen: Auf der einen Seite gibt es die Gruppe der Wissensvermittler. Sie haben ein Genre der Literatur hervorgebracht, das in der Buchhandels-Systematik zwischen »Sachbuch«, »Ratgeber« und »religiösem Erbauungsbuch« anzusiedeln ist.[19] Auf der anderen Seite steht eine vielfältige Rezipientenschar, die jene Aussagen zu unterschiedlichen Zwecken gebraucht. Es gibt unter ihnen den Theologieprofessor, der durch Fritjof Capra zum ersten Mal etwas Verständliches über die Quantentheorie erfahren hat; die Krankenschwester, die sich mit alternativen Heilmethoden und Psychosomatik befaßt und in der »Wendezeit« einen Wissenskosmos entdeckt, in den sie ihr persönliches Erfahrungswissen einfügt; den Therapeuten und seinen Patienten, die beide in diesem Jargon eine hilfreiche Kommunikationsebene finden; und es gibt die ›Sucher‹, die den traditionellen Wegen des Religiösen entfremdet (oder ihren Schwierigkeiten nicht gewachsen) sind und einen neuen Zugang zur Religion zu gewinnen versuchen. Beide Trägerschichten begegnen sich am Punkt der persönlichen Erfahrung, der eine entsprechend wichtige Funktion zukommt.

Wie Michael Schneider in der Faktorenanalyse einer empirischen Umfrage festgestellt hat, ist die Trägerschicht der Interessenten an »New Age« in einer gehobenen Bildungsschicht und vornehmlich in der Altersgruppe zwischen 30 und 45 Jahren anzusiedeln. Demgegenüber sei das Interesse an Astrologie, magischen und okkulten Phänomenen, Channeling (eine Form des Spiritismus) und Ufos statistisch einer niedrigeren Bildungsschicht zuzuordnen. Die in der Literatur und bei gewissen Eliten wahrzunehmenden Überschneidungen entsprächen somit nicht der Interessenstruktur der breiten Rezipientenschicht.[20]

18. Frank Usarski: Das Bekenntnis zum Buddhismus als Bildungsprivileg. Strukturmomente »lebensweltlicher« Theravada-Rezeption in Deutschland während des Zeitraums zwischen 1888 und 1924, in: P. Antes und D. Pahnke (Hrsg.): Die Religion von Oberschichten. Religion – Profession – Intellektualismus, Marburg: Diagonal, 1989 (Veröffentlichungen der 19. Jahrestagung der Deutschen Vereinigung für Religionsgeschichte vom 3. bis 7. Oktober 1988 in Hannover), 75-86, hier 81f.
19. Im Buchhandel wird klassifikatorisch unterschieden zwischen Fachbüchern (Fachliteratur), Sachbüchern (Information mit allgemeinverständlichem Charakter), Ratgebern (z.B. Kochbuch, Anleitungen, Selbsthilfe) und Belletristik.
20. Michael Schneider: New Age-Projekt am Sozialwissenschaftlichen Institut der Technischen Universität München (gemeinsame Befragung seines Computers auf Grund der eingespeicherten Umfragedaten, die mit Hilfe einer Faktorenanalyse ausgewertet wurden); vgl. jetzt auch ders.: New Age. Empirische Studien zur New Age Bewegung. Glaubensspielräume, Vaduz 1991. Zu ähnlichen Ergebnissen (allerdings nicht quantitativ, sondern

Im Unterschied zur westlichen Buddhismusrezeption und auch zu Troeltschs Gegenstand in den »Soziallehren« sind im Fall des sog. »New Age« die Quellen der Inspiration, also die Seite der »Ideen« und ihrer Herkunft, weder durch eine charismatische Gründergestalt noch durch den sanktionierten Kanon einer religiösen Tradition festgelegt und müssen daher eigens thematisiert werden. Es zeigt sich, daß die Vermittler zumeist schon vorhandene Deutungslinien aufgreifen und diese nicht selbst entwickeln. So beginnt z.B. Fritjof Capra seine Darstellung mit Zitaten von Oppenheimer, Bohr und Heisenberg, die das Thema seines ersten Buches vorwegzunehmen scheinen, deren Schlußfolgerungen aber vorsichtiger und weniger verallgemeinernd sind.[21] Die weitere Systematik und Themenauswahl seiner Bücher ist stark von Autoren wie Gregory Bateson und Alan Watts geprägt, was Capra durchaus nicht verschweigt.[22] In Marilyn Fergusons Buch ist selbst der Titel »Die sanfte Verschwörung« durch Pierre Teilhard de Chardin vorgeprägt.[23] Und bei Ken Wilber spielen Autoren wie Aldous Huxley, Jean Gebser, Carl G. Jung und Teilhard eine linienführende Rolle.[24]

Andere Gewährsleute für die »Ideen« sind z.B. der Wissenschaftshistoriker Joseph Needham, der Psychiater Wilhelm Reich, der Ökonom Ernst F. Schumacher, der Dichter William B. Yeats, der Physiker Albert Einstein, einige Vertreter neuerer Esoterik und Religionswissenschaftler bzw. Orientalisten wie Richard Wilhelm, Mircea Eliade, Joseph Campbell, Seyyed Hossein Nasr, Raimon Panikkar. Fast alle der Aufgezählten würden es von sich weisen, einer New-Age-Bewegung zugerechnet zu werden – und wenn nicht, würden sie etwas sehr anderes darunter verstehen als die meisten heutigen Verwender dieses Ausdrucks.

---

durch Methoden der teilnehmenden Beobachtung ermittelt) kommt Gisela Welz: Urbanität und Spiritualität. New Age als städtische Subkultur, in: I. Greverus und dies. (Hrsg.): Spirituelle Wege und Orte. Untersuchungen zum New Age im urbanen Raum, Frankfurt a.M. 1990 (Schriftenreihe des Instituts für Kulturanthropologie und Europäische Ethnologie der Universität Frankfurt am Main, Bd.33), 9-29 (= Welz (1990a), hier 11.27.
Die Zeitschrift »Magazin 2000« führte 1986 eine Leserumfrage mit folgendem Ergebnis durch: Das Durchschnittsalter liege bei 45 Jahren, zwei Drittel der Leser hätten Abitur, die Hälfte einen Hochschulabschluß und 30% ein Einkommen über 4000.- DM monatlich; die meisten Befragten seien mobil und reisefreudig (persönliche Auskunft des Herausgebers, Michael Hesemann; vgl. dazu Magazin 2000 Nr.69/1987, 17-19).

21. Fritjof Capra: Das Tao der Physik. Die Konvergenz von westlicher Wissenschaft und östlicher Philosophie, 10. Aufl. der Neuausgabe, München: O.W.Barth im Scherz-Verlag, 1988 (dt. zuerst unter dem Titel: Der kosmische Reigen (1977); engl. Original 1975), hier 14.
22. Vgl. dazu ders.: Das Neue Denken. Die Entstehung eines ganzheitlichen Weltbildes im Spannungsfeld zwischen Naturwissenschaft und Mystik, München: Scherz, 1987 (engl. Original 1987), hier 24f. 77ff.
23. Marilyn Ferguson: Die sanfte Verschwörung. Persönliche und gesellschaftliche Transformation im Zeitalter des Wassermanns, München: Knaur, o.J. (dt. Erstausgabe Basel: Sphinx 1982; engl. Original 1980); vgl. dazu Martin Konitzer: New Age. Über das Alte im neuen Zeitalter, Hamburg: Junius, 1989, hier 28.
24. Ken Wilber: Halbzeit der Evolution. Der Mensch auf dem Weg vom animalischen zum kosmischen Bewußtsein, München: Goldmann, 1988 (dt. Erstausgabe München: Scherz, 1987; engl. Original 1981).

Die Urheber der ›Ideen‹ sind also zu unterscheiden von den Vermittlern, die daraus eine ›Botschaft‹ machen, und diese wiederum von den Rezipienten, deren Aufnahmebereitschaft die Sache erst zu einem sozialen Phänomen werden läßt. Jedoch sind die Grenzen gelegentlich fließend. So gibt es v.a. in den USA Wissenschaftler und andere Fachleute, die persönlich in der ›Szene‹ engagiert sind, sei es aus Interesse an interdisziplinären Fragen, an der Kommunikation ihrer Detailkenntnisse in der Öffentlichkeit oder an der Aufnahme von Wissen aus fremden Disziplinen in ihren persönlichen oder auch fachlichen Wissenskosmos. Bei vielen von ihnen kommt ein allgemeines Interesse an Ökologie, an einer neuen Ethik der Naturwissenschaften und der Ökonomie, an Religion und an anderen Bereichen der modernen Lebenswelt hinzu. Es ist verbunden mit einer entsprechenden Kritik an den Auswüchsen der gegenwärtigen Technokratie.

Oft sind die Interessen dieser Autoren nicht nur theoretischer Art. Viele von ihnen praktizieren z.B. selbst Zen, sind in Umwelt- oder Entwicklungshilfe-Projekten engagiert, und ihre Bücher sind daher auch als Ausdruck eigener Erfahrung zu verstehen. Sie treten teilweise als Rezipienten auf, andererseits prägen sie das heuristische Feld der Neuen religiösen Szenerie durch ihre eigenen Fachbeiträge und werden dadurch zu ›Quellen‹. Beispiele dafür sind der Psychiater Stan Grof, der Anthropologe Gregory Bateson, der Astrophysiker und Systemtheoretiker Erich Jantsch, der Biologe Rupert Sheldrake, die Chemiker Ilya Prigogine und James Lovelock, die Neurobiologen Francisco Varela und Humberto R. Maturana. In ihren Büchern benutzen sie zwar z.T. die Begrifflichkeit, die zum Jargon der Neuen religiösen Szenerie geworden ist, aber ihr Stil ist zumeist anspruchsvoller, hält sich näher an das eigene Sachgebiet, und ihre Breitenwirksamkeit ist geringer als bei typischen ›Vermittlern‹ wie Ferguson oder Capra. Diese Gruppe ist bisher vor allem in den USA präsent, wo die Grenzen zwischen einzelnen Disziplinen, Fachsprachen und Universitätsinstituten weniger starr sind als in Deutschland.

Neben der Differenzierung der »Trägerschichten« ist eine geographische Unterscheidung notwendig: Die neue Szenerie ist im deutschen Sprachraum anders strukturiert als in Nordamerika oder Großbritannien. Das hängt mit den Unterschieden der Kirchenstruktur und des Verhältnisses von Staat und Kirche zusammen. Zwar ist ein wichtiger Teil der Quellen und der Vermittlungskultur aus dem anglo-amerikanischen Raum nach Deutschland gekommen, doch sind sie hier auf eine spezifische Situation gestoßen, haben sich mit einer bereits bestehenden ›Szene‹ verbunden und sich dabei verändert. Vor allem die Bezeichnung »New Age« selbst muß in dieser Hinsicht genau besehen werden.

Die unterschiedlichen Schichten und Ebenen werden in der Sekundärliteratur und bei ›Insidern‹ oft zu pauschal in der einen oder anderen Richtung aufgelöst. Wenn man die ›Quellen‹ miteinrechnet, wozu die ›Vermittler‹ tendieren, bekommt die Frage nach der Einheitlichkeit von »New Age« den Status eines künstlichen Dogmas, anhand dessen bestimmt wird, wer dazugehört und wer nicht. Dadurch droht der holistische Anspruch schnell zu verfallen; die pluralistische Gesamtwirklichkeit der Moderne wird in einen Dualismus von »old« und »new« aufgespalten (Descartes, Newton, Francis Bacon, »die Wissenschaftler« auf der einen Seite, Einstein, Heisenberg, Teilhard, »Weise« und »Mystiker« auf der anderen),[25] als ob es nicht mannigfache

---

25. Vgl. das Thema eines Kongresses im Münchner Gasteig: »Wissenschaftler und Weise«,

Verbindungen gäbe. Läßt man hingegen die ›Quellen‹ beiseite und bezeichnet entsprechende Anknüpfungen der ›Vermittler‹ als »Vereinnahmung«, so beraubt man den Gegenstand seiner Wurzeln und kann dann umso leichter die welken Blüten jener Pflanze (oder besser: jenes Ökosystems) als defizient beschreiben.

Beides sollte eine religions- und zeitgeschichtliche Arbeit zu vermeiden suchen. Auch sollte sie die überaus vielschichtige Szenerie nicht gewaltsam in das Schema eines ›geheimen‹ einheitlichen Hintergrundes pressen (wie dies gelegentlich in der Sekundärliteratur zu beobachten ist), sei es die Theosophie Alice Baileys, die Transzendentale Meditation des Maharishi Mahesh Yogi, der Integrale Yoga Shrî Aurobindos oder der Okkultismus Aleister Crowleys. Die Analyse wird vielmehr die Einheitlichkeit des Phänomens im gegenständlichen Bereich aufgeben und sie auf einer abstrakteren Ebene neu begründen müssen, nachdem sie verschiedene Themenkreise im einzelnen benannt hat.

1.1.4 »New Age«, »Neue religiöse Bewegungen«, »Neue religiöse Szenerie«: Zur Nomenklatur

Zusammen mit einer Reihe neuerer Publikationen soll in der vorliegenden Arbeit der Ausdruck »New Age« nicht ohne Anführungszeichen verwendet werden. Wie sich im folgenden zeigen wird, ist er im heutigen Sprachgebrauch lediglich ein Etikett, das jener neuartigen religiösen Szenerie durch die Verlage, die Sekundärliteratur und wenige Protagonisten mit anglo-amerikanischem Hintergrund ›aufgesetzt‹ wurde: »New Age« hat im deutschen Sprachraum nie gelebt und ist schon gar nicht eine im Singular zu beschreibende soziale Bewegung.[26]

In seiner heutigen Verwendung ist »New Age« ein Phantom – aber das Phantom hat Spuren in der Wirklichkeit hinterlassen! Mit der Verbreitung des Ausdrucks ist eine Neue religiöse Szenerie ins Bewußtsein der Öffentlichkeit gedrungen, die sich seit Jahrzehnten angedeutet und entwickelt hatte, zunächst aber weitgehend verborgen geblieben war und später – durch die Fixierung auf die sog. »Jugendreligionen«[27] – von der Öffentlichkeit nicht sachgemäß wahrgenommen wurde. Während sich die politisch-gesellschaftlichen Neuentwicklungen, »Studentenbewegung«, »Gegenkultur« und »Neue soziale Bewegungen«, alsbald einen zentralen Platz in der etablierten öffentlichen Wahrnehmung erzwangen und darüber hinaus z.B. in der Soziologie eine theoretische Fundierung erhielten, sind ihre religiösen Parallelerscheinungen weithin

---

März 1990, veranstaltet vom Aquamarin-Verlag, Grafing. Der inhärente Dualismus des Tagungstitels wurde auf dem Kongreß selbst problematisiert, insbesondere durch Raimon Panikkar, der sich weder als »Wissenschaftler« noch als »Weiser« einstufen wollte und sich daher scherzhaft als Vertreter der »Dummen« präsentierte, denen neben jenen auch ein Platz in der Wirklichkeit zukommen müsse.

26. Gleichwohl gibt es eine lange begriffs- und ideengeschichtliche Tradition, die aber den meisten heutigen Benutzern – ›Insidern‹ wie Beobachtern – unbekannt ist; s. dazu Teil II der Arbeit.
27. Vgl. dazu unten, Kap.1.2.2.

unaufgearbeitet geblieben. Wenn sie thematisiert wurden, wurden sie zumeist als Epiphänomene anderer Erscheinungen, z.zb. der Entfremdung der Bevölkerung aus kirchlichen Traditionen, aufgefaßt und entwicklungspsychologisch oder devianzsoziologisch erklärt. Daß es sich dabei um eigenständige Phänomene der modernen Religionsgeschichte handeln könnte, wurde kaum in Erwägung gezogen.

Die inadäquate Wahrnehmung der Neuen religiösen Szenerie hängt unter anderem mit der schwachen Stellung des Fachs Religionswissenschaft in Deutschland zusammen, das keine theoretische Fundierung der »New Age«-Diskussion bereitstellte, wie sie Soziologie und Politologie bei vergleichbaren subkulturellen Erscheinungen im politisch-gesellschaftlichen Bereich entwickelten.[28] Doch ist sie zugleich ein Indiz dafür, wie sehr in der etablierten Öffentlichkeit »Religion« oder »Religiosität« nach wie vor mit Christentum und Kirchlichkeit identifiziert werden; denn außer kirchlichen Mitarbeitern – deren kritische und apologetische Haltung nicht verwundern kann – hat sich kaum jemand mit entsprechender Sachkenntnis um die neue Szenerie gekümmert.

Durch die habitualisierte Identifikation von Religion und Kirche wird im Gegenzug »New Age« ebenfalls als eine einheitliche Größe aufgefaßt, sei es mehr im sozialen Sinne als ›Gegenkirche‹ oder im weltanschaulich-religiösen Sinne als ›Gegentheologie‹. Diese Konstruktion erweist sich jedoch als brüchig, sobald man die vordergründige Einheitlichkeit des modischen religiösen Jargons verläßt. Vielmehr ist für »New Age« gerade die inhaltliche wie auch soziale Vieldeutigkeit und Inkonsistenz charakteristisch. Ähnlich den »Neuen sozialen Bewegungen« stellt die Neue religiöse Szenerie einen Typus von Religiosität dar, der relativ schwach organisiert und strukturiert ist, aber spontan und kraftvoll in Erscheinung tritt und nicht nur als Übergangserscheinung gesehen werden sollte.

Daher ist in der vorliegenden Arbeit statt von »New Age« entweder von »*Neuen religiösen Bewegungen*« die Rede, oder – wo die Sprachlogik den Singular erfordert – von der »*Neuen religiösen Szenerie*«. Im Unterschied zu Frank Usarskis Terminus der »Neuen Spirituellen Bewegungen«[29] wird das Adjektiv »religiös« vorgezogen, weil seine terminologischen Untiefen zumindest besser bekannt sind als die der »Spiritualität«.[30] Dabei wird in Kauf genommen, daß viele der Bewegungen und Gruppen das Wort »religiös« vermeiden und statt dessen lieber »spirituell« sagen.[31] Doch ist es ebenfalls häufig in Gebrauch, so daß die Gefahr einer neuerlichen Fremd-Etikettierung hoffentlich vermieden werden kann.

Mit dem Terminus »*Neue religiöse Szenerie*« soll andererseits deutlich werden, daß – wenn schon ein singularischer Ausdruck verwandt wird – eine scharfe Unterscheidung zwischen etablierten und nicht-etablierten Formen von Religion und Reli-

---

28. Vgl. dazu unten, Kap.4.
29. Frank Usarski: Die Stigmatisierung der Neuen Spirituellen Bewegungen in der Bundesrepublik Deutschland, Köln 1988.
30. Zum Stichwort »Spiritualität« vgl. unten, Kap.8.
31. Es gibt z.B. Gemeinschaften, die sich als »nicht-religiös« bezeichnen und dennoch das Wort »spirituell« benutzen, so die »Anonymen Alkoholiker« (Auskunft Sebastian Murken, Marburg).

giosität vermieden werden muß. Zum einen gibt es im nicht-kirchlichen und nichtchristlichen Bereich jener Szenerie sehr verschiedene Richtungen mit unterschiedlich starker institutioneller Festigung und ebenso unterschiedlicher personaler und inhaltlicher Kontinuität zu älteren religiösen Traditionen. Zum anderen reichen die Formen und Inhalte der Neuen religiösen Szenerie auch in die Kirchen hinein. Besonders im deutschen Sprachraum scheint »New Age« zu einem Gutteil ein Phänomen kirchlicher »Randgänger« zu sein. So sieht es jedenfalls der Beauftragte der Evang.-luth. Landeskirche in Bayern, Pfr. Bernhard Wolf;[32] ganz ähnlich auch die Einschätzung Fritjof Capras, die aus dem Vergleich seiner deutschen und amerikanischen Hörerschaft bei Vorträgen gewonnen ist.[33]

Typisch für die religiöse Szenerie im deutschen Sprachraum mögen zwei Episoden von Tagungen kirchlicher Akademien über »New Age« sein, die hier in etwas unwissenschaftlichem Stil wiedergegeben werden sollen:

Im Herbst 1987 fragt beim Schlußpodium einer Tagung Pater Josef Sudbrack, einer der bekanntesten kirchlichen Kenner nicht-kirchlicher religiöser Bewegungen, den Autor Fritjof Capra mit einer eigentümlichen Mischung aus Dialogbereitschaft und argwöhnender Vorsicht, warum in seinem eben erschienenen Buch (»Das Neue Denken«) der Name »Christus« nicht zu finden sei, anders als »Buddha« und die Namen anderer östlicher Religionsstifter und Weiser. Capra erklärt daraufhin, das Buch sei autobiographischer Natur. Seit seiner Kindheit habe er keine Verbindung mehr zur christlichen Tradition gehabt. Das Thema der Religion habe er erst durch den Einfluß östlicher Religionen wiederentdeckt, und er sei zu dieser Tagung gekommen, um die westliche religiöse Tradition kennenzulernen.[34]

Bei einer Tagung mit dem Thema »Innenweltkrise – New Age als Wegweiser?« entsteht ein Konflikt über dasselbe Stichwort »Christus«.[35] Zunächst zieht Rudolf Bahro, Radikal-Ökologe und Angehöriger einer alternativen Gemeinschaft, die sich selbst als »klösterlich« bezeichnet, den Argwohn der konservativ-christlichen Referenten und Teilnehmer auf sich, daß seine anthropologische Vision mehr von Bhagwan Shree Rajneesh denn von Christus geprägt sei. In einem leidenschaftlichen Vortrag bezeichnet sich dann der Publizist und Laienkatholik Franz Alt als »Jesuaner« und macht die paulinische Christologie verantwortlich für den »dogmatischen«, lebensfremden und gewalttätigen Charakter des Christentums. Er stößt auf starken Beifall der Teilnehmer, die zum großen Teil kirchlich sozialisierte Laien sind. Die anwesenden Theologen, mehrere evangelische Pfarrer und andere Sachkundige beider Konfessionen, sind sprachlos, und selbst Günther Schiwy, Vertreter einer obrigkeitskritischen katholischen Basistheologie, der zuvor vehement die Nähe der »New Age-Spiritualität« zur Botschaft Jesu betont

---

32. Persönlicher Hinweis.
33. Persönliches Gespräch am 25.5.1988.
34. Tagung der Katholischen Akademie in Bayern über »New Age« in München, 17. und 18.10.1987. Bei meinem Gespräch mit Capra (s. vorige Anm.) hat dieser die Aussage nochmals bestätigt. Vgl. auch ders., David Steindl-Rast und Thomas Matus: »Wendezeit im Christentum. Perspektiven für eine aufgeklärte Theologie«, München: Scherz, 1991. (Der deutsche Titel ist leider irreführend, da keiner der drei Autoren im disziplinären Sinne »theologische« Ansprüche verfolgt; die amerikanische Originalausgabe ist überschrieben: »A Sense of Belonging« (1991)).
35. Tagung des Frankenreferats der Evangelischen Akademie Tutzing in Aschaffenburg, 9.-11.12.1988.

hatte, meint: »Das ist doch neunzehntes Jahrhundert!« – was von den Anwesenden als Ausdruck theologischer Arroganz mit aufgebrachten Reaktionen bedacht wird. Schließlich rettet Bahro den Konsens mit einem persönlichen Zeugnis der Begegnung mit Christus, dem Auferstandenen und Erhöhten, den man neben dem wahren Menschen Jesus auch noch brauche.

1.1.5 Redundanz als notwendiges Element der Vermittlung: Zur Sprachstruktur

Die Redundanz und Diffusität der neuen Szenerie ist allgegenwärtig. Sie macht dem Beobachter das Leben schwer, weil sie eine Ausweitung und inhaltliche Entleerung der Begriffe und Ideen zur Folge hat und es praktisch unmöglich werden läßt, ›der Sache auf den Grund zu gehen‹. Einzelne Motive werden aus ihrem Zusammenhang gelöst, alles scheint der Beliebigkeit zu verfallen. Darum ist in der Sekundärliteratur viel von »Eklektizismus«, »Beliebigkeit«, »Supermarkt«, »Konsumverhalten«, kurz: von fehlenden Fundamenten die Rede. Oft sind die Vertreter der Szenerie immun gegen solche Kritik, da sie die Vielfalt und Uneinheitlichkeit gerade als Kennzeichen eines ganzheitlichen, nicht-linearen Denkens interpretieren und so alle Kritik als Bestätigung der eigenen Position verstehen. Das macht den rationalen Diskurs nicht leichter.

Es ist im Einzelfall durchaus zu prüfen, ob hinter jener Diffusität Grundlegenderes zu finden ist oder ob die Rede von der Ganzheitlichkeit nichts weiter ist als ein raffiniertes ›Sprachspiel‹ unter Bedingungen der gegenwärtigen Konsumgesellschaft.[36] Analysiert man die neuartige Vermittlungskultur genauer, so verbietet sich eine pauschale und vorschnelle Antwort. Im übrigen ist Redundanz ein notwendiges Moment aller Vermittlung, wie jeder Lehrer und jeder Journalist weiß. Experimente mit Kunstsprachen haben gezeigt, daß Redundanz auch ein notwendiger und wesentlicher Bestandteil der Sprache ist.[37] Die Arbeit mit Redundanz gehört daher selbst zu den Gesetzmäßigkeiten der Vermittlungskultur und ist keineswegs verwunderlich. Die daraus resultierende Unbestimmtheit der Inhalte ist gerade Kennzeichen der Sache und trotz der Schwierigkeiten, die sie dem Beobachter bereitet, kein grundsätzliches Argument gegen sie. Doch erfordert sie besonderen methodischen Umgang.

Einerseits macht es wenig Sinn, »New Age auf dem Prüfstand der philosophischen Kritik« zu untersuchen.[38] Jeder geschulte Philosoph ist imstande, die zumeist im wört-

---

36. Ein kluger Beobachter hat in diesem Sinn den Spruch geprägt: »Wenn von Ganzheitlichkeit die Rede ist, wird's meistens einseitig«.
37. Vgl. M. Catherine Bateson: Mit den Augen einer Tochter. Erinnerungen an Margaret Mead und Gregory Bateson, Reinbek: Rowohlt (Tb.), 1986 (engl. Original 1984), hier 104f., über entsprechende Untersuchungen ihrer Mutter, Margaret Mead, am Esperanto sowie am Pidgin-English.
38. So der Beitrag Walther C. Zimmerlis auf der genannten »New Age«-Tagung der Katholischen Akademie in München im Jahr 1987, der zu aufgebrachten Reaktionen im Publikum führte (Das Zeitalter der angekündigten neuen Zeitalter. »New Age« auf dem Prüfstand der philosophischen Kritik, in: H. Bürkle (Hrsg.): New Age. Kritische Anfragen an eine verlockende Bewegung, Düsseldorf 1988, 42-61, = Zimmerli (1988a)).

lichen und übertragenen Sinne dilettantische Kritik der ›New-Ager‹ am modernen Denken mit einigen Hinweisen auf Kant oder Wittgenstein auseinanderzunehmen, die eine viel schärfere Form der Kritik in der Philosophie selbst schon verankert hätten. Ob er sich seinem Publikum verständlich machen kann, überzeugende Antworten in einem lebensweltlichen Horizont zu bieten hat und den Autoren der Neuen religiösen Szenerie damit Konkurrenz bieten kann, ist eine ganz andere Frage.

Andererseits ist das Syndrom »New Age« auch historisch schwer zu fassen. Der Ruf »*ad fontes!*« fruchtet hier wenig, stellt sich die Sache doch als ein Netz mit vielerlei Knoten und Verbindungen, aber ohne erkennbaren Anfangs- und Endpunkt dar. Und darum geht es dem Historiker in der Auseinandersetzung mit Vertretern der Szenerie zumeist nicht besser als dem Philosophen.

Doch wenn man nicht in kausaler Einlinigkeit nach Ursprüngen und Abhängigkeiten sucht, lassen sich durchaus – sowohl systematisch als auch historisch – bestimmte Topoi ausmachen, Knotenpunkte oder typische Versionen eines Gedankens, einer neuen Dimension der Zusammenschau und des Dialogs, neuer Bewegungen innerhalb des Gesamt-Syndroms. In diesem Sinne hilft eine historische (zeitgeschichtliche) Perspektive, die negativen Effekte bei der Beobachtung jener Redundanz auszugleichen: Es zeigt sich, daß einige Seminare zwischen 1980 und 1984 in Saragossa oder Alpbach als Muster und Vorbilder der redundanten Kongreßkultur gewirkt haben, die später immer wieder die gleichen Akteure mit immer neuen Zuhörern zusammenbrachte. Ähnliches gilt für Verlagsprogramme und andere Organisationsformen dieser Vermittlungskultur.

Die vorliegende Arbeit sucht weniger nach Durchschnittstypen des Syndroms – etwa im Sinne einer öffentlichen Umfrage, was eine bestimmte Bevölkerungsschicht unter »New Age« versteht[39] – sondern eher nach Idealtypen: nach Erscheinungsformen, die nicht so sehr am zeitlichen, sondern am sachlichen Anfang stehen und an denen die Transformationsprozesse im Detail zu beobachten sind, die sich – oft mit einiger zeitlicher Verzögerung – im größeren Rahmen der Öffentlichkeit wiederholt haben.

Am Anfang der Entwicklungen standen nicht die viel gelesenen Bücher von Capra oder Ferguson, die bereits auf einen vorhandenen Sprachjargon zurückgreifen, sondern Kongresse, experimentelle Tagungen, pionierhafte Buchprojekte, Sammelbände und Reihen, die disparate Themen unter einen gemeinsamen Nenner zu bringen versuchten und dabei Äquivokationen und Resonanzerscheinungen der Sprache als verbindendes Element benutzten (z.B. die gleichzeitige Verwendung des Ausdrucks »Selbstorganisation« in einem naturwissenschaftlichen und lebensweltlich-subkulturellen Zusammenhang). Hier ist der sachliche Anfang von »New Age« mit seiner Verknüpfung disparater Themen und Interessenbereiche zu sehen!

Daher erscheint es sinnvoll, statt bei Autoren bei Organisatoren anzufangen, wenn man sich mit »New Age« befassen will. Ich habe dazu eine Recherche ausgewählter Verlagsprogramme unternommen, weil einiges darauf hindeutet, daß es die Verleger und Lektoren waren, die den intellektuellen Rahmen zu »New Age« erstellten. Sie

---

39. Vgl. z.B. Schneider (1991).

›sitzen an der Quelle‹ und wissen anhand von Verkaufszahlen und anderen konkreten Parametern ihrer Arbeit über das Publikum Bescheid, das ihre Bücher kauft und die potentielle Rezipientenschicht neuer Themen und Projekte bildet. Wie sich gezeigt hat, gehen auch wichtige Tagungsreihen, die begriffsbildend wirkten und synthetisierende Entwicklungen einleiteten, auf die Tätigkeit von Verlegern zurück.

Damit soll nicht gesagt sein, daß die neue Szenerie ein reines Buchmarkt-Phänomen sei. Auch wäre der Schluß zu kurz gegriffen, daß die Image-Spezialisten der Verlage und andere ›Informationsverkäufer‹ sie »herbeigeredet« hätten. Sondern die Lektoren und Verleger antworten ihrerseits auf eine schon vorhandene Nachfrage, d.h. es besteht eine ständige Interaktion zwischen Bedürfnissen der Rezipienten und Verlagsangeboten.[40] Wie sich im Verlauf der Recherchen zur vorliegenden Arbeit gezeigt hat, verstehen es die ›Vermittler‹ am besten, diese Prozesse zu artikulieren; so kann man bei ihnen auch die beste Auskunft erhalten. Dadurch machen sie das Phänomen einigermaßen greifbar.

1.2 »New Age« als Deutungssyndrom: Sekundärliteratur in kritischer Sichtung

»New Age« ist im deutschen Sprachraum erst seit einigen Jahren zum Thema wissenschaftlicher Forschung geworden. Entsprechend dem uneinheitlichen Charakter des Phänomens erstreckt sich auch die Sekundärliteratur über verschiedene wissenschaftliche Disziplinen; so gibt es inzwischen naturwissenschaftliche, soziologische, psychologische, kulturanthropologische, historische, philosophische, religionswissenschaftliche und theologische Stellungnahmen.[41] Von einem »Forschungsstand« kann man noch nicht reden, da die Zugänge zu unterschiedlich strukturiert sind und noch kein wissenschaftlicher ›Standard‹ erreicht ist, von dem aus man die einzelnen Entwürfe aufeinander abbilden könnte. Dennoch hat die Sekundärliteratur eine wichtige Bedeutung, weil sie einen erheblichen Anteil an der Einführung des Oberbegriffs »New Age« im deutschen Sprachraum hatte. Die dabei entstandene Dynamik ist Gegenstand der folgenden Abschnitte.

---

40. Nicht von ungefähr werden in den Verlagen die Vertreter sehr ernst genommen, die ›draußen‹ durch die Buchhandlungen reisen und die Bücher verkaufen, die ›drinnen‹ produziert werden.
41. Vgl. zum Überblick Dokumentationsteil, Abschnitt 2.

1.2.1 Zur Wechselwirkung zwischen Phänomen und Deutung: Erkenntnisleitende Interessen des folgenden Literaturberichts

Im Spätsommer 1986 stieß ich zum ersten Mal auf den Terminus »Wassermann-Zeitalter«. Ich hatte mit meinen Recherchen über »New Age« begonnen. Der Betreiber eines kleinen Büros in der Altstadt von Konstanz, das sich »Wassermann-Zentrum« nannte, erklärte mir mit einiger Euphorie, daß das »Wassermann-Zeitalter« jetzt beginne und identisch sei mit dem von mir gesuchten »New Age«.

Ich wollte zunächst einmal wissen, was denn »New Age« sei. Er führte mich zu seinem Bücherbord und zeigte mir als wichtigste Literatur Marilyn Fergusons »Die sanfte Verschwörung«, Fritjof Capras »Wendezeit« – und Hans-Jürgen Rupperts »New Age. Endzeit oder Wendezeit?«.[42] »Da steht alles drin«, sagte er. Auch die Sache mit dem »Wassermann-Zeitalter« könne ich in Rupperts Buch nachlesen.

Ich kaufte mir Rupperts Buch und war erstaunt, eine »New Age«-*Kritik* darin zu finden. Einmal aufmerksam geworden, fand ich es in mehreren ähnlichen Zentren in Zürich, München, Stuttgart und anderen Orten. Etwa 1988 verschwand es aus dem Gesichtskreis; seine Stelle nahm nun ein anderes Buch über »New Age« ein, die Dissertation von Christof Schorsch.[43]

Die Episode macht beispielhaft einen grundlegenden Zusammenhang deutlich, der leitend für die Methodik der vorliegenden Arbeit ist: Die Bücher von Ruppert, Schorsch und anderen Beobachtern von »New Age« waren im deutschen Sprachraum maßgeblich an der Einbürgerung und inhaltlichen Festlegung dieses Begriffs beteiligt. Es gab nur wenige ›Insider‹, die den Ausdruck »New Age« selbst zum Thema systematischer Reflexion machten, und deren Bücher erschienen bevorzugt in kirchennahen Verlagen.[44]

So lassen sich die in den vorigen Abschnitten dargestellten Beobachtungen zu Struktur und Trägerschichten der Neuen religiösen Szenerie im Blick auf die Sekundärliteratur weiterführen: Der Ausdruck »New Age« steht für ein vielgestaltiges und disparates Syndrom, das in seiner öffentlichen Wahrnehmung einem Vereinheitlichungsprozeß unterworfen wurde. Zunächst wurde von Kongreßorganisatoren, Verlagslektoren und anderen säkularen Vermittlern religiöser Inhalte eine charakteristische Zusammenstellung unterschiedlicher Themen entwickelt, die in der Öffentlichkeit als Einheit präsentiert wurde; als Basis des Dialogs zwischen jenen Themen dienten Strukturbegriffe, die in unterschiedlichem Zusammenhang gleichzeitig gebraucht werden konnten. Sie verdichteten sich zu einem ›Sprachjargon‹. Als Oberbegriff führten einige der ›Vermittler‹ den Ausdruck »New Age« ein. Etwa gleichzeitig wurden diese Themen von populärwissenschaftlichen Autoren zu Gesamtentwürfen zusammengefaßt, die bereits auf den geprägten Sprachjargon zurückgriffen, aber den Ausdruck

---

42. Hans-Jürgen Ruppert: New Age. Endzeit oder Wendezeit, Wiesbaden: Coprint, 1985.
43. Zu Schorsch vgl. unten, Kap.1.2.3.3.
44. Z.B. Elmar R. Gruber und Susan Fassberg: New-Age-Wörterbuch. 300 Schlüsselbegriffe von A – Z, Freiburg i.Br.: Herder (Tb., »Zeitwende«), 1986; ders.: Was ist New Age? Bewußtseinstransformation und neue Spiritualität, ebd., 1987.

»New Age« selbst nicht systematisch reflektierten. Diese Funktion übernahm vielmehr die seit 1985 einsetzende Sekundärliteratur. Sie machte aus dem ›heuristischen Feld‹ der Vermittler eine »Weltanschauung«, ein Lehrsystem, eine ›Religion‹, und unterzog es zugleich einer grundsätzlichen Kritik.

Diese Entwicklung erfordert eine kritische Rückfrage: Warum wurde ein so disparates, kaum theoriefähiges Konglomerat aus subkulturellen Bewegungen, Themen und Schlagworten im Zuge seiner Deutung einem solchen künstlichen Vereinheitlichungsprozeß unterworfen? Es ist zu vermuten, daß dafür spezifische erkenntnisleitende Interessen der Sekundärliteratur verantwortlich sind. Offenbar korrespondiert der Wirkung der Sekundärliteratur auf Selbstverständnis und Identitätsbildung der Neuen religiösen Szenerie eine Wirkung in umgekehrter Richtung: Die ›Szene‹ hat eine Indikatorfunktion für die Thematisierung bestimmter Fragestellungen, die das Interesse an ihrer Systematisierung durch die Beobachter erst erwecken.

In den folgenden Abschnitten wird versucht, mit Hilfe einer kritischen Analyse der Begründungsstrukturen ausgewählter Sekundärliteratur dieser Vermutung auf den Grund zu gehen. Der Arbeitsgang hat ein dreifaches Ziel: *Erstens* soll die skizzierte Wechselwirkung zwischen ›Insidern‹ und ›Beobachtern‹ untersucht werden, um auf diese Weise die Funktion des Ausdrucks »New Age« in der gegenwärtigen Diskussion genauer zu umreißen. *Zweitens* soll geprüft werden, ob es neben dem ›heuristischen Feld‹ der Neuen religiösen Szenerie ein zweites ›heuristisches Feld‹ der Sekundärliteratur gibt, d.h. ob hinter dem Interesse an »New Age« ein oder mehrere gemeinsame Themen der Gegenwartsdeutung zu erkennen sind, zu deren Artikulation der Ausdruck »New Age« benutzt wird. *Drittens* soll gefragt werden, ob aus den Ergebnissen dieser Analyse allgemeinere Rückschlüsse auf die Theoriebildung über »Religion« möglich sind. Es könnte nämlich sein, daß die Wechselwirkung von Phänomen und Deutung nicht nur im Fall von »New Age« existiert, sondern daß sich an diesem speziellen Thema allgemeinere Bedingungen von Erkenntnis und Deutung religiöser Phänomene offenbaren.

1.2.2 Zur Vorgeschichte: Neue Religiosität der »Subkultur«, »östliche Mission« im Westen, »Jugendsekten«-Debatte

Da die »religiöse Subkultur« und die sog. Jugendreligionen der 70er Jahre infolge des größeren zeitlichen Abstandes besser erforscht sind als »New Age« und einen wichtigen Traditionsstrang in die gegenwärtige religiöse Szenerie eingebracht haben, sollen zunächst einige Arbeiten zu diesem Thema berücksichtigt werden:

(1) *Michael Schibilsky* untersuchte in einer praktisch-theologischen Dissertation mit religionssoziologischen Methoden die Religiosität der »Gegenkultur« der frühen 70er-

---

45. Michael Schibilsky: Religiöse Erfahrung und Interaktion. Die Lebenswelt jugendlicher Randgruppen, Stuttgart: Kohlhammer, 1976; vgl. auch ders.: Marginalität und Religiosität. Alternative Jugendkultur als Gegenstand der Religionssoziologie, in: R. Volp (Hrsg.):

Jahre.[45] Er führte eine biographische Befragung an zehn Probanden durch, von denen sechs als Repräsentanten der »religiösen Subkultur« eingestuft wurden. Die vier anderen, die er als »Kontrollgruppe« bezeichnet, seien einer »herkömmlichen christlichen Sektenreligiosität« zugehörig.

Schibilsky beschreibt als Kriterien u.a.: Ablehnung gesellschaftlich konsentierter Normen, dichotomisches Gesellschaftsbild, Betonung der inneren Erfahrung, im Alltagsleben verankerte religiöse Praxis, Betonung der Kleingruppe von Gleichgesinnten, Bewußtsein einer marginalen Existenz. Diese Kriterien seien großenteils auch für die »Kontrollgruppe« zutreffend, so daß die Religiosität der Subkultur formal der Sektenreligiosität ähnlich sei. Unterschiede seien der moralische Rigorismus, die Bedeutung der formalen persönlichen Konversion, die Exklusivität der Gruppe und der stärkere Organisationsgrad auf seiten der Sektenangehörigen (S.159); diese Aspekte würden seitens der »Subkultur« abgelehnt. Sie könne daher als »Sektenreligiosität in ihrem vororganisatorischen Stadium« bezeichnet werden, die typologisch zwischen Sekte und Mystik anzusiedeln sei (S.158, nach Terminologie und Schemata Ernst Troeltschs und Max Webers).

An Schibilskys Arbeit lassen sich die Kontinuitäten und Brüche der damaligen religiösen ›Szene‹ zur heutigen gut festmachen: Ähnlich ist (nach wie vor) eine geringe Ausbildung von festen Strukturen und die hohe Fluktuation in den neuen religiösen Gemeinschaften (vgl. S.158), wie auch die vorwiegend außerchristliche Orientierung (vgl. S.156). Verändert hat sich v.a. das subkulturelle Selbstverständnis sowie die Altersstruktur.[46] Aus dem Versuch einer religiös qualifizierten, bewußt alternativen Lebensgestaltung in der Generation junger Erwachsener ist ein binnengesellschaftlicher Lebensstil mit Schwerpunkt in der gebildeten Mittelschicht der etwa 40-Jährigen geworden.[47] Außerdem ist die gegenwärtige »neue Religiosität« ungleich stärker verbreitet als zur Zeit der Untersuchung Schibilskys.[48]

Aus heutiger Sicht korrekturbedürftig erscheint daher Schibilskys Deutung der »religiösen Subkultur« als »Sektenreligiosität im vororganisatorischen Stadium« (S.158): Dieses Vorstadium hat sich zu einer eigenen sozialen Gestalt entwickelt. Ein ständiges Kommen und Gehen neuer Vorstadien, lokaler Institutionalisierungen und

Chancen der Religion, Gütersloh 1975, 90-128; ders.: Kirchliche Outsider – religiöse Insider, in: J. Lell und F. Menne (Hrsg.): Religiöse Gruppen. Alternativen in Großkirchen und Gesellschaft, Düsseldorf und Göttingen 1976, 149-168.
46. Schibilskys Probanden waren zwischen 18 und 29 Jahre alt, was er damals als repräsentativ einschätzte (S.68). Zur Altersstruktur der heutigen religiösen Szenerie s.o. Anm.20.
47. Vgl. Schneider (1991), 31-36.
48. Schibilsky nennt für das Jahr 1975 in Deutschland eine Zahl von etwa einhundert subkulturellen spirituellen Zentren (S.60, mit Verweis auf subkulturelle Verzeichnisse). Heute ließe sich allein in Berlin oder im Großraum München leicht ein Mehrfaches zusammenbringen. Eine zwischen 1986 und 1989 durchgeführte Feldstudie Frankfurter Anthropologen zählte (nach ähnlichen Kriterien wie Schibilsky) in Freiburg im Breisgau und in Frankfurt 45 bzw. 82 fest ansässige Institutionen (Welz (1990a), 12.18). Die in der Nähe von Zürich erscheinende Zeitschrift »Spuren« enthält in jedem Heft einen ca. 40 Seiten starken »Katalog« mit über 200 Annoncen solcher Zentren sowie Einzelpersonen aus dem Großraum Zürich.

Auflösungserscheinungen ist zu verzeichnen, und bisher sind keine Anzeichen in Richtung auf eine globale Verfestigung der Strukturen auszumachen.

Schibilskys Arbeit ist durch die methodische Reflektiertheit der Untersuchungen und eine offene, ›beobachtende‹ Haltung ausgezeichnet, die das geläufige Klischee, daß Theologen vorurteilsbesetzt seien, kaum erfüllt. Offenbar ging die Arbeit in der seit 1978 massiv einsetzenden Debatte um die sog. »Jugendsekten« unter; jedenfalls wird sie heute in der einschlägigen Diskussion nur wenig zitiert.

(2) *Reinhart Hummel* verbindet in seiner Habilitationsschrift eine religionsgeschichtliche Perspektive mit einem missionstheoretischen Begriffsrahmen, so daß sich die Arbeit durch eine differenzierende Analyse der interreligiösen Rezeptionsvorgänge hervorhebt.[49] Gegenstand sind indisch inspirierte Gruppen in den USA sowie ihre westeuropäischen Ableger, die Hummel als »organisierte Formen asiatischer Religion« im Westen von einem frei flottierenden »individuellen Synkretismus« abgrenzt.[50] In einem Abschnitt über das »westliche Umfeld« zeigt Hummel, daß viele der heute auch im Zusammenhang mit »New Age« genannten Vorstellungen und Begriffe westlichen Ursprungs sind und erst später durch indische Einflüsse verändert wurden. In instruktiven Abschnitten über Unitarier und die Neugeistbewegung (New Thought) werden historische Verflechtungen zwischen westlichen und östlichen Strömungen dargestellt.[51] Die Topoi »New Age« und »Wassermann-Zeitalter« werden (allerdings historisch unexakt[52]) erwähnt (S.184f.). Auch werden die westlichen Züge der Theosophischen Gesellschaft hervorgehoben, durch die sie sich von den indisch initiierten Bewegungen grundlegend unterscheide.

Hummels Arbeit bietet somit einen Zugang zur Historisierung der Problematik Neuer religiöser Bewegungen im Westen. Die Thematik wird konsequent als eigenständiger Bereich der modernen abendländischen Religionsgeschichte verstanden und nicht zur bloßen Folgeerscheinung kirchlicher Krisen erklärt. Obwohl die vorliegende Arbeit daran anzuschließen versucht, seien zwei methodische Kritikpunkte angemerkt: Die typologische Scheidung zwischen »organisierten Formen« und »individuellem Synkretismus« verstellt den Blick für die pluralistische Gestalt des »westlichen Umfeldes«, die gerade anhand der Theosophischen Gesellschaft gut erkennbar ist und seit Ende des letzten Jahrhunderts neben Kirchen, Denominationen, Freikirchen und Sekten einen neuartigen Strukturtypus religiöser Vergemeinschaftung hervorgebracht hat.[53] Zum andern bringt die Kategorie der »Mission« im Zusammenhang der Neuen

---

49. Reinhart Hummel: Indische Mission und neue Frömmigkeit im Westen. Religiöse Bewegungen Indiens in westlichen Kulturen, Stuttgart: Kohlhammer, 1980.
50. Die von ihm untersuchten Bewegungen seien »zumeist das Ergebnis einer bewußten Missionstätigkeit« und nicht nur durch mentale Rezeptionsformen, sondern zugleich durch Kultus und Ritus und durch relativ feste Gemeinschaftsstrukturen gekennzeichnet (S.8).
51. Ebd., 179ff et passim.
52. Vgl. dazu unten, Teil II.
53. Auch religionshistorisch hatte die Theosophische Gesellschaft (TG) – trotz ihrer fragwürdigen Exotismen – eine große Bedeutung für die breitenwirksame Hinduismus- und Buddhismusrezeption des Westens seit 1875. Nicht nur waren viele westliche Anhänger der

religiösen Szenerie eine Engführung mit sich: Wie sich an vielen Details zeigt, sind die östlich inspirierten Bewegungen im Westen – anders als z.B. die christliche Mission im 19. Jahrhundert in Indien – viel stärker Such- als Sendungsbewegungen. Das dürfte sogar für die von Hummel speziell untersuchten Gruppen gelten, obwohl sich diese – insbesondere die »Ramakrishna-Mission« – relativ stark an das Vorbild christlicher Mission in Indien anlehnten. Das missionstheologische Deutungsraster darf jedenfalls nicht in gleicher Weise auf alle asiatischen Bewegungen im Westen übertragen werden.[54]

    indischen »Missionsbewegungen« Vivekânandas oder Yogânandas aus der TG hervorgegangen (vgl. dazu Hummel ebd., 177), sondern diese hat v.a. in England und Amerika auch zahlreichen späteren ›Drehpunktpersonen‹ einen ersten Zugang zu östlichen Lehrtraditionen verschafft. Z.B. kam Alan Watts durch die Londoner »Buddhist Lodge« des Theosophen Christmas Humphreys zum ersten Mal mit dem Buddhismus in Berührung (vgl. Alan Watts: Zeit zu leben. Erinnerungen eines ›heiligen Barbaren‹, München: Heyne, 1988 (dt. zuerst 1979 (engl. Original 1972), hier 62ff.). Der Indologe Max F. Müller hat die Vermittlungsfunktion der TG – trotz seines Ärgers über ihre Fehlinterpretationen der indischen Texte – wohlwollend kommentiert (vgl. J. Stillson Judah: The History and Philosophy of the Metaphysical Movements in America, Philadelphia 1967, hier 97f.). Mit der ihm eigenen Unbekümmertheit schreibt Alan Watts: »Madame Blavatskys umfangreiche Werke verraten nur höchst fragmentarische Kenntnisse des tibetischen Buddhismus, aber sie war eine geniale Schöpferin okkulter und metaphysischer Science-fiction. [...] Vielleicht war sie ein Scharlatan, aber sie spielte ihre Rolle meisterhaft, und sie veranlaßte eine große Anzahl britischer Aristokraten und Literaten, sich mit den Upanischaden, den Yoga-Sutren des Patanjali, der Bhagavad-Gita und dem buddhistischen Tripitaka zu beschäftigen« (Watts (1972), 72).

54. Die Phänomenologie indischer ›Mission‹ im Westen unterscheidet sich wesentlich von ihrem christlichen Gegenstück. Viel schneller als in den sog. Jungen Kirchen des Christentums ist z.B. in den amerikanischen Bewegungen indischer Herkunft eingetreten, was man in der Missionswissenschaft »eigenständige Entwicklung« nennt (vgl. P. Beyerhaus: Die Selbständigkeit der jungen Kirchen als missionarisches Problem, Wuppertal, ³1967). So ist bei der »Self-Realization Fellowship« (Sv. Yogânanda) schon in der zweiten Generation die Leitung auf westliche Mitglieder übergegangen (vgl. Humme! (1980), 46). Noch unabhängiger hat sich die amerikanische Buddhismus-, v.a. Zen-Rezeption gestaltet, die sich keineswegs unter dem Sigel des »individuellen Synkretismus« zusammenfassen läßt: Zen wird in den USA wegen seiner weiten Verbreitung und zahlreicher Zentren als »Church« bezeichnet (vgl. dazu schon Ernst Benz: Der heilige Geist in Amerika, Düsseldorf 1970, 165). Auch der Vorwurf der fehlenden Authentizität des amerikanischen Zen – in der Hummel einen Gegensatz zur Rezeption der traditionsbezogenen Bewegungen indischer Herkunft sieht – ist zumindest in dieser Pauschalität unzutreffend (vgl. zum Wirken traditioneller japanischer Meister des Rinzai-Zen in den USA seit 1893: Eshin Nishimura: Die Öffnung des Rinzai-Zen in die Breite – ihr Sinn und ihre Grenze, in: G. Stachel (Hrsg.): Munen muso. Ungegenständliche Meditation. Festschrift für Pater Hugo M. Enomiya-Lassalle SJ zum 80. Geburtstag, Mainz, ³1986 (¹1978), 96-109, bes. 102ff.). Schlüsselpersönlichkeiten der modernen und popularisierten Zen-Rezeption in der »religiösen Gegenkultur« wie Alan Watts oder auch Shunryo Suzuki Rôshi sind trotz ihrer rein amerikanischen Schülerschaft wohl kaum als »Missionare« anzusehen, sondern als ›Übersetzer‹ und Ansprechpartner, die ein westliches Interesse artikulieren bzw. darauf antwor-

Die Untersuchung dokumentiert einen wichtigen Entwicklungsschritt der gegenwärtigen religiösen Szenerie: Durch die östlichen Lehrinhalte, eine relativ feste Sozialstruktur, eine junge, subkulturelle Anhängerschaft und eine spektakuläre Publizität haben die von Hummel beschriebenen Bewegungen der 70er Jahre die früher relativ stabile religiöse Struktur der westlichen Gesellschaft aufgebrochen. Die bisherigen ›Nischen‹ nicht-kirchlicher Religiosität öffnen sich zunehmend einem größeren Raum. Während sich noch der wichtigste Gewährsmann Schibilskys, Reimar Lenz, als »Drehpunktperson« der religiösen Subkultur zu Anfang der 70er Jahre häufig in kirchlichen Organen artikulierte,[55] ist heute, wie z.B. der Kongreß »Geist und Natur« 1988 in Hannover zeigte, der nicht-kirchliche Teil der Szenerie selbständiger und auch ohne kirchliche Hilfe ›salonfähig‹ geworden.[56] Die indisch inspirierten Bewegungen im Westen stellten mit ihrer vergleichsweise festen Struktur und ihrer Ausrichtung an »traditionellen«, aber nicht-westlichen Lehren in diesem soziologischen Prozeß ein Zwischenglied zwischen älterer Esoterik und neuer Subkultur dar.

Es ist sehr zu bedauern, daß den Arbeiten von Schibilsky und Hummel kein breiter innerkirchlicher und theologischer Diskurs folgte. Die Aufgabe wurde in den Kirchen nahezu ausschließlich auf die Sekten- und Weltanschauungsbeauftragten abgeschoben, deren Wahrnehmungsmuster zumeist anhand einiger spektakulärer Gruppierungen (sog.»Jugendsekten«) strukturiert waren und die aus verständlichen seelsorgerlichen Gründen – manchmal auch mit unverzeihlicher Polemik und Verzerrung – den Blick für die Neue religiöse Szenerie im ganzen eher verstellten. Erst durch die massenhafte Ausbreitung der schon lange vorher entstandenen religiösen Erscheinungen

ten (vgl. dazu Watts (1972), über Shunryo Suzuki ebd., 244f.; über Sh. Suzuki und Watts vgl. auch Theodore Roszak: Gegenkultur. Gedanken über die technokratische Gesellschaft und die Opposition der Jugend, Düsseldorf und Wien: Econ, 1971 (engl. Original 1968/69), 194ff.; James Webb: The Occult Establishment, La Salle/Ill. 1976, 432ff.). Entsprechendes gilt im Bereich indischer Bewegungen z.B. für Jiddu Krishnamurti, ansatzweise aber selbst bei Yogânanda und Maharishi, in mehr philosophischer Weise auch bei Aurobindo (vgl. bei Hummel dazu S.44. 60ff. 93ff.). So sind ihre Übersetzungsleistungen weniger als Mittel einer indischen Mission denn als indische Antworten auf eine neuartige *westliche* Religionsdynamik zu werten, auch wenn dabei westliche Konzeptionen, selbst das Missionskonzept, übernommen wurden.

Die Asymmetrie der Begegnung zwischen Indien und Europa verdeutlicht Wilhelm Halbfass: »The Encounter and Relationship is, at least as far as its historical origins and conditions are concerned, an uneven and asymetrical one. Europe has been in search of India in a variety of ways for many centuries [...] Traditional Hinduism, on the other hand, has not tried to find European or other non-Indian origins or alternatives; it has not taken any initiatives in trying to teach, convert or understand Europeans on its own. India has discovered the West and started responding to it while being discovered, subdued and objectified by it. The encounter with the West was not the result of developments initiated and carried on in India itself, but of changes and breaks imposed from the outside; and the response was often, and almost inevitably, a somewhat hasty accomodation or apologetics« (India and Europe. An Essay in Understanding, New York 1988, hier 380).

55. Mehrere Artikel in LM, Vorträge in der Ev. Akademie Hofgeismar usw.: s. Dokumentationsteil, Abschnitt 1.7.1.
56. Zum Kongreß »Geist und Natur« vgl. unten, Kap.3.4.2.

in den 80er Jahren wurden die Veränderungen auch für Nicht-Experten unübersehbar und daher in einem größeren kirchlichen Rahmen zum Thema.[57]

(3) *Frank Usarski* unterzog in einer religionswissenschaftlichen Dissertation die »Jugendsekten«-Debatte einer ideologiekritischen Analyse.[58] Das öffentliche Etikett der »Jugendsekten« mit seinem ausgrenzenden Effekt gehe auf eine bewußt gesteuerte Kampagne der kirchlichen Sektenbeauftragten in der zweiten Hälfte der 70er Jahre zurück (S.80ff.). Diese hätten durch ihr Meinungsmonopol im öffentlichen Raum eine Devianzperspektive erzeugt, die die Mitglieder nichtkirchlicher religiöser Gruppen tendenziell als »›unfertige‹, in Schonräume ausgewichene Individuen« erscheinen ließen (S.16).[59] Infolgedessen würden nichtkirchliche religiöse Bewegungen auch von Sozialwissenschaftlern kaum ernsthaft thematisiert. Das Stichwort »Jugendreligionen« bzw. »Jugendsekten«, das in der Tat durch ein Buch des damaligen Sektenbeauftragten der bayerischen Landeskirche, Pfr. Friedrich-Wilhelm Haack, geprägt wurde,[60] stelle ein verzerrendes und in seiner Pauschalisierung unzutreffendes Etikett dar[61].

57. Vgl. z.B. den »Fastenbrief« des bayerischen Landesbischofs, Johannes Hanselmann, im Jahr 1989 (Rundbrief an die Gemeinden, Februar/März 1989).
58. Frank Usarski: Die Stigmatisierung Neuer Spiritueller Bewegungen in der Bundesrepublik Deutschland, Köln und Wien, 1988. Vgl. zu dieser Debatte vorher: Günter Kehrer (Hrsg.): Zur Religionsgeschichte der Bundesrepublik Deutschland, München 1980 (bes. ders.: Einleitung, und: Soziale Bedingungen für nicht-kirchliche religiöse Gruppen in der Bundesrepublik, S.93-116); dazu als Antwort: Michael Mildenberger: Die religiöse Szene. Kirchliche Apologetik als Sündenbock, EK 15 (1982), 190-192.
Weitere Ansätze zur religionswissenschaftlichen Deutung der »Jugendreligionen« bietet u.a.: Günter Kehrer (Hrsg.): Das Entstehen einer neuen Religion. Das Beispiel der Vereinigungskirche, München 1981; Reinhart Hummel: Die sogenannten Jugendreligionen als religiöse und gesellschaftliche Phänomene, in: Essener Gespräche zum Thema Staat und Kirche 19, Münster 1985; Rainer Flasche: Einige Bemerkungen zum Umgang mit den sog. »Jugendreligionen, ZRGG 40 (1988), 44-53 (weitere Literatur s. Dokumentationsteil, Abschnitt 2.3. – 2.6.).
59. Zur Frage des »Monopol-Verlustes« der Kirchen äußern sich zahlreiche Beteiligte der gegenwärtigen Diskussion, sowohl kirchliche ›Insider‹ wie Kritiker; vgl. u.a. Reinhart Hummel: Neue Religiosität als synkretistisches Phänomen, in: MD 1988, 33-42, hier 34; ebenso Gottfried Küenzlen: Das Unbehagen an der Moderne. Der kulturelle und gesellschaftliche Hintergrund der New Age-Bewegung, in: Hemminger (Hrsg.) (1987), 187-222, hier 214. Die Rede vom »Verlust des religiösen Monopols« und die Anwendung wettbewerbstheoretischer Begrifflichkeit auf die Kirchen der Gegenwart findet sich bereits bei Peter L. Berger: Zur Dialektik von Religion und Gesellschaft, Frankfurt 1973 (engl. Original 1967), 122ff., bes. 132.
60. Friedrich-Wilhelm Haack: Neue Jugendreligionen, München 1974 (später erweitert in mehreren Teilbänden unter leicht verändertem Titel).
61. Das tatsächliche Durchschnittsalter der meisten Gruppen sei verschleiert worden, um in der Öffentlichkeit mit dem Argument der »Jugendgefährdung« operieren zu können (S.114). Auch sei die Mitgliederfluktuation in allen Gruppen sektenuntypisch hoch gewesen (S.114). Allerdings kann auch Usarski keine empirischen Daten vorlegen; er stützt sich auf Schätzungen von Beobachtern wie Hummel, Mildenberger, Kehrer oder Schibilsky, die sich

Die Gründe dieser Entwicklung sieht Usarski in einer Abwehrstrategie des bis dato monopolistischen Sozialverbandes der Kirche gegenüber der neuartigen ›Konkurrenz‹. Die Sektenbeauftragten seien als »moralische Unternehmer« zu sehen, die – mehr aus wettbewerbsstrategischen denn aus seelsorgerlichen Motiven – ihr Monopol zu verteidigen suchten (S.89. 161ff.).[62] Demgegenüber müsse die zukünftige religions- und sozialwissenschaftliche Forschung eine »Wir-Beziehung« zu alternativ-spirituellen Gruppen anstreben, die Fixierung auf einige wenige Gruppen zugunsten einer breiten Wahrnehmung des Gesamtphänomens neuer Religiosität aufgeben und eine »explizit religionssoziologische bzw. kulturtheoretische Auseinandersetzung« an die Stelle eines pathologischen oder kriminalistischen Konzeptes setzen (S.226-232).

Dieses Anliegen hat Usarski selbst nicht weitergeführt. So läßt sich auch nicht beurteilen, ob die vorgeschlagene Methodik beim Umgang mit ›Neuen Spirituellen Bewegungen‹ durchzuhalten wäre, ob die angestrebte »Wir-Beziehung« nicht ihrerseits zu einer – ebenfalls unwissenschaftlichen – Ausgrenzung kirchlicher Beteiligter führt. Jedenfalls macht die Arbeit aber folgendes deutlich:

Erstens haben kirchliche Funktionsträger trotz des gegenwärtigen »Monopolverlustes« der Kirchen noch ein weitgehendes »Meinungsmonopol« in religiösen Dingen[63] (dazu müssen allerdings auch die ›Dissidenten‹ wie z.b. Hans Küng oder Eugen Drewermann gezählt werden). Sie gelten in der säkularisierten Öffentlichkeit als »Experten« in Sachen Religion, und fast niemand außer ihnen kümmert sich um eine ›neutrale‹ Recherche nichtkirchlicher religiöser Phänomene. Zweitens sind die Darstellungen der kirchlichen Beobachter gewöhnlich stark von innerkirchlichen Perspektiven, manchmal auch von Berührungsängsten gegenüber den dargestellten Bewegungen geprägt. So sind vielleicht die eigenartigen Wortbildungen in der kirchlichen Sekundärliteratur und den entsprechenden Veröffentlichungen der »Elterninitiativen« (vgl. z.B. die Begriffe »Gehirn-« und »Seelenwäsche« und die Sammelbezeichnung »Destruktive Kulte«[64]) zu erklären. Wie sich im folgenden zeigt, sind auch beim Phänomen »New Age« seit einigen Jahren Züge eines ähnlichen Etikettierungsvorganges erkennbar.

---

bereits früher aus ähnlichen Gründen gegen den Terminus der »Jugendsekten« gewandt hatten.
62. Usarski schließt sich damit an die Terminologie Peter L. Bergers an (s.o. Anm.59) und rekurriert auf den sog. Etikettierungsansatz in der neueren Soziologie des abweichenden Verhaltens. Vgl. dazu Howard S. Becker: Außenseiter. Zur Soziologie abweichenden Verhaltens, Frankfurt 1973, von dem auch das Stichwort des »moralischen Unternehmers« übernommen wird.
63. Vgl. Usarski (1988), 32ff.; vgl. dazu auch Franz-Xaver Kaufmann: Religion und Modernität. Sozialwissenschaftliche Perspektiven, Tübingen 1989, 14ff.
64. Klaus G. Karbe und Manfred Müller-Küppers (Hrsg.): Destruktive Kulte, Göttingen, 1983; vgl. dazu kritisch: Hermann Schulze-Berndt u.a.: Neue Religiöse Bewegungen innerhalb und außerhalb der Kirchen, München 1986, 12.

1.2.3 »New Age« als Reflex moderner Problemkonstellationen in Einzelentwürfen

1.2.3.1 Bedrohung kirchlicher Identität durch Säkularisierung und religiösen Pluralismus: »New Age« als »Selbsterlösungsreligion«

Hans-Jürgen Ruppert, Pfarrer und Mitarbeiter der Evangelischen Zentralstelle für Weltanschauungsfragen in Stuttgart, verfaßte 1985 das erste deutschsprachige Buch der Sekundärliteratur *über* »New Age«.[65] Nach Auskunft des Autors war es schnell recherchiert und kann daher nicht am Maßstab wissenschaftlicher Arbeiten gemessen werden, die erst einige Jahre später einsetzten. Doch wirkte das Buch stark auf das öffentliche Bild von »New Age«, aber auch auf dessen Reflex in der deutschsprachigen Forschung zurück. In späteren Publikationen behielt Ruppert die Grundlinien seiner Deutung weitgehend bei.[66] Anhand seines Zugangs lassen sich – stellvertretend für andere Veröffentlichungen der Sekundärliteratur[67] – zentrale Probleme christlicher Stellungnahmen zum Phänomen »New Age« erkennen, die daher in einiger Breite besprochen werden sollen.

In Rupperts Darstellung überschneidet sich ein informatives Moment, ein Bedürfnis nach Abgrenzung und Bewertung vom Standpunkt christlichen Glaubens und eine theologische Selbstreflexion mit Hilfe des Phänomens »New Age«. Ruppert sieht »New Age« als eine religiös-okkulte Bewegung[68] und stuft diese insgesamt als gefährlich ein.[69] Er kämpft dabei an zwei verschiedenen Fronten: Zum einen wird »New Age« als Wirkung östlicher Philosophie, Weltanschauung und Religion wahrgenommen, zum anderen als »eine auf dem Boden des Säkularismus entstandene westliche Erscheinung«,[70] die durch »Sinndefizite« der Moderne verursacht sei.[71] »New Age« wird

---

65. New Age. Endzeit oder Wendezeit?, Wiesbaden: Coprint 1985.
66. Hans-Jürgen Ruppert: Durchbruch zur Innenwelt. Spirituelle Impulse aus New Age und Esoterik in kritischer Betrachtung, Stuttgart 1988; vgl. auch ders.: »New Age – das »Neue Zeitalter«, in: Meditation 4/1986, 153-158; Neues Denken auf alten Wegen. New Age und Esoterik, in: Hemminger (Hrsg.) (1987), 60-114; New Age-Bewußtsein und Esoterik. Hintergründe ihrer gesellschaftlichen Plausibilität, in: MD 51 (1988), 161-177; Die New Age-Bewegung. Darstellung und Kritik (zus. mit W. Knackstedt), Stuttgart: EZW-Texte, Information Nr.105, 1989 (Auswahl).
67. Vgl. dazu Dokumentationsteil, Abschnitt 2.2.
68. Zur Auswahl der von Ruppert dem »New Age« zugerechneten Autoren s.u., Kap.2.2.3.
69. »Man muß ganz klar feststellen: Hier ist eine Bewegung im Gange, die nicht nur zur Selbstbesinnung anregt, sondern die dem christlichen Glauben von innen heraus den Lebensatem nimmt, seine Fundamente – für viele unmerklich hinter wohlklingenden Worten – untergräbt und deshalb gefährlicher ist als diejenigen, die sich als direkte Gegner des Christentums bekennen.« (Ruppert (1988), 155).
70. Ruppert (1988), 159f.
71. Vgl. dazu vor allem das Kapitel über »gesellschaftlichen Wertewandel« (ders. (1988), 145-153). »Wertewandel« wird bei Ruppert, anders als in der gleichnamigen, aus den USA kommenden soziologischen Diskussion, vor allem als *Werteverfall* aufgefaßt.

dabei einerseits als moderne Variante eines vor- und außerchristlichen »Selbsterlösungsweges«, andererseits als säkular-rationalistische Ersatzreligion dargestellt. Beide Deutungslinien stehen unaufgelöst nebeneinander, so daß der Autor bald mit den ›Rationalisten‹ gegen den Subjektivismus der »neuen Innerlichkeit« ankämpft, bald mit den ›neuen Irrationalisten‹ gegen die Vorherrschaft des ›Rationalismus‹ und die Verdrängung des Religiösen aus der modernen Lebenswelt argumentiert. Als Zielvorstellung schält sich eine christliche Theologie heraus, die einerseits ›objektive‹ Antworten auf persönliche Glaubensfragen zu geben imstande sein müsse, andererseits die Anliegen der »neuen Innerlichkeit« aufnehmen und sie gegenüber den Zwängen einer rational gestalteten Lebenswelt verteidigen könne. Ruppert schließt dabei an die lutherische Anthropologie Hans J. Iwands an.[72]

Für »New Age« bleibt dabei nur eine negative Rolle als Indikator der allgemeinen, defizitären Zeitsituation. Insofern setzt Ruppert die Deutungsmuster der Jugendsekten-Debatte fort, die die Neuen religiösen Bewegungen als Verfallsprodukt einer allgemeinen Entchristlichung der Gesellschaft ansah.

In der Tat scheint das Phänomen »New Age« ein guter Indikator für die Sichtbarmachung von Defiziten der Theologie bei der Wahrnehmung der modernen Zeitsituation zu sein.[73] So ist es sicher kein Zufall, daß in zahlreichen christlichen Büchern über »New Age« das Wort »Herausforderung« im Titel steht.[74] Doch ist es mißlich,

72. Ruppert (1988), 166ff.
73. Vgl. dazu aus anderer Warte die Beiträge des katholischen Akademiedirektors Gotthard Fuchs: Mensch und Natur. Auf der Suche nach der verlorenen Einheit, Frankfurt a.M. 1989 (Hrsg.); »Öko statt Ego«. New Age Spiritualität und christlicher Glaube, in: Diakonia. Intern. Zeitschrift f.d. Praxis der Kirche 18 (1987); Geheimnis des Glaubens – neues Bewußtsein. Christliche Mystagogie und New-Age-Spiritualität, in: KatBl 112 (1987), 824-834; Göttlicher Beziehungsreichtum. (Selbst-)kritisches theologisches Gespräch mit der New-Age-Bewegung, in: Mitteilungen für Religionslehrer, hrsg.v.d. Diözese Limburg, 1987, S.7-11; Neues Bewußtsein – neues Leben (Literaturbericht über christliche Mystik), in: Börsenblatt 23/1988, S.1056-1057; New-Age als Kirchenkritik. Theologische Anmerkungen zur heutigen Esoterik- und Okkult-Szene, in: rhs 30 (1987), S.276-286 (Auswahl).
74. Josef Sudbrack: Neue Religiosität. Herausforderung für die Christen, Mainz 1987; ders.: Die vergessene Mystik und die Herausforderung des Christentums durch New Age, Würzburg ²1988; B. Haneke und K. Huttner (Hrsg.): Spirituelle Aufbrüche. New Age und ›Neue Religiosität‹ als Herausforderung an Gesellschaft und Kirche, Regensburg 1991; Horst Bürkle: Die Idee vom ›neuen Menschen‹ in der New Age-Bewegung. Eine Herausforderung für das christliche Menschenbild, ebd., 62-75; ders.: New Age: Auf die Zeichen der Zeit achten. Neue weltanschauliche Herausforderungen, in: Pädagogische Welt 43 (1989), 146-148; W.Greive und R.Niemann (Hrsg.): Neu glauben? Religionsvielfalt und neue religiöse Strömungen als Herausforderung an das Christentum, Gütersloh 1990; Erwin Haberer: Herausforderung New Age. Zur christlichen Auseinandersetzung mit neuem Denken, München 1989; Reinhart Hummel: New Age: Das »neue Zeitalter« als Herausforderung für die alten Kirchen, in: Aus Politik und Zeitgeschichte. Beilage zur Wochenzeitung »Das Parlament«, Nr.B40/89 (1989), S.30-38; Wolfgang Nastaincyk: New Age und Esoterik. Religionspädagogische Herausforderungen, in: Die Christenlehre 12/89, S.365-371; Werner Thiede: Okkultismus und Esoterik im Zeichen des Wassermanns. New-Age-Spi-

aus den Zügen des eigenen Konterfeis auf die Eigenart des Spiegels zurückzuschließen. Gültige Aussagen über das Phänomen »New Age« können also aus solchen binnenkirchlichen Reflexionen nicht gewonnen werden, weil »New Age« damit von vornherein als Epiphänomen eingestuft und gar nicht erst darauf befragt wird, ob sich hinter den unterschiedlichen Versatzstücken, die als Ergebnisse kirchlicher Verfallserscheinungen interpretiert werden könnten, ein eigener Kern befindet.

Das religionswissenschaftliche Unbehagen an solcher Vorgehensweise konkretisiert sich bei einer genaueren Analyse der religionstheologischen Argumentation Rupperts. Im Anschluß an Hermann Schulze-Berndt nennt der Autor fünf Kriterien der »New Age«-Spiritualität:
(1) Gott werde als unpersönliche Kraft gedacht;
(2) der Mensch werde im pantheistischen oder monistischen Sinne als Teil des Göttlichen verstanden;
(3) die Welt sei Illusion;
(4) Erlösung werde »durch verschiedene Techniken und Rituale als Erleben der göttlichen Erleuchtung« verstanden;
(5) das Böse werde »identisch mit dem Zustand des Nicht-Erleuchtetseins« gesehen.[75]

Die Systematik dieser ›Definition‹, die einen Ausgangspunkt für christlich-theologische »Unterscheidung« bieten soll, entspricht einem geläufigen Muster älterer christlicher Apologetik gegenüber östlichen Religionen, insbesondere Hinduismus (bzw. Vedismus und Brahmanismus) und Buddhismus:
(1) Unpersönliches bzw. fehlendes Gottesbild;
(2) Pantheismusverdacht;
(3) Welt als *mâyâ* (›Illusion‹) im Gegensatz zur christlichen Schöpfungslehre;
(4) Streben nach *moksha* (›Befreiung‹) oder *bodhi* (›Erwachen‹) als Versuch der menschlichen Selbsterlösung im Gegensatz zur christlichen Gnadenlehre;
(5) fehlendes Sündenbewußtsein (als »Missionshindernis« von historischer Bedeutung).[76]

Was Ruppert zur Charakterisierung von »New Age« anführt, ist also in Wahrheit keine sachliche Beschreibung des Phänomens, sondern ein theologischer Negativ-Katalog zur Auseinandersetzung mit nicht-christlichen Religionen.

Ruppert zeichnet die angelegte Linie noch weiter: Er sieht »New Age« als Fortsetzung älterer esoterischer und »neu-gnostischer« Bewegungen der westlichen Moderne, die ihrerseits in einer auf die Antike zurückgehenden »gnostischen« Tradition stün-

---
 rituaität als Herausforderung für evangelische Erzieher, in: GEE-Rundbrief, Herbst 1988, S.2-5.
75. Ruppert (1985), 17f.
76. Vgl. dazu z.B. Perry Schmidt-Leukel: ›Den Löwen brüllen hören‹. Zur Hermeneutik eines christlichen Verständnisses der buddhistischen Heilsbotschaft, Paderborn: Schöningh, 1992, hier Kap.I,3 und I,4. Der Autor referiert nach fast identischer Systematik die ältere europäische Buddhismus-Rezeption. Zum letzten Punkt vgl. auch Ketut Waspada: Harmonie als Problem des Dialogs. Zur Bedeutung einer zentralen religiösen Kategorie in der Begegnung des Christentums mit dem Hinduismus auf Bali, Frankfurt a.M.: Peter Lang, 1987.

den. Gnosis (Neugnosis) wird nach Mark Albrecht als »kleinster gemeinsamer Nenner von Hinduismus, Buddhismus, Okkultismus und anderen esoterischen Traditionen« beschrieben.[77] Ruppert zieht u.a. Verbindungslinien zu Theosophie, Anthroposophie, Rosenkreuzer-Gemeinschaften, Gralsbewegung, ferner zu neueren indischen Missionsbewegungen.[78] Er faßt alle genannten Elemente zu einer Einheit zusammen, die er im Singular als den »alten Selbsterlösungsweg der Menschheit« darstellt.[79] »New Age« sei ein »weithin unfertiges Gemisch all dieser Tendenzen«, chiliastisch, eklektisch und synkretistisch. Die »Verschwörung im Zeichen des Wassermanns« bezeichne den »Sachverhalt des Wiederauflebens des alten *Selbsterlösungsweges* der Menschheit im Gewand der Bailey-Philosophie«.[80]

Diese Deutung bewirkt eine Simplifizierung der Religionsgeschichte, die potentiell alles Nicht-Christliche unter jener christlich-häresiologisch verstandenen Kategorie der »Gnosis« zusammenfaßt. In seinem zweiten Buch zeigt Ruppert trotz genauerer Recherche eine ähnliche Tendenz der Identifikation von »New Age« als »Selbsterlösungsweg« mit östlichen Vorstellungen, die er anscheinend für die beobachteten Synkretismen verantwortlich macht.[81] Er übernimmt dabei ungeprüft die Darstellung »östlicher Weisheitslehren« durch Autoren wie Fritjof Capra und unterscheidet deren spekulativ-deutenden Zugang nicht von tatsächlichen historischen oder systematischen Zusammenhängen.

»New Age« wird so – bewußt oder nicht – als Folie einer religionstheologischen und zeitgeschichtlichen Selbstreflexion benutzt und erhält eine Stellvertreterfunktion für die Auseinandersetzung christlicher Theologie mit nicht-christlichen (»östlichen«) Heilsvorstellungen, die ihrerseits mit häretischen Positionen der christlichen Theologiegeschichte identifiziert und nicht als eigenständige Ganzheiten der christlichen Tradition gegenübergestellt werden. Das eigentliche religionsgeschichtliche Problem, die nur partielle Rezeption von Konzepten verschiedener Herkunft in den sog. »New Age«-Entwürfen, wird dabei nicht reflektiert. Erst wenn »Hinduismus«, »Buddhismus«, möglicherweise auch »Gnosis« als traditionelle Größen der Religionsgeschichte erfaßt werden, wird erkennbar, was das Spezifikum einer neuen religiösen Bewegung ist, die einzelne Momente solcher Traditionen aufnimmt.

Die an Rupperts Büchern stellvertretend dargestellte Form der »New Age«-Kritik hat auf die populäre kirchliche und freikirchliche Rezeption des Phänomens in Deutschland stark gewirkt. Flugblätter, Artikel in Kirchen- und Jugendzeitungen und Workshops verbreiten bis heute die These einer wesenhaften Einheit von östlichen Religionen und antiker Gnosis, okkultistischen und esoterischen Traditionen des Westens,

---

77. Ruppert (1985), 19, sowie (1988), 115, nach Mark Albrecht: New Age Spirituality. A General Overview, in: New Religious Movements Up-date V (1981), 2-5. Zur Kritik an diesem Umgang mit dem Begriff der »Gnosis« vgl. unten, Kap.1.2.6.
78. Ruppert (1985) 18.
79. Ruppert (1985), 32f.; vgl. ders.: (1988), 110ff.
80. Ruppert (1985), 32f., Hervorhebung von Ruppert. Zu Alice Bailey vgl. unten, Kap.2.1.7. und 7.3.2.1.
81. Auf »östliche« Momente im »New-Age-Denken« wird z.B. auf S.37. 51. 54. 67. 115. 130. 157 verwiesen.

Selbsterlösung, Bewußtseinserweiterung und Pantheismus, die alle unter jenes »New Age«-Dach und in die »Philosophie« Alice Baileys passen sollen.[82] Auf die Angehörigen nicht-christlicher Weltreligionen wirkt solche Darstellung arrogant und diffamierend. Zudem reduziert sie das Phänomen »New Age« auf seinen esoterischen Strang und nimmt die gesellschaftlichen Entstehungsbedingungen im Kontext der »Jugendbewegung« seit den späten 60er Jahren zu wenig in den Blick.[83]

Außerdem fehlt eine hermeneutische Frageebene, die zwischen der Erfahrung christlicher Theologie im Umgang mit Ketzereien der Kirchengeschichte einerseits und fremden religiös-philosophischen Systemen andererseits zu unterscheiden lehrt. So werden unvergleichbare Kategorien wie der indische *karma-marga*, der Achtfache Pfad des Buddhismus, die Erlösungslehren des spätantiken Synkretismus (und vielleicht auch noch die Ablaßpraxis im Katholizismus der Reformationszeit) über den gleichen Kamm der »Selbsterlösung« geschoren. Rupperts Darstellung lehrt, daß der theologischen Auseinandersetzung mit »New Age« unbedingt eine religionswissenschaftliche Fragestellung vorgeschaltet werden muß, die zu einer differenzierteren Hermeneutik anleiten könnte.[84] Die theologische Kritik könnte dann detaillierter erfolgen; sie müßte insbesondere die Quellenstruktur der jeweils kritisierten Konzeption möglichst genau zur Kenntnis nehmen.

In Rupperts Darstellung dient »New Age« als Gegenbild einer in der Tat brennenden innerkirchlichen und theologischen Problematik. Der doppeldeutigen Beschreibung des Phänomens entspricht eine doppelte Frontstellung der kirchlichen Weltanschauungs-Beauftragten gegenüber einem areligiösen Säkularismus einerseits und einem sich immer stärker entfaltenden religiösen Pluralismus andererseits, die theologisch offensichtlich nicht gelöst ist.[85]

---

82. Verf. versichert, einen prall gefüllten Leitzordner solcher Literatur bei seinen Unterlagen zu haben.
83. Vgl. dazu unten, Kap.3.3.
84. Aus religionswissenschaftlicher Sicht ist folgendes hervorzuheben:
    (1) Die Interaktion zwischen Neuen religiösen Bewegungen aus Asien und nicht-kirchlicher Religiosität und Esoterik im Westen hat zu einer Übernahme gewisser östlicher Fragmente in esoterische Strömungen des Westens geführt. Es handelt sich dabei, wie Hummel (1980) zeigt, um einen komplizierten, zweiseitigen Adaptionsvorgang. Die historischen wie auch thematischen Bezüge der esoterischen Bewegungen des Westens zum Christentum sind gewöhnlich ungleich dichter als ihre Hinduismus- und Buddhismusrezeption (so auch Ruppert (1988), 160f.).
    (2) Aus wortgeschichtlichen und strukturellen Zusammenhängen zwischen neueren und älteren Deutemustern oder Weltanschauungen darf nicht auf die historische Kontinuität derselben geschlossen werden; evtl. ideengeschichtliche Bezüge müssen detailliert nachgewiesen werden.
    (3) Das gilt insbesondere für den Ausdruck »Neues Zeitalter«, der – wie noch zu zeigen ist – durch William Blake geprägt wurde, der seinerseits in der Tradition Emanuel Swedenborgs steht. Die vielfache Verwendung des Wortes »New Age« ergibt sich in heutigen Bewegungen aus der komplizierten Wirkungsgeschichte Swedenborgs und besagt nicht mehr als die Gemeinsamkeit dieses ›Ahnen‹ (Vgl. dazu unten, Kap.6.2. und 6.3.).
85. Vgl. dazu die Auseinandersetzung zwischen Hermann Timm und Reinhart Hummel in

1.2.3.2 »Sinnverlust« und »vagabundierende Religiosität«: »New Age« als Fortsetzung der Moderne-Diskussion in der kirchlichen Religionssoziologie

Gottfried Küenzlen, Soziologe und Theologe, ein weiterer Mitarbeiter der Evang. Zentralstelle für Weltanschauungsfragen, hat das Thema »New Age« in mehreren Aufsätzen bearbeitet.[86] Als erster Autor im deutschen Sprachraum stellte er die Aussagen dieser Bewegung in einen religionssoziologischen Deutungsrahmen. Er benutzt dabei insbesondere die Terminologie Max Webers.

»New Age« ist für Küenzlen Ausdruck einer »vagabundierenden Religiosität«, eine säkulare Ersatzform von Religion (S.206).[87] Im Anschluß an Friedrich H. Tenbruck sieht der Autor »Säkularisierung« im Zusammenhang eines Prozesses des Sinn- und Werteverlustes in der modernen Welt.[88] Damit liegt er nicht weit entfernt von der Gegenwartsbeschreibung der sog. »New Age«-Autoren selbst:[89] Ähnlich wie Schorsch[90] übernimmt er von ihnen (auch hier stehen Capra und Ferguson im Mittelpunkt der Analyse) nicht nur die Krisen-Szenarien, sondern auch die Diagnose einer zugrundeliegenden »Krise des Bewußtseins« (Capra), die Küenzlen als eine elementare »Sinnkrise«, ein »Sinnvakuum« versteht.

Küenzlen weist mit Recht darauf hin, daß die Vorstellung einer »Wendezeit«, wie sie in den untersuchten Entwürfen zu finden ist, erst unter Bedingungen der Aufklärung denkbar sei. Daher sei »New Age« ein Kind der Moderne und habe entgegen seiner romantisierenden Selbstverklärung keinen traditionalen Boden (S.190).[91] Da Aufklärung ideengeschichtlich nicht ohne Säkularisierung denkbar ist, handle es

---

        den Lutherischen Monatsheften: H.Timm: Zum Zauberstab der Analogie greifen. Quer fragen an die protestantische New-Age-Deutung, in: LM 28 (1989), 448-452; R.Hummel: New Age und die Zukunft der Religion. Eine Antwort auf die Vorschläge von Hermann Timm, in: LM 28 (1989), 489-492; H.Timm: Evangelische Unterscheidung tut not. Noch einmal: Zur protestantischen Abwehr von New Age, in: LM 29 (1990), 229-231.

86. Gottfried Küenzlen: New Age – ein neues Paradigma? Anmerkungen zur Grundlagenkrise der Moderne, in: MD 49 (1986), 28-38; Das Unbehagen an der Moderne. Der kulturelle und gesellschaftliche Hintergrund der New Age-Bewegung, in: Hemminger (Hrsg.) (1987), 187-222; New Age und grüne Bewegung, in: G. Hesse und H.-H. Wiebe (Hrsg.): Die Grünen und die Religion, Frankfurt a.M.: Athenäum, 1988, 244-259; Vagabundierende Religiosität am Beispiel des New-Age-Syndroms, in: EvErz 41 (1989 = Sonderheft: Neue Religiosität?), 111-121; Charisma und neue Religiosität. Eine kultursoziologische Studie am Beispiel der »New Age«-Bewegung, Manuskript 1990 (Auswahl).

87. Küenzlen (1987), 206.

88. Vgl. Friedrich H. Tenbruck: Das Werk Max Webers, in: KZS 27 (1975), 663-702; zu Tenbruck vgl. auch unten, Anm.174. Zur Ambivalenz des Ausdrucks »Säkularisierung« in der kirchlich orientierten Religionssoziologie vgl. Trutz Rendtorff: Zur Säkularisationsproblematik. Über die Weiterentwicklung der Kirchensoziologie zur Religionssoziologie (zuerst 1966), in: J. Matthes (Hrsg.): Religion und Gesellschaft. Einführung in die Religionssoziologie, Bd.1, Reinbek 1969, 208-229, hier bes. 212-214.

89. Dies kritisiert auch Horst Stenger (1989), vgl. dazu unten, Kap.1.2.4. Zum Begriff des »Sinns« in der Sekundärliteratur zu »New Age« vgl. unten, Kap.1.2.6.

90. Vgl. dazu unten, Kap.1.2.3.3.

91. Ähnlich auch Zimmerli (1988a).

sich bei »New Age« um »diesseitige Glaubensmächte«, die für die neuzeitliche Religionsgeschichte typisch seien.[92] An »New Age« zeige sich, daß die Kirche (gemeint sind die konfessionellen Großkirchen) ihr religiöses Monopol verloren habe (S.214) und »für eine wachsende Zahl von Zeitgenossen nicht ›religiös‹ genug« sei (S.215). Dies sieht Küenzlen als »Herausforderung« für die Kirche, sich auf »vergessene, liegengebliebene, vernachlässigte Dimensionen der christlichen Verkündigung« zurückzubesinnen (S.216). Das Bündnis mit der Moderne habe den Protestantismus von deren Gelingen abhängig gemacht, was bei Küenzlen theologische Besorgnis auslöst. Ebensolche Besorgnis bereitet ihm aber auch eine mögliche Liaison mit der ›vagabundierenden Religiosität‹.

Küenzlens Zugang zur Deutung von »New Age« ist trotz seiner soziologischen Perspektive durch starke Wertungen gekennzeichnet. Häufig ist unklar, ob der Autor jeweils eine Stimmung der beschriebenen Zeitgenossen referiert oder selber diagnostiziert und deutet. Formulierungen wie »Kulturkrise«, »Sinnvakuum«, »Orientierungskrise« und »-unsicherheit«, »Verschleißerscheinungen«, »Geltungs-« und »Bedeutungsschwund«[93] suggerieren in entsprechender Häufung – selbst wenn sie in Anführungszeichen gebraucht werden – eine Antithese von einstigem Sinnbesitz des kirchlich sozialisierten Individuums und jetzigem Sinnverlust der kirchenfernen Menschen. Auch die häufigen Aussagen, daß die Kirchen *nicht mehr* integrationsfähig seien oder bestimmte Züge hätten brachliegen lassen, werden in den Raum gestellt, ohne daß die einstmalige Integrationsfähigkeit im einzelnen nachgewiesen würde. Die auf Max Weber sich berufende enge Verkoppelung von Modernisierung und Säkularisierung führt dazu, daß auf der Gegenseite Traditionalismus und Kirchlichkeit zusammenzufallen drohen. Sie unterschlägt das Problem, daß auch der an religiösen Bindungen festhaltende Mensch den Bedingungen der Moderne ausgesetzt und – wenn er sich nicht in Fundamentalismen zurückzieht – gezwungen ist, in der einen oder anderen Form eine Synthese von »Moderne« und »Religion« herzustellen.

Dies bewirkt auf der Ebene der Ekklesiologie einen unauflösbaren Zwiespalt: Der von Küenzlen konstatierte Mangel an ›Religionshaltigkeit‹ der Kirche ist nur die eine Seite der Medaille. Würde die Volkskirche im beschriebenen Sinne ›religiöser‹, so würde das die legitimen Bedürfnisse ebenso vieler Zeitgenossen verschrecken, die sich von der Kirche eine konstruktive Auseinandersetzung mit der Moderne erwarten, was eine innere Modernität auch der kirchlichen Verkündigung und ihrer Strukturen bedingt. Die Kirche gerät dadurch in einen Spagat von »Verbindlichkeit« und »Pluralität«, dem sie nicht entkommen kann.

Bei Küenzlen findet sich kein Modell zur Lösung dieser Problematik. »New Age« ist für ihn jedenfalls kein brauchbarer »Weg aus der Krise«;[94] doch weisen auch

---

92. Vgl. Küenzlen (1990). Zum kultursoziologischen Hintergrund vgl. auch ders.: Die säkulare Religionsgeschichte der Moderne, in: Synthesis Philosophica 4,1 (1989), 45-66; ders.: Secular Religion and its Futuristic-Eschatological Conceptions, in: Studies in Soviet Thought 33 (1987), 209-228.
93. Alle zitierten Ausdrücke finden sich in dem genannten Aufsatz Küenzlens: »Das Unbehagen an der Moderne« (1987).
94. Vgl. Küenzlen (1987), 214ff.

seine Andeutungen, daß »das Bündnis vor allem des Protestantismus mit dem modernen säkularen Zeitgeist nunmehr mächtig seine Schattenseite« zeige, nicht auf eine hoffnungsvolle Alternative.[95] Denn wenn die Kirchen auch das Privileg haben, durch ihren traditionalen Hintergrund in der Öffentlichkeit als Schutzmächte vor der Verflachung im »Diesseitigen« zu gelten, so macht doch gerade die von Küenzlen eindringlich beschriebene Gegenwartsproblematik deutlich, daß sie in ihrer ›inkarnatorischen‹ Fähigkeit offenbar ähnlich behindert sind wie die Neuen religiösen Bewegungen in der Fähigkeit zur Frömmigkeit und zur Transzendierung platter Diesseitigkeit.

»New Age« als soziologischer Raum der »vagabundierenden Religiosität« hat in Küenzlens Deutung seine Daseinsberechtigung ähnlich wie bei Ruppert nur als Negativ-Folie, diesmal nicht in religionstheologischer Perspektive, sondern im Dienste einer kirchlich gefaßten Kultur- und Modernekritik. Der Entwurf muß im größeren Rahmen der gegenwärtigen Max-Weber-Diskussion gesehen werden, aus deren Sprachjargon die meisten der oben genannten Topoi Küenzlens zur Beschreibung von »New Age« entstammen, deren wertende Vorannahmen daher primär nicht Küenzlen selbst zuzurechnen sind.[96]

Was fehlt, ist eine Ortsbestimmung von »New Age« im Rahmen der religionssoziologischen Gesamtsituation, die kirchliche und nichtkirchliche religiöse Strukturen mit gleicher Kritikfähigkeit untersucht und damit der naheliegenden, aber für beide Seiten verhängnisvollen Allianz zwischen Kirchlichkeit und bürgerlichem Traditionalismus entgegenwirkt.

An dieser Stelle lohnt es sich, Trutz Rendtorffs Begriffsbildung zur Veränderung kirchlicher Sozialstrukturen aufzunehmen.[97] Während in der traditionellen »Ortsgemeinde« die kirchlichen mit den alltäglich-weltlichen Sozialbezügen weithin identisch und den einzelnen Gemeindegliedern vorgegeben waren, bildet die heutige »Kerngemeinde« einen eigenen Sozialtypus mit hohem Integrationsgrad innerhalb der stark differenzierten Gesamtgesellschaft und ist von der weitgehend anonymen parochialen Ortsgemeinde zu unterscheiden. Ähnlich wie Vereine und andere sozialbildende Einrichtungen hat die Kerngemeinde ihre eigenen Sozialisierungsinstanzen wie z.B. Jugendgruppen oder Hauskreise, die die Angehörigen in besonderer Weise, nämlich aufgrund ihrer Teilnahme am kirchlichen Leben, einbinden. Es ist nicht verwunderlich, daß genau das Gleiche auch in freien religiösen Gruppierungen zu beobachten ist. Die soziale Integrationsfähigkeit dieser aktiven religiösen Gruppen – sowohl innerhalb als auch außerhalb des Rahmens der Volkskirchen – ist heute sicherlich nicht geringer, sondern *höher* als zu Zeiten, in denen die Gesellschaft weniger ausdifferenziert war und es solcher spezieller Bindungskräfte gar nicht bedurfte.

95. Ebd., 216.
96. Zur gegenwärtigen Weber-Diskussion in Deutschland vgl. J. Weiß (Hrsg.): Max Weber heute. Erträge und Probleme der Forschung, Frankfurt a.M.: Suhrkamp, 1989, bes. die Beiträge von W. Schluchter, F.H. Tenbruck und J. Weiß.
97. Vgl. ders.: Kirchengemeinde und Kerngemeinde. Kirchensoziologische Bemerkungen zur Gestalt der Ortsgemeinde (zuerst 1958), in: F. Fürstenberg (Hrsg.): Religionssoziologie, Neuwied 1964, 235-247.

Was dagegen verloren ging, ist die Selbstverständlichkeit der sozioreligiösen Integration. Das beinhaltet auch den von Küenzlen beschriebenen Monopolverlust der Kirchen in den religiösen Belangen der Gesellschaft. Diese Selbstverständlichkeit ›wiederherzustellen‹, ist unter modernen Bedingungen undenkbar (eigentlich kann etwas, was man zuerst »herstellen« muß, gar nicht »selbstverständlich« sein!). So ergibt sich als unauflösbares Problem gegenwärtiger Kirchensoziologie eine Spannung zwischen »Kern-« und »Ortsgemeinde«, die einen soziologischen Doppelcharakter der Kerngemeinde bewirkt: In der Perspektive der säkularen Gesellschaft ist diese eine Art ›Verein‹, in kirchlicher Perspektive (auf deren karitativen »Segen« für die Allgemeinheit sich auch der Staat verläßt) ist sie das Rückgrat des kirchlichen Leibes, der alle getauften Glieder umfaßt. Solange die Kirche an ihrem universalen Auftrag festhält und nicht zur ›Sekte‹ wird, kann sie sich nicht damit begnügen, nur die Strukturen der Kerngemeinde zu pflegen und nach Möglichkeit neue Gemeindeglieder vom Rand in den Kern zu ziehen, sondern muß zugleich auf die Offenheit der Gemeindestrukturen bedacht sein, die allein einen Austausch zwischen den verschiedenen soziologischen Ebenen der Gemeinde ermöglicht.[98]

Es legt sich nahe, das Phänomen »New Age« in Deutschland als einen Ausdruck für solche unüberbrückte Dichotomisierung kirchlicher Strukturen zu interpretieren: Wie die empirische Studie Michael Schneiders in ihrer Faktorenanalyse bestätigt, ist das kirchliche Integrationsniveau der »Anhänger« von »New Age« relativ niedrig (es handelt sich also tendenziell nicht um Mitglieder der Kerngemeinde), das Interesse an religiösen Themen aber hoch.[99] Dem entspricht auch die Beobachtung in modernen Großstadtgemeinden, daß gegenwärtig mit keinem Veranstaltungsthema so viele Besucher angezogen werden wie mit »Esoterik« oder »New Age«.[100]

Es gibt daher eine Bevölkerungsschicht, die religiös interessiert, aber nicht in die Strukturen der ›Kerngemeinde‹ eingebunden, sondern zur ›Randgemeinde‹ zu rechnen ist. Es ist zu vermuten, daß sie sich auch gar nicht einbinden ließe, sondern daß ihr religiöses Potential in soziologischer Hinsicht (nach der Klassifizierung von Ernst Troeltsch) dem bindungsarmen Typus der »Mystik« zuzuordnen ist.[101] »New Age« ist damit in Teilen selbst ein Phänomen der Volkskirche, die Kern- wie Randgemeinde gleichermaßen umfaßt. Die Kirche würde sich durch eine künstliche Wiederherstellung traditioneller Strukturen selbst amputieren. Eine kirchensoziologische Lösung

---

98. Vgl. dazu die Diskussion um »Gemeindeaufbau«, zusammenfassend Michael Herbst: Missionarischer Gemeindeaufbau in der Volkskirche, Stuttgart 1987; Christian Möller: Lehre vom Gemeindeaufbau, 2 Bde., Göttingen 1987ff.; vgl. auch Christof Bäumler: Kommunikative Gemeindepraxis, München 1984, bes. 81ff.
99. Schneider (1991), 91.
100. So z.B. die seit 1990 laufende ökumenische Veranstaltungsreihe: »Schwabinger Esoterik-Gespräche« in München, die in immer größere Räume verlegt werden mußte; ähnliches berichtet Dr. Ruppert aus Veranstaltungen in der Stuttgarter Innenstadt (persönl. Gespräch). In ähnliche Richtung geht die Einschätzung des Beauftragten der bayerischen Landeskirche, Pfr. Bernhard Wolf, der die Interessenten für Esoterik und »New Age« hauptsächlich in der Schicht kirchlicher Randgänger sieht (persönliches Gespräch).
101. Zu Ernst Troeltschs Typologie religionssoziologischer Selbstgestaltung («Kirche« – »Sekte« – »Mystik«) vgl. unten, Kap.1.3.3.

des Problems sollte statt dessen in Richtung auf eine »flexibel gemachte Volkskirche« gehen,[102] die darüber hinaus die Fähigkeit entwickeln müßte, universale Ansprechbarkeit nicht mit universalem Anspruch zu verwechseln, so daß sie die ebenfalls vorhandenen nichtkirchlichen religiösen Strömungen als eigenständige Größen neben sich zu tolerieren vermöchte.

1.2.3.3 Der Zwang zur Vereinheitlichung: »New Age« als »Weltanschauung«

Christof Schorsch bietet in einer sozialwissenschaftlichen Dissertation den Versuch einer Gesamtdarstellung der »New Age-Bewegung«.[103] Das Buch hatte seit seinem Erscheinen im Jahr 1988 – ähnlich wie Rupperts erste Publikation zum Thema – eine erhebliche Wirkung auf das Verständnis von »New Age« in der deutschsprachigen Öffentlichkeit.[104] Vor allem mit seinem ersten, darstellenden Teil versuchte der Autor, einen Pflock in den unsicheren Grund der öffentlichen »New Age«-Wahrnehmung zu schlagen, an dem viele weitere Autoren – sowohl kritische ›Insider‹ als auch distanzierte ›Beobachter‹ – seither festgemacht haben.[105] In einer früheren Veröffentlichung hatte der Autor sich selbst der »Bewegung« zugerechnet,[106] während er nun eine kritische Position einnimmt.[107]

Schorsch versteht die »New Age-Bewegung« als eine Subkultur, die sich aus verschiedenen, heterogenen Methoden und Bewegungen speise, jedoch eine »gemeinsam geteilte Weltanschauung« aufweise, die durch mythische (bzw. mythomorphe[108]) Elemente gekennzeichnet sei (S.11). Der Autor benennt zwölf »Grundbegriffe«: »Neues Zeitalter«, »Paradigma« (bzw. »Paradigmenwechsel«), »Ganzheit«, »Neues Bewußtsein«, »Bewußtseinserweiterung«, »Selbstverwirklichung«, »Spiritualität«, »Androgynität«, »Netzwerk«, »Selbstorganisation«, »Transformation« und »Planetares Bewußtsein«.[109]

---

102. Vgl. dazu Trutz Rendtorff: Christsein in der Volkskirche, Nachrichten 43 (1988), 165-169. Der Terminus geht auf Troeltsch zurück; vgl. dazu unten, Kap.1.3.3.
103. Christof Schorsch: Die New Age-Bewegung. Utopie und Mythos der Neuen Zeit, Gütersloh 1988.
104. Der Autor trat auf zahlreichen Tagungen und beim Kongreß »Geist und Natur« im Jahr 1988 in Hannover (s. dazu unten, Kap.3.4.2.) als New-Age-Fachmann auf und verfaßte mehrere Literaturberichte und zusammenfassende Darstellungen in Sammelwerken (s. Dokumentationsteil, Abschnitt 2.5.).
105. So z.B. bei Elmar R. Gruber: Sanfte Verschwörung oder sanfte Verblödung? Kontroversen um New Age, Freiburg i.Br. 1989.
106. Christof Schorsch: Die große Vernetzung. Wege zu einer ökologischen Philosophie, Freiburg i.Br.: H. Bauer, 1987.
107. Vgl. dazu Schorsch (1988), 9 (Anm.1).
108. Zur Begriffsklärung der Worte »Mythos«, »Mythologem«, »Mythomorphie« und der dazugehörigen Adjektive sei verwiesen auf: Hans-Friedemann Richter: Zum Problem des Mythos, in: ZRGG 1988, 24ff.
109. Schorsch (1988), 18. 20-91. Vier der Stichworte sind nahezu identisch mit der Einteilung des ›Insiders‹ David Spangler: Emergence. The Rebirth of the Sacred, New York 1984. Dieser nennt als Kriterien eines »worldview« von »New-Age«: »holistic«, »an-

Hinter den »Grundbegriffen« macht Schorsch einen »Primat des Geistes« und einen »Primat des Individuums« aus (S.93ff und 101ff.). Soziologisch ordnet er das Phänomen »New Age« in den Kontext der Diskussion um »Wertewandel«, »Neue Soziale Bewegungen« und postindustrielle Gesellschaft ein (S.155ff.). Auf dieser Grundlage deutet er »New Age« ähnlich wie Ruppert als »Gegenentwurf zur säkularen Moderne«, die aus deren Sinndefiziten zu erklären sei (S.15. 146ff.). Der objektiven Krisenlage der Gegenwart entsprungen, betreibe »New Age« regressive Wiederbelebungsversuche des mythischen Denkens und verspiele dadurch die konkrete politische Kraft des Utopischen. Schorsch lehnt sich in diesem Zusammenhang an Ernst Blochs Unterscheidung von Utopie und Mythos an (bes. S.193ff.). Dabei werden die beobachteten »heilsgeschichtlichen« und »apokalyptischen« Momente des »New Age«-Denkens als mythische und zugleich regressive Phänomene eingestuft.

Trotz breiter Literaturbasis wird in Schorschs Darstellung Fritjof Capra als einziger Autor ständig und ausführlich zitiert.[110] *De facto* dient dessen Buch »Wendezeit« als ›roter Faden‹, so daß »New Age« bei Schorsch mehr oder weniger mit dem Entwurf Capras identisch ist (die Frage, inwiefern dieser repräsentativ für die »New Age-Weltanschauung« sei, wird nicht gestellt). Alle anderen Autoren werden nur zu einzelnen der »Grundbegriffe« herangezogen. Gelegentlich erscheint die Zuordnung bzw. Abgrenzung einzelner Autoren recht willkürlich.[111] Das ist auch gar nicht zu vermeiden, weil fast alle der genannten »Grundbegriffe« weit und nicht genau bestimmbar sind, so daß sie ihre definitorische Funktion nur ungenügend erfüllen können.

Zwar gibt es in der Tat einen auffälligen Sprachjargon, der durch die zwölf benannten »Grundbegriffe« gut erfaßt wird. Aber wie beim Ausdruck »New Age« selbst ist auch bei »Bewußtseinswandel«, »Transformation« oder »Paradigmenwechsel« nicht klar, *was* sich da *wohin* wandelt und erweitert, was das »Alte« und was das »Neue« ist und sein soll. Gerade diese Diffusität machte die »Grundbegriffe« für Verlagslektoren und Veranstalter interdisziplinärer Tagungen interessant, denn die inhaltliche Offenheit und die auftretenden Äquivokationen reizen zum Dialog jenseits der Grenzen der modernen Fachsprachen und Wissenssektoren. Doch ist ihre Aussagekraft dementsprechend wenig spezifisch und daher einer unmittelbaren analytischen Evaluierung ohne vorherige Prüfung der jeweiligen Aussagekontexte nicht gewachsen.

---

drogynous«, »mystical«, »global« sowie: »encourages self-realization« (ebd., 83f.). Schorsch verschweigt diese Parallele, obwohl er Spanglers Buch benutzte (es wird außerdem mit fehlerhafter Bibliographie zitiert, die mittlerweile bereits in anderen Darstellungen über »New Age« übernommen wurde, so z.B. bei Gruber (1989)).

110. Lediglich beim Stichwort »Selbstorganisation« ist kein Capra-Zitat angeführt, was sich aber leicht nachtragen ließe.

111. So werden z.B. der Jesuit Hugo M. Enomiya-Lassalle (S.97.101f. u.ö.) und der evang. Theologe Michael von Brück (S.42.104 u.ö.) unter »New Age« subsumiert, deren Gebrauch von Begriffen wie z.B. »Bewußtseinswandel« im Kontext des christlich-buddhistischen bzw. -hinduistischen Dialogs steht. Andererseits rechnet Schorsch z.B. Stan Grof nicht zur »New Age-Bewegung«, bei dem sich die meisten »Grundbegriffe« durchaus finden lassen, der sie aber in einem spezifischen Kontext der Transpersonalen Psychologie benutzt.

Auf diese Weise entsteht in Schorschs Arbeit ein methodischer Zirkel: Die »Grundbegriffe« sollen umreißen, was »New Age« sei. Da man jedoch mit Sicherheit nicht alle modernen Verwender von Ausdrücken wie »Bewußtseinswandel« oder »Ganzheitlichkeit« unter einem Oberbegriff subsumieren kann, muß zuvor bereits festgelegt worden sein, wer zum Kreis der »New Age«-Autoren gerechnet werden soll. Es drängt sich der Verdacht auf, daß tendenziell solche Autoren ausgewählt werden, die die »Grundbegriffe« diffus und unspezifisch gebrauchen und deswegen nirgends sonst ›einzuordnen‹ sind. »New Age« wird damit zu einem Etikett der Sozialwissenschaft für popularisierende Darstellungen allgemeiner Zeitfragen, die nur durch ihren Sprachjargon miteinander verbunden sind, aber keine inhaltliche Mitte aufweisen und daher hinsichtlich ihrer gedanklichen Konsistenz *per definitionem* negativ bewertet werden müssen.

Bei dem Versuch, jene »Weltanschauung« inhaltlich zu analysieren, begnügt sich Schorsch weithin mit der Paraphrase von Begründungsstrukturen der ›Insider‹, insbesondere auf der Grundlage der Faktizität der gegenwärtigen Krisensituation, die er nicht eigens – im Vergleich mit anderen historischen Epochen – belegt.[112] Die Argumente von Ferguson oder Capra – beide haben kaum Kenntnisse über abendländische Philosophiegeschichte – können Ansprüche einer systematisch-philosophischen Analyse jedoch begreiflicherweise kaum befriedigen.

Schließlich ist zu bemängeln, daß der Autor die Problematik des Verhältnisses des ›Überbaus‹ dieser »Weltanschauung«, die aus Büchern gewonnen wurde, zum ›Unterbau‹ einer sozialen Bewegung oder »Subkultur« nicht thematisiert, sondern ungeprüft aus der bereits vorhandenen öffentlichen Diskussion übernimmt.

Diese Mängel sind Folge fehlender hermeneutischer Rückfragen: Zwar wird am Anfang der Arbeit konstatiert, daß die »New Age-Bewegung« »durch ihre publizistische Präsenz« frappiere und uneinheitlich sei (S.9 et passim); daraus werden aber keine methodischen Schlüsse gezogen, sondern im Gegenteil wird gleich auf der ersten Seite die Abkürzung »NAB« (für »New Age-Bewegung«) eingeführt (S.9), die sprachlogisch eine objektivierende Funktion innehat. Zwar versucht Schorsch im zweiten Teil seiner Darstellung, hinter die oberflächliche Ebene der »Grundbegriffe« zurückzustoßen und die »tiefen Theorien« bloßzulegen, aber durch seine unzutreffende Einheitskonstruktion »NAB« setzt er bereits voraus, daß es sich dabei um konsistente geistige Erscheinungen handele und verbaut sich den Weg zu einer differenzierten Wahrnehmung der höchst disparaten geistesgeschichtlichen Voraussetzungen. So verfängt sich die Arbeit im Gestrüpp der öffentlichen Meinung über »New Age«, zu deren wissenschaftlicher Analyse sie angetreten war. Die ideelle Einheit der Bewegung bleibt eine behauptete Einheit und wird im Buch zwar redundant mit Zitaten unterlegt, aber gleichwohl nicht nachgewiesen. Der Autor kann dem grundsätzlichen Widerspruch nicht entkommen, daß er zwar erklärt, »New Age« sei ein disparates Phänomen, aber dennoch von einer »New Age-Bewegung« im Sinne einer konsistent zu beschreibenden Weltanschauung spricht.

Hinter der zirkulären Argumentation Schorschs wird ein allgemeineres methodologisches Problem sichtbar: Zunächst kann man am Beispiel seines Buches Usarskis

---

112. Vgl. dazu auch die Kritik Stengers in ders.: (1989), 127f.

These in Frage stellen, daß die unangemessene Wahrnehmung Neuer religiöser Bewegungen auf die Immunisierungsstrategien der Sektenbeauftragten als »moralischer Unternehmer« in Diensten kirchlicher Institutionen zurückzuführen sei.[113] Schorsch ist kein Sektenbeauftragter, und doch zeigt auch seine Darstellung ähnliche Züge einer künstlichen Vereinheitlichung, die eine implizite – bewußte oder unbewußte – Diffamierung der unter dem Kürzel »NAB« zusammengefaßten Entwürfe als inkonsistente und regressive »Weltanschauung« bewirkt.[114]

Offensichtlich gibt es tieferliegende Gründe für die zirkuläre Argumentation, die aus der Logik der Beschreibung pluralistisch-religiöser Erscheinungen der Gegenwart selbst abzuleiten sind: Dem »Zwang zur Häresie« (Peter L. Berger) auf seiten der Neuen religiösen Szenerie entspricht ein ›Zwang zur Vereinheitlichung‹ auf seiten der Beobachter. Die kritische Funktion wissenschaftlicher Analyse als Korrektiv populärwissenschaftlicher Weltdeutungsmodelle verkehrt sich dadurch in eine ideologische Neukonstruktion des Gegenstandes, die diesem zum Zweck der systematischen Geschlossenheit des eigenen Deutungsmodells eine künstliche Einheit überstülpt. Um dem so entstehenden Interpretationsmechanismus zu entgehen, müssen grundlegende methodologische Überlegungen angestellt werden.

1.2.3.4 Arbeit am »Mythos der Moderne«

Martin Konitzer versteht sein essay-artiges, auf der Grenze zwischen philosophischer und psychologischer Fragestellung anzusiedelndes Buch als »Arbeit am Mythos der Moderne« (S.9).[115] Er spannt einen zeitgeschichtlichen Bogen von der APO der ausgehenden 60er Jahre über den politischen Flügel der amerikanischen Hippie-Bewegung zum amerikanischen und europäischen »New Age«. In den 70er Jahren sei in den USA eine »Synthese von Sozialismus und Hippie-Bewußtsein«, von ›revolutionären Alchimisten‹ und ›linken Konservativen‹ (nach Norman Mailer) als eine »erste Vorausabteilung des ›New Age‹« entstanden (S.11-23). Im Abstand von zehn Jahren habe sich aus

---

113. Vgl. oben, Kap.1.2.2 Schorschs Tendenz zur künstlichen Vereinheitlichung ist kein Einzelfall, sondern in der Literatur über »New Age« – auch außerhalb der kirchlichen Perspektive der Sektenbeauftragten – weit verbreitet. Vgl. dazu unten die Beispiele Pahnkes und Zinsers (Kap.1.2.5), die beide – ebenso wie Usarski – mit dem Anspruch religionswissenschaftlicher Distanziertheit auftreten und gleichwohl ähnlich zirkulär argumentieren wie Schorsch.
114. Das Wort »Weltanschauung« selbst hat in der deutschen Sprache diffuse Konnotationen. Das bringt der Däne Jens Baggesen schon zu Beginn des 19. Jahrhunderts poetisch auf den Begriff, wenn er über den »Weltanschauer« schreibt: »Er sieht nicht scharf, zumal bei Tag; und stößt / ihm etwas auf, macht er die Augen zu. / Das ist es grade, was mir ihn zum ersten / der Weltanschauer macht, nebst mir und dir. / Er hat was Indisches, was Weltentferntes, / was Uranfängliches im höchsten Grade: / er hört, sieht, fühlt und riecht und kostet nicht – / er ahnet alles« (Poetische Werke 3, 1836, 125, zitiert nach: Werner Betz: Zur Geschichte des Wortes »Weltanschauung«, in: Armin Mohler und Anton Peisl (Hrsg.): Kursbuch der Weltanschauungen, Frankfurt a.M. 1980, 20).
115. Martin Konitzer: New Age. Über das Alte im neuen Zeitalter, Hamburg: Junius, 1989.

solchen Ansätzen »die neue Wissenschaft, die Synthese« entwickelt, die sich mit der Bezeichnung »New Age« verbindet.[116]

Als naturphilosophische Mitte des Phänomens sieht Konitzer eine neue Version eines »alchimistischen« Paradigmas, das neben dem in der Neuzeit vorherrschenden »allegorischen« Paradigma die abendländische Philosophiegeschichte durchziehe und von ihm mit der aristotelischen Lebensphilosophie (Vitalismus) gleichgesetzt wird.

Die tatsächlichen Ambivalenzen der »New Age«-Szenerie begründet Konitzer nicht auf dieser naturphilosophischen, ontologischen und kosmologischen Ebene, sondern mit einer defizitären Anthropologie, die »von einem Überdruß am Menschen geplagt (sei), dessen zivilisatorisches Potential ausgeschöpft zu sein scheint« (S.87). Dieses defizitäre Menschenbild mache den Menschen verführbar, was in manchen Entwicklungen einer neuen »schwarzen Magie« und den negativ zu bewertenden Erscheinungen des Guruismus zum Ausdruck komme. In der Psychotherapie sei schließlich eine Umkehrung der Freudschen Zuordnung von Ich und Es zu konstatieren.[117] Neu sei an diesen Therapien, daß sie das »ozeanische Gefühl« fördern wollten, sich zum religiösen Gehalt dieses Gefühls bekennen würden und regressives Verhalten im Zusammenhang der Therapie für nützlich hielten (S.103f.). Religion wird daher bei Konitzer – frei nach Romain Rolland[118] – mit dem »ozeanischen Gefühl« identifiziert und bleibt ambivalent: Es bleibt offen, ob die angestrebte Wandlung zur Überhöhung oder zum Absturz führt (S.105.111). Daher schließt Konitzer:

»New Age wird sich jedoch paradoxerweise als Utopie nur bewahren können, wenn es sich ›ozeanisch‹ selbst für wahr nimmt und jeden Versuch der Verfestigung durch Institutionalisierung vermeidet – durch Selbstauflösung«.[119]

Das Buch weist einen Weg, die Darstellung und Kritik von »New Age« mit der modernen Mythos-Diskussion zu verbinden und zugleich in einen ideengeschichtlichen Rahmen einzuordnen. Dadurch entfällt der Zwang einer pauschalisierenden Vereinheitlichung infolge der zu starken Systematisierung bei Ruppert und Schorsch, und

116. Konitzer vergleicht Peter Handkes Romanhelden »Sorger« (Peter Handke: Langsame Heimkehr, Frankfurt 1979), einen aus Europa kommenden Naturwissenschaftler, der in Californien die »Einheit von Naturerfahrung und mächtigem, pulsierendem, energetischem Selbsterleben« kennenlernt, mit Fritjof Capra (Konitzer (1989) 26f.). Beide ›Helden‹, der des Romans wie der Sachbuchautor, spiegelten das in Amerika Gelernte nach Europa zurück: »In den Bildern der alten europäischen Kultur begeben sich Sorger und Capra auf eine Queste, eine ritterliche Fahrt zur Rettung der Welt und des Aufspürens ihrer Urgründe. Sie erfahren eine neue Kultur, die handfest körperliche wie spirituell flüchtige Momente enthält. Handkes Sorger erlebt ein neues energetisches Körpergefühl [...] Zeitgefühl und beliebige alltägliche Abläufe werden zur religiösen Erfahrung von der ›Zeit als gutem Gott‹ [...] Ähnlich sieht Capra plötzlich physikalische Ordnung als ›Tanz des Shiva‹« (S.30).
117. Konitzer zitiert Gerda Boyesens programmatische Formulierung: »Was Ich war, soll Es werden!«.
118. Vgl. dazu Sigmund Freud: Das Unbehagen in der Kultur (1930), in: Freud-Studienausgabe Bd.9, hrsg. v. A. Mitscherlich u.a., 191-270, hier 197ff.
119. Konitzer (1989), 122.

die negativ zu bewertenden Erscheinungen innerhalb der Neuen religiösen Szenerie brauchen nicht als Klischeebild des Ganzen dominant zu werden. Konitzers knappe Typisierung der philosophischen Prämissen von »New Age«-Autoren im Rahmen eines »alchimistischen« oder besser vitalistischen »Paradigmas« erscheint als Ansatzpunkt einer philosophischen Analyse geeigneter als Schorschs »Primat des Geistes«, da es als geistesgeschichtliche Tradition von Aristoteles bis zum Neovitalismus – etwa bei Hans Driesch – philosophiegeschichtlich nachzuzeichnen ist und sich sowohl in philosophisch-geistesgeschichtlichen als auch in systemtheoretischen und naturwissenschaftlichen und sogar hermetisch-esoterischen Entwürfen – auf allen Ebenen populärer und fachlicher Konsistenz – auffinden läßt. Es müßte aber in monographischer Form ausgearbeitet werden.

1.2.3.5 »Religion« und »Faschismus« in der ökologischen Bewegung

Das gemeinschaftliche Forschungsprojekt der österreichischen Historiker *Eduard Gugenberger* und *Roman Schweidlenka* aus den Jahren 1984 bis 1986 ist ein erstrangiges Zeitdokument aus der Phase des Öffentlichwerdens der Neuen religiösen Szenerie, in der sich auch der Ausdruck »New Age« etablierte.[120] Die Autoren ordnen sich selbst der Grünen Bewegung zu und bringen verschiedene persönliche Interessensgebiete aus dem Gebiet der Volkskunde und Ethnologie sowie ökologischer Politik mit ein (S.5). Als Arbeitstitel des Projektantrages wurde jedoch formuliert: »NS-Ideengut in der Alternativ- und Umweltschutzbewegung« (S.6).

Das Buch ist von einem Zwiespalt zwischen persönlichem Engagement und einer selbst zur Ideologie geronnenen Ideologiekritik durchzogen. Das verhindert eine angemessene Deutung und systematische Auswertung des breit recherchierten Materials. Ergebnis ist eine ungeordnete Materialsammlung, die die geistesgeschichtlichen Fragen des Themas wegen der holzschnittartig vereinfachten Perspektive von »rechts« (d.h. regressiv bzw. reaktionär) und »links« (d.h. progressiv) nicht erkennt. Da die ökologische Bewegung der Gegenwart an unterschiedlichen Stellen von »esoterischen« Strömungen durchdrungen ist, führt diese Einteilung nach »humanitären« und »reaktionären« Gehalten zu einer Abqualifizierung von »Religion« schlechthin. Zwar unterscheiden die Autoren in Anlehnung an Erich Fromm zwischen »autoritärer« und »humanitärer Religion«,[121] doch wird diese Distanz nur in der Theorie aufrechterhalten. (Die Autoren übersehen auch, daß »Faschismus« nicht nur auf der »spirituellen« Seite der Alternativbewegung zu finden ist.) *De facto* wird »Religion« zu einer Funktion des Politischen degradiert, und die Faschismuskritik wird zum (vielleicht unfrei-

---

120. Eduard Gugenberger und Roman Schweidlenka: Mutter Erde, Magie und Politik. Zwischen Faschismus und Neuer Gesellschaft, Wien: Verlag für Gesellschaftskritik, 1987.
121. Gugenberger und Schweidlenka (1987), 109. Die Autoren definieren dementsprechend: »Wir sehen Religiosität – bzw. den heute immer gebräuchlicher werdenden Terminus ›Spiritualität‹ [...] als einen Wesenszug des Menschen an, der sich in verschiedenen Ausprägungen manifestieren kann: In institutionalisierten Religionen, in Sekten und in ›freireligiösen‹ Bewegungen. Die Religiosität bzw. Spiritualität des Menschen kann sowohl zu dessen Befreiung als auch zu dessen Unterdrückung eingesetzt werden« (S.108).

willigen) Deckmantel für eine allgemeine Religionsschelte, von der lediglich Stammeskulturen und wenige modellhafte ›Neustämme‹ ausgenommen werden. Der Schlußabschnitt: »Die neue (Stammes-)Gesellschaft« (S.293-297), in dem die eingangs genannten Interessen der Autoren wieder ans Licht treten, bleibt in unaufgelöstem Widerspruch zum Rest des Buches stehen.

Schweidlenka verfaßte ein weiteres Buch, das sich explizit mit dem Thema »New Age« auseinandersetzt.[122] Es ist trotz der guten Quellenkenntnis des Autors in seiner tendenziösen Argumentationsstruktur kaum zu überbieten und bringt daher keinen heuristischen Gewinn.[123] »New Age« wird hier zur Chiffre einer reaktionären Bedrohung der Ökologiebewegung durch esoterisch-faschistoide Kräfte.

1.2.4 Sozialwissenschaftliche Zugänge

Der erste sozialwissenschaftliche Zugang zu »New Age« im deutschen Sprachraum ist der bereits ausführlich besprochene Entwurf von Gottfried Küenzlen.[124] Weitere Ansätze seien im folgenden kurz behandelt:

(1) *Hans Sebald,* in den USA lehrender Soziologe, veröffentlichte im deutschen Sprachraum seit 1981 mehrere Aufsätze über die amerikanische »New Age«-Bewegung.[125]

---

122. Roman Schweidlenka: Altes blüht aus den Ruinen. New Age und Neues Bewußtsein, Wien 1989.
123. Als besonders krasses Beispiel für die Darstellung Schweidlenkas sei der Abschnitt über die Findhorn-Gemeinschaft angeführt (S.41-78), in dem der folgende Argumentationszusammenhang hergestellt wird: Der Findhorn-Gründer Peter Caddy, im zweiten Weltkrieg Major der Royal Air Force, habe sich damals in SS-ähnlicher Manier »offensichtlich auf Befehl ungenannt bleibender Vorgesetzter« spirituelle Kräfte indischer und tibetischer Herkunft zu erschließen versucht (S.41-43. Als tatsächliche Information kann Schweidlenka nur angeben, daß Caddy als Geheimdienstoffizier in offiziellem Auftrag die genannten Länder bereiste und sich nach eigenen Angaben persönlich für Geomantie und ähnliche traditionelle Wissensformen interessierte). Schweidlenka sieht dann einen absichtsvollen Zusammenhang zwischen der RAF-Tätigkeit Caddys und der späteren Ortswahl der Findhorn-Gemeinschaft, deren Campingplatz sich in der Nähe eines RAF-Stützpunktes befindet. Die Niederlassung im Jahr 1962 »auf einem atomare Waffen beherbergenden Stützpunkt« sei »mit der Billigung durch das Militärs« erfolgt (S.43; tatsächlich handelte es sich um einen frei zugänglichen Wohnwagenpark, in dem außer den Caddys noch andere Camper siedelten). Die Nachbarschaft zu den Atomwaffen (deren Existenz Schweidlenka in keiner Weise belegt) sei wiederum in einem okkulten Sinne absichtsvoll (auch dafür führt er kein konkretes Zitat der Findhornianer, sondern lediglich allgemeine Ausführungen des Findhorn-Freundes Trevelyan über Atomenergie an: S. 50f. 64).
124. Vgl. oben, Kap.1.2.3.2.
125. Hans Sebald: Die Romantik des ›New Age‹. Der studentische Angriff auf Wissenschaft, Objektivität und Realismus, in: H. P. Duerr (Hrsg.): Der Wissenschaftler und das Irrationale, Bd.2: Beiträge aus Philosophie und Psychologie, Frankfurt a.M.: Syndikat, 1981, 226-248; ders.: New-Age-Spiritualität, in: Kursbuch 93: Glauben, Berlin: Kursbuch-Verlag, 1988, 105-122; New-Age-Spiritualität. Religiöse Synthese in der westlichen Welt

Sebald sieht »New Age« als neue Version einer zu allen Zeiten auftretenden Romantik mit eklektizistischen und hedonistischen Zügen. Historisch sei »New Age« eine weniger militante Fortsetzung der »Gegenkultur« nach dem Ende des Vietnamkrieges, die sich in der Gegenwart zur »aktiven Subkultur« mit eigenen sozialen Institutionen umgestalte. Er versteht sie als eine soziale Bewegung, da von ihr – im Gegensatz zu älteren esoterischen Gruppen wie der Theosophischen Gesellschaft – ein erkennbarer Impuls auf die Gesamtgesellschaft ausgegangen sei (sichtbar z.B. an religiösen Begriffen östlicher Herkunft wie *dharma*, *karma* oder *mâyâ*, die in die amerikanische Sprache eingegangen seien).[126]

Sebald befragte regelmäßig seine Studenten an der Arizona State University nach ihrer Einstellung zu Reinkarnation, UFOs, Außersinnlicher Wahrnehmung und einem personalen Gott und verzeichnet dabei ein ansteigendes Interesse an religiösen und okkulten Fragestellungen, die traditionell im Westen nicht beheimatet sind. Die Ergebnisse sind allerdings nicht ohne weiteres auf den deutschsprachigen Raum übertragbar.[127]

(2) Im Rahmen eines dreijährigen Projekts des »forschenden Lernens« untersuchte eine studentische ForscherInnengruppe unter Leitung von *Ina-Maria Greverus* und *Gisela Welz* von 1986 bis 1989 die »spirituellen Szenen« von Frankfurt am Main und Freiburg im Breisgau und entwickelte »spirituelle Topographien« der beiden Städte.[128] Enthalten

> von heute, in: H.-P. Dürr und W. C. Zimmerli (Hrsg.): Geist und Natur. Über den Widerspruch zwischen naturwissenschaftlicher Erkenntnis und philosophischer Welterfahrung, München: Scherz 1989, 313-341 (= neu übersetzte und leicht bearbeitete Fassung des Aufsatzes von 1988, = Sebald (1989)); Das Leben wird mystifiziert. Interview mit Hans Sebald von Thomas Schweer, in: M.Pilger und S.Rink (Hrsg.): Zwischen den Zeiten. Das New Age in der Diskussion, Marburg: Diagonal-Verlag, 1989, 180-184 (= Sebald (1989a)).
> 126. Charakteristische Züge seien: ein Zusammengehörigkeitsgefühl, gemeinsame Wertvorstellungen, ein gemeinsames Ziel (ökologische Umgestaltung der Zivilisation), ein bestimmter Lebensstil, ein Jargon, Massenkommunikationsmittel (Zeitschriften usw.) und die Institutionalisierung vitaler Funktionen (Sebald (1989), 316).
> 127. Unter den genannten Begriffen östlicher Religionen ist im Deutschen allenfalls der Begriff *karma* eingebürgert. Auch für die USA sind im Detail Zweifel an der vereinheitlichenden Darstellung anzumelden, z.B. an dem polemisch wirkenden »Glossar« begrifflicher Umdeutungen in einem Abschnitt, der als »empirische Bewertung« überschrieben ist (Sebald (1989), 330.333 und mehrfach nachgedruckt). Es hat jedenfalls mehr mit subjektiver Selbsterfahrung des Autors in der ›Szene‹ als mit soziologischer Empirie zu tun (z.B. wird behauptet, die »New-Age-Bedeutung« von »analytisch« sei »engstirnig«, »hedonistisch« bedeute »selbstverwirklichend«, »mystisch« bedeute »verifizierbar«. Das ist – zumal in solcher Pauschalität ohne Quellenangaben – eine zwar humorvolle, aber gegenüber ›Insidern‹ unfaire Unterstellung). Außerdem unterschätzt Sebald den Einfluß älterer esoterischer Gruppen auf die gegenwärtige Szenerie. Die zu diesem Thema angegebene Literatur läßt nur spärliche Recherchen vermuten.
> 128. I. Greverus und G. Welz (Hrsg.): Spirituelle Wege und Orte. Untersuchungen zum New Age im urbanen Raum, Frankfurt a.M. 1990 (Schriftenreihe des Instituts für Kulturanthropologie und Europäische Ethnologie der Universität Frankfurt am Main, Bd.33). Die Beiträge des Buches beruhen auf dem methodischen Konzept der Frankfurter Lehrstuhl-

sind Therapieangebote, Begegnungszentren, Buchhandlungen, Naturkostläden und Lebensgemeinschaften.

Welz sieht in ihrer Zusammenfassung der Ergebnisse »New Age« als ein spezifisch städtisches Phänomen an, das v.a. aus ökonomischen Gründen nur in der Mittel- und Großstadtszenerie existenzfähig sei.[129] Ganzheitlich konzipierte Lebens- und Arbeitsgemeinschaften im Sinne klösterlicher Autarkie seien untypisch für »New Age« und eher selten anzutreffen (S.27).[130]

»Kennzeichnend für das städtische New Age ist vielmehr, daß die sich ihm verbunden fühlenden Städter weit verstreut über das Stadtgebiet leben und das Engagement im New Age häufig unverbunden neben anderen Bereichen des Alltagslebens steht. Meditationszentren, Therapiepraxen und Vortragssäle sind bestenfalls räumliche Kristallisationspunkte, an denen sich diese disperse Anhängerschaft temporär – zu Andachten, Meditationen, Workshops – trifft, um danach wieder auseinanderzugehen«.[131]

Daher blieben die Gemeinschaftsutopien der Vordenker reine Theorie, und »New Age« laufe in der Praxis – so die mitbeteiligte Autorin Neuhoff – auf einen neuen Wirtschaftsliberalismus, Konsumismus und Individualismus hinaus.[132]

Welz definiert »New Age« am Anfang des Buches als »vereinfachenden Sammelbegriff für Ansätze [...], die zunächst disparat erscheinen, aber alle einen Ausweg aus der (post)modernen Sinnkrise durch die *personale Transformation* der Bewußtseinserweiterung verheißen« (S.9). Das Wort »Sinnkrise« verrät, daß dieser Definition nicht ein empirischer Befund, sondern bereits ein Deutesyndrom zugrundeliegt, wie es sich in der öffentlichen Diskussion der letzten Jahre, angefangen bei Rupperts Buch von 1985, zur Charakterisierung des »fremden« Phänomens »New Age« herausgebildet hat.[133] Die tatsächlich untersuchten Bewegungen und Institutionen identifizieren sich ferner zu einem nur geringen Anteil mit dem Ausdruck »New Age« und mit dieser Klassifikation, so daß die Studie zur empirischen Absicherung eines systematischen »New Age«-Begriffs nichts beiträgt, sondern im Gegenteil eine entsprechende Definition schon voraussetzt.[134] »New Age« ist in diesem Zusammenhang zu einem *termi-*

---

inhaberin, Ina-Maria Greverus. Es versteht sich als »empirische Kulturanthropologie« und hat zugleich eine »anthropologische Kritik der eigenen gesellschaftlichen Entwicklungen« zum Ziel (vgl. dies.: Neues Zeitalter oder Verkehrte Welt. Anthropologie als Kritik, Darmstadt 1990 (= Greverus 1990a), VII. XI; vgl. auch dies.: Kultur und Alltagswelt, München 1978).

129. Welz (1990a).
130. Vgl. dazu den Beitrag von Monika Neuhoff, »Transformation kennt kein Heimatland«. New Age-Anbieter und ihre Interaktion mit dem sozialräumlichen Umfeld, ebd., 31-66.
131. Welz (1990a), 27.
132. Neuhoff (1990), 60.
133. Vgl. dazu unten, Kap.1.2.6.
134. Ähnlich unreflektiert ist die Voraussetzung von Neuhoff, daß »Vordenker« (wie z.B. Roszak) und »kleine Anbieter« (z.B. ein Massagesalon in Freiburg, deren Betreiberin von Roszak noch nie etwas gehört hat) als Überbau und Unterbau derselben Bewegung zusammengehören.

nus technicus der Feldforscher geworden, der nichts anderes besagt als der oben eingeführte Begriff der »Neuen religiösen Szenerie«. Der heuristische Gewinn der Studie liegt in dem Versuch, mit Hilfe ethnographischer Methoden solche Vorannahmen überprüfbar zu machen, die sich durch die institutionsarme Struktur des untersuchten Syndroms fast zwangsläufig ergeben. Dabei erscheinen interessante Details der Szenerie in einem neuen Licht. Besonders die quantitativen Ergebnisse der Topographie, die ermittelte Anzahl der Zentren, die Analyse der Trägerschicht und des stadtsoziologischen Umfelds erlauben eine exaktere Beschreibung von Ähnlichkeiten und Differenzen der heutigen Szenerie zu früheren religiösen Bewegungen einerseits, den sog. »Neuen sozialen Bewegungen« andererseits.[135] Doch wäre anzufragen, ob die jeweils erfaßten Institutionen tatsächlich repräsentativ für die Neue religiöse Szenerie sind, die sich – analog den Neuen sozialen Bewegungen – insgesamt nur schwach organisiert hat und daher mit empirischen Methoden schwer greifbar ist.[136]

(3) *Horst Stenger* versucht einen wissenssoziologischen Zugang zu »New Age«. Er läßt sich von der doppelten Frage leiten, wie es erklärbar sei, daß sich mit »New Age« unter modernen Bedingungen vormoderne Inhalte verbreiten, und wie es den esoterisch engagierten Menschen gelinge, den Ereignissen der Alltagswelt trotz moderner, diesseitsbezogener Existenzbedingungen eine »transzendente« Deutung zu geben.[137] Er kritisiert zunächst die Ansätze von Schorsch und Küenzlen und vermutet, »daß im gängigen ›Krisenreaktions-Theorem‹ zur New Age-Verbreitung die legitimatorische Selbstthematisierung der Bewegung sozialwissenschaftlich paraphrasiert wird« (S.128). Das in Kursen und anderen Veranstaltungen umgesetzte praktische Programm der Beschäftigung des Einzelnen mit sich selbst ziele auf Selbstverwirklichung, den Weg zum ›höheren Selbst‹, zum Wesenskern, zum inneren Göttlichen.[138] »New Age« bzw.

135. Zum Terminus der »Neuen sozialen Bewegungen« vgl. unten, Kap.4.
136. Auffällig ist z.B. im Beitrag von Welz die zentrale Berücksichtigung der Bhagwan-Bewegung sowohl in Freiburg als auch in Frankfurt (Welz (1990a), 10.12ff.22ff.). Sie dürfte darauf zurückzuführen sein, daß diese soziologisch besonders auffällig und bekannt ist, während andere Aktivitäten gewiß nicht einmal im Rahmen einer Stadt wie Freiburg vollständig zu erfassen sind. Auch widerspricht die Zuordnung der Bhagwan-Bewegung zum »New Age« der üblichen Quellenauswahl (Ferguson, Capra, Berman, Roszak usw.), die auch diesem Buch zugrundeliegt. Beides wäre genauer zu reflektieren.
137. Horst Stenger: Der ›okkulte‹ Alltag. Beschreibungen und wissenssoziologische Deutungen des ›New Age‹, in: ZfS 18 (1989), 119-135; vgl. auch ders.: Kontext und Sinn. Ein typologischer Versuch zu den Sinnstrukturen des »New Age«, in: Soziale Welt 1990, 383-403. Stenger hat seinen Zugang mittlerweile in monographischer Form ausgearbeitet: Die soziale Konstruktion okkulter Wirklichkeit. Eine Soziologie des ›New Age‹, Opladen: Leske und Budrich, 1993.
138. Im genannten Aufsatz von 1990 (s. vorige Anm.) werden die bei Workshops in teilnehmender Beobachtung ermittelten Zielebenen weiter aufgefächert: (1) Selbsterfahrung/ Selbstverwirklichung; (2) Selbst- und Fremdheilung; (3) »Außenweltkompetenz« (d.h. »okkulte Kompetenzen ..., jenseitige Kräfte im Hier und Jetzt der Alltagswelt erfolgsträchtig einzusetzen«; (4) »Erwerb von Informationen/ Wissen/ Techniken/ Verfahren«

Esoterik sei gerade deshalb gesellschaftlich erfolgreich, »weil dieser Wissens-/Sinnkomplex in spezifischer Weise zur Diffusion und Veralltäglichung von Reflexivität beiträgt« (ebd.). »Ganzheitlichkeit« und »Spiritualität« seien »Metaphern für einen veränderten Selbstbezug« des modernen Subjekts (S.130).

In auffälligem Unterschied zu den meisten anderen Deutungsansätzen in Deutschland benutzt Stenger – in Traditionslinien der amerikanischen Max-Weber-Rezeption – einen funktionalistischen Sinn-Begriff.[139] »New Age« wird dadurch vom »Sinnkrisen«-Indikator und Sinnersatz zu einer ›normalen‹ Variante moderner Sinnkonstruktion.

(4) *Hubert Knoblauch*, ein Schüler Thomas Luckmanns, wendet dessen Konzeption der »unsichtbaren Religion« auf das Thema »New Age« an.[140] Er greift zunächst Luckmanns Kritik am ›Mythos der Säkularisierung‹ auf[141] und stellt die u.a. von Küenzlen postulierte »angebliche ›Trendwende‹ im Verhältnis von Religion und Gesellschaft« in Frage, die »mehr eine Folge theoretischer und empirischer Versäumnisse« der Sozialwissenschaftler sei: Von einem Wiedererstehen der Religion könne nur sprechen, wer zuvor ihren Untergang postuliert habe (S.504). »New Age« sei vielmehr als eine Fortsetzung des Wandels sozialer Formen und Inhalte des Religiösen zu verstehen. Sein Kennzeichen sei ein »ausgeprägter Synkretismus«. »New Age« bewirke eine »kulturelle Entdifferenzierung« (nach Lipp) mithilfe einer zugrundeliegenden »magischen Weltanschauung«, die die genau bemessenen Grenzen der modernen Wissensgebiete nicht beachte.[142] Diese

(S. 398f.). Diesen Zielebenen, die alle auf ihre Weise eine Form von »Transzendierung« beinhalteten, entsprächen vier Kontexte: der psychologische, der spirituelle, der esoterische und der körperzentrierte (ebd., 394f.). Trotz ihrer unterschiedlichen inhaltlichen Ausrichtung seien alle unter ›New Age‹ bezeichneten Aktivitäten von »gemeinsamen axiomatischen Überzeugungen und praktischen Interessen« geprägt, deren Zentrum die Gewißheit sei, »daß es eine größere Wirklichkeit jenseits der sinnlich wahrnehmbaren Welt gibt« (S. 383).

139. Vgl. dazu unten, Anm.174.
140. Hubert Knoblauch: Das unsichtbare Neue Zeitalter. »New Age«, privatisierte Religion und kultisches Milieu, in: KZS 41 (1989), 504-525. Vgl. Thomas Luckmann: Die unsichtbare Religion, Frankfurt a.M.: Suhrkamp, 1991 (engl. Original 1967, = stark überarbeitete Ausgabe von: Das Problem der Religion in der modernen Gesellschaft, Freiburg i.Br. 1963); ders.: Verfall, Fortbestand oder Verwandlung des Religiösen in der modernen Gesellschaft? in: O. Schatz (Hrsg.): Hat die Religion Zukunft? Graz u.a.: 1971.
Eine zusammenfassende Darstellung bietet Knoblauch in einem neueren Aufsatz: New Age in Praxis und Theorie. Weltanschauung, gesellschaftlicher Hintergrund, Gefahren, in: Bayerische Schule 1993, 207-211. Sie verläuft allerdings weitgehend in den von Christof Schorsch vorgezeichneten Bahnen und führt die wissenssoziologische Problemstellung – bis auf die Thematisierung der Differenz von »Theorie« («Weltanschauung«) und »Praxis« («Okkultismus«, »Magie« u.a.) nicht weiter.
141. Vgl. Thomas Luckmann: Lebenswelt und Gesellschaft, Paderborn 1980, 161-172.
142. Aus religionswissenschaftlicher Sicht ist die unpräzise Terminologie zu kritisieren: Was heißt »ausgeprägter Synkretismus«? Was ist »magische Weltanschauung«? Solche Formulierungen transportieren diffuse, nicht-hinterfragte Deutungen, die dem wissenssoziologisch-phänomenologischen Ausgangspunkt Knoblauchs nicht gerecht werden. Insbe-

»Unspezifität« werde von den Vertretern selbst in positiver Wendung als »Ganzheitlichkeit« gefaßt.

Knoblauch nimmt ausführlich Bezug auf die Diskussion neuer religiöser Bewegungen in den angelsächsischen Sozialwissenschaften. Sie sei vornehmlich unter der Bezeichnung »Cult« geführt worden, so auch in einer 1972 durchgeführten Analyse der Findhorn-Gemeinschaft[143] und in neueren Darstellungen der »New Age-Bewegung«.[144] »Cult« sei im religionssoziologischen Sprachgebrauch ursprünglich eine Übersetzung von Ernst Troeltschs Typus der »Mystik«.[145] Im Zuge der Erforschung der »Neuen religiösen Bewegungen« habe sich eine allmähliche Bedeutungsverschiebung von »nichtinstitutioneller« und »unsichtbarer Religion« zur Vorstellung stark strukturierter, kleiner religiöser Gemeinschaften ergeben (was in Troeltschs Terminologie eher unter die Bezeichnung der Sekte fallen würde). Daher bezeichneten »Cults« »abweichende und wenig dauerhafte religiöse Gemeinschaften«.[146]

Knoblauch deutet diese sozialwissenschaftliche Sprachverwirrung so:

»Die ›kultische‹ Form der Religion folgt offensichtlich nicht mehr der herkömmlichen Systematik religiöser Vergemeinschaftungen, die zur Kirche hin tendiert; vielmehr zeugt die ›Öffnung‹ der Kultur von einem sozusagen ›strukturellen Synkretismus‹ der Sozialformen«.[147]

»New Age« sei damit ein spezifisch modernes Phänomen, das zentral durch »Privatisierung« gekennzeichnet sei. Privatisierung bedeute nicht unbedingt Individualisierung, sondern in erster Linie, daß Themen der persönlichen Privatsphäre ›letzte Bedeutung‹ erhielten. Was für die Konsumenten jenes Marktes gelte, sei entsprechend auch auf die Produzenten im »kultischen Milieu« zu übertragen: Die Zahl der »neuen Kleinbürger« mit gehobenem Bildungsniveau, aber gleichbleibend schlechten »Marktchancen«, sei stark angestiegen. Okkultismus bilde ein Kompensationsfeld für den Ausschluß von der Produktion legitimen Wissens (ebd., nach Chevalier). Es fällt auf, daß Knoblauch zwar den »Markt« (Vermittler und Rezipienten) zutreffend beschreibt, jedoch die »Quellen« ausläßt und lediglich ihre »synkretistische« Zusammenstellung in den Blick nimmt.

Stenger und Knoblauch öffnen – neben den Arbeiten von Küenzlen – die Thematik von »New Age« einer sozialwissenschaftlichen Analyse. »New Age« wird bei ihnen

sondere bleibt dadurch offen, wie der Autor selbst die Verhältnisbestimmung von »New Age« und »Moderne« vornimmt, die nicht nur ein Problem auf der Gegenstandsebene, sondern ebenso auf der soziologischen Deutungsebene darstellt.
143. Andrew Rigby und Bryan S. Turner: Findhorn Community. A Sociological Study of New Forms of Religion, in: M. Hill (Hrsg.): Sociological Yearbook of Religion in Britain 5, London 1972, 72-86.
144. J. Gordon Melton: Encyclopedic Handbook of Cults in America, New York und London: Garland, 1986.
145. Vgl. dazu unten, Kap.1.3.3., Anm.252.
146. Ähnlich deutete, wie gesehen, auch Schibilsky Troeltschs Begriff der Mystik, s.o., Kap.1.2.2.
147. Knoblauch (1989), 514.

nicht mehr als eine wie auch immer zu definierende »Bewegung«, sondern als ein wissenssoziologisch zu untersuchender Rahmen moderner Selbst- und Weltwahrnehmung gedeutet. Das kommt den oben beschriebenen Charakteristika der Neuen religiösen Szenerie im Vergleich zu den anderen referierten Zugangsweisen am nächsten, und daher kann auch eine religionswissenschaftliche und geistesgeschichtliche Untersuchung des Themas auf solche soziologischen Rahmenbeobachtungen zur Struktur des Phänomens »New Age« nicht verzichten. Das soll in Kapitel 4 durch einen Vergleich mit anderen Gegenständen und Begriffen der neueren soziologischen Forschung aufgegriffen werden.

1.2.5 Religionswissenschaftliche Zugänge

Die religionswissenschaftliche Diskussion zum Thema »New Age« ist noch wenig entwickelt. Ob das Phänomen überhaupt zu einem legitimen Gegenstand der Religionswissenschaft werden kann, wird unterschiedlich beurteilt. Als Beispiel seien zwei Stellungnahmen in einem einschlägigen Themenheft angeführt:

(1) Für *Rainer Flasche* ist »New Age« eine Sammelbezeichnung für »ein unglaubliches Konglomerat von religiösen, teils ideologischen, teils wissenschaftlichen oder auch nur pseudowissenschaftlichen Aspekten«.[148] Solche Vorgänge gehörten »zum prozessualen Verlauf von Geschichte«, da letztlich jede Generation der Überzeugung sei, »zu etwas Neuem aufzubrechen oder im Anbruch einer neuen Zeit zu stehen«. Die Zeitbedingtheit der Erscheinung verhindere, daß sie der »Religionengeschichte« wirklich zugänglich sein könne. Auch eine »Religionenzeitgeschichte« könne sich zum einen nur mit ausgewählten Gruppen beschäftigen, zum anderen müßten diese »wenigstens schon in eine Konsolidierungsphase eingetreten« sein. Es gebe kein Kriterium, nachdem »typische Vertreter« ausgewählt werden könnten, so daß die Gefahr des »Abhebens von aller Empirie« und damit des Verlusts der intersubjektiven Überprüfbarkeit kaum vermeidbar sei.[149]

(2) Demgegenüber betont *Walter A. Frank* die tatsächliche Verbreitung der mit »New Age« verbundenen Erscheinungen, weshalb man sich informieren müsse und die Religionswissenschaft zum Tätigwerden verpflichtet sei.[150] Im Schlagwort der »Neuen Religiosität« verberge sich eine Tendenz zum »Wiederzusammenfinden der zu lange getrennten Schwestern Religion – Philosophie – Wissenschaft«, und die »Religi-

---

148. Flasche (1987); vgl. auch ders.: Gnostische Tendenzen innerhalb neuer Religionen, in: Una Sancta 4/86, S.339-352; ders.: Neuer Wein in alten Schläuchen – zur religiösen Symbolik in Neuen Religionen, in: Symbolon, N.F. Bd.7.
Die Wortwahl Flasches («unglaubliches Konglomerat«, »pseudowissenschaftlich«) verdeutlicht auf ihre Weise, daß er »New Age« nicht für einen zulässigen Gegenstand religionswissenschaftlicher Arbeit hält.
149. Flasche (1987), ebd.
150. Frank (1987).

ons-Wissenschaft« werde arbeitslos, wenn sie »neuere Wissenschaftsansätze« vernachlässige und sich den Ergebnissen »empirisch-numinologischer« Forschung nicht öffne.

(3) Beide genannten Diskussionsbeiträge sind in der von Marburger Studenten der Religionswissenschaft herausgegebenen Zeitschrift »Spirita« abgedruckt. In der Eröffnungsnummer (1987) ist auch eine Untersuchung einschlägiger Verlage enthalten; die Herausgeber führten Interviews mit Günther Berkau (Aurum-Verlag), Bernd Jost (Rowohlt-Verlag, Reihe »transformation«) und Gert Geisler (Chefredakteur der Zeitschrift »esotera« im H.-Bauer-Verlag).

Die Marburger Studenten haben das Verdienst, mit mehreren ähnlichen Projekten als erste eine religionswissenschaftliche Beschäftigung mit dem Thema »New Age« in Gang gesetzt zu haben. Die Beiträge beschränken sich weitgehend auf die Beobachtung des öffentlichen Diskussionsraumes, wobei ›Insider‹ und ›Beobachter‹ gleichermaßen zur Sprache kommen. Der von ihnen herausgegebene Sammelband »Zwischen den Zeiten« (1989) enthält unter anderem Beiträge von Reinhart Hummel, Adolf Holl, Thomas Schweer, Hartmut Zinser, außerdem Interviews mit Fritjof Capra, Stanislav Grof und Hans Sebald.[151]

Die Beiträge lassen sich nicht in eine systematische Ordnung bringen, was angesichts der Unklarheit des Phänomens auch nicht anders zu erwarten ist. Einige Einzelbeobachtungen seien angeführt: Adolf Holl[152] bezeichnet das Jahr 1978 als Wendepunkt zur »Wassermannzeit« und erwähnt in diesem Zusammenhang das Buch »Vulkantänze« von Herbert Röttgen, das im folgenden noch zu untersuchen sein wird, sowie Hans Peter Duerrs »Traumzeit« mit ihren Folgen für die Linke Bewegung (S.56f.).[153] Hartmut Zinser setzt sich mit dem Phänomen der neuen Schamanismus-Rezeption auseinander.[154] Er betont dabei die soziale und intentionale Differenz der neuen Lust am Außeralltäglichen gegenüber dem sibirischen Schamanismus mit seiner integrativen Funktion der Alltagsbewältigung.

Steffen Rink, einer der studentischen Initiatoren der Marburger Projekte, stellt in seinem Beitrag – ähnlich wie die oben referierten neueren soziologischen Ansätze zum Thema – die stillschweigende Vorannahme in Frage, daß »New Age« eine »Bewegung« und ein »einheitliches, gerichtetes, homogenes Phänomen« sei und sieht

---

151. Matthias Pilger und Steffen Rink (Hrsg.): Zwischen den Zeiten. Das New Age in der Diskussion, Marburg: Diagonal-Verlag, 1989.
152. Adolf Holl: Wassermannzeit, ebd., 45-57 (= Abdruck des gleichnamigen Aufsatzes in: Kursbuch 86: Esoterik oder die Macht des Schicksals, Berlin: Kursbuch-Verlag, 1986, 17-30).
153. Dafür spricht – außer Holls Belegen – das Erscheinen einiger Bücher auf dem deutschen Markt in diesem Jahr, die das Stichwort »New Age« im Titel führten (vgl. dazu unten, Kap.2.1.). Dagegen ließen die Beteiligten eines von Andreas Giger angeregten Forums »New Age« bereits im Jahr 1975 beginnen: vgl. ders. (Hrsg.): Was bleibt vom New Age?, Freiburg i.Br.: Hermann Bauer, 1988, 131.
154. Hartmut Zinser: Schamanismus im »New Age«. Zur Wiederkehr schamanistischer Praktiken und Seancen in Europa, in: Pilger und Rink (Hrsg.) (1989), 63-71 (zuerst 1987).

»New Age« in erster Linie als »gefühlsmäßigen Zusammenhalt nebeneinander existierender Richtungen« (S.12f.)[155]. Nicht die »Ideen« selber, sondern das ›neue Element‹ der »unmittelbaren Erfahrbarkeit dieser Ideen« sei das eigentliche Charakteristische (S.15). Durch seinen Übergang von der protestgefährlichen Bewegung zur berechenbaren »Subkultur« habe »New Age« an Dynamik verloren (S.20).

(4) *Reinhart Hummel*, schon im Zusammenhang der indischen Bewegungen angeführt, hat sich in mehreren Aufsätzen mit dem Thema »New Age« befaßt.[156] Er sieht darin eines von zwei zeitgenössischen Modellen nichtkirchlicher religiöser Sozialgestalten: Während die zumeist östlich inspirierten sog. Jugendreligionen eher zur »Versektung« tendierten, repräsentiere »New Age« das Feld einer »vagabundierenden Religiosität«, ein »synkretistisches Konglomerat« aus religiösen Momenten verschiedener Herkunft, einer neuen Wissenschaftsdeutung und anderer Elemente, der eine Pluralität von »Wurzelsträngen« entspreche.[157] Der Begriff des »Synkretismus« wird bei Hummel negativ bewertet, so daß er jene neuen Formen von Religiosität als potentielle »Gefährdung der Sache der Religion überhaupt« einschätzt.[158] Hummel parallelisiert »New Age« und die neuen Fundamentalismen, da sie beide als Protestbewegungen gegenüber der Moderne zu sehen seien.

(5) *Donate Pahnke*, Religionswissenschaftlerin in Bremen, publizierte zwei Aufsätze zum feministischen Aspekt von »New Age« und behandelt außerdem das Thema in einem Kapitel ihrer Dissertation im Blick auf die Frage nach anthropologischen Konzeptionen und dem darin grundgelegten Geschlechterverhältnis.[159] Sie benutzt »New

---

155. Steffen Rink: Ein neues Lied, ein bessres Lied...?, ebd., 11-24.
156. Reinhart Hummel: Zwischen den Zeiten und Kulturen. Die New Age-Bewegung, in: Hemminger (Hrsg.) (1987), 15-57; Neue religiöse Bewegungen, in: Verkündigung und Forschung 32, 78-95 (= 1987a); Neue Religiosität als synkretistisches Phänomen, in: MD 1988, S.33-42 (= 1988a); Kult statt Kirche. Wurzeln und Erscheinungsformen neuer Religiosität außerhalb und am Rande der Kirchen, in: G. Baadte und A. Rauscher (Hrsg.): Neue Religiosität und säkulare Kultur, Graz u.a.: Styria, 1988, 43-61 (= 1988c); Neue Religiosität und New Age, in: A. Schilson (Hrsg.): Gottes Weisheit im Mysterium. Vergessene Wege christlicher Spiritualität, Mainz: Matthias-Grünewald, 1989, 61-77 (= 1989); New Age und die Zukunft der Religion. Eine Antwort auf die Vorschläge von Hermann Timm, in: LM 1989, S.489-492 (= 1989a); New Age: Das »neue Zeitalter« als Herausforderung für die alten Kirchen, in: Aus Politik und Zeitgeschichte. Beilage zur Wochenzeitung »Das Parlament«, Nr.B40/89 (1989), 30-38 (= 1989b); Im Zeichen des Wassermanns. Zu den Hintergründen der New Age-Bewegung, in: Pilger und Rink (Hrsg.) (1989), 38-44 (= 1989d).
157. Hummel (1988c), 48-50 und öfter. Zur Diskussion des zugrundegelegten soziologischen Schemas, das schon für Hummels Arbeit über indische Mission charakteristisch ist, vgl. oben, Kap.1.2.2.
158. Hummel (1989), 64.
159. Donate Pahnke: Ethik und Geschlecht. Menschenbild und Religion in Patriarchat und Feminismus, Marburg: Diagonal-Verlag, 1991, hier 145-161; dies.: Die feministische Spiritualität als Beispiel einer ›ökologischen Religion‹, in: G. Rinschede und K. Rudolph (Hrsg.) (1989): Geographia Religionum Bd.6. Beiträge zur Religion-Umwelt-Forschung

Age« als Sammelbegriff für »nicht-christliche religiöse Bewegungen« und bezieht sich dabei u.a. auf Ken Wilber, Sam Keen und Stan Grof, aber auch Bhagwan Shree Rashneesh und Timothy Leary.[160] Im Widerspruch zu dieser weiten Fassung des Begriffs spricht sie andererseits von *der* »New Age-Philosophie« als einer Einheit, als deren ›Philosophen‹ sie vor allem Wilber referiert.[161]

Im Blick auf die Thematisierung des Geschlechterverhältnisses sei kein großer Unterschied zwischen »New Age« und »konventionellen« Theorien zu erkennen. Zwar seien sich die männlichen und weiblichen »New-Age«-AutorInnen darin einig, das Neue Zeitalter als Zeitalter der aufblühenden ›Weiblichkeit‹ zu sehen. Doch blieben die Begriffsinhalte von Männlichkeit und Weiblichkeit ungeklärt, so daß die »traditionellen rollenstereotypen Geschlechterdefinitionen« weitertransportiert würden und »die New Age-Philosophie [...] entgegen ihrem eigenen Anspruch eine vorwiegend androzentrische Weltsicht« sei.[162]

In den genannten Aufsätzen befaßt sich Pahnke speziell mit Frauen-Spiritualität. In dem von ihr untersuchten Bereich der Neuen religiösen Szenerie ersetze der Begriff der Magie häufig den negativ bewerteten Religionsbegriff: Die Zuordnung und Bewertung beider Begriffe werde gegenüber klassischen theologischen Schemata gerade vertauscht. Magie werde von vielen beteiligten Frauen als spezifisch weibliche Religiosität verstanden. Sie werde mit den Stichworten Natur und Ökologie verbunden.[163]

An Pahnkes Beispiel läßt sich die oben bei Schorsch festgestellte Tendenz zur künstlichen Vereinheitlichung des Phänomens »New Age« weiterverfolgen: Sie definiert das Phänomen zunächst rein formal anhand des negativen Kriteriums der Distanz zum Christentum (S.145). Gleich im nächsten Absatz spricht sie von den »wichtigsten Begriffen des [...] Neuen Zeitalters« und setzt damit voraus, daß der konstatierte Bereich der nicht-christlichen Religiosität des Westens – den sie »New Age« nennt – eine *inhaltliche* Einheitlichkeit und weltanschauliche Mitte aufweise. Diese Einheitlichkeit beschreibt sie ähnlich wie Schorsch in Form einer Paraphrase des Sprachspiels von Ferguson und Capra, in dem sich »Paradigmenwechsel«, »Ganzheitlichkeit« und »Transformation« gegenseitig erklären (S.145f.). Somit verkehrt sich die in Anspruch genommene ›Wertfreiheit‹ der religionswissenschaftlichen Methodik im Rückgriff auf die Einheitskonstruktion einiger ›Insider‹ in ein ideologisches Konstrukt, das als Gegenbild der von Pahnke angestrebten feministischen Neukonstruktion der gegenwärtigen Religionskultur benutzt wird.

(6) *Hartmut Zinser*, Religionswissenschaftler und Ethnologe in Berlin, befaßt sich in mehreren Aufsätzen mit »New Age« sowie neuem »Okkultismus«.[164] Erstmals bei

---

1, Berlin; dies.: Postmoderne Religion: Ökologisch, magisch, weiblich? in: Antes und Pahnke (Hrsg.) (1989), 243-255 (= 1989a).
160. Pahnke (1991), 145ff.
161. Ebd., 157.
162. Ebd., 156f.
163. Pahnke (1989a), 248f.
164. Hartmut Zinser (1987); ders.: Ekstase und Entfremdung. Zur Analyse neuerer ekstati-

ihm findet sich im deutschen Sprachraum ein Ansatz zur hermeneutischen Reflexion des Religionsbegriffs anhand des »Außenseiter-Phänomens« »New Age«: Herkömmliche begriffsorientierte Religionsbestimmungen hätten aufgrund der Prägung des Begriffs durch »gewesenes Sein« den Nachteil, »neuere Entwicklungen häufig nicht in den Blick zu bekommen«. Zinser begründet zunächst anhand ausgewählter Literaturbeispiele die ›Religionshaltigkeit‹ der Weltanschauung von »New Age«. Dann versucht er, Kongresse, Workshops und ähnliche Veranstaltungen als »Kulte« von »New Age« zu beschreiben:

»Ohne Übertreibung wird man die zahlreichen New Age-Zentren in aller Welt [...] als die Kultorte, deren Verwalter und Besorger als die Kultdiener und die Veranstaltungsleiter, Spezialisten und Initiationsführer ebenso wie die ›Vordenker‹ genannten Autoren [...] als die Priester des New Age bezeichnen können.«[165]

Obwohl »New Age« somit »Themen und Gegenstände, auch Veranstaltungen« ins Zentrum stelle, »die traditionell den Religionen zugerechnet werden«, sei die »Bewegung« im Sinne traditioneller Religionen dennoch nicht als »Religion« zu bezeichnen.[166] Das Phänomen »New Age« habe jedoch eine Indikatorfunktion, indem es *generelle* Veränderungen der Rahmenbedingungen von »Religion« in der Moderne erkennbar werden lasse:

»Wie durch ein Vergrößerungsglas zeigt das New Age die neueren Entwicklungen in der religiösen Sphäre: Religion tritt auf einem Markt auf und verwandelt sich dadurch in Ware; Religion ist in den säkularisierten Staaten von der Aufgabe, kollektive Verbindlichkeit und ideell gesellschaftliche Synthesis herzustellen, entlastet oder enthoben; durch das Ausscheiden der Religion aus der Arbeitswelt wird Religion zu einer Freizeitangelegenheit, in welcher die Menschen einen Sinn, Befreiung aus der Angst und vor allem Erlebnisse jenseits der Selbsterhaltung – und da müßte eigentlich von Genuß die Rede sein – suchen.«[167]

Auch Zinsers Aufsatz zeigt allerdings keinerlei Problembewußtsein für den Ausdruck »New Age« selbst und das komplizierte Verhältnis von ›Ideen‹, kompilationshafter Zusammenfassung solcher Ideen und soziologischem Unterbau. Ähnlich wie bei Schorsch findet sich auch bei ihm das widersprüchliche Schema, zuerst zu sagen, »New Age« sei »trotz seines holistischen Anspruchs keine einheitliche oder konsistente Erscheinung«,[168] sodann im Hauptteil des Aufsatzes fortwährend von der »New Age-Bewegung« als Einheit zu sprechen und dabei die disparaten Erscheinungen ana-

---

scher Kultveranstaltungen, in: ders. (Hrsg.): Religionswissenschaft. Eine Einführung, Berlin 1988, 274-284 (= 1988a); ders.: Wissenschaftsverständnis und Bildungsaberglaube. Überlegungen zur Wiederkehr okkulter Praktiken, in: Antes und Pahnke (Hrsg.) (1989), 257-268; ders.: Ist das New Age eine Religion? Oder brauchen wir einen neuen Religionsbegriff?, in: ZRGG 44 (1992), 33-50.
165. Zinser (1992), 42.
166. Ebd., 42f.48.
167. Ebd., 49.
168. Ebd., 34.

lytisch über einen Kamm zu scheren, um am Ende zu wiederholen, es sei *doch keine einheitliche Organisation und Institution.*[169] Bei Zinser nimmt dies – wegen des Gegensatzes zur hermeneutischen Reflexionsebene des Aufsatzes – groteske Formen an: George Trevelyan wird als »Altmeister und spiritus rector« der »New Age-Bewegung« zitiert (S.33), Fritjof Capra als »Gründungsheros« (S.37), Peter Russel als »Vordenker« bezeichnet. Nirgends wird gesagt, *von wem* und auf welcher Grundlage diese Charakterisierungen vorgenommen[170] und weshalb die so Bezeichneten als Repräsentanten derselben »Bewegung« zugerechnet werden können – z.b. wird Trevelyan von Capra niemals zitiert. Zinsers Berichte von »Kultveranstaltungen« des »New Age« klingen jedoch gerade so, als habe er dort Capra oder Ferguson als Hohepriester angetroffen. Bei dem amerikanischen Theologen Harvey Cox kann er sich schließlich selbst nicht entscheiden, ob er dazugehört oder nicht (S.38f.), was Zinser als Indiz dafür interpretiert, daß »New Age« wohl doch keine Einheit sei. Aufgrund dieser soziologischen Unklarheiten ist der Anspruch überzogen, von »Priestern«, »Kultorten« und »Kultdienern« zu sprechen.

Zinsers Ansatz leidet darunter, daß er – wie in der gegenwärtigen Religionswissenschaft üblich – »Religion« ausschließlich im Sinne einer konkreten institutionellen Einheit versteht und als Abstraktbegriff aufgegeben hat. Daher bleibt keine Wahl, als das disparate, aber gleichwohl ›religionshaltige‹ Phänomen »New Age« zu einer Religion zu stilisieren, weil es anders nicht Gegenstand religionswissenschaftlicher Analyse sein könnte. Im Gegensatz dazu soll im folgenden versucht werden, »New Age« als Teil abendländischer Religionsgeschichte zu thematisieren, was erstens eine historische Dimension einzieht, zweitens jenen Abstraktbegriff voraussetzt.

---

169. Vgl. dazu auch Zinsers Besprechung der Arbeit von Schorsch, in: Soziologische Revue 13 (1990), 78-80, in der er dessen vereinheitlichende Darstellung und die mangelnde Rückfrage nach der Übereinstimmung von Selbst- und Fremddeutung sowie von ›Über-‹ und ›Unterbau‹ kritiklos hinnimmt. Zinser schreibt: »Basis seiner Untersuchung sind die innerhalb der New Age-Bewegung als grundlegend anerkannten Schriften von Capra, Ferguson, v.Keyserling, Kuhn (!!), Lutz, Maslow, Prigogine, Russell, Sheldrake, Spangler, Trevelyan, Vaughan, Wilber und anderen« (S. 78). Die »Grundbegriffe« der sich selbst als »New Age-Bewegung« bezeichnenden »Subkultur« würden »mittlerweile von vielen Leuten verwendet ..., ohne daß sie sich dem New Age zugehörig sehen« (S. 78f.). Das trifft den Sachverhalt keineswegs, zumal sich z.B. Capra, Schorschs Hauptzeuge, zu keiner Zeit mit dem Begriff »New Age« identifizierte (vgl. dazu unten, Kap. 11).
170. Es handelt sich vermutlich um die *Lektoren* ihrer Bücher sowie andere ›Vermittler‹, die entsprechend vollmundige Aussagen in Klappentexte und Kongreßeinladungen schreiben.

1.2.6 Auswertung: »New Age«-Kritik als Reflex ungeklärter Verhältnisbestimmung zwischen Religion und Moderne

Wie schon eingangs erläutert, ist die bisherige Diskussion über »New Age« sehr unterschiedlich ausgerichtet. Im einzelnen läßt sich folgendes beobachten:

(1) Oft dient das Phänomen »New Age« in erster Linie dazu, allgemeinere Fragestellungen und Probleme des eigenen Fachs zu diskutieren, z.b. das Problem der christlichen Wahrheitsfrage angesichts des religiösen Pluralismus in der Theologie oder die Wertewandel-Thematik in der Soziologie. Die einzelnen Problemstellungen der beteiligten Disziplinen wirken auf die jeweilige Beschreibung des Phänomens zurück, so daß »New Age« jeweils unterschiedlich dargestellt wird. Manchmal erscheint »New Age« geradezu als Negativ-Folie der Begründung allgemeiner Aussagen über die Zeitsituation aus einer bestimmten Fachperspektive oder Schulrichtung.

(2) Die Kommunikation der Autoren der Sekundärliteratur untereinander ist ungenügend. In den Literaturverzeichnissen fehlen oft die Arbeiten anderer Fachdisziplinen zum selben Thema, was sich besonders auf übergreifende Deutungsversuche nachteilig auswirkt.[171]

(3) Dagegen sind die Grenzen zwischen wissenschaftlichen und außerwissenschaftlichen Darstellungen bisher fließend, und Bücher beider Art nehmen häufig aufeinander Bezug.[172] Daher kann nicht strikt zwischen Fach- und Sachliteratur unterschieden werden.

---

171. Z.B. ist bei Usarski (1988) die wichtige Arbeit von Schibilsky (1976) nicht verzeichnet; bei Greverus (1990a) und Greverus/Welz (Hrsg.) (1990) fehlt fast alle Sekundärliteratur zu »New Age« und Neuen religiösen Bewegungen (bis auf Gugenberger/Schweidlenka (1987) und ältere Veröffentlichungen von Haack, Mildenberger und Hummel).
172. So gibt z.B. Schorsch (1988), 145, Alice Bailey als Urheberin des Begriffs »New Age« an. Er beruft sich dabei auf Ruppert (1985), 19, der diese Aussage später ((1988), 56ff.) korrigierte. Dieselbe Mär findet sich bei Ben Bohnke: Die schöne Illusion der Wassermänner. New Age, die Zukunft der sanften Verschwörung, Düsseldorf u.a.: Econ, hier 15, sowie bei Gruber und Fassberg (1986), 152, die sich als ›kritische Insider‹ verstehen. Auf Gruber/Fassberg beruft sich wiederum Stenger (1989), 119. Zutreffender ist die Darstellung bei Gugenberger und Schweidlenka (1987), 153 und Anm.347. Sie beziehen sich dabei auf den gut recherchierten Beitrag des ›Insiders‹ Albert Sellner: Die Vermählung von Himmel und Hölle. Rekurs auf die spirituelle Tradition Europas am Beispiel William Blake's, in: C.Thurn u. H. Röttgen (Hrsg.) (1981): Die Rückkehr des Imaginären. Märchen, Magie, Mystik, Mythos, Anfänge einer anderen Politik, München: Dianus-Trikont, 200-233, hier 209.
Hinweise zur älteren Wortgeschichte, die nach meiner Kenntnis im Jahr 1804 mit William Blakes »Milton« beginnt (vgl. unten, Kap.6.3.), finden sich in der wissenschaftlichen Literatur schon bei Hummel (1980), 184f. 1980 erschien auch die deutsche Übersetzung des »Wassermann-Evangeliums« von Levi H. Dowling aus dem Jahr 1908 – die die Existenz des Wortes »New Age« jedenfalls lange vor Baileys Publikationen belegt (vgl. dazu unten, Kap.7.3.1.2.). Auch durch die Blake-Zitate bei einigen ›Insidern‹ wie z.B. Roszak

(4) Ebenso verschwimmen die Grenzen zwischen Selbstdarstellungen von ›Insidern‹ und Sekundärliteratur: Einerseits kommen die Beobachter – auch wo sie mit wissenschaftlichem Anspruch auftreten – oft über eine bloße Paraphrase der als Quellenliteratur verwendeten Darstellungen nicht hinaus, so daß sie den analysierten »New Age«-Utopien lediglich eine ›bessere‹ gegenüberzustellen vermögen – was keine wissenschaftliche Deutung ist. Andererseits gehen die Vertreter der Neuen religiösen Szenerie selbst immer stärker auf Distanz zu »New Age« und ähnlichen Sammelbegriffen, so daß ihre Bücher beinahe den Charakter von ›Sekundärliteratur‹ annehmen.[173]

Die disparate Struktur der Deutungsversuche ist ein getreues Abbild der Neuen religiösen Szenerie, in der ›jeder seinen Kirchturm findet, wo er will‹: Wer nach »Satanismus« sucht, mag ihn finden (ob er nun Schwarze Messen zelebrieren oder dieselben verdammen will); wer Gnosis und östliche Religionen identifiziert, findet genügend Material bei den ›Insidern‹, um diesen »Zusammenhang« zu belegen; wer »marginales Wissen« sucht, kommt ebenso auf seine Kosten; wer nach apokalyptischen Krisentheoremen sucht, findet sogar einen gleichnamigen Film (»Apokalypse Now«), der bei den Anhängern jener Szenerie Anklang fand.

Trotz dieser Vielfalt der Zugänge gibt es gemeinsame Themen der Sekundärliteratur, die aus dem Gegenstand abgeleitet werden. Wie sich zeigte, dient »New Age« den Beobachtern zur Artikulation von Problemkonstellationen, als deren inhaltliche Mitte sich die ungeklärte Verhältnisbestimmung zwischen »Religion« und »Moderne« erweist. »New Age« hat die Funktion einer Folie, auf die diese Problemkonstellationen abgebildet werden. Dabei hat sich auch auf seiten der Beobachter – ähnlich wie in der ›Szene‹ selbst – ein gewisser Beschreibungs- und Deutejargon herausgebildet, obwohl die Kommunikation der Autoren untereinander eher gering ist. Aber scheinbar liegen – bei »New Age« wie bei seinen Beobachtern – bestimmte Begriffe

sind historische Zusammenhänge augenfällig (vgl. unten, Kap.2.1.), die bisher in der Sekundärliteratur kaum rezipiert wurden.

173. Vgl. z.B. Spangler (1984), Gruber (1989), Bohnke (1989), Ulli Olvedi: Die neue Lust am Irrationalen. Chancen und Fallen der New-Age-Bewegung, Freiburg i.Br.: Herder, 1988; David Spangler und William I. Thompson: Reimagination of the World. A Critique of the New Age, Science, and Popular Culture. The Chinook Summer Conferences [...] July 1988 and 1989, Santa Fe (NM): Bear & Comp., 1991. Während Spangler einen differenzierenden Theorie-Ansatz zum Stichwort »New Age« bietet, mit dem er sich weiterhin identifiziert, beschränkt sich z.B. Bohnke konzeptionell darauf, statt des Wortes »Ganzheit« das Wort »Mega-Ganzheit« anzubieten (vgl. Bohnke (1989), 141ff.).

Theodore Roszak nahm mit seinen Büchern (1969, 1972, 1972a, 1975) von vornherein (und im Gegensatz zu manchen Autoren mit voller Absicht) eine vermittelnde Stellung zwischen einer ›Insider‹-Position und dem Status des analysierenden Beobachters ein (vgl. ders. (1968/69); ders.: Where the Wasteland Ends. Politics and Transcendence in Postindustrial Society, Garden City (New York), 1972; ders.: Sources. An Anthology of Contemporary Materials Useful for Preserving Personal Sanity while Braving the Great Technological Wilderness, New York und London: Harper & Row; ders.: Das unvollendete Tier. Eine neue Stufe in der Entwicklung des Menschen, Reinbek: Rowohlt, 1985 (dt. zuerst 1982; engl. Original 1975); ders.: Mensch und Erde auf dem Weg zur Einheit. Ein Manifest, Reinbek: Rowohlt (Tb., »transformation«), 1986 (dt. zuerst 1982; engl. Original 1978)).

›in der Luft‹. So könnte man durchaus – analog zu Schorschs Vorgehen am Gegenstand »New Age« – nach ›Grundbegriffen der New Age-Beobachter‹ forschen:

(1) Der wichtigste und am meisten verbreitete Deutungsbegriff ist vermutlich das Stichwort der »*Sinnkrise*« mit seinen Synonymen »Sinndefizit«, »Sinnverlust«, »Sinnsuche« usw.[174] Entsprechend wird »New Age« häufig als eine »Suchbewegung« dargestellt, wodurch sich die uneinheitliche Struktur des Phänomens gut erklären läßt.[175]

(2) Ein zweiter ›Grundbegriff‹ wäre »*Marginalität*«: Okkultismus, Esoterik und New Age seien verschiedene Ausdrucksweisen eines ›zweiten Wissens‹, das sich dem komplizierten Ritual akademischer Sanktionierung verweigert und insbesondere die geisteswissenschaftlichen Disziplinen und die Theologie kühn überspringt (vgl. bes. Stenger und Knoblauch).

(3) In theologischen Publikationen ist häufig von »*Gnosis*« oder »*Neo-Gnosis*« die Rede. Damit wird ein Bezug zum Synkretismus der spätantiken Religionsgeschichte hergestellt, die in der Tat in manchen Zügen dem gegenwärtigen Zeitalter historisch zu entsprechen scheint. Da »Gnosis« zugleich eine historiographische Bezeichnung für ein Gebiet der Religionsgeschichte und ein häresiologischer Begriff der Theologiegeschichte ist, kann er sehr unterschiedlich eingesetzt und gedeutet werden.[176]

174. Das Stichwort der »Sinnkrise«, das sich u.a. bei Küenzlen, Ruppert, Schorsch und Welz findet, ist ein spezifisch deutsches Interpretament, für das es kein englisches Äquivalent gibt, da im angelsächsischen Verständnis der Sinn-Begriff *(meaning)* weniger substantiell verstanden wird. Besonders in der amerikanischen Max-Weber-Rezeption, u.a. in der durch Alfred Schütz begründeten phänomenologischen Schule, aber z.B. auch in Talcott Parsons Rede vom ›Wertefirmament‹, wird anders als bei Tenbruck und seinen Nachfolgern ein pluralistisches Wertekonzept entwickelt, nach dem sich Werte durch soziale Interaktion immer neu konstituieren und dieser nicht schon vorgegeben sind. Entsprechend anders fallen auch die soziologischen Deutungen neuer religiöser Entwicklungen aus: Sie werden prinzipiell als neuer Typus der Wertekonstruktion und nicht als Mangelerscheinung infolge abgewirtschafteter religiöser Institutionen gesehen. Vgl. dazu Ingo Mörth: Lebenswelt und religiöse Sinnstiftung. Ein Beitrag zur Theorie des Alltagslebens, München 1986, bes. Kap.2; zu Parsons ebd., 62-69. Zur gegenwärtigen Max-Weber-Diskussion vgl. den Sammelband von Johannes Weiß (Hrsg.) (1989). Zu Alfred Schütz vgl. ders. und Thomas Luckmann, Strukturen der Lebenswelt, Bd.1 (1975) und Bd.2 (1984); vgl. auch P.L.Berger (1979); ders. (1967). Für Hinweise zu diesem Thema danke ich Dr. Ludwig Nieder vom Institut für Soziologie der Universität München.
175. Das Stichwort »Suchbewegung« wurde vermutlich eingeführt durch Ulrich Beck: Risikogesellschaft. Auf dem Weg in eine andere Moderne, Frankfurt a.M. 1986, das sozusagen zum ›Kultbuch‹, d.h. zur Inspirationsquelle vieler »New Age«-Forscher geworden ist (so z.B. bei Welz (1990a), Schneider (1991)). Im kirchlichen Raum sieht z.B. der Beauftragte der Ev.-luth. Kirche in Bayern, Pfr. Bernhard Wolf, »New Age« als eine »Suchbewegung« (persönliches Gespräch).
176. Vgl. dazu unten, S.79f.

(4) Weiter ist der Begriff des »*Marktes*« und seine Konnotation des modernen städtischen Lebens zu nennen:[177] »New Age« wird als religiöser »Supermarkt«, mit einigem Sprachwitz auch als »City Religion«[178] bezeichnet.

(5) Der Begriff des Marktes hängt eng zusammen mit dem zumeist negativ gewerteten Begriff »*Eklektizismus*« (oder auch »*Synkretismus*«, wobei dieses Stichwort stärker reflektiert wurde[179]).

Hinter diesen Stichworten verbirgt sich – gleichsam als ›tiefe Theorie‹ der Sekundärliteratur – eine kritische Infragestellung moderner Lebensbedingungen: Was ein Autor wie Fritjof Capra in seinem Entwurf einer ›Kulturphilosophie‹ holzschnittartig zu formulieren wagt, beschäftigt auch den mit komplizierterer Terminologie ausgerüsteten Wissenssoziologen oder Theologen. Wie sich im weiteren Verlauf der Arbeit noch zeigen wird, ist die Auseinandersetzung mit dem »mechanistischen« Zeitalter (»Newtonscher« bzw. »Kartesianischer« Prägung), die auch die sog. »New Age«-Vertreter beschäftigt, ebenso alt wie die Moderne: Die »New Age«-Diskussion ist so gesehen nichts anderes als eine Selbstreflexion der in die Jahre gekommenen Moderne, die sich in romantischer Verklärung auf ihre Jugend zurückbesinnt. Das verbindet die »New Ager« und ihre Beobachter und dürfte der Hauptgrund für die Wechselwirkung zwischen Primär- und Sekundärliteratur zu »New Age« sein.

Während die Diskussion und Bewertung von »New Age« anhand des Sinnbegriffs ähnlich ambivalent ist wie die Deutung des Begriffs »Säkularisierung« in der Religionssoziologie, bieten die verschiedenen Ansätze der Verknüpfung von »New Age«- und Mythos-Diskussion[180] und die soziologische Inbezugsetzung zu »Neuen sozialen Bewegungen«[181] gute Ausgangspunkte für eine nicht nur ideologiekritische, sondern auch selbstkritische Erforschung des Phänomens »New Age«.

In religionswissenschaftlicher Perspektive ist an dieser Stelle noch eine ideologiekritische Anmerkung zum Stichwort »Gnosis« nötig: Der Begriff der »Gnosis«, der in theologischer und religionswissenschaftlicher Literatur zur Interpretation von »New Age« benutzt wird,[182] hat schon im Bereich der Spätantikeforschung eine unscharfe,

177. So außer Knoblauch und den Redakteuren der Zeitschrift ›Spirita‹ u.a. auch Hansjörg Hemminger: Der Markt des Übersinnlichen. Hoffnung auf Lebenshilfe im New Age, Stuttgart 1990 (EZW-Texte, Impulse Nr.31).
178. Hans-Joachim Höhn: City Religion. Soziologische Glossen zur »neuen« Religiosität, in: Orien. 53 (1989), S.102-105; vgl. auch ders.: Religiös im Vorübergehen?, in: StZ 6 (1990).
179. Vgl. Hermann P. Siller (Hrsg.): Suchbewegungen. Synkretismus – kulturelle Identität und kirchliches Bekenntnis, Darmstadt: Wissenschaftliche Buchgesellschaft, 1991; Greive und Niemann (1990); Carsten Colpe: Synkretismus, Renaissance, Säkularisation und Neubildung von Religionen der Gegenwart, in: J.P.Asmussen u.a. (Hrsg.): Handbuch der Religionsgeschichte Bd.3, Göttingen 1975, 441-523. Zur religionswissenschaftlichen Begriffsbestimmung vgl. zusammenfassend ders.: Art. »Syncretism«, in: ER 14 (1987), 218-227; Ulrich Berner: Untersuchungen zur Verwendung des Synkretismus-Begriffs, Wiesbaden 1982. Christoph Bochinger: Art. »Synkretismus«, in: S. Dunde (Hrsg.): Wörterbuch der Soziologie, Gütersloh 1994, 320-327.
180. Z.B. Konitzer (1989), Schorsch (1988).
181. Z.B. Schorsch (1988), Schneider (1991).
182. Außer Ruppert (vgl. oben, Kap.1.2.3.1.) sei genannt: Medard Kehl: New Age oder Neuer

zwischen christlicher Häresiologie und religionswissenschaftlicher Historiographie schillernde Struktur.[183] Auch wenn – seit Gilles Quispel – von der Gnosis als »Weltreligion« gesprochen wird,[184] kann dies doch nicht in einem religionssoziologischen Sinne gelten, weil die empirische Basis dieser spätantiken Religion, ihr Ritual und ihre tatsächliche Gemeinschaftsstruktur im Dunkeln liegt.[185]

»Gnosis« scheint sich als Interpretament eines modernen Phänomens mit ähnlich unscharfer empirischer Grundlage anzubieten, zumal einzelne ›Insider‹ selbst auf den Begriff zurückgreifen. Seine Verwendung bringt aber nur dann einen heuristischen Gewinn für die Erforschung dieses Phänomens, wenn man »Gnosis« oder »Neo-Gnosis« nicht als häresiologisches Schimpfwort aus der Kirchengeschichte in die Gegenwart überträgt. Doch diese Gefahr ist angesichts der theologiegeschichtlichen Besetztheit des Begriffs kaum zu umgehen. Seine unscharfe Struktur führt außerdem dazu, daß »New Age«, als »Neu-Gnosis« gedeutet, in seiner Beschreibung vollständig vom jeweiligen Gnosis-Verständnis des Interpreten abhängig ist, so daß der Begriff nicht als hermeneutisches Korrektiv dienen kann, sondern leicht in einen Zirkel zwischen Erwartung und Ergebnis der Analyse führt.

Sinnvoller erscheint es, statt dessen den Ausdruck »New Age« selbst als Leitbegriff der Interpretation zu verwenden, dessen Begriffs- und Ideengeschichte bisher in der Sekundärliteratur kaum analysiert wurde. Das soll in Kapitel 5 bis 7 nachgeholt werden.

1.3 Methodische Überlegungen: »New Age« und die Verhältnisbestimmung von Religion, Religionswissenschaft und Theologie

1.3.1 Religion als Gegenstand der Theologie – Theologie als Gegenstand der Religionswissenschaft

Das Thema »New Age« erfordert und ermöglicht zugleich einen Einblick aus ungewöhnlicher Perspektive in die Zeitsituation christlicher Religion und ihre Reflexion in der Theologie. Hatte man sich nach dem Höhepunkt der dialektischen Theologie in

---

Bund?, Christen im Gespräch mit Wendezeit, Esoterik und Okkultismus, Mainz: Grünewald, 1988 (bes. 86ff.); auch Norbert Brox: Erleuchtung und Wiedergeburt. Aktualität der Gnosis, München 1989, stellt solche Bezüge her (S.7; ähnlich auch in einem Vortrag im Winter 1990 in der Katholischen Akademie in Bayern, München); kritisch dazu Keller (1987).

183. Zur Selbstbezeichnung spätantiker Vertreter als »Gnostiker« vgl. Kurt Rudolph: Die Gnosis. Wesen und Geschichte einer spätantiken Religion, Göttingen ²1980 (¹1977), 222.
184. Gilles Quispel: Gnosis als Weltreligion, Zürich 1951. Vgl. auch Rudolph (²1977).
185. Vgl. dazu Rudolph (1977), 221ff.

den vergangenen Jahrzehnten mit einiger Vorsicht wieder darangemacht, die Frage der Inkulturation des Christentums in außereuropäischen Kontexten zu analysieren,[186] so scheint heute eine ›Exkulturation‹ des Christentums aus dem Abendland stattzufinden.[187] Diese läßt das Verhältnis von Christentum und Kultur mit neuer Grundsätzlichkeit zum Thema werden. Gleichzeitig erfolgt im säkularen Umfeld der Theologie ein Wandel im Verständnis des Mythos,[188] der die Theologie zur Stellungnahme herausfordert. Die Diskussion könnte im Spiegel des Phänomens »New Age« interessante Impulse bekommen. Denn der »Mythos« spielt bei den reflektierteren Entwürfen innerhalb der Neuen religiösen Szenerie eine wichtige Rolle und ist auch in der Sekundärliteratur als zentrales Thema erkannt worden.[189] Unter der Überschrift »Gegenkultur und Mythos« erschien bereits 1981 in der katholischen Zeitschrift »Orientierung« eine Analyse des alternativen Verlages »Trikont Dianus«, der auch in der vorliegenden Arbeit eine wichtige Rolle spielen wird. Der Autor schreibt:

»Rückblickend läßt sich sagen, daß die Nachkriegstheologie, zuerst im protestantischen, mit zeitlicher Verschiebung dann auch im katholischen Raum rezipiert, sich vielfach dargestellt hat als der Versuch einer kritischen Destruktion des Mythos (vgl. das Entmythologisierungsprogramm der Bultmann-Schule) [...] So band sie sich an ein historisches Schema, das (erstmals formuliert von Max Weber) die europäische Geschichte interpretierte als fortlaufenden Aufstieg aus den Niederungen des Mythos zur Höhe des Logos. Nicht nur dieses Schema, sondern auch seine theologische Rezeption waren gekennzeichnet von einer ›Berührungsangst‹ vor dem Mythos. Das entscheidende Motiv lautete in solcher Theologie, Glaubensfragen seien so darzustellen und zu formulieren, daß sie dem neuzeitlich-wissenschaftlichen Weltverständnis nicht mehr als anstößig erschienen«[190]

Das Zitat belegt beispielhaft die Verflechtung subkultureller Impulse und ›etablierter‹ Diskussion derselben Themen, die auch in die Theologie hineinreicht. Drei weitere theologische und ekklesiologische Themen sollen im Hintergrund dieser Arbeit stehen:
Erstens ist die Neue religiöse Szenerie ein guter Spiegel, in dem sich die kirchlichen Betrachter selber sehen könnten. Während man in der »Szene« mit der Kirche

---

186. In der Missionswissenschaft gehört diese Thematik seit dem ersten Lehrstuhlinhaber, Gustav Warneck in Halle, zum Programm und wurde schon zu Kolonialzeiten auch auf die Struktur der ›Heimatkirche‹ zurückbezogen. Doch wurden diese Fragestellungen aus zeitgeschichtlichen und systematischen Gründen im Hauptstrom der Theologie der Nachkriegszeit marginalisiert. Zu missionsgeschichtlichen Hintergründen vgl. exemplarisch: Hans-Werner Gensichen: Mission und Kultur. Gesammelte Aufsätze, hrsg.v. Th.Sundermeier u. W.Gern, München: Kaiser, 1985. Eine markante Position nach der Jahrhundertwende vertrat der Missionar Bruno Gutmann; vgl. dazu Christoph Bochinger: Ganzheit und Gemeinschaft. Zum Verhältnis von theologischer und anthropologischer Fragestellung im Werk Bruno Gutmanns, Frankfurt a.M. u.a.: Peter Lang, 1987.
187. Vgl. exemplarisch: P. Koslowski (Hrsg.): Die religiöse Dimension der Gesellschaft, Tübingen 1985; Greive und Niemann (Hrsg.) (1990); Baadte und Rauscher (Hrsg.) (1988).
188. Vgl. z.B. Kurt Hübner: Die Wahrheit des Mythos, München: C.H.Beck, 1985.
189. Vgl. Konitzer (1989), 9; Schorsch (1988), 193ff.
190. Carl-Friedrich Geyer: Gegenkultur und Mythos, in: Orientierung. Kath. Blätter für weltanschauliche Information 45, Nr.20 (31.10.1981); vgl. auch ders.: Rationalitätskritik und ›neue Mythologien‹, in: Philosophische Rundschau 33 (1986), 210-241.

zumeist nicht viel im Sinn hat, schon gar nicht mit den dogmatischen und institutionellen Verschiedenheiten der Konfessionen, lassen sich die Annäherungs- und Abgrenzungsversuche von kirchlicher Seite deutlich konfessionell unterscheiden. »New Age« ist damit indirekt ein Indikator für konfessionelle Prägungen in der Wahrnehmung der Gegenwart.[191]

Zweitens ergibt sich aus der »New Age«-Problematik eine ekklesiologische Fragestellung. Die Neue religiöse Szenerie läßt sich als Weiterentwicklung der Pluralisierung innerkirchlicher Strukturen in der Nachkriegszeit sehen, die mittlerweile über den Rahmen der christlichen Kirchen (und freikirchlichen Gruppen) hinausreicht und diese zwingt, sich über die eigene Identität in neuer Weise Rechenschaft zu geben.[192]

191. Exemplarisch wäre ein Vergleich der Publikationen von Hans-Jürgen Ruppert und Josef Sudbrack aufschlußreich (Ruppert (1985), (1988); Sudbrack (1987) (^{2}1988)). Beide Autoren betonen die »Herausforderung« der Kirchen durch »New Age« bzw. »Neue Religiosität« und die Indikatorfunktion für Defizite moderner Kirchlichkeit hinsichtlich persönlicher Glaubensbedürfnisse und Sinnfragen der Menschen. Bei Ruppert wird »New Age« vornehmlich unter dem Gesichtspunkt der »Selbsterlösung« gesehen, die sich – das ist in jenem Begriff schon mitgegeben – der Herausforderung der Rechtfertigungslehre nicht stellt. Das steckt auch hinter seiner pauschalisierenden Verwendung des Gnosis-Begriffs, die als religionsgeschichtliches Beispiel *par excellence* für »Selbsterlösung« dient und als Extrapolation protestantischer Furcht vor der Werkgerechtigkeit interpretiert werden kann. Sudbrack spricht dagegen vornehmlich von »Religiosität«, die ihre (christlichen) Wurzeln verloren habe. Während Ruppert eine definitorische Abgrenzung von »New Age« versucht, ist Sudbracks Zugang eher inklusivistisch zu nennen. Er wirkt dadurch auf den ersten Blick offener und gesprächsbereiter, zumal er die unterschiedlichen Strömungen der ›Szenerie‹ nicht unter dem Oberbegriff »New Age« zu vereinheitlichen gezwungen ist. Doch hat sein Zugang den Nachteil, die eigenständigen, auf christliche Frömmigkeit nicht abzubildenden Züge des Phänomens »New Age«, soweit sie eine religiöse Qualität haben, zu übersehen oder als ›häretisch‹ zu bewerten. Das zeigt sich besonders beim Stichwort der »Spiritualität« (vgl. unten, Kap.8). Sein Vorwurf der Vereinnahmung gegenüber Ferguson fällt daher unter religionswissenschaftlichen Kriterien auf ihn selbst zurück.

192. Schon bei der Besprechung des Ansatzes von Künzlen wurde auf die Verschränkung soziologischer und ekklesiologischer Problemstellungen hingewiesen (s.o. Kap.1.2.3.2.). Es legt sich die Vermutung nahe, daß »New Age« in ekklesiologischer Hinsicht nichts anderes ist als die Fortsetzung binnenkirchlicher Pluralisierungsprozesse jenseits der institutionellen Grenzen der Kirchen. Jedenfalls lassen sich viele der an kirchlichen Erscheinungen der Gegenwart gewonnenen Strukturmerkmale fast ohne Veränderung auf die »New Age«-Diskussion übertragen. Vgl. als aktuelle Zusammenfassung der binnenkirchlichen Problematik: Klaus Tanner: Zur Theologie der empirischen Kirche. Erwägungen über die Spannung zwischen protestantischer Frömmigkeit und theologischem Integrationsanspruch (Habilitationsvortrag an der Evang.-Theol. Fakultät der Univ. München 1992, bisher ungedruckt). Zur Theoriebildung vgl. Trutz Rendtorff: Institution der Freiheit. Volkskirche in der Dimension des Bekenntnisses, in: LM 15 (1976), 18-21; ders.: Volkskirche in einer säkularen Welt, in: ders.: Vielspältiges. Protestantische Beiträge zur ethischen Kultur, Stuttgart 1991, 231-247 (weitere Lit. vgl. Dokumentationsteil, Abschnitt 6.2.2.). Eine Kontraposition vertritt Eilert Herms: Erfahrbare Kirche. Beiträge zur Ekklesiologie, Tübingen 1990; vgl. auch Kaufmann (1989), bes. 235ff.

Drittens stellt sich am Thema »New Age« – wie die Analyse des Ansatzes von Ruppert zeigt – mit neuartiger Vehemenz die Frage, wie es die christliche Theologie mit den nicht-christlichen Religionen halten will. Denn erstmals seit der Spätantike gibt es im Abendland eine eigenständige, breite und freiwillige Rezeption nicht-christlicher Religionen in ihren theoretischen und v.a. praktischen Momenten. Damit wird die Theologie der Religionen zu einem existentiellen Thema für die abendländischen Christen selbst. Am sog. »New Age« zeigt sich, daß das Christentum seine Monopolstellung als Religion des Abendlandes verloren hat. Jedenfalls sind die nicht-christlichen Traditionen ein Teil der modernen Umwelt des Christentums. Diese Situation muß schöpferisch reflektiert werden. Man sollte sich nicht auf das Klagen über die Defizite gegenwärtiger Frömmigkeit beschränken.

Die gegenwärtige Theologie der Religionen geht zumindest im deutschsprachigen Raum – im evangelischen wie katholischen Bereich – weithin von einem Nebeneinander der großen Weltreligionen aus, was ihrer tatsächlichen Verschränkung nicht mehr gerecht wird. Die kirchlichen Laien haben das – unabhängig von den konfessionellen Strukturen – längst wahrgenommen. Das zeigt sich beispielhaft an den Programmen kirchennaher Buchverlage, die Entwürfe einer »pluralistischen Theologie« aus dem englischsprachigen Raum in popularisierter Form auf den deutschen Buchmarkt bringen.[193] Dies deutet darauf hin, daß es innerhalb der Kirchen ähnliche Entwicklungen gibt wie außerhalb. »New Age« verdeutlicht daher exemplarisch bestimmte Entwicklungen der religiösen Topographie im ganzen, deren Studium auch für ekklesiologische und praktisch-theologische Fragestellungen von wesentlicher Bedeutung ist.

Auf den ersten Blick erscheint die katholische Rezeption sowohl in Sachen der »Neuen Religiosität« als auch bezüglich der nicht-christlichen Religionen toleranter und inkulturationsfähiger. In beiden Konfessionen steht aber eine detaillierte Auseinandersetzung mit den nicht-christlichen Traditionen noch bevor. Sie wird sich nicht auf einen Wettstreit der religiösen und theologischen Systeme beschränken können, die weltweit mit dem Niedergang ihrer überkommenen Strukturen konfrontiert sind. Sie muß sich angesichts der säkularen Spiritualität der Neuen religiösen Szenerie auch mit dem sog. »Synkretismus« befassen.[194] Denn die säkulare Spiritualität der Gegenwart ist den Traditionen der Weltreligionen entfremdet, begnügt sich aber dennoch nicht mit den Religionssurrogaten der Moderne-Theoretiker. Wortschöpfungen wie »Quasireligion« bilden hier keinen Ausweg.[195] Man wird nicht umhin kommen, das

---

193. Vgl. z.B. Paul Knitter: Ein Gott – viele Religionen, München: Kösel, 1988 (der engl. Originaltext wurde seines programmatischen Titels, »No Other Name?« (Maryknoll (NY.), 1985), und eines großen Teils seiner Fußnoten beraubt, in denen die theologische Auseinandersetzung stattfindet). Vgl. auch Matthew Fox: Der kosmische Christus, Stuttgart: Kreuz Verlag, 1991 (engl. Original 1988).
194. Vgl. dazu exemplarisch die Beiträge in Greive und Niemann (Hrsg.) (1990) und Siller (Hrsg.) (1991).
195. Paul Tillich, der dieses Stichwort geprägt hat, hat es im Gegensatz zur heutigen diffusen Verwendung auf drei moderne Bewegungen beschränkt: Nationalismus, Sozialismus und humanistischen Liberalismus (vgl. dazu ders.: Das Christentum und die Begegnung der Weltreligionen (1963), in: ders.: Gesammelte Werke Bd.5, Stuttgart ²1978, 51-98, bes. 55).

Thema trotz fehlender Traditionsbindungen als spezifisch religiöses in den Blick zu nehmen. Kontext dieser Rezeptionsvorgänge ist eine neuartige, interkulturelle Religionsthematik. Darauf weisen die Vertreter der Neuen religiösen Szenerie zwar oft laienhaft, aber doch unübersehbar hin. Diese Thematik ist – schon aus hermeneutischen Gründen – verbunden mit einer neuerlichen anthropologischen Wendung der Religion, zu der die Theologie ebenfalls Stellung nehmen muß.[196]

Auch die Religionswissenschaft hat zumindest im deutschen Sprachraum bisher keine adäquaten Muster zur wissenschaftlichen Erfassung der Neuen religiösen Szenerie entwickelt. Mitbedingt durch die Ausklammerung kirchlicher und theologischer Aspekte aus ihrem Arbeitsgebiet, fehlt ihr der begriffliche Unterbau, der zur Beschreibung nichtkirchlicher Phänomene der abendländischen Religionsgeschichte erforderlich wäre. Daher neigt sie dazu, sich entweder selbst auf eine Art Ideologiekritik zu reduzieren, die in der religiösen Szenerie nur begriffliche Unschärfen finden kann; oder sie beschränkt sich – mit pauschaler Zurückweisung der Wahrheitsfrage – auf das Paraphrasieren der Aussagen von Gruppen, die sich selbst »spirituell« oder »holistisch« nennen, und ist dann zu einer kritischen Systematisierung und Deutung des zusammengestellten Materials kaum in der Lage.

Die vorliegende Arbeit macht den Versuch, im Rückgriff auf Fragestellungen nach der Jahrhundertwende religionswissenschaftliche und theologische Arbeitsweise erneut aufeinander zu beziehen. Das muß mit der nötigen Vorsicht geschehen, um einerseits das religionswissenschaftliche Bemühen um Enthaltung von theologischer Wertung nicht zu unterminieren, andererseits das theologische Gespenst eines verflachenden Historismus nicht erneut auf den Plan zu rufen. Für diese Verknüpfung seien zwei Gründe angeführt:

Zum einen ist sie heuristisch nicht zu umgehen, da die Neue religiöse Szenerie als *abendländische* verstanden werden muß und daher auf ihr Verhältnis zum Christentum als der traditionellen Religion des Abendlandes zu prüfen ist. Das hat auch eine aufklärende Funktion: Kirchliche Beobachter, Apologeten und Rezipienten neigen dazu, all das »buddhistisch« zu nennen, was ihnen fremd ist an »New Age«, eben weil ihnen der Buddhismus fremd ist.[197] Und die ›Insider‹ selber nehmen oft nicht wahr, daß viele ihrer Fragestellungen im christlichen Kontext wurzeln und mehr westlich als östlich sind, selbst wenn sie sich an fremde Denkkonzeptionen anlehnen.

Und es gibt einen zweiten Grund: Anders als etwa in den USA hat im deutschen Sprachraum die Religionswissenschaft eine marginale Stellung. Das hängt mit dem Verhältnis zwischen Staat und Kirche zusammen: Religion ist in Deutschland – trotz

---

196. Vgl. exemplarisch Schmidt-Leukel (1992), bes. Kap.III. Der Verf. argumentiert, daß christliche Versuche beider Konfessionen zum Verständnis des Buddhismus fast durchgehend an anthropologische Problemstellungen anknüpfen – oder an ihrer fehlenden Thematisierung gescheitert seien. Sein eigener theologischer Ansatz sieht daher in »menschlichen Grunderfahrungen« den einzig möglichen Ansatzpunkt eines hermeneutischen Prozesses – was erhebliche Folgen für eine nach solchen Grundsätzen ausgearbeitete Theologie haben dürfte.
197. Auffällig z.B. bei Sudbrack (1987) und (^{2}1988); ähnlich auch bei Hans-Dieter Mutschler: Physik, Religion, New Age, Würzburg: Echter, 1990.

des genannten ›Monopolverlustes‹ der Kirchen – bis heute in der Hauptsache *kirchliche* Religion, und alles andere definiert sich tendenziell in positiver oder negativer Verhältnisbestimmung zur Kirche.[198] Aufgrund dieser Dominanz kirchlicher Sozialgestalt besitzt die Theologie (neben der ebenfalls theologisch ausgerichteten Religionspädagogik) seit langem ein fast ungebrochenes Monopol auf die »offizielle« Thematisierung von »Religion«, obwohl sie dieses Thema aus programmatischen Gründen über Jahrzehnte hinweg kaum gepflegt, ja sogar diffamiert hat.

Dem entspricht in der Öffentlichkeit eine komplizierte Struktur religiöser Themen und ihrer Bewertung. So kennt man beispielsweise unter Münchner Volkshochschuldozenten des Fachgebiets Religion die folgende Erscheinung: In Kursen zum Islam oder Buddhismus fragen die Hörer nach der Trinitätslehre, der Jungfräulichkeit Mariens, christlichen Positionen zur Abtreibung usw., die eigentlich nicht zum Thema gehören, aber oft beherrschend werden. Dagegen stoßen Kurse mit entsprechenden christlichen Themenstellungen häufig auf nur geringe Nachfrage – auch wenn die Dozenten identisch (und den Hörern bekannt) sind.[199] Es ist offenbar eine Wirkung des eingangs beschriebenen Pluralismus, daß religiöse Fragen sich in dieser Weise ›verkleiden‹ können, was den Beteiligten selbst vermutlich nicht bewußt ist.

Die Neue religiöse Szenerie kann daher ohne Seitenblicke auf die traditionellen Formen kirchlich verfaßter »Religion« nicht adäquat beschrieben werden. Diese Situation wirkt auf die Religionswissenschaft zurück. Sie kann mit ihrer besonderen Methodik nur dann ein Gegengewicht zur Theologie bilden, wenn sie sich nicht in die Rolle der Anti-Theologie (bzw. Anti-Apologetik) drängen läßt. Das soll in den folgenden Arbeitsschritten durch die Rückspiegelung der Ergebnisse in religionswissenschaftliche und theologische Fragestellungen umgesetzt werden.

1.3.2 »New Age« und »Religion«:
Zum religionswissenschaftlichen Ort der Fragestellung

Eine religionswissenschaftliche Arbeit über »New Age« ist mit erheblichen methodischen Problemen konfrontiert. »New Age« ist ein vielschichtiges, diffuses, keineswegs nur religiöses Phänomen. Warum also ein religionswissenschaftlicher Zugang? Ist das Phänomen einheitlich und spezifisch genug für eine religionswissenschaftliche Bearbeitung?

Das Phänomen »New Age« ist so ›weich‹, daß es dem Beobachter und Beschreibenden nicht eigentlich ›gegenübersteht‹, wie sich das für ein *objectum* gehört; daß es zurückweicht, wenn es mehr als nur oberflächlich in den Blick genommen wird. Man fühlt sich einer Fata Morgana ausgesetzt, getäuscht von der pluralen Struktur der gegenwärtigen Öffentlichkeit, die solche Phantome zu ›Phänomenen‹ macht: unmög-

---

198. Vgl. dazu z.B. die einzelnen Themen des Sammelbandes: Religionsgeschichte in der Öffentlichkeit, hrsg.v. A.Falaturi, M.Klöcker und U.Tworuschka, Köln und Wien, 1983.
199. Mitteilung des Fachgebietsleiters Religion, Dr. Klaus J. Notz, sowie theologischer und religionswissenschaftlicher Dozenten.

lich zu entscheiden, was Trug und was Wirklichkeit. Bevor man das Objekt beschreiben kann, muß man es selbst ›konstruieren‹. Anderes ist angesichts des phantomhaften Charakters kaum möglich. Denn man kann nicht über etwas schreiben, was kein Gegenstand ist. Man muß es zuerst als solchen propagieren. So wird »New Age« auf den Weg gebracht, indem man darüber schreibt. Kann das einer religionswissenschaftlichen Arbeit erlaubt sein?

Die Problematik der Bearbeitung zeitgeschichtlicher Fragen in der Religionswissenschaft erhält ihre besondere Schwierigkeit durch eine allgemeinere methodische Problematik des Faches selbst, die im folgenden aufgezeigt werden soll. Die skizzierten Probleme bei der Bestimmung des Phänomens »New Age« betreffen den Kern der religionswissenschaftlichen Theoriebildung. Sie treten nur in anderen Arbeitsgebieten weniger auffällig zutage. Der namensgebende Begriff des Faches, »Religion«, ist selber ein diffuses Etwas, das sich allen Definitionsbemühungen standhaft zu entziehen scheint. Das zeigt die neuere Methodendebatte, die zumeist ohne eine Definition von »Religion« auszukommen versucht.[200]

Beispielhaft seien zwei neuere Ansätze kurz erwähnt: Jacques Waardenburg[201] versucht einen sehr allgemeinen Zugang zur Religion und lehnt sich dabei lose an Emile Durkheims Grundlegung des Gesellschafts-Begriffs[202] an. Analog zu dessen »sozialen Tatbeständen« (»*choses sociales*«) spricht er von »religiösen Tatbeständen« und beschreibt dann Religion als zusammengesetzt aus »religiös gedeuteten Wirklichkeiten«, »religiös gedeuteten Erfahrungen« und »religiös gedeuteten Normen«[203].

Hubert Cancik, Burkhard Gladigow und Matthias Laubscher, die Herausgeber des »Handbuch religionswissenschaftlicher Grundbegriffe«, erklären Religionswissenschaft zu einer Unterdisziplin von »Kulturwissenschaft«, somit Religion zu einem Teilbereich von Kultur, der nicht mehr eigens fundamentiert zu werden braucht.[204] (Die Probleme verschieben sich damit allerdings in den Begriff der »Kultur«, der

---

200. Vgl. exemplarisch: B.Gladigow und H.G.Kippenberg (Hrsg.): Neue Ansätze in der Religionswissenschaft, München 1983; H.Cancik, B.Gladigow u. M.Laubscher (Hrsg.): Handbuch religionswissenschaftlicher Grundbegriffe (HrwG), Stuttgart 1988ff, bes. Bd.1; H.Zinser (Hrsg.): Einführung in die Religionswissenschaft, Berlin 1988. Gemeinsam ist den enthaltenen Beiträgen mit wenigen Ausnahmen neben dem Fehlen eines positiven Definitionsversuchs von »Religion« die heftige Kritik an der »kryptotheologischen« Religionsphänomenologie mit ihren Klassikern van der Leeuw, Heiler, auch Eliade sowie deren theoretischem ›Vorreiter‹ Rudolf Otto. Dagegen versucht Carsten Colpe eine präzisierende Anknüpfung an jene älteren Modelle im Rückgriff auf die Husserlsche Phänomenologie (Zur Neubegründung einer Phänomenologie der Religion und der Religion, in: Zinser (Hrsg.) (1988), 131ff.).
201. Jacques Waardenburg, Religionen und Religion, Berlin/New York 1986
202. Emile Durkheim, Die Regeln der soziologischen Methode, dt. Neuwied ²1961 (frz. Original 1895), 105ff.
203. Waardenburg (1986), 19ff
204. HrwG, bisher Bd.1, Stuttgart 1988; Bd.2, 1990; vgl. insbesondere Burkhard Gladigow: Gegenstände und wissenschaftlicher Kontext von Religionswissenschaft, ebd., Bd.1, 26-38 (= 1988a).

seinerseits zu einer ähnlich apriorischen Kategorie wird wie »Religion« bei Waardenburg und »Gesellschaft« bei Durkheim.[205])

Es sei nun die These vertreten, daß sich in dieser Diskussion bestimmte Eigenschaften des Gegenstandes »Religion« selber spiegeln, insbesondere sein diffuser Allgemeinheitscharakter. Das Material sperrt sich der Einordnung in die Schemata der Theorie, weil diese entweder nicht abstrakt genug sind, um es in seiner Fülle in sich aufnehmen zu können, oder nicht mehr konkret genug, um als Basis beschreibender Arbeit noch brauchbar zu sein.[206] Unter solchen Bedingungen bedeutet Allgemeinheit, wie die religionswissenschaftliche Disziplingeschichte zeigt, nicht eindeutige begriffliche Faßbarkeit, sondern Disparatheit und Uneindeutigkeit.[207] Sie bewirkt, daß die Terminologie immer nur begrenzte Gültigkeit hat, daß Begriffe in einem einigermaßen strengen Sinn gar nicht erst entwickelt werden können. Ist das nicht die Konkurserklärung einer Wissenschaft?

205. Vgl. dazu die Kritik Wolfhart Pannenbergs an der Verwendung des Begriffs »Kultur« innerhalb der Kulturanthropologie (Anthropologie in theologischer Perspektive, Göttingen 1983, hier 305ff.).
206. Es dürfte z.b. schwer möglich sein, auf der Basis des Terminus »Grund des Seins« eine Feldstudie über Religion in Papua-Neuguinea durchzuführen, wie das die praktische Umsetzung des Ansatzes von Falk Wagner erfordern würde (Was ist Religion? Studien zu ihrem Begriff und Thema in Geschichte und Gegenwart, Gütersloh: Gerd Mohn, 1986, hier 555ff.). Ungleich praktischer ist z.b. die Unterscheidung zwischen »heilig« und »profan«, die von Emile Durkheim 1912 in einem theoretischen Gesamtentwurf zum Ausgangspunkt der Religions-Definition gemacht wurde (Die elementaren Formen des religiösen Lebens, Frankfurt a.M.: Suhrkamp, 1981; frz. Original 1912; die Unterscheidung von »heilig« und »profan« findet sich schon 1898 in einem Aufsatz Durkheims in: L'Année Sociologique, Bd.1). Von hier aus gelangte sie über Nathan Söderblom (Art. »Holiness: General and Primitive«, in: ERE Bd. 6 (1913), 731-741; ders.: Das Werden des Gottesglaubens, schwed. Orig. 1914) in Rudolf Ottos Buch: Das Heilige (^{1}1917, s.u., Anm.213).
207. Das macht z.B. die Entwicklung der Religionsethnologie im 20. Jahrhundert deutlich, die besonders in der amerikanischen »Cultural Anthropology« seit Boas und in der Strukturalismusdebatte frühere übergreifende Beschreibungs- und Typisierungsschemata systematisch destruiert hat: Begriffe wie »Animismus« oder »Totemismus« erweisen sich als artifizielle Kategorien, »eine künstliche Einheit, die nur im Denken der Ethnologen existiert und der nichts Spezifisches draußen entspricht.« (Claude Lévi-Strauss: Das Ende des Totemismus, Frankfurt a.M.: Suhrkamp, 1965; frz. Original 1962, hier S.19). Zunehmend schwieriger wird damit aber die Frage, ob und wie eine von den Gegenständen derart relativierte Wissenschaft ihre fundamentalen Begriffe («Völker«/«Ethnien«, »Kultur« usw.) noch als solche festhalten kann und welches methodische Gerüst sie der weiteren Arbeit zugrundelegt. Auch der Begriff »Ethnozentrismus« setzt ein Verständnis von »Ethnos« voraus, das nicht beliebig formalisierbar ist. Zur Frage der Relativierung des Wissens in der Ethnologie vgl. Gerhard Schlatter: Religionsethnologie, in: HrwG Bd.1 (1988), 157-194. Für den hiesigen Zusammenhang ist interessant, daß gewisse neue epistemologische Fragestellungen, z. B. die Frage der Beeinflussung des Objekts durch das beobachtende Subjekt, im Bereich der »Humanities« und Sozialwissenschaften von der Kulturanthropologie zuerst entwickelt worden sind, weil sich dem Ethnologen die Erkenntnis geradezu aufdrängte, daß er selbst die zu beobachtende Ethnie beeinflußt und verändert, sobald er dort ist (vgl. Schlatter, ebd., 162, im Rekurs auf B. Malinowski). Die Ergebnisse dieser Diskussion sind teilweise auf die Religionswissenschaft übertragbar.

Immanuel Kant schreibt am Ende der Religionsschrift:

»In allen Glaubensarten, die sich auf Religion beziehen, stößt das Nachforschen hinter ihrer innern Beschaffenheit unvermeidlich auf ein Geheimnis, d.i. auf etwas Heiliges, was zwar von jedem einzelnen gekannt, aber doch nicht öffentlich bekannt, d.i. allgemein mitgeteilt werden kann. Als etwas Heiliges muß es ein moralischer, mithin ein Gegenstand der Vernunft sein, und innerlich für den praktischen Gebrauch hinreichend erkannt werden können, aber, als etwas Geheimes, doch nicht für den theoretischen. [...] Es ist unmöglich, a priori und objektiv auszumachen, ob es dergleichen Geheimnisse gebe, oder nicht. Wir werden also in dem Innern, dem Subjektiven unserer moralischen Anlage, unmittelbar nachsuchen müssen, um zu sehen, ob sich dergleichen in uns finde.« [208]

Beschreibende Religionswissenschaft muß es unter solchen Voraussetzungen schwer haben. Sie hat historisch versucht, die Flucht nach vorne anzutreten, ihren Gegenstand durch »Verstehen« und »innere Teilhabe« (Methexis) bei gleichzeitiger »Einklammerung subjektiver Wertungen« (Epoché) bearbeitbar zu machen und so das Programm einer ›praktischen Wissenschaft‹ entwickelt.[209] Im englisch-sprachigen Raum hat seit Beginn der 60er-Jahre der Versuch Wilfred Cantwell Smiths Schule gemacht, den Religionsbegriff überhaupt aufzugeben.[210] Anders als die neueren deutsch-sprachigen Entwürfe setzt er auf eine universale Welttheologie[211] und schlägt dadurch eine Brücke zwischen Theologie und Religionswissenschaft. Das fällt ihm als Islamwissenschaftler sicherlich leichter als z.B. einem christlichen Buddhologen, der nicht auf den verwandten Theologiebegriff der monotheistischen Religionen rekurrieren kann. Bei genauerem Zusehen ist Smiths Zugang strukturell nicht sehr verschieden von dem des Religionsphänomenologen Friedrich Heiler, der nach dem Vorbild mystischer Theologien ein konzentrisches Theologie-Modell mit ebenfalls weltweiter und überkultureller Integrationsfähigkeit zu entwerfen versuchte.[212]

Die Problematik der Religionsphänomenologie soll nun am Beispiel ihres theologischen Ziehvaters, Rudolf Otto, etwas genauer analysiert werden, um die heutige Problemlage der Disziplin und insbesondere ihres Umgangs mit zeitgeschichtlichen religiösen Phänomenen transparent werden zu lassen:

---

208. Immanuel Kant: Die Religion innerhalb der Grenzen der bloßen Vernunft, in: ders., Werke Bd.7, hrsg.v. W. Weischedel, Darmstadt 5.Aufl. 1983, 803. 805; vgl. dazu Eberhard Jüngel: Gott als Geheimnis der Welt, Tübingen ^{5}1986, 340ff.
209. Vgl. Joachim Wach: Vergleichende Religionsforschung, Stuttgart: Kohlhammer 1962 (engl. Original 1958); ders.: Das Verstehen, 3 Bde., Tübingen 1926-33; Gerardus van der Leeuw: Phänomenologie der Religion, Tübingen 1933; ders.: Einführung in die Phänomenologie der Religion, München 1925.
210. Wilfred C. Smith: The Meaning and End of Religion, New York 1964; in neuerer Zeit aufgenommen bei John Hick u.a. (z.B. ders: Problems of Religious Pluralism, Basingstoke 1985, 28ff.); vgl. auch Frank Whaling (Hrsg.): The World's Religious Traditions, Edinburgh 1984 (= Festschrift Wilfred C. Smith).
211. Vgl. Wilfred C. Smith: Towards a World Theology, London/Basingstoke 1981.
212. Friedrich Heiler: Erscheinungsformen und Wesen der Religion, Stuttgart: Kohlhammer, 1961 (vgl. bes. 18ff.).

Rudolf Otto (1869-1937), der das Fach Religionswissenschaft bis heute stark geprägt hat, schloß von der Uneinholbarkeit des Religionsbegriffs auf den transrationalen Charakter von Religion. Er stellte Kants transzendentale Analytik gewissermaßen auf den Kopf, indem er die rationalen Begriffe (Gott als Geist, Vernunft, Wille usw.) als »Schematisierungen« einer größeren, rational nur teilweise erfaßbaren und aller Erfahrung vorausgehenden numinosen Wirklichkeit unterordnet.[213] Durch diesen Schritt eröffnet sich ihm scheinbar die Möglichkeit, Religion unter den Bedingungen der Moderne als *eine* Variante der bunten Vielfalt zu deuten, die in seinen religionsgeschichtlichen Studien aufscheint. Dabei beansprucht er, nicht nur die Relikte des »Rohen«, die er selbst im rational strukturierten Protestantismus immer wieder durchbrechen sieht, sondern auch rationale religionsphilosophische Theorien als Teil der allgemeinen Kategorie des Religiösen miterfassen zu können.[214] Das erlaubt Otto umgekehrt, trotz der erkannten Disparatheit des »Materials«, des Gegensatzes von »mythischem« und »rationalistischem« Denken usw., an einem einheitlichen Religionsbegriff festzuhalten, der aus den religionsgeschichtlichen Inhalten gewonnen ist und von hier aus in die Begründungsproblematik der Fachtheorie übertragen wird: Das Numinose erweist sich als ein Allgemeines, da es seinem Wesen nach jenseits dessen liegt, das als Verschiedenes beschreibbar ist. Es könne selbst vom modernen Religionstheoretiker nur »erahnt« werden. Daraus folgert Otto, daß der Religionswissenschaftler eine theoretische Basis seiner Arbeit nur dann gewinnt, wenn er dies apriorisch gegebene Numinose als »Kategorie sui generis« anerkennt. Beschreibung und Begründung der Religion fallen somit zusammen, und die theoretische Basis wird abhängig von der subjektiven Erfahrung des Religionswissenschaftlers: »Wir fordern auf, sich auf einen Moment starker [...] religiöser Erregtheit zu besinnen. Wer das nicht kann, [...] ist gebeten, nicht weiter zu lesen...«[215]

Nun gibt Otto aber kein Kriterium, die Objektivität des solcherart erahnten Numinosen nachzuweisen. Es stehen ihm, so die Kritik Falk Wagners, »keine Mittel zur Verfügung, um ein gefühltes Numinoses von einem eingebildeten Numinosen unterscheiden zu können«.[216] Ottos Religionstheorie muß sich daher vorwerfen lassen, selbst Religion zu sein.[217] Die von ihm gewonnene Einheit des Religionsbegriffs ist eine geglaubte Einheit. Wird sie zur Beschreibung religiöser Phänomene benutzt oder dabei vorausgesetzt, so werden die Phänomene zugleich den Prämissen jenes ›Glaubens‹ unterworfen: Aus Religionswissenschaft wird auf diese Weise eine Art Theologie.[218]

213. Rudolf Otto: Das Heilige. Über das Irrationale in der Idee des Göttlichen und sein Verhältnis zum Rationalen, Neudruck München: C.H.Beck, 1979 (zuerst 1917), hier 60f. Bei Kant selbst besagt das Wort »Schematisierung«, daß der Gegenstand unter den Begriff zu subsumieren sei, nicht umgekehrt (KrV (B), 187; vgl. dazu Wagner (1986), 312f.).
214. Vgl. Otto (1917), bes. 137ff.; vgl. auch ders.: Kantisch-Friessche Religionsphilosophie und ihre Anwendung auf die Theologie. Zur Einleitung in die Glaubenslehre für Studenten der Theologie, Tübingen: Mohr, 1909.
215. Otto (1917), 8.
216. Wagner (1986), 314.
217. Vgl. Burkhard Gladigow: Religionsgeschichte des Gegenstandes – Gegenstände der Religionsgeschichte, in: Zinser (Hrsg.) (1988), 6-37, hier 7-8.
218. Vgl. Kurt Rudolph: Die Religionsgeschichte an der Leipziger Universität und die Ent-

Die zirkuläre methodische Figur Ottos hat tiefere Gründe in der Sache selbst: Ein einheitlicher Religionsbegriff ist in der beschreibenden Religionswissenschaft offenbar nicht zu gewinnen, solange sie beschreibend bleibt. Das führte in neuerer Zeit einerseits zur potentiellen Eingemeindung der grundlegenden menschlichen und kosmologischen Gehalte in die »Religion«, z.b. bei Waardenburg, andererseits zur Eingemeindung der Religion in die »Kultur«, z.b. bei Gladigow. Beides bewirkte – je auf eigene Weise – eine fundamentale Beliebigkeit im Umgang mit »Religion«.

Praktisch führte es dazu, daß Religionswissenschaft in neuerer Zeit weithin zu bloß historischer Detailforschung wurde. Auch die Bezeichnung »Religionsgeschichte« für das Fach als ganzes mit seinen verschiedenen interdisziplinären Bezügen scheint sich so zu begründen. Forschungsintern enstand ein Methodenpositivismus: Man geht eben davon aus, daß Religion ein zwar nicht definierbares, aber dennoch einheitlich beschreibbares Etwas ist. Das bedeutet auf der gegenständlichen Ebene, daß z.B. »Religion der Pygmäen« und »calvinistischer Protestantismus« nicht zwei gänzlich verschiedene Dinge sind, sondern etwas Gemeinsames haben; für die Theorie folgt daraus, daß z.b. religionssoziologische und religionsgeschichtliche Forschungsaspekte dies gleiche Etwas in unterschiedlicher Perspektive und nicht zwei verschiedene Dinge mit dem gleichen Namen beschreiben. Religionswissenschaft als Dachdisziplin der Fächer Religionsgeschichte, -soziologie, -psychologie, -ethnologie usw. wird postuliert, nicht eigentlich begründet.[219] Die in der praktischen Arbeit gegebenen Kriterien für Religion sind gewöhnlich nicht methodisch reflektiert, sondern werden – auch in der Religionsethnologie – als vom Material selbst gesetzt angesehen, prinzipiell genauso, wie das Rudolf Otto seiner Theorie voraussetzte.

Dieser Problematik dürfte grundsätzlich kaum zu entkommen sein. Sie verschärft sich aber im Blick auf zeitgeschichtliche Fragestellungen, wo die pragmatisch noch am besten fixierbaren historischen Maßstäbe ausfallen. Z.B. leben die gängigen Kategorien der Lehre, des Kultus und der Gemeinschaft wesentlich von der Tradition.[220] Somit können neue religiöse Bewegungen, eben weil sie neu sind, nicht eigentlich Religionen sein, bestenfalls »Religionen in Gründung«, und erst die Zeit wird erweisen, ob sie sich zu Religionen entwickeln werden. Auch die Umbenennung der Religionswissenschaft in »Religionenwissenschaft« bei Rainer Flasche hat eine Ausgren-

---

wicklung der Religionswissenschaft. Ein Beitrag zur Wissenschaftsgeschichte und zum Problem der Religionswissenschaft, Berlin 1962, hier 18 (der Autor weist weiter darauf hin, daß alle wichtigen Vertreter der religionsphänomenologischen Methode Theologen waren).

219. So z.B. Günter Lanczkowski: Einführung in Religionswissenschaft, Darmstadt 1980. Falk Wagner urteilt, daß de facto die Religionssoziologie als Fach theoretisch besser abgesichert sei als die Religionswissenschaft, die »nicht über die Kompetenz zu verfügen [scheint], um die sozialen, psychischen, historischen und phänomenalen Aspekte der Religion als [...] Totalität zu erfassen« (Wagner (1986), 305f.).

220. Rainer Flasche versucht z.B. anhand dieser Begriffe, die Vereinigungskirche als »neue Religion« auszuweisen: »By new religion, we mean a religious movement centered on a new doctrine, a new cult, and a new community« (The Unification Church in the Context of East-Asian Religious Traditions, in: Acta Comparanda Bd.2, Antwerpen 1987, 25-48 (= 1987a)).

zung von »New Age« aus dem Bereich möglicher Gegenstände des Fachs zur Folge.[221] Diese pragmatische Einengung auf historische Phänomene hat gewichtige Vorteile, verdrängt aber die Begründungsproblematik des Fachs: Wenn der Singular »Religion« nicht klar bestimmbar ist, muß auch der Plural diffus und letztlich unbestimmt bleiben. Denn auch für die Beschreibung z.B. eines indischen Traditionsstroms des 15. Jahrhunderts werden Kriterien benutzt, die in einem Zusammenhang zur zeitgeschichtlichen Umgebung des Religionswissenschaftlers stehen. Hält man zeitgeschichtliche Religiosität – abgesehen von ihrer listenartigen Dokumentation oder von dem Ausschnitt, der sich traditionell und institutionell gebunden zeigt – von religionswissenschaftlicher Arbeit fern, so bleibt jener Kontext unsichtbar, was zu einer impliziten Abwertung traditionell nicht gebundener Religiosität gegenüber den institutionalisierten Formen führt. Die Ausblendung von Phänomenen wie »New Age« unterminiert daher den Anspruch der Wertfreiheit bzw. Wertbewußtheit in der Religionswissenschaft und verhindert eine konstruktive Weiterbildung des Religionsbegriffs in Auseinandersetzung mit seinen Gegenständen, wie sie angesichts seiner unklaren Struktur unumgänglich ist.[222]

Die theoretisch unabgesicherte Setzung des Begriffs »Religion« in der historisch arbeitenden Religionswissenschaft hat Parallelen in der außerwissenschaftlichen religiös interessierten Öffentlichkeit: Hier ist pauschal von »Spiritualität«, »Mystik«, »östlicher Mystik« u.ä. die Rede, ohne daß die so benutzten Begriffe geklärt sind. Das führt zu Verzerrungen, die dem Religionswissenschaftler ins Auge springen. Nun genügt es aber nicht, diese bloß richtigzustellen, da sonst Religionswissenschaft schnell von einer beschreibenden Disziplin zur Besserwisserei entartet. Sondern es ergibt sich ein eigenes Forschungsfeld, das die Rezeption bestimmter traditioneller Gehalte in fremden Kontexten untersucht, in diesem Fall: dem Kontext der von der Tradition her abendländisch-christlichen, aber säkularisierten Moderne. Die Erschließung solcher zeitgeschichtlicher Fragestellungen muß einhergehen mit der kritischen Überprüfung der methodischen Grundlagen, denn es müssen Wege gefunden werden, um mit den oben skizzierten Schwierigkeiten umzugehen.

Dabei erscheint es lohnend, sich mit den systematisch-theologischen Fragestellungen im weiteren Umkreis der sog. religionsgeschichtlichen Schule am Beginn des 20. Jahrhunderts auseinanderzusetzen, weil sie bereits die religionsgeschichtliche Gestalt des abendländischen Christentums thematisiert hat (während sich die neuere religionsgeschichtliche Forschung in Deutschland fast ausschließlich mit nicht-christlichen und nicht-europäischen Themenstellungen befaßt[223]). Auch wurde hier das Verhältnis historischer, soziologischer und theologischer Aussagezusammenhänge schon methodisch reflektiert. Insbesondere Ernst Troeltschs religionssoziologische Typen: Kirche – Sekte – Mystik sind für die Beschreibung heutiger Vorgänge bedeutsam. Was damals als Kennzeichen einer christlich geprägten, aber säkularisierten Bildungsreligion beschrieben wurde, wiederholt sich offenbar heute auf einem sehr viel breiteren, öffentlicheren Niveau.

---

221. Vgl. Flasche (1987).
222. Vgl. dazu auch Zinser (1992).

Die Frage wird also sein, wie sich unter den Bedingungen des gegenwärtigen säkularen Pluralismus das Thema Religion in der Öffentlichkeit gestaltet, welche spezifischen Formen hier auftreten und in welchem Verhältnis diese zu traditioneller Religion sowie zu den Befunden und Schematisierungen der Religionsgeschichte stehen.

1.3.3 Das Nebeneinander von »Kirche« und »Mystik« in der Moderne: Anknüpfung an Ernst Troeltsch

»Berichterstattungen über religiöse Bewegungen haben ihre große Schwierigkeit. [...] Die Wandlungen der religiösen Stimmungen und die Bildung verschiedener Gruppen liegt so sehr im Dunkel und in der Mannigfaltigkeit des persönlichen Lebens, daß immer erst die Ergebnisse nach langer, verborgener, unterirdischer Ausbreitung hervortreten und die eigentlichen letzten Quellen fast niemals zu erfassen sind. Hier herrscht nicht die Logik der Begriffe, und die Entwickelung spinnt sich nicht am Faden der Reihenfolge der Bücher ab. Hier wirkt der Druck der sozialen Lage, die Mannigfaltigkeit des persönlichen Erlebens, die Eigenart der Individuen, die Mitteilung des verborgensten inneren Daseins von Person zu Person, das ganze und undurchschaubare Spiel kleiner und kleinster Seelenregungen, die sich zu geistigen Mächten langsam und unmerklich zusammenballen. Freilich hängt dann die größere Ausbreitung und öffentliche Wirksamkeit schließlich an erkennbar hervortretenden Persönlichkeiten oder an einflußreichen Büchern. Aber in beiden brechen doch die dunkel empfundenen und langsam zusammenstrebenden Kräfte erst ans Licht. Und auch da bleiben oft die bedeutsamsten und wirksamsten Erscheinungen wenig beachtet und treten ihre Wirkungen oft erst an ganz anderen Stellen zutage.« [224]

Diese Sätze aus einer Buchbesprechung des Jahres 1910 können fast ohne Veränderung auf die gegenwärtige Situation übertragen werden. Sie beruhen auf einer um historische und soziologische Differenzierung bemühten Bestandsaufnahme der religiösen Lage zur Zeit des Autors, die er mit dem großen Zusammenhang der Theologiegeschichte von den Anfängen des Christentums bis zum Beginn der Moderne konfrontiert.[225] Bereits 1903 hatte Ernst Troeltsch die neuere Theologiegeschichte grob in drei Epochen eingeteilt:[226] Von 1650-1830, im »Zeitalter Leibnizens, Kants, Goethes«, sieht er eine Periode religiöser Gärung, in der jedoch die traditionelle Idee des Guten, Schönen und Wahren und die hinter dieser Idee stehende Gotteslehre beibehalten worden sei.[227] Seit den 40er-Jahren des 19. Jahrhunderts habe sich dann ein »Evangelium der reinen Diesseitigkeit« erhoben, der »Lehre von der Emanzipation des Flei-

---

223. Eine ähnliche Form der kritischen Neurezeption der Religionsgeschichtlichen Schule in der Religionswissenschaft schlägt Ulrich Berner vor: Religionswissenschaft und Theologie. Das Programm der Religionsgeschichtlichen Schule, in: Zinser (1988), 216-238.
224. Ernst Troeltsch, Aus der religiösen Bewegung der Gegenwart, in: Die neue Rundschau (1910), zitiert nach: ders.: Ges. Schriften Bd.2, Aalen (Neudruck) 1981, 22-44 (= 1910a), hier 22f.
225. Vgl. Troeltsch (1912).
226. Die theologische und religiöse Lage der Gegenwart (1903), in: Ges. Schriften Bd.2, 1-21.
227. Troeltsch (1903), 1.

sches und der Sinnlichkeit gegen den bisher sie vergewaltigenden Spiritualismus, die Zuwendung zum Praktischen und Positiven, das sicher nachgewiesen werden kann und darum als sichere Basis unserer Existenz gedacht werden kann«.[228] Dies habe jedoch zu einer »Verflachung und Ausdörrung des inneren Lebens« geführt, wodurch auch die Religion unter »ungünstigen Bedingungen« gestanden und eine entsprechend verflachte, philologisch-historisch reduzierte Theologie hervorgebracht habe.[229] Im Gegenzug dazu seien dann seit der Mitte des Jahrhunderts theologische Neuansätze aufgekommen, denen ein »neu erwachtes Religionsbedürfnis als Gegenwirkung gegen die mechanisch-technisch-kapitalistische Welt« entspreche.[230]

»Mit diesem zusammen erwachten dann freilich auch religiöse Reformbestrebungen, die mehr als irgend eine bisherige Bewegung über das Christentum hinausdrängten und nun von der ethischen und religiösen Seite her der christlichen Ideenwelt und den Versuchen zu ihren Um- und Neubildungen einen Widerstand entgegensetzten, wie ihn vorher die Indifferenz und der Naturalismus ihr entgegengesetzt hatten«.[231]

Troeltschs Analyse läßt sich als Dreischritt zusammenfassen: Traditionale christliche Religion – Religionskritik/Auflösung der Tradition – Wiederbelebung unter Verlust der ethischen und religiösen Monopole. Vielleicht ist eine gewisse Skepsis gegenüber der sehr schematisch wirkenden Einteilung angebracht: Weder war die religionshistorische Vergangenheit ausschließlich kirchlich geprägt,[232] noch sollte man die Wiederbelebung des Religiösen im Sinne eines Pendelrückschlags interpretieren, was Troeltsch mehr als anderen bewußt war. Die bleibende Gültigkeit seiner Beschreibung über einen Zeitraum von nunmehr 80 Jahren hinweg spricht vielmehr dafür, daß unter den Bedingungen der Moderne ein ständiges Nebeneinander der religionskritischen und re-spiritualisierenden Ströme zu finden sein wird, vielleicht mit graduellen Schwankungen beider in ihrem jeweiligen Verhältnis zueinander.

Jedenfalls hat Troeltsch schon zu seiner Zeit entscheidende Momente der neuen Religiosität wahrgenommen und erkannt, daß Unkirchlichkeit nicht Unreligiosität zu bedeuten braucht.[233] Dies ist nicht abwertend zu verstehen:

»Wir müssen uns entschließen, den Menschen, die nicht christlich oder nur sehr schwach christlich empfinden, also den Konfessionslosen gegenüber das Recht der Konfessionslosigkeit ein-

---

228. Troeltsch (1903), 1.
229. Troeltsch (1903), 2ff.
230. Troeltsch (1903), 12f. Troeltsch nennt als Zeugen jener Neuentwicklung in der Theologie und Philosophie A.Ritschl und die Göttinger Schule, S.Kierkegaard, A.Bonus und den kirchengeschichtlichen, exegetischen und religionsgeschichtlichen Neuaufbruch um B.Duhm, J.Wellhausen, W.R.Smith und A. Harnack.
231. Troeltsch (1903), 12f.
232. Vgl. z.B. die Theosophien des 17. und 18. Jahrhunderts oder den religionswissenschaftlichen Befund mittelalterlicher Hexenkulte (vgl. dazu Mircea Eliade: Das Okkulte und die moderne Welt. Zeitströmungen in der Sicht der Religionsgeschichte, Salzburg 1978 (engl. Original 1976), hier 60ff., bes. 63).
233. Vgl. Ernst Troeltsch: Religiöser Individualismus und Kirche (1910), in: Ges. Schriften Bd.2, 109-133, hier: 112 (= 1910b).

zuräumen; wir dürfen nicht der offene oder verkappte Missionar sein. [...] Wir müssen dazu kommen zu sagen: ›Ich und mein Haus wollen dem Herrn dienen; ich achte aber auch dich, du kannst ein guter und tüchtiger Mensch sein, wir wollen uns gegenseitig nicht als Missionsobjekte behandeln.‹ Dieser Fiktion, als müßten wir uns gegenseitig bekehren, müssen wir uns entschlagen.«[234]

Bei Troeltsch wird die kirchliche Apologetik durchaus nicht abgeschafft, aber neu begründet. Die Kirche solle als »elastisch gemachte Volkskirche« sowohl den religiösen als auch den Kulturinteressen der Gegenwart entgegenkommen.[235] Das entspreche durchaus ihrer soziologischen Natur, die im Gegensatz zu den radikalen, kulturfeindlichen Sekten »immer ein Kompromiß von Hause aus« gewesen sei.[236] Der Kompromißcharakter der Kirche entspricht der Natur der Menschen in ihrer Mehrzahl:

»Der Mensch ist kein rein und einseitig oder heroisch und radikal religiöses Wesen im allgemeinen. Das sind immer nur wenige. Er ist in der Masse ein vielseitig interessiertes und zur Harmonisierung und Ausgleichung genötigtes Wesen, was ja nicht bloß gegenüber der rein – und das heißt einseitig – ausgebildeten Religiosität, sondern gegenüber allen rein und einseitig herausgebildeten Lebenswerten gilt«.[237]

In Troeltschs religionssoziologischer Typologie bezeichnet »Kirche« demgemäß eine stabile Anstalt der Heilsvermittlung, die einerseits auf religiösen Grundlagen beruht, andererseits auch mit weltlichen Machtmitteln zustandegekommen ist und in Beziehung steht und aufgrund dessen als einzige der religiösen Sozialgestalten des Christentums zwischen individueller und öffentlicher Sphäre und zwischen religiöser Idee und sozialen Gestaltungskräften zu vermitteln in der Lage ist.[238] Dagegen sei der ebenfalls von Anfang der christlichen Geschichte her bestehende Sektentypus gekennzeichnet durch »eine Vereinigung im religiösen Leben auf Grund wirklicher Christlichkeit, auf Grund wirklicher Wiedergeburt, auf Grund wirklicher Erneuerung des Menschen«, die im Kirchentypus niemals für alle Gemeindeglieder und in jeder Hinsicht vorauszusetzen sei.[239] Diese beiden Formen der soziologischen Selbstgestaltung des Christentums hätten in dessen Geschichte immer nebeneinander bestanden.

Es bleibt aber nicht bei Kirche und Sekte, sondern die innerkirchliche Institutionskritik neigt gerade unter modernen Bedingungen zum Umkippen in eine Privatreligiosität, die Troeltsch »mystisch« nennt:

»Wenn dann noch etwas Abneigung der empfindlichen Gemütsart unserer Zeit gegen die enge und steife dogmatische Form des kirchlichen Wesens und die apologetischen Künste der Theo-

---

234. Troeltsch (1910b), hier: 124.
235. Die Kirche im Leben der Gegenwart (1911), in: Ges. Schriften Bd.2, 91-108, hier 105.
236. Troeltsch (1911), 104.
237. Troeltsch (1911), 105.
238. Troeltsch (1910b), 112; vgl. dazu v.a. die einschlägigen Passagen in den »Soziallehren« (Troeltsch, 1912), 93ff.; 206ff.; 448ff.; 512ff.; 960ff.
239. Troeltsch (1910b), 113; vgl. in den »Soziallehren« (Troeltsch (1912)) besonders 360ff und 794ff.

logie dazu kommt, dann pflegt man sich in das Reich des Mystischen zurückzuziehen, wie es auch manchem von uns, wenn wir ehrlich sein wollen, sympathisch ist. Ich wenigstens kann nicht leugnen, es hat dies auch für mich immer etwas Verführerisches; es steckt darin irgend ein Moment des Wahren und Lebendigen«.[240]

Damit ist der dritte religionssoziologische Typus eingeführt, der hier von Troeltsch auf die beobachtete außerkirchliche Religiosität seiner Zeit bezogen wird, jedoch in den Soziallehren als historischer »zweiter Nebenstrom« im Christentum selber – neben dem »kirchlichen Hauptstrom« und der Sekte – verankert ist.[241] Seine spezifisch moderne Version läßt sich auf die Formel bringen:

»Die Meinung ist: Religion ist nichts, was in Gemeinschaft betrieben werden kann, nichts was amtlich, was offiziell betrieben werden kann; ist überhaupt nichts, was übereinstimmend gestaltet werden kann; sie ist Privatsache des Einzelnen; da halte sich jeder, wie er kann, da sehe jeder, wo er bleibe; die Kirchen im ganzen und großen mit ihrem Kult und ihren Gottesdiensten sind eine Vergewaltigung, oder sie sind überflüssig, man kann sich das alles selber sagen, man geht andere Wege – kurz sie bleiben seitwärts.«[242]

Wie aus den Zitaten ersichtlich, wird dieser Typus soziologischer Religionsgestaltung von Troeltsch nicht nur als Verfallserscheinung beschrieben. Bis zu einem gewissen Grad identifiziert er sich selbst mit dem daraus resultierenden religiösen ›Asozialismus‹. Dennoch beurteilt er die »Mystik« in ekklesiologischer Hinsicht als parasitär und lehnt ihre soziologischen Implikationen auch aus praktischen Gründen ab, weil die Mystik in der Welt nicht Bestand haben könne:

»Die Intellektuellen schalten sich selbst aus ihrem (d.h. dem kirchlichen) Getriebe aus und steigern damit nur die Macht der Kirchen. Das ganze Volk lernt in seiner Kindheit den Katechismus und studiert Bibel und Kirchengeschichte; die meisten aber vergessen all das vollständig und lassen sich beherrschen von denen, die diese Dinge nicht vergessen. Und wo sie in Freigemeinden oder in die Konfessionslosigkeit auswandern, da entlasten sie die Kirchen von schwierigen Elementen, deren Entfernung im Grunde nur erwünscht ist. Die Kinder der Dissidenten bekommt man doch in den Religionsunterricht.«[243]

Das soziologisch Verbindende dieses dritten Typus sei allein die Ablehnung des ersten, der Kirche:

---

240. Troeltsch (1910b), 115.
241. Troeltsch (1912), 848ff. Troeltsch definiert: »Die Mystik im weitesten Sinne des Wortes ist nichts anderes als das Drängen auf Unmittelbarkeit, Innerlichkeit und Gegenwärtigkeit des religiösen Erlebnisses. Sie setzt die Objektivierung des religiösen Lebens in Kulten, Riten, Mythen oder Dogmen bereits voraus und ist entweder eine Reaktion gegen diese Objektivierungen, die sie in den lebendigen Prozeß wieder zurückzunehmen sucht, oder eine Ergänzung der herkömmlichen Kulte durch die persönliche und lebendige Erregung. Sie ist also immer etwas Sekundäres und etwas Absichtlich-Reflektiertes, ein absichtlich herbeigeführter Erregungszustand in charakteristischer gleichzeitiger Verbundenheit mit einer dem ganz entgegengesetzten Unmittelbarkeit des Gefühls selbst.« (ebd., 850).
242. Troeltsch (1910b), 110.
243. Religion und Kirche (1895), in: Ges. Schriften 2, 146-182, hier 146f.

»Solche Leute [und das sind für Troeltsch »überhaupt die tüchtigen, angeregten Menschen«!] vereinigen sich dann gerne mit jenem Kirchenüberdruß, der von der sog. Bildung und Wissenschaft geäußert wird, um wenigstens in gemeinsamer Ablehnung gegenüber der Kirche und ihrer Bindung und Steifheit sich zu vereinigen in einem gewissen Gesinnungs- und Gedankenmilieu«.[244]

Soziologisch habe man es mit einer »wohl sehr wichtigen und bedeutenden und jeder Achtung würdigen Volksschicht zu tun, aber doch mit einer begrenzten Volksschicht«, eben den Intellektuellen.[245] Damit ist umrissen, was Troeltsch an anderer Stelle als Religion der Gebildeten bezeichnet: Es ist eine schichtenspezifische Teilgestalt der religiösen Gesamtsituation, keine soziologisch selbständige Größe. Die Religion der Kritiker setze – wie die Mystik überhaupt – sowohl die einfachen Gläubigen als auch den kritisierten Funktionärsapparat voraus: »So ist die Lage bunt genug, und kann von einem langsamen Aussterben der Kirchen und des Christentums, das uns die Intellektuellen stets von neuem versichern, nicht die Rede sein.«[246] Nicht nur soziologisch habe diese Form der privaten Religiosität keine eigene Standkraft. Auch ideell sei sie von der Existenz der Großkirchen abhängig.

»[Die] radikalen Christentumsgegner und Kirchenfeinde [...] suchen lediglich mit überlegenem Hohn das alte Écrasez l'infame zu wiederholen und zu vervielfachen ohne Sorge um den Ersatz für die verlorengehenden Funktionen der Kirche im geistigen und gesellschaftlichen Organismus. Allenfalls können diesen Ersatz Gesellschaften für ethische Kultur, Goethebünde oder Monistenbünde leisten, wenn man durchaus an ihm interessiert ist. Oder sie träumen von einer völlig individualistischen, rein persönlichen Religiosität, die jeder für sich habe und um sich verbreite, völlig neu und völlig frei, ohne jeden konkreten Inhalt, gerade als ob nicht die Fortdauer der Kirchen allein die religiösen Gedankenmassen lieferte, die sie in so erhabener Freiheit variieren können, wie der Pianist über fremde Themata phantasiert«.[247]

Troeltsch fragt rhetorisch:

»Und wo ist der große neue religiöse Gedanke, der den Kirchen entgegengestellt werden könnte? Es werden gnostische, mystische, brahmanische, buddhistische, neuplatonische Gedanken erneuert, die weit zurückstehen an persönlichem Lebensgehalt hinter der prophetisch-christlichen Lebenswelt«.[248]

---

244. Troeltsch (1910b), 111.
245. Troeltsch (1910b), ebd.
246. Troeltsch (1911), 97.
247. Troeltsch (1911), 98f.
248. Troeltsch (1911), 100. Die weitere Entwicklung im Denken Troeltschs bis zum zweiten Jahrzehnt unseres Jahrhunderts kann hier nicht nachgezeichnet werden. Insbesondere korrigierte er mit zunehmender Kenntnis nicht-christlicher Religionen sein Urteil im Blick auf deren ideelle und soziale Integrationsfähigkeit. Doch zeigt das Zitat aus dem Jahr 1911, daß er jedenfalls bis zum Erscheinen der Soziallehren den Gedanken nicht ernsthaft in Erwägung zog, andere als die christliche religiöse und philosophische Tradition könnten unter den Bedingungen der Moderne brauchbare Muster religiöser Lebensführung sein.

Troeltschs kirchliche ›Apologetik‹ versucht also nicht im Stil der Konservativen seiner Zeit, die religiöse Sphäre der Gesellschaft als kirchliches Monopol einzuklagen, sondern argumentiert gewissermaßen pragmatisch, indem sie die Kirche als einzige soziologisch bestands- und zugleich allgemeinheitsfähige religiöse Sozialform auszuweisen versucht. Troeltsch zeigt, daß der Zerfall der traditionalen Kirchlichkeit nur ein Aspekt eines Phänomens ist, das die gesamte moderne Gesellschaftsstruktur bestimmt und nicht durch Regression in vormoderne Denkschemata und Strukturen zu lösen ist. Denn die proletarischen Massen seien längst jenen Strukturen so entfremdet, daß die Integration aller Schichten durch kirchliche Religiosität illusionär geworden sei.[249]

Im Gegenzug versucht Troeltsch, die theologischen Fundamente der Ekklesiologie so zu reformulieren, daß sie auch unter modernen Bedingungen eine integrative Funktion für die Gesamtgesellschaft erfüllen kann. Er knüpft bei der Allgemeinheit der Zerfallserscheinungen an: Die Gesellschaft brauche eine Ethik, die nicht mehr auf den mürbe gewordenen Sozial- und Lehrstrukturen der Vergangenheit aufbaue, sondern selbst als Fundament neuer Strukturen dienen könne.[250] Hier, meint Troeltsch, könne sich der persönliche Lebensgehalt der christlichen Lebenswelt von neuem bewähren. Somit könne sich dieser Teilbereich moderner Religion, wenn er auch nicht mehr der einzige sei, durch die einzigartige Fähigkeit ausweisen, der Gesellschaft eine Werteethik bereitzustellen, die der materialistischen Versklavung der Werte nicht unterliege. Troeltsch ist überzeugt, daß eine solche Ethik nur im Rahmen einer kirchlich verankerten Theologie zu entwickeln ist, daß sie aber ihrerseits zu einer gesamtkulturellen Synthese anleiten könne.

Troeltschs Ethik kann hier nicht weiter dargestellt werden. Für die folgende Fragestellung genügt es, darauf hinzuweisen, daß er bereits zu seiner Zeit eine Vermittlung zwischen religiöser und kultureller Ebene der Gesamtgesellschaft unter theologischer Perspektive, aber mit Einschluß nicht-kirchlicher religiöser Phänomene erarbeitete. Er bietet damit eine theoretische Basis zur Beschreibung dieser Phänomene, die als abendländisch und modern zu charakterisieren, aber außerhalb des kirchlichen Rah-

---

249. Vgl. z.B. ders.: Die Religion im deutschen Staate (1912), in: Ges. Schriften Bd.2, 68-90 (= 1912a), hier S.74. 77f. 86 u.ö.
250. Troeltschs ethisches Programm ist bereits 1902 in Auseinandersetzung mit W. Herrmanns Ethik (1901) entwickelt: Grundprobleme der Ethik, in: Ges. Schriften Bd.2, 552-672 (zuerst 1902). Troeltsch beginnt mit der Feststellung, daß »die Zerfaserung und Aushöhlung allmählich aller überkommenen Kulturwerte aufs dringendste eine Reorganisation unserer ethischen Grundbegriffe« fordere (S.552) und daß eine fundamental einsetzende Ethik »die übergeordnete und prinzipiellste Wissenschaft ist, in deren Rahmen die Religionswissenschaft sich einfügt« (553). Er setzt sich damit von älteren Positionen ab, die die Ethik aus der Dogmatik begründen. Nicht von der Metaphysik her »nähert man sich heute dem Religionsproblem. Vielmehr von dem allgemeinen ethischen Problem der letzten Werte und Ziele menschlichen Lebens und Handelns kommt man zu den darin eingeschlossenen religiös-metaphysischen Gedanken« (ebd.). Ergebnis solchen Bemühens ist eine »Werttheorie«, in der die bestimmenden Grundlagen aufgedeckt werden. (Vgl. dazu Wolfhart Pannenberg: Die Begründung der Ethik bei Ernst Troeltsch, in: ders.: Ethik und Ekklesiologie, Göttingen 1967, 70-96).

mens angesiedelt sind. Mit der Benennung der modernen Phänomene als »mystisch« stellt er sozusagen nachträglich eine Verbindung zwischen den von den historischen Bezügen abgelösten Formen von Religiosität und der Tradition her, aus der sie doch erwachsen sind.

Im Blick auf die heutige Diskussion muß klargestellt werden, daß mit »Mystik« bei Troeltsch nicht die Einheitsschau selbst, sondern das Phänomen einer individuellen Religionskultur bezeichnet wird; die Einheitsschau der mittelalterlichen »Mystiker« wird als ein frühes Beispiel dieser Haltung gesehen.[251] »Mystik« wird neben »Kirche« und »Sekte« zum negativ bestimmten, da institutionskritischen dritten Sozialtypus religiöser Selbstgestaltung. Troeltschs Mystik-Begriff deckt sich also nicht mit dem Fritjof Capras oder anderer Vertreter der Neuen religiösen Szenerie.

Troeltschs religionssoziologische Typenbildung hat eine verwickelte Rezeptionsgeschichte im anglo-amerikanischen Sprachraum, die auch in die Thematik der vorliegenden Arbeit hineinspielt. Hubert Knoblauch weist darauf hin, daß der Begriff »cult« aus der Soziologie stamme und ursprünglich eine Übersetzung für Troeltschs Typus der »Mystik« sei.[252] Der Ausdruck »cult« habe sich seit Ende der 60er-Jahre zur

251. Vgl. Troeltsch (1912), 418-422, bes. 420.
252. Knoblauch (1989), 512. Lt. Knoblauch geht die Identifikation von »Mystik« und »*cult*« auf eine Troeltsch-Übersetzung Howard Beckers zurück. Eigene Nachforschungen und eine ergänzende Korrespondenz mit Hubert Knoblauch haben ergeben, daß dies nicht ganz richtig ist (was allerdings die Bedeutsamkeit der Beobachtung nicht schmälert). Die Rezeptionsprozesse verliefen folgendermaßen:
Howard (P.) Becker besorgte 1932 eine erweiterte amerikanische Ausgabe des zweibändigen soziologischen Lehrbuches von Leopold von Wiese (Systematic Sociology. On the Basis of the »Beziehungslehre« and »Gebildelehre« of Leopold von Wiese adapted and amplified by Howard Becker, New York 1932; 1. Aufl. der deutschen Originalausgabe: 1924 und 1928; später in einem Band zusammengefaßt unter dem Titel: System der allgemeinen Soziologie als Lehre von den sozialen Prozessen und den sozialen Gebilden der Menschen, Berlin ²1933 und ³1955).
Becker fügte in der amerikanischen Ausgabe einen längeren Paragraphen aus eigener Feder ein: »The Development and Interaction of the Ecclesia, the Sect, the Denomination, and the Cult as Illustrative of the Dilemma of the Church« (624-642). Auf die Urheberschaft des Paragraphen weist Becker selbst (S.624, Anm.) und außerdem Wiese in der dritten deutschen Auflage hin (S.573). Beckers Paragraph bezieht sich nicht unmittelbar auf Troeltsch (der auch von Wiese nur an wenigen und unspezifischen Stellen erwähnt wird), sondern auf H. Richard Niebuhrs Buch: »The Social Sources of Denominationalism«, New York 1929.
Niebuhr seinerseits adaptierte Ernst Troeltschs und Max Webers Begriffsbildung zu »Kirche« und »Sekte« (bes. 17ff.) und führte für den speziellen amerikanischen Zusammenhang zusätzlich den Begriff der »denomination« ein, der eine formal sektenähnliche, historisch und systematisch aber eher dem Kirchentypus entsprechende religiöse Organisationsform beschreibt. Becker systematisierte diese Überlegungen Niebuhrs und fügte noch den Typus des »cult« hinzu, der inhaltlich ähnlich wie Troeltschs Begriff der Mystik gefüllt wird (vgl. bes. 627f.). Da Becker mit der deutschen Soziologie vertraut war, könnte er die Typologie der Sache nach durchaus von Troeltsch übernommen haben. Vgl. zum ganzen: Thomas F. O'Dea: Art. »Sects and Cults«, in: Int. Encyclopedia of the Social Sciences Bd.14, New York 1968, 130-136, bes. 134.

Beschreibung neuer religiöser Bewegungen und bestimmter Okkultphänomene etabliert.[253] Öffentlich bekannt geworden sei er durch die amerikanische »Anti-Cult-Bewegung«,[254] die in mancher Hinsicht den hiesigen Unternehmungen gegen die sog. »Jugendsekten« entspricht. Inzwischen sei ein »kultisches Milieu« entstanden, eine relativ große Bevölkerungsschicht mit der Bereitschaft zur Teilnahme an den oft kommerzionalisierten Kult-Angeboten. Dieses »kultische Milieu« bilde »sozusagen den ›harten‹ sozialstrukturellen Kern des ›New Age‹«.[255] Was in Amerika mit »Kult« und »kultisches Milieu« bezeichnet wird, bekomme in Deutschland potentiell den Namen »New Age«: In Amerika eher Insider-Begriff, steht der Ausdruck hier für ein Phänomen, das man nach Troeltsch besser »neue Mystik« nennen würde.

Damit schließt sich der Kreis: Aus der angeblich vom amerikanischen Himmel auf den deutschen Boden gefallenen, zugleich anti-kirchlichen wie anti-modernen »New-Age-Sekte« wird eine zeitgemäße, von den herrschenden sozialen Bedingungen bestimmte Version religiöser Betätigung, wie es sie im Prinzip zu allen Zeiten im Christentum selber auch gab. Kein Wunder, daß »New Age« diffus, uneindeutig, synkretistisch, pluralistisch, individualistisch ist: So ist unsere Zeit, und »New Age« ist die kirchenabgewandte Seite ihres »mystischen« Anteils. »New Age« ist falsch erfaßt, wenn man es als »Sekte« versteht. Dies würde eine festere innere Struktur voraussetzen, die Zugehörigkeit müßte klarer bestimmt sein, die Sanktionierung gruppeninterner Prozesse und ›Rituale‹ ebenso. All das ist nicht der Fall.[256] Man braucht »New Age« also nicht ökologisch oder psychotherapeutisch, aber auch nicht theologisch zu vereinnahmen, sondern sollte es erfassen als Teil der religiösen Gesamtszenerie, zu der neben den sog. »New-Agern« evangelikale Christen wie Franziskanermönche, Universitätstheologen wie christliche Politiker gehören. Eine theologische Auseinandersetzung hat ihren Namen nicht verdient, wenn sie »New Age« als Epi-Phänomen zur Fundamentierung eigener Interessen versteht und mit Hilfe einer Abgrenzungsstrategie eigene Werte zu retten versucht. Wie Troeltsch schon vor 80 Jahren betont hat, ist hier ›nichts zu retten‹, sondern die eigenen Werte sind in einer fundamentalen Weise neu zu begründen. In der Tat wird sich im weiteren Gang der Arbeit zeigen, daß ein zentrales Anliegen der sog. New-Age-Autoren die Re-Ethisierung der Lebenswelt ist. Sie haben auch hier eine Indikator-Funktion und reihen sich in eine viel breiter zu führende Diskussion brennender Gegenwartsfragen ein, zu der sie ihren spezifischen Beitrag zu leisten haben.

---

253. Knoblauch, ebd., 511 (vgl. dazu oben, Kap.1.2.4.). Troeltsch selbst benutzt das Wort »Kult« in einem traditionelleren Sinn als einen Typus der Objektivierungen des religiösen Lebens (neben Ritus, Mythos und Dogma): Troeltsch (1912), 850 u.ö.
254. Knoblauch (1989), 513.
255. Knoblauch (1989), 517.
256. Usarski (1988) zeigt, daß es selbst für die sog. »Jugendsekten« nicht zutrifft, die z.B. in aller Regel eine für Sekten untypische hohe Fluktuation aufweisen.

Erster Hauptteil:
Zeitgeschichtliche Zugänge

2. »New Age« als Sammelbegriff für eine neue religiöse Szenerie im deutschen Sprachraum

Der englische Ausdruck »New Age« hat sich in den 70er und 80er Jahren im deutschen Sprachraum eingebürgert. Zunächst nur vereinzelt zitiert, wurde er in den 80er Jahren zu einem Sammelbegriff für den nicht-kirchlichen Teil der gegenwärtigen religiösen Szenerie. Bei seiner Einführung haben jedoch die ›Insider‹ dieser Szenerie eine eher geringe Rolle gespielt; viel wichtiger waren Verlagsleute und auch kirchliche Beobachter, die ihm erst durch ihre Außenperspektive und durch die Fähigkeit, disparate Dinge zusammenzusehen, zu seiner Verbreitung verhalfen. »New Age« ist daher keine »Kirche« oder »Sekte«, der man angehören kann, sondern in erster Linie ein Etikett der Öffentlichkeit und professioneller Wissensvermittler für eine Gruppe bisher schlecht erfaßbarer Phänomene der Zeitgeschichte und ihrer Historiographie.

In Nordamerika hat das Stichwort »New Age« eine ähnliche Karriere hinter sich, die allerdings früher begann und in der andere Akzente gesetzt wurden. Man spricht dort von »New Age Religions« im Plural,[1] was der amerikanischen kirchen- und religionssoziologischen Situation besser entspricht als den Verhältnissen im deutschsprachigen Raum. Obwohl viele der hierzulande mit »New Age« assoziierten Gruppen und Lehren von Amerika inspiriert sind, wäre es verfehlt, darin einen amerikanischen ›Import‹ zu sehen, denn auch in Amerika ist »New Age« keine Einheit. Darüber hinaus haben sich die amerikanischen Impulse im deutschen Sprachraum verändert und mit ›autochthonen‹ Momenten verbunden.

Das folgende Kapitel wird deshalb nicht versuchen, die »New Age-Bewegung« zu charakterisieren; sondern es wird die verschiedenen Verwendungsweisen und Varianten des Etiketts »New Age« analysieren und die zeitgeschichtlichen Linien seiner Etablierung darstellen. Auf diese Weise soll »New Age« dazu dienen, eine Topographie der gegenwärtigen religiösen Landschaft zu zeichnen. Das Kapitel wird sich speziell mit der Situation im deutschsprachigen Raum befassen und angelsächsische oder andere Quellen nur heranziehen, soweit sie als Hintergrund zum Verständnis der hiesigen Entwicklungen benötigt werden.

Gerade die Tatsache, daß »New Age« ein neudeutscher Anglizismus ist, kann für die genauere Charakterisierung der gegenwärtigen Szenerie in ihrer Vielfalt und Wandlungsfähigkeit behilflich sein: Während die Rede vom »Neuen Zeitalter« (groß- oder kleingeschrieben) schon in früheren Epochen und in den verschiedensten religionsgeschichtlichen Räumen von Bedeutung war,[2] ist die Geschichte des Anglizismus' »New Age« im deutschen Sprachraum kurz und überschaubar. Der Ausdruck wurde in wenigen Jahren bekannt, erreichte einige Breitenwirkung, geriet bald darauf in Verruf und ist mittlerweile fast nur noch als Stichwort der Sekundärliteratur im Gebrauch. Sein Vorkommen erlaubt eine zeitgeschichtliche Abgrenzung zu früheren Phasen der religiösen Szenerie.

1. Hinweis Prof. Vasudha Narayanan, Gainesville (Fl.).
2. Vgl. dazu den zweiten Hauptteil der Arbeit.

Trotz seines phantomhaften Charakters hat »New Age« Spuren in der Wirklichkeit hinterlassen. Der Buchmarkt hat sich verändert, und viele der vorübergehend unter der Bezeichnung »New Age« geführten Themen und Interessensgebiete haben sich mit ihrer Hilfe in der Öffentlichkeit etabliert und bedürfen jenes Sammelbegriffs nicht mehr. Das schlägt sich beispielsweise in den Taschenbuchprogrammen nieder, in denen häufig frühere »New Age«-Bücher jetzt ins allgemeine Sachbuchprogramm umgestellt wurden – also trotz des zu beobachtenden Rückgangs von »New Age«-Publikationen weiterhin im Programm sind und verkauft werden.[3] In diesen Vorgängen werden allgemeinere Charakteristika sichtbar, die für die gegenwärtige religiöse Situation im ganzen gültig sein dürften und ihrerseits keineswegs nur flüchtige Modeerscheinungen sind:

– Nicht nur »New Age«, sondern die Neue religiöse Szenerie im ganzen scheint gerade durch das Fehlen bzw. die Auflösung traditionaler religiöser Strukturmerkmale charakterisiert zu sein: Es gibt keine Kirche, keine Lehre, kein ›Ritual‹, keine festgefügte religiöse Lebensordnung; sondern gerade die Beliebigkeit der Formen, das Schillern zwischen Kommerz und persönlicher Hingabe, zwischen modischen Accessoires und existentieller Erfahrung ist ein wesentliches Merkmal der Szenerie.
– Ein eigener Markt für Spirituelles ist entstanden, dessen Gesetzmäßigkeiten selbst zum Gegenstand der Untersuchung werden müssen, wenn man zeitgenössische Religiosität erforschen will. Dabei genügt es nicht, über die ›pseudo-religiöse‹ Mentalität des ›Supermarkt-Verhaltens‹ zu lamentieren; vielmehr handelt es sich dabei um grundlegende Strukturveränderungen, die durch die modernen Lebensverhältnisse bedingt sind und die auch auf die religiösen Inhalte ihre Wirkung haben.
– Aus religionsgeschichtlicher Sicht ist »New Age« auch deshalb ein besonders interessantes Objekt, weil neben der zeitgeschichtlichen Bedeutung eine aussagefähige Begriffsgeschichte zu verzeichnen ist. Zwar wäre es verfehlt, direkte historische Abhängigkeiten der heutigen religiösen Szenerie von einer bestimmten Tradition zu konstruieren; dennoch hat die Erforschung der sprach- und ideengeschichtlichen Hintergründe eine wichtige heuristische Funktion. Denn sie bringt subtile Traditionslinien und phänomenologische Analogien ans Licht, durch deren Analyse die weithin beziehungslos und eklektisch wirkende religiöse Szenerie der Gegenwart in einen religionsgeschichtlichen Deutungszusammenhang gestellt werden kann. Wie sich bei den Recherchen im einzelnen gezeigt hat, kann das Stichwort »New Age« gewissermaßen als Indikator für einen bestimmten Typus neuzeitlicher Religionsgeschichte dienen.

Im folgenden Kapitel wird zunächst die deutschsprachige Rezeption von »New Age« in den 70er Jahren dargestellt. Damals war der Ausdruck noch kein Allgemeinbegriff der Öffentlichkeit, sondern ein Stichwort in verschiedenen »Subkulturen«.[4] Dann folgt die Beschreibung der ›öffentlichen‹ Phase in den 80er Jahren und eine Analyse des *common sense* der Öffentlichkeit bei der inhaltlichen Bestimmung von »New Age«.

3. Vgl. dazu unten, Kap.3.1.
4. Zum Terminus »Subkultur« vgl. Kap.4.

Wegen der pluralen Struktur des Syndroms »New Age« kann im vorliegenden wie auch in den weiteren Kapiteln der Arbeit keine Vollständigkeit der Darstellung erreicht werden. Die Suche nach dem historischen Ursprung ist in einem strengen Sinne ebensowenig durchführbar wie die Suche nach einer systematischen Mitte des Syndroms »New Age«, das in Wirklichkeit aus vielen heterogenen Momenten zusammengesetzt ist. Gemeinsam ist den Phänomenen der situative Rahmen. Und dieser Rahmen ist auch für die zusammenfassende Benennung als »New Age-Bewegung« verantwortlich.

2.1 Vorspiel: »New Age« in Entwürfen der religiösen Subkultur der 70er und frühen 80er Jahre

Der Ausdruck »New Age« ist durch einige Übersetzungen englischer Publikationen seit Beginn der 70er Jahre in den deutschen Sprachraum eingeführt worden. Die Bücher verwenden ihn in unterschiedlichem Bedeutungszusammenhang. Gemeinsam ist ihnen – neben den historischen und zeitgeschichtlichen Rahmenbedingungen – eine starke Identifikationskraft, die die Eigendynamik dieses neudeutschen Anglizismus ermöglichte. Der Ausdruck stand jeweils als Synonym für eine bestimmte, leidenschaftlich vertretene Idee oder Vorstellung. Da diese Ideen jeweils verschieden sind, ist in der Öffentlichkeit der Eindruck einer höchst diffusen Begriffsstruktur entstanden, der »New Age« in den Geruch einer inkonsistenten neuen »Weltanschauung« gebracht hat. Im folgenden soll versucht werden, durch die Benennung der konkreten Kontexte und Verwendungsweisen des Ausdrucks »New Age« das Syndrom, das er bezeichnet, zeitgeschichtlich aufzuschlüsseln und in seiner Vielgestaltigkeit greifbarer zu machen.

2.1.1 Symbol der Gegenkultur (Theodore Roszak)

An erster Stelle ist Theodore Roszaks Buch »Gegenkultur« zu nennen, das 1971 in deutscher Übersetzung erschien.[5] Es steht in einer Reihe von Publikationen derselben Zeit, die die Bezeichnung »Counter Culture« und ähnliche Stichworte als Identifikationsbegriff der damaligen Jugend-Subkultur sowohl in den USA als auch in Deutschland benutzten und prägten: »Gegenkultur« ist eine Selbstbezeichnung der Beat-Generation, der Hippies, der Anti-Vietnam-Bewegung und auch – besonders in Deutschland – kultureller Alternativen innerhalb der neuen Linken, der APO und der Anarcho-Szene.[6] Roszak, ein amerikanischer Historiker, nahm sich mit kritischer Sympathie der Beschreibung und Deutung dieser zeitgeschichtlichen Situation an und ver-

5. Roszak (1968/69).
6. Vgl. dazu unten, Kap.4.

suchte einen Zugang zu ihrer intellektuellen Aufarbeitung zu schaffen. Sein Buch hatte besonders in den USA eine wichtige Funktion bei der Selbstdeutung jener Bewegungen.

Roszak stellt seinen Ausführungen als Motto zwei Zitate des englischen Dichters und Visionärs William Blake voran (die unübersetzt auch in die deutsche Ausgabe übernommen wurden); eines von ihnen – es stammt aus dem Jahr 1804 – lautet:

»Rouse up, O Young Men of the New Age! set / your foreheads against the ignorant Hirelings! / For we have Hirelings in the Camp, / the Court & the University, who would, if they could, / for ever depress Mental & prolong Corporeal War.«[7]

Heutzutage würde man diese »Gegenkultur« nicht mit dem Stichwort »New Age« identifizieren. Auch hat Roszak den Ausdruck »New Age« nicht als *terminus technicus* zur Bezeichnung einer »Bewegung« gebraucht. Abgesehen von diesem Eingangszitat spielt er keine weitere Rolle in seinem Buch. Doch erscheint der Ausdruck – zusammen mit Roszaks Gewährsmann, William Blake – in diesen Jahren immer wieder als metaphorischer Identifikationsbegriff in der »Gegenkultur« des anglo-amerikanischen Sprachraumes.[8] Die Bezeichnungen »New Age«, »Age of Aquarius« und »Wassermann-Zeitalter« werden synonym verstanden.[9] Roszaks Zitat ist daher ein Dokument für die zeitgeschichtlichen Hintergründe der neueren Verwendung des Stichworts »New Age«. Es verweist auf die Zusammenhänge zwischen der »Gegenkultur«, den später sogenannten »New Age-Bewegungen« in Amerika und ihren Fortsetzungen im deutschen Sprachraum. Und es verweist auf William Blake, der diese Wortprägung im Englischen literarisch geprägt hat, was in der heutigen Insider- und Sekundärliteratur oft nicht mehr bekannt ist.

2.1.2 Findhorn, Lindisfarne und Umkreis

2.1.2.1 David Spanglers Findhorn-Buch

Im Jahr 1978 erschien im Fischer-Verlag, Frankfurt, ein Taschenbuch mit dem Titel: »New Age – Die Geburt eines Neuen Zeitalters«.[10] Sein Verfasser, David Spangler (geb. 1945), hatte es im Herbst 1970 in einer kleinen alternativen Gemeinschaft in

---

7. Roszak (1968/69), Motto. Das Zitat ist entnommen aus William Blake: Milton (1804), Preface, in: G. Keynes (Hrsg.): The Complete Writings of William Blake, Oxford 1966 (Neuausgabe), 480 (vgl. dazu unten, Kap.6.3.1.).
8. Vgl. dazu Sellner (1981), bes. 209.
9. So im Musical »Hair« (1967) und seinem Song: »The Age of Aquarius« (zitiert bei Ruppert (1985), 16 u.ö.); ähnlich auch in einem Songtext der Gruppe Crosby, Stills, Nash & Young, 1971: »The age of truth is coming soon – aquarius arrives« (vgl. Konitzer (1989), 20); Roszak (1975) spricht vom »Grenzbereich der Aquarier« (*»Aquarian frontier«*).
10. Original: Revelation. The Birth of a New Age, Forres/Scotland: Findhorn Foundation, 1971 und mehrere Neuauflagen). Übersetzerin des Buchs war Dr. Susanne Schaup, Mün-

Findhorn/Nordschottland geschrieben, wohin er kurz zuvor aus den USA gekommen war. Es ist im wesentlichen eine Dokumentation von »Übertragungen«, die Spangler während seines Aufenthaltes in Findhorn von einem geistigen Wesen empfing. Er nennt diesen Vorgang »die Kommunion mit einem unpersönlichen Bewußtsein, das sich durch die Eigenschaften der grenzenlosen Liebe und Wahrheit zu erkennen gab«.[11] Durch die Offenbarung dieses Wesens werde der Findhorn-Gemeinschaft eine besondere Bedeutung für einen bevorstehenden Evolutionssprung der Menschheit verliehen. Das Wesen erklärt Findhorn zu einem Kristallisationspunkt des anbrechenden »Neuen Zeitalters«, für das die Menschheit jetzt reif geworden sei.

Die Geschichte der Findhorn-Gemeinschaft begann im Jahr 1962 mit drei erwerbslosen Erwachsenen, Peter Caddy, Eileen Caddy und Dorothy Maclean, die sich mit ihren drei Kindern in einem alten Wohnwagen an einer sandigen Bucht im Norden Schottlands niederließen.[12] Nach einigen Jahren hatten die ursprünglich unfreiwilligen Siedler um den Wohnwagen herum einen prächtigen Garten angelegt, mit überdimensionalen Bohnen und Kohlköpfen, Rosen und Blumen von üppiger Pracht, die auf dem kargen Boden und nördlichen Breitengrad mit üblicher Gärtnerkunst kaum hätten gedeihen können. Nachdem die drei Erwachsenen zunächst keine Begründung für diese Erfolge gaben, sagten sie später, sie stünden im Kontakt mit feinstofflichen Naturwesen, die sie Devas nannten; diese hätten ihnen das richtige Gärtnern gezeigt.[13]

Etwa zur Zeit der Ankunft Spanglers wurde aus der kleinen gärtnerischen Gemeinschaft ein Zentrum mit überregionaler Bekanntheit. Der Garten stand nun nicht mehr im Mittelpunkt des Gemeinschaftslebens. Seine Fruchtbarkeit sei auf ein ›normales‹

chen, die zunächst als Verlagslektorin, später als freie Übersetzerin und Autorin eine wichtige Funktion bei der Einbürgerung angelsächsischer Momente der Neuen religiösen Szenerie im deutschen Sprachraum hatte (vgl. dazu unten, Kap.3.2.).

11. Spangler (1971), 20, vgl. auch 36.
12. Zur Geschichte Findhorns vgl.: Der Findhorn Garten, Berlin: Frank Schickler Verlag, 1981 (mit Beiträgen von Sir George Trevelyan, Peter Caddy, Eileen Caddy, Dorothy Maclean, Robert O. Crombie, David Spangler u.a.; engl. Original 1975); Paul Hawken, Der Zauber von Findhorn. Ein Bericht, München: Hugendubel, 1980 (engl. Original 1975); Eileen Caddy: Flug in die innere Freiheit. Autobiographie der Mitbegründerin der Findhorn-Gemeinschaft Eileen Caddy, Kimratshofen: Greuth Hof Verlag, 1988 (engl. Original 1988); William I. Thompson: Am Tor der Zukunft. Raum-Zeit-Passagen. Eine Studie über die neue planetare Kultur, Freiburg: Aurum, 1975 (engl. Original 1974); außerdem Spangler (1971) und ders. (1984).
13. Über die »Devas« schreibt Dorothy Maclean: Die dem Sanskrit entlehnte Bezeichnung bedeute »die Leuchtenden«; Devas seien nichts anderes als Engel: »Durch meinen eigenen Kontakt mit ihnen fanden wir heraus, daß sie einer ganzen Hierarchie von Wesen angehören, die vom erdhaften Gnom bis zum höchsten Erzengel reicht, und daß sie eine zweite, sozusagen geschwisterliche Entwicklungsreihe neben der Evolution des Menschen darstellten. Die Devas hüten das archetypische Muster oder den Bauplan aller Lebensformen um uns herum, und sie lenken die Energien, die zur materiellen Gestaltwerdung nötig sind« (Dorothy Maclean, Das Deva-Bewußtsein, in: Der Findhorn Garten (1975), 54-77, hier 58). Die Identifikation von Devas und Engeln hat Parallelen in der Lehre der Theosophischen Gesellschaft; vgl. dazu Judah (1967), 103.

Maß zurückgegangen. Dagegen wuchs die soziale Komponente. Spangler selbst trug dazu wesentlich bei.[14]

Diese Entwicklung hat sich bis heute fortgesetzt. Inzwischen wurde aus dem Wohnwagenpark ein größeres Zentrum mit eigenen Gebäuden und Ländereien, einer Rudolf-Steiner-Schule und einem ausgedehnten Veranstaltungsprogramm.[15] Als einzige der Gründergestalten lebt Eileen Caddy heute noch in Findhorn. Sie publizierte mehrere Bücher.[16]

Der Ausdruck »New Age« wurde vermutlich durch Spangler, der ihn schon seit den 60er Jahren in den USA benutzt hatte, mit Findhorn verbunden. Sein Buch wurde 1971 als Privatdruck der Findhorn-Gemeinschaft publiziert, die sich dafür eigens eine Druckmaschine beschafft hatte. Als Spangler 1973 nach Californien zurückkehrte, sei er zu seiner Verwunderung auf vielfältige Spuren des Buches gestoßen, das sich ohne Werbung verbreitet habe.[17] In einer erweiterten Version wurde es in den USA im Jahr 1975 neu herausgebracht.

In Deutschland galt das Buch ebenfalls als ›Geheimtip‹ und machte die Findhorn-Gemeinschaft ziemlich bekannt, obwohl es auch auf dem hiesigen Buchmarkt keine spektakuläre Rolle spielte. Der Fischer-Verlag nahm es nach kurzer Zeit wegen einer Umstrukturierung aus dem Programm.[18] Es erschien 1983 in neuer Auflage beim Greuth Hof Verlag, Kimratshofen/Allgäu, einem Kleinverlag deutscher Findhorn-Freunde. Andere Bücher über Findhorn in deutscher Sprache folgten.[19] Schon vor Spanglers Buch im Fischer-Verlag waren einige Publikationen erschienen, die aber den Rahmen subkultureller Kleinverlage nicht übersprungen hatten.[20]

14. Aus Sicht des Gründers, Peter Caddy, stellt sich die Entwicklung Findhorns seit der Ankunft Spanglers im Jahr 1970 so dar: »Während Davids dreijährigem Aufenthalt entwickelten wir uns zu einer New Age-Gemeinschaft und zu einem Ausbildungszentrum. ... Die gewaltige Energie, die ich in den Aufbau des Gartens gelenkt hatte, konzentrierte sich nun mehr und mehr auf Verwaltungsbereiche ... Der Schwerpunkt von Findhorn lag nun auf dem Wachsen und Blühen des menschlichen Bewußtseins. Was wir bei der Aufzucht von Pflanzen gelernt hatten, nutzten wir nun für die Erziehung der Menschen, die zu uns kamen.« (ders.: Der Mensch schafft den Garten, in: Der Findhorn Garten (1975), 1-31, hier 30).
15. Zur neueren Entwicklung vgl. Gruber (1989), 95ff.
16. Eileen Caddy: Gott sprach zu mir, Kimratshofen: Greuth Hof Verlag, 1988 (engl. Original 1971); dies.: Findhorn. Zentrum des Lichts, Heidelberg, 1983 (engl. Original 1976); dies.: The Spirit of Findhorn. Words to live by from the cofounder of the extraordinary Findhorn Community, Romford/GB: Fowler, 1977; dies. (1988) (Auswahl).
17. Spangler (1984), 22.
18. Auskunft Susanne Schaup.
19. Hawken (1975), dt. Ausgabe 1980 im Hugendubel-Verlag, München; Trevelyan (1977), dt. Ausgabe 1980 im GTP-Verlag, Freiburg (s. nächster Abschnitt); »Der Findhorn Garten« (1975), dt. Ausgabe 1981 im Frank-Schickler-Verlag, Berlin; weitere Publikationen im Greuth Hof-Verlag, Kimratshofen u.a.
20. Thompson (1974), Schlußkapitel (dt. Ausgabe 1975 im Aurum-Verlag, Freiburg). Ebenfalls 1975 publizierte Norbert A. Eichler, der sich damals »›New Age‹ Eichler« nannte, einen enthusiastischen Erfahrungsbericht über Findhorn, wo er im vorhergehenden Sommer für einige Zeit zu Besuch gewesen war (Sonnenstadt im Nebel. Über das Paradies in

Da es sich bei Spanglers Buch um eine Dokumentation von Offenbarungen handelt, gibt der Autor nicht an, aus welchen religionsgeschichtlichen und esoterischen Traditionslinien er schöpft. Doch schreibt er in der Einleitung, daß er sich seit seiner Jugend mit verschiedenen esoterischen Traditionen befaßt habe; und er erläutert im dritten Teil des Buches die astronomischen Zusammenhänge der Präzession und ihrer astrologischen Ausdeutung, durch die das Stichwort des »Wassermann-Zeitalters« geprägt ist.[21] In einem späteren, nur in den USA erschienenen Buch hat Spangler die autobiographischen Hintergründe genauer benannt:[22]

Im Jahr 1959, als 14-Jähriger, sei er mit seinen Eltern in Kontakt zu einer amerikanischen Bewegung gekommen, die sich mit UFO-Forschung, ESP-Phänomenen (außersinnliche Wahrnehmung), Neu-Offenbarungen u.a. befaßte. Hier sei gelegentlich der Ausdruck »New Age« zu hören gewesen, und Spangler nennt jene Bewegung im Rückblick »New Age dawning«.[23] In den 70er und 80er Jahren sei »New Age« zur Bezeichnung einer Idee der aktiven humanen und globalen Zukunftsgestaltung geworden: »properly understood as a transformative image of the future«.[24] Spangler betont die Differenz dieser Idee zu älteren »apokalyptischen« Heilsbewegungen, die das »Neue Zeitalter« als ein passiv zu erwartendes Weltschicksal und nicht als eine vom Menschen zu bewältigende Aufgabe verstünden.

Spangler begann in den 60er Jahren mit einer naturwissenschaftlichen Ausbildung, führte diese aber nicht zu Ende, sondern widmete sich aufgrund starker innerer Erfahrungen dem Studium verschiedener esoterischer Lehren, insbesondere anthroposophischer und theosophischer Ausrichtung.[25] Jedoch hat er sich keiner dieser Lehren fest verbunden. Als Neunzehnjähriger hielt er 1964 seinen ersten Vortrag über »New Age«.

Manche Züge dieser autobiographischen Angaben wie auch das Grundkonzept seines Buches »New Age« erinnern an die Lehren der Theosophin Alice Bailey.[26] Spangler selbst schreibt über seine amerikanische Vortragstätigkeit in den 60er Jahren:

den magischen Gärten von Findhorn, Obernhain: Irisiana, ³1978 (Erstausgabe 1975). Auch gab er 1975 im Eigenverlag eine Zeitschrift mit dem Titel »New Age. Zeitschrift der neuen Zeit« heraus (Hrsg. »New Age Edition«, zuerst München, später Herrsching, insgesamt nur zwei Hefte ermittelbar). Auf dem Titelblatt der Nullnummer (Mai 1975) erscheint auch das Zitat von William Blake: »Rise up, young men of the New Age«. Zu Eichlers späterer Haltung gegenüber dem Stichwort »New Age« vgl. ders.: Das Buch der Wirklichkeit. Das I Ging für das Wassermann-Zeitalter, Reinbek: Rowohlt, 1990 (Originalausgabe: Hamburg: Papyrus Verlag, 1983); ders.: Die Erleuchtung ist gratis. Ein westlicher Weg zur Vollkommenheit, Reinbek: Rowohlt, 1989.
21. Spangler (1971), 98-105 (Zur »Präzession« s.u., Kap.2.1.8.).
22. Spangler (1984).
23. Spangler (1984), 16f.
24. Spangler (1984), 21.
25. Spangler (1984), 23f.
26. In diesem Sinne interpretiert Günter Myrell Spanglers »New Age« als Fortsetzung der Lehren Alice Baileys (G. Myrell, Jürgen Voigt und Walther Schmandt: Neues Denken – Alte Geister. New Age unter der Lupe, Niedernhausen/Ts.: Falken, 1987, hier 61. Zu Bailey vgl. unten, Kap.2.1.7.).

»Eventually, I ended up drawing heavily on the images and cosmologies offered by the esoteric traditions, particularly the writings of theosophy and Alice Bailey, along with infusions from Christian and Buddhist mysticism, with some Sufism thrown in for good measure. This served me for a while and allowed me to develop my own particular images«.[27]

Das Zitat zeigt jedoch, daß Spangler sich nicht einfach als Anhänger Baileys versteht, wie er auch sonst in seinen Büchern den Anspruch großer Eigenständigkeit vertritt.

2.1.2.2 Sir George Trevelyan

1980 erschien im Verlag der Gesellschaft für Transpersonale Psychologie in Freiburg die Übersetzung eines zweiten Buches, das den Begriff »New Age« im Titel führte und wiederum auf Findhorn verweist: Sir George Trevelyan, »Eine Vision des Wassermann-Zeitalters. Gesetze und Hintergründe des ›New Age‹«.[28] Trevelyan (geb. 1906), von Rudolf Steiners Anthroposophie geprägt, ist ein Kenner und Funktionär des biologischen Landbaus in England und war langjähriger Leiter eines staatlichen Zentrums für Erwachsenenbildung.[29] Schon in den 30er Jahren befaßte er sich auch mit handwerklicher Holzarbeit und stand damit offenbar in der Tradition des »Woodcraft Movement«, einer naturbezogenen Alternativbewegung, die in manchen Zügen der deutschen Jugendbewegung entsprach.[30] Nach seiner Pensionierung gründete er 1971 auf privater Basis den »Wrekin-Trust«, der Veranstaltungen zu einer »spirituellen Weltsicht« organisiert. Trevelyan hatte eine wichtige Bedeutung für die Findhorn-Gemeinschaft, indem er die Begründer 1968 dazu veranlaßte, die geistigen Hintergründe ihrer Arbeit offenzulegen. Dadurch half er, die Entwicklung von der kleinen gärtnerischen Gemeinschaft zu einer größeren Menschen-Gemeinschaft mit neuen Zielen und Aufgaben in die Wege zu leiten.[31]

»Eine Vision des Wassermann-Zeitalters«, 1977 geschrieben, ist ein Alterswerk, das Trevelyans »spirituelle Weltsicht« zusammenfaßt und für nachfolgende Generationen praktisch verwendbar zu machen sucht. Es enthält in lockerer Form Abschnitte über verschiedene esoterische Themen, über Reinkarnation und Karma-Lehre, über Umweltverschmutzung und Ökologie und über neue soziale Strukturen mit einer »spirituellen« Grundlage, die er in Modellgemeinschaften wie Findhorn, aber auch Auroville in Indien, schon verwirklicht sieht.

»New Age« ist bei Trevelyan als eine ›spirituelle Ökumene‹ zu verstehen, in der die esoterischen Wissenstraditionen als solche nicht Selbstzweck sind, sondern eine dienende Rolle einnehmen und zur Bewältigung der praktischen Erfordernisse gegenwärtiger Ökologie und Humanität helfen sollen.[32] Obwohl biographisch mit älteren

---

27. Spangler (1984), 30.
28. Original: A Vision of the Aquarian Age, London 1977, seit 1984 als Taschenbuch im Goldmann-Verlag, München.
29. Über Trevelyan vgl. ebd., 7-15 (Einleitung des deutschen Herausgebers), und Hawken (1975), 169ff.
30. Vgl. dazu unten, Kap.6.3.2.1.
31. Vgl. dazu Hawken (1975), 169-173.
32. Vgl. Trevelyan: »Das ›New Age‹ ist gegenwärtig«, in: ders. (1977), 88-105.

esoterisch-utopischen Bewegungen verbunden, in denen der Ausdruck »New Age« ebenfalls eine wichtige Rolle spielte,[33] übernimmt Trevelyan weitgehend die Deutung Spanglers und sieht in »New Age« einen Neuimpuls der jungen Generation der 70er Jahre. Anders als Spangler kennt er aber die begriffsgeschichtlichen Ursprünge und zitiert gelegentlich William Blake sowie verschiedene Dichter und Philosophen des angelsächsischen Spiritismus und des Transzendentalismus.[34] Am Schluß des Buches zitiert er wörtlich die »Große Invokation«, ein von der Theosophin Alice Bailey medial empfangenes Gebet.[35] Auch der pragmatische Zug des Buches weist – wie bei Spangler – auf eine gewisse Prägung durch Baileys Theosophie hin. Trotz der biographischen Hintergründe in der englischen ›Jugendbewegung‹ vor dem Zweiten Weltkrieg knüpft Trevelyans Verständnis des Audrucks »New Age« via Spangler an den frischen Impuls jener relativ jungen und ›laienhaften‹ Findhorn-Gemeinschaft an und ist auch in diesem Sinne in Deutschland rezipiert worden.

2.1.2.3 William I. Thompson

Ein weiterer Vermittler zwischen den unterschiedlichen Richtungen der Neuen religiösen Szenerie, die in den 80er Jahren auch in Deutschland bedeutsam wurden, ist explizit mit Findhorn verbunden: Der Kulturhistoriker William I. Thompson lernte die Gemeinschaft kurz nach dem Eintreffen Spanglers kennen. Er widmete ihr das Schlußkapitel seines Buches »Passages About Earth«[36] und gründete nach seinem Besuch im Jahr 1972 die »Lindisfarne Association« in New York, die er als »Schwesterzentrum« von Findhorn verstand.[37] (Der Name stellt eine Verbindung zu dem frühmittelalterlichen Kloster irischer Mönche an der Ostküste Nordenglands her und versteht sich als ›Kolonie‹ einer traditionsreichen Geisteskultur in der ›Neuen Welt‹[38]). In der von Thompson später begründeten Lindisfarne-Buchreihe erschien u.a. die amerikanische Ausgabe des Buches: »Der Findhorn Garten«. Ebenfalls in Lindisfarne schrieb Gregory Bateson sein Buch »Geist und Natur«.[39]

Im Lindisfarne-Zentrum fanden Mitte der 70er Jahre mehrere Konferenzen statt, deren Referate in einem Sammelband dokumentiert sind.[40] Die Referenten, wie auch die Themen der Konferenz, nehmen einige wichtige Aspekte dessen vorweg, was in den 80er Jahren in Deutschland als »New Age« bezeichnet wurde, ohne diesen Ausdruck jedoch zu erwähnen. In dem Sammelband ist auch ein Beitrag des inzwischen

33. Vgl. dazu unten, Kap.6.3.2.
34. Das Zitat William Blakes aus dem Vorwort zu »Milton« (1804) findet sich auf S.103.
35. Vgl. unten, Anm. 84.
36. Thompson (1974). Weitere Bücher Thompsons s. Dokumentationsteil, Abschnitt 1.2.2.
37. Vgl. dazu Hawken (1975), 189f.
38. Vgl. dazu Thompson (1974), 150-157. 187-194.
39. Gregory Bateson: Geist und Natur. Eine notwendige Einheit, Frankfurt a.M.: Suhrkamp, 1987, 7 (Frankfurt: Suhrkamp (Tb.), ²1990 (engl. Original 1979). Zu Bateson vgl. unten, Kap.10.4.
40. Antwort der Erde. Wegweiser zu einer planetaren Kultur, München: Ahorn, 1978 (Original: Earth's Answer: Explorations of Planetary Culture at the Lindisfarne Conferences, New York: Harper & Row: Lindisfarne Books, 1977).

nach Amerika zurückgekehrten David Spangler enthalten, der sich vom öffentlichen Bild Findhorns als esoterisch, metaphysisch oder gar okkult zu distanzieren versucht.⁴¹ Außer ihm waren an den Konferenzen u.a. beteiligt: der Benediktiner Bruder David Steindl-Rast, der Sufi Pir Vilayat Khan, der amerikanische Zen-Meister Richard Baker Roshi, der Architekt und Utopist Paolo Soleri, der Ökonom und Ökologe Ernst F. Schumacher, der Anthropologe und Systemtheoretiker Gregory Bateson. Themen der Konferenzen waren: »Transformation des Individuums«, »Bildung neuer Gemeinschaften«, »Dezentralisation und Weltordnung«, »Evolution und die Strategien des Bewußtsein«, »Planetare Kultur und ein neues Bild der Menschheit«.

Anstatt von »New Age« sprechen die Autoren, auch Spangler, vom Projekt einer »planetaren Kultur«. Der Titel des Sammelbandes, »Earth's Answer«, entstammt einem Gedicht William Blakes, das zu Beginn des Bandes abgedruckt ist.⁴²

2.1.2.4 Zur Bedeutung des ›spiritualistischen‹ Aspekts der Findhorn-Gemeinschaft

Abschließend ist zu fragen, welche Rolle der Findhorn-Gemeinschaft in der gegenwärtigen religiösen Szenerie zukommt. Alle drei Gründer hatten schon vor 1962 Visionen empfangen und standen – so Spangler – in »intensiver spiritueller Disziplin«, in der sie »ein inneres Leben der Verbindung zu Gott« lebten.⁴³ Durch Eileen Caddys »innere Führung« waren der Gruppe ständig die nächsten Handlungsschritte mitgeteilt worden, und die Gruppe gehorchte der Führung bedingungslos. So war Findhorn in seiner Frühzeit »eine Theokratie, für die Eileens innere Führung absolut richtungsgebend war«.⁴⁴ Auch die Begegnung mit Sir George Trevelyan sei durch solche Führung zustandegekommen.⁴⁵

Findhorn wurde zu einem Identifikationsort für Besucher aus aller Welt: ein tatsächlich existierender Ort mit einem berühmten Garten, dessen Bewohner eine eigene, alternative Kleinkultur hervorgebracht haben und durch ihre Existenz ›beweisen‹, daß ein Leben im Umgang mit ›geistigen‹ oder besser: feinstofflichen Wesen tatsächlich möglich ist und gut funktioniert.⁴⁶ Doch sollte man die metaphysischen und okkulten Züge aus der Gründungsphase, die in Großbritannien weit verbreitet sind, nicht

---

41. David Spangler: Die Rolle des Esoterischen in der Planetaren Kultur, ebd., 202-215, hier 204.
42. »Eingang« und »Antwort der Erde«, ebd., 6-7 (»Introduction« und »Earth's Answer«, aus: Songs of Innocence and of Experience, 1789-1794, in: Keynes (Hrsg.) (*1966), 210f.).
43. Spangler (1971), 37; vgl. auch E. Caddy (1977).
44. Spangler (1971), 39.
45. Trevelyan (1977), 12 (Vorwort des Hrsg.).
46. Spangler kommentiert im Jahr 1975: »Die größte Bedeutung (sc. des Gartens) lag im praktischen Beweis einer spirituellen Bewältigung der sich verschärfenden weltweiten Umwelt- und Nahrungskrise ... Wenig oder gar nichts wird (sc. in der Ökologie-Bewegung) gesagt über das Verhältnis von Menschheit und Natur als zwei Aspekten eines einzigen Lebens, über die Seelenverbindung zwischen ihnen. Doch da gab es den Findhorn-Garten, er zeigte ... einen erweiterten Umweltbegriff mit Bewußtseinsebenen, die gewöhnlich nicht mit einbezogen werden.« (ders.: Von der Dominanz zur Synthese, in: Der Findhorn Garten (1975), 128-147, hier 128).

überbewerten: Sie machen noch kein »New Age«.[47] Auch ist Findhorn nicht vorrangig ein biologischer Versuchsgarten. Sondern die Gemeinschaft ist für die Besucher in erster Linie ein Beispiel für die Vision einer neuen Kultur und zeigt im kleinen Maßstab, daß diese kein Traum bleiben muß. Darin liegt seine Faszination.

David Spangler erlebte Findhorn bei seiner Ankunft als eine bereits existente Manifestation der eigenen Visionen. Umgekehrt fand Findhorn in Spangler einen spirituellen Interpreten, der (zusammen mit seinem geistigen ›Gesprächspartner‹) eine Art ideologischen Überbau für den seit langem praktizierten Umgang mit außergewöhnlichen Wesen und Welten bereitstellte. Die Identifikation mit der Bezeichnung »New Age« ist wohl erst das Ergebnis dieses Zusammentreffens. Spangler hatte es schon einige Jahre früher verwendet. Für Findhorn markiert es den Beginn der zweiten, sozial ausgerichteten Phase der Gemeinschaft.

Man würde den Sinn der Offenbarungen Spanglers mißverstehen, wenn man die Rede von der »Wiege des New Age« zu wörtlich nähme. Es gibt viele andere solcher modellartiger Gemeinschaften, die ähnlich entstanden sind, vergleichbare Strukturen hervorgebracht haben und sich als beispielhaft für die Menschheit sehen mögen, ohne sich gegenseitig diese Bedeutung streitig zu machen.[48] Die besondere Deutung des eigenen Tuns durch geistige Wesen, wie sie in Findhorn explizit wurde, gab diesen Ansätzen eine prophetische Strahlkraft und ein Zusammengehörigkeitsbewußtsein – und rückte sie zugleich in die Nähe älterer esoterischer Traditionen des Abendlandes, die den meisten Besuchern von Findhorn unbekannt sein dürften.[49] So hatte Findhorn in der Zusammenarbeit mit Spangler seinen Anteil daran, daß »New Age« zu einem modernen Mythologem wurde.

Als Spanglers Buch 1978 in Deutschland erschien, war der Ausdruck »New Age« bzw. »Age of Aquarius« in den USA bereits stark verbreitet. Diese Entwicklung war – wie oben am Beispiel Roszaks und des Musicals »Hair« gezeigt – nicht durch die Findhorn-Gemeinschaft verursacht.

47. Wie Elmar R. Gruber berichtet, sei der Glaube an Devas, göttliche Führung und die Offenbarungen Spanglers inzwischen zum »Mythos der Institution« und einer »historischen Episode« geworden, der – nach seinen persönlichen Befragungen – im praktischen Leben der meisten Mitglieder der Gemeinschaft kaum noch eine Rolle spiele (Gruber 1989, 104).
48. Vgl. dazu Spangler (1984), bes. 16-21.
49. Viele Details der Berichte aus der Frühphase Findhorns machen deutlich, daß die Gründer der Gemeinschaft in der Tradition der metaphysischen Bewegungen des angelsächsischen Sprachraums zu sehen sind (vgl. dazu Judah (1967), vgl. auch unten, Kap.6.). Aus Sicht der Beteiligten ist jedoch zu betonen, daß man sich auf die eigene Erfahrung der spirituellen Welt und nicht auf irgendwelche Traditionen stützte. So schreibt z.B. Dorothy Maclean, sie habe die traditionellen Analogien zu ihren eigenen Erfahrungen erst im nachhinein bemerkt (dies. (1975), 58). In religionsvergleichender Perspektive ist gerade dieser Originalitätsanspruch ein Kriterium spiritualistischer Tradition (vgl. unten, Kap.6.2.1.). Trotzdem sollte die Findhorn-Gemeinschaft – wie auch viele andere der neuen Bewegungen – nicht als bruchlose Fortsetzung älterer Strömungen verstanden werden.

2.1.3 Rubrik der Zeitschrift »Esotera«

Das Jahr 1978 brachte in Deutschland noch ein zweites ›Unternehmen New Age‹ hervor, nämlich eine Rubrik im Eingangsteil der Zeitschrift »Esotera« im Hermann-Bauer-Verlag, Freiburg.[50] Die Rubrik bestand bis 1990 und enthielt Nachrichten über ökologische Themen, neue soziale Lebensformen, ›spirituelle Politik‹ und ähnliches. Nach Angabe des Chefredakteurs, Gert Geisler, wurde die neue Sparte deshalb nötig, weil immer mehr Themen für die Zeitschrift interessant schienen, die nicht in die geläufigen Kategorien der »Esoterik« paßten.[51] Man wollte den Leser informieren über »... alle jene Strömungen und Ereignisse, die als Hinwendung zu einer sinnerfüllten, humanen und ganzheitlichen Zukunftswelt zu begreifen sind«.[52]

Geisler hatte im Sommer 1978 in London das »2nd Festival for Mind & Body« besucht, eine der frühen Großveranstaltungen in Europa, die mittlerweile in jeder größeren Stadt Nachahmer in Form von Esoterik-Messen gefunden haben. Er interviewte dort Peter Caddy von der Findhorn-Gemeinschaft, der zusammen mit Trevelyan zum »Festival-Rat« gehörte.[53] Auch lernte Geisler Johan Quanier und dessen seit 1975 bestehende Zeitschrift »New Humanity« kennen, die das eigentliche Vorbild der Esotera-Rubrik »New Age« wurde. Die Zeitschrift erscheint bis heute in London und ist damit eine recht beständige Institution der ›Szene‹. Quanier ist ein Schüler Trevelyans. Wie er im Interview mit Geisler ausführt, sei die Zeitschrift aus einem 1974 gegründeten politisch-spirituellen Gesprächskreis hervorgegangen, der nach Prinzipien der Theosophin Alice Bailey arbeitete. Auch den Astrologen und Philosophen Arnold Keyserling nennt Quanier als Inspirationsquelle.[54]

Quaniers Zeitschrift hatte damals den Untertitel: »Die erste politisch-spirituelle Zeitschrift der Welt«, und ähnlich verstand sich auch die »Esotera«-Rubrik. Quanier betrachtet diese Verbindung von Politik und Spiritualität als völlig neuartige Aktivi-

---

50. »Esotera« erscheint seit 1970 und löste die seit der Nachkriegszeit bestehende Zeitschrift: »Die andere Welt – Monatsschrift für geistiges Leben und alle Gebiete der Grenzwissenschaften« ab. Untertitel war zunächst: »Die Wunderwelt an den Grenzen unseres Wissens«; der gegenwärtige Untertitel ist: »Neues Denken und Handeln«. »Esotera« ist das verbreiteste Periodikum der deutschsprachigen esoterischen ›Szene‹ mit einer Auflage von derzeit ca. 60 000 Exemplaren. Nach Auskunft des Chefredakteurs, Gert Geisler (Telefon-Interview am 12.5.91), versteht sich die Zeitschrift nicht als »Szeneblatt«, sondern als ein Sprachrohr für Anliegen im Bereich der Esoterik, das Wert auf journalistische Distanz lege und nicht parteiisch sein wolle. Unabhängig davon, ob sie dieses Ziel im Einzelfall erreicht oder nicht, hat die Zeitschrift jedenfalls eine exponierte Funktion bei der Verbreitung, Zuordnung und Bewertung esoterischer Themen in Interessentenkreisen außerhalb der kirchlichen Beobachterschaft.
51. Soweit nicht anders angegeben, beruhen die folgenden Angaben auf einem Telefon-Interview mit Gert Geisler am 12.5.1991 und zugehöriger Korrespondenz.
52. Damalige Definition des Chefredakteurs, Gert Geisler, in: Zeitschrift Esotera, 1978, zitiert nach: ders. (Hrsg.) (1984), 7.
53. Vgl. dazu: »Die große Musterschau der neuen Möglichkeiten«, Esotera 6/78, 536-539.
54. »Politische Form der neuen Gesellschaft. Interview mit Johann Quanier«, Esotera 7/78, 647-650 (auch abgedruckt in: Geisler (Hrsg.) (1984), 38-44).

tät.⁵⁵ Das ist historisch nachweislich falsch, denn gerade Trevelyan stellt mit seinen langjährigen Aktivitäten für die British Soil Association und seinen Interessen an der Woodcraft-Bewegung schon in den 30er Jahren ein Verbindungsglied zu einer älteren Stufe politisch-esoterischer Utopien dar, in denen sogar der Begriff »New Age« bereits einen wichtigen Stellenwert einnahm.⁵⁶ Doch sind diese historischen Verbindungslinien heute fast unbekannt, so daß Quanier wie auch die Zeitschrift »Esotera« durchaus von der Novität ihres Engagements überzeugt sein konnten.

Die Zeitschrift »Esotera« hat in Deutschland mit ihrer Themenauswahl prägend auf das weitere Verständnis von »New Age« gewirkt, das sich seit etwa 1982 stärker festlegte. Der Name William Blakes kommt in diesem Zusammenhang nicht vor. Sondern die Zeugen sind jetzt David Spangler und Sir George Trevelyan und – seit 1980 – Marilyn Ferguson.⁵⁷

Die Umbenennung der Rubrik (seit 1990: »Tatsachen, die das Weltbild wandeln«) wird vom Chefredakteur, Gert Geisler, dadurch begründet, daß der Begriff »New Age« »immer stärker entwertet« worden sei und »durch unqualifizierten Gebrauch in der allgemeinen Öffentlichkeit einen negativen ›Touch‹« bekommen habe. Man habe vorausgesehen, daß sich der Begriff als eine Art ›Modewort‹ abnutzen werde. Als neutrales Synonym sei deshalb der Untertitel »Neues Denken und Handeln« formuliert worden, was der Sache nach dasselbe besage wie »New Age«.⁵⁸

2.1.4 »New Age« und »Wassermann-Zeitalter« bei Marilyn Ferguson

Marilyn Fergusons Buch: »Die sanfte Verschwörung. Persönliche und gesellschaftliche Transformation im Zeitalter des Wassermanns«, dessen deutsche Version 1982 beim Sphinx-Verlag in Basel erschien,⁵⁹ markiert einen wichtigen Wendepunkt in der Rezeptionsgeschichte von »New Age«. Das Stichwort erscheint zwar nur am Rande (abgesehen von dem synonym verstandenen Stichwort »Wassermann-Zeitalter« im Untertitel); doch hat die Konnotation des von Teilhard de Chardin übernommenen Begriffs der »Verschwörung« (bei Teilhard »Conspiration«) stark auf die weitere Diskussion gewirkt und sich mit der Rede vom »Neuen Zeitalter« auf charakteristische Weise verknüpft.⁶⁰

Ferguson bietet eine umfangreiche, redundant geschriebene Kompilation von Phänomenen aus verschiedensten Wissensbereichen und zeitgeschichtlichen Strömungen. Die Findhorn-Gemeinschaft und die Autoren Trevelyan und Spangler werden jedoch

---

55. Ebd., 647f.
56. Vgl. dazu unten, Kap.6.3.
57. So z.B. bei Erhardt Hanefeld: New Age – was ist das eigentlich?, in: Geisler (Hrsg.) (1984), 29-37.
58. Telefon-Interview, 12.5.91.
59. Ferguson (1980)
60. Vgl. Ferguson (1980), 56f., mit Bezug auf Teilhards Aufsatz: Der Geist der Erde (1931).

nicht erwähnt. Es besteht also keine unmittelbare Verbindung zwischen deren Wirkungsfeld und Fergusons Version des »Neuen Zeitalters«. Anders als Spangler attestiert Ferguson ihrer Zeit die Qualität des Neuen nicht mit Hilfe geistiger Wesen, sondern aus eigener Autorität. Sie beruft sich auf Zusammenhänge in der Welt der Gehirnforschung, der Naturwissenschaften, neuartiger Heilmethoden, Techniken der Bewußtseinserweiterung, moderner Beziehungsstrukturen usw., die ihr einen grundlegenden Wandel des Weltbildes und der Wertestrukturen evident erscheinen lassen. Auch der astrologische Zusammenhang des »Wassermann-Zeitalters« stellt nur eine Art Emblem dar, denn Ferguson sagt selbst, sie sei der Astrologie unkundig.[61] Die esoterische Dimension, die bei Spangler oder Trevelyan explizit benannt ist, wird hier zur Innenperspektive des (post)modernen Bewußtseins umgewandelt. Das Thema der Spiritualität spielt dabei zwar eine wichtige Rolle,[62] ist aber nur eines unter vielen. Das Buch plädiert mit großer Ausdauer für ein »ganzheitliches« Denken, doch ist dieser Begriff der Ganzheitlichkeit mehr durch interdisziplinäre und popularphilosophische als durch religiöse Konnotationen geprägt. Ferguson ist allerdings maßgeblich für die starke Rezeption Pierre Teilhard de Chardins innerhalb der Diskussion um »New Age» verantwortlich.[63]

Anders als Spanglers Buch wurde »Die sanfte Verschwörung« sowohl in der englischen als auch in der deutschen Version zum vielfach aufgelegten Bestseller. Ende 1984 veranstaltete der Sphinx-Verlag die »Internationalen New Age Tage« in Zürich-Oerlikon. Neben Ferguson war auch Arnold Keyserling beteiligt, der den Ausdruck »Wassermann-Zeitalter« in astrologischem Zusammenhang schon seit den 50er Jahren benutzt hatte, außerdem einige Vertreter neuer psychotherapeutischer Richtungen aus dem englischen Sprachraum, bei denen sich der Ausdruck »New Age« seit den 70er Jahren eingebürgert hatte.[64] Wie die Insider-Zeitschrift »Magazin 2000« berichtete, war es die Aufgabe des Treffens, das immer noch unklare Stichwort »New Age« greifbarer zu machen. Das Treffen hatte in der Tat eine wichtige Funktion bei der Verbreitung des Ausdrucks »New Age« im deutschen Sprachraum, obwohl es sich inhaltlich an eine schon bestehende Tagungskultur anschloß und dieser lediglich ein neues Etikett aufsetzte.[65]

---

61. Ferguson (1980), 22.
62. Vgl. ebd., 417ff.
63. Vgl. Ferguson (1980), 56f und passim; vgl. dazu auch Konitzer (1989), 27ff.
64. Veranstalter: Sphinx-workshops (Susanne Seiler), Sphinx Verlag (Dieter Hagenbach) und »esoterische Freizeitwochen« (Ueli Sauter); Referenten waren Ferguson, Keyserling, Villoldo, Petzold, Sam Keen u.a.; vgl. dazu: Sigrid Lechner-Knecht: Altbekanntes auf den New-Age-Tagen, in: Magazin 2000 1/1985.
65. Vgl. dazu unten, Kap.3.4.2.

2.1.5 »Wendezeit« als Synonym bei Fritjof Capra

1983 erschien Fritjof Capras Buch »Wendezeit«, dessen Titel in der deutschsprachigen Öffentlichkeit als Schlüssel und Explikation des Begriffs »New Age« verstanden wurde.[66] Der Ausdruck selbst – wie auch das Synonym »Wassermann-Zeitalter« – wird bei Capra allerdings an keiner Stelle und auch in keinem seiner anderen Bücher verwendet.[67] Vielmehr spricht er – in Anlehnung an andere Autoren – von »Solarzeitalter«, »neuem Paradigma«, »aufsteigender Kultur« und »Neuem Denken«. Insofern ist die gelegentlich formulierte Aussage, Capra habe sich »neuerdings« von der »New Age-Bewegung« abgewendet, inkorrekt:[68] Streng genommen hat er einer solchen nie angehört. Vielmehr zeigt sich gerade an Capras Beispiel, daß »New Age« im wesentlichen nicht eine Gemeinschaft ist, der man angehören kann.[69] Wie bei Ferguson findet sich auch in Capras Büchern kein Hinweis auf die Autoren Spangler oder Trevelyan und die Findhorn-Gemeinschaft. Auch Alice Bailey, die in der Sekundärliteratur oft als Quelle der »New Age-Weltanschauung« gilt,[70] wird bei beiden nicht genannt. Dennoch ist Capra ein wichtiger Autor *für* »New Age«, d.h. für die öffentliche Diskussion, die unter diesem Sammelbegriff in den 80er Jahren geführt wurde.

Capras Anliegen ist es, aufgrund seiner Vorarbeiten über Parallelen zwischen neueren Ansätzen der theoretischen Physik und Aussagen »östlicher Mystik« die kulturelle Dominanz des bisherigen »Newtonschen« Denkens in der neuzeitlichen Weltdeutung offenzulegen und nach Vorbild des physikalischen »Paradigmenwechsels« der 20er Jahre einen umfassenden *kulturellen Paradigmenwechsel* anzuregen, dessen Anzeichen er – ähnlich Ferguson – bereits in vielen alternativen Denk- und Handlungsmodellen zu erkennen glaubt. Seine Fragestellungen sind eng mit denen Marilyn Fergusons verschränkt: Obwohl Physiker, hat Capra das Stichwort »Paradigmenwechsel« nicht unmittelbar aus der von Thomas S. Kuhn ausgelösten wissenschaftshistorischen Diskussion, sondern erst durch Vermittlung Marilyn Fergusons aufgenommen und benutzt es in der von ihr eingeführten Bedeutung.[71] Umgekehrt stützt sich Fergusons Argumentation in naturwissenschaftlichen Fragen auf ein früheres Buch Capras, »Das Tao der Physik« (in dem das Wort »Paradigmenwechsel« noch nicht vorkommt).[72]

Capra und Ferguson gelten in der deutschsprachigen Öffentlichkeit der 80er Jahre als »Klassiker« des »New Age«. Das Erscheinen der genannten Bücher markiert den

66. Fritjof Capra: Wendezeit. Bausteine für ein neues Weltbild, München: Scherz, 14. Aufl. 1987 (dt. zuerst 1983, engl. Original 1982).
67. Zu Capras Selbstdefinition im Verhältnis zu »New Age« vgl. ders.: Die Neue Sicht der Dinge, in: Bürkle (Hrsg.) (1988), 11-24, bes. 14-16; vgl. dazu auch unten, Kap.11.1.
68. So z.B. Zinser (1992), 37.
69. Vgl. dazu Capra (1988), bes. 14f.; Capra betonte im persönlichen Gespräch, daß ihm der Ausdruck »New Age« von der deutschsprachigen Öffentlichkeit ›angehängt‹ worden sei, ohne daß er sich innerlich damit je identifiziert habe (Gespräch am 25.5.1988); vgl. auch seine bereits 1984 gemachten Aussagen in: Geisler (Hrsg.) (1984), 125ff.: Von der mechanistischen Weltanschauung zum ökologischen Bewußtsein (Interview), bes. 134ff.
70. Vgl. oben, Kap.1, Anm.172.
71. Vgl. dazu unten, Kap.12.2.2.
72. Capra (1975).

Übergang zur zweiten, öffentlichen Phase in der Karriere dieses Stichworts, und beide Autoren haben maßgeblich die Themen und Argumentationsgänge der seitherigen Diskussion um »New Age« bestimmt. Dadurch ergibt sich eine inhaltliche Verschiebung gegenüber der frühen Prägung des Ausdrucks »New Age« im deutschen Sprachraum durch die Findhorn-Gemeinschaft, Spangler und Trevelyan. Die Zeitschrift »Esotera« hat diese Verschiebung mitvollzogen, die neuen Themen schnell aufgegriffen und kurz nach Erscheinen des Buches von Ferguson ein erstes Interview mit der Autorin publiziert.[73]

2.1.6 Weitere Belege in der Subkultur vor 1984

Abgesehen von den unter 2.1.1 bis 2.1.4. genannten Publikationen wurde der Ausdruck »New Age« vor 1984 im deutschen Sprachraum nur gelegentlich und mit uneinheitlicher Bedeutung von verschiedenen alternativen Gruppen und in esoterischen Kreisen verwendet.[74] Zumeist steht er für die *amerikanische* Szenerie einer alternativen Spiritualität und wird oft kritisch als ›Nabelschau‹ von sozial ausgerichteten Initiativen abgegrenzt.[75] Zuweilen hat man sich mit dem Begriff schon identifiziert. So ist zum Beispiel in der deutschen Ausgabe des spirituellen Handbuchs und Reiseführers: »Alte Wege zur Neuen Welt. Ein Handbuch für den Pilger unserer Zeit« gemäß der englischen Vorlage von »Kindern des Wassermann-Zeitalters« und von »Gemeinschaften und Zentren des Neuen Zeitalters« die Rede.[76] Obwohl nicht näher erklärt wird, was das zu bedeuten habe, rechnen die Verfasser sich offensichtlich selbst dazu und erwarten das auch von ihren Lesern. In München gibt es seit etwa 1980 eine »New-Age-Buchhandlung«, die alternative und esoterische Literatur führt. Sie wurde von Thomas Martin, einem Sannyasin der Bhagwan-Bewegung, gegründet.

Die Zahl der Beispiele ließe sich vergrößern: »New Age« wurde zwischen 1975 und etwa 1983 zu einem Ausdruck subkultureller Sprache, Identität und auch Abgrenzung. In allen besprochenen Fällen ist zusammen mit dem Ausdruck selbst auch der Impuls zu seiner Verbreitung angelsächsischer Herkunft, so daß es für die seit 1985 entstandene Sekundärliteratur naheliegend war, »New Age« im ganzen als einen angelsächsischen Import zu deuten.

---

73. ›Es genügt nicht, nur darüber zu lesen‹. Interview mit Marilyn Ferguson (1982), abgedruckt in: Geisler (Hrsg.) (1984), 21-29.
74. Zum Terminus »Subkultur« vgl. unten, Kap. 4.
75. Vgl. z.B. Herbert Röttgen und Florian Rabe: Vulkantänze. Linke und alternative Ausgänge, München: Trikont, 1978, hier 121.
76. Obernhain: Irisiana, 1977 (Original: A Pilgrim's Guide to Planet Earth, San Rafael/Cal., 1974); hier S.94, weitere ähnliche Formulierungen passim.

2.1.7 »New Age« in esoterischen Bewegungen älteren Ursprungs

Außer der Rezeption in verschiedenen Subkulturen und neuen religiös inspirierten Gemeinschaften erscheint das Stichwort »New Age« bzw. »Neues Zeitalter« auch im Zusammenhang von Lehren, die auf religiöse Bewegungen des 19. Jahrhunderts zurückgehen. Während die bisher dargestellten Bedeutungsvarianten von »New Age« stets einen ›ökumenischen‹ Charakter aufweisen und die Bedeutung einzelner Lehrtraditionen eher niedrig veranschlagen, zeichnen sich die explizit esoterischen Schulen zumeist durch ein starkes Abgrenzungsbedürfnis aus.[77] Der Ausdruck »New Age« bzw. »Wassermann-Zeitalter« bezeichnet hier nicht eine allgemeine Metapher der Alternativkultur, sondern ist selbst ein Lehrbegriff, der unterschiedlich gefüllt werden kann.

(1) Vor allem ist in diesem Zusammenhang die Theosophische Gesellschaft (TG) mit ihren verschiedenen Abspaltungen seit 1875 zu nennen. Die Erwartung eines beginnenden »Neuen Zeitalters« war bereits bei der Gründung virulent.[78] Allerdings findet sich bei der Hauptinitiatorin der Gesellschaft, Helena Petrowna Blavatsky (1831-1891), weder der Ausdruck »New Age« noch die sachlich entsprechende Lehre, daß in Bälde ein neues Zeitalter beginnen werde.[79]

Bei Alice Bailey (1880-1949) wird gerade dies zu einem zentralen Bestandteil des Lehrsystems.[80] Bailey war kurze Zeit in der »Esoterischen Sektion« der TG gewesen und gründete, nachdem sie 1920 mit der Leitung der Adyar-TG gebrochen hatte, im Jahr 1923 eine eigene Lehrinstitution, die »Arkanschule«.[81] Bereits seit 1921 hielt sie Kurse über Blavatskys »Geheimlehre«.[82] Ein großer Teil der amerikanischen Theosophen (sowohl aus der ›ursprünglichen‹ »Adyar-TG« als auch aus der »Theosophical

77. Beispielsweise konnte ich beim »Verlag für esoterische Philosophie« in Hannover keine nähere Auskunft über die Theosophen H.P. Blavatsky und Gottfried von Purucker erhalten, deren Erbe dort gepflegt wird; wie mir von der Leiterin am Telefon gesagt wurde, bestehe wegen der Disparatheit meiner Quellen die Gefahr der Verunreinigung der Lehre, und ich solle lieber nach Abschluß der Dissertation wiederkommen.
78. Ursprüngliche Ziele der in New York gegründeten Gesellschaft waren:
»1. To form the nucleus of a Universal Brotherhood of Humanity, without distinction of race, creed, sex, caste, or colour;
2. The Study of ancient and modern religions, philosophies, and sciences, and the demonstration of the importance of such study; and
3. The investigation of unexplained laws of Nature and the psychical powers latent in man« (zit.n. Judah (1967), 93).
79. Vgl. dazu unten, Kap.7.2.4.
80. Vgl. Alice Bailey: Erziehung im Neuen Zeitalter, Genf: Lucis Trust, o.J. (dt. Erstausgabe 1966, engl. Original 1954); dies.: Jüngerschaft im Neuen Zeitalter, Genf: Lucis Trust, Bd.1: 1974; Bd.2: 1975 (engl. Original 1944/5); dies.: Die Wiederkunft Christi, Genf: Lucis Trust, o.J. (dt. zuerst 1954; engl. Original 1948); dies: Die unvollendete Autobiographie, Genf o.J.: Lucis Trust (= 1975; engl. Original 1949), hier bes. 229ff. Zur Theosophie im allgemeinen vgl. unten, Kap.6.2.2.6.; zum Stichwort »Wassermann-Zeitalter« innerhalb der »esoterischen Astrologie« Alice Baileys vgl. unten, Kap.7.3.2.1.
81. Vgl. Bailey (1949), 175f.191.194.
82. Bailey (1949), 191f.

Society«, einer früheren Abspaltung unter William Judge und Katherine Tingley) schloß sich ihrer Organisation an.[83]

Der Arkanschule sind mehrere Institutionen assoziiert, die die Lehre und die Grundüberzeugungen der Schule in internationalem Maßstab verbreiten. Der »Lucis-Trust« publiziert vor allem Alice Baileys Bücher – schon seit den 50er Jahren auch in deutscher Übersetzung (Lucis-Verlag, Genf). Der »World Goodwill Information and Research Service« verbreitet seit 1935 mit großem Erfolg einige Grundaussagen der Arkanschule und verzichtet dabei im Interesse einer möglichst breiten Wirkung auf eine enge Anbindung an Namen und Lehrsystem Baileys.[84] Schon 1932 war ein von ihr initiiertes Heft der »New Group of World Servers« erschienen, die sich als »nucleus of the coming world civilization« verstand.[85] Seit 1937 gibt es die »Triangels«, eine Organisationsform aus Kleingruppen von je drei Personen, die durch gemeinsame Meditation ein »Netz von Licht und gutem Willen zum Verbreiten aufbauender geistiger Energien« zu erzeugen sich bemühen.[86]

Der Ausdruck »New Age« und die Vorstellung von der astrologischen Wirkung der Präzession (»Wassermann-Zeitalter«) gehört bei Bailey bereits zusammen[87] und wird zum zentralen Ausdruck ihres Gegenwarts- und Zukunftsbewußtseins, erscheint aber erst in relativ späten Publikationen.[88] Bailey ist rückblickend überzeugt, das »Neue Zeitalter« sei seit 1925 von der »geistigen Hierarchie« vorbereitet und 1932 mit der

83. Vgl. dazu Horst E. Miers: Lexikon des Geheimwissens, München [6]1986 (= Neubearbeitung, zuerst 1970), hier 61.
84. International bekannt – und oft nicht mehr mit Alice Bailey assoziiert – ist die »Große Invokation«, ein Gebet, das vom World Godwill-Programm seit der Nachkriegszeit verbreitet wird. Sie wird auch bei Trevelyan zitiert (Trevelyan (1977), 200f.). Der Text, der gleichwohl explizite theosophische Lehren enthält, lautet:
»From the point of Light within the Mind of God/ Let Light stream forth into the minds of men./ Let Light descend on Earth.
From the point of Love within the Heart of God/ Let Love stream forth into the hearts of men./ May Christ return to Earth.
From the center where the will of God is known/ Let purpose guide the little wills of men – / The purpose which the Master knows and serves.
From the center which we call the race of men/ Let the Plan of Love and Light work out/ And may it seal the door where evil dwells.
Let Light and Love and Power restore the Plan on Earth«. (zitiert nach Bailey (1948), 33f.). Bailey schreibt, es handle sich um »eines der ältesten Gebete, die bisher – außer von den erhabensten spirituellen Wesenheiten – von niemandem gesprochen werden durfte.« Christus selbst habe es zum ersten Mal im Jahr 1945 gesprochen und der Welt bekanntgegeben (ebd., 33).
85. Vgl. dazu Judah (1967), 124. Zu den Aufgaben der »New Group of World Servers« vgl. Bailey (1948), 166-193.
86. Prospekt, abedruckt in: MD 1982, 189f., hier 190.
87. Vgl. dazu unten, Kap.7.3.2.1.
88. Die dafür wichtigsten Bücher, Bailey (1948) und (1954), sind erst am Ende ihres Lebens bzw. posthum erschienen und wurden vermutlich kurz nach dem Zweiten Weltkrieg verfaßt (vgl. Judah (1967), 126). Das zweibändige Werk: »Discipleship in the New Age« erschien erstmals 1944/45.

Flugschrift »New Group of World Servers« und den daraus entstandenen Gruppierungen in einer größeren Öffentlichkeit angestoßen worden.[89]

Die Autorin sah das anbrechende Neue Zeitalter als Begegnung zwischen Ost und West, zwischen Buddhismus und Christentum. Sie war überzeugt von der baldigen leiblichen Wiederkunft Christi, der identisch mit dem zukünftigen Buddha Maitreya sei. Zugleich werde eine Transformation des göttlichen Willens zu einem kollektiven menschlichen Willen (»Goodwill«) erfolgen, der Friede auf Erden hevorbringen werde.[90]

Trotz ihres Namens hat die Arkanschule unter den verschiedenen theosophischen Richtungen eine vergleichsweise offene und wenig elitäre Struktur, die mit einem besonderen sozialutopischen Akzent verknüpft ist. Sie hatte deshalb maßgeblichen Anteil an der öffentlichen Verbreitung und Diffundierung theosophischer Ideen.[91] So finden sich Bezüge zu Baileys Lehren, wie gesehen, bei Trevelyan, Spangler und Quanier, ohne daß diese (soweit bekannt) im engeren Sinne Anhänger der Arkanschule sind. Das Stichwort »New Age« steht besonders in den World-Goodwill-Programmen an zentraler Stelle.[92] Sowohl in den USA als auch in Deutschland ist allerdings –

89. Im Rückblick stellt Bailey den Zusammenhang folgendermaßen dar: »Einer der Gründe, die mich zur Niederschrift dieser Autobiographie ermutigt haben, ist die Tatsache, daß ich und die Mitglieder unserer Gruppe Gelegenheit gehabt haben, gewisse Entwicklungen zu beobachten und zu erkennen, die unter dem Einfluß der Hierarchien auf Erden stattgefunden haben. Einige der wirksamen Maßnahmen, die das Neue Zeitalter und die künftige Zivilisation – insbesondere von ihrem geistigen Gesichtswinkel aus – einleiten sollen, sind sogar durch unsere Vermittlung veranlaßt worden. Rückschauend bin ich mir darüber klar, was im Laufe der Jahre von seiten der Hierarchie durch unseren Einsatz erreicht wurde. Wenn ich das ausspreche, dann will ich durchaus nicht etwa renommieren... Wir sind nur eine von vielen Gruppen, durch die die Meister der Weisheit wirken, und wenn je eine Gruppe das vergißt, dann neigt sie zu eitler Absonderung und läuft unmittelbare Gefahr, in sich zusammenzubrechen. Es war uns vergönnt, gewisse Dinge zu unternehmen. ... Soweit diese Projekte unter hierarchischer Inspiration und im Geiste wahrer Bescheidenheit und wahren Verstehens ausgeführt werden, tragen sie zu dem großen geistigen Unternehmen bei, das die Hierarchie im Jahre 1925 in die Wege leitete. ... Als ich 1932 in Ascona weilte, erhielt ich vom Tibeter [Baileys geistigen Führer, der ihr die meisten ihrer Schriften diktiert habe] eine Botschaft, die dann im Herbst als Flugschrift unter dem Titel ›Die neue Gruppe der Weltdiener‹ veröffentlicht wurde. ... die Geistige Hierarchie unseres Planeten stellte sich auf den Standpunkt, daß ein Gruppe ins Leben gerufen werden sollte, die den Kern der kommenden Weltzivilisation bilden und sich durch jene Eigenschaften auszeichnen sollte, die während der nächsten 2500 Jahre für diese Zivilisation bezeichnend sein würden. ... Diese neue Gruppe der Weltdiener zerfällt in zwei bestimmte Gruppen, deren erste mit der Geistigen Hierarchie in enger Verbindung steht, während die zweite ... die Männer und Frauen guten Willens umfaßt. ... Dieser Versuch, die Menschheit nach neuen und klarer bestimmten Richtlinien und in weit größerem Umfange als bisher vorwärt zu führen, wird durch das Herannahen des Wassermann-Zeitalters ermöglicht« (Bailey (1949), 229-231).
90. Vgl. Bailey (1948).
91. Vgl. dazu Judah (1967), 132.
92. Zur Arbeit der mit der Arkanschule verbundenen Institutionen in den USA vgl. Judah (1967), 124ff.

wohl als Folge dieser Freizügigkeit – weniger die Arkanschule selbst bekannt geworden, als zahlreiche eigenständige Gruppierungen, Autoren und spirituelle Lehrer, die Alice Baileys Schriften in irgendeiner Form benutzen.

Im deutschen Sprachraum ist die theosophische Traditionslinie des Ausdrucks »New Age« vergleichsweise unbedeutend. Das hängt mit der Schwäche der Theosophischen Gesellschaft zusammen, die nach Abspaltung des größten Teils ihrer deutschen Sektion unter Rudolf Steiner im Jahr 1913 und der anschließenden Gründung der Anthroposophischen Gesellschaft – anders als im angelsächsischen Raum – kaum noch einen Nährboden hatte. Auch Steiner vertrat eine Zeitalterlehre, lehnte sich dabei aber an ältere Traditionen und Bezeichnungen an, und Anthroposophen gehören heute im deutschen Sprachraum zu den schärfsten Kritikern der »New Age-Bewegung« einschließlich ihrer theosophischen Komponente.[93] Die Verbreitung von »New Age« in Deutschland geht zeitlich parallel mit einem Wiedererstarken der theosophischen Traditionslinien angelsächsischer Prägung in Konkurrenz zur Anthroposophie. Beides hängt sicherlich zusammen, sollte aber nicht als identisch angesehen werden.

(2) Ein Beispiel für die selbständige Weiterbildung der Vorstellungen Baileys stellt die Tätigkeit des englischen esoterischen Lehrers Benjamin Creme dar. Er nahm die Erwartung der baldigen leiblichen Wiederkunft Christi auf und versetzte sie von der nahen Zukunft in die Gegenwart: Seit 1977, so Creme, lebe Christus-Maitreya als Mitglied der asiatischen Bevölkerungsgruppe in London und bereite sich auf einen weltweiten Auftritt vor.[94] Creme stellt sich die Wiederkunft Christi als ein Medienereignis vor. Das »Neue Zeitalter« ist daher nichts anderes als das Medienzeitalter, das neue Wege des Offenbarwerdens vormals verborgener Wahrheiten eröffnet. Dabei wird bei Creme die Möglichkeit eines ›übernatürlichen‹ Eingreifens Christus-Maitreyas in die Welt des Fernseh- und Rundfunk-Äthers miteingeschlossen.[95]

93. Vgl. dazu Herbert Wimbauer: Die Stunde der Verführer, o.O., 1981; vgl. auch Klaus-Dieter Neumann: New Age – Alter Wein in alten Schläuchen. Interview mit Herbert Wimbauer, in: Flensburger Hefte 13, 109-130. Näheres zum »Johannes-Zeitalter« Rudolf Steiners ebd., 117. Auch die Münchener Anthroposophische Gesellschaft und die Anthroposophische Studentengruppe in München hielten in den 1987 bis 1989 kritische Veranstaltungen über »New Age« ab.
94. Vortrag Benjamin Cremes am 28.9.89 im Penta-Hotel, München. Vgl. dazu ders.: Maitreya – Christus und die Meister der Weisheit, München: Edition Tetraeder (o.J.); ders.: Transmission. Eine Meditation für das Neue Zeitalter, München: Edition Tetraeder, 2. erw. Aufl. 1987 (dt. zuerst 1984; engl. Original 1983).
95. Creme kann sich dabei auf Alice Baileys »Die Wiederkunft Christi« (1948) berufen. Sie schreibt: »Die Qualen des Krieges und die Sorgen und Nöte der ganzen menschlichen Familie veranlaßten Christus im Jahre 1945 zu einer großen Entscheidung ... Er tat den versammelten Mitgliedern der geistigen Hierarchie und allen Seinen Helfern und Jüngern auf der Erde kund, daß er sich entschlossen habe, den physischen Kontakt mit der Menschheit wiederum aufzunehmen, wenn sie den Anfang machen würde, rechte menschliche Beziehungen herzustellen« (Bailey, ebd., 33). Auch weist sie auf die neuartige Situation der Welt hin, die Christus bei seiner Wiederkunft durch »Radio, Zeitungen und ... Weltnachrichtendienst« vorfinden werde (ebd., 18). Sie würde es ihm ermöglichen, »unter

In Cremes Büchern und in der von ihm initiierten Zeitschrift »Share International«[96] spielt das Stichwort »New Age« eine zentrale Rolle. Auch identifizieren sich die Angehörigen der Share-Bewegung mit dem Begriff »New Age«. Jedoch ist Creme mit seiner Botschaft erst seit 1982 an die Öffentlichkeit getreten, so daß er mehr als Nutznießer denn als Initiator der Verbreitung des Stichworts »New Age« zu sehen ist.[97]

(3) Der Ausdruck »New Age« erscheint auch in Büchern spiritistischen Gehalts, so z.b. in den Publikationen Shirley MacLaines und Chris Griscoms, aber auch im Zusammenhang der Visionen von Edgar Cayce (1877-1945);[98] außerdem in gewissen satanistischen Schriften. Das Stichwort taucht auch in Programmen des »Positiven Denkens« auf.[99] So unterschiedlich diese Verwendungen im einzelnen sind, ist ihnen doch gemeinsam, daß sie sich auf Traditionen älterer Bewegungen stützen, die zumeist zwischen 1840 und 1870 an der Ostküste der USA ihren Ursprung hatten.[100] In neuerer Zeit erlangten die Bücher von Griscom, MacLaine, Murphy und auch Cayce hohe Verkaufsziffern im deutschen Sprachraum.[101]

vielen Millionen von Menschen weilen zu können«, und durch Fernsehapparate könne »sein Antlitz aller Welt nahegebracht werden« (ebd.). Was Creme von Bailey unterscheidet, ist die Aussage, daß Christus tatsächlich schon angekommen sei.
96. Eine deutschsprachige Ausgabe erscheint zehnmal jährlich in Zürich.
97. Subjektive Anmerkung: Trotz der öffentlichen Präsenz Cremes ist die Zahl der engeren Anhängerschaft im deutschen Sprachraum eher niedrig zu veranschlagen, und seine Bewegung hat in der Neuen religiösen Szenerie – soweit abschätzbar – gegenwärtig wenig Einfluß. Creme selbst kommentierte das mit einigem Humor bei einer Veranstaltung in einem gut gefüllten Hotelsaal in München (28.9.89): Er fragte zunächst, wer zum ersten Mal da sei, worauf fast alle Anwesenden die Hand hoben; darauf meinte er, er habe doch schon mehrfach in München gesprochen, immer vor vielen Leuten; er habe den Eindruck, es kenne ihn schon jeder in der Stadt; wo denn die anderen alle geblieben seien. Das dürfte symptomatisch für Veranstaltungen ähnlicher Art sein: Infolge effektiver Werbe-Aktionen, technischer Ausstattung und repräsentativer Hoteräume scheint es unter heutigen Bedingungen relativ leicht zu sein, einen Saal mit Interessenten zu füllen, die aber nur zum kleinsten Teil mehr und Spezifischeres suchen als einen besinnlichen Abend und einige spektakuläre Neuigkeiten, an die man nicht zu glauben braucht.
98. Vgl. dazu Chris Griscom: Die Frequenz der Ekstase. Bewustseinsentwicklung durch die Kraft des Lichts, München: Goldmann, *1988; Shirley MacLaine: Die Reise nach innen. Mein Weg zu spirituellem Bewußtsein, München: Goldmann, 1989 (engl. Original 1989); Mary E. Carter: Das Neue Zeitalter. Authentische Visionen des Edgar Cayce, Genf und München: Ariston, ⁵1990 (dt. zuerst 1971; engl. Original 1969).
99. Zu nennen sind vor allem die Bücher Joseph Murphys, z.B.: Das Wunder Ihres Geistes, Ariston-Verlag, ¹²1987; Die Praxis des Positiven Denkens. Wie ein positives Leben unseren Alltag verändern kann, München: Goldmann, *1991.
100. Näheres s. unten, Kap.6.2.2.6.
101. Auskunft Michael Görden, München.

2.1.8 Verwendung des Stichworts »Wassermann-Zeitalter«

Der Begriff des »Wassermann-Zeitalters«, der in der Gegenwart oft als Synonym für »New Age« verstanden wird, wird mit der astronomischen Erscheinung der Präzession begründet, einer Kreiselbewegung der Erdachse infolge des Masseneinflusses von Sonne und Mond.[102] Diese verursacht eine allmähliche Verschiebung des Frühlingspunkts, an dem sich die Sonne – von der Erde aus gesehen – jeweils zum Frühjahrs-Äquinoktium befindet, entgegen der scheinbaren Richtung der Sonnenbahn. In einem Zeitraum von etwa 25 850 Jahren durchläuft der Frühlingspunkt auf diese Weise alle zwölf Tierkreiszeichen.

Die Präzession war als astronomische Tatsache bereits in der Antike bekannt, doch ist ihre symbolische Ausdeutung – abgesehen von einigen mittelalterlichen Ansätzen – erst in der modernen Astrologie nachweisbar.[103] Nach astrologischer Berechnung (die mit den tatsächlichen astronomischen Örtern der Sternbilder am Himmel nicht übereinstimmt) befindet sich der Frühlingspunkt derzeit auf der Grenze zwischen den Tierkreiszeichen »Fische« und »Wassermann«. Da nach astrologischem Verständnis die Tierkreiszeichen gleich groß bemessen werden, entfallen auf einen ›Platonischen Monat‹ gut 2100 Jahre, die als Zeitalter verstanden und mit den Qualitäten des Zeichens in Verbindung gesetzt werden, in dem sich der Frühlingspunkt gerade befindet. Daher vollzieht sich nach astrologischer Vorstellung z.Zt. ein Übergang vom »Fische-Zeitalter« zum »Wassermann-Zeitalter«. Die genaue Datierung ist – angesichts der großen Zeiträume und der genannten Differenzen – von einer gewissen Beliebigkeit und wird verschieden angesetzt.[104] Gewöhnlich sind sich die Astrologen jedoch darin einig, daß der Übergang von einem Zeitalter zum nächsten nicht abrupt vor sich gehe, sondern sich allmählich vorbereite, so daß die Gegenwart in jedem Fall als eine Zeit solchen Übergangs anzusehen sei.[105]

---

102. Die astronomischen und astrologischen Hintergründe des Stichworts »Wassermann-Zeitalter« sind schon häufig (allerdings oft fehlerhaft) dargestellt worden; vgl. z.B. Spangler (1971), 99-101; Schorsch (1988), 142f. Peter Russell: Die erwachende Erde. Unser nächster Evolutionssprung, München: Heyne, 1984 (engl. Orignial 1982), hier 188f. Es gibt auch mehrere spezielle Publikationen innerhalb der gegenwärtigen Szene, die das Gesamtthema des »New Age« von dieser Seite her aufzuschlüsseln versuchen, so z.B. Peter Ripota: Die Geburt des Wassermannzeitalters, München 1987. Die folgende Darstellung der Präzession orientiert sich an: Joachim Herrmann: Dtv-Atlas zur Astronomie, München 1973, 62f.
103. Vgl. dazu unten, Kap.7.1.
104. Bereits seit den 20er Jahren wurde das Jahr 1962 genannt, weil in diesem Jahr eine Konjunktion aller sieben klassischen Planeten im Sternbild »Wassermann« stattfand; doch gibt es zahlreiche abweichende Datierungsversuche (vgl. dazu unten, Kap.7.2.2. und 7.3.). Jürgen Ebach, Art. »Astrologie«, in: HrwG Bd.2, 82-89, hier 85, übernimmt die Datierung auf das Jahr 1962 als gegebene astronomische Tatsache: »Da die Ekliptik als ganze sich ... verschiebt ..., befindet sich die Sonne im Frühlingspunkt nicht mehr im Zeichen des Widders, sondern ... seit 1962 im Zeichen des Wassermanns«: ein guter Beleg, daß die von den Herausgebern des Handbuchs angestrebte Trennung »religiöser« und »religionswissenschaftlicher« Inhalte gelegentlich zur Fiktion wird!
105. So z.B. Alfons Rosenberg: Durchbruch zur Zukunft. Der Mensch im Wassermannzeital-

Beim modernen Interesse an dieser Lehre stehen oft weniger die astrologischen Qualitäten der einzelnen Zeitalter im Vordergrund als die Tatsache, daß sich das »Fische-Zeitalter« ungefähr mit der bisherigen Geschichte des Christentums deckt, so daß von dem angekündigten Neuen Zeitalter des Wassermanns eine umfassende Wandlung auch der Religion zu erwarten sei. Daher wurde der Ausdruck »Wassermann-Zeitalter« bereits um die Jahrhundertwende von religiösen Neuerern und in Neuoffenbarungen benutzt; er wurde schon damals mit dem Stichwort »New Age« identifiziert.[106] Diese Identifikation ist heute weit verbreitet. Sie findet sich bei allen oben genannten Autoren, die den Ausdruck »New Age« benutzen, sowohl bei Ferguson als auch bei Spangler und Trevelyan. Oft ist der astrologische Zusammenhang jedoch völlig verblaßt, oder er erscheint nur noch als Emblem, z.B. in Gestalt des antiken Wasserträgers.

Wie beim Stichwort »New Age« ist auch in der Rede vom »Wassermann-Zeitalter« neben diesen modernen Bedeutungsvarianten eine mehr traditionelle Verwendung weiterhin in Gebrauch, die unmittelbar an die astrologischen Hintergründe anknüpft. Im englischen Sprachraum ist in neuerer Zeit v.a. Alice Bailey zu nennen, im deutschen Alfons Rosenberg und Arnold Keyserling, außerdem auch Carl G. Jung und manche seiner Schüler.[107]

2.1.9 Zusammenfassung

Der Ausdruck »New Age« ist im deutschen Sprachraum zwischen 1971 und 1982 im wesentlichen in drei verschiedenen Kontexten und Bedeutungsvarianten eingeführt worden:
(1) in der »Gegenkultur« der späten 60er und der 70er Jahre (z.B. bei Roszak) als Identifikationsbegriff und Metapher mit utopischen Bezügen, anknüpfend an William Blake;
(2) im Zusammenhang der Findhorn-Gemeinschaft seit 1970 (Spangler, Trevelyan) sowie der von ihr beeinflußten Lindisfarne-Association (William I. Thompson) als Selbstbezeichnung und Ausdruck eines Gegenwartsverständnisses;
(3) in einer popularphilosophischen Diskussion mit ethischem Schwerpunkt seit Ende der 70er Jahre, z.B. bei Ferguson und in der Zeitschrift »Esotera«, als Rubrik und Sammelbegriff für die Vision eines kulturellen Wandels, der sich insbesondere durch eine interdisziplinäre Vernetzung wissenschaftlicher und religiös-kultureller Fragestellungen auswirken soll.

In allen drei Versionen steht der Begriff im Kontext neu entstandener Bewegungen, die sowohl im deutschen als auch im angelsächsischen Sprachraum nicht vor den späten 60er Jahren greifbar sind. Zwar stehen diese Bedeutungsvarianten von »New Age« – wie noch im einzelnen darzulegen sein wird – in mittelbarer Kontinuität zu

---

ter, Bietigheim: Turm, 2. Aufl. o.J. (ca. 1971), (Erstausgabe München-Planegg: O.W. Barth, 1958), hier 126 und 256 (Anm.21).
106. Vgl. dazu unten, Kap.7.3.1.
107. Vgl. dazu unten, Kap.7.1. und 7.3.

verschiedenen älteren Traditionen oder Lehrsystemen, doch sind sie nicht einfach als deren Fortsetzung zu begreifen, da sie neu- und andersartige soziologische Entstehungsbedingungen haben.

Zu Beginn der 80er Jahre ist, insbesondere durch die Popularität des Buches von Ferguson (und des als synonym wahrgenommenen Stichworts »Wendezeit« bei Capra), die dritte Bedeutungsvariante von »New Age« allgemein bekannt geworden und hat die anderen teilweise überlagert. Der Begriff ist nun – trotz des Impulses aus Findhorn in den 70er Jahren – nicht mehr auf bestimmte Gruppierungen festgelegt. Von einer »New-Age-Bewegung« *in Deutschland*, die als übergeordnete Einheit verstanden wird, ist erst seit 1984 die Rede. Dabei haben sich Faktoren ausgewirkt, die aus ganz anderen gesellschaftlichen Sektoren stammen, und Findhorn spielte in dieser neueren Entwicklung eine eher geringe Rolle. Besonders Fergusons Buch hat (in seiner deutschen Übersetzung) dieses neue Stadium vorbereitet und den Bezug zwischen der deutschsprachigen und der amerikanischen Szenerie hergestellt. Doch verband sich der amerikanische Impuls mit eigenständigen Strömungen im deutschen Sprachraum, in denen der Ausdruck »New Age« bis 1984 fast nicht benutzt worden war.

2.2 »New Age« in der Öffentlichkeit der 80er Jahre

2.2.1 Zeitgeschichtliche Belege

Die Geschichte des »New Age« in Deutschland in den 80er Jahren muß zuerst als ein literarisches Ereignis beschrieben werden: Ende 1984 wurde im Münchener Goldmann-Verlag eine neue Taschenbuchreihe vorgestellt. Ihr Reihentitel: »New Age – Modelle für morgen«. Dazu ein stilisiertes Regenbogen-Emblem. Erstes Buch der Reihe war das schon genannte von Sir George Trevelyan, dessen deutsche Erstausgabe 1980 bei einem Kleinverlag erschienen war.[108] Außerdem enthielt die Reihe anfangs folgende Titel: Leo Buscaglia, Leben Lieben Lernen (1984); Sergius Golowin, Die weisen Frauen (1985); Alan Watts, Die sanfte Befreiung (1985).[109]

Diese Taschenbuchreihe markiert den Beginn eines ›Neuen Zeitalters‹ im Verlagswesen: Seit 1985 erschienen in den meisten größeren Tachenbuchverlagen Reihen und Einzelpublikationen, die entweder – wie bei Goldmann – den Ausdruck »New Age« und sein Synonym »Wassermann-Zeitalter« im Titel führten[110] oder die mit diesen Stichworten identifizierten Themen inhaltlich aufgriffen.[111] »New Age« wurde damit von einem Subkultur-Phänomen fast über Nacht zu einem wichtigen Faktor auf dem Buchmarkt.[112]

---

108. Trevelyan (1977) (s.o., Kap.2.1.2.2.).
109. Vgl. Dokumentationsteil, Abschnitt 8.3.4.
110. Knaur: »New Age – Esoterik«; Herder: »Zeit-Wende-Zeit«
111. Rororo: Reihe »transformation«; Heyne u.a.
112. In der Sekundärliteratur werden verschiedentlich Erhebungen zitiert, nach denen »New-

Ebenfalls 1985 setzte eine weitere Buchwelle ein, die geradezu ein ›zweites New Age‹ hervorbrachte: Es ist die Sekundärliteratur *über* »New Age«, die vornehmlich in christlichen Verlagen erschien. Sie setzte mit dem Buch Hans-Jürgen Rupperts ein[113] und reicht in ihren Stellungnahmen von euphorischer Anknüpfung, z.b. bei Günther Schiwy,[114] bis zu polemischer Verurteilung und Verleumdung, z.b. bei Constance Cumbey.[115] Ob positiv oder negativ bewertet, wurde »New Age« zumeist globalistisch auf wenige Grundgedanken einiger »New Age«-Autoren reduziert, deren Bücher als sog. »Kultbücher« wahrgenommen wurden.[116] Trotz der Fülle der Sekundärliteratur ist bis heute jedoch unklar, was unter »New Age« eigentlich verstanden werden muß; das begründet sich aus dem Öffentlichkeitscharakter des Phänomens »New Age«, das in sich selbst keineswegs so einheitlich ist, wie es, bedingt durch seine Medienpräsenz, äußerlich wirkt.

Auch abgesehen vom Buchmarkt war das Phänomen »New Age« für einige Jahre in der Öffentlichkeit stark präsent. 1987 wurde im Zweiten Deutschen Fernsehen eine sorgfältig recherchierte achtteilige Sendereihe mit dem Titel: »Neues Denken – Alte Geister« ausgestrahlt, die sich an zentraler Stelle mit dem Stichwort »New Age« befaßte.[117] Auch zahlreiche Zeitungs- und Magazin-Beiträge beschäftigten sich mit dem Thema, besonders in den Jahren 1987 und 1988.[118] Das Musical »Hair«, inzwischen 20jährig, erfuhr 1987/88 ein Remake (Werbetext: »Das aktuellste NEW AGE MUSICAL im Zeichen des Wassermanns«). Das Regenbogen-Zeichen, das seit Erscheinen der Goldmann-Reihe auch in Deutschland mit »New Age« identifiziert wird und mit dem antiken Mythos vom himmlischen Wasserträger zusammenhängt, findet sich auf Plakaten für Konzerte, Esoterik-Messen, aber auch als Emblem von Computer-Firmen und bei anderen in religiöser Hinsicht indifferenten Erscheinungen der Zeitkultur[119]; »New-Age-Musik« wurde zu einem stehenden Begriff, auch der Ausdruck »New-

    Age«-Literatur acht oder gar zehn Prozent des gesamten Buchhandelsumsatzes ausmache. Dem liegen lediglich Schätzungen zugrunde. Keiner der von mir befragten Fachleute in Verlagen und Buchhandlungen hält sie für brauchbar, schon deshalb, weil »New Age«-Literatur nicht klar gegenüber anderen Bereichen abgrenzbar ist. Doch hat sich zweifellos in den letzten Jahren eine neuartige Lesekultur entwickelt, die solche Bücher zu Bestsellern macht.

113. Ruppert (1985).
114. Günther Schiwy: Der Geist des Neuen Zeitalters. New Age-Spiritualität und Christentum, München: Kösel, 1987.
115. Constance Cumbey: Die sanfte Verführung. Hintergrund und Gefahren der New-Age-Bewegung, Asslar: Schulte & Geerth, ⁶1987 (dt. Erstausgabe 1986; engl. Original 1983).
116. Als »Klassiker« des »New Age« werden in der Sekundärliteratur gewöhnlich Marilyn Fergusons »Die sanfte Verschwörung« und Fritjof Capras »Wendezeit« verstanden. Vgl. unten, Anm.128.
117. Als Buch: Myrell u.a. (1987).
118. Vgl. z.B. »Zeitmagazin« vom 8. Januar 1988. Das Heft stand unter dem Titel: »New Age. Im Zeichen des Wassermanns stricken zukunftsgläubige Optimisten am neuen Weltbild.«
119. Man könnte von einem neuerlichen Säkularisierungsprozeß sprechen. Zum Problem der fortlaufenden Säkularisierung einzelner Teilbereiche innerhalb der aufgeklärten Kultur vgl. Hermann Lübbe: Religion nach der Aufklärung, Graz und Wien und Köln 1986, bes. S.12 und 91ff.

Age-Art« ist bereits geprägt.[120] Manche Erwachsenenbildungs-Programme von Volkshochschulen und Akademien, sowohl kirchlich orientiert als auch »weltanschaulich neutral«, haben mit »New Age« zwischen 1986 und 1988 wesentliche Bereiche des Sektors »Religion« und des interkulturellen Lernens abgedeckt.[121] Ein weiterer Schwerpunkt der »New Age«-Thematisierung ist bzw. war die neuere Psychotherapiebewegung, insbesondere die von Abraham Maslow und Stanislav Grof begründete »Transpersonale Psychologie«.

In den Jahren 1986 und 1987 war ein gewisser Höhepunkt von Buchveröffentlichungen und Bildungsveranstaltungen, die den Ausdruck »New Age« im Titel führten. Seither werden auf dem Buchmarkt, aber auch in den Volkshochschulen Ermüdungserscheinungen konstatiert. Der Begriff ist zudem inzwischen fast überall negativ besetzt. Fast niemand identifiziert sich selbst damit.[122] Als neues Stichwort ist mancherorts das Wort »Light-Age« bzw. »Licht-Arbeit« in Gebrauch gekommen, das das »New Age« angeblich ablöse.[123] Es fällt aber auf, daß oft ganz unbefangen von einem schon angebrochenen »neuen Zeitalter« die Rede ist, jetzt auf deutsch und nicht mehr großgeschrieben, sondern als selbstverständlich vorausgesetzt.[124] Und wenn auch die Bezeichnung inzwischen aus der Mode ist, so sind doch die mit ihr verbundenen Themen in der Öffentlichkeit unvermindert präsent; es bleibt daher offen, ob die Sache, für die sie einige Jahre lang stand, schon wieder stirbt oder erst richtig erwacht.

2.2.2 Zur inhaltlichen Bestimmung

Die inhaltliche Füllung des Stichworts »New Age« ist angesichts der Vielfalt seiner Verwendungsweisen nicht so eindeutig, wie es bei oberflächlicher Betrachtung scheinen mag. Schon zum Zeitpunkt seiner größten Publizität war es weit mehr Fremdbezeichnung und Sammelbegriff der Öffentlichkeit als eine Selbstbezeichnung konkreter Individuen, Gruppierungen oder Vorstellungen. Es gab und gibt weder Mitgliederzahlen noch Statuten, an die man sich zur Beschreibung und Definition halten könnte. Auch kann nicht einfach von der Verwendung irgendwelcher Begriffe und Ideen auf die Zusammengehörigkeit ihrer Benutzer geschlossen werden. Wie oben gezeigt, ist zum Beispiel der Kontext von Findhorn mit seinen führenden Autoren Spangler und Trevelyan in den kompilatorischen Darstellungen von Capra und Ferguson nicht ver-

---

120. Quelle: Michael Hesemann, Herausgeber der Zeitschrift »Magazin 2000«, Interview am 18.9.89
121. Auskunft Dr. Klaus-Josef Notz, Fachgebietsleiter Philosophie/Religion der Münchner Volkshochschule. Zu den Akademien vgl. unten, Kap.3.4.6.
122. Vgl. dazu auch Schneider (1991).
123. Trendbericht von M. Hesemann, Interview am 18.9.89. Populäre Autorinnen eines »Light Age« sind Shirley MacLaine und Chris Griscom. Außerdem wird dieses Stichwort im deutschsprachigen Raum u.a. von Peter Russell und Gerd Gerken protegiert.
124. So z.B. im Katalog Frühjahr 1990 des Aquamarin-Verlags, Grafing, dessen Verleger, Peter Michel, sich vom Stichwort »New Age« ausdrücklich distanzierte (Kongreß Wissenschaftler und Weise, München-Gasteig, 9.-11.3.90).

treten, und es kann nicht ohne nähere Prüfung vorausgesetzt werden, daß beide Seiten einundderselben »Bewegung« angehören.

Beim überwiegenden Teil der Bücher, die das Wort »New Age« im Titel führen, waren nicht die Autoren selbst dafür verantwortlich, sondern die Lektoren der Verlage: Alle von mir persönlich befragten ›Insider‹ der Vermittlungs- und Verlagsebene, wie auch sachkundige Beobachter, bezeichneten »New Age« als Kunstwort, das zumindest in Deutschland kaum mit eigenem Leben gefüllt sei.[125] Die Kenner der Szene amüsieren sich eher über die Penetranz, mit der die außenstehenden Beobachter jenes Phantom als Einheit festzumachen versuchen. »New Age« ist nicht mehr als ein Etikett, und es gibt in der ›Szene‹ selbst kein Einheitsbewußtsein, das Autoren, Leser und Vermittler gleichermaßen umfassen würde, und auf das die Verlage zurückgreifen könnten.

Gleichwohl gibt es einen Prozeß der Annäherung verschiedener Bewegungen an ebenfalls unterschiedliche Themen und gedankliche Konzeptionen, der von Lektoren mit der Bezeichnung »New Age« umschrieben wurde. Es handelt sich nicht um eine »Weltanschauung«, aber um ein ›heuristisches Feld‹ von Fragen und möglichen Antworten. Zur Eingrenzung dieses Feldes gibt es prinzipiell zwei Wege: Zum einen kann man Gruppen oder einzelne Bewegungen beschreiben, die – aus der Sicht des Beobachters – zusammen die »New Age-Bewegung« bilden; zum anderen kann man nach systematischen Kriterien gedankliche Konzepte, einen Sprachjargon und ähnliches zusammenstellen.

Den ersten Weg wählten die Autoren der genannten Sendereihe des Zweiten Deutschen Fernsehens, Günter Myrell, Walther Schmandt und Jürgen Voigt.[126] Er hat den Vorteil, die unterschiedlichen Konzepte und traditionellen Hintergründe einzelner Gruppierungen nicht gewaltsam auf einen Nenner bringen zu müssen, wenn auch die Auswahl der Gruppierungen ein gewisses Vorverständnis in die Sache hineinträgt. In Einzeldarstellungen wurden u.a. vorgestellt:
– die amerikanische Beatnik- und Hippie-Bewegung und die Drogenkultur der 70er Jahre (als Vorläufer) sowie mehrere amerikanische Gemeinschaften, die aus diesen Bewegungen hervorgingen: Stephen Gaskins »The Farm« in Tennessee, die Lama Foundation in New Mexico, die Ojai-Fondation in Kalifornien;

125. So z.B. Fritjof Capra, Berkeley, als Autor; Herbert Röttgen, München, als früherer Verleger des Dianus-Trikont-Verlags; Bogdan Snela, München, als Lektor beim Kösel-Verlag; Susanne Schaup, München, als Autorin und frühere Lektorin beim O.W.Barth-Verlag; Peter Wilfert und Michael Görden als frühere Lektoren beim Goldmann-Verlag, München; Roswitha Hentschel, Ammerland, als Autorin und Herausgeberin; Frank Köchling, München, als Herausgeber und Organisator wichtiger Veranstaltungen; Michael von Brück, Regensburg, als Gesprächspartner bei zahlreichen Veranstaltungen. Eine etwas andere Darstellung gab Michael Hesemann, ehem. Herausgeber des »Magazin 2000«, München, der sich in den Jahren 1986 und 1987 offen mit dem Stichwort »New Age« identifiziert hatte. Er sagte mir im Herbst 1989, das »New Age« sei inzwischen vom »Light Age« abgelöst worden.
126. Vgl. diess. (1987). Ähnlich auch der Zugang von Susanne Schaup: Wo Leben wieder menschlich wird. An der Schwelle des New Age – Alternatives Leben in Amerika, Freiburg: Herder (Tb.), 1985.

- die amerikanische »Transpersonale Psychologie«: das Esalen-Institut in Kalifornien;
- die amerikanische Zen-Rezeption um Shunryo Suzuki Roshi und seinen Nachfolger, Richard Baker Roshi;
- neuere indisch inspirierte Bewegungen in den USA um Paramahansa Yogânanda (Self-Realization Fellowship in Los Angeles) und seinen einstigen Schüler, Kriyânanda (i.e. Donald Walthers, Ananda Community in Kalifornien);
- die Findhorn-Bewegung in Schottland.

Aus Deutschland wurde berichtet über:
- die Gründungsversammlung der Deutschen Transpersonalen Gesellschaft 1986 in Konstanz;
- die »Existentialpsychologische Bildungs- und Begegnungsstätte Todtmoos Rütte« (Karlfried Graf Dürckheim und Maria Hippius);
- verschiedene Kritiker von Mangelerscheinungen innerhalb des »New Age« (Erika Wisselinck aus feministischer Sicht, Hans A. Pestalozzi aus radikalökologischer Sicht);

Es folgten Einzelporträts über Wissenschaftler, Philosophen und Literaten, die neue, zumeist interdisziplinär angelegte wissenschaftliche Modelle erarbeiten und sich mit Fragen einer neuen Ethik, Epistemologie und Gesellschaftsordnung befassen, darunter Sam Keen, Theodore Roszak, Rollo May, Carl Friedrich von Weizsäcker, David Bohm, Rupert Sheldrake, Ilya Prigogine.

Die Autoren stellen also »New Age« vornehmlich als amerikanisches Phänomen dar, als eine Fortsetzung der Hippie-Bewegung mit anderen Mitteln, die nach Europa übergreift und hier Subzentren bildet. Als einziger genuiner Beitrag des deutschsprachigen Raumes erscheint die Arbeit Karlfried Graf Dürckheims und seines Instituts »Exist... Rütte«. (Dürckheim selbst hätte sich nicht zu einer »New Age-Bewegung« gerechnet[127]).

Der zweite Weg zur Bestimmung des Stichworts »New Age« versucht, anhand gemeinsamer Denkkonzepte und Grundbegriffe eine »Weltanschauung« abzustecken und erst danach zu klären, wer dazugehört. Er hat den Vorteil, den literarisch-publizistischen Charakter des Syndroms »New Age« ernstzunehmen und gar nicht erst nach sozialen Gruppierungen zu fragen, da das Syndrom – wie viele moderne soziale Bewegungen – soziologisch nur schwach strukturiert ist.

Die meisten Versuche dieser Art orientieren sich zunächst an den Büchern von Ferguson und Capra, die im deutschen Sprachraum als »Klassiker des New Age« gelten.[128] Durch Marilyn Ferguson rückte der Begriff des »Paradigmenwechsels« in

127. Zu Dürckheim vgl. unten, Kap.3.2.2.
128. So z.B. in den einschlägigen Sammelbänden zur »New Age«-Kritik, u.a. bei Hemminger (Hrsg.) (1987) und Bürkle (Hrsg.) (1988). Interessanterweise sieht der in Amerika forschende Soziologe Hans Sebald Capra als zentralen Vertreter nur der *europäischen* »New Age«-Bewegung, obwohl dieser seine Bücher in Californien schrieb (Sebald (1988), 115). Dementsprechend sagte Capra im persönlichen Gespräch, er sei mit seinem Buch »Wendezeit« besonders in Deutschland zur Schlüsselfigur geworden, wogegen in den USA das

den Mittelpunkt, zusammen mit einer Anzahl weiterer Stichworte, die je auf eigene Weise Metaphern für das »Neue« darstellen: »Transformation«, »Bewußtseinserweiterung«, »Solarzeitalter« und andere. In dieser Sicht erscheint »New Age« als eine durch bestimmte Zeitfragen ausgelöste Popularphilosophie mit mythologisch-religiöser Überformung.

Dieser Weg der Definition von »New Age« wurde nicht erst von den Autoren der Sekundärliteratur beschritten. Schon der Initiator der ersten »New Age«-Buchreihe in Deutschland, Peter Wilfert vom Goldmann-Verlag, bezog sich bei der Präsentation seines neuen Programms bevorzugt auf Ferguson und Capra.[129] In zwei Beiträgen zur Zeitschrift BuchMarkt, einem Fachmagazin für den Buchhandel, erläutert er zusammen mit Bernd Jost von Rowohlt (zuständig für die Reihe »Rororo-Transformation«) und Dieter Hagenbach vom Sphinx Verlag, Basel, was »New Age« sei:[130]

»New Age ist dieser Aufbruch zu neuen Ufern, nicht begrenzt auf ein bestimmtes Sach- und Wissenschaftsgebiet, sondern eine neue Haltung der Welt und den Menschen gegenüber. Aufbruchstimmung, positives Denken, Vernetzung des einzelnen heißt die neue Devise – Weltuntergangspessimismus, Resignation und weinerliche Innerlichkeit der 70er Jahre sind abgeschüttelt.«[131]

Ähnlich spricht Jost von »Wendepunkt«, »Ansätzen zu einer ganzheitlichen Betrachtung des Menschen«, »Bewußtseinsrevolution«.

Im zweiten Artikel Wilferts, geschrieben Ende 1985, ist von einer »neuen gesellschaftlichen, kulturellen und politischen Bewegung« die Rede. Der »Überbegriff New Age« habe sich auch im deutschen Sprachraum durchgesetzt und enthalte derzeit folgende »Unterbegriffe«: »Wertewandel, Ökologie, Transformation, Neues Bewußtsein, Spiritualität, ganzheitliche Weltsicht, Paradigmenwechsel, Metapolitik«.[132] In einer abschließenden »New Age-Checkliste« für die Buchhändler (Untertitel: »Wie Sie New-Age-Literatur in Ihr Sortiment integrieren können«) werden als »Wissensgebiete« angegeben: »Physik, Biologie, Medizin, Evolution, Psychologie, Ökologie, Feminismus, Politik«; dann folgende »Lebensbereiche«: »Gesellschaftsformen, Frau/Mann-Verhältnis, positives Denken, Meditation, gesunde Ernährung, Bewußtseinserweiterung, Körpertherapien, Psychotechniken, Sexualität, Astrologie, östliche Weisheit, Magie, Esoterik, Schamanismus, Anthropologie, Mythologie, Matriarchate«. Schließlich wird als Zielpublikum angegeben:

»Tao of Physics« das eigentlich wichtige Buch gewesen sei, das eine speziellere Fragestellung verfolgt und andere Akzente setzt. (Gespräch am 25.8.88). »New Age« ist jedenfalls in Amerika nicht dasselbe wie in Deutschland.
129. Wilfert sagte im persönlichen Gespräch, daß er gerne als Eröffnungsband seiner Reihe das Buch »Wendezeit« von Capra herausgebracht hätte, für das damals jedoch keine Lizenz zu bekommen war (vgl. dazu unten, Kap.3.1.).
130. Peter Wilfert und Bernd Jost: Lust am geistigen Abenteuer, in: BuchMarkt 2/1985, 76-79; ders. und Dieter A. Hagenbach: New Age – Die neue Dimension im Buchhandel, in: BuchMarkt 11/1985, 96-100.
131. Wilfert: ebd., (2/1985), 76.
132. BuchMarkt 11/85, 96.

»Generell finden sich New Age-Leser in allen Altersgruppen und Bevölkerungsschichten. Zugang zur Thematik des New Age finden heutzutage vor allem Menschen mit folgendem Hintergrund: persönliche Erfahrungen mit Meditation, Psychoanalyse, Drogen, östlichen Weisheitslehren«.[133]

Während also religiöse Themen bei den »Wissensgebieten« gar nicht vorkommen, spielen sie für Wilfert und seine Mitautoren im lebensweltlichen Bereich und vor allem beim Zielpublikum eine große Rolle. Die disparate Struktur der Zusammenstellung macht zudem deutlich, daß »New Age« in diesem Sinn nicht einer bestimmten Tradition, sei sie wissenschaftlicher, religiöser oder weltanschaulicher Natur, verpflichtet sein soll, sondern unterschiedliche Traditionen miteinander verbinden will.

Die Konzepte professioneller Verlagsmitarbeiter und Programmgestalter haben die neuere Diskussion über »New Age« maßgeblich bestimmt. Sie spiegeln sich auch in der Systematik der 1988 veröffentlichten Dissertation von Christof Schorsch wider.[134] Die Problematik seiner »Grundbegriffe« wurde oben dargestellt. Sie lassen sich fast alle schon bei Wilfert, Jost und Hagenbach finden und beschreiben ein Themenfeld, nicht eine »Weltanschauung«. Für eine theoretische Reflexion ihrer Grundlagen lassen sich kaum mehr als die folgenden Gemeinsamkeiten herausstellen:
- eine fundamentale Kritik an Schwachstellen der gegenwärtigen Gesellschaftsstruktur (Stichwort: »Mega-Krise«[135]), die als Folge von Einseitigkeiten der modernen Naturwissenschaften und der Aufklärung (Stichwort: »mechanistisches Zeitalter«) verstanden werden.
- der zumeist optimistische Anspruch der Handhabbarkeit des »Neuen«, der »Transformation«, der »Erweiterung« bisheriger Möglichkeiten (z.B. des Bewußtseins), dem ein »Altes«, Zurückgebliebenes zu Überwindendes korrespondiert; oft wird diese Situation des Übergangs als ein Prozeß verstanden und mit Hilfe einer popularisierten Prozeßphilosophie (nach A. N. Whitehead) oder anderer prozeßorientierter Konzeptionen (Systemtheorie, Kybernetik, Chaosforschung, soziologische Zyklentheorien[136]) dargestellt;
- ein allgemeines Interesse an interdisziplinären Fragestellungen und eine Lust an der Verknüpfung auseinanderliegender Segmente der modernen Lebenswelt;
- die Bereitschaft, Sprach-, Denk- und Lebensmodelle wieder aufzunehmen, die unter Bedingungen aufgeklärten Denkens als überholt verabschiedet worden waren. Eine große Zahl dieser Modelle ist religiös oder »esoterisch« geprägt;
- hinzu kommt jener Sprachjargon, ein mehr oder weniger bewußtes Spielen mit Begriffen des Zeitgeistes.

---

133. »New Age-Checkliste«: ebd., 100.
134. S.o., Kap.1.2.3.3.
135. Zum Begriff »Mega-Krise« vgl. Schorsch (1988), 22.
136. Vgl. dazu unten, Kap.11.4.

2.2.3 Wer wird zu »New Age« gerechnet?

Während die Deutung und Bewertung von »New Age« bis heute äußerst disparat ist, hat sich in der Sekundärliteratur über die Zuordnung von Quellenliteratur ein gewisser Konsens herausgebildet, der auch in Buchhandlungen häufig übernommen wurde. Wie schon gezeigt, rechnen sich allerdings die meisten der sog. »New Age-Autoren« selbst nicht zu einer solchen »Bewegung«.[137] Aus Zitaten, Anmerkungen und Literaturberichten der Sekundärliteratur läßt sich – ohne Anspruch auf Vollständigkeit – das folgende Bild zusammenstellen (verzeichnet ist nur die im deutschen Sprachraum geläufige Literatur):

(1) Gemäß Geislers Anthologie aus dem Jahr 1984 (Beiträge in der Zeitschrift »Esotera« zwischen 1978 und 1984) werden zunächst die Autoren Morris Berman, Fritjof Capra, Marilyn Ferguson, Elmar R. Gruber, Arnold Keyserling, Friedrich Kroeger (»Frankfurter Ring«[138]), Peter Russell, Rupert Sheldrake, Sir George Trevelyan und Francisco Varela mit dem Ausdruck »New Age« in Verbindung gebracht.

(2) Ruppert (1985) nennt darüber hinaus (außer älteren esoterischen und okkulten Quellen): David Bohm, Brita und Wolfgang Dahlberg, Gerd Gerken, Erich Jantsch, Theodore Roszak, Alfons Rosenberg, David Spangler.

(3) Schorsch (1988) und (1989b) rechnet außer den schon genannten im wesentlichen hinzu: Günter Ammon, Joachim-Ernst Berendt, Eileen und Peter Caddy, Sukie Colegrave, Hazel Henderson, James Lovelock, Rüdiger Lutz, Robert Muller, Peter Ripota, Bob Samples, William I. Thompson, Alvin Toffler, Ken Wilber, ferner die Theologen Michael von Brück, P. Hugo M. Enomiya-Lassalle, Günther Schiwy.

(4) In anderen im deutschen Sprachraum verfaßten Darstellungen sind noch folgende Autoren erwähnt:[139] Bernd Fittkau, Stan Grof, Jean Houston und andere Autoren der »Transpersonalen Psychologie«; die Benediktinermönche P. Bede Griffiths und Fr. David Steindl-Rast, außerdem Rudolf Bahro, Gregory Bateson, Benjamin Creme, Norbert A. Eichler, Sergius Golowin, Michael Hesemann, Heinz Körner, John C. Lilly, Stefano Sabetti, Gary Snyder, Jochen F. Uebel, Alan Watts, Robert A. Wilson, Arthur Young, Karin Zeitler.

(5) Schließlich wird noch eine spiritistisch beeinflußte Kategorie von »New Age« eingeführt, obwohl deren Autoren gewöhnlich von den zuvor genannten unter-

---

137. Geläufiger sind Stichworte wie »planetare Kultur« (z.B. Thompson, Spangler u.a. im Sammelband: Antwort der Erde (1978)) oder »aufsteigende Kultur« (Capra (1982) und (1988), »Wendezeit« (Capra) oder »Solarzeitalter« (Capra (1982), nach Hazel Henderson: Das Ende der Ökonomie. Die ersten Tage des nach-industriellen Zeitalters, München: Goldmann, 1985 (Original: Creating Alternative Futures. The Politics of the Solar Age)), deren Identität mit dem Stichwort »New Age« in der Sekundärliteratur zumeist ohne nähere Begründung vorausgesetzt wird (z.B. bei Ruppert, 1985, 11).
138. Vgl. dazu unten, Kap.3.2.2.
139. Bei Schorsch entweder nicht angeführt oder nicht der »New Age-Bewegung« zugerechnet.

schieden werden (vgl. z.B. Hummel, 1988). Hier werden u.a. Chris Griscom und Shirley MacLaine, in anderem Zusammenhang auch Jane Roberts genannt. Auch Esoteriker wie Thorwald Dethlefsen werden als »New Ager« bezeichnet.[140]

(6) Oft werden auch ältere Autoren, die einigen der genannten Vertreter als Quellen dienen, der »New Age-Bewegung« zugeschlagen. Dabei werden u.a. genannt: Alice Bailey, Helena Petrowna Blavatsky, Edgar Cayce, Aleister Crowley, Jean Gebser, Georgei Ivanovich Gurdjieff, Carl Gustav Jung, Pierre Teilhard de Chardin.

(7) Folgende Sammelbände und Führer werden oft im Zusammenhang von »New Age« bzw. als Vorläufer genannt:[141] »Antwort der Erde« (Lindisfarne Conferences, 1978); Christiane Thurn und Herbert Röttgen, Hrsg.: Die Rückkehr des Imaginären (1981); Rüdiger Lutz, Hrsg.: Sanfte Alternativen (1981) und: Bewußtseins(R)evolution (1983); Alexandria-Studiengruppe / Bruno Martin: Handbuch der spirituellen Wege und Bücher (1983); Alberto Villoldo und Ken Dychtwald, Hrsg. Millenium (1984); Gert Geisler, Hrsg.: New Age (1984); Rainer Kakuska, Hrsg.: Andere Wirklichkeiten (1984); Roger Walsh und Frances Vaughan, Hrsg.: Psychologie in der Wende (1985); Satish Kumar und Roswitha Hentschel, Hrsg.: Viele Wege (1985); dies.: Metapolitik (1985); Ken Wilber, Hrsg.: Das holographische Weltbild (1986); Stanislaf Grof, Hrsg.: Alte Weisheit und modernes Denken (1986); ders.: Die Chance der Menschheit (1988); Daniel Sillescu: Das New Age-Buch, ([2]1987); Edith Zundel und Bernd Fittkau, Hrsg.: Spirituelle Wege und Transpersonale Psychologie (1989); Anita Bachmann und Michael Schaeffer, Hrsg.: Neues Bewußtsein – neues Leben (1988); dies.: Neue Wege – neue Ziele (1990).

(8) Bekannte Adressenverzeichnisse sind:[142] Alte Wege zur Neuen Welt (1977); Esoterik-Almanach (Verlag Rossipaul, München, erscheint zweijährig); Rolf Goetz, Hrsg.: Spirituelle Gemeinschaften, ([2]1985); Brita Dahlberg, Hrsg.: Connexions New Age (1987).

(9) Überregionale Zeitschriften: »Esotera« (H.Bauer-Verlag, Freiburg), »Wege« (Frankfurter Ring), »Spuren« (Fällanden bei Zürich); mittlerweile eingestellt wurden: »Magazin 2000« (Göttingen/München), »Das Neue Zeitalter« (München), »Hologramm« (Südergellersen), »Sphinx-Magazin« (später »Phönix«, Basel), »Brain/Mind-Bulletin« (dt. Ausgabe im Sphinx-Verlag; teilweise werden mit »New Age« auch identifiziert: »Psychologie heute«, »Zeitschrift für transpersonale Psychologie« (Freiburg), »Connection« (Zeitschrift Münchner Neo-Sannyasins).

Die Bücher der genannten Autoren gehören unterschiedlichen Gattungen an. Alle Hauptkategorien des Buchmarktes (Fachbücher, Sachbücher, Ratgeber und Belletri-

---

140. Z.B. bei Angela Feder: Reinkarnationshypothese in der New Age-Bewegung, Nettetal: Steyler Verlag, 1991.
141. Genannt ist jeweils die deutsche Erstausgabe; genauere Angaben s. Dokumentationsteil, Abschnitt 1.2.1., 1.4., 1.6.
142. Vgl. Dokumentationsteil, Abschnitt 1.1.

stik) sind vertreten. Neben den Handbüchern mit ihrem kompilatorischen Charakter lassen sich – wiederum ohne Anspruch auf Vollständigkeit – die folgenden Themenbereiche unterscheiden:
(1) Epistemologie, Systemtheorie und andere wissenschaftliche Ansätze mit interdisziplinärer Zielrichtung;
(2) Naturwissenschaftliche Themen; Ansätze zum »Paradigmenwechsel«;
(3) Psychologie und Psychotherapie;
(4) Kunst, Musik und Tanz;
(5) Religionswissenschaft, Theologie, interreligiöser Dialog, Meditationsbewegung;
(6) Alternative Ökonomie und Ökologie, angepaßte Technologie usw.;
(7) Ethnologie und Kulturtheorie;
(8) Esoterisches Wissen (u.a. moderne Theosophie), Astrologie usw.;
(9) Spiritismus, Satanismus;
(10) Management-Beratung und andere pragmatische Anwendungen des »Neuen Denkens« im »alten System«;
(11) Zusammenfassende Darstellungen von Historikern sowie breitenwirksame Gesamtdarstellungen der »Wendezeit«.

Nur wenige der genannten Buchautoren sind im deutschen Sprachraum beheimatet. Die meisten »New Age«-Vertreter in Deutschland, die sich selbst auch so bezeichnen (oder bezeichneten) sind professionelle Wissensvermittler aus dem Bereich alternativer Zeitschriften (dazu gehörten z.B. Michael Hesemann vom »Magazin 2000« und Jochen F. Uebel von der »Trendwende«), aus Kleinverlagen und der Psychotherapie-Szene. Als Buchautoren sind v.a. Elmar R. Gruber, Rüdiger Lutz, Wolfgang und Brita Dahlberg zu nennen, die alle durch die amerikanische Schule des Esalen-Instituts oder ähnlicher Institutionen gegangen sind. Sie haben sich vom Stichwort »New Age« inzwischen mehr oder weniger abgewandt, sind aber weiterhin als Vermittler einer neuen religiösen Kultur tätig.

2.2.4 »New Age« eine Bewegung? »New Age« ein religiöses Phänomen? – Zur Einordnung in der Öffentlichkeit

Die bisherige Darstellung hat sich darauf beschränkt, den sichtbaren Reflex des Phänomens »New Age« in der Öffentlichkeit zu dokumentieren und die Kommunikationsmedien und literarischen Quellen zu untersuchen. Dabei wurde festgestellt, daß »New Age« keine auch nur einigermaßen homogene »Weltanschauung« oder »Ideologie« ist. Nun muß weiter gefragt werden, welche *soziologische* Relevanz das Phänomen »New Age« besitzt – abgesehen von der zweifellos vorhandenen Medienrelevanz, die sich in Verkaufszahlen und anderen meßbaren Größen ausdrückt. Eine zweite Frage schließt sich an: Inwiefern kann davon ausgegangen werden, daß »New Age« ein *religiöses* Phänomen ist?

Wenn man – wie häufig in der Sekundärliteratur – von »Kultbüchern« spricht, müßte es auch eine ›Kultgemeinde‹ geben; doch diese ist kaum zu entdecken. Während die alternativen Subkulturen der späten 60er und 70er Jahre wie auch die Ökologie- und Friedensbewegung durch Erkennungsmale des Lebensstils, aber auch z.B. anhand des Wahlverhaltens ihrer Anhänger soziologisch greifbar waren und sind, kann man die Besucher von Manager-Trainings, die Kunden einer Esoterikmesse und die (nach Einschätzung des Autors und seines Lektorats) höchst inhomogene Leserschaft der Bücher Fritjof Capras kaum als zusammengehörige soziologische Größe betrachten.[143] Ähnlich problematisch sind auch die soziologischen Kategorien zur Beschreibung religiöser Vereinigungen, insbesondere die Kategorie der Sekte.[144]

Ist nun die »New Age«-Literatur Exponent einer »New Age-Bewegung«, oder ist die angebliche Bewegung nur eine Funktion jener Literatur? Welchen Grad an gesellschaftlicher Wirklichkeit kann man der von ›Insidern‹ wie auch Kritikern behaupteten »sanften Verschwörung« tatsächlich beimessen? Manches spricht dafür, »New Age« als Fortsetzung uralter religiöser, literarisch-esoterischer oder populärphilosophischer Strömungen zu sehen, die lediglich durch die technischen Mittel der modernen Kommunikationswelt zu bisher nicht dagewesener Popularität gelangt sind.[145]

Michael Schneider hat in einer empirischen Untersuchung in Gestalt einer Telefonbefragung die Bekanntheit des Begriffs »New Age« und die mit ihm assoziierten Inhalte in der öffentlichen Wahrnehmung recherchiert.[146] Er kommt zunächst zu dem Ergebnis, daß der Begriff »New Age« bei etwa 65% der Bevölkerung bekannt sei.[147] Weiter ermittelt er, »daß New Age keine homogene, abgeschlossene Bewegung« sei, sondern vielmehr »als Projektionsfläche unterschiedlichster Sehnsüchte und Vorstellungen« fungiere. Als wichtigste Antwortmuster werden genannt:
- »Sehnsucht nach neuer Religiosität«,
- »Wunsch nach ›Autonomie im Handeln‹«,
- »Wahrnehmung zusätzlicher (individueller) Entwicklungspotentiale«.

Schneider ermittelte einen Kern von 11 Prozent der Befragten, die als »Befürworter« von »New Age« zu gelten hätten. Diese Gruppe assoziiere mit New Age »insbesondere Selbstfindungsprozesse und Möglichkeiten einer humaneren Gestaltung der Zukunft«. Als soziologische Träger könnten Menschen ausgemacht werden, die es sich »leisten können, auf eine materielle Grundeinstellung zu verzichten.« Klassische

---

143. Capra äußerte im persönlichen Gespräch, die Zuhörer seiner Vorträge gehörten unterschiedlichen Gesellschaftsschichten an und hätten ebenso verschiedene Interessen wie z.B. Ökologie, Esoterik, religiöse Fragen, Fragen der Wissenschaftsethik usw. Ähnlich schätze er seine Leserschaft ein. Das Lektorat des Scherz-Verlages teilt in einer brieflichen Stellungnahme vom 19.1.1988 im wesentlichen diese Auffassung und führt als Indiz die weite Streuung der Rezensionen des Buches »Wendezeit« an, die von »Bild der Wissenschaft« bis zu »Die kluge Hausfrau« gereicht habe.
Pfr. Friedrich-Wilhelm Haack sprach demgegenüber von einer »Lesergemeinde« Capras (persönliches Gespräch im Herbst 1987), doch ist dies höchstens in einem wenig spezifischen Sinne vertretbar, wie man im kirchlichen Bereich etwa von einer »Lesergemeinde« Jörg Zinks oder Heinz Zahrnts sprechen kann.
144. Zur soziologischen und religionssoziologischen Diskussion von »Bewegungen« s.u., Kap.4.
145. Der Hintergrund solcher historischer Strömungen soll unten im zweiten Hauptteil detailliert aufbereitet werden.
146. Schneider (1991).
147. Vgl. zum Folgenden die Zusammenfassung Schneiders: 90-92.

okkulte Praktiken wie Glasrücken und Beschäftigung mit Magie wurden nur von einem geringen Prozentsatz der Befragten mit »New Age« identifiziert.

Die Ergebnisse können im Zusammenhang der vorliegenden Fragestellung einige wichtige Hinweise geben: Sie bestätigen zunächst den inhomogenen Charakter des Phänomens »New Age«. Dieses wird in der Öffentlichkeit nicht in jedem Fall als »religiös« wahrgenommen, hat aber doch eine hinreichend ausgeprägte religiöse Dimension, insbesondere dort, wo der Begriff der »religiösen Erfahrung« als Brücke zu den übrigen Antwortmustern erkannt wird. Schneiders Arbeit zeigt auch, daß »New Age« kein Unterschicht-Phänomen und eher im Kontext der modernen »Bildungsreligion« (Hermann Lübbe) zu verorten ist.[148] Die von Schneider ermittelte Existenz eines (quantitativ beachtlichen!) Kerns von Befürwortern sollte jedoch nicht dazu verleiten, daraus eine soziale Bewegung oder einheitliche ›Weltanschauung‹ zu extrapolieren. Dazu sind die ermittelten Aussagen und Einstellungen viel zu schwach konturiert.

2.2.5 Zusammenfassung

Die Verschiedenheit der Themen und Literaturgattungen zeigt an, daß »New Age« ein disparates Syndrom ist. Es überschneiden sich jeweils »wissenschaftliche« und »populärwissenschaftliche« Varianten, deren Gemeinsamkeiten abgesehen von dem oft nur oberflächlich benutzten Sprachduktus erst sorgfältig ermittelt werden müssen. Das Thema der Religion (bzw. »Spiritualität«) spielt eine wichtige Rolle, da es auch bei Autoren »profaner« Themen relativ stark vertreten ist, so daß man das Syndrom »New Age« auf seiten der Autoren als einen gemeinsamen Versuch zur religiösen Deutung der Welt verstehen könnte. Je nach Standpunkt handelt es sich dabei um einen Vorgang der Resakralisierung oder um die Fortsetzung und Erneuerung traditionell-religiöser bzw. esoterischer Positionen.

Auf der Ebene der Rezipienten hat die »New Age-Bewegung« zumindest im deutschen Sprachraum nie als eine soziale oder weltanschauliche Einheit existiert. Doch bezeichnet das Wort »New Age« eine Veränderung der individuellen und gesellschaftlichen Selbstwahrnehmung, die sich in verschiedenen Subkulturen vorbereitete und sich dann als diffuse Popularphilosophie und als eine Art ›Populartheologie‹ artikulierte. Diese Veränderung ist nicht allgemein konsensfähig, sondern steht im Widerspruch zu älteren, weiterhin existierenden Wahrnehmungsmustern. Der mit »New Age« verbundene auffällige Verlust der traditionalen Anbindung (auf kirchlicher Seite häufig als »Eklektizismus« oder »Synkretismus« bezeichnet) besagt aber nicht, daß »New Age« eine neue Tradition mit eigener, explizit formulierter Weltanschauung und Lebensordnung begründen würde; sondern dieser Verlust an traditionalen Bezügen ist ein allgemeines Kennzeichen der gegenwärtigen Lebenssituation. Die verschiedenen zu »New Age« gerechneten Bewegungen und gedanklichen Konzeptionen sind daher nur im Kontrast zur (wirklich oder nur vorgeblich) etablierten »Weltanschauung« der Öffentlichkeit als Einheit zu begreifen. *Die zusammenfassende Bezeichnung der beteiligten Phänomene als »New Age-Bewegung« ist daher erst das Ergebnis ihrer öffentlichen Wahrnehmung.*

148. Vgl. dazu oben, Kap.1, Anm.20.

3. Zur Prägekraft von Verlagsprogrammen für die religiöse Zeitgeschichte

3.1 Ursachen und Folgen eines Verlagsprojektes: »New Age« im Goldmann-Taschenbuch-Verlag

Die Geschichte des »New Age« in der deutschen Öffentlichkeit gehört ein Stück weit zur Geschichte des zweitgrößten Medienkonzerns der Welt: Der Goldmann-Verlag, bei dem 1984 die erste Taschenbuchreihe mit dem Titel »New Age« erschien, ist Teil der Verlagsgruppe Bertelsmann, zu der seit 1982 auch Bantam-Books, New York, gehört.[1] Bantam bringt seit Mitte der 70er Jahre eine erfolgreiche Paperback-Reihe unter dem Titel »New Age« heraus. Die Auswahl nimmt z.T. vorweg, was später auch in Deutschland unter diesem Begriff subsumiert wurde, ist aber weiter gefaßt und enthält z.B. auch Bücher des Psychoanalytikers Erich Fromm und des Religionswissenschaftlers Jacob Needleman.[2]

Die Bantam-Reihe diente als Vorbild für den Goldmann-Verlag sowie als Lizenzgeber für einzelne Bücher. Der damals zuständige Lektor, Peter Wilfert, plante für den deutschen Sprachraum eine inhaltlich anspruchsvolle Taschenbuchreihe zur Diskussion von Themen, die in verschiedenen Sachgebieten seit Jahren öffentlich präsent, aber bis dato nicht zusammenhängend reflektiert waren.[3] Dazu rechnet er Themen der Science-Fiction-Literatur, Ratgeber-Bücher über ›Lebenshilfe‹, ›ganzheitliche Gesundheitsvorsorge‹, ›Meditation‹ und psychologische Themen, Sachbücher zur Ökologie und Zukunftsforschung, zu östlichen Religionen und Stammeskulturen u.a.

Während die »einfache Kost« der sonstigen Verlagsreihen eher die praktischen Bedürfnisse der ›Basis‹ befriedigt, sollte die geplante Reihe gemäß der Vorlage des Bantam-Verlags ein Podium bilden für den ›Überbau‹, die *Philosophy* in jenem weiten amerikanischen Sinn, der in erster Linie lebensweltliche Reflexion philosophisch-zeitgeschichtlicher Themen bezeichnet. Als Reihentitel waren u.a. »Paradigmenwechsel«, »Wendezeit« und »New Age« im Gespräch; letzteres bot sich einerseits in der Tradition zu Bantam an, andererseits paßte es wegen seiner Kürze gut auf den Buchumschlag.

---

1. Die folgende Darstellung beruht auf Gesprächen mit den damaligen Lektoren des Goldmann-Verlags, Peter Wilfert und Michael Görden, beide München.
2. Lt. Prospekt des Bantam-Verlags, New York, aus dem Jahr 1983 (vgl. Dokumentationsteil, Abschnitt 8.3.1.). Der Prospekt beschreibt folgende Zielsetzung: »This important new imprint – to include books in a variety of fields and disciplines – will deal with the search for meaning, growth and change. BANTAM NEW AGE BOOKS will form connecting patterns to help understand this search as well as mankind's options and models for tomorrow. They are books that circumscribe our times und our future«.
3. Auskunft Peter Wilfert.

Am Anfang der neuen Reihe stand Sir George Trevelyans Buch über das »Wassermann-Zeitalter«, dessen Rechte vom GTP-Verlag, Freiburg, übernommen worden waren.[4] Die thematische Konzeption wurde oben anhand der beiden Aufsätze Wilferts in der Zeitschrift »Buch/Markt« bereits dargestellt.[5] Im persönlichen Gespräch betonte Wilfert, daß mit der Wahl des Reihentitels »New Age« keine inhaltliche Festlegung auf eine bestimmte Tradition intendiert worden sei. Die Reihe sollte den Charakter eines offenen Forums bekommen. Man habe sich gerade darum für »New Age« entschieden, weil der Ausdruck inhaltlich nicht festgelegt war und somit eine offene und interdisziplinäre Diskussion ermöglichen würde. Trevelyans Buch sei nicht wegen seines spirituell-esoterischen Schwerpunktes an den Anfang der Reihe gestellt worden, sondern weil es den Begriff »New Age« selbst im Titel führte und sich daher zur Eröffnung der Diskussion anbot. Mit Findhorn hat Wilfert sein Programm nicht identifiziert. Das Thema einer neuartigen Spiritualität habe bei der Planung der Reihe nur geringe Bedeutung gehabt.

Das bestätigte auch der Nachfolger Wilferts bei Goldmann, Michael Görden.[6] Durch Trevelyans Buch habe die Reihe in der Öffentlichkeit ein etwas obskures, »esoterisches« Image bekommen, und Buchhändler wie Käufer hätten dem Verlag die integrative programmatische Konzeption nicht so recht abgenommen. So habe sich »New Age« – anders als »Esoterik« – nicht als eigener Spartenbegriff, z.B. als Überschrift auf dem Regal in der Buchhandlung, durchsetzen können. Es gebe keine spezifische »New-Age«-Leserschaft, sondern Buchhändler wie Leser ordneten die einzelnen Diskussionsthemen nach sachlichen Kriterien ein. Das habe auf die weitere Gestaltung der Reihe zurückgewirkt, so daß ein Teil der Bücher ins Sachbuch-Programm umgestellt wurde.[7]

»New Age« sei dadurch, soweit von Goldmann beeinflußt, mehr zum Etikett eines Lebensstils geworden, als zur Bezeichnung einer Theorie oder Weltanschauung. Aus Gördens Sicht gibt es keine »New-Age-Bewegung«, keine eigene Strömung, die unter diesem Namen zusammenzufassen wäre (anders z.B. das Wort »links« im politischen Kontext, das eine eigene kulturgeschichtliche Färbung angenommen habe und dadurch zu einem Identifikationsbegriff geworden sei). Diejenigen Bücher der Reihe, die auf anspruchsvollem Niveau eine solche Zusammenschau entwickeln und anstoßen wollten, hätten sich im allgemeinen schlecht verkauft. Die von den Lektoren beabsichtigte Integrationsfunktion des Stichworts »New Age« habe sich nicht per Etikett erzwingen lassen. Der Goldmann-Verlag zog daraus Konsequenzen. Die Reihe wurde seit 1988 kaum weiter ausgebaut. Inzwischen sind zwar noch einige Bändchen erschienen, die Mehrzahl der Publikationen ist jedoch bereits wieder vergriffen oder wurde in andere Reihen des Verlages umgestellt.[8]

Diese weitgehend negative Entwicklung zeigte sich auch bei anderen Verlagen, die das Stichwort »New Age« und seine Themen kurz nach dem Goldmann-Verlag eben-

4. Trevelyan (1977).
5. Vgl. oben, Kap.2.2.2.
6. Gespräch am 26.9.88.
7. Vgl. Dokumentationsteil, Abschnitt 8.3.2.-8.3.4.
8. Vgl. Dokumentationsteil, Abschnitt 8.3.2.-8.3.4.

falls ins Programm genommen hatten. Knaur hat es inzwischen aus seiner Reihenbezeichnung wieder entfernt (vorher: »Esoterik – New Age«, jetzt nur noch »Esoterik«). Rowohlt und Fischer hatten in entsprechenden Reihen von vornherein die Bezeichnung »New Age« vermieden und ihr Image als Sachbuch-Verlage in den Vordergrund gestellt.[9] Bei ihnen ist die Kontinuität des Programms größer als bei Goldmann oder Knaur. Fischer hatte bereits in den 70er Jahren eine Reihe »Fischer-Alternativ« publiziert, in der ein ähnliches ›Themensortiment‹ schon vorweggenommen war. Einzelne Titel aus der amerikanischen ›Szene‹ sind schon seit Jahrzehnten im Programm.[10]

Auch das Taschenbuch-Programm des Herder-Verlags war an »New Age« beteiligt. 1985 kam das Stichwort auf Betreiben des Lektorats in den Titel eines Buches von Susanne Schaup über alternative Bewegungen in Amerika.[11] Von 1986 bis 1991 erschien die Reihe »Zeit-Wende-Zeit«, in der das Stichwort »New Age« bzw. »Neue Zeit« in mehreren Buchtiteln enthalten war.[12] Der wichtigste Autor dieser Reihe war Elmar R. Gruber, der »New Age« als ›Insider‹ inhaltlich zu definieren versuchte.

Analysiert man die Bücher dieser Reihen abgesehen vom Etikett »New Age« auf Inhalte und Themen, so ergibt sich zunächst ein diffuses Bild. Bei Goldmann etwa hebt sich die »New Age«-Reihe entgegen der Absicht ihrer Urheber im ganzen kaum von der schon länger bestehenden Reihe »Esoterik/Grenzwissenschaften« ab.[13] Das ist auch den Lektoren bewußt. Görden unterscheidet deshalb in beiden Reihen zwischen Büchern der Kategorie »Sachbuch« einerseits und »Ratgebern« bzw. »Lebenshilfebüchern« andererseits. Erstere seien typische Buchhandelsbücher (d.h. sie lassen sich nicht im Kaufhaus absetzen), würden von Viel-Lesern gekauft und relativ kritisch nach Thema und Autor ausgewählt. Als inhaltlichen Mittelpunkt dieser Buch-Kategorie bestimmt Görden »humanistische Kernfragen« der Gegenwart, vor allem die Frage des Überlebens der Menschheit angesichts bedrohender Krisenphänomene, außerdem Fragen einer kollektiven Lebensqualität, des Zusammenhangs moderner Wissenschaften mit der Lebenswelt u.a.

Die Bücher der zweiten Kategorie sprechen, so Görden, vor allem zeitunabhängige, menschliche »Urfragen« an. Sie würden nicht aus allgemeinem Wissensdurst, sondern aus existentiellem Interesse in bestimmten Lebensphasen gekauft, als Lektüre bei längerer Krankheit, in seelischen Krisen, in Phasen der persönlichen Orientierung. Die Leser schöpften aus ihnen konkrete Hilfestellungen für die Lebensbewältigung. In diesem Bereich sei die Käuferschaft viel breiter gestreut als im ersteren und weniger auf einen bestimmten Bildungsstand oder weltanschauliche Präferenzen festgelegt.

Diese Einteilung scheint plausibel: Die Bücher der ersteren Kategorie stellen eine moderne Form des Sachbuches mit interdisziplinären Bezügen dar; die der letzteren sind augenscheinlich nicht weit entfernt von dem, was man in traditionellen Begriffen

---

9. Reihentitel: »rororo-transformation«; »Fischer-Perspektiven«.
10. Bei Rowohlt z.B. seit 1963: Jack Kerouac: Gammler, Zen und Hohe Berge, (engl. Original 1958).
11. Auskunft Susanne Schaup (vgl. Schaup (1985)).
12. Vgl. Dokumentationsteil, Abschnitt 8.3.6.
13. Vgl. Dokumentationsteil, Abschnitt 8.3.3.

»Erbauungsliteratur« nennen würde. Görden bezeichnet – unabhängig von der mehr aus Marketing-Gründen strukturierten Reihen-Einteilung des Verlages – die erste Kategorie als »New-Age-Literatur« im engeren Sinne, die zweite als »Esoterik«. Trotz ihres unterschiedlichen intellektuellen Anspruchs gehören aber beide Seiten offenbar zur selben Medaille am gegenwärtigen Buchmarkt: »New Age« macht die »Esoterik« salonfähig, und die »Esoterik« macht die »New-Age«-Themen persönlich interessant.

Nach Verkaufszahlen – so Görden – spielte die erstere Kategorie bei Goldmann keine große Rolle. Die Bücher von Ken Wilber und Rupert Sheldrake, von David Bohm, Hazel Henderson und auch George Trevelyan hätten sich eher schleppend verkauft. Sie dienten als Aushängeschilder des Programms – inzwischen sind sie großenteils vergriffen.[14] Das Programm finanziere sich durch Bücher der zweiten Kategorie, die 1988 etwa siebzig Prozent des Umsatzes im gesamten Non-Fiction-Bereich des Verlages ausgemacht hätten. Bestseller seien z.b. die Bücher von Chris Griscom, Shirley MacLaine, Leo Buscaglia, Erhard F. Freitag und – allen voran – Thorwald Dethlefsen.[15]

Auch bei anderen Verlagen lassen sich ähnliche Unterscheidungen treffen. Nicht in dieses Schema fügen sich aber z.b. die Bücher von Fritjof Capra, die Görden den Sachbüchern zurechnet und die ausgesprochene Bestseller geworden sind.[16] Bei stärker programmatisch orientierten Verlagen wie z.b. Rowohlt oder Fischer verschiebt sich das Gesamtbild zugunsten der ersteren Kategorie.

Dem kundigen Leser wird diese Charakterisierung aus der Sicht eines am Markt orientierten Verlages seltsam und verwirrend erscheinen: Benutzen doch gerade Autoren wie MacLaine oder Griscom das Stichwort »New Age« ganz ohne Scheu, während es in den Büchern der von Görden sog. »New-Age«-Kategorie (und von Verlagen wie Rowohlt) zumeist sorgsam gemieden wird. Bilden nicht die ersteren eher die Mitte dieses »New Age« als Naturwissenschaftler wie Bohm und Sheldrake oder Historiker wie Roszak oder Berman, die das Stichwort weder verwenden noch für große Umsätze gut sind?

Die Frage bekommt eine neue Wendung, wenn man die Vorgeschichte der ersteren, programmatisch ausgerichteten Bücher-Kategorie genauer untersucht: Goldmann wie Rowohlt schöpfen dabei aus den Quellen kleinerer Verlage mit einem spezifischen Programm, die die *Themen* des sogenannten »New Age« inhaltlich eingeführt haben, des *Etiketts* »New Age« aber nicht bedurften. Z.B. sind die deutschen Ausgaben der Bücher von Bohm, Henderson, Bentov, Berman und Roszak bei Goldmann und Rowohlt fast allesamt Lizenzausgaben des Dianus-Trikont-Verlages, München, der sie aus dem englischen Sprachraum nach Deutschland eingeführt hatte. Die Bücher von Capra, Wilber und Sheldrake erschienen zuerst im Scherz-Verlag, der seinerseits auf die jahrzehntelange Tradition des O.W.Barth-Verlages, Weilheim und München, zurückgreifen konnte. Weiter ist der Sphinx-Verlag, Basel, zu nennen, der u.a. Marilyn Fergusons Buch: »Die sanfte Verschwörung« herausbrach-

14. Vgl. Dokumentationsteil, Abschnitt 8.3.2. bis 8.3.4.
15. Vgl. Dokumentationsteil, ebd.
16. Vgl. dazu unten, Kap.11.1.

te (später als Knaur-Taschenbuch).[17] Viele weitere Kleinverlage trugen zur Erzeugung des Klimas bei, in dem die großen Verlage dann ihre Bücherreihen an die Käufer bringen konnten. Im Gegensatz zu den großen publikums- und kommerzorientierten Unternehmen vertreten sie ein spezifisches programmatisches Anliegen und sind daher typische Programmverlage.

Das Buchphänomen »New Age« hat somit zwei Seiten: Auf der einen steht eine ›Bücherbewegung‹, die von kleinen Verlagen ausging und zunächst in einem beschränkten, subkulturellen Rahmen neue Impulse gab, Themen und Denkweisen aufzeigte. Die Bezeichnung »New Age« kommt in diesem Rahmen noch nicht vor (abgesehen vom Greuth Hof Verlag und einigen anderen, die alle in Verbindung mit der Findhorn-Gemeinschaft standen[18]). Zum Etikett einer Bewegung wurde dieses Stichwort erst bei der Übernahme durch die großen Verlage. Dabei verlor es seine konkreten Bezüge zur Findhorn-Gemeinschaft. Auf der anderen Seite stehen Bücher, die von vornherein für große Auflagen geschrieben wurden und in diesem Sinne weniger programmatisch und zeitspezifisch sind, vielmehr allgemeine Information vermitteln, von Erfahrungen berichten und Langzeitthemen in neuer Form aufbereiten.

Aufgrund dieses Ergebnisses scheint es notwendig, die Recherche der Verlagsprogramme nun unabhängig vom Etikett »New Age« noch weiter zu treiben. Im folgenden werden zwei Verlage herausgegriffen, die aus unterschiedlichen Gründen für den programmatischen Aspekt der Sache signifikant sind: O.W.Barth und Dianus-Trikont. Der Barth-Verlag ist ein bereits klassisches Beispiel für die bewußte Entwicklung und Gestaltung der neuen interreligiösen Kultur in der Nachkriegszeit. Der Verlag informierte nicht nur über die Lehren fremder Religionen, sondern hob deren praktische, erfahrungsbezogene Seiten hervor und versuchte gleichzeitig, einen Dialog mit der christlichen Glaubenspraxis in Gang zu bringen. Dianus-Trikont ging aus der Studentenbewegung der späten 60er Jahre hervor und vollzog in charakteristischer Weise einen Wandel von politisch-gesellschaftlichen zu »metapolitischen« und »spirituellen« Themen.

Beiden Verlagen ist einiges gemeinsam: ein relativ großer Bekanntheitsgrad in der Öffentlichkeit und eine entsprechend breite Streuung der Leserschaft (im Unterschied zu reinen Insider-Verlagen religiöser oder politischer Subkulturen); ferner ein eigenwilliges, zur jeweiligen Zeit neuartiges Programm, das Entwicklungen des allgemeinen Interesses vorwegnahm und stimulierte. Beide Verlage schöpften in weitem Maß aus englischsprachigen Quellen, kopierten jedoch nicht nur das Angebot ausländischer Verlage, sondern versuchten eine programmatische ›Übersetzung‹ in den deutschsprachigen Kontext. Beide würden sich gegen die Etikettierung als »New-Age«-Verlage wehren, die ihnen im Zuge dieser Untersuchung auch nicht zugeschrieben werden soll. Doch haben sie Thema und Atmosphäre vorbereitet, die im Prozeß der weiteren Entwicklungen jenes Etikett hervorbrachten.

---

17. Ferguson (1980).
18. Vgl. dazu oben, Kap.2.1.2.

3.2 Religiöse Erfahrung im interreligiösen Kontext: Literarische Grundlagen der Neuen religiösen Szenerie im Nachkriegsprogramm des Otto-Wilhelm-Barth-Verlages

3.2.1 Okkultismus, religiöse Erfahrung, östliche Weisheit im Westen: Zur Geschichte des Verlages von 1920 bis 1970

Im Jahr 1977 erschien bei O.W.Barth die deutsche Ausgabe von Fritjof Capras: »The Tao of Physics«. Wegen seiner sonderbaren Kombination von Physik und »östlicher Mystik« schien das Buch innerhalb des Verlages zunächst einigermaßen suspekt und der deutschen Öffentlichkeit kaum zuzumuten.[19] Um das Problem zu entschärfen, bekam es den eher esoterisch klingenden Titel »Der kosmische Reigen«, der sich auf die im Vorwort beschriebene Vision des Autors am Strand bezog.[20] Wider Erwarten wurde es dann auch in Deutschland ein Verkaufserfolg, worauf es 1984 schließlich entsprechend dem Original in »Das Tao der Physik« umbenannt wurde. Capra selbst hatte in den USA zwei Jahre vorher ähnliches erlebt; nachdem er lange einen Verlag für sein Buch gesucht hatte, fand er sich nach Erscheinen unversehens im Mittelpunkt einer breiten öffentlichen Diskussion wieder.[21]

Das Buch bewirkte in der deutschen Verlagswelt eine Art Initialzündung. Seit Ende der 70er Jahre ist eine neue Atmosphäre entstanden, die die Verschmelzung von naturwissenschaftlichen und religiös-mystischen Themen auch in der breiteren Öffentlichkeit erlaubte. Nahezu alle namhaften Sachbuchverlage haben inzwischen entsprechende Bücher im Programm.

Es ist kein Zufall, daß Capras Bücher im O.W.Barth-Verlag erschienen, der seit Jahrzehnten ein gutes Renommee im Blick auf die Vermittlung östlicher Lehren an die Öffentlichkeit genießt. An der Verlagsgeschichte lassen sich die Veränderungen und Entwicklungen des religiösen Klimas in Deutschland mit größerer Tiefenschärfe verfolgen als bei den Taschenbuchverlagen, die erst in den 70er und 80er Jahren an diesem Prozeß beteiligt waren.[22]

---

19. Auskunft Susanne Schaup, damals zuständige Lektorin.
20. Der kosmische Reigen, Weilheim und München: O.W.Barth im Scherz-Verlag, 1977, seit 1984 u.d.T.: Das Tao der Physik (=Capra (1975)).
21. Auskunft Susanne Schaup; vgl. auch Capra (1988), 16, sowie Renée Weber: Gibt es ein ›Tao der Physik‹?. Ein Gespräch mit Fritjof Capra, in: K. Wilber (Hrsg.): Das holographische Weltbild, München: Heyne, o.J. (engl. Original 1982), 220-257, hier 221 (das Interview wurde zuerst veröffentlicht in: Re-Vision Journal, 1981).
22. Die folgende Darstellung stützt sich auf die Autobiographie der verstorbenen Verlegerin, Ursula von Mangoldt: Auf der Schwelle zwischen Gestern und Morgen. Begegnungen und Erlebnisse, Weilheim: O.W.Barth, 1963, später überarbeitet u.d.T.: Gebrochene Lebenslinien. Mein Weg zwischen den Zeiten, Freiburg u.a.: Herder, 1981; außerdem auf

Seit seiner Gründung im Jahr 1924 hatte sich der O.W.Barth-Verlag mit entlegenen Quellen intuitiver und esoterischer Wissenstraditionen befaßt. Der Namensgeber, Otto Wilhelm Barth, betrieb um 1920 in München-Schwabing eine Buchhandlung für okkulte Literatur namens »Asokthebu«, die seit 1921 mit persönlichem Urheberrecht Barths die Zeitschrift »Lotusblätter« und einige Bücher astrologischen und theosophisch-rosenkreuzerischen Inhalts publizierte.[23] »Lotusblätter« war die Mitgliederzeitschrift der 1921 von Barth und dem Leipziger Theosophen Heinrich Tränker gegründeten »Lotusgesellschaft«; diese hatte sich der »Synthese der drei Wege der Mystik, Philosophie und des Okkultismus« verschrieben.[24] Die Buchhandlung brachte auch zwei Veröffentlichungen einer rosenkreuzerischen Geheimgesellschaft namens »Collegium Pansophicum« heraus, die in der Tradition des Theosophen Franz Hartmann (1838-1912) stand und offenbar ebenfalls von Barth und Tränker initiiert worden war.[25]

Seit Ende 1924 firmierte das Unternehmen als »Otto Wilhelm Barth Verlag, GmbH, München-Planegg«. Seit diesem Zeitpunkt war neben Otto Wilhelm Barth der Astrologe Fritz Werle beteiligt,[26] der später als Inhaber die Geschäfte führte. Außer astrologischen und charakterologischen Büchern wurde seit 1925 von Werle die bis heute einzige deutsche Gesamtausgabe des französischen Okkultisten Eliphas Lévi (i.e. Alphonse Louis Constant, 1810-1875[27]) publiziert. Auf die Initiative Barths geht u.a.

    mündliche und schriftliche Auskünfte von Freiherrn Wolf von Fritsch, München und Bad Säckingen, der von 1949 bis 1972 zusammen mit ihr die Geschäfte des Verlages führte, und von Dr.Susanne Schaup, die von 1973 bis 1976 als Lektorin im Verlag tätig war und seine Entwicklung langjährig mitverfolgte. Weitere Informationen, insbesondere zur aktuellen Entwicklung, verdanke ich Stephan Schuhmacher, der gegenwärtig als Lektor im O.W.Barth-Verlag tätig ist.

23. Vgl. Dokumentationsteil, Abschnitt 8.1.1. Dort genauere Einzelheiten zur Frühgeschichte des Verlages.
24. »Lotusblätter«, Jg. I,1 (1921), Innendeckblatt.
25. Heinrich Tränker (1880-1956, Pseudonym: Fr. Recnartus) hatte der von dem Theosophen Franz Hartmann (1838-1912) im Jahr 1897 gegründeten »Internationalen Theosophischen Verbrüderung« (ITV) angehört. In ihrem Auftrag hatte er in Leipzig die »Theosophische Zentralbuchhandlung« geführt. 1908 war es zur Spaltung mit einem anderen führenden Mitglied der ITV, Hugo Vollrath, gekommen, woraufhin die »Zentralbuchhandlung« Konkurs anmelden mußte (Quellen: Karl R.H. Frick: Licht und Finsternis. Gnostisch-theosophische und freimaurerisch-okkulte Geheimgesellschaften bis an die Wende zum 20. Jahrhundert, Bd.2: Geschichte ihrer Lehren, Rituale und Organisationen (= Die Erleuchteten, Bd.2,2), Graz 1978; Horst E. Miers: Lexikon des Geheimwissens, München, [6]1986; zu Vollrath vgl. auch Webb in Cavendish (Hrsg.) (1974), 218.236.253).
Miers, 411f., sieht die »Loge Pansophia« als Stellvertreterorganisation einer von Tränker 1922 in München gegründeten Nachfolgegesellschaft der ITV (vielleicht identisch mit der »Lotusgesellschaft«, dann aber nach meinen Recherchen bereits 1921 gegründet). Die »Pansophia« sei 1926 wieder auseinandergebrochen, als sich ein Teil der Berliner Mitglieder Aleister Crowleys Gesellschaft »Fraternitas Saturni« anschloß.
26. Quelle: Informationsblatt des Scherz-Verlags von 1986 zur Verlagsgeschichte des O.W.Barth-Verlags.
27. Zu Lévi vgl. unten, Kap.6.2.2.6., Abschnitt (6).

eine mehrbändige Paracelsus-Ausgabe zurück. Das bekannteste Buch der Vorkriegszeit war »Die deutsche Ephemeride«, ein Tabellenwerk in mehreren Bänden mit den täglichen Planetenkonstellationen zum astrologischen Gebrauch.[28] Sie blieb auch später – in entsprechender Weiterführung und mehrfacher Aktualisierung – das »Brotbuch« des Verlages.[29]

In der Nachkriegszeit wurde der O.W.Barth-Verlag zu einem wichtigen Mittler östlicher religiöser Lehren im deutschen Sprachraum. Das war vor allem das Verdienst und Lebenswerk der Verlegerin Ursula von Mangoldt (1904-1987), einer evangelischen Theologin, die von 1947 bis 1972 den Verlag leitete.[30] Sie hatte bereits in den 30er Jahren unter einem Pseudonym (da sie wegen jüdischer Abstammung nicht publizieren durfte) für Fritz Werle mehrere Bücher übersetzt.[31] Nach dem Krieg führte sie die astrologische Tradition des Verlages weiter. Außerdem entwickelte sie nun ein auserlesenes Sortiment nicht-akademischer Bücher über japanischen Buddhismus und Zen-Meditation, Tibet, Yoga und indische Philosophie, das Tao-te-King und das I Ging – wie sie heute in großer Zahl und mit unterschiedlichem Niveau bei Goldmann oder Knaur, Heyne oder Bastei-Lübbe zu finden sind. In den 50er Jahren war ein solches Verlagsprogramm ein Novum.[32] Die einzige direkte Konkurrenz in dieser Zeit war nach Auskunft des damaligen Geschäftsführers, Wolf von Fritsch, der Rascher-Verlag in Zürich; hinzu kommen noch Walter in Olten, Piper in München und vereinzelte Bücher bei Rowohlt, Ullstein, List u.a., außerdem die Publikationen buddhistischer und anderer Spezialverlage mit zumeist nur geringer Verbreitung. In Sachen Zen-Buddhismus hatte O.W.Barth bis in die 60er Jahre im deutschen Sprachraum fast eine Monopolstellung.[33]

Neben der literarischen Produktion – etwa acht bis zwölf Titel im Jahr[34] – veranstaltete Mangoldt zahlreiche Tagungen in der Evangelischen Akademie Tutzing und im Schloß Elmau bei Garmisch sowie Vortragsreihen im Münchener Raum. Zu Beginn der 50er Jahre wurde dafür ein »Charakterologisches Institut für Forschung und Beratung« gegründet, unter dessen Dach Autoren wie Karlfried Graf Dürckheim, Jean Gebser und Alfons Rosenberg bekannt geworden sind.[35] Ursula von Mangoldt war auch maßgeblich an der heutigen Verbreitung des Stichworts »Meditation« beteiligt, das sie in den 60er und 70er Jahren mit Büchern und Tagungen förderte.[36] Vor 1960

28. Vgl. Dokumentationsteil, Abschnitt 8.1.1.
29. Auskunft Wolf von Fritsch.
30. Besitzer des Verlages in der Nachkriegszeit war zunächst noch Fritz Werle, der ihn nach und nach an Ursula von Mangoldt und Wolf von Fritsch übergab. Bis 1960 war der Verlagssitz in Planegg bei München, dem Wohnort Werles, dann auf Mangoldts Hof bei Weilheim/Obb. (Auskunft Wolf von Fritsch).
31. Vgl. Dokumentationsteil, Abschnitt 8.1.4.4.
32. Sowohl Zen als auch Yoga war in der Öffentlichkeit wenig bekannt. Fritsch erzählt, er sei in den 50er Jahren gelegentlich gefragt worden, ob das etwas zum Essen sei.
33. Vgl. Dokumentationsteil, Abschnitt 3.7.2.
34. Auskunft Wolf von Fritsch.
35. Auskunft Wolf von Fritsch. Vgl. z.B. die Sammelbände: Die Welt in neuer Sicht, Bd.1 (1957) und 2 (1959), hrsg.v. Jean Gebser (vgl. Dokumentationsteil, Abschnitt 8.1.2.).
36. Vgl. u.a.: Ursula von Mangoldt: Meditation. Heilkraft im Alltag, Planegg: O.W.Barth,

war dieses Stichwort außerhalb christlicher Kontexte wenig gebräuchlich.[37] Damit hängt auch das Thema der religiösen Erfahrung zusammen, das im Verlag ebenfalls programmatische Bedeutung hatte.[38] Der Verlag knüpfte mit seiner Rezeption »östlicher Weisheit« an eine Tradition allgemeinverständlicher Vermittlung östlicher Religionen an, die u.a. durch die Pâli-Übersetzungen Karl-Eugen Neumanns im Piper-Verlag (seit 1896) und durch Richard Wilhelms Übersetzungen aus dem Chinesischen bei Eugen Diederichs (seit 1910) geprägt worden war.[39] Auch die Reihe der »Religionsgeschichtlichen Volksbücher« steht in vergleichbarer Tradition.[40] Während sich jedoch vor dem Zweiten Weltkrieg die Vermittlung östlicher Religionen und Philosophieen im wesentlichen auf das Zugänglichmachen der Quellen sowie auf gelehrte oder popularisierende Darstellungen aus der Feder von Orientalisten und Religionswissenschaftlern beschränkt hatte, brachten die Bücher des O.W.Barth-Verlages – nach überwiegend angelsächsischem Vorbild – das praktische Moment östlicher Meditationsweisen in den Vordergrund. Gleichzeitig dokumentieren sie eine Erweiterung und Verlagerung des Interesses der deutschsprachigen Leserschaft innerhalb der verschiedenen östlichen Traditionen, vom Pâli- zum Mahâyâna-Buddhismus und ähnlich von den Upanishaden zur Yoga-Tradition.[41]

1960; Meditation und Kontemplation aus christlicher Tradition, Weilheim: O.W.Barth, 1966; dies., (Hrsg.): Wege der Meditation heute. Information und Diskussion, Weilheim: O.W.Barth, 1970 (Tagung in Schloß Elmau 1970 u.d.T.: »Meditiation heute«). Seit 1975 erscheint die von ihr begründete Zeitschrift »Meditation. Anstöße für den christlichen Vollzug« in Säckingen (vgl. auch Dokumentationsteil, Abschnitt 8.1.4.).

37. Zur Geschichte und Wirkung des Begriffs vgl. Martin Nicol: Art. »Meditation II. Historisch/Praktisch-theologisch«, in: TRE 22 (1992), 337-353. Über die Schwierigkeiten der Forschungssituation vgl. bes. 337-345.
38. Vgl. die von Alfons Rosenberg herausgegebene Reihe: Dokumente religiöser Erfahrung, 1954ff (vgl. dazu Dokumentationsteil, Abschnitt 8.1.2.); ferner Karlfried Graf Dürckheim: Im Zeichen der Großen Erfahrung, 1951. Zur Bedeutung des Erfahrungsbegriffs in der westlichen Zen-Rezeption s.u. Anm.59.
39. Das kulturpolitische Programm des Eugen-Diederichs-Verlags ist sorgfältig analysiert worden, wobei allerdings seine Pionierrolle in der Vermittlung östlicher Inhalte weniger im Blick ist. Vgl. dazu: Erich Viehöfer: Der Verleger als Organisator. Eugen Diederichs und die bürgerlichen Reformbewegungen der Jahrhundertwende, Frankfurt a.M.: Buchhändler-Vereinigung, 1988 (zugl. Diss. 1983). Gangolf Hübinger: Kulturkritik und Kulturpolitik des Eugen-Diederichs-Verlags im Wilhelminismus. Auswege aus der Krise der Moderne?, in: F.W. Graf und H. Renz (Hrsg.): Troeltsch-Studien Bd.4, Gütersloh 1987, 92-114 (dort weitere Literatur); G. Pflug: Eugen Diederichs und Henri Bergson, in: M. Estermann und M. Knoche (Hrsg.): Von Goeschen bis Rowohlt (Festschrift Heinz Sarkowski), Wiesbaden 1990, 159-176. Vgl. dazu auch unten, Kap.7.2.3.2. (zu Arthur Drews).
40. Erschienen bei Gebauer-Schwertschke in Halle/Saale.
41. Zur westlichen Buddhismusrezeption vgl. Klaus-Josef Notz: Der Buddhismus in Deutschland in seinen Selbstdarstellungen, Frankfurt u.a., 1984 (Diss. München 1982); Manfred Bergler: Die Anthropologie des Grafen Karlfried von Dürckheim im Rahmen der Rezeptionsgeschichte des Zen-Buddhismus in Deutschland, ungedr. Diss., Erlangen 1981; Usarski (1989); Michael Mildenberger: Religiöser Humanismus. Zum europäischen Erbe im deut-

Über Zen gab es vor dem Krieg im Deutschen nur vereinzelte Publikationen mit noch geringer Verbreitung.[42] Manfred Bergler beschreibt in Anlehnung an Ernst Benz bis 1981 fünf Phasen der Rezeption: »Zen der ersten Stunde«, »Pioniergeneration«, »Die Ära Suzuki«, »Christliches Zen« und »Pluralität und Popularisierung«.[43] Er macht deutlich, daß die eigentliche Zen-Rezeption innerhalb des größeren Rahmens des Interesses an »östlicher Mystik« erst mit der Generation der praktischen »Lebemeister« einsetzte – im Unterschied zu den »Lesemeistern«, die nach der Jahrhundertwende v.a. den Kanon des Theravâda-Buddhismus sowie chinesische Literatur rezipiert hatten.[44] Das Programm des O.W.Barth-Verlages läßt sich nach dieser Einteilung gut von der zweiten bis zur vierten Phase verfolgen.[45]

Etwas anders stellt sich die Situation im Bereich des tibetischen Buddhismus dar. 1935 erschien bei Rascher in Zürich – mit einem Vorwort von Carl G. Jung – die aus dem Englischen übersetzte Ausgabe des »Tibetanischen Totenbuches« von Walter Y. Evans-Wentz.[46] Ebenfalls in den 30er Jahren wurden – außer den Projekten des O.W.Barth-Verlages – mehrere zumeist romanartige Bücher von Alexandra David-

     schen Buddhismus, in: Kehrer (Hrsg.) (1980), 49-76; Ernst Benz: Buddhismus in der westlichen Welt, in: H. Dumoulin, Hrsg., Buddhismus der Gegenwart, Freiburg u.a.: Herder, 1970, 191-204.
     Zur Indienrezeption im Westen vgl. Halbfass (1988); Hummel (1980); Christian Fuchs: Yoga in Deutschland. Rezeption, Organisation, Typologie, Stuttgart: Kohlhammer, 1990. Dort jeweils weitere Literatur.

42. Vgl. Dokumentationsteil, Abschnitt 3.7.2. Zur Rezeptionsgeschichte des Zen in Deutschland vgl. Bergler (1981), 1-93; Notz (1984), 96-99; Heinrich Dumoulin: Zen im 20. Jahrhundert, München 1990, hier 13-23, bes. 14-16.
43. Bergler (1981), Kap.A I bis A V.
44. Ebd., 3, mit Verweis auf Karl Eugen Neumanns Übersetzung der »Lehrreden des Buddha« und die Werke Richard Wilhelms.
45. Usarski (1989) läßt in einem allgemeiner ansetzenden Schema zur »Rezeptionsgeschichte asiatischer Religiosität in Deutschland« die Phase der »erfahrungsorientierten Intellektuellen« mit ihrem Interesse an Mahâyâna-Buddhismus schon 1924 mit der Einweihung des von Paul Dahlke initiierten »Buddhistischen Hauses« in Berlin beginnen, da schon hier das Anliegen meditativer Praxis wichtigen Raum eingenommen habe. Die nächste Phase beginnt nach seiner Einteilung in den 60er Jahren mit der Trägerschicht der »alternativkulturellen Literaten und Musiker« und ihrem praktischen Interesse an Zen und Hinduismus.
Die Differenz der Schemata von Bergler und Usarski ist eher historiographischer als inhaltlicher Art und dadurch zu erklären, daß Bergler mehr die literarische Rezeption, Usarski mehr die Praxis buddhistischen Lebens analysiert. Jedenfalls stellt in Deutschland der Zweite Weltkrieg eine starke Zäsur dar. Dahlke selbst gehörte noch zur Generation der am Theravâda-Buddhismus orientierten Intellektuellen, auch wenn seine Impulse jene Umschichtungen vorbereitet haben mögen. Ähnlich hat die literarische Popularisierung des Zen durch die Bücher des O.W.Barth-Verlages in den 50er Jahren seine spätere praktische Verbreitung vorbereitet.
46. Das Tibetanische Totenbuch. Mit einem psychologischen Kommentar von C.G.Jung, Zürich und Leipzig: Rascher, 1935 (Aus d. engl. Fassung des Lama Kazi Dawa Samdup, hrsg. v. Walter Y. Evans-Wentz, London: 1927).

Neel in deutscher Übersetzung publiziert, ferner einige Einführungen in den tibetischen Buddhismus.[47] Der tibetische Buddhismus war also schon vor dem Krieg bekannt geworden. Besonders das tibetische Totenbuch hatte einigen Einfluß auf die humanistisch gebildete Welt, die über die scheinbaren Parallelen zum bereits bekannten ägyptischen Totenbuch überrascht war.

Während am Anfang des Jahrhunderts die deutschen Übersetzungen von Karl Eugen Neumann und Nyanatiloka in Europa eine Vorreiterrolle gespielt hatten, erschien die seit den 30er Jahren bekanntgewordene tibetische und japanische Buddhismus-Literatur fast ausschließlich in Zweitübersetzungen aus dem Englischen bzw. Französischen. Die erste Direkt-Übertragung des Tibetischen Totenbuches ins Deutsche erschien z.B. erst 1977 – und zwar im O.W.Barth-Verlag.[48]

3.2.2 Autoren und Programmbereiche

Der O.W.Barth-Verlag hat wesentlich vorbereitet, was seit Ende der 60er Jahre in die breite Meditationskultur der Gegenwart mündete.[49] Von hervorragender Bedeutung war dabei ein kleines Buch von Eugen Herrigel: »Zen in der Kunst des Bogen-

---

47. In Auswahl sei (außer dem »Totenbuch«, s. vorige Anm.) genannt: Alexandra David-Neel: Heilige und Hexer. Glaube und Aberglaube im Lande des Lamaismus, Leipzig: F.A.Brockhaus, 1931; dies.: Mönche und Strauchritter, ebd., 1933; dies.: Meister und Schüler. Die Geheimnisse der lamaistischen Weihen, ebd., 1934; dies.: Vom Leiden zur Erlösung, ebd., 1937; Wilhelm Filchner: Kumbum Dschamba Ling, ebd., 1933. (Bücher des O.W.Barth-Verlages s. Dokumentationsteil, Abschnitt 8.1.1.).
48. Eva K. und Geshe Lobsang Dargyay (Übs.): Das tibetische Buch der Toten, Weilheim und München: O.W.Barth, 1977.
49. Zen-Sesshins (mehrtägige Zen-Unterweisungen) und Zen-Gruppen gibt es in Deutschland erst seit den 60er Jahren. Dabei waren katholische Mönche und Nonnen wichtige Mittler, v.a. der deutsche Jesuit Hugo Enomiya-Lassalle (1898-1990), der seit 1968 in deutschen Klöstern Sesshins abhielt (vgl. ders., Vorwort, in: Karlfried Graf Dürckheim: Weg der Übung. Geschenk der Gnade. Frankfurter Vorträge, hrsg. v. Christa Well, Aachen: N.F.Weitz, Bd.1 (1988), 7f., sowie seine Lebensbeschreibung in: G. Stachel (Hrsg.) (1978), 453-455). Etwa gleichzeitig begann Karlfried Graf Dürckheim in Todtmoos-Rütte (Schwarzwald), regelmäßige Zen-Übungen durchzuführen. Beide hatten 1967 bei einer Tagung über »Abendländische Therapie und östliche Weisheit« in Schloß Elmau bei Garmisch referiert (vgl. H. Enomiya-Lassalle: Erleuchtungsweg des Zen-Buddhismus und christliche Mystik, in: W. Bitter (Hrsg.): Abendländische Therapie und östliche Weisheit, Tagungsbericht, Stuttgart 1968, 81-107). Auch Lassalles Arbeit ist literarisch mit dem O.W.Barth-Verlag verbunden (ders.: Zen-Meditation für Christen, Weilheim 1969). Bereits 1964 hatte Fritz Hungerleider erste Sesshins im »Haus der Stille« in Roseburg gehalten, die jedoch keine vergleichbare Breitenwirkung hatten; vgl. dazu: Notz (1984), 98ff.; Bergler (1981), 58ff. Zu Dürckheim vgl. unten, S. 150-152.
Der tibetische Buddhismus ist vor allem durch die 1968 vom Dalai Lama eingesetzte Klostergemeinschaft Rikon/Zürich und durch das »Tibetische Zentrum e.V.« in Hamburg (gegründet 1977) im deutschsprachigen Raum lebendig geworden. In den 70er Jahren sind die Traditionslinien des Karma-Kagyü (vor allem durch Ole Nydahl) und des in

schießens«. Es war zunächst 1948 im Curt Weller-Verlag, Konstanz, erschienen. 1951 übernahm es der O.W.Barth-Verlag, bei dem es zahlreiche Auflagen erreichte und nach wie vor publiziert wird (33. Auflage 1992).[50] Es wurde in acht Sprachen übersetzt und war im Verlag zugleich Vorbild einer bibliophilen Buchreihe über Zen.[51]

Herrigel (1884-1955), ein Erlanger Philosophieprofessor, Neukantianer und Schüler von Rickert und Windelband, war 1924-1929 Gastdozent an der Kaiserlichen Tohoku-Universität in Sendai, Japan, gewesen und hatte sich seit dieser Zeit intensiv mit der japanischen Kunst des Bogenschießens und der ihr zugrundeliegenden Lehre des Zen befaßt.[52] Er ist dabei weit vorgedrungen und genoß in Japan große Anerkennung.[53] Herrigel schreibt in der Einleitung seines Buches:

»Nicht um den ausgesprochen spekulativen Buddhismus dreht es sich hier, den man um seines angeblich zugänglichen Schrifttums willen allein in Europa kennt und sogar zu verstehen beansprucht, sondern um den ›Dhyana‹-Buddhismus, den man in Japan als ›Zen‹ bezeichnet, und der in erster Linie nicht Spekulation, sondern unmittelbare Erfahrung dessen sein will, was als grundloser Grund des Seienden vom Verstande nicht ausgedacht, ja nicht einmal nach noch so eindeutigen und unwiderstehlichen Erfahrungen begriffen und gedeutet zu werden vermag: man weiß es, indem man es nicht weiß. Um dieser entscheidenden Erfahrungen willen schlägt der Zen-Buddhismus Wege ein, welche durch ein methodisch geübtes Sich-Versenken dahin führen sollen, im tiefsten Grunde der Seele des unnennbar Grund- und Weiselosen inne, noch mehr, mit ihm eins zu werden.«[54]

Der Text macht deutlich, daß es um Erfahrung geht: Der Bogenschütze ›zielt auf sich selbst‹. Die Erfahrung ist »mystischer« Art. Herrigel fährt fort:

»Das Zen ist in dieser Hinsicht der reinen Versenkungsmystik verwandt. Wer mystischer Erfahrung nicht teilhaftig wird, bleibt, wie immer er sich auch drehe und wende, außerhalb stehen. Dieses Gesetz, dem alle echte Mystik gehorcht, läßt keine Ausnahme zu... Zen kann somit wie alle Mystik nur von dem verstanden werden, der selbst Mystiker ist und daher nicht in die Versuchung kommt, auf andere Weise erschleichen zu wollen, was ihm die mystische Erfahrung vorenthält.«[55]

Amerika lehrenden Tibeters Chögyam Trungpa Rinpoche und mehrere andere Linien hinzugekommen, die im Zusammenhang von »New Age« einige Bedeutung haben. Vgl. dazu Notz (1984), 93ff.
50. Nach Auskunft von Wolf v. Fritsch wurden bereits in den 50er Jahren jährlich zwei Auflagen mit je 10 000 Exemplaren gedruckt. (= Herrigel (1948)). Bis heute beläuft sich der Verkauf nach Verlagsangaben kontinuierlich auf ca. 10 000 Exemplare im Jahr.
51. Vgl. Dokumentationsteil, Abschnitt 8.1.2.
52. Zur Biographie vgl. ders.: Der Zen-Weg. Aufzeichnungen aus dem Nachlaß, hrsg.v. H. Tausend und G. Herrigel, München-Planegg: O.W.Barth, 1958, 123-127; vgl. auch Bergler (1981), 22ff.
53. Vgl. Mangoldt (1981), 137; vgl. auch Daisetz T.Suzukis Vorwort, in: Herrigel (1958), 7-10.
54. Herrigel (1948), 15.
55. Herrigel (1948), 17f.

Das Zitat erinnert an Rudolf Ottos Buch: »Das Heilige«.[56] Gewiß besteht auch eine inhaltliche Verwandtschaft zwischen dem theoretischen Überbau der von Otto initiierten Religionskultur der 20er Jahre und Herrigels Impuls in der Nachkriegszeit. Das wird besonders am Stichwort der »Mystik« bzw. »östlichen Mystik« deutlich, das im deutschen Sprachraum durch Ottos Buch »West-östliche Mystik« als *terminus technicus* maßgeblich geprägt wurde.[57] Der Unterschied besteht aber darin, daß Herrigels Buch konsequent bei der Beschreibung des tatsächlich Erfahrenen verbleibt, d.h. beim Bogenschießen und seinen Implikationen, so daß jener begriffliche Rahmen nicht wie bei Otto als Angelpunkt einer Theorie dient. Ähnliches ist auch über Herrigels posthum erschienene Aufsatzsammlung: »Der Zen-Weg« zu sagen.[58] Gegenstand und Zweck seiner Darstellung ist der Inhalt der »Erfahrung« als solcher.[59] Während Otto als Theologe argumentiert, beschränkt sich Herrigel weitgehend auf einen Bericht über eigene, jahrelange Übungen. Seine Beschäftigung mit dem Gegenstand führt zur persönlichen Orientierung und praktischen Konsequenz; die theoretische Reflexion des Erlebten folgt in der Darstellung sachlich erst an zweiter Stelle.

Damit wurde Herrigels Buch, unabhängig vom philosophischen Standort des Verfassers, Vorbild einer neuen Generation des westlichen Interesses am Osten, die im O.W.Barth-Verlag das im deutschen Sprachraum wichtigste Publikationsorgan fand. Obgleich aus akademischer Feder, ist es in seinem Anspruch weder ein (wissenschaftliches) Fachbuch noch ein (populärwissenschaftliches) Sachbuch, sondern ein Lebenszeugnis der in hohem Maß ästhetisch aufgearbeiteten religiösen Erfahrung. Das dürfte auch der Grund für seinen Erfolg gewesen sein.[60]

Ein anderer wichtiger Autor der abendländischen Zen-Vermittlung ist Karlfried Graf Dürckheim (1896-1988), der ebenfalls im O.W.Barth-Verlag seine ersten deutschsprachigen Bücher über Zen und religiöse Erfahrung publizierte: »Japan und die Kultur der Stille« (1950) und »Im Zeichen der Großen Erfahrung« (1951).[61] Im Jahr 1955

56. Vgl. oben, Kap.1.3.2.
57. Rudolf Otto: West-östliche Mystik. Vergleich und Unterscheidung zur Wesensdeutung, München: C.H.Beck, ³1971 (Erstausgabe 1926).
58. Vgl. Herrigel (1958), bes. Teil III: »Zen – von Europa aus gesehen« (S.105ff.). Hier wird nicht etwa ein Versuch zur übergreifenden Zusammenschau gemacht, sondern es werden die besonderen Schwierigkeiten des europäischen Verständnisses im praktischen Umgang mit Zen benannt.
59. Zur Bedeutung des Stichworts »Erfahrung« in der europäischen Zen-Rezeption vgl. Heinrich Dumoulin, Begegnung mit dem Buddhismus. Eine Einführung, Freiburg i.Br.: Herder, 1982, bes. 40ff.; eine Systematisierung versucht Schmidt-Leukel (1992), 373-456; vgl. auch Hans Waldenfels: Absolutes Nichts. Zur Grundlegung des Dialogs zwischen Buddhismus und Christentum, Freiburg i.B.: Herder, 1976, bes. 159-176.
60. Anders sieht Bergler (1981), 31.36, den Erfolg des Büchleins in Herrigels persönlicher Autorität als Zen-Meister und in der literarischen Qualität der Darbietung, macht also ein eher bibliophiles Interesse der Öffentlichkeit dafür verantwortlich, was für sich allein genommen kaum überzeugt.
61. Im folgenden zitiert als: Dürckheim (1950) und (1951). Zum Verhältnis Dürckheims zu Mangoldt und Herrigel vgl. Gerhard Wehr: Karlfried Graf Dürckheim. Ein Leben im Zeichen der Wandlung, München: Kösel, 1988, hier 175-179. Zu weiteren frühen Veröffentlichungen Dürckheims in anderen Verlagen vgl. ebd., 311.

erschien ein gemeinsames Buch von Dürckheim und Mangoldt über Chirologie: »Der Mensch im Spiegel der Hand«.[62] Obgleich auch bei Dürckheim das Stichwort »Erfahrung« im Mittelpunkt steht,[63] wird stärker als bei Herrigel der Versuch gemacht, die Zen-Erfahrung im Westen zu ›inkulturieren‹.[64] So entwickelte Dürckheim eine »initiatische Therapie«, die auf den »vier Säulen« der Tiefenpsychologie, der personalen Leibtherapie, der Kreativ-Therapie und der Meditation aufruht.[65] Er hatte sich als Philosophiestudent – ähnlich wie auch Herrigel – intensiv mit Meister Eckhart befaßt und diesen seit 1919 als seinen »Meister« bezeichnet.[66] Gleichzeitig war er auf das *Tao-te Ching* des *Lao-tzu* aufmerksam geworden.[67] Als Assistent des Psychologen Felix Krueger begann er in den 20er Jahren eine akademische Laufbahn und wuchs in dessen neovitalistische Schule hinein.[68] Bei längeren Japan-Aufenthalten während des zweiten Weltkriegs befaßte er sich wie Herrigel mit Zen und der Praxis des Bogenschießens und führte so auf persönlicher Ebene eine Verschmelzung der ganzheitstheoretischen, mystischen und meditativen Impulse westlicher und östlicher Herkunft herbei.

Nach dem Krieg nahm Dürckheim seine akademische Tätigkeit nicht mehr auf, sondern gründete im Schwarzwald gemeinsam mit Maria Hippius, einer früheren Schüle-

62. Außerdem erschien von Dürckheim bei O.W.Barth: Hara. Die Erdmitte des Menschen (1954 u.ö.); Zen und wir (1961 u.ö.); Wunderbare Katze und andere Zen-Texte (1964 u.ö.); Überweltliches Leben in der Welt (1968 u.ö.); Der Ruf nach dem Meister (1972 u.ö.); Erlebnis und Wandlung (^{2}1978, Erstausgabe Zürich: Max Niehans, 1956); Der Weg, die Wahrheit, das Leben. Gespräche über das Sein mit Alphonse Goettmann (1981, frz. Original 1979); ferner seine Festschrift zum 70. Geburtstag: Transzendenz als Erfahrung, hrsg. v. Maria Hippius (1966) (vgl. dazu Dokumentationsteil, Abschnitt 8.1.2.).
63. Vgl. z.B. die Einleitung zu Dürckheim (1951): »Wem einmal bis in den Grund hinein der Glaube verging, den Überlieferung und Autorität derer in ihm aufgebaut hatten, die ihn ins Leben entließen, der ist auch bis in den Grund hinein skeptisch gegen alles, was ihm andere, die glauben, erzählen. Er fühlt sich auf sich selber verwiesen und glaubt in Sachen des Lebens nur noch, was er höchstselber erfährt. Dann aber kommt alles einzig und allein darauf an, wer er selber nun ist, der da erfährt, und was er als Seins-Erfahrung nun selber hinzunehmen und wahrzunehmen bereit ist!« (S.13).
64. Dürckheim schreibt dazu:»Herrigels Einführung ist mehr als eine interessante Darstellung aus einer uns fernen Welt. Sie hat...für den Aufgeschlossenen die Kraft des überspringenden Funkens. In der Mitteilung der vom Verfasser persönlich gemachten Erfahrungen sind Hinweise auf die allgemeinmenschliche Bedeutsamkeit von Erlebnissen enthalten, die keineswegs in solchen Übungen allein auftreten, ja, teilweise überhaupt nicht an ›Übungen‹ gebunden sind« (Vom Sinn und Wert östlicher Übungen (1950), zitiert nach Wehr (1988), 178).
65. Vgl. Wehr (1988) 201ff. Das Wort »initiatisch«, das Dürckheim seit Mitte der 60er Jahre benutzte, wurde offenbar von dem italienischen Esoteriker Julius Evola (1898-1974) übernommen – allerdings mit veränderter Konnotation; vgl. dazu Wehr (1988), 237 und Bergler (1981), 147 und Anm.56; dort Hinweis auf Julius Evola: Über das Initiatische, in: Antaios Bd VI (1964), 184-208. Wehr verweist außerdem auf Werke des französischen Esoterikers René Guénon, die Dürckheim ebenfalls in den 60er Jahren gelesen habe.
66. Vgl. Bergler (1981), 130ff., und Wehr (1988), 91ff.
67. Wehr (1988), 89.

rin im Kruegerschen Institut, die »Existentialpsychologische Bildungs- und Begegnungsstätte«, die bis heute eine wesentliche Bedeutung für den erfahrungsbezogenen Austausch zwischen West und Ost und für die ganzheitliche Therapiebewegung hat. Auch werden Gehalte traditioneller westlicher Esoterik rezipiert und mit östlichem Gedankengut verschmolzen. Dürckheims Arbeit ist deshalb besonders hervorzuheben, weil sie dokumentiert, daß keineswegs alle Momente der Neuen religiösen Szenerie aus den USA kamen.[69] Nicht zuletzt durch die Öffentlichkeitsarbeit des O.W.Barth-Verlages wurde er einem größeren Publikum schon in den 50er Jahren bekannt.

Weitere bedeutsame Autoren des Verlages waren Alfons Rosenberg, Jean Gebser und Gopi Krishna.[70] Bei O.W.Barth erschien auch Rosenbergs Buch »Durchbruch zur Zukunft. Der Mensch im Wassermannzeitalter«, eine wichtige deutschsprachige Version des astrologisch geprägten Interesses am »Neuen Zeitalter«.[71] Neben diesen Originalveröffentlichungen brachte Ursula von Mangoldt zahlreiche englisch- und französischsprachige Bücher über »östliche Weisheit«, esoterische Traditionen und verwandte Themen in deutscher Sprache heraus: Die Liste ihrer eigenhändigen Übersetzungen zeigt ein buntes Feld und liest sich wie ein ›Who is Who‹ der ost-westlichen Vermittler und ihrer Themen.[72] In den 50er Jahren gab der Verlag auch mehrere einschlägige Buchreihen heraus. Von 1952 bis 1960 erschienen 44 kompakte Bändchen unter dem Reihentitel: »Lebendige Quellen zum Wissen um die Ganzheit des Menschen«. Sie enthalten religiöse Quellentexte östlicher und westlicher Herkunft, Textsammlungen philosophischer und theologischer Autoren, Texte christlicher Mystiker und anderes mehr.[73] Die Titel weiterer Reihen waren: »Weisheit aus dem Osten« (Hrsg. Jean Herbert, 1953ff.); »Dokumente religiöser Erfahrung« (Hrsg. Alfons Rosenberg, 1954-60); »Weisheitsbücher der Menschheit« (Hrsg. Jean Gebser, 1955-60); »Zeichen und Symbole« (1962-64).[74]

68. Vgl. zur Leipziger Schule der »genetischen Ganzheitspsychologie«: Theo Herrmann: Ganzheitspsychologie, in: H. Balmer (Hrsg.): Psychologie des 20. Jahrhunderts, Bd.1: Die europäische Tradition, Zürich 1976, 573-658; ders.: Psychologie als Problem. Herausforderungen der psychologischen Wissenschaft, Stuttgart: Klett-Cotta, 1979; zusammenfassend bei Bochinger (1987), 42-45, dort weitere Literatur. Vgl. auch Karlfried Graf Dürckheim: Gemeinschaft, in: O. Klemm, H. Volkelt und ders. (Hrsg.): Ganzheit und Struktur. Festschrift Felix Krueger, München 1934, 195-214.
69. Vgl. im einzelnen Wehr (1988) und Bergler (1981). Dürckheims Einfluß war auch prägend für den von Fritz Kroeger 1969 gegründeten »Frankfurter Ring e.V.« (ursprünglich: »Frankfurter Ring. Gesellschaft zur Pflege der Philousia e.V.«), eine der wenigen langlebigen Institutionen der Neuen religiösen Szenerie mit überregionaler Wirkung, die derzeit von Brita und Wolfgang Dahlberg geleitet wird. Dürckheim hielt auf Einladung Kroegers seit 1967 mehrere Vortragsreihen in Frankfurt (abgedruckt in: Karlfried Graf Dürckheim: Weg der Übung. Geschenk der Gnade. Frankfurter Vorträge, hrsg. v. Christa Well, Aachen: N.F.Weitz, Bd.1 1988, Bd.2 1992).
70. Vgl. Dokumentationsteil, Abschnitt 8.1.2. und 8.1.3.2.
71. Rosenberg (1958); vgl. dazu unten, Kap.7.3.2.2.
72. Vgl. Dokumentationsteil, Abschnitt 8.1.4.4.
73. Vgl. Dokumentationsteil, Abschnitt 8.1.2.
74. Vgl. Dokumentationsteil, Abschnitt 8.1.2.

Zwei andere Bereiche des Verlagsprogramms bestritt Ursula von Mangoldt in erster Linie durch eigene Bücher. Schon seit den 30er Jahren hatte sie über Chirologie (Handlesekunst) publiziert; seit Mitte der 50er Jahre kamen dann Themen der christlichen Lebenspraxis und religionsvergleichende Fragestellungen hinzu, die für sie selbst zentrale Bedeutung besaßen.[75]
Insgesamt lassen sich fünf Schwerpunkte des Verlagsprogramms ausmachen:
(1) »Östliche Weisheit« mit besonderem Akzent auf praktischen Meditationsformen;
(2) Christliche Mystik und ältere esoterische Traditionen des christlich-abendländischen Raumes;
(3) Bücher zur Astrologie, Handlesekunst und ähnlichen westlichen Praktiken mit Akzent auf Charakterbildern, einer Psyche und Leib integrierenden »ganzheitlichen Menschenkunde« usw.;
(4) »Christliche Meditation« und christliche Lebenshilfe-Bücher als Versuch einer Wiederbegründung und Neuerbauung der Frömmigkeit in einer ›haltlosen Gegenwart‹;[76]
(5) Bücher zum Dialog der genannten Gebiete.

Dieses Programm wirkte prototypisch auf die neuere Entwicklung in Deutschland. Es hatte konsequent und mit nur wenigen Ausnahmen einen allgemeinverständlichen, nicht-akademischen Stil. Es richtete sich an eine breite Öffentlichkeit und setzte religiöses Interesse, nicht aber christliche Einbindung voraus. (Nach Auskunft des langjährigen Gesellschafters waren die christlichen Bücher relativ schlecht zu verkaufen, obwohl sie Ursula von Mangoldt selbst sehr am Herzen lagen.[77]) Die Verlegerin schreibt 1981 im Rückblick, sie habe mit dem Verlagsprogramm die Leser im Westen zu Meditation und Kontemplation anregen wollen:

»Die Thematik des Verlages war zu jener Zeit sehr neuartig... Heute ist diese Literatur weit im Westen verbreitet... Als die östliche Art des Meditierens nicht nur Anregung blieb, sondern zu einem oft ungeprüften Synkretismus führte, war die Pionierarbeit unseres Verlages im Grunde beendet.«[78]

Die Aussage bezieht sich auf die Situation von 1972, als sie den Verlag verkaufte.

---

75. Vgl. Dokumentationsteil, Abschnitt 8.1.4.1.
76. Z.B. formulierte Mangoldt 1958: »Heute gilt es, dieses Grundlegende (scil.: der christlichen Einsichten und Werte) aus einer neuen Sicht wiederzugewinnen, oder – wenn hierzu der abendländische Christ nicht mehr fähig ist – dieses als Erbe künftigen Generationen und Kulturkreisen weiterzugeben.« (Buddha lächelt, Maria weint. Die zwei Weisen des Heils, Planegg: O.W.Barth, 1958, hier 10).
77. Auskunft Wolf von Fritsch.
78. Mangoldt (1981), 141f.

3.2.3 Der Verlag als persönliches Programm der Verlegerin: Zur Biographie Ursula von Mangoldts

Die Entwicklung des Verlagsprogramms ist eng mit Ursula von Mangoldts persönlichem Weg verknüpft. Sie wurde 1904 in Berlin als Tochter des Bankiers Fritz Andreae geboren.[79] Die Familie gehörte zur Berliner Oberschicht. Ihre Mutter, Edith Andreae, war die Schwester Walther Rathenaus. Sie war vor der Hochzeit vom Judentum zur evangelischen Kirche konvertiert. Fritz Andreae entstammte einer alten Theologen- und Bankiersfamilie, die Jacob Andreae, den Mitverfasser der Konkordienformel, und Johann Valentin Andreae, den vermutlichen Autor der »Chymischen Hochzeit Christiani Rosenkreutz Anno 1459«, zu ihren Ahnen zählt.[80]

Ursula von Mangoldt ging zusammen mit Dietrich Bonhoeffer zur Schule und später zu Harnacks Vorlesungen in Berlin. Sie promovierte 1927 in Heidelberg als Theologin. Im selben Jahr heiratete sie den Bankier Hans-Karl von Mangoldt und übersiedelte mit ihm nach München. Seit 1934 lebte Ursula von Mangoldt auf einem landwirtschaftlichen Anwesen bei Weilheim/Obb., wo sie die Bedrohung durch die Nationalsozialisten überstand. Bereits in dieser Zeit war sie als Übersetzerin für Fritz Werle tätig. Nach dem Krieg übernahm sie selbst, zusammen mit Wolf von Fritsch, einem Vetter ihres Mannes, die Verlagsgeschäfte. Hans-Karl von Mangoldt war zwischen 1948 und 1962 leitender Beamter und Präsident der Europäischen Währungsunion. Ursula von Mangoldt verbrachte etwa die Hälfte des Jahres in Paris, seinem Amtssitz, die andere am Verlagsort in Weilheim.

Zweimal ersuchte sie als evangelische Theologin bei der Badischen Landeskirche um Zulassung zum zweiten kirchlichen Examen und um Aufnahme in den kirchlichen Dienst. Der erste Antrag wurde wegen des »Arierparagraphen« abgelehnt. Ein erneuter Vorstoß in den 50er Jahren hatte – diesmal aus Altersgründen wegen des Pensionsanspruchs – ebenfalls keinen Erfolg.[81] Die persönlichen Auswirkungen dieser Form landeskirchlicher ›Vergangenheitsbewältigung‹ waren mitbeteiligt an der Entwicklung des außergewöhnlichen Standpunktes der Verlegerin zwischen Christentum, Esoterik (bzw. – in Mangoldts Diktion – »Grenzwissenschaften«) und östlichen Religionen, durch den sie zu einer maßgeblichen Wegbereiterin und Vermittlerin der Neuen religiösen Szenerie geworden ist.

Doch gibt es weitere biographische Hintergründe ihrer späteren Arbeit: Mangoldt war in einer Welt aufgewachsen, in der die Verbindungen zwischen bürgerlich-akademischer Oberschicht und okkulten und theosophischen Zirkeln vielleicht offener wa-

---

79. Quelle der folgenden biographischen Darstellung ist – neben den Auskünften von Wolf von Fritsch – die schon genannte Autobiographie der Verlegerin (1963 und 1981).
80. Zur Geschichte Johann Valentin Andreaes und der Rosenkreuzerschriften »Fama fraternitatis« (1614), »Confessio fraternitatis« (1615) sowie der »Chymischen Hochzeit« (1616) vgl. Richard van Dülmen: Reformationsutopie und Sozietätsprojekte bei Johann Valentin Andreae, in: ders., Religion und Gesellschaft, Frankfurt a.M. 1989, 70-89; Text-Ausgabe: ders., (Hrsg.), Stuttgart 1973.
81. Auskunft Wolf von Fritsch.

ren als heute. So hatte sie im Elternhaus bei Empfängen und beim *Jour fixe* ihrer Mutter u.a. Adolf von Harnack, Leo Baeck, Helmuth von Glasenapp, Richard Wilhelm, Hermann Graf Keyserling, Carl G. Jung kennengelernt, ebenso Albert Einstein und Max Planck, wie auch zahlreiche Dichter und Künstler.[82] Von ihrer Hochzeit sind Tischreden Adolf von Harnacks und Richard Wilhelms überliefert.[83] Ihre Mutter hatte für einige Zeit der Theosophischen Gesellschaft (Adyar-TG) angehört, so daß auch deren Leiterin, Annie Besant, sowie Jiddu Krishnamurti und Rudolf Steiner im Haus zu Gast waren.[84] Auch mit dem indischen Dichter und Philosophen Rabindranath Tagore traf sie schon in Berlin zusammen.[85] Die Mutter führte gelegentlich die Vertreter dieser verschiedenen Kreise zusammen, z.B. eine Hellseherin mit Einstein, der von deren medialen Fähigkeiten beeindruckt gewesen sein soll.[86]

Die Nähe Mangoldts zur Esoterik hing auch mit der Verwandtschaft zu Johann Valentin Andreae zusammen, von dem sie noch in späten Jahren mit einigem Stolz sprach.[87] Sie nannte ihren im Alter gegründeten zweiten Verlag nach einem späteren Werk ihres Ahnen »Christianopolis«.[88] Offensichtlich knüpfte sie damit an dessen Wendung von der rosenkreuzerischen zur innerkirchlichen Utopie an.[89]

Ursula von Mangoldt selbst hatte schon in der Kindheit eine Fähigkeit zum intuitiven Handlesen entwickelt, die sie seit 1932 im Rahmen einer charakterologischen Theorie zu systematisieren versuchte.[90] In München befaßte sie sich seit Ende der 20er Jahre intensiv mit Astrologie und begab sich gleichzeitig auf die Suche nach Zugängen zu den ›esoterischen‹ Formen der östlichen Religionen.

Diese Entdeckung der »esoterischen« Qualität östlicher Traditionen (d.h. die Identifikation von deren Inhalten mit esoterischen Vorstellungen des Westens) war im damaligen okkultistischen Zeitgeist verankert:[91] So hatte z.B. im Jahr 1896 Karl Kellner, ein Wiener »Okkultist«, eine frühe Broschüre über Yoga publiziert. Zusammen mit den Theosophen Franz Hartmann und Theodor Reuß, mit denen er im Jahr 1901 den »Ordo Templi Orientalis« (O.T.O.) gegründet hatte, war er maßgeblich für die frühe Verbreitung meditativer und »tantristischer« Praktiken im deutschen Sprachraum verantwortlich. Obwohl der östliche Einfluß innerhalb der Theosophischen Ge-

---

82. Ursula von Mangoldt nennt u.a. Stefan George, Rainer Maria Rilke, Hugo v. Hofmannsthal, Thomas Mann, Gerhard Hauptmann, Max Reinhardt, Max Liebermann, Wilhelm Furtwängler, Olaf Gulbransson (dies. (1963), 67ff.).
83. Ebd., 64.
84. Zu Beasant und Krishnamurti vgl. ebd., 100-105; zu Steiner: persönliche Auskunft Wolf von Fritsch.
85. Ebd., 105-107.
86. Ebd., 135-137.
87. Auskunft Susanne Schaup.
88. Vgl. Ursula von Mangoldt: Auf der anderen Seite der Verzweiflung oder Rückkehr zu einem christlichen Bewußtsein, Olten: Walter, 1979, hier 89ff (= 1979a).
89. Zur »Christianopolis« Joh.Val.Andreaes vgl. van Dülmen (1989), 82ff.
90. Die Hand, Leipzig: Kampmann, 1932; Der Kosmos in der Hand, Planegg: O.W.Barth, 1934, sowie zahlreiche Veröffentlichungen nach dem Krieg (s. Dokumentationsteil, Abschnitt 8.1.4.1. und 8.1.4.2.).
91. Zu den Termini »Esoterik« und »Okkultismus« vgl. unten, Kap.8.1.

sellschaft in Deutschland stets umstritten blieb und durch seine Konkurrenzstellung zu rosenkreuzerischen und anderen Traditionen westlicher Herkunft mehrfach zu Spaltungen führte, breitete sich das Interesse an östlichen Meditationsformen und esoterischen Praktiken in den 20er Jahren stärker aus. Ursula von Mangoldt kam nach eigener Darstellung durch den Münchener Stadtbibliothekar Hans Ludwig Held, einen engagierten Sozialdemokraten und überaus gebildeten Kenner magischer und okkulter Phänomene, Ende der 20er Jahre erstmals mit Yoga und anderen östlichen Meditationsformen in Berührung.[92]

Während sie seit ihrer Kindheit mit einer ausgesprochen elitären Version jener theosophischen und interreligiösen Kultur vertraut war, brachte Mangoldt deren Themen später mit dem O.W.Barth-Verlag in eine größere Öffentlichkeit. Gleichzeitig trug sie maßgeblich dazu bei, diese Themen auf einem Niveau zu etablieren, das von der Öffentlichkeit als seriös wahrgenommen werden konnte. Sie war überzeugt, daß die Abendländer aus den Einsichten der Asiaten in die »großen menschlich-kosmischen Zusammenhänge« Anregungen aufnehmen könnten, um durch die Entfaltung eines noch ungenutzten seelischen Potentials ein inneres Gegenstück zu der Erweiterung naturwissenschaftlicher Kenntnisse in der Außenwelt zu erlangen.[93]

Ursula von Mangoldt fühlte sich selbst trotz ihrer Pionierarbeit in der Vermittlung östlicher Religionen dem Christentum in seiner kirchlich verfaßten Gestalt zeitlebens eng verbunden.[94] In ihren eigenen Publikationen betonte sie schon in den 50er Jahren die Unterschiede der religiösen Traditionen[95] und sah die Vergleichbarkeit vor allem auf der praktischen Ebene der Lebenskunst, meditativer Techniken sowie einer um-

---

92. Vgl. Mangoldt (1963), 164.165.181. Ende der 20er Jahre lernte Mangoldt auch den damaligen Inhaber des O.W.Barth-Verlages, Fritz Werle, kennen, der ihr regelmäßigen Unterricht in Astrologie erteilte (Information W.v.Fritsch und S.Schaup).
    Das Wort »Esoterik«, das in Deutschland erst nach dem Krieg als Sammelbezeichnung gebräuchlich wurde, benutzte sie selbst nicht. Wolf von Fritsch sagt dazu, der O.W.Barth-Verlag habe sich immer gegen dieses Etikett gewehrt.
93. Mangoldt (1963), 187.
94. Vgl. dazu dies.: Kann man heute noch Christ sein? in: dies. (1963), 169-193.
95. Im Jahr 1958 schreibt Mangoldt: »Die religionsgeschichtliche Forschung unseres Jahrhunderts hat vielfach versucht, das Ähnliche, ja scheinbar Gleichartige im Leben Buddhas und Christi, im buddhistischen und christlichen Heilsweg aufzuzeigen. Im Gegensatz hierzu möchte dieses Buch das grundlegend Unterscheidende und Unvergleichliche dieser beiden Heilslehren darstellen. Dies mag besonders wesentlich sein in einer Zeit, in der durch den Kontakt von allen mit allem die Grenzen aufgehoben scheinen und das miteinander Unvereinbare sich mischt. So zerfallen die großen geistigen Ordnungen; der Weg zur Menschwerdung, der nie ohne Eingrenzung gegangen werden kann, wird undeutlich, verflacht. ... Will man aber das Gegensätzliche vergleichen, so ist dies nur möglich, wenn die Ordnungen gewahrt bleiben, wenn das Eigentümliche der beiden Pole ungemindert hervortritt. So vermag auch nur, wenn jeder Kulturkreis in dem ihm zugemessenen Eigenartigen steht, eine Begegnung von Ost und West, von Buddhismus und Christentum, die in unserer Zeit unausweichlich geworden ist, fruchtbar sein.« (Mangoldt (1958), 7; vgl. ähnlich auch dies.: Auftrag der Frau, Planegg: O.W.Barth, 1955; Das Menschenbild. Stufen der menschlichen Entwicklung, Planegg: O.W.Barth, 1956).

fassenden Lebensweisheit.⁹⁶ Trotz der interreligiösen und ›esoterischen‹ Akzente des Verlages war sie nach Auskunft ihres langjährigen Wegbegleiters, Wolf Freiherr von Fritsch, dezidiert protestantisch eingestellt,⁹⁷ hatte jedoch vielfältige ökumenische Kontakte. Nach der Aufgabe ihres eigenen Verlages schrieb sie zahlreiche Taschenbücher zu christlichen Themen, christlicher Meditation und Lebensweisheit, die hohe Auflagen erreichten.⁹⁸ Seit 1975 gab sie zusammen mit Fritsch in dem dafür neu gegründeten Verlag Christianopolis die Zeitschrift »Meditation. Anstöße für den christlichen Vollzug« heraus.⁹⁹

Im Unterschied zur Betonung des Christlichen bei seiner Verlegerin wirkte der O.W.Barth-Verlag weit außerhalb des traditionell christlichen Rahmens und trug maßgeblich dazu bei, das Thema der Religiosität oder Spiritualität im deutschen Sprachraum von seiner ausschließlich christlichen Füllung zu lösen. Er führte das Stichwort der »östlichen Mystik« bzw. »östlichen Weisheit« in einen breiten Leserkreis ein, stellte den Erfahrungsbegriff in den Mittelpunkt der Religionsthematik, knüpfte für eine breite Bevölkerungsschicht eine Verbindungslinie zwischen »Esoterik«, westlichen mystischen Traditionen und östlichen Religionen und hob diese zugleich von vulgären Zerrbildern ab. Er wurde damit zum Vorbild vieler neuerer Entwicklungen.

Für die historischen Hintergründe des Themas »New Age« ist der Verlag darüber hinaus durch Jean Gebser und v.a. Alfons Rosenberg von unmittelbarer Bedeutung. In ihrem Buch: »Was birgt uns in der Gefahr? An der Schwelle eines neuen Zeitalters« (1983) nimmt Mangoldt selbst explizit zur gegenwärtigen Diskussion um ein »Neues Zeitalter« Stellung.¹⁰⁰ Sie bezieht sich dabei auf die Zeitalterlehre Joachim von Fiores und auf die astrologische Vorstellung vom »Wassermann-Zeitalter« im Rahmen des

96. Vgl. dies.: Östliche und westliche Meditation. Einführung und Abgrenzung, München: Kösel, 1977, bes. Teil III, S.75-102; ferner: dies.: Das Glück der Gelassenheit. Lebenserfahrungen, Freiburg: Herder, 1979.
97. Sie habe jeden Sonntag den protestantischen Gottesdienst besucht.
98. Vgl. Dokumentationsteil, Abschnitt 8.1.4.2. Nach Auskunft von Wolf von Fritsch erreichten sie zusammen eine Auflagenhöhe von über 1 Million.
99. Die »grenzwissenschaftlichen« Fähigkeiten Mangoldts rückten anscheinend in den letzten Lebensjahren in den Hintergrund. So die Auskunft von Susanne Schaup. Wolf von Fritsch betont, daß die Verlegerin an diesen Fähigkeiten vor allem ein charakterologisches Interesse gehabt und z.B. niemals Astrologie zu Vorhersagen benutzt habe. Mangoldt selbst weist auf die Abneigung hin, die sie von jeher gegen »okkulte Menschen« gehabt habe; auch seien Gefahren »mit dem Auflösen der raumzeitlichen Grenzen verbunden«, die »leicht zu einem Ich-Verlust führen«. Sie habe nie in Zweifel gezogen, daß es okkulte Dinge gibt. Jedoch sei Unterscheidung nötig, weil »sich leicht dämonische Mächte einschalten«. Die meisten okkulten und magischen Phänomene seien auf einer vorbewußten Ebene anzusiedeln, auf der es weder Distanz noch Bewältigung des Kosmos geben könne (Mangoldt (1963), 130-135). Als Zugang zu seiner »ganzheitlichen Erfassung« habe sich ihr die Disziplin der Symbolik erschlossen, die von einem transzendenten Hintergrund der sichtbaren Erscheinungen und von einer Beziehung zwischen Mikrokosmos und Makrokosmos ausgehe. In diesem Zusammenhang fällt auch bei Mangoldt das Stichwort »Wassermann-Zeitalter« als symbolische Beschreibung eines zeitlichen Wandels in der Gegenwart. (ebd., 139f., mit Verweis auf Alfons Rosenberg; vgl. auch dies.: (1979a), 106ff.).
100. = Überarbeitung von Mangoldt (1979a), vgl. bes. 76-94.

Platonischen Weltjahres. Die Darstellung beschränkt sich auf eine allgemeine Analyse gegenwärtiger Problemstellungen wie der Neubestimmung des Verhältnisses von Geist und Materie oder dem »Spannungsfeld zwischen technischer Perfektion und Menschlichkeit«;[101] dabei erwähnt sie keinen der amerikanischen Autoren, die heute mit »New Age« identifiziert werden, sondern schließt sich an ältere Darstellungen des deutschen Sprachraumes, besonders an das Buch von Alfons Rosenberg an.[102]

3.3 Studentenbewegung und Neue religiöse Szenerie: Zum Programm des Dianus-Trikont-Verlages

3.3.1 Von Mao zum Dalai Lama: Zur Geschichte des Verlages von 1967 bis 1986

»Überall haben wir etwas zurückzuerobern, zurückzubetteln oder zurückzuzaubern. Dem Faschismus entreißen wir die Mythen, die er geschändet hat, Begriffe wie Freundschaft, Heimat, Natur, die er besudelte; dem Adel das ihm abhandengekommene Gefühl von Achtung, Höflichkeit und Minne; der Kirche ihre schönste und von ihr am unwürdigsten behandelte Tochter, die Mystik; den Vagabunden ihre Freiheit und vernachlässigte Kreativität. Von allen Völkern holen wir funkelnde Bilder und tanzende Märchen, um sie mit den unsrigen zu vermählen. (...) Unser Reich ist die magische Gegenwart. Auch die magische Gegenwart ist Dianuskopf, konservativ und revolutionär zugleich.«[103]

101. Mangoldt (1983), 91.
102. Vgl. dazu unten, Kap.7.3.2.
103. Aus: »Uns sind die Schuppen von den Augen gefallen. Wir sehen unsere Träume ganz klar«, Verlags-Editorial des Trikont-Dianus-Verlages, München (Herbst 1980), verfaßt von Christiane Thurn und Herbert Röttgen.
Die folgende Darstellung der Verlagsgeschichte und der Entwicklungen in ihrem Umfeld stützt sich auf Gespräche mit dem Verleger Herbert Röttgen (München), ergänzt durch Informationen von Peter Wilfert, Michael Görden, Frank Köchling (alle München) und Roswitha Hentschel (Ammerland bei München). Herbert Röttgen sowie Christine Dombrowsky (München), die z.Zt. ein Verlagsarchiv aufbaut, stellten mir freundlicherweise Archivmaterial zur Verfügung, das ich im Anhang der Arbeit katalogisiert habe (Dokumentationsteil, Abschnitt 9.). Die zitierten Editorials und andere ›graue‹ Verlagstexte aus der Zeit zwischen 1980 und 1985 können aus Raumgründen nicht komplett abgedruckt werden. Sie sind bei Bedarf im Trikont-Archiv, c/o Christine Dombrowsky, Kellerstraße 5, 81667 München, sowie in den Archivexemplaren meiner Dissertation in der Universität München einsehbar.
Es gehört zu den ärgerlichen Ereignissen beim Verfassen einer Dissertation, wenn vor der Abgabe ein anderer Autor parallele Recherchen publiziert und damit die Entdeckerrechte streitig macht. So erging es mir mit dem lesenswerten Buch des Historikers Karlheinz Weißmann: Druiden, Goden, Weise Frauen. Zurück zu Europas alten Göttern, Freiburg u.a.: Herder, 1991. In einem Abschnitt »Die Wiederkehr des Imaginären« (S.78ff.) befaßt

Mit diesen Sätzen stellte im Herbst 1980 ein Verlag sein neues Programm vor, der dreizehn Jahre lang eine wichtige Rolle in der Bewegung der Linken gespielt hatte. 1967 gegründet, waren im Trikont-Verlag, München, die »Mao-Bibel«, das Bolivianische Tagebuch Che Guevaras, Bücher von Fritz Teufel und Rainer Langhans, Daniel Cohn-Bendit, Jerry Rubin erschienen.[104] Noch 1975 hatte das Buch des RAF-Aussteigers Michael (»Bommi«) Baumann, »Wie alles anfing«, für Schlagzeilen gesorgt.[105] Es wurde nach drei Monaten verboten und zog einen jahrelangen Prozeß nach sich, der seinerseits in der Linken zu einer Welle der Solidarisierung führte. Von 1976 bis 1979 publizierte Trikont die Zeitschrift »Autonomie«, die später selbständig wurde und der Frankfurter »Sponti-Szene« zuzurechnen war.[106] Auch frühe und wichtige Publikationen der Frauenemanzipation erschienen bei Trikont.[107]

Der Name »Trikont« war abgeleitet aus »Drei Kontinente«, denn der Verlag war 1967 aus einem Dritte-Welt-Arbeitskreis hervorgegangen. Die Auseinandersetzung zwischen »Erster« und »Dritter Welt« und die Information über eigenständige Entwicklung im Bereich von Politik, Gesellschaft und Kultur stellen das kontinuierlichste Thema des Verlages dar. In den 70er-Jahren erschienen mehrere Bücher über nordamerikanische Indianer.[108] Der Schwerpunkt verlagerte sich bis 1980 allmählich von

sich der Autor auch mit der Geschichte des Dianus-Trikont-Verlages (besonders im Blick auf dessen Wendung zu »keltischer« Kultur und Religion). Er beginnt seine Darstellung ebenfalls mit dem obigen Zitat aus dem Editorial von 1980, in dem die Wandlung des Verlages auf den Punkt gebracht ist. Die aufmerksamen Leser werden hoffentlich trotzdem erkennen, daß die Recherchen unabhängig voneinander erfolgten. Der Sache ist auch eine gute Seite abzugewinnen, denn die Parallelität des methodischen Vorgehens ist kein Zufall, sondern ergibt sich aus den Konstitutionsbedingungen der religiösen Zeitgeschichte, in der subkulturelle Programmverlage eine wichtige Funktion haben. Auch Weißmann benutzt die Geschichte des Dianus-Trikont-Verlages als Beispiel für den Beitrag der 68er-Bewegung zur Neuen religiösen Szenerie und interpretiert die Wandlung nicht pauschalisierend als ›Abkehr‹, sondern als Merkmal eines allgemeinen Strukturwandels der »politisch-kulturellen Bewegung in Westdeutschland« (S.80).

104. Vgl. Dokumentationsteil, Abschnitt 8.2.1.
105. Bommi Baumann: Wie alles anfing, München: Trikont, 1975 (Nachdrucke als illegale Gemeinschaftsausgabe mehrerer Verlage und eines Autorenkollektivs, Frankfurt a.M.: 1976, 1977, 1980).
106. Vgl. Dokumentationsteil, Abschnitt 9.1.
107. Juliet Mitchell u.a.: Frauenemanzipation. Antiautoritäres Mißverständnis oder Beitrag zur Konsolidierung der Arbeiterbewegung? (Übs. aus d. Schwedischen), 1970; Frauen in der Offensive. Lohn für die Hausarbeit oder: Auch Berufstätigkeit macht nicht frei (Texte: Power of Women Collectiv, London. Lotta Femminista, Italien. Brigitte Galtier, Paris); Reihe »Frauenoffensive« im Trikont-Verlag, 1974; Verena Stephan: Häutungen, 1975 (im Verlag Frauenoffensive, der sich in diesem Jahr vom Trikont-Verlag selbständig machte) (Auswahl).
108. Die Wunden der Freiheit. Selbstzeugnisse, Kommentare und Dokumente aus dem Kampf der Indianer gegen die weiße Eroberung und heutige Unterdrückung in den USA, vom Beginn der Kolonialisierung bis 1975 (Sammelband, 1975); Vine Deloria Jr.: Nur Stämme werden überleben. Indianische Vorschläge für eine Radikalkur des wildgewordenen Westens, hrsg.v. d. Arbeitsgruppe für Nordamerikanische Indianer, München (1976, mehrere

Berichten über Widerstandskämpfe (z.B. Wounded Knee) zum Thema »indianischer Schamanismus«.[109]

Nun, im Jahr 1980, nennt sich der Verlag »Trikont-Dianus«. Die ersten Bücher des neuen Programms, »Magische Gegenwart« und »Der ewige Zigeuner im Abendland«, stammen von Sergius Golowin, einem Volkskundler und modernen Vermittler abendländischer Esoterik.[110] Im gleichen Jahr erscheint ein »Bildlexikon der Symbole«, ein Schamanenbuch von Joan Halifax und mehrere Bücher über Indianer, wobei der Akzent auf deren spirituellen Traditionen liegt.[111]

Anders als bei Kleinverlagen üblich, hatte Trikont bzw. Trikont-Dianus wegen seiner spektakulären Projekte eine relativ große Wirkung in der Öffentlichkeit und war in allen Phasen seiner Existenz über die Grenzen der (jeweiligen) »Szene« hinaus bekannt.[112] Seine »Wende« zum Spirituellen wurde zwischen 1980 und 1982 in der Linken heftig, aber mit erstaunlicher Offenheit diskutiert. Beispielsweise gab es – neben zahlreichen Kommentaren und Buchbesprechungen in linken Zeitschriften – eine Folge offener Briefe zwischen dem Verlag und dem »Informationsdienst zur Verbreitung unterbliebener Nachrichten« (ID, Frankfurt), der das oben zitierte Editorial in sichtlich entstellter Form abgedruckt hatte. 1981 und 1982 folgten harte Auseinandersetzungen mit dem »Verband des linken Buchhandels« (VlB), der im Mai 1982 zur Kündigung der Liefer- und Vertreterverträge seitens des Verlages führte.[113]

Schon einen Monat nach dem Bruch trat Trikont-Dianus bei einem Schamanen-Kongreß in Alpbach/Tirol in Erscheinung, bei dem er die Pressearbeit übernahm.[114] Im Herbst 1982 folgten eigene Aktivitäten auf der Frankfurter Buchmesse, darunter eine Großveranstaltung mit dem Dalai Lama und einer Vertreterin der Hopi-Indianer in der Frankfurter Kongreßhalle. Vorher waren in wichtigen Buchhandelszeitschriften Selbstdarstellungen der beiden Verleger, Christiane Thurn und Herbert Röttgen, zu lesen, die sich mit dem Jahresthema der Buchmesse, »Religion«, befaßten.[115] Der Verlag änderte seinen Namen abermals und nannte sich nun »Dianus-Trikont«. Seit den Auftritten im Jahr 1982 wurde er in der Szenerie, um die es in der vorliegenden Arbeit

---

Neuauflagen); Doug Boyd: Rolling Thunder. Erfahrungen mit einem Schamanen der neuen Indianerbewegung (1978, mehrere Neuauflagen); Akwesasne – Wo das Rebhuhn balzt. Indianische Texte aus dem Widerstand. Von Wounded Knee 1973 bis Genf 1977, hrsg.v.d. Gesellschaft für bedrohte Völker, Koordinationsgruppe Indianer, München, (dt. Zusammenfassung der indianischen Widerstandszeitschrift »Akwesasne Notes«, 1978) (Auswahl).

109. Zum Begriff »Schamanismus« vgl. unten, Anm.118.
110. Vgl. Dokumentationsteil, Abschnitt 8.2.2.
111. Vgl. ebd.
112. Vgl. z.B. Geyer (1981). In Tageszeitungen (z.B. Süddeutsche Zeitung, Neue Züricher Zeitung) und Magazinen (z.B. »Der Spiegel«, »Konkret«, »Pardon«) wird der Verlag immer wieder erwähnt oder selbst zum Thema: vgl. Dokumentationsteil, Abschnitt 9.
113. Vgl. dazu Dokumentationsteil, Abschnitt 9.3. und 9.6.
114. Veranstalter war das »Forum humanistische Psychologie«, Freiburg und »Crystal. Vereinigung für Lebensforschung, Kommunikation und Kultur« (Auskunft Frank Köchling, München, sowie Archivmaterial).
115. Vgl. Dokumentationsteil, Abschnitt 9.8.

geht, zum Begriff. Wie zuvor in der Neuen Linken erzeugte er wiederum eine starke Identifikationskraft, die ihn weit mehr als schon länger bestehende Programme anderer Verlage in den Mittelpunkt der zugehörigen ›Szene‹ stellten.

In den folgenden Jahren veranstaltete der Verlag eigene, international besetzte Kongresse zu Geomantie (1983), zu »keltischem Bewußtsein« (1984), zu »Metapolitik« (1985), die alle entsprechende Akzente im Buchprogramm begleiteten.[116] Am Kongreß »Metapolitik« war auch der Goldmann-Verlag beteiligt. Beide Verlage arbeiteten in diesem Jahr eng zusammen (ein gemeinsam veranstaltetes Fest bei der Frankfurter Buchmesse im Lokal »Pueblo« wurde zur Legende). 1985 wuchs das Verlagsprogramm auf über zwanzig Neuerscheinungen. Ein weiterer Höhepunkt war der Kongreß »Raum und Zeit« in Grainau bei Garmisch-Partenkirchen im Jahr 1986 mit dem Dalai Lama, Carl Friedrich von Weizsäcker, Raimon Panikkar und anderen.[117] Doch das Programm und die Intensität der Aktivitäten ließen sich nicht halten. Kurz nach dem Kongreß meldete Dianus-Trikont Konkurs an.

Die Entwicklung des Dianus-Trikont-Verlages ist in verschiedener Hinsicht prototypisch für den Buchmarkt der Neuen religiösen Szenerie:

Erstens verstand es der Verlag, neben den Themen östlicher Religionen die »Botschaft der Schamanen« aus ihrer entweder ethnographischen oder esoterischen ›Ecke‹ zu befreien und mit ökologischen und »spirituellen« Interessensgebieten der alternativen Öffentlichkeit zu verschmelzen.[118] Dafür war er durch die politisch-gesellschaftlichen Publikationen über Indianer in den 70er-Jahren gut vorbereitet. Vor allem hatte er in der Öffentlichkeit kein esoterisches Image und ermöglichte so die Identifikation mit diesen Themen auch in Kreisen, die nichts mit »Esoterik« zu tun haben wollten. Ähnlich dem O.W.Barth-Verlag konnte er diese neuartigen Themen in einer breiteren

---

116. Vgl. Dokumentationsteil, Abschnitt 9.9. und 9.10 (zu den Kongressen) sowie Abschnitt 8.2.2. (zu den Büchern).
117. Vgl. Dokumentationsteil, Abschnitt 9.11.
118. Die »Schamanen« stehen in der neueren populärwissenschaftlichen Diskussion – religionsgeographisch paradox – in erster Linie für die Religionen der südlichen Hemisphäre und der sog. Dritten Welt. So werden afrikanische, fernöstliche, aber auch keltische Heiler, Magier und religiöse Funktionsträger als »Schamanen« bezeichnet. Insbesondere wird der Ausdruck für süd- und nordamerikanische Indianer benutzt, während die sibirischen Völker, bei denen die Bezeichnung »Schamanismus« zu hause ist, kaum bekannt sind. Die Verallgemeinerung des Schamanismus-Begriffs ist stark geprägt durch die vergleichende Studie Mircea Eliades: Schamanismus und archaische Ekstasetechnik, Zürich und Stuttgart: Rascher, 1957 (frz. Original 1951). Der Begriff wurde später im allgemeinen Sprachgebrauch zu einer Bezeichnung für Religionen schriftloser Völker umgedeutet. Sibirische Schamanen kommen im Verlagsprogramm bei Dianus-Trikont und ähnlichen Verlagen gar nicht mehr vor. Vorreiter dieses Prozesses war v.a. Carlos Castaneda: Die Lehren des Don Juan. Ein Yaqui-Weg des Wissens, Frankfurt: Fischer (Tb.), 1989 (dt. zuerst 1972, engl. Original 1968) und weitere Bücher desselben Autors (s. Dokumentationsteil, Abschnitt 1.5.); wichtig für die neuere Diskussion war auch Douglas Sharon: Magier der vier Winde. Der Weg eines peruanischen Schamanen, Freiburg: H. Bauer, 1980 (engl. Original 1978). Vgl. zu dieser Entwicklung kritisch: Hartmut Zinser: Faszination des Schamanismus, in: Journal für Geschichte (1985); ders. (1987); vgl. auch Hans Peter Duerr: Traumzeit, Frankfurt a.M. 1978.

Öffentlichkeit als »seriös« präsentieren. Neu war dabei die Erschließung eines progressiven, von linken Idealen geprägten Publikums für »spirituelle« Themen.

Zweitens unternahm der Verlag den einigermaßen erfolgreichen Versuch, dem Publikum die Kelten als europäische Version des »Schamanismus« plausibel zu machen. Man hatte in den 70er-Jahren – ausgelöst durch den Protest der Frauen gegenüber dem neuerlichen Chauvinismus der linken Männer – gelernt, daß das exotistische Interesse der Europäer an Dritte-Welt-Problemen eine neue Form ›kolonialistischer‹ Unterdrückung sein kann. Als man mit Hilfe des ›Fremden‹ einmal die Problemstellungen entdeckt hatte, ergab sich daher die Konsequenz, nach den eigenen, verdrängten Quellen zu suchen.[119] So erkannte man nun auch, daß man sich nicht in Indianerromantik verlieren durfte und versuchte, den verlorenen Wurzeln vorchristlicher Religion im Abendland auf die Spur zu kommen[120] – womit man sich allerdings auf eine historisch wesentlich ältere Variante romantischer Verklärung einließ.[121] Dem entspricht in den USA der mittlerweile fest geprägte Terminus der »Plastic Shamans« für weiße Nachahmer indianischer Tradition, denen der Vorwurf gemacht wird, eine ebenso perfide Ausbeutung der indianischen Kultur zu betreiben wie frühere europäische Usurpatoren.

So bekam der Verlag – auch wenn er sich ausdrücklich von einer Wiederkehr völkischer Ideologie distanzierte – eine Brückenfunktion zwischen Traditionen der Kelto- und Germanophilen und der Alternativkultur.[122] Treffend für diesen Aspekt seines Wirkens ist der Slogan des Editorials im Frühjahr 1981: »Wir sind konservativ geworden und revolutionär geblieben«.[123]

Drittens führte Dianus-Trikont wichtige Autoren des anglo-amerikanischen Sprachraumes, die sich einer Verknüpfung von Wissenschaft, Spiritualität und Lebenswelt der »Gegenkultur« unabhängig von den traditionellen esoterischen Sprachspielen und Weltbildern verschrieben haben, in Deutschland ein. Zu nennen sind insbesondere Theodore Roszak und Morris Berman, David Bohm und William I. Thompson und der Mythologieforscher Joseph Campbell.[124] Mit Ausnahme von Roszak waren sie in Deutschland zuvor fast unbekannt, vor allem in der nicht-akademischen »Szene«, wo sie schnell akzeptiert wurden. Sie alle werden inzwischen auch in anderen Verlagen

119. Vgl. dazu das Editorial: »Brauchen wir Europäer Entwicklungshilfe?«, 1982 (im Verlagsarchiv).
120. »Nachdem ... eine der immerwiederkehrenden Aussagen, etwa der indianischen Freunde, war: ›Find your own roots‹ – wollen wir eine Reise in unsere Vergangenheit wagen... « (Werbebrief zum ›Kelten-Kongreß‹, Juni 1984, im Verlagsarchiv).
121. Vgl. zur exotistischen Verklärung der Iren schon im Mittelalter: Johannes Duft, Iromanie – Irophobie. Fragen um die frühmittelalterliche Irenmission, exemplifiziert an St. Gallus und Alemannien, in: Zeitschrift für Schweiz. Kirchengeschichte 50 (1956), 241-262; vgl. auch die Beiträge in P. Ní Chatáin und M. Richter (Hrsg.): Irland und Europa. Die Kirche im Frühmittelalter, Stuttgart 1984.
122. Z.B. wurde der Verlag seit 1981 mehrfach in der Zeitschrift Irminsul der »deutschen Armanenschaft« positiv erwähnt (vgl. Dokumentationsteil, Abschnitt 9.3, Nr.4, und 9.5., Nr.12); kritisch dazu: Gugenberger und Schweidlenka (1987), 274-280.
123. Im Verlagsarchiv.
124. Vgl. Dokumentationsteil, Abschnitt 8.2.2.

publiziert. Auch hier führte Dianus-Trikont das Thema durch »seriöse« Publikationen einer ernsthaften Diskussion zu.

Viertens wurde Dianus-Trikont mit dem Thema der »Spiritualität«, das durch die Schamanismus-Bücher zunächst unauffällig ins Programm gekommen war, von neuem zu einem Identifikationsort der »Freiheit«, diesmal nicht im politisch-gesellschaftlichen, sondern im religiösen Sinne. Der Verlag sammelte Vertreter verschiedener religiöser Traditionen, die zum Austausch mit der weithin religionslosen Subkultur der Studentenbewegung bereit waren. Dabei zeigt sich – z.b. am Zen-praktizierenden Benediktiner David Steindl-Rast – eine Fortsetzung der zeitgeschichtlichen Entwicklung, die oben am O.W.Barth-Verlag beschrieben wurde.[125] Auch hier baute Dianus-Trikont auf seine frühere Arbeit im Bereich der Dritte-Welt-Literatur auf, die sich z.b. in den Veranstaltungen mit dem Dalai Lama und einer Hopi-Indianerin auf der Frankfurter Buchmesse 1982 weiterführte. In einem kommentierenden Aufsatz wird es als »Geschenk der Götter« bezeichnet, daß die Messe unter dem Jahresthema der »Religion« stand:

»Jetzt erkannten wir unsere Chance, denn die Faszination, die für uns ausging von der Verbindung der Gegensätze, war durch das Wort *religio* (Rückverbindung) vorgezeichnet. Wir wagten uns also vor bis in den Bereich der Hochreligionen ... wir wollten zeigen, daß in allen Religionen der Tanz der Gegensätze auffindbar ist.«[126]

Auf dem Kongreß »Metapolitik«, bei dem der Benediktiner David Steindl-Rast als einer der Hauptredner auftrat, nahm das Stichwort der »Spiritualität« ebenfalls einen wichtigen Raum ein.[127] Der Verlag beanspruchte dabei, die Vermittlung von »Spiritualität« und »Politik«, von individueller und öffentlicher Sphäre, von ›geistigem‹ und ›politischem‹ Freiheitskampf zu verkörpern. Man fühlte sich von der Kritik der ehemaligen Weggefährten in der Linken mißverstanden, die in den neuen Konturen des Verlagsprogramms die Auflösung gesellschaftsreformerischer Ideale und Regression in das private Seelenheil wähnten. Durch den Anspruch auf gesellschaftliche Relevanz der spirituellen Themen des Programms unterscheidet sich Dianus-Trikont von der Mehrzahl der älteren esoterischen und anderen Kleinverlage.[128]

125. Zu Steindl-Rast vgl. unten, Kap.8.2.3.
126. Herbert Röttgen: Die Odyssee eines Verlages. Beilage zum Buchprogramm Herbst 1982 (im Verlagsarchiv).
127. Auch im gleichnamigen Sammelband, hrsg.v. Satish Kumar und Roswitha Hentschel, spielen spirituelle Themen eine wichtige Rolle. Das Wort »Metapolitik« wird in Frankreich und Italien mehrfach und unterschiedlich verwendet. Raimon Panikkar hat unter diesem Titel ein französisches Buch geschrieben (ungedruckt), in Italien ist es Titel einer Zeitschrift aus dem kirchlichen Raum, und in Frankreich benutzen es auch Kreise der politischen Rechten, wie mir Herbert Röttgen selbst sagte. Er habe diese Parallelen erst nachträglich entdeckt.
128. Aufschlußreich dazu ist ein Interview mit Röttgen in der »Tageszeitung« (Berlin) vom 19.3.81 (im Verlagsarchiv): Röttgen sagte, der Verlag habe aus diesem Grund sowohl mit der »linken« als auch mit der »spirituellen« Bewegung seine Schwierigkeiten, die jeweils nur eine Seite der Sache lebten.

Schließlich war auch der Konkurs des Verlages im Jahr 1986, kurz nach einer seiner erfolgreichsten Veranstaltungen und auf dem Höhepunkt der »New-Age«-Welle, eine Art Vorspiel der weiteren Entwicklung des Buchmarkts.[129] Nach Auskunft des Verlegers selbst und anderer Experten war der Hauptgrund des Konkurses die unrealistische Erwartung einer sprunghaft wachsenden Leserschaft, einer ›Bewegung‹, die an Dynamik und Identifikationskraft der Linken oder der Frauenbewegung gleichkommen würde. Im Gegenteil ließ der Absatz bei Dianus-Trikont seit 1985 nach. Es gab mittlerweile ein so aufgeblähtes Bücherangebot zu den von ihm vertretenen Themen, daß der Kleinverlag keine Chance mehr hatte, mit dem eigenen Angebot gegen die Konkurrenz der großen Verlage anzukommen: Er hatte, so Michael Görden vom Goldmann-Verlag, als ›Lockvogel‹ die Themen ausgetestet, die die anderen nun aufnehmen, und ging damit gerade an seiner programmatischen Struktur zugrunde.

Dennoch hatte der Verlag eine Wirkung auf die weitere Entwicklung der Neuen religiösen Szenerie. So wurden die meisten Bücher des Dianus-Trikont-Programms von anderen Verlagen übernommen.[130] Natürlich waren diese Impulse nicht allein vom Verlag hervorgebracht worden; die Ideen existierten schon vorher, vor allem im anglo-amerikanischen Sprachraum. Jedoch hatte Dianus-Trikont einigen Anteil daran, daß sie hierzulande unter die Leute kamen und die bis dahin weitgehend apolitische freireligiöse Szenerie befruchteten. Ähnlich wie im Falle des O.W.Barth-Verlages war dafür die Unabhängigkeit von ideologischen oder esoterischen Detail-Positionen entscheidend, die eine breitere Rezeption dieser Impulse erst ermöglichte. Anders als der Barth-Verlag, dessen Programm bis heute eine auf dem Buchmarkt ungewöhnliche Kontinuität aufweist,[131] kam Dianus-Trikont jedoch über die Funktion des Anstoßes, der Avantgarde, nicht hinaus, und die Frage bleibt offen, welche langfristigen Wirkungen von seinen Impulsen ausgehen werden.

3.3.2 Bewegung als Mythos

Eine weitere Ähnlichkeit zum O.W.Barth-Verlag besteht in der engen Verbundenheit des Verlagsprogramms mit der Person des Verlegers. Mit wechselnden Partnern und Mitgliedern von Verlagskollektiven ist über die Jahre hin Herbert Röttgen als prägende Gestalt erkennbar, und sein Programm ist durch eine ganze Reihe von Verlags-Editorials, Zeitschriften-Interviews und ähnliche Texte zugänglich und nachvollziehbar. 1985 schreibt er in einem solchen Editorial:

»Rückblickend ist die Geschichte des Dianus-Trikont-Verlages ein Wandel durch viele Gestalten und Bilder, war der Verlag eine Karawane mit 1000 Gesichtern (...)
    Wenn man ganz eng mit den unterschiedlichen Entstehungsphasen von politischen oder metaphysischen Ideen verbunden ist und ein freundschaftliches Verhältnis zu den jeweiligen

---

129. Vgl. dazu unten, Kap.3.4.
130. Vgl. Dokumentationsteil, Abschnitt 8.3.2. bis 8.3.8.
131. Nach Verlagsangaben erzielt O.W.Barth einen wesentlichen Teil seines Umsatzes aus der »Backlist«, d.h. mit Büchern, die in vielen Fällen seit Jahrzehnten im Programm sind.

Protagonisten hat, dann verwischt sich die Frage, ob man einem Trend folgt oder ihn mit hervorruft. Für die vergangenen Welten ist man im angenehmsten Fall einer, der sich an den ›eigentlichen‹ Problemen vorbeischleicht – im unangenehmsten ein Verräter, dem es nur ums Geld geht. Die neuen Freunde begrüßen den Verwandelten als einen Einsichtigen, der mit der Vergangenheit gebrochen hat. Nur diejenigen, welche den Sinn von Metamorphosen erahnen, werden eine in sich geregelte Folge notwendiger Etappen erkennen, eine schon im Keim angelegte implizite Ordnung, die zur Entfaltung strebt.«[132]

Ähnlich wie Ursula von Mangoldt ist auf seine Weise auch Herbert Röttgen in erster Linie als Vermittler zu sehen, der mit guter verlegerischer ›Nase‹ noch relativ unbekannte Ideen und ›Botschaften‹ aufspürte und sie einem größeren Publikum zuführte. Zugleich wirkte er mit dieser Arbeit auf die Urheber zurück und hatte damit auch eine prägende Funktion auf der Seite der ›Ideen‹. Wie Mangoldt unternahm er dafür große Anstrengungen, und sein Engagement beschränkte sich nicht auf die verlegerische Arbeit. Der Verlag verstand sich als Anreger und Initiator. Er war auch ein wichtiger Kongreß-Veranstalter der Neuen religiösen Szenerie in den 80er-Jahren. Außerdem wurden zahlreiche kleinere Veranstaltungen und Autorenlesungen organisiert, besonders im Münchener Raum.[133]

Röttgen und seine jeweiligen Partner schöpften aus vielen Quellen. Das wird z.B. im Blick auf das Thema der »Spiritualität« deutlich, bei dem eine Prägung durch die magisch-religiöse Variante der Frauenbewegung in den 70er-Jahren zu erkennen ist.[134] Zeitweise arbeiteten Susanne Kahn-Ackermann und Luisa Francia, die später das Programm des Verlages Frauenoffensive und die neue Hexen-Bewegung maßgeblich mitbestimmten, bei Trikont mit bzw. standen in enger Verbindung zum Verlag. Solche Quellen wurden reflektiert und in einen verlegerischen Gesamtentwurf integriert. Die Titel der einzelnen Editorials fassen jeweils ein bestimmtes Zeitgefühl der ›Szene‹ zusammen, als deren Vorreiter sich Dianus-Trikont immer wieder profilierte: »Uns sind die Schuppen von den Augen gefallen. Wir sehen unsere Träume ganz klar« (Herbst 1980); »Wir sind konservativ geworden und revolutionär geblieben« (Frühjahr 1981); »Die Mythen des 20. Jahrhunderts« (Herbst 1981[135]); »Brauchen wir Europäer Entwicklungshilfe?« (Mai 1982); »Metapolitik« (1985).[136] Mit dem 1981 erschienenen Sammelband: »Die Rückkehr des Imaginären. Märchen, Magie, Mystik, Mythos. Anfänge einer anderen Politik« nahm der Verlag die Themen vorweg, die er in den folgenden Jahren besonders pflegte und mit denen er erhebliche Wirkung auf die neu entstehende Szenerie mit ihrer Verschmelzung von »linken«, »alternativen« und »spirituellen« Momenten hatte. Dabei spielt der Begriff des Mythos eine besondere Rolle.

132. Herbert Röttgen: Portrait eines Verlages – Von der Politik zur Metapolitik, Editorial zum Kongreß »Metapolitik«, München 1985 (im Verlagsarchiv). Das Stichwort »implizite Ordnung« nimmt Bezug auf das gleichnamige Buch des Physikers David Bohm, das im gleichen Jahr bei Dianus-Trikont erschien.
133. Vgl. Dokumentationsteil, Abschnitt 9.
134. Vgl. Röttgen und Rabe (1978), bes. 90ff. und 113ff.
135. Die beiden Herausgeber sind frech genug, der linken ›Szene‹ diesen Titel mit einer Anspielung auf Alfred Rosenbergs »Der Mythos des 20. Jahrhunderts« zu präsentieren.
136. Alle Texte im Verlagsarchiv.

Bereits 1978, also noch zu Zeiten des alten Trikont-Verlages, veröffentlichte Röttgen zusammen mit einem fiktiven Ko-Autor, Florian Rabe, ein Buch mit dem Titel »Vulkantänze. Linke und alternative Ausgänge«, in dem sich eine harte Insiderkritik an den Verfestigungen der Linken Bewegung und ihrer Kultur mit dem Versuch paart, den »Mythos« wiederzubeleben. Unter der Überschrift »Mythos« beginnt das Buch mit einer allegorischen Deutung seines Titelbildes, einer Bourdichon zugeschriebenen Darstellung der »Ermordung des Kentaur« aus dem 15. Jahrhundert. Röttgen schreibt:

»Mit dem Tod des Kentaur und der Waldfrau« (die im Bild auf seinem Rücken sitzt) »stirbt der Mythos. Die Mörder, das sind der Verstand mit seinem alles trennenden Beil, das Auseinanderreißen des Menschen in Leib und Körper, Seele und Geist, die Zerstörung seiner Freiheit und seiner Leidenschaften. Und der Staat, das ist dieser bleiche Tod, der alles seßhaft machen will, alles dem Nützlichkeitsgedanken unterjocht.«[137]

Es folgen Abschnitte über »Autonomie«, »Selbstrepression und Ghetto«, »Alle Macht für alle«, »Gegen den freien Mann und Volker Elis Pilgrim« (einen Autor des Verlages!), »Körpersprache«, »Kollektive«, »Utopia«, »Eros«, »Instinkte«, »Häutungen« (Titel des Buches von Verena Stephan zur Frauenemanzipation im Verlag »Frauenoffensive«, der von Trikont-Mitarbeiterinnen gegründet wurde), »Personenkult«, »Spiritualismus«, »Unterbewußtsein«, »Hexensabbat«, »Harmonie«, »Der Frauenschänder und der Zauberer« (zur deutschen Rezeption der Bücher von Charles Bukowski und Carlos Castaneda): ein kritischer Rundumschlag gegen die gehässige Selbstgenügsamkeit der linken Subkultur und zugleich ein Versuch, dem Chaotischen, Anarchischen, Nicht-Rationalen, den Gefühlen und »Vibrationen« der nackten Seiten des Seins eine theoretische Grundlage zu verschaffen. Röttgen entdeckt Empedokles, den »Philosophen der Vermischung«, im Filter der Rezeption Nietzsches als antikes Vorbild des eigenen Denkens.[138] Die Anklänge an die französische Philosophie der späten 60er-Jahre sind ebenfalls deutlich erkennbar. Das Buch stieß als Selbstdarstellung eines deutschen Subkultur-Verlegers auf große Resonanz in den Medien, wurde in der Linken als krypto-faschistoid beargwöhnt und in der bürgerlichen Öffentlichkeit als Beispiel für die Begründung einer »Zweiten Kultur« analysiert.[139] Es erzielte eine Auflage von 8000 Exemplaren, für die üblichen Größenordnungen des Verlages eine beachtliche Zahl.[140]

Das Thema des Mythos rückte in den folgenden Jahren immer mehr in den Mittelpunkt des Programms, und obwohl nicht ausgesprochen, zeigt die Entwicklung, daß es um einen ganz spezifischen Mythos ging: den *Mythos der Bewegung*.

Seit den »Vulkantänzen« bezeichnete es Röttgen als neue Funktion des Mythischen, die linearen Engführungen des modernen Geschichtsverständnisses zu transzendieren. Er ging an gerade diesem Punkt auf Distanz zum marxistischen Geschichts-

---

137. Röttgen und Rabe (1978), 8.
138. Ebd., 71f.
139. Vgl. Dokumentationsteil, Abschnitt 9.2.
140. Auskunft Herbert Röttgen.

bild und versuchte, dieses in einen mythologischen Über-Entwurf zu integrieren. Röttgen sah Mythos und Geschichte als letztlich identisch an; historische Personen wurden – auch im 20. Jahrhundert – als mythische Helden verstanden, wenn sie sich in der kollektiven Öffentlichkeit durchzusetzen vermochten.

Der Eklat mit dem »Verband des linken Buchhandels« Anfang 1982 wurde ausgelöst durch ein neues Vorwort zu Che Guevaras »Bolivianischem Tagebuch« (seit 1967 im Programm des Trikont-Verlages), in dem Röttgen und seine neue Teilhaberin Christiane Thurn die Deutung vorlegten, dieser sei von einer alten Frau verraten worden, weil er sich der mythologischen Auseinandersetzung der Geschlechter nicht gestellt habe. Beide, Che und diese Frau, werden so von politischen zu mythologischen Heldengestalten, die den mythischen Geschlechterkampf symbolisch ausfechten.[141]

Als Vordenker erscheint jetzt anstelle von Nietzsche (und Empedokles) William Blake auf der Bildfläche. Aus der Kritik an linken Verfestigungen wird im Rückgriff auf Blakes Prophetien ein mythologisch überhöhter Geschichtsentwurf, der die retardierenden Momente der »Bewegung« – mit gewissen Anklängen an dialektische (oder schon gnostische?) Geschichtskonstruktionen – als notwendigen Klärungsprozeß interpretiert. Der Zusammenhang von Mythos und Geschichte mündet nun in eine geschichtstheologisch anmutende Vision:

»Blake, der große Visionär der vorletzten Jahrhundertwende, sprach die Formel aller folgenden Revolutionen in der materiellen Welt aus: die Ursachen der erduldeten Unterdrückung und der Durst nach Freiheit, der Ausbruch des revolutionären Feuers, die Feiern der ersten Erfolge, dann die Verstrickung und letztlich das Scheitern der ursprünglichen Ideale. (...) Aber die Revolution hat immer zwei Gesichter: die Ordnung und das Chaos.« (Die »Partei der Ordnung«, das ist Che Guevara, Ho Chi Minh und Mao Tse Tung) »Die revolutionäre Partei der Unordnung entstand in Californien (...) Ihre Götter waren Jack Kerouac, William S.Borroughs, Allen Ginsberg und Timothy Leary (...) Und es passierte das einmalige: Die Partei der Ordnung tat sich mit der Partei des Chaos zusammen, um den gemeinsamen Kampf gegen die etablierten Mächte des Staates aufzunehmen.«[142]

So wird die »linke Bewegung« (genauer gesagt: die bundesdeutsche intellektuelle Rezeption verschiedener linker Strömungen) zur Bewegung schlechthin, ihre revolutionäre Geschichte zur selbsttätigen, ständig weitergehenden mythischen Revolution und diese zum Archetyp menschlicher Entwicklung überhaupt.[143] Die Darstellung fährt fort:

---

141. Vgl. dazu das Editorial vom Herbst 1981: »Die Mythen des 20. Jahrhunderts« (im Verlagsarchiv). Das Editorial ist identisch mit dem Vorwort zu: Thurn und Röttgen (Hrsg.): Die Rückkehr des Imaginären. Märchen, Magie, Mystik, Mythos. Anfänge einer anderen Politik, 1981 (dort S.9-11); es deckt sich ferner in zentralen Passagen mit dem Vorwort zur 11. Auflage (1981) des »Bolivianischen Tagebuchs« von Che Guevara.
142. Zitiert nach dem Editorial, ebd. (vgl. Thurn und Röttgen (Hrsg.) (1981), 9.12).
143. Diese Identifikation ist allerdings im Ausdruck »Bewegung« selbst angelegt, der im Sprachgebrauch der Linken schon seit Karl Marx sowohl als Selbstbezeichnung wie als Beschreibung gesamtgesellschaftlicher Vorgänge verwandt wird und dabei nicht selten zwischen beiden Bedeutungsebenen schillert; vgl. dazu unten, Kap.4.4.

Auf die »seltsamen Mischwesen« Marcuse, Rubin, Cohn-Bendit und Dutschke »folgten schon bald die ersten Fieberanfälle des Zerfalls. Sie sollten sich als Vorzeichen des großen Schisma erweisen: der Emanation des Weiblichen. (...) Beide Teile erkennen nicht ihre ehemalige Einheit, und es beginnt ein erbitterter Kampf der Geschlechter (...) Der revolutionäre Körper bricht nun völlig auseinander, denn das Weibliche emaniert sowohl aus der Partei der Ordnung wie der Unordnung. (...) Die Dissoziation ist vollständig. So wie sie sich horizontal zerstreut, so entflieht sie vertikal nach oben und nach unten.«[144]

»Oben«, das sind die spirituellen Aussteiger, vor allem die Anhänger von Bhagwan Shree Rajneesh, aber auch die neuen Hexen; »unten« meint Charles Bukowski, Valerie Solanas und ihre Anhänger.[145] Doch als alles zu Ende schien, kamen die Fremden: Das sind die Schamanen aus allen Teilen der Welt, die bemerken, daß die industriellen Zentren kurz vor dem Kollaps stehen.[146] Durch ihre Botschaft erinnern sie die Menschen heute – wie in alten Zeiten – an sich selber und führen damit die Bewegung zu ihrem ›inneren‹ Ausgangspunkt zurück. Und so schließt diese ›Geschichtstheologie‹ mit dem Absatz:

»Vor 1300 Jahren kamen die irischen Mönche auf das europäische Festland. Sie kamen im Gewand des Christentums, aber sie brachten die alten Mythen und Sagen der Kelten, diesem Volk der Mitte, zurück. In seinen Ursprungsländern wurde der keltische Geist durch die römischen und germanischen Invasoren verschüttet – und so erkannten die Menschen hier in den Erzählungen der irischen Wanderprediger ihre eigenen uralten Wahrheiten und Träume und ließen sich bekehren. Auch heute kommt die Botschaft aus der Ferne und verweist uns auf nichts anderes, als auf unsere eigenen Geheimnisse.«[147]

3.3.3 Zwischen Kritik und Selbstmythisierung

Mit dem Rekurs auf William Blake kommt – etwas versteckt – auch das Stichwort »New Age« ins Spiel. Im zitierten Sammelband aus dem Jahr 1981 findet sich ein Beitrag, der über die historischen Bezüge jenes inzwischen phantomhaft diffundierten Ausdrucks Bescheid weiß. Der Autor, Albert Sellner, schreibt:

»Als Ende der 60er Jahre in Kalifornien wie in London das ›Zeitalter des Wassermanns‹, das ›New Age‹ proklamiert wurde, beriefen sich die Ideologen der ›Hippies‹ wie Norman O. Brown oder Theodore Roszak ganz bewußt auf das Werk Blakes.«[148]

Allerdings hat Dianus-Trikont den Terminus »New Age« nicht protegiert. Röttgen gebrauchte ihn nur für die amerikanische ›Szene‹ und speziell für denjenigen Teil der Neuen religiösen Bewegungen, die die von ihm angestrebte Verschmelzung von ›in-

---

144. »Die Mythen des 20. Jahrhunderts«, ebd. (s. Anm. 141).
145. Ebd., 13.
146. Ebd., 14.
147. Ebd., 16.
148. Sellner (1981), 209.

nerer‹ und ›äußerer‹ Entwicklung durch Rückzug ins Private umgingen. In diesem Sinn findet sich das Stichwort bereits 1978 in den »Vulkantänzen« in einem Abschnitt über »Spiritualismus« (gemeint ist die neue Spiritualität der amerikanischen Jugend- und Subkultur), dessen Nährboden in einer Mischung aus Schopenhauerischer Weltverachtung und der buddhistischen Lehre von der Leidhaftigkeit des Daseins gesehen wird:

»Der Spiritualismus entsteht aus einer *weltverneinenden Haltung* und in dem Land, wo die Widersprüche am vielfältigsten sind, in den USA, findet er zur Zeit eine blühende Renaissance. Zen, Frühchristentum, Dharma self help Center, Sufis, Buddhismus, das New Age ist angebrochen, jubeln seine Anhänger. (...) Wir leugnen nicht, daß das Herz der Spiritualisten von Glück erstrahlt, aber ihre Flucht aus der Welt ist der *Verzicht*. (...) Und wenn Gott das Nichts ist und das Nichts das Glück, dann pfeifen wir auf dieses Glück. Auch wenn wir manchesmal die unbefleckten Gewänder der Heiligen anziehen, so wälzen wir uns auch gern in Kot und Schlamm.«[149]

Mit eher positiver Bewertung taucht das Stichwort »New Age« – und mit ihm das Thema der Spiritualität – seit 1981 gelegentlich im Archivmaterial auf. 1982 wird in der Korrespondenz mit dem Verband des linken Buchhandels auch Marilyn Fergusons Stichwort der »Verschwörung« mit positiver Bewertung aufgenommen. Doch stand beides nie im Mittelpunkt der Arbeit, sondern die zentralen Identifikationspunkte des Programms waren »Mythos« und »Bewegung«.

Unabhängig vom Stichwort »New Age« wurde jedoch Theodore Roszaks Beitrag zur amerikanischen Diskussion im folgenden Jahr von Dianus-Trikont ins Deutsche übersetzt.[150] Gleichzeitig erschien ein weiteres Buch Roszaks im Ahorn-Verlag, ebenfalls einem Münchener Kleinverlag.[151] Beide Bücher wurden später von Rowohlt übernommen. Sie begründen auf hohem historiographischem Niveau den Zusammenhang zwischen alternativer »Gegenkultur« der späten 60er- und frühen 70er-Jahre – Roszaks »New Age« – und der Neuen religiösen Szenerie, die nun von der Öffentlichkeit mit demselben Schlagwort identifiziert wird.

Es legt sich die Deutung nahe, das von Roszak beschriebene »New Age« der Gegenkultur mit der politisch-linken Frühphase der Verlagsgeschichte von Trikont zu identifizieren und dieser – wie der Linken Bewegung im ganzen – ein implizites ›spirituelles‹ Moment zuzuschreiben, das erst nach Jahren der Eruptionen und ›Vulkanausbrüche‹ erkennbare Gestalt gewonnen habe. In einem Editorial anläßlich des Besuches des Dalai Lama auf der Frankfurter Buchmesse 1982 argumentieren Thurn und Röttgen unter dem Titel »Das Gleichgewicht der Erde«:

»In seiner ... Studie ›Das unvollendete Tier ...‹ stellt Theodore Roszak den turbulenten Aufbruch der Siebziger dar. Die Inflation der Glaubensbekenntnisse und das Wuchern des Unterbewußten sieht er als notwendige Prämissen, sozusagen als die Geburtswehen eines *neuen Zeitalters*, das der Zerstückelung und Zerrissenheit unserer Weltanschauungen ein Ende setzt. Die ewigen

149. Röttgen und Rabe (1978), 121.
150. Roszak (1975); vgl. dazu oben, Kap.2.1.1.
151. Ders. (1978).

Gegensätze der Welt ... finden zueinander und antworten sich wieder: Mystik und Wissenschaft, Religion und Alltag, Technik und Magie, *Geschichte und Mythos*...« [152]

Röttgen ist rückblickend überzeugt, daß in der Linken der damaligen Zeit ein solcher spiritueller Bezug angelegt gewesen sei.[153] Blakes prophetische Dimension läßt die Entwicklung vom historischen zum mythischen Ereignis werden: Die tatsächliche politisch-gesellschaftliche Dynamik der damaligen Bewegung wird für die Verleger zum Erkennungsmal der mythischen Qualität dieser Bewegung.

Eine solche Mythisierung linker und alternativer Geschichte bietet reizvolle Perspektiven für die Selbstreflexion des Bewußtseins der Linken Bewegung und ihrer mythomorphen Bestandteile.[154] Jedoch liegt der Umschlag in die Selbstmythisierung nahe, der den Verlust der dialogischen Struktur zwischen Ich und Wirklichkeit zur Folge hat. Gerade William Blake hat mit beißender Ironie Emanuel Swedenborgs Identifikation von allegorisch gedeuteten »Namen« und mythischer Wirklichkeit karikiert und damit auf jene Gefahr hingewiesen.[155] Unverkennbar sind Röttgen und seine Mitarbeiter solcher Selbstmythisierung erlegen. Röttgen schreibt 1982 in einem Aufsatz: »Wir waren der ›Bewegungsverlag‹ schlechthin.« [156] Die Selbstdarstellungen in den Editorials wirken mit ihren weitläufigen Formulierungen häufig hybrid, überheblich und unkritisch; ständig wird Darstellung und Deutung vermischt, so daß aus der Artikulierung gegenwärtiger Interessenlagen, die der Verleger mit feinem Gespür erkennt, flugs eine spekulative Welt- und Geschichtsdeutung werden kann, die alles, was sich aus seiner Sicht ›bewegt‹, für das eigene Verlagsprogramm in Anspruch nimmt. Die Bedeutung des Verlages wird in einer Weise herausgestellt, daß keine Distanz mehr zu anderen Artikulationsformen jener »Bewegung« und zur Gesellschaft im ganzen erkennbar bleibt. Die eigenen Wandlungen werden zur Metamorphose schlechthin erklärt. Was aber ist mit denen, die aus der »Karawane« von Dianus-Trikont wieder ausgeschert sind?

Diese persönliche Seite der Dianus-Trikont-Verleger erscheint im nachhinein fast idealtypisch für die Problematik des »spirituellen« Teils der sog. 68er-Bewegung, die die mangelnde Anhängerschaft und Lauheit der später Geborenen beklagt, aber selbst weder Kraft noch Sachlichkeit zur dauerhaften Einpflanzung der eigenen Impulse mitbringt. Der Mythos von der unaufhaltsamen, nach kosmologisch-sozialen Gesetzmäßigkeiten sich manifestierenden »Bewegung« zeigt sich als die eigentliche Mitte hinter all den Anstrengungen, aus der subkulturellen ›Szene‹ eine neue Kulturstufe für die Gesellschaft (und die Menschheit im ganzen) zu machen. Im Rückblick sagt Herbert Röttgen in diesem Sinne, man habe erhofft und aus gewissen Anzeichen her-

---

152. »Das Gleichgewicht der Erde«, Editorial vom Herbst 1982 (im Verlagsarchiv, vgl. Dokumentationsteil, Abschnitt 9.8.), Hervorhebungen von mir.
153. Persönliches Gespräch.
154. Röttgen nimmt auf seine Weise die Mythos-Diskussion der letzten Jahre vorweg, die sich mittlerweile aus vielen Quellen speist; vgl. z.B. Hübner (1985); Konitzer (1989) (vgl. auch oben, Kap.1.2.3.4. und 1.2.6.).
155. Vgl. unten, Kap.6.3.2.1.
156. H. Röttgen: Die Odyssee eines Verlages (im Verlagsarchiv).

ausgelesen, daß eine neue »Bewegung« entstehen werde – ähnlich der 68er- und der Frauenbewegung, die er als Beteiligter und Zeuge erlebt hatte – doch diese Hoffnung habe sich nicht erfüllt.[157]

Für die weitere Darstellung muß festgehalten werden, daß die eigentlichen »New-Age-Vertreter« der 80er Jahre eben jene ›spätrevolutionären‹ Vermittler selber waren, denen keine tatsächliche New Age-Bewegung entsprach, sondern nur ›ganz normale‹ Bücherkäufer und -schreiber. Der Enthusiasmus der vermittelnden Vorkämpfer wurde gegen Ende der 80er Jahre durch eine neue Aufspaltung der beteiligten Interessensgebiete abgelöst. Doch jenseits der Ebene der revolutionären »Bewegung« haben die Impulse dieses Aufbruchs eine Veränderung nicht nur der profanen, sondern auch der religiösen Wirklichkeit der Gesellschaft erzeugt, deren Strukturen und Verwerfungen genauer zu erforschen sein werden.

3.4 Absorptionsprozesse: Religiöse Impulse auf dem Weg von der Subkultur zum bürgerlichen Lebensstil

Das Beispiel des Dianus-Trikont-Verlages zeigt eine Entwicklung an, die in der Öffentlichkeit zur Aufnahme vormals nicht konsentierter, subkultureller Vorstellungen und Denkmodelle führte. Sie ist verwoben mit der Geschichte der sog. 68er-Generation (Röttgen und andere nannten sie »Jugendbewegung«). Gleichzeitig geschah zweierlei: Ein Teil der Linken entdeckte den »Mythos« und die »Religion«; und der »Mythos« der Linken Bewegung wurde von der vormals bekämpften bürgerlichen Gesellschaft absorbiert. Dieser Vorgang war nicht unmittelbar von außen erzwungen, sondern die Linke integrierte sich selbst.[158] Ein gutes Beispiel dafür ist die Wandlung des Dianus-Trikont-Verlages von der marxistisch geprägten Dritte-Welt-Presse zum Programmverlag mit repräsentativem Hochglanz-Prospekt und Bildbänden »im Schuber«.[159] Soziobiographisch ist das zumindest teilweise durch das Alter der vormaligen Rebellen zu erklären: Michael Görden bemerkt dazu scherzhaft, »New Age« sei die »Midlife-Crisis« der 68er-Generation.[160]

Diese Entwicklung verband sich erst in ihrer öffentlichen Phase mit der Rezeption nichtchristlicher Religiosität und der Betonung religiöser Erfahrung seit der Nach-

---

157. Persönliches Gespräch.
158. Das ist grundsätzlich an den Arbeiten von Gugenberger und Schweidlenka zu kritisieren, die die Verschwörungstheorie der amerikanischen Evangelikalen übernehmen und daher »New Age« als Unterwanderung der Ökologiebewegung durch eine von außen kommende ›Macht‹ intepretieren; vgl. dazu oben, Kap.1.2.3.5.
159. Aufschlußreich ist ein Blick ins z.Zt. im Aufbau befindliche Verlagsarchiv (Christine Dombrowsky, München): Die Bücher wurden immer dicker, die Einbände waren zunächst bunt und einfach, dann zumeist weiß, dann schwarz. Eine ähnliche Mutation haben die Verlagsprospekte seit etwa 1982 erlebt.
160. Persönliches Gespräch. Ähnlich argumentiert Konitzer (1989).

kriegszeit, wie sie am O.W.Barth-Verlag dargestellt wurde. Brücken zur Vereinigung bildete unter anderem die sich ausbreitende Psychotherapiebewegung mit ihrem Rekurs auf C.G. Jung, der seinerseits ein wichtiger Rezipient und Multiplikator östlicher und esoterischer Inhalte gewesen war.[161]

Die christliche Tradition blieb dabei zunächst – abgesehen von heterodoxen Unterströmungen – weithin ausgeschlossen. Im O.W.Barth-Verlag wurde der von Ursula von Mangoldt sorgfältig gepflegte Programmteil christlicher Literatur nach ihrem Ausscheiden nicht mehr fortgeführt. Viel stärker verbanden sich die verschiedenen Rezeptionsströme mit traditioneller westlicher Esoterik, wie es auch die oben analysierten Taschenbuch-Reihen zeigen.

Doch entwickelte sich gleichzeitig ein neuer Typus des »religiösen Sachbuches«, das unabhängig von den traditionell kirchlichen Verlagen religiöse und auch christliche Themen aufgreift und seine Käufer findet. Das ist eines der Ergebnisse jenes Absorptionsprozesses, der nun in einzelnen Feldern noch genauer zu analysieren ist.

3.4.1 Ansätze zur Vereinigung der Kräfte: Worpsweder Kreis

1985 bildete sich auf Anregung Jochen F. Uebels, des Herausgebers der Zeitschrift »Trendwende«, in Worpswede bei Bremen ein Kreis von Verlegern, Lektoren, Journalisten und anderen Multiplikatoren. Die Neue religiöse Szenerie schien so weit gefestigt, daß man die Aktivitäten koordinieren und ihnen dadurch mehr Nachdruck verleihen wollte. Sie sollte aus der subkulturellen Atmosphäre in die breitere Öffentlichkeit gehoben werden.[162] Neben den Verlagen Dianus-Trikont und Goldmann waren unter anderem Sphinx (Basel), Aurum (Freiburg), Ahorn (München und Soyen), die Zeitschriften »Esotera« (Freiburg, H.Bauer-Verlag) und »Magazin 2000« (Göttingen/München) beteiligt. Im selben Jahr kaufte der Goldmann-Verlag aus dem Dianus-Trikont-Programm eine Reihe von Buchlizenzen auf und ermöglichte so die schon dargestellte Expansionspolitik des letzteren.[163] Einige der Beteiligten waren früher in der Studentenbewegung aktiv gewesen. Die dort erlebte Dynamik, die sich jetzt zu wiederholen schien, war für sie ein Vorbild.

Der Schein trog. Nicht nur Dianus-Trikont mußte kurz darauf Konkurs anmelden, auch fast alle anderen in Worpswede versammelten Verlage bzw. Programmbereiche werden inzwischen nicht mehr in der damaligen Form weitergeführt. Die Verlage Aurum, Sphinx und Ahorn wurden verkauft oder stellten ihre Arbeit weitgehend ein. Abgesehen von der schon seit Jahrzehnten bestehenden »Esotera« wurden sämtliche Zeitschriften, »Trendwende«, »Magazin 2000«, »Hologramm«, »Sphinx Magazin«,

---

161. Das belegen schon seine Vorworte und psychologischen Kommentare in vielen einschlägigen Texten der Vorkriegszeit, von Richard Wilhelms Übersetzungen des I Ging und des »Geheimnis der Goldenen Blüte« bis zu Evans-Wentz' Ausgabe des Tibetischen Totenbuchs (s.o., Kap.3.2.2.).
162. Quelle dieser Darstellung: Herbert Röttgen, Frank Köchling und Peter Wilfert, alle München; Jörg Röttger, Bremen.
163. Auskunft Herbert Röttgen und Michael Görden. Vgl. Dokumentationsteil, Abschnitt 8.3.2. bis 8.3.4.

»Die Neue Zeitung« und »Das Neue Zeitalter«, bis zum Jahr 1990 aufgegeben. (Teilweise gibt es in neuerer Zeit Wiederbelebungsversuche, z.B. beim »Magazin 2000«, deren Dauerhaftigkeit abzuwarten bleibt). Sie alle hatten mit relativ großem Einsatz und einiger Professionalität versucht, die Neue religiöse Szenerie von ihrem subkulturellen Image zu befreien. Daher rührte auch das Interesse an der Zusammenarbeit mit großen, marktorientierten Verlagen wie Goldmann. Diese nahmen den Faden zwar auf, doch setzte sich in den neu entwickelten Programmen bald eine Kategorie von Büchern durch, die sich besser verkaufen ließ als die ›Kultbücher‹ der Kleinverlage. So wurden z.b. bei Goldmann einige der von Dianus-Trikont übernommenen Titel nach kaum zwei Jahren wegen geringer Nachfrage vom Programm abgesetzt, während die Restbestände der ursprünglichen Ausgaben teilweise noch immer erhältlich sind.[164]

In der Terminologie der »Vulkantänze«[165] könnte man diesen Prozeß als »Verbürgerlichung« beschreiben: Das ›revolutionäre Feuer‹ der Pioniere erstarb, und die Großverlage entdeckten einen neuen Markt für ihre Taschenbuchprogramme. Ergebnis ist eine neue bürgerliche Kultursphäre, Lesestoff im Zug und am Krankenbett, der nun leicht bekömmlich werden mußte. Mit neutraleren Begriffen wäre zu sagen: Das vormals subkulturelle Phänomen alternativer religiöser Literatur wurde (ähnlich wie Müsli, Yoga oder Fahrradfahren in der Großstadt) ›salonfähig‹, d.h. zu einem Teil des gegenwärtigen Lebensstils und büßte dabei die vormalige Identifikationsfunktion weitgehend ein.[166] Das wirkte sich für Verlage wie Dianus-Trikont oder Sphinx negativ aus, die gerade wegen ihrer Unabhängigkeit Identifikationsobjekte der alternativen ›Szene‹ gewesen waren: Mit Goldmann kann man sich nicht identifizieren. »New Age«, wie es von den Taschenbuchverlagen als Etikett benutzt wurde, wurde zu einem Begriff für diesen Absorptionsprozeß.

3.4.2 Alternative Kongreßkultur von 1978 bis 1988: Zur Arbeit des »Forums humanistische Psychologie« und seiner Nachfolgeorganisationen

Eine ähnliche Entwicklung von der Subkultur zur ›mainstream culture‹, gekoppelt mit Prozessen der Institutionalisierung und Kommerzialisierung, zeigen die alternativen Kongreßveranstaltungen zu Themen wie »Paradigmenwechsel«, »Neues Denken«, »Wissenschaft und Spiritualität«. Ihre Darstellung sei an dieser Stelle eingefügt, weil sich im Worpsweder Kreis auch die wichtigsten Kongreß-Organisatoren aus der Zeit zwischen 1978 und 1985 versammelten. Neben den schon genannten Verlagsmitarbeitern hatten dabei Frank Köchling und Knut Pflughaupt, die Initiatoren des »Forums humanistische Psychologie und Psychotherapie e.V.«, Freiburg (später: Stutt-

---

164. Vgl. Dokumentationsteil, Abschnitt 8.3.4.
165. Röttgen und Rabe (1978).
166. Zur soziologischen Diskussion und Bewertung solcher Absorptionsvorgänge vgl. unten, Kap.4.3.

gart) eine Pionierfunktion.[167] 1978 gegründet, hatte diese Einrichtung es sich zur Aufgabe gemacht, die Arbeit der humanistischen Psychologie in der Öffentlichkeit bekannt zu machen. Neue Methoden der Therapie und Selbsterfahrung hatten sich auch in Deutschland langsam ausgebreitet und verließen allmählich die abgegrenzten Räume der Praxen und Kliniken. Dies bewirkte einen Diffundierungsprozeß, der seit Mitte der 70er Jahre zu einer verstärkten Verschmelzung psychotherapeutischer mit religiösen Momenten führte, soweit eine Verbindung mit Meditations- und Weisheitsschulen v.a. östlicher Herkunft nicht schon durch die Methoden selbst vorgegeben war. Als wichtiges Publikationsorgan dieser neuen Form der Psychologie und Psychotherapie etablierte sich im deutschen Sprachraum über die Jahre die Zeitschrift »Psychologie heute«. Seit Mitte der 70er Jahre wurde auch die Bhagwan-Bewegung in Deutschland bekannt, die in Poona (Indien) nach eigener Darstellung das »größte Therapiezentrum der Welt« betrieb.[168]

Das »Forum humanistische Psychologie« begann 1978, Tagungen zu therapeutischen und interdisziplinären Themen zu veranstalten. Im Dezember 1979 gelang es, den in den USA überaus bekannten Anthropologen Gregory Bateson für Seminare in Berlin, Hamburg, Zürich und Köln zu gewinnen. Das verschaffte eine große Bekanntheit und einiges Renommee bei anderen amerikanischen Autoren und bei den Therapeuten, so daß 1980 eine internationale Konferenz, »The Psychotherapy of the Future«, in Saragossa/Spanien mit internationaler Besetzung stattfinden konnte. Als Referenten waren beteiligt: Malcolm Brown, J. Baird Callicot, Fritjof Capra, Georges Devereux, Moshe Feldenkrais, Roland Fischer, Robert Frager, Stanislav Grof, Horst H. Heinze, Jean Houston, Erich Jantsch, Arnold Graf Keyserling, Ronald D. Laing, Rollo May, Karl U. Smith. Bateson hatte seine Teilnahme zugesagt, war aber kurz zuvor verstorben.[169] Themen waren: »Evolution and Consciousness, Socialization and Interaction, Medicine and Psychotherapy«.[170]

Trotz der relativ starken Prägung durch psychotherapeutische Fragen nahm der Kongreß sowohl mit seiner Besetzung als auch im interdisziplinären Durchführungsstil vorweg, was später in zahlreichen Veranstaltungen vor immer größerem Publikum ausgebreitet wurde. Das »Forum humanistische Psychologie« war an einigen dieser Veranstaltungen maßgeblich beteiligt (z.B. an den schon genannten Schamanismus-Kongressen in Alpbach 1982 und 1983). Frank Köchling und Knut Pflughaupt waren

167. Die folgende Darstellung stützt sich auf persönliche Auskünfte von Frank Köchling und Roswitha Hentschel sowie Herbert Röttgen. Köchling stellte mir freundlicherweise Original-Programme und anderes Archivmaterial zur Verfügung.
168. Zur Bhagwan- oder Neo-Sannyas-Bewegung sind inzwischen mehrere Arbeiten erschienen: Yvonne Karow: Bhagwan-Bewegung und Vereinigungskirche, Stuttgart: Kohlhammer, 1989; Gisela van Delden: »Jugendreligionen«. Neue Religiosität oder Keimzelle der Gewalt, Frankfurt u.a.: Peter Lang, 1989 (weitere Literatur vgl. Dokumentationsteil, Abschnitt 2.4. bis 2.6. sowie 6.1.). Bekanntester ›Insider‹-Bericht im deutschen Sprachraum mit starkem Werbe-Effekt war seit Ende der 70er Jahre: Satyananda (i.e. Jörg Andreas Elten): Ganz entspannt im Hier und Jetzt, Reinbek (Rowohlt) 1977.
169. Vgl. auch Capra (1987), 95f., der die Tagung als Manifestation einer neuen Epoche erlebte.
170. Originalprogramm von 1980.

darüber hinaus auch Mitinitiatoren des Kongresses »Geist des Friedens« 1985 in Amsterdam, der eine weitere Etappe jener Kongreßkultur darstellt.[171] (Eine andere Linie dieser Kongreßkultur wird von der »Deutschen Transpersonalen Gesellschaft« gebildet, die sich jedoch erst 1986 mit einem Kongreß in Konstanz begründete.[172])
Später hatten Pflughaupt und Köchling mit der neugegründeten Firma »Media & Congress« maßgeblichen Anteil an der Vorbereitung des Kongresses »Geist und Natur« im Jahr 1988 in Hannover. Der Titel dieses Kongresses ist identisch mit einem Buchtitel Gregory Batesons und wurde von Frank Köchling vorgeschlagen.[173] Damit ist auch ein inhaltlicher Bezug zu den früheren Veranstaltungen hergestellt, der vielen Beteiligten unbekannt geblieben sein dürfte. Denn während Batesons Thema die (polare) Einheit von Geist und Materie war (diese Fragestellung war auf dem Kongreß durch zahlreiche Einzelbeiträge repräsentiert), lautet der Untertitel des Tagungsbandes: »Über den Widerspruch zwischen naturwissenschaftlicher Erkenntnis und philosophischer Welterfahrung«.[174]

Der Kongreß wurde bei manchen ›Insidern‹ der Neuen religiösen Szenerie eher negativ aufgenommen: Durch die Großveranstaltung sei die ehemals subkulturelle Kongreßkultur vollends »offiziell« geworden.[175] Der Kongreß »Geist und Natur« wurde finanziert von der »Stiftung Niedersachsen« und stand unter der Schirmherrschaft des Ministerpräsidenten Ernst Albrecht. Dieser bestellte Carl Friedrich von Weizsäcker zum ›Spiritus Rector‹ und einige weitere Professoren und gesellschaftlich anerkannte ›Experten‹ zu einem wissenschaftlichen Beirat.[176] Im Programm sind 59 Hauptreferenten verzeichnet, die in 14 Teilsymposien jeweils zu dritt oder viert auftraten. Sie entstammten einem internationalen Kreis renommierter Natur- und Geisteswissenschaftler, Meditationslehrer und anderer ›Spezialisten‹ für »Geist« und/oder »Natur«.[177] Das Programm wurde abgerundet durch Workshops, Meditationsveranstaltungen usw. Nicht eingeladen wurden die sonst oft im Mittelpunkt stehenden Protagonisten des »neuen Denkens«, Fritjof Capra und Marilyn Ferguson. Ebenfalls ursprünglich nicht vorgesehen waren landeskirchliche Vertreter, z.B. die Sektenbeauftragten. Auch fehlten christliche Gottesdienste oder Meditationsveranstaltungen, die in letzter Minute noch in das Programm gesetzt wurden. Ebenfalls in letzter Minute kam als Vertreter einer lutherisch-kirchlichen ›Gegenseite‹ Pfr. Friedrich W. Haack auf das Podium, was zu einem kleinen Eklat führte.

Der Kongreß rief in der Öffentlichkeit vielfache, zumeist negative Reaktionen hervor.[178] Kritisiert wurde – neben der kirchlichen Unterbesetzung – die gigantische Zu-

---

171. Vgl. Gugenberger und Schweidlenka (1987), 280ff.
172. Vgl. zusammenfassend Edith Zundel und Bernd Fittkau (Hrsg.): Spirituelle Wege und transpersonale Psychologie, Paderborn: Junfermann, 1989 (Sammelband).
173. Bateson (1979).
174. Dürr und Zimmerli (Hrsg.) (1989); vgl. dazu unten, Kap.10.3.
175. So das Urteil Herbert Röttgens; ähnlich äußerten sich Susanne Schaup, Peter Wilfert, Michael Görden.
176. Auskunft Prof.Dr. Michael von Brück, München, der diesem Beirat angehörte.
177. Originalprogramm.
178. Eine Auswahl kritischer Stimmen bei Konitzer (1989), 124, Anm.16.

sammenballung berühmter Namen, die zu einer pausenlosen Berieselung mit immer neuen Vorträgen geführt hätte.[179] Die federführenden Veranstalter beabsichtigten in der Tat, das Thema eines interdisziplinären Austauschs zu »Geist und Natur« auf die Ebene eines akademischen Kongresses zu heben, für den solche Größenordnungen nichts Ungewöhnliches sind.[180] Doch bleibt festzuhalten, daß wichtige Initiatoren, insbesondere die Gesellschafter der Firma »Media & Congress«, nicht aus dem akademischen Bereich stammten und ganz andere Interessen vertraten.

Die Veranstaltung bildete – abgesehen von ihrem Charakter als interdisziplinärer wissenschaftlicher Kongreß – eine wichtige Zwischenstation in der zeitgeschichtlichen Entwicklung zu einer neuen religiösen ›Unterhaltungskultur‹, die aus der Begegnung berühmter Personen und deren Sachgespräch ihren besonderen Wert zieht. Gerade in ihren negativen Aspekten kommt ihr eine Indikatorfunktion zu: Die fehlende Präsenz kirchlicher Vertreter trotz eines »spirituellen« Themas ist Ausdruck einer weit fortgeschrittenen Entfremdung zwischen der Neuen religiösen Szenerie und der kirchlichen Welt, die erst jetzt, mit dem Heraustreten der ersteren aus dem subkulturellen Bereich, allgemein wahrnehmbar geworden ist. Die Kirchen hatten es sich zu leicht gemacht mit dem sog. »New Age«, das sich nicht auf eine neue »Sekte« reduzieren läßt.

Zugleich zeigen die kommerziellen Aspekte des Kongresses den Verlust früherer subkultureller Autonomie an. Manche ›Insider‹ sehen in ihm das Ende der alternativen religiösen Szenerie, ihre endgültige Absorption im bürgerlichen System.[181] Andere begrüßen diesen Prozeß und sehen in ihm einen neuen »langen Marsch« – diesmal ein Marsch der Ideen durch die Köpfe der gesellschaftlichen »Macher«. Jedenfalls handelt es sich – frei nach Hermann Lübbe – um einen neuerlichen Veralltäglichungsprozeß religiöser Impulse in der »Religion nach der Aufklärung.«[182]

3.4.3 Ältere Esoterik-Verlage als Erben der neuen Subkultur

Überlebt hat die Verwerfungsprozesse der vergangenen Jahre der Verlag Hermann Bauer, der mit der Zeitschrift »Esotera« auch am Worpsweder Kreis beteiligt war. 1937 gegründet und in der ersten Nachkriegszeit wiederbelebt, bietet er ein buntes Programm esoterischer Lehren mit unterschiedlichem Niveau und Obskuritätsgrad, weshalb sich kaum einer der anderen Verlage gerne zusammen mit ihm präsentiert.[183] Bauer bildet jedoch eine interessante historische Brücke zwischen dem erwachenden Interesse an östlich-esoterischen Themen, wie es an der Verlagsgeschichte von O.W.Barth dargestellt wurde, und der Neuen religiösen Szenerie der 80er Jahre, wie sie in den Verlagen des Worpsweder Kreises faßbar ist. Seit etwa 1978 erweiterte

---

179. Der Tagungsbeitrag von 840.- DM war für die meisten Interessenten aus der Alternativszene unerschwinglich.
180. Auskunft Michael von Brück.
181. So Herbert Röttgen, der diesen Vorgang allerdings für unvermeidlich hält.
182. Vgl. Lübbe (1986), 11 et passim.
183. Persönliche Auskunft mehrerer Verlagslektoren.

sich das Programm stark in der Richtung dieser Szenerie, ohne daß die früheren Programmfacetten aufgegeben wurden. Es erschienen Bücher über Kelten, Schamanismus, Hopi-Indianer, Ökologie und die Verknüpfung von Naturwissenschaft und »Spiritualität«. Besonders die Reihe »Edition Pax« enthält wichtige Titel zum Thema,[184] und auch die Zeitschrift »Esotera« nahm entsprechende Fragestellungen auf. Doch sind die Bücher von Bauer in diesem Bereich selten die ersten gewesen (ähnliches galt schon in früheren Zeiten bei der Rezeption östlicher esoterischer Themen im Verhältnis zu O.W.Barth, Rascher oder Walter), sondern der Verlag griff auf und führte weiter, was andere pionierhaft vorbereitet hatten. Als eigentlicher Kern des Verlagsprogramms erweist sich die westliche Esoterik.[185] Auch Themen wie »Channelling« und Ufologie werden hier gepflegt, von denen sich die genannten anderen Verlage distanzieren.

Von 1978 bis 1989 gab es – wie schon dargestellt[186] – in der Zeitschrift »Esotera« eine Rubrik »New Age«. Der Verlag hat hier also begriffsprägend gewirkt. Doch hat er inhaltlich mit dieser Rubrik wenig Neues gebracht. Es gibt zahlreiche Interviews und andere Beiträge, aber die Autoren und Themen waren zumeist schon anderswo publiziert und zugänglich.[187]

Der Bauer-Verlag erweist sich damit im ganzen als ein ›Vermittler der Vermittler‹, der im Gegensatz zu den bisher analysierten Verlagen wenig eigene programmatische Akzente setzte, sondern bereits vorhandene Impulse an eine breitere Öffentlichkeit weitergab. Die Vielfalt und Kontinuität des Programms und die teilweise hohen Auflagenzahlen beweisen ein großes Geschick in dieser Funktion, das von gescheiterten Konkurrenten wie Herbert Röttgen neidlos zugestanden wird.

3.4.4 Kleinverlage mit spezifischem Beitrag

Seit Mitte der 70er-Jahre besteht in Freiburg der Aurum-Verlag, der von Günter Berkau, vorher Geschäftsführer bei O.W.Barth, gegründet wurde. Aurum arbeitete einige Jahre mit dem Bauer-Verlag zusammen, setzte programmatisch jedoch eher die Linie des O.W.Barth-Verlages fort. Daneben sind einige weitere Verlage zu nennen, die nicht am Worpsweder Kreis beteiligt waren, z.B. Hugendubel (München), Ansata (Interlaken) und der Aquamarin-Verlag in Grafing bei München. Sie haben ihren Schwerpunkt zumeist im Bereich westlicher Esoterik. Peter Michel vom Aquamarin-Verlag

---

184. Z.B.: Denken wie ein Berg. Ganzheitliche Ökologie: Die Konferenz des Lebens. Mit Beiträgen von John Seed u.a., 1989; Alexander Buschenreiter: Mit der Erde – für das Leben. Der Hopi-Weg der Hoffnung, 1989.
185. Vgl. dazu z.B. die Bücher Hans Dieter Leuenbergers, eines ehemaligen reformierten Pfarrers: Das ist Esoterik. Eine Einführung in esoterisches Denken und in die esoterische Sprache. Dem Neugierigen wird das notwendige Grundwissen vermittelt, (Tb.) 4. erw. Aufl. 1989 ([1]1985); ders.: Sieben Säulen der Esoterik. Grundwissen für Suchende, 1989. Der Verlag pflegt auch die Herausgabe esoterischer Klassiker, z.B. Bücher W. Leadbeaters und A. Beasants.
186. S.o., Kap.2.1.3.
187. Vgl. Geisler (1984); dazu oben, Kap.2.1.3.

benutzte zeitweise das Stichwort »New Age«, distanziert sich jedoch inzwischen wie alle anderen davon.[188]

Diese Verlage pflegen Traditionen, die durch Impulse von O.W.Barth, Dianus-Trikont und anderen entweder erstmals erschlossen oder aus verstaubter Hinterzimmer-Atmosphäre befreit wurden. Andererseits werden sie wegen ihrer bunten Themenmischung von traditionellen esoterischen ›Insidern‹, die sich spezifischen Schulrichtungen zuordnen, oft nicht anerkannt. Eine solche Schulrichtung vertritt z.b. der »Verlag esoterische Philosophie«, Hannover, der neben den Werken Helena Petrowna Blavatskys, der Begründerin der Theosophischen Gesellschaft, insbesondere die Bücher Gottfried von Puruckers, eines ihrer indirekten Schüler, publiziert.

Von diesen im weiteren Sinne esoterischen Verlagen zu unterscheiden sind Kleinverlage mit spezifischen Themenbereichen, die oft einen eigenen Beitrag zur Neuen religiösen Szenerie lieferten, jedoch in ihrer Verbreitung relativ beschränkt und zumeist weniger ›professionell‹ organisiert sind. Zu nennen wäre der Verlag Bruno Martin, Südergellersen, der sich insbesondere der modernen westlichen Sufismus-Rezeption zugewandt hat. Der Verlag Neue Erde (früher Mutter Erde) von Andreas Lentz in Saarbrücken befaßt sich vor allem mit der Wiederbelebung einer traditionellen Naturphilosophie und publizierte z.b. die deutsche Ausgabe des Buches »Weisheit der Erde« von Dolores La Chapelle, das für das Stichwort »Tiefenökologie« (Deep Ecology, zurückgehend auf Arne Naess) bedeutsam ist.[189]

3.4.5 Zur Arbeit kirchennaher Verlage

Wie schon erwähnt, spielte der Herder-Verlag, Freiburg, der in seinem ausgedehnten Taschenbuchprogramm eine eigene Reihe »Zeit-Wende-Zeit« publizierte, eine wichtige Rolle bei der Pflege des Stichworts »New Age« im deutschen Sprachraum.[190] Herder bot der Neuen religiösen Szenerie mit dieser Reihe in erster Linie ein Podium zur Selbstdarstellung (und zunächst einmal Selbst-Klärung). Als eigener Akzent kommen Bücher hinzu, die von christlicher Seite einen freundschaftlich-anknüpfenden Dialog aufzunehmen versuchen.[191] Ein ähnliches Programm vertritt der Kreuz-Verlag, Stuttgart.[192] Auch der Walter-Verlag (Olten und Freiburg i.B.) publiziert vergleichbare Bücher.[193]

188. S. oben, Kap.2.2.1.
189. Dolores La Chapelle: Weisheit der Erde. Eine spirituelle Ökologie, 1990 (engl. Original 1978). Vgl. kritisch zur Verlagsarbeit: Gugenberger und Schweidlenka (1987), 117ff.
190. Vgl. oben, Kap.3.1. Auch bei Herder wurde das Taschenbuch-Programm mittlerweile umstrukturiert und ausgedünnt. Die genannte Reihe, »Zeit-Wende-Zeit« wurde 1991 aus dem Programm genommen. Fast alle einschlägigen Titel sind mittlerweile vergriffen (vgl. Dokumentationsteil, Abschnitt 8.3.6.).
191. Z.B.: Karl Ledergerber und Peter Bieri: Was geht New Age die Christen an? Brücken zum gegenseitigen Verständnis, 1988 (Reihe »zeit-wende-zeit«).
192. Z.B. Gerhard M. Martin: Weltuntergang. Gefahr und Sinn apokalyptischer Visionen, 1984; Jörg Wichmann: Die Renaissance der Esoterik. Eine kritische Orientierung, 1990
193. Z.B. Willy Obrist: Neues Bewußtsein und Religiosität. Evolution zum ganzheitlichen

Die Arbeit kirchennaher Verlage soll exemplarisch am Kösel-Verlag, München, dargestellt werden.[194] Kösel versteht sich als Sach- und Fachbuchverlag und hat außer Religionspädagogik und Theologie/Religion auch Psychologie (Sachbücher) und Pädagogik (Fach- und Sachbücher) im Programm. Der Verlag hat maßgeblichen Anteil am neuen psychologisch-religiösen Sachbuch-Markt. Im Bereich der Theologie wurde das Programm stark auf zeitgeschichtliche Fragestellungen ausgerichtet. Eines der neuen Themen ist der Dialog mit gegenwärtigen religiösen Strömungen, wobei diese sowohl selbst zu Wort kommen als auch kritisch behandelt werden sollen. Hier sind z.B. Günther Schiwys Bücher über »New Age« erschienen, die in Deutschland ziemlich bekannt wurden.[195] Im Mittelpunkt des Religionsprogramms stehe, so der zuständige Lektor, Bogdan Snela, die Begegnung der Religionen. Theologie der Religionen sei heutzutage – abgesehen von Pastoraltheologie und Religionspädagogik – fast der einzige Bereich der Theologie, der außerhalb der fachwissenschaftlichen Grenzen auf zunehmende Resonanz stoße und deshalb für Sachbücher in Frage komme. Ansonsten sei eine zunehmende Trennung zwischen Spezialverlagen für Fachliteratur und Verlagen für breitenwirksame religiöse Literatur zu verzeichnen. Kösel publizierte daher eine Reihe dialogischer oder pluralistischer Entwürfe, die zumeist aus dem Englischen übersetzt wurden.[196]

Einen weiteren Schwerpunkt bilden Bücher zur Praxis der Meditation, zu christlicher und interreligiöser Spiritualität. Dabei werden insbesondere Autoren gepflegt, die sich aus christlicher, zumeist monastischer Tradition heraus praktisch mit östlichen Religionen befassen, z.B. Pater Hugo Enomiya-Lassalle[197] als Zen-lehrender Jesuit und Pater Bede Griffiths als Benediktiner und Leiter eines christlichen Ashram in Indien.[198]

Unabhängig von Theologie und Religion wagte sich der Verlag im Programmbereich Psychologie weit in die neue religiöse und therapeutische Szenerie vor und gestaltete eigene Programmteile zu »Esoterik/Neues Bewußtsein« und »Körperarbeit«, in denen z.B. wichtige Bücher von Stanislav Grof erschienen.[199] Weitere Kösel-Auto-

Menschen, 1988; Adalbert Geduhn: Mystik als Grundstrom neuer Innerlichkeit, 1990.
194. Die folgende Darstellung beruht auf Gesprächen mit dem zuständigen Lektor, Dr. Bogdan Snela.
195. Schiwy (1987); ders.: Der kosmische Christus. Spuren Gottes ins Neue Zeitalter, 1990. Weitere Bücher mit ›anknüpfender‹ Tendenz sind z.B.: Rüdiger Kerls: Heilsame Glaubenskräfte. Kirche in Auseinandersetzung mit New Age, 1988; auch Bernhard Grom, Anthroposophie und Christentum, 1989, wird vom Lektorat dieser Sparte zugeteilt. An kritischen Büchern ist z.B. zu nennen: G. Grönbold: Jesus in Indien – das Ende einer Legende, 1985; Schulze-Berndt u.a. (1986).
196. Z.B. Knitter (1985); Raimon Panikkar: Der neue religiöse Weg. Im Dialog der Religionen leben, 1990 (engl. Original 1978).
197. V.a. Pater Hugo Enomiya-Lassalle: Mein Weg zum Zen, 1988; ders.: Leben im neuen Bewußtsein. Ausgewählte Texte zu Fragen unserer Zeit, hrsg. v. Roland Ropers, ³1988 (¹1986); Von der Katastrophe zur Erneuerung, 1989; Zen und christliche Spiritualität, hrsg.v. R. Ropers u. B. Snela, 1987, Zen-Unterweisung, ³1988.
198. Z.B. Rückkehr zur Mitte. Das Gemeinsame östlicher und westlicher Spiritualität, 1987.
199. Geburt, Tod, Transzendenz. Neue Dimensionen in der Psychologie, 1985 (engl. Original

ren sind Ken Wilber, Arthur Young, Rüdiger Lutz und Dieter Duhm, also Insider der Neuen religiösen Szenerie in Deutschland bzw. Amerika. Außerdem führt Kösel auch frühere Traditionen des O.W.Barth-Verlages weiter. Z.B. wurden mehrere Bücher von Alfons Rosenberg und Ursula von Mangoldt publiziert.[200]

Die einzelnen Teile des Programms stehen ziemlich unverbunden nebeneinander. Das spiegele – so der Lektor auf entsprechende Nachfrage – die Situation des gegenwärtigen religiösen Sachbuchmarkts wider. Einige Jahre lang seien z.b. Themen religiöser Erfahrung eher im psychologischen Lektorat gepflegt worden. Und von hier seien die Impulse ausgegangen, sie wieder ins Programm der Theologie und Religion aufzunehmen, weil man bemerkt habe, daß sie in der Öffentlichkeit auf eine neuartige Resonanz stoßen. Verbindend ist in diesem Sachbuchprogramm der Versuch, unkonventionelle Entwürfe auf den Markt zu bringen. Dabei führte Kösel – neben seiner Anknüpfung an die interreligiöse Erfahrungskultur der Nachkriegszeit – das Programm der gescheiterten Kleinverlage der 70er und frühen 80er Jahre weiter.

Im Bereich Theologie/Religion ist ein Schwerpunkt bei Büchern zum Thema Pluralismus und zu praktischer, interreligiös ausgerichteter Spiritualität festzustellen. Wie der Lektor begründet, sei in Deutschland eine starke Rezeption indischer Spiritualität und japanischer Zen-Praxis im Gange, die sich – anders als in den USA – auch innerhalb der Kirchen vollziehe; prägend sei hierbei vor allem Pater Lassalle gewesen. Hinzukommende nichtkirchliche Impulse würden als inspirierende Kraft verstanden, obwohl christliche Autoren wie Alfons Rosenberg oder Pierre Teilhard de Chardin dieselben Fragen schon früher gestellt hätten, aber in der Öffentlichkeit übersehen worden seien.

Die von kirchlicher Seite geäußerte Klage, die religiöse Gegenwartskultur sei konsumistisch, wird von Snela zurückgewiesen: Es handle sich um Pluralisierungsvorgänge, durch die sich die Zuständigkeit für »Religion« verlagert habe. Die Struktur des Buchmarkts habe sich stark verändert, und die Menschen suchten Bücher zu religiösen Themen nicht mehr unbedingt in kirchlichen Verlagen, sondern z.B. auch bei Suhrkamp oder Piper. Durch diese Öffnung des Buchmarkts sei einerseits viel Freiheit für die Programmgestaltung der einzelnen Verlage entstanden, andererseits die Notwendigkeit, sich einer vielfältigen Konkurrenz zu stellen: Religion sei zum ›ganz normalen‹ Sachbuchthema geworden.

1985); Alte Weisheit und modernes Denken, Spirituelle Dimensionen in Ost und West im Dialog mit der neuen Wissenschaft (Hrsg.), 1986 (engl. Original 1984); Das Abenteuer der Selbstentdeckung. Heilung durch veränderte Bewußtseinszustände. Ein Leitfaden, 1987 (engl. Original 1987); Die Chance der Menschheit. Bewußtseinsentwicklung – der Ausweg aus der globalen Krise (Hrsg.), 1988 (engl. Original 1988); Jenseits des Todes (zusammen mit Chr. Grof), ²1986.
200. Alfons Rosenberg: Zeichen am Himmel. Das Weltbild der Astrologie, München: Kösel, ²1984 (Erstausgabe Zürich: Metz, 1949); ders.: Experiment Christentum, München: Kösel, ²1990 (Erstausgabe: München: Pfeiffer, 1969); ders. (Hrsg.): Leben nach dem Sterben, 1974; Mangoldt (1977).

3.4.6 Kirchen und Neue religiöse Szenerie

Die Geschichte der Verlagsprogramme und öffentlicher Veranstaltungen zeigt, daß sich in Deutschland seit einigen Jahren ein neuer Kulturbereich mit religiösem oder »spirituellem« Einschlag entwickelte. Er stellt sich kaum als unmittelbarer Gegenentwurf zu dem traditionell religiösen Sektor der Gesellschaft dar, den die Kirchen vertreten, sondern entwickelte sich zunächst als internes Phänomen einer weithin »religionslosen« Subkultur und wurde im Prozeß der Öffentlichmachung und »Inkulturation« jener Subkultur mit Momenten traditioneller Esoterik verknüpft. Hinzu kommt eine ältere, weit verbreitete Entwicklung zu einer erfahrungsbezogenen Religiosität, wie sie u.a. der O.W.Barth-Verlag in Gang setzte. Auch diese ist nicht eigentlich gegenkirchlich, hat ebenso eine innerkirchliche wie außerkirchliche Seite, führt aber zu einer Lockerung der früher selbstverständlichen Identifikation religiöser Praxis als *christlicher* (und zumeist kirchlich orientierter) Praxis.

Im Prozeß der ›Vermarktung‹ und allgemeinen Verbreitung hat sich die Neue religiöse Szenerie stark verändert. In der breiten Öffentlichkeit ist aus vielfältigen Quellen und einer pionierhaften Offenheit für alternative Lebensmodelle und geistige Traditionen eine Art neuer Lebensstil, eine zur Beliebigkeit neigende religiöse Zitatkultur geworden. Es ist daher sorgfältig zu unterscheiden zwischen den zumeist aus subkulturellen Nischen der Gesellschaft stammenden Quellen und ihrer öffentlichen Rezeption. Der Anglizismus »New Age« steht im wesentlichen für das letztere Stadium der Entwicklung.

Erst in dieser Brechung durch das Prisma der breiten öffentlichen Wirksamkeit trat die Neue religiöse Szenerie den Kirchen gegenüber. Sie wird von ihnen teils als Bedrohung empfunden, teils auch als ›Stoff‹ für die Gestaltung eigener religiöser Praxis benutzt, wie sich an mancher Predigt und modernen Gemeindeaktivitäten, aber auch bei den Kirchentagen und in den Akademien zeigt.

Die Kirchen hatten – abgesehen von der Meditationskultur, die stark von römisch-katholischen Ordensleuten geprägt wurde – einen relativ geringen Anteil an der Entstehung der neuen Ideen und Lebensmodelle. Im Gegensatz dazu waren sie bei deren Öffentlichmachung – und damit bei der Verbreitung des Etiketts »New Age« – von hervorragender Bedeutung. Vor allem die kirchlichen Akademien haben mit ihren Tagungen zum Thema »New Age« – ob willentlich oder nicht – einen wichtigen Beitrag zu seiner Etablierung geleistet.[201]

Wie oben in Kapitel 1.2. ausführlich dargestellt, war »New Age« seit etwa 1983 für einige Jahre das meistbehandelte Gebiet im »Materialdienst« der Evangelischen Zentralstelle für Weltanschauungsfragen (Stuttgart) und in ähnlichen Einrichtungen mit »apologetischer« Aufgabe.[202] Auch die vormalige »religiöse Subkultur« war dort ge-

---

201. Das hat allerdings Tradition: Schon in den 70er Jahren hatten z.B. die Pfingst-Tagungen der Evangelischen Akademie Hofgeismar eine wichtige Funktion bei der Selbstartikulierung der damaligen »religiösen Subkultur«; vgl. dazu unten, Kap.4.2.
202. Vgl. Materialdienst der EZW, Stuttgart, Jahrgänge 1984-1989. Vgl. auch Dokumentationsteil, Abschnitt 2.2.

nau beobachtet worden.[203] Ähnliche Funktionen übernahmen die Sekten- bzw. Strömungsbeauftragten der Landeskirchen und Diözesen, die eine Fülle kleinerer Handreichungen, Themenhefte usw. verfaßten und unzählige Veranstaltungen bestritten. Dabei habe sich – so Reinhart Hummel, der Leiter der Stuttgarter Zentralstelle – eine unfaire Arbeitsteilung ergeben: Während die Akademien anknüpften und den Dialog suchten, bleibe es den Mitarbeitern der EZW und den Sektenbeauftragten überlassen, der verunsicherten kirchlichen Öffentlichkeit die Unterschiede und Grenzen solchen Zusammengehens deutlich zu machen.[204]

Die neueren Entwicklungen im Bereich der Verlage und anderer Felder der Öffentlichkeit verdeutlichen, daß die Neue religiöse Szenerie zwar infolge der kirchensoziologischen Verhältnisse im deutschen Sprachraum mehr kirchliche Anknüpfungspunkte zeigt als in den USA, aber dennoch nicht mit einem kirchlichen Reformismus in Richtung auf Meditation und ganzheitliche Glaubenspraxis ›abzufangen‹ wäre. Vielmehr deutet alles darauf hin, daß sich auch in Deutschland das religiöse Interesse der Allgemeinheit in weiten Bereichen aus dem traditionell-kirchlichen Rahmen löst. Oft bieten die Kirchen ein Podium für das Neue, das keine eigenen Mönchs- oder Theologentraditionen, keine Klöster, keine öffentlichen Veranstaltungsorte und gutbestallten Akademien besitzt. Diese Strukturen werden sich auch nicht so schnell entwickeln, wie die Mißerfolge z.B. des »Worpsweder Kreises« zeigen. Aber gerade der innere ›Pluralismus‹, die konzeptionelle Vieldeutigkeit eines Verlages wie Kösel macht deutlich, daß sich dieses Neue nicht mehr ›hereinholen‹ läßt in die alten Strukturen von Theologie und Frömmigkeit, Erbauung und christlicher Weltzuwendung. Die Frage, ob die zu beobachtende Pluralisierung des Religiösen neue soziale Strukturen hervorbringen wird, oder ob es bei der gegenwärtigen Tendenz zur Individualisierung (das bedeutet auch Kommerzialisierung) bleiben wird, ist nicht abschließend zu beantworten. Anders gesagt: Es bleibt vorläufig offen, ob die Neue religiöse Szenerie – trotz Zen-*Kultur* und Studenten*bewegung* – in dem aufgeht, was Ernst Troeltsch als »Mystik« beschrieb.[205] Ist sie ein sekundäres, anti-soziales Modell von Religion, das auf Kirche oder Sekte schmarotzerisch aufbaut und letztlich nur so lange bestehen kann, wie die primären Sozialtypen religiöser Selbstgestaltung genügend Nahrung zur Verfügung stellen? Oder müssen die am Anfang des Jahrhunderts entwickelten Schemata der Religionssoziologie Troeltschs angesichts allgemeiner Strukturveränderungen gegenwärtiger Kommunikations- und Sozialisierungsbedingungen revidiert werden? Die weiteren Entwicklungen im Verhältnis zwischen Kirchen und Neuer religiöser Szenerie sind beim gegenwärtigen Stand der Dinge jedenfalls nicht ohne weiteres prognostizierbar.

---

203. Vor allem Michael Mildenberger publizierte zahlreiche Berichte und Arbeitstexte. Vgl. Dokumentationsteil, Abschnitt 2.3.
204. Persönliches Gespräch im Jahr 1990.
205. Vgl. oben, Kap.1.3.3.

3.5 Zusammenfassung

Die vorangegangenen Recherchen hatten zum Ziel, eine vorschnelle und klischeehafte Bewertung des Phänomens »New Age« zu vermeiden und bereits existierende Verfestigungen im vorherrschenden Bild der Öffentlichkeit aufzuzeigen und zu hinterfragen. Es hat sich gezeigt, daß dieser Anglizismus zumindest im deutschen Sprachraum nicht für eine einheitliche Sache steht. Er bezeichnet in erster Linie ein öffentliches Etikett zur Beschreibung einer schon seit Jahrzehnten angelegten, doch erst jetzt allgemein wahrgenommenen Veränderung der religiösen Szenerie. Der Ausdruck »New Age« selbst wurde im deutschen Sprachraum v.a. von Lektoren großer Taschenbuchverlage als Reihentitel neuartiger Buchreihen der 80er-Jahre bekannt gemacht. Dieser Vorgang spiegelt aber erst eine relativ späte Phase der Entwicklung der Neuen religiösen Szenerie im ganzen wider. Vorbild der Taschenbuchreihen sind – neben amerikanischen Parallel-Erscheinungen – die Programme von Kleinverlagen, die z.T. schon lange vor dieser Zeit die Entwicklung gestalteten und vorbereiteten.

Die Veränderung der religiösen Szenerie hat unterschiedliche Wurzeln. Die religiösen Bezüge entstammen sowohl christlicher Frömmigkeit als auch der Rezeption außerchristlicher religiöser Gehalte; beide sind durch den Begriff der religiösen Erfahrung miteinander verbunden. Die Trägergruppen sind einerseits in der Studentenbewegung der späten 60er-Jahre, andererseits in älteren Strömungen freireligiöser und esoterischer Herkunft verankert; dabei spielt jeweils das Stichwort einer undogmatischen Freiheit eine Rolle. Erst im jüngsten Stadium der Entwicklung, in der Absorption der vorher subkulturellen Erscheinungen durch die Öffentlichkeit, haben sich diese unterschiedlichen Ströme miteinander verbunden und werden nun von Verlagen und anderen Vermittlungsorganen der modernen Medienkultur als Einheit dargestellt. Es muß vorerst offen bleiben, ob die verschiedenen beteiligten Strömungen und Impulse nun tatsächlich zusammenwachsen, oder ob sie auch im Licht der Öffentlichkeit – abgesehen von simplifizierenden Eklektizismen der Vermittler – nebeneinander weiterbestehen werden. Für beides gibt es gewisse Anzeichen, die im weiteren Verlauf der Arbeit noch untersucht werden müssen.

Es zeigt sich jedenfalls, daß die Neue religiöse Szenerie, die sich hinter dem Schlagwort »New Age« verbirgt, trotz ihrer modischen Effekte ein ernstzunehmendes und beständiges Phänomen darstellt, einen Charakterzug der gegenwärtigen Religionskultur. Das ist z.B. an der jahrzehntelangen erfolgreichen Arbeit des O.W.Barth-Verlages zu belegen, dessen Bücher ein Spiegelbild jener öffentlichen Kultur darstellen. Die Mißerfolge anderer Unternehmungen, z.B. des Dianus-Trikont-Verlages, und die Verwerfungen innerhalb der Szenerie sind als Wirkung von Absorptionsprozessen zu verstehen, in denen aus Subkulturen, der linken und alternativen »Zweiten Kultur« (Peter Glotz), fast vollständig integrierte Teilbereiche der »Ersten Kultur« geworden sind. Doch diese »Erste Kultur« hat sich gleichzeitig verändert. »Religion« ist in neuer Weise zum Thema geworden. Das spiegelt sich beispielhaft in den Sachbuchprogrammen etablierter Verlage, von Rowohlt, Suhrkamp und Piper bis zu Kösel, Kreuz und Herder.

Diese Entwicklung wirkt in ihrem nunmehr öffentlichen Stadium stark auf die Kirchen zurück, die sich bis vor einigen Jahren kaum damit auseinandergesetzt hatten. Bisher waren für solche Aufarbeitung vor allem die Sektenbeauftragten der Landeskirchen und Diözesen zuständig, was eine Fehleinschätzung des Phänomens bedeutet: »New Age« ist gewiß keine Sekte, sondern steht für eine gesellschaftliche Gesamtentwicklung, die auch in die Kirchen hineinreicht. Das zeigt sich – wiederum beispielhaft – an den Buchprogrammen kirchennaher Verlage, die auf ein entsprechendes Publikum schließen lassen, außerdem auch an den Veranstaltungen der kirchlichen Akademien und der Kirchentage, die oft weniger Auseinandersetzung als Podium zur Darstellung und Selbstklärung des Neuen sind.

Nicht nur die Kirchen sind einigermaßen hilflos im Umgang mit der Neuen religiösen Szenerie. Auch staatliche Einrichtungen, Stiftungen und Erwachsenenbildungsprogramme machten »New Age« geradezu hektisch zum Thema, nachdem sie die zugrundeliegenden Entwicklungen lange übersehen hatten. So ist – neben den wenigen langjährigen Beobachtern der vormaligen ›Randphänomene‹ – innerhalb weniger Jahre eine Schicht von ›New-Age-Experten‹ entstanden, die mit oft mangelhafter Kenntnis eine Flut von Sekundärliteratur produzierte. Offenbar hat der Zwang einer bisher unterbliebenen Auseinandersetzung zu einer vorschnellen und oft diffamierenden Vereinheitlichung der Sache geführt, die im Gegenzug bewirkte, daß sich heute kaum jemand selbst mit »New Age« identifiziert.

Die Beschreibungen und Definitionen für »New Age« wurden schon am Anfang der öffentlichen Rezeptionsphase von den Verlagslektoren zur Profilierung ihrer neuen Buchprogramme geprägt. Dazu zählen vor allem Schlagworte wie »Paradigmenwechsel«, »Transformation« oder »Bewußtseinserweiterung«. Sie umschreiben keine zusammenhängende Weltanschauung, sondern lediglich den Jargon einer neuartigen Buchkategorie.

Während »New Age« als »Bewegung« weder eine soziale noch eine ideelle Basis besitzt, gibt es zahlreiche Themenbereiche des öffentlichen Wissens und seiner praktischen Umsetzung, in denen die Neue religiöse Szenerie ihre Wirkung hat. Als Beispiel dafür läßt sich wiederum die Programmentwicklung der Verlage anführen. So wurde im Kösel-Verlag das neue Religionsthema zunächst im psychologischen Lektorat entdeckt, bevor im Bereich Theologie/Religion entsprechende Bücher ins Programm aufgenommen wurden.

Unabhängig von den Schlagworten des Jargons kristallisieren sich dabei bestimmte Begriffe und Interessensgebiete heraus, wie z.B. das Stichwort der religiösen Erfahrung, des Mythos, der Meditation. Dabei ist eine fundamentale Dogmenkritik, gleichzeitig aber ein Hang zu einer ideologisierenden Scheidung der Sphären zu beobachten, z.B. in »dogmatische« versus »Erfahrungsreligion«. Schließlich hat sich gezeigt, daß das Wort *Bewegung* in der Neuen religiösen Szenerie mit mythomorphen Konnotationen versehen wurde. Es meint weniger eine soziale Bewegung im üblichen Sinne als eine innere Dynamik des Zeitgeistes, dessen Ausgangspunkt in der »Jugendbewegung« und der »Gegenkultur« der späten 60er-Jahre gesehen wird.

Das Stichwort »New Age« erweist sich damit als wichtiger Indikator für die Neue religiöse Szenerie, die im weiteren Verlauf der Arbeit nach inhaltlichen Kriterien untersucht werden muß. Ziel wird es dabei sein, ihre Einflüsse auf verschiedene Themenbereiche öffentlichen Wissens herauszustellen und daraus Kriterien für eine genauere zeitgeschichtliche Interpretation zu ermitteln.

4. Zwischenüberlegung: »Subkultur« und »Neue soziale Bewegungen« als analoge Problemstellungen in der sozialwissenschaftlichen Diskussion

Die Besonderheit zeitgeschichtlicher Sozialisierungsformen ist nicht nur im Bereich neuer religiöser Phänomene, sondern auch im politisch-gesellschaftlichen Bereich zum Problem geworden. Offenbar erzwingen neuartige Strukturen die Aufgabe oder Reformulierung klassischer Schemata der soziologischen Begriffsbildung. Z.B. sind die an sozialen Schichten orientierten soziologischen Typen Max Webers auf moderne Entwicklungen nur noch bedingt anwendbar, da sich die zu Beginn des Jahrhunderts relativ klar abgrenzbaren sozialen Schichten der Bevölkerung aufgrund der seitherigen Bildungsrevolution, gestiegener Mobilität und anderer Faktoren vielfältig durchdrungen haben und Max Webers Beschreibungsmodell daher mit der Empirie heutiger gesellschaftlicher Prozesse nicht mehr übereinstimmt.[1]

Ähnliches gilt für die religionssoziologischen Typen Ernst Troeltschs: In der Anwendung auf Phänomene der Neuen religiösen Szenerie zeigt sich, wie sehr die Typologie von Kirche, Sekte und Mystik – trotz der liberalen Haltung Troeltschs – noch von einer faktischen Dominanz kirchlich-orthodoxer Sozialstrukturen geprägt ist, die heute auf breiter Front bedroht wird und in manchen Bereichen religiöser Vergemeinschaftung nicht mehr existiert. Während Troeltsch »Mystik« bzw. »Spiritualismus« in erster Linie dem Bildungsbürgertum zurechnet, sind heute ähnliche religionssoziologische Muster in allen Schichten der Bevölkerung präsent, was eine Neubestimmung der soziologischen Implikationen, insbesondere des Verhältnisses zwischen »Kirche« und »Mystik«, erforderlich macht.

Während die religionssoziologische Analyse der Neuen religiösen Szenerie noch in den Anfängen steckt,[2] sind die sog. »Neuen Sozialen Bewegungen« mittlerweile breit untersucht worden, so daß sich die Ergebnisse dieser Studien als Basis oder zumindest als Vergleichsinstanz für eine exaktere soziologische Beschreibung der Neuen religiösen Szenerie anbieten. Zugleich sollen im Zusammenhang des Begriffs der »religiösen Subkultur« historische Vorläufer der heutigen Szenerie in den 70er Jahren dargestellt werden, die wegen der inzwischen dominant gewordenen »Jugendsekten«-Debatte nur mehr wenig im öffentlichen Bewußtsein sind.

Schon die Verlagsgeschichte von Dianus-Trikont (Kapitel 3.3.) deckt Spuren zu sozialen Vorläufern der Neuen religiösen Szenerie in Deutschland auf. Die Stichworte

1. Vgl. dazu Michael Vester: Neue soziale Bewegungen und soziale Schichten, in: U. Wasmuht (Hrsg.): Alternativen zur alten Politik? Neue soziale Bewegungen in der Diskussion, Darmstadt: Wiss. Buchges, 1989.
2. Vgl. dazu oben, Kap.1.2.4., sowie die im Dokumentationsteil, Abschnitt 2.5. genannte Literatur.

»Subkultur« (bzw. »Gegenkultur«) und »Bewegung« sind im Zusammenhang neuerer sozialer Phänomene in Deutschland sowohl als Selbstdefinition von Gruppen wie auch als Kategorie der Soziologen zur Beschreibung dieser Gruppen im Gebrauch. Das unterscheidet sie vom Ausdruck »New Age«, in dem – wie ausführlich dargestellt – die Fremddefinition überwiegt.

Sowohl »Subkultur« als auch »Bewegung« leben offenbar von ihrer begrifflichen Unschärfe.[3] Doch gibt es in beiden Fällen Versuche zu einer theoretischen Präzisierung. Am unklarsten ist in der vorhandenen Diskussion die Rede von »religiöser Subkultur« und »(Neuen) religiösen Bewegungen«. Auf ihre Präzisierung zielt das folgende Kapitel.

4.1 »Progressive Subkulturen« und »Gegenkultur« als gesellschaftlich-politische Protestbewegungen

Der Begriff »Subkultur« wurde ursprünglich von Soziologen als formale Kategorie zur Beschreibung kultureller Untersysteme geprägt.[4] Als Selbstdefinition sozialer Gruppen kam er um 1970 durch soziologisch geschulte ›Insider‹ der Studentenbewegung in Gebrauch.[5] V.a. sind Walter Hollstein und Rolf Schwendter zu nennen, die als »Drehpunktpersonen« zwischen damaliger Subkultur und Öffentlichkeit gesehen werden können.[6] Mit ähnlicher Bedeutung hat Herbert Marcuse den Ausdruck »Randschichten« und Rudi Dutschke das Wort »Gegenmilieu« gebraucht.[7]

Schwendter versteht unter Subkultur zunächst einen »*Teil einer konkreten Gesellschaft, der sich in seinen Institutionen, Bräuchen, Werkzeugen, Normen, Wertordnungssystemen, Präferenzen, Bedürfnissen usw. in einem wesentlichen Ausmaß von den herrschenden Institutionen etc. der jeweiligen Gesamtgesellschaft unterscheidet*«.[8]

3. Zur Vieldeutigkeit des Begriffs »Bewegung« (bzw. »movement«) in der sozialwissenschaftlichen Diskussion vgl. Florian Deltgen: »Bewegung« als historischer und soziologischer Begriff. Versuch einer theoretischen Präzisierung, Köln (unveröffentl. Diss.), 1969, hier: 5f.
4. Vgl. Schibilsky (1976), 44-46; dort weitere Literatur; ferner: Peter L. Berger und Thomas Luckmann: Die gesellschaftliche Konstruktion der Wirklichkeit, Frankfurt a.M.: 1980 (engl. Original 1966), über »Subgesellschaften« und »Subsinnwelten« bes. 90ff.
5. Vgl. Schibilsky (1976), 44.
6. Walter Hollstein: Der Untergrund, Neuwied und Berlin, 1969; Rolf Schwendter: Theorie der Subkultur, Köln und Berlin, 1971. Zum Stichwort »Drehpunktpersonen« vgl. ebd., 62; vgl. auch Schibilsky (1976), 101-106. »Subkultur« bzw. »Gegenkultur« waren in jener ›Szene‹ auch sonst vielbenutzte Stichworte; vgl. z.B. Rolf-Ulrich Kaiser: Underground? Pop? Nein! Gegenkultur!, Köln 1969; zahlreiche kleinere Veröffentlichungen von Tuli Kupferberg, Reimar Lenz u.a.; vgl. dazu Literaturverzeichnis bei Schwendter.
7. Vgl. Schwendter (1971) 10; zusammenfassend: Walter Hollstein: Die Gegengesellschaft. Alternative Lebensformen, Bonn 1979.
8. Schwendter (1971), 11.

Schwendter und Hollstein differenzieren zwischen »Teilkultur« und »Gegenkultur«: Teilkultur sei »ein System von Werten und Verhalten, das innerhalb der Gesamtkultur ein Eigendasein führt«, aber keine grundsätzliche Veränderung des Ganzen herbeiführen wolle.[9] Dagegen seien Gegenkulturen durch »entschiedene Opposition zum bestehenden System« charakterisiert und wollten selbst »auch so verstanden werden«.[10]

Während das Wort »Subkultur« in der dogmatischen Linken – als »Subkulturismus« mit den Hippies identifiziert – zum Schimpfwort degeneriert sei, unterscheidet Schwendter zwischen »regressiven« und »progressiven Subkulturen«.[11] Die letzteren seien notwendig, »um das nichtangepaßte Überleben der Maßnahmen der Gesamtgesellschaft zu gewährleisten, neue Formen sozialer Beziehungen zu praktizieren, die Abhängigkeit von herrschenden Institutionen zu verringern, bürgerliche Tendenzen in der politischen Selbstorganisation zu vermeiden.«[12] Zur grundsätzlichen Veränderung der Gesellschaft sei neben der Veränderung der ökonomischen Basis auch eine entsprechende Veränderung des Bewußtseins vonnöten. Progressive Subkulturen könnten zur Avantgarde eines solchen neuen Bewußtseins werden.[13]

In einer systematischen Typisierung progressiver Subkulturen differenziert Schwendter nochmals zwischen einem »rationalistischen« und einem »emotionellen Syndrom«. Er führt u.a. einen evolutionistischen Typus an, der »auf Übereinstimmung der Humanisierung mit der technologischen Entwicklung langfristig« hinarbeite (Schwendter nennt Pierre Teilhard de Chardin und Robert Jungk als ›Vordenker‹). Ferner nennt er einen »esoterischen« Typus, in dem »großer oder ausschließlicher Wert auf die Entwicklung eines außerordentlichen individuellen Bewußtseins« gelegt werde, »das mit Meditation, Drogen, Kunst etc. zu erreichen« sei. Als Identifikationspunkte werden der esoterische Lehrer G.I. Gurdjieff, der buddhistische Gelehrte Daisetz T. Suzuki – gemeint sind natürlich weniger diese selbst als ihre subkulturellen Anhänger – sowie Timothy Leary, John Lennon, Reimar Lenz, die Hippies und Beat-Bands genannt.[14]

Im weiteren Fortgang der Analyse beschreibt Schwendter mehrere Varianten der Integration und Desintegration von Subkulturen in der Gesellschaft. Einerseits könne dabei die Subkultur teils in das »Establishment«, teils in die »kompakte Majorität« übergehen;[15] andererseits könne ein Teil des Establishment in progressive Subkulturen umschlagen.[16]

Für die Nachkriegszeit (1945-1966) benennt Schwendter drei Typen progressiver Subkulturen: »Jugendkultur«, »Unabhängige Linke« und »Bohème«, die sich ihrer-

9. Hollstein (1969), 17.
10. Schwendter (1971), 11.
11. Schwendter (1971), 12ff mit einschlägigen Beispielen.
12. Schwendter (1971), 28.
13. Schwendter (1971), 27.
14. Schwendter (1971), 39.
15. Beispiel: Entwicklung der SPD von den Anfängen bis zum Godesberger Programm (S. 59).
16. Beispiel: Großbürger, die – seit Friedrich Engels – oft zu Drehpunktpersonen der ›Szene‹ geworden seien (S. 60-62).

seits aus älteren Traditionen (z.B. »Gruppe 47«) und der Beat-Generation zusammensetze.[17] Den Beginn der neuen, für ihn zeitgenössischen Subkultur sieht Schwendter im Jahr 1967.

Schwendter setzt sich – wie auch Hollstein – mit der von Friedrich H. Tenbruck und anderen in den frühen 60er-Jahren geführten »Jugendkultur-Diskussion« auseinander, die das Phänomen der Subkultur jugendsoziologisch als Übergangsstadium erklärte.[18] Demgegenüber versucht er, deren soziologische Selbständigkeit und altersspezifische Unabhängigkeit zu begründen.[19]

Anders als Schwendter setzt Hollstein »Subkultur« mit »Teilkultur« gleich und beschränkt den Terminus damit auf jene Bewegungen, die sich nicht ausdrücklich als Protestbewegungen verstehen. Was bei Schwendter »progressive Subkulturen« sind, nennt Hollstein »Gegenkultur«.[20] Während Theodore Roszak in seinem ebenfalls 1969 in den USA erschienenen Buch: »The Making of a Counter Culture«[21] den Terminus »Gegenkultur« auch auf kulturelle und religiöse Bewegungen anwendet, begrenzt ihn Hollstein auf Protestbewegungen politischer Art und versucht wie Schwendter, diese von dem Vorwurf abzugrenzen, sie seien pseudo-progressive »avantgardistische Hofnarren des Kapitalismus« (als deren »Apologet« Hollstein selbst von marxistischen Kritikern beschimpft wurde).[22] In ihrem eigenen ideologischen Interesse, der Betonung des anti-bürgerlichen Potentials der neuen Bewegungen, sind Hollstein und Schwendter verwandt.

4.2 »Religiöse Subkultur« zwischen Protest, Regression und Isolation

Mit der Unterscheidung zwischen rationalistischem und emotionellem Syndrom und der Aufnahme eines »esoterischen« Typus innerhalb der Bandbreite progressiver Subkulturen schafft Schwendter bereits Raum für das, was andere »religiöse Subkultur« nannten. Auch diese lebt vom Protest gegen bürgerliche Institutionen, sieht aber »Religion« als einen Bereich des *humanum*, der – wie andere Bereiche menschlicher Kultur – Gegenstand subkultureller Neugestaltung sein kann.[23]

Auch hier gibt es »Drehpunktpersonen«, die das Stichwort »religiöse Subkultur« selbst definierten und damit einen Rahmen für die wissenschaftliche Beschreibung lieferten. Im deutschen Sprachraum ist als Protagonist v.a. Reimar Lenz zu nennen,

---

17. Schwendter (1971), 141.
18. Schwendter (1971), 29-33, mit Verweis auf F. Tenbruck: Jugend und Gesellschaft, Freiburg 1961 u.a.
19. Schwendter (1971), 31f.
20. Hollstein (1969), 157f.
21. Roszak (1968/69).
22. Zitiert bei Schwendter (1971), 12.
23. Vgl. dazu Schibilsky (1976).

der bei Schwendter ausdrücklich als Vertreter des »esoterischen« Subkultur-Typus angeführt wird.[24] Lenz schreibt 1974 in einem rückblickenden Resumée:

»Der enthusiastische Aufbruch des Jahres 1967 hat die Adepten der religiösen Subkultur zu neuen Erfahrungen geführt. ... Wir haben Erfahrungen gemacht mit psychedelischen Drogen, ekstatischen und meditativen Techniken, esoterischen Studien, Reisen in orientalische Länder, auch mit Kommunebildung, Konsumverzicht und kollektiver Kreativität.

Ausgestiegen sind wir aus den bürgerlichen Verhaltensschablonen und links-ideologischen Begriffsschemata, in der Hoffnung auf eine neue, ganzheitliche Daseinsbegründung.

Psychedelische, ekstatische und meditative Erfahrungen eröffneten uns Bewußtseinsmöglichkeiten, in denen Subjekt und Objekt nicht mehr als geschieden erlebt werden. ... Eine Einheit von Leib, Seele, Geist sollte erfahren, die mögliche Vielfalt der Bewußtseinsformen lebendig begriffen werden. ...

Wir glaubten an alle Religionen als an Beweise der menschlichen Kreativität. Eins schien uns not: die Vielfalt. Das Gemeinsame in unseren zuzeiten recht verwirrenden Studien und unterschiedlichen Wegen ist gewesen, daß ein jeder auf Selbständigkeit und eigener Erfahrung bestand ... Nur das selbst Erlebte, Geprüfte sollte als Baustein gelten dürfen, nicht Tradition aus zweiter Hand. ...

Jeder ist seines Glückes Schmied: was uns zustieß, lernten wir, in Adaptation der Karma-Lehre, als zum Teil selbst Herbeigeführtes begreifen.

Wir suchten eine integrative Bewußtseinsform, die der Gesamtwirklichkeit adäquater wäre als das verengte, entfremdete zivilisatorische Alltagsbewußtsein.«[25]

In dieser Darstellung ist der Protest der Jugendbewegung der späten 60er Jahre gegen die bürgerliche Zivilisation weiterhin greifbar. Mehr als z.B. bei Schwendter mischt sich aber dieser Protest mit einer interkulturellen Solidarisierung, die nicht nur politische Ziele, sondern auch eigene kulturelle Werte und Inhalte protegiert und durch Kontakt mit nicht-westlichen Gesellschaften zu fördern versucht. Von den Fremden hofft man, Momente einer Religiosität aufnehmen zu können, die auf persönlicher Erfahrung beruht und somit frei von ›dogmatischer‹ Verfestigung ist, die als »bürgerlich« eingestuft wird. Die Karma-Lehre bietet für Lenz eine theoretische Basis für den so entstehenden alternativen Religionstypus. Einige der heute zu Schlagworten avancierten Begriffe wie z.B. »Bewußtseinserweiterung« klingen hier schon an, doch haben sie andere Konnotationen.[26]

Damit wird – anders als im Hauptstrom der Linken Bewegung – der Versuch unternommen, im Religiösen nicht *per se* eine zu bekämpfende bürgerliche Institu-

---

24. Schwendter (1971), 39.
25. Reimar Lenz: Thesen zur Selbstkritik der religiösen Subkultur, in: I. Riedel (Hrsg.): Der unverbrauchte Gott. Neue Wege der Religiosität, Bern u.a.: Scherz, 1976, 96-103; (in Auszügen abgedruckt als: Das vergessene Ganze, in: EK 1974, 431-432.); vgl. auch ders.: Der neue Glaube. Bemerkungen zur Gesellschaftstheologie der jungen Linken und zur geistigen Situation, Wuppertal 1969.
26. Z.B. steht die Bedeutung von Drogen als Mittel religiöser Erfahrung heute – anders als in der Diskussion der 70er Jahre – nicht mehr im Vordergrund der Reflexion (vgl. den Exkurs über Drogen bei Schibilsky (1976), 50-55).

tion zu sehen, sondern ein menschliches Grundbedürfnis, das ebenso wie andere Bedürfnisse von seinen bürgerlichen Fesseln befreit werden muß. Der Protestcharakter der Subkultur drückt sich hier in einem fundamentalen Protest gegen *kirchliche* Religiosität aus.

Die zitierten Thesen von Lenz wurden 1974 auf einer Tagung in der Evangelischen Akademie Hofgeismar vorgetragen, die unter dem Titel:»Neue Religiosität?« eine Art Podium der damaligen religiösen Subkultur bildete.[27] Thomas Sartory, ein kirchlicher Berichterstatter, kommentiert, im Gegensatz zu der allgemeinen Offenheit und Dialogbereitschaft hätten die Teilnehmer nur an einem Punkt unüberwindliche Intoleranz und Aggression gezeigt:»Da wo es um das Christentum und christliche Inhalte ging. Man konnte keinen biblischen Text zitieren, ohne Aversion zu wecken«. Das erkläre die Empfänglichkeit für östliche Spiritualität,»wobei die Begeisterung oft völlig unkritisch, das Wissen dilettantisch bleibt und doch die Fühler der Seele etwas von der tieferen Wahrheit ertasten.«[28] Bemerkenswerterweise war der Ort des Geschehens eine evangelische Akademie!

Ingrid Riedel, damals Studienleiterin in Hofgeismar, faßt die Struktur der religiösen Subkultur in diesem Stadium prägnant zusammen:[29] Schon seit den 20er-Jahren habe es einzelne Anhänger östlicher Religionen im Westen gegeben. Doch seit 1967 sei eine Welle des Interesses an spirituellen Fragen von der jungen Generation her nachgeströmt, die sich mit diesen älteren Linien verbunden habe. Das habe dazu geführt, daß inzwischen Elemente einer neuen Spiritualität in Verbindung mit neuen Lebensstilen in weite Kreise der westlichen Gesellschaft eingedrungen seien. Dies entspreche der Grundthese in Schwendters»Theorie der Subkultur«, daß die Defizite einer Gesellschaft von sensiblen Minderheiten wahrgenommen und als unerträglich empfunden würden, was zunächst zur Herausbildung einer Gegenkultur und schließlich zu einer immer stärkeren Übernahme ihrer Werte und Verhaltensweisen durch die Gesellschaft führe.[30]

Riedel betont den biographischen Zusammenhang zwischen politischer und religiöser Subkultur, den sie im Sinne eines Nacheinander versteht: Sie kenne kaum jemanden, der jetzt (1976) der neuen Spiritualität nahestehe und vorher nicht am »politischen Aufbruch der sog. Jungen Linken innerhalb der späten 60er Jahre« teilgenommen habe.[31]

---

27. Vgl. außer Lenz' Beitrag auch Thomas Sartory und Hildegunde Wöller: Berichte über die Tagung ›Neue Religiosität?‹ der Evangelischen Akademie Hofgeismar zu Pfingsten 1974, in: Riedel (Hrsg.) (1976), 198-203. Schon in den beiden vorangegangen Jahren hatten ähnliche Veranstaltungen stattgefunden.
28. Sartory, ebd., 199f.
29. Ingrid Riedel: Nachwort, in: dies. (Hrsg.) (1976), 223-249 (= 1976a).
30. Riedel (1976a), 223f.
31. Riedel (1976a), 225.

4.3 Spaltung, Funktionalisierung und Absorption der Subkultur

Lenz' Thesen aus dem Jahr 1974 sind im Rückblick formuliert. Er spricht vom Scheitern dieser Bewegung. Nur wenigen Beteiligten sei eine konstruktive Synthese gelungen:

»Von den Älteren allein gelassen, ja diffamiert, fanden wir uns wieder in einer Trümmerlandschaft wachsender Desorientierung ... Das jeweils Gefundene wurde rasch verdünnt, auf Schlagworte gezogen oder kommerzialisiert. Die Techniken verselbständigten sich ... Es scheint schwer geworden zu sein, zwei (oder gar mehrere) Grundgedanken miteinander zu denken: Sensibilisierung und Solidarisierung, Innerlichkeit und Engagement, ora et labora, Spiel und Aktion, Ekstase und Besinnung, Entgrenzung und Verkörperlichung. Wir haben von neuem die Teile in der Hand, nun gar institutionalisert, und wiederum fehlt leider das verbindende Band ...
Unversöhnt koexistieren weiterhin naturwissenschaftliche, soziologische und esoterisch-spiritualistische Erkenntnis-Ansätze. Kein Ganzes wollte sichtbar werden ... Eine geklärte Esoterik und eine selbstkritische Wissenschaft müßten erst noch zusammenfinden zu einer kritischen Spiritualität und modernen Bewußtseinsstrukturen ... Deutschland hat keinen Laing, keinen Watts, Huxley, Roland Fisher, Gary Snyder, Fuller, Ginsberg etc. Die abgespaltenen Vermögen der Vernunft – wie Intuition, Schau, Vision, Phantasie, synthetische Kraft – führen, unberaten vom kritischen Verstand, ein problematisches Schattendasein«.[32]

Lenz beklagt vor allem die Spaltung der Linken und der religiösen Subkultur:

»Die Linke konnte ihre eigene Vision von der befreiten Gesellschaft nicht ausreichend antizipieren in ihrer Praxis, und durch eifersüchtige Polemik gegen ihr unbotmäßiges Stiefbrüderchen, die religiöse Subkultur, enthüllte die Linke, daß sie eine Ersatzreligion, mit weltanschaulichem Eifer, vertritt.«[33]

Er geht davon aus, daß beide Bewegungen denselben Impulsen aus dem Jahr 1967 entsprungen seien, und daß »gelebte neue Religiosität« durchaus nicht unpolitisch sei.[34] Mit einer mehr skeptischen als hoffnungsvollen Prognose schließt der Text mit einem Hinweis auf die notwendige Demut des Religiösen, das sich – nach Feuerbach, Marx, Nietzsche und Freud – seines »menschlichen, historischen, psychologisch bedingten Charakters« bewußt sein müsse und »unter diesen Bedingungen gleichzeitig das Unbedingte« erfahren könne.[35] Ein Jahr später schreibt Lenz an anderer Stelle:

»Die deutsche religiöse Subkultur hat keine verpflichtenden Rituale und keine Organisation ausbilden können ... Vom synkretistischen Untergrund haben die Kirchen nichts zu fürchten und nur wenig zu hoffen. Eine traurige Botschaft ist das für diejenigen, die mit dem Phänomen einer

32. Lenz (1976), 97-100.
33. Lenz (1976), 100, vgl. auch 206.
34. Lenz (1976), 100.
35. Lenz (1976), 102.

religiösen Subkultur in Deutschland sympathisiert haben mögen: Eigentlich gab es das alles gar nicht«.[36]

Das Bemühen des ›Insiders‹ Lenz um theoretische und praktische Verschränkung der nicht-religiösen mit der religiösen Subkultur kann nicht darüber hinwegtäuschen, daß die letztere stärker von amerikanischen Vorbildern (und Vordenkern) geprägt und damit in Deutschland weniger ›originell‹ und dynamisch war als die erstere: Der religiöse Aufbruch im Jahr 1967 hatte in den USA viel mehr Boden als in Deutschland und war durch die genannten Theoretiker von Alan Watts bis Allen Ginsberg seit langem intellektuell vorbereitet worden.[37]

Das bestätigt auch ein Aufsatz von Gerhard M. Martin über »Neue Religiosität in den USA« im gleichen Sammelband.[38] Martin rezipierte ebenfalls Schwendters Theorie der Subkultur und spricht nun von »progressiven religiösen Subkulturen« in den USA. De facto prägt Martin damit Schwendters Versuch einer allgemeinen Theorie der Subkultur zu der einer selbständigen religiösen Subkultur um. Als Beispiel führt er das Esalen-Institut in Big Sur, Californien, an, das als eine der Wiegen des »New Age« gilt.[39]

Durch diese Akzentverschiebung wird die religiöse Subkultur der 70er Jahre sozusagen zur Erbin der politisch-gesellschaftlichen Aufbrüche der »Jugendbewegung« erklärt, deren religiöse Variante in Deutschland vorher – wie Lenz zusammenfaßt – keine theoretische Fundierung hatte. Damit deutet sich schon Mitte der 70er-Jahre der Weg zu jener Identifizierung von »Spiritualität« und »Politik« an, die in den 80er Jahren etwa der Dianus-Trikont-Verlag für sich reklamierte.

Für die amerikanische Gegenkultur – mit einigen Rückverweisen auch auf die deutsche ›Szene‹ – hat Paul Starr 1979 eine Unterscheidung von »exemplarischen« und »gegnerischen Gemeinschaften« getroffen, die die Wertung der Schwendterschen Terminologie (progressive und regressive Subkulturen) vermeidet und dadurch einen alternativen, soziale wie religiöse Aspekte umfassenden Deutungsrahmen für den Prozeß der Absorption subkultureller Phänomene durch die Gesamtgesellschaft bietet.[40] Ersterer (d.h. Kommunen, Genossenschaften, alternative Institutionen) seien utopisch auf die Verwirklichung höchster Werte ausgerichtet, hätten als Mittelpunkt die Qualität menschlicher Beziehungen und verstünden sich als Modelle für eine bessere Welt. Letztere (d.h. z.B. SDS, Frauen-, Öko-Organisationen, Medienkollektive; alles, was sich »Untergrund« nennt) seien konfliktorientiert, auf gesellschaftliche Veränderung bedacht und verstünden ihre Tätigkeiten nicht als Vorbild oder Beispiel, sondern als Mittel zum Zweck.

---

36. Reimar Lenz: ›Es war einmal‹ – Ein Märchen für übermorgen. Überlegungen zur Situation der religiösen Subkultur, in: M. Mildenberger (Hrsg.): Arbeitstexte der EZW, April 1975, zitiert nach: Riedel (Hrsg.) (1976), 204-208, hier 208.
37. Vgl. Roszak (1968/69), bes. 183ff.
38. In: Riedel (Hrsg.) (1976), 117-134.
39. Vgl. z.B. Myrell u.a. (1987), 31ff.
40. Paul Starr: Die Phantom-Gemeinschaft, in: J. Case und R. Taylor (Hrsg.): Soziale Experimente in der Bewährung, Frankfurt 1981 (engl. Original 1979), 48-75, hier: 49f.

Beide lassen sich nach Starr nur schwer miteinander verbinden. Denn Opposition in hochzentralisierten Gesellschaften habe die Tendenz zur Zentralisierung (Starr zitiert wie Röttgen die Beobachtung Simmels, daß Konflikte die tendenzielle Angleichung der gegnerischen Gruppen bewirken), während modellhafte Klein-Gesellschaften *per definitionem* dezentral strukturiert seien.

Starr beschreibt nun einen Prozeß der gesellschaftlichen Einverleibung beider Typen der Gegenkultur. Exemplarische Gemeinschaften würden wegen der allmählich unklar werdenden ideologischen Abgrenzungen zur Anpassung neigen; gegnerische seien wegen fehlender innerer Struktur auf die Dauer nicht existenzfähig. Nur Gemeinschaften, die aus irgendeinem Grunde nützlich für diejenigen geworden seien, die die Ressourcen kontrollieren, hätten die 70er Jahre überlebt: »Kurz, Organisationen haben Bestand, indem sie ihre oppositionelle Politik aufgeben«.[41] Nur in »Nischen der politischen Ökologie« hätten sie die Chance, sich längerfristig als Subkulturen zu halten. Dazu müßten sich »exemplarische« und »gegnerische« Impulse zusammenschließen, um gegenseitig ihre Schwächen auszugleichen. Herauskommen könne dann eine Art »Enklave«, vergleichbar mit der »katholischen Subkultur« der USA, in der es eigene Schulen, eine eigene Presse, eigene Läden gibt.[42]

4.4 »Neue soziale Bewegungen« als zeitgeschichtliches Phänomen

Die Rede von »Neuen sozialen Bewegungen« löst seit etwa 1980 in der deutschsprachigen Soziologie das Stichwort der »Subkultur« ab.[43] Als sozialwissenschaftliche Kategorie zur Beschreibung von Gemeinschaftsformen war »Bewegung« schon bei Ernst Troeltsch, Max Weber und anderen Klassikern der Soziologie im Gebrauch.[44] In der Ethnologie wird das Wort v.a. für sog. nativistische und chiliastische Phänomene wie die Cargo-Kulte in Melanesien verwendet.[45]

Der Ausdruck »Bewegung« hat eine besonders schillernde Struktur, weil er gleichzeitig zur Beschreibung und Selbstdefinition einzelner Gruppen und zur Deutung und

41. Starr (1979), 69.
42. Starr (1979), 70.
43. Vgl. Karl-Werner Brand: Neue soziale Bewegungen. Entstehung, Funktion und Perspektive neuer Protestpotentiale. Eine Zwischenbilanz, Opladen 1982; ders. (Hrsg.): Neue soziale Bewegungen in Westeuropa und den USA. Ein Vergleich, Darmstadt 1985; ders. und Detlev Büsser und Dieter Rucht (Hrsg.): Aufbruch in eine neue Gesellschaft, Frankfurt 1983; Roland Roth und Dieter Rucht (Hrsg): Neue soziale Bewegungen in der Bundesrepublik Deutschland, Frankfurt 1987; Joachim Raschke: Soziale Bewegungen. Ein historisch-systematischer Grundriß, Frankfurt und New York, 1985. Dort weitere Literatur.
44. Vgl. Deltgen (1969); vgl. auch ders.: Was kann unter einer ›Bewegung‹ verstanden werden?, in: KZS 21 (1969), Sonderheft 13, 410-429.
45. So u.a. bei Mühlmann (^{2}1964), Guariglia (1959); vgl. dazu Deltgen (1969), 11-50.

Prognose von Veränderungen in der Gesamtgesellschaft benutzt wird (z.B. »Bewegungsgesetze« des Kapitals und des Kapitalismus bei Karl Marx).[46] Wie an den mythomorphen Anklängen bei Röttgen ersichtlich, können sich beide Varianten in der Selbstdeutung vermischen: Die Subjekte der subkulturellen »Bewegung« sehen ihr Tun und Wirken als Teil einer gesamtgesellschaftlichen Dynamik, die sie ebenfalls »Bewegung« nennen.[47]

Als *Selbstbezeichnung* hat das Wort »Bewegung« in Deutschland eine lange Tradition (Sozialdemokratie, Arbeiter-, Jugendbewegung); es kam jedoch durch die nationalsozialistische Bewegung in Mißkredit und wurde erst durch die Studenten- und die (neue) Frauenbewegung seit Ende der 60er bzw. Anfang der 70er Jahre wieder in Gebrauch genommen.[48] Bei Bürgerinitiativen und Alternativprojekten habe sich, so Roth und Rucht, dagegen »das Selbstverständnis, eine Bewegung zu verkörpern, ungleich schwerer und eher aufgrund externer Zuschreibungen« durchgesetzt.[49] Erst in den späten 70er-Jahren finde sich »die Ahnung, daß all diese Strömungen und Einzelbewegungen Teil eines größeren Ganzen sein könnten«. Wegbereitend habe die Rede von der »Zweiten Kultur« (Peter Glotz) und von der »Alternativkultur« (Josef Huber) gewirkt. Die Einsicht eines inneren Zusammenhangs der unterschiedlichen Betätigungsfelder habe zu thematischen Verknüpfungen, politisch-praktischen Allianzen und übergreifenden Organisationsstrukturen wie zum Beispiel der Grünen Partei und der Berliner »Tageszeitung« geführt.[50]

An der Verwendung des Begriffs »Bewegung« läßt sich um 1980 eine neue soziologische Epoche festmachen. Während der Ausdruck vor dieser Zeit zur Selbstdefinition von Subkulturen diente, in denen die eigene Marginalität eine wichtige Rolle spielte – sie begründete den Avantgarde-Charakter des eigenen Tuns –, verstehen sich »Bewegungen« seit etwa 1980 in einem allgemeineren Sinne als fortschrittliche gesellschaftliche Kräfte und stufen sich selbst breiter ein, als daß sie noch ›Avantgarde‹ sein könnten. Vielleicht gab die Frauenbewegung dazu in den 70er Jahren den Anstoß, die zwar *de facto* aus subkulturellen Bereichen hervorging (wie an den Entwicklungen bei Trikont zum späteren Verlag »Frauenoffensive« ersichtlich), sich aber nicht als marginal definieren konnte und wollte, sondern ihren Anspruch auf Vertretung der Hälfte der Bevölkerung auch praktisch umzusetzen versuchte.

In der sozialwissenschaftlichen Diskussion wurde der Begriff der »Bewegung« erst relativ spät diskutiert, und bis heute gibt es keine konsentierte Definition.[51] Die meisten Autoren definieren »Neue soziale Bewegungen« als »Protestbewegungen«, was eine innere Kontinuität zur vormaligen »Gegenkultur« bzw. zur »progressiven Subkultur« nahelegt.[52]

46. Vgl. dazu Joachim Raschke: Zum Begriff der sozialen Bewegung, in: Roth und Rucht (Hrsg.) (1987), 19-29, hier: 23.
47. Vgl. oben, Kap.3.3.2.
48. Raschke (1987), 19.
49. Roth und Rucht (1987).
50. Ebd., 11f.
51. Ebd., 13.
52. So z.B. Roth und Rucht (1987), 9; Karl-Werner Brand: Kontinuität und Diskontinuität in

Karl-Werner Brand beschreibt zeitgeschichtliche Zusammenhänge und Brüche:[53] Gegenüber der Linken und der Studentenbewegung mit ihrem noch ungebrochenen Vertrauen in die Kräfte der Moderne seien die neuen sozialen Bewegungen durch Protest im Bereich der gesellschaftlichen und ökonomischen Reproduktion, d.h. der Gesundheit, der Umwelt als Erholungs- und Lebensraum, der Ressourcen, gekennzeichnet.[54] Nach dem Zerfall der Studentenbewegung, einerseits bewirkt durch Integrationsvorgänge im Aufbruch der sozialliberalen Koalition Ende 1969, andererseits durch den Rückzug mancher Teile der Bewegung in die spirituelle oder Psycho-Szene, sei die Ölkrise im Jahr 1973 Anfangspunkt einer neuen Bewußtheit um die Grenzen des Fortschritts und der technologischen Machbarkeit geworden. Erste Bewegung des neuen Typs war – so Brand – die Anti-Atomkraft-Bewegung.[55] Bis Ende der 70er-Jahre habe sich aus diesen Anfängen ein neues, »ökologisches« Deutungs- und Kritikmuster herausgebildet. Man habe gelernt, daß Gesellschaftsveränderung mit Selbstveränderung gekoppelt sein müsse, und begonnen, eine »sanfte« Lebensweise mit dezentralisierten Sozialstrukturen anzustreben.

Sozialer Höhepunkt der Entwicklung seien die Massendemonstrationen der Friedensbewegung im Jahr 1983 gewesen. Seither seien die neuen sozialen Bewegungen weithin ins ›System‹ diffundiert, einerseits infolge der Etablierung und Professionalisierung z.B. der »Grünen«, andererseits durch die Aufnahme der einzelnen Themen in bürgerlichen Gesellschaftsschichten und Parteien (Umweltschutz, Abrüstung, Frauenreferate usw.). Die Fronten zwischen System und Bewegungen seien durchlässiger geworden. Jedoch hätten die auslösenden Probleme (Umweltverschmutzung, Dritte-Welt-Problematik, atomare Bedrohung) nichts von ihrer Brisanz verloren, und eine allgemeine Bereitschaft der Bevölkerung zu politischer Aktion, autonomer Vertretung eigener Interessen usw. verbiete es, von einem Ende dieser Bewegungen zu sprechen, die sich jederzeit spontan neu formieren könnten.[56]

Brand deutet die neuen sozialen Bewegungen als Wirkung ständiger Modernisierungsschübe in der Gesellschaft, zu denen die 68er-Bewegung ursächlich beigetragen habe.[57] 68er-Bewegung und Neue soziale Bewegungen seien unterschiedliche »Mobilisierungswellen« eines relativ konsistenten neuen Typus der sozialen Bewegung.

Diese Entwicklung spiegelt sich auch in den »Neuen religiösen Bewegungen«. Die von Lenz beschriebene Abspaltung der »spirituellen« Anteile der Subkulturen hat sich fortgesetzt. Auch in der neugegründeten Partei der Grünen wurde das Thema der »neuen Religiosität« im allgemeinen kritisch behandelt, obwohl Minderheiten der Partei beides zu verschmelzen versuchten (sowohl in einer ›basischristli-

den neuen sozialen Bewegungen, in: Roth und Rucht (Hrsg.) (1987), 30-44, hier 30; anders Raschke (1987), 19ff.
53. Brand (1987).
54. Brand (1987), 30.
55. Ebd., 30f.
56. Ebd., 30-32.38.
57. Ebd., 37f.

chen‹ als auch in einer freireligiösen Variante⁵⁸). Rolf Schwendter, mittlerweile Professor für Devianzforschung, beschreibt die Grünen als eine inhomogene Sammlungspartei, die sich aufgrund der Fünf-Prozent-Klausel aus pragmatischen Gründen gebildet habe und auch nur deshalb weiter existiere.[59] Er vermutet zwar, daß »ein hoher Anteil sowohl der Mitglieder ... als auch ihres Umfeldes ... sich in der einen oder anderen Weise als ›spirituell‹ bezeichnen« würde; jedoch sei zum einen die spirituelle Vielfalt noch größer als die politische, zum anderen sei gegenwärtig »Spiritualität« eine Modebetätigung, von deren Verbreitung man – ähnlich wie beim »Marxismus« der 70er Jahre – nicht auf entsprechende Wichtigkeit und Gestaltungskraft schließen dürfe.[60]

Sowohl im politisch-gesellschaftlichen wie im religiösen Anteil der ehemaligen Subkulturen ist inzwischen ein Prozeß der gesellschaftlichen Absorption und Integration eingetreten, wie ihn Schwendter 1971 in den verschiedenen möglichen Typen dargestellt und vorhergesehen hatte. Für beide Bereiche gilt, was Roland Roth im Blick auf die »Neuen sozialen Bewegungen« schreibt: »Das hohe Vergesellschaftungsniveau und die relativ homogene Modernität der Bundesrepublik bieten wenig Rückzugsinseln, sondern drängen die zivilisationskritischen Impulse ... in die ruhigen Bahnen von Konsumgewohnheiten (Müsli als Symbol) und Lebensstilen.« Das »gegenkulturelle Milieu« habe sich »in vielen Aspekten als Trendsetter erwiesen«.[61]

4.5 »Neue soziale Bewegungen« und Neue religiöse Szenerie: Versuch einer Verhältnisbestimmung

Eine systematische Bestimmung »sozialer Bewegungen« bietet Joachim Raschke:

»Soziale Bewegung ist ein mobilisierender kollektiver Akteur, der mit einer gewissen Kontinuität auf der Grundlage hoher symbolischer Integration und geringer Rollenspezifikation mittels variabler Organisations- und Aktionsformen das Ziel verfolgt, grundlegenden sozialen Wandel herbeizuführen, zu verhindern oder rückgängig zu machen.«[62]

---

58. Hier ist als »Drehpunktperson« z.B. Karin Zeitler zu nennen, die Grünen-Abgeordnete und Vorstandssprecherin war und seit 1987 in einem »Wassermann-Zentrum« lebt. Vgl. zu diesem Thema Hesse und Wiebe (Hrsg.) (1988).
59. Rolf Schwendter: Grüne und Religion, in: Hesse und Wiebe (Hrsg.) (1988), 215-223, hier 219; vgl. dazu auch Detlev Murphy und Roland Roth: In viele Richtungen zugleich. Die Grünen – ein Artefakt der Fünf-Prozent-Klausel?, in: Roth und Rucht (Hrsg.) (1987), 303-324.
60. Schwendter (1988), 219.
61. Roland Roth: Neue soziale Bewegungen in der Bundesrepublik Deutschland. Eine vorläufige Skizze, in: Brand (Hrsg.) (1985), 20-82, hier 63.
62. Raschke (1987), 21; vgl. auch ders. (1985).

Eine soziale Bewegung sei nicht nur passiver Ausdruck gesellschaftlichen Wandels, sondern greife selbst aktiv und absichtsvoll in diesen Wandel ein.[63] Sie habe eine prekäre, institutionell nicht abgesicherte Machtgrundlage, lebe von einem ausgeprägten Wir-Gefühl (oft nach dem Schema »dafür« – »dagegen« strukturiert). Die innere Struktur (Elite, Aktive, Sympathisanten) sei relativ instabil und wandelbar. Angestrebt würden strukturelle Veränderungen von Staat und/oder Gesellschaft. Die Ziele könnten zur Ideologie systematisiert werden. Jedoch sei »das Unfertige, der Suchcharakter«, Kennzeichen der meisten Bewegungen.[64] Eine Bewegung könne wechselnde Organisationsformen und Institutionen herausbilden, gehe aber nicht in ihnen auf, sondern sei gerade durch die Fähigkeit zu spontaner, nicht-institutionalisierter Aktion gekennzeichnet.[65]

Bewegungen unterschieden sich von »kollektiven Episoden« (z.B. Panikreaktionen bei einer Großveranstaltung, aber auch Initiativgruppen, Ausschüssen usw.) durch höhere Integration und Mobilisierung der Beteiligten, längere Dauer und größere Reichweite der Ziele. Eine Bewegung könne im Einzelfall solche Episoden in sich enthalten und kontrollieren.[66] Von »fluiden kulturellen Phänomenen« – darunter wird u.a. zusammengefaßt: Romantik als »Ideenströmung«, Sturm und Drang als »Stilrichtung«, Punker als »Lebensstilströmung«- unterscheide sich die soziale Bewegung dadurch, daß sie ein »Handlungskollektiv mit ausgeprägtem Kollektivbewußtsein« darstelle, während jene keine strukturelle Veränderung der Gesellschaft anstrebten.[67]

Letzteres kann z.B. anhand der Romantik in Frage gestellt werden, und die Grenzen sind, wie Raschke zugibt, fließend. Wesentlich für die Definition von »Bewegung« ist aber die doppelte Charakterisierung durch »Akteure« (Trägerschichten, Aktionsformen) und Ziele (Ideologie). Das Verhältnis zwischen beiden könne sehr unterschiedlich sein. So gebe es organisationsdominierte (z.B. Arbeiterbewegung) und organisationsschwache Bewegungen (z.B. Neue soziale Bewegungen). Auch Rationalität oder Irrationalität könnten in unterschiedlichem Maß kennzeichnend sein, jedoch gebe es nie rein rationale oder irrationale Bewegungen.[68]

Das Schema Raschkes bietet einen interessanten Interpretationsrahmen für die soziologische Beschreibung der Neuen religiösen Szenerie:
- Das Literatur-Phänomen »New Age« in den 80er Jahren kann zu einem erheblichen Teil als »kollektive Episode« interpretiert werden, wie die kurze Lebensdauer vieler einschlägiger Taschenbücher, der Buchreihen und sonstiger Projekte zeigt.
- Auch gibt es zahlreiche Merkmale von »fluiden kulturellen Phänomenen«: In weiten Teilen der heutigen freien religiösen Kultur geht es, wie etwa die Studie der Frankfurter Stadtethnologen zeigt,[69] nicht um eine aktive Veränderung der Gesell-

---

63. Raschke (1987), 20.
64. Ebd., 21f.
65. Ebd., 27.
66. Ebd., 26f.
67. Ebd., 28.
68. Ebd., 22f.
69. Greverus und Welz (1990), vgl. oben, Kap.1.2.4.

schaft im ganzen, sondern um einen neuen »Lebensstil« mit entsprechend geringem Kollektivbewußtsein. »New Age« agiert jedenfalls nicht als Handlungskollektiv.
- Ihrem Anspruch nach vertreten jedoch zumindest die sog. »Klassiker« und »Vordenker« der neuen Bewegungen wie Ferguson, Capra oder auch Roszak die Existenz eines aktiven, gesellschaftsverändernden Potentials.

Die Merkmale Raschkes für moderne »soziale Bewegungen« verbieten es, einen solchen Anspruch im Stil der von Greverus und Welz herausgegebenen Studie durch ein einfaches Überbau-Unterbau-Schema zu widerlegen: Wenn man nicht eine fertige »Weltanschauung« und klare soziale Abgrenzbarkeit der Träger als Definitionsmerkmal einer sozialen Bewegung voraussetzt, sondern die »Unfertigkeit« und den »Suchcharakter« der Ideen wie auch die instabile Führungsstruktur in Betracht zieht, ist die Verbreitung der Bücher der genannten Autoren ein Indiz dafür, daß auch innerhalb der Neuen religiösen Szenerie Momente des Typus »gesellschaftlich relevante Bewegung« existieren. Denn Autoren wie Capra oder Ferguson betonen ein Grundanliegen der Verbindung von »spirituellen« Momenten (die nach Raschkes Schema als ideologische Zielvorgabe gelten müßten) mit konkret politischem Handeln, das sich zumindest implizit als Protesthandeln versteht. Ob sie das Kriterium der sozialen Dynamik tatsächlich erfüllen, muß im einzelnen geprüft werden. Allerdings muß man sich dafür von der durch Ferguson inaugurierten und von den meisten Beobachtern kritiklos übernommenen Vorstellung der »sanften Verschwörung« als mythomorpher Überbewegung verabschieden.

Unabhängig von der konkreten Verhältnisbestimmung zwischen »Neuer religiöser Szenerie« und »Neuen sozialen Bewegungen« ermöglichen die dargestellten Modelle von Brand und Raschke auch allgemeinere Prognosen zur weiteren Entwicklung zeitgenössischer soziologischer Erscheinungen. Beide halten – anders als die soziologischen Klassiker – relativ schwach strukturierte Bewegungen für dennoch selbständige und möglicherweise dauerhafte Erscheinungen, nicht nur für Durchgangsstadien einer gesamtgesellschaftlichen oder generationenbedingten Entwicklung; zwar können Bewegungen das Anfangsstadium von Organisationen und Institutionen darstellen, es gibt aber keine innere Notwendigkeit zur Entwicklung einer größeren Geschlossenheit. Die »Neuen sozialen Bewegungen« zeigen, daß Strukturarmut und Spontaneität unter heutigen Bedingungen weder nur individualistisch und antisozial noch im Sinne eines reinen Durchgangsstadiums auf dem Weg zur Institution gedeutet werden dürfen. Das führt zu einer Infragestellung oder zumindest Erweiterung des soziologischen Schemas Max Webers, dem zufolge anfänglich charismatische Bewegungen ›zwangsläufig‹ in rational strukturierte Institutionen übergehen.[70] Zwar geht auch Max Weber davon aus, daß in der zunehmend rationalisierten und institutionalisierten Welt immer wieder charismatische Bewegungen entstehen, jedoch würden diese alsbald selber in jenen Prozeß der Rationalisierung eintreten, wodurch sich im ganzen der Entwicklung ein sozusagen entropisches Gefälle ergibt. Das Charisma selbst kann sich dann

---

70. Max Weber: Wirtschaft und Gesellschaft. Grundriß der verstehenden Soziologie, Tübingen, 5. Aufl. 1976, Bd.1, 142-148 (= WuG).

zum »Amts-«, oder »Gentilcharisma« institutionalisieren.[71] Die »Neuen sozialen Bewegungen« scheinen sich solch linearer Deutung nicht zu fügen. Rationale und irrational-charismatische Momente scheinen auf Dauer miteinander verwoben zu sein; sie stehen je nach Lage der Dinge jeweils mehr im Vordergrund oder am Rande.

Diese Neuorientierung in der soziologischen Diskussion, die auch von anderen Autoren geteilt wird,[72] ist für die Charakterisierung und Bewertung der »Neuen religiösen Szenerie« überaus bedeutsam: Die Sekundärliteratur über »New Age« geht zumeist davon aus, daß die schwach strukturierten Formen Neuer religiöser Bewegungen sich zwangsläufig früher oder später organisieren und institutionalisieren und damit in »Sekten« übergehen oder sich in die traditionellen Strukturen der Kirchen oder säkularer »Hochideologien«[73] auflösen.[74] Diese Vorannahme scheint im Einzelfall nicht ohne nähere Prüfung bestehen zu können und verliert damit ihren prognostischen Wert. Ebenso wie bei Bürgerinitiativen und anderen »Neuen Sozialen Bewegungen« ist auch in der Neuen religiösen Szenerie davon auszugehen, daß es durchaus ›mächtige‹, beständige und sich weiter fortsetzende Anteile gibt, die sich nicht in kirchliche oder sektenartige Strukturen integrieren lassen.[75]

Die am Beispiel der Arbeiten Brands und Raschkes dargestellte Veränderung der soziologischen Diskussion läßt sich exemplarisch im Vergleich mit dem Definitionsversuch für »Bewegung« bei Florian Deltgen aus dem Jahr 1969 zeigen, der sich an ethnologischen Verwendungsweisen und an Max Webers Begriffsbildung orientiert. Deltgen definiert »Bewegung« als eine spezifische Phase eines umfassenderen Prozesses, der sich mit innerer Notwendigkeit zu einer festeren Struktur transformiert oder aber zerfällt. Eine Bewegung ist nach diesem Verständnis *»1. eine charismatische Gruppe mit charismatischem Führer, die 2. Träger eines (säkularen oder transzendentalen) Historizismus ist, der in der gemeinten Phase ›imminent‹ ist, und die 3. unter dem Eindruck der Imminenz und des Charismas außeralltäglich handelt«.*[76]

71. Max Weber, WuG 1, 144f.; vgl. auch ders.: Die Wirtschaftsethik der Weltreligionen II: Hinduismus und Buddhismus, in ders.: Gesammelte Aufsätze zur Religionssoziologie, Bd.2, Tübingen, 7. Aufl. 1988, 51-54 et passim.
72. Vgl. zusammenfassend Vester (1989); weiteres s. Dokumentationsteil, Abschnitt 5.1.
73. Vgl. Lübbe (1986), 10.
74. So z.B. Schibilsky (1976).
75. Wie jeder Kenner der Neuen religiösen Szenerie weiß, ist diese maßgeblich von Personen bestimmt, die oft seit Jahrzehnten eine wichtige Rolle spielen, aber keine institutionell gefestigte Position haben – ja eine solche gar nicht erstreben und auch persönlich keine Neigung erkennen lassen, sich ausschließlich und dauerhaft an eine bestimmte institutionelle Ausprägung der Neuen religiösen Szenerie zu binden. Zur Veranschaulichung sei auf die in Kap. 2 und 3 erfolgten biographischen Analysen erinnert.
76. Deltgen (1969), 150. »Historizismus« meint – in Anlehnung an Karl R. Popper – eine mit methodologischem Essentialismus verbundene Heilserwartung (ebd., 75), »Imminenz« – nach Norman Cohn – die Naherwartung (»both soon and suddenly«) (ebd. 28), »Charisma« und »außeralltägliches Handeln« verweisen auf Max Weber (ebd., 113ff.).

Während diese Definitionsmerkmale in erster Linie auf religiöse Bewegungen ausgerichtet sind, werden bei Raschke wie Brand (Neue) religiöse Bewegungen nicht bzw. nur im negativen Sinn als »Wendung nach innen« gesehen, die das Protestpotential der sozialen Bewegung aushöhlten. Das unterstreicht zunächst die Tatsache, daß sich politisch-soziale Bewegungen und religiöse Szenerie gegenwärtig in Deutschland stark voneinander getrennt haben. Es bringt jedoch auch eine zusätzliche Dimension in die Frage, ob »Neue religiöse Bewegungen« überhaupt sinnvoll in ein solches Schema zu fügen sind.

In einer »Bewegung« müssen Selbst- und Fremdidentifizierung übereinstimmen. Nicht nur die von Deltgen wahrgenommenen Bewegungen im ethnologischen Kontext, sondern auch die sozialen Bewegungen in Deutschland, von der Arbeiter- bis zur Friedensbewegung, sind äußerlich erkennbar. Ihre Angehörigen ›gehen auf die Straße‹, und zumindest hier ist ihre Botschaft eindeutig und nicht diffus. Das scheint für die Neue religiöse Szenerie nicht so recht zuzutreffen. Es gibt zwar bestimmte übergreifende Symbole, Begriffe und Vorstellungen (z.B. den Regenbogen, das Stichwort »Paradigmenwechsel«, die Vorstellung von den astrologischen Qualitäten des »Wassermann-Zeitalters«), aber sie signalisieren nichts Eindeutiges und werden oft ähnlich benutzt wie die Stilzitate postmoderner Architektur, aus denen gerade nicht die Zuordnung des Gebäudes zu einem bestimmten historischen Baustil abgeleitet werden kann.

Deltgens Definition könnte andererseits einen Weg bieten, um nicht nur vom politisch-ökologischen Aspekt aus, sondern auch von den ideologischen Assoziationen des Wortes »New Age« her auf seinen Bewegungscharakter zu schließen. Denn das »Wassermann-Zeitalter« kommt mit astrologischer Notwendigkeit. Auch die »Imminenz« wäre gegeben, weil niemand genau weiß, wann es wirklich anfängt – allerdings kommt es allmählich und nicht plötzlich. Sicher können Spangler oder Trevelyan, notfalls auch Capra und Ferguson, vielleicht sogar Verlagsakteure wie Röttgen und Wilfert als »charismatische Führer« angesehen werden, denn sie alle haben bzw. hatten in ihrer Arbeit einen visionären Anspruch. Doch müßte das auf ein Zerrbild der Neuen religiösen Szenerie hinauslaufen, die solche Ausdrucksweisen gewöhnlich nur in metaphorischem Sinn benutzt.

Die unterschiedlichen Definitionsansätze für »Bewegung« bieten jedenfalls einen Erklärungsrahmen, mit dessen Hilfe die Kontinuitäten und Diskontinuitäten zwischen der heutigen religiösen Szenerie und der »religiösen Subkultur« zu Beginn der 70er Jahre gedeutet werden können: Was damals von kleinen, traditionell strukturierten und aktivistischen Gruppen (in Troeltschs Terminologie: »Sekten«) vorbereitet wurde, ist heute in der breiten Öffentlichkeit selbstverständlich geworden und ins ›System‹ diffundiert: Dazu zählt die Rezeption nichtchristlicher religiöser Inhalte, z.B. der Reinkarnations- und der Karma-Lehre; ebenso die weite Verbreitung einer spiritualistischen Religiosität, der unverkrampfte Umgang mit religiösen Inhalten, Riten, Lebensweisen usw. – ohne daß das einst zugrundeliegende Protestpotential gänzlich verlorengegangen wäre.

Der Mythos von der Bewegung allerdings, wie er exemplarisch an Herbert Röttgens Editorials dargestellt wurde, entpuppt sich als marxistisches Relikt, bei dem die Dynamik der eigenen Bewegtheit mit einer Bewegung der Gesellschaft als ganzer verwechselt wird: Zwar haben sich sowohl die religiöse wie die soziale ›Szene‹ verändert, doch es stellt sich – so Raschke – heraus, »daß die Dynamik der Bewegung nicht identisch mit der Dynamik (›Entwicklung‹) der Gesellschaft ist, auch nicht durch sie determiniert wird, sondern – im Falle des Gelingens – ein Ergebnis spezifischen Bewegungshandelns ist«.[77]

---

77. Raschke (1987), 23.

Zweiter Hauptteil:
Begriffs- und Ideengeschichtliche Zugänge

5. Einleitung und Übersicht

5.1 Methodische Vorbemerkung zum zweiten Hauptteil

Im ersten Hauptteil der Arbeit wurde die Vielfalt und Uneinheitlichkeit der Phänomene herausgestellt, die heute im deutschen Sprachraum mit der Bezeichnung »New Age« benannt werden. Dabei zeigte sich, daß die Einführung dieses Sammelbegriffs nicht auf einer planvollen esoterischen »Verschwörung« beruhte, sondern auf pluralen, durchaus exoterischen Rezeptionsvorgängen in der Welt alternativer Bewegungen, bei Verlagslektoren und verschiedenen Vermittlern. Nun soll gefragt werden, woher die Identifikationskraft stammt, mit der jener Ausdruck »New Age« offensichtlich ausgestattet ist und die ihm zu seiner schnellen Verbreitung verhalf. Dazu ist es notwendig, die zeitgeschichtliche Perspektive vorübergehend zu verlassen.[1]

Die Rede vom »Neuen Zeitalter« ist nicht so neu, wie es zunächst scheinen mag. Schon nach der Jahrhundertwende war der Ausdruck weit verbreitet. Neben der Verwendung im Sinne von »Fortschritt« im allgemeinen läßt sich ein mehr spezifischer Gebrauch im Zusammenhang religiöser und politisch-progressiver Bewegungen erkennen. Analysiert man diese Spuren genauer, so gelangt man in ein Gebiet der europäisch-nordamerikanischen Religionsgeschichte, das größtenteils außerhalb des Einzugsbereiches der großen Kirchen und der traditionellen christlichen Sekten und Denominationen liegt und daher von Kirchenhistorikern selten in den Blick genommen wird. Zwar sind viele der zu beobachtenden Erscheinungen auch aus kirchlichem Kontext bekannt; doch gibt es daneben nicht erst heute, sondern schon seit Beginn der Moderne andere religiöse Strömungen, die sich derart aus dem kirchlichen Zusammenhang gelöst haben, daß sie von kirchlicher Seite kaum mehr als »christlich« wahr-

---

1. Häufig verweisen ›Insider‹ bei der Frage nach den Gründen für die schnelle Verbreitung des Ausdrucks »New Age« auf die mythologische Vorstellung des anbrechenden »Wassermann-Zeitalters«; so z.B. Spangler (1971), 98-105, und Trevelyan (1977), 153 (beide beziehen sich auf Alice Bailey); ähnlich Arnold Keyserling: Von der Schule der Weisheit zur Weisheit des Rades, Wien: Edition S, 1990, hier 89; Helmut Werner: Art. »New Age«, in ders.: Lexikon der Esoterik, Wiesbaden: Fourier, 1991, 467. Die Argumentationsfigur wird – gewendet als subjektiver Stimulus der Bewegung – auch von Autoren der Sekundärliteratur übernommen; so z.B. Feder (1991), 29, die sich auf ihren Lehrer Hans Waldenfels beruft; ebenso Wichmann (1990), 188f.; auch Schorsch identifiziert die beiden Topoi, obwohl er sich interpretatorisch davon absetzt (1988, 142-146). Eine solche Argumentation ist aus zwei Gründen fragwürdig: Zum einen müßte geklärt werden, warum die Spekulation über das »Wassermann-Zeitalter« gerade seit Ende der 70er Jahre so viel Bedeutung gewonnen hat – der Beginn des Zeitalters wird in der Astrologie zumeist schon in den frühen 60er Jahren angesetzt. Zum anderen zeigt die ideengeschichtliche Analyse, daß die Vorstellung des »Wassermann-Zeitalters« nicht der Urheber, sondern lediglich ein astrologisches Interpretament des viel älteren und in religionsgeschichtlicher Hinsicht gewichtigeren Begriffs des »Neuen Zeitalters« ist (vgl. dazu unten, Kap.7).

genommen und nicht einmal als Gegenstand theologischer Auseinandersetzung thematisiert werden. Wenn schon beim sog. »linken Flügel« der Reformation viele Forschungsfragen bislang offen geblieben sind, so erst recht bei solchen Strömungen. Gerade sie haben jedoch den Boden der heute breitenwirksamen nichtkirchlichen Religiosität bereitet und müssen zur Klärung von Leitbegriffen wie »Spiritualität«, »Selbstverwirklichung« oder »Bewußtseinswandel« untersucht werden.

Das Stichwort »New Age« kann dabei als ein Wegweiser dienen, um den historischen Kontext der gegenwärtigen religiösen Szenerie besser beschreiben zu können. Die Begriffsgeschichte von »New Age« im engeren Sinne kann jedoch ihrerseits nur vor dem Hintergrund älterer ideengeschichtlicher Traditionen verstanden werden. Für eine sachgemäße Analyse und Bewertung heutiger Phänomene kann auf diesen Hintergrund nicht verzichtet werden. Nur so löst sich aus dem Nebel scheinbarer Beliebigkeit eine Anzahl unterschiedlicher, aber im einzelnen durchaus historisierbarer Linien, die deutlich werden lassen, daß »New Age« nicht eine spontane Erfindung übersättigter Zivilisten (und Verlagslektoren) des späten 20. Jahrhunderts, sondern ein Phänomen der abendländischen Religionsgeschichte ist.

Zum methodischen Vorgehen ist ähnliches zu sagen wie im ersten Hauptteil. Es wäre irreführend, nach einer letzten historischen Quelle des »Neuen Zeitalters« zu suchen, sondern sowohl der Ausdruck als auch die hinter ihm stehenden Ideen wurden in unterschiedlichen Zusammenhängen benutzt, die sich gegenseitig beeinflußten und verschränkten, aber nicht in eine klare historische Hierarchie einzuordnen sind. Dennoch gibt es gewisse Knotenpunkte der Entwicklung, an denen sich – ohne Anspruch auf historische Vollständigkeit – wesentliche Züge der Sache beschreiben lassen, um die es geht. Dabei erscheint es sinnvoll, ähnlich wie in der Traditions- und Formgeschichte der biblischen Exegese[2] nicht nach unmittelbaren Abhängigkeiten zu suchen, sondern typische Inhalte und Formen herauszustellen und in ihren diachronischen Veränderungen nachzuzeichnen. »New Age« und »Aquarius« erweisen sich in solchem Licht als relativ festgefügte Topoi, die in unterschiedlichen Kontexten auftreten können, aber zumeist ähnliche Konnotationen haben.

Die einzelnen Abschnitte des folgenden Arbeitsgangs sind in historischer Reihenfolge angeordnet. Zunächst werden schematisch vier Hauptstränge von Weltalterlehren im Abendland unterschieden (Kapitel 5.2). Dann werden einige Stationen der ideengeschichtlichen Entwicklung von der christlichen Antike bis zur Reformationszeit nachgezeichnet (Kapitel 6.1). Charakteristisch ist dabei die Durchdringung von Weltaltervorstellungen und eschatologischer Erwartung des Weltendes. In unterschiedlicher Kombination und Fortführung speisen sich alle neuzeitlichen Weltalterlehren, in deren Kontext die Begriffe »New Age« und »Wassermann-Zeitalter« erscheinen, aus dieser doppelten ideengeschichtlichen Quelle. Zweck der Analyse ist die Strukturierung des zugehörigen Vorstellungskomplexes.[3]

2. Vgl. als Überblick: Klaus Berger: Art. »Form- und Gattungsgeschichte«, in: HrwG Bd.2 (1990), 430-445, bes. 434f.
3. Die Darstellung ist notgedrungen komprimiert und versucht lediglich, einen *common sense* der Forschung zusammenzustellen, ohne auf die oft disparate Diskussionslage eingehen zu können. Sie beschränkt sich aus praktischen Gründen in der Regel auf eine Aus-

In Kapitel 6.2 wird die Aufnahme traditioneller Weltalterlehren in der Moderne am Beispiel Emanuel Swedenborgs und seiner Wirkung im 19. Jahrhundert dargestellt. Swedenborg erscheint im Kontext der vorliegenden Arbeit aus mehreren Gründen besonders interessant: Die Begriffsgeschichte des Ausdrucks »New Age« ist maßgeblich, wenn auch indirekt, mit seinem Namen verbunden. Trotz der relativ kleinen Zahl unmittelbarer Anhänger hatte Swedenborgs visionäres System eine bedeutende Wirkung auf zahlreiche neureligiöse Bewegungen im 19. und 20. Jahrhundert, insbesondere im angelsächsischen Sprachraum. Bei ihnen findet sich auch die Vorstellung des »Neuen Zeitalters«. Schließlich werden am Beispiel der Lehre Swedenborgs und ihrer verschiedenen Rezeptionsstufen typische Motive moderner Religionsgeschichte erkennbar, in denen sich heutige religiöse Strömungen grundlegend von vormodernen Traditionen unterscheiden. Da im Fach Religionswissenschaft neuzeitlich-abendländische Themen bisher wenig bearbeitet wurden,[4] ist auch die Methodik an diesem Punkt wenig ausgereift. So gibt das Beispiel Swedenborgs notwendige Hinweise für die Erstellung eines adäquaten religionswissenschaftlichen Deutungsrahmens zur Erforschung moderner Religionsgeschichte.

Auf diesen ideengeschichtlichen Zusammenhängen aufbauend, wird in Kapitel 6.3 die engere Begriffsgeschichte von »New Age« seit William Blake nachgezeichnet. Auch hierbei kann weder Vollständigkeit erlangt noch der Nachweis strikter Abhängigkeit der einzelnen Traditionslinien erbracht werden. Vielmehr sollen die angeführten Beispiele zeigen, daß die Bezeichnung »New Age« nicht erst heute, sondern zumindest seit der letzten Jahrhundertwende in einem vielfältigen und uneindeutigen Bezugsrahmen steht. In einigen Fällen gibt es darüber hinaus biographische oder sachliche Verbindungen zu den heutigen Verwendern dieses Ausdrucks, so daß sich der Kreis zur zeitgeschichtlichen Fragestellung des vorangehenden Teils der Arbeit schließt.

In Kapitel 7 folgen detaillierte Recherchen zum astralmythologischen Hintergrund der Bezeichnung »Wassermann-Zeitalter«, die in neuerer Zeit synonym zum Stichwort »New Age« verwendet wird. Entgegen einer weitverbreiteten Ansicht handelt es sich dabei nicht um eine antike astrologische Lehre, sondern um ein modernes Mythologem, das erst durch die Verknüpfung altertumswissenschaftlicher und esoterischer Interessen in der Zeit seit der französischen Revolution entstand. Der Terminus »Wassermann-Zeitalter« ist damit beispielhaft für die vielschichtige Bedeutung der Mythologeme moderner religiöser Bewegungen.

Im weiteren Verlauf der Arbeit (Hauptteil III) muß dann geklärt werden, warum gerade in der Gegenwart ein schon seit fast zweihundert Jahren existentes *literarisches* Phänomen plötzlich zu einem *sozialen* Phänomen geworden ist, das von der Öffentlichkeit als »Bewegung« wahrgenommen wird.

wertung einschlägiger Sekundärliteratur, die nur an einigen Stellen auf eigene Quellenstudien gestützt wird.
4. Das ist allerdings seit einigen Jahren in Veränderung begriffen, wie die Arbeiten von Usarski (1988), Pahnke (1991) und die Projekte der Marburger Studenten (Pilger und Rink (Hrsg.) (1988)) zeigen (vgl. dazu oben, Kap.1.2.2. und 1.2.5); doch machen gerade diese neuen Arbeiten auch deutlich, daß die zur Verfügung stehenden methodischen Konzepte des Fachs noch wenig ausgearbeitet sind.

5.2 Wurzeln abendländischer Weltalterlehren

In vielen Traditionen der europäischen und asiatischen Geschichte, im alten Amerika und in Überlieferungen schriftloser Völker gibt es Vorstellungen von aufeinanderfolgenden Zeit- oder Weltaltern.[5] Sie lassen sich zunächst phänomenologisch nach der Zahl dieser Weltalter, der zeitlichen Anordnung der Wendepunkte (in der Vergangenheit, Gegenwart oder Zukunft) und nach dem Zeitverständnis (z.B. »linear« oder »zyklisch«, »historisch« oder »mythologisch«) klassifizieren.[6] Ein einfaches Beispiel solcher Vorstellungen ist die abendländische Zeitrechnung, die die Geburt Jesu Christi als Wendepunkt der Weltgeschichte auffaßt und diese somit in zwei Zeiträume einteilt.[7]

Die weltweite Verbreitung, unterschiedliche phänomenologische Struktur und inhaltliche Füllung derartiger Vorstellungen macht die Frage nach einer historischen Urform der Weltalterlehren letztlich unbeantwortbar. Doch können im Blick auf ihre Wirkung in der abendländischen Religionsgeschichte in einem groben Raster vier ideengeschichtliche Hauptstränge benannt werden. Zwar stellen diese ihrerseits bereits Bündelungen verschiedener Überlieferungen dar und haben sich in späteren Zeiten vielfach miteinander verschränkt; doch haben sie aufgrund ihrer jeweiligen Rahmenbedingungen spezifische Merkmale, durch die sie unterscheidbar bleiben:

(1) Weltalterlehren im Rahmen der jüdischen und frühchristlichen Apokalyptik;
(2) Weltalterlehren im Rahmen der griechischen und römischen Antike und die Entwicklung zur Lehre von der ewigen Wiederkehr des Gleichen;
(3) Weltalterlehren im Rahmen astrologischer Vorstellungen;
(4) Weltalterlehren im Rahmen verschiedener östlicher Philosophien und Kosmologien.[8]

---

5. Zum Begriff »Weltalter« vgl. Bodo Gatz: Weltalter, goldene Zeit und sinnverwandte Vorstellungen, Hildesheim 1967, bes. 104ff. Gatz unterscheidet zwischen allgemeinen Vorstellungen eines »Goldenen Zeitalters« (Paradies) und Weltalterlehren im eigentlichen Sinne, die die Weltzeit in mehrere aufeinanderfolgende Epochen gliedern.
6. Zum Überblick vgl. Jonathan Z. Smith: Art. »Ages of the World«, in: ER 1 (1987), 128-133. Eine kategorial schärfer ausgearbeitete Einteilung bietet Carsten Colpe: Die Zeit in drei asiatischen Hochkulturen (Babylonien – Iran – Indien), in: H.Gumin und H.Meier (Hrsg.): Die Zeit. Dauer und Augenblick. Veröffentlichungen der Carl Friedrich von Siemens Stiftung Bd. 2, München und Zürich: Piper, ³1992 (¹1989), 225-256 (zuerst 1983). Colpe unterscheidet zwischen: (1) Geschichtslosigkeit, (2) Geschichtseinteilung, (3) Geschichtsvorstellung, (4) Zeiteinteilung, (5) Zeitvorstellung, (6) Zeitbegriff. Er vermeidet dadurch u.a. die christlich-apologetisch begründete Dichotomie zwischen »linearer« und »zyklischer« Zeitvorstellung, die stark von Nietzsche geprägt ist, dessen christentumskritisches Gefälle sie häufig mit umgekehrtem Vorzeichen weiterführt (vgl. dazu Hubert Cancik: Die Rechtfertigung Gottes durch den ›Fortschritt der Zeiten‹, ebd., 257-288, bes. 259-265).
7. Sie ist seit Dionysius Exiguus, einem zu Anfang des 6. Jahrhunderts in Rom wirkenden Chronisten, im Gebrauch (vgl. Hans Maier: Die christliche Zeitrechnung, Freiburg 1991, 72ff.) und entspricht strukturell dem durch Augustinus vorherrschend gewordenen Zeitmodell des christlichen Mittelalters (vgl. dazu unten, Kap.6.1.1.).
8. Die Gleichordnung »östlicher«, z.B. indischer und chinesischer Weltaltervorstellungen,

Die Vorstellung aufeinanderfolgender Weltalter (Typ (2) bis (4)), die sich womöglich zyklisch wiederholen, scheint der apokalyptischen Enderwartung des Judentums und Christentums (Typ (1)) diametral entgegengesetzt. Doch gibt es auch in dieser Tradition detaillierte Vorstellungen über einen innergeschichtlichen Epochenwechsel, die sich mit den anderen Typen häufig verknüpft haben. Das ist kein Zufall, denn die apokalyptische Literatur steht selbst schon in Auseinandersetzung mit ihrem hellenistischen Umfeld und anderen religionsgeschichlichen Traditionen. Spezifikum der eschatologisch-apokalyptischen Weltalterlehren ist jedoch in allen Fällen die Akzentuierung auf das Ende der Geschichte, die als Erwählungs- und Heilsgeschichte verstanden wird. Ein interessanter Sonderfall ist der »Chiliasmus«, die Erwartung eines Zwischenreiches auf Erden nach dem Ende des gegenwärtigen Äon.

5.2.1 Weltaltervorstellungen im Rahmen der Apokalyptik

Als prägend für jüdische und christliche Weltaltervorstellungen muß zunächst die Ankündigung eines »Neuen Bundes« durch die Propheten der Exilszeit Israels (z.B. Jer 31,31ff.) genannt werden. Sie unterteilt die Zeit des Volkes Israel in eine Epoche der Vergangenheit und Gegenwart und eine davon qualitativ verschiedene Zukunft. Alle späteren Formen jüdischer und christlicher Geschichtsdeutung sind auf diese grundlegende Zweiteilung bezogen und stellen wie sie eine Form der Zukunftserwartung dar.

Seit dem zweiten vorchristlichen Jahrhundert entwickelte sich in der apokalyptischen Literatur eine spekulative Geschichtskonstruktion, die die Weltzeit im Schema zweier Äonen darstellt und dabei bis auf die Urgeschichte einerseits, das Ende der Geschichte andererseits ausgreift:[9] Der erste Äon *(lᵉôlam hazzäh, aiôn houtos)* reicht von der Schöpfung bis in die Gegenwart, der zweite *(lᵉôlam habbah, aiôn mellôn)* von der Gegenwart oder nahen Zukunft bis zum Ende der Zeit; zwischen den beiden Äonen liegt eine Katastrophe kosmischen Ausmaßes.

Kompliziertere Schemata der jüdischen Apokalyptik unterteilen den ersten, diesseitigen Äon in mehrere Stufen, wodurch regelrechte Weltalter entstehen. Die Unter-

> die hier lediglich im Blick auf die westliche Wirkungsgeschichte in der Moderne erfolgt, wäre unter genaueren religionsgeschichtlichen Maßstäben unhaltbar, und es bedürfte weiterer historischer wie systematischer Spezifizierung. Aus Gründen der thematischen Beschränkung können auch die religionshistorisch überaus wichtigen iranischen Traditionslinien nicht eigens berücksichtigt werden; dort findet sich u.a. ein Vorbild der später im christlichen Kontext bedeutsamen Drei-Zeiten-Lehre. Auch die Frage der historischen Abhängigkeiten kann nur dort behandelt werden, wo sie für die abendländische Moderne von unmittelbarer Bedeutung ist. Einen religionsgeschichtlichen Überblick bietet: Günter Lanczkowski: Art. »Apokalyptik/Apokalypsen I: Religionsgeschichtlich«, in: TRE 3, 189-191; vgl. außerdem J.Z.Smith (1987), 128-133; Colpe (1989).
9. Zum Überblick vgl. Art. Apokalyptik/Apokalypsen II-IV, in: TRE 3, 192-257; Belege zur christlichen und jüdischen Apokalyptik und zu den religionsgeschichtlichen Hintergründen bei Hermann Sasse: Art. *aiôn*, ThWNT 1, 197-209, sowie bei J.Z Smith (1987); vgl. auch Christoph Barth: Diesseits und Jenseits im Glauben des späten Israel, Stuttgart 1974.

teilung wird entweder nach den vorherrschenden politischen Mächten (Dan 2 und 7: vier Weltreiche, deren Abfolge durch ein fünftes Reich beendet wird)[10] oder nach Zahlenschemata vorgenommen. Die letzteren sind u.a. aus dem Analogieschluß von den sechs Schöpfungstagen (Gen 1) auf die Weltdauer (6000 Jahre als 6 ›Tage Gottes‹ nach Ps 90,4) gewonnen. Dem siebenten Tag der Ruhe Gottes (Gen 2,2) entspricht demnach ein noch ausstehendes siebentes Zeitalter, dessen Beginn mit der Ankunft des erhofften Messias gleichgesetzt wurde, und das – soweit in der Analogie der Schöpfungstage verbleibend – als ein tausendjähriger Weltensabbat zu verstehen ist.[11] Neben dieser Gliederung der Weltzeit in sechs Abschnitte (bzw. sieben Abschnitte einschließlich der Endzeit) gibt es zahlreiche andere Schemata mit abweichenden Einteilungen.[12] Daraus wird deutlich, daß es in den Schemata weniger um konkrete Vergangenheitsbeschreibung oder Zukunftsprognostik als um theologisch-spekulative Fragen geht. Insbesondere werden temporale und kosmologische Spekulationen miteinander verschränkt.

Überaus bedeutsam ist schließlich die sog. chiliastische Variante der Apokalyptik, die zwischen der Ankunft bzw. Wiederkunft des Messias und dem Weltende und Jüngsten Gericht unterscheidet und ein dazwischenliegendes Reich des Messias auf Erden voraussagt.[13] Die grundlegende Zweiteilung, in der die apokalyptische Vision der beiden Äonen mit der prophetischen Ankündigung des Neuen Bundes parallel geht, bleibt auch in den komplizierteren Schemata stets präsent. Doch kommt in der apokalyptischen Literatur auf dieser Grundlage ein universalistisches Geschichtsverständnis zum Tragen, das über die Grenzen des Volkes Israel weit hinausgreift und die ganze Welt mitumfaßt.[14]

10. Vgl. dazu Klaus Koch u.a.: Das Buch Daniel, Darmstadt: Wiss. Buchges., 1980, 182ff.
11. Vgl. zu diesem Schema Sanh f. 97a: »In der Schule des Elijahu wurde gelehrt: 6000 Jahre wird die Welt bestehen, 2000 Jahre der Nichtigkeit, 2000 Jahre der Tora und 2000 Jahre der messianischen Zeit; die Meinung der Schule des Elias hat den Sinn: Die Welt wird 7000 Jahre bestehen; davon entfallen 2000 Jahre auf die Zeit ohne Tora, 2000 Jahre auf die Zeit der Toraherrschaft ..., 2000 Jahre auf die Zeit des Messias, ... und 1000 Jahre auf den Weltensabbath.« (Zitiert nach Roderich Schmidt: Aetates mundi. Die Weltalter als Gliederungsprinzip der Geschichte, in: ZKG 67 (1955/56), 288-317, hier 299).
12. Einen Überblick bietet R. Schmidt (1955/56).
13. Vgl. dazu Otto Böcher, Art. »Chiliasmus I«, in: TRE 7 (1981), 723-729. Zum Begriff des Chiliasmus vgl. unten, Kap.6.1.1.
14. Zur theologischen Bedeutung dieses Universalisierungsvorganges vgl. Wolfhart Pannenberg: Dogmatische Thesen zur Lehre von der Offenbarung, in: ders. (Hrsg.): Offenbarung als Geschichte, Göttingen, ⁵1982 (¹1961), 96; vgl. auch ders.: Erwägungen zu einer Theologie der Religionsgeschichte, in: Grundfragen systematischer Theologie Bd.1, Göttingen 1967, 252-295, bes. 291. In religionsvergleichender Perspektive wäre allerdings anzufragen, ob und inwiefern die in der jüdischen und christlichen »Apokalyptik« angelegte Universalisierung der Geschichte auch für andere kulturelle Kontexte (außer dem abendländischen) und für andere Religionen (außer den biblischen) zugänglich zu machen ist, oder ob dieser Geschichtsbegriff nicht ein Spezifikum monotheistischer Religionen und der von diesen geprägten Kulturen bleibt – was nicht ausschließt, daß seine Funktionen anderswo mit anderen Mitteln ebenfalls erfüllt werden könnten. Umgekehrt kann man fragen, ob nicht auch in der außerchristlichen Antike Züge einer ähnlichen Universalisierung

Die in der exegetischen Forschung diskutierten Fragen nach den traditionsgeschichtlichen Wurzeln der jüdischen Apokalyptik und ihrem Verhältnis zur exilischen und nachexilischen Prophetie und zur rabbinischen Eschatologie können hier nicht näher referiert werden.[15] Jedenfalls hat die apokalyptische Literatur einen besonderen Typus der Weltalterlehren hervorgebracht, der ihre Bedeutsamkeit für spätere abendländische Vorstellungen vom »Neuen Zeitalter« begründet: Nach Dan 2 und 7 durchlaufen Menschheit und Kosmos verschiedene geschichtliche Stadien einer Depravation, die durch einen »transhistorischen Akt« (ein Felsbrocken zerschmettert die vier Weltreiche: Dan 2, 34f.) überwunden wird. Der Verfall des gegenwärtigen Äon wird als ein kosmischer Vorgang dargestellt, in den Gott zeitweise nicht einzugreifen scheint.[16] (Dennoch bleibt auch für die apokalyptische Tradition Gott der Herr der Geschichte.[17]) Die Pseudonymität des Verfassers und die futurische Form der Geschichtskonstruktion fingieren die Vorzeitigkeit der Texte, deren späte Publikation mit einer »Versiegelung« bis zum Beginn der Endzeit erklärt wird (vgl. Dan 12,9). Dieses Ende steht kurz bevor: Ausnahmslos wird die Gegenwart als letzte der Perioden des alten Äon dargestellt.[18] (Die letztgenannten Topoi müssen deshalb erwähnt werden, weil sie in neuzeitlichen Offenbarungsschriften ebenfalls vorkommen und dort nur aus diesen religionshistorischen Hintergründen zu verstehen sind.)

Die Johannes-Apokalypse als wichtigste christlich-apokalyptische Schrift hat gegenüber der jüdischen Apokalyptik ihre Besonderheiten: Weder die Kosmologie noch die Geschichte des Gottesvolkes und die Weltzeitalter sind hier von Bedeutung.[19] Der Verfasser nennt seinen Namen (Apk 1,4.9ff.) und weist sich dadurch als Zeitgenosse seiner Leser aus.[20] Er deutet die Gegenwart als Teil der Endzeit, deren weiteren Verlauf er voraussagt. Wirkungsgeschichtlich überaus bedeutsam ist die Aufnahme der

---

zu beobachten sind. Beide Fragen sind im Blick auf die religionsgeschichtliche Zuordnung von »New Age« bedeutsam.

15. Vgl. dazu Jürgen Lebram: Art. Apokalyptik/Apokalypsen II, TRE 3 (1978), 192-202; anders z.B. Philipp Vielhauer: Geschichte der urchristlichen Literatur, Berlin ²1978, 485ff. Zur Forschungsgeschichte vgl. Koch (1980), 171-176; ders. und J.M.Schmidt (Hrsg.): Apokalyptik, Darmstadt: Wiss. Buchges., 1982. Unabhängig von der traditionsgeschichtlichen Problematik ist es sicher richtig, die apokalyptische Literatur funktional als einen neuen Typus der Prophetie einzustufen; vgl. dazu Georg Kretschmar: Die Offenbarung des Johannes. Die Geschichte ihrer Auslegung im 1. Jahrtausend, Stuttgart 1985, bes. S.11, Anm.1.
16. Vgl. Lebram (1978), ebd.; Vielhauer (²1978), 491f.; vgl. auch Gerhard von Rad: Theologie des Alten Testaments Bd.2, München 1962, 316-319; kritisch dazu Koch (1980), 203-205.
17. Vgl. dazu Johann Maier: Zwischen den Testamenten. Geschichte und Religion in der Zeit des zweiten Tempels, Würzburg: Echter, 1990, hier 56f.106f.124; vgl. auch Kretschmar (1985), 28.74: Nach apokalyptischer Tradition ziele die Unterscheidung der beiden Äonen – anders als in der Gnosis – gerade auf das Festhalten an der Allmacht Gottes.
18. Vielhauer (²1978), 488.
19. Vgl. insbesondere die Umdeutung der vier »Tiere« von Dan 7 in Apk 13,2ff.
20. Vgl. Kretschmar (1985), 26.

Vorstellung eines Zwischenreiches vor dem eigentlichen Eschaton, dem »Neuen Jerusalem« (Apk 20, 1-10), wie sie auch in 4Esr und syr.Bar. vorliegt.[21]

Die apokalyptische Gedankenwelt steht im Kontext der Auseinandersetzung mit der hellenistischen Kultur.[22] Sie nimmt verschiedene vorderasiatische Vorstellungen auf und interpretiert sie im Rückgriff auf die eigenen Traditionen. So lag es auch in der späteren christlichen Geschichte der Weltalterlehren nahe, gerade hier den Anknüpfungspunkt für astrologische und andere aus hellenistischen oder vorderasiatischen Quellen stammende Vorstellungen zu suchen, die mit der heilsgeschichtlich-personalen Grundlinie der biblischen Theologie als der Darstellung der Geschichte Gottes mit seinem Volk nur schwer vereinbar waren.

Was in der Tradition der jüdischen und christlichen Bibel gänzlich fehlt, ist die Vorstellung eines Weltenkreislaufs, wie er im griechischen und vorderasiatischen Raum, in Indien, China und Südamerika, aber auch im alten Rom zu finden ist. Das zeigt sich daran, daß die apokalyptische Literatur, soweit sie hellenistisch beeinflußt ist, gerade an diesem Punkt die außerchristlichen Vorstellungen nicht weiterführt, sondern zugunsten der Idee einer den Zeitenlauf abbrechenden Endzeit umbildet.[23] Ein Beispiel dafür ist die Verwendung astrologischer Kenntnisse zum Zweck der Parusie- und Endzeitberechnung.[24]

5.2.2 Goldenes Zeitalter und Lehre von der ewigen Wiederkehr

Mit den Erklärungen des Propheten Daniel zu Nebukadnezars Traum über die Abfolge eines goldenen, silbernen, kupfernen und eisern-tönernen Reiches, das mit Babyloniern, Medern, Persern und Griechen identifiziert wird (Dan 2, 38-40), enthält die alttestamentliche Apokalyptik einen Querverweis auf ganz anders geartete Weltalterlehren, die außerhalb der jüdisch-christlichen Tradition in vielen unterschiedlichen Versionen verbreitet waren.[25]

21. Vgl. Böcher (1981), 725.
22. Vgl. Vielhauer (^{2}1978), 493.
23. Vgl. Gary W. Trompf: The Idea of Historical Recurrence in Western Thought. From Antiquity to the Reformation, Berkeley u.a., 1979, hier 185. Trompf stellt allerdings mit Recht gegen die pauschalisierende Entgegensetzung jüdisch-christlicher und antiker Weltalterlehren zahlreiche Momente »zyklischer« Zeitdeutung sowohl im Neuen Testament als auch bei den altkirchlichen Vätern zusammen. Er deutet bereits das Phänomen der Periodisierung der Zeit als »zyklisches« Moment. Jedoch sind diese Momente, ebenso wie evtl. astrologische Anklänge, in einen irreversiblen zeitlichen Gesamtzusammenhang eingeordnet. Moderne Autoren haben daher versucht, als Synthese von christlichen und griechischen sowie astrologischen Vorstellungen ein spiralförmiges Geschichtsbild zu entwickeln; so z.B. Alfons Rosenberg (vgl. dazu unten, Kap.7.3.2.2.).
24. Vgl. dazu unten, Kap.7.2.2.
25. Die Reihenfolge der vorliegenden Darstellung jüdisch-christlicher und außerchristlicher Weltaltervorstellungen und die typologische Einteilung ist von der späteren Wirkung für die abendländische Religionsgeschichte der Moderne und ihren Vorläufern seit der Renaissance geleitet. Diese Wirkungsgeschichte ist von der religionshistorischen Genese sorgfältig zu unterscheiden, die eher in umgekehrter Reihenfolge beschrieben werden müßte. Wie Bodo

Sie sind für das neuzeitliche Abendland vor allem in ihrer platonischen Rezeption wirksam geworden.[26]

Der älteste Beleg einer griechischen Weltalterlehre findet sich in Hesiods »Werken und Tagen« (ca. 700 v.Chr.) in Gestalt des Mythos von der goldenen, silbernen, ehernen, heroischen und eisernen Rasse der Menschheit, die nacheinander von den Göttern des Olymp geschaffen worden seien und einen jeweils schlechteren, mehr kriegerischen und sündhaften Charakter gehabt hätten.[27] Dieser Mythos wurde von zahlreichen griechischen und römischen Schriftstellern, darunter Ovid (Metamorphosen I, 89-150) und, in positiver Wendung, bei Vergil (4. Ekloge), aufgenommen und zu einer Lehre von vier (oder fünf) aufeinanderfolgenden Weltaltern ausgestaltet.[28] Besondere Bedeutung fand die Vorstellung vom ursprünglichen Goldenen Zeitalter. Die Gegenwart ist zumeist im letzten, eisernen Zeitalter lokalisiert.[29]

Eine zweite Traditionslinie lehrt eine zyklische Zeitaltertheorie, die eine Analogie zum irdischen Jahreszeitenwechsel und den Zyklen der Gestirne, aber auch zu den Generationenabfolgen der antiken städtischen Gesellschaften bildet.[30] Sie hängt zusammen mit der Lehre vom Weltenbrand und anderen Weltkatastrophen *(kataklysmoi)*, wie sie sich in der griechischen Kultur bereits bei Heraklit (ca. 544-483) findet[31]. Ähnlich lehrt die Stoa – vermutlich nach iranischen Vorbildern – eine *ekpyrôsis*,

    Gatz erläutert, stellt die Daniel-Prophetie der vier Reiche das entscheidende Bindeglied zwischen mythologischer Weltaltervorstellung (Hesiod) und historischer Identifikation mit bestimmten Weltreichen (Assyrer, Meder, Perser, Makedonier, Römer usw.) dar (Weltalter, goldene Zeit und sinnverwandte Vorstellungen, Hildesheim: Georg Olms, 1967, hier 106). Colpe unterscheidet darüber hinaus drei Typen vierfacher Zeiteinteilungen in der vorderasiatisch-mediterranen Antike: Die Vorstellung aufeinanderfolgender Weltreiche sei historiographischen Ursprungs; sie sei im iranisch-armenisch-assyrischen Grenzgebiet durch die schnelle, historisch überschaubare Abfolge der Oberherrschaft der Assyrer, Meder und Perser zwischen 612 und 539 v.Chr. entstanden und später durch Hinzufügung des Alexanderreichs zur Vierzahl ergänzt worden. Dagegen sei die Vierteilung des »Großen Jahres« in Babylonien, Iran und Indien mathematisch-astronomischen Ursprungs. Von beiden Typen zu unterscheiden sei der Metallmythos des Hesiod, der ursprünglich wohl aus fünf Weltaltern bestanden habe und dessen Herkunft rätselhaft sei (Colpe (1989), 231-236. 250f.).

26. Wie eingangs schon begründet, kann die komplizierte religionsgeschichtliche Quellen- und Forschungslage hier nicht in der erforderlichen Genauigkeit dargestellt werden. Die griechische Tradition hat für die neuzeitliche Rezeption der antiken Zeitalterlehren eine Brückenfunktion und ist daher für die Fragestellung der vorliegenden Arbeit die wichtigste. Neben babylonischen und persischen Quellen der griechischen Lehren gibt es eine genuine römische Tradition anhand von Generationenfolgen *(saecula)*, die alsbald mit den Theorien vom »Großen Jahr« *(aetas)* verknüpft wurden; vgl. dazu Trompf (1979), 202ff et passim; vgl. auch Gatz (1967), 108-113.
27. Hesiod, Erga, 106-201; vgl. dazu ausführlich: Gatz (1967), bes. 28-51; Überblick bei Kirby F. Smith: Ages of the World (Greek and Roman), in: ERE 1 (1908), 192-200, hier 192f.
28. Zur Wirkung Hesiods im ganzen vgl. Gatz (1967), bes. 52-86, zu Vergil ebd. 87-104.
29. Vgl. K.F.Smith (1908), 193-196.
30. Vgl. dazu ausführlich: Trompf (1979); als Überblick vgl. auch B.L. van der Waerden: Das Große Jahr und die ewige Wiederkehr, in: Hermes 80 (1952), 129-155.
31. Fragment 66, zit.n. Hermann Diels: Die Fragmente der Vorsokratiker, Nachdruck der 8. Aufl. Hamburg 1957, 27.

ein periodisch auftretendes Weltenfeuer, das jeweils die alte Welt zerstört und eine neue Welt hervorbringt, die als genaues Abbild der vorhergehenden vorgestellt wird.[32] Der Gedanke der Wiederkehr des Gleichen ist voll entfaltet und in seiner prophetischen Qualität ausgestaltet bei Vergil.[33] Polybios entwickelte im 2. Jhdt. v. Chr. eine zyklische Geschichtsdeutung mit ähnlichen Grundlagen.[34]

Beide Typen der Weltalterlehren, der Mythos von den aufeinanderfolgenden Zeitaltern und von der Wiederkehr des Gleichen nach einer Weltkatastrophe, wurden vielfältig miteinander verknüpft,[35] woraus sich kompliziertere Systeme mit vier oder sieben aufeinanderfolgenden Perioden ergaben, an deren Ende man sich jeweils einen Neubeginn mit analoger Struktur zum vorigen Zyklus vorstellte. Die für spätere Zeiten einflußreichste Version dieser Weltalterlehre stützt sich auf Platons Vorstellung vom »vollkommenen« oder »Großen Jahr«.[36] Sie hat sich bei Aristoteles und später im Neuplatonismus, u.a. bei Proklus, fortgesetzt[37] und wurde teilweise in jüdische, islamische und christliche Lehren aufgenommen. Durch das Element der Wiederholung bleibt diese Lehre von der Äonenlehre der jüdisch-christlichen Apokalyptik trotz mannigfacher Anknüpfung und Verschränkung unterscheidbar. (Die eigentliche Differenz besteht allerdings nicht in der Dichotomie zwischen »zyklischer« und »linearer« Zeitvorstellung, sondern in der apokalyptischen Erwartung einer qualitativ neuen Endzeit, die den wie auch immer vorgestellten Ablauf der Zeiten definitiv beendet.[38]

32. Vgl. van der Waerden (1952), 143ff.
33. V.a. 4. Ekloge; vgl. auch Georg. II, 342; vgl. dazu außer Gatz (1967) auch Wilhelm Gundel: Weltperioden und Planetenlauf, in: Franz Boll: Sternglaube und Sterndeutung, 4. Aufl. Berlin und Leipzig, 1931, 202.
34. Vgl. dazu Trompf (1979), Kap.1 und 2.
35. Trompf sieht selbst bei Hesiod schon Anzeichen eines zyklischen Denkens (ebd., 75f.). Genau umgekehrt argumentiert Gatz (1967), der den Gedanken der Palingenesie aus östlichen Quellen ableitet und in der klassischen Antike erst bei Vergil ansetzt; vgl. dazu unten, Anm.38.
36. Zur Abhängigkeit Platons von Hesiod (Kratylos 379E-398B, Politeia 415, 468E, 547 u.a.) vgl. Gatz (1967), 54-58. Zur Typologie der verschiedenen bei Platon vorliegenden Vorstellungen s. u., Anm.49. Zur Frage der Wiederkehr des Gleichen, bes. in Politikos 271ff., vgl. Gatz (1967), 58.
37. Vgl. dazu K.F.Smith (1908), 198.
38. Ähnlich wie Trompf (vgl. oben, Anm.35), allerdings mit entgegengesetzter Begründung, lehnt auch Gatz eine zu vorschnelle Charakterisierung antiker Weltanschauung als »pessimistischer Zyklik im Gegensatz zur jüdisch-christlichen Eschatologie« ab (Gatz (1967), 25 (Anm.56) sowie 90ff.). Er wendet sich u.a. gegen Karl Löwith, der die ewige Wiederkehr als Grundmerkmal griechischer Weltanschauung beschreibt (Weltgeschichte und Heilsgeschehen. Die theologischen Voraussetzungen der Geschichtsphilosophie (1949/53), in: ders.: Sämtliche Schriften Bd.2, Stuttgart 1983, 7-239). Anders als in persischen Quellen und im indischen Mahâbhârata fehle bei Hesiod und vielen späteren Autoren der griechischen und römischen Antike »die programmatische Bekundung der Wiederkehr«; man dürfe nicht (wie Richard Reitzenstein) von Vergil, der aus orientalisch-sibyllinischen Quellen schöpfe, auf Hesiod zurückschließen. Gatz wie Trompf zielen auf die Überwindung einer zu starken Dichotomisierung des antiken und des jüdisch-christlichen Ge-

Die Entgegensetzung »zyklischer« und »linearer« Zeitvorstellungen scheint in ihrer kategorialen Ausformung dagegen ein Produkt der modernen Religionsgeschichte und ihrer Interpretation zu sein[39]).

5.2.3 Astrologische Weltalterlehren

Astrologische Weltalterlehren sind naturgemäß zyklisch angelegt. Sie sollen hier eigens angeführt werden, weil sie in den modernen Vorstellungen vom »Neuen Zeitalter« besondere Bedeutung haben. Manche moderne Autoren sehen in den langfristigen Himmelsbewegungen – wegen ihrer auffälligen Gesetzmäßigkeit – den Ursprung der Weltalterlehren schlechthin.[40] Das ist nicht ohne weiteres haltbar. Zweifellos gab es entsprechende Spekulationen schon in der Antike. Doch ist das Alter der Astrologie in ihrer ›wissenschaftlich‹ systematisierten Form umstritten und kann nicht einfach aus dem Vorhandensein entsprechender astronomischer Kenntnisse abgeleitet werden, wenn nicht nachgewiesen werden kann, daß diese Beobachtungen tatsächlich astrologisch *gedeutet* wurden.[41] Im übrigen sind die Planetenbewegungen nicht die einzigen Zyklen, die als ›Vorlage‹ der Mythenbildung gedient haben könnten; es gibt

 schichtsbildes als zyklisch (und »pessimistisch«) versus linear (und »optimistisch«) und eine zu ausschließliche Ableitung des abendländischen Geschichtsverständnisses aus der jüdisch-christlichen Apokalyptik. Dennoch bleibt im Rahmen einer allgemeinen Typologie von Weltaltervorstellungen die besondere Ausrichtung jüdischer und christlicher Eschatologie festzuhalten, die der Vorstellung einer Palingenesie im strengen Sinne historisch bis zur Wiederaufnahme antiker Vorstellungen in der Astrologie des 12. Jahrhunderts und in der Renaissance keinerlei Raum bot (vgl. dazu unten, Kap.6.1., 7.2.1.), wogegen die in der Tat unterschiedlichen antiken Vorstellungen vergleichsweise amorph erscheinen.

39. Die spezifisch moderne Qualität dieser Dichotomie wird exemplarisch am Beispiel der Blakeschen Umdeutung der Swedenborgschen Zeitalterlehren deutlich; vgl. dazu unten, Kap.6.3.1.4.
40. So van der Waerden (1952); ähnlich Giorgo de Santillana und Hertha von Dechend: Hamlet's Mill. An Essay on Myth and the Frame of Time, Boston 1969. Vorsichtiger äußert sich van der Waerden in ders.: Die Anfänge der Astronomie (= Erwachende Wissenschaft Bd.2), Groningen 1966, 115ff.
41. Das ist besonders zur Diskussion um die babylonische Astronomie und Astrologie zu sagen (vgl. dazu unten, Kap.7). Gegen die frühe Ansetzung einer ›wissenschaftlichen‹ Astrologie wandte sich Franz Boll: Die Erforschung der antiken Astrologie (1908), in: ders. (1950), 1-28, bes. 15. 18f. 24-26. Boll schließt sich dabei bereits an F. Cumont an: »Die Astrologie ist recht eigentlich die wissenschaftliche Theologie des sinkenden Heidentums« (zitiert ebd., 11).
In neuerer Zeit behandeln die Frage: Wilhelm und Hans Georg Gundel: Astrologumena. Die astrologische Literatur in der Antike und ihre Geschichte, Wiesbaden 1966, passim. Auch sie formulieren: »Die ausgebildete Astrologie, die vor allem gekennzeichnet ist durch eine Planeten und Tierkreis berücksichtigende Horoskopierkunst, ist ein Kind des Hellenismus« (S.1). Trompf setzt eine allgemeine Verbreitung astrologischer Zeitaltervorstellungen erst im 1. Jhdt. v. Chr an, in der Folge der Lehre des Poseidonios von der »Sympathie« aller Teile des Universums (Trompf 1979, 201ff.).

auch andere sich wiederholende Erscheinungen des natürlichen und sozialen Lebens, die von unmittelbarer praktischer Bedeutung sind und nachweislich schon früh als Analogien für zyklische Weltaltervorstellungen benutzt wurden, vor allem die Jahreszeiten und die mit ihnen verbundenen jährlichen Sonnenrhythmen, aber auch die Generationenfolgen in der sozialen Ordnung (in Rom *saecula* genannt) und die Altersstufen des menschlichen Lebens.[42]

Astrologische Weltaltervorstellungen gibt es unter anderem im griechischen, babylonischen und ägyptischen Kontext.[43] Über den historischen Ursprung gibt es stark unterschiedliche Auffassungen. Wilhelm und Hans Georg Gundel führen sie auf den griechisch-ägyptischen Kulturraum um Memphis und Alexandria zurück, wo die Urform der astrologischen Vulgata des Hellenismus entstanden sei. Hinter den legendären Urhebern (Hermes Trismegistos, Nechepso und Petosiris) würden sich Priestergruppen aus Tempeln des Thot und vielleicht auch des Osiris verbergen. Wohl schon vor der Ptolemäerzeit hätten solche Priester verschiedene Geheimlehren in Konvoluten, den sog. Astrologumena, zusammengefaßt, die später ins Griechische übersetzt worden seien.[44] In solchen Texten finden sich Vorstellungen von Weltperioden, denen ein Weltende und eine Neuentstehung *(apokatastasis)* folgt und die jeweils von astralen Gebietern beherrscht werden. Die Periodik wird astrologisch durch das *thema mundi (kosmou genesis)* erklärt, ein ›Geburtshoroskop‹ der Welt, dessen kosmischer Wiedereintritt ihre Neuentstehung zur Folge habe.[45] Sehr bekannt ist das spätantike Zeugnis des Firmicus Maternus (1. Hälfte des 4.Jhdt.n.Chr.), der sich auf alte ägyptische Quellen beruft.[46]

Im griechischen Kontext finden sich zumindest seit Platon explizit astrologische Weltaltervorstellungen. Schon in Hesiods Weltalterlehre wäre ein astrologischer Einfluß inhaltlich denkbar, und auch Heraklits Angaben über Feuer- und Flutkatastrophen wurden so gedeutet,[47] doch ist der astrologische Begründungszusammenhang aus den Fragmenten selbst in beiden Fällen nicht nachzuweisen.[48] Anders in Platons Dialog *Timaios*, dem – in rudimentärer Form – die *thema-mundi*-Vorstellung zugrundeliegt.[49]

42. Belege bei Mircea Eliade: Der Mythos der ewigen Wiederkehr, Düsseldorf 1953; zahlreiche griechische Nachweise zu den Lebensstufen auch bei Franz Boll: Die Lebensalter (1913), in: ders. (1950), 156-224. Augustinus nimmt die letztere, auch in römischer Tradition bekannte Einteilung ausdrücklich in seine christliche Weltalterlehre mit hinein: *infantia (universi saeculi), pueritia, adolescentia, iuventus, gravitas, senectus* (De gen. con. Manich. I, 23, zit. n. Trompf (1979), 213). Zu den Lebensaltern vgl. auch Gatz (1967), 108-113.
43. Auch in den indischen Weltalterlehren spielen astrologische Zusammenhänge eine große Rolle; dies kann hier jedoch nicht näher dargestellt werden (vgl. unten, Kap.5.2.4.).
44. W. u. H.G.Gundel (1966), 11-15.27ff.
45. W. u. H.G.Gundel (1966), 14f. 34 et passim; vgl. auch Wilhelm Gundel: Sternglaube, Sternreligion und Sternorakel. Aus der Geschichte der Astrologie, Heidelberg ²1959, 141-143.
46. Vgl. unten, Anm.52.
47. Heraklit, Fragment 66 (Diels (*1957), 27).
48. Ablehnend z.B. Boll (1908), 18.
49. Folgende Platon-Stellen werden zur Begründung astrologischer Weltalterlehren oft herangezogen:

In Tim 22 weist Platon die Herkunft dieser Vorstellung einem greisen ägyptischen Priester zu. Im hellenistisch beeinflußten Mittelmeerraum waren solche aus unterschiedlichen Quellen zusammengeflossenen Vorstellungen seit dem letzten vorchristlichen Jahrhundert weit verbreitet.[50] Die meisten dieser Vorstellungen sind Varianten des *thema mundi*, das sich nach Ablauf einer langen Frist – verschiedene antike Autoren nennen 300 000 Jahre – und einer abschließenden Feuer- oder Wasserkatastrophe wiederholt und einen neuen Zyklus begründet.[51]

– Timaios 22 c.d (ähnlich Politikos 268d ff.): zyklisch auftretende Weltkatastrophen, die durch »Abweichungen der Planeten« (*parallaxis*) von ihrer normalen Bahn verursacht werden;
– Timaios 39 b-e: Lehre vom »Vollkommenen Jahr«. Dazu schreibt W. Gundel: »Die Dauer des Weltenjahres ist durch die Planeten bestimmt: das große Jahr ist abgelaufen, wenn alle acht Sphären ihre großen Umlaufperioden vollendet und alle zugleich wieder ihre Ausgangsstellung erreicht haben, die sie bei der Erschaffung der Welt innehatten« (W. u. H.G.Gundel (1966), 78; vgl. diess.: Art. »Planeten bei Griechen und Römern«, in: Pauly-Wissowa, Bd.20,2 (1964), 2017-2185, hier 2150f.).
– Als weiterer Beleg wird Politeia VIII 546a-547c herangezogen (Lehre von der »vollkommenen Zahl« und Lehre vom goldenen, silbernen, ehernen und eisernen Geschlecht; vgl. dazu z.B. van der Waerden (1952)); jedoch ist hier ein astrologischer Begründungszusammenhang im Text selbst nicht gegeben.

50. Z.B. bei Vergil, Georg. II, 336ff und 4. Ekl., V. 5 (vgl. dazu Gatz (1967), 87ff.; vgl. auch Franz Boll: Die vierte Ekloge des Virgil (1922), in: ders. (1950), 332-356, hier 337); bei Trasyllos aus Alexandria (gest. 36 n. Chr.), in den *matheseos libri* des Firmicus Maternus (s.o.); bei Paulos Alexandrinos (vgl. W. u. H.G.Gundel (1966), 130.149.230.238).
51. In der älteren Assyriologie wurde vor allem auf den Marduk-Priester Berossos aus dem Seleukidenreich (3.Jhdt.v.Chr.) verwiesen. Dieser lebte zur Zeit Antiochos I und wirkte zunächst in Babylon, später (um 280 v. Chr.) als Leiter einer Astrologenschule auf Kos, wo er die babylonischen Traditionen für hellenistische Schüler aufzubereiten versuchte (vgl. Hartmut Schmökel: Mesopotamien, in: ders., Hrsg.: Kulturgeschichte des Alten Orient, Stuttgart 1961, 2-310, hier: 11f.; vgl. auch W. u. H.G.Gundel (1966), 45f.). Nach Überlieferung Senecas habe er periodische Konjunktionen aller sieben Planeten in den Sternbildern Krebs und Steinbock und einen dadurch bedingten ›kosmischen Sommer‹ und ›kosmischen Winter‹ mit katastrophalen Auswirkungen für die jeweils bestehende Welt (nämlich Feuer und Flut) gelehrt (Seneca, Quaestiones naturales III, 29; zitiert bei van der Waerden (1952) 140). Van der Waerden interpretiert den Text als entstellte Version der Überlegung, daß es ein gemeinsames Vielfaches der Planetenumlaufbahnen gibt und daß der entsprechenden Zeitspanne die Planetenstellungen exakt wiederholen. Das identifiziert er mit der Vorstellung vom »Großen Jahr« Platons, deren Prinzipien auf die babylonische Astronomie zurückzuführen seien: (1) jeder einzelne Planet folgt periodischen Bahnen; (2) die Perioden sind berechenbar; (3) es gibt daher ein gemeinsames Vielfaches aller Planeten-Perioden, an dessen Ende exakt dieselbe Planeten-Konstellation wie am Anfang herrscht (van der Waerden (1952), 138). Da diese Angaben relativ späten Datums sind, muß offen bleiben, ob sie tatsächlich auf alte babylonische Quellen zurückgehen oder in anderen Kulturräumen entstanden und von Berossos aus dem hellenistischen Umfeld übernommen wurden. W.Gundel (1966, 45, Anm.14) ist skeptisch: »Ob die Theorie über den Weltbrand, die Weltperioden und Weltenjahre ... wirklich von Berossos stammt und nicht vielmehr aus frühen hermetischen Spekulationen, scheint mir nach wie vor problematisch.«

Es gibt verschiedene konkrete Ausführungen dieses Welthoroskops. Sie stellen idealtypische Konstruktionen dar, denen keine reale astronomische Konstellation entspricht.[52] Das zeigt, daß das *thema mundi* nicht zu konkreten astrologischen Berechnungen diente, sondern eine symbolische Begründungsstruktur zur Illustration der »Ähnlichkeit« oder Identität makrokosmischen und mikrokosmischen Geschehens war. In der Antike finden sich keine sicheren Anzeichen dafür, daß Übergänge zwischen einzelnen Perioden dieser Weltalter konkret berechnet und daraus Hinweise für die Deutung der Vergangenheit oder Gegenwart gewonnen worden wären.

Im Gegensatz dazu wurde die antike Weltalter-Spekulation von modernen Autoren häufig mit konkreten Perioden-Schemata verknüpft, zum einen mit den Präzessionszyklen, zum andern mit seltenen Konjunktionen in bestimmten Sternbildern.[53] Besonders der Babylonier Berossos, der in der späteren abendländischen Astronomie und Astrologie sehr bekannt war,[54] wird als Zeuge neuerer astrologischer Weltalterlehren häufig und in unterschiedlichen Varianten herangezogen.[55]

Beide Schemata sind in astrologisch ausgearbeiteter Form jedoch erst in der arabischen Astrologie seit dem 9./10. Jahrhundert n.Chr. nachweisbar, die auf die jüdische und christliche Astrologie des Mittelalters ausstrahlte. Besonders das Schema der »Großen Konjunktionen« von Jupiter und Saturn, dessen mathematisch-astronomische Grundlage tatsächlich aus Babylonien stammt, wurde bis in die Neuzeit immer wieder aufgenommen und zu einer Epochenlehre ausgestaltet. Davon zu unterschei-

---

52. Vgl. Udo Becker: Lexikon der Astrologie, Herrsching 1988, 274-276. Das *thema mundi* des Firmicus Maternus zeigt folgende Konstellation: Mond in 15° Krebs, Sonne in 15° Löwe, Merkur in 15° Jungfrau; Venus in 15° Waage; Mars in 15° Skorpion; Jupiter in 15° Schütze; Saturn in 15° Steinbock (vgl. Gundel ²1959, 141f.). Firmicus selbst lehnt eine vordergründig-realistische Deutung des Horoskops ab und kommentiert: »There was no birthchart of the universe; for it did not have any certain day of origin. ... Human reason has not been able to conceive or explain the origin of the universe, especially since the Great Year of the return of the stars to the place after fire and flood is supposed to happen only after 300,000 years. The apocatastasis (the return of the stars) happens only after these two events – that is, the flood which follows the destruction by fire« (Matheseos Libri VIII, Liber Tertius, zit.n. Jean Rhy Bram (Hrsg.): Ancient Astrology. Theory and Practice. Matheseos Libri VIII by Firmicus Maternus, Park Ridge (New Jersey), 1975, hier 72).
53. Zur Kritik vgl. unten, Kap.7.
54. Auszüge seiner Texte wurden in zahlreichen historischen Ausgaben bereits seit Ende des 15. Jahrhunderts gedruckt (Quelle: British Library Catalogue).
55. Alfred Jeremias sah in der Berossos-Stelle in den frühen Auflagen seines Werks: »Das Alte Testament im Lichte des Alten Orients« (Leipzig ¹1904 und ²1906) einen Beleg für die astrologische Deutung der Präzession durch die Babylonier. In der zweiten Auflage seines »Handbuchs der altorientalischen Geisteskultur« (Leipzig 1929, 297ff.) korrigierte er sich und sah im Text die Erwartung, daß bei Konjunktionen wichtiger Planeten in bestimmten Sternbildern Katastrophen bevorstünden, so daß in diesem Sinne eine prognostische Weltalterlehre vorliege; er gibt dafür zahlreiche Parallelen aus dem vorderasiatischen Raum an. Auch Santillana und Dechend (1969) nehmen diese Deutungslinien wieder auf. Zur Bewertung vgl. unten, Kap.7.2.

den sind Weltalterlehren auf der Grundlage der Präzession der Fixsternsphäre gegenüber dem Frühlingspunkt.[56]

In der Renaissance und in der Neuzeit entstand aus solchen Vorbildern ein kompliziertes Konglomerat verschiedener Typen astrologischer und anderer prognostischer Weltalterlehren.[57] Auch in der Moderne wurden solche Vorstellungen in gewandelter Form weitergeführt.[58] Dabei wurde häufig zu Unrecht der antike Ursprung entsprechender Lehren behauptet, und es vermischten sich altertumskundliche, theologisch-exegetische und astrologisch-deutende Argumentationsfiguren.

Erst um die letzte Jahrhundertwende wurden die Begriffe »Zwillings-«, »Stier-«, »Widder-« und »Fische-Zeitalter« geprägt.[59] Noch jüngeren Ursprungs ist der Begriff des »Wassermann-Zeitalters«. Er enthält in seiner heute vorherrschenden Version ein stark optimistisches Element der Gegenwartsdeutung, das den alten astrologischen Weltalterlehren gänzlich fehlt: das Bewußtsein der eigenen Zugehörigkeit zu einer neuen, reiferen Zeit, die schon angebrochen ist und der nicht noch eine Katastrophe vorangeht (bzw. die Identifikation jener Katastrophe mit der bestehenden Krisensituation des 20. Jahrhunderts, die den Keim der Neuen Zeit bereits in sich trage).[60]

5.2.4 Weltalterlehren im Rahmen östlicher Religionen

Die indische Lehre von den Weltaltern *(yuga)* findet sich v.a. in der epischen Literatur, im Mokshadharma und anderen Texten des Mahâbhârata, im Gesetzbuch des Mani sowie in den Purânas.[61] Sie geht ähnlich den griechisch-vorderasiatischen Vorstellun-

---

56. Genaueres zur »Großen Konjunktion« und den übrigen astrologischen Weltalterlehren s.u., Kap.7.2. Zur Präzession vgl. auch oben, Kap.2.1.8.
57. Im 16. Jhdt. sind vor allem die komplizierten Schemata des Nostradamus zu nennen; sie wurden im 17. Jhdt. von Kepler kritisiert, der ein eigenes, strenger an der astronomischen Basis der Spekulationen orientiertes Zyklenmodell entwarf (vgl. dazu unten, Kap.7.2.1.).
58. Vgl. z.B. Joseph Ennemoser (1787-1854): »Das Horoskop in der Weltgeschichte«. Das Buch erschien erstmals 1860 in München sowie in zahlreichen weiteren Ausgaben (mit variierendem Untertitel) im 19. und 20. Jahrhundert (mir lag die Ausgabe München 1924 vor). Weitere Nachweise solcher Weltalterlehren bei Rosenberg (1958), 15ff.; vgl. auch Will-Erich Peuckert: Astrologie. Geschichte der Geheimwissenschaften Bd.1, Stuttgart: Kohlhammer, 1960, passim, (zu Ennemoser: S.246); Carl Kiesewetter: Geschichte des [neueren] Occultismus, Teil 2: Die Geheimwissenschaften, Leipzig: Wilhelm Friedrich, ²1925 (¹1895), 314.336 et passim.
59. Vgl. dazu unten, Kap.7.2.
60. Vgl. dazu unten, Kap.7.3.
61. Besonders erwähnt sei Mahâbhârata 3,12,805ff (nach Zählung Deussens XII, 231-233); vgl. dazu Erich Frauwallner: Geschichte der indischen Philosophie Bd.1, Salzburg 1953, 113-124; zur Parallele in der Einleitung des Manusmriti vgl. ebd., 113; weitere Stellennachweise bei J.Z.Smith (1987), 132 sowie bei H. Jacoby: Art. »Ages of the World. Indian«, ERE Bd.1 (1908), 200-202; vgl. auch van der Waerden (1952), 149ff. Zu den mathematisch-astronomischen Bezügen der indischen Langperiodensysteme vgl. auch David Pingree: The Thousands of Abû Ma'shar, London 1968, hier 28ff.

gen von vier depravierenden Perioden aus, die jedoch aufgrund ihrer nachlassenden Qualität immer kürzer werden: Die Periode eines *mahâyuga* unterteilt sich in das *kritayuga*, das *tretâyuga*, das *dvâparayuga* und das (gegenwärtige) *kaliyuga*.[62] Die absolute Dauer wird sehr verschieden, jedenfalls aber höher als in den meisten westlichen Weltalterlehren angesetzt.[63] Nach Abschluß eines *mahâyuga* schließt sich ein neuer Kreislauf an. Die *yuga* sind Teil einer noch größeren Weltperiode, des *kalpa*, der sich aus jeweils zweitausend *yuga* zusammensetzt; der *kalpa* unterteilt sich in einen Weltentag und eine Weltennacht, die jeweils von Weltschöpfung und -zerstörung (Weltenbrand und nachfolgendes Eingehen der Elemente in das *brahman*) eingeleitet werden.[64]

Auch die indischen Weltalterlehren weisen vielfache astrologische Bezüge auf. Zusammenhänge mit westlichen Vorstellungen gibt es mit Sicherheit schon in der Antike. Ihre Untersuchung im einzelnen – auch bezüglich der Richtung der Rezeptionsvorgänge – kann hier nicht näher dargestellt werden.[65]

Als spezifisch moderne Variante solcher Verknüpfung westlicher und indischer Vorstellungen sei die neohinduistische Weltalterlehre Sv. Shrî Yukteshwars (1855-1936) angeführt, wie sie von seinem Schüler Paramahansa Yogânanda (1893-1952), dem Begründer der Self-Realization Fellowship in Californien, dargestellt wird: Yukteshwar habe die »mathematische Anwendbarkeit eines Äquinoktial-Zyklus (entsprechend dem *mahâyuga*) von 24000 Jahren« entdeckt, der in einen »aufsteigenden und einen absteigenden Bogen« von jeweils 12000 Jahren unterteilt wird. Innerhalb dieser Zeitspanne lägen die vier *yugas*, die von Yogânanda ausdrücklich mit dem »eisernen, bronzenen, silbernen und goldenen Zeitalter« in Beziehung gesetzt werden (wobei die Reihenfolge im »aufsteigenden Bogen« gegenüber der westlichen Tradition umgekehrt wird).[66] Die Darstellung ist weniger auf die Vergangenheit als in die Zukunft gerichtet: Um 1700 n. Chr. habe das *dvâparayuga* begonnen, das 4100 n.Chr. vom *tretâyuga* und 7700 n.Chr. vom *satyayuga*, dem in der Zukunft liegenden Goldenen Zeitalter (Synonym für *kritayuga*) abgelöst werde. Dann folge der »absteigende Bogen«.[67]

62. Eine leicht abweichende Nomenklatur referiert Frauwallner (1953), 118 (nach Mhb XII, 231-233).
63. Z.B. 4000/3000/2000/1000 Jahre, oder: 4800/3600/2400/1200 Jahre, oder: 1 728 000/ 1 296 000/864 000/432 000 Jahre.
64. Vgl. Frauwallner (1953), 118.
65. Die Beziehungen zwischen indischen und westlichen Weltalterlehren sind schon im 19. Jahrhundert untersucht worden; vgl. R. Roth: Der Mythus von den fünf Menschengeschlechtern bei Hesiod und die indische Lehre von den vier Weltaltern, Tübingen 1860. Van der Waerden weist – wie ähnlich schon Jeremias – darauf hin, daß sowohl die Zahl 432 000 als auch das Verhältnis 4:3:2:1 mit babylonischen bzw. pythagoreïschen Berechnungsmustern zusammenstimme (van der Waerden (1952), 150; Jeremias (^{2}1929), 302f.); vgl. auch David Pingree: Astronomy and Astrology in India and Iran, in: Isis 54 (1963), 229-246; ders (1968). Über allgemeine Bezüge zwischen Indien und Europa in der Spätantike vgl. Halbfass (1988), 9-23; zur spätantiken Astrologie vgl. W. u. H.G.Gundel (1966), 277-279.
66. Das Stichwort *satyayuga* findet sich auch bei Helena Petrowna Blavatsky: Isis entschleiert, Bd.1, Den Haag o.J. (engl. Original 1877), 32; zu Blavatsky vgl. unten, Kap.7.2.4.
67. Paramahansa Yogânanda: Autobiographie eines Yogi, München: O.W.Barth, ^{16}1988 (^{1}1950;

Yogânandas Ausführungen sind erkennbar von modernen astrologischen und esoterischen Vorstellungen des Westens geprägt. Umgekehrt hat Yogânanda wesentlich zur Aufnahme und Verbreitung indischer Weltaltervorstellungen im Westen beigetragen.[68] Auch andere östliche Zeitalterlehren wurden spätestens seit dem 19. Jahrhundert im Abendland rezipiert. Verwandt mit den indischen Vorstellungen ist zunächst die buddhistische *kalpa*-Lehre (bzw. *kappa*).[69] Die chinesische Kosmologie und Staatsauffassung hat seit ihren frühesten Stadien ausgeprägte Zeitalterlehren hervorgebracht, die auch mannigfache astrologische Bezüge aufweisen.[70]

Obwohl die chinesische Tradition mit dem Zeichen »Fu«, von Richard Wilhelm mit »Wiederkehr« oder »Wendezeit« übersetzt, sogar bis in den Titel des Bestsellers von Fritjof Capra gewirkt hat,[71] sind die östlichen Traditionen unter historisch-systematischen Gesichtspunkten für die Herleitung des Stichworts »New Age« und der modernen westlichen Zeitaltervorstellungen eher unerheblich und wirken bei genauer Prüfung wie nachträglich hinzugefügte Accessoires einer im Grunde westlichen Thematik. Wenn es auch ältere Verbindungen und Einflüsse z.B. in der Spätantike gegeben hat, so wurden diese jedenfalls in die westlichen Fragestellungen so weit integriert, daß sich keine eigenständigen ›östlichen‹ Traditionslinien mehr erkennen lassen. Daher werden sie in den folgenden Abschnitten, die sich ausschließlich auf die abendländische Religionsgeschichte beziehen, nicht eigens berücksichtigt.

---

engl. Original 1946), 183 und Fußnote auf S.183f. Zu Shrî Yukteshwar, Yogânanda und der Self-Realization Fellowship vgl. Hummel (1980), 44-49; dort weitere Literatur.
68. Eine solche Kompilation findet sich z.B. bei Rudolf Putzien: Der Allbrandfelsen. Das geistige Erbe von Atlantis für das Wassermann-Zeitalter, Engelburg und München, 1963; vgl. bes. S.40.
69. Übersicht bei Louis de la Vallée Poussin, Art.: »Ages of the World (Buddhist)«, in: ERE 1 (1908), 187-190.
70. Vgl. dazu Peter-Joachim Opitz (Hrsg.): Chinesisches Altertum und konfuzianische Klassik. Politisches Denken in China von der Chou-Zeit bis zum Han-Reich, München 1968; vgl. auch ders.: Lao-Tzu. Die Ordnungsspekulation im Tao-tê-ching, München 1967, Teil I.
71. Vgl. dazu unten, Kap.11.1.1.

6. Hintergrund und Geschichte der Vorstellung des Neuen Zeitalters

6.1 Zum Kontext christlicher Tradition

6.1.1 Vorklärung: »Chiliasmus« als historiographische Kategorie

Für die folgenden Abschnitte ist vorweg eine Klärung des Begriffs »Chiliasmus« bzw. »Milleniarismus« erforderlich, der in der Kirchengeschichtsschreibung wie auch in der sozialwissenschaftlichen und kulturanthropologischen Diskussion mit sehr unscharfer Bedeutung benutzt wird. Z.B. liegt im Reihenartikel »Chiliasmus« der Theologischen Realenzyklopädie kein einheitlicher Gebrauch vor.[1]

Der Terminus selbst »dürfte ... eine Prägung der lutherischen Orthodoxie des 17. Jahrhunderts sein«[2] und wurde als Abstraktbegriff vielleicht erstmals von Johann Gerhard (1582-1637) benutzt. Für seine historiographische Verwendung lassen sich schematisch die folgenden Bedeutungsschattierungen unterscheiden:

A. Innerhalb der biblischen Exegese und der Kirchengeschichtsschreibung:
a) Wörtlich bezeichnet Chiliasmus/Milleniarismus die »tausend«-jährige Zeitspanne, die Offb 20, 2.7 für die Zeit zwischen der Wiederkunft Christi als Weltherrscher und dem Weltende anführt. Insofern bezeichnen biblische Exegeten mit »Chiliasmus« die aus der jüdischen Apokalyptik stammende Vorstellung eines Zwischenreiches zwischen Parusie und Weltende.[3] Die Zahl »tausend« selbst hat dabei – wie schon in der jüdischen Tradition – eine relativ geringe Bedeutung und kann gegen andere Zeitangaben ausgetauscht werden.

b) In der Patristik wird mit »Chiliasmus« oft eine ›realistische‹ Eschatologie verbunden (wie sie z.B. bei Hieronymus vorliegt), die die konkrete Erfüllung der Verheißungen der atl. Prophetie erhofft und eine nur ›allegorische‹ Deutung endzeitlicher Aussagen, z.B. im Sinne der Vorstellung von der Auferstehung nur der Seelen, ablehnt.[4]

c) Bei der historiographischen Darstellung des spätmittelalterlichen »Chiliasmus« seit dem 13. Jahrhundert und des »Chiliasmus« der Reformationszeit steht zumeist

---

1. TRE Bd.7 (1981), 723-745. Zur Problematik vgl. Kretschmar (1985), 71f.; vgl. auch Hillel Schwartz: Art. »Millenarianism. An Overview«, in: ER Bd.9, (1987), 521-532.
2. Johannes Wallmann: Zwischen Reformation und Pietismus. Religionsgeschichte und Chiliasmus in der lutherischen Orthodoxie, in: E. Jüngel, ders. u. E. Werbeck (Hrsg.): Verifikationen. Festschrift Gerhard Ebeling zum 70. Geburtstag, Tübingen 1982, 187-205, hier 190.
3. So z.B. Böcher (1981).
4. Vgl. dazu unten, Kap.6.1.2.

eine innerweltliche bzw. innergeschichtliche Hoffnung im Vordergrund der so bezeichneten Vorstellungen, die sich mit dem Gedanken der gewaltsamen Errichtung des Reiches Christi auf Erden verbinden können.[5]

d) In der Reformationszeit traten »chiliastische« Erwartungen auch in einer spiritualistisch gewendeten Form auf (z.B. bei Hans Denck und Sebastian Franck). Bei Thomas Müntzer war die innerweltlich-konkrete Erwartung mit einem Moment der unmittelbaren Geisterfahrung als Voraussetzung des Umbruchs verknüpft.[6]

e) Angelsächsische Historiographen unterscheiden für die Zeit seit dem 17. Jahrhundert (schematisch auch auf frühere Perioden übertragbar) zwischen »Postmilleniarismus« und »Prämilleniarismus«. Die postmilleniaristische Variante erwartet die Parusie erst am Ende des Millenium zusammen mit allgemeiner Totenauferstehung, Weltgericht und Weltende. Sie war in der Reformation und im Protestantismus des 17., 18. und 19. Jahrhundert vorherrschend. Dagegen bezeichnet »Prämilleniarismus« in wörtlicher Auslegung von Offb 20 eine konkrete Naherwartung der Parusie, der das Millenium erst nachfolgt, so daß Parusie und Weltende durch dieses Zwischenreich getrennt sind.[7]

f) Eine radikal prämilleniaristische Variante ist der von J.N. Darby und anderen begründete »Dispensationalismus« des 19. und 20. Jahrhunderts, eine zum amerikanischen »Fundamentalismus« gehörende Naherwartung in buchstäblicher Auslegung eschatologischer Texte des NT. Er geht von einem baldigen, gewaltsamen Ende der gegenwärtigen Weltdispensation aus, die er – gemäß altkirchlicher Tradition – in ein siebenfaches Weltalterschema einordnet. Wichtige Publikationen dieser Bewegung sind die »Scofield Reference Bible« (1909ff., eine kommentierte Ausgabe der King-James-Version) und in neuerer Zeit Hal Lindsays »The Late Great Planet Earth« (1970), die beide in einer Auflage von mehreren Millionen erschienen.[8]

g) Wenn diese unterschiedlichen Bedeutungsschattierungen zugunsten eines Allgemeinbegriffs außer Acht gelassen werden sollen, kann unter Chiliasmus in der Kirchengeschichte zusammenfassend die Erwartung eines letzten innerweltlichen Zeitalters verstanden werden, das die Vollendung der Kirche, die Bindung des Bösen und ein später nachfolgendes Gericht mit sich bringt; Chiliasmus muß nicht mit konkreten Berechnungen der zu erwartenden Zukunft verbunden sein.

B. Außerhalb der Kirchengeschichtsschreibung wird der Begriff »Chiliasmus« bzw. »Milleniarismus« *in der Kulturanthropologie und Soziologie* gebraucht. Er bezeichnet hier gewöhnlich »imminente« und »charismatische«, d.h. durch Naherwartung, spontane Entstehung und charismatische Führung gekennzeichnete Bewegungen, die häufig in politisch-sozialen Spannungsgebieten, besonders als Folge kolonialer oder postkolonialer Unterdrückung und an Bruchstellen zwischen moderner Welt und ar-

---

5. Vgl. dazu unten, Kap.6.1.3. und 6.1.5.
6. Vgl. dazu unten, Kap.6.1.5.
7. Vgl. dazu Richard Bauckham: Art. »Chiliasmus IV: Reformation und Neuzeit«, TRE Bd.7, 737-745, hier 739ff.
8. Vgl. dazu George M. Marsden: Art. »Evangelical and Fundamental Christianity«, in: ER Bd.5 (1987), 190-197, hier 192f.

chaischen Kulturen, auftreten. Als charakteristisch werden genannt: der Glaube an die eigene Erwählung, ein Bild von der Welt als Kampfplatz zwischen guten und bösen Kräften und die Vision von der baldigen endgültigen Erlösung.[9]

Eine wichtige Übersetzerfunktion zwischen theologischer und soziologischer Verwendung des Wortes »Chiliasmus« (und folglich auch einigen Anteil an der verwirrenden Bedeutungsstruktur) hat das häufig zitierte Buch von Norman Cohn: »The Pursuit of the Millenium«.[10] Cohn beschreibt den »militanten, revolutionären Chiliasmus« von religiösen Armenbewegungen des 11. bis 16. Jahrhunderts als einen »Fanatismus«, der »auf Zertrümmerung und Erneuerung der Welt« abziele und als Kern das Bewußtsein in sich trage, daß ein auserwähltes Volk der Unterdrückten eine Welttyrannei stürze, die Welt erneuere und die Geschichte zu ihrem Abschluß führe.[11]

6.1.2 Zeitalterschemata und Endzeiterwartung in der Alten Kirche und im frühen Mittelalter

In allen Epochen der christlichen Zeit stehen die Weltaltervorstellungen des Abendlandes in Auseinandersetzung mit der Erwartung des Endes der Geschichte, die bereits zum Rahmen der urchristlichen Weltanschauung gehörte.[12] So wurde Jesu Ruf zur Umkehr (Mk 1,15 parr) von seinen Zuhörern vor dem Hintergrund apokalyptischer Vorstellungen des Judentums verstanden.[13] Das Neue Testament dokumentiert zuerst die apokalyptische Formel des *aiôn houtos* (bzw. *enestôs*) und *aiôn mellôn* (bzw. *erchomenôn*).[14] Diese Formel ist ohne Frage zum Kern der neutestamentlichen Botschaft zu rechnen.[15] Die christliche Eschatologie sieht den Neuen Äon in Jesus Christus als dem *telos tou nomou* (Röm 10,4) im Anbruch begriffen.

Für eine weitere Differenzierung der grundlegenden Zwei-Äonen-Lehre gab es in den ersten christlichen Generationen noch wenig Anlaß. Das änderte sich gegen Ende des ersten Jahrhunderts im Zusammenhang mit der Parusieverzögerung. Die neu entstehende apokalyptische Literatur des Christentums knüpfte an die jüdischen Weltaltervorstellungen an.[16] Dabei wirkte vor allem die Vision des Buches Daniel von den

9. Vgl. dazu Mühlmann (²1964); Lanternari (1959); einen begriffssystematischen Überblick bietet Deltgen (1969); vgl. auch Riesebrodt (1990), der sich stärker an der religiösen Qualität des Begriffs (hier: »Millenarismus«) orientiert (bes. 74f., 223f., 242f.); vgl. auch Hans G. Kippenberg: Art. »Apokalyptik / Messianismus / Chiliasmus«, in: HrwG Bd.2 (1990), 9-26.
10. London 1957; dt.: Das Ringen um das Tausendjährige Reich, Bern und München, 1961.
11. Ebd., 269. 271; kritisch dazu Kippenberg (1990), 14.
12. Vgl. zum folgenden Alfred Strobel: Ursprung und Geschichte des frühchristlichen Osterkalenders, Berlin 1977, 397ff.; vgl. auch Kretschmar (1985), 19ff.
13. Vgl. Kretschmar (1985), 19.
14. Mt 12,32; Mk 10,30; Lk 18,30; 20,35; Gal 1,4; Eph 1,21; 2,7; Heb 6,5; vgl. auch 1Kor 10,11; vgl. dazu Sasse (1933).
15. Vgl. z.B. die Komposition von Röm 1-3 und Gal 3,19-4,7, aber auch des Hebräerbriefs.
16. Einen Überblick bietet Karl-Heinz Schwarte: Art. »Apokalyptik/Apokalypsen V«: Alte Kirche«, TRE Bd.3 (1978), 257-275.

vier aufeinanderfolgenden Reichen (Dan 2 und 7) und die Vorstellung von einer Analogie zwischen Schöpfungstagen und Weltdauer mit ihrem sechs- bzw. siebenfachen Zeitalterschema fort.[17] Zugleich wurden die apokalyptischen Ankündigungen auf die gegenwärtigen Verhältnisse bezogen, so daß das römische Reich mit dem vierten der Weltreiche Daniels identifiziert wurde.[18]

Alle christlichen Weltalterlehren sind Schemata zur Gliederung der Geschichte, die als Heilsgeschichte verstanden und auf das Endgeschehen hin akzentuiert wird. Zum wichtigsten neutestamentlichen Bezugspunkt wurde die Johannesoffenbarung.[19] Daneben wurden jedoch auch andere Stellen des NT als Grundlage entsprechender Lehren herangezogen.[20]

In der syrisch-palästinischen Tradition der altkirchlichen Theologie entwickelte sich ein »chiliastischer« Typus der Weltalterlehren, der bis zur Zeit Augustins vorherrschend war. Offb 20, 2ff wurde wörtlich in dem Sinne verstanden, daß das Reich Christi als zeitlich begrenztes Zwischenreich (nach Vers 2.7 »tausend Jahre«) zu deuten sei.[21] Gegner solcher Anschauungen waren die meisten Alexandriner und andere Theologen griechischer Prägung, darunter Origenes, Dionysios von Alexandrien und Eusebius von Caesarea.[22] Auch christliche Gnostiker wie die Valentinianer wandten sich gegen die chiliastische Deutung von Offb 20 und vertraten einen »allegorischen« Charakter des Textes.[23]

Mit diesen unterschiedlichen Positionen ging eine unterschiedliche Ansetzung der Gegenwart einher: Eusebius sah die apokalyptischen Voraussagen über das Ende des gegenwärtigen Äon durch die Christianisierung des Römerreiches bereits erfüllt. Dagegen identifizierte z.B. Hieronymus (obwohl ebenfalls ein Gegner des Chiliasmus im engeren Sinne) auch die christliche Epoche des Römischen Imperium mit dem eisernen und tönernen Reich der Vision Daniels, so daß die apokalyptische Katastrophe erst noch bevorstehe.[24]

Oft übernahm die christliche Apokalyptik aus den jüdischen Quellen außer der grundlegenden Erwartung des Neuen Äon auch die differenzierenden Stufen und Zah-

---

17. Vgl. dazu oben, Kap.5.2.1.
18. Meder und Perser wurden als ›zweites Reich‹ zusammengefaßt; so im Barnabasbrief, bei Hieronymus, Julius Africanus, Eusebius, Hippolyt und anderen. Vgl. dazu Schwarte, (1978), ebd.
19. Zur Auslegungsgeschichte im ersten Jahrtausend vgl. Kretschmar (1985).
20. Belege s.u., Anm.25.
21. Wichtige chiliastische Positionen finden sich im Montanismus (auch beim späten Tertullian), im Barnabasbrief, bei Iustin Martyr, Papias von Hierapolis, Irenäus von Lyon, Hippolyt aus Rom, Sextus Julius Africanus, Lactantius und Victorinus von Pettau (Belege bei Kretschmar (1985), 71ff.; Georg Günter Blum: Art.»Chiliasmus II: Alte Kirche«, in: TRE Bd.7, 729-733; Herbert Grundmann: Studien über Joachim von Fiore, Darmstadt (Neudruck) 1966 (zuerst 1927), 78.) Kretschmar weist darauf hin, daß in der Johannesoffenbarung selbst der Akzent gerade nicht auf der Schöpfungserneuerung und dem »tausendjährigen Reich«, sondern auf dem danach anbrechenden endzeitlichen Neuen Jerusalem (Offb 21f.) liege (Kretschmar (1985), 59).
22. Belege bei Kretschmar (1985), 78.
23. Vgl. Kretschmar (1985), 72f.
24. Vgl. Schwarte (1978), 267.

lenangaben und deutete sie mit Hilfe neutestamentlicher Stellen in neuer Weise. So entstanden verschiedene Zeitaltermodelle mit drei, vier, fünf, sieben oder zwölf Untergliederungen.[25] Das Geburtsjahr Jesu Christi wurde häufig als das Jahr 5500 nach der Schöpfung bestimmt (so bei Hippolyt); diese Zahl wurde mit der »elften Stunde« in eins gesetzt, in der der Herr des Weinbergs zum letzten Mal Arbeiter anwirbt (Mt 20,6). Das entspricht nach der Analogie der Schöpfungstage der Mitte des sechsten Jahrtausends der Schöpfung, so daß zu Beginn des 3. Jahrhunderts n. Chr. noch etwa 300 Jahre bis zum Millenium gerechnet werden konnten.[26]

Augustinus veränderte die Zahlenschemata in der Weise, daß das Datum der Geburt Jesu auf das Jahr 5000 gesetzt wurde, d.h. nicht mehr in die Mitte, sondern an den Beginn des sechsten Jahrtausends. Er deutete das in Offb 20 angekündigte Millenium in Analogie zum sechsten Schöpfungstag als sechstes Zeitalter. Dieses habe bereits mit Christi Geburt begonnen und sei mit der Geschichte der Kirche identisch.[27] Augustinus verwarf die chiliastischen Zukunftsberechnungen und lehnte die wörtliche (zahlenmäßige) Deutung der »tausend Jahre« ab. Die Grenzen der bisherigen sechs Weltalter setzte er mit Hilfe der Genealogien von Gen 5 und 10 und Mt 1 fest, indem er (nach Mt 1,17) Generationenreihen mit jeweils 14 bzw. 10 Gliedern bildete.

Danach ergab sich folgendes Einteilungsschema für die Anfänge der bisherigen Zeitalter: Adam – Noah – Abraham – David – Babylonische Gefangenschaft – Christus.[28] Das sechste Zeitalter »dauert noch an«, sein Ende kenne nur Gott; das siebte

25. Schematische Übersicht (nach R. Schmidt (1955/1956)):
   a) Sechs- bzw. siebenfache Gliederung der Weltzeit in Anlehnung an das »Eliawort« (Sanh 97a) durch Verkoppelung von Gen 1 mit Ps 90,4 bzw. 2Petr 3,8 (gelegentlich wird auch Dan 4,22 herangezogen). Ein solches Modell findet sich in Barn 15, 3-8; ähnlich bei Hippolyt, Julius Africanus, Clemens von Alexandria, Cyprian v. Karthago, Victorin v. Pettau, Lactantius, Q. Julius Hilarianus, Ticonius, Augustinus;
   b) Zwölffache Gliederung nach 1Joh 1,18, Joh 19,14; Mt 20,1-16: so bei Hippolyt, Julius Africanus, Lactantius, Hieronymus, Julius Hilarianus (ähnliche Zeitalterlehre in 4Esr 14,11, 2Bar 27.53ff.; 1Hen 90,17; vgl. dazu Wilhelm Bousset: Die Religion des Judentums im späthellenistischen Zeitalter, Tübingen, [4]1966, 248).
   c) Vier- bzw. fünffache Gliederung nach Mt 20, 1-16: so bei Origenes, Hieronymus, Augustinus; später durch Gregor d. Gr. bekannt geworden.
   d) Dreifache Gliederung nach Lk 12,35-40 und nach Paulus (Röm 1-3, später auf das Schema *ante legem – sub lege – sub gratia* gebracht, vgl. Röm 1,19; Röm 9,31); bei Augustinus ausdrücklich mit der sechsfachen Gliederung verknüpft (De Trin 4,4,7; vgl. R. Schmidt ebd., 300); (formale Parallele auch hier Sanh 97a).
26. So u.a. bei Hippolyt von Rom; vgl. dazu Kretschmar (1985), 76. Grundmann (1927), 79; vgl. auch Strobel (1977), 402.
27. »Ergo et nunc ecclesia regnum Christi est regnumque caelorum«: De Civitate Dei 20,9 (CSEL 40,2, S.450); vgl. De Civ. 20,7-9; 22,30. Die Verlegung des Millenium von der Zukunft in die Vergangenheit und Gegenwart und damit seine Deutung als sechstes der sieben Zeitalter übernahm Augustinus durch Vermittlung von Hieronymus von dem Donatisten Ticonius, der jedoch an der älteren Berechnung des Geburtsjahres Jesu in der Mitte des sechsten Jahrtausends festhielt und daher das nahe Ende des Millenium mit dem folgenden Weltgericht erwartete; vgl. dazu Strobel (1977), 409, Kretschmar (1985), 100ff.
28. De Civitate Dei 22,30.

werde ein Zeitalter der Ruhe des Menschen in Gott sein, das in einen achten Tag der »ewigen Ruhe« übergehen werde.[29]

Die Augustinische Deutung von Offb 20 brachte eine starke Veränderung des Zeitverständnisses und der Eschatologie der Alten Kirche mit sich, sowohl gegenüber den »chiliastischen« Weltaltermodellen als auch deren »griechischen« Antipoden. Wie die meisten Vorläufer seit dem Verfasser des Barnabasbriefes identifizierte zwar auch Augustinus das römische Reich mit dem »eisernen« und »tönernen« Reich der Vision Daniels, sah darin aber nicht mehr wie diese die letzte, durch das (zukünftige) Milenium zu überwindende Weltmacht im negativen Sinne, sondern identifizierte beides als die Zeit der Kirche, die mit Jesu Geburt begonnen habe und bis zum Weltende fortdauern werde. So wurde Raum geschaffen für eine langfristige innerweltliche und innergeschichtliche Zukunftserwartung und eine entsprechende Geschichtsdeutung.

Das Zeitalterschema Augustins hatte weitreichende Wirkung bis ins Hochmittelalter. Es wurde u.a. in den Chroniken des Isidor von Sevilla und des Beda Venerabilis übernommen, die ihrerseits großen Einfluß auf andere mittelalterliche Geschichtskonstruktionen hatten.[30] Die Nachfolger Augustins interpretierten das christliche Rom als Schutzmacht des gegenwärtigen Millenium, als den *katechôn* (2 Thess 2,7), der die endzeitliche Katastrophe noch aufhalte und daher als Garant für den Fortbestand der Welt zu sehen sei.[31] Schließlich wurde diese Schutzfunktion im Sinne der *translatio imperii* auf die neuen transalpinen Kaiser übertragen.[32] Die Gestalt des Antichristen, der mit verschiedenen realen Mächten und historischen Personen identifiziert wurde, trat im Mittelalter immer stärker in den Vordergrund der Spekulation.[33]

6.1.3 »Reich des Heiligen Geistes« als Erneuerung der Kirche: Joachim von Fiore und seine Wirkung

Seit dem 13. Jahrhundert entstand eine neue Variante »chiliastischer« Naherwartung des Reiches Christi. Sie ging mit einer neuerlichen negativen Bewertung »Roms« (jetzt im Sinne der Römischen Kirche und des Papsttums) einher. Ermöglicht wurde diese Entwicklung vor allem durch die Zeitalterlehre Joachim von Fiores (1130-

---

29. De Civitate Dei 20,30 (Übs. W. Thimme, München 1978, Bd.2, 835). Für weitere Belege bei Augustinus vgl. Trompf (1979), 213. Der »achte Tag«, der bei Augustinus auf den siebentägigen Ablauf der Schöpfungswoche folgt, entstammt schon der jüdischen Tradition der Apokalyptik (z.B. in sl Hen 33,1f.); vgl. dazu Hermann L. Strack u. Paul Billerbeck: Kommentar zum Neuen Testament aus Talmud und Midrasch, Bd 4,2: Exkurse zu einzelnen Stellen des NT, Teil II, München, ⁵1969, 990ff.
30. Übersicht bei Gaston Bonet-Maury: Art. »Ages of the World (Christian)«, in ERE Bd.1 (1908), 190-192; zur Abweichung des Augustinischen Schemas von anderen, ebenfalls gebräuchlichen, vgl. R. Schmidt (1955/6), passim.
31. Vgl. Konrad (1978), 275.
32. Vgl. dazu Alois Dempf: Sacrum Imperium. Geschichts- und Staatsphilosophie des Mittelalters und der politischen Renaissance, Neudruck Darmstadt 1973 (zuerst 1929).
33. Belege bei Schwarte (1978), 273f.

1202).³⁴ Obwohl Joachim selbst nach Kräften versuchte, das Augustinische Zeitmodell aufrechtzuerhalten und seine eigenen Lehren damit übereinzubringen, führte seine Vorstellung vom »Reich des Heiligen Geistes« zu einer massiven Veränderung der theologischen und kosmologischen Implikationen.³⁵

Joachim lehrte, daß mit dem Ende der »römischen« Epoche der Kirchengeschichte eine neue Zeit der Kirche anbrechen werde, deren Beginn er für das Jahr 1260 voraussagte.³⁶ Er erwartete für dieses Zeitalter, dem er sich selbst noch nicht zurechnete, eine Vergeistigung des christlichen Lebens. Es sei gegenüber dem bisherigen Zeitalter der Kirche durch »noch reichere Gnade«, »Vollkommenheit der Erkenntnis«, Freiheit, Kontemplation, Liebe, Freundschaft mit Gott, »volles Tageslicht« (im Unterschied zu Sternenlicht und Morgenröte), »Sommer« (im Unterschied zu Winter und Frühlingsanfang) und »Frucht« gekennzeichnet.³⁷

Joachim prophezeite nicht das Ende der Geschichte und die unmittelbare Wiederkunft Christi. Vielmehr übernahm er Augustins Interpretation, daß das Millenium mit dem sechsten Weltalter identisch sei und zeitlich vor der Parusie liege, die ihrerseits zusammen mit dem Weltende und Gericht erst am äußersten Rand der Geschichte zu erwarten sein werde.³⁸ Jedoch zeigt sich bei Joachim die Tendenz, die noch ausstehenden Aspekte des Millenium hervorzuheben, wodurch Raum für eine innergeschichtliche Zukunft der Kirche entstand, deren Abgrenzung zum siebenten Zeitalter im Dunkeln bleibt.³⁹ Das bedeutet, daß die Kirche selber in die Schemata der Weltalterlehre eingeordnet und daher zu einer historisch wandlungsfähigen (und -bedürftigen) Größe wurde.⁴⁰

Joachim verband die traditionelle Sieben-Zeiten-Lehre *(7 aetates)* – wie vor ihm schon Rupert von Deutz und andere⁴¹ – mit einem übergeordneten Drei-Zeiten-Schema

34. Wichtige Schriften Joachims: Liber de Concordia Noui ac Veteris Testamenti, Libri I-IV (1519), hrsg. v. E. Randolph Daniel, 1983; Expositio magni Prophete Abbatis Joachimi in Apocalypsim (1527), Frankfurt 1964; Tractatus super Quatuor Evangelia, hrsg. v. E. Buonaiuti, Rom 1930. Zu Joachim vgl.: Herbert Grundmann (1927); ders.: Ausgewählte Aufsätze Teil 2: Joachim, Stuttgart (Schriften der MGH, Bd.25,2), 1977; Ernst Benz: Ecclesia Spiritualis. Kirchenidee und Geschichte der franziskanischen Reformation, Neudruck Darmstadt 1969 (zuerst Stuttgart 1934); ders.: Creator Spiritus. Die Geistlehre des Joachim von Fiore, in: Eranos-Jahrbuch 25 (1956), 285-355; ders.: Schöpfungsglaube und Endzeiterwartung, München 1965, 48ff.; Marjorie Reeves: Joachim of Fiore and the Prophetic Future, London 1976; Walter Nigg: Das ewige Reich. Geschichte einer Hoffnung, Zürich ²1954; Robert E. Lerner: Art. »Joachim von Fiore«, in: TRE Bd.17 (1988), 84-88. Für die neuere nicht-akademische Joachim-Rezeption in Deutschland ist bedeutsam: Alfons Rosenberg (Hrsg.): Joachim von Fiore: Das Reich des Heiligen Geistes, Bietigheim: Turm, 1977 (Erstausgabe München-Planegg: O.W.Barth, 1955).
35. Zum ambivalenten Verhältnis Joachims zu Augustinus vgl. Grundmann (1927), 56ff.
36. Vgl. Konrad (1978), 278; zur Berechnung vgl. auch Benz (1956), 317.
37. Concordia 84, fol. 112b, zitiert nach: Rosenberg (Hrsg.) (1955), 82f.
38. Nach der oben (Kap.6.1.) genannten angelsächsischen Unterscheidung wäre Joachim wie Augustinus daher als »Postmillenniarist« zu bezeichnen; so Bauckham (1981), 739.
39. Vgl. dazu Grundmann (1927), 98.
40. Vgl. Benz (1965), 52.58.
41. Vgl. dazu Grundmann (1927), 89ff.

(3 status), das er aus der Trinitätstheologie ableitete (*status* des Vaters, des Sohnes und des Heiligen Geistes). Mit Hilfe dieses Schemas versuchte er, die Zeitalterlehre im Wesen des trinitarischen Gottes selbst zu begründen. Dabei nahm er ausdrücklich die Schemata antiker Weltaltervorstellungen auf und verglich z.B. den ersten Status mit den »Knaben«, den zweiten mit den »Männern« und den dritten mit den »Alten«.[42]

Dem jeweiligen *status* entsprechen bestimmte Ordnungen der menschlichen Lebensweise und Gottesverehrung, die sich beim Übergang zum nächsten Status verändern.[43] Das Zeitalter des Vaters, d.h. die Zeit des Alten Testamentes und die vorangegangene Urzeit, wird ›idealtypisch‹ durch den Stand der Verheirateten repräsentiert; es ist die Zeit der Gottesfurcht, Arbeit und Knechtschaft.[44] Das Zeitalter des Sohnes wird von Joachim als das der Kirche und der Kleriker, der Lehrer des Glaubens, der Gnade und des kindlichen Gehorsams beschrieben.[45] Das zu erwartende Zeitalter des Heiligen Geistes werde durch den Stand der Mönche repräsentiert. Es sei das Zeitalter der Liebe und der Freundschaft mit Gott, die noch über die Gotteskindschaft hinausgehe.[46] Als Offenbarung werde keine neue Schrift vonnöten sein, denn die Menschen würden mit einer *intelligentia spiritalis* versehen, die ihnen eine neuartige Deutung des Alten und Neuen Testamentes im Sinne eines *Evangelium aeternum* (nach Offb 14,6) unmittelbar selbst ermögliche.[47]

Joachim sieht die Übergänge zwischen den drei *status* als allmähliche Entwicklungen, so daß das »Reich des Sohnes« sich bereits seit König Usia (besonders in den exilischen und nachexilischen Propheten) vorbereitet habe, wie auch das Reich des Heiligen Geistes im frühmittelalterlichen Mönchtum seit Benedikt von Nursia schon angelegt sei.[48] Er formte auf diese Weise im Rückgriff auf traditionelle Weltalterlehren eine dynamische Lehre der fortschreitenden Entwicklung der Kirche, eine Ekklesiologie mit kosmischen Dimensionen. Er verchristlichte die Lehre von den Weltaltern, indem er die christliche Forderung nach einer Erneuerung des Menschen auf den Geschichtsverlauf und die Kirche bezog.[49]

War für Augustinus der von Paulus beschriebene Stand der Gnade, der durch das Wirken Jesu Christi seit Beginn der christlichen Kirche zugänglich geworden sei (Röm

---

42. Tractatus Super Quatuor Evangelia (zentrale Stelle zitiert bei Benz (1965), 50f., hier 50). Das Schema der Lebensalter findet sich in der Antike häufig im römischen Kontext (vgl. dazu oben, Kap.5.2.2.).
43. Vgl. Expositio f. 82 c; Conc. V e, 84, zitiert nach: Rosenberg (Hrsg.) (1955), 82f.
44. Vgl. Grundmann (1927), 58.67 und Gerhard Maier: Die Johannesoffenbarung und die Kirche, Tübingen 1981, 174.
45. Vgl. Grundmann (1927), ebd.
46. Belege bei Benz (1965), 55.
47. Vgl. Grundmann (1927), 61, und G.Maier (1981), 174.
48. Vgl. Grundmann (1927), 59.
49. Vgl. Hanna-Barbara Gerl: Einführung in die Philosophie der Renaissance, Darmstadt 1989, hier 3, nach August Buck. Benz (1965), 49, spricht von einem »völlig neuartigen Typus christlicher Endzeiterwartung, bei dem zum ersten Mal der Gedanke der Entwicklung und des Fortschritts auf die Heilsgeschichte angewandt wurde«. Er schränkt jedoch sogleich ein, schon im Montanismus sei »ein Element des Fortschritts in der Heilsgeschichte« zu finden, das von Joachim spontan weitergebildet worden sei.

5,2), der letzte unter irdischen Bedingungen erreichbare, so sah Joachim die Möglichkeit einer inneren Weiterentwicklung der Kirche zum Stand einer »noch reicheren Gnade«. Dadurch prägte er die Vorstellung einer Erneuerung der Kirche, die dann bei seinen Nachfolgern mit der allgemeineren Erwartung eines »Neuen Zeitalters« (sei es in »chiliastischer« oder »spiritualisierter« Gestalt) und mit der eschatologischen Vorstellung des »Neuen Jerusalem« von Offb 21f identifiziert werden konnte. Joachim selbst hat zwischen dem kommenden neuen Status der Kirche und dem endzeitlichen »Neuen Jerusalem« allerdings unterschieden.[50]

Außerdem ist Joachims Vision vom »Reich des Heiligen Geistes« und seine besondere Methode der Schriftauslegung von großer wirkungsgeschichtlicher Bedeutung. Joachim argumentiert, daß Ereignisse und Entwicklungsstufen des »Reiches des Vaters« (im Alten Testament) mit entsprechenden Stufen des »Reiches des Sohnes« übereinstimmen würden und folgert daraus, daß noch ein drittes Zeitalter des Geistes mit entsprechender Struktur bevorstehe.[51] Diese Entsprechungen ermöglichen prophetische Voraussagen über die zukünftigen Entwicklungen im »Reich des Geistes« anhand alt- und neutestamtentlicher Parallelen. Das dabei leitende Geistverständnis hatte eine weitläufige Wirkung und dürfte auch den modernen Begriff der »Spiritualität« mitgeprägt haben (besonders in dessen angelsächsischen Bedeutungsschattierungen)[52]. Historisch ist dabei zu unterscheiden zwischen den mittelalterlich-monastischen Bewegungen, den sog. Spiritualisten der Reformationszeit[53] und des 17. Jahrhunderts und Versuchen zu einem »esoterischen Christentum« in der Moderne.[54]

Herbert Grundmann schlug vor, zwischen dem trinitarischen Rahmen der Zeitalterlehre Joachims, die zur Bezeichnung »Reich des Heiligen Geistes« führte, und der inhaltlichen Füllung des Geistbegriffs zu unterscheiden.[55] Letztere sei nicht aus der

---

50. Grundmann betont: »Von vornherein ist die irrige Meinung abzulehnen, als habe sich Joachim als Prophet des Weltendes gefühlt« (1927, 56). Gleichwohl sind Joachims Voraussagen von vielen Nachfolgern so verstanden worden, die die »Neue Kirche« und das »Millenium« wiederum mit der Endzeit bzw. dem Zwischenreich direkt vor der Endzeit identifizierten.
51. Dargestellt im »Liber de Concordia Novi ac Veteris Testamenti« (vgl. Grundmann (1927), 59ff.) und im »Tractatus Super Quatuor Evanglia« (zit. bei Benz (1965), 50f.).
52. Vgl. dazu unten, Kap.8.2.2.
53. Zum Begriff »Spiritualismus« vgl. unten, Kap.6.2.1.
54. Der Ausdruck *ecclesia spiritualis* wurde durch Ernst Benz' gleichnamige Arbeit und ergänzende Aufsätze auch außerhalb des engeren Zusammenhangs der mediävistischen Forschung zu Joachim und den Franziskaner-Spiritualen bekannt; er wird von manchen Autoren als Gesamtbezeichnung eines »esoterischen Christentums« verwandt, das in einer inneren Traditionslinie von altkirchlichen Anfängen über Joachim von Fiore, die Dominikanermystik des 14. Jahrhunderts, Jakob Böhme und viele andere bis zu Emanuel Swedenborg, Friedrich Christoph Oetinger, Rudolf Steiner und Carl Gustav Jung reiche (so bei Gerhard Wehr: Esoterisches Christentum, Stuttgart 1975; Anklänge dazu finden sich auch bei Ernst Benz selbst: vgl. ders.: Esoterisches Christentum, in: ZRGG 19 (1967), 193-214).
55. Grundmann (1927), 142f.

trinitarischen Spekulation ableitbar. In der Tat scheint Joachims Geistbegriff, wie er vor allem im Ausdruck »*ecclesia spiritualis*« erscheint, im allgemeinen nicht die dritte Person der Trinität zu bezeichnen, sondern – nach paulinischer Terminologie formuliert – das *pneuma hêmôn* (Röm 8,16), das durch das von Gott empfangene *pneuma Theou* fruchtbar wird.[56] Joachim ist sich der Doppelheit des Geistbegriffs bewußt, wenn er schreibt: »Der Heilige Geist muß unsern Sinn wandeln, damit wir auf eine gewisse Art nicht sind, was wir waren, sondern anfangen, andere zu sein«.[57]

Grundmann weist innerhalb dieses Rahmens auf eine weitere Spezifizierung des Geistbegriffs hin: Die Formulierung »*secundum spiritum*« werde von Joachim zum einen in anthropologischem Kontext als Gegenbegriff zu »*secundum carnem*«, zum anderen in exegetischem Kontext als Gegenbegriff zu »*secundum litteras*« benutzt.[58] Die Fähigkeit zur geistigen Erfassung der Schrift sei das wichtigste Kriterium der Geistkirche der Zukunft. Joachim lehrt, daß sie aus diesem Grunde des Klerus und der päpstlichen Autorität in der bisherigen Form nicht mehr bedürfe.

Auch Joachim erwartet deshalb das Ende »Roms«. Jedoch identifiziert er es nicht mehr wie Ticonius und Augustinus mit dem Ende der Welt und der Wiederkunft Christi; denn auch das danach folgende Zeitalter des Geistes wird noch als ein Teil dieser Welt gesehen.[59] Obwohl Joachim also formal den schon von Augustinus und anderen beschrittenen Weg der Ausdehnung der vor-endzeitlichen Periode weiterführt, bereitet seine Prophezeiung den Boden für eine neuartige Wendung des »Chiliasmus« und schafft zugleich auch die Grundlagen für eine spätere Ablösung »spiritualistischer« Gruppierungen von der Kirche.[60]

Eine Dokumentation der Wirkung Joachims auf spätere Lehren von den Weltaltern, der Neuen Kirche und der unmittelbaren Geistbegabung kann im Rahmen der vorliegenden Arbeit nicht erfolgen.[61] Doch seien einige Stichworte und Linien angedeutet:[62]
– Bonaventura übernahm die dreifache Weltalterlehre Joachims und hielt an seinem Begriff der *spiritalis intelligentia* fest, deutete beides aber mit Hilfe des am *corpus Paulinum* entwickelten Schemas: *ante legem – sub lege – sub gratia*.[63] Er vertrat unterschiedliche Zeitaltermodelle, darunter auch – in Abweichung vom Augustinischen Schema der Schöpfungswoche – eine fünffache Einteilung der Weltepochen

56. Zum paulinischen Geistverständnis vgl. Rudolf Bultmann, Theologie des Neuen Testaments, Tübingen: Mohr ⁹1984 (zuerst 1948-53), 206.
57. Zitiert nach Rosenberg (Hrsg.) (1955), 25.
58. Grundmann (1972), 142f.
59. Lerner (1988), 88, merkt dazu jedoch an, daß die Dauer des »Zeitalter des Geistes« bei Joachim evtl. sehr kurz zu denken sei, so daß er *de facto* doch die postmilleniarische Wiederkunft Christi und das Weltende vor Augen habe.
60. Vgl. dazu unten, Kap.6.1.5. und 6.2.1.
61. Vgl. dazu Grundmann (1927), 148ff.; ders. (1977); Benz (1934); Marjorie Reeves: The Influence of Prophecy in Later Middele Ages. A Study in Joachimism, Oxford 1969; dies. (1976); Delno C. West (Hrsg.): Joachim of Fiore in Christian Thought. Essays on the Influence of the Calabrian Prophet, 2 Bde., New York 1975.
62. Vgl. dazu auch Trompf (1979), Kap.4 und Exkurs 4.
63. Vgl. dazu Dempf (1929), 369ff.

von Adam bis zu Noah, von Noah bis zu Mose, von Mose bis zu Christus, von Christus bis zum Beginn der Endzeit und schließlich die Endzeit selbst.[64]
- Das Motiv der Lilie als Symbol des kommenden Reiches des Geistes[65] diente in der Renaissance den Florentinern zur Identifikation ihrer Stadt mit dem Himmlischen Jerusalem[66] und findet sich später bei Jakob Böhme in Gestalt des »Lilienzeitalters« wieder, der Erwartung des Aufblühens der Lilie von Mitternacht her.[67]
- Joachim hatte eine starke Wirkung auf spätmittelalterliche und neuzeitliche Gruppen, die die Lehre von der Entwicklungsfähigkeit der Kirche in eine radikale Kirchenkritik verwandelten. Im Zuge komplizierter Rezeptionsvorgänge[68] wurde er – vielfach umgedeutet und vielleicht mißverstanden – zu einem wichtigen Ahnherrn einer neuen Spielart des »Chiliasmus«, nämlich der Vorstellung, daß dem Reich Jesu Christi auf Erden mit Gewalt zum Durchbruch verholfen werden könne (und müsse).[69] Diese Vorstellung entwickelte sich wohl zuerst bei franziskanischen Anhängern joachitischer Ideen im Zuge der Selbstidentifikation als »Erwählte« mit den angekündigten katastrophalen Ereignissen.[70] Sie setzte sich in verschiedenen

64. Bonaventura, Collationes in hexaemeron XV,19, nach dem Gleichnis von den Arbeitern im Weinberg (Mt 20,1-16) in der Auslegung Gregors des Großen (Homil. in Evangel. XIX,1); vgl. Dempf (1929), 372, und Trompf (1979), 335.
65. Z.B. Conc. 84, fol. 112b (vgl. Rosenberg (Hrsg.) (1955), 82).
66. Vgl. Donald Weinstein: Savonarola and Florence. Prophecy and Patriotism in the Renaissance, Princeton 1970, 31 et passim.
67. Vgl. Gerhard Wehr: Jakob Böhme in Selbstzeugnissen und Bilddokumenten, Reinbek 1971, 112; ders. (Hrsg.): Jakob Böhme. Im Zeichen der Lilie. Aus den Werken des christlichen Mystikers, Köln 1991, 9 et passim; vgl. auch Ernst Benz: Verheißung und Erfüllung. Über die theologischen Grundlagen des deutschen Geschichtsbewußtseins, in: ders.: Endzeiterwartungen zwischen Ost und West. Studien zur christlichen Eschatologie, Freiburg 1973, 38-89 (zit. als: Benz (1973b)), hier bes. 41.
68. Vgl. dazu Reeves (1969); dies. (1976); Benz (1934) und die genannten Arbeiten von Grundmann.
69. Schon Joachim selbst sah sich als aktiver »Vorbereiter der kommenden Heilszeit«, wie seine Ordensgründung beweist, die dem »Reich des Heiligen Geistes« zum Durchbruch verhelfen wollte (vgl. Benz (1965), 60-62).
70. Der Franziskaner Gherardino di Borgo San Donnino veröffentlichte 1254 einen »*liber introductionis*« mit Schriften Joachims, in dem ein unechter Jeremiakommentar enthalten ist. Es heißt dort: »*ecclesia meretrix et certe domus est meretricis Roma ecclesia*« (zitiert nach G.Maier (1981), 178). Petrus Johannis Olivi schrieb 1297 einen Kommentar zur Johannesoffenbarung, in dem er den baldigen Beginn des Dritten Reiches ankündigte (vgl. dazu Robert Konrad, Art. »Chiliasmus III: Mittelalter«, TRE Bd.7 (1981), 734-737, hier 735). Ubertino v. Casale, ein Schüler Olivis, identifizierte den von Joachim vorausgesehenen *Dux* des kommenden Zeitalters mit Franz von Assisi (ebd.). Das Gleiche vertraten spätere Franziskaner-Spiritualen im 14. und 15. Jahrhundert, d.h. diese Mönche rechneten Franziskus und sich selbst – anders als Joachim – bereits zum Reich des Geistes (vgl. dazu Benz (1934)). Im Gegenzug wurden verschiedene historische Gestalten, Kaiser Friedrich II, Papst Bonifatius VIII und andere, mit dem Antichristen identifiziert, so daß aus der Lehre vom kommenden Reich eine radikale Kritik kirchlicher und politischer Mächte der jeweiligen Gegenwart erwuchs (vgl. dazu Cohn (1957), zur ambivalenten Sicht Friedrich

mittelalterlichen Bewegungen fort und wird in der Kirchengeschichtsschreibung insbesondere mit den Taboriten in Verbindung gebracht.[71] Im 16. und 17. Jahrhundert wurde der Gedanke einer gewaltsamen Bereitung der Herrschaft Christi von manchen Gruppen des sog. linken Flügels der Reformation vertreten,[72] in Deutschland u.a. in der Bewegung Thomas Müntzers in Alistedt (1523/24) und im sog. »Täuferreich« in Münster (1534/35).[73] In England entwickelten sich ähnliche Vorstellungen während der Great Rebellion unter dem Regiment Oliver Cromwells (1637/8-1658).[74]

- Neben dieser »chiliastischen« ist eine »spiritualistische« Variante der Kirchenkritik zu nennen, deren Vorstellungen ebenfalls häufig von Joachim mitgeprägt sind. Sie betont den Vorrang der unmittelbaren Geisterfahrung vor der kirchlich vermittelten Tradition. Auch die Heilige Schrift sei nur zu verstehen, wenn man selbst den gleichen unmittelbaren Zugang des Geistes besitze, mit dem die Propheten und Apostel bei der Niederschrift der biblischen Bücher begabt gewesen seien.[75]
Obwohl die Wirkung Joachims in vielen der genannten Bewegungen, z.B. bei Thomas Müntzer, nicht unmittelbar erfolgte, gibt es doch eine ideengeschichtliche Kontinuität der Übertragung alter Zeitaltervorstellungen auf die innergeschichtliche Entwicklung der Kirche, die maßgeblich von Joachim geprägt ist. »Chiliasmus« und »Spiritualismus« stimmen trotz unterschiedlicher soziologischer Gestalt und Wirkung darin überein, daß sie die Kirche von ›innen‹ her in Frage stellten und versuchten, sie durch alternative Modelle kirchlicher Gemeinschaft oder das Ideal einer innerlichen Reform der Individuen weiterzuentwickeln. Beide Varianten dieser Kirchenkritik setzen voraus, daß die Kirche selber als eine dynamische, entwicklungsfähige (aber auch möglicherweise dem Verfall ausgesetzte) Größe verstanden wird. Auch in späterer Zeit finden sich erkennbare Anklänge an die Zeitalterlehre Joachims.[76]

II in Italien und Deutschland bes. 94ff.). Auch in späteren Zeiten ist Joachims Voraussage vom Dritten Reich des Heiligen Geistes zusammen mit personalen Identifikationen sowohl des *dux* wie auch des Antichristen immer wieder aufgenommen worden – bis hin zu den Vorstellungen der italienischen Faschisten und der deutschen Nationalsozialisten.

71. Die Differenz des sog. »joachitischen« Chiliasmus zu Joachim selbst ist von Grundmann (1927) und Benz (1934) betont worden. Über die Taboriten vgl. unten, Anm.73.
72. Übersicht bei Bauckham (1981), 737.
73. Gegen ein verbreitetes Klischee der Joachimismus-Forschung (vgl. z.B. Reeves 1976, 141) betont Reinhard Schwarz, daß ein unmittelbarer literarischer Zusammenhang zwischen Joachim und den Taboriten, Joachim und Müntzer wie auch zwischen den Taboriten und Müntzer nicht herzustellen sei (Die apokalyptische Theologie Thomas Müntzers und der Taboriten, Tübingen 1977); näheres dazu vgl. unten, Kap.6.1.5.
74. Vgl. dazu unten, Kap.6.1.5.
75. So argumentiert z.B. Thomas Müntzer; vgl. dazu Schwarz (1977), 17; zur Weiterführung dieses Arguments bei Sebastian Franck vgl. ebd., 25-27; vgl. auch unten, Kap.6.2.1.
76. Während die reformatorische Kritik an Rom in ihrer Zeitvorstellung im allgemeinen dem ›statischen‹ Modell Augustins folgte, das das Millenium als eine letzte, in sich einheitliche Zeitstufe der Kirche Christi auffaßt, hat sich bei einzelnen Vertretern im Raum der deutschen und angelsächsischen Reformation wie auch im zeitgenössischen Katholizis-

- Im 18. und 19. Jahrhundert wurden die kirchenreformerische Idee (»Neue Kirche«), die eschatologische Erwartung (»Neues Jerusalem« nach Offb 21f.) und die milleniaristische Vorstellung eines Neuen Zeitalters auf Erden (seit William Blake: »New Age«) bei manchen freigeistigen Autoren zu synonymen Begriffen.[77] Diese Entwicklung gewann unter den Bedingungen moderner Säkularisierung eine besondere Bedeutung. Bevor sie genauer dargestellt werden kann, muß in den beiden folgenden Unterabschnitten noch das Verhältnis von christlich-apokalyptischen zu hellenistisch-platonischen Vorstellungen in der Renaissance sowie die weitere Entwicklung des »Chiliasmus« nach der Reformationszeit erwähnt werden.

Es bleibt aber festzuhalten, daß der v.a. von Emanuel Swedenborg wiederaufgenommene Begriff der »Neuen Kirche« ideengeschichtlich als Interpretament einer Entwicklung zu sehen ist, die auf Joachim von Fiore zurückgeht.

6.1.4 Zur Verkoppelung christlicher und platonischer Zeitvorstellungen um 1494 in Florenz

Die Weltalterlehren der Griechen waren für die Theologen der Alten Kirche häufig Gegenstand harter, apologetisch gefärbter Kritik.[78] Gleichwohl blieben einzelne Elemente der griechischen Lehren auch in der christlichen Theologiegeschichte stets präsent.[79] Durch Joachims Impulse wurde die vorherrschende, von Augustinus geprägte Weltalter-

> mus ein mehr dynamisches Kirchenverständnis verbreitet. Kardinal Egidio da Viterbo erwartete von Kaiser Karl V. die Erneuerung der Kirche, und Guillaume Postel (1510-1581) sieht in den Jesuiten Werkzeuge der *renovatio* (vgl. Bauckham (1981), 737). Auf der Seite der Reformation selbst wird die Identifikation des Papstes mit dem Antichristen übernommen, die sich zuerst bei den Joachiten findet (Belege bei Reeves (1976), 136ff.).
> Darüber hinaus gibt es eine positive Rezeption joachitischer Gedanken im protestantischen Spiritualismus und in der antitrinitarischen Bewegung: Sebastian Castellione (1515-1563) und Bernardino Occhino (1487-1567) erwarten ein »Goldenes Zeitalter« oder »Drittes Reich« der Kirche (vgl. Reeves, ebd., 139ff.). Von Michael Servet ist der an Joachim erinnernde Satz überliefert: »*tertia est nunc spiritualiter et interna missio*« (zitiert nach Reeves, ebd., 141). David Joris (1501/2-1556) vertritt ebenfalls eine Lehre von drei Reichen und gründet auf dieser Grundlage in Basel eine verborgene Gemeinde (vgl. Reeves, ebd., 143). Zum »spiritualistischen« Impuls im allgemeinen vgl. auch Troeltsch (1912), 878ff., zu Joris dort 899f. Johann Brocard (Giacopo Brocardo), der nach humanistischer Erziehung und Predigertätigkeit in Italien im Jahr 1563 konvertierte, erwartete das Dritte Reich in Gestalt einer christlichen Respublica und vertrat eine ausgeprägte protestantische Weltalterlehre mit starken Anklängen an Joachim von Fiore (Vgl. dazu Reeves (1976), 144ff.; Bauckham (1981), 737; vgl. auch Jürgen Moltmann: J. Brocard als Vorläufer der Reich-Gottes-Theologie, ZKG 61 (1960), 110ff.; ders.: Theologie der Hoffnung, München [11]1980 (zuerst 1964), 61). Auch ein Prediger in Cromwells Hauptquartier, John Saltmarsh (gest. 1647), erwartete ein drittes Zeitalter des Geistes, das von der Gegenwart bis zum Neuen Jerusalem führen sollte (vgl. dazu Troeltsch (1912), 909).

77. Vgl. dazu unten, Kap.6.2. und 6.3.
78. Z.B. Augustinus, De Civitate Dei XII, 13f.; weitere Belege bei Trompf (1979), 205.
79. Trompf (1979), 204ff., nennt zahlreiche Belege. Z.B. habe Lactantius die Vorstellung vom

lehre in manchen Aspekten näher an die Vorstellungen der außerchristlichen Antike herangeführt. Im 13. und 14. Jahrhundert setzte dann eine Bewegung ein, die die klassische Kultur und Geistesgeschichte wiederbelebte.[80] Der Begriff der »Renaissance« ist in sich selbst schon ein Programm der Akzentuierung »zyklischer« Zeitvorstellungen.[81] So erwartete Petrarca die Wiederkehr des »Goldenen Zeitalters«, eine Vorstellung, die grundlegend für den italienischen Humanismus wurde.[82] Auch gibt es in dieser Zeit vielfache Rückverweise auf das »Platonische Jahr« und ähnliche antike Lehren.[83]

Petrarca hielt formal noch am christlich-mittelalterlichen Rahmen der Zeitvorstellung fest und setzte wie Augustinus die Gegenwart innerhalb der sechsten, letzten Weltzeit an.[84] Auch bei anderen Vertretern des Humanismus wurden christlich-eschatologische Vorstellungen beibehalten oder neu aufgegriffen. Dante, als Vorläufer der Humanisten von großer Wirkung, erzählt in der *Divina Commedia* vom Kampf Gottes gegen den Drachen und rekurriert dabei auf Inhalte der Offenbarung.[85] Auch finden sich bei den Humanisten häufig Bezüge auf Joachims Ankündigung des Geistreiches, das mit politischen oder kulturellen Ereignissen der Zeitgeschichte identifiziert wird.[86] Deshalb ergab sich in der Renaissance nicht nur ein Wiederaufleben des platonischen Typus der Zeitalterlehren, sondern seine neuerliche Durchdringung mit den jüdisch-christlichen Zeitvorstellungen. Da viele Naturphilosophen der Epoche auch astrologische Interessen hatten, waren auch solche Spekulationen in den Zeitalterlehren der Renaissance von großer Bedeutung.[87]

      Goldenen Zeitalter mit dem Millenium identifiziert und das Schema der sieben Zeitalter nicht mit der Schöpfungswoche, sondern durch Bewegungen der sieben Planeten erklärt (210f.). Auch Augustins Lebensstufen-Analogie stammt aus antiken Quellen; vgl. oben, Kap.5.2.3., Anm.42.

80. Schon im 13. Jahrhundert hatte Siger von Brabant zusammen mit anderen Philosophen der Pariser Universität in seiner Aristoteles-(und Averroës-)Rezeption den Gedanken des ewigen Bestandes der Welt ohne Anfang und Ende und die Lehre von der Wiederkehr des Gleichen neu aufgenommen (Vgl. dazu Herbert Grundmann: Die Grundzüge mittelalterlicher Geschichtsanschauung (1934), in: ders. (1977), 211-219, hier 217; zur Rezeption arabischer Astrologie bei Siger vgl. ausführlich Pierre Duhem: Le Système du monde. Histoire des doctrines cosmologiques de Platon a Copernic, 5 Bde., Paris 1913-1917, hier Bd.5, 571-580). Sigers Schüler Pierre Dubois und Marsilius von Padua bereiteten eine säkulare, nicht mehr am mittelalterlichen Endzeitglauben orientierte Weltsicht vor, die später bei Macchiavelli und anderen zu einer Neuaufnahme der Vorstellung von der ewigen Wiederkehr führte (vgl. Grundmann (1934); zu Macchiavelli vgl. auch Trompf (1979), 255ff.).
81. Zur Begriffsgeschichte von »Renaissance« vgl. Gerl (1989), 2ff., mit Belegen aus Politik, Dichtung und Kunst und weiterer Literatur.
82. Vgl. ebd.
83. Übersicht bei Bonet-Maury (1908), 191f.; ausführlich bei Trompf (1979), 220ff.295.
84. Vgl. Grundmann (1927), 80, Anm.4.
85. Divina Commedia, Purg. XXXII und XXXIII (Übs. W. Hertz, Darmstadt ²1990, 302.307).
86. Belege bei Gerl (1989), 3-5. Dante hat allerdings auf Joachim nicht unmittelbar Bezug genommen (vgl. Konrad (1981), 735; vgl. auch Herbert Grundmann: Dante und Joachim von Fiore (1931), in: ders. (1977), 166-210).
87. Zahlreiche Naturwissenschaftler und -philosophen seit der Renaissance waren zugleich

Als Beispiel der Verkoppelung christlicher und antiker Weltalterlehren sollen nun einige florentinische Zeugnisse aus den letzten Jahren des 15. Jahrhunderts angeführt werden. Sie stehen im Kontext einer aufs äußerste zugespitzten Konfrontation humanistischer und chiliastisch-apokalyptischer Weltdeutung, die durch die Akademie Marsilio Ficinos einerseits, die radikale Vision des Dominikanerpredigers Girolamo Savonarola andererseits repräsentiert wird.[88]

Die Stadt Florenz hatte schon im Lauf des 15. Jahrhunderts einen besonderen Bezug zum Anbruch des Neuen Jerusalem entwickelt: Die Florentiner sahen sich als Keimstätte und Mittelpunkt eines neuen Zeitalters in Form einer Neuen Kirche, die im Gegensatz zur Kirche Roms stand und mit einer politisch-hegemonialen Vision verknüpft war.[89]

Marsilio Ficino (1433-1499), der Begründer der neuen Florentiner Akademie und wichtigste platonische Philosoph der Zeit, erwartete das Neue Zeitalter in Form eines Ausgleichs zwischen Christentum und griechischer Philosophie, bei dem auch die Astrologie und verschiedene hermetische Lehren mit ihren zyklischen Konnotationen eine Rolle spielen würden. Er schrieb im Jahr 1492 in einem Brief an den Astrologen Paul von Middelburg, das Goldene Zeitalter stehe unmittelbar bevor. Mit der neuen Ära werde ein neuer, geistiger Mensch entstehen. Ficino nahm in diesem Sinne auch die joachitisch geprägte Prophetie auf.[90] Die besondere Rolle der Stadt Florenz hing in seiner Sicht damit zusammen, daß gerade hier – durch großzügige Förderung der Medici – die neue Akademie entstanden war.

Girolamo Savonarola (1452-1498) prophezeite demgegenüber die nahe bevorstehende endzeitliche Erneuerung der Kirche, die von Gott schwer gezüchtigt und danach zu neuer Blüte gelangen werde.[91] Er vertrat eine fünffache Zeitalterlehre ähnlich der Bonaventuras. Seit seinem Eintritt in den Dominikanerorden (1475) hatte er eine scharfe, an die alttestamentliche Prophetie erinnernde Kritik an den Päpsten geübt. Sie sollte schließlich zu der von der Römischen Kirchenleitung erzwungenen Hinrichtung durch die Florentiner Stadtväter führen. Obwohl er sich von Joachim von Fiores Lehren absetzte, war auch Savonarola von diesen geprägt und erwartete einen Engelpapst.[92]

Savonarola kam 1490 nach Florenz. Er nahm den schon vorhandenen Bezug der Stadt zum »Neuen Jerusalem« auf und sah in ihr den Neuen Zion, das Zentrum der zu erwartenden Reform, wo der Engelpapst residieren werde.[93] Als 1494 Karl VIII von

---

an okkultem und magischem Wissen interessiert, so z.B. da Vinci, Paracelsus, Newton, Kepler, Kopernikus, Galilei, selbst F. Bacon; vgl. dazu Gerl (1989), 57f.; dort weiterführende Literatur. Zu Kepler vgl. unten, Kap.7.2.2.

88. Zur folgenden Darstellung vgl. Weinstein (1970).
89. Weinstein (1970), 61, zitiert ein anonymes Gedicht auf die Stadt Florenz: »Vision of the Holy Hermit of the Year 1400«: »Your power will spread to Rome/ And you will have that part of her/ That the New Church will grant you«.
90. Vgl. Reeves (1976), 83.
91. Vgl. Weinstein (1970), passim.
92. Vgl. Weinstein (1970), 78.146.173-175.
93. Weinstein (1970) 29.

Frankreich bei seinem Italien-Feldzug die Stadt besetzte, kulminierten die lange gehegten Erwartungen, und Savonarola bezeichnete Florenz ausdrücklich als das »Neue Jerusalem«.[94] Er bewegte den König zum Abzug und wurde dadurch ins politische Rampenlicht gesetzt. In der Folgezeit wurde Florenz unter seiner Führung als eine Art charismatischer Republik regiert.[95]

Ficino hatte eine Gruppe begabter Schüler um sich gesammelt, darunter Giovanni Pico della Mirandola (1464-1494), Giovanni Nesi (geb. 1456) und den Dichter Girolamo Benivieni (geb. 1460).[96] Diese wandten sich in der Zeit der prekären politischen Veränderungen nach 1490 allmählich von Ficino ab und schlossen sich Savonarola an. Nach dem frühen Tod Picos wurden Benivieni und Nesi zu wichtigen Vermittlern zwischen dem christlich-platonischen Gedankengut der Akademie Ficinos und Savonarolas apokalyptischer Prophetie.[97] Bei Ficino selbst schlug eine kurze Begeisterung für den erfolgreichen Mönch im Jahr 1494 bald in bittere Gegnerschaft um.[98]

Die ehemaligen Schüler Ficinos sahen in der Gestalt Savonarolas den Erfüller all dessen, was sie in der Akademie zu erwarten gelernt hatten. Daher verknüpften sie die Vorstellung vom »Goldenen Zeitalter« mit der des »Neuen Jerusalem«, und Savonarola wurde gar mit Hermes identifiziert.[99] Pico della Mirandola wandte sich zwar in seinen letzten Lebensjahren von den Schematismen einer Zeitalterlehre der ewigen Wiederkunft des Gleichen ab und war der Ansicht, diese sei der Freiheit des Menschen entgegengerichtet;[100] gleichwohl wurden entsprechende Identifikationen von anderen ehemaligen Schülern Ficinos weitergetragen.

Zum Palmsonntag 1495 schrieb Girolamo Benivieni in italienischer Sprache das folgende, wiederum auf Florenz bezogene Gedicht:

»Arise, O New Jerusalem and see / your Queen and her beloved son. / In you, City of God, who now sit and weep /

Such joy and splendor will yet be born / as to decorate both you and all the world / In those days of bliss

You will see all the world come to you, / devoted and faithful / folk, drawn by the odor of your holy lily.«[101]

Im zugehörigen Kommentar schrieb der Autor, Savonarolas ›Prophetie‹ sei der Auftakt eines neuen »Status« der Kirche. Alle Völker und Nationen würden sich der Re-

---

94. Vgl. dazu Reeves (1976), 88f.
95. Vgl. Reeves (1976), 78. 111.
96. Vgl. dazu Weinstein (1970), 185-226; vgl. auch Reeves (1976), 90; zu Giovanni Pico vgl. auch Gerl (1989), 63-69.
97. Über Nesi vgl. Weinstein (1970), 192-205, über Benivieni ebd., 205-208.216-220 (weitere Literatur über Benivieni ebd., 205).
98. Vgl. dazu Weinstein (1970), 189ff.
99. Vgl. dazu Weinstein (1970), 202.
100. Vgl. Trompf (1979), 220ff.
101. Commento sopra a piu sue canzoni, fol. CXIII verso, zitiert in der Übersetzung Weinsteins (ders. (1970), 216).

ligion von Florenz zuwenden.[102] Die Konnotation zur endzeitlichen Zusammenkunft der Völker auf dem Zion (Jes 2, Mich 4) ist deutlich.

Stärker als Benivieni behielt Giovanni Nesi neben der gedanklichen Tradition auch die platonische Terminologie Ficinos bei. Er schrieb 1497 ein *Oraculum de Novo Saeculo*, in dem der Chiliasmus der Savonarola-Bewegung mit platonischen, hermetischen und anderen antiken und spätantiken Traditionen stark durchmischt ist.[103] Nesi benutzte das hermetische Instrumentarium, um damit den lebenden Propheten Savonarola zu legitimieren.[104] Dabei findet sich auch die bei jüdischen und christlichen Astrologen geläufige Vorstellung, daß eine Konjunktion von Jupiter und Saturn im Sternzeichen des »Widder« den Beginn der Endzeit markiere.[105] Da der »Widder« zugleich als das Sternzeichen von Florenz angesehen wurde, bedeutete auch diese Erwartung eine Legitimation der Stadt als Keimpunkt des Neuen Zeitalters.

Natürlich standen solche Anknüpfungen an vorchristliche Traditionen im Widerspruch zur Lehre Savonarolas, und auch Giovanni Pico hatte sich in den *Disputationes adversus astrologiam divinatricem* (posthum gedruckt im Jahr 1495) vehement gegen die solcherart legitimierende und vorhersagende Astrologie gewandt.[106] Doch konnte das ihrer Popularität wenig anhaben.

Nesi widmete das genannte Werk Gianfrancesco Pico della Mirandola, dem Neffen des verstorbenen Giovanni Pico. Er schildert ihm in Form eines Traumberichtes seine Sicht der Entwicklung des Platonismus und der Rolle Savonarolas als des neuen Hermes und Sokrates. Mit seinem Auftreten in Florenz habe das Neue Zeitalter begonnen, das als ›Goldenes christliches Zeitalter‹ dargestellt wird. Giovanni Pico solle nach Florenz kommen, wo alle vorchristlichen und christlichen Verheißungen zusammenflößen würden.

Wie bei Benivieni steht auch im *Oraculum* Nesis die Identifikation der Stadt Florenz mit dem »Neuen Jerusalem« (Offb 21) erkennbar im Hintergrund. Anderswo habe Christus mit verführenden Kräften zu kämpfen, die auch das Licht der Erkenntnis trübten. In Florenz dagegen herrsche Christus allein. Daher biete die Stadt Erfüllung für jeden, der bereit sei, wahrhaft »sein Kreuz auf sich zu nehmen« (Mk 8,34 parr). Dort leuchte das himmlische Licht – das im platonischen Sinne als Urlicht der »archetypischen« Welt beschrieben wird – klarer als anderswo. Nesi schreibt an seinen Adressaten:

»*Ecce iam ad novum illud saeculum ... divino te nomine voco. Ecce iam ... ad auream illam* aetate *excito; quae pretiosior caeteris purgatiorque, non rubigine non vetustate exedetur; non igne comburetur; Sed amoris flamma exardescens, tanto beatior futura quanto et ardentior* [...]

102. Vgl Weinstein (1970), 218f.
103. *Iohannis Nesii Florentini Oraculum de Novo Saeculo, ad Iohannem Franciscum Picum Mirandulam Illustrem Concordiae Principem*, Florenz 1497 (Hain Nr.11693, ein Exemplar des Originaldrucks in der Bayerischen Staatsbibliothek, München). Eine Zusammenfassung des Inhalts bietet Weinstein (1970), 195-197.
104. Weinstein (1970), 199.
105. Weinstein (1970), 202.
106. Vgl. Weinstein (1970), 213-215.

Indue novum hominem. Veni iterum si laboras ad Christum. Veni ad Christum si oneratus es, et Christus reficiet te. Abnega iterum termetipsum. Tolle; tolle efficacius crucem tuam et sequere Christum ... Quicunque Christum sequitur, in regnum Christi veniat. Veniat Florentiam; ubi solus Christus imperat. Ubi lumen missum coelitus; ubi lumen fulget clarius. In quo lumine videbis omne lumen, lumen in ipso mundo ab ipso archetypo mundo illuminatum. Lumen omnem hominem venientem in hunc mundum supra ipsum mundum illuminaturum. Eluminaturum autem omnem hominem terrenis istis sordibus tabescentem, ac sese in praerupta ista mundana praecipitantem.« [107]

Mit der Identifikation von »Neuem Jerusalem« (Offb 21), »Neuer Kirche« (aus joachitischer Tradition) und »Neuem Zeitalter« (aus platonisch-antiken Vorstellungen), formuliert auf dem gewachsenen Boden des Florentiner Patriotismus, ist ein historisches Muster angelegt, das sich in der modernen Idee des »New Age« bei William Blake und seinen Nachfolgern fortsetzte.[108] Sehr auffällig ist die Ähnlichkeit des oben zitierten Gedichtes von Benivieni mit Blakes Aufruf an die »Young Men of the New Age«, der seit Roszak durch die sog. »New Age«-Literatur der Gegenwart wandert.[109] Es handelt sich nicht nur um eine terminologische Parallele. Auch verbirgt sich hinter dem *novum saeculum* Nesis nicht einfach der *aiôn mellôn* des NT;[110] sondern die zitierten Passagen beider Autoren zeigen sowohl terminologisch wie inhaltlich eine Verschmelzung von christlichen und antiken Vorstellungen an, die bei Benivieni und Nesi mehr im Sinne einer christlichen Adaptation antiker Vorstellungen, im 19. Jahrhundert eher mit umgekehrter Zielsetzung vollzogen wurde.

Die Rückbesinnung im Zeitalter der Renaissance hatte eine doppeldeutige religionsgeschichtliche Wirkung: Aus christlicher Sicht bereitete sie – nachweisbar schon bei Petrarca – eine umfassende Säkularisierung vor, die zu den säkularen Utopien und zum Fortschrittsgedanken der Neuzeit führte.[111] Aus Sicht der antiken Religionen han-

107. *Oraculum de Novo Saeculo* (1497), zitiert nach dem Exemplar der Bayerischen Staatsbibliothek. Weinstein übersetzt bzw. paraphrasiert: »Lo, in the divine name I now call you to the new era; I rouse you to the *golden age,* which is more pure, more precious than all the others, undiminished by mold or age. Come to Florence, where Christ alone reigns, where the light from heaven has been directed, the light from that archetype of the world which will illuminate all who are languished in earthly squalor« (Weinstein (1970), 197).
108. Weinstein resümiert bezüglich Nesi: »The *Oraculum* is a veritable encyclopedia of occult symbolism (astrological, Hermetic, and Neopythagorean, to mention only some) of Neoplatonism, and of Christian apocalyptic applied to Savonarolan reform and Florentine patriotic fantasy« (S.194).
Blake kann die zitierten Texte kaum gekannt haben, zumal Giovanni Nesi selbst in der gegenwärtigen Forschung wenig bekannt ist (vgl. Weinstein, ebd., 192, Anm.24). Gleichwohl repräsentieren sie einen Typos (in Nesis Worten: einen »Archetypus«), der offenbar stark genug war, nach vierhundert Jahren bei einer ähnlichen Interessenkonstellation zu parallelen Wortbildungen zu führen.
109. S.u., Kap.6.3.1. (zu Roszak vgl. oben, Kap.2.1.1.).
110. »aiôn mellôn« wird in der Vulgata gewöhnlich mit »*saeculum futurum*« (so z.B. Eph 1,21), »aiôn erchomenôn« mit »*saeculum venturum*« (z.B. Lk 18,30) übersetzt. Hätte Nesi lediglich den ntl. Sinnzusammenhang der beiden Äonen im Blick gehabt, so hätte er sich vermutlich dieser geprägten Terminologie bedient.
111. Vgl. dazu Benz (1965).

delt es sich dagegen zunächst um einen Akt der Wiedereinsetzung religiös-philosophischer Bezüge, die durch die jüdische und christliche Apokalyptik verdrängt worden waren.

Dieses ›Revival‹ antiken Gedankenguts in der Renaissance setzt sich in den esoterischen und okkulten Strömungen der Neuzeit fort, die fast alle auf die von Ficino übersetzten Schriften des Corpus Hermeticum und andere mit dem Namen des legendären Hermes Trismegistos verbundene Ideen zurückgreifen.[112] Bei Swedenborg und Blake schlagen sich diese Wirkungen gut sichtbar nieder und verbinden sich zu dem für die modernen Zeitalterlehren typischen Nebeneinander von ›säkularen‹ und ›sakralen‹ Aspekten, deren Differenz allerdings nicht mehr deckungsgleich mit der Unterscheidung zwischen platonischen und christlichen Momenten in der Renaissance ist.[113]

Historisch kundige Vordenker der heutigen Bewegungen knüpfen an dieses Ergebnis bewußt an. So überschreibt Theodore Roszak das Eingangskapitel eines für die Selbstdeutung der heutigen religiösen Szenerie wichtigen Buches: »Picos Chamäleon«.[114] Er sieht Pico della Mirandola und sein Manifest »Rede über die Würde des Menschen« (1487) als Beginn einer 500jährigen »Bewußtseinsrundreise« und stellt es mit seinem eigenen »Manifest« aus dem Jahr 1978 zusammen.[115] Roszak entwickelt innerhalb dieser 500jährigen Periode ein immanentes Phasenschema, das von der Renaissance über die Romantik bis zur eigenen Generation führt.[116]

6.1.5 Chiliastische Erwartungen nach der Reformation

Die Reformatoren lehnten sowohl die Lehre von der Wiederkehr des Gleichen (wegen ihres unpersönlichen Determinismus) als auch die »schwärmerische« Identifikation des augenscheinlichen Kirchenverfalls mit apokalyptischen Voraussagen zumeist scharf ab.[117] Dennoch wurden verschiedene Varianten von Zeitalterlehren, wie schon im Zusammenhang der Joachim-Rezeption dargestellt, häufig wiederaufgenommen, vor allem im sog. linken Flügel der Reformation, bei den »Täufern« und »Spiritualisten«

---

112. Vgl. dazu die Arbeiten von Francis Yates: Giordano Bruno and the Hermetic Tradition, London 1964; Aufklärung im Zeichen des Rosenkreuzes, Stuttgart: Klett, 1975 (engl. Original 1972); Giordano Bruno in der englischen Renaissance, Berlin: Wagenbach, 1989 (engl. Original 1938/81).
113. Vgl. dazu unten, Kap.6.2. und 6.3.
114. Roszak (1975), 19ff.
115. Ders. (1978).
116. Roszak (1975), 21.
117. Belege (insbesondere von Melanchthon) und weiterführende Literatur bei Trompf (1979), 296. Ernst Troeltsch kommentiert kritisch: Luther habe sich in der Frühzeit der Reformation die »Auflösung aller kirchlichen Tradition nur aus dem bevorstehenden Ende und aus der Weissagung des Antichrist« erklären können. Umso mehr hätten sich den Täufern apokalyptische Deutungen ihres Tuns aufgedrängt, so daß ihre Ablehnung durch Luther mit einer Aufgabe gewisser reformatorischer Grundideen im Interesse einer soliden Kirchenpolitik verbunden gewesen sei (Troeltsch (1912), 808).

auf dem europäischen Kontinent, bei »Nonkonformisten«, »Puritanern«, »Kongregationalisten« im angelsächsischen Sprachraum und nachfolgenden unabhängigen Bewegungen.[118]

Als wichtiges Beispiel ist Thomas Müntzer zu nennen, der explizit von einer »neuen Kirche« spricht.[119] In seiner »Fürstenpredigt« in Allstedt im Juli 1524 setzte er Herzog Johann von Sachsen und dessen Sohn, Kurprinz Johann Friedrich, anhand von Dan 2 seine Lehre über die weltliche Obrigkeit auseinander.[120] Er übernahm die mittelalterliche Deutung des vierten Reiches der Vision Daniels als des Römerreiches. Jedoch deutete er die »Füße« aus Ton und Eisen als ein fünftes (gegenwärtiges) Reich. Der sich vom Berg lösende Stein (Dan 2,34) bezeichne den Hl. Geist; der Berg selbst sei Christus.

Müntzer assoziiert zusätzlich das Bild vom »Eckstein« (Ps 118, 22 und mehrfach im NT) und das Gleichnis vom Weizen und Unkraut, die bei der Ernte getrennt werden (Mt 13,24-30.36-43)[121]: Christus und die Apostel hätten »eine rechte Christenheit angefangen«, doch dann sei Unkraut zwischen dem Weizen gewachsen. Der Stein, der zuerst klein war, sei von den Fürsten aufgehalten worden, die damit die eigentlich schon mögliche Verwirklichung des Reiches Christi verhindert hätten. Doch jetzt sei die Zeit der Ernte gekommen.[122]

Müntzer erwartete ein Christusreich auf Erden und war insofern »Chiliast«. Reinhard Schwarz weist aber darauf hin, daß die traditionelle Erwartung eines innerweltlichen Christusreiches (wie z.B. noch bei den Taboriten) durch das Moment der Geisterfahrung, das Müntzer als Voraussetzung und Anzeichen des Umbruchs betrachtete, umgeprägt sei;[123] von Joachim unterscheide sich Müntzer andererseits durch die Be-

---

118. Die Darstellung muß sich aus Gründen der thematischen Beschränkung wiederum mit nur wenigen Beispielen begnügen. Einen Überblick über chiliastische Vorstellungen innerhalb des Protestantismus bietet Bauckham (1981), 737-745; vgl. auch Reeves (1976), 136-165. Zur Rezeption im 16. und 17. Jahrhundert vgl. Wallmann (1982), 187-205 (dort weitere Literatur). Auch in der späteren Geschichte des Protestantismus finden sich immer wieder Elemente einer zyklischen Deutung der Kirche und Reformation, sehr auffällig z.B. in der Selbstdeutung der Erweckungsbewegung durch Friedrich Tholuck: »Als die heilige Flamme des Glaubens nur noch düster glomm unter dem Nebelgewölk des Wahnglaubens, ... erschallte aus dem Munde dessen, der gestern ist und heut: Wache auf, der du schläfest! ... Die Kirche Christi hatte den ersten Tod überwunden und die erste Auferstehung geschmeckt. – Und nach drei Jahrhunderten war abermals das Gericht über den Erdkreis hereingebrochen ... Und die Kirche Christi hatte den zweiten Tod überwunden und feierte die zweite Auferstehung« (Vorwort zu »Guido und Julius« (1823), zitiert nach Karl Barth: Die protestantische Theologie im 19. Jahrhundert, Berlin, ³1961, 459).
119. »Wer eyn stein der neuen kirchen sein wil, der woge (= wage) seynen hals, sunst wyrt ehr durch dye bauleut vorworfen werden« (zitiert nach Schwarz (1977), 58); »Gott wird wunderbare Dinge tuen mit seinen Auserwählten, sonderlich in diesem Lande, denn hier wird die neue Kirche angehen« (Prager Anschlag vom 1. Nov. 1521, zit. nach Benz (1965), 68).
120. Vgl. dazu Carl Hinrichs: Luther und Müntzer. Ihre Auseinandersetzung über Obrigkeit und Widerstandsrecht, Berlin ²1962 (¹1955), 40ff.; vgl. auch Schwarz (1977), 9.73.
121. Vgl. Schwarz (1977), 67.
122. Zitiert nach Hinrichs (1955), 47f.
123. Schwarz (1977), 12 et passim.

tonung des plötzlichen Umbruchs anstelle gradueller Entwicklungen und durch die Universalität der Geistmitteilung, die unter den revolutionären Bedingungen allen Menschen zuteil werden sollte.[124]

Melchior Hofmann (gest. 1543) nahm ebenfalls joachitische Traditionen auf und unterteilte die Kirchengeschichte in drei Epochen, die Zeit von den Aposteln bis zu den Päpsten, die Zeit der unbegrenzten Macht der Päpste und die Zeit des Geistes, die er durch Jan Hus vorbereitet und nun am eigentlichen Anfang sah. Anders als Joachiten und Taboriten hielt er an der Augustinischen Identifikation des Millenium mit der zurückliegenden Zeit der Kirche seit Christus fest.[125] Wie die Florentiner Humanisten identifizierte aber auch Hofmann eine konkrete Stadt mit dem Neuen Jerusalem, nämlich Straßburg, während Rom das neue Babylon sei.[126]

Auch in England wurde Daniels Traumdeutung aufgenommen. Bei den Puritanern war die Vorstellung, in einem neuen, letzten Weltalter zu leben, sehr verbreitet.[127] Die »Quintomonarchisten« unter Thomas Harrison im Heer Oliver Cromwells lehrten, daß das vierte Reich bis zu Cromwell gedauert habe und von einem fünften Reich der Christusherrschaft abgelöst werde.[128]

Auch im Pietismus gab es eine Tendenz zu innerweltlichen Reich-Gottes-Vorstellungen, die sich besonders im schwäbischen Pietismus konkretisierten. So bekannte sich Johann Albrecht Bengel (1687-1752) ausdrücklich zu einem »Chiliasmus«; er argumentierte gegenüber der Confessio Augustana (z.B. CA 17,5), daß deren Verdikt nur die grob sinnliche Variante der Vorstellung vom tausendjährigen Reich treffe.[129] Bengel ist damit ein Zeuge für die Verschmelzung »chiliastischer« und »spiritualistischer« Momente in der neueren Entwicklung des Protestantismus, die in anderer Weise schon Müntzer vollzogen hatte.

Die konkrete Zukunftserwartung des »Neuen Jerusalem« wurde in späterer Zeit in entsprechender Abwandlung von neuen religiösen Bewegungen aufgegriffen, insbesondere von den Mormonen, den Adventisten und den Zeugen Jehovas. Diese weitere Entwicklung kann aus Gründen der thematischen Beschränkung nicht im einzelnen dokumentiert werden.[130]

---

124. Vgl. Schwarz, ebd.
125. Vgl. Bauckham (1981), 728.
126. Vgl. Reeves (1976), 143f.
127. Vgl. dazu Bryan W. Ball: A Great Expectation. Eschatological Thought in English Protestantism to 1660, Leiden 1975.
128. Vgl. dazu Ball (1975), bes. 180ff (weitere Lit. ebd., 181, Anm.148). Troeltsch (1912), 825, sieht die Quintomonarchisten als die »eigentlichen religiösen Schwärmer« und betont damit die Kontinuität zu den kontinentalen Entwicklungen des 16. Jahrhunderts.
129. Vgl. dazu Nigg ([2]1954), 201ff.
130. Auch hier besteht Forschungsbedarf; vgl. im ganzen Kurt Hutten: Seher, Grübler, Enthusiasten. Sekten und religiöse Sondergemeinschaften der Gegenwart, Stuttgart, [11]1968 ([1]1950), 28ff.; 75ff.; 586f.; Bryan W. Ball zeigt die Verwurzelung der Adventisten in den Vorstellungen des älteren Puritanismus (The English Connection. The Puritan Roots of Seventh-day Adventist Belief, Cambridge 1981).

6.1.6 Zusammenfassung

Die Untersuchung ergab, daß zahlreiche Elemente der modernen Erwartung eines Neuen Zeitalters in der christlich-abendländischen Religionsgeschichte schon seit langem vorgeformt sind. Auch die eigentümliche Verknüpfung biblischer und antiker Vorstellungen, die die religiösen Bewegungen seit Ende des 18. Jahrhunderts kennzeichnen, ist bereits in der Renaissance, doch eigentlich schon in Daniels Bild der vier Reiche vorbereitet.

Die Zukunftserwartung der Christen war in der Alten Kirche zunächst stark von chiliastischen Vorstellungen eines kommenden Christusreiches geprägt. Augustinus reformulierte die Erwartung eines Zwischenreiches auf Erden, indem er dieses mit der Zeit der Kirche identifizierte. Dadurch entstand Raum für eine weitere Ausdehnung der Geschichte in die Zukunft. Im Gegensatz zu Augustinus stellte die Zeitalterlehre Joachim von Fiores die Kirche selbst als eine entwicklungsfähige und -bedürftige Größe dar. Joachim bahnte so den Weg für eine radikale, ›ekklesiologisch‹ begründete Kritik gegebener Kirchenstrukturen in verschiedenen spätmittelalterlichen Bewegungen, die indirekt auch auf die Reformation Einfluß nahm.

Dennoch stand die Ekklesiologie der Reformation in ihrem Hauptstrom sowohl den Zeitaltervorstellungen des joachitischen Typus als auch der damit oft verbundenen spiritualistischen Berufung auf das »innere Wort« kritisch gegenüber. Die Reformatoren sahen durch unkontrollierte Geistwirkung das Schriftprinzip in Gefahr. Auch das Konzept einer »Neuen Kirche« wurde im allgemeinen nicht aufgenommen. Das Ziel war die Reformation der bestehenden Kirche Christi, nicht ihre Überwindung. Daher lehnten sich die Reformatoren im wesentlichen an das ›statische‹ Augustinische Zeitaltermodell an.

Im Gegensatz dazu beriefen sich »Spiritualisten« wie Hans Denck oder Sebastian Franck auf die Notwendigkeit einer »geistigen« Erfassung der Schrift, ohne die diese gar nicht verstanden und das Schriftprinzip mithin nicht eingelöst werden könne. In ähnlichem Sinne wurde auch bei Thomas Müntzer und verschiedenen »täuferischen« Gruppen das »Prinzip des inneren Wortes« (W. Dilthey) zur Grundlage der Schriftdeutung und Lebensgestaltung gemacht, was häufig zu einer Neuaufnahme der joachitischen Vorstellung eines neuen Status der Kirche führte.[131]

Aus der Verknüpfung antiker Weltalterlehren, endzeitlicher bzw. chiliastischer Erwartungen des »Neuen Jerusalem« (Offb 21f.) und einer dadurch vollmächtig gewordenen Kirchenkritik ist vermutlich erstmals im 15. Jahrhundert der Komplex der synonym verstandenen Begriffe: »Neues Jerusalem« – »Neue Kirche« – »Neues Zeitalter« entstanden, der jedenfalls in Texten der Florentiner Republik Savonarolas nachweisbar ist. Diese Topoi wurden in entsprechender Weiterführung von den Neuen religiösen Bewegungen der Moderne wiederaufgenommen.

---

131. Zum Begriff »Spiritualismus« vgl. unten, Kap.6.2.1.

6.2 Neufassung spiritualistischer Traditionen in Emanuel Swedenborgs Lehre von der »Neuen Kirche«

Unter den besonderen Bedingungen der modernen Säkularisierung gewann die Thematik der ›inneren‹ Kirchenkritik, die im vorigen Abschnitt von Joachim von Fiore bis zu den »Spiritualisten« der Reformationszeit nachgezeichnet wurde, eine neue Dimension. Der augenfällige Gegensatz von »Kirche« und »moderner Welt« wurde parallel zum säkularen Fortschrittsgedanken in ein Stufenmodell von »unentwickelter« und »entwickelter« Kirche überführt. So haben zahlreiche religiöse Bewegungen des 19. Jahrhunderts in den USA, z.B. die »Christian Science«, ihr Spezifikum in der Verknüpfung von »Religion« und »Science« als moderner, fortschrittlicher Wissenschaftsreligion und verstehen sich in diesem Sinne als »Neue Kirche« eines »Neuen Zeitalters«, die die säkulare und die religiöse Fortschrittsidee miteinander verbinden.[1]
Ähnliche Ansprüche vertreten neohinduistische Lehrer, die seit Ende des 19. Jahrhunderts im Westen wirksam wurden.[2]

Als Wegbereiter dieser modernen Entwicklungen kann Emanuel Swedenborg gelten, in dessen Lehre der Begriff der »Neuen Kirche« – identifiziert mit dem »Neuen Jerusalem« von Offb 21 – an zentraler Stelle steht. Das soll im folgenden Abschnitt (6.2.2.) genauer analysiert werden. Zuvor ist jedoch eine Begriffsklärung des Wortes »Spiritualismus« erforderlich, das im bisherigen Argumentationsgang schon mehrfach aufgenommen wurde.

6.2.1 Vorklärung: »Spiritualismus« als historiographische Kategorie

Der Begriff »Spiritualismus« entstammt der modernen Kirchengeschichtsschreibung. Er entstand vermutlich in der zweiten Hälfte des 19. Jhdts., wurde maßgeblich von Alfred Hegler in einer 1892 erschienenen Studie über Sebastian Franck geprägt und mit ähnlicher Inhaltsbestimmung von Adolf von Harnack und Ernst Troeltsch zu einer allgemeinen kirchenhistorischen und religionssoziologischen Kategorie erweitert.[3]

1. Ernst Benz leitet auch den säkularen Fortschrittsgedanken der modernen Technik von christlichen Grundlagen ab (vgl. ders. (1965), 135ff.). Für die Zukunft erwartet er einen »in die Sphäre der technischen Welt projizierten Joachimismus«, eine »progressive Vergeistigung der Technik« (ebd., 155).
2. Das ist bereits bei Sv. Vivekânanda greifbar (vgl. ders.: Addresses at the Parliament of Religions (1893), in: The Complete Works of Swami Vivekananda. Mayavati Memorial Edition, Vol. I, Calcutta ¹²1965, 1-24). Noch deutlicher findet sich der Anspruch bei Gurus des 20. Jahrhunderts, so bei Paramahansa Yogânanda, dem Begründer der Self Realization Fellowship (vgl. ders.: Religion als Wissenschaft, München und Weilheim: O.W.Barth, ²1976 (Original: The Science of Religion, 1953), oder in der »Transzendentalen Meditation« bei Maharishi Mahesh Yogi (vgl. Hummel (1980), 23ff., 44ff., 93ff et passim).
3. Alfred Hegler: Geist und Schrift bei Sebastian Franck. Eine Studie zur Geschichte des

»Spiritualismus« ist seither ein Sammelbegriff für unterschiedliche Bewegungen und Entwürfe, die Formen innerer, »unmittelbarer« Erfahrung oder Belehrung durch den Geist Gottes zur Grundlage ihrer religiösen Überzeugungen machen. Wie alle Sammelbegriffe lebt er von seiner Unschärfe und Mehrdeutigkeit und wird auch in neuerer Zeit unterschiedlich besetzt.[4] Dennoch gibt es bestimmte Merkmale, die sich in vielen Bewegungen und Zeiten wiederholen.

Zunächst müssen jedoch zwei Verwendungsweisen des Terminus ausgeschieden werden, die in der deutschen Sprache für zusätzliche Verwirrung sorgen:
a) ein philosophischer Sprachgebrauch, der in der Nähe des Ausdrucks »Idealismus« angesiedelt ist;[5] er kann im Kontext der vorliegenden Arbeit vernachlässigt werden;
b) ein sektenkundlicher Sprachgebrauch: »Spiritualismus« sei eine auf spiritistische Erfahrung gegründete Weltanschauung, und »Spiritismus« bezeichne die dazugehörige Praxis;[6] dieser Sprachgebrauch sollte aus folgenden Gründen eliminiert werden:

Die begriffliche Trennung zwischen Theorie und Praxis des Umgangs mit den Geistern Verstorbener ist heuristisch wenig sinnvoll und im konkreten Sprachgebrauch kaum durchzuhalten, da eines nicht ohne das andere zu denken ist. Die Verwendung des Ausdrucks »Spiritualismus« für die »Weltanschauung« des Spiritismus geht vermutlich auf eine unkorrekte Übersetzung des englischen Terminus »*spiritualism*« zurück, der sowohl Theorie als auch Praxis der Kontaktaufnahme mit Verstorbenen beschreibt.[7] Im Deutschen sollte beides im Terminus »Spiritismus« zusammengefaßt werden.[8]

    Spiritualismus in der Reformationszeit, Freiburg i.B. 1892; zur Begriffsgeschichte vgl. J.F.G.Goeters: Art. »Spiritualisten, religiöse«, in: RGG³ Bd.6 (1962), 255-257.
4. Z.B. rechnet André Séguenny (im Anschluß an H. Fast) Sebastian Franck nicht zu den Spiritualisten, obwohl der Begriff maßgeblich an dessen Werk geprägt wurde (Art. »Sebastian Franck«, in: TRE 11 (1983), 307-312, hier 311).
5. Vgl. dazu Georgi Schischkoff (Hrsg.): Philosophisches Wörterbuch, Stuttgart ²¹1978, 658.
6. So Hummel (1980), 276 (Anm.21) nach Horst Reller (Hrsg.): Handbuch religiöse Gemeinschaften, Gütersloh 1978. Ähnlich versteht auch Karl R.H. Frick: Weltanschauungen des »modernen« Illuminismus, in: Mohler und Peisl (Hrsg.) (1980), 245-300, hier 272, »Spiritualismus« als eine Form der Weltanschauung, die »die Wirklichkeit der Welt und den Grund dieser Wirklichkeit seinem Wesen nach als einen immateriellen Geist begreift, der allein durch die Annahme geistiger Wesen und Kräfte erklärt werden kann.«
7. In dieser Weise wird der Terminus »*spiritualism*« z.B. gebraucht bei Judah (1967), 50ff.; Antoine Faivre: Art. Occultism, in: ER Bd.11 (1987), 36-40, hier 38 (= 1987a). Zu Davis vgl. unten, Kap.6.2.2.6. Auf die Fehlübersetzung von »spiritualism« weist Miers in seinem »Lexikon des Geheimwissens« (⁶1986) hin. Er vermutet als Quelle der Begriffsverwirrung die 1871 in Leipzig erschienene Übersetzung des spiritistischen Werkes von William Crookes: »Spiritualismus und die Wissenschaft« (ebd., 382).
8. So Miers (⁶1986), 382. Bereits im Jahr 1931 schreibt Hans Rust: »In der englisch redenden Welt bedeutet der Ausdruck Spiritualismus ebensoviel wie bei uns Spiritismus, weil dieser die Welt als Tummelplatz und Erscheinungswelt geistiger Wesen betrachtet« (Art. »Spiritualismus«, in: RGG² Bd.5 (1931), 702). Ähnlich sahen das manche ›Insider‹ seit langem: Miers beruft sich auf den Theosophen Franz Hartmann (1838-1912), der 1894 schrieb: »Der Spiritualismus unterscheidet sich vom Spiritismus dadurch, daß der eine den Umgang mit dem Lebendigen, der andere mit dem Toten ist. Zum Spiritualismus

Scheidet man die beiden genannten Äquivokationen aus, so bleibt als dritte Bedeutungsvariante der kirchenhistorische Sprachgebrauch, der im folgenden Abschnitt präzisiert werden soll. Es soll dabei nicht versucht werden, »Spiritualismus« als eine fortlaufende religions- oder kirchenhistorische Tradition zu beschreiben, sondern unterschiedliche Aspekte zu einer Typologie zusammenzustellen (eine Bewegung oder ein Entwurf paßt umso besser in das Begriffsschema, je mehr der verschiedenen Charakteristika erfüllt werden), um so für die weiteren Arbeitsschritte eine Präzisierung der Bedeutung zu erreichen. Als Orientierung dienen im wesentlichen die beiden klassischen Studien von Hegler (1892) und Troeltsch (1912) und das von diesen herangezogene religionshistorische Material.

Zunächst lassen sich formal die folgenden Ebenen unterscheiden, in denen von »Spiritualismus« die Rede ist:

(1) Religionssoziologische Ebene: »Spiritualismus« kann eine fundamentale Form der Kirchenkritik beschreiben, die sich – anders als beim soziologischen Typus der »Sekte« – zu einem radikalen religiösen Individualismus steigern kann. »Vergeistigung« bedeutet hier die Aufhebung der ›äußerlichen‹ Verfaßtheit christlicher Religion und ihrer Sozialgestalten. Sie ist ebenso gegen die christliche Sozialgestalt der »Kirche« wie gegen die der »Sekte« gerichtet.

(2) Religionspsychologische Ebene: »Spiritualismus« kann einen Typus der Religiosität bezeichnen, der auf Vergeistigung des Kultus, Verinnerlichung der religiösen Gedanken und religiöse Erfahrung abhebt. Oft synonym mit »Mystik« gebraucht (sofern dieser Begriff nicht auf die ensprechenden mittelalterlichen Bewegungen im Mönchtum beschränkt wird), kann »Spiritualismus« daher einen »Weg nach innen« beschreiben.

(3) Dogmengeschichtlich-theologische Ebene: »Spiritualismus« kann eine Vergeistigung und Verinnerlichung der theologischen Lehren, insbesondere des trinitarischen und des christologischen Dogmas der Alten Kirche, aber auch der mittelalterlichen und der reformatorischen Theologie, bedeuten. Entsprechende Bewegungen sind häufig mit starker Kritik an der ›äußerlichen‹ Theologie verbunden, die den ›inneren Sinn‹ christlicher Lehren verhülle.

(4) Hermeneutisch-exegetische Ebene: »Spiritualismus« kann eine Unterscheidung von »Buchstabe« und »Geist« der Heiligen Schrift bezeichnen, die zu einem doppelten oder mehrfachen Schriftsinn führt. Im Bereich des Protestantismus kann »Spiritualismus« darüber hinaus die Berufung auf das »innere Wort« im Gegensatz zum Schriftprinzip beschreiben.

(5) Ontologisch-noologische Ebene: »Spiritualismus« kann einen Entwicklungsstand im Geschehen der Welt, der Menschheit, der Kirche, des Individuums beschreiben, der durch die Präsenz des Heiligen Geistes charakterisiert ist und den Menschen zu besonderer, »geistiger« Erkenntnis befähigt. Dies kann als Qualität eines »Neuen Zeitalters« (der Gegenwart oder der Zukunft) verobjektiviert werden. Diese Ebene ist am weitesten auszuspannen: Sowohl die paulinische Unterscheidung zwischen *pneuma* und *gramma* (»Geist« und »Buchstabe«, 2Kor 3,6;

gehört Spiritualität, d.h. die Erhebung der Seele und Erhabenheit des Geistes« (aus: Zs. »Lotusblüten« 1894).

Röm 2,29; 7,6) als auch der joachitische Begriff der *intelligentia spiritualis* im »Zeitalter des Heiligen Geistes«, aber auch neuzeitliche und moderne Zeitalterlehren gehören in dieser Hinsicht formal zusammen.[9]

Die verschiedenen Ebenen sind häufig miteinander verknüpft. So wurde z.B. die paulinische Unterscheidung von *pneuma* und *gramma* seit Origenes auch hermeneutisch verstanden (Ebene 4) und als doppelter Schriftsinn gedeutet.[10] Gerhard Ebeling formuliert: »Die paulinische Antithese wird zur Offenbarungsstruktur ... und deckt sich mit der allegorischen Struktur der Wirklichkeit und des Verstehens überhaupt.«[11] Neben dem Augustinischen Verständnis von »Geist« und Buchstabe«, das näher an der Struktur der paulinischen Aussage bleibt,[12] wurde der Origenistische Deutungstypus später immer wieder aufgegriffen. Beide Deutungstypen wurden häufig miteinander vermischt. Eine wichtige Mittlerfunktion hatte das Corpus des Dionysius Areopagita.

Der Begriff der *intelligentia spiritualis* bei Joachim ist ebenfalls in diesem Kontext interpretierbar. Er verknüpft eine hermeneutische mit einer ontologisch-eschatologischen Deutungslinie. So erklärt sich die Methode des prophetischen Analogieschlusses von Phänomenen des »Reiches des Vaters« und des »Reiches des Sohnes« auf die kommenden Eigenschaften im »Reich des Geistes«.

Auch alle anderen Ebenen des »Spiritualismus« sind bei Joachim zu beobachten: Seine »spiritualistische« Bibelinterpretation (Ebene 4) steht in engem Zusammenhang zur Erwartung eines neuen, »geistigen« Zeitalters (Ebene 5). Voraussetzung beider ist eine neue innerliche Verfassung der Individuen (Ebene 2), die auch zu einer Ablösung hergebrachter theologischer Lehrautorität (Ebene 3) und kirchlicher Strukturen (Ebene 1) führen soll. Ein ähnlicher Zusammenhang besteht bei Sebastian Franck, an dessen Denken der Begriff »Spiritualismus« maßgeblich geformt wurde. Alfred Hegler schreibt in seiner klassischen Studie:

»Denn in dem Gegensatz von Schrift und Geist tritt nur am klarsten zu Tag, was Francks ganzes Nachdenken zuletzt bestimmt: der ›Spiritualismus‹, die Entgegensetzung vom Innerlichen und

---

9. Troeltsch (1912), 852, sieht auch bei Paulus neben der kirchlichen eine mystische bzw. spiritualistische Ausrichtung, die sich u.a. in der Allegorisierung und Spiritualisierung der israelitischen Heilsgeschichte äußere. Troeltsch urteilt: »Erst hier lag seine religiöse Originalität gegenüber der Urgemeinde, und erst dadurch wurde sein antijüdischer Universalismus möglich« (ebd.).
10. Wie Gerhard Ebeling darstellt, ist bei Paulus das Wortpaar *gramma* und *pneuma* nicht auf die Schriftauslegung, sondern auf die heilsgeschichtliche Wende bezogen und bezeichnet in Anlehnung an Jer 31,31ff die Verschiedenheit des »Alten« und »Neuen Bundes« i.Si. von »geschriebenem Gesetz« und »Wirken des Geistes«. Nur indirekt bestehe bei Paulus auch ein Zusammenhang mit der Frage der Deutung des Alten Testamentes. Erst viel später sei neben dem Alten auch das Neue Testament in dem Sinne als Schrift verstanden worden, daß sich die paulinische Antithese von »Buchstabe« und »Geist« in den Bereich des »Neuen Bundes« verlagerte. (Art. »Geist und Buchstabe«, in: RGG³, Bd.2 (1958), 1290-1296, hier 1290f.).
11. Ebeling (1958), 1292.
12. Vgl. ebd., 1292f.

Äußerlichen, das Streben, ein Christentum aufzurichten, das auf alle äußere Vermittlung und auf jede andere als die sittliche Darstellung verzichtet. Es ist *ein* zusammenhängendes Prinzip, das sich gegen Schrift, Kirche, Sakramente, Predigtamt, geschichtliche Heilsentwicklung und objektive Heilsvermittlung, gegen die Überschätzung des geschichtlichen Christus und die ›Übertreibung der Gnadenlehre‹ richtet. Überall wird der Gedanke der Innerlichkeit der Religion zur Kritik an den objektiven, aus der Religion herausgewachsenen Systemen, der Theologie (›Scholastik‹), den Kultusformen (›Ceremonien‹), den Kirchen (›Sekten‹), speziell der Kirchenleitung (›Pabstthum‹) verwendet.« [13]

Troeltsch knüpft an Heglers inhaltliche Füllung des Begriffs »Spiritualismus« an.[14] Er hat dabei im wesentlichen die religionssoziologische Dimension (Ebene 1) im Blick und identifiziert »Spiritualismus« mit »Mystik« als dritten grundlegenden Typus christlicher Soziallehren neben »Kirche« und »Sekte«, der – abgesehen von mittelalterlichen Vorläufern – erst in der Neuzeit und insbesondere in der modernen Welt hervortrete.[15] »Spiritualismus« bzw. »Mystik« bei Troeltsch ist:

»... ein soziologischer Typus der christlichen Idee, der auch mit dem Sektentum nicht mehr identisch ist, sondern einen neuen Typus bedeutet, der radikale religiöse Individualismus der Mystik. Er sucht überhaupt keine organisierte Gemeinschaft mehr, sondern nur den freien Gedankenaustausch, und die rein gedankliche Gemeinschaft, wozu nun auch die Druckerpresse erst die Möglichkeit gibt. ... Das Einzelindividuum und die psychologische Analyse wird alles. Von der Lex Christi bleibt nur das Vorbild Christi.« [16]

»Spiritualismus« wird von Troeltsch als problematisches Phänomen beschrieben, das dem modernen religiösen Subjekt mit schicksalhafter Unausweichlichkeit auferlegt sei:

»Es ist die unendlich schwierige Lage der christlichen Soziallehren in der modernen Welt, daß einerseits das Christentum nicht mehr ungebrochen kirchlich ist und doch die freie Geistigkeit und Anpassungsfähigkeit der Kirche sucht, ohne die bindenden Garantien des Kirchentums, daß es andererseits bei seiner Stellung auf subjektive Überzeugung und Freiwilligkeit und ethischlebendige Bewährung doch die radikale Kulturlosigkeit, die konventikelhafte Enge, die an das wörtliche Verständnis des Evangeliums angeschlossene Sozialform der Sekte nicht ertragen kann. Nicht Kirche und nicht Sekte, hat es weder die dingliche Heiligkeit der Anstalt, noch den radikalen Anschluß an die Bibel. ... In dem vollen Gefühl, die höchsten ethischen Ideale der Menschheit noch heute zu vertreten, kann es doch das im Evangelium enthaltene ungeschriebene soziale Programm weder so leicht rein für sich formulieren noch klar auf die widerstrebenden Verhältnisse anwenden. Es ist das Übergewicht des dritten Typus, das sich allmählich für die gebildete Welt herausgestellt hat. Da gibt es dann nur mehr freie Vereinigungen der Gesinnung, die von Kirche und Sekte gleich weit entfernt sind.« [17]

13. Hegler (1892), 19.
14. Troeltsch zitiert Hegler ausführlich im Schlußteil der »Soziallehren« (1912), z.B. S.795.
15. Tendenziell beschreibt Troeltsch mit »Mystik« den soziologischen Typus im allgemeinen, mit »Spiritualismus« speziell die nachreformatorischen Erscheinungen dieses Typus. Eine Identifikation beider Begriffe findet sich aber z.B. explizit auf S.848 der »Soziallehren« (1912).
16. Troeltsch (1912), 420.
17. Troeltsch (1912), 424f.

An diesem Zitat wird deutlich, daß Troeltschs religionssoziologische Typenbildung und deren theologische Auswertung auch für die Analyse und Deutung neuer religiöser Bewegungen relevant ist.[18] Es geht dabei um die Bestimmung und Zuordnung von Erscheinungen moderner Zeitalterlehren, für die der Ausdruck »Spiritualismus« wegen seiner konzeptionellen Offenheit gute Dienste leisten kann. In Anlehnung an die begriffsbildenden Studien von Hegler und Troeltsch lassen sich für die folgende Darstellung moderner religionsgeschichtlicher Phänomene einige Topoi zusammenstellen, die in der einen oder anderen der obigen Bedeutungsschattierungen »spiritualistische« Züge tragen:

(1) *Verinnerlichung der Erwartung eines Neuen Zeitalters und der Wiederkunft Christi:* Dies knüpft bereits an das »Reich des Geistes« bei Joachim von Fiore an[19] und wird später als ›Spiritualisierung‹ der ›äußeren‹ apokalyptischen Erwartungen bei den Taboriten und auch bei Thomas Müntzer neu aufgenommen.[20] Obwohl die »spiritualistische« Wendung der apokalyptischen Erwartungen eine Abstinenz von konkreten Zeitalterlehren und Berechnungen bewirkt, werden beide Momente bei Emanuel Swedenborg und William Blake wieder miteinander verbunden, die – ähnlich der Voraussage Joachims – einen konkreten Termin für den Beginn des neuen, »geistigen« Zeitalters benennen (anders als Joachim legen sie diesen Termin in die eigene Gegenwart).[21]

(2) *Geistige Schriftauslegung und »inneres Wort«, Bekämpfung des reformatorischen Schriftprinzips:* Der Anspruch einer inneren Befähigung zu einem neuartigen Schriftverständnis, die das geschriebene Wort der Heiligen Schrift schließlich überflüssig macht, steht in einer spezifischen Auslegungstradition atl. Stellen wie Jer 31,31-34 und ihrer Weiterführung bei Paulus (bes. 2Kor 3,6).[22] Er setzt sich in verschiedenen Varianten fort, zum einen als Vorstellung einer unmittelbaren Belehrung durch Gott, zum anderen als Vorstellung einer besonderen Prädisposition des »Gemüts« oder des

---

18. Es ist allerdings zu fragen, ob dieser dritte Typus der »Soziallehren christlicher Kirchen und Gruppen« zur Charakterisierung heutiger Bewegungen noch ausreicht. Im Unterschied etwa zu Sebastian Franck spielt seit Ende des 18. Jahrhunderts die Säkularisierungswirkung der Moderne eine große Rolle. Sofern man die neuen Bewegungen überhaupt noch als »christliche Gruppen« auffaßt (wofür in den folgenden Abschnitten historische Gründe genannt werden sollen), wäre vielleicht im Anschluß an die Ergebnisse der Zwischenüberlegung am Ende des ersten Hauptteils (Kap.4) ein vierter Typus i.Si. einer »säkularen Spiritualität« einzuführen.
19. Troeltsch formuliert: »Die Spiritualisten wissen nichts von einer sichtbaren Gemeinde, sondern warten auf das dritte Reich, wo alle vom Geist selbst erleuchtet und geleitet werden; für sie regiert Christus nur durch den mit dem unmittelbaren religiösen Erleben identischen Geist ... Die Spiritualisten vergeistigen auch das tausendjährige Reich und die Wiederkunft Christi zu einer inneren Wiederkunft in den endlich der Liebe sich öffnenden Gemütern« (Troeltsch (1912), 863).
20. Zu dieser Entwicklung vgl. Schwarz (1977), 25f.32.
21. Vgl. dazu unten, Kap.6.2.2.3. und 6.3.1.4.
22. Vgl. dazu unten, Kap.6.2.2.4.

»Herzensgrundes«, die durch die Präsenz des göttlichen Geistes im Menschen gewährleistet wird. Ersteres findet sich bei den Taboriten und auch bei Müntzer,[23] letzteres bei Sebastian Franck und später z.b. bei Jakob Böhme und Emanuel Swedenborg.[24] Der Begriff der *intelligentia spiritualis* bei Joachim von Fiore spielt für beide Varianten eine Vorläuferrolle. Seit der Reformation kann das »Prinzip des inneren Wortes« in scharfen Gegensatz zum »Schriftprinzip« treten.[25]

(3) *Gegensatz von religiöser Erfahrung und ›äußerem‹ Wissen:* Das für die moderne Religionspsychologie wichtige Konzept der religiösen Erfahrung stammt aus der mittelalterlichen Mystik und hängt seit der Reformationszeit konzeptionell eng mit der Lehre des »inneren Wortes« zusammen. Es findet sich explizit bei Sebastian Franck (für die zugrundeliegende Differenzierung der Wirkung des göttlichen Wortes im Menschen ist auch die erste Psalmenvorlesung Martin Luthers von 1513-15 aufschlußreich[26]). Franck schreibt, man lerne den Glauben »in einer empfindlichen Erfahrung und Experienz.«[27] Bei Franck bedeutet dies, daß der Mensch in seinem Inneren sich in freier Überzeugung und Hingabe das Wort Gottes aneignet, wodurch die »Empfindung« zur »Gewißheit« werde.[28]

(4) *Gewißheit über geistige Dinge:* Die Frage der Vergewisserung geistiger Wahrheit ist seit 1750 ein ständiges Thema neuer religiöser Bewegungen und wird in Auseinandersetzung mit dem Bereich naturwissenschaftlicher Erkenntnis diskutiert. Der »wissenschaftliche« Anspruch vieler neuer religiöser Bewegungen und die Formulierung ihrer Lehren im Stil von Naturgesetzen hängt damit zusammen.[29] Eine solche In-Be-

23. Vgl. Schwarz (1977), 19.
24. Sebastian Franck zitiert Hans Denck: »so es Gott selbst ist, so ist es geyst und keyn buchstab, ohn fedder und papir geschriben (Franck fügt hinzu: durch den finger Gots in unser hertz eyngetruckt oder eyngepflanzt), das es nimmer außgetilgt werden mag« ... »Also mag eyn mensch, der von Gott erwelet ist, on predig und geschrifft selig werden.« (zit.n. Schwarz (1977), 27). An anderer Stelle schreibt Franck: »Was nicht ins Herz geschrieben ist, geht die Christen glatt nichts an« (Die Guldin Arch (1538), 37b, zit.n Hegler (1892), 91). Auch das Moment der unmittelbaren Belehrung ist zu finden: »unser Glaube fällt unter keine Regel, Urteil oder Kunst, also daß es nit überredens, sondern empfindens und gewiß sein gilt, inwendig vom heiligen Geist gelehrt und versichert« (Das theur und künstlich Büchlein Morie Encomion (1534), 115a, zit.n. Hegler, 95).
25. Franck schreibt: »Die nu an der Schrift ersättiget, an der Offenbarung des Geistes scheu seind worden, die hauen dem H. Geist sein Kopf ab, so viel an ihnen ist, und stoßen die Gnad mit Händ und Fuß von sich und erheben ihr Angesicht vor dem Licht des Geistes. Man will jetzt wenig wissen von dem wahren, lebendigen, geistlichen, inwendigen Wort Gottes, das zu unserer Seele predigt und uns in unserem Geist zuspricht« (Die Guldin Arch (1538), zit.n. Hegler (1892), 84). Den Unterschied zwischen »Schrift« und »Wort Gottes« erklärt Franck so: »Die Schrift ist nichts weniger denn Gottes Wort, sondern derselben Geist« (Paradoxa (1534), 6b, zit.n. Hegler, 85).
26. Vgl. dazu Helmar Junghans: Das Wort Gottes bei Luther während seiner ersten Psalmenvorlesung, in: ThLz 100 (1975), Sp. 161-174, bes. 165ff.
27. Encomion 135b, zit.n. Hegler, 96; vgl. auch Hegler, ebd., 114.
28. Vgl. Hegler, 98.
29. Vgl. dazu unten, Kap.6.2.3.3. (Anm.159).

zug-Setzung von ›äußerem‹ und ›innerem‹ »Sehen« findet sich schon bei Sebastian Franck.[30]

(5) *Zusammenhang von Gotteserkenntnis und Selbsterkenntnis:* Das »Wort Gottes« hat bei Franck eine doppelte Struktur. Es hat einerseits einen ›objektiven‹ Charakter, kommt ›von außen‹, wird dem Menschen von Gott gegeben, zugleich aber ist es als innere Anlage im Menschen schon vorhanden und macht sein innerstes Wesen als Ebenbild Gottes aus.[31] Daher ist Gotteserkenntnis zugleich Selbsterkenntnis, und es gilt auch der Umkehrschluß. Hegler kommentiert: »Wer in die Tiefe der eigenen Seele eindringt, findet Gott; wer Gottes Gedanken nachgeht, kommt zum Bewußtsein seiner selbst.«[32] Dieser Gedanke kann hinter der modernen religiösen Vorstellung von der »Selbstverwirklichung« des Menschen auf einem »inneren Weg« erkannt werden.

30. »Der innere Mensch muß sein Ding alles wissen, sehen, greifen und erkennen, soll er sich darauf erwägen [verlassen], ergeben, glauben und lassen; so wohl als der äußere Mensch nichts glaubt, denn das er mit den äußeren Sinnen begreift und mit einem vernünftigen Ausrechnen einfahet, ebenso gewiß muß der innere Mensch, der geistlich auf das Unsichtbare allein siehet und gerichtet ist, des Seinen sein, daß [es] Wahrheit und kein Gespenst, Geist und Leben und kein Dunst oder Beredung sei, sondern ein Plerophoria und Gewissenheit des inneren Menschen, ja viel gewisser, denn der äußere Mensch des Seinen ist, denn der mag betrogen werden und oft meinen, er sehe viel Menschen, Reiter, Seelen usw., so es allein ein Wahn, Gespenst und Trügnis ist, und in der Wahrheit nichts, wie man vielmals von Kranken und Abergläubigen erfahren hat. Aber den inneren Menschen, dieweil er aus Gott ist, und nit sündigen mag, mag sein Gesicht und Wissen nit äffen, sondern muß Geist, Leben und Wahrheit sein, was er siehet und weißt« (Encomion (1534), 110a, 152 a.b, zit. n. Hegler, ebd., 99).
31. Franck schreibt: »Der Mensch zum Bilde Gottes erschaffen und in Christo ausgemacht wird, das ist, Gott hat seiner Weisheit, Art und Wesens ein Muster, Zundel, Gespür, Licht und Bild in des Menschen Herz gelegt, darin sich Gott selber siehet. Und dies Bild Gottes und göttlichen Charakter nennt die Schrift etwan Gottes Wort, Willen, Sohn, Samen, Hand, Licht, Leben, die Wahrheit in uns. Also daß wir Gottes fähig und etlicher Maß nach diesem Bild göttlicher Art sind, das Licht ist in der Latern unseres Herzens anzündt und der Schatz liegt schon in dem Acker, in Grund der Seelen gelegt; wer es nur ließ brennen, und die Latern des Fleisch nit fürzög, ja, wer nur in sich einkehret und diesen Schatz suchet, der wird ihn zwar nit über Meer finden, noch im Himmel dürfen suchen, sondern in uns ist das Wort, das Bild Gottes.« (aus: Paradoxa (1534), Nr.101, 102, Q 1a, zit.n. Hegler, ebd., 91).
32. Franck schreibt: »In diesen beiden Angeln – Gotteserkenntnis und Selbsterkenntnis – geht die Thür in Himmel, ja alle Tugend und was man immer Gutes nennen kann, walzt allein in der Erkenntnis Gottes und sein selbs, und je eine ist in die andere gefaßt und bringt sie mit sich, also daß sich selbs niemand sehen und erkennen mag, denn er erkenn und sehe im Lichte und Leben, das in ihm ist, Gott, das ewig wahr Licht und Leben, wiederum niemand Gott erkennen mag außer ihm, wo er sich nit im Grunde von selbs weißt und erkennt, ja siehet in ihm, was und wer er ist, was das Bild Gottes, das Licht in ihm, sein Armut und Reichthum, sein Gesund und Schwach, Summa, wo er sich nit selbs mit seinem eigenen Fuß mißt und nicht in sich selbs steigend von innen sucht ... der Mensch muß durch ein Abwechsel Gott in ihm und sich in Gott suchen, finden und erkennen.« (Die Guldin Arch, 1538, Vorr. 3b, 4a, zit.n. Hegler, ebd., 102).

(6) *Systematische Bestreitung oder Neufassung des altkirchlichen Dogma:* Die Kritik am trinitarischen und christologischen Dogma, die sich in den Neuen religiösen Bewegungen seit 1750 häufig findet, hat ihr Vorbild in den antitrinitarischen Strömungen der Reformationszeit.[33] Schon Joachims trinitarische Begründung der drei *status* enthält eine neuartige Dynamik, die die Trinität auf die Geschichte der Welt und der Menschheit bezieht und dadurch in neuer Weise mit der Heilslehre verknüpft. Franck lehnt zwar die Trinitätslehre nicht ausdrücklich ab, spricht aber – so Hegler – nie von »drei Personen«, während er die Einheit des »Wortes« und des »Geistes« mit Gott hervorhebt.[34] Ähnlich wird die Christologie umgewandelt.[35] Die moderne Ablehnung des christologischen Dogma und die Scheidung zwischen »Jesus« als Lehrer und »Christus« als Träger der dogmatischen Überlieferung des Christentums läßt sich daher ebenfalls auf »spiritualistische« Vorbilder zurückführen.[36]

(7) *Kritik an der Rechtfertigungslehre und ihren praktisch-sittlichen Folgen:* Nach Hegler handelt es sich dabei um ein zentrales Thema aller »radikalen Reformbewegungen« der Reformationszeit, sowohl der Täufer als auch der »Spiritualisten«. Hans Denck und viele andere beklagten die sittliche Laxheit der Bevölkerung in den evangelischen Gebieten und führten diese auf eine mißbräuchliche Deutung der lutherischen Rechtfertigungslehre durch die Massen zurück. Im Gegenzug betonen alle derartigen Bewegungen die sittlichen Implikationen des Glaubens. Bei Franck ist das Annehmen der sittlichen Forderungen Gottes Voraussetzung dafür, daß die Quelle des inneren Wortes nicht verschüttet wird.[37] Dementsprechend wird auch die Sündenlehre

33. Über das Verhältnis zum »Spiritualismus« vgl. Hegler (1892), 4; Troeltsch lehnt die Bezeichnung »Antitrinitarier« ab: Es handle sich um einen häresiologischen Begriff, der Glieder ganz verschiedener Kontexte fälschlich zusammenfasse ((1912), 869, Anm.).
34. Vgl. Hegler, 87.
35. Troeltsch urteilt über die Christologie des Spiritualismus: »Er kennt überhaupt Christus nicht in erster Linie nach dem Fleisch und hat kein Interesse an dem Gottmenschheitsdogma, sondern er findet die Gottheit Christi lediglich in dem Geiste Christi, der in dem historischen Jesus nur sein konkretes Symbol besitzt. Er vergottet daher Christus gänzlich bis in sein Fleisch oder er lockert die Beziehung des göttlichen und menschlichen Elementes in Christo. Von daher ergeben sich dann auch gelegentliche Angriffe auf die Trinitätslehre« (Troeltsch, ebd., 868f.).
36. Vgl. dazu unten, Kap.6.2.2.6 (Nr.2) und 6.2.3.1. In der Bewertung vollzog sich allerdings eine radikale Verschiebung: Die Auflösung der Zwei-Naturen-Lehre führte zunächst in erster Linie dazu, den göttlichen Geist Christi in den Mittelpunkt zu stellen – verbunden mit einer Abwertung seiner menschlichen Natur im Zusammenhang der Abwertung der Sakramentenlehre. In den Neuen religiösen Bewegungen des 19. und 20. Jahrhunderts wird dagegen zumeist die menschliche Natur des »Lehrers« Jesus hervorgehoben, während die göttliche zusammen mit der Trinitätslehre häufig völlig verblaßt. Beide Entwicklungen gehören jedoch zusammen, wie z.B. die Rede vom »Christusprinzip« bei Rudolf Steiner zeigt (vgl. ders.: Von Jesus zu Christus, Dornach 1982; zuerst Berlin 1912).
37. Vgl. Hegler, 97. Troeltsch sieht – wie ähnlich schon Hegler und Dilthey (zit. bei Troeltsch, 795) – diesen Konflikt zwischen dem kirchlichen ›Hauptstrom‹ und den täuferischen und spiritualistischen Nebenströmen der Reformation im Rahmen einer exegetischen Auseinandersetzung um den Vorrang der paulinischen Briefe gegenüber der Bergpredigt, die

gegenüber dem reformatorischen Hauptstrom stärker auf das aktuelle Tun der Person als auf die adamitische Erbsünde ausgerichtet.[38] Die Kritik an der Rechtfertigungslehre und der Vernachlässigung der sittlichen Forderungen des Evangeliums ist ebenfalls ein Grundzug moderner religiöser Bewegungen, sowohl im Pietismus wie auch bei Emanuel Swedenborg. Sie verbindet sich in den Neuen religiösen Bewegungen mit einer generellen Ablehnung des christlichen Sündenverständnisses, insbesondere der Erbsündenlehre.[39]

(8) *Religiöse Freiheit und Selbstverantwortung der Person:* Hegler sieht in der Überzeugung, daß die Menschenseele Gott allein und keinem Menschen verantwortlich sei, den spezifisch reformatorischen und modernen Zug der »radikalen Reformbewegungen«.[40] Das Stichwort der »Freiheit« durchzieht auch die Neuen religiösen Bewegungen seit 1750.

(9) *Religiöse Toleranz und Kritik an kirchlicher Intoleranz; Ablehnung aller Gewalt in religiösen Dingen:* Der religiöse Toleranzgedanke ist wesentlich durch den Spiritualismus geprägt[41] und verbindet ihn wiederum mit den Sekten.[42] Die Kirchenkritik

vorher in monastischen Traditionen besonders betont worden sei. Er zitiert Franck: »Darum gehören hierher (unter die falschen Schriftverehrer) alle die, so die Schrift halbieren und nit ebenso streng ob einem Wort Gottes halten als ob dem andern und die 5.-7. Kap. Math., 6. Kap. Lucae nit so gern und fleißig predigen als die Epistel zu den Römern und Galatern« (aus: Chronica, Zeitbuch und Geschichtsbibel (1536), zit.n. Troeltsch (1912), 795, Anm.433). Die Darstellung Troeltschs steht allerdings in Spannung zu seiner Charakterisierung der »mystischen« Qualität der paulinischen Theologie, die »in allen Perioden der Kirchengeschichte, und sonderlich in allen Perioden der Kritik am Überkommenen, der religiösen Ermattung und der religiösen Neubildung, sich lebendig geäußert« habe (ebd., 853). So unterscheidet Troeltsch an anderer Stelle zwischen Täufern und Spiritualisten: Für die einen sei das »Gesetz Christi«, die Bergpredigt, maßgeblich, die anderen seien ›Antinomisten‹, die nur den Geist kennen (ebd., 863).

38. Franck schreibt: »Wie die Erbsünde niemand verdammt, als den, der dieselbe sich zu eigen gemacht hat, so macht die Erbgerechtigkeit niemand fromm, als den, der dieselbe annimmt und sich zu eigen macht« (zit.n. Hegler, ebd., 128). Zur Kritik Francks an der Rechtfertigungslehre vgl. auch Séguenny (1983), 309.
39. Vgl. dazu unten, Kap.6.2.2.6. und 6.2.3.1.
40. Hegler (1892), 14f.
41. Vgl. dazu Kurt Goldammer: Friedensidee und Toleranzgedanke bei Paracelsus und den Spiritualisten, in: Archiv für Reformationsgeschichte 46 (1955), 20-46 und 47 (1956), 180-211; zu Sebastian Franck ebd., 181-200. Vgl. auch Séguenny (1983), 311: Francks Toleranzgedanke sei »nicht von humanitären Erwägungen bestimmt«, sondern leite sich ab »von der Subjektivität der Beziehungen zwischen den Menschen und dem Absoluten, worüber der Mensch allein richtet«. Gegen eine zu einseitige Ableitung wendet sich jedoch Troeltsch (vgl. unten, Anm. 51).
42. Troeltsch betont den weiteren und moderneren Horizont der »spiritualistischen« Toleranz, die auch Gewissensfreiheit innerhalb der religiösen Gemeinschaft kenne und diese nicht nur wie die Sekten und Freikirchen vom Standpunkt des Staates und der kirchlichen Organisationen fordere (ebd., 872, vgl. unten, Anm.51).

richtet sich u.a. gegen die landesherrliche Sanktionierung, die amtskirchlichen Institutionen, Predigtamt und Sakramente.[43] Dem entspricht in positiver Wendung ein ökumenisch-universaler Zug, der sich in der Reformationszeit besonders gegenüber dem Abendmahlsstreit zwischen Wittenberger und Schweizer Reformation artikulierte und ebenfalls sowohl von den Täufern wie von den »Spiritualisten« vertreten wurde.[44] An den Täufern kritisieren Franck und andere allerdings die konventikelhafte Struktur, die im Gegensatz zur prinzipiellen Offenheit und Toleranz stehe.[45]

(10) *Kritik an der kultischen Heilsvermittlung der Anstaltskirche und an äußeren Ordnungen und Zeremonien:* Kult und Sakrament sind äußere Erscheinungen, wogegen die Vermittlung des Heils nur innerlich auf dem Weg der Aneignung des göttlichen Wortes im Menschen vollzogen werden kann.[46]

(11) *Verwandtschaft zum Rationalismus:* Bei vielen »Spiritualisten« sind humanistische Einflüsse greifbar. Manche von ihnen vertreten den freien Willen, der aus der göttlichen Natur und Würde des Menschen abzuleiten sei und stellen sich gegen Luthers *De servo arbitrio* auf die Seite des Erasmus.[47] Sebastian Franck zeige – so Hegler – ein ambivalentes Verhältnis zur Vernunft: Obwohl er den Besitz des göttlichen Geistes für allein wertvoll hielt und weltliches Wissen eher als Hinderniß denn als Förderung dazu ansah, zeige in seinen Schriften auch das »innere Wort« gewisse rationale Züge, denn die Erfahrung schließe ein Moment der »verstandesmäßigen Überlegung« ein. Außerdem sei die von Gott erleuchtete Vernunft bei Franck identisch mit der ursprünglichen, natürlichen Vernunft des Menschen, die ohne jene Erleuchtung zwar stumpf, aber gleichwohl vorhanden sei.[48] Daraus leite Franck die Pflicht ab, die Vernunft zu erziehen, »täglich unser Urtheil zu schärfen« (Franck).[49]

Auch Troeltsch sieht gewisse systematische Übergangspunkte zwischen Spiritualismus und Rationalismus: Die »unmittelbar aus der Gegenwart Gottes schöpfenden Mystik«, die »ein überall und immer gleich sich wiederholender Vorgang« sei, habe strukturelle Ähnlichkeiten mit dem Streben nach Autonomie und Allgemeingültigkeit im wissenschaftlichen Denken.[50] Die Erlebnishaftigkeit der mystischen Religion habe häufig eine neuplatonische Bestimmung der Erlösung als Erlösung des Geistes auf-

43. Vgl. Hegler (1892), 16.
44. Vgl. Hegler (1892), 24.
45. Vgl. dazu Francks Ketzerchronik; ein ausführliches Zitat bietet Troeltsch (1912), 804f (Anm.441).
46. Vgl. Hegler (1892), 19.97. Troeltsch (1912), 868, faßt zusammen: »Er [scil. der Spiritualismus] kennt kein fertiges Heil als Ausstattung der Anstalt, sondern in erster Linie die Offenbarung und Erlösung in dem jedesmal gegenwärtigen religiösen Erlebnis. ... Er kennt keine Zueignung des Heilseffektes durch Kult, Sakrament und Kirchenstiftung; so bestreitet er die ganze Lehre von einer objektiven Heilsbeschaffung und -vermittlung und lehrt er nur das Vorbild Christi als die Quelle der von ihm fortwirkenden Geisteskräfte.«
47. Vgl. Hegler (1892), 23.96.
48. Hegler (1892), 115.
49. Hegler (1892), 117.
50. Troeltsch (1912), 871.

grund von Erkenntnis zur Folge. Auch die religiöse Toleranz und die Betonung einer universalen religiösen Erkenntnis anstelle des historisch und an konkreten Objekten orientierten Glaubens bringe eine gewisse Nähe zum Rationalismus sowie zur »religionsgeschichtlichen Vergleichung und Kritik« mit sich.[51]

(12) *Kosmologische Basis der Hermeneutik und der Erlösungslehre:* Zusammenhängend mit dem Zug zum Rationalismus sieht Troeltsch bei den Spiritualisten einen neuplatonischen Einschlag, der das mystische Erlebnis »auf allgemeine kosmische Grundlagen zurückführt und es als Aktualisierung des in jeder Vernunft enthaltenen Gottesfunkens betrachtet.«[52] Entsprechend frei und unabhängig von der dogmatischen Anbindung an die Christologie ist Francks Erlösungslehre, die auf einer weit gefaßten

---

51. Troeltsch (1912), 871f. Luthers »stark spiritualistische Ansätze zur Toleranz« seien dadurch verloren gegangen, daß er »den absolutistischen Wahrheits- und Offenbarungsbegriff nicht aufgeben wollte ... Dagegen setzte die spiritualistische Toleranz sich durch, weil sie überall Wahrheit und Offenbarung in relativer Annäherung an die eine, letztlich immer erst in der Gegenwart erlebbare, Wahrheit erkannten. Erst bei ihnen gab es Gewissensfreiheit innerhalb der religiösen Gemeinschaft. ... Aber auch in dieser Hinsicht ist sie vom strengen Rationalismus verschieden, der vielmehr bei der Absolutheit seines Wahrheitsanspruchs zur Intoleranz neigt wie die Kirchen ... Wirkliche Toleranz kannte und kennt nur derjenige Rationalismus, der sich mit mystisch-spiritualistischen Gedanken zugleich durchdrungen hat« (ebd., 872).
Troeltsch setzt sich allerdings kritisch von Versuchen ab, die Aufklärung einseitig vom Spiritualismus abzuleiten. So bilde Albrecht Ritschl »die erstaunliche Gleichung von Katholizismus, Mönchtum, Sekte, Mystik und Aufklärung, in der jedes Glied zugleich die Ungesundheit des anderen dartut«. Dies sei »nichts als Apologetik für sein kirchliches Luthertum«. Der »Übergang zum Rationalismus« habe vielmehr seinen Grund in etwas, »was gleichmäßig jenseits aller liegt«: In der lutherischen Orthodoxie vollziehe er sich »vermöge ihres intellektualistisch-scholastischen Elementes«, beim »Heiligungspietismus vermöge seines moralistischen und in weltlich-wissenschaftlichen Dingen rein utilitaristisch-scholastischen Elementes«, bei der Mystik »vermöge ihres Gedankens von einem in der Vernunft oder der Seele als solcher enthaltenen zeitlosen religiösen« Elementes. Die Aufklärung sei in allen Fällen nicht aus religiösen Interessen abzuleiten, sondern umgekehrt sei sie »die stärkere Bewegung«, die »bei allen Gruppen das jeweils ihr homogene Element« gesucht habe; sie selbst sei vornehmlich aus politisch-sozialen und entsprechenden philosophischen Entwicklungen abzuleiten (ebd., 874, Anm.479).
52. Troeltsch (1912), 871. Troeltsch sieht als Voraussetzung dafür, daß aus dem allgemeinen »Gefühlsdrang« des Mystischen ein selbständiges Prinzip neuzeitlicher religiöser Soziallehren werden kann, eine »allgemeine kosmische Theorie, in der die Möglichkeit und die Verwirklichungsweise« des Heilsvorgangs begründet ist (ebd., 854f.). Eine solche Mystik könne sich zur »selbständigen Religionsphilosophie« entwickeln, die »unter allen konkreten Religionsformen überall den gleichen Kern entdeckt, der aber doch erst unter ihrer Pflege die volle und reine Reife erfährt. Damit wird sie unabhängig von der konkreten Volksreligion, zeitlos und geschichtslos ... antipersonalistisch und asketisch, indem sie die Persönlichkeit untergehen läßt in Gott, indem sie das Sinnlich-Endliche als die Scheidewand zwischen dem absoluten Gott und dem in der endlichen Kreatur enthaltenen Gott betrachtet« (ebd., 855).

Logos-Lehre beruht.[53] Auch die »Heiden« haben möglicherweise Anteil an der inneren Offenbarung des göttlichen Worts; sie sind sozusagen »anonyme Christen«.[54] Der interreligiöse Universalismus steht im inneren Zusammenhang zu einem kosmischen Universalismus. Die Brücke dazu bildet der bei Franck angelegte Gedanke, »daß die Existenz der Kreaturen durch das göttliche Wort vermittelt ist«.[55] Der Anspruch moderner religiöser Bewegungen zur »wissenschaftlichen« Durchdringung des geistigen wie des materiellen Kosmos läßt sich als Weiterentwicklung solcher Konzeptionen verstehen.

Bei Franck findet sich auch eine an Joachim von Fiore erinnernde Verknüpfung von kosmologischer und hermeneutischer Systembildung: Das »Wort Gottes« sei identisch mit Gott selbst. Gott, Wort Gottes und Geist Gottes verhielten sich wie »Ursprung«, »Ausdruck« und »Kraft« bzw. »Wirkung«.[56]

Wie sich zeigen wird, spielen alle diese Momente eine wichtige Rolle in der Konstitution neuer religiöser Bewegungen der Moderne, die nun zunächst am Beispiel Emanuel Swedenborgs dargestellt werden soll. Die Benennung der allgemeinen »spiritualistischen« Topoi soll dazu verhelfen, das zeitgeschichtlich Besondere jener Neuentwicklungen besser herausheben zu können. Ein grundlegender Unterschied sei schon hier benannt: Sebastian Franck und die ihm verwandten Autoren der Reformationszeit zielen mit ihrer Rede vom »inneren Wort«, vom »Geist Gottes in der Seele«, in erster Linie auf eine »geistige« Dimension des *Religiösen* ab.[57] Swedenborg spricht

53. Hegler schreibt: »Die ganze Heilslehre Francks kann vollständig dargestellt werden, ohne daß Christus auch nur genannt werden müßte« (S.150).
54. Franck schreibt: »Unter den Heiden sind zu allen Zeiten Christen gewesen ... Gott hat allweg und je von Anfang Christum, sein Wort, in seinen Auserwählten predigt. ... Welcher das Wort Gottes, das Lamm Christum in ihm predigen höret und dem Wort Frucht bräch, der würde durch die inwohnende Kraft Christi wahrlich Christus und sähe in ihm mit Abraham den Tag Christi, als Abel, Seth, Noah, Loth, Hiob, Abraham, Hermes Trismegistus usw.; es hat ihnen nichts gefehlet, denn der äußerlichen historischen Erkenntnis und Zeugnis« (Paradoxa Nr.231, i 4 a b, zit.n. Hegler, 200). Franck nennt in ähnlichem Zusammenhang neben Hermes Trismegistos auch Pythagoras, Sokrates, Platon, Plotin, Diogenes, Cicero, Catho, Seneka. Hegler sieht darin eine Nähe Francks einerseits zu einem spekulativ-mystischen Platonismus, andererseits zur stoischen Moralphilosophie (S.203f.). Franck ist in erterer Hinsicht offenbar von Dionysios Areopagita beeinflußt, der ausdrücklich genannt wird (vgl. Hegler, 214).
Troeltsch faßt zusammen: »Auch nichtchristliche Fromme können so Offenbarungen des Christus sein. Das bedeutet aber wiederum, daß alle Religiosität überhaupt, in christlicher Beleuchtung gesehen, als mit dem Christentum identisch betrachtet wird« (S.866).
Der Ausdruck »anonyme Christen« in der gegenwärtigen Religionstheologie stammt von Karl Rahner (vgl. ders.: Zum Problem des »anonymen Christen«, in: Schriften zur Theologie Bd.10, Zürich 1972, 531-546).
55. Hegler (1892), 90.
56. Vgl. Hegler (1892), 86.
57. Hegler unterscheidet in diesem Sinne zwischen Theologie- und Philosophiegeschichte einerseits, der Geschichte der religiösen Vorstellungen andererseits, die im Zuge der Reformation entstanden seien und in verschiedenen Bewegungen eine starke Eigendynamik

dagegen von der »geistigen Welt« im Sinne einer Dimension des *Kosmos*. Damit wird der »Spiritualismus« in allen fünf Ebenen seiner historiographischen Verwendung und mit allen genannten inhaltlichen Merkmalen zu einer »spiritualistischen« Kosmos-Wissenschaft umgeprägt, die Materielles und Geistiges, Naturwissenschaft und Theologie gleichermaßen zu umfassen beansprucht.[58]

6.2.2 Emanuel Swedenborg und seine Wirkung

6.2.2.1 Zur Biographie

Emanuel Swedenborg (1688-1772) war der Sohn eines zu seiner Zeit bedeutenden Bischofs der lutherischen Kirche in Schweden, Jesper Swedberg. Bischof Jesper war dem Pietismus zugeneigt, nahm jedoch in der Auseinandersetzung mit der lutherischen Orthodoxie seiner Zeit eine Mittlerstellung ein und vertrat die staatskirchliche Einbindung der pietistischen Neuerungen.[59] Er sprach gelegentlich vom Kommen eines neuen Reformators, durch den die lutherische Orthodoxie wieder mit dem urchristlichen Geist der Liebe erfüllt würde. Diese Vorstellung findet sich schon in Johann Arnds »Vier Büchern vom wahren Christentum« (1606-1610).[60] Sie beeinflußte auch den Sohn.[61]

---

entwickelt hätten. Franck ist für ihn ein Gewährsmann in der Entwicklung dieser religiösen Gedanken. Hegler schreibt: »Mag Franck in einer Geschichte der Theologie übergangen werden, wenn man den Begriff der Theologie und des Theologen durch die Absicht, für eine empirische Kirche zu wirken, konstituiert sein läßt – eine Geschichte der religiösen Vorstellungen kann ihn nicht übergehen« (ebd., 7).

58. Troeltsch sieht dies als konsequente Weiterführung »spiritualistischer« Religionsphilosophie, weitet damit aber die von Hegler vorgegebene Begriffsstruktur erheblich aus. Die meisten Vertreter des alten protestantischen Spiritualismus wie z.B. Schwenckfeld seien »über die Bernhardinische Christusmystik« nicht hinausgekommen. Ihr Interesse selbst sei »ein rein religiöses« geblieben, »und der ganze Relativismus wird als ein innerhalb der christlichen Position möglicher empfunden.« »Um diesen religiösen und christlichen Grundzug zu brechen«, habe es »erst der Einwirkung der modernen Naturwissenschaft und der auf sie aufgebauten neuen philosophischen Systeme« bedurft. »Erst seitdem verschmelzt sich der Spiritualismus mit einem wirklichen, rationalen, ›universalen Theismus‹« (Troeltsch (1912), 873f.). Dies sei maßgeblich in der modernen Religionsphilosophie von Leibniz über Herder und Goethe, Schelling, Hamann, Jacobi, Lavater und andere bis zu Schleiermacher und Novalis zu beobachten (927-930). Im Bereich religiöser Gruppierungen selbst habe der Spiritualismus im Pietismus fortgelebt, aber kaum neue Entwicklungen mehr hervorgebracht. »Ein neuer Anstieg großen Stiles ist nur die Lehre Swedenborgs, der ein in die moderne Naturwissenschaft übersetzter Paracelsus ist und bereits die okkultistischen Phänomene mit seiner Mystik verband« (ebd., 926).
59. Swedberg wurde 1719 in den erblichen Adelsstand erhoben und führte seither den Namen Swedenborg. Die folgende Darstellung stützt sich auf Ernst Benz: Emanuel Swedenborg. Naturforscher und Seher, Zürich: Swedenborg Verlag, ²1969 (zuerst 1948), hier: 5-22.
60. Vgl. Benz (²1969), 113f.
61. Vgl. den terminologischen Gleichklang seines Alterswerks: »Vera Christiana Religio« (1771).

Emanuel Swedenborg löste sich nach christlich-pietistischer Erziehung als Erwachsener von allen engeren kirchlichen Bindungen und schloß sich zunächst einem modernen, naturwissenschaftlich orientierten Denken an. Bis zu seinem 57. Lebensjahr befaßte er sich im Rahmen einer deistischen Philosophie mit verschiedenen naturwissenschaftlichen und technischen Disziplinen. Bei einem Auslandsaufenthalt von 1710 bis 1714 in England, Frankreich, den Niederlanden und Deutschland lernte er führende Naturwissenschaftler wie Newton, Halley und Flamsteed kennen und wurde zu einem Vermittler der neuen Wissenschaften in Schweden. Nach der Heimkehr machte ihn der schwedische König, Karl XII, zu seinem Schützling und ebnete ihm den Weg zum späteren Amt in der königlichen Bergwerkskommission, was ihm naturwissenschaftliche Grundlagenforschung und den Zugang zu den bestausgestatteten Forschungseinrichtungen des Landes ermöglichte. Bis 1745 wirkte Swedenborg als führender Naturwissenschaftler Schwedens, unternahm ausgedehnte Auslandsreisen und genoß die Privilegien und Freiheiten der Forschungstätigkeit. Swedenborg war ein erfolgreicher Gelehrter mit universalen Kenntnissen. Er publizierte zu verschiedensten natur- und geisteswissenschaftlichen Themen.[62]

Im Jahr 1745 durchlebte Swedenborg eine tiefe persönliche und religiöse Krise. Sie kulminierte in einer Folge von Träumen und Visionen, in denen er eine Berufung durch Gott erfuhr. Er zog sich ins Privatleben zurück und verfaßte während der folgenden 27 Jahre bis zu seinem Tod ein umfangreiches visionäres Schrifttum, das er im Ausland, zumeist in Amsterdam oder London, veröffentlichte. Swedenborg blieb trotz mancher Konflikte Glied der lutherischen Kirche Schwedens. Dagegen formierte sich ein Teil seiner englischen Anhänger bald nach seinem Tod zu einer eigenen Denomination, der »Neuen Kirche«.

6.2.2.2 Welt- und Menschenbild

Bis etwa 1734 vertrat Swedenborg eine ›mechanistische‹ Weltsicht und versuchte, auch seelisch-geistige Vorgänge mechanisch zu erklären.[63] Später wandte er sich schrittweise einer vitalistischen Deutung der Natur zu, die die göttliche Schöpferkraft als Wirkprinzip aller irdischen Vorgänge und Erscheinungen bezeichnet.[64] Dabei nahm er Vorstellungen der spätmittelalterlichen mystischen Naturphilosophie auf.[65]

62. Dokumentation bei William R. Woofenden: Swedenborg Researcher's Manual. Bryn Athyn (Penns.), 1988.
63. Benz (^{2}1969), 125ff.; bei Swedenborg zusammenfassend dargestellt in: »Grundlagen der Natur« *(Ex principiis rerum naturalium meis, 1734).*
64. Vgl. Benz (^{2}1969), 131-157. Benz verweist auf den Einfluß Andreas Rüdigers, eines Schülers von Christian Wolff.
65. Ebd.; Benz zählt u.a. auf: die bei Paracelsus erscheinende Bezeichnung der göttlichen Urkraft als »archaeus«, die Lehre von einem stufenweisen Abstieg und der gleichzeitigen Verleiblichung der göttlichen Lebenskraft in der Welt, die Lehre von der Intuition als höchster Erkenntnisfähigkeit der menschlichen Seele, die von Meister Eckhart geprägte Anima-Lehre vom ungeschaffenen »Seelenfünklein« und die Mikrokosmos-Makrokosmos-Lehre der Alchemie (bei Swedenborg zusammenfassend dargestellt in den Werken:

In seiner Anthropologie unterschied Swedenborg schon früh zwischen dem empirischen Einzelmenschen und dem »Urmenschen«, der das Potential des »vollkommenen Menschen« verkörpere. Infolge der inneren Verbindung zu allen Vorgängen der Außenwelt sei dieser im Besitz der »natürlichen Philosophie«, wodurch er naturwissenschaftliche Vorgänge ohne irgendwelche technischen Hilfsmittel wahrnehmen und durchschauen könne.[66]

Seit 1745 entwickelte sich aus diesem Welt- und Menschenbild eine visionär geprägte Deutung der irdischen und himmlischen Gesamtwirklichkeit in Form einer neuartigen, spiritualistischen Bibelinterpretation. Alle Offenbarungen Swedenborgs bezogen sich auf die Heilige Schrift, deren inneren, bisher verborgenen Sinn sie zu enthüllen beanspruchten. Die geistige, an biblischen Begriffen orientierte Weltsicht Swedenborgs versteht sich jedoch nach wie vor als ›naturwissenschaftlich‹. Swedenborg sieht sie als Rückkehr zum Stand jenes Urmenschen, der sozusagen ohne Fernrohr und Mikroskop die Gesetzmäßigkeiten der Welt zu erforschen vermag, wie sie – nach deistischer Überzeugung – auch in der Bibel zu finden seien.[67]

Swedenborg lehrt, daß sowohl die geistige wie die natürliche Welt von einem *influx* Gottes durchdrungen sei. Beide seien durch diesen hervorgebracht. Da der Influx geistiger Art ist, ist der Geist als Voraussetzung der Materie zu sehen. Gott enthält als Totalität der Wirklichkeit alles Existierende abgestuft in sich selbst. In Anknüpfung an platonische Positionen entwickelt Swedenborg seine Lehre von den Entsprechungen. Jedem Gegenstand der natürlichen Welt entspricht ein Gegenstand in der geistigen Welt, und beide haben dieselbe Bezeichnung.[68]

Daraus leitet sich auch Swedenborgs spiritualistische Bibelinterpretation ab: Das biblische Wort wird als Zeichen einer zugleich geistigen und natürlichen Sache verstanden. Der »äußeren« Bedeutung biblischer Begriffe entspricht eine »geistige« Bedeutung; der biblische Wortlaut bringt beides gleichzeitig zum Ausdruck. So entsteht bei Swedenborg sozusagen ein ›spiritualistischer Biblizismus‹, eine Wortgläubigkeit mit festen Schemata für die Zuordnung der Worte zu ihren äußeren und inneren Bedeutungen, die später von William Blake wegen ihres supranaturalistischen Beigeschmacks mit beißender Ironie bedacht wurde.[69]

Swedenborg war überzeugt, selbst zum Gegenstand bzw. zum notwendigen Erfüllungsgehilfen der Verheißungen geworden zu sein, wie sie in den neutestamentlichen Schriften, besonders in der Johannes-Offenbarung, für die Endzeit angekündigt sind:[70] Durch seine eigene Berufung und anschließende visionäre Tätigkeit sah er den Beginn der dort beschriebenen Wiederkunft Christi realisiert, der diesmal nicht in äußerlicher, sondern in geistiger Gestalt erscheine: eben darin, daß den Wesen der Welt der

---

»Aufbau des animalischen Reiches« *(Ökonomia Regni Animalis, 1741)* und »Reich des Animalischen« *(Regnum animale, 1744-45))*.

66. Vgl. Benz (^{2}1969), 149.
67. Auch diese Auffassungen haben Parallelen und Vorläufer in verschiedenen Strömungen des protestantischen Spiritualismus. Vgl. dazu oben, Kap.6.2.1., Punkt (12).
68. Vgl. dazu unten, Kap.6.2.2.4.
69. Vgl. dazu unten, Kap.6.3.1.3.
70. Vgl. Benz (^{2}1969), 218.

innere Sinn des Wortes erschlossen werde, das bei der ersten Ankunft Christi äußerlich in der Welt verkündet worden war.[71]

Diese Sicht der Dinge erinnert stark an Joachim von Fiores Erwartung eines Zeitalters des Heiligen Geistes, in dem den Menschen das *evangelium aeternum* als innerer Schriftsinn erschlossen werde. Anders als Joachim unterscheidet Swedenborg nicht zwischen dem erwarteten Zeitalter des Geistes und der Wiederkunft Christi.

6.2.2.3 Swedenborgs Selbstverständnis als Künder einer Neuen Kirche

Swedenborg vertrat eine Lehre von fünf Weltzeitaltern, denen fünf zeitlich aufeinanderfolgende »Kirchen« entsprechen: die adamitische Urkirche, die noachitische, die mosaische oder israelitische, die christliche und schließlich die Neue Kirche, die mit seinem eigenen Wirken begonnen habe.[72] Er knüpft dabei an Dan 2 und auch explizit an die antike Lehre vom Goldenen, Silbernen, Kupfernen und Eisernen Zeitalter an, die er mit den vier vergangenen »Kirchen« identifiziert.[73] Das »Jüngste Gericht« der

---

71. Vgl. Benz (²1969), 219-221. Vgl. v.a. Swedenborgs Schrift: »Enthüllte Offenbarung Johannis oder vielmehr Jesu Christi, worin die Geheimnisse, die in derselben vorhergesagt und bisher verborgen gewesen waren, aufgeschlossen werden«, (Apocalypsis revelata, Amsterdam 1766). Zu Swedenborgs eigener Funktion im Prozeß der geistigen Wiederkunft Christi vgl. ders.: Die wahre christliche Religion, enthaltend die ganze Theologie der Neuen Kirche, wie sie vom Herrn bei Daniel Kap VII, 13,14 und in der Offenbarung Kap XXI, 1,1 vorausgesagt wurde. Neu übersetzt von Friedemann Horn, 4 Bde., Zürich o.J. (Vera Christiana Religio, 1771), hier Kap.14, No. 776ff (Übs. Horn Bd.3, 936ff.).
72. Zusammenfassend dargestellt in: Swedenborg (1771), No. 753-790 (Übs. Horn, Bd.3, 917-950). Eine ausführliche Darlegung der Zeitalterlehren im Zusammenhang von Dan 2 findet sich auch in ders.: Coronis oder Anhang zur Wahren Christlichen Religion, Zürich o.J., (Original: Coronis, 1771), hier 7ff (= 1771a). Vgl. dazu auch Benz (²1969), 463-476.
73. Eine Vorlage für die fünffache Zeitalterlehre Swedenborgs mit gleicher Einteilung der Epochen findet sich zuerst bei Bonaventura (vgl. oben, Kap.6.1.3.). Swedenborg selbst war aus seiner wissenschaftlichen Tätigkeit auch mit dem Platonismus vertraut. Die Frage nach den unmittelbaren Traditionsbezügen ist schwer zu beantworten, da er aus der Autorität eigener Offenbarung spricht und sich nicht auf irgendwelche Schulen beruft. So schreibt er z.B. auf eine ausdrückliche Anfrage, er habe Jakob Böhme, der als Vorbild einer christlich-spiritualistischen Zeitaltervorstellung in Frage käme, nie gelesen (vgl. Benz (²1969), 110).
Aus dem Sprachgebrauch Swedenborgs ergibt sich das folgende Bild: Der Visionär benutzt gelegentlich die Begriffe *aetas, aevum, saeculum* und *tempus* im Sinne der vier bisherigen Zeitalter, also der durch Dan 2 und 7 interpretierten Zeitalterlehre der hellenistischen Tradition:

(1) *aetas*: Doctrina de Scriptura Sacra (1763), No. 117; Vera Christiana Religio (1771) No. 37,1; 159,7; De Coelo et de Inferno (1758), 166;

(2) *aevum*: De amore coniugiali (1768), 153 bis 2 *(aevi Saturni seu saeculi aurei)*; Vera Christiana Religio No. 9.

(3) *saeculum*: De amore coniugiali (1768), No. 57; De Coelo et de Inferno (115); Diarium spirituale (1747-1765), No. 5957;

(4) *tempus*: Arcana Caelestia (1745-49) 1551.1; 6697; 6721; Doctrina de Scriptura Sacra 14,1.

biblischen Eschatologie wird als Endpunkt eines jeden dieser Zeitalter gedeutet und auf diese Weise ›vervielfältigt‹.[74] Das Gericht findet in Swedenborgs Darstellung jeweils nicht auf der Erde, sondern im Himmel statt, der analog zur Erde zu denken und daher auch am Prozeß der jeweiligen Neugestaltung mitbeteiligt ist (Swedenborg zieht dazu Offb 21,1 mit Bezug auf Jes 65, 17f und 66, 22 heran).

Jedes neue Zeitalter werde zunächst im Himmel eröffnet und manifestiere sich dann allmählich auf der Erde. Die ›alte‹ Kirche werde nicht ausgelöscht, sondern sie bestehe noch für einige Zeit neben der jeweils neuen Kirche weiter, so daß sich ein allmählicher Übergang der Zeitalter ergibt.[75] Swedenborg sieht das von ihm erwartete Zeitalter jedoch nicht nur als neue Sprosse auf einer langen historischen Leiter, sondern als Vollendung und Erfüllung der Geschichte überhaupt. Das erinnert wiederum an Joachim von Fiore. Während dieser jedoch die Geschichte als ganzes – einschließlich des zukünftigen Reiches des Heiligen Geistes – von einer darauf folgenden ›außergeschichtlichen‹ Endzeit abgrenzt, identifiziert Swedenborg die »Neue Kirche« mit dem endzeitlichen »Neuen Jerusalem«.[76]

Das Neue Zeitalter der »Fünften Kirche« beginnt für Swedenborg im Jahr 1757 mit dem Jüngsten Gericht im Himmel, das den Abschluß der vorhergehenden Zeit der »christlichen Kirche« markiere.[77] Es habe die himmlischen Bewohner in einen neuen Zustand überführt, in dem sich die Natur ihres früheren irdischen Lebens in neuem Licht offenbare und sie – wenn möglich – umgestaltet würden.[78] Sodann wirke es sich auch auf die irdischen Bewohner aus.

Swedenborg unterscheidet sich dadurch von stärker traditionell ausgerichteten Kündern einer Neuen Kirche, daß er sich selbst maßgeblich an der Verwirklichung

(Quelle: John Chadwick, Hrsg.: A Lexikon of the Latin Text of the Theological Writings of Emanuel Swedenborg, 8 Bde. und Suppl., London 1975-1990).

74. Vgl. dazu Emanuel Swedenborg: Himmlische Geheimnisse im Worte Gottes, die nun enthüllt sind, 9 Bde., übs.v. I.Tafel u.a., Zürich: Swedenborg-Verlag, o.J. (Original: Arcana Coelestia, 1749-1756), hier No. 1850 (Kommentar zu Gen 15, Übs. Tafel, Bd.1, 370-372).
75. Ebd.; vgl. auch ders. (1771), No. 768 (Übs. Horn Bd.3, 931). Eine ähnliche Vorstellung des gleitenden Übergangs der verschiedenen *status* der Kirche und des Weltgeschehens findet sich schon bei Joachim von Fiore, der jeweils die *initatio* als Vorbereitungszeit von der *fructificatio* als der Zeit der Reife unterscheidet; vgl. dazu Grundmann (1927), 59.
76. Ausdrücklich in: Swedenborg (1771), No. 781ff (Übs. Horn Bd.3, 941ff.): »Dies ist es, was in der Offenbarung unter dem ›Neuen Himmel und der neuen Erde‹ sowie unter dem vom Himmel herabkommenden ›Neuen Jerusalem‹ verstanden wird« (Überschrift zu No. 781). Trotz dieser Identifikation von »Neuer Kirche« und »Neuem Jerusalem« wird auch in der Lehre Swedenborgs und seiner Anhänger zwischen schon erfülltem und ausstehendem Anteil des endzeitlichen Geschehens unterschieden. Friedemann Horn führt die Verwendung des Ausdrucks »Neues Zeitalter« bei den Swedenborgianern auf diese Differenz zurück: »Die Anhänger Swedenborgs haben daher schon früh ... vom neuen oder neuen christlichen Zeitalter gesprochen, schon um dem Mißverständnis vorzubeugen, sie hielten ihre Denomination ›Neue Kirche‹ für das, was Swedenborg darunter verstand.« (persönl. Brief vom 29.5.91).
77. Vgl. z.B. Swedenborg (1771), No. 796c (Übs. Horn Bd.4, 954).
78. Vgl. dazu Swedenborgs Bericht über seine Begegnung mit Luther, Melanchthon und Calvin: ebd., No. 796-799 (Übs. Horn, Bd.4, 953-962); vgl. dazu unten, Kap.6.2.2.5.

des Neuen Himmels und der Neuen Erde beteiligt sieht. Wie er berichtet, verkehrt er im Himmel (er blickt außerdem auch in die Hölle) und wirkt dabei als Mittler zwischen den verschiedenen Sphären. Er spricht mit Engeln und Geistern, wobei er keineswegs nur zuhört; er predigt sogar den himmlischen Wesen und informiert sie über die Veränderungen auf der Erde. Umgekehrt entnimmt er den himmlischen Gesprächen die Grundlagen seiner Bibelauslegungen.[79]

6.2.2.4 Hermeneutischer und kosmologischer Spiritualismus: Die Theorie der »geistigen Entsprechungen«

Einen zentralen Platz in Swedenborgs Lehre nimmt die Theorie der geistigen Entsprechungen ein, die sowohl einen hermeneutischen wie einen kosmologischen Aspekt hat.[80] Sie hatte große Bedeutung für die Entwicklung des modernen Spiritualismus und stellte ein Theoriekonzept für die Verkoppelung von »Religion« und »Naturwissenschaft« zur Verfügung, das mit seiner hierarchischen Strukturierung der Wirklichkeit eine Vermeidung des Pantheismus-Problems einerseits, des reinen Dualismus von »Geist« und »Materie« andererseits ermöglichte und später in vielen Varianten aufgegriffen wurde.

Bereits vor dem Beginn seiner Visionen stellt Swedenborg die natürliche Welt nach neuplatonischem Vorbild in eine innere hierarchische Beziehung zur geistigen und zur göttlichen Welt.[81] Göttliche, geistige und natürliche Dinge verhielten sich wie Urbild, Abbild und Schattenbild oder Angesicht, Spiegelbild und Schattenriß. Die Dinge des Geistes und der Welt seien das Ergebnis einer fortlaufenden Selbstentfaltung der göttlichen Vernunft.[82] Seit 1745 entwickelte Swedenborg diese Lehre in einem umfassenden Sinne weiter: Alle natürlichen Dinge wiesen, wenn man sie recht zu deuten versteht, über sich selbst hinaus auf die Geheimnisse des Himmels.[83] Swedenborg schreibt:

»Die ganze natürliche Welt entspricht der geistigen, und zwar nicht nur im allgemeinen, sondern auch im einzelnen. Deshalb heißt alles, was in der natürlichen Welt aus der geistigen heraus entsteht, Entsprechendes. Man muß wissen, daß die natürliche Welt aus der geistigen entsteht und besteht, ganz wie die Wirkung aus ihrer Wirkursache. Zur natürlichen Welt gehört alles räumlich Ausgedehnte, das unter der Sonne ist und aus ihr Wärme und Licht empfängt,

---

79. Vgl. ebd.
80. Robert H. Kirven schreibt, Swedenborg habe sich wohl über kein Thema so viel geäußert wie über das »Wort und seine verschiedenen Sinnebenen« (Swedenborgs Theologie im Überblick – eine Lesehilfe zu seinen Werken, in: H.Bergmann u. E. Zwink (Bearb.): Emanuel Swedenborg 1688-1772. Naturforscher und Kundiger der Überwelt. Begleitbuch zu einer Ausstellung der Württembergischen Landesbibliothek, Stuttgart 1988, 44-73). Die Lehre findet sich in allen Werken Swedenborgs, ist aber besonders entwickelt in: »Lehre von der Heiligen Schrift« (Doctrina Novae Hierosolymae de Scriptura Sacra, 1763) und Swedenborg (1771).
81. »Aufbau der animalischen Welt« (Teil III, 1740).
82. Vgl. Benz (^{2}1969), 368f.
83. Vgl. Benz (^{2}1969), 369f.

und zu dieser Welt gehört auch alles, was von jener aus besteht. Die geistige Welt aber ist der Himmel, und es gehört alles zu ihr, was in den Himmeln ist.«[84]

Naturwissenschaft und Theologie treten dadurch in ein Entsprechungsverhältnis. Die Parallelisierung konkretisiert sich darin, daß Swedenborg die kosmologische Entsprechungslehre auf seine Methodik der Schriftauslegung überträgt. Er entwickelt ein System der Allegorese, mit dessen Hilfe der ›Ur-Sinn‹ der biblischen Worte zugänglich werden soll.[85] Das ›äußere‹ Wort wird als »Behälter« des geistigen und himmlischen Sinnes verstanden. Jedem biblischen Wort wird eine geistige Bedeutung zuerkannt, so daß eine Art ›Lexikon‹ entsteht. Benz faßt zusammen:

»Auf diese Weise verwandelt sich die ganze Heilige Schrift in einen Komplex von geistlichen Bedeutungen, die sich zu einem System der Heilslehre verflechten.«[86]

Vorbild einer solchen Hermeneutik ist die Lehre vom zwei- bzw. dreifachen Schriftsinn, wie sie sich seit der Alten Kirche entwickelte. Sie greift formal auf die paulinische Unterscheidung von *gramma* und *pneuma* zurück.[87] Auf der Grundlage der Origenistischen Deutung dieses Wortpaares wird die ontologisch-noologische und soteriologische Ausrichtung mit einer hermeneutischen Fragestellung verknüpft, aber nicht aufgegeben. Das Erkennen des inneren Schriftsinnes steht bei Swedenborg in Wechselwirkung zur inneren Entwicklung des Erkennenden.[88] »Entsprechung« ist zugleich »das Bindeglied zwischen der physischen und der geistigen Wirklichkeit.«[89] Der Swedenborgianer Kirven formuliert:

»Die Bibel – geschrieben aus der Perspektive der Wahrheit selbst – benutzt die Struktur der Schöpfung, um ewige Wahrheiten zu vermitteln, wenn sie über Flüsse und Berge, Sonne und Mond, Felsen und Bäume spricht.«[90]

---

84. Emanuel Swedenborg: Himmel und Hölle. Aufgrund von Gehörtem und Gesehenem beschrieben..., übs. v. F. Horn, Zürich: Swedenborg Verlag, 1977 (Original: De Coelo et ejus mirabilibus, et de Inferno, ex auditis et visis, 1758), hier § 89, S.69.
85. Dahinter steht die Vorstellung, daß der Mensch der Urzeit einen solchen Schlüssel der Entsprechungen gehabt habe, der in Resten noch in den ägyptischen Hieroglyphen erhalten sei (vgl. Benz (^{2}1969), 370).
86. Benz (^{2}1969), 375.
87. Vgl. dazu oben, Kap.6.2.1., S.246f.
88. Kirven schreibt:»Swedenborg sah die Notwendigkeit für diesen Begriff [der Entsprechung] schon in seinen frühen wissenschaftlichen Werken, in denen er ihn auf spekulative Weise entwickelte. ... Doch erst als ihm beim Lesen des Wortes das geistige Auge geöffnet wurde, erkannte er die unendliche Verflochtenheit und Vollkommenheit dieses Beziehungs-Musters, das aus der scheinbaren Polarität von Materie und Geist eine einzige Wirklichkeit macht. Seine Auslegungsmethode der Bibel war eine wichtige Folge dieser Entdeckung und Konzeption, aber der grundlegende Gedanke ist Teil von Swedenborgs Beschreibung der ganzen Realität ...« (Kirven (1988), 68).
89. Kirven (1988), 54.
90. Kirven (1988), 54.

6.2.2.5 Swedenborgs Verhältnis zum altkirchlichen Dogma und zur lutherischen Orthodoxie

Im Licht des geistigen Schriftsinnes erweisen sich bei Swedenborg zentrale Lehren der orthodoxen lutherischen Theologie, ja bereits des altkirchlichen Dogma, als falsch oder irreführend. Dabei beruft sich Swedenborg – anders als frühere Vertreter einer spiritualistischen Schriftdeutung – inmitten seiner visionären Beschreibungen auf Vernunftgründe, woraus der theologie- und sozialgeschichtliche Zeitbezug seiner Visionen ersichtlich wird.[91] Im Blick auf die Wirkungsgeschichte sind folgende Vorstellungen besonders wichtig:[92]

(1) Die altkirchlichen Lehren von der göttlichen Trinität und die Zwei-Naturen-Lehre der Christologie in der Fassung des Nizänum und Athanasianum sind abzulehnen.[93] Gott ist nur eine Person. Vater, Sohn und Geist sind verschiedene Erscheinungsweisen dieser Person (so wie im Menschen Seele und Leib und die Wirksamkeit beider zusammengehören).[94] Christus hat nur eine Natur, die zugleich göttlich und menschlich ist. Jesus Christus ist selbst der dreieinige Gott, weder nur die zweite Person Gottes noch ein unpersönliches Göttliches. Das Menschsein Christi ist – wie das Menschsein überhaupt – bereits in Gott selbst angelegt, dessen Schöpferkraft als Lebenskraft die Welt in all ihren belebten und unbelebten Bestandteilen ermöglicht. Gott verleiblicht sich in der Welt in einer Folge von Selbstabbildungen. Das erste Bild Gottes (in Anknüpfung an Gen 1,26f.) ist der »Große Mensch« *(homo maximus)*, der wahre menschliche Leib, der von den Geistwesen des Himmels, der himmlischen Kirche, gebildet wird. Dementsprechend ist auch die irdische Kirche als Leib Christi (1Kor 12, 12-27; Eph 5,21-6,9) ein Abbild Gottes, wie letztlich die ganze Schöpfung Ergebnis der wiederholten Selbstabbildung Gottes ist. Jeder einzelne Mensch ist als Mikrokosmos ein Abbild der Schöpfung und des *homo maximus*, des eigentlichen Menschen als des (himmlischen) Makrokosmos; damit ist der Mensch zugleich auch Abbild Gottes.[95]

(2) Die irdische und die himmlische Welt entsprechen sich gegenseitig, und die Entwicklung des einzelnen Menschen geht nach dem Tod im Jenseits weiter. Diese Kontinuität ist gewährleistet durch den »inneren Menschen«, der während des irdischen

---

91. Vgl. z.B. Swedenborg (1771), No. 769f (Übs. Horn, Bd.3, 932f.).
92. Die folgende Übersicht lehnt sich an die Darstellung von Ernst Benz (^{2}1969) an; vgl. dazu besonders Teil IV: Die Lehre, 378-501. Außerdem wurde Kirven (1988) herangezogen.
93. Vgl. Swedenborg (1771), Kap.3, bes. No. 177f (Übs. Horn Bd.1, 267-270). Nach Benz übernahm Swedenborg die Ablehnung der Trinitätslehre bereits von dem Deisten Whiston, den er in seiner Jugend in London kennengelernt hatte, vgl. ders., (^{2}1969), 478. Ob Swedenborg später in den Niederlanden Kontakte zu Sozinianern oder anderen gegenüber der Trinitätslehre kritischen Gruppierungen hatte, ist nicht belegt.
94. Vgl. Benz (^{2}1969), 478.
95. Vgl. Emanuel Swedenborg: Die eheliche Liebe, Zürich o.J. (Original: Delitiae sapientiae de Amore coniugali, 1768), hier 220,2.

Lebens im äußeren Menschen verborgen ist und vom Tod nicht berührt wird, sondern lediglich in eine andere Seinsweise übergeht. Der Mensch schreibt selbst das Buch seines Gerichtes, das in einem überzeitlichen Gedächtnis aufbewahrt wird. Da der Inhalt dieses Gedächtnisses nach dem Tode nicht mehr zunehmen kann und innerer und äußerer Mensch korrelieren, kann sich auch der innere Mensch nur auf der Grundlage des auf der Erde vom äußeren Menschen erreichten Standes weiterentwickeln.[96] Das Gericht ist – aus der Perspektive des Individuums – nichts anderes als die vom Menschen selbst bewirkte himmlische Prädisposition, die sich sofort nach seinem Tod auszuwirken beginnt.

(3) Swedenborg wandte sich gegen die lutherische Rechtfertigungslehre, wobei er allerdings mehr die praktischen Auswirkungen auf das Glaubensleben der Anhänger als die Lehre selbst im Blick hatte.[97] Wegen ihrer Betonung der Unfreiheit des menschlichen Willens und ihrer dogmatischen Fixierung auf die göttliche Urheberschaft des Heilsgeschehens drohe die Rechtfertigungslehre den Liebescharakter der jesuanischen Botschaft auszuhöhlen und leugne dadurch die Gottebenbildlichkeit des Menschen.[98] Insbesondere wendet sich Swedenborg gegen die Calvinistische Lehre der *gemina praedestinatio*.[99] Doch verwahrt er sich gegen den Vorwurf einer neuen Werkgerechtigkeit. In der umfassenden Entsprechung des einzelnen Menschen mit der Welt, mit dem *homo maximus* und mit Gott selbst sieht er den eigentlichen Antrieb des Liebeshandelns, wogegen jede egoistische Regung des Menschen, sei sie als individualistisches Heilsstreben oder als passive Hingabe an den Willen Gottes gefaßt, zum Verderben führen müsse.[100]

(4) Swedenborg nimmt manche Errungenschaften lutherischer Theologie durchaus für sich in Anspruch. Er nimmt das *sola gratia*-Prinzip auf, wenn er seine Berufung als ausschließliche Wirkung der Gnade Christi beschreibt; auf anderem Wege sei kein Verständnis der Schrift zu erlangen.[101] Da seine Offenbarungen ausschließlich in ei-

---

96. Vgl. Swedenborg (1749-56), No. 1850 (Übs. I.Tafel, Bd.1, 370-72). Swedenborgs Vorstellung von der Seelenentwicklung ist zusammengefaßt bei Friedemann Horn: Reinkarnation und christlicher Glaube, in: Alfons Rosenberg (Hrsg.): Leben nach dem Sterben, München, 1974. Wie Horn nachweist, vertrat Swedenborg keine Reinkarnationslehre.
97. Zusammenfassend Swedenborg (1771), Kap.8: »Der Freie Wille«, und Kap.11: »Die Zurechnung«, No. 463ff und 626-66 (= Bd.3, 601-662 und 767-814); vgl. dazu auch Benz (^{2}1969), 478.
98. Auch für diesen Aspekt der Lehre Swedenborgs gibt es täuferische, spiritualistische und pietistische Vorbilder, dokumentiert z.B. bei Gottfried Arnold, Unparteiische Ketzerhistorie (1699). Die Kritik der fehlenden Liebe in der protestantischen Orthodoxie, die zumeist mit einer besonderen Betonung der Bergpredigt verknüpft wird, findet sich schon bei Sebastian Franck (vgl. dazu oben, Kap.6.2.1.).
99. Vgl. Swedenborg (1771), No. 798c (Übs. Horn Bd.4, 959).
100. Vgl. Swedenborg (1771), Kap.7, No. 392-458 (Übs. Horn Bd.2, 515-575).
101. »Das habe ich nun im Geistlichen gelernt: Man darf nichts anderes tun, als sich demütigen, und auch nichts anderes begehren, und zwar in aller Demütigkeit, als Christi Gnade« (aus dem Reisetagebuch Swedenborgs, 1743/44, zitiert nach Benz (^{2}1969), 185).

ner Neudeutung der Schrift bestehen, nimmt er auch das reformatorische Schriftprinzip für sich in Anspruch, reklamiert für sich selbst aber einen besonderen Zugang.[102] Er steht damit in der Tradition des protestantischen Spiritualismus, die sich auch in den anderen zentralen Merkmalen seiner Lehre wiederfinden läßt.

(5) Swedenborgs Ekklesiologie ist von der folgenden Überlegung bestimmt: Die Entwicklung der Kirche in einer bestimmten Epoche ist identisch mit der Entwicklung der menschlichen Gemeinschaft, innerhalb deren sich Gottes Wirken auf die menschlichen Herzen vollzieht und die Menschen mit Glaube und Liebe auf jenes Einwirken Gottes antworten. »Kirche« ist dabei ein Allgemeinbegriff für die »Religion« eines Zeitalters und daher nicht auf das Christentum beschränkt. Da jede Zeitepoche dem allmählichen Verfall ausgesetzt ist, depraviert auch die zugehörige »Kirche«. Daher gründet Gott in jeder neuen Epoche eine Neue Kirche. Das Problem des Verfalls und der Erstarrung ergibt sich auch für die jüngste, christliche Epoche und sogar für das Anliegen der Reformation. Der einzelne Mensch und die Gemeinschaft der Gläubigen kann sich in jeder Epoche zu einer neuen Stufe weiterentwickeln. Erst in der Zeit Swedenborgs sei ein wahres, inneres Verständnis des Schriftsinnes möglich.[103]

Die Beteiligung des Visionärs am himmlischen Geschehen und die Stellung zur Rechtfertigungslehre wird beispielhaft an Swedenborgs Bericht über seine Begegnung mit Luther deutlich, der im Himmel einen theologischen Lernprozeß erfahren habe:

»Was nun Luther betrifft, so war er vom ersten Augenblick seines Eintritts in die geistige Welt an der eifrigste Propagandist und Verteidiger seiner eigenen Lehrsätze ... Dies war sein Lebenszustand bis zum letzten Gericht, das im Jahre 1757 in der geistigen Welt abgehalten wurde. Nach Verlauf eines Jahres wurde er jedoch ... in einen anderen Zustand versetzt. Hier hörte er nun, daß ich als ein Angehöriger der natürlichen Welt mit den Bewohnern der geistigen Welt rede. Daher kam er mit einigen zu mir und vernahm ..., daß eben jetzt das Ende der vorigen und der Anfang der Neuen Kirche sei, jener Kirche, von der Daniel geweissagt und die der Herr selbst in den Evangelien vorhergesagt hat, und daß diese Neue Kirche unter dem Neuen Jerusalem in der Offenbarung des Johannes zu verstehen sei, sowie unter dem ewigen Evangelium, das der inmitten des Himmels fliegende Engel den auf Erden Wohnenden verkündigte (Offb 14,6). Darüber wurde er sehr ungehalten und brach in Scheltworte aus. ... Als er dann einmal überführt war, daß die Hauptlehre von der Rechtfertigung durch den bloßen Glauben nicht aus dem Wort, sondern aus der eigenen Vernunft abgeleitet hatte, ließ er sich unterrichten über den Herrn, die tätige Liebe, den wahren Glauben, den freien Willen und die Erlösung, und zwar einzig und allein aus dem Wort.

Als er sich dann völlig überzeugt hatte, fing er schließlich an, sich den Wahrheiten, auf denen sich die Neue Kirche gründet, zuzuneigen ... In dieser Zeit war er täglich bei mir, und so oft er nun jene Wahrheiten wieder durchging, fing er an, über seine früheren Lehrsätze als über etwas zu lachen, das geradewegs wider das Wort ist, und ich hörte ihn sagen: ›Wundert euch nicht, daß ich mich auf den allein rechtfertigenden Glauben warf und die tätige Liebe ihres

102. Vgl. seine Kritik an Luther, die er mit dem Vorwurf begründet, Luther habe seine Lehrsätze aus der eigenen Vernunft und nicht aus der Schrift abgeleitet (s.u. Zitat).
103. Vgl. Swedenborg (1771), Kap.14, bes. No. 757-763. 786-790 (Übs. Horn, Bd.3, 920ff.); Vgl. auch ders. (1749-56), No. 1850 (Übs. I. Tafel, Bd.1, 370-72).

geistigen Wesens beraubte. ... Es war nämlich mein Ziel, von den Römisch-Katholischen loszukommen, und dies ließ sich nicht anders bewerkstelligen... Ich wundere mich deshalb gar nicht, daß ich mich verirrte, sondern nur, daß ein Verrückter so viele andere zu Verrückten machen konnte‹. Bei diesen Worten warf er einigen Fanatikern, die zu ihrer Zeit gefeiert und treue Anhänger seiner Lehre waren, einen Seitenblick zu, weil sie die Gegensätze in der Heiligen Schrift nicht gesehen hatten, die doch offen zutage liegen«.«[104]

Luthers ›Irrtum‹ in der Rechtfertigungstheologie beruht also – so Swedenborg – auf einem heilsgeschichtlich notwendigen Winkelzug zur Überwindung der Römisch-Katholischen Veräußerlichung und Deformation der Heilsbotschaft Jesu, und dementsprechend beweise Luthers Lernfähigkeit unter den Bedingungen der neuen himmlischen Dispensation den guten Willen seines einstigen irdischen Tuns.[105]

Zugleich wird Swedenborgs Vision der »Neuen Kirche« deutlich: Sie ist die Kirche der Vernunft und unmittelbaren Intuition, deren Glieder zugleich in einer vorher unmöglichen Weise zum Verstehen der Schrift und zum Gottesdienst in Form eines irdischen Liebeshandelns befähigt werden. Aus diesem Grund bedarf die »Neue Kirche« nicht mehr wie ihre Vorgängerinnen eines mythologischen, gesetzlichen oder dogmatischen Rahmens, der die Heilsbotschaft notwendig verzerrt. Die »Neue Kirche« stellt für Swedenborg den Abschluß der Kirchengeschichte dar, indem sich nun jedem Menschen der wahre Sinn des göttlichen Wortes erschließen kann.

6.2.2.6 Zur Wirkungsgeschichte Swedenborgs im 19. Jahrhundert

Das Swedenborg-Bild wurde im Bereich der akademischen Bildung stark durch Kants Schrift: »Träume eines Geistersehers« geprägt, die noch zu Lebzeiten des Visionärs erschien.[106] Neben dieser negativen Stellungnahme führte die Ablehnung der inspirierten Schriftdeutung in den lutherischen Landeskirchen vor allem in Schweden und in Württemberg dazu, daß Swedenborgisches Gedankengut eher verdeckt rezipiert wurde, obwohl sein Einfluß nicht unbedeutend war.[107] Im angelsächsischen Sprachraum ist die Wirkung offener sichtbar als im deutschen. In England sammelten sich die Anhänger seiner Lehre als erste zur Denomination der »Neuen Kirche«.[108]

104. Swedenborg (1771), No. 796 (»Zugabe zur wahren christlichen Religion«), Übs. Horn, 953f.; vgl. dazu auch Benz (²1969), 497-501.
105. Weit negativer beschreibt Swedenborg das Schicksal Melanchthons und Calvins: vgl. ebd., No. 797.798 (Übs. Horn, Bd.3, 955-962).
106. Immanuel Kant: Träume eines Geistersehers, erläutert durch die Träume der Metaphysik (1766), zitiert nach: Werke in zehn Bänden, hrsg. v. Wilhelm Weischedel, Darmstadt 1983, Bd.2, 919-989.
107. Vgl. dazu Friedemann Horn: Schelling und Swedenborg. Ein Beitrag zur Problemgeschichte des deutschen Idealismus und zur Geschichte Swedenborgs in Deutschland, Zürich 1954. Zur Swedenborgrezeption im deutschen Sprachraum vgl. außerdem: Ernst Benz: Vision und Offenbarung. Gesammelte Swedenborg-Aufsätze, Zürich 1979; Bergmann und Zwink (Bearb.) (1988).
108. Ein historischer Überblick des Swedenborgianismus in Europa findet sich bei Marguerite Beck Block: The New Church in the New World. A Study of Swedenborgianism in America, New York: Octagon, 1968 (Erstausgabe: 1932), 52-72.

Von hier strahlte Swedenborgisches Gedankengut bald nach Nordamerika aus.[109] Bis heute ist die »New Church« im angelsächsischen Sprachraum am weitesten verbreitet, und entsprechend groß sind hier auch die indirekten Wirkungen Swedenborgs. Der Einfluß geht jedoch auch in anderen Ländern weit über die relativ bescheidene unmittelbare Anhängerschaft hinaus. So hat Swedenborg auf verschiedenste religiöse Gruppierungen des 19. und 20. Jahrhunderts gewirkt. Häufig finden sich dabei auch Vorstellungen von einem »New Age«, das im Swedenborgischen Sinne als eine neue himmlische und irdische Dispensation verstanden wird. Im Zusammenhang der vorliegenden Arbeit seien folgende Sphären Swedenborgischen Einflusses eigens hervorgehoben:[110]

(1) Ralph Waldo Emerson (1803-1882), der wichtigste Vertreter des amerikanischen Transzendentalismus, war stark von Swedenborg geprägt.[111] Emerson kannte auch William Blake und ist als ein Vermittler seines Werkes in Amerika zu sehen. Wie bei seinen englischen Freunden Samuel Coleridge (1772-1834) und Thomas Carlyle (1795-1881), bei denen ebenfalls Swedenborgische Einflüsse vorliegen,[112] findet sich bei ihm die Vorstellung eines kommenden Neuen Zeitalters, zu dessen tätiger Vorbereitung neue Offenbarungen vonnöten seien.[113] Von Swedenborg – über Coleridge – übernahm Emerson auch die Theorie der geistigen Entsprechungen.[114]

Emerson wurde seinerseits zum ›Kirchenvater‹ der sog. »Metaphysical Movements«, einer Anzahl religiöser Neugründungen zwischen 1840 und 1870 an der Ostküste der USA.[115] In diesen Bewegungen waren außerdem häufig Swedenborgianer an einflußreicher Stelle beteiligt, so daß Swedenborgische Wirkungen in vielfältiger Form nachzuweisen sind.[116]

(2) Zunächst ist Andrew Jackson Davis (1826-1910) zu nennen, der führende ›Theoretiker‹ des amerikanischen Spiritismus. Seine »Principles of Nature« wurden etwa

109. Zu Entwicklung und Einfluß der »Neuen Kirche« im angelsächsischen Sprachraum vgl. Block (1932). Weitere Literatur bei Woofenden (1988).
110. Zum Folgenden vgl. Judah (1967) und Webb (1976).
111. Vgl. dazu Judah (1967), 26ff. Einen Rezeptionsvorgang in umgekehrter Richtung von Emerson zu späteren Swedenborgianern dokumentiert Kenneth W. Cameron: Emerson's Trancendentalism and British Swedenborgianism, Hartford: Transcendental Books, 1984.
112. Coleridge war seit 1817 mit Charles August Tulk, dem Mitbegründer der amerikanischen Swedenborg-Gesellschaft, bekannt (vgl. Judah (1967), 32).
113. Vgl. Judah (1967), 24.
114. Zu Emerson vgl. Edward L. Ericson: Emerson on Transcendentalism, New York 1986; Manfred Pütz (Hrsg.): Ralph Waldo Emerson: Die Natur. Ausgewählte Essays, Stuttgart: Reclam, 1982; Mary A. Ihrig: Emerson's Transcendental Vocabulary. A Concordance, New York: Garland, 1982; Mary K. Cayton: Emerson's Emergence. Self and Society in the Transformation of New England, 1800-1845, Chapell Hill 1989.
115. Dieser von Judah (1967) geprägte Sammelbegriff bezeichnet den amerikanischen Spiritismus, die »New-Thought«-Bewegung, die Christian Science und einige verwandte Bewegungen. Er ist auch von anderen Darstellungen der amerikanischen Sekundärliteratur übernommen worden; vgl. z.B. M.P.Leone und I.I.Zaretzky (Hrsg.): Religious Movements in Contemporary America, Princeton/NY 1974, Vorwort et passim.
116. Vgl. Judah (1967), 34 et passim.

1845 verfaßt, 1847 publiziert, vom Verleger wegen der Reaktion der Öffentlichkeit wieder zurückgezogen, bevor 1848 die legendären Klopfgeräusche im Haus der John Fox Family in Hydesville/New York bekannt wurden und sich das Werk zur Deutung jener Phänomene anbot.[117] In den folgenden Jahrzehnten berichtete Davis von zahlreichen Geistern und gestaltete so eine Art spiritistische Geographie, die in ihrer Form stark an Swedenborgische Himmelsbeschreibungen erinnert.

Davis selbst hatte Swedenborgische Freunde und behauptete, Swedenborg (dessen Schriften er nie gelesen habe) sei sein erster himmlischer Mentor gewesen, so daß sein Denken als Weiterentwicklung Swedenborgischen Gedankenguts verstanden werden müsse.[118] Wie Swedenborg beanspruchte er den Offenbarungscharakter seines Denkens, das nicht von Geistern, sondern von der »*spiritual sun*« ausgehe.[119] Ebenso stammt von Swedenborg die Überzeugung, daß die »geistige Welt« sich nicht nur einmal in Christus offenbart habe, sondern ständig neue Wahrheiten zu den Menschen leite. Im Unterschied zu Swedenborg verstand sich Davis nicht als Christ. Er lehnte insbesondere die christliche Sündenlehre ab und sah Jesus – wie schon Emerson – als den »größten Lehrer«, aber nicht als Erlöser.[120]

Swedenborgisches Denken hatte infolgedessen seit 1848 eine große Wirkung bei der Interpretation der praktischen Erlebnisse der Spiritisten. Die 1893 gegründete »National Spiritualist Association of Churches«, die größte spiritistische Organisation der USA, beruft sich auch in neuerer Zeit ausdrücklich auf Swedenborg.[121] Auch Carl Kiesewetter, klassischer deutschsprachiger Dokumentator der »Geschichte des Okkultismus«, weist auf die Prägung Davis' und des modernen Spiritismus durch Swedenborg hin.[122]

117. Zum amerikanischen Spiritismus vgl. Judah (1967), 50-77, zu Davis ebd., 51-56; vgl. auch James Webb: Art. »Davis«, in: Cavendish (Hrsg.) (1974), 73; aufschlußreich für die Rezeption in Deutschland ist die Darstellung Carl Kiesewetters: Geschichte des (neueren) Occultismus. Teil 1: Geheimwissenschaftliche Systeme von Agrippa von Nettesheim bis zu Karl du Prel, Leipzig: Max Altheim ²1909 (zuerst 1891), hier Kap.8: »Andrew Jackson Davis, Allan Cardec und die spiritistischen Bewegungen seit dem Jahre 1848«. Zum Terminus »Spiritismus« und seiner Abgrenzung vgl. »Spiritualismus« vgl. oben, Kap.6.2.1.
118. Vgl. Judah (1967), 34.53. Das Motiv der himmlischen Führung durch Swedenborg und die Sanktionierung der eigenen Lehre als ›Weiterentwicklung‹ Swedenborgischer Erkenntnis findet sich u.a. auch bei Dr. Dexter, einem der ersten Vertreter des »automatischen Schreibens« und bei Ethen Allen Hitchcock, der Swedenborgs Lehre mit der Alchemie verband (vgl. Judah, ebd.). Auch hier kann Swedenborg selbst als Vorbild genommen werden, der u.a. seinen verstorbenen Vater als geistigen Führer erlebte (vgl. Benz (²1969), 174).
119. Vgl. Judah (1967), 54. Zur Prägung der Vorstellung bei Swedenborg selbst vgl. ders. (1971), Indexband, Stichwort »Sonne« (Übs. Horn, Bd.4, 1132f.). Außer Davis wurde die Vorstellung u.a. auch bei Mme. Blavatsky (vgl. dies. (1988), Bd.1B, 700) und im »Wassermann Evangelium« Levi H. Dowlings (1908) aufgenommen (vgl. dazu unten, Kap.7.3.1.2).
120. Vgl. Judah (1967), 45.66. Zu Swedenborgs Haltung vgl. ebd., 35.
121. Swedenborg wird bezeichnet als »The first to conceive the spirit world as a realm of law«: Spiritualist Manual der N.S.A. von 1956, zitiert nach Judah (1967), 74.
122. Kiesewetter (1891), 317.382.

(3) Ebenfalls unter dem Einfluß Swedenborgischen Denkens stand Phineas Parkhurst Quimbey (1802-1866), der Initiator einer ebenfalls um 1850 einsetzenden Bewegung, die sich später »New Thought« nannte.[123] Quimbeys Gedankengut wurde durch Warren Felt Evans (1817-1889) systematisiert und erst in Folge seiner Publikationen in einem größeren Umkreis bekannt. Evans war Swedenborgianer und benutzte in seinen Veröffentlichungen über die neue Bewegung Swedenborgische Terminologie.[124]

Auch Evans interpretiert die neue Heilungs-Philosophie als Weiterentwicklung Swedenborgischen Denkens. Er soll das bis heute bedeutsame Stichwort »Positive Thinking« geprägt haben.[125] Die Bezeichnung »New Thought« selbst stammt ebenfalls von einem Swedenborgianer. Sie erschien erstmals 1884 in einer Broschüre: »Condensed Thoughts About Christian Science. New Thought«.[126]

(4) Die 1879 in Boston gegründete »Christian Science« Mary Baker Eddys (1821-1910) ist eine Abspaltung der Bewegung Quimbeys, bei dem die Gründerin zuvor in Behandlung gewesen war. Auch bei ihr sind Swedenborgische Einflüsse greifbar. Sie publizierte ein Wörterbuch über die Entsprechungen von äußerer und innerer Bedeutung biblischer Begriffe,[127] dessen Vorlage offenbar das Swedenborgianische »Dictionary of Correspondences« war.[128] Ein ähnliches Wörterbuch brachte auch die 1889 von Charles und Myrtle Filmore gegründete »Unity School of Christianity« in Kansas City heraus.

(5) Swedenborgische Anklänge finden sich auch bei Helena Petrowna Blavatsky (1831-1891), der Begründerin der Theosophischen Gesellschaft, besonders in der Frühphase ihrer Lehre vor ihrer Hinwendung zum Buddhismus um 1880.[129] Als Vermittler des Swedenborgischen Gedankengutes dürfte bei ihr vor allem der noch zu erwähnende französische »Okkultist« Eliphas Lévi zu sehen sein.

Auch im französischen und deutschen Sprachraum hatte Swedenborg eine breite Wirkung:

123. Vgl. dazu Judah (1967), 146-192. Zur »Neugeistbewegung« in Deutschland vgl. unten, Kap.7.3.2.3., Nr.6.
124. Zu Evans vgl. Judah (1967), 34.160ff.; Block (1932), 167f.
125. Vgl. dazu (und zum Einfluß Swedenborgs auf die New Thought-Bewegung im ganzen): Martin A. Larsen: New Thought Religion or a Modern Religious Approach. The Philosophy of Health, Happiness, and Prosperity, New York, 1985
126. Vgl. Judah (1967), 172f.
127. Dictionary of Correspondences, Representatives, and Significances. Derived from the Word of the Lord, Boston 1874.
128. Vgl. Judah (1967), 273ff. Das Swedenborgische »Dictionary of Correspondences« wurde allerdings nicht – wie Judah angibt – von Swedenborg selbst, sondern von frühen englischen Swedenborgianern um 1790 erstmals publiziert, danach mehrfach umgearbeitet und in vielen Auflagen herausgebracht, so auch 1847 in Boston; vgl. dazu Woofenden (1988), 126f (Lt. Woofenden war die erste Ausgabe von Robert Hindmarsh verfaßt, dem Begründer der »New Church« in England; seit 1800 erschien eine stark erweiterte Fassung von G. Nicholson).
129. Zur Swedenborg-Rezeption Blavatskys vgl. dies (1877), z.B. Bd.1, 219f. 306. 317; Bd.2, 390. Über Blavatsky vgl. unten, Kap.7.2.4.

(6) Die französischen Illuministen Antoine Joseph Pernety (1716-1801) und Martinez de Pasqually (1727-1774), die beide auch als Übersetzer Swedenborgs ins Französische wirkten, waren maßgeblich verantwortlich für die Einführung Swedenborgischen Gedankenguts in die Freimaurerei und rosenkreuzerische Strömungen (v.a. durch die »Illuminés d'Avignon«). Nach Vorarbeit de Thomés, eines Anhängers Pernetys in Paris, entwickelte der nach London geflohene Hugenotte Bénédict Chastanier um 1780 den freimaurerischen sog. »Swedenborgischen Ritus« (»Illuminated Theosophists«).[130]

(7) Eliphas Lévi (Pseudonym für Alphonse Louis Constant, 1810-1875), seit etwa 1850 wichtiger Sammler und Verbreiter okkulten Gedankenguts in Frankreich, entdeckte bereits 1841/2 während einer Haftstrafe in der Gefängnisbibliothek einige Werke Swedenborgs, die ihn intensiv prägten.[131] Lévi sprach um 1870 – soweit bekannt – erstmals zusammenfassend von »esotérisme« und »occultisme« und faßte damit die früher nur einzeln wahrgenommenen »esoterischen« und »okkulten« Traditionen wie Hermetizismus, Rosenkreuzertum, Freimaurerei, Spiritismus, Astrologie, Geomantie und verschiedene magische Künste als Einheit zusammen.[132] So verschieden diese sind, ist ihnen unter den Bedingungen der Moderne eine gemeinsame Frontstellung gegen die Muster des vorherrschenden Welt- und Menschenbildes gemeinsam. Deshalb wurden sie von nun an – auch von der Seite der Kritiker – als zusammengehörig wahrgenommen. Die exemplarische Bedeutung Swedenborgs in diesem Prozeß soll im folgenden Abschnitt eigens thematisiert werden. Lévi kann als wichtiger Mittler und Popularisierer entsprechender Ansätze für das 20. Jahrhundert gelten.[133]

(8) Im deutschen Sprachraum sind (neben der bedeutenden Wirkung Swedenborgs auf manche Vertreter des Idealismus und der Romantik) im Zusammenhang der vorliegenden Arbeit Heinrich Jung-Stilling und Carl Gustav Jung besonders hervorzuheben, die deutlich auf Swedenborgs Schriften Bezug nehmen.[134]

---

130. Vgl. Karl R.H. Frick: Die Erleuchteten. Gnostisch-theosophische und alchemistisch-rosenkreuzerische Geheimgesellschaften bis zum Ende des 18. Jahrhunderts – Ein Beitrag zur Geistesgeschichte der Neuzeit, Graz: Akademische Druck- und Verlagsanstalt, 1973, hier 500ff.
131. Vgl. Frick (1978), 394ff.
132. Vgl. dazu unten, Kap.8.1.1.
133. Eine achtbändige deutsche Ausgabe seines Werks wurde zwischen 1925 und 1928 vom O.W.Barth-Verlag publiziert (s. Dokumentationsteil, Abschnitt 8.1.1.).
134. Lit. zur Wirkung Swedenborgs in Deutschland wie oben, Anm.107. C.G. Jung, der sich bereits seit 1895 mit dem Spiritismus befaßte, studierte nach eigenen Angaben schon früh »sieben Bände von Swedenborg« (ders.: Erinnerungen, Träume, Gedanken, hrsg. v. Aniela Jaffé, Olten 1971, 106). Webb sieht – mit guten Argumenten – auch Jungs spätere Bezugnahme auf neuplatonische Theorien, seine Alchemieforschung und seine Methode des therapeutischen Zeichnens durch Swedenborgianer beeinflußt. Er vermutet, daß die von Jung im Zusammenhang seines Individuations-Vortrages bei der ersten Eranos-Tagung 1933 genannte Analysantin (er führte eine von neuplatonischer Symbolik erfüllte Trance-Zeichnung vor) Kristine Mann gewesen sei, die Tochter Charles Holbrook Manns, eines führenden amerikanischen Swedenborgianers, die 1928 zu Jung in Behandlung kam und

6.2.3 Auf der Rückseite der Aufklärung: Swedenborgs Schlüsselstellung für die Interpretation neuer religiöser Bewegungen

6.2.3.1 Zur Brückenfunktion Swedenborgs bei der Entstehung freireligiöser Bewegungen

Die Gründe der weitläufigen Rezeption Swedenborgs haben mit seiner Schlüsselstellung am Beginn der modernen Religionsgeschichte zu tun: Swedenborg selbst ist durch seine Herkunft noch vertraut mit (lutherischer) Kirche und Theologie einschließlich der pietistischen Erneuerung dieser Tradition, die ihm durch seinen Vater vermittelt wurde. Zwar setzt er sich an wesentlichen Punkten von den Aussagen kirchlicher Theologie ab, doch sind sie ihm durchaus bekannt, so daß sich seine eigenen Lehren in enger Auseinandersetzung mit der christlichen Theologie konstituieren. So ist zum Beispiel das zusammenfassende Alterswerk Swedenborgs, *Vera Christiana Religio (1771)*, in seiner Form ähnlich einer Dogmatik aufgebaut.[135]

Auch inhaltlich ist Swedenborgs Lehre im Vergleich zu den Bewegungen des 19. Jahrhunderts noch stark traditionell geprägt. Obwohl er z.B. die Personen- und Naturenlehre des altkirchlichen Dogma als mißverständlich ablehnt, vertritt er eine explizite Christologie, die mit Selbstverständlichkeit am neutestamentlichen Bekenntnis festhält, daß Jesus der Christus ist.[136] Auch betont Swedenborg ausdrücklich die Personalität Gottes, die er jedoch durch den Personbegriff der Trinitätslehre gefährdet

---

mehrere Jahre mit ihm zusammenarbeitete. Die Theorien ihres Vaters hätten in mehrerer Hinsicht Jungs spätere psychotherapeutische Methodik vorweggenommen. U.a. erscheint in Swedenborgischen Kreisen auch das platonische Stichwort »Archetyp« zur Beschreibung der Swedenborgischen Entsprechungslehre. Jung habe diese Prägung später verschwiegen oder verdrängt (Webb (1976), 387ff.).

135. Die 14 Kapitel Swedenborgs sind überschrieben (Swedenborg (1771), nach der dt. Übersetzung von F. Horn): »Gott der Schöpfer«, »Der Herr als Erlöser«, »Der Heilige Geist und die göttliche Einwirkung«, »Die Heilige Schrift, das Wort des Herrn«, »Der Katechismus oder die zehn Gebote, erklärt nach dem äußeren und inneren Sinn«, »Der Glaube«, »Die Karitas oder Liebe zum Nächsten und die guten Werke«, »Der Freie Wille«, »Die Buße«, »Die Umbildung und Wiedergeburt«, »Die Zurechnung« (Kritik der lutherischen Rechtfertigungslehre), »Die Taufe«, »Das heilige Abendmahl«, »Die Vollendung des Zeitlaufs, die Ankunft des Herrn, der Neue Himmel und die Neue Kirche«.

136. Bei Swedenborg findet sich noch nicht die Trennung zwischen Jesus als »Lehrer« und Christus als göttlichem Prinzip, die für die Neuen religiösen Bewegungen im 19. Jahrhundert charakteristisch wurde (vgl. oben, Kap.6.2.2.6., Nr.2). Swedenborg schreibt über das christologische Dogma: »In den christlichen Kirchen unserer Zeit ist es üblich, unseren Herrn und Heiland als Sohn der Maria zu bezeichnen, selten dagegen als den Sohn Gottes, außer wenn man an den von Ewigkeit gezeugten Sohn Gottes denkt. ... Zu den Greueln, die auf diese Weise in die Kirche eindrangen, gehört vor allem, daß dadurch die Idee der Göttlichkeit des Herrn verlorengeht und im gleichen Atemzug auch all das, was das Wort über Ihn als den Sohn Gottes sagt.« (Swedenborg (1771), No. 94 (Übs. Horn, Bd.1, 141f.)).

sieht.¹³⁷ Es gibt bei Swedenborg auch eine explizite Sündenlehre, während z.B. Davis und Quimby (und vor ihnen schon Emerson) den Sündenbegriff aufgeben und das Böse lediglich privativ als Abwesenheit Gottes und Unvollkommenheit des Menschen interpretieren.¹³⁸ Wie schon gezeigt, hält Swedenborg schließlich trotz seiner innerweltlichen Deutung der christlichen Eschatologie *de facto* an einer Differenz zwischen dem schon erreichten Stand der Neuen Kirche und ihrer noch ausstehenden Erfüllung fest.¹³⁹

Swedenborg bewegt sich damit formal im Rahmen einer spiritualistischen Theologie, wie sie in verschiedenen Epochen und in ebenso verschiedener Akzentsetzung doch einen durchgehenden Typus der Theologiegeschichte seit dem Spätmittelalter bildet. Er beabsichtigte nicht die Gründung einer neuen »Kirche« (bzw. Sekte) im soziologischen Sinne, sondern er verkündete die »Neue Kirche« als ein umfassend neues Zeitalter für alle Christen, als innere Reform der christlichen Welt im ganzen. Der Begriff der Kirche behält dabei, obwohl in den Rahmen einer allgemeinen Zeitspekulation gestellt, eine theologische Dimension.

Dennoch unterscheidet sich Swedenborgs visionäre Weltdeutung bereits an zwei wichtigen Punkten von spiritualistischen Vorläufern, womit er trotz seines traditionellen Sprachkontextes religionsgeschichtliche Entwicklungen des 19. Jahrhunderts vorwegnimmt:¹⁴⁰

(1) Swedenborg identifizierte sich zeitlebens mit seinem naturwissenschaftlichen Hintergrund und nahm gleichzeitig einen modernen Vernunftbegriff für sich in Anspruch. Der theologische Rahmen seines Weltbildes wandelte sich von deistischen Vorstellungen zu einem visionär begründeten Dispensationalismus, was Swedenborg selbst nicht als Bruch, sondern als Erweiterung infolge tieferer Einsicht verstand. So erklärt er auch seine Lehre von den Entsprechungen und seine Einsichten in himmlische Dinge als vernunftgemäß und sieht sie keineswegs gegen den naturwissenschaftlichen Sachverstand gerichtet.

---

137. Swedenborg schreibt: »Es ist eine wissenswerte Tatsache, daß der Herr vor einigen Monaten seine zwölf Jünger – sie sind nun Engel – zusammengerufen und mit dem Auftrag in die ganze geistige Welt ausgesandt hat, dort von neuem das Evangelium zu predigen, und zwar deshalb, weil die vom Herrn durch die Apostel gegründete Kirche gegenwärtig so zerrüttet ist, daß kaum noch einige Überreste von ihr vorhanden sind. Dazu ist es gekommen, weil man die göttliche Dreieinheit in drei Personen zerteilt hat, von denen eine jede Gott und Herr sein soll. Von hier aus hat es sich wie ein Wahnsinn über die ganze Theologie und über die Kirche verbreitet ... ›Wahnsinn‹ sage ich, weil die menschlichen Gemüter durch diesen Grundirrtum in eine solche Verrücktheit hineingeraten sind, daß sie nicht einmal mehr wissen, ob Gott Einer ist oder ob drei Götter sind. Zwar nennt man mit dem Munde Einen, aber im Denken des Gemüts *(mens)* hat man drei ... Der gegenwärtig herrschende Naturalismus hat keinen anderen Ursprung.« (Swedenborg (1771), No. 4; Übs. Horn, Bd.1, 7).
138. Vgl. Judah (1967), 14, 44f.
139. Vgl. oben, Kap.6.2.2.3., Anm.76.
140. Zum Folgenden vgl. Benz (²1969), 211ff.

(2) Zwar haben die Offenbarungen Swedenborgs ähnlich wie bei Joachim von Fiore, Jakob Böhme oder seinem Zeitgenossen Johann Albrecht Bengel die Form von Kommentaren zur Heiligen Schrift, d.h. sie sind als Erschließung des inneren Schriftsinnes zu verstehen; doch anders als sie berichtet Swedenborg, er beziehe seine Fähigkeiten aus dem ständigen Kontakt mit den Welten der Engel und Geister. Mit der anfänglichen Erschließung des inneren Schriftsinnes im Berufungserlebnis ist es bei ihm nicht getan: Swedenborg behauptet, im Himmel und in der Hölle zu verkehren und dadurch etwas von den *anderen* Welten und von einer größeren, der *ganzen* Wirklichkeit erfahren zu haben und ständig weiter zu erfahren. Seine Einsichten sind die Frucht einer Kommunikation, an der er selbst aktiv und sogar belehrend teilnimmt. Doch betont er, daß seine Offenbarungen letztlich nicht von Engeln, schon gar nicht von Geistern, sondern von Gott selbst stammten, der ihn in seiner Berufungsvision zur Weitergabe beauftragt habe.[141]

Swedenborg unternahm damit den Versuch eines ›übernatürlichen Rationalismus‹, einer rationalen Strukturierung, Reformulierung und Absicherung von Aussagen über einen Bereich, der den Mitteln der bloßen Vernunft nicht zugänglich ist. Diese Verknüpfung rationaler und ›intuitiver‹ Aussagen im Weltbild wurde charakteristisch für die neureligiösen Bewegungen des 19. Jahrhunderts.[142] Schon bald nach Swedenborgs Tod verselbständigten sich einzelne Momente der Lehre, was mit der pluralisierenden Wirkung der modernen Zeitsituation leicht erklärbar ist.[143] Während Swedenborg bei seiner Schilderung himmlischer Erlebnisse über Kontakte mit den Reformatoren und die Führung durch den verstorbenen lutherischen Vater berichtet, beanspruchen Davis und andere, ihrerseits von Swedenborg geführt zu sein. So legitimiert sich der Abschied von der christlichen Tradition in der Anknüpfung an Swedenborgs Neuerungen.

Auch in der Ideengeschichte des »Neuen Zeitalters« ist Swedenborgs Zwischenstellung deutlich erkennbar: Seine Aufnahme antiker Zeitalterlehren hält sich noch ganz an die Schemata eines christlich vermittelten Platonismus, so daß er die Lehre vom »Goldenen Zeitalter« und seinen depravierenden Nachfolgern, die er häufig zitiert, nicht im Schema der Wiederkehr des Gleichen, sondern nach den in Dan 2 und 7 angelegten eschatologisch-zielgerichteten Leitlinien interpretiert.

Bereits Blake und die Transzendentalisten brachten eine viel tiefer gehende Theismus- und Christentumskritik auf den Weg. So setzt Emerson die »Natur« an die Stelle Jesu Christi.[144] Auch rückt bei ihm und anderen das Interesse an nichtchristlichen

---

141. Vgl. Benz (²1969), 219.
142. Der Begriff der »Intuition« findet sich in diesem Sinne u.a. bei dem französischen Esoteriker René Guénon (vgl. dazu Antoine Faivre: Art. »Esotericism«, in: ER Bd.5 (1987), 156-163, hier 158). William Blake benutzt dafür den Ausdruck »Imagination«; er wird (mit ausdrücklichem Bezug auf Blake) aufgenommen in dem Buchtitel von William I. Thompson und David Spangler: »Re-Imagination of the World. A Critique of the New Age, Science, and Popular Culture, Santa Fe (New Mexico), 1991. Zu Blake vgl. unten, Kap.6.3.4.
143. Zur soziologischen Inkonsistenz religiöser Überzeugungen unter Bedingungen der pluralistischen Moderne vgl. P.L.Berger (1979).
144. Vgl. Judah (1967), 14.

religiösen und philosophischen Traditionen in den Vordergrund. Es beinhaltet neben einem starken Rückbezug auf platonische und andere Quellen der griechischen und römischen Antike auch die Aufnahme indischer Lehren, die sich in der breiteren religiösen Szenerie jedoch erst in den letzten Jahrzehnten des 19. Jahrhunderts voll auswirkte. Bei Swedenborg sind – abgesehen von der christlich vermittelten Rezeption von Lehren der abendländischen Antike – noch keine Spuren außerchristlicher Religionen zu finden, obwohl seine Anhänger später auch bei diesem Schritt der religiösen Emanzipation eine wichtige Rolle spielten. Sie hatten z.b. maßgeblichen Anteil an der Vorbereitung des »World Parliament of Religions« 1893 in Chicago.[145]

Nicht nur theologisch, sondern auch im Verhältnis moderner religiöser Bewegungen zur Kirche markiert Swedenborg einen Wendepunkt. Davis gab zum Beispiel an, niemals in einer Kirche gewesen zu sein.[146] Weder die Spiritisten noch die New Thought-Bewegung bemühten sich noch um Kongruenz ihrer Lehren mit theologischen Gehalten.[147] Die Theosophische Gesellschaft löste sich noch weiter von den biblischen Grundlagen religiöser Begrifflichkeit und Lehrbildung und knüpfte an die Sprache des Buddhismus und Hinduismus an. Nicht nur bestimmte Inhalte theologischer Lehren, sondern die Theologie als ganze wurde jetzt als irreführend abgelehnt und einer Religion des ewigen Wissens kontrastiert, für die jeweils eine eigene, »wahre« Interpretation vorgelegt wurde. Zwar gibt es auch dafür historische Vorbilder (als Beispiel sei die Rezeption des spätantiken Hermetizismus im italienischen Humanismus des 15. Jahrhunderts genannt); doch ist die Unabhängigkeit von kirchlichen Strukturen und Lehren in der Moderne ungleich größer als je zuvor. Wenn es dennoch in allen genannten Bewegungen mannigfache Kongruenzen mit traditionellen christlichen Lehren gibt, so aus Gründen eher unbewußter Anknüpfung und Vorprägung.

6.2.3.2 Pluralität der Weltbilder und Nebeneinander rationaler und transrationaler Erkenntnisgrundlagen

Als philosophisch-weltanschaulicher Rahmen dieses Ablösungsprozesses dient eine bis heute von den Standesphilosophen argwöhnisch betrachtete Mischung aus ›rationalen‹ und ›irrationalen‹ Argumenten. Es ist daher zu fragen, wie das schon von Kant wahrgenommene Nebeneinander von aufgeklärter Vernunft und der Behauptung »spiritueller« Sonder-Erkenntnis oder göttlicher Eingebung zu erklären ist, das ein hartnäckiger und andauernder Zug der modernen Religionsgeschichte zu sein scheint. Die Frage kann im hiesigen Zusammenhang nicht aufgearbeitet werden, denn sie ist ein Thema der Moderne-Interpretation im ganzen, das sich ähnlich in der Geschichte des Pietismus und der christlichen Erweckungsbewegungen, aber auch im Bereich politischer Utopien und an anderen Stellen zeigt: Die »bloße Vernunft« der Aufklä-

---

145. Vgl. L.P.Mercier (Hrsg.): Review of the World's Religious Congresses of the World's Columbian Exposition Chicago 1893, Chicago und New York: 1894; ders.: The New Jerusalem in the World's Religious Congresses of 1893, Chicago 1894.
146. Vgl. Judah (1967), 55.
147. Allerdings gibt es in beiden Bewegungen Abspaltungen, die sich wieder stärker christlich ausrichteten. Vgl. dazu Judah (1967), 73ff. 256ff.

rung vermag es offenbar nur schwer, die ihr eigenen Selbstbeschränkungen soweit plausibel zu machen, daß sie von ihren Zeitgenossen als *einzige* gültige Erkenntnisquelle anerkannt wird. Zwar gestehen auch Nicht-Überzeugte gerne zu, daß die Mittel der Vernunft beschränkt seien und ihr daher nur einen begrenzten Radius der Erkenntnis erlauben; aber auf der ›Rückseite‹ der Aufklärung verstummt die Frage nicht, ob es nicht andere Erkenntnisweisen geben könnte, die jenen Beschränkungen *nicht* unterliegen.[148] Und wie schon Kant beklagt, reicht allein die Vermutung, daß es solche Quellen geben *könnte*, zur Konstruktion alternativer Weltbilder aus, die sich dem modernen Anspruch rationaler Standfestigkeit und intersubjektiver Überprüfbarkeit gar nicht erst stellen.[149]

Es wäre zu einfach, die modernen Phänomene des Irrationalismus oder des »Spiritualismus« als Relikte vormoderner Zeiten zu erklären.[150] Dagegen spricht schon ihr hartnäckiges Andauern. Doch gibt es auch systematische Argumente zu ihrer Erklärung, die sich an Swedenborgs Biographie und Werk exemplarisch verdeutlichen lassen: Offenbar setzt die moderne Selbstkritik der Vernunft und die schon seit der Renaissance einsetzende Objektivierung der Naturbetrachtung eine Eigendynamik in Gang, in der die Frage entsteht, was jenseits der Welt moderner Erkenntniszugänge zu finden sei.[151] Die Frage nach der ›Rückseite der Vernunft‹ stellt daher nicht nur eine Fortsetzung alter Metaphysik und Ontologie dar, selbst wenn deren logische Struktur und Terminologie gelegentlich wieder aufgenommen werden; sondern sie entsteht unter modernen Bedingungen aufs neue und muß daher als ein Kind der Moderne wahrgenommen werden. In wissenssoziologischer Perspektive erscheint gerade die selbstkritische Haltung der Vernunft als ›Bedingung der Möglichkeit‹ des modernen

---

148. Theologiegeschichtlich wäre hier insbesondere an den Supranaturalismus zu Beginn des 19. Jahrhunderts zu erinnern, z.B an das Argument, daß die von Kant formulierte Beschränkung der Reichweite der Vernunft die Notwendigkeit einer übernatürlichen Offenbarung begründe (vgl. dazu Wilhelm Maurer: Art. Aufklärung III, RGG³ Bd.1 (1957), 728). Die Auseinandersetzung zeigt, daß die damit zusammenhängenden Fragen noch ein halbes Jahrhundert nach Swedenborg selbst innerhalb der akademischen Theologie keinesfalls trivial waren; entsprechend mehr verwickelt und anhaltend ist ihre Bedeutung auf der Ebene der populären Frömmigkeit und Religiosität, die sich von den kirchlich-theologischen Vorgaben bereits emanzipiert hatte und die weiteren theologischen Entwicklungen des 19. Jahrhunderts häufig nicht mitvollzog, sondern eigene Wege ging.
149. Kant (1766), Ausg. Weischedel Bd.2, 923.
150. So argumentiert z.B. Jürgen Habermas im Zusammenhang der Postmoderne-Diskussion, daß das Projekt der Moderne noch nicht verwirklicht sei (ders.: Die Moderne – ein unvollendetes Projekt, in: W. Welsch (Hrsg): Wege aus der Moderne, Weinheim 1988, 177-192). Die Untersuchungen der vorliegenden Arbeit sprechen eher dafür, daß zwar das Projekt der Moderne noch nicht am Ende ist, daß aber auch die ›Rückseite‹ der Moderne weitergeführt wird, so daß beide, obgleich systematisch konträr, empirisch nebeneinander bestehen werden.
151. Schon im Bereich der Renaissance-Philosophie ist das Neben- und Ineinander humanistisch-rationaler und magisch-okkulter Fragestellungen bezeichnend, erkennbar z.B. in der Arbeit Marsilio Ficinos in Florenz. (Vgl. dazu Gerl (1989), 28.36.58f.; s. auch oben, Kap.6.1.4., Anm.87XX). Swedenborg ist – so gesehen – nur konsequenter als z.B. Newton, für den beides, Physik und Alchemie, unverbunden nebeneinander stehen blieb.

Irrationalismus.[152] Zwar ist daraus kein philosophisches Argument gegen die Aufklärung oder die Kantischen Kritiken abzuleiten, doch besagt das Vorhandensein irrationaler Momente neben den vorherrschenden rationalen Denkmustern der Moderne die faktische Differenz zwischen den geistesgeschichtlichen Vorgaben und deren tatsächlicher Umsetzung in den Weltbildern und Leitvorstellungen der Menschen.

Auch heute vermag es jeder Schulphilosoph, mit einigen Hinweisen auf Kant und vielleicht Wittgenstein die Popularphilosophie und »Epistemologie« z.b. Fritjof Capras vernichtend zu kritisieren.[153] Doch der Physiker Capra ist philosophisch wenig geschult.[154] Gerade dadurch wird er zum Symbol für die Differenz zwischen philosophischen Vorgaben der Moderne und ihrer praktischen Umsetzung, die nicht nur für ihn selbst, sondern auch für die Mehrzahl seiner Leser fast unüberbrückbar zu sein scheint. Daher kann eine philosophische Kritik an Capras Entwurf seine Leser kaum belehren, sondern lediglich anzeigen, wie weit die verschiedenen ›Planeten‹ des gesellschaftlichen ›Wissenskosmos‹ in der Gegenwart voneinander entfernt sind, wie weit also die Spezialisierung der Moderne fortgeschritten ist (das ist in der Tat anders als zu Zeiten Swedenborgs).

Die zeitgenössische Empirie – der Capra mehr verpflichtet ist als den philosophischen Schulprinzipien – scheint zu belegen, daß mit der ›Schulphilosophie‹ die entscheidenden Fragen ohnehin nicht zu klären sind: Trotz oder gerade wegen ihrer Fähigkeit zur Selbstkritik scheint sich die moderne Vernunft mit Hilfe der von ihr sanktionierten Utilitarisierung der Handlungsmaximen zur Diktatorin der Menschheit gemacht zu haben, deren unbeabsichtigte Wirkung sich als krasse Unvernunft im wachsenden Ozonloch, im Raubbau am Amazonas oder in den weltweiten Rüstungsmechanismen niederschlägt. Die damit zusammenhängende Diskussion auf philosophischem Niveau zu führen, bleibt einzelnen überlassen.[155] Das hindert andere nicht, im Rücken der akademischen Philosophie ihr eigenes Weltbild zu formulieren.

Ein offensichtlicher Mangel der bisherigen Sekundärliteratur über Capra und andere sog. »New Age-Autoren« liegt darin, daß ihre Thesen unmittelbar und ausschließlich mit dem »rationalen« Weltbild der Moderne konfrontiert werden, ohne daß die ›Rückseite der Moderne‹ in ihrer eigenen historischen Realität wahrgenommen würde.[156] So wird übersehen, daß es auch unter Bedingungen der Moderne sehr verschie-

152. Die englische Privatgelehrte Frances A. Yates dreht die Begründung sogar um. Sie sieht im okkulten Neuplatonismus des Corpus Hermeticum Ausgangspunkt und geheime Mitte nicht nur der Renaissance-Philosophie, sondern auch der Aufklärung und der neuentstehenden Naturwissenschaften; vgl. dies. (1964), (1972); vgl. dazu auch Richard van Dülmen: Entzauberung der Welt: Christentum, Aufklärung und Magie, in: ders. (1989), 204-214.
153. Für eine plausible Kritik der erkenntnistheoretischen Mängel Capras vgl. Schorsch (1988), 208-215; vgl. auch das Themenheft »Neues Denken« (= Heft 15, 1989) der Zeitschrift »Widerspruch. Münchner Zeitschrift für Philosophie«.
154. Vgl. dazu unten, Kap. 11 und 12.
155. Vgl. z.B. Peter Sloterdijk, Kritik der zynischen Vernunft, Frankfurt 1983. Vgl. auch die Beiträge des genannten Sammelbandes von Wolfgang Welsch (Hrsg.) (1988) zur Postmoderne-Diskussion.
156. So z.B. der Physiker Martin Lambeck: Physik im New Age, Stuttgart: EZW-Texte, Infor-

dene Begriffe von »Rationalität« und »Wissenschaft« gibt. Obwohl die Auswirkungen der Technik und der modernen sozialen Organisation im praktischen Leben einen weitgehenden Konsens erzwingen, läßt sich daraus noch nicht auf einen prinzipiellen Konsens des zugrundeliegenden Weltbildes schließen. Wenn für Newton die Alchemie ein lebenslang bedeutsames Thema war, so kann es nicht verwundern, daß die ›Rückseite der Aufklärung‹ auch in heutiger Zeit ihre Wirkung zeigt.[157]

6.2.3.3 Einheit von »Religion« und »Wissenschaft«

Scheinbar im Widerspruch zur Pluralität der Weltbilder steht die Suche nach Einheit und Ausgleich zwischen »Wissenschaft« und »Religion«, die ebenfalls ein wichtiges Thema der modernen Religionsgeschichte ist. Wie sich an vielen Beispielen zeigen läßt, gehört jedoch beides zusammen. Es würde zu kurz greifen, das Bedürfnis nach solcher Einheit allein subjektivistisch mit der ›Verlassenheit‹ des modernen Individuums und seinem Verlust an Bindungen angesichts zeitgenössischer Vielfalt und Wahlmöglichkeiten zu erklären.[158] Vielmehr sollte auch dieses Phänomen aus der Logik der Modernisierungsprozesse selbst begründet werden. Denn es ist nicht erst eine ›Spätfolge‹ oder ›Nebenwirkung‹ der »Entzauberung« der Welt, sondern zeigt sich bereits seit Beginn der Moderne und ist ein Teil derselben.

Auch hier ist Swedenborg als Naturwissenschaftler und Visionär eine Art Pate. Die Verknüpfung von »science« und »religion« ist ein durchgehender Topos fast aller neuen religiösen Bewegungen im 19. Jahrhundert und setzt sich bis in die Gegenwart

---

mation Nr.110, IX/1989, sowie mehrere Texte in der von ihm mitherausgegebenen Zeitschrift »Der Skeptiker«, der in ihrer Konzeption insgesamt ein zu oberflächlicher und unhistorischer Rationalitätsbegriff vorzuwerfen ist; vgl. auch Hansjörg Hemminger: Über Glaube und Zweifel. Das New Age in der Naturwissenschaft, in: ders. (Hrsg.) (1987): 115-185 (= 1987a).

157. Eine solche Art der Gegenwartsdeutung ist im Blick auf »New Age« bisher am besten von Martin Konitzer eingeführt worden; vgl. dazu oben, Kap.1.2.3.4.

158. Exemplarisch für eine solche Deutung: Religionen, Religiosität und christlicher Glaube. Eine Studie, hrsg. im Auftrag des Vorstandes der Arnoldshainer Konferenz und der Kirchenleitung der Vereinigten Evangelisch Lutherischen Kirche Deutschlands von der Geschäftsstelle der Arnoldshainer Konferenz und dem Lutherischen Kirchenamt Hannover, Gütersloh 1991. Der Mensch des 20. Jahrhunderts fühle sich »in seiner für ihn undurchsichtig gewordenen Welt heimatlos, ja bedroht.« Dadurch wachse »die Sehnsucht nach einer Wirklichkeit, die von anderen als ökonomischen ›Werten‹ bestimmt« sei. Hinzu komme ein »Zerfall der gewachsenen Autoritäten« und ein Rückgang der »Hemmung allem Religiösen gegenüber«. »Diese drei Momente setzen in dem Menschen des 20. Jahrhunderts seine Religiosität frei« (sic!, S.28f.).
Die Argumentation ignoriert die zugrundeliegende Frage nach der Einheit der unterschiedlichen Weltbilder und der Integration von ›Wissenschaft‹ und ›Religion‹. Auffällig ist, daß der Ausdruck »Religiosität« – erklärt als subjektiver Effekt jener »Heimatlosigkeit« – nicht etwa auf »esoterische« oder »freie« Formen eingeschränkt wird, so daß die überaus negative Bewertung von Meditationsformen und anderen Ausdrucksweisen der ›freigesetzten Religiosität‹ auch kirchliche Parallelerscheinungen trifft.

fort.[159] Wie oben gezeigt, finden sich ideengeschichtliche Vorläufer schon im Spiritualismus der Reformationszeit.[160] Die Bewegungen begründen ihren Anspruch auf Erneuerung des Religiösen entweder durch die Übereinstimmung ihrer Lehren mit dem modernen wissenschaftlichen Weltbild oder – seltener – durch die Resistenzfähigkeit ihrer Lehren gegen dasselbe. Das Bemühen geht dahin, einen übergeordneten Begriff der »Weisheit« zu bilden, der die Bedürfnisse nach wissenschaftlicher Welterklärung und religiöser Weltdeutung gleichermaßen befriedigt. Die Bewegungen verstehen sich dabei als Konkurrenz zur modernen Philosophie; anders als diese beanspruchen sie, auf ›uraltes‹ Weisheitsgut zurückzugreifen, das die Beliebigkeiten der Zeitläufte unbeschadet überstanden habe (hier schwingt die Tradition der Geheimüberlieferung und »Versiegelung« eine wesentliche Rolle). Das kommt mit exemplarischer Deutlichkeit im Titel des Hauptwerkes von H.P.Blavatsky zum Ausdruck: »Die Geheimlehre. Die Vereinigung von Wissenschaft, Religion und Philosophie«.[161]

Wiederum zeigt ein Vorgriff auf die heutige Diskussion, daß sich dieses Thema vom Beginn der Moderne bis zur Gegenwart durchhält: Fritjof Capras Erfolg in der breiten Öffentlichkeit dürfte maßgeblich dadurch begründet sein, daß er als Physiker dem modernen Bild des »Wissenschaftlers« (im Englischen: *scientist*, d.h. Naturwissenschaftler), der mit »harten« Fakten umgeht, voll gerecht wird und von dieser »objektiven« Warte aus besonders glaubwürdig erscheint.[162] Nun vertritt Capra die Auffassung, daß östliche »Weisheitslehren« die Ergebnisse moderner Physik vorweggenommen hätten.[163] In entsprechender Simplifizierung seiner Thesen sowohl in Europa als auch in Asien ist daraus gefolgert worden, die Upanishaden (als bekannte philosophische Texte der »östlichen Religionen«) seien »wissenschaftlich«, und die Relativitätstheorie (die als »Wissenschaft« ähnlich hohe Anerkennung genießt) sei »religiös«.[164] So ärgerlich manche Geistes- wie Naturwissenschaftler auf diese Folgerung

---

159. Auffällig ist auch, daß die Lehren der »metaphysischen« Bewegungen trotz ihrer Kritik an »dogmatischer Religion« (s.o.) selbst einen gesetzhaften Charakter haben. Die »Gesetze« *(laws)* der geistigen Welt sollen ebenso schlüssig greifbar sein, wie die der Naturwissenschaften. Dieser Gedanke ist von Swedenborg vorgeprägt (Vgl. Judah (1967), 34ff.; vgl. auch oben, Anm.120, zum Sprachgebrauch von »National Spiritualist Association«). Derselbe Gedanke findet sich auch in einer der Ansprachen Vivekânandas vor dem Weltparlament der Religionen in Chicago (ders. (1893), hier 6): »Just as the law of gravitation existed before its discovery, and would exist if all humanity forgot it, so is it with the laws that govern the spiritual world«.
160. Vgl. oben Kap.6.2.1., z.B. das Zitat von Sebastian Franck in Anm.30.
161. Dt. Ausg. übs. v. Robert Froebe, 6 Bde., Den Haag: J.J.Couvreur o.J. (dt. Erstausgabe 1899); Original: The Secret Doctrine. The Synthesis of Science, Religion and Philosophy, 1888.
162. Vgl. dazu seinen ersten Buchtitel: »The Tao of Physics« (1975). Capra teilt selbst diese Einschätzung (Gespräch am 25.8.1988). Er spricht häufig von »harten Fakten« (z.B. ders. (1982), 68).
163. Vgl. dazu unten Kap.11.
164. Für die östliche Seite vertrat das z.B. Karan Singh beim Kongreß »Geist und Natur« 1988 in Hannover (Vortrag: »Mind and Nature. Cross-Cultural Perspectives«); für die westliche Seite vgl. z.B. Michael Strzempa-Depré: Die Physik der Erleuchtung, München 1988.

reagieren, paßt sie doch strukturell genau zu dem Motiv der Einheit von »Religion« und »Wissenschaft«. Capra spricht damit ein Grundthema der modernen Religionsgeschichte an, das er mit heutigen Inhalten von »Religion« und »Wissenschaft« ausgefüllt und dadurch aktualisiert hat.

6.3 Zur Begriffsgeschichte des Ausdrucks »New Age« seit 1804

Die Verwendung des Stichworts »New Age« in der modernen Religionsgeschichte – zusammen mit dem Rekurs auf das »Neue Jerusalem« aus Offb 21 – ist so vielschichtig, daß aus dem Nachweis Swedenborgischer Wirkungen noch keine Begriffsgeschichte abgeleitet werden darf. Doch zeigen sich schon bei William Blake (1757-1827) deutliche Swedenborgische Konnotationen. Daher wird im folgenden Kapitel zunächst Blakes Gebrauch des Ausdrucks unter dieser Perspektive genauer dargestellt; auch werden einige Nachweise seiner Verwendung bei den Angehörigen der Swedenborgischen »Neuen Kirche« dokumentiert. Dann wird anhand der oben skizzierten Wirkungsgeschichte Swedenborgs die weitere Entwicklung des Stichworts »New Age« bis zur ersten Hälfte des 20. Jahrhunderts nachgezeichnet, so daß sich der Kreis zum ersten Hauptteil der Arbeit schließt.

6.3.1 William Blake und seine Wirkung

Wie schon erwähnt, hat Blake im Vorwort seines »Milton« aus dem Jahr 1804 den Ausdruck »New Age« gebraucht und kann damit innerhalb der englischen Sprachtradition wohl als sein Urheber gelten.[1] Der Text lautet im Zusammenhang:

»The Stolen and Perverted Writings of Homer & Ovid, of Plato & Cicero, which all Men ought to contemn, are set up by artifice against the Sublime of the Bible; but when the *New Age* is at leisure to Pronounce, all will be set right, & those Grand Works of the more ancient & consciously & professedly Inspired Men will hold their proper rank ...

1. Wie an vielen Stellen der Recherchen zur vorliegenden Arbeit ließ sich auch hier keine letzte Gewißheit erlangen. Zu Blakes Verwendung des Ausdrucks vgl. Kathleen Raine: Blake and Tradition, 2 Bde., Princeton/New Jersey, 1968; dies.: Berkeley, Blake and the New Age (zuerst 1977), in dies.: Blake and the New Age, London 1979, 151-179. Abgesehen davon gibt es keine sprachgeschichtlichen Untersuchungen zum Begriff »New Age«. Der Ausdruck ist auch in keinem geläufigen Reallexikon verzeichnet. Wie oben schon ausgeführt, erscheint er seit den 40er Jahren des 19. Jahrhunderts als Titel verschiedener Zeitschriften sowohl in Großbritannien als auch in den USA. Das Stichwort »Age of Aquarius«, »Aquarian Age« usw. kam dagegen erst im 20. Jahrhundert in Gebrauch; vgl. dazu unten, Kap.7.

Rouze up, O Young Men of the *New Age!* set your foreheads against the ignorant Hirelings! For we have Hirelings in the Camp, the Court & the University, who would, if they could, for ever depress Mental & prolong Corporeal War«.[2]

Blakes Werk kann im folgenden nicht in ganzer Breite analysiert werden, obwohl dies auch in religionshistorischer Hinsicht von einiger Bedeutung wäre. Die Darstellung muß sich darauf beschränken, die im Zusammenhang mit dem Begriff »New Age« und mit der Rezeption Blakes in der gegenwärtigen religiösen Szenerie wichtigsten Konzeptionen zu benennen.

6.3.1.1 Platonismus und Christentum

Das obige Zitat aus dem Vorwort zu »Milton« macht zunächst Blakes Bezug zu antiken Traditionen deutlich, und die fast wörtlichen Parallelen zum Palmsonntags-Gedicht Girolamo Benivienis und zur Terminologie des *Oraculum de novo saeculo* von Giovanni Nesi sind auffällig.[3] Die Rezeptionslinien dieser Vorstellungen können im Rahmen der vorliegenden Arbeit im einzelnen nicht aufgespürt werden, doch ist bekannt, daß Blake platonisches und neuplatonisches Gedankengut insbesondere durch die Philosophie George Berkeleys (1685-1753) aufgenommen hat.[4] Mit ähnlicher Diktion wie die Florentiner verschränkt Blake die Vorstellungen aus griechischem und römischem Kontext mit christlichen Traditionslinien und interpretiert beide in überaus freigeistiger Weise. Daher fährt er fort:

»We do not want either Greek or Roman Models if we are but just & true to our own Imaginations, those Worlds of Eternity in which we shall live for ever in Jesus our Lord.«[5]

Auch der Abschluß des Vorworts in Gedichtform erinnert an die Florentinischen Umformungen apokalyptischer Vorstellungen und ihre Identifikation des Neuen Jerusalem mit der eigenen Stadt, wobei Blake den Stilbruch dieser Übertragung »Jerusalems« in seine englische Heimat zum Anknüpfungspunkt einer dramatischen Selbstbesinnung macht:

»And did those feet in ancient time / Walk upon England's montains green? / And was the holy Lamb of God / On England's pleasant pastures seen?

And did the Countenance Divine / Shine forth upon our clouded hills? / And was Jerusalem builded here / Among these dark Satanic Mills?

2. William Blake: Vorwort zu »Milton« (1904), in: Keynes (Hrsg.) (*1966), 480 (Hervorhebungen von mir).
3. Vgl. oben, Kap.6.1.4.
4. Vgl. dazu Raine (1977); dies. (1968), Bd.2, 101ff. Obwohl Blake offensichtlich auch den »Platonisten« Thomas Taylor rezipierte (mit dem er vermutlich sogar in persönlichem Kontakt gestanden habe), leugne er diesen Einfluß und halte gegenüber jenem (wie Berkeley) an christlichen Positionen fest (ebd., 102).
5. Keynes (Hrsg.) (*1966), 480.

Bring me my Bow of burning gold: / Bring me my Arrows of desire: / Bring me my Spear: O clouds unfold! / Bring me my Chariot of fire.

I will not cease from Mental Fight, / Nor shall my Sword sleep in my hand / Till we have built Jerusalem / In England's green & pleasant Land.«[6]

6.3.1.2 Swedenborgs Erbe

Wie Kathleen Raine in ihren Untersuchungen zu Blakes Symbolismen gezeigt hat, ist seine Vision des »New Age« trotz der platonisch-neuplatonischen Anklänge in erster Linie in der Tradition Swedenborgs zu sehen.[7] Blake hat die Bezeichnung »New Age« und die damit verbundene Rezeption der griechischen Weltaltervorstellung in die Swedenborgische Konzeption eingetragen; der Sache nach ist Blakes »New Age« jedoch synonym zu Swedenborgs Rede von der »Neuen Kirche« zu verstehen, die ihrerseits auf der Deutung des »Neuen Jerusalem« in Offb 21 fußt.

Bei Swedenborg selbst, der noch lateinisch schrieb, findet sich kein Äquivalent für »Neues Zeitalter«;[8] doch benutzen in späterer Zeit außer Blake auch die Angehörigen der auf Swedenborgs Lehren beruhenden Denomination der »Neuen Kirche« diesen Ausdruck, mit dem sie sich selbst identifizieren.[9] Da kein Beleg vor 1804 zu finden ist, ist zu vermuten, daß die Swedenborgianer an diesem Punkt Blake beerbt haben. Selbstverständlich läßt sich die Swedenborgische Denomination nicht mit der heute sog. »New Age-Bewegung« zusammenbringen. Sie versteht das Stichwort »New Age« im Swedenborgischen Sinne als das Zeitalter des »Neuen Jerusalem« und der »Neuen Kirche«.

Neben der Wirkung der Swedenborgischen Kirche bei der Verbreitung des Ausdrucks »New Age« lassen sich in der neueren Verwendung auch unmittelbare Spuren Blakes erkennen, der in der »Gegenkultur« der USA – wie eingangs dargestellt – eine wichtige Rolle spielte. Da die oft zitierte Passage aus dem Vorwort zu »Milton« den einzigen expliziten Nachweis des Stichworts bei Blake darstellt, müssen jedoch weitere Faktoren bei der Verbreitung mitgewirkt haben (zu vermuten ist insbesondere

---

6. Ebd., 480f.
7. Raine (1977), 151ff.; dies. (1968), bes. Bd.1, 1ff.
8. Zu Swedenborgs Gebrauch der Begriffe *aetas*, *aevum* und *saeculum* im Sinne der bisherigen, jetzt zu Ende gehenden Zeitalter s.o., Kap.6.2.2.3., Anm.73.
9. Mehrere offizielle Publikationen jüngeren Datums führen die Bezeichnung »Neues Zeitalter« im Titel: »The New Age. The Official Journal of the New Church in Australia«; »Offene Tore. Beiträge zum Neuen Christlichen Zeitalter«; Seit mehreren Jahrzehnten erscheint im Swedenborg-Verlag, Zürich, Immanuel Tafels Übersetzung der Schrift: »De nova Hierosolyma et ejus doctrina coelesti« unter dem Titel: »Über die religiösen Grundlagen des Neuen Zeitalters«. Nach Auskunft von Pfr. Dr. Friedemann Horn, Zürich, soll damit einer Verwechslung der Denomination der »Neuen Kirche« mit dem gleichlautenden theologischen Begriff Swedenborgs vorgebeugt werden. Horn bestätigt auch, daß der Ausdruck »Neues Zeitalter« bei Swedenborg selbst noch nicht vorkomme.

eine Traditionslinie über Ralph Waldo Emerson, dessen Bezug zu Blake und zum Stichwort »New Age« bereits aufgezeigt wurde[10]).

Blake hatte ein ambivalentes Verhältnis zu Swedenborg. Er nahm zusammen mit seiner Frau an der *First General Conference,* der Gründungsversammlung der ersten eigenständigen Swedenborgischen Gemeinde unter Robert Hindmarsh im Jahr 1789 in London teil und schrieb sich als Mitglied ein, hat aber später offenbar keinen Kontakt mehr zu dieser Vereinigung gesucht.[11] Owohl er sich bald darauf auch *expressis verbis* von den eigentlichen Anhängern der »Neuen Kirche« distanzierte, hatte er langjährige Swedenborgische Freunde, insbesondere John Flaxman und C.A. Tulk, der ihn mit dem »Transzendentalisten« Samuel Coleridge zusammenbrachte.[12]

Darüber hinaus ist Blake stärker mit dem »Neuen Jerusalem« Swedenborgs verbunden, als es der Zusammenhang des Ausdrucks »New Age« allein vermuten läßt. Blakes eigene Konzeptionen sind maßgeblich durch die ambivalente Stellung zu Swedenborg geformt und sollen daher in den folgenden Abschnitten vor diesem Hintergrund dargestellt werden.

6.3.1.3 Die Polarität von »Himmel und Hölle«

Blake hat nicht nur die Swedenborgianer, sondern Swedenborg selbst sarkastisch kritisiert. Er wandte sich insbesondere gegen den Universalitätsanspruch in dessen visionärer Welt- und Zeitdeutung. Diese könne im buchstäblichen Sinne nicht für alle Menschen gleichermaßen bindend sein und sei vor allem nichts Neues. Weiter kritisiert er die systemartige Ausarbeitung und die daraus resultierende religiöse Selbstgefälligkeit und gesetzhafte Moralität Swedenborgs. Er führt diese Selbstüberschätzung auf dessen übermäßige Kommunikation mit den Engeln zurück, die durch entsprechende Kontakte zu den polaren Gegenkräften, den Teufeln, ausgeglichen werden müsse. Daher konterkariert er Swedenborgs Himmelsreisen durch entsprechende Höllenreisen.[13]

Es wäre allerdings verfehlt, Blake deshalb als »Satanisten« einzuordnen. Seine Schrift: »The Marriage of Heaven and Hell« verrät vielmehr die Ansätze eines Weltbildes, das auf der Harmonie entgegengesetzter Pole aufgebaut ist. Solche Pole sind die himmlischen und tellurischen Mächte, Rationalität und Irrationalität (letzteres von

---

10. S.o., Kap.6.2.2.6., Nr.(1).
11. Vgl. dazu Raymond H. Deck, Jr.: Blake and Swedenborg, Diss. Brandeis University, USA, 1977, bes. 292-313; vgl. auch Raine (1968), Bd.1, 1ff. Zur Frühgeschichte der Swedenborgischen Kirche in England vgl. Block (1968), 52-72.
12. Vgl. dazu Deck (1977), 346-418.
13. »I have always found that Angels have the vanity to speak of themselves as the only wise; this they do with a confident insolence sprouting from systematic reasoning. Thus Swedenborg boasts that what he writes is new; tho' it is only the Contents or Index of already publish'd books. ... Swedenborg has not written one new truth ... he has written all the old falsehoods. And now hear the reason. He conversed with Angels who are all religious, & conversed not with Devils who all hate religion, for he was incapable thro' his conceited notions.« (The Marriage of Heaven and Hell, ca. 1790-93, in: Keynes (Hrsg.), (*1966), 157); vgl. dazu Deck (1977), 206-227 und 228-259.

Blake mit »*imagination*« im Sinne von geistiger Kreativität und »*energy*« im Sinne von Emotionalität gleichgesetzt), Ordnung und Chaos, Gut und Böse.[14] Auch das Bemühen Blakes um die Wiederaufnahme ›heidnischen‹, v.a. neuplatonischen Gedankenguts und seines Ausgleichs mit christlicher Tradition, wie es u.a. im oben zitierten Vorwort zu »Milton« zum Ausdruck kommt, muß in diesem Zusammenhang gesehen werden. Blake setzt nicht auf einen Antichristus (der in seiner Argumentation lediglich ein stilistisches Hilfsmittel darstellt), sondern auf die Integration des Christusgeschehens in Zeiten und Orte der Welt; er macht Jesus Christus damit zur immanenten kosmischen Größe.

6.3.1.4 Anknüpfung und Traditionsbruch: Ein neuer Kontext der Vorstellung vom Neuen Zeitalter

Blakes Kritik an Swedenborg darf nicht darüber hinwegtäuschen, daß er dessen Schriften, seine Denk- und Sprachtradition extensiv benutzte.[15] Das gilt auch für den Topos der »Neuen Kirche«. Swedenborg hatte den himmlischen Beginn der »Neuen Kirche« für das Jahr 1757 angesetzt. Dies war das Geburtsjahr Blakes, der darin Grund genug sah, die Voraussagen auf sich selber zu beziehen. Er schreibt im Jahr 1790:

»As a new heaven is begun, and it is now thirty-three years since its advent, The Eternal Hell revives. And lo! Swedenborg is the Angel sitting at the tomb: his writings are the linen clothes folded up. Now is the dominion of Edom, & the return of Adam into Paradise. See Isaiah 34 & 35 chap.«[16]

Blake übernahm Swedenborgs Lehre von den fünf »Kirchen« und erweiterte sie zu einem Schema von 27 aufeinanderfolgenden Zeitstufen, deren letzte die »Kirche« Luthers sei.[17] Gemäß der christlich-apokalyptischen Tradition ging er von einer 6000jährigen Gesamtdauer des Zeitenlaufes aus, der mit dem Zeitalter der Reformation zu Ende gegangen sei; doch bedeutet die apokalyptische Zerstörung der Welt bei Blake zugleich ihre Heiligung.[18] Anders als Swedenborg verknüpfte Blake das christ-

---

14. »Without Contraries is no progression. Attraction and Repulsion, Reason and Energy, Love and Hate, are necessary to Human Existence. / From these contraries spring what the religious call Good & Evil. Good is the passive that obeys Reason. Evil is the active springing from Energy. / Good is Heaven. Evil is Hell.« (The Marriage of Heaven and Hell, Plate 3, in: Keynes (Hrsg.) (*1966), 149.).
15. Vgl. dazu außer den genannten Arbeiten Raines: Harvey F. Bellin und Darrell Ruhl (Hrsg.): Blake and Swedenborg. Opposition is True Friendship, New York: Swedenborg Foundation, 1985.
16. »The Marriage of Heaven and Hell«, in: Keynes (Hrsg.) (*1966), 149.
17. Aufgelistet in: »Milton« (1804), Kap.37, Z. 35ff., in: Keynes (Hrsg.) (*1966), 528; ebenso auch in »Jerusalem« (1804-20), Plate 75, in: Keynes (Hrsg.) (*1966), 716; vgl. dazu auch Raine (1968) Bd.1, 324-330.
18. »The ancient tradition that the world will be consumed in fire at the end of six thousand years is true, as I have heard from Hell. For the cherub with his flaming sword is hereby commanded to leave his guard at tree of life; and when he does, the whole creation will be

liche Zeitschema ausdrücklich mit der Vorstellung von der ewigen Wiederkehr. So schreibt er:

»And where Luther ends, Adam begins again in Eternal Circle.«[19]

Damit ist ein entscheidender Traditionsbruch markiert, der sich in den späteren Entwicklungen der modernen Religionsgeschichte fortsetzte und die sachlichen Voraussetzungen für die Rezeption östlicher Weltalterlehren bildete. Gleichzeitig mit modernen zyklischen Zeitvorstellungen wurde im 19. Jahrhundert auch die Reinkarnationslehre – gleichsam als mikrokosmische Entsprechung zu den makrokosmischen Weltaltern – im Westen in breiter Form aufgenommen. Beide stellten sich als Alternativen zu Swedenborgs Lehren dar, die von linearen Entwicklungsschemata der Welt im ganzen und einer ebenfalls linear zu denkenden Weiterentwicklung der einzelnen Seelen im Himmel ausgingen.[20] (Hier, am Beispiel des Gegensatzes von Swedenborg und Blake, zeigt sich exemplarisch die spezifisch moderne Qualität der Dichotomie von »linearer« und »zyklischer« Zeitvorstellung, die bei Nietzsche ihren christentumskritischen Höhepunkt hatte und häufig auch – z.B. bei Karl Löwith – mit umgekehrtem Vorzeichen aufgegriffen wurde[21]).

6.3.1.5 Blakes Verhältnis zur Naturwissenschaft der Moderne

An dieser Stelle soll Blakes Verhältnis zu Newton und zur modernen Naturwissenschaft genauer dargestellt werden. Es kann wiederum als Radikalisierung Swedenborgischer Positionen verstanden werden. Wie Swedenborg wendet sich Blake gegen

---

consumed and appear infinite and holy, whereas it now appears finite & corrupt« (»The Marriage of Heaven and Hell« (ca. 1790-93), Plate 14, in: Keynes (Hrsg.) (*1966), 154).
19. »Jerusalem«, Plate 75, Z. 24, in: Keynes (Hrsg.) (*1966), 716.
20. Zum Unterschied zwischen der Swedenborgischen Lehre von der Seelenentwicklung und der Reinkarnationsvorstellung vgl. Horn (1974). Im amerikanischen Spiritismus wurden beide Denkmodelle nebeneinander vertreten; die Frage der Form des Lebens nach dem Tod war mehrfach Anlaß zu Spaltungen spiritistischer Zusammenschlüsse (vgl. Judah (1967), 63ff.). In der Theosophischen Gesellschaft wurde das auch von Blavatsky zunächst vertretene Swedenborgische Modell der nachtodlichen Weiterentwicklung der Seelen im Himmel später zugunsten der Reinkarnationslehre aufgegeben. Die Nachfolger in der Leitung der Adyar-TG, Annie Besant und Charles W. Leadbeater, ordneten auch die erwartete Wiederkunft Christi in das Reinkarnations-Schema ein, was den Zusammenhang von Reinkarnation und zyklischem Zeitalterschema verdeutlicht. Dies war ein Hauptanlaß zur Abspaltung der deutschen Sektion der TG unter Rudolf Steiner im Jahr 1913 (vgl. dazu Gerhard Wehr: Rudolf Steiner. Leben, Erkenntnis, Kulturimpuls, München: Kösel, hier 222ff.), der aber gleichwohl an der Reinkarnationsvorstellung der individuellen Seelen festhielt. So wurde nicht nur die moderne Theosophie, sondern auch die Anthroposophie zu einem wichtigen Träger des Reinkarnationsgedankens im Westen, der dabei gegenüber den indischen Quellen stark verändert und westlichen Fragestellungen angepaßt wurde (vgl. dazu Reinhart Hummel: Reinkarnation. Weltbilder des Reinkarnationsglaubens und das Christentum, Mainz und Stuttgart, 1988).
21. Vgl. oben, Kap.5.2, Anm.6, und 5.2.2., Anm.38.

eine Reduktion der Welt auf ihre naturwissenschaftlich erforschbaren Aspekte und hält an der Priorität des Prinzips des »Geistigen« gegenüber dem »Materiellen« fest. Wie Swedenborg versucht er, eine dualistische Scheidung beider Prinzipien zu vermeiden, ohne in einen Monismus zu verfallen (alle Ideen und Dinge seien in Wahrheit »*infinite*«, so daß sie die materiellen Qualitäten mitumfaßten, aber nicht in ihnen aufgingen).[22] Blake übernimmt in diesem Sinn von Swedenborg die Methode der »Korrespondenzen« von geistigen und materiellen Dingen, geht aber nicht mehr von unmittelbaren Entsprechungen zwischen den Inhalten der Heiligen Schrift und den Dingen der Wirklichkeit aus, sondern fügt diese in den Rahmen einer umfassenden kosmologisch-anthropologischen Symbolik.

Auch Swedenborgs Ortsbestimmung der »geistigen« Erkenntnis im Verhältnis zur naturwissenschaftlichen Forschung wird weitergeführt. Jedoch zeigt sich bei Blake eine wesentlich schärfere Auseinandersetzung mit Vertretern der modernen Naturwissenschaft. Sie steht im Zusammenhang seiner Diskussion der empiristischen Philosophie John Lockes und Francis Bacons, die er als Hintergrund der Newtonschen Kosmologie auffaßt.[23] Eine solche Philosophie untergrabe die Kraft des Geistes, die mittels »Imagination«, »Vision«, »Inspiration« oder »Intuition« (Blake benutzt zahlreiche synonyme Termini[24]) zu kreativer Wahrnehmung und gleichzeitiger aktiver Durchdringung der Welt fähig sei, wenn sie entsprechend entwickelt werde.[25] Daher wirft

22. Blake schreibt in »The Marriage of Heaven and Hell«: »But first the notion that man has a body distinct from his soul is to be expunged ... If the doors of perception are cleansed every thing would appear to man as it is, infinite.« (Keynes (Hrsg.) (*1966), 154). Wenn die Dinge »infinite« sind, ist ihre Eingrenzung mit Hilfe der Trennung von geistigen und materiellen Aspekten verfehlt. Das »All« im eigentlichen Sinne kann nicht das materielle Universum sein; es ist der wahrnehmende Geist (vgl. Raine (1968), Bd.2, 108).
23. Locke, Bacon und Newton werden als »three awful and terrible heads« beschrieben: Sie seien die drei Formen, zu denen sich der gefallene »Albion« (d.h. der Mensch nach dem Sündenfall) neu gesammelt habe (»Jerusalem«, 1804, in: Keynes (Hrsg.) (*1966), 620ff., hier 708).
24. Vgl. David V. Erdman (Hrsg.): A Concordance to the Writings of William Blake, 2 Bde., Ithaca (N.Y.) 1967.
25. Blake faßt Lockes »An Essay Concerning Human Understanding« (1690), Bacons »De Dignitate« (1605/1623) sowie Edmund Burkes »A Philosophical Inquiry into the Origin of our Ideas on the Sublime and Beautiful« (1756) zusammen, die er alle in früher Jugend gelesen habe: »They mock Inspiration & Vision. Inspiration & Vision was then, & now is, & I hope will always Remain, my Element, my Eternal Dwelling place; how can I then hear it Contemned without returning Scorn for Scorn?« (Annotations to Sir Joshua Reynold's Discourses (ca. 1808), in: Keynes (Hrsg.) (*1966), 445ff., hier 476f.).
Blakes Kritik an Locke ist von George Berkeley abhängig (vgl. Raine (1968), Bd.2, 101-110). Beide teilen mit Locke die empiristische Grundauffassung, die die Sinneserfahrungen als Basis der Erkenntnis betrachtet. Doch stellt sich Blake (ebenfalls nach Berkeley) gegen Lockes kausalistische Deutung dieser Grundannahme, nach der die Dinge den Sinnen unabhängig vom Bewußtsein gegeben seien. Dies interpretiert er als unzutreffende dualistische Scheidung der Dinge von den zugehörigen Ideen, die letztlich den empiristischen Standpunkt nicht aufrechterhalten könne, sondern in Rationalismus umschlage. In Wirklichkeit sei die Existenz der Dinge an die Existenz der wahrnehmenden Subjekte

Blake der modernen Naturwissenschaft vor, die mögliche »vierfache Vision« der Welt auf eine einzige Dimension, den Bereich der sinnlichen Wahrnehmung zu reduzieren:[26]

»Now I a fourfold vision see/ And a fourfold vision is given to me;/ ›Tis fourfold in my supreme delight/ And threefold in soft Beulah's night/ And twofold Always. May God us keep/ From Single vision & Newton's sleep.« [27]

Hinter dieser Aussage steckt eine anthropologisch-kosmologische Mythologie, die auf der hermetischen Korrelation von Mikrokosmos und Makrokosmos beruht. Blakes Universum wird von vier grundlegenden Wesen gebildet, den »Zoas« (Sg. »Zoa«, Neubildung aus gr. *zoê*). Sie heißen »Urizen«, »Luvah«, »Los« und »Tharmas«.[28]

Urizen (abgeleitet aus gr. *horízein*, begrenzen, zugleich lautmalerisch identifiziert mit »Your Reason«) ist der Verstand, die funktionale Logik, die die Wirklichkeit durch Analyse zerteilt und durch Messung und Quantifizierung begrenzt.[29] Er ist der Herrscher der modernen Gesellschaft mit ihrer naturwissenschaftlichen Kultur. Sein Symbol ist die Newtonsche Weltmaschine. Ursprünglich war *Urizen* »the Prince of Light«, die rationale Macht der Ewigkeit. Im gefallenen Stadium wird er zum Satan, der identisch ist mit »Newton's Pantocrator«.[30] Er ist in mehrfachem Sinne Herrscher der »Gesetze«: Als Initiator der Naturgesetze ist er eine Art Demiurg. Zugleich ist er der moralische Gesetzgeber der »Natürlichen Religion«, steht aber auch hinter den gesetzhaften Strukturen von Kirche und Dogma, die Blake mit den autoritären Strukturen irdischer Königreiche vergleicht.[31]

---

gebunden und dieser nachzuordnen. Das Subjekt sei zu unterscheiden von seinen sinnlichen Wahrnehmungsorganen.
Blake schreibt dazu: »Man's perception are not bounded by organs of perception; he percieves more than sense (tho' ever so acute) can discover. Reason, or the ratio of all we have already known, is not the same that it shall be when we know more. ... The bounded ist loathed by its possessor. The same dull round, even of a universe, would soon become a mill with complicated wheels. ... He who sees the Infinite in all things, sees God. He who sees the Ratio only, sees himself only.« (»There is no Natural Religion«, First and Second Series (ca. 1788), in: Keynes (Hrsg.) (*1966), 97f.).

26. Vgl. zum folgenden Roszak (1972), 296ff.
27. Brief an Thomas Butts, 22. Nov. 1802, in: Keynes (Hrsg.) (*1966), 816-819, hier 818 (»Beulah« steht für metaphysische Harmonie; vgl. dazu Roszak (1972), 298). Die Passage wird in der Gegenwart häufig zitiert, bei Roszak ebenso wie bei Berman (1981), 138.
28. Vgl. Roszak (1972), 299-311; die »Zoas« werden ausführlich dargestellt bei Raine (1968), Bd.2.
29. Vgl. Roszak (1972), 299.
30. Vgl. Raine (1968), Bd.2, 165. 168f. Blake bezieht sich auf Newtons »Mathematical Principals« II,3, in denen Gott als *pantokratôr* und »Universal Ruler« bezeichnet wird.
31. Vgl. Roszak (1972), 300. 304. Die Identifikation der verschiedenen Typen von »Gesetz« kommt mit beißender Schärfe im Kommentar Blakes zu einer neuen Vaterunser-Übersetzung aus dem Jahr 1827 zum Ausdruck. Zugleich wird seine spiritualistische Position deutlich, denn trotz eigener (neu)platonischer und anderer antiker Anleihen scheut er sich nicht, im selben Atemzug gegen die Renaissance griechischer und römischer Klassiker zu

Luvah ist Energie, Liebe, freie Emotionalität der Seele, spontane Vitalität. Ursprünglich ist *Luvah Urizen* vorgeordnet:

»Energy is the only life, and is from the Body; and Reason is bound or outward circumference of Energy. Energy is Eternal Delight.«[32]

Im gefallenen Stadium wird *Luvah* unter der Vorherrschaft von *Urizen* gefesselt und gehemmt und dadurch zu einer unbewußten, irrationalen, schlechten, dunklen, schuldhaften Qualität. Die freie Emotionalität schlägt um in wilde Rebellion und blutigen Revolutionsterror, wie ihn Blake in Frankreich beobachtete. »Energy enslav'd«, jetzt *Orc* genannt, ist auch das Wesen des Krieges.[33]

Die beiden übrigen *Zoas* sind *Los*, der Prophet und »magician of perception« (K. Raine) und *Tharmas*, die geistige Essenz der Natur. Auch sie haben im Stadium des Gefallenseins Gegenspieler, die ihre eigentliche Qualität pervertieren.

Unter dem Despotismus *Urizens* degenerieren die Sinne des Menschen, so daß er nur noch die Materie und ihre Quantitäten wahrnimmt. Das führt psychologisch und moralisch zum Identitätsverlust – weil der Mensch die Zusammengehörigkeit der *Zoas* in ihrem anthropologischen Aspekt nicht mehr erkennen kann –, zu Entfremdung und »selfhood«.[34] Philosophisch führt es zum reduzierten Wahrheitsbegriff des

polemisieren: »I look upon this as a Most Malignant & Artful attack upon the Kingdom of Jesus By the Classical Learned... The Greek & Roman Classics is the Antichrist ... Lawful Bread, Bought with Lawful Money, & a Lawful Heaven, seen thro' a Lawful Telescope, by means of Lawful Window Light! The Holy Ghost, & whatever cannot be Taxed, is Unlawful & Witchcraft. Spirits are Lawful, but not Ghosts; especially Royal Gin is Lawful Spirit. No Smuggling real British Spirit & Truth! Give us the Bread that is our due & Right, by taking away Money, or a Price, or Tax upon what is Common to all in thy Kingdom«.

Blake schließt seinen Kommentar mit einer satirischen Paraphrase des Vaterunsers: »Our Father Augustus Caesar, who art in these thy Substantial Astronomical Telescopic Heavens, Holiness to thy Name or Title, & reverence to thy shadow. Thy Kingship come upon Earth first & thence in Heaven. Give us day by day our Real Taxed Substantial Money bought Bread; deliver from the Holy Ghost so we call nature ... whatever cannot be Taxed; for all is debts & Taxes between Caesar & us & one another; lead us not to read the Bible, but let our Bible be Virgil & Shakspeare [sic]; & deliver us from Poverty in Jesus, that Evil One. For thine is the Kingship, or Allegoric Godship, & the Power, or War, & the Glory, or Law, Ages after Ages in thy descendants; for God is only an Allegory of Kings & nothing Else. Amen« (Annotations to Dr. Thornton's ›New Translation of the Lord's Prayer‹ (1827), in: Keynes (Hrsg.) (*1966), 787-789).

32. The Marriage of Heaven and Hell (ca. 1790), in: Keynes (Hrsg.) (*1966), hier 149.
33. In »Vala or the Four Zoas« (1795-1804) klagt »Eternal Man« den gefallenen »Urizen« als Verursacher der Pervertierung Luvahs an: »My anger against thee is greater than against this Luvah,/ for war is energy Enslv'd, but thy religion,/ the first author of this war & the distracting of honest minds/ into confused perturbation & strife & honour & pride/ is a deciet so detestable that I will cast thee out/ if thou repentest not, & leave thee as a rotten branch to be burn'd« (in: Keynes (Hrsg.) (*1966), 361; vgl. dazu Roszak (1972), 305).
34. Blake läßt »Milton« sprechen (1804): »There is a Negation, & there is a Contrary: The

empiristischen Weltbildes, das gleichsam durch die Augen eines Toten geschaut werde.[35]

Ergebnis der Vorherrschaft *Urizens* ist die »single vision« des Newtonschen Weltbildes. Es ist ein Weltbild der Verzweiflung, »waste wilderness«.[36] Das Problem ist nicht die Existenz des Newtonschen Weltbildes an sich – denn *Urizen* gehört ebenso wie die anderen *Zoas* zum Wesen der Welt und des Menschen –, sondern seine schädliche, »satanische« Wirkung im »gefallenen Stadium«, seine exklusive Inbesitznahme der Wahrnehmung, die zur Reduktion des menschlichen Welt- und Selbstbildes führt. Roszak formuliert:

»Blake insists single vision is not to be rejected; it is to be embraced within the fourfold whole: the naturalistic within the sacred, Newton's science within Blake's Imagination.«[37]

Durch zusätzliche »Sinne« (d.h. durch wissenschaftliche Hilfsmittel wie auch rationale Theorien zur Auswertung der so gewonnen Daten) könne der Mensch nichts Neues über das Universum erfahren.[38] Sie verstärkten lediglich die ›satanische‹ Quantifizierung der Welt. Befreiung aus dieser Situation setzt vielmehr eine Reinigung (und ›Heiligung‹[39]) der Wahrnehmung voraus. Dies geschieht durch die »Divine Arts of Imagination«[40] und wird ermöglicht durch »Hermetische Weisheit«, mit deren Hil-

---

Negation must be destroy'd to redeem the Contraries. The Negation is the Spectre, the Reasoning Power in Man: This is a false Body, in Incrustation over my Immortal Spirit, a Selfhood which must be put off & annihilated alway« (in: Keynes (Hrsg.) (*1966), 533).
35. Roszak (1972), 301.
36. The Marriage of Heaven and Hell (1790-1793), in: Keynes (Hrsg.) (*1966), 159; vgl. auch »A Descriptive Catalogue« (1809), ebd., 581: »the Barren Waste of Locke and Newton«. In Anlehnung daran enstand Roszaks Titel: »Wasteland« (vgl. ders. (1972), 303).
37. Roszak (1972), 296.
38. »The Sky is an immortal Tent built by the Sons of Los: And every Space that a Man views around his dwelling-place ... such space is his Universe ... And if he move his dwelling-place, the heavens also move ... Such are the Spaces called Earth & such its dimensions. As to that false appearance which appears to the reasoner as of a Globe rolling thro' Voidness, it is a delusion of Ulro [i.e. der gefallene Kern des Menschen, identisch mit dem Satan]. The Microscope knows not of this nor the Telescope: they alter the Spectator's Organs, but leave Objects untouch'd. For every Space larger than a red Globule of Man's blood is visionary, and is created by the Hammer of Los« (Milton (1804), in: Keynes (Hrsg.) (*1966), 516). Vgl. dazu auch Raine (1968), Bd.2, 65. 107).
39. S.o. Anm.18.
40. »I know of no other Christianity and of no other Gospel than the liberty both of body & mind to exercise the Divine Arts of Imagination, Imagination, the real & eternal World of which this Vegetable Universe is but a faint shadow, & in which we shall live in our Eternal or Imaginative Bodies when these Vegetable Mortal Bodies are no more« (Jerusalem (1804), in: Keynes (Hrsg.) (*1966), hier 716f.
Blake verdeutlicht später den spiritualistischen Bezug zwischen Gottheit und Mensch in der »Imagination« in einigen Anmerkungen zu George Berkeleys »Siris«: »Imagination or the Divine Body in Every Man«; »Imagination or the Human Eternal Body in Every Man«; »The All in Man. The Divine Image or Imagination« (in: Keynes (Hrsg.) (*1966), 773; vgl. Raine (1968), Bd.2, 109f.).

fe die gefallene Menschheit und ihr personifiziertes Symbol, Newton, erlöst und dem Bereich des Geistigen zugeführt werden können.[41] Ziel ist die Rückkehr zur »Eternity« und die Befreiung der ursprünglichen Qualitäten der *Zoas*. Die Qualität der Wahrnehmung verändert sich, und nicht mehr die Maße der Dinge, sondern ihr Sinn und ihre Bedeutung rücken in den Vordergrund. Die Reinigung der Sinne ist die selbstgesteckte Aufgabe Blakes. Sie soll die Zusammenschau der getrennten Teilchen und Strahlen des Newtonschen Universums zur Einheit des Kosmos in einer gott-menschlichen Gestalt ermöglichen, die Blake »the One Man«, oder »Divine Humanity« nennt.[42] Zusammenfassend kann gelten:

»He who sees the Infinite in all things, sees God. He who sees the Ratio only, sees himself only. Therefore God becomes as we are, that we may be as he is«[43]

Wie im Schlußteil der Arbeit am Beispiel Fritjof Capras gezeigt werden wird, ist Blakes Stellungnahme zur modernen Naturwissenschaft prototypisch für Fragestellungen der Neuen religiösen Szenerie. Sie weist die Naturwissenschaft nicht als solche zurück, beansprucht aber eine umfassendere Wahrnehmungsfähigkeit auf »spiritualistischer« Grundlage. Typisch ist auch die Identifikation von Naturgesetzen, dem moralischen Gesetzgeber der modernen Philosophie und dem Dogma der kirchlichen Theologie als »Gesetz«.[44]

6.3.1.6 Blake als Vordenker moderner religiöser Entwürfe: Harmonie der Gegensätze, ewige Religion, atheistische Theologie

Blake bereitete verschiedene weitere Themen der modernen Religionsgeschichte vor, die zwar zum Teil in älteren geistesgeschichtlichen Strömungen v.a. neuplatonischer und »hermetischer« Tradition ihre Vorbilder hatten, aber dennoch in einer für die Moderne charakteristischen Weise abgewandelt wurden. Religionsgeschichtlich neu ist dabei vor allem die Unbefangenheit bei der Verschmelzung nicht-christlicher Inhalte mit den Schemata christlich-spiritualistischer Traditionen:
- Aus der »Entsprechungslehre« Swedenborgs, die in ihrer biblischen Orientierung an Joachims Tradition der »Concordia« von Altem Testament, Neuem Testament und unmittelbarer Geistbelehrung erinnert, wurde bei Blake ein umfassendes System harmonischer Polaritäten, wie es in der gegenwärtigen Szenerie häufig mit Hilfe des chinesischen Yin- und Yang-Symbols dargestellt wird.[45] Raine weist dar-

---

41. Vgl. Roszak (1972), 298.
42. Vgl. Swedenborgs Konzept des »Homo Maximus«; dazu Raine (1968), Bd.1, 11.96 et passim; Horn (1974), 118f.; Benz (^{2}1969), 394-396.
43. There is no Natural Religion, Second Series (ca. 1788), in: Keynes (Hrsg.) (*1966), 98.
44. Gegenbegriff zum »Gesetz« ist bei Blake der freie »Impuls«: »Jesus was all virtue, and acted from impulse, not from rules« (The Marriage of Heaven and Hell, in: Keynes (Hrsg.) (*1966), 158); vgl. Roszak (1972), 304.
45. Ansätze zu solchem Denken finden sich zwar schon früher, z.B. bei den sog. »Naturphilosophen« der Reformationszeit, Paracelsus, Agrippa von Nettesheim oder im Florentiner

auf hin, daß Blakes Symbolik auf Swedenborgs visionäre Deutung biblischer Inhalte zurückgreife: Um Blakes Bilder zu verstehen, müsse man häufig – auch wenn sie biblische Inhalte wiedergeben – nicht in der Bibel nachsehen, sondern bei Swedenborg.[46]
- Blake benutzt in diesem Zusammenhang den Begriff »*everlasting gospel*«, eine moderne Version des *evangelium aeternum* Joachim von Fiores.[47]
- Als weiteres Thema moderner Religionsgeschichte klingt der Versuch zur Konstruktion einer ›ewigen Religion‹ an, die sich aus jener Verschmelzung der christlichen mit antiken und »esoterischen« Traditionen begründet. Sie hat z.B. in der Konzeption der *philosophia perennis*, wie sie heute v.a. in den USA benutzt und mit dem neohinduistischen Begriff des *sanâtana dharma* gleichgesetzt wird, ihre Nachfolger gefunden.[48]
- Blake hatte nicht nur eine Vorbildfunktion für die freireligiöse Szenerie des 19. und 20. Jahrhunderts, die sich aus kirchlicher Einbindung teilweise oder ganz löste, sondern er bereitete auch einen »christlichen Atheismus« vor und wurde in diesem Zusammenhang vor allem von Thomas Altizer rezipiert.[49]

6.3.1.7 Zusammenfassung:
Zur Bedeutung Blakes für die Religionsgeschichte des »New Age«

Der von William Blake eingeführte und von Swedenborgianern im 19. Jahrhundert verbreitete Begriff »New Age« stellt zunächst ein Synonym für Swedenborgs Rede von der »Neuen Kirche« dar. Auf diese Weise steht er mittelbar in einer langen, spiritualistisch-christlichen Tradition, die bereits bei Joachim von Fiore angelegt ist. Der Gedanke einer Kritik an bestehenden kirchlichen Zuständen und der kirchlichen Erneuerung innerhalb der Geschichte, der sich zum Topos der »Neuen Kirche« verdich-

---

Humanismus, auf den Blake Bezug zu nehmen scheint. Doch zeigt die Analyse der verschiedenen Zeitalterlehren exemplarisch, daß ›griechische‹ (bzw. ›okkulte‹) Entsprechungslehre und ›christliche‹ (in der Apokalyptik gründende) Zukunftshoffnung dabei relativ unverbunden nebeneinander stehen blieben.
Die Symbolik indischer und ostasiatischer Herkunft, die sich zur Darstellung des modernen Harmoniedenkens anzubieten schien und schon bei den Transzendentalisten auf großes Interesse stieß, ist bei Blake noch nicht greifbar. Das verdeutlicht exemplarisch den *westlichen* Ursprung des modernen abendländischen Polaritätsgedankens.

46. Raine (1968), Bd.1, 6.
47. Vgl. dazu Raine (1968), Bd.1, XXVI.
48. Zur *philosophia perennis* s. unten, Kap.12.1.3., Anm.86. Auch Kathleen Raine benutzt das Stichwort »*philosophia perennis*« häufig als Interpretament, z.B. in dies. (1968), Bd.2, 103, obwohl es bei Blake selbst nicht vorkommt (es ist in der Blake-Konkordanz (Erdman (Hrsg.) (1967)) nicht verzeichnet).
49. Vgl. ders: The New Apocalypse. The Radical Christian Vision of William Blake, East Lansing/Mich., 1967; dazu auch Gerhard F. Borné: Christlicher Atheismus und radikales Christentum. Studien zur Theologie von Thomas Altizer im Zusammenhang mit Ketzereien der Kirchengeschichte, der Dichtung von W. Blake und der Philosophie von G.F. Hegel, München 1979, bes. 95-168.

tete, war seit den Franziskaner-Spiritualen des 13. und 14. Jahrhunderts mit starker Dynamik versehen. Auch die innere Beziehung zwischen der Vorstellung einer Erneuerung der Kirche und dem endzeitlichen »Neuen Jerusalem« ist schon seit dieser Zeit vorgeprägt.

Blakes Konzept des »Neuen Zeitalters« enthält neben diesen Inhalten christlicher Tradition auch Elemente aus Weltalterlehren der hellenistischen Antike. Beides wird zu einer Einheit verschmolzen. Vorläufer dazu gibt es ebenfalls in verschiedenen Zeiten, sehr auffällig im Florenz des ausgehenden 15. Jahrhunderts, wo auch der Begriff *novum saeculum* erscheint. Die Verbindung von Christentum und Platonismus macht für Blake – trotz seiner Polemik gegen »Virgil and Shakspeare«[50] – die besondere Qualität des »Neuen Zeitalters« aus, weshalb er mit dem Ende des Reformationszeitalters einen neuen Kreislauf beginnen läßt und im Rückgriff auf Zeitangaben Swedenborgs sein eigenes Geburtsjahr als Beginn des »New Age« bezeichnete.

Mit seiner Anknüpfung an vorchristliche Weltaltervorstellungen ist Blake ein Vorbild für die im 19. Jahrhundert neu entstehenden religiösen Bewegungen, die außer den »hermetischen« nun auch östliche religiöse Traditionen in sich aufnahmen. Blake kommt daher – ähnlich wie Swedenborg, aber über diesen weit hinausgehend – eine Schlüsselstellung bei der Entwicklung solcher Bewegungen zu, die nicht mehr in den kirchlichen und auch nicht mehr in den christlichen Rahmen einzuordnen sind. Sein Denken – und damit die Idee des »New Age« – wurde zum Prototyp eines neuartigen Umgangs mit der Religionsgeschichte, in der eindeutige Zuordnungen religiöser Topoi zu spezifischen Traditionen nicht mehr ohne weiteres möglich sind und oft nicht einmal mehr angestrebt werden.

Schon im 19. Jahrhundert wird damit inhaltlich vorbereitet, was im gegenwärtigen ›Esoterik-Boom‹ zu beobachten ist: eine religiöse Zitatkultur, die scheinbar beliebige religiöse Formen und Lehrelemente aufnimmt, sie als Ausdrucksweisen einer in sich ruhenden, unveränderlichen Ur-Religion versteht, aber gerade dadurch – gewollt oder ungewollt – das Wesen dieser »ewigen Religion« der subjektiven und zeitspezifischen Variation zugänglich macht. Damit geht eine Aufweichung der Grenzen zwischen Profanität und vormals sakralen Bezirken der gesellschaftlichen Lebenswelt einher, die in gewissem Sinne eine Gegenentwicklung zur »Säkularisierung« darstellt.[51] Das Sakrale wird säkular, doch ebenso können vormals profane Bereiche der Wirklichkeit eine sakrale Bedeutung erlangen: Die heiligen Bestände der religiösen Lehre und Praxis stehen zur freien Verfügung; und umgekehrt kann der Hotelsaal zum – temporären – Tempel werden.[52]

Neben den Swedenborgianern führten vor allem Ralph Waldo Emerson und seine »transzendentalistischen« Freunde die von Blake vorgezeichneten Linien weiter und etablierten den Begriff »New Age« im Rahmen solcher ›säkularer Religion‹.[53] Bis zum Ende des 19. Jahrhunderts diffundierten die zunächst nur literarisch und in klei-

---

50. Vgl. oben, Anm.30.
51. Vgl. dazu unten, Kap.9.3.
52. Vgl. dazu die religionssoziologische Ortsbestimmung der Moderne bei P.L.Berger (1979), bes. 109ff.; vgl. auch ders. (1967), 101ff.
53. Vgl. dazu die oben in Kap.6.2.2.6., Nr.(1) genannte Literatur.

nen Kreisen verbreiteten Vorstellungen und wirkten bei der Herausbildung neuer, religionssoziologisch bedeutsamer Bewegungen mit. Der Ausdruck »New Age« ist ein Wegweiser zu diesem Zweig moderner Religionsgeschichte.

6.3.2 »New Age« nach 1900

Während der Gebrauch des Ausdrucks »New Age« bei Blake und den Swedenborgianern in einem religiösen Zusammenhang steht, ergab sich später eine Ausweitung der Bedeutung in Richtung politischer Utopien. Schon Blake und zahlreiche Swedenborgianer nahmen eine progressive politisch-gesellschaftliche Haltung ein. Blake lehnte z.B. mit ausdrücklich religiöser Begründung die Sklaverei ab und setzte sich für die Frauenemanzipation ein.[54] Dies erinnert an Traditionen des ›linken Flügels‹ der Reformation, die bei amerikanischen Kongregationalisten und verschiedenen baptistischen Gruppen fortgesetzt wurden. Bis zum Ende des 19. Jahrhunderts entwickelte sich eine doppelte Bedeutungsstruktur des Ausdrucks »New Age« mit einerseits politisch-utopischem, andererseits religiös-esoterischem Akzent. Dies war den Beteiligten durchaus bewußt, so daß das Stichwort »New Age« eine besondere Bedeutung bei Versuchen zur Verbindung von ›politischen‹ und ›religiösen‹ Utopien bekam.

6.3.2.1 A.R. Orage und die Wochenzeitung »The New Age«

Schon im 19. Jahrhundert gab es mehrere Zeitschriften mit dem Titel »New Age«, die mehr oder weniger im gedanklichen Kontext der oben dargestellten Lehren standen.[55] Wirkungsgeschichtlich von besonderer Bedeutung war eine Londoner Wochenschrift, die von 1894 bis 1938 existierte. Der ursprüngliche Titel lautete: »The New Age. A Weekly Review of Politics, Literature and Art«. Der Untertitel wurde später mehrfach verändert, was einer allmählichen Verschiebung der Träger- und Leserschaft entspricht: »A Democratic Review« (März 1907); »An Independent Socialist Review of Politics, Literature, and Art« (Mai 1907); »A Weekly Review of Politics, Literature, and Art« (Oktober 1907 bis mind. 1926); »Organ of the New Age Social Credit Society, Incorporating ›Credit Power‹« (1937).[56]

Die Zeitschrift wurde ursprünglich von freikirchlichen, sozial engagierten Christen mit pazifistischer und demokratisch-zeitkritischer Grundhaltung und Sympathie für den Sozialismus getragen. In der Eröffnungsnummer (4. Oktober 1894) gibt es

---

54. Schon bei Swedenborg findet sich eine besondere Hochschätzung der Afrikaner; vgl. z.B. ders. (1771), No. 835ff.: »Die Afrikaner in der geistigen Welt. Einiges über die Heiden« (Übs. Horn, Bd.4, 983ff.). Blake übernimmt diese Sichtweise. In einem seiner Kupferstiche wird »Europa« als Jungfrau von der »Antike« und »Afrika« gestützt (abgebildet in: Raine (1968), Bd.1, 12). Zur Frauenemanzipation vgl. Roszak (1972), 307f.
55. Nähers s. unten, Kap.6.3.2.2.
56. Zu den wechselnden Untertiteln und Herausgebern der Zeitschrift vgl. Dokumentationsteil, Abschnitt 7.1. (Die Zeitschrift ist in der Deutschen Staatsbibliothek, Berlin, zugänglich).

Rubriken über »The Problem of the Age«, »Current Chat« (d.h. etwa: »Streiflichter«), »Literary Life« (literarische Buchbesprechungen) und Anzeigen christlicher Verlage wie der Londoner »Sunday School Union«. In den beiden folgenden Nummern erschienen Berichte über Jahrestagungen der Congregational Union, der Baptist Union und anderer freikirchlicher Gruppen.

Die Eröffnungnummer enthält auch einen programmatischen Artikel über »New Age« von Charles A. Berry, der in der Anfangszeit des Blatts häufig als Autor erscheint. Berry schreibt:

»What is wanted in all our Churches is a revival of spiritual life with its impressive accompaniments of vision and reverence and song.«

Der religiöse Zungenschlag wird ergänzt durch soziales Engagement im Sinne eines ›dritten Weges‹ zwischen Sozialismus und Kapitalismus:

»Socialism is the direct antithesis of Anarchy ... a plea for the discipline of the individual in the interest of the community. No two systems could be more clearly opposed ... Do not the times call loudly for teachers and leaders who shall show us how to combine our legitimate freedom with a disciplined order which shall make for social strength and peace and progress? Modern Socialism, as most popularly expounded, overshoots the mark and destroys the man to save community. Old Individualism is but legalized Anarchy protected by the power of State. A *via media* is surely discernable and possible ... Until the self-surrender of the will to Christ has been made, ... little hope can be entertained of a more disciplined and ordered life.« [57]

Später wurde die ursprüngliche christliche Orientierung zugunsten des sozialen Akzents zurückgedrängt. Im Januar 1907 erschien wiederum ein programmatischer Artikel über »New Age«:[58] Wichtigstes Ziel der politischen Arbeit müsse die »Chancengleichheit« sein, was sowohl auf schichtenspezifische Ungleichheiten wie auf die Frauenrechte bezogen wird. Hinzu kommt die Vision einer neuen gesellschaftlich-wirtschaftlichen Ordnung auf der dreifachen Basis von »common ownership of Land and Capital«, »individual freedom« und »healthy environment«.[59] In der Zeitschrift gibt es nun Artikel und feste Rubriken über politische Themen, »The Land Question«, »Education« (für eine säkulare Erziehung und die Abschaffung staatskirchlicher Einflußnahme), »Socialism«, »Republicanism«, »Vivisection, Vaccination« (gegen Tierversuche), »Women's Interest« (Frauenrechte), »Food and Hygiene« (lebensreformerisch), »The Claims of India« (kritisch gegenüber Kolonialbehörden), sowie Neue Bücher (u.a. über die Digger-Bewegung), Musik und »Art/Drama«. Auch christlich-freireligiöse Themen werden diskutiert, so z.B. die »New Theology« der Autoren John Warschauer und Hugh C. Wallace, die von einer inneren Einheit des Menschen mit Gott ausgehen.[60] Außerdem kommen esoterische Themen zur Sprache, u.a. in einem

57. The New Age Vol I, No.1 (4.10.1894), S.2.
58. »A Vision of the New Age« (No. 640 vom 3.1.1907, Titelseite, ohne Verfasserangabe, vermutlich vom Herausgeber, Joseph Clayton.)
59. Graphik auf der Titelseite.
60. Vgl. John Warschauer: The New Evangel. Studies in the ›New Theology‹, London 1907;

Nachruf auf Henry Steel Olcott, den Mitbegründer der Theosophischen Gesellschaft.[61] Der Herausgeber selbst, Joseph Clayton, vertritt in verschiedenen Buchbesprechungen einen progressiven (»liberal-labour«) Standpunkt, ist aber parteipolitisch nicht festgelegt und kritisiert auch die neue liberale Regierung. Am 7. Februar 1907 kündigt er wegen finanzieller Schwierigkeiten an, die Eigentumsverhältnisse der Zeitschrift neu zu gestalten (dies führte offenbar zu keinem Ergebnis). Er kommentiert:

»The Editor has no desire to remain the sole propriator, but he does desire that a paper which has stood for peace and democracy all these years should, if possible, remain faithful to its principles.«[62]

Am 28. März verabschiedet sich Clayton nach neunjähriger Herausgebertätigkeit:

»We have stood up for the oppressed in India, Egypt, and South Africa. We have fought for democracy all the world over. The cause of Ireland, the cause of the disinherited labouring people in Great Britain and in all lands has been ours. For women struggling to be free at home and for the revolution in Russia, *The New Age* has said its word. For all the unfortunates in prison and workhouses we have pleaded for justice and mercy. And not human beings only, but the wider kinship of the animal world has claimed our companionship.«

Neuer Herausgeber wurde A(lfred) R(ichard) Orage (zunächst zusammen mit Holbrook Jackson, ab 1908 als alleiniger Herausgeber), der die Zeitschrift bis 1922 weiterführte.[63] Die Änderung des Untertitels (»An Independent Socialist Review of Politics, Literature, and Art«) wurde am 25. April 1908 mit der folgenden programmatischen Vorstellung angekündigt:

»Disavowing any specific formula, whether of economics or of party, the New Age will nevertheless examine the questions of the day in the light of the new Social Ideal; an ideal which has owed as much to the aristocracy of Plato, the individualism of Ibsen and Goethe, the metaphysics of Schopenhauer, the idealism of William Morris, the aestheticism of Ruskin as to the democracy of Whitman and Carpenter.«[64]

In der folgenden Ausgabe, der ersten mit dem neuen Titel, erschien ein weiteres Editorial:

> vgl auch ders. und Hugh Cunningham Wallace: Credo. Sermons on the Apostel's Creed preached in Anerly Congregational Church, London 1906. Beide Autoren gaben zusammen die Zeitschrift: »The Message« (Bristol 1905ff.) heraus.
> 61. 28. Februar 1907: »A Famous Theosophist«.
> 62. Editorial am 7. Februar 1907.
> 63. Vgl. dazu James Webb: The Harmonic Circle. The Lives and Work of G.I.Gurdjieff, P.D.Ouspensky and their Followers, New York: Putnam's Sons, 1980, Kap.3; ders. (1976), 105ff. 180ff.; Philip Mairet: A.R.Orage. A Memoir, London 1936.
> 64. John Ruskin und William Morris waren Vordenker der englischen Gildenbewegung (vgl. dazu Webb (1976), 105ff.). Edward Carpenter war als freier religiös-politischer Schriftsteller der Lebensreformbewegung ebenfalls von großer Wirkung; vgl. dazu unten, Kap.7.2.3.1.).

»Believing that the darling object and purpose of the universal will of life is the creation of a race of supremely and progressively intelligent beings, the ›New Age‹ will devote itself to the serious endeavour to cooperate with the purposes of life and to enlist in that noble service the help of serious students of the new contemplative and imaginative order.« [65]

Unter Orages Federführung spielte die Zeitschrift bald eine prominente Rolle bei der Verbreitung und Kritik moderner englischer Literatur.[66] Katherine Mansfield veröffentlichte hier ihre ersten Kurzgeschichten; George Bernard Shaw (der Orage beim Kauf der Zeitschrift unterstützt hatte), D.H. Lawrence, William Butler Yeats und viele andere bekannte Literaten zählten zu den Autoren und Förderern. Sie verschafften der Zeitschrift ein offenes Image mit progressiven Zügen.

Neben dieser literarischen Rolle hatte »The New Age« unter Orage – entsprechend der oben zitierten Ankündigung von 1907 – eine wichtige Funktion bei der Propaganda des »Guild Socialism«, der Teil einer vielgestaltigen romantisch-sozialistischen Strömung war und bis zu Beginn der 20er Jahre einen erheblichen Einfluß auf die britische Arbeiter- und Gewerkschaftsbewegung hatte.[67] Seit etwa 1920 verbreitete Orage mit seiner Zeitschrift die Theorie des »Social Credit« von C. H. Douglas, eine alternative Wirtschaftstheorie, die u.a. auch von Ezra Pound unterstützt wurde.[68] (Nach Ausscheiden Orages behielt die Zeitschrift ihre Funktion als Organ des »Social Credit« bis zu ihrem Ende im Jahr 1938 bei[69]). Auch zur Fabian Society, aus der bis heute zahlreiche führende Mitglieder der Labour Party hervorgingen, hatte Orage zu Beginn seiner Wirksamkeit in London enge Verbindungen.[70]

Außer den genannten Literaten und Sozialreformern kamen in der Zeitschrift auch theosophische Autoren und Vertreter anderer esoterischer Bewegungen zu Wort, z.B.

65. Ausgabe vom 2.5.1907, zit. nach Webb (1976), 206.
66. Zu Orages Rolle in der literarischen Diskussion der Zeit vgl. Wallace Martin (Hrsg.): Orage as a Critic, London und Boston, 1974.
67. Vgl. dazu Webb (1976), 105ff. Orage war der Gildenbewegung durch seinen Freund Arthur Penty eng verbunden (vgl. ebd., 106). Orage selbst schrieb Ende 1907 einen Artikel in mehreren Folgen: »Towards Socialism«; gleichzeitig schrieb George Bernard Shaw in der Zeitschrift über »Driving Capital out of the Country« (No. 686ff = N.S.Vol II, No. 1ff.).
68. Von Orage zusammenfassend dargestellt in ders: An Editor's Progress, in: The New Age, März-April 1926, 235f. 246f. 258. 271f. 283f. 295f (Reprint aus: »Commonweal« (USA)), hier bes. 258; vgl. dazu auch Webb (1976), 112.119-123. Zur Bedeutung des »Social Credit« in der englischen religiös-esoterischen Szenerie der 30er Jahre vgl. auch Watts (1972), 100.
69. Herausgeber seit 1922 war zunächst, unter unverändertem Titel, Arthur Moore (ein ehemaliger Major der Royal Airforce), später Arthur Brenton, ein führender Autor des »Social Credit« (spätestens seit 1926). Im letzten Jahrgang (unter Brenton) hatte das Blatt den Titel: »The New Age. Incorporating ›Credit Power‹. Organ of the New Age Social Credit Society«. Brenton hatte diese Gesellschaft unter den Abonnenten der Zeitschrift gegründet.
70. In der ersten Ausgabe des »New Age« unter seiner Federführung (2.5.1907) gibt es z.B. eine Glückwunschbotschaft von P. Kropotkin, dem Präsidenten der Liverpool Fabian Society, der Orage angehört hatte.

Rudolf Steiner[71] und Peter D. Ouspensky[72]. Orage selbst war schon vor seiner Tätigkeit in »The New Age« als Mitglied der Theosophischen Gesellschaft bekannt geworden. Er war eine wichtige ›Drehpunktperson‹ zwischen okkulten und politischen Utopisten seiner Zeit. Gleichzeitig war er von Nietzsche geprägt und sah diesen als Brücke zwischen Esoterik und »general intellectual concern«.[73] Orage vertrat eine radikal freiheitliche, unorthodoxe Haltung, auch gegenüber den Lehrstreitigkeiten der TG, die seine Arbeit mit einigem Argwohn beobachtete.[74] Gelegentlich zitiert er auch William Blake.[75]

In der Zeit seiner Herausgeberschaft wurde »The New Age« zu einem Experimentierfeld für die Verschmelzung freireligiöser und esoterischer Inhalte mit ›sozialistischen‹ Ideen. Orage selbst stellt die Entwicklung 1926 in einem Rückblick folgendermaßen dar:

»Like every intellectual in those days – I refer to the earliest years of the twentieth century – I began as some sort of a Socialist. Socialism was not then either the popular or unpopular vogue it has since become; but it was much more of a cult, with affiliations in directions now quite disowned – with theosophy, arts and crafts, vegetarianism, the ›simple life‹ ... [Orage erwähnt als ›Väter‹ William Morris, Edward Carpenter, Cunninghame Graham, Keir Hardie, G. Bernard Shaw.] My brand of socialism was, therefore, a blend or, let us say, an anthology of all these, to which from my personal predilections and experience I added a good practical knowledge of the working classes, a professional interest in economics which led me to master Marx's Das Kapital, and an idealism fed at the source – namely, Plato.«[76]

Die Zeitschrift war – so Orage – »the first Socialist weekly of London literary distinction had inspired in the breasts of Socialist and Labour groups.«[77] »The New Age« habe jedoch die völlige Verschmelzung des Sozialismus und der Gewerkschaftsbewegung in der Labour Party scharf kritisiert. Einerseits seien durch diese Konstellation die berechtigten ökonomischen Interessen der Arbeiterklasse von Sozialisten anderer Schichten mißbraucht worden, so daß die Gewerkschaften zu Karriere-Sprungbrettern degeneriert seien und die Arbeiterklasse nicht mehr wirklich vertreten könnten; andererseits sei der Sozialismus aufgrund dieser Allianz seiner allgemeinen gesellschaftskritischen und utopischen Dimension verlustig gegangen, die den alten »non-

---

71. Z.B. am 8.12.1921 mit dem Aufsatz: »Spiritual Life in World Affairs« (Quellenangabe: »The Goetheanum«, Dornach).
72. Zu Ouspensky s. unten, S.298.
73. Webb (1976), 203. Orage publizierte mehrfach über Nietzsche (zit. bei Webb, ebd.).
74. Orage schreibt ca. 1907 im »Theosophical Review«: »I like to think that every pat little complacent scientific definition of man, every tin-tabernacle description of him, is superficial and ridiculous. I even like to think that the Theosophical views, the defined views that is, are ridiculous too. Man is not definite, for he is still defining himself« (zit. nach Webb (1976), 204).
75. Z.B. zitierte er am 24.11.1921 in einer Besprechung über Wilhelm Windelband aus Blakes »The Marriage of Heaven and Hell«.
76. Orage (*1926).
77. Ebd., 235 (18. März).

class Socialism« gekennzeichnet habe. Aus diesem Grund habe sich »The New Age« als Anwalt und Propagator der Gildenbewegung und später dem Social Credit-Programm zugewandt, das Orage noch 1926 für eine perfekte alternative Wirtschaftstheorie hielt.[78]

Am Ende seiner Herausgeberzeit habe er jedoch erkannt, daß eine radikale Reform der gesellschaftlichen Verhältnisse – so perfekt sie in der Theorie ausgearbeitet sein mag – praktisch undurchführbar sei, wenn nicht noch etwas Größeres als rein menschliche Vernunft und Humanität beteiligt sei. Dies Größere sei die Religion, die letztlich – ohne daß man das genügend beachtet habe – auch hinter säkularen Sozialutopien wie dem Gildensystem stehe:

»What was the missing factor, the neutralising force that alone keeps the world in the middle way ... between the extremes of imbecility and madness? Simply religion. Yes, but what is the essence of religion, that distinguishes it from even its most colourable imitations in the form of morality, neighbourliness, humanitarianism? I reply quite simply, God. Religion without God is, strictly speaking, as ridiculous as science with nothing to know. There is and can be no religion in the absence of God, though there may be God in the absence of religion! Religion I venture to define as the attempt to establish an ideal and conscious relation between man and God; and since, in my experience, every attempt to establish an ideal and conscious relation between man and man, without taking God into account, has failed, the only remaining hope of the serious social reformer is to ›find religion‹, that is to say, find God.«[79]

Das klingt so, als sei Orage am Ende seiner Laufbahn nach langer Suche am selben Punkt angelangt, an dem »The New Age« 1894 begonnen hatte.[80] Doch entspricht die Dramaturgie dieses Rückblicks nicht dem tatsächlichen Ablauf der Ereignisse. Vielmehr war Orage zeitlebens mit religiösen Fragen verbunden gewesen, und auch die Zeitschrift »The New Age« hatte ihren ursprünglichen religiösen Akzent zwar in Richtung auf esoterische Themen verschoben, aber auch in seiner Herausgeberzeit nicht aufgegeben. Orages theosophische Vorprägung, seine häufigen Zitate religiöser Schriftsteller wie Blake und die esoterischen und spiritualistisch-christlichen Artikel seiner Zeitschrift (einerseits von Autoren wie Steiner oder Ouspensky, andererseits von den christlichen Gilden-Utopisten) machen dies deutlich.

Auch wäre es verfehlt, aus den zitierten Sätzen herauszulesen, daß Orage ein orthodoxer Anhänger des kirchlich verfaßten Christentums geworden wäre (wie das seine Diktion und besonders das Beharren auf Gott als Mittelpunkt der Religion nahelegen könnte). Er hatte 1922 die Zeitschrift verkauft und war zu dem esoterischen Lehrer G.I. Gurdjieff nach Fontainebleau bei Paris gegangen. Dies war durch den mehrjährigen Kontakt zu Ouspensky, dessen wichtigstem Schüler und literarischem Propagator, vorbereitet, der gelegentlich auch in »The New Age« publiziert hatte.[81]

1924 übersiedelte Orage nach New York und verbreitete dort die Lehre Gurdjieffs, die aus verschiedenen religiösen Quellen stammt und dabei neben sufistischen u.a.

78. Ebd., 246 (25. März).
79. Ebd., 296 (22. April).
80. Vgl. das Zitat aus No.1 der Zeitschrift, oben S.294.
81. Vgl. dazu Webb (1976), 180f.

auch buddhistische Einflüsse enthält.[82] 1930/1931 brach Orage mit Gurdjieff, kehrte nach London zurück und nahm am alten Ort seine Öffentlichkeitsarbeit für das »Social Credit«-Programm wieder auf. Er starb 1934.

Die Zeitschrift »The New Age« ist ein gutes Beispiel für die Verknüpfung utopischer Politik, avantgardistischer Literatur und esoterischer Lehren. Diese Verknüpfung ist typisch für viele neueren Verwendungen des Ausdrucks »New Age«.[83] Sie ist vor dem Hintergrund spiritualistischer Ideale der Freiheit, Toleranz und Gleichberechtigung zu sehen (wie schon die ursprüngliche Ausrichtung der Zeitschrift zeigt) und widerlegt drei geläufige Klischees heutiger Beobachter: *Erstens* zeigt die Geschichte der Zeitschrift »The New Age«, daß der Übergang zwischen christlich-spiritualistischen Ideen einerseits und esoterisch-theosophischen Vorstellungen fließend ist. *Zweitens* fügen sich die esoterischen und freireligiösen Bewegungen nicht pauschal in das Entweder-Oder sozialen Engagements und regressiver Innerlichkeit. *Drittens* können sie nicht pauschal als politisch »reaktionär« eingestuft werden. Wenn auch politisch-gesellschaftliche Ansprüche oft nicht eingelöst werden, so darf umgekehrt die Mitwirkung solcher Gruppierungen und Ideen besonders in der ›weichen‹ Anfangsphase sozialer Bewegungen nicht unterschätzt werden, und das Klischee des Reaktionären ist ohne genauere Prüfung der Zusammenhänge fehl am Platz.

6.3.2.2 Weitere Zeitschriften

Außer der von Orage herausgegebenen Zeitschrift wurden zwischen 1843 und 1962 mindestens 19 weitere Periodika in Großbritannien, den USA, Kanada, Indien, Australien und Südafrika herausgebracht, die den Ausdruck »New Age« im Titel führ-

---

82. Zu Gurdjieff und seinen Schülern vgl. Webb (1980); Peter D. Ouspensky: Auf der Suche nach dem Wunderbaren, München und Weilheim: Scherz/Barth, [4]1982 ([1]1966) (engl. Erstveröffentlichung 1949, bereits ca. 1915-17 verfaßt); John G. Bennett: Gurdjieff – Der Aufbau einer neuen Welt, Freiburg: Aurum, 1976 (engl. Original 1973); ders.: Witness. The Autobiography of John Bennett, Wellingborough/GB: Turnstone, [2]1983 (zuerst 1974).
83. In der Biographie vieler okkulter Persönlichkeiten findet sich ein politisches, zumeist progressiv-sozialistisches Engagement, so bei Eliphas Lévi in Frankreich, der mehrfach wegen radikaler politischer Umtriebe inhaftiert war (vgl. Frick (1978), 394ff.), oder bei Annie Besant in England, einem der frühen Mitglieder der »Fabian Society«, die maßgeblich an der Entstehung der Labour Party beteiligt war (vgl. Judah (1967), 102ff.). Rudolf Steiner engagierte sich in seiner Weimarer und frühen Berliner Zeit bis etwa 1906 in den Bildungsprogrammen der Arbeiterbewegung (vgl. Wehr (1987), 149-152; vgl. auch Webb (1976), 62ff.; Frick (1978), 524). Oft bedeutet zwar die Beschäftigung mit okkulten Dingen das Ende des politischen Utopismus; dennoch sind beide Betätigungen biographisch miteinander verknüpft und können auch in der weiteren Entwicklung vieler Bewegungen nachverfolgt werden. So schreibt Alice Bailey im Zusammenhang ihrer Auseinandersetzung mit der Theosophischen Gesellschaft (Adyar-TG), die theosophische Bewegung manifestiere sich nicht nur in esoterischen Körperschaften, sondern auch in Gewerkschaften. Dagegen habe sich die TG (und insbesondere ihre Esoterische Sektion) von der Weltbruderschaft zur weltabgewandten Sekte entwickelt (Bailey (1949), 175f., vgl. auch 162f et passim). Über das soziale Engagement der »Arkanschule« Baileys vgl. auch Judah (1967), 131.

ten.⁸⁴ Dabei lassen sich drei Gruppen unterscheiden: Etwa die Hälfte der Publikationen ist religiösen, esoterischen, spiritistischen, rosenkreuzerischen, freimaurerischen oder ähnlichen Gehalts und steht damit, soweit erkennbar, innerhalb der oben beschriebenen Traditionslinien abendländischer Religionsgeschichte. Eine zweite Gruppe der Zeitschriften ist politischen Charakters; dazu gehören z.B. zwei Parteizeitungen der indischen KP und der *Australian Labour Party*. Eine dritte Gruppe gebraucht den Ausdruck »New Age« im ›säkularen‹ Sinn als Synonym für »Fortschritt« (zumeist technischer Art).⁸⁵

In neuerer Zeit, zwischen 1971 und 1982, sind im englischen Sprachraum etwa zehn weitere Zeitschriften mit dem Titel »New Age« verzeichnet.⁸⁶ Anders als die älteren sind sie inhaltlich ausnahmslos von der im ersten Hauptteil der Arbeit beschriebenen Thematik geprägt. Sie spiegeln die Zäsur wider, die in der Bedeutungsentwicklung des Ausdrucks »New Age« Ende der 60er Jahre eintrat.

6.3.2.3 »New Age« in religiösen Einzelentwürfen

Beispielhaft seien einige weitere Belege für das Vorkommen des Ausdrucks »New Age« genannt:
- Während Orages Arbeit für die politisch-utopische Version moderner esoterischer Bewegungen stehen kann, ist das schon genannte »Wassermann-Evangelium« Levi H. Dowlings (1908) prototypisch für die ›private‹ Variante. Es identifiziert die Erwartung eines »New Age« erstmals ausdrücklich mit der astrologischen Vorstellung des »Wassermann-Zeitalters«.⁸⁷
- In Los Angeles bestand in den ersten Jahrzehnten des Jahrhunderts ein »New Age Bible Center«, in dem eine Bibelexegese mit Swedenborgischen Anklängen gelehrt wurde.⁸⁸
- In der Neugeistbewegung (New Thought) war der Ausdruck »New Age« verbreitet und wurde schon Anfang der 30er Jahre auch ins Deutsche übersetzt.⁸⁹
- Ebenfalls in den USA wurde 1951 von Robert und Earlyne Chaney die »Astara-Foundation« gegründet, die Lehren aus Spiritismus, Theosophie, Alice Baileys Arkanschule mit traditionellen christlichen Lehren zu verbinden versuchte. Auch hier findet sich die Vorstellung einer »New Age Dispensation« und eines

---

84. S. Dokumentationsteil, Abschnitt 7.1.
85. Dieser Klassifizierung entsprechen auch die Ergebnisse einer von Prof. Dr. Gerald Eberlein (Institut für Sozialwissenschaften der TU München) in Auftrag gegebenen internationalen Literaturrecherche. Nach seiner Auskunft kommt das Stichwort »New Age« in drei verschiedenen Kontexten vor: Es könne eine neue religiöse Kultur, die Befreiung und Entwicklung unterentwickelter Länder und technischen Fortschritt bedeuten.
86. Außerdem gibt es zahlreiche Zeitschriften ähnlichen Inhalts mit dem Stichwort »Aquarius«; s. Dokumentationsteil, Abschnitt 7.1. und 7.2.
87. Levi H. Dowling: Das Wassermannevangelium von Jesus dem Christus, München: Hugendubel, ⁹1990 (dt. Erstausgabe 1980, engl. Original 1908), vgl. unten, Kap.7.3.1.2.
88. Vgl. dazu Judah (1967), 38.
89. Vgl. Karl O. Schmidt (Hrsg.): Neugeist. Die Bewegung des Neuen Zeitalters..., Pfullingen o.J. (1932); vgl. dazu unten, Kap.7.3.2.3., Nr.(6).

»New Age of Aquarius«. Die Angehörigen der Schule sehen sich als Auserwählte, die die bevorstehende, das Neue Zeitalter einleitende Krise überleben würden.[90]
- Jan van Rijckenborgh, der Begründer des theosophisch beeinflußten »Lectorium Rosicrucianum«, das in den 50er Jahren auch in Deutschland Wurzeln schlug, verfaßte 1964 eine »Apokalypse des Neuen Zeitalters« und verstand sich im Kontext eines beginnenden Zeitalter des Wassermanns.[91]
- Im Jahr 1956 erschien das Stichwort »New Age« in einem Buch von Lewis Mumford, einem amerikanischen Historiker und Kulturtheoretiker.[92] Seine Darstellung ist sowohl terminologisch als auch inhaltlich von Patrick Geddes geprägt, einem führenden Initiator der Städtischen Lebensreformbewegung in England, die etwa gleichzeitig mit dem »Guild Socialism« aufgetreten war und wie dieser eine Parallele zu manchen Richtungen der deutschen Jugendbewegung darstellt.[93] Mumford wird seinerseits von Roszak, Spangler, Ferguson, Capra, Wilber, in Deutschland z.B. von Rudolf Bahro zitiert,[94] so daß sich über seine Person eine historische Verbindungslinie zwischen älteren und gegenwärtigen Verwendungsweisen des Ausdrucks »New Age« nachweisen läßt.
- Zahlreiche weitere Belege zur Verwendung des Ausdrucks »New Age« in der amerikanischen religiösen Szenerie sind in J.Gordon Melton's »Encyclopedia of American Religions«,[95] außerdem auch bei Webb und Judah zusammengestellt.[96]
- Auch im deutschen Sprachraum gab es entsprechende Strömungen. Autoren wie Gustav Meyrink (1886-1932), Hermann Graf Keyserling (1880-1947) und verschiedene Führer esoterischer und freigeistiger Bewegungen benutzten zwar den Ausdruck »Neues Zeitalter« selbst nur gelegentlich, vertraten aber der Sache nach

---

90. Vgl. dazu Judah (1967), 133ff.
91. Vgl. dazu Miers (⁶1986), 249-252.
92. Lewis Mumford, Transformations of Man, London 1957 (Erstausgabe 1956). Zu Mumford vgl. unten, Kap.11.4.3.
93. Geddes glaubte an die Notwendigkeit einer umfassenden spirituellen Reform mit politischen Implikationen; in seinem Gemeinschaftswerk mit Victor Branford: The Coming Polity (1919) schreibt er: »Since the Industrial Revolution there has gon on an organized sacrifice of men to things, a large-scale subordination of life to machinery« (zitiert nach Webb (1976), 104); vgl. auch Philip Mairet: Pioneer of Sociology. The Life and Letters of Patrick Geddes, London 1957.
94. Roszak (1975), 17; Spangler (1984), 15ff.; Ferguson (1980), 48; Wilber (1981), 156 et passim; Capra (1982), 28; Rudolf Bahro: Logik der Rettung. Wer kann die Apokalypse aufhalten? Ein Versuch über die Grundlagen ökologischer Politik, Stuttgart u. Wien: Edition Weitbrecht, 1987, passim.
95. Detroit 1989, z.B. S.670: »New Age Teachings« in Brookfield/MA, gegründet 1967, mit Lehreinflüssen der Unitarier, Sv. Yogânandas, des Spiritismus; S.709: »New Age Church of Truth, Deming/NM, gegründet ebenfalls Mitte der 60er Jahre; S.710: »New Age Samaritan Church«, gegründet 1961, beeinflußt von New Thought, moderner Theosophie, Spiritismus, Zen-Buddhismus.
96. Webb (1976), passim; Judah (1967), passim.

ähnliche Auffassungen.[97] In den avantgardistischen Zirkeln in München, Prag oder Berlin verband sich die Vorstellung des »Neuen Zeitalters« häufig mit sozialutopischen Ideen und strahlte von hier in spätere Bewegungen aus.

6.3.2.4 Zusammenfassung:
»New Age« als Ausdruck der Beziehungen zwischen politischen und religiösen Utopien im Kampf gegen das ›mechanistische Zeitalter‹

Zwischen 1870 und 1930, besonders in den ersten beiden Jahrzehnten nach der Jahrhundertwende, war die Vorstellung vom »Neuen Zeitalter« weithin geläufig. Typisch dabei ist, daß politisch gefärbte Visionen zumeist progressiven, utopisch-sozialistischen Inhalts mit religiösen und kosmologischen Erwartungen einer neuen himmlischen und irdischen Dispensation einhergingen. Gelegentlich – seit etwa 1920 in breiterem Ausmaß – nahmen sie die astrologische Metapher des »Wassermann-Zeitalters« auf.[98]

Wie die Wirkung A.R. Orages beispielhaft zeigt, steht »New Age« sowohl für politische Utopien wie für religiös-esoterische Erwartungen. Beide Bedeutungen lassen sich nicht gegeneinander ausspielen (»mythisch« gegen »utopisch«, »regressiv« gegen »progressiv«), sondern sind eng miteinander verzahnt und haben sich gegenseitig befruchtet.[99] Ihr gemeinsamer Nenner ist ein fundamentaler Protest gegen bestimmte Folgen moderner bürgerlich-kapitalistischer Lebensweise, zum einen gegen den modernen »Materialismus« (dafür kann auch »Kapitalismus« stehen), zum andern gegen die Zerstörung traditioneller Sozialstrukturen in Folge des modernen »Individualismus«, der nicht den freien Menschen hervorgebracht, sondern ein neues Feudalsystem der Maschinen und des Kapitals erzeugt habe.[100]

---

97. Zu Hermann Graf Keyserling vgl. ders.: Das Reisetagebuch eines Philosophen, Frankfurt a.M.: Ullstein, 1990 (zuerst 1918); zur Weiterentwicklung in der nächsten Generation vgl. auch Arnold Keyserling (1990). Zu Gustav Meyrink vgl. ders.: Das grüne Gesicht, Freiburg i.B.: H. Bauer, 1963 (zuerst 1916).
Einschlägiges Material aus der deutschen Jugendbewegung, aus Landkommunen und ökologischen Bewegungen findet sich bei Ulrich Linse (Hrsg.): Zurück o Mensch zur Mutter Erde. Landkommunen in Deutschland 1890-1933, München 1983 (zum Thema »Neues Zeitalter« bes. 62ff.); ders.: Ökopax und Anarchie. Eine Geschichte der ökologischen Bewegungen in Deutschland, München 1986.
98. Belege bei Webb (1976) und Linse (Hrsg.) (1983), ders. (1986).
99. Webb kommt zu der folgenden Einschätzung: »Because the idealistic Underground of prewar years (gemeint ist der Erste Weltkrieg) had included both proselytes of new religions and seekers of social creeds, the various groups intermingled and used one another's terms. The often-repeated calling for a ›New Age‹ heard both before and after the war, can refer either to a practically conceived plan for social betterment, or to a religious revelation like that preached by the Swedenborgian New Church« (Webb [1976], 28).
100. Vgl. dazu aus dem deutschen Sprachraum Linse (1986), bes. Kap.2 und 3. Als spätere Synthese solcher Vorstellungen in England mag das Buch von Lewis Mumford: The Myth of the Machine, New York 1967, gelten; vgl. auch Webb (1976), 82.

Bereits 1893 schrieb Walter Crane in einem programmatischen Entwurf zur englischen »Arts and Crafts Movement«, einem Vorläufer der 1906 gegründeten Gilden-Bewegung:

»The movement indeed represents ... a revolt against the hard mechanical conventional life and its insensibility to beauty ... It is a protest against that so-called industrial progress which produces shoddy wares, the cheapness of which is paid for by the lives of their producers and the degradation of their users. It is a protest against the turning of men into machines«.[101]

Zur Überwindung der durch die Industrialisierung bedingten sozialen Probleme suchte man mit je unterschiedlicher Gewichtung nach alternativen Wirtschafts- und Gesellschaftsordnungen, nach einer neuen Ästhetik, Kultur und ›Religion‹. Im Unterschied zur Mehrheit der politischen Linken der Zeit sahen die Gilden-Sozialisten und ähnliche Bewegungen in England wie auch in Deutschland im »Kollektivismus« keine brauchbare Alternative zum »Individualismus« des aufgeklärten Bürgertums und vertraten statt dessen eine »spirituelle Erneuerung«, die das Individuum zur sozialen Integration befähigen und die Gesellschaft gleichzeitig lebensfähiger machen sollte.[102]

Die Gleichzeitigkeit dieser angelsächsischer Bestrebungen mit der deutschen Jugendbewegung und den ihr verwandten Strömungen ist auffällig. In beiden Ländern endeten die Bewegungen ziemlich abrupt infolge der politischen Frontenbildung der 20er und 30er Jahre. In Deutschland setzte die Machtergreifung der Nationalsozialisten 1933 den Schlußpunkt. Ein Teil der Bewegungen wurde ins ›System‹ integriert, der größere Teil verboten und seine Anhänger verfolgt.[103] Beides trug gleichermaßen dazu bei, daß die Bewegungen in Deutschland auch nach Ende der Nazi-Herrschaft keinen Boden mehr gewinnen konnten. Dagegen gab es in England und Amerika trotz der grundlegend veränderten politisch-sozialen Bedingen nach dem Zweiten Weltkrieg gewisse Fortsetzungen, wie das am Beispiel Lewis Mumfords, aber auch an Sir George Trevelyan erkennbar ist.

---

101. Walter Crane: Of the Revival of Design and Handicraft (1893), zitiert nach Webb (1976), 105.
102. Vgl. Webb (1976), 106; Linse (1986), 57ff. Eine ähnliche, doppelte Frontstellung gegen »Kollektivismus« (»Masse«) einerseits, »Individualismus« andererseits findet sich in der Arbeit der Leipziger Ganzheitstheoretischen Schule Felix Kruegers, so z.B. in der von ihm beeinflußten Missionstheologie Bruno Gutmanns mit ihrem Konzept des afrikanisch strukturierten »Gemeindeaufbaus«; vgl. dazu Bochinger (1987), 84ff.
103. Vgl. Linse (Hrsg.) (1983). Manche Vertreter dieser Bewegungen in Deutschland nahmen eine ambivalente Haltung gegenüber dem Nationalsozialismus ein. Johannes Müller, der seit 1911 in Schloß Elmau bei Garmisch ein bekanntes Zentrum für ganzheitliche Bildung und Erziehung betrieb, begrüßte 1933 die Machtergreifung, kam aber bald darauf in Konflikt mit den Nazis und entkam nur knapp (angeblich durch persönliche Intervention Alfred Rosenbergs) der Internierung ins KZ. Ähnliches gilt für die Position Keyserlings, der von den Nazis Schreibverbot erhielt, jedoch auf Französisch weiterpublizieren konnte (vgl. dazu Webb (1976), Kap.3).

6.4 Zwischenbilanz I: Ideen- und begriffsgeschichtlicher Kontext des Terminus »Neues Zeitalter«

Die Beispiele des vorigen Abschnitts zeigen, daß der Ausdruck »New Age« schon um die Jahrhundertwende – ähnlich wie bei seiner neuerlichen Verbreitung in den 70er und 80er Jahren des 20. Jahrhunderts – in unterschiedlichen Gruppierungen und mit ebenso unterschiedlicher Bedeutung gebraucht wurde. Dabei liegen in der Hauptsache zwei Varianten vor: »New Age« bezeichnet zum einen politisch-progressive, zum anderen religiöse Utopien. Diese erscheinen jeweils als integrale Bestandteile von Subkulturen, die in ihrer Struktur viele Ähnlichkeiten mit der heutigen Szenerie aufweisen. Schon damals war die Rede vom »Neuen Zeitalter« ein internationales Phänomen, dessen Schwerpunkt im angelsächsischen Sprachraum lag.

Als ideengeschichtliche Grundlagen sind die verschiedenen Typen der antiken Weltalterlehren einerseits, Erwartungen der jüdisch-christlichen Apokalyptik andererseits zu sehen, die im Laufe der abendländischen Geschichte mannigfach miteinander verknüpft wurden, deren grundlegender Gegensatz aber in jeder Zeit für Konflikte sorgte. Eine Zwischenstellung zwischen zyklisch sich fortsetzenden, ›von selbst‹ ablaufenden Zeitprozessen und der Erwartung des Endes der Geschichte nach dem Willen Gottes nimmt der »Chiliasmus« ein, d.h. die Aufspaltung der Enderwartung in ein noch innerhalb der Geschichte liegendes Christusreich und das erst später nachfolgende Gericht und Weltende. Das Zwischenreich bekommt die Funktion eines christlichen »Neuen Zeitalters«.

Seit Joachim von Fiore entstand die Idee einer innerweltlichen Entwicklungsfähigkeit der Kirche und die Vorstellung einer »Neuen Kirche« des Heiligen Geistes, ebenfalls ein christliches »Neues Zeitalter« auf Erden, das von der eigentlichen Endzeit zu trennen ist. Wenn diese Trennung unscharf wurde, näherte sich die Erwartung des »Neuen Jerusalem« paradoxerweise der antiken Vorstellung des »Goldenen Zeitalters«. Das ist schon bei Joachim angelegt – bedingt durch sein Festhalten an Augustins Identifikation des Millenium mit der Kirchengeschichte, die keine exegetische Basis für ein zusätzliches innergeschichtliches Zeitalter bereitstellte. Es konkretisiert sich bei vielen apokalyptischen Bewegungen des Spätmittelalters, so auch in den Florentinischen Erwartungen zur Zeit Savonarolas. Obwohl dieser selbst die Philosophie der Akademie verteufelte, identifizierten die ehemaligen Schüler Marsilio Ficinos die antiken Erwartungen eines Goldenen Zeitalters mit den apokalyptischen Voraussagen dieses neuen Propheten.

Spätestens seit Ende des 15. Jahrhunderts gibt es daher ein Konglomerat aus verschiedenen Formen der Zukunftserwartung, in dem sowohl christlich-apokalyptische als auch antike Vorstellungen anklingen. Schon seit Joachim ist ferner die Verknüpfung solcher Zukunftserwartungen mit einer zusätzlichen Geistbegabung der Menschen fest geprägt. Dieses Konglomerat wird durch die Begriffe »Neues Jerusalem«, »Reich des Heiligen Geistes«, »Neue Kirche« und »Neues Zeitalter« symbolisiert, die in unterschiedlichen Varianten miteinander identifiziert werden können.

In der Reformationszeit konkretisierten sich die Erwartungen in einem neuen Chiliasmus und in zahlreichen »nonkonformistischen« Bewegungen, die gegenüber dem Schriftprinzip der Reformatoren den Vorrang des »inneren Wortes« hervorhoben bzw. die wahre Auslegung der Schrift von einer besonderen Geistbegabung abhängig machten. In der Moderne löste sich die Erwartung eines »Neuen Zeitalters« schließlich vom kirchlich-christlichen Interpretationsrahmen und dessen biblischer Grundlage. Diese Umgestaltung war ein wesentliches Moment bei der Bildung der Neuen religiösen Bewegungen des 19. Jahrhunderts. Sie führte zu einem Ineinander »religiöser« und »säkularer« Themen, Ideen, Gemeinschaftsformen und Handlungsweisen, durch das sich die moderne Religionsgeschichte von anderen Epochen unterscheidet.

In der Anfangsphase dieser Entwicklung steht Emanuel Swedenborg, in dessen Biographie sowohl die Tradition eines pietistischen Luthertums als auch die moderne Naturwissenschaft Newtonscher Prägung verankert ist. Swedenborgs Terminus der »Neuen Kirche« – mit dem »Neuen Jerusalem« von Offb 21 identifiziert – steht für eine freigeistige Adaption christlicher Inhalte, deren Wahrheitsgehalt sich durch die Fähigkeit zu besonderer Hellsichtigkeit legitimiert. Im Unterschied zum Spiritualismus unmittelbar nach der Reformation und zu ähnlichen Entwicklungen im Pietismus hat die Geistbegabung Swedenborgs einen realistisch-aktiven Akzent, der dem Fortschrittsoptimismus des naturwissenschaftlichen Zeitalters entspricht. Swedenborg sieht sich zu Himmelsreisen und fortlaufenden Kontakten mit Engeln und anderen himmlischen Wesen befähigt. Er vergleicht dies mit der Vergrößerung des Sehvermögens durch die Erfindung des Fernrohrs und sieht sich selbst nicht im Widerspruch, sondern in konsequenter Fortführung der modernen naturwissenschaftlichen Forschung, die er auf den Bereich des Geistigen auszuweiten beansprucht.

Ein Lebensalter später wurde Swedenborgs Begriff der »Neuen Kirche« von William Blake in den des »Neuen Zeitalters« überführt. Darin spiegelt sich in doppelter Weise der Ablösungsprozeß wider, der mit Swedenborg begann: Zum einen verknüpft Blake bewußt christliche und außerchristliche, v.a. neuplatonische Elemente (in ähnlichem Zusammenhang wurde schon im Florenz des 15. Jahrhunderts der Ausdruck »Neues Zeitalter«, *novum saeculum,* gebraucht). Zum andern findet sich bei ihm eine wesentlich differenziertere Sicht der Moderne, so daß er die Euphorie des naturwissenschaftlichen Fortschritts – sofern die »Entwicklung« des Menschen auf den technischen Aspekt begrenzt wird – polemisch als Verführung beschreibt und Newton mit dem Teufel identifiziert. Blake sieht Swedenborg, dem er fehlende Differenzierung vorwirft, als Totenengel auf dem Sarg des untergegangenen Zeitalters und seine »Neue Kirche« als Phantom einer vergangenen Epoche.

Trotzdem ist auch bei Blake der Gedanke des Fortschritts greifbar. »New Age« wird zur Chiffre für den wahren Aufbruch, die Ökumene der freien Subjekte, die sich der Herausforderung der Moderne stellen und Natur und Geist, Profanität und Religion auf neue Art miteinander verschmelzen, anstatt sich wie die »Mietlinge« der Universitäten in der mittelalterlichen Rüstung des Rationalismus zu verschanzen.[104] Leitend wird dabei der Gedanke der »vierfachen Vision« (im Gegen-

---

104. Zu dieser Terminologie Blakes im Vorwort des »Milton« vgl. oben, Kap.6.3.1.

satz zur »single vision« Newtons) und des harmonischen Ausgleichs der Gegensätze, des Himmels mit der Hölle, der Rationalität mit der Intuition, »Afrikas« mit »Europa«.

Die Transzendentalisten des 19. Jahrhunderts knüpften an diese Entwicklungen an. Sie wurden – zusammen mit Angehörigen der Swedenborgischen Neuen Kirche – zu wichtigen Initiatoren und Vorbildern neuer religiöser Bewegungen, bei denen die Frage der Ablösung oder Fortführung christlicher Traditionen wie nie zuvor offenstand. Obwohl die apokalyptische Vorstellung des »Neuen Jerusalem« im Zusammenhang der Auslegung von Offb 21 auch auf die religiöse Szenerie der Moderne eine maßgebliche Wirkung hatte, war für ihren freireligiösen Anteil der Rückbezug auf vorchristliche Typen der Weltalterlehren von zunehmender Bedeutung. Auch östliche (v.a. indische und buddhistische) Weltalterlehren bekamen auf diese Weise einigen Einfluß im Westen.

Dies führte gegen Ende des 19. Jahrhunderts zu einer Spaltung innerhalb der freireligiösen Bewegungen: Während besonders die Theosophische Gesellschaft Anschluß an östliche Traditionen suchte, blieb in vielen anderen Gruppierungen (wie auch in einigen Abspaltungen der modernen Theosophie) die Orientierung an neuplatonischen und anderen westlichen Lehren dominant.

Trotz zunehmender Entfremdung von christlicher Theologie und kirchlichen Strukturen läßt sich jedoch in allen untersuchten Richtungen ein bedeutsamer, wenn auch manchmal versteckter Einfluß der christlich-apokalyptischen Traditionslinien erkennen. Dementsprechend gibt es bei aller Disparatheit eine Kontinuität der Ideengeschichte von »New Age«, die von der christlichen Tradition (in ihrer fortwährenden Auseinandersetzung mit antiken außerchristlichen Vorstellungen) über das Zwischenglied der religiösen Bewegungen am Beginn der Moderne bis zur heutigen religiösen Szenerie führt.

Solche historischen Hintergründe liegen zumeist nicht im Blickfeld der Autoren der heutigen Szenerie.[105] Doch findet sich z.B. bei Marilyn Ferguson ein Hinweis auf Swedenborg als Vordenker. Sie stellt ihn zusammen mit Pico della Mirandola und Jacob Böhme in eine Reihe von Ahnen der »Transformation«, die auf Blake und die amerikanischen Transzendentalisten gewirkt und damit das Feld der weiteren Entwicklungen bereitet hätten.[106]

Bei Ferguson, aber noch stärker bei Fritjof Capra, hat das Motiv der Synthese von »Wissenschaft« und »Religion«, das – wie gezeigt – schon für Swedenborgs Denken leitend ist, einen zentralen Stellenwert. Weitere Parallelen zeigen sich in David Spanglers Vision vom »Neuen Zeitalter«: Ähnlich wie bei Swedenborg (den er in seinen Büchern nicht erwähnt) ist Basis der neuen Dispensation auch hier eine besondere Offenbarung. Auch Spangler entwickelt seine Überzeugungen in Kommunikation mit

---

105. Webb urteilt: »›Modern‹ culture as a whole is so indebted to artists and writers who found their inspiration in the turn-of-the-century Occult Revival that the avant-garde today necessarily makes use of ›esoteric‹ ideas without realizing their nature« ((1976), 420).
106. Ferguson (1980), 52-54. Die Autorin stützt sich dabei vermutlich auf eine Vorlesung Theodore Roszaks im Jahr 1976 und die von ihm herausgegebene Anthologie »Sources« (Roszak 1972a). Beides wird in Fergusons Bibliographie (S.498) erwähnt.

geistigen Wesen, deren Präsenz die eigene Aktivität des menschlichen Kommunikationspartners nicht ausschließt, sondern gerade erforderlich macht. Schließlich ist der politisch-soziale und ökologische Anspruch vieler Autoren der Neuen religiösen Szenerie zu nennen – er ist bei Capra und Ferguson ebenso erkennbar wie bei Spangler, der Findhorn-Gemeinschaft oder den Theosophen um Alice Bailey. Ob dieser Anspruch jeweils eingelöst werden kann oder nur der besseren Vermarktung der eigenen Bücher und Ideen dient, muß im Einzelfall geprüft werden. Jedoch zeigt die historische Analyse, daß die pauschale Abqualifizierung der neuen Religiosität als »Rückzug ins Private« ebenso fehl am Platz ist wie die vorschnelle Identifikation »esoterischer« Weltsicht mit »reaktionärer« Politik. Die Geschichte des Ausdrucks »New Age« legt vielmehr eine enge Verknüpfung esoterischer und politisch-progressiver Ideen offen, die bereits bei Blake und den Transzendentalisten angelegt und anhand der Arbeit A.R.Orages gut zu demonstrieren ist. Ähnliches gilt für die ideellen Grundlagen der ökologischen Bewegung.[107]

---

107. Hier wäre insbesondere der in ökologischen Kreisen sehr geschätzte E.F.Schumacher zu nennen, der wie Orage ein Schüler Gurdjieffs war und sich lebenslang mit esoterischen Themen befaßte; vgl. dazu ders.: Rat für die Ratlosen. Vom sinnerfüllten Leben, Reinbek: Rowohlt, 1979 (Original: A Guide for the Perplexed, London: Cape, 1977); Barbara Wood: E.F. Schumacher. His Life and Thougt, New York 1984, bes. 231-234.

7. »Wassermann-Zeitalter«: Geschichte eines modernen Mythologems

Das Stichwort »Wassermann-Zeitalter« wird sowohl bei »Esoterikern« der neueren Zeit als auch in der Sekundärliteratur über »New Age« häufig als Quelle und Ausgangspunkt der Vorstellung vom »Neuen Zeitalter« bezeichnet.[1] Im folgenden Kapitel soll dargelegt werden, daß die Entstehungsgeschichte umgekehrt verlaufen ist: Während der Begriff des »Neuen Zeitalters« – wie gesehen – bereits zu Anfang des 19. Jahrhunderts geprägt wurde und weitläufige ideengeschichtliche Hintergründe hat, wurde der Ausdruck »Wassermann-Zeitalter«, soweit erkennbar, erstmals in dem von Levi H. Dowling 1908 publizierten »Wassermann Evangelium« benutzt und dürfte nicht lange vor diesem Datum in dessen Umfeld geprägt worden sein. Dennoch gibt es auch hier verzweigte ideengeschichtliche Hintergründe, deren Freilegung für eine Ortsbestimmung moderner religionsgeschichtlicher Entwicklungen einigen Ertrag bringt.

Die folgenden Abschnitte haben den Zweck, die Entstehung eines modernen esoterischen Mythologems nachzuzeichnen und zu verdeutlichen, in welcher Weise alte ideengeschichtliche Traditionen mit modernen Reflexionen der letzten zweihundert Jahre zusammengeflossen sind. Es ist leicht zu schreiben, beim »Wassermann-Zeitalter« handle es sich »überhaupt um einen älteren esoterischen Topos, der, wie so vieles, eklektisch vereinnahmt wurde.«[2] Doch was heißt »esoterisch«? Haben sich solche Vorstellungen früher anders entwickelt als heute? In welcher Weise hängt ihr ›wissenschaftlicher‹ Anspruch mit den Konstitutionsbedingungen der Moderne zusammen? Zur Analyse solcher Fragen wird im folgenden exemplarisch eine ›Topologie‹ des »Wassermann-Zeitalters« erstellt. Besonderes Augenmerk soll auf der Frage liegen, worin sich moderne »esoterische« Deutungsmuster von den Vorbildern aus anderen Zeiten unterscheiden.

7.1 Spuren zu den Quellen in Astrologie und Altertumskunde

Sachliche Grundlage der Rede vom »Wassermann-Zeitalter« ist die Präzession der Fixsternsphäre im Verhältnis zur Ekliptik.[3] Als *astronomische Tatsache* war dieser Sachverhalt schon in der Antike bekannt.[4] Eine *astrologische Deutung* ist jedoch erst-

---

1. Vgl. dazu oben, Kap.5.1., Anm.1.
2. Schorsch (1988), 145.
3. Vgl. dazu oben, Kap.2.1.8.
4. Als Entdecker der Präzession gilt seit der Antike Hipparch von Nikaia, der nach Zeugnis

mals bei arabischen Autoren des Mittelalters verbürgt. Seit dem 13. Jahrhundert findet sie sich gelegentlich auch bei jüdischen und christlichen Autoren des Westens. Doch gibt es selbst in der neuzeitlichen astrologischen Literatur vor der letzten Jahrhundertwende nur spärliche Hinweise, und auch im 20. Jahrhundert ist die Haltung der Astrologie zum Thema der Präzessions-Zeitalter uneinheitlich.[5] Die positive Aufnahme hat sich hauptsächlich in der von der Theosophischen Gesellschaft geprägten »esoterischen Astrologie« verbreitet.[6] In anderen Darstellungen wird die Lehre häufig abgelehnt bzw. gar nicht erwähnt,[7] oder sie wird – ohne Quellenangaben und nähere Begründung – schlicht als Wahrheit vorausgesetzt.[8]

Die Astrologiegeschichte der Moderne ist kompliziert und wenig erforscht.[9] Ihre Bearbeitung unterliegt der Schwierigkeit, daß die Astrologie unter dem »Bannstrahl der etablierten Wissenschaften« steht.[10] Hinzu kommt, daß die ›Insider‹ gewöhn-

des Ptolemaios zwischen 162 und 125 in Alexandria und auf Rhodos wirkte, aufgrund genauer Himmelsbeobachtungen einen Sternkatalog erstellt und dabei die Verschiebung der Aufgangszeiten bestimmter Fixsterne gegenüber älteren Aufzeichnungen bemerkt habe. Die verlorene Schrift Hipparchs über die Präzession wird bei Ptolemaios zitiert: »metaptôsis (tôn tropikôn kai isêmerinôn sêmeiôn)« (»Veränderung der Wende- und Nachtgleichenpunkte«); vgl. dazu W. und H.G.Gundel (1966), 97 (bes. Anm.19) und 204; Ernst Zinner: Sternglaube und Sternforschung, Freiburg und München, 1953, 24.
In der späteren Antike wird die Präzession bei Theon v. Alexandria und (ablehnend) bei Proclos erwähnt (vgl. George Sarton: Introduction to the History of Science. Bd.1: From Homer to Omar Khayyam, Baltimore 1927, 367, Anm.m, vgl. auch 403 (= Sarton (1927ff.)).
Seit Origenes war die Präzession ein wichtiges Argument zur Kritik an der Astrologie, denn aufgrund jener Verschiebung schien die Annahme einer bestimmten, in sich gleichbleibenden Wirkung der Sternbilder auf irdische Prozesse unhaltbar, und schon damals fielen zudem der astrologisch berechnete und der astronomisch zu beobachtende Sonnenstand auseinander (Origenes, Philocalia = Comm. in Genes. II, MPG XII, 80; vgl. W. und H.G.Gundel (1966), 335 und Anm.12).

5. Vgl. dazu U.Becker (1981), 298.
6. Vgl. dazu unten, Kap.7.3.
7. Gänzlich unerwähnt bleiben die Präzessions-Zeitalter z.B. in dem astrologischen Lehrwerk Herbert von Klöcklers: Kursus der Astrologie Bd.1-3, Berlin ³1952-56 (zuerst 1929). Der Autor erklärt die astronomische Tatsache der Präzession, die für das Auseinanderfallen von »Tierkreiszeichen und gleichnamigen Fixsternbildern« verantwortlich ist (Bd.1, 25f.). Er nimmt keinerlei Bezug auf Weltalterlehren. Weitere negative und positive Belege bei Rosenberg (1958), 255f (Anm.21).
8. So z.B. bei Hanns Biedermann: Knaurs Lexikon der Symbole, München 1989, 143; Fred Gettings: Dictionary of Astrology, London u.a. 1985, 6.252-254. Völlig unkritisch bei Peter Niehenke: Kritische Astrologie. Zur erkenntnistheoretischen und empirisch-psychologischen Überprüfung ihres Anspruchs, Freiburg i.B.: Aurum, 1987 (zugl. Diss. im Fachbereich Psychologie/Sportwissenschaften der Univ. Bielefeld), hier S.35 und Anm.28, S.201. (Niehenke beruft sich lediglich auf die Behandlung der Parallelen zwischen Fischsymbolik und Christentum bei C.G.Jung, ohne dessen astrologiegeschichtliche Quellen zu untersuchen.)
9. Einen Überblick bietet Wilhelm Knappich: Geschichte der Astrologie, Frankfurt a.M.: Vittorio Klostermann, ²1984 (¹1967), 264-372.
10. So Becker (1981), 8.

lich gegenüber der ›exoterischen‹ Geschichte ihrer Disziplin wenig Interesse zeigen.[11] Astrologische Schulen machen oft zur Voraussetzung, daß ihre Disziplin von einer unveränderlichen Urlehre ausgehe.[12] Bei einer solchen Voraussetzung ist nicht die Genese der eigenen Position, sondern die Aufdeckung dieser Urlehre das Wesentliche.

In diesem Sinne nimmt Levi H. Dowling, in dessen »Wassermann-Evangelium« der Terminus »Aquarian Age« wohl zuerst erschien, apokalyptische Traditionen auf und beansprucht, daß die von ihm niedergeschriebenen Offenbarungstexte aus der Vorzeit stammten, aber bisher versiegelt gewesen seien.[13] Auch bei Alice Bailey und den meisten anderen modernen Mittlern des Ausdrucks »Wassermann-Zeitalter« wird keine historische Quelle der eigenen astrologischen Lehren angegeben.[14] Etwas anders liegt der Fall bei der Begründerin der Theosophischen Gesellschaft, H.P. Blavatsky, die zwar im Zusammenhang mit Weltaltervorstellungen ältere Autoren nennt und teilweise ausführlich zitiert, aber die Vorstellung des »Wassermann-« oder »Fische-Zeitalters« noch nicht in ausgearbeiteter Form entwickelt hat und sich sogar ausdrücklich gegen die astrologische Deutung der Gegenwart als »Neues Zeitalter« wendet.[15]

11. Das gilt nicht nur für die moderne Astrologie. In ähnlichem Sinne schreiben Wilhelm und Hans Georg Gundel über die antike Astrologie: »Die erhaltenen astrologischen Texte geben entweder als Offenbarungsliteratur nur traditionelle mythische Ableitungen, die in keiner Weise einer historischen Fragestellung entsprechen, oder sie bieten als Lehrbücher der wissenschaftlichen Astrologie nur die Elemente, Systeme und Techniken als gegebene Wahrheiten bzw. Methoden und berufen sich sehr selten auf einzelne frühere Autoren, deren Lehren dargelegt, kritisiert oder in Einzelheiten umgeformt werden« (W. und H.G.Gundel (1966), 5).
12. Diese Vorstellung findet sich in zahlreichen Varianten. Als Urheber der Astrologie und Schlüssel zu allen esoterischen Lehren schlechthin wird oft Hermes Trismegistos angegeben (vgl. W. und H.G.Gundel (1966), 2.10f et passim); so schon bei Marsilio Ficino, der zu Beginn seiner Florentiner Arbeit das von ihm für uralt gehaltene, in Wahrheit aber spätantike Corpus Hermeticum übersetzte (vgl. dazu Weinstein (1970), 197f.). In neuerer Zeit findet sich die Vorstellung z.B. im »Kybalion«, einer wahrscheinlich aus dem 19. Jahrhundert stammenden, anonym verfaßten Sammlung »antiker« hermetischer Lehren (Kybalion. Eine Studie über die hermetische Philosophie des alten Ägyptens und Griechenlands, (aus d. Engl.), Heidelberg o.J., Lizenzausgabe München: Akasha, 1981, hier 3ff.).
13. Vgl. Levi H. Dowling (1908), Kap.7, 25f.: (Der Prophet »Elihu« aus Ägypten spricht zu Maria und Elisabeth, die mit ihren Kindern vor Herodes dorthin geflüchtet sind:) »Dies Jahrtausend wird nur weniges begreifen von dem großen Werk der Reinheit und der Liebe. Dennoch geht kein Wort verloren, denn in Gottes großem Buche der Erinnerung [Anm. des Verf.: gemeint ist die Akasha-Chronik] ist jedes Wort und jede Tat und alles, was gedacht wird, eingetragen. Wenn dann die Welt bereit ist für das große Werk, dann wird die Gottheit einen Boten senden, der die Fähigkeit besitzt, das große heil'ge Buch zu öffnen und aus ihm die ganze Botschaft von der Liebe und der Reinheit zu entziffern« (S.29 der dt. Ausgabe).
14. Zu Alice Bailey vgl. unten, Kap.7.3.2.1.
15. Vgl. dazu unten, Kap.7.2.4.

Eine erste Spur zu den ideengeschichtlichen Hintergründen des »Wassermann-Zeitalters« findet sich bei Alfons Rosenberg.[16] Dieser bezieht sich u.a. auf Carl Gustav Jung, der in seinem 1951 erschienenen Buch »Aion« die Lehre vom »Wassermann-Zeitalter« ebenfalls aufgenommen und den durch die Präzession verursachten Übertritt in ein neues Zeitalter als gegebene Tatsache behandelt hatte.[17] Während Rosenberg eine eingehende Prognostik des kommenden Zeitalters bietet, beschränkt sich Jung auf einen Vergleich der Gegenwart mit dem vorangegangenen Zeitalter-Wechsel zur Zeit der Geburt Jesu.

Jung interpretiert in diesem Buch die Entstehung des Selbstes und seiner Individuation mit Hilfe einer mythologischen Deutung der frühchristlichen Fisch-Symbolik. Er zieht sowohl neutestamentliche Stellen über »Fische« und »Fischer« als auch die frühe christliche Ikonographie heran, die Christus mit dem Fisch-Symbol in Verbindung bringt. Dies könne mit Hilfe des Tierkreiszeichens der »Fische« gedeutet werden. Jung verweist einerseits auf eine Konjunktion der Planeten Jupiter und Saturn im Jahr 9 v. Chr. in jenem Sternzeichen, die er mit dem »Stern der Weisen« (Mt 2,1-12) identifiziert, zum anderen auf die aus der Präzession abgeleitete Lehre vom »Fische-Zeitalter«, das zur Zeit Jesu begonnen habe. Jungs Darstellung ist etwas unscharf, geht aber davon aus, daß beide Lehren bereits in der Antike im Gebrauch gewesen, von zumindest einigen frühen Christen aufgenommen und bewußt auf das Christus-Geschehen abgebildet worden seien.[18]

Jung schließt sich seinerseits bereits an ältere Darstellungen an. Er bezieht sich auf eine altertumswissenschaftliche Schultradition mit zeitweise starker populärwissenschaftlicher Verbreitung, in deren »System« die Präzession und eine darauf aufbauende Weltalterlehre eine wichtige Rolle spielte. So zitiert er die Autoren Alfred Jeremias (1864-1935)[19] und (mit einer um Distanz bemühten Anmerkung) Arthur Drews (1865-1935).[20]

16. Rosenberg (1958), bes. 25ff. 255f (Anm.21); vgl. auch ders. (1949), 206ff.
17. Carl Gustav Jung: Aion. Beiträge zur Symbolik des Selbst (1951), in: Gesammelte Werke Bd.9,2, Olten und Freiburg i.B., 1976; Jung greift das Stichwort »Wassermann-Zeitalter« später nochmals auf: Ein moderner Mythus. Von Dingen, die am Himmel gesehen werden (1958), in: Gesammelte Werke Bd.10, Olten und Freiburg i.B., 1974, 337-474; vgl. dazu Gert Hummel: Theologische Anthropologie und die Wirklichkeit der Psyche, Darmstadt 1972, 512-515; dort weitere Sekundärliteratur.
18. Jung schreibt mit einiger Vorsicht: »Obschon sich keinerlei Beziehung zwischen der Gestalt Christi und dem beginnenden astrologischen Zeitalter der Fische nachweisen läßt, so scheint mir doch die Gleichzeitigkeit der Fischsymbolik des Erlösers mit dem astrologischen Symbol des neuen Äon bedeutend genug, um sie wenigstens gebührend hervorzuheben. ... Man kann immerhin vermuten, daß bei der relativ verbreiteten Kenntnis der Astrologie wenigstens einiges von dieser Symbolik in gewissen gnostisch-christlichen Kreisen aus dieser Quelle stammt« (Jung (1951), 101f.).
19. Alfred Jeremias: Das Alte Testament im Lichte des Alten Orients, Leipzig, Erstausgabe 1904, zweite, völlig neu bearbeitete Aufl. 1906; vierte, völlig erneuerte Aufl., 1930. Bezeichnenderweise zitiert Jung, der im Jahr 1951 schreibt (S.82, Anm.3) die zweite Auflage des Buches von Jeremias und ignoriert den späteren Sinneswandel des Autors (vgl. dazu unten, Kap.7.2.3.2.).
20. Arthur Drews: Der Sternenhimmel in der Dichtung und Religion der alten Völker und des

Jeremias gehörte zur Schule des sog. »Panbabylonismus«, dessen Ideen durch Drews in den 20er Jahren neu verbreitet wurden.

Außerdem erwähnt Jung den dänischen Bischof Friedrich Münter (1761-1830), der zwischen 1821 und 1827 mehrere Schriften über »Große Konjunktion«, »Stern der Weisen« und »frühchristliche Fischsymbolik« verfaßt hatte. Auch Jeremias hatte sich auf Münter bezogen und dessen Deutung des »Sterns der Weisen« bereits mit der Lehre von den Präzessions-Zeitaltern verschmolzen, was von Jung übernommen wird.

Bei Winckler, Jeremias und auch Drews erscheint das Wort »Wassermann-Zeitalter« selbst noch nicht, da das Interesse dieser Autoren nicht auf gegenwärtige, sondern auf frühgeschichtliche und klassische Erscheinungen des Alten Orient gerichtet war (Winckler sprach zunächst von einem »Zwillings-«, »Stier-« und »Widder-Zeitalter«, Jeremias auch von einem »Fische-Zeitalter«[21]). Gemeinsam ist diesen Begriffen jedoch die Annahme eines auf der Präzession beruhenden Zeitalter-Wechsels, den schon die Alten bewußt für ihre Gegenwartsdeutung verwandt hätten. Diese Annahme ist historisch unbewiesen, hat aber ihrerseits eine längere Geschichte. Es handelt sich um ein modernes Mythologem, das Ende des 18. Jahrhunderts im Rahmen der »Sabäismus-Hypothese« entstanden war und sich im Laufe eines Jahrhunderts in einigen Zweigen der Altertumswissenschaft, besonders der sog. Astralmythologie, so verbreitet hatte, daß es nun als schlichte Wahrheit und nicht mehr als Hypothese aufgefaßt wurde.[22]

Es legt sich daher nahe, auch die astrologischen Lehren vom »Fische-« und »Wassermann-Zeitalter« als Wirkung jener Thesen der akademischen Altertumskunde zu erklären. Die Prägung des Ausdrucks »Wassermann-Zeitalter« selbst und seine Verknüpfung mit der Vorstellung des »New Age« könnte dann auf theosophisch-esoterische Kreise zurückgehen, die – wie z.B Eva S. Dowling im Jahr 1911 dokumentiert – solches Ideengut »kritischer Forscher« aufnahmen.[23] Die Vermutung wird dadurch gefestigt, daß die Panbabylonisten und manche »Esoteriker« wie z.B. H.P. Blavatsky ihrerseits auf die gleichen Quellen zurückgreifen: Sie berufen sich auf die »Astralmythologie« des 19. Jahrhunderts. Auch die traditionsreiche Deutung des »Sterns der Weisen« als Konjunktion von Jupiter und Saturn im Sternbild der »Fische«, die bei Jeremias und Jung wie auch bei Eva S. Dowling mit dem »Fische-Zeitalter« verknüpft wird, wurde bereits von älteren »Esoterikern« vertreten[24].

Darüber hinaus stellt die panbabylonistische Theorie selbst ein stark mythomorphes System dar, das – u.a. durch die Vermittlung Jungs – einigen Einfluß auf gegenwärtige astrologische Vorstellungen des »Wassermann-Zeitalters« haben dürfte. We-

Christentums. Einführung in die Astralmythologie, Jena: Eugen Diederichs, 1923 (zitiert bei Jung (1951), 99, Anm.76).
21. Vgl. dazu unten, Kap.7.2.3.2.
22. Zur »Sabäismus-Hypothese« vgl. unten, Kap.7.2.3.1., Anm.75.
23. Vgl. dazu unten, Kap.7.3.1.2.
24. Blavatsky setzt sich von der Berechnung des Geburtsdatums Jesu mit Hilfe jener Konjunktion ausdrücklich ab, zeigt aber dadurch, daß dies schon zu ihrer Zeit und nicht erst bei C.G.Jung zusammen mit Weltalterlehren und astralmythologischen Fragen diskutiert wurde; vgl. dazu unten, Kap.7.2.4.

gen der mythomorphen Züge sowohl der ›esoterischen‹ wie der ›wissenschaftlichen‹ Argumentationsgänge läßt sich nicht immer feststellen, ob die ›Esoteriker‹ die Interpretationsmuster von den ›Wissenschaftlern‹ übernahmen, oder ob die Rezeptionsvorgänge gelegentlich auch umgekehrt erfolgten. Jedenfalls steht hinter diesen Entwicklungen einerseits die Tradition der älteren Astralmythologie, andererseits die astrologische Deutung des »Sterns der Weisen«, die in den folgenden Abschnitten nachgezeichnet werden soll.

7.2 Ideengeschichtliche Voraussetzungen

7.2.1 Astrologische Weltalterlehren und Katastrophenerwartungen von Mâshâ'allâh bis zu Johannes Kepler

Die modernen astrologischen Weltalterlehren sind nur im Rückgriff auf ihre traditionellen Vorgaben richtig zu bewerten. Die antiken Grundlagen wurden oben schon dargestellt.[25] Explizite Berechnungen sind dagegen erst aus der arabischen Astrologie seit etwa 800 n.Chr. belegt.[26]

Wichtigste Voraussetzung der arabischen astrologischen Geschichtsrhythmik war die Vorstellung von der besonderen Bedeutung der Großen Konjunktionen. Das sind die Begegnungen von Jupiter und Saturn, den beiden äußersten unter den sieben klassischen Planeten, die ca. alle 20 Jahre stattfinden. Neben dem 20-jährigen Zyklus wurden größere Perioden von 60 Jahren (3 Konjunktionen von Jupiter und Saturn), 240 Jahren (12 Konjunktionen), 960 Jahren (48 Konjunktionen) sowie 3840 Jahren (4 mal 48 Konjunktionen) gelehrt.[27] Es findet sich dabei auch die Vorstellung, daß die

25. S.oben, Kap.5.2.3.
26. Vgl. Friedrich von Bezold: Astrologische Geschichtskonstruktion im Mittelalter (1892), in: ders.: Aus Mittelalter und Renaissance. Kulturgeschichtliche Studien, München und Berlin, 1918; Edward S. Kennedy: Ramifications of the World-Year Concept in Islamic Astrology, in: Ithaca: Actes du dixième Congrès International d'Histoire des Sciences (1962), Paris 1964, 23-45; im einzelnen vgl. Sarton (1927ff.); vgl. auch René Taton (Hrsg.): History of Science, Vol 1: Ancient and Medieval Science from the Beginnings to 1450, New York 1963.
27. Schon einer der ersten muslimischen Astronomen und Astrologen, Mâshâ'allâh, ein konvertierter Jude (lat. Mesahala, gest. ca. 815), vertrat eine solche Lehre (vgl. David Pingree und E.S.Kennedy: The Astrological History of Mâshâ'allâh, Cambridge/Mass., 1971). Weiter sind folgende arabische Autoren zu nennen, deren Werke ins Lateinische übersetzt wurden und später im Westen großen Einfluß hatten: al-Kindî aus Basra (lat. Alkindus, gest. 929; vgl. Otto Loth: Al-Kindî als Astrolog, in: Morgenländische Forschungen. Festschrift H.L.Fleischer, Leipzig 1875, 261-309); Abû Maʿshar (lat. Albumasar, gest. 886), der im wesentlichen von Alkindus abhängig ist (*De magnis coniunctionibus*, Augsburg 1499 und öfter; vgl. Pingree (1968)); Abû l-Saqr al-Qabîsî (Alcabitius), dessen *Libellus*

Konjunktionen große Bedeutung für das politische und religiöse Leben hätten und daß bei der 960-jährigen Zäsur neue Religionen entstünden.[28]

Eine Systematisierung astrologischer Weltalterlehren bietet das *Kitâb Ihwân as-safâ'* (das sog. »Buch der Abhandlungen der Lauteren Brüder von Basra«[29]), eine aus dem 10. Jahrhundert stammende arabische Enzyklopädie.[30] Sie vermittelt neben der Lehre von den Großen Konjunktionen unter anderem auch eine auf der Präzession beruhende Weltzeitalterlehre und verknüpft beide miteinander.[31] Die Enzyklopädie

introductorius in 13 Auflagen erschien (zur arabischen Astrologie im ganzen sowie zu einzelnen Autoren vgl. Fuat Sezgin: Geschichte des arabischen Schrifttums Bd. 7: Astrologie – Meteorologie und Verwandtes bis ca. 430 H., Leiden 1979; zu den lateinischen Übersetzungen und Editionen arabischer Astrologen vgl. F.J.Carmody: Arabic Astronomical and Astrological Sciences in Latin Translation. A Critical Bibliography, Berkeley and Los Angeles, 1956; zur westlichen Rezeption der arabischen Konjunktionen-Lehre vgl. G. Hellmann: Aus der Blütezeit der Astrometeorologie. J. Stöfflers Prognose für das Jahr 1524, in: ders. (Hrsg.): Beiträge zur Meteorologie Bd 1, Berlin 1914, 5-102, hier 7f.; vgl. außerdem Bezold (1892)).

28. So bei al-Kindî (vgl. Bezold (1892), 167) und bei Abû Ma'shar (vgl. Susanne Diwald: Arabische Philosophie und Wissenschaft in der Enzyklopädie: Kitâb Ihwân as-safâ' (III): Die Lehre von Seele und Intellekt, Wiesbaden 1975, hier 213), angeblich auch schon bei Mâshâ'allâh (vgl. Christian Wöllner: Das Mysterium des Nostradamus, Leipzig und Dresden: Astra-Verlag H. Timm, 1926, hier 21).
29. So die klassische Übersetzung des Titels von Dieterici (s. nächste Anm.).
30. Vgl. Diwald (1975). Neben Diwalds Übersetzung des 3. Teils des Kitâb liegt aus dem 19. Jahrhundert eine (nach damaliger Quellenlage) vollständige Ausgabe von Friedrich Dieterici vor: Die Philosophie der Araber im X. Jahrhundert nach Christus aus den Schriften der lautern Brüder, 8 Bde., Berlin und Leipzig 1858-1876.
Zur Verfasserschaft des *kitâb* vgl. Diwald, 8ff.: Es handle sich bei den »lauteren Brüdern« nicht um einen Orden, sondern um die Vorstellung einer »›Brüderschaft im Glauben, im Geiste‹«, an die der wohl alleinige Verfasser, al-Maqdisî, sein Werk gerichtet habe. Dieser selbst sei einer von neuplatonischer Geisteshaltung durchdrungenen sufistischen Richtung zuzuordnen, weshalb sein Werk später von der islamischen Orthodoxie abgelehnt worden sei. Vgl. auch Ian R. Netton: Muslim Neoplatonists. An Introduction to the thought of the Brethren of Purity, London u.a., 1982.
31. Zu den Präzessions-Zeitaltern vgl. ausführlich Bd.1, 181ff in der Ausgabe Dietericis; vgl. dazu auch Duhem (1913ff.), hier Bd.2, Kap.12, bes. 208-216 sowie 223. Einschlägige Aussagen des dritten Teils des *kitâb* lauten in der Übersetzung Diwalds:
»Kreisläufe (adwâr) haben eine Wiederkehr (kurûr), und ihre Gestirne haben bei den Kreisläufen und Umdrehungen Konjunktionen (qirânât). Bei jedem Kreislauf, jeder Umdrehung und Konjunktion ergeben sich in der Welt des Entstehens und Vergehens Ereignisse, deren Gattungen nur Gott der Erhabene zählen kann (S.209f.) ...
Zu den Konjunktionen, die sich innerhalb langer Zeiträume ereignen, gehören: – Diejenigen, die den Kreislauf alle 240 Jahre einmal neu aufnehmen. Und zwar führen der Saturn und der Jupiter 12 Konjunktionen in einem Trigon durch. – Diejenigen, die sich alle 960 Jahre ereignen. Und zwar führen der Saturn und der Jupiter 48 Konjunktionen in den vier Trigonen vollständig durch. – Diejenigen, die alle 3840 Jahre einmal stattfinden. Und zwar beginnt der Saturn und der Jupiter [in diesem Zeitraum] die Konjunktionen in den Trigonen [jeweils] von neuem (S.219) ...

beruft sich in astronomischen Details ausdrücklich auf den »Almagest«, das ins Arabische übersetzte astronomische Lehrbuch des Ptolemaios,[32] sowie auf »das Buch Zîǧ as-Sindhind«, worunter der im 7. Jahrhundert verfaßte und im 8. Jahrhundert ins Arabische übersetzte Brâhmasphutasiddhânta zu verstehen ist, ein Lehrbuch des indischen Astronomen Brahmagupta.[33] Im Almagest findet sich jedoch keine Weltalter-Spekulation.[34]

Seit dem 12. Jahrhundert erlangte die Astrologie zusammen mit dem sog. Averroïsmus zunehmende Bedeutung im Westen, die bis ins 15. Jahrhundert ungebrochen

> Zu den langsamen Bewegungen von langer Dauer und fernem Wiederbeginn gehören die Bewegungen der Fixsterne durch die Sphäre der Tierkreiszeichen alle 36 000 Jahre einmal [so nach der (falschen) Präzessionsansetzung des Ptolemäus im Almagest: 1° in 100 Jahren] ... Aus diesen Bewegungen in dieser Frist entsteht in der Welt des Entstehens und Vergehens folgendes: die Kultivierung auf der Erde wechselt von einem Viertel zum anderen, dadurch daß das Festland zu Meer und meerbedecktes Gebiet zu Festland, Berge zu Meer und Meer zu Gebirge werden (S.248f.) ...
> Alle 3000 Jahre bewegen sich die Fixsterne, die Apogäen der Wandelsterne und ihre Knoten in den Tierkreiszeichen und ihren Graden [um je drei Dekane weiter]. Alle 9000 Jahre bewegen sie sich von einem Viertel zu einem anderen Viertel der Himmelsphäre. Alle 36 000 Jahre machen sie in den 12 Sternbildern einen Umlauf. Das ist die Ursache dafür, daß die Oppositionen der Sterne und ihr Strahlenwurf auf die verschiedenen Stellen der Erde und das Klima der Länder verschieden sind und daß die Aufeinanderfolge von Nacht und Tag und von Winter und Sommer verschieden ist, sei es im Gleich- und Ebenmaß, oder im Zuviel und Zuwenig, im Übermaß der Hitze und der Kälte oder einem ausgewogenen Maß. Das sind ferner Ursachen und Gründe für die verschiedenen Zustände der Erdviertel, für die Veränderungen der Klimata der Länder und Orte und dafür, daß sie sich in ihren Eigenschaften von einem Zustand in den anderen verändern. ... Die Gründe und Ursachen veranlassen das Aufhören von Macht und Staaten, daß die Macht von einem Volk auf das andere übergeht und daß die Kulturen von einem Viertel der Erde zum anderen überwechseln. Das alles geschieht ... entsprechend den Konjunktionen, welche hinweisen auf die Kraft des Unglücks, das Verderben der Zeit, das Herausfallen der Mischung aus dem Gleichmaß, das Ende der Offenbarung, die geringe Zahl von Gelehrten, den Tod der Trefflichen, die Tyrannei der Könige, die Verderbnis der menschlichen Charaktere, die schlechten Handlungen der Menschen und ihre Meinungsverschiedenheiten. Ferner verhindern sie das segensreiche Herabfallen des Regens vom Himmel, so daß auf der Erde nichts wächst, die Pflanzen vertrocknen, die Tiere zugrundegehen und die Städte und Länder zerstört werden, wenn sie diese Konjunktion (qirân) beherrscht, und entsprechend [wirken die Konjunktionen], die auf die Kraft des Glücks hinweisen .... die Erde und die Pflanzen gedeihen, es werden viele Tiere geworfen, die Länder werden kultiviert, viele Städte und Dörfer werden erbaut, wenn sie diese Konjunktion beherrscht« (S.251-253).

32. Zur Rezeption des Werkes des Ptolemaios vgl. Paul Kunitzsch: Der Almagest. Die Syntax Mathematica des Claudius Ptolemäus in arabisch-lateinischer Überlieferung, Wiesbaden 1974; eine moderne Übersetzung bietet G.J.Toomer: Ptolemy's Almagest, London 1984. Zur Präzession vgl. Almagest VII,2 (ebd., 327-329).
33. Zum Brâhmasphutasiddhânta vgl. Klaus Mylius: Geschichte der altindischen Literatur, Darmstadt 1988, 267. 270, zur Identifizierung: Diwald (1975), 214.
34. Vgl. dazu Kennedy (1964), 31 et passim.

anhielt.³⁵ Astrologische Weltalterlehren arabischer Herkunft waren damit der erste Typus zyklischer Geschichtsauffassungen im christlichen Westen überhaupt, bevor in der Renaissance antike Lehren des »Goldenen Zeitalters« und des »Großen Jahres« in Konkurrenz zur christlichen Endzeitvorstellung wiederbelebt wurden.³⁶

Wichtige christliche Befürworter der Astrologie waren Albertus Magnus (ca. 1200 – 1280) und Roger Bacon (ca. 1220 – ca. 1292).³⁷ Bei Bacon findet sich auch eine Spekulation über den Zusammenhang der Entstehung neuer Religionen mit Planetenkonjunktionen.³⁸ Kurz nach seiner Zeit vertrat der italienische Arzt Peter von Abano (Albano, Aponus, 1250-1316/18) ähnliche Lehren vom Horoskop der Religionen, in das er auch die Entstehung des Christentums einschloß.³⁹ Er ordnete Nebukadnezar, Mose, Alexander d. Gr., »den Nazarener« und Muhammad in das arabische 960-Jahres-Schema der Großen Konjunktionen im Sternbild »Widder« ein.⁴⁰

Außerdem befaßte sich Abano eingehend mit der Präzession der Fixsternsphäre.⁴¹ Er ging von einer Verschiebung um 1 Grad in 70 Jahren aus (d.h. 25 200 Jahre für 360 Grad), was dem heutigen Zahlenwert relativ nahekommt. Abano unterzog die Präzession einer astrologischen Deutung und nahm dabei die platonische Lehre des *magnus annus* auf, die auch von »gewissen Stoikern und Pythagoräern« vertreten worden sei.⁴² Die Vollendung der »Revolution der achten Sphäre« (d.h. des Präzessionszyklus) führe zu großen Veränderungen; trockenes Land werde in Meer ver-

35. Für lange Zeit war Toledo das wichtigste Zentrum der Vermittlung. Berühmte Übersetzer waren Gerhard von Cremona (gest. 1187) und Michael Scotus, der später als Hofastrologe bei Friedrich II wirkte. Vgl. dazu und zur Verknüpfung von Astrologie und Averroïsmus: Bezold (1892), 171ff. Zu Scotus vgl. Ulrike Bauer: Der liber introductorius des Michael Scotus..., München 1983.
36. Vgl. Bezold (1892), 166f.
37. Vgl. Bezold (1892), 173f.
38. Es handelt sich um Konjunktionen des Jupiter mit Saturn (chaldäische Religion), Sonne (ägyptische Religion), Venus (Islam) und Merkur (Christentum); vgl. Bezold (1892), 174.
39. Über Peter von Abano vgl.: Lynn Thorndyke: A History of Magic and Experiental Science During the first Thirteen Centuries of Our Era, Bd.2, New York und London 1964, 874-947; Duhem (1913ff.), Bd.4, 229-263, bes. 256ff.; Bezold (1892), 178 und Anm.365 (S.405); Sarton (1927ff.), Bd.3, 339f.; Ernst Zinner: Die Geschichte der Sternkunde. Von den ersten Anfängen bis zur Gegenwart, Berlin 1931, hier 369.383.404. Wichtige Werke: *Conciliator differentiarum philosophorum et praecipue medicorum* (1303/1310); *Lucidator astronomiae* (1310).
40. Zitat der zentralen Stelle (Diff. 9) aus *Conciliator* bei Bezold (1892), 405 (Anm.365): »Ex coniunctione namque Saturni et Iovis in principio arietis, quod quidem circa finem 960 contingit annorum, ... immo et totus mundus inferior commutatur, ita quod non solum regna, sed leges et prophete consurgunt in mundo, significative saltem seu casualiter in quibusdam, volentes prioribus. q. neglectis reliquas condere, sicut apparuit in adventu Nabuchodonosor, Moysis, Alexandri Magni, Nazarei et Machometi.« Vgl. dazu auch Thorndyke (1964), 896f.
41. Vgl. Sarton (1927ff.), Bd.3, 443f.; Thorndyke (1964), 895. Vgl. auch Knappich (1967), 167; Peuckert (1960), 248f.; letzterer stellt die astronomischen Zusammenhänge teilweise falsch dar.
42. Zit. nach Thorndyke (1964), 895.

wandelt, wie das im Mythos von Atlantis überliefert sei. Abano beschränkt seine Spekulationen jedoch auf die Gesamtperiode des Präzessionsumlaufs und kennt keine »Monate« des astrologischen Großen Jahres im Sinne des modernen »Fische-« oder »Wassermann-Zeitalters«.

Die durch astrologische Spekulation drohende »Naturalisierung« des Heilsgeschehens, d.h. der Versuch seiner naturgesetzlichen Ableitung, war ein Hauptgrund für die Verfolgung der Astrologie von seiten christlicher Autoritäten im Mittelalter. Abanos Biographie ist ein gutes Beispiel der Ambivalenz astrologischer Rezeption. Er war einerseits hochgeschätzter Berater und Arzt prominenter Kirchenvertreter, u.a. des Papstes Honorius IV, andererseits hatte er, besonders seit seinem Aufenthalt in Paris, Probleme mit der Inquisition.[43] Über Abanos letzte Lebensjahre herrscht wenig Klarheit. Peuckert referiert, er sei von der Inquisition verhaftet worden und habe im Gefängnis Selbstmord verübt.[44] Nach Thorndyke fand zwar ein Verfahren statt, das aber mit Freispruch geendet habe. Abano sei eines natürlichen Todes gestorben. Erst um 1350 seien nachträglich seine Gebeine verbrannt worden.[45]

Kardinal Pierre d'Ailly (Petrus Alliacus, 1350-1420) war ein einflußreicher Befürworter der Astrologie und verteidigte diese als eine »natürliche Theologie«.[46] Er publizierte im Jahr 1414 fünf Schriften zum Thema.[47] Auch bei d'Ailly finden sich verschiedene astrologische Weltaltervorstellungen, in erster Linie wiederum die 960-Jahres-Periode der Planetenkonjunktionen (die er wohl über Roger Bacon von den Arabern aufgenommen hatte), daneben aber auch die Vorstellung einer »Revolution des Saturn« und ein Hinweis auf die »Vorwärtsbewegung« der »8. Sphäre«, d.h. auf die Präzession.[48]

43. Vgl. dazu Thorndyke (1964), 938-947.
44. Peuckert (1960), 248f.
45. Thorndyke (1964), ebd.
46. Er modifizierte den Anspruch astrologischer Aussagen mit dem alten Argument, daß Gott bevorstehende Ereignisse durch bestimmte Zeichen andeute und daß damit die Gesetzmäßigkeit der Planetenbewegungen in seiner Allmacht enthalten sei. Vgl. Bernhard Meller: Studien zur Erkenntnislehre des Peter von Ailly, Freiburg 1954, hier 24. Ähnlich argumentierten Albertus Magnus und auch Roger Bacon; vgl. dazu Bezold (1892), 173f.
47. Am wichtigsten: *Concordantia astronomiae cum historica narratione* oder *Tractatus de concordia astronomicae veritatis et narrationis historicae*, ed. Augsburg (Erhard Ratdolt) 1490. Bibliographie bei Meller (1954), hier: XIX, und bei Olaf Pluta: Die philosophische Psychologie des Peter von Ailly. Ein Beitrag zur Geschichte der Philosophie des späten Mittelalters, Amsterdam 1987. Zur Astrologie d'Aillys vgl. Duhem (1913ff.), Bd.4, 168-183; vgl. auch Bezold (1892), 184ff.; Zinner (1931), 338.
48. Zu d'Aillys Lehre von den Konjunktionen vgl. bes: *Concordantia...* (s. vorige Anm.). Auch in neuerer Zeit ist d'Ailly insbesondere wegen seiner angeblichen Prognose der französischen Revolution sehr bekannt; vgl. z.B. Peuckert (1960), 246; Rosenberg (1958), 19; Bezold, der sich selbst dieser Deutung allerdings nicht anschließt, zitiert aus »*Concordantia*«: »Wenn die Welt bis auf jene Zeiten Bestand hat, ... so werden dann große und wunderbare Veränderungen der Welt und Umgestaltungen eintreten, ganz besonders in Bezug auf die Religionen und Sekten. Denn mit der besagten Konjunktion und jenen Revolutionen des Saturn wird noch eine Revolution oder Umdrehung des oberen Himmelskreises, d.h. der achten Sphäre zusammentreffen, aus welcher, wie aus den anderen angeführten Tatsachen, eine Veränderung der Sekten zu erkennen ist« (Bezold (1892), 188).

Abgesehen von Abano, d'Ailly und deren arabischen Quellen finden sich vor dem 19. Jahrhundert kaum Hinweise auf eine astrologische Deutung der Präzession. Dagegen war die Lehre von der »Großen Konjunktion« seit der Blüte der Astrologie im Westen weit verbreitet.[49] Sie bildet die Grundlage der seit dem 12. Jahrhundert existierenden »Toledanerbriefe«; das sind Katastrophenvoraussagen, die jeweils an konkret bevorstehende Konjunktionen in bestimmten Tierkreisbildern gebunden waren.[50] und ihren Höhepunkt in den Voraussagen für das Jahr 1524 hatten.[51] Astrologische Argumente vermischten sich dabei sowohl auf Seiten der Gegner wie der Anhänger der Reformation mit religionspolitischen Interessen.[52]

In der Mitte des 16. Jahrhunderts wurden die Prophezeiungen des Arztes und Astrologen Nostradamus (Michel de Nostredame, 1503-1566) bekannt, der eine komplizierte astrologische Zeitalterlehre auf der Basis der Großen Konjunktion und vieler anderer Zyklen vertrat.[53] Er verknüpfte die astrologischen Berechnungen mit apokalyptischen Zeitschemata aufgrund der Analogie der Schöpfungstage (7 Zeitalter zu je 1000 Jahren[54]), indem er das Ende des siebten Jahrtausends mit der Rückkehr der sieben beweglichen Himmelssphären zu ihrem Ausgangspunkt *(thema mundi)* identifizierte.[55] Mit

49. So schon bei Giovanni Villani (gest. 1348), dem ersten bekannten Geschichtsschreiber der Florentiner Republik (vgl. Bezold (1892), 176); ebenso bei Johannes Trithemius, dem Bereiter des Kaisers Maximilian (ebd., 191ff.). Auch Giovanni Nesi in Florenz benutzte die Voraussagen in seinem *Oraculum de Novo Saeculo* (vgl. Weinstein (1970), 214; zu Nesi vgl. auch oben, Kap.6.1.4.); zum ganzen vgl. auch Hellmann (1914), 8-10; Weinstein (1970), 88f.
50. Vgl. dazu Hermann Grauert: Meister Johann von Toledo, Sitzungsberichte der Königlich-Bayerischen Akademie der Wissenschaften, Phil.- hist. Cl., 1901, München 1902, 111-325.
51. Die Florentiner, die ihre Stadt mit dem »Widder« identifizierten, erwarteten Christi Wiederkunft bei einer Großen Konjunktion in diesem Sternbild, wie sie für 1484 angekündigt war (vgl. dazu Weinstein (1970), 89.197). In der Reformationszeit galt besonders das Zeichen der »Fische« als katastrophenträchtig. Die für 1524 zu erwartende Große Konjunktion in den »Fischen« führte zu einer Flut astrologischer Druckschriften, ausgelöst durch Ankündigungen in dem 1499 erschienenen und vielfach neuaufgelegten astrologischen Ephemeridenwerk des Tübinger Astronomen Johann Stöffler (1452-1531); Hellmann zählte insgesamt 133 Druckschriften von 56 verschiedenen Autoren aus der Zeit zwischen 1517 und 1524 (vgl. Hellmann (1914), 6-10; Zinner (1953), 66f.; Heinz A. Strauss: Der astrologische Gedanke in der deutschen Vergangenheit, München und Berlin 1926, hier 61-70, bes. 69f und Abb. 62 (= 1926a)). Lt. Knappich (1967), 251, habe Stöffler selbst »keineswegs eine allgemeine Sintflut« prophezeit, sondern dies sei seinen Voraussagen von »reklametüchtigen Geschäftsastrologen angedichtet« worden.
52. Vgl. dazu ausführlich Aby Warburg: Heidnisch-antike Weissagung in Wort und Bild zu Luthers Zeiten, Heidelberg 1920 (Sitzungsberichte der Heidelberger Akademie der Wissenschaften, philos.-histor. Klasse); vgl. auch R.W.Scribner: For the Sake of the Simple Folk. Popular Propaganda for the German Reformation, Cambridge 1981, hier 124f.
53. Vgl. Erika Cheetham, Art. Nostradamus, in: Cavendish (Hrsg.) (1974), 156-158; Knappich (1967), 219f.; Wöllner (1926).
54. S.o., Kap.5.2.1.
55. »Und dies nach dem sichtbaren himmlischen Ratschluß abermals, wenn wir in der sieben-

der Rückkehr der Sternbilder bezieht sich Nostradamus jedoch nicht auf die Präzessionstheorie, sondern auf die im Altertum und Mittelalter parallel dazu vertretene Theorie der »Trepidation«, die auf der Annahme eines langsamen Vor-und-rückwärts-Schwankens der Fixsternsphäre in Zyklen von jeweils 7000 Jahren beruhte.[56]

Zu Beginn des 17. Jahrhunderts entwickelte Johannes Kepler die auf der Großen Konjunktion von Jupiter und Saturn beruhende Zeitalterlehre weiter. Er ging von etwas kleineren, den astronomischen Voraussetzungen besser entsprechenden Zyklen aus und rechnete mit Perioden von jeweils 1, 10 und 40 Konjunktionen, d.h. 20, 200 und 800 Jahren.[57] Auf dieser Basis erstellte auch Kepler ein Geschichtsschema; an den Beginn der einzelnen Perioden setzte er Adam und die Erschaffung der Welt (4000 vor Christus), Henoch und die entstehenden Stadtkulturen (3200), Noah und die Sintflut (2400), Mose und das Gesetz (1600), Jesaja und die babylonische Gefangenschaft (800) und schließlich Christus und das Römische Reich.[58]

Keplers astrologische Zyklentheorie wurde später häufig verwendet.[59] Die modernen Autoren Santillana und Dechend argumentieren, die auf den Trigonen der Planetenkonjunktionen aufbauende Zeitalterlehre sei zur besseren Handhabung der schon in der Antike benutzten Präzessions-Zeitalterlehre eingeführt worden. Sie begründen dies damit, daß ein vollständiger Trigon-Zyklus (drei mal etwa 800 Jahre) rechnerisch etwa einen Präzessionsmonat (2383 Jahre) ergebe.[60] Doch geben sie keine Belege dafür, daß in der Antike tatsächlich so gerechnet wurde.[61] Auch sprechen sachliche Gründe gegen eine solche Verknüpfung.[62]

<blockquote>
ten Tausendzahl sind, welche die ganze vollendet (und wir) uns der achten nähern, wo der Himmel der achten Sphäre ist, welche in die Breite geht, wo der große und ewige Gott die Umwälzungen vollenden wird, wo die Sternbilder wieder an den Ausgangspunkt ihrer Bewegung gelangen« (zitiert nach Wöllner (1926), 24).
</blockquote>

56. Vgl. Wöllner, (1926); dazu auch Zinner (1931), 232; Sarton (1927ff.), Bd.1, 367, Fußn. m.
57. Vgl. dazu Hans-Hermann Kritzinger: Der Stern der Weisen, Gütersloh 1911; Knappich (1967), 141f.
58. Johannes Kepler: Gutachten über das feurige Trigon (1603), in: H. A. Strauß und S. Strauß-Kloebe (Hrsg.): Die Astrologie des Johannes Kepler. Eine Auswahl aus seinen Schriften, München und Berlin, 1926; vgl. auch Kritzinger (1911), 58f. Die weiteren Periodenanfänge sind in der Schrift Keplers nicht benannt. Man kann leicht ausrechnen, daß es um Karl den Großen und Keplers eigene Zeit handelt. Kepler hat das Thema der Konjunktionen häufig aufgegriffen, so auch 1623 in der Schrift: »Discurs von der großen Konjunction« (vgl. dazu Knappich (1967), 220).
59. So in der Diskussion um den »Stern der Weisen«, z.B. bei Friedrich Münter (s. nächster Abschnitt).
60. Santillana und Dechend (1969), 268.399-401 (dort weitere Literatur).
61. Es handelt sich dabei vielmehr um *thema-mundi*-Spekulationen, die keinen unmittelbaren Bezug zur Präzessions-Beobachtung erkennen lassen. Nicht einmal bei Firmicus Maternus, der sowohl astrologische Quellen als auch das Lehrbuch des Ptolemäus kennt, findet sich ein solcher Bezug; vgl. dazu oben, Kap.5.2.3.
62. Wie oben am Beispiel des Nostradamus gezeigt, gab es bis zum Beginn der Neuzeit zwei konkurrierende Theorien zur Erklärung der Präzession, was schon allein die generelle Rückführung astrologischer Zyklentheorien auf die Berechnungen des Ptolemäus verbietet (vgl. dazu auch unten, Anm. 153). Kepler selbst erwähnt die Präzession im Zusammen-

7.2.2 »Stern der Weisen« und »frühchristliche Fischsymbolik«: Neuzeitliche Theorien zur Nativität Jesu Christi

Da die Vorstellung von der Entstehung neuer Weltalter mit der Erwartung einer Katastrophe der vorhergehenden Welt verbunden war, besteht ein innerer Zusammenhang zwischen der Berechnung der periodisch auftretenden Konjunktionen, der Katastrophenprognose und der Ankündigung eines neuen Zeitalters. Das Katastrophenmotiv stellt auch eine inhaltliche Beziehung zwischen zyklischen Weltalterlehren und apokalyptischen Endzeitvorstellungen her. In der arabischen und jüdischen Astrologie gibt es seit dem 9. Jahrhundert auf dieser Grundlage Berechnungen des Weltendes bzw. der Ankunft des Messias. Auf die »Toledanerbriefe« wurde oben schon hingewiesen.[63] Eine zweite Konkretion der Konjunktionenlehre ist die Berechnung der Nativität Christi, d.h. seines Geburtshoroskops. In der Neuzeit lebte diese Deutungstradition wieder auf und wurde als Hilfsmittel zur Rekonstruktion der Lebensdaten Jesu benutzt.

Im Jahr 1603/1604 ereignete sich eine Große Konjunktion im Fuß des Sternbildes »Schlangenträger«, an der – neben Jupiter und Saturn – auch der Planet Mars beteiligt war. Auch die anderen klassischen Planeten, Venus, Merkur sowie Sonne und Mond, standen in der Nähe der Konjunktion. Johannes Kepler, der sie vorausberechnete und selbst beobachtete, berichtet, in der Mitte der drei Planeten sei für einige Zeit ein neuer, sehr heller Stern entstanden, der im Jahr 1606 ebenso spurlos wieder verschwunden sei, wie er erschienen war.[64] Er erklärte sich diesen Stern als ›Ausfluß‹ der an der Konjunktion beteiligten Planetenkräfte. Er schloß von dem seltsamen Phänomen darauf zurück, daß der »Stern der Weisen« von Mt 2, 1-12 auf die gleiche Weise erklärt werden könne.[65] So berechnete er eine Große Konjunktion im Sternbild der »Fische« für das Julianische Jahr 39/40 und vertrat die Ansicht, daß Christus in diesem Jahr geboren sein müsse.[66]

hang seines oben bereits erwähnten »Gutachtens«, doch wird gerade daran deutlich, daß er sie nicht in die astrologische Zeitalterlehre einbezieht. Er schreibt: Die Einteilung der Sternbilder durch die Alten »*macht heutigen Tags eine große Irrung, denn der Zodiacus, dessen Anfang ... von der wahrhaftigen Tag- und Nachtgleiche, item von solstitialibus punctis gewonnen ist, dieser ist in dritthalbtausend Jahren hinter sich gewichen und hat diejenigen Fixsterne, welche seinen zwölf Stück ihre Namen gegeben haben, fast um ein signum oder zwölften Teil verlassen*« (zitiert nach Strauß und Strauß-Kloebe (Hrsg.) (1926), 80). Kepler benutzt also die Präzession zur Erklärung von Spannungen zwischen tatsächlichen astronomischen Gegebenheiten und traditioneller astrologischer Himmelsdeutung, bezieht sie aber nicht selbst in eine solche Deutung ein.

63. S.o., Kap.7.2.1.
64. Kepler verfaßte über dieses Ereignis und seine Deutung mehrere Traktate: De stella nova in pede Serpentarii..., Prag 1606 (Übersetzung bei Strauß und Strauß-Kloebe (1926), 94ff.); De Iesu Christi Servatoris nostri vero anno natalitio, Frankfurt 1606; »Teutscher Bericht« vom Geburtsjahr Jesu Christi, Straßburg 1613 u.a.
65. Ähnliche Deutungsversuche von Mt 2 gab es lt. U.Becker (1981), 261-263, schon seit dem 13. Jhdt.
66. Die weite Verbreitung entsprechender Spekulationen lange vor Kepler (s.o.) läßt darauf

Keplers These wurde zu Beginn des 19. Jahrhunderts wieder aufgegriffen, als sich in den Jahren 1821/2 erneut eine Große Konjunktion ereignet hatte. Der dänische Bischof Friedrich Münter (1761-1830)[67] – der ebenfalls einen ›neuen Stern‹ gesehen haben will – entdeckte, daß die Thesen Keplers über das Geburtsjahr Christi mit Prognosen jüdischer Quellen über die Ankunft des Messias bei einer Großen Konjunktion im Sternbild »Fische« übereinstimmten.[68] Ähnliches vertrat kurze Zeit später der Astronom Ludwig Ideler.[69] Die Thesen wurden immer wieder aufgenommen, so bei Adalbert Merx (1879), Felix von Oefele (1903), Hans-Hermann Kritzinger (1911), Heinrich G. Voigt (1911).[70] Auch Alfred Jeremias (1904) und – in

schließen, daß er diese bereits aus Quellen übernahm. Doch ist es auffällig, daß Theorien zur Nativität Jesu immer dann auftraten, wenn eine Große Konjunktion angesagt war. Kepler nutzte den theologischen Gebrauchswert der These zu einem Plädoyers für die Astrologie: Die bereits genannte Schrift von 1606 lautet im ganzen: »Vom neuen Stern im Fuße des Schlangenträgers. Von den natürlichen Kräften der feurigen Triplizität und zwar zunächst von der Wirksamkeit der Konjunktionen – gegen Johannes Pico della Mirandola«.

67. Friedrich Münter: Der Stern der Weisen. Untersuchungen über das Geburtsjahr Christi, Kopenhagen 1827, bes. 9f. 55ff.; ders.: Sinnbilder und Kunstvorstellungen der Alten Christen, Altona 1825, hier 49. Über Münter vgl. Fr.Nielsen, Art. »Münter«, in: RE³ 13 (1903), 553-556. Bereits einige Jahre vorher wurde Keplers These ausführlich referiert bei Julius W. Pfaff, Astrologie, Nürnberg 1816 (Faksimile-Auszug bei U.Becker (1981), 61-65). Evtl. hat Münter auf diese Darstellung zurückgegriffen, die gelegentlich fast wörtlich mit seiner eigenen übereinstimmt.

68. Münter (1927), 56 zitiert »Abarbanel« (d.i. Dom Isaak Abrabanel, geb. 1437 in Lissabon, gest. 1508 in Venedig, Verfasser eines Danielkommentars im Jahr 1497), der sich seinerseits auf ältere jüdische Quellen stütze: »jene grosse Conjunction im Zeichen der Fische im Jahre der Welt 2365, als Israel in Ägypten war, drei Jahre vor der Geburt Mosis.« Die »Fische« seien das Haus der Gerechtigkeit und strahlenden Herrlichkeit, außerdem das letzte der zwölf Tierkreiszeichen. Abrabanel habe vorausgesagt, daß sich dieselbe Konjunktion in naher Zukunft wiederholen werde. Als weitere jüdische Zeugen nennt Münter Ibn Esra und Abraham ben Chasdai von Alexandria, gest. 1105 (ebd., 40ff.). Er folgert: »Aus allem diesen wird also wenigstens so viel sehr wahrscheinlich werden, dass die Astrologie der Juden nicht auf Sonne und Mond beschränkt war, sondern auch den Thierkreis und die Planeten umfasste. Dann konnten aber die grossen Conjunctionen derselben der Aufmerksamkeit jüdischer Sterndeuter nicht entgehen, und es war kein neuer, sondern ein alter Aberglaube, wenn sie aus diesen seltenen Zusammenkünften wichtige Begebenheiten auf der Erde berechneten« (ebd., 65f.).

69. Ludwig Ideler: Handbuch der mathematischen und technischen Chronologie, 2 Bde., 1825/6, hier Bd.2, 366-411, bes. 401ff.; Adalbert Merx: Die Prophetie des Joel und ihre Ausleger, Halle a.d.Saale. 1879. Franz Boll kritisiert, *astêr* (Mt 2,2) bedeute weder »Konstellation« (*synastêria*) noch »Sternbild« (*astron*), sondern »Stern«: Gemeint sei ein Einzelstern (Fixstern), wie er im Altertum den Individuen zugeordnet worden sei (Der Stern der Weisen (1917), in: ders. (1950), 135-142, hier 135f.).

70. Felix v. Oefele: Angaben der Berliner Planetentafel P 8279 verglichen mit der Geburtsgeschichte Christi im Berichte des Matthäus. Mitteilungen der vorderasiatischen Gesellschaft 1903,2; Kritzinger (1911), 58f et passim; Heinrich G. Voigt: Die Geschichte Jesu und die Astrologie. Eine religionsgeschichtliche und chronologische Untersuchung zu der Erzählung von den Weisen aus dem Morgenlande, Leipzig 1911.

dessen Nachfolge – Carl Gustav Jung (1951) nahmen ausdrücklich auf Münter Bezug.[71]
Auch in esoterischen Kreisen war die astrologische Erklärung des »Sterns der Weisen« verbreitet.[72] Die »merkwürdige Parallelerscheinung« (Rudolf v. Sebottendorf) von frühchristlicher Fischsymbolik und astrologischen Zusammenhängen, die nun – wie bei Jeremias – mit dem »Fische-Zeitalter« identifiziert wurde, war schon von Bischof Münter benannt worden, wurde aber vor der letzten Jahrhundertwende nicht im Kontext der Präzession, sondern der Großen Konjunktion gesehen. Der hier angelegte interpretatorische Zusammenhang zwischen »Fischen« und Jesus Christus bzw. dem Urchristentum wurde also nachträglich zur Legitimation der Präzessionshypothese umgedeutet, die den Beginn des »Fische-Zeitalters« ungefähr in die Zeit der Geburt Christi setzt.[73] Die Herkunft der Präzessionshypothese selbst hat eine andere Geschichte, die im wesentlichen Wissenschaftsgeschichte ist.

7.2.3 Die Präzessionshypothese: Datierungshilfe und Instrument zur Religionsdeutung zwischen 1790 und 1920

7.2.3.1 Charles-François Dupuis und die Astralmythologie des 19. Jahrhunderts

Seit dem 18. Jahrhundert wurde die Präzession im Zuge des neuerlichen Bekanntwerdens indischer und chinesischer Astrologie im Westen als Instrument bei der Bestimmung des Alters einzelner astrologischer Lehrsysteme benutzt. Man versuchte, die mythologischen Charakteristika einzelner Tierkreiszeichen durch Rückrechnung auf die Zeit ihrer Entstehung mit den lokalen Wetterverhältnissen, Festen usw. in jahreszeitliche Übereinstimmung zu bringen.[74] Dadurch entstand ein interpretatorischer Bezug zwischen astronomischer Präzessionsbeobachtung und Mundanastrologie, der eine unabsehbare Eigendynamik entwickelte.

71. Vgl. oben, Kap.7.1.
72. Vgl. z.B. Rudolf von Sebottendorf: Geschichte der Astrologie Bd.1: Urzeit und Altertum, Leipzig: Theosophisches Verlagshaus, o.J. (ca. 1923, = Astrologische Bibliothek Bd.15). Der Autor schreibt: »Die Konjunktion der beiden Planeten Jupiter und Saturn im Zeichen Fische ... hat von jeher eine große Rolle im Leben der Völker gespielt. Die Inder begannen ihre Zeitrechnung mit einer solchen Konstellation, die am 17. Februar 3102 vor Christus stattgefunden haben soll.« (S.27) Auch in ägyptischen Hieroglyphen sei eine solche Konjunktion festgehalten (ebd.). Schließlich nimmt er auf Keplers These Bezug: »Es ist ohne Zweifel eine ganz merkwürdige Parallelerscheinung, daß im Jahre 9 vor Christus sich dieser Vorgang wiederholte. Damals wanderte der Frühlingspunkt aus dem Sternbilde Widder in das Sternbild Fische. Zu gleicher Zeit fand die Konjunktion Jupiter – Saturn im Sternbild Fische statt, diese wiederholte sich, da die Planeten rückläufig waren, dreimal. Das war der Stern, den die Magier des Ostens sahen... es war Weltenwende« (ebd., 28).
73. Vgl. dazu unten, Kap.7.3.
74. Vgl. dazu Zinner (1931), 614.

Die Argumentation bekam zusätzliche Brisanz im Rahmen der »Sabäismus-Hypothese«, die die Entstehung der Religion aus einem ursprünglichen Gestirnkult erklärte.[75] Die Präzession wurde zunächst insbesondere zur Begründung der historischen Priorität einzelner Lehrsysteme herangezogen. Dabei gab es im wesentlichen drei konkurrierende Richtungen der Forschung, die den Ursprung der Astrologie (und folglich auch der »Religion«) in Indien, Ägypten und Babylonien zu beweisen versuchten. Alle Richtungen hatten im 19. Jahrhundert ihre Anhänger, so daß die Thesen der Generation um 1790 sich bis etwa 1920 immer wieder aufspüren lassen.

Zunächst ist der französische Astronomiehistoriker Jean S. Bailly zu nennen, der die ›Indien-Hypothese‹ vertrat.[76] Weniger gelehrt, aber populärer und schulbildend wirkte der Pariser Advokat und Rhetorik-Professor Charles François Dupuis (1742-1809), ein Vertreter des Vorrangs ägyptischer Astrologie.[77] Als früher Vertreter der Babylonien-Hypothese ist François Lenormant zu nennen.[78]

Dupuis und seine Anhänger, die sich später »Astralmythologen« nannten,[79] sahen in der Beobachtung des Tierkreises, der Tierkreisgötter und der klassischen Planeten den Ursprung der Religion. Die Ähnlichkeit astraler Mythen in verschiedenen Kulturen müsse durch die gemeinsame historische Abstammung von einer Urkultur erklärt werden. Bei der allmählichen weltweiten Verbreitung hätten dann die Sterne als Me-

75. Die »Sabäismus-Hypothese« bildete im englischen Deismus des 18. Jahrhundert einen Zweig der polytheistischen Ursprungstheorien der Religion, neben Animismus- und Fetischismushypothese (Gestirnkult, Ahnenglaube und Fetische als naturalistische Ausgangspunkte eines polytheistischen Gottesglaubens) und ging in christentums-kritische Entwürfe seit der französischen Revolution ein; vgl. dazu Otto Zöckler: Art. »Polytheismus«, in: RE³ 15 (1904), 538-549, hier 545.
76. Zu Bailly vgl. Franz Boll: Sphaera. Neüe griechische Texte und Untersuchungen zur Geschichte der Sternbilder, Leipzig 1903, hier 454f.; vgl. auch Zinner (1931), 614. Baillys Thesen wurden am Ende des 19. Jahrhunderts in der abendländischen Indienrezeption wiederaufgenommen. In H.P.Blavatskys »Geheimlehre« findet sich ein ausführliches Zitat (vgl. dazu unten, Kap.7.2.4.); zu Bailly vgl. auch Carl Kiesewetter: Der Occultismus des Altertums, Leipzig 1895/96, Bd.1, 210-212).
77. Dupuis gehörte zur Schule der sog. »Ideologen« und hatte zusammen mit Condorcet, Lamarck, Saint Simon und anderen einen wichtigen Einfluß auf die Philosophie der Revolutionszeit und des anschließenden Kaiserreiches in Frankreich (vgl. dazu Ernst Troeltsch: Art. »Deismus«, in: RE³ Bd.4 (1898), 532-559, hier 555f.). Am einflußreichsten war sein 1794 in 12 Bänden erschienenes Werk: »L'origine de tous les cultes ou la religion universelle«. Dupuis besorgte im Jahr 1798 eigenhändig einen einbändigen Auszug mit gleichem Titel, der im Lauf des 19. Jahrhunderts in zahlreichen Ausgaben auf französisch, deutsch und englisch aufgelegt wurde (im folgenden wird nach der von Friedrich Streißler besorgten Ausgabe jener Kurzfassung, Leipzig 1910, zitiert). Weitere astralmythologische Werke Dupuis' sind: Mémoires sur l'origine des constellations, et sur l'explication de la fable, par le moyen de l'astronomie, Paris 1781; Mémoires explicatif du zodiaque, chronologique et mythologique, Paris 1806.
78. Vgl. dazu unten, S. 326.
79. Der Begriff der »Astralmythologie« oszilliert zwischen historiographischer Funktion (Beschreibung von antiken »Astralmythologien«) und Selbstbezeichnung einer altertumskundlichen Schule (Anhänger des »astralmythologischen« Ursprungs der Religion).

morierhilfen gedient, so daß sich die »Astralmythologie« von China bis zu den südamerikanischen Hochkulturen weitgehend gemäß jenem Urmuster erhalten habe.[80]
Die Präzession der Fixsternsphäre nimmt in Dupuis' System einen wichtigen Platz ein: Er argumentierte, man könne nur dann ein Verständnis für die Astralmythologie der Alten und für die Geschichte der Astrologie gewinnen, wenn man die durch die Präzession inzwischen eingetretene Verschiebung der Sternbilder im Verhältnis zu den Jahreszeiten wieder zurückrechne. Um das Alter der jeweiligen Astralmythen und damit den Rechenfaktor bestimmen zu können, ging Dupuis davon aus, daß alle Tierkreise jeweils mit dem Sternzeichen beginnen würden, in dem zur Zeit ihrer Einführung die Sonne am Jahresanfangspunkt aufgegangen sei.[81] Die gegenwärtige Astrologie des Abendlandes, deren Tierkreis mit dem »Widder« beginnt, sei zu einer Zeit entstanden, als der Frühlingspunkt, der für die damalige Kultur den Jahresbeginn markiert habe, im »Widder« lag.

Die meteorologische Funktion der antiken Sternkunde war ein wichtiges Glied der astralmythologischen Argumentationskette und konnte daher nicht außer acht gelassen werden. Dies bedeutete für Dupuis, daß er den Ursprung des Tierkreises in Ägypten auf eine Zeit zwischen 13 000 und 15 000 vor Christus ansetzen mußte, als der Frühlingspunkt im Sternbild der »Waage« stand; nur so ließ sich eine Zusammenstimmung der jahreszeitlichen Wettermerkmale mit den überlieferten Charakteristika der Tierkreiszeichen errechnen.[82]

80. Dupuis glaubte, die Ägypter hätten die Tierkreiszeichen erfunden. Die Herkulessage sei ursprünglich ein Sonnenmythos gewesen, und die dort beschriebenen zwölf Arbeiten des Herkules seien eine Beschreibung des Sonnenlaufes durch die zwölf Tierkreiszeichen; dieser Tierkreis habe mit dem Zeichen des »Löwen« begonnen, und Herkules habe dementsprechend als erste Aufgabe einen Löwen bezwingen müssen. Neben dem Sonnenmythos habe ein Mondmythos existiert, den Dupuis mit der Isis-Überlieferung gleichsetzt. Aus den monatlichen Stationen der Sonne und der anderen »Planeten« in den Sternbildern hätten sich dann allmählich das Götterpantheon und die mythologischen Göttersagen entwickelt, die von Ägypten in alle Teile der Welt ausgestrahlt hätten. Dupuis verallgemeinerte seine Thesen und versuchte, sie auf die Religionsgeschichte im ganzen anzuwenden. Auch in der Christusgestalt sah er nichts anderes als eine Variante des Sonnenmythos. (Dupuis (1798), 68ff. 86ff. 329).
Zur späteren Rezeption dieser Thesen vgl. zusammenfassend Arthur Drews (1923), 2 et passim, der sich ausdrücklich auf Dupuis bezieht. Ähnlich argumentiert Eduard Stucken: Astralmythen der Hebräer, Babylonier und Ägypter. Religionsgeschichtliche Untersuchungen, Bd.1-5, Leipzig 1896-1907, hier Einleitung zu Bd.1 (ohne Seitenzahl).
81. Der Jahresbeginn sei unterschiedlich festgesetzt worden, zumeist auf die Frühlings-Tag-und-Nacht-Gleiche, bei den olympischen Griechen aber z.B. auf die Sommer-Sonnwende (Dupuis (1798), 69).
82. Diese phantastisch anmutende These Dupuis', die in der zusammenfassenden Darstellung von 1798 nicht mehr erscheint, wurde bereits 1781 in seinen »Mémoires sur l'origine des constellations« veröffentlicht. In neuerer esoterischer Literatur wird sie u.a. bei H.P.Blavatsky zitiert (s.u. Kap.7.2.4.); vgl. auch Kiesewetter (1895/96), Bd.1, 212-215. Während Blavatsky die Angaben übernahm, erschien Kiesewetter die Konstruktion eines »Waage-Zeitalters« unglaubwürdig, zumal die »Waage« als letztes der zwölf Sternbilder erst relativ spät eingeführt wurde (vgl. dazu auch Boll (1903), 458). Kiesewetter über-

Wie schon Franz Boll zeigte, standen die astronomischen und astrologiehistorischen Kenntnisse Dupuis' auf schwachen Füßen.[83] Seine Theorie erhielt aber starken Auftrieb, als bei Expeditionen im Zusammenhang von Napoleons Ägyptenfeldzug in einigen Tempeln Tierkreise mit vermeintlich unterschiedlichen Anfängen gefunden wurden.[84] Trotz widersprechender philologischer, archäologischer und astrologiegeschichtlicher Erkenntnisse im 19. Jahrhundert erlangten die Thesen auch in späterer Zeit große Verbreitung, was weniger mit ihrer wissenschaftlichen Stichhaltigkeit als mit ihrer impliziten Kritik an den Offenbarungsreligionen zusammenhängen dürfte.

Ein bedeutender Anhänger der Thesen Dupuis' war Constantin François de Volney.[85] Wie Dupuis glaubte auch Volney, mit der astralmythologischen Hypothese einen Schlüssel zur Frühgeschichte der Religion gefunden zu haben, die auch er in ihren Grundmomenten als einheitlich und kulturübergreifend betrachtete.[86] Beide gingen über die rein technische Funktion der Präzessionshypothese als Hilfsmittel zur Datierung bestimmter astrologischer Systeme weit hinaus. Sie stellten einen inneren Bezug zwischen dem das Jahr einleitenden Sternzeichen und der jeweiligen Astralmythologie einer Kultur im ganzen her. Für Dupuis ist die Stellung im Tierkreis identisch mit der Hierarchie der »Tierkreisgötter« und der zugeordneten Pla-

    nahm dennoch die Argumentationsweise Dupuis', verlegte aber den Ursprung des Tierkreises (nach J.S.Bailly) in die indische Astrologie, wo die Dinge nach seiner Ansicht besser zusammenpaßten, so daß er die Einführung des Tierkreises in Indien auf ca. 1600 v. Chr. ansetzte.

83. Die Beschreibungen der antiken Tierkreiszeichen seien spätmittelalterlichen Kompilationen der verschiedenen Versionen des Sternbilder-Katalogs der *sphaera barbarica* entnommen. Dieses Werk sei ursprünglich von »Teukros dem Babylonier« auf griechisch verfaßt worden, dann zunächst ins Persische, vom Persischen ins Arabische, vom Arabischen ins Hebräische, vom Hebräischen ins Französische und Lateinische übersetzt worden. Auch die »indische« Sphäre sei hellenistisch beeinflußt. Aus den so entstandenen zahlreichen Varianten, ergänzt durch die sog. *sphaera graeca,* seien dann Kompilationen erstellt worden (Boll (1903), zur Kritik an Dupuis bes. 457-459).

84. Vgl. dazu Boll (1903), 458.

85. Constantin François Chasseboeuf, Comtes de Volney (1757-1820). Volney stammte wie Dupuis aus Kreisen um Paul Thiry d'Holbach (1723-1789) und war aktiv an der französischen Revolution beteiligt. Er war Mitglied der Gesetzgebenden Versammlung (1791/2), später Professor an der École normale de Paris (vgl. dazu Encyclopaedia Britannica 12 ([15]1974), 424). Volney schrieb mehrere weitverbreitete Werke populären Charakters. Besonders zu nennen ist: Die Ruinen. Betrachtungen über den Auf- und Untergang der Reiche, Berlin 1792 (frz. Original 1791). Das Buch wurde mehrfach übersetzt und erlebte im neunzehnten Jahrhundert jeweils zahlreiche Nachdrucke mit variierenden Untertiteln (Engl. Ausgabe zuerst 1795; Übersetzungen auch ins Spanische, Portugiesische, Schwedische, Hebräische u.a.) Es enthält auch den in der Revolution verfaßten »Katechismus« Volneys: La loi naturelle, ou catéchisme du citoyen, Paris 1789, der gleichfalls in mehrere Sprachen übersetzt wurde.

86. Volney übernahm Dupuis' Tierkreistheorie und legte wie dieser die Einführung des ersten Tierkreises nach Ägypten in das »Waage-Zeitalter«, das 15194 vor Christus begonnen habe. (Volney (1791), Note Nr.48 zu S.198).

neten. Er geht davon aus, daß sich die »Astralmythologie« in jeder Zeitepoche – entsprechend der zu beobachtenden Himmelsstellungen – wieder neu formiert habe.[87] Entsprechend schreibt auch Volney:

»Doch ist es merkwürdig, daß die Verehrung des Stiers die Hauptrolle in der Theologie der Egyptier, Perser, Japonesen usw. spielt, welche um diese Zeit (nämlich als der Frühlingspunkt im Sternbild des Stieres lag) entstanden...
Die fünf oder sechstausend Jahre der Genesis kommen nicht wohl mit dieser Ordnung der Dinge überein, da aber die Genesis, über Abraham hinaus, nichts Historisches mehr enthält, so kann man sich allen notwendigen Raum in der vorhergehenden Ewigkeit nehmen.«[88]

Ähnliche Thesen über den Ursprung der Mythologien im Tierkreis finden sich im 19. Jahrhundert u.a. bei Georg Friedrich Creuzer: Symbolik und Mythologie der alten Völker (1819-1822); Richard Taylor: The Devil's Pulpit (1830); Friedrich Nork (Pseudonym für Korn): Biblische Mythologie (1842).[89]

Eine wichtige Veränderung der astralmythologischen Thesen ist ihre Übertragung in den Kontext Babyloniens. Ein früher Vertreter dieser Version war der französische Altertumswissenschaftler François Lenormant (1837-1883), dessen Publikationen gleichfalls sehr verbreitet waren.[90] Während die Ägypter systematisch nur die Sonne beobachtet hätten,[91] sei der Ursprung der auf Planeten und Tierkreiszeichen aufbauenden Astrologie in Babylonien zu suchen.[92] Über Dupuis hinausgehend, vertrat Lenormant die These, daß die Hierarchie der astralen Götter gemäß der Präzession von den Babyloniern *bewußt* verändert worden sei.[93] Diese These hatte zwischen 1880 und 1920 große Wirkung in der Altertumswissenschaft.

Am Ende des 19. Jahrhunderts wandte der englische Freidenker Edward Carpenter

87. Dupuis (1798), 86 et passim.
88. Volney (1791), ebd.
89. Vgl. dazu den Rückblick bei Edward Carpenter: Pagan and Christian Creeds. Their Origin and Meaning, London ²1921 (zuerst 1920), hier 10. Weitere Wirkungen Dupuis' im 19. Jahrhundert sind dokumentiert bei Zöckler (1904). G.F.Creuzer wird auch mehrfach von H.P.Blavatsky zitiert; vgl. dazu unten, Kap.7.2.4.
90. François Lenormant: Die Geheimwissenschaften Asiens. Die Magie und Wahrsagekunst der Chaldäer, Berlin ²1920 (dt. zuerst 1878, frz. Original 1874). Im deutschen Sprachraum wurde Lenormant vor allem durch Vermittlung des Werkes von Moritz Busch bekannt: Die Urgeschichte des Orients bis zu den medischen Kriegen. Nach den neuesten Forschungen und vorzüglich nach Lenormants Manuel d'histoire ancienne de l'Orient, 3 Bde., Leipzig ²1871 (¹1869/70).
91. Lenormant (1874), 111f.
92. Lenormant fand in babylonischen Texten ein System mit zwölf Göttern, die den Tierkreiszeichen entsprächen (in seiner Transskription: Anu, Bel, Ea, Sin, Bin, Samas, Marduk, Adar-Samdan, Nergal, Nebo, Belit und Istar: ebd., 121). Fast alle Götter seien ursprünglich Sonnengötter gewesen (ebd., 138f.).
93. Marduk sei innerhalb der Götter-Hierarchie von der siebten an die fünfte Stelle vorgerückt. Lenormant begründet dies mit einer entsprechenden Umgestaltung des Mythos: »Die Erscheinung ... rührt mehrenteils von der Rolle her, die ihm von einem bestimmten Zeitpunkte an bei dem Werke der Schöpfung zugeteilt wurde. Er ist der zweite Weltbildner, der Schöpfer der irdischen Welt, und wird so zum Bel-Marduk, zum zweiten Bel...« (ebd., 122).

(1844-1929)[94] die astralmythologische Methode auch auf den Kontext der jüdischen und christlichen Religion an. Er interpretierte die biblische Erzählung vom »Goldenen Kalb« (Ex 32) und die Einsetzung des Passahlamms als Zeichen des Übergangs des Frühlingspunktes vom Sternbild »Stier« zum »Widder«:

> (Das Passahfest) »hängt, wie bekannt, aufs engste mit der Feier der Frühlings-Tag-und-Nachtgleiche und des Überschreitens der Sonne von Süden zum Norden des Äquators ... zusammen. Vor 3000 Jahren stand die Sonne in dem Augenblick, in dem sie den Äquinoktialpunkt überschritt, in dem Sternbild ... das der Widder oder das männliche Lamm genannt wird...In einer noch früheren Zeit stand die Sonne infolge des Vorrückens der Tag-und-Nachtgleiche ... im Sternbild des Stieres. Darum war es in den älteren Regionen Ägyptens, Persiens und Indiens der Stier, der geheiligt und zum Symbol des Gottes wurde. Moses soll die Verehrung des Kalbes abgeschafft und das Lamm für das Überschreitungsfest geweiht haben – dies scheint eine unklare Erinnerung an die historische Tatsache zu sein, daß die astronomischen Veränderungen am Firmament von priesterlichen Veränderungen in den religiösen Zeremonien begleitet oder gefolgt waren.« [95]

Aus den gleichen astralmythologischen Gründen habe auch die Christenheit das Lamm zum Symbol ihres Erlösers gemacht, der am Ende des »Widder-Zeitalters« gelebt habe.[96]

Carpenters Deutung der biblischen Gehalte wurden zur Zeit der Etablierung des Ausdrucks »Wassermann-Zeitalter« in astrologischen Darstellungen als Quelle benutzt. Er selbst berief sich noch ausdrücklich auf Dupuis,[97] doch war die Herkunft der zugrundeliegenden Präzessionshypothese anderswo schon nicht mehr bekannt.[98] Im Zuge ihrer Popularisierung waren Dupuis' Thesen selbst zu geradezu mythischen Strukturen geronnen, die nun wie Zitate aus ihrem ursprünglichen Zusammenhang gelöst und zu jeweils neuen Argumentationsfiguren kombiniert werden konnten. Altertumswissenschaftliche Standpunkte einerseits, Glaubensinhalte, religiöse oder religionskritische Überzeugungen andererseits durchmischten sich dabei zu einem Substrat, das immer stärkere religionspolitische Akzente erhielt.

94. Edward Carpenter war ein Freidenker und führender Literat der utopisch-zivilisationskritischen Bewegungen in Großbritannien nach der Jahrhundertwende. Sein Buch »Civilization. It's Cause and Cure« (zuerst 1889) erreichte bis zum Jahr 1921 fünfzehn Auflagen; vgl. dazu Webb (1976), 82.
95. Edward Carpenter: Frühe Gestirn- und Geschlechtsriten, in: ders.: Wenn die Menschen reif zur Liebe werden. Eine Reihe von Aufsätzen über das Verhältnis der beiden Geschlechter, übs. v. Karl Federn, Leipzig: Hermann Seemann, 1902, 259-270 (engl. Original 1896), hier 260f. Ähnlich schreibt Carpenter später über das Passahfest: »But what was the lamb? Evidently not an earthly lamb, ... but the heavenly Lamb, which was slain or sacrificed when the Lord ›passed over‹ the equator and obliterated the constellation Aries« (Carpenter (1920)).
96. Carpenter (1896), 261.
97. Carpenter (1920), 10.
98. So schreibt Kritzinger (1911), 67, Carpenter habe als erster den Übergang vom »Stier« zum »Widder« um das Jahr 1600 v. Chr. mythologisch benannt. Kritzingers Büchlein, das nicht mehr auf Dupuis verweist, hatte seinerseits wesentlichen Anteil an der weiteren Verbreitung der Präzessionshypothese. Es wird u.a. zitiert bei: Rosenberg (1958), 276, Anm.21; Santillana und Dechend (1969), 400.

7.2.3.2 Hugo Winckler und Alfred Jeremias

Die ›Mythologeme‹ Dupuis' wirkten nicht nur auf die Esoterik der Jahrhundertwende, sondern auch auf die Altertumswissenschaft selbst zurück. Seit etwa 1895 lebte die Astralmythologie – und mit ihr die Präzessionshypothese – in der Schulrichtung der »altorientalischen Weltanschauung«[99] wieder auf. Die Schule nannte sich später auch »Panbabylonismus«.[100] Ihr Begründer, der Berliner Assyriologe Hugo Winckler (1863-1913), übernahm die Grundannahme Dupuis' – auf den er sich explizit beruft – daß die antiken Tierkreise jeweils mit dem Sternbild beginnen würden, in dem zur Zeit ihrer Entstehung der Frühlingspunkt zu finden war. Er verlegte aber – wie schon Lenormant – den Ausgangspunkt der »Astralmythologie« nach Babylonien und meinte so, ihre Schwächen umgehen zu können.[101]

Bei Winckler erscheinen erstmals die Ausdrücke »Zwillings-«, »Stier-« und »Widder-Zeitalter«: Die Sternbilder seien im »Zwillings-Zeitalter«, das vom sechsten bis zur Mitte des dritten Jahrtausends anzusetzen sei, in Babylonien entstanden.[102] Ähnlich wie schon Lenormant vertrat er die These, daß die antiken Babylonier die Präzession nicht nur unwillkürlich berücksichtigt, sondern selbst schon bewußt wahrgenommen, reflektiert und astrologisch gedeutet hätten: Sie hätten jeweils zu Beginn eines neuen Zeitalters eine »Kalenderreform« durchgeführt und die Mythen entsprechend der nun herrschenden Bedingungen umgedeutet, so beim Übergang zum »Widder-Zeitalter« unter König Nabonassar im 8. Jahrhundert vor Chri-

---

99. Der Begriff »altorientalische Weltanschauung« bezeichnet – ähnlich wie »Astralmythologie« – sowohl eine bestimmte Schulrichtung als auch den Inhalt ihrer Altertums-Deutung (vgl. dazu oben, Anm.79).
100. Wichtige Literatur der Panbabylonisten: Hugo Winckler: Geschichte Israels in Einzeldarstellungen, Leipzig Bd.1: 1895; Bd.2: 1900; ders.: Himmels- und Weltenbild der Babylonier als Grundlage der Weltanschauung und Mythologie aller Völker, in: Der Alte Orient. Gemeinverständliche Darstellungen, hrsg. v. d. Vorderasiatischen Gesellschaft, Bd.3, H. 2/3, Leipzig ²1903; ders.: Die Weltanschauung des Alten Orients, in: Preußische Jahrbücher 104 (1901), 224-275; Alfred Jeremias: Art. »Panbabylonismus«, in: RGG², 4 (1930), 879-881; ders: Das Alte Testament im Lichte des Alten Orients, Leipzig ¹1904, ²1906, ⁴1930; ders.: Art. »Ages of the World (Babylonian)«, ERE 1 (1908), 183-187; ders: Handbuch der Altorientalischen Geisteskultur, Berlin und Leipzig, ²1929 (Erstausgabe 1913); ders.: Im Kampf um Babel und Bibel, Leipzig 1903; ders. und H. Winckler (Hrsg.): Im Kampf um den Alten Orient. Wehr- und Streitschriften, Leipzig (Bd.1: Jeremias: Die Panbabylonisten (1907); Bd.2: Winckler: Die jüngsten Kämpfe wider den Panbabylonismus (1907); Bd.3: Jeremias: Das Alter der babylonischen Astronomie (1908a)). Als Hintergrund muß auch Stucken (1896-1907) genannt werden.
101. Winckler schreibt in ders. (1895/1900), Bd.2, 276, Anm.1: »Die Erkenntnis der Himmelskarten als Schlüssel der Mythologie gehört Stucken, Astralmythen. Über die älteren Versuche ... kann hier nicht gehandelt werden. Die damaligen Anschauungen über Sprachwissenschaft mußten auf Abwege im Einzelnen führen, und die Unkenntnis des Mittelpunktes des Ganzen, Babyloniens, erklärt, warum der richtige Weg für lange aufgegeben wurde. Trotzdem sind die richtigen Prinzipien völlig erkannt von Dupuis (Origines des constellations, 1781; Origine de tous les cultes, 1794; Zodiaque chronologique 1806)«.
102. Winckler (1901), 252; (1903), 39ff.

stus.[103] Da die sieben klassischen Planeten bestimmten Sternbildern zugeordnet waren, sei auch die Rangordnung der Planeten jeweils vertauscht worden.[104] Da die Planeten wiederum mit astralen Gottheiten identifiziert worden seien, habe in jedem neuen Präzessions-Zeitalter ein Rollentausch stattgefunden, was aus der unterschiedlichen Reihenfolge von Planetengöttern in »Monatslisten« der babylonischen Keilschrifttexte zu ersehen sei.[105] Winckler setzt damit nicht nur wie Dupuis eine genaue Kenntnis der Präzession bei den babylonischen Astrologen voraus, sondern geht darüber hinaus von einer voll bewußten mundanastrologischen Deutung und Inbezugsetzung jener Beobachtungen zur jeweiligen Gegenwart aus.

Um der These Halt zu geben, mußte zunächst bewiesen werden, daß die Babylonier bereits eine hochentwickelte Astronomie betrieben und die Präzession gekannt hätten. Es entstand ein vehementer Streit um das »Alter der babylonischen Astronomie«.[106] Der Würzburger Graecist und Astronomiehistoriker Franz Boll, einer der wichtigsten Gegner, kritisierte die ungenügende astrologiegeschichtliche Absicherung der Thesen.[107] Ähnlich urteilte der Münsteraner Assyriologe und Astronom Franz Xaver Kugler.[108] Dieser sah insbesondere einen Widerspruch der Doktrin der Präzessions-Zeitalter zu der nach seiner Ansicht nachgewiesenen »gänzlichen Vernachlässigung« der Präzession noch in neubabylonischen Tafeln.[109]

Kuglers Gegner war nicht mehr in erster Linie Hugo Winckler, sondern der Leipzi-

---

103. Winckler (1901), 255f.; (1903), 32.
104. Winckler (²1903a), 33ff.
105. Winckler (²1903a), 37: »Die Götterlehre, welche die vornehmlichste Offenbarung in den Gestirnen sieht, mußte bei ihrer Reformation deren Bedeutung umdeuten.« Auch an diesem Punkt knüpft Winckler an Lenormant an (vgl. dazu oben, S.326).
106. Titel einer Streitschrift von Alfred Jeremias aus dem Jahr 1908 (= Jeremias (1908a)).
107. Boll sieht Winckler ganz in der Nachfolge Dupuis': (Dupuis) »hat zum ersten Mal den Versuch gemacht, die gesamten Mythen aller Zeiten und Völker aus dem Sternenhimmel zu erklären. Dupuis' mythologisches System hat gegenwärtig einen neuen Vertreter gefunden, der ihm an wagemutiger Kombinationslust nichts nachgibt, soweit er ihn auch an sprachlicher und historischer Bildung überragt« (Boll (1903), 456). Die von Dupuis wie Winckler als astrologisches Gemeingut bezeichneten Tierkreisbilder gingen – so Boll – im wesentlichen auf eine in hellenistischem Kontext stehende Darstellung des Teukros von Babylon zurück (ebd., passim). Zwar schreibt Boll damit nicht unbedingt den Ursprung der Astrologie fest, doch urteilt er, daß die Horoskop-Astrologie in ihrer voll entwickelten Form – mit dem Topos der Entsprechung von Mikrokosmos und Makrokosmos – erst ein Produkt hellenistischer Zeit sei. Infolgedessen urteilt Boll über Winckler: »...ich kann nach wie vor in dem ›astralmythologischen System‹ lediglich eine große Phantasie erblicken, in der Wahres und Unmögliches zu einem fast unentwirrbaren Knäuel verschlungen ist« (Boll (1908), 24).
108. Franz X. Kugler: Im Bannkreis Babels. Panbabylonistische Konstruktionen und Religionsgeschichtliche Tatsachen, Münster 1910; vgl. auch ders.: Sternkunde und Sterndienst in Babel. Assyriologische, astronomische und astralmythologische Untersuchungen, Münster, 1907ff., bes. Erg. Bd.1 (1913), 107ff.; ders: Auf den Trümmern des Panbabylonismus, in: Anthropos IV (1909), 477-499.
109. Kugler (1909), 498.

ger Alttestamentler Alfred Jeremias (1864-1935).[110] In der Tat war Jeremias der wichtigste Verbreiter der panbabylonistischen Thesen, wie auch der Nachweis bei Carl Gustav Jung zeigt.[111]

Bei Jeremias kommt eine weiteres Element hinzu: Er sprach nicht nur wie Winckler oder Stucken vom »Zwillings-«, »Stier-« und »Widder-Zeitalter«, sondern fügte die Überlegung hinzu, daß die Fischsymbolik der frühen Christen ein »Fische-Zeitalter« nahelege.[112] So schrieb er im Jahr 1904:

»Wir nennen heute noch den Frühlingspunkt den Widderpunkt, obwohl die Präzession längst in die Fische gerückt ist. Vielleicht erklärt sich aus den ›Fischen‹ das Fisch-Symbol der ersten Christenheit (in den Katakomben-Lampen sind es zwei Fische, von denen einer den andern verschlingt; die Erklärung aus den Buchstaben des Wortes Ichthys: ›Iêsous Christos hyios sôtêr‹ ist natürlich eine späte geistvolle Spielerei.) Die Christen haben vielleicht unter der orientalischen Gepflogenheit, die Zeitalter der Präzession zu charakterisieren, die neu angebrochene Aera mit den Fischen symbolisiert, um sie vom heidnischen Widderzeitalter zu unterscheiden.«[113]

Auf diese Weise identifizierte Jeremias die »frühchristliche Fischsymbolik«, die schon vorher im Zusammenhang des »Sterns der Weisen« astrologisch gedeutet worden war,[114] mit der Präzessionshypothese. In der ersten Auflage seines Buches: »Das Alte Testament im Lichte des Alten Orient« (1904) bezog er sich dabei ausdrücklich auf die esoterische Schrift: »Geometry in Religion« (1890)[115] – eine Abhängigkeit, die er in späteren Auflagen seiner Bücher nicht mehr erwähnte.

Die Entwicklung der Präzessionshypothese bei Jeremias zwischen 1904 und 1929 ist einigermaßen verwirrend. Zunächst übernahm er vollständig die Auffassung Wincklers,[116] ging aber später zu vorsichtigerer Formulierung über.[117] Dabei schloß er sich

---

110. Kugler attestiert diesem: »Jeremias ist der getreue Dolmetsch der Ideen Wincklers, die er unermüdlich wiederholt« (Kugler (1910), 2).
111. Vgl. oben, Kap.7.1.
112. Wörtlich erst in ders. (^{2}1929), 241.
113. Jeremias, (^{1}1904), 22 (Anm.1); fast wörtlich auch in der zweiten Auflage (1906) übernommen (69, Anm.1), worauf sich C.G.Jung bezieht (s.o., Kap.7.1.).
114. S. voriger Abschnitt.
115. Vgl. dazu unten, Kap.7.3.1.1.
116. Jeremias schreibt 1906, die Präzession sei »für den babylonischen Kalender am bedeutungsvollsten« gewesen; die Babylonier hätten seit frühesten Zeiten die darauf beruhende »Zeitalterrechnung« angewandt, die von hier aus »durch die ganze Welt gewandert« sei. Die Alten hätten die Präzession bewußt zur Selbstdeutung verwandt: »Hammurabi hat das Vorrücken des Frühlingspunktes zur Glorifizierung seiner Herrschaft als einer neuen Weltepoche benutzt.« (Jeremias (^{2}1906), 63f. 65; vgl. zu diesem Stadium auch ders. (1908)).
117. 1929 schreibt Jeremias: »Die Zusammenstimmung (von tatsächlichem Tierkreis*bild* und astrologischem Tierkreis*zeichen*) blieb ... gewahrt, solange jedes Tierkreiszeichen in das Gebiet des Tierkreises, dem es entsprach, hineinfiel. ... Das stimmte aber durchaus nicht mehr, als der Frühlingsstand durch die Präzession so weit gerückt war, daß er endgültig und zweifellos in die Fische gerückt gelten mußte. So war es etwa um die Zeit von Christi Geburt. Seitdem und bis heutigen Tags sind das Monatszeichen des Frühlingsäquinoktiums die Fische ... Deshalb vermutete ich, daß die ›Fische‹ als Geheimzeichen der Christen

allmählich – ohne dies zuzugeben – immer näher an die Argumentation seines Kritikers Kugler an.[118] Dennoch hielt Jeremias an der grundsätzlichen Bedeutung der Präzessionshypothese fest.[119]

Trotz harter Kritik hatten die Thesen des Panbabylonismus eine ausgeprägte Wirkung in der gebildeten Öffentlichkeit. Das hängt mit der Bedeutung der Astralmythologie seit dem 19. Jahrhundert zusammen, die hier ihre Fortsetzung gefunden hatte. 1923 erschien im Eugen-Diederichs-Verlag Arthur Drews' Buch: »Der Sternenhimmel in der Dichtung und Religion der alten Völker und des Christentums. Einführung in die Astralmythologie«, das sich ausdrücklich an die ältere Diskussion anschließt. Drews verweist besonders auf Dupuis, der »vieles von dem hier Vorgebrachten ... bereits ... gefunden« habe und die entsprechenden antiken Zitate biete. Weiter nennt

zunächst diesen kosmischen Sinn gehabt haben« (Jeremias, (^{2}1929), 237 (mit Anm.2)). Der Imperfekt am Schluß verrät einen Gesinnungswandel des Autors: In der Tat zeigt sich an anderer Stelle, daß Jeremias zwischen 1906 und 1929 seine Interpretationsmuster grundlegend veränderte und dabei auch wesentliche Marksteine des »Panbabylonismus« aufgab, ohne dies explizit einzugestehen. Jeremias differenzierte nun zwischen der Beobachtung der Präzession als *solcher* und der Erfassung und Berechnung ihrer Gesetzmäßigkeit (gerade die Behauptung einer solchen Gesetzmäßigkeit war jedoch ein Spezifikum des Wincklerschen »Systems« gewesen, wodurch er sich von den älteren Astralmythologen unterschied). Jeremias schreibt: »Von solcher Rechnung haben die Sumerer und die älteren Babylonier nichts gewußt. Der Himmel war ja für sie nur Anschauungs- und Bilderbuch, aber nicht Rechenbuch.« Auch sei in frühen Zeiten die Ekliptik nicht in gleichmäßige 30-Grad-Abschnitte (was Voraussetzung einer gleichmäßigen Präzessions-Zeitalterlehre ist), sondern nach unterschiedlich großen Fixsterngruppen aufgeteilt worden (ebd., 239).

Auch im Blick auf die »frühchristliche Fischsymbolik« wird Jeremias vorsichtiger: »Als die gewaltige Symbolik der Offb. Joh. entstand, war der wirkliche Frühlingsstand der Sonne bereits endgültig in den Bezirk der Fische gerückt. Man würde also die Inaugurierung eines »Fische-Zeitalters« erwarten. Ich habe wiederholt die Frage aufgeworfen, ob das Geheimzeichen der ›Fische‹ in der Christenheit ... etwa einen Ansatz dazu bedeutet. Aber die schöpferische Kraft des Mythos war damals längst erloschen.« (ebd., 241).

Obwohl Jeremias schreibt, er habe keinen Grund, »Altäre zu verbrennen, an denen ich früher geopfert habe« (Vorwort zu ^{4}1930), war genau dies geschehen: Die Jahreszeiten des babylonischen Weltjahres wurden nun mit Planetenstellungen, nicht mehr mit Hilfe der Präzession gedeutet (vgl. Jeremias (^{2}1929), 227-229).

118. Kugler hatte bereits 1910 diese »eigentümliche Taktik« seines Kontrahenten bemerkt, seine Fehler in späteren Auflagen zu korrigieren, ohne die Gründe dafür zu benennen (vgl. Kugler (1910), IX). Alle kritischen Argumente Jeremias' von 1929 und 1930 (s. vorige Anm.) finden sich schon bei Kugler (1907ff.) und (1910). Am deutlichsten ist die Übernahme an einer Tabelle mit Daten ersichtlich, zu welcher Zeit der Frühlingspunkt wichtige Sterne der Tierkreisbilder erreicht habe (Jeremias ^{2}1929, 242). Eine solche Tabelle findet sich – mit geringfügig abweichenden Zahlenwerten und Sternbezeichnungen innerhalb der einzelnen Tierkreisbilder – bereits bei Kugler (1910), 150.

119. Jeremias schreibt: »Aber auch die einfache Feststellung der Tatsache der Präzession ohne rechnerisches Beiwerk hat weitgehende Folgen gehabt. Sie ergab das Apperzeptionsmaterial bei der Schöpfung des Mythos, insbesondere die kosmisch-symbolische Sprache zur Verherrlichung des Heilbringers...« (Jeremias (^{2}1929), 240, vgl. auch 300).

Drews in einmütiger Reihe Jeremias, Winckler, Boll (!), Stucken und Kugler (!) als Vertreter der »Astralmythologie«.[120] Inhaltlich werden weitgehend die Thesen und Argumente von Winckler und Jeremias weitergeführt, Drews löst sich aber von deren Fixierung auf die babylonische Quelle der »Astralmythologie« und bezieht sich an diesem Punkt stärker auf Dupuis.[121] Auch dessen These, daß die Gestalt Christi ein Sonnenmythos und damit unhistorisch sei, wurde von ihm wiederaufgenommen und weiter popularisiert.[122]

Drews spielte zwischen 1910 und 1930 in Deutschland eine wichtige Rolle in der religiös-politischen Öffentlichkeit.[123] Seine Vermittlung dürfte für die neuere Diskussion der Präzessions-Zeitalterlehre nicht unbedeutend sein. Allerdings kommt das Wort »Wassermann-Zeitalter«, das zu jener Zeit schon bekannt war, bei ihm nicht vor. Auch in dieser Hinsicht bleibt er seinen astralmythologischen Vorgaben treu.

Innerhalb der altertumswissenschaftlichen Diskussion lebte der Panbabylonismus in modifizierter Form bei Werner Papke, einem Schüler des Mathematikers und Paläo-Astronomen B.L. van der Waerden, fort. Papke bemüht sich mit modernen Mitteln um den Nachweis, daß die Babylonier schon in frühen Zeiten eine hochentwickelte Astronomie betrieben hätten.[124] Er nimmt dabei im Grunde nur die Streitfrage um »Das Alter der babylonischen Astronomie« wieder auf. Ein entsprechender Nachweis ist jedoch lediglich eine Hilfshypothese für die viel weiterreichende Annahme einer absichtsvollen astrologischen Interpretation der Präzession als Weltalterlehre durch die Babylonier selbst, nach deren Gesetzmäßigkeit der Kult jeweils ausgerichtet worden sei. Auch wenn die Mathematik Papkes stimmen mag – worüber hier nicht geurteilt werden kann – sind doch die Rede von »Kalenderreformen« der Babylonier[125] und viele andere Deutungselemente direkte Übernahmen von Winckler und Jeremias, die sich bei den Babyloniern selbst nicht belegen lassen und nach Kriterien moderner Mythologieforschung anachronistisch wirken.[126]

---

120. Drews (1923), 2 et passim.
121. Ebd., 14 et passim.
122. Vgl. Arthur Drews: Die Christusmythe, Jena 1910/11.
123. Zu Drews vgl. als zeitgenössischen Beobachter Troeltsch (1910a), bes. 36-43. Zu seinem Verleger, Eugen Diederichs, vgl. oben, Kap.3.2.1., Anm.39 und die dort angegebene Literatur.
124. Zu van der Waerden vgl. ders. (1952). Papke schließt in einer assyriologischen Arbeit aufgrund der beiden Keilschrifttafeln Mul.Apin aus der Bibliothek Assurbanipals (7. Jhdt. v. Chr.) mit Hilfe von paläoastronomischen Berechnungen auf eine Kenntnis der Präzession bei den Babyloniern bereits im 3. Jahrtausend zurück (Werner Papke: Die Keilschriftserie Mul.Apin. Dokument wissenschaftlicher Astronomie im 3. Jahrtausend, Diss., Tübingen 1978; vgl. auch ders.: Die Sterne von Babylon. Die geheime Botschaft des Gilgamesch – nach 4000 Jahren entschlüsselt, Bergisch Gladbach 1989).
125. Papke (1989), 27.
126. Papke schließt aus paläoastronomischen Befunden unmittelbar und ohne ausdrückliche Bestätigung in der antiken Literatur auf astralmythologische Hintergründe; vgl. z.B. ders. (1989), 11f.: »Denn nur die Sterne gewähren uns endlich auch einen Blick hinter die Kulissen des chaldäischen Welttheaters ... So gelang es mir schließlich, auch die Götter

7.2.4 Zur Entwicklung moderner esoterischer Weltaltervorstellungen bei H.P. Blavatsky

Bevor die Prägung des Stichworts »Wassermann-Zeitalter« in der esoterischen Astrologie dargestellt werden kann, müssen die Weltaltervorstellungen in den Werken Helena Petrowna Blavatskys (1831-1891) untersucht werden. »Isis Unveiled« (1877) und »The Secret Doctrine« (1888), die beiden umfangreichen Hauptveröffentlichungen der Autorin, sind Standardwerke der 1875 in New York gegründeten »Theosophischen Gesellschaft« (TG) und verschiedener theosophischer Schulen, die aus dieser hervorgingen.[127] Auch in vielen anderen esoterischen Entwürfen neuerer Zeit spielen sie eine wichtige Rolle.

Dementsprechend wird gelegentlich gesagt, das »Neue Zeitalter« habe mit Blavatsky und der Theosophischen Gesellschaft begonnen, in Deutschland also mit ihrem Besuch in Würzburg und Elberfeld im Jahr 1884, bei dem ein deutscher Zweig der TG gegründet wurde.[128] In der Tat steht die Autorin mit zahlreichen Aspekten ihrer Lehre in der oben dargestellten Tradition esoterischer Bewegungen und Ideen, in denen der Begriff »New Age« geprägt wurde. Doch findet sich weder der Ausdruck »New Age« noch »Wassermann-Zeitalter« wörtlich in Blavatskys Werken. Vielmehr bezieht sie sich auf verschiedene Autoren der »Astralmythologie«, deren Ideen inzwischen – wie gesehen – weit verbreitet und popularisiert waren. Sie nennt Charles-François Dupuis[129] und Constantin François de Volney,[130] außerdem u.a. Jean S. Bailly,[131] Georg Friedrich Creuzer[132], Godfrey Higgins, der ähnlich wie Dupuis Bezüge zwischen apokalyptischen Bildern (bes. Offb 12) und ägyptischer Sonnenmythologie gesehen habe[133]

    Babylons buchstäblich vom Himmel herabzuholen und gängige Vorstellungen über die Anfänge der Religion auf unserem Planeten grundlegend zu korrigieren«.
    Nirgends in den zitierten Texten selbst findet sich eine Anweisung zur Identifikation z.B. der mythologischen Aussagen im Gilgamesch-Epos mit Sternbeobachtungen wie Mul.Apin.
    Und nirgendwo (einschließlich der Aussagen bei Berossos und anderen Autoren der späteren Antike) ist explizit formuliert, daß aufgrund der Präzession der Fixsternsphäre gegenüber dem Frühlingspunkt eine »Kalenderreform« durchgeführt werden müsse und aus dem selben Grund zugleich eine Reform des Astralkultes fällig sei.
127. Blavatsky (1877), bes. Bd.1, 30-35; dies. (1888), bes. Bd.1A, Abt. XV: Cyklische Evolution und Karma, 695-709; Bd.2A: Strophe XII des Buches Dzyan: »Die fünfte Rasse und ihre göttlichen Unterweiser«, 366-395. Literatur zur Biographie Blavatskys und zur TG: Judah (1967), 92ff., und Frick (1978), 259ff.
128. So Michael Hesemann, Herausgeber des »Magazin 2000« (persönliches Gespräch am 18.9.1989). Zur Geschichte der TG in Deutschland vgl. Webb (1976), 30ff.; Frick (1978).
129. Blavatsky (1877), Bd.2, 490; Blavatsky (1888), Bd.1B, 721.
130. Blavatsky (1888), Bd.1B, 722; Bd.2A, 455.
131. Ausführliches Zitat: Blavatsky (1888), Bd.1B, 720-730.
132. Symbolik und Mythologie der alten Völker, besonders der Griechen, 4 Bde., Neudruck Hildesheim 1973 (1. Aufl.: Bd.1-3, Darmstadt 1810-12; mehrere erweiterte Auflagen im 19. Jahrhundert). Blavatsky (1888), Bd.1B, 715, zitiert nach der französischen Ausgabe.
133. Anacalypsis. An Attempt to draw aside the veil of Saitic Isis..., 2 Bde., London 1836 (Nachdruck: Glasgow 1878).

und Charles Staniland Wake, der einen Bezug östlicher Sintflut-Erwartungen mit astralen Konstellationen hergestellt habe.[134] Darüber hinaus nimmt Blavatsky viele der oben im einzelnen dargestellten traditionellen Vorstellungen über »Revolutionen« der Sternbewegungen, Kataklysmoi und Ekpyrôseis (Sintfluten und Feuerkatastrophen) auf, ohne hierzu genauere Quellen ihrer Darstellung anzugeben.

Blavatskys Weltalterlehren sind kompliziert und vielschichtig; sie wirken aufgrund der Anleihen bei anderen Autoren kompilationshaft und an manchen Punkten widersprüchlich. Dennoch lassen sich Spezifika ihrer Darstellung herausarbeiten, in denen sie sich sowohl von traditionellen esoterischen Lehren als auch von späteren theosophischen Autoren wie Alice Bailey unterscheidet.

Zu Beginn ihres ersten Werkes, »Isis entschleiert« (1877), referiert Blavatsky verschiedene Zeitalterlehren der »Alten«. Zunächst nennt sie die Zeitrechnung der Babylonier, wie sie bei Panbabylonisten und anderen als Ursprung der Vorstellung vom »Großen Jahr« dargestellt wurde.[135] Nach »einer der ältesten Überlieferungen des Altertums über die Entwicklung unseres Planeten« verändere sich das Erdklima in langjährigen Zyklen, wobei »das Polar- und das Äquatorialklima die Plätze« tauschten.[136] Der Klimawechsel sei jeweils von »kosmischen Wehen« wie Sintfluten und Erdbeben begleitet. Nach jeweils etwa 10 600 Jahren werde das »Bett des Ozeans« verlegt, wodurch eine Flut hervorgebracht werde, wie sie in Gen 6-8 beschrieben ist. Nach babylonischer Überlieferung hätten Überlebende der letzten Sintlut die Stadt Babylon gegründet. Sie seien große Sterndeuter gewesen, »unterrichteten ihrerseits die Priester und hinterließen in den Tempeln alle Berichte von dem periodischen Kataklysma [sic], dessen Zeugen sie selbst gewesen waren;« von Babylonien aus habe sich dieses Wissen verbreitet, es sei den »initiierten Priestern der Welt vorbehalten« gewesen.[137]

Im nächsten Abschnitt nimmt Blavatsky aus hinduistischer und buddhistischer Tradition die Begriffe »Yuga« und »Kalpa« auf und referiert ein System, das in seiner längsten Periode (Kalpa) 4 320 000 000 Jahre umfasse (bestehend aus 71 x 14 Mahâ-

---

134. Blavatsky, Blavatsky (1888) 2A, 368, zitiert S.Wake: The Origin and Significance of the Great Pyramid, London 1882; vgl. auch ders.: Ancient Symbol Worship, 1875.
135. Blavatsky (1877), Bd.1, 5.
136. Blavatsky (1877), Bd.1, 30f. Die Rotation der Polachse, die hier in phantastisch anmutender Weise als eine Veränderung um 90 Grad dargestellt wird, ist das einzige von Blavatsky genauer ausgeführte astronomische Modell zur Erläuterung der astrologischen Zeitalterlehren. Gelegentlich spricht sie auch von der Tag-und-Nacht-Gleiche und anderen Erscheinungen, die als Bezug zur Präzessionshypothese gedeutet werden können (vgl. Blavatsky (1877), Bd.1, 33; Blavatsky (1888), Bd.1B, 700). Doch führt sie dies nicht näher aus. Planetenkonjunktionen werden nicht erwähnt.
137. Blavatsky (1877), Bd.1, 31. Blavatsky vermerkt, die Gründer Babylons seien die »Riesen« der Mythologie; sie hätten auch den Turm zu Babel erbaut, »was in leisem Widerspruch zur biblischen Erzählung steht, der zufolge die Sintflut wegen der besonderen Vernichtung dieser Riesen gesandt wurde« (ebd., Anm.). Blavatsky stellt damit die biblische Darstellung bewußt auf den Kopf und begründet auf der so gewonnenen mythischen Basis die Existenz jener Urlehre, die sich von Babylonien unter allen späteren Weisen verbreitet habe.

Yugas zu je 4 320 000 Jahren und verschiedenen Zwischenzeiten); diese Zahlen seien »keine phantastischen, sondern auf wirkliche astronomische Beobachtungen gegründet«.[138] Auch in dem »chaldäischen Buche der Zahlen«, das von Hermes Trismegistos stamme und unermeßlich alt sei, würden ähnliche Zyklen gelehrt.[139]

Blavatsky geht nun auf die in der Apokalyptik bedeutsame Periode von 6 000 Jahren ein,[140] die aus dem babylonischen »Neros« (600 Jahre) abgeleitet worden sei. Die Ansicht, daß nach dieser Zeit das Weltende eintrete, sei falsch und durch fehlende Kenntnis jüdischer und christlicher »Platoniker« über die antiken Geheimlehren zu erklären. Dieser Irrtum habe sich bis in die Gegenwart gehalten und stehe hinter den Lehren moderner apokalyptischer Bewegungen wie der Adventisten.[141]

138. Blavatsky (1877), Bd.1, 32; Blavatsky verweist in diesem Zusammenhang auf Higgins (s.o. Anm.133) und auf andere ›wissenschaftliche‹ Autoren.
139. Blavatsky (1877), Bd.1, 33, vgl. ebd., Anm. Die Argumentation wirkt konfus, weil die zuvor von Blavatsky selbst eingeführte ›babylonische‹ Periode von 2 x 10 600, d.h. rund 21 000 Jahren, in jenem ›indischen‹ Schema nicht enthalten ist; zudem sind die Yugas verschieden lang, was mit den gleichmäßig auftretenden Sintfluten des »babylonischen« Schemas nicht zusammenpaßt. In der »Geheimlehre« benutzt Blavatsky andere Zahlen (Z.B. Bd.1B, 696). In einer Fußnote wird gesagt, »daß das heliozentrische System über Indien zu uns gekommen sei; und daß die Keime aller großen astronomischen Wahrheiten schon durch Pythagoras von dort her gebracht wurden« (Blavatsky (1877), Bd.1, 31). Dies verträgt sich kaum mit der Aussage, daß die Astrologie nach der Sintflut aus Babylonien übermittelt worden sei.
Blavatskys Aussagen haben eine ambivalente Struktur: Einerseits referiert sie die »Begriffe der Alten« (bzw. ihrer Darstellung bei altertumskundlichen Autoren), in deren Kontinuität sie zu stehen beansprucht, andererseits formuliert sie Sätze, die erkennbar von alten Traditionen abweichen und die eigenen Überzeugungen Blavatskys zum Ausdruck bringen. Manche Ungereimtheiten gehen vielleicht auf die Textgeschichte der Werke zurück, die von verschiedenen Gruppen der TG tradiert wurden, und könnten sich durch eine sorgfältige textkritische Analyse klären lassen. Dies kann im Rahmen der vorliegenden Arbeit nicht erfolgen. (Ich beziehe mich auf die mir vorliegenden deutschen Übersetzungen, die ohne Jahresangabe publiziert sind).
Jedoch scheint sich aus der Darstellung herauszuschälen, daß Blavatsky zunächst Anhängerin der Babylonien- oder Ägyptenhypothese war, bevor sie im Zuge ihrer Hinwendung zu Hinduismus und Buddhismus entsprechende Weltaltermodelle übernahm und sich zugleich für den zeitlichen Vorrang der indischen Astrologie entschied. In diesem Sinne wendet sie sich in der »Geheimlehre« scharf gegen die »Schrulle einiger deutscher Orientalisten«, die behaupteten, daß sich die indische Astrologie erst nach Alexander d. Gr. infolge westlicher Einflüsse entwickelt habe (Blavatsky (1888), Bd.1B, 710). Ebenso zitiert sie ausführlich die Begründung Jean S. Baillys für den Vorrang indischer Astrologie (ebd., 720-730; zu Bailly vgl. oben, Kap.7.2.3.). Doch legt sie sich letztlich nicht fest: »Ob nun der Ursprung des Zodiaks arisch [d.h. indisch] oder ägyptisch ist, jedenfalls ist er von einem ungemessenen Alter« (ebd., 713).
140. S.o., Kap.6.2.1.
141. »Diese Art, mittels Nerosen zu rechnen, wobei man keine Rücksicht auf die Heimlichkeit nahm, womit die alten Philosophen ... ihr Wissen verbargen, gab zu den größten Irrtümern Anlaß. ... Auch hat sie moderne Gelehrte verleitet, die Hypothese der Alten gänzlich zu verwerfen. Sie gab Anlaß zur Bildung verschiedener religiöser Sekten, die, wie die Ad-

Damit ist die eigentliche Zielrichtung der Argumentation benannt: Blavatsky wendet sich hier und an vielen anderen Stellen ihres Werks gegen eschatologisch-apokalyptische Enderwartungen, denen sie die zyklischen Lehren aus der Antike gegenüberstellt:

»Wie unser Planet sich jährlich einmal um die Sonne bewegt und sich gleichzeitig in 24 Stunden einmal um seine Achse dreht, wobei er kleinere Kreise in einem großen beschreibt, so wird das Werk der kleineren zyklischen Perioden innerhalb des großen Saros vollendet und wiederangefangen.«[142]

Die Bewegung der physischen Erde sei »von einer gleichen Bewegung in der Welt des Intellekts begleitet«, wobei aber geistige wie physische Entwicklung trotz zyklischer Abläufe allmählich voranschreiten würden (man sollte also statt »zyklisch« besser »spiralförmig« sagen):

»So sehen wir in der Geschichte einen regelmäßigen Wechsel von Ebbe und Flut in den Gezeiten des menschlichen Fortschritts. Die großen Kaiser- und Königreiche der Welt sinken wieder zusammen, nachdem sie den Gipfel ihrer Größe erreicht haben, in Übereinstimmung mit dem großen Gesetze, nach dem sie emporgestiegen sind, bis sich schließlich, nachdem sie den niedrigsten Punkt erreicht haben, die Menschheit wieder geltend macht und von neuem emporsteigt, wobei der Stand des von ihr Errungenen nach diesem Gesetze des aufsteigenden Fortschritts in Zyklen etwas höher ist als der Punkt, von dem sie vorher herabstieg.«[143]

Daraus folgert Blavatsky für die Entstehung und Entwicklung der religiösen und politischen Systeme:

»Wie Buddha-Siddhârta und Jesus im Reiche des Geistigen und Alexander der Große und Napoleon im Reiche der Eroberungen waren alle jene großen Charaktere ... nur Spiegelbilder menschlicher Typen, die 10 000 Jahre vorher existiert hatten ... und durch jene geheimnisvollen Mächte wieder geschaffen worden waren, die das Geschick unserer Welt lenken. Es gibt keinen bedeutenden Charakter in den ganzen Annalen der heiligen oder weltlichen Geschichte, dessen Muster wir nicht in den halb-erdichteten und halb-wirklichen Überlieferungen vergangener Religionen und Sagen wiederfinden können. Wie ein Stern, der in unmeßbarer Entfernung über unsern Köpfen schimmert, ... sich in den glatten Wassern eines Sees spiegelt, so spiegelt sich auch das Gebilde der Menschheit vordiluvianischer Zeiten in den Perioden wieder, die wir geschichtlich übersehen können.«[144]

Blavatsky zitiert in diesem Zusammenhang den hermetischen Satz: »Wie oben, so unten«[145] und kommentiert zugleich den Verfasser des Matthäus-Evangeliums: »Das, was gewesen ist, wird wiederkehren. Wie im Himmel, so auf Erden.«[146]

    ventisten unseres Jahrhunderts, stets in der Erwartung des nahenden Weltunterganges leben« (Blavatsky (1877), Bd.1, 34).
142. Blavatsky (1877), Bd.1, 34.
143. Blavatsky (1877), Bd.1, 34.
144. Blavatsky (1877), Bd.1, 34f.
145. Vgl. z.B. Kybalion (o.J.), 24 et passim.
146. Blavatsky (1877), Bd.1, 35.

In der »Geheimlehre« (1888) wird die Argumentation weiter ausgebaut. Blavatsky stellt einen Zusammenhang zwischen astrologischen Zyklen und Reinkarnationslehre her und begründet damit zugleich die Bedeutung der Astrologie für das Schicksal des einzelnen Menschen: »Weder Buddhas noch Christusse« könnten den Wiederverkörperungen entgehen, die sich aus der Doppelheit von materieller Existenz und dem dahinterstehenden »Vorbild im ›Himmel‹«, dem »Selbstgotte« ergäbe, an den sich der Mensch in seiner geistigen Entwicklung immer enger annähern solle.[147] Wie der Mensch nur der irdische Aufenthaltsort jenes Gottes sei, so seien die »Tagundnachtgleichen und Sonnwenden, die Perioden und verschiedenen Phasen des Sonnenlaufes ... nur die konkreten Symbole der ewig lebendigen Wahrheit, obwohl sie den uneingeweihten Sterblichen als abstrakte Ideen erscheinen.«[148] Die »Zyklen«, die eine Art Grundprinzip der Bewegung bilden würden, hätten eine »duale Wirkung«, einerseits im Bereich des Körperlichen, andererseits im Geistigen, und beides müsse von den Astrologen »in Betracht gezogen und ... beherrscht« werden.

Der größte Zyklus sei nichts anderes als der »Fortschritt der Menschheit seit der Erscheinung des ursprünglichen Menschen«. Er enthalte in sich zahlreiche kleinere Zyklen, die Entwicklung einzelner »Rassen«, »Nationen« und »Stämme«, worin wiederum kleinere Kreisläufe enthalten seien, die »in der östlichen Esoterik die karmischen Zyklen genannt« würden.[149]

Aufgrund dieser Vorstellungen, deren Herkunft sie als »östlich« beschreibt, wendet sich Blavatsky gegen traditionelle Ansätze »westlicher« Astrologie wie die Berechnung der Nativität Christi:

»Kein Occultist, kein Astrologe östlicher Abstammung wird jemals mit christlichen Mystikern oder selbst mit Keplers mystischer Astronomie ... übereinstimmen; und zwar deshalb, weil, wenn auch die Voraussetzungen richtig sind, seine daraus gezogenen Schlußfolgerungen einseitig und von christlichen Vorurteilen beeinflußt sind. Wo Kepler eine unmittelbar auf den Heiland hinweisende Prophezeiung findet, sehen andere Völker bloß ein Symbol des ewigen Gesetzes ... Warum in den Fischen eine unmittelbare Beziehung zu Christus sehen ... wenn diese Konstellation als ein Symbol aller vergangenen, gegenwärtigen und zukünftigen geistigen Heilande leuchtet...?«[150]

Blavatskys Lehre ist durch ihre Verknüpfung von »äußerlichen« und »geistigen« Wirkungen der astrologischen Bezüge als Hintergrund der sog. »esoterischen Astrologie« im 20. Jahrhundert von wesentlicher Bedeutung, obwohl diese in Detailfragen viele Traditionslinien der älteren Astrologie wiederaufnahm, auch wo sie den Ansichten Blavatskys widersprechen.[151] Gelegentlich wird auch pauschal auf Blavatsky als Autorität verwiesen, wo es dafür gar keinen Anhaltspunkt gibt.[152]

147. Blavatsky (1888), Bd.1B, 700.
148. Ebd.
149. Ebd., 703f. Vgl. im ganzen auch Blavatsky (1888) 2A, 368f.
150. Ebd., 716f. Zur Nativität vgl. oben, Kap.7.2.2.
151. Zur »esoterischen Astrologie« Alice Baileys vgl. unten, Kap.7.3.2.1.
152. So z.B. Anonymus (i.e. vermutlich Rudolf v. Sebottendorf): Die Symbole des Tierkreises. Der Schlüssel zu dem astrologischen Weltbild, Astrologische Bibliothek Bd.12, hrsg. v.

Madame Blavatskys Bedeutung liegt nicht in der Weitergabe einzelner esoterischer Lehrfragmente, sondern darin, daß sie unter Verwendung verschiedenster traditionaler Vorgaben – östlicher wie westlicher, ›esoterischer‹ wie ›exoterischer‹ Herkunft – einen neuartigen religiösen Orientierungsrahmen erstellte, den man nun auf unterschiedliche Weise füllen konnte. Mit ihrer Rezeption verschiedener Weltalterlehren steht Blavatsky in der oben am Beispiel Blakes und der Transzendentalisten skizzierten religionsgeschichtlichen Entwicklung, in der bereits seit langem an der Umformung christlicher Weltalterlehren und der Zurückdrängung eschatologisch-apokalyptischer Vorstellungen zugunsten zyklischer Modelle gearbeitet worden war. In diesem Sinne läßt sich als Grundzug ihrer Argumentation – trotz aller Widersprüche im Detail – das Interesse ausmachen, die ›zyklischen‹ Weltvorstellungen im Rückgriff auf esoterische und östliche Traditionen zu stärken und die apokalyptische Vorstellung eines baldigen (und einmaligen) Weltendes zurückzudrängen. Dagegen unterscheidet sich Blavatsky sowohl von Swedenborg und Blake als auch von manchen ihrer eigenen theosophischen Nachfolger dadurch, daß sie nicht von einem imminenten Neuen Zeitalter spricht. In dieser Hinsicht wirkt ihre Weltalterlehre stärker traditionell und erinnert an die ähnlich allgemein gehaltenen Weltalterlehren der arabischen Astrologie im Mittelalter.

7.2.5 Zusammenfassung

Die Lehre von der astrologischen Wirkung der Präzession, aus der sich die moderne Vorstellung des »Wassermann-Zeitalters« entwickelte, geht auf die mittelalterliche arabische Astrologie zurück. Sie steht im Zusammenhang anderer astrologischer Zeitalterlehren. Bis ins 17. Jahrhundert war die Interpretation der »Großen Konjunktionen« der Planeten Saturn und Jupiter am bedeutsamsten. Diese setzte sich in der Neuzeit in Form von Berechnungsversuchen der Nativität Christi fort, die sich zumeist an die Epochenlehre Johannes Keplers anschlossen.

Die auf Hipparch zurückgehende Erklärung der Präzession als gleichförmige Rotation der Fixsternsphäre (bzw. des Frühlingspunktes) in einer Zeit von 36 000 Jahren (moderner Wert: ca. 25 850 Jahre), die die astronomische Voraussetzung der entsprechenden Weltalterlehre bildet, war bis ins 16. Jahrhundert nicht allgemein anerkannt.[153]

Theosophischen Verlagshaus Leipzig, 1925, hier: XV. Blavatskys Werke werden hier als grundlegende Autoritäten für die Tierkreisastrologie bezeichnet, die, abgesehen von den zitierten allgemeinen Bemerkungen der Autorin, weder in »Isis entschleiert« noch in der »Geheimlehre« eine Rolle spielt. Detaillierter ist die Rezeption Franz Hartmanns in seinem »Kurzgefaßten Grundriß der Geheimlehre der HPB, erschienen um 1900 (vgl. dazu Frick (1978), 282. 285).

153. In der Antike wurde daneben gelegentlich auch die Theorie der »Trepidation« vertreten, eines langsamen Hin-und-Her-Schwankens des Frühlingspunktes bzw. der Fixsternsphäre mit einem Zyklus von 7000 Jahren oder anderen Zahlenwerten. Sie ist seit Theon von Alexandria belegt (vgl. Zinner (1931), 292; Sarton (1927ff.) Bd.1, 367, Fußn. m). Sie diente noch Nostradamus als Basis eines Zeitschemas (Wöllner (1926), 26). Nach Wöllner waren die *thema mundi*-Spekulationen gewöhnlich mit der Trepidation und nicht mit

Daher wurde die astrologische Lehre von den Präzessionsmonaten und -jahren im Westen nur selten aufgenommen. Auch Kepler beschränkte sich – trotz genauer Kenntnisse der astronomischen Zusammenhänge – auf die astrologische Deutung der Großen Konjunktionen.

Erst im Zusammenhang moderner naturalistischer Erklärungen zur Entstehung der Religionen gewann die Präzession eine wichtige Bedeutung. Seit dem 18. Jahrhundert wurde sie zur Bestimmung des Alters einzelner astrologischer Systeme der Antike herangezogen, indem man Tierkreisdarstellungen und -beschreibungen durch Rückrechnung mit dem präzessionsabhängigen Standort des Frühlingspunktes, mit jährlichen Wetterverhältnissen usw. zur Übereinstimmung zu bringen versuchte. Daraus entwickelte sich nach der französischen Revolution die sog. Astralmythologie, die nicht mehr nur die zeitlichen Rahmenbedingungen entsprechend festzulegen suchte, sondern mythologische und religionshistorische Inhalte einer astrologischen Interpretation unterwarf und auf dieser Grundlage die prägende Funktion bestimmter astrologischer Systeme bei der Entstehung der Religionen begründete.

In diesem Zusammenhang kam die Methode auf, einzelne Inhalte religiöser Überlieferungen – wie die biblischen Texte vom Goldenen Kalb und vom Passah-Lamm – mit dem Übergang des Frühlingspunktes in ein neues Sternzeichen – hier vom »Stier« zum »Widder« – zu parallelisieren. Ähnlich wurde die frühchristliche Fischsymbolik mit dem beginnenden »Fische-Zeitalter« erklärt, wobei zusätzlich die ältere Deutungstradition der Großen Konjunktion bei der Geburt Jesu im Sternzeichen »Fische« (»Stern der Weisen«) mitherangezogen wurde.

Die Verfechter der babylonischen Herkunft der Astrologie gingen noch einen Schritt weiter und stellten die These auf, daß die Babylonier selbst die Übergänge des Frühlingspunktes beobachtet, sie astrologisch ausgewertet und bewußt auf die eigene Gegenwart bezogen hätten, so daß entsprechende Veränderungen der Mythen zusammen mit Kalenderreformen *absichtlich herbeigeführt* worden seien. Auch die frühen Christen hätten um die astrologischen Zusammenhänge ihres Neuen Zeitalters gewußt und z.B. das Ichthys-Smbol der römischen Katakomben bewußt entsprechend gestaltet. Die Astrologie begibt sich damit in die Nähe zentraler kerygmatischer und symbolischer Inhalte der christlichen Religion.

Die astralmythologischen Thesen der Altertumskunde wurden schließlich in verschiedenen esoterischen Entwürfen übernommen und mit anderen Zyklentheorien in Verbindung gebracht. H.P. Blavatsky, die Begründerin der Theosophischen Gesellschaft, zitiert häufig einschlägige Autoren und formuliert aus den astralmythologischen Thesen einen eigenen Entwurf der esoterischen Einheit der Religionen. Diese hätten ihren Ursprung in Indien. Obwohl Blavatsky eine konkrete astrologische Gegenwarts- und Zukunftsdeutung auf der Grundlage dieser Thesen ablehnte, entwickelte sich noch zu ihren Lebzeiten im Umkreis der TG die Lehre eines beginnenden »Wassermann-Zeitalters«, das die Astralmythologie als Interpretament der Erwartung eines »Neuen Zeitalters« benutzte.

der ptolemäischen Präzessions-Theorie verknüpft (ebd.); jedenfalls bleibt der Rückschluß auf eine Präzessions-Zeitalter-Lehre ohne genaue Belege bloße Spekulation.

7.3 Begriffsgeschichtliche Konkretionen: Aquarius als Bote des »New Age«

7.3.1 Grundlagen

7.3.1.1 »Geometry in Religion« (1890)

In der 1890 anonym erschienenen Schrift »Geometry in Religion« findet sich – soweit erkennbar – zum ersten Mal die Verknüpfung der Vorstellung des »New Age« mit dem in naher Zukunft zu erwartenden Übergang des Frühlingspunktes vom Sternbild »Fische« in das Sternbild »Wassermann«.[154] Zwar ist nicht ausdrücklich vom »Wassermann-Zeitalter« die Rede, aber der Zusammenhang läßt sich aus einer Graphik ableiten, in der das »New Age« als unmittelbar bevorstehende Zukunft dem Sternbild des »Wassermanns« zugeordnet wird.[155]

Die Schrift knüpft einerseits fast nahtlos an schon bestehende astralmythologische Theorien an[156] und hatte andererseits – wie eine Anmerkung bei Alfred Jeremias deutlich macht – einige Wirkung auf deren weitere Geschichte und Ausgestaltung.[157] In einer schwer verständlichen Aneinanderreihung mathematischer, astrologischer, altertumskundlicher, theologischer und esoterischer Wissensfragmente wird ein Bezug zwischen den astralmythologischen Vorstellungen und den in Kapitel 6.1. dargestellten esoterischen Deutungen der Johannes-Offenbarung hergestellt: Offb 12 nehme die assyrische Sitte auf, politische Ereignisse im voraus anzukündigen; die 12 000 Stadien des Neuen Jerusalem (Offb 21,16) entsprächen 12 000 Jahren, die sich aus den langjährigen Zyklen der Präzessions-Zeitalter berechnen ließen und zugleich als Zweifaches der 6000 Jahre der jüdischen Apokalyptik zu verstehen seien.[158] Die Johannes-Offenbarung habe bereits zu Beginn des »Fische-Zeitalters« den nächsten Zeitalter-Übergang zum »New Age« vorhergesehen. Sie sei im Jahr 68 n. Chr. verfaßt worden, als der Frühlingspunkt im ersten Grad des Sternbildes »Fische« zu lokalisieren gewesen sei. Dies entspreche einer Weltdauer von 3848 Jahren seit Adam. Bis zur Vollendung von 6000 Jahren fehlten damit noch 2152 Jahre; danach beginne die zweite Hälfte eines 12 000-jährigen Welten-

---

154. Geometry in Religion and the exact dates in Biblical History after the monuments; or, the fundamental principles of christianity; the precessional year etc, As based on the teaching of the ancients by the cube, square, circle, pyramid etc, London 1890.
155. S. folgende Seite.
156. Sie nimmt die von Dupuis geprägte Ägypten-Hypothese auf, ohne diesen selbst zu nennen, erwähnt aber zugleich auch babylonische Götter als Zeugen der Präzession. Das mosaische Gesetz sei eine Transskription ägyptischer Quellen (S.5). Als Quelle wird u.a. genannt (S.58): William John Groves: Echoes from Egypt, or, the type of the Antichrist, London 1857.
157. S.o., Kap.7.2.3.2.
158. Geometry (1890), S.III.

zyklus.¹⁵⁹ Mithin erwartet die Schrift von 1890 das Neue Zeitalter erst in der Zukunft.

Die Wirkung der Schrift ist wegen ihrer anonymen Verfasserschaft im einzelnen schwer abzuschätzen. Jedenfalls ist sie ein Beleg für die Synthese der Vorstellungen vom »Neuen Zeitalter« und astrologischer Weltalterlehren mit Hilfe der astralmythologischen Präzessionshypothese.

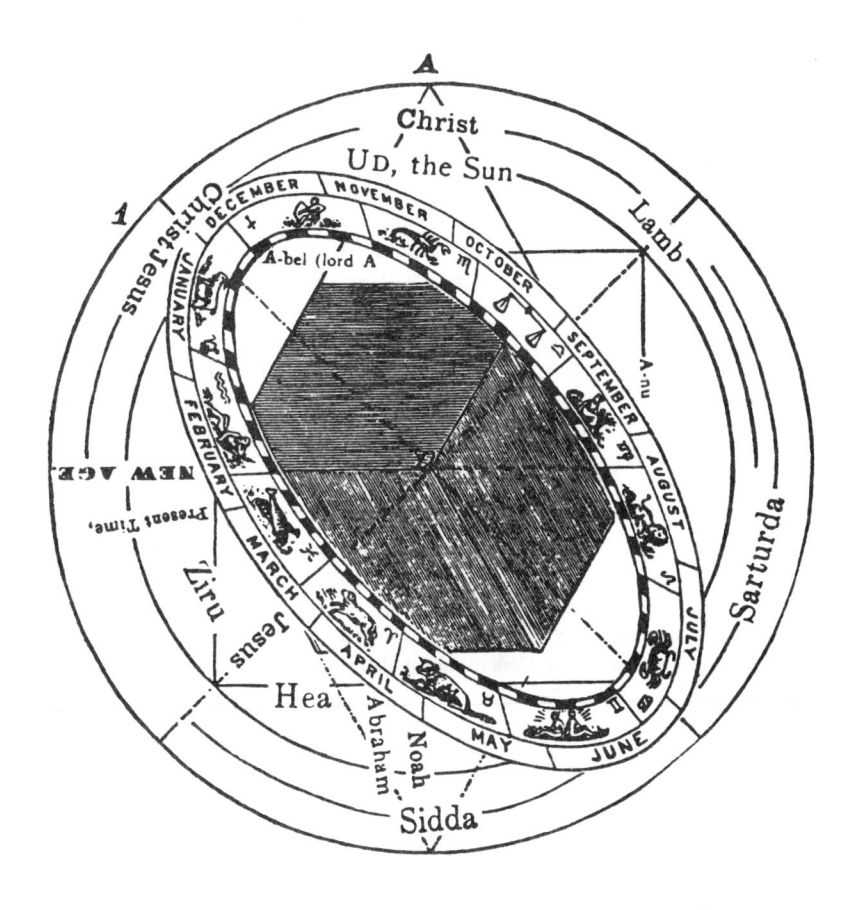

159. Die Zahlen entsprechen weder den modernen noch den überlieferten Berechnungen der Astronomie und traditionellen Astrologie und dürften als reine Phantasieprodukte zu betrachten sein; sie sind ein Gradmesser für die Verselbständigung der Inhalte jener Schrift gegenüber traditionalen Vorgaben.

7.3.1.2 »The Aquarian Gospel of Jesus the Christ« (1908)

Ungleich fester geprägt und formalisiert erscheint diese Synthese in einer weiteren esoterischen Schrift, dem »Aquarian Gospel of Jesus the Christ« von Levi H. Dowling.[160] Der Begriff »Wassermann-Zeitalter« wird hier wohl erstmals explizit erwähnt und als Synonym zu »New Age« verstanden.[161] Das Buch erschien erstmals 1908 und wurde in zahlreichen Auflagen publiziert. Es gehört zu einer Gattung von Neuoffenbarungen, die sich lose an neutestamentliche Überlieferungen anlehnen, diese ›ergänzen‹ und in neuartiger Weise interpretieren.[162] Die Schrift bietet im wesentlichen eine esoterische Deutung der synoptischen Evangelien, die durch einen umfangreichen Einschub über den Verbleib Jesu zwischen seinem zwölften Lebensjahr und seiner öffentlichen Tätigkeit in Palästina erweitert wird: Jesus sei nach Indien, Tibet, Persien, Mesopotamien, Griechenland und Ägypten gereist, habe die heiligen Lehren dieser Länder studiert und bereits dort seine eigene Botschaft der Liebe verkündet.[163] Die Terminologie (z.B. »Akasha-Chronik« als Quelle des Evangeliums, Jesus als »Avatar« im Sinne eines Welterlösers) und bestimmte Lehren (z.B. die Reinkarnationslehre[164]) lassen vermuten, daß der Autor, Levi H. Dowling, im Kontext der Theosophischen Gesellschaft stand.

Wie auch in anderen Neuoffenbarungen wird im »Wassermann-Evangelium« zwischen »Jesus« und »Christus« unterschieden:[165] Jesus sei ein zur Vollkommenheit ge-

---

160. Dowling (1908). Über den Autor, Levi H. Dowling (1844-1911), ist – abgesehen von der Einführung Eva S. Dowlings (ebd., 9-20, seit der 3.Aufl. 1911, im folgenden zitiert als E.S.Dowling (1911)) – wenig bekannt. Er trat mit zwei weiteren Veröffentlichungen hervor: »The Crown of Sunday School songs«, Cincinatti 1871, und: »Self Culture; a course of lessons on developing the physical, unfolding the soul, attaining into the spiritual«, Los Angeles 1912. Die beiden ersten Auflagen des »Wassermann Evangeliums« in den Jahren 1908 und 1909 erschienen mit einer Einleitung von Hon. Henry A. Coffeen, alle weiteren enthalten die genannte Einleitung Eva S. Dowlings.
161. Der Ausdruck »New Age« erscheint zwar im »Wassermann Evangelium« selbst nur am Rande (z.B. Kap.157, 35; dt. Ausgabe S.239), aber mehrmals in zusätzlichen, angeblich von Levi hinterlassenen Manuskripten, die in der Einleitung Eva. S. Dowlings (1911) wiedergegeben werden; vgl. z.B. S.16.
162. Vgl. dazu Edgar J. Goodspeed: Modern Apocrypha, Boston 1956, der das »Wassermann Evangelium« vor allem mit dem »Unknown Life of Christ« (1894) von Nicolas Notovitch zusammenstellt.
163. Das »Wassermann Evangelium« steht damit wohl in der Tradition Notovichs (s. vorige Anm.) der ebenfalls – jedoch mit dem Anspruch historischer ›Beweise‹ – von einem Indienaufenthalt Jesu berichtet, der die Kreuzigung überlebt habe und später im Himalaya gestorben sei. Die These wurde schon im 19. Jahrhundert vertreten, so bei Friedrich Nork (= Korn): Brahminen und Rabbinen (1836); zur Kritik vgl. Grönbold (1985).
164. Zur Rezeption indischer Lehren im Westen und ihrer charakteristischen Umdeutung vgl. Hummel (1980), Kap.III, bes. 186ff.
165. Judah zeigt, daß eine derartige Unterscheidung zwischen »Jesus« und »Christus« charakteristisch für fast alle der sog. »Methaphysical Movements« zwischen 1840 und 1870 ist, zu denen er auch die Theosophische Gesellschaft rechnet, und in denen sich zahlreiche Neuoffenbarungen finden. »Levi« fügt sich ganz in dieses Schema (Judah (1967), 14 et passim).

langter Lehrer der Weisheit, der die irdischen Neigungen vollständig überwunden habe und daher sündlos sei. Da er ein Mensch ist, gelte: »Das was Ich tat, können alle Menschen tun, und das was Ich bin, werden alle Menschen sein«.[166] Christus dagegen bedeute »Meister der Liebe« und sei ein Amtstitel. »Jesus der Christus« bezeichne die Identität des Mannes mit dem Amt – so wie »Lincoln der Präsident«:

»Jesus war ein Mensch. Christus ist die Göttliche Liebe – die Liebe Gottes, und nach dreißig Jahren eines tätigen Lebens hatte dieser Mensch seinen Körper so vorbereitet, daß er der Tempel des Heiligen Odems wurde und die Liebe von ihm Besitz ergreifen konnte. Johannes sagte es so: »Und das Wort ist Fleisch geworden...«[167]

In der Einleitung der Herausgeberin, Eva S. Dowling, wird berichtet, Levi habe sich vier Jahrzehnte auf die Aufgabe vorbereitet, die verborgene Quelle des »Wassermann-Evangeliums« für das neu anbrechende Zeitalter richtig zu fassen. Die Mehrheit der Menschen sei jetzt zu größerer Reife gelangt und fähig geworden, den geistigen Sinn der Lehren Christi zu verstehen, der bisher wegen ungenügender Verständnisfähigkeit geheimgehalten worden sei. Die Bezeichnung »Wassermann Evangelium« sei daher gleichbedeutend mit »Geistiges Evangelium«.[168] Eva S. Dowling stellt damit das Buch in den Rahmen der oben in Kapitel 6 dargestellten esoterisch-spiritualistischen Tradition.

Der Zusammenhang von »Wissenschaft« (hier: Astronomie) und »Religion« (hier im Sinne einer esoterisch-astrologisch gewandelten ›Apokalyptik‹) stellt sich im »Wassermann Evangelium« folgendermaßen dar:

»Während die Konflikte auf dem Land und auf den Meeren toben, wird der Prinz des Friedens über Himmelswolken stehen und erneut verkünden: Friede, Friede auf der Erde. Guter Wille allen Menschen! Jeder wirft die Waffe weg und die Nationen lernen, ohne Krieg zu leben. Dann wird der Wasserträger einen Himmelsbogen weiterschreiten. Das Signet des Menschensohnes wird im Osten stehen. Die Weisen werden ihre Häupter heben, wissen werden sie, daß die Erlösung naht.«[169]

Diese Sätze stehen in einem Abschnitt des Apokryphon, der sowohl im Gesamtduktus als auch in den meisten Einzelmotiven der »synoptischen Apokalypse« (Mk 13, Mt 24f., Lk 21) parallel geht. Der wichtigste sachliche Unterschied zum neutestamentlichen Text ist der Bezug auf den antiken Wasserträger oder »Wassermann« (Aquarius, Ganymed) und die Aussage, daß »das Signet des Menschensohnes« im Osten stehe. Die Verse fügen sich zwischen die Beschreibung der endzeitlichen Katastrophe (entsprechend Mk 13, 14-20) und eine Warnung vor falschen Propheten und Messiassen (entsprechend Mk 13, 21-23) ein. Dann folgt eine an Mk 13, 24-27 erinnernde, aber merklich kürzere Passage:

166. E.S.Dowling (1911), 13f., zitiert dies aus Manuskripten Levis.
167. Ebd., 15.
168. Ebd., 11.
169. Dowling (1908), Kap.157, V. 27-30 (S.238 der dt. Augabe), vgl. auch E.S.Dowling (1911), 10.

»So wie das Morgenlicht im Osten aufgeht und gen Westen strahlt, so wird das Kommen einer neuen Zeitepoche und die Wiederkehr des Menschensohnes sein. Die Bösen dieser Erde werden heulen, wenn der Menschensohn in seiner ganzen Macht auf Himmelswolken niedersteigt.«[170]

Durch ihre Stellung im Kontext machen diese Verse folgendes deutlich:
– Die neutestamentlichen Aussagen über die Endzeit sollen als Prophezeiungen eines neuen ›innerkosmischen‹ Zeitalters verstanden werden: Die Sterne ›fallen nicht vom Himmel‹ (wie in Mk 13, 25 nach Jes 13,10 u.a. angekündigt), sondern der »Wasserträger« ›schreitet einen Bogen weiter‹ (d.h. die astrologischen Konstellationen verändern sich), was keine Zerstörung, aber grundlegende Wandlungen auf der Erde zur Folge haben werde.

– Während im Duktus des synoptischen Textes die Wiederkunft des Menschensohnes »auf den Wolken« (Mk 13, 26 nach Dan 7,13) als Höhepunkt zu sehen ist, wird dieses Motiv im »Wassermann Evangelium« mit dem »Kommen einer neuen Zeitepoche« parallelisiert und somit in einen ›innerkosmischen‹ Prozeß eingeordnet.

Im Eingangsteil des Buches wird der astronomische und astrologische Zusammenhang dieser auf der Präzession beruhenden Zeitalterlehre ausführlich erklärt: Die Astronomie lehre, daß »unsere Sonne mit ihren Planeten um eine Zentralsonne in außerordentlich weiter Entfernung kreist, und daß diese Umkreisung etwas weniger als 26 000 Jahre« dauere, was zur »Präzession des Äquinoktium« führe.[171] »Kritischen Forschern« zufolge habe das »Stier-Zeitalter« zu Zeiten des biblischen Adam und das »Widder-Zeitalter« mit Abraham begonnen, während das »Fische-Zeitalter« mit dem Höhepunkt des Römerreiches und der Geburt Jesu von Nazareth verknüpft sei.[172] Das letztere falle daher mit der »christlichen Kulturperiode« zusammen, und von dieser astrologischen Vorgabe rühre auch die frühchristliche Fischsymbolik her. Doch nun folge ein Übergang zum nächsten Zeitalter, dem des »Wassermanns«, das »in erster Linie ein geistiges Zeitalter« sei.[173]

Die Ausführungen Eva S. Dowlings machen besonders deutlich, daß das »Wassermann Evangelium« im religionsgeschichtlichen Zusammenhang des »Neuen Zeitalters«, seiner Swedenborgischen Quellen und ihrer späteren Weiterbildung zu sehen ist. Auch das Interesse einer zyklischen Umprägung christlicher Eschatologie (d.h. die Integration der neutestamentlichen Endzeitvorstellungen in ein ›innerkosmisches‹, perpetuierendes Zeitschema) muß im Kontext jener religionsgeschichtlichen Entwicklungen verstanden werden, wie sie schon bei Blake und im Transzendentalismus greifbar sind und bei Blavatsky weitergeführt wurden. Zugleich zeigt sich die Prägung

---

170. Dowling (1908), Kap.157, V. 35f (S.238f der dt. Ausgabe).
171. E.S.Dowling (1911), 10. Die Rede von einer astronomischen »Zentralsonne« als Mittelpunkt einer langfristigen Rotation des Sonnensystems ist hier spekulativ mit der astrologischen Weltalterlehre verbunden worden. Ähnliches findet sich auch bei H.P.Blavatsky, Blavatsky (1888), Bd.1B, 700. Die Vorstellung nimmt Bezug auf den esoterischen Topos der »geistigen Sonne«, der sich schon bei Swedenborg findet (vgl. oben, Kap.6.2.2.6., Anm.119).
172. Zur Position der Panbabylonisten und ihrer Vorläufer in der älteren Astralmythologie, die hier wohl gemeint sind, s.u., Kap.7.2.3.
173. E.S.Dowling (1911), 10f.

durch die Astralmythologie des 19. Jahrhunderts. Die traditionellen astrologischen Zeitalterlehren, die in erster Linie auf den Großen Konjunktionen von Jupiter und Saturn sowie auf der »Revolution der Sphären« beruhten, spielen hier keine Rolle mehr. Es handelt sich um einen neuen Typus der astrologischen Spekulation, der die Berufung auf arkane Wissenstraditionen durch seinen Rückgriff auf »wissenschaftliche« Forschungsergebnisse der Altertumskunde ersetzt.

7.3.1.3 Weitere Belege vor dem Zweiten Weltkrieg

(1) Seit 1908 erschien in Boston und Los Angeles, später in Santa Barbara (Calif.), eine Zeitschrift mit dem Titel »New Age Magazine«, die 1910 in »Aquarian New Age. A Magazine of Aquarian Thought« umgetauft wurde. Seit 1918 heißt sie »Aquarian Age«. Sie gehört wie Dowling dem freireligiösen, theosophisch beeinflußten Spektrum an.[174]

(2) Als nächstes ist Max Heindel (Pseud. für Carl Louis von Grasshoff, 1865-1919) zu nennen, der ebenfalls theosophisch geprägt war und 1909 die »Rosicrucian Fellowship of California« gründete.[175] In seinem Buch: »Die Botschaft der Sterne«[176] beschreibt der Autor u.a. die astrologischen Folgen der Wanderung des Frühlingspunktes durch den Tierkreis (S.10ff.). Heindel vertritt die These, daß seit dem Eintritt des Frühlingspunktes in das Sternbild des »Widders« das »arische Zeitalter« begonnen habe, ein übergreifender Zeitraum, dessen letzte Periode das »Wassermann-Zeitalter« sei. Im Rückgriff auf kabbalistische Spekulationen verknüpft Heindel die äußeren Kräfte des »Wassermanns« mit den esoterischen Eigenschaften des »Löwen«: Mut, Überzeugung, Willenskraft. Die Präzession wird nicht erwähnt, sondern als bekannt vorausgesetzt.

(3) Der Astrologe Hans Künkel nimmt im Jahr 1922 die Terminologie des »Wassermann-Zeitalters« auf und systematisiert den von Astralmythologen und Esoterikern geschaffenen neuen Stand der Dinge.[177] Das Buch wird in der Folgezeit häufig als sachliche Quelle der astrologischen Lehre vom »Wassermann-Zeitalter« zitiert.[178] Bei Künkel findet sich eine Erläuterung der Präzession, Abschnitte über das »Stier-«,

---

174. Genaueres s. Dokumentationsteil, Abschnitt 7.1., Nr. (10).
175. Zu Heindels Biographie, seiner Verknüpfung mit der Adyar-TG, Rudolf Steiner und Franz Hartmann und zu seiner Astrologie vgl. Miers (⁶1986), 188f., Judah (1967), 118-121; Cavendish (Hrsg.) (1974), 110.218; Knappich (1967), 339; vgl. auch J.Gordon Melton: Bibliographical Dictionary of American Cult and Sect Leaders, New York und London 1986, 108f (= 1986a); dort weitere Lit.
176. Dt. Ausgabe Leipzig: Theosoph. Verlagshaus, 1922 (Übs. R.v.Sebottendorf). Das englische Original entstand zwischen 1908 und 1919 (kein genaues Datum verfügbar).
177. Das große Jahr. Der Mythos von den Weltzeitaltern, Waakirchen: Urania, 1980 (zuerst Jena: Diederichs, 1922 und ²1938).
178. So bereits Sebottendorf (1923), S.13.37f.; vgl. auch Anonymus (i.e. Sebottendorf) (1925), hier 11; Rosenberg (1958), 265f.; zur Stellung Künkels in der neuen Diskussion des »Wassermann-Zeitalters« vgl. auch Knappich (1967), 328.

»Widder-«, »Fische-« und »Wassermann-Zeitalter«.[179] Als Beginn des letzteren setzt Künkel das Jahr 1950 fest.[180] Nach seinem Ende stehe ein Reinigungsfeuer bevor.[181]

(4) Rudolf von Sebottendorf (Pseudonym für Adam A.R. Glauer, 1875-1945), der auch das in Punkt (2) genannte Buch von Max Heindel übersetzte, befaßt sich in seiner »Geschichte der Astrologie Bd.1«[182] extensiv mit dem Thema der Präzession. Der Titel des Buches ist irreführend. Es ist im wesentlichen keine Geschichte der Astrologie, sondern eine von antisemitischer Polemik durchzogene Geschichte der »Arier«, die sich der astralmythologischen Konzeptionen zur Legitimierung »arischer« Vorrangstellung seit vorgeschichtlichen Epochen bedient.[183] Die Rasse der Arier sei in der letzten Eiszeit entstanden. Die Arier seien die Erfinder der Astrologie (S.29) und hätten weltweit die vorgeschichtlichen Steinkreise, Dolmen und Menhire errichtet, die ersten Zeugnisse astrologischen Wissens.[184] Alle steinernen Zeugnisse dieser Art wiesen einen Bezug zu den Präzessions-Zeitaltern auf (S.16ff.). Überall auf der Welt, wo Steinkreise zu finden seien, sei das ein Beleg für die vorgeschichtliche Ausbreitung der Arier, so im indianischen Nordamerika, in Mexiko, Peru, Ägypten, in der Ägäis und in Sumer (S.48).

Der babylonische Kulturkreis sei durch Vermischung der arischen Sumerer mit den semitischen Akkadern entstanden und ein frühes Beispiel für die Depravation alter Werte infolge von »Rassendurchseuchung« (S.50.60 u.ö.). Die Astrologie der Griechen, ebenfalls ein »Mischvolk« (S.103), sei ein spätes Verfallsprodukt arischer Urlehren (S.60ff.).

Sebottendorf vertritt eine entsprechend radikale Weltalterlehre aufgrund der Präzessionswirkungen,[185] die sich als ›arisierende‹ Umdeutung der panbabylonistischen Thesen verstehen läßt: Der Verfall der Astrologie in der Vorzeit sei zwangsläufig er-

---

179. Künkel (1922), 23ff.; 32ff.; 43ff.; 58ff.
180. Vgl. Rosenberg (1958), 255.
181. Künkel (1922), 68.
182. Sebottendorf (1923). Weitere Bände sind nicht erschienen. Sebottendorf veröffentlichte im selben Verlag zahlreiche Schriften zur praktischen Astrologie und zu anderen esoterischen Themen: Die Hilfshoroskopie (1921 u.ö.); Die Symbole des Tierkreises (1921); Praktischer Lehrgang zur Horoskopie (1922); Astrologisches Lehrbuch ([4]1927); Die Praxis der alten türkischen Freimaurerei (1924) u.a. Er war auch langjähriger Herausgeber der Zeitschrift »Astrologische Rundschau« (s. unten, Nr.(5)).
183. Sebottendorfs antisemitische Arier-Theorie hatte auch politische Konsequenzen. Der Autor war Mitbegründer und zeitweise Vorsitzender der »Thule-Gesellschaft«, einer rechtsradikalen Vereinigung, die mit dem »Germanen-Orden« Hermann Pohls verbunden war und bei der Gründung der NSDAP Pate stand. Sebottendorf hat dies selbst dokumentiert: »Bevor Hitler kam. Urkundliches aus der Frühzeit der nationalsozialistischen Bewegung«, München: Deukula, 1933; vgl. auch Ellic Howe: Art. »German Occult Groups«, in: Cavendish (Hrsg.) (1974), 89-92, hier 90f. Sebottendorf lebte seit Mitte der 20er Jahre in der Türkei und beging am 8. Mai 1945 im Bosporus Selbstmord (vgl. Miers ([6]1986), 366).
184. Sebottendorf nennt das Jahr 7000 v.Chr. für Stonehenge (Südengland) und 4000 v.Chr. für Carnac (Bretagne) (S.16ff.).
185. Der Autor greift daneben auch auf die Lehre von den Großen Konjunktionen zurück (S.27f.).

folgt, weil infolge der Präzession die überlieferte Mythologie nicht mehr mit den astronomischen Tatsachen übereingestimmt habe. Mit dem Beginn des »Stier-Zeitalters« (den er für das Jahr 4425 v.Chr. festsetzt) seien die ursprünglichen Anschauungen zu Grunde gegangen. Ergebnis sei die fälschlich hochgelobte babylonische Astronomie und Astrologie, die sich mit Beginn des »Widder-Zeitalters« um 1790 v.Chr. nochmals stark gewandelt habe und keinen unmittelbaren Zugang zu den Ursprüngen mehr erkennen lasse (S.107f.). Das »Fische-Zeitalter« habe im Jahr 9 v.Chr. begonnen. Der Autor interpretiert die Krisensymptome seiner eigenen Zeit mit dem Übergang zum »Wassermann-Zeitalter«: »Wir stehen an der Wende der Zeiten. ... Wir selbst gehören keinem der beiden an, das begründet den Zwiespalt, der uns zerreißt« (S.37f.).

In der gleichen Reihe des »Theosophischen Verlagshauses« erschien 1925 ein anonymer Band: »Die Symbole des Tierkreises«, der vermutlich ebenfalls von Sebottendorf stammt.[186] Auch hier wird der Zusammenhang zwischen »Fische-Zeitalter« und Christentum erwähnt und der gegenwärtige Übergang zum »Wassermann-Zeitalter« akzentuiert (S.11).

(5) Seit etwa 1910 publizierte das »Theosophische Verlagshaus« die Zeitschrift »Astrologische Rundschau«. Sebottendorf hatte langjährig die Schriftleitung.[187] In dieser Zeitschrift wurde im Jahr 1927/28 wohl erstmals der Beginn des »Wassermann-Zeitalters« mit der Konjunktion aller sieben klassischen Planeten im Sternzeichen »Wassermann« am 4.2.1962 identifiziert.[188] Dieses Datum gilt in der Nachkriegszeit häufig als Beginn des »Wassermann-Zeitalters«.[189]

(6) Im Epilog der »Kulturgeschichte der Neuzeit« von Egon Friedell, 1931 in München publiziert, findet sich ein Abschnitt über das bevorstehende »Wassermann-Zeitalter«, mit dessen astrologischer Gesetzmäßigkeit Oswald Spenglers »Untergang des Abendlandes« interpretiert wird. Friedell verstand sich als Kulturphilosoph. Die Auf-

---

186. Anonymus (1925).
187. Die Bibliographie der Zeitschrift ist nur bruchstückhaft ermittelbar (im Hauptkatalog der Bayerischen Staatsbibliothek München ist lediglich der Jahrgang 17 (1925/26) verzeichnet, die Karte trägt den Vermerk: »wurde eingestampft«). Im GV 1911-1965 ist die Entwicklung vom 2. Jg. (1911/12) bis zum 27. Jg. (1935/36) mit einigen Lücken nachgewiesen. Die Zeitschrift erschien während der gesamten Zeit im »Theosophischen Verlagshaus« zu Leipzig. Sie hatte wechselnde Untertitel: »Monatsschrift für astrologische Forschung in Naturwissenschaft, Geschichte, Religion, Kunst, Numismatik. Organ verschiedener astrologischer Gesellschaften« (Jg. 1-10); »Zeitschrift für astrologische Forschung. Nachrichtenblatt und statistische Mitteilungen« (Jg. 18-22). Schriftleiter war zunächst Karl Brandler-Pracht, ab Jg. 5 Ernst Thiede, spätestens ab Jg. 10 Rudolf von Sebottendorf; in den letzten Erscheinungsjahren sind außer ihm Theobald Becker und Gerhard Naumann genannt (Quelle: GV 1911-1965).
188. So das Zeugnis Heinrich Maier-Parms (vgl. unten, Nr.(8)), der auf einen Artikel des Berliner Astrologen Dr. Weidner im Jahrgang 19 (=1927/28) der Zeitschrift Bezug nimmt. Dasselbe Thema sei nochmals im Jahrgang 27 (= 1935/36) aufgegriffen worden von Helmut Michel: Das Horoskop des Wassermannzeitalters.
189. U.a. bei Arnold Keyserling; vgl. unten, Kap.7.3.2.3., Nr.(9).

nahme des Stichworts »Wassermann-Zeitalter« ist ein Beleg für die fortgeschrittene Verbreitung eines entsprechenden Zeitgefühls im deutschen Sprachraum.

(7) Das »Handwörterbuch des deutschen Aberglaubens« erwähnt das Stichwort »Wassermannsperiode« lediglich am Rande.[190] Im Artikel »Periode« aus dem Jahr 1934 wird die babylonische Herkunft der Lehren vom »Stier-« bis zum »Fische-Zeitalter« als gegebene Tatsache angenommen. Der Autor fügt hinzu: »Ähnliche Deutungen macht die Astrologie der Gegenwart bereits für die mit dem Jahr 1960 eintretende Wassermannsperiode«. Der Terminus »Wassermann-Zeitalter« wird im Register dieses enzyklopädischen Sammelwerks sonst nicht erwähnt.

(8) 1937 Heinrich Maier-Parm[191] prognostizierte den Beginn des »Wassermann-Zeitalters« ebenfalls für das Jahr 1962.[192] Die Präzession habe »seit Jahrtausenden zu Hypothesen geführt, die in der religiösen und kulturellen Entwicklung der Menschheit eine beträchtliche Rolle gespielt haben.« Das »Stier-Zeitalter« habe 4518 v.Chr. begonnen und die frühen Kulturen in Sumer, Ägypten und Südbabylonien hervorgebracht. Das »Widder-Zeitalter« (ab 2358 v.Chr.) sei das Zeitalter der Assyrer, Abrahams und Moses', der frühen Hochblüte Chinas und des Laotse, der Veden und Upanishaden, der kretischen Kultur, der Etrusker, Perser, Griechen und des Hellenismus. Das »Fische-Zeitalter« habe 198 v.Chr. begonnen und sei mit dem Römischen Reich und dem Christentum verknüpft.

(9) Auch im angelsächsischen Sprachraum wurde der Topos »Aquarian Age« häufig aufgenommen. Im Jahr 1925 wurde in den USA die Gemeinschaft der »Independent Associated Spiritualists« gegründet, aus der später die »Aquarian Brotherhood of Christ« hervorging. Präsidentin beider Vereinigungen war Reverend Caroline Duke. Die Mitglieder der Organisation standen in der Tradition des amerikanischen Spiritismus; das Stichwort »Aquarius« wird wie im »Wassermann Evangelium« mit »New Age« identifiziert.[193]

Der Überblick ist nicht erschöpfend, doch die angeführten Beispiele zeigen, wie sich die Vorstellung des »Wassermann-Zeitalters« in wenigen Jahrzehnten zu einer ›objektiven‹ astrologischen Lehre verdichtete. Zunächst hauptsächlich von Autoren im Umkreis der Theosophischen Gesellschaft vertreten, verbreitete sich die Basis der Lehre, bis sie als gegebene, »seit Jahrtausenden« bestehende Konzeption angenommen wurde. Diese Entwicklung wurde durch den Zweiten Weltkrieg nur partiell unterbrochen. Das ideologische Deutungsmuster Sebottendorfs läßt sich nicht unbesehen auf andere übertragen. Außer den älteren Interpretationsmustern, die in unter-

---

190. Gustav Jungbauer: Art. »Periode«, Bd.6, Leipzig und Berlin 1934/5, Sp. 1492-1496, hier 1493f.
191. Heinrich Maier-Parm: Ein Blick ins Wassermannzeitalter. Versuch eines geschichtlich-astronomischen Rückblickes und Vorausblickes, Memmingen: Uranus, 1937.
192. Ebd., 25; vgl. dazu oben, Anm.188.
193. Vgl. Judah (1967), 77.

schiedlicher Form weitergeführt wurden, ergaben sich neue Aspekte der Lehre vom »Wassermann-Zeitalter«. Dies hat vor allem mit der Wirkung der »Arkanschule« Alice Baileys zu tun.

7.3.2 Neuere Entwicklungen

7.3.2.1 Alice Bailey

Alice Anne Bailey (»A.A.B.«, 1880-1949),[194] deren Funktion bei der neueren Verbreitung des Stichworts »New Age« oben bereits dargestellt wurde, nahm in den 40er Jahren in mehreren Veröffentlichungen das Thema des »Wassermann-Zeitalters« auf, das sie wie das »Wassermann Evangelium« mit dem Stichwort »New Age« identifizierte.[195] Auch sie schließt inhaltlich an die neueren astralmythologischen Interpretationslinien seit Carpenter an.[196]

Obwohl Bailey mehrere Werke zur »esoterischen Astrologie« verfaßte, betonte sie: »A.A.B. weiß nichts über Astrologie, sie kann nicht einmal ein Horoskop aufstellen.«[197] Im Unterschied zur traditionellen Astrologie, die die Bedeutung des Karma-Gesetzes nicht kenne und daher die Reinkarnationslehre nicht berücksichtige – habe die »esoterische Astrologie« mit der »Seele« und nicht mit der »Persönlichkeit« des Menschen zu tun.[198] Bailey führte die von Blavatsky angelegten Linien einer esoterischen Gesamtinterpretation der Menschheits- und Weltentwicklung weiter. Über die esoterische Bedeutung des »Wassermann-Zeitalters« schreibt die Autorin:

194. Zu Bailey vgl. dies. (1949), außerdem Judah (1967), 188ff.
195. Vgl. oben, Kap.2.1.7.
196. In diesem Sinne schreibt Bailey: »Man erfährt heute davon, daß wir gegenwärtig in das Sternzeichen Aquarius eintreten ... Das ist jetzt eine astronomische Tatsache, die nichts mit Astrologie zu tun hat. Der Einfluß des Sternzeichens, durch das die Sonne in irgendeiner bestimmten Weltepoche hindurchgeht, ist jedoch unwiderleglich, und das kann ich hier sofort beweisen« (Bailey (1949), 232). Es folgt eine Darstellung des Zusammenhangs von Ex 32 mit dem Übergang vom »Stier-« zum »Widder-Zeitalter«, wie bei Carpenter beschrieben (ebd., zu Carpenter vgl. oben, Kap.7.2.3.); dann schließt sich ein Hinweis auf die frühchristliche Fischsymbolik und den Beginn des »Fische-Zeitalters« an (ebd., 232f.).
197. Bailey (1949), 247.
198. Bailey definiert esoterische Astrologie als »die neue Astrologie, die sich auf die Seele und nicht auf die Persönlichkeit gründet. Die orthodoxe Astrologie stellt ein Horoskop auf, das die Bestimmung und das Schicksal der Persönlichkeit umschreibt; und wenn jene Persönlichkeit wenig oder nur durchschnittlich entwickelt ist, kann es erstaunlich korrekt sein, und ist es auch oft. Im Falle höher entwickelter Menschen, wie z.B. Aspiranten, Jünger und Eingeweihte, welche im Begriffe sind, ihre Sterne und damit auch ihre Handlungen zu beherrschen, weist das Horoskop indessen nicht mehr die gleiche Genauigkeit auf; die Gegebenheiten und Ereignisse jener Leben können dann nicht mehr vorausgesagt werden. Die neue, zukünftige Astrologie ist bestrebt, den Schlüssel zum Horoskop der Seele in ihrer Beziehung zum Seelenstrahl und nicht zum Persönlichkeitsstrahl zu geben.« (dies. (1949), 246).

»Nach astronomischem Befunde gehen wir jetzt ins Sternzeichen Aquarius ein, das Zeichen des Wasserträgers und das Zeichen der Universalität, denn Wasser ist ein universales Symbol. Vor seinem Tode sandte Christus seine Jünger aus, um den Wasserträger zu finden, der sie in einen oberen Raum führte, wo das Abendmahl feierlich eingesetzt wurde. All das deutet darauf hin, daß Christus die kommende neue Ära erkannte, die auf seine Dispensation folgen würde, und in die wir jetzt eintreten. Leonardo da Vincis großes Gemälde vom Abendmahl im oberen Raume ist das große Symbol des Wassermann-Zeitalters, denn wir werden unter Christi liebevoller Leitung am gemeinsamen Tisch sitzen, sobald Bruderschaft verwirklicht und die Menschheit in göttlicher Verbundenheit vereinigt ist. Die alten Schranken zwischen Menschen und Nationen werden während der nächsten 2000 Jahre allmählich verschwinden.«[199]

Ähnlich wie schon bei Levi H. Dowling fällt auf, daß die Erwartung des Neuen, obwohl astrologisch begründet, mit Hilfe traditionell-christlicher Vorstellungen gefüllt wird, die dabei entsprechend umgedeutet werden. An anderer Stelle geht Bailey noch weiter:

»Es wird so leicht die Tatsache übersehen, daß Christus, der Seine Aufgabe als Lehrer und geistiger Führer der Menschheit während des Zeitalters der Fische (das sich nun rasch dem Ende nähert) klar vor Augen hatte, sich ebenso klar das Werk vergegenwärtigte, das Er durchzuführen gedachte, wenn dieses Zeitalter zu Ende gehen und der neue astronomische Zyklus beginnen würde. Der christliche Durchschnittsmensch weiß seltsamerweise nichts von den Zeiten und Zyklen, durch die unser Planet infolge der Sonnenprogression hindurchgeht. ... Im Neuen Testament jedoch tritt diese Anerkennung klar zutage und durchzieht die Darstellung der ganzen biblischen Geschichte ... Die Tatsache, daß Christus der Lehrer der neuen Periode war (als die Sonne in das Tierkreiszeichen Fische rückte) ist vergessen, wiewohl sich diese Epoche klar im Symbol des Fisches dokumentiert ... Aber Christus faßte auch Sein zukünftiges Werk ins Auge, das Er im Wassermann-Zeitalter zu tun gedachte ... Vor Seinem ›Entschwinden‹ nahm Er Bezug auf das Symbol des Wassermann-Zeitalters und die Aufgabe, die Er dann erfüllen würde. Mit seinen zwölf Jüngern dramatisierte Er eine eindrucksvolle Episode, die das Werk andeutet, das Er nach zweitausend Jahren, nach Ablauf des Fische-Zeitalters, unternehmen würde.« [Es folgt eine Beschreibung des Abendmahls] ... Die große geistige Errungenschaft und das evolutionäre Ereignis des jetzigen Zeitalters wird in der Gemeinschaft aller Völker und deren gegenseitigen menschlichen Beziehungen bestehen ... Christus sah das Herannahen des Wassermann-Zeitalters voraus und brachte Seine Eröffnungen in eine bildliche Form, um uns auf diese Weise – über Jahrhunderte hinweg – eine prophetische Episode zu erhalten, deren Deutung erst in unseren Tagen und in unserem Zeitalter möglich ist.«[200]

Christi Wirken im Neuen Zeitalter werde darin bestehen, rechte menschliche Beziehungen herzustellen, das Gesetz der Wiedergeburt (Reinkarnationslehre) zu lehren, die Einweihungs-Mysterien zu enthüllen, die den geistigen Übergang in das Neue Zeitalter ermöglichten, und schließlich die Verblendung der Menschen zu »verscheuchen«.[201] Auf diese Weise werde »die neue Weltreligion« entstehen, eine Verbindung von Christentum (als dem Vertreter des »Westens«), Buddhismus (als dem Vertreter des »Ostens«) und den von den Weltweisen herkommenden theosophischen Lehren,

199. Bailey (1949), 233.
200. Bailey (1948), 82-84.
201. Vgl. Bailey (1948), 105-140.

wie sie Bailey in Anlehnung an H.P. Blavatsky selbst vertritt; die letzteren sollen dabei eine Brückenfunktion einnehmen.[202]

Hier zeigt sich eine ähnliche Entwicklung bezüglich biblischer Symbolik wie bei den Panbabylonisten in ihrer Deutung der babylonischen Zeitrechnung: Hatte Carpenter die Symbolik des Goldenen Kalbes, des Passahlamms und der urchristlichen Fisch-Darstellungen einer ›nachträglichen‹ astralmythologischen Deutung unterzogen, so wird hier gesagt, daß Christus selbst und das Neue Testament jene Symbolik bewußt eingesetzt hätten, deren tieferer Sinn später verloren gegangen sei und erst aufgrund der nun erreichten Reife der Menschheit wieder erlangt werden könne.[203] Auch bei Bailey dient die fiktive Vorzeitigkeit der eigenen Lehren zur Legitimation der Symboldeutung, deren modernistische Anteile, insbesondere das Moment der Reflektiertheit der Symbole, bewußt oder unbewußt verschleiert werden.

Der Ausdruck »Wassermann-Zeitalter« wurde durch die Aktivitäten der Arkanschule und der mit ihr ideell verbundenen Organisationen stark verbreitet. Gleichzeitig hat sich – wohl maßgeblich durch Alice Baileys Wirkung – in der Öffentlichkeit die Überzeugung entwickelt, daß »New Age« als ein Synonym für das durch die Präzession bedingte neue astrologische Zeitalter zu verstehen sei. Es bleibt demgegenüber festzuhalten, daß auch Bailey, wie die zitierten Passagen zeigen, stark an den Entwicklungen der modernen Religionsgeschichte partizipiert, wie sie seit 150 Jahren gewachsen waren. Im übrigen ist – wie gesehen – die Verknüpfung von »New Age« und »Aquarius« schon vor Bailey belegt.

Mit Blavatsky stimmt Bailey darin überein, daß sie – über die Anfänge dieser Entwicklungen weit hinausgehend – die apokalyptische Erwartung des Weltendes ablehnt. Der ›zyklischen‹ Kosmologie entspricht bei beiden Autorinnen auf der Seite der Anthropologie die Betonung des »Karma-Gesetzes« mit einer platonischen Wendung, die die Erlösung des Menschen durch allmählichen Aufstieg zu seinen geistigen Urbildern lehrt. Wie Blavatsky lehnt auch Bailey die traditionelle Horoskop-Astrologie ab, weil sie in Unkenntnis der karmischen Zusammenhänge ausschließlich die individuelle Existenz eines einzigen Lebens zum Gegenstand der Untersuchung mache.[204] Bei beiden Autorinnen folgt schließlich aus diesen Überlegungen, daß sie

---

202. Vgl. Bailey (1948), 141ff. Als Prinzipien dieser Weltreligion stellt Bailey auf: (1) »Gott ist eine Tatsache«, er ist existent sowohl »in der Höhe« als auch im Innern des Menschen (ebd., 148-150). (2) Jeder Mensch hat »ohne Unterschied des Glaubens« in seinem Innersten eine Beziehung zu Gott (ebd., 150). (3) Geist und Seele sind unsterblich, und das Heil der Seele kann vom Menschen selbst gemäß dem Gesetz der Wiedergeburt und in einem allmählichen Aufstieg erlangt werden (ebd., 150-152). (4) In jeder Weltepoche gibt es Offenbarungen, die in ihrer Struktur der jeweiligen Epoche angepaßt sind. Bedingt durch den Weltkrieg, sei jetzt die Menschheit geläutert, »ein neuer Himmel und eine neue Erde sind im Entstehen begriffen« (ebd., 152f.).
203. Die Bezüge sind allerdings dürftig: Der »Wasserträger« (vgl. Lk 22,10) spielt in der neutestamentlichen Überlieferung des Passahmahls (Lk 22,7-13) nicht gerade die Hauptrolle.
204. Anders als Bailey, bei der die Reinkarnationslehre einen zentralen Stellenwert innehat, läßt Blavatsky offen, ob die Individuen sich wiederholt auf Erden verkörpern oder ob sich die zyklischen Wiederholungen nur auf überindividuelle Geschichtsabläufe beziehen. Ihre Seelenvorstellung verläuft noch stark in den Bahnen Swedenborgs, der nicht die Reinkar-

den Offenbarungsbegriff zwar in ihre Lehren integrieren, ihm jedoch die Qualität der kosmischen Einmaligkeit aberkennen, so daß zum einen die verschiedenen ›Offenbarer‹ eines »Zeitalters«, wie Jesus Christus und Gautama Buddha, einander gleichgeordnet werden, zum andern ihre zeitliche Einmaligkeit aufgehoben wird und daher die Religionsstifter als in jedem Zeitalter wiederkehrende Inkarnationen eines göttlichen Urbildes verstanden werden.

Im Unterschied zu Blavatsky, die die Identifikation astrologischer Ereignisse mit dem historischen Jesus und daraus folgende Spekulationen ausdrücklich ablehnt, werden bei Bailey diese theosophischen Lehren ihrerseits in den Rahmen der konkreten Erwartung eines »Neuen Zeitalters« gestellt. Trotz der Abwertung traditioneller Endzeitvorstellungen zugunsten zyklischer Modelle in der Kosmologie wie in der Anthropologie wird die Gegenwart als eine Zeit des Anbruchs und die eigene Schule als Vorhut der Wiederkunft Christi verstanden.[205] Ähnlich wie schon bei Dowling wird somit das zyklische Zeitmodell inhaltlich mit christlichen Endzeiterwartungen gefüllt. Diese Wendung wird ermöglicht durch Baileys Rezeption der Vorstellung vom »Fische-« und »Wassermann«-Zeitalter. Ihre Lehre bildet damit den letzten Schritt der Verschmelzung der Vorstellungen von »Neuer Kirche« und »Neuem Zeitalter« mit der astralmythologischen Vorstellung der Präzessions-Zeitalter.

7.3.2.2 Alfons Rosenberg

Eine wichtige Funktion für die Weiterführung der Vorstellung vom »Wassermann-Zeitalter« im deutschen Sprachraum hatte der schon erwähnte Symbolforscher und christliche Astrologe Alfons Rosenberg (1902-1985), der stark von C.G. Jung geprägt ist.[206] Er spielte auch in der Arbeit des O.W.Barth-Verlages als Reihen-Herausgeber, Autor und Vortragender eine Rolle.[207] Wie Jung – nach Vorbild Alfred Jeremias' – verknüpft Rosenberg die astrologischen Zusammenhänge der Großen Konjunktion mit denen der Präzessions-Zeitalter und übernimmt Keplers Identifikation des »Sterns der Weisen« mit der Konjunktion im Jahr 6/7 v.Chr.[208] Der Autor läßt das »Wassermann-Zeitalter« 1950 beginnen, sieht aber die *coniunctio maxima* im Jahr 1962 als bedeutendes Ereignis, das den Qualitäten des Neuen Zeitalters weiter zum Durchbruch verholfen habe.[209]

> nation, sondern die Weiterentwicklung der Seelen im Himmel lehrte. Bei Annie Besant, ihrer Nachfolgerin in der Leitung der Adyar-TG, findet sich dagegen bereits eine ausgeprägte Reinkarnationslehre (Hinweis Dr. Hans-Peter Müller, München; vgl. z.B. Blavatsky (1888) Bd.1B, 700).
> 205. Aufgabe dieser Vorhut sei es, die neuen Lehren Christi im »Wassermann-Zeitalter« zu verbreiten, um so – ähnlich wie in den apokalyptischen Erweckungsbewegungen – die Ankunft Christi vorzubereiten und zu ermöglichen; vgl. dazu bes. Bailey (1948).
> 206. Rosenberg (1949), ders. (1958). Rosenberg war gebürtiger Jude, konvertierte dann zunächst zum protestantischen und schließlich zum katholischen Christentum. Zu seiner Biographie vgl. ders.: Die Welt im Feuer. Wandlungen meines Lebens, Freiburg i.B.: Herder, 1983.
> 207. Vgl. oben, Kap.3.2.2; vgl. auch Rosenberg (1983), 133.
> 208. Rosenberg (1949), 46.
> 209. Rosenberg (1958), 126; vgl. das Vorwort zur zweiten Auflage (1971).

Rosenberg bietet eine ausführliche Darstellung und astrologische Deutung der verschiedenen Zeitalter, in der sich die Ideen vieler der in den vorangegangenen Abschnitten genannten Vorläufer wiederfinden.[210] Er ist jedoch der erste und bisher einzige, der auf dieser astrologischen Basis und unter Heranziehung moderner anthropologischer Erkenntnisse eine ausgearbeitete Theorie kultureller Zyklen der Menschheitsgeschichte entwickelte, die in ihrem umfassenden Anspruch mit ähnlichen Gesamtentwürfen auf anderer Grundlage, z.B. bei Oswald Spengler, Arnold Toynbee, Lewis Mumford, Pitirim Sorokin und auch dem Gegenspieler Rosenbergs im O.W.Barth-Verlag, Jean Gebser, zu vergleichen ist.[211] Gegenüber seinen astrologischen Vorläufern ist außerdem das Spezifikum Rosenbergs der Versuch, einen Ausgleich zwischen christlichem und antikem Weltbild zu erlangen. Das erreicht er, indem er den Zyklus der astrologischen Weltalterabfolge zur ›Spirale‹ umbildet, die gleichwohl im Eschaton ihren Abschluß finden werde.[212]

Rosenberg beschreibt zunächst die Epochen des »Krebs-« bis »Widder-Zeitalters«.[213] Das darauffolgende »Zeitalter der Fische« (150-1950 n.Chr.) beginne mit der größten

210. Vgl. Rosenberg (1958), Anm.21 auf S.255f.
211. Zu diesen Theorien vgl. unten, Kap.11.4.3. Eine weitere astrologische Zyklentheorie, jedoch auf der Basis der Großen Konjunktion, bietet A. Barbault: La Crise Mondiale, 1964-66 (vgl. dazu Knappich (1967), 329).
212. Vgl. Rosenberg (1949), 9ff.
213. Rosenberg beginnt mit dem »Zeitalter des Krebses« (8550-6450 v.Chr.), dem die Sintflut (d.h. die bisher letzte kosmischen Katastrophen) vorangegangen sei. Der »Krebs« sei das Urbild alles Mütterlichen und Gebärenden, Erduldenden und Hinnehmenden; alles Lebendige bleibe in der Nähe seiner vegetativen Grundlagen ((1958), 41). Im »Zwillings-Zeitalter« (6450-4350) seien die ersten Anfänge der Seßhaftigkeit des Menschen in Palästina dokumentiert. In dieser Zeit lägen auch die Anfänge der »rationalen, schlußfolgernden Denkkraft« (S.40). Das »Zeitalter des Stieres« (4350-2250) sei das der eigentlichen neolithischen Revolution, des beginnenden Ackerbaus, der Zähmung der Tiere und der Ur-Handwerke. Wahrscheinlich sei damals auch die Astrologie entstanden (S.42ff.). Der Charakter der Menschen sei »ruhig, friedlich, stetig und zäh«, »untheoretisch gesinnt, praktisch, mit der Welt vertraut und ihr trauend, fähig, dem Lebendigen, sei es in der Nähe oder Ferne, den Rhythmus abzulauschen (S.45). Das »Zeitalter des Widders« (2250-150 v.Chr.) ist das der griechischen und jüdischen Hochreligionen. Die Widdermentalität habe in den Kulturen »lusthaft drängende, expansive, zu Pioniertaten und Kampfhandlungen antreibende Kräfte« hervorgebracht, die Völkerwanderungen, Reichsgründungen und ähnliches bewirkt hätten und schließlich im Alexanderreich und im heraufkommenden Römerreich zu ihrem äußersten Höhepunkt gelangt seien (S.55.58). Es sei die Zeit des beginnenden »aktiven sittlichen Empfindens«, die mit einer »vernünftigeren‹ und zugleich beweglicheren Seite sowohl der Gottheit wie des menschlichen Geistes« einhergehe; in dieser Zeit sei die Herrschaft des Mythos durch die des Gesetzes abgelöst worden (S.61) Wie Noah das biblische Zeugnis des »Stier-Zeitalters« mit dem Symbol des Weines verkörpere, so zeuge Abraham und das Symbol des Exodus für das »Widder-Zeitalter« (S.60).
Interessant ist, daß Rosenbergs Zeitalterbeschreibungen ausschließlich an mediterranen und vorderasiatischen Kulturen orientiert sind, was ihrem weltumspannenden kosmisch-astrologischen Anspruch nicht gerecht wird. Wissenschaftsgeschichtlich erklärt sich das anhand der in Abschnitt 7.2. beschriebenen Vorgänge.

Zäsur der Menschheitsgeschichte. Diese sei »durch Gott selbst, den Herrn der Zeiten, als Zäsur gesetzt worden.«[214] Durch die Menschwerdung Gottes, den Einbruch der Gottheit und der Ewigkeit in die Geschichte, sei der Mensch in neuer Weise auf sich selbst bezogen und »von der Naturwurzel, auf der er bisher herangewachsen, auf die Geistwurzel des Seins umgepfropft« worden.[215] Infolge des »Einbruchs des Göttlichen in das Innerste des Menschen« – für die Menschheit ein schockartiges, »furchtbares« Ereignis[216] – sei das »Fische-Zeitalter« notwendig auch eine Epoche des Zwiespaltes des Menschen mit seiner »sinnenhaften Umwelt«, durch den er »in eine Haltung der Unsicherheit gegenüber der Natur« geriet, »teils sie abwehrend, teils sie sentimental verklärend«. Dies habe einerseits die rücksichtslose Ausbeutung der Natur, andererseits die Naturmystik hervorgebracht. Beide zeigten an, daß der Mensch nicht mehr mit der Schöpfung im Einklang stehe.[217]

Der Übergang zum »Wassermann-Zeitalter« habe sich in den letzten Abschnitten des »Fische-Zeitalters« bereits vorbereitet, d.h. in der Renaissance (1425-1600), im Barock (1600-1775) und in der Moderne und Säkularisierung (1773-1950).[218] Das »Wassermann-Zeitalter« (1950-4000) werde eine neue kulturelle Epoche sein. Seine Qualitäten seien:

»Luftig und geistig, scharfsichtiger, kühner in die Ferne dringender Geist, hell scharf, klar, von blitzartiger Beweglichkeit, Gegensätze vereinigend, universale Brüderlichkeit.« [219]

214. Rosenberg (1958), 81.
215. Das Fische-Zeichen stehe sowohl für Unruhe, »Unbehaustsein«, als auch für Allverbundenheit und sehnsuchtige All-Liebe, die infolge hoher Sensibilität und Beeinflußbarkeit auch zu Illusionen verführen könne (ebd., 83). Im Bereich des Seelischen sei das »Fische-Zeitalter« »schöpferisch« und »kühn«; daher sei in dieser Zeit »die Tiefe der Seelenwelt, die Innerlichkeit überhaupt erst als eine Realität entdeckt« worden. Der Mönch, ursprünglich Einsiedler in der Wüste, sei in diesem Zeitalter zum Kulturträger geworden (S.85).
216. Dies ist etwa im Sinne von Rudolf Ottos »mysterium tremendum« zu verstehen (vgl. Otto (1917), 14ff.).
217. Rosenberg (1958), 86.
218. Rosenberg (1958), 106f. Abweichend von der üblichen Terminologie bezeichnet Rosenberg jede Epoche von 2100 Jahren als »Weltenjahr« und unterteilt dies in 12 »Weltenmonate« zu je 175 Jahren.
219. Rosenberg (1958), 249. Das letzte Zeichen des Tierkreises entspreche dem »abgeernteten Feld«, dem »Zustand jenseits des allgemeinen Werdeprozesses – die Blüte ist zur Frucht gereift, und diese ist geerntet worden«. Nun trete die bisher verborgene geistige Grundstruktur aller Dinge in Erscheinung, die Vielfalt des Lebens werde wie auf einer Landkarte übersichtlich. Eine »helle, kühle Athmosphäre« sei vorherrschend, »in der die Strebungen weniger auf das Sinnliche als auf das Geistige gerichtet« seien. Dies stehe im Gegensatz zur »seeleninnigen ... und oft sentimentalen Haltung der Fischezeit«. Da der Blick des Menschen nicht mehr auf ein eindeutiges irdisches Ziel gerichtet sei, werde er nach allen Richtungen frei, und eine pluralistische Wählbarkeit der Weltdeutung werde daher zum charakteristischen Merkmal; das ermögliche »eine ungeahnte sowohl geistige wie physische Beweglichkeit« (S.127). Der Autor verknüpft an dieser Stelle Beginn und Ende des Tierkreises mit dem vegetativen Jahr, so daß das Zeichen des »Wassermanns« – unabhängig vom tatsächlichen Kalender – die Stelle des Herbstes und beginnenden Winters einnimmt.

Das »Wassermann-Zeitalter« wird von Rosenberg nicht nur positiv dargestellt: Seine Freiheit werde zu einem »ungeheuerlichen Verlust an Schönheit auf der ganzen Erde« führen, denn Schönheit sei »an das gottgeschaffene Maß gebunden« und werde nun durch Ordnung und Struktur ersetzt. Da die Freiheit aber der Schönheit bedürfe, sei ihre Selbstauslöschung vorprogrammiert. Neben furchtbaren Kriegen würden sich zahlreiche Katastrophen ereignen, weil durch das ›Anbohren‹ der kosmischen Kraftbereiche die kosmische Ordnung gestört würde. Der Mensch sei dadurch wie nie zuvor mit sich selbst konfrontiert. Das ermögliche ihm andererseits eine neuartige Einheitsschau des Lebens, eine Fähigkeit zum intuitiven Denken:

»Diese synthetische, integrale Denkweise wird zwar dem bisherigen begrifflichen, spaltenden, punktförmigen Denken als verschwommen erscheinen. In Wirklichkeit aber wird das bisherige Nacheinander des Denkens durch die Fülle des Gleichzeitigen dieser paradoxalen Erfahrungsweise überboten, als Darstellung einer Wirklichkeitsspannung, die nur noch in der Weise der Intuition zu bewältigen ist.« [220]

Rosenbergs Entwurf hat nie eine spektakuläre Publizität erlangt, ist aber dennoch von großer Bedeutung für die erneute Aufnahme der Vorstellung vom »Wassermann-Zeitalter im deutschen Sprachraum. Abgesehen von dem besonderen Interpretationsrahmen der »esoterischen Astrologie« Alice Baileys gibt es kein vergleichbar umfassendes Deutungsmodell der Präzessions-Zeitalter. Obwohl Rosenberg an allgemeine Erwartungen eines »Neuen Zeitalters« anknüpft,[221] nimmt er – ähnlich wie die anderen deutschsprachigen Autoren, die nicht im Zusammenhang zur Theosophischen Gesellschaft standen – keinen Bezug auf deren neuere Entwicklungen im angelsächsischen Sprachraum. So ist es zu erklären, daß in den 70er Jahren der neu importierte Terminus »New Age« als Synonym des schon bekannten »Wassermann-Zeitalters« verstanden wurde.

7.3.2.3 Weitere Belege im deutschen Sprachraum nach 1945

(1) Schon erwähnt ist C.G. Jungs Buch »Aion« (1951).[222] Im Jahr 1958 publizierte Jung einen weiteren Aufsatz: »Ein moderner Mythos von den Dingen, die am Himmel gesehen werden«. Jung schreibt: »Wir nähern uns jetzt der großen Veränderung, die mit dem Eintritt des Frühlingspunktes in Aquarius (Wassermann) erwartet werden darf«.[223]

(2) Der Astrologe Ernst-Günter Paris (geb. 1914, seit 1948 Herausgeber der »Astrologischen Jahrbücher«) verfaßte 1957 ein Menscheitshoroskop anhand der Lehre von den Präzessions-Zeitaltern.[224] Anders als Alfons Rosenberg läßt er das gegenwärtige

---

220. Rosenberg (1958), 128-130, Zitat auf S.130.
221. Vgl. Rosenberg (1958), Einleitung (das Stichwort »Neues Zeitalter« fällt mehrfach) und Teil I: »Die Lehre von den Weltzeitaltern« (S.15ff., bes. 18-21).
222. Vgl. oben, Kap.7.1.
223. Jung (1958), hier 338.
224. Ernst-Günter Paris: Propheten, Priester, Professoren, o.O. 1957; Erweiterte Neufassung u.d.T.: Das Horoskop der Menschheit. Unser Weg aus urfernen Zeiten in die Zukunft, Waakirchen: Urania-Verlag, 1981 (im folgenden zitiert als Paris (1981)).

Weltenjahr – wohl eine Erbschaft Dupuis' – mit dem »Waage-Zeitalter« als dem ersten nach der Katastrophe der Kultur von Atlantis beginnen (S.42ff.). Dieses sei das Zeitalter Noahs. Das »Jungfrau-Zeitalter« wird mit dem Turmbau zu Babel, Merkur und Hermes verknüpft; das »Löwe-Zeitalter« mit Abraham; das des »Krebses« mit Isaak; das »Zwillings-Zeitalter« mit Jakob und Esau sowie dem Gilgamesch-Epos; das »Stier-Zeitalter« mit einer ägyptischen Kalenderreform von 4221 v.Chr., mit Josef und den magischen Künsten; das »Widder-Zeitalter« mit Mose, der Babylonischen Gefangenschaft Israels, der Blüte der nordischen, griechischen und römischen Kulturen; das »Fische-Zeitalter« mit Jesus Christus. Das »Wassermann-Zeitalter« schließlich werde den Untergang Europas mit sich bringen.[225]

(3) Ernst Jünger erwähnt am Ende seines Buches »An der Zeitmauer« (1959) die Überzeugung der Astrologen »vom Anbruch einer geistigen Epoche«. Er identifiziert dabei die Vorstellung des »Wassermann-Zeitalters« mit dem von Joachim von Fiore angekündigten »Zeitalter des Heiligen Geistes«.[226] An anderer Stelle bietet auch er ein Schema der Zeitalter, das dem von Rosenberg entspricht.[227]

(4) Hans Sterneder bietet in einem 1963 erschienenen Büchlein eine weitere Zeitalterlehre auf der Grundlage der Präzession.[228] Er greift auf Hans Künkel (1922) zurück und beginnt wie Rosenberg mit dem »Krebs-Zeitalter«, in dem bereits die Veden entstanden seien.[229]

(5) Rudolf Putziens Buch: »Der Allbrandfelsen«, ebenfalls 1963 erschienen,[230] befaßt sich im wesentlichen mit den Voraussagen des Nostradamus[231] und verknüpft diese ohne nähere Begründung mit der modernen Präzessions-Zeitalterlehre. Außerdem bezieht sich der Autor u.a. auf den Theosophen Charles W. Leadbeater (1848-1934) und auf die Yuga-Lehre des indischen Guru Sv. Shrî Yukteshwar.[232]

(6) Eine interessante Entwicklung zeigt der Terminus »Wassermann-Zeitalter« bei Karl Otto Schmidt (1904-1978), einem langjährigen Autor und Funktionär der Neugeistbewegung.[233] Im Auftrag der mitteleuropäischen Zentrale dieser Bewegung in Pfullingen/Württ. verfaßte Schmidt bereits 1932 eine Broschüre über Organisation, Programm und Arbeitsweise. Ihr Titel lautet: »Neugeist. Die Bewegung des neuen Zeitalters«.[234] Die Broschüre betont besonders den Vorrang des Geistigen vor der

---

225. Paris (1981), 42-208.
226. Ernst Jünger: An der Zeitmauer, Stuttgart 1959, 312-314.
227. Ernst Jünger: Siebzig verweht, Bd.2, Stuttgart 1981, 206f., zitiert nach Konitzer (1989), 109.
228. Hans Sterneder: Das kosmische Weltbild, Garmisch-Partenkirchen 1963.
229. Ebd., 23.
230. Putzien (1963).
231. Zu Nostradamus vgl. oben, Kap.7.2.1.
232. Zu Shrî Yukteshwar vgl. oben, Kap.5.2.4.
233. Zur amerikanischen Herkunft des »New Thought« vgl. oben, Kap.6.2.2.6, Nr.(3).
234. K.O.Schmidt (Hrsg.) (1932). Die Broschüre definiert: »Neugeist ist – in bewußtem Gegensatz zum materialistischen ›Altgeist‹ – eine geistgegründete praktische Weltanschau-

Materie: Die Neugeistbewegung sei ein »antimaterialistischer Sturmblock«, ihr »unverrückbares Ziel« sei »die Vernichtung der Herrschaft des Materialismus durch Schaffung eines einheitlichen ... Ringes aller geistigen Bewegungen der Welt.«[235]

1946 veröffentlichte Schmidt ein Buch über Zeitaltervorstellungen.[236] Er versteht die Gegenwart als »Übergang« vor dem Hintergrund uralter, in mythische Formen gegossener Katastrophenberichte. Die Katastrophen werden als Sintfluten interpretiert, die »mit Veränderungen am Himmel einhergehen«.[237] Die astrologische Konnotation wird jedoch nicht näher ausgearbeitet, sondern Schmidt bietet ein Zeitalterschema auf der Basis erdgeschichtlicher Begriffe, das 550 Millionen Jahre umfaßt.[238]

Ganz anders in den späteren Veröffentlichungen Schmidts. In den 70er Jahren identifizierte der Autor das »neue Zeitalter« der früheren Publikationen mit dem »Wassermann-Zeitalter« und reklamierte dieses somit für die Neugeist-Bewegung.[239] Das Sinnbild des »Wassermanns« (der antike Wasserträger mit dem Krug), meine »die Ausgießung des Geistes und die Herrschaft des Geistes über die Materie.« Schmidt spricht von der »schicksalsschwangeren Wendezeit« zwischen »Fische-« und »Wassermann-Zeitalter«.[240] Das Schlüsselwort des letzteren sei »Einheit« im Sinne der Einheit aller geistigen Strömungen.[241]

Der Beginn des Neuen Zeitalters lasse sich nicht auf Jahr und Tag festlegen, denn das eigentliche Geschehen sei geistiger Art.[242] Der »Wassermann-Typ«, »der ›neue

ung und Lebenslehre, die von der Erfahrung der Übermacht des Geistes über den Stoff ausgeht, die jedem hilft, sich selbst zu helfen und das bisherige trübe Dahinleben in ein sonniges Leben der Freude, des Glücks und des Erfolges zu verwandeln.

Neugeist ist die Bewegung des neuen Zeitalters und dessen Erfüllung. Er gibt den Menschen unserer Zeit neue Ideale, neue Ziele und neue Werte. Er bringt die große Erneuerung des Denkens und Lebens, die Millionen unbewußt ersehnten, die Lösung der großen Zeitfragen ... Er predigt das neue Menschentum nicht nur, sondern gibt uns die Mittel, es zu erwecken und zu offenbaren. Er zeigt, daß in jedem Menschen ein anderer, größerer Mensch schlummert und daß dieser Mensch heute in uns allen erwachen will, daß die Zeit für den ›Neuen Menschen‹ da ist« (S.3.5).

235. Ebd., 7.
236. Karl O. Schmidt: Die Zukunft der Menschheit. Eine Reise durch die Zeit, Reutlingen: Isis-Verlag, 1946.
237. Ebd., 16.
238. Ebd., 30f.
239. Karl O. Schmidt: Der kosmische Weg der Menschheit im Wassermann-Zeitalter, München und Engelberg: Drei Eichen, ²1980 (zuerst 1971); ders.: Der Weg zur Vollendung durch Meditation und Kontemplation, München und Engelberg, 4.Aufl. o.J. (zuerst 1978).
240. Schmidt (1971), 12. Schon 1946 findet sich mehrfach der Ausdruck »Wendezeit« (S.12.18). Die terminologische Nähe der dt. Buchtitel Fritjof Capras ist auffällig (Neben »Wendezeit« (1982) erinnert auch »Das Neue Denken« (1987) an »New Thought«). Auch wenn diese Anklänge vermutlich zufällig sind, zeigen sie doch, daß die Bücher Capras in Deutschland ein ›bereitetes Feld‹ von Begriffen und gedanklichen Konzeptionen vorfanden.
241. Schmidt (1971), 32.
242. In einer anderen Publikation übernimmt Schmidt das Zeitschema, wie es sich bei Alfons Rosenberg findet, und gibt an, das »Fische-Zeitalter« habe »bis etwa 1950« gedauert (Schmidt (1978), 9-12).

Mensch‹ des neuen Zeitalters, der heute z.T. schon unter uns lebt«, sei nicht geschichtsgebunden, da er am inneren Fortschritt mehr orientiert sei als an der »sichtbaren Geschichte«.[243]

(7) Ursula von Mangoldt, die ehemalige Inhaberin des O.W.Barth-Verlages, geht in einer ihrer späten Veröffentlichungen auf das Thema des »Wassermann-Zeitalters« ein. Sie übernimmt dabei Rosenbergs Deutung, verweist aber auch auf Jean Gebser und andere Entwürfe zu langfristigen Zeitstufen, die nichts mit Astrologie zu tun haben.[244]

(8) Martha Sills-Fuchs, eine österreichische Volkskundlerin, benutzt die Konzeption der Präzessions-Zeitalter ausführlich in ihrem Buch:»Wiederkehr der Kelten«, das 1983 im Dianus-Trikont-Verlag erschien.[245] Sie stellt die keltische Religion und Weltanschauung auf der Folie des »Stier-« und »Widder-Zeitalters« dar. Die Einwanderung der Kelten in Europa sei zur Zeit des ersteren, die Hochblüte ihrer Kultur zur Zeit des letzteren anzusetzen.[246]

In den weiteren Abschnitten beschreibt die Autorin Reste keltischer Kultur und Lebensart in heutigen Volksbräuchen, die im »Widder-Zeitalter« geprägt worden seien. Am Schluß kommt sie auf die Präzessions-Zeitalter zurück: Sie setzt zunächst das Ende der keltischen Kultur um das Jahr der Geburt Christi mit dem Ende des »Widder-Zeitalters« in Beziehung. Da heute wiederum ein Zeitalterwechsel anstehe und das ›keltenfeindliche‹ »Fische-Zeitalter« am Ende sei, gebe es jetzt »ein Klima der Aufnahmebereitschaft« für die Kultur und Religion der Kelten, insbesondere für »ihre geistige Haltung, ihr modernes Denken, ihre Naturcingebundenheit« (S.169f.). Wie dies im einzelnen zu interpretieren sei, läßt Sills-Fuchs offen.

Das Buch erschien in der Phase der Rückbesinnung des Dianus-Trikont-Verlages auf autochthone Kulturen.[247] Mit unfreiwilliger Komik zeigt es die Nöte eines solchen

---

243. Schmidt (1971), 17.
244. Mangoldt (1979), 106ff.
245. Martha Sills-Fuchs: Wiederkehr der Kelten, München: Knaur, 1986 (zuerst: Dianus-Trikont, 1983).
246. Von den Kelten wisse man, daß sie einen stierköpfigen Gott verehrten. Gleichzeitig hätten in Ägypten und auf Kreta Stierkulte bestanden. Ein keltischer Stamm, die Taurisker, trügen ebenso seinen Namen wie der Gebirgszug der Tauern (S.20f.). Auch Sills-Fuchs weist als Parallele – wie schon Carpenter – auf die Erzählung vom Goldenen Kalb (Ex 32) hin (S.25f.). Entsprechend seien seit 2000 v.Chr. in allen keltischen Gebieten – anders als früher – blutige Stier-Spiele ausgetragen worden (S.29). Auch der Stierkampf in Spanien gehe auf Kelten zurück (S.28). Seit dieser Zeit hätten sich die Kelten als »Widdermänner« gefühlt (S.20ff.).
247. Vgl. dazu oben, Kap.3.3. Der Verleger Herbert Röttgen gab zur Auskunft, das Buch sei im Verlag durchaus umstritten gewesen. Man habe es als eine Art »Museumsstück« ins Programm genommen – weniger wegen des Inhalts, als wegen der Autorin. Die hochbetagte Martha Sills-Fuchs sei zu jener Zeit eine wichtige »Anlaufstelle« für spirituelle Sucher gewesen und habe in sich selbst einen Teil des Strebens nach der Rückkehr zu den ›keltischen‹ Wurzeln verkörpert.

Rekurses auf: je ›prähistorischer‹ die Befunde, umso pauschaler die Vergleiche! Weniger polemisch gesagt: Je undeutlicher die von der Forschung formulierbaren religions- und kulturgeschichtlichen Daten sind, umso mehr Raum entsteht für die spekulative Überformung dieser Daten, umso leichter drängt sich die Identifikation einzelner symbolistischer Inhalte mit der scheinbar überzeitlichen Konzeption der Sternbilder-Zeitalter auf, die in Wahrheit aus dem 19. und 20. Jahrhundert stammt.

(9) Arnold Keyserling (geb. 1922), Sohn des ›esoterischen Philosophen‹ Hermann Graf Keyserling, erwähnt das Stichwort »Wassermann-Zeitalter« bereits in den 50er Jahren.[248] Er ging zunächst – wie Künkel und Rosenberg – von einer Datierung des Übergangs in das Jahr 1950 aus. 1960 habe er »aus vielen Quellen« erfahren, »daß der Übergang ... am 4. Februar 1962 stattfinde«, was auf die Konjunktion aller sieben Planeten im Sternzeichen »Wassermann« zurückzuführen sei.[249] Zu dieser Zeit lebte Keyserling in Kalkutta und wurde Zeuge der indischen Erwartungen dieses besonderen Tages. Manche Menschen seien aus Angst vor einer Flutkatastrophe in die Berge geflohen (die Katastrophe habe sich aber nicht in Indien, sondern bei Hamburg ereignet). Keyserling berichtet, er selbst habe den Tag mit einem besonderen Ritus begangen.[250]

Keyserling legt den Akzent seiner Deutung gänzlich auf den Gegenwarts- und Zukunftsaspekt des »Wassermann-Zeitalters«. Er ist überzeugt, daß mit jenem Zeitalter-Wechsel ein fundamentaler Einschnitt in der Menschheitsgeschichte erfolgt sei:

»Mit dem Übergang von den Reichen zur Menschheit als Rahmen sind alle bisherigen Paradigmen überholt. Das Neue ist noch nicht da, das Alte nicht mehr.«[251]

Nach seiner Rückkehr aus Indien versucht der Autor in diesem Sinne, die widerstrebenden »Denkstile« des Abendlandes zur Synthese zu bringen.[252] Er verknüpft die traditionellen Vorstellungen des Zeitalter-Wechsels mit den neuen Entwicklungen in den USA und wird zugleich deren Zeuge: Nicht zufällig sei 1962 die »Humanistische Psychologie« (Abraham Maslow) und das »Human Potential Movement« entstanden:[253]

»Das Human Potential Movement vereinigte sich mit den Vorstellungen des New Age, der Wassermann-Zeit.«[254]

248. Vgl. ders. (1990), 36; gl. auch ders.: Geschichte der Denkstile, Wien 1968, 33-42 et passim.
249. Keyserling (1990), 36.
250. Keyserling (1990), 39.
251. Keyserling (1990), 47.
252. Vgl. Keyserling (1968).
253. Keyserling (1990), 89. In der Tat wurde das Esalen Institut, in dem der Begriff »Human Potential Movement« geprägt wurde, im Jahr 1962 gegründet (vgl. dazu Irene Dalichow: Mit dreißig schon Legende. Das spirituelle Weltzentrum Esalen – ein Interview mit Esalen-Gründer Michael Murphy, in: Esotera 6/92 (1992), 34-39).
254. Keyserling (1990), 89.

Wie das Zitat zeigt, ist Keyserling durch seine persönliche Geschichte ein Verbindungsglied zwischen amerikanischer und deutscher Erwartung des »Wassermann-Zeitalters«. Er war nach 1979 für einige Jahre Präsident der Europäischen Vereinigung für Transpersonale Psychologie, nahm 1980 an der von Knut Pflughaupt und Frank Köchling organisierten Konferenz bei Saragossa teil[255] und versuchte nach Kräften, sich mit führenden Themen und Personen der amerikanischen Szenerie auseinanderzusetzen. So berichtet er von persönlichen Kontakten mit der transpersonalen Psychologin Jean Houston, mit Swift Deer und anderen Führern der ›spirituellen Indianerbewegung‹ und mit Marilyn Ferguson, die ihn ihrerseits mit Ken Wilber und Arthur Young bekannt gemacht habe.[256] Schon vor Erscheinen der Bücher Capras befaßte sich Keyserling auch mit der Frage des Verhältnisses von moderner Naturwissenschaft und östlicher Philosophie.[257]

Zugleich ist Keyserling mit älteren Traditionen der esoterischen und ›östlichen‹ Szenerie im Westen verbunden. Dafür bürgte sein Vater, in dessen »Schule der Weisheit« in Darmstadt er schon als Kind in den 20er und 30er Jahren z.B. Rabindranath Tagore und Richard Wilhelm kennenlernte.[258] Nach dem Krieg schulte sich der Sohn an den Schriften seines Vaters, bevor er selbst andere Kontakte knüpfte.[259] 1948 übersetzte er Georg I. Gurdjieffs Buch »All und Alles« und das zusammenfassende Werk von dessen Schüler P.D. Ouspensky: »Auf der Suche nach dem Wunderbaren«. Er suchte Gurdjieff in Paris auf und führte mehrere Gespräche mit ihm. Später besuchte er Kurse bei einem anderen Schüler Gurdjieffs, John Bennett, in dessen Institut in England.[260]

Keyserling ist somit eine wichtige ›Drehpunktperson‹. Er befaßte sich schon früh mit den jeweils aktuellen Themen der »Szene«, deren Reflexe in seiner Biographie jeweils deutlich zu erkennen sind. Daher wurde er gelegentlich als »Großvater des New Age« bezeichnet.[261]

7.3.2.4 Bedeutungswandel im englischen Sprachraum bis zur Hippie-Bewegung und zu Marilyn Ferguson

Im angelsächsischen Sprachraum ist die Entwicklung des Topos »Wassermann-Zeitalter« nach dem Zweiten Weltkrieg anders verlaufen als im deutschen. Das liegt vor allem an der Wirkung Alice Baileys, der »Arkanschule« und der damit verbundenen Organisationen. In ihrem Gefolge werden in neuerer Zeit die Vorstellung des »New Age« und des »Wassermann-Zeitalters« zumeist synonym verstanden.[262] Dagegen ist

---

255. S.o., Kap.3.4.2.; vgl. dazu Keyserlings Selbstzeugnis in ders. (1990), 94f.
256. Keyserling (1990), 95ff.140.
257. Keyserling (1990).
258. Zu Tagore und Wilhelm vgl. Keyserling (1990), 28.32.
259. Keyserling (1990), 14.18f.
260. Keyserling (1990), 22ff.80.
261. Vgl. »Weg des Wissens. Magazin 2000 interviewt Arnold Graf Keyserling«, in: Magazin 2000 Nr.67 (1987), 42-45, hier 42.
262. Als Selbstbezeichnung findet sich der »Wassermann« z.B. in der »Aquarian Educational

im deutschen Sprachraum das Beispiel Rosenbergs typisch, der – abgesehen von der astrologischen Basis seines Entwurfs – keine Verbindung zu den Neuen religiösen Bewegungen angelsächsischer Herkunft und ihrer Terminologie erkennen läßt. Das Fehlen dieser Entwicklungslinie hängt mit der schon dargestellten Schwäche der Theosophischen Gesellschaft in Deutschland zusammen.[263]

Ein wesentliches Charakteristikum der angelsächsischen Variante besteht im ›Optimismus‹, der sich aus der Verknüpfung von »Wassermann-Zeitalter« und »New Age« ergibt: Die vorherige Übergangskatastrophe wird bereits in den gegenwärtigen Krisenerscheinungen oder – so Bailey – im Zweiten Weltkrieg gesehen, so daß keine weitere, ›apokalyptische‹ Katastrophe mehr zu erwarten sei, sondern die Morgenröte des Neuen Zeitalters schon sichtbar werde. Im Gegensatz dazu stehen die skeptischen, zuweilen katastrophalen Ankündigungen deutschsprachiger Astrologen, wie sie am Beispiel Rosenbergs und Paris' dargestellt wurden.

Trotzdem wäre es auch im angelsächsischen Sprachraum verfehlt, die neueren Verwendungen ausschließlich in Baileys Tradition zu sehen. Das gilt auch dann nicht ohne weiteres, wenn Bailey als Referenz genannt wird. Wie oben schon gezeigt, lassen sich z.b. bei George Trevelyan durchaus die älteren Traditionslinien des Audrucks »New Age« innerhalb des englischen »progressive underground« (James Webb) wiederfinden. Auch der Topos »Wassermann-Zeitalter« kommt immer wieder in verschiedenen anderen Varianten vor. Weitere Belege finden sich im Bereich des Spiritismus.[264]

Um das Bedeutungsfeld genauer zu beschreiben, bietet es sich analog zu den Recherchen am Stichwort »New Age«[265] an, nach Zeitschriften zu suchen, die »Aquarius« im Titel führen. Dabei fällt auf, daß in den einschlägigen angelsächsischen Bibliographien vor 1968 – ganz anders als bei »New Age« – lediglich eine einzige Zeitschrift verzeichnet ist, die inhaltlich im Kontext des »Wassermann Evangeliums« von Levi H. Dowling anzusiedeln ist.[266] Zwischen 1968 und 1982 (Ersterscheinung) habe ich 13 Zeitschriften diesen Titels ermittelt, die zumeist in den USA erschienen, inhaltlich entweder astrologisch oder in der inzwischen geprägten Kombination von Alternativkultur, Ökologie und Esoterik anzusiedeln sind und oft als ausgesprochene Subkultur-Zeitschriften (Kleinverlage, geringe Auflagen, oft nur kurze Existenz) bezeichnet werden können.[267]

Der Befund macht deutlich, daß seit den späten 60er-Jahren eine neue Verwendungsweise der Ausdrücke »New Age« und »Wassermann-Zeitalter« vorliegt. Diese

---

Group« in Sedona (Arizona), die 1955 gegründet wurde und Alice Bailey verpflichtet ist (vgl. Melton (1989), 734). Theosophisch beeinflußt ist auch die »Aquarian Foundation«, die gleichfalls 1955 in Seattle gegründet wurde (vgl. ebd., 646).

263. Vgl. dazu oben, Kap.2.1.7., Nr.(1).
264. So z.B. die »Aquarian Fellowship Church« in San Jose (Calif.), die 1969 gegründet wurde (vgl. Melton (1989), 645.
265. Vgl. oben, Kap.6.3.2.
266. Sie erschien in Santa Barbara (Calif.), zuerst 1908 als »New Theology Magazine«, 1908-1910 mit dem Titel »New Age Magazine«, 1910-1918 als »Aquarian New Age« und seit 1918 langjährig unter dem Titel »Aquarian Age«.
267. Vgl. Dokumentationsteil, Abschnitt 7.2.

Zäsur hängt zusammen mit der Rezeption beider Begriffe in der Hippie-Bewegung der USA. Sie hat mit der theosophisch geprägten Traditionslinie über Bailey kaum zu tun, übernimmt aber deren Identifikation der beiden Begriffe »New Age« und »Aquarian Age«.[268]

Bezüglich »New Age« wurden die entsprechenden Belege seit 1967 schon in Kap.2 der Arbeit erwähnt. Es wurde gezeigt, daß man sich in Einzelfällen der Verbindungen zu den begriffsgeschichtlichen Quellen, insbesondere zu Blake, durchaus bewußt war.[269] Auch in der Hippie-Bewegung gibt es einzelne Bezüge zu christlich-esoterischen Traditionen. Z.B. ist von den Californischen »Diggers« aus dem Jahr 1967 der Wahlspruch überliefert: »If Jesus were alive today he would live in Hashbury [d.i. Haight Ashbury, legendärer Subkultur-Stadtteil von San Francisco] – the New Jerusalem«.[270]

Ähnliche Verbindungen gibt es auch beim Stichwort »Wassermann-Zeitalter«. »Aquarius« wurde vor allem durch den Song »Age of Aquarius« im Musical »Hair« (1967) bekannt, doch gibt es auch weitere Belege, die das Stichwort gewöhnlich nur noch als Metapher benutzen. In diesem Sinne ist es 1980 von Marilyn Ferguson aufgenommen worden. Sie schreibt:

»Um die wohlwollende Natur dieser Verbundenheit [i.e. der »sanften Verschwörung«] klar zu machen, fügte ich den Begriff ›Wassermann‹ hinzu. Obwohl ich der Astrologie unkundig bin, hat mich der Symbolgehalt dieses unsere Kultur durchdringenden Traumes in seinen Bann gezogen: der Gedanke, daß wir nach einem dunklen, gewalttätigen Fische-Zeitalter eine Ära der Liebe und des Lichtes betreten – in den Worten des bekannten Liedes ›The Age of Aquarius‹ eine Zeit der ›wahren Befreiung des Geistes‹.

Mag es nun in den Sternen geschrieben sein oder nicht, ein neues Zeitalter scheint seinen Anfang zu nehmen; und der Wassermann, der Wasserbringer der alten Sternbild-Lehre, als Symbol des Fließens und des Stillens eines uralten Durstes, ist ein zutreffendes Bild dafür.«[271]

Der Vergleich dieser Deutung mit den Charakterisierungen des Sternbildes »Wassermann« bei kundigen Astrologen (s. voriger Abschnitt) zeigt, daß Ferguson wenig Bezug zu diesen Quellen hat: Ihre Beschreibungen würden eher auf das »Fische-Zeitalter« zutreffen. Gerade dies dokumentiert, daß im Zuge der Rezeption in der Hippie-Bewegung (auf die sie sich beruft) eine Bedeutungsverschiebung eingetreten ist, die die Identifikation z.B. mit den Ausführungen Rosenbergs nicht mehr erlaubt. Das Stichwort »Wassermann-Zeitalter« ist bei den Hippies einfach eine Metapher mit mythologischer Resonanzfähigkeit.[272]

268. Gelegentlich gibt es weitere terminologische Parallelen. So soll »Charly Brown« Artman in Berkeley 1966/67 mit einer Vision des »New Age« aufgetreten sein, das er mit einer neuartigen »Christ awareness« gleichgesetzt habe; vgl. dazu Webb (1976), 448.
269. Vgl. oben, Kap.2.1.
270. Zitiert bei Webb (1976), 460; dort zahlreiche weitere Belege zu den Stichworten »New Age« und »Aquarius«.
271. Ferguson (1980), 22.
272. Ähnlich wie Ferguson schreibt auch Peter Russell im Jahr 1982 über den astrologischen Kontext des Stichworts »Aquarian Age«: »Mag man darüber auch denken, wie man will, fest steht, daß die späten 60er Jahre, vor allem 1967, für viele tatsächlich eine Wendezeit waren« (Russell (1982), 189).

Obwohl der Gebrauch des Stichworts also nicht mehr den Rückschluß erlaubt, daß seine Benutzer Astrologen seien, geht auch die Rezeption in der Hippie-Bewegung auf eine explizit astrologische Deutung zurück, die in Haight Ashbury ihren Ausgangspunkt hatte: Seit den 20er Jahren lebte dort der Astrologe Gavin Arthur (geb. 1902), der maßgeblich für die Verbreitung der Vorstellung in dieser Bewegung verantwortlich war.[273] Er war im Januar 1967 an einem »Be-in« der Hippies beteiligt, über das ein Berichterstatter des »San Francisco Oracle«, einer Subkultur-Zeitschrift, mit einigem Enthusiasmus schrieb:

»Not since the vast empire-armies of old Persia has there been such an exotic massing for a common purpose... Not since the last day of the Christ has the purpose been so gentle and so strong. Not in the 26,000 years have the aborigines of a new mankind gathered in recognition of their heritage and their gig.«[274]

Das Zitat kann als Nachweis einer Verknüpfung der astrologischen Präzessionshypothese mit religiösen und politischen Utopien gelten. Jedenfalls wird deutlich, daß »New Age« und »Wassermann-Zeitalter« einerseits nicht ohne ihren komplizierten Traditionszusammenhang verstanden werden können, wie er oben ermittelt wurde, daß aber andererseits nicht eine bestimmte esoterische Position – wie z.B. die Lehre Alice Baileys – als gemeinsamer Nenner aller Benutzer dieser Begriffe extrapoliert werden darf. So werfen die beiden Stichworte einiges Licht auf die Vielschichtigkeit moderner religiös-utopischer Rezeptionsvorgänge, wie sie in der Hippie-Bewegung und ähnlich auch in der entsprechenden deutschsprachigen Szenerie zu beobachten sind.

7.3.3 Zusammenfassung

Die Begriffsgeschichte des Ausdrucks »Wassermann-Zeitalter« zeigt eine vielfältige Entwicklung, die nur im Rahmen der ideengeschichtlichen Hintergründe zu verstehen ist. Sie beginnt 1890 mit dem theosophisch beeinflußten ›Rechenwerk‹: »Geometry in Religion«, das den bevorstehenden Übergang des Frühlingspunktes in das Sternbild »Wassermann« mit dem »Neuen Zeitalter« der esoterischen Tradition identifizierte. Auf dieser Grundlage beruht das »Wassermann Evangelium« des ebenfalls theosophisch geprägten Levi H. Dowling aus dem Jahr 1908, in dem der Ausdruck »Wassermann-Zeitalter« wohl erstmals wörtlich erscheint. Sein Verfasser übertrug die astralmythologische Argumentation in den Kontext neutestamentlicher Überlieferung und benutzte sie dazu, die eschatologische Perikope der synoptischen Evangelien nach

---

273. Nach Webb soll Gavin Arthur durch seine Prophezeiung des Todes von John F. Kennedy einige Berühmtheit erlangt haben. Er habe sich als »Jungianischer Astrologe« verstanden und daher an die von C.G.Jung rezipierte Tradition des »Wassermann-Zeitalters« angeknüpft, das er wie dieser erst im Jahr 2260 erwartet habe. Dennoch habe er bereits für das Jahr 1940 den Beginn eines »new age of culture« attestiert (Webb (1976), 454f.). Zu Arthur vgl. auch Watts (1972), 279f.
274. San Francisco Oracle, Januar 1967, zitiert nach Webb (1976), 455.

der Form zyklisch-innerweltlicher Zukunftserwartungen umzuwandeln. Gleichzeitig wurde die Christologie in einen kosmologischen Rahmen gestellt: Der wiederkommende Christus wurde zum Boten des Neuen Zeitalters.

In den folgenden Jahren verdichtete sich die neue Lehre schnell zu einem festgefügten Topos, der 1922 in dem Büchlein Künkels systematisiert und in den Zusammenhang allgemeiner mundanastrologischer Überlegungen gestellt wurde. Um 1927 wurde erstmals der Anbruch des Neuen Zeitalters mit der Konjunktion aller sieben klassischen Planeten im Sternbild »Wassermann« am 4.2.1962 identifiziert (entsprechend der schon früher erfolgten Identifikation des »Fische-Zeitalters« mit der Großen Konjunktion im Sternbild »Fische« zur Zeit der Geburt Jesu). Doch hielten sich daneben auch andere Anfangsdaten, z.B. das Jahr 1950.

Der Topos wurde zunächst fast ausschließlich von theosophisch geprägten Autoren benutzt, so von Max Heindel und Rudolf v. Sebottendorf, der den astralmythologischen Zusammenhang im Sinne seiner Arier-Ideologie deutete. In den 40er Jahren baute Alice Bailey die Konzeption des »Wassermann Evangeliums« im Sinne der Erwartung einer geistigen »Wiederkunft Christi« weiter aus.

Nach dem Zweiten Weltkrieg spalteten sich die verschiedenen Deutungen des »Wassermann-Zeitalters« stärker auf: Im deutschen Sprachraum ist besonders Alfons Rosenbergs Entwurf zu nennen, eine umfassende Geschichtskonstruktion auf der Basis der Präzessions-Zeitalter, die an Künkels Darstellung anknüpft und diese mit christlichen Grundüberzeugungen wieder zusammenzuführen versucht. Rosenberg nimmt weder auf das »Wassermann Evangelium« noch auf Alice Bailey Bezug. Im angelsächsischen Sprachraum wurde dagegen vorrangig Baileys Deutung weitergeführt, deren Erwartungen in einem stärker optimistischen Rahmen der Identifikation von »Aquarius« und »New Age« stehen.

1967 kam es dann zur Rezeption des Vorstellungskomplexes in der Hippie-Bewegung in San Francisco. Der astrologische Zusammenhang mit seinen astralmythologischen Hintergründen trat nun ganz zurück. »Aquarius« wurde ›säkularisiert‹. Er wurde zur Metapher einer neuen Zwischenmenschlichkeit und zur Utopie einer friedlichen Weltkultur. In diesem Sinn wurde der Begriff auch von Marilyn Ferguson übernommen, die ihn neuerlich mit dem Ausdruck »New Age« verknüpfte, ohne auf die astralmythologischen Hintergründe Bezug zu nehmen.

In anderen Veröffentlichungen, besonders im deutschen Sprachraum, blieb dieser Hintergrund nach wie vor im Blick, so daß die astralmythologischen Thesen als Interpretation und nachträgliche Sanktionierung verschiedener neureligiöser Aufbrüche dienten, von der Neugeistbewegung (K.O.Schmidt) über das Kelten-Revival (M.Sills-Fuchs) bis zur Transpersonalen Psychologie (A.Keyserling).

Die wichtigste Rezeptionslinie im angelsächsischen Sprachraum führt jedoch von Levi H. Dowling zu Alice Bailey, die mit Hilfe des »Wassermann-Zeitalters« eine ›zyklische‹ Neudeutung biblischer Endzeiterwartungen und eine entsprechende Neudeutung der Christologie vornahmen. Dies knüpft nahtlos an Entwicklungen in der freireligiösen Szenerie des 19. Jahrhunderts an, die schon bei den Transzendentalisten greifbar sind.

7.4 Zwischenbilanz II: »Wassermann-Zeitalter« als Thema moderner Religionsgeschichte im Beziehungsfeld zwischen Theorie und Mythos

7.4.1 Spezifika moderner astrologischer Zeitalterlehren im Unterschied zu ihren Vorläufern

Die Entwicklung des Topos »Wassermann-Zeitalter« aus einem Konglomerat aus astrologischen Weltalterlehren, altertumswissenschaftlichen Hypothesen, apokalyptischen und politischen Utopien ist beispielhaft für das Substrat, aus dem die moderne abendländische Religionsgeschichte ihre Themen gewinnt. Zunächst seien drei wichtige Unterschiede zwischen mittelalterlichen und modernen Ausprägungen der astrologischen Zeitalterlehren festgehalten:

(1) In keinem mittelalterlichen oder frühneuzeitlichen Text gibt es Charakterisierungen einzelner Zeitalter mit Hilfe der Stellung des Frühlingspunktes (»Stier-«, »Widder-«, »Fische-Zeitalter«), sondern lediglich ihre Benennung anhand historischer Gestalten, insbesondere der Religionsgründer und Reformatoren, deren Auftreten in das Schema der »Großen Konjunktionen« eingeordnet wurde.

(2) In mittelalterlichen Texten beschränkte sich die praktische Anwendung der astrologischen Zeitalterlehren auf eine schematisierende Geschichtsdeutung, die Ankündigung bevorstehender Katastrophen und die Untermalung apokalyptischer Erwartungen des Weltendes. Die Indienstnahme solcher Lehren für eine konkrete innerweltliche Zukunftserwartung, insbesondere ein »Neues Zeitalter« auf Erden, ist jüngeren Datums. Ansätze dazu finden sich zwar schon im Florentiner Humanismus, doch erst im 20. Jahrhundert verdichten sich diese zu einer eigenständigen zyklischen (oder ›spiralischen‹) Zeitdeutung, die auch die weitere Zukunft einbezieht.

(3) Diese Wandlung der Zeitalter-Vorstellungen geht mit einer starken Veränderung im Selbstverständnis der Interpreten einher, die sich erst in der Moderne nicht nur als Ankündiger, sondern als ›Geburtshelfer‹ des »Neuen Zeitalters« verstehen. Erst in diesem Zusammenhang entstand die Vorstellung des »Wassermann-Zeitalters«.

7.4.2 Rückschlüsse auf die Interessenkonstellation moderner ›esoterischer‹ Religiosität

Die Entwicklungen dokumentieren ein gewandeltes Verhältnis des Menschen zur Religion. Die weite Verbreitung astralmythologischer Publikationen, angefangen von Dupuis über Volney, Lenormant, Busch, Carpenter, die allgemeinverständlichen Darstellungen der Panbabylonisten bis hin zu Arthur Drews (man könnte die Linie bis zu Werner Papkes »Die Sterne von Babylon« weiterführen), machen deutlich, daß es dabei nicht allein um akademische Interessen geht, sondern daß explizit religiöse Bedürfnisse der modernen Menschen mitschwingen. Als Motor des öffentlichen Interesses sind vermutlich weniger die Thesen im Detail als der übergreifende Argumentationsrahmen zu sehen: Dupuis und seine Nachfolger stehen für eine Form naturalistischer Religionskritik, die selbst religiöse Züge annahm, indem sie dem Zeugnis der Heiligen Schrift andere, gleichfalls hochzuschätzende Zeugnisse antiker Religionen gegenüberstellte. Sie sprach den Fundamenten des Christentums nicht die Wahrheit, sondern die Originalität und Einmaligkeit ab.

Die modernen esoterischen Bewegungen, insbesondere die Theosophische Gesellschaft, errichteten mit Hilfe ihres Rückgriffs auf die ›wissenschaftlichen‹ Theorien der Astralmythologie neuartige Systeme der interreligiösen Synthese. Sie beanspruchten, einen der Moderne gemäßen, d.h. mit der »Wissenschaft« konformen Typus der Religion entwickelt zu haben, der die Argumente der Religionskritik berücksichtige bzw. ihnen gegenüber resistent sei. Dabei können sich Formen der Modernekritik und der Anspruch eigener Modernität durchaus vermischen. Das eine schließt das andere nicht aus, wie oben an der Geschichte des Ausdrucks »New Age« gezeigt wurde. Ziel der Bemühungen ist eine ›andere Moderne‹, die den »Materialismus« des technischen Zeitalters überwindet und zugleich die »Religion« von ihren überkommenen Verfestigungen befreit, ohne sie abzuschaffen.

Die Thesen Dupuis' waren geradezu prädestiniert für eine esoterische Rezeption. Häufig spielte dabei die Rückfrage nach einer vorchristlichen Urreligion eine zentrale Rolle. Auch waren bei den »Esoterikern«, wie das Beispiel Blavatskys zeigt, mythische Vorstellungen von früheren Zeitaltern, der Kultur von Atlantis u.ä. geläufig, zu deren astrologischer Interpretation sich Dupuis' Präzessionshypothese anbot. Wie an der vielfältigen Wirkung Carpenters sichtbar, eröffnete sich nach der letzten Jahrhundertwende ein Raum für einen neuen Typus von Religiosität, der die astralmythologischen Thesen nicht mehr im Rahmen der Religionskritik, sondern zum Zweck unabhängiger religiöser Begründungsleistungen verwandte. So entstand eine Eigendynamik, in der jene ursprünglich religionskritischen Thesen selbst zu einer Art Mythos wurden. Obwohl die Thesen dadurch von ihrem ursprünglichen Kontext unabhängig wurden, wird Dupuis bis heute gelegentlich an einschlägiger Stelle zitiert.[275]

Der Übergang von Carpenters Entwurf (und ähnlichen Deutungen im Umkreis der Astralmythologie) zu den neu entstehenden esoterischen Bewegungen des 20. Jahrhunderts, wie z.B. Alice Baileys »Arkanschule«, erscheint beinahe nahtlos. Die »Esoteriker« versuchten eine ›kritische‹ und zugleich ›wissenschaftliche‹ Neufassung von ›Religion‹. Auch das Stichwort »Wassermann-Zeitalter«, das sich seit 1890 in esoterischen Kreisen aus den Vorgaben der Astralmythologie entwickelte, gewann in diesem Licht – wie gesehen – den Anstrich ›wissenschaftlicher‹ Begründung.

---

275. So z.B. bei Santillana und Dechend (1969), 230.

7.4.3 Rückschlüsse auf die Interessenkonstellation der ›wissenschaftlichen‹ Astralmythologie

Jedoch waren die Einflüsse zwischen Altertumskunde und Esoterik doppelseitiger Natur. Die langjährige Beständigkeit der auf schwachen Füßen stehenden Thesen Dupuis' und seiner astralmythologischen Nachfolger – trotz fundamentaler Kritik aus der eigenen Disziplin – ist nur erklärlich, wenn man die »weltanschauliche« Komponente nicht nur des »Alten Orients«, sondern auch der modernen Forscher mitberücksichtigt, die in ihre Deutung einfließt. Es ist auffällig, daß die Ausdrücke »Astralmythologie« und »altorientalische Weltanschauung« bei Winckler, Jeremias und anderen Autoren sowohl einen historischen Gegenstand als auch die eigene Schulrichtung bezeichnen. Die Autoren waren von der Gültigkeit ihres besonderen Zugangs zum Gegenstand »Astralmythologie« so überzeugt, daß sie die Deutung ihres Gegenstandes mit der eigenen Selbstdeutung als forschende Subjekte untrennbar vermischten: »Weltanschauung« der alten Völker und »Weltanschauung« der modernen Altertumskundler vereinigten sich zu einem zugleich wissenschaftlichen und ideologischen Substrat. »Astralmythologie« wurde auf diese Weise zu einem identitätsstiftenden ›Glaubenssystem‹. Hieraus resultiert eine gewisse Geistesverwandtschaft mit esoterischen Fragestellungen, in denen gleichfalls die ›wissenschaftliche‹ Erforschung des Altertums als Legitimation moderner Selbstdeutung benutzt wurde.

Die Verwandtschaft zwischen Altertumskundlern und Esoterikern konkretisiert sich in verschiedenen strukturellen Parallelen: Winckler sah in Babylonien ein »System der altorientalischen Weltanschauung«, das er als vollständig einheitlich, in sich kongruent und wie ein »Gesetz« beschrieb.[276] Grundlage dieses »Systems« war die aus hermetisch-neuplatonischem Kontext bekannte Formel von der Entsprechung zwischen Mikrokosmos und Makrokosmos, nach der sich auch Welt- und Himmelsbild der Babylonier zueinander analog verhalten hätten.[277] Winckler prägte die Formel: »Himmelsbild gleich Weltenbild.«[278] Die aus Babylonien stammende »altorientalische Weltanschauung«, die sich einstmals nach Israel, Griechenland, Rom, Nordwesteuropa, bis nach China im Osten und vermutlich auch in die Hochkulturen des ameri-

---

276. »ich beanspruche, eine formel aufgestellt zu haben, welche jede erscheinung der babylonischen götterlehre erklärt. eine formel ist in der mathematik der allgemeine ausdruck für das gegenseitige verhältnis von einzeltatsachen; nachdem er einmal gefunden, ist die betreffende erscheinung erklärt, die frage gelöst. man kann die richtigkeit der formel durch zahllose beispiele erproben, sie sich veranschaulichen und ihre verwertbarkeit für praktische fälle nachweisen – zu entdecken ist aber nichts mehr, wo das gesetz gefunden ist« (Hugo Winckler, Altorient. Forschungen III, 274, zit.n. Kugler (1910), 1). In einem späteren Aufsatz schrieb Winckler: »Eine gemeinsame Urlehre liegt allem zugrunde. Diese ist schon fertig ausgebildet da, wo unsere Kenntnis der Geschichte der Menschheit beginnt: im ältesten Babylonien und Ägypten« (Hugo Winckler: Religionsgeschichtler und geschichtlicher Orient (1906), zitiert nach: Boll (1908), 25).
277. Vgl. dazu Sellin (1931).
278. Vgl. Winckler (^{2}1903), 10 et passim; vgl. auch Jeremias (^{2}1929), S.IX.

kanischen Kontinents verbreitet hätte, sei in der traditionellen Astrologie erhalten geblieben.[279] Diese Position wird – wie gesehen – in modifizierter Form auch von dem Theologen Jeremias übernommen. Sie erinnert in verschiedener Hinsicht an esoterische Entwürfe zur Welt- und Geschichtsdeutung:

Zunächst ist der Topos der Entsprechung von Makrokosmos und Mikrokosmos zu nennen, der in der modernen Esoterik zumeist auf die Lehre des legendären Hermes Trismegistos zurückgeführt wird.[280] Auch die Voraussetzung einer weltweit verbreiteten »Urlehre«, die später durch die jüdisch-christliche, die hellenistische und andere Kulturen entstellt, nur in verborgenen Strängen überliefert und nun neu entdeckt worden sei, ist eine charakteristische Argumentationsfigur vieler esoterischer Texte.[281] Der Topos der »Wiederentdeckung« tritt in zahlreichen Werken der esoterischen Moderne auf,[282] in besonderer Weise in neuen Apokryphen. Er kann hier die Begründung eines »Neuen Zeitalters« unterstützen.

Diesen Schluß haben die Astralmythologen und die Panbabylonisten freilich nicht gezogen; ihr »Neues Zeitalter« beschränkt sich auf eine neue Sicht der »wissenschaftlichen« Religions- und Antikedeutung. Doch dokumentieren die Ausdrücke »Stier-«, »Widder-«, »Fische-« und »Wassermann-Zeitalter« einen Prozeß der Verselbständi-

279. Winckler schreibt (1895/1900), Bd.2, 275f.: »Wir haben festgestellt, ... daß der Schilderung der biblischen Schriftsteller ... ein festes System zu Grunde liegt, dem sie alles einordnen. Es ist die altorientalische Weltanschauung ... Diese Weltanschauung ist uns vollkommen verloren gewesen, trotzdem sie bis in Zeiten hinein wirksam gewesen ist, die stets im Lichte der Geschichte gelegen haben und uns wohl vertraut sind. Die alte babylonische und vorderasiatische Weltanschauung, die auf dem Umlauf der Gestirne gegründet ist, erhielt sich in der Astrologie als Wissenschaft, welche den Schlüssel zum Wesen der Dinge gab. Sie hat ihr Grab erst durch das Kopernikanische Weltensystem und die moderne naturwissenschaftliche Anschauung gefunden ... Der Sternenhimmel ist das Spiegelbild der Erde, und im engeren stellt jedes Land für sich ... einen Mikrokosmos in sich. ... Diese auf Astronomie gegründete Weltanschauung hat ihren siegreichen Weg weiter genommen als je ein Eroberer gedrungen ist ... (Sie) hat sich die gesamte alte Welt unterworfen.«
280. Vgl. z.B. Paul Köthner (Hrsg.): Raphael: Hermetische Lehrbriefe über die große und die kleine Welt. Nach englischen Originalen ins Deutsche übertragen von: »Raphael« [i.e. Dr. Paul Köthner], Leipzig: Centrale für Reformliteratur, Dr. Hugo Vollrath, 1908, hier 155. Im Abschnitt über »Grundlagen der Sternenwissenschaft«, wird zunächst Gen 1,26 zitiert, dann wird erklärt: »Der Mensch ist ein Mikrokosmos, in sich selbst ein Universum, und als solches stellt er das vollkommene Ebenbild des unendlichen Universums dar, des Makrokosmos. Darum hielten die weisen Chaldäer, als sie ihr grandioses System der Sternkunde aufbauten, an dieser Idee in all ihrer Philosophie fest. Um in die Mysterien Gottes einzudringen, suchten sie zuerst die Mysterien des Menschen zu erforschen und dann gestalteten sie die umfassende Wissenschaft der Entsprechungen. Der menschliche Organismus ... wurde für sie der architektonische Grundriß, nachdem sie den ›Großen Menschen‹ des gestirnten Himmels konstruierten.«
281. Vgl. oben, Kap.7.1.
282. Vgl. z.B. das »Buch Dzyan« bei Blavatsky (1888), v.a. Bd.III; Bailey beruft sich ihrerseits auf Geheimpapiere Blavatskys, die sie durch deren amerikanischen Vertreter, William Q. Judge, und dessen Mitarbeiter, Richard Prater, erhalten habe (Bailey (1949), 192).

gung. Die Ideologie der astralmythologischen Schulrichtung brachte die Keimlinge einer alternativen Weltdeutung hervor, die fast beliebig in verschiedene Kontexte verpflanzt und an die Spaliere älterer esoterischer Traditionen gebunden werden konnten (vgl. die Beispiele in Kapitel 7.3).

Obwohl Astralmythologie und Panbabylonismus keinen unmittelbaren Einfluß auf die heutige »New Age«-Szenerie haben, zeigt ihre Verwandtschaft zur modernen Esoterik in beispielhafter Weise die Konstitution eines öffentlichen Raumes zwischen ›Wissenschaft‹ und ›Religion‹ auf, ohne den die im ersten Teil der Arbeit analysierten Buchreihen heutiger Taschenbuchverlage und andere moderne Medienerzeugnisse nicht existieren könnten. Die heutige »Esoterik« unterscheidet sich von der damaligen durch ihre größere Präsenz in der Öffentlichkeit, die mit den Bedürfnissen der gegenwärtigen »Freizeitgesellschaft« zusammenhängt. Die am Beispiel des Panbabylonismus schon für die Jahrhundertwende aufgezeigten Verflechtungen zwischen »Wissenschaft«, »Religion« und »Esoterik« werden heute unabhängig vom Zusammengehörigkeitsgefühl einer altertumskundlichen Schule vertreten. Entsprechende Themen liegen an der Oberfläche des öffentlichen Bewußtseins und werden in Bestsellern des Buchhandels publiziert.

Einen wesentlichen Anteil an dieser Entwicklung haben die Subkulturen der 60er- und 70er-Jahre, die sich auf spielerische Weise mit esoterischen Themen befaßten und diese in ihr ebenso spielerisch und variabel anmutendes Welt- und Menschenbild integrierten. Seit Ende der 70er Jahre waren es dann insbesondere die Naturwissenschaftler der sog. 68er-Generation, die die Vermittlertätigkeit zwischen »Wissenschaft« (jetzt vornehmlich auf die »harten« Naturwissenschaften bezogen) und »Religion« übernahmen.

Fritjof Capra, Rupert Sheldrake und viele andere erfüllen – so gesehen – eine ähnliche Funktion wie z.B. Arthur Drews am Anfang des Jahrhunderts. Sie wirken in der Öffentlichkeit in erster Linie als professionelle Wissensvermittler, die die Spezialkenntnisse ihrer jeweiligen Disziplin verständlich darstellen, sie in einen popularphilosophischen Rahmen stellen und zugleich – heutzutage durchaus öffentlich und absichtsvoll – mit einer bestimmten weltanschaulichen Komponente unterlegen.

Manche heutige Autoren anerkennen nicht nur die Existenz jenes Substrates aus Wissenschaft und Religion, sondern versuchen eine positive Begründung des Zusammenhangs der verschiedenen Momente im modernen Weltbild.[283] Großen Einfluß auf solche Entwürfe hat dabei seit den 60er Jahren besonders im englischen Sprachraum Thomas S. Kuhns These der wissenschaftlichen Revolutionen,[284] aus der sich – unabhängig von der engeren wissenschaftstheoretischen und -historischen Diskussion – die Abhängigkeit »wissenschaftlicher« Wirklichkeitsmodelle von zu-

---

283. Ein aussagekräftiges Beispiel bietet Rupert Sheldrake: Die Wiedergeburt der Natur. Wissenschaftliche Grundlagen eines neuen Verstehens der Lebendigkeit und Heiligkeit der Natur, München: Scherz, 1991 (engl. Original 1990).
284. Thomas S. Kuhn: Die Struktur wissenschaftlicher Revolutionen, Frankfurt a.M.: 2., rev. und um das Postscriptum von 1969 ergänzte Aufl., 1976 (dt. Erstausgabe 1967; engl. Original 1962).

grundeliegenden, soziologisch und philosophisch begründeten Vorgaben ableiten läßt.[285] Die weite Verbreitung des von Kuhn geprägten Stichworts »Paradigmenwechsel« ist ein Zeichen dieser Wirkung.[286]

285. Rupert Sheldrake bestätigte mir im persönlichen Gespräch, daß Kuhns Entwurf für ihn selbst und andere Naturwissenschaftler vor allem deshalb interessant gewesen sei, weil er wissenschaftliche Erkenntnis in einen soziologischen Rahmen zu stellen gelehrt und dadurch zur selbstkritischen Frage nach den nicht-wissenschaftlichen Vorgaben der sog. wissenschaftlichen Wirklichkeitsbilder angeregt habe (Gespräch im November 1991; vgl. auch ders.: Das Gedächtnis der Natur. Das Geheimnis der Entstehung der Formen in der Natur, Bern u.a.: Scherz, 1990 (engl. Original 1988), hier 323-329). Wenn solche Wirklichkeitsbilder nicht vorgegeben sondern komplexe Konstruktionen sind, kann man im Umkehrschluß versuchen, bewußte Alternativen zu konstruieren. In diesem Sinne spricht sich Sheldrake für einen »neuen Animismus« aus (Sheldrake (1990), Teil III).
286. Vgl. dazu unten, Kap.12.2.

8. »Esoterik« und »Spiritualität«: Bedeutung und Hintergrund zweier Leitworte der gegenwärtigen religiösen Szenerie

In Ergänzung zu den ideen- und begriffsgeschichtlichen Analysen von »New Age« sollen im folgenden Kapitel zwei weitere Leitbegriffe der gegenwärtigen religiösen Szenerie transparent gemacht werden, »Esoterik« und »Spiritualität«. Dabei können die allgemeinen religionsgeschichtlichen Untersuchungen der Kapitel 5-7 verwertet werden, so daß nun lediglich eine Beschreibung der jeweiligen Bedeutungsentwicklung erfolgen soll.

8.1 Zur Bedeutung des Ausdrucks »Esoterik«

Der Ausdruck »Esoterik« hat eine vielschichtige Bedeutung. Wie schon im ersten Hauptteil der Arbeit dargestellt, wird er in der Gegenwart als Spartenbezeichnung im Buchhandel und als Reihentitel bei Taschenbuchverlagen benutzt. Er umfaßt Literatur zu so unterschiedlichen Themen wie Astrologie, Tarot, Magie, asiatischer Weisheit, okkulter Philosophie, Geistheilung, Psychotherapie, makrobiotischer Ernährung;[1] oft finden sich im selben Regal auch Bücher zur vergleichenden Religionswissenschaft, Orientalistik, Ethnologie, Psychologie. Der Ausdruck wird gelegentlich synonym mit dem Terminus »Grenzwissenschaften« gebraucht. Seit etwa 1988 beinhaltet er – zusätzlich zu seinen älteren Bedeutungselementen – häufig auch die Inhalte dessen, was bis dato »New Age« genannt wurde; manchmal wird »New Age« im Buchhandel als Unterabteilung von »Esoterik« geführt.

Anders als »New Age« ist »Esoterik« im deutschen Sprachraum nicht nur ein Etikett zur Klassifizierung bestimmter Entwürfe durch ›außenstehende‹ Autoren, sondern man identifiziert sich auch selbst damit. Außerdem ist »Esoterik« neben seinem Gebrauch im populären Kontext ein Fachbegriff der Religionswissenschaft, der in verschiedenen neueren Fachlexika als Stichwort erscheint.[2] Dabei entstanden höchst

---

1. Vgl. Hubert Cancik: Art. »Esoterik«, in: HrwG Bd.2 (1990), 345f., hier 345.
2. Vgl. Hans Wißmann: Art. »Esoterik I: Religionsgeschichtlich«, in: TRE Bd.10 (1982), 366-375; Cancik (1990); Faivre (1987), ders. (1987a). Ältere Fachlexika handeln die gleiche Sache unter dem Stichwort »Okkultismus« ab: vgl. Adolf Köberle: Art. »Okkultismus«, in: RGG³ Bd.4 (1960), 1614-1619; G.R.S.Mead: Art. »Occultism«, in: ERE Bd.9 (1917), 444-448; ebenso gibt es Artikel über »Okkultismus« in RGG² Bd.4 (1930) und RGG¹, Bd.4 (1913); in den drei Auflagen der RE (¹1854-1866; ²1877-1888; ³1896-1909) werden entsprechende Inhalte im Stichwort »Magier, Magie« abgehandelt (»Okkultismus« findet sich als Verweisstichwort in den beiden Registerbänden der 2. u. 3. Aufl.).

unterschiedliche Bedeutungsvarianten, an deren Genese die »Esoteriker« mindestens ebensoviel Anteil haben wie die Religionswissenschaftler.

8.1.1 »Esoterik« als Sammelbezeichnung für Geheimlehren

Der Ausdruck »Esoterik« leitet sich ab von griechisch *»esôterikós«*. Das Adjektiv ist seit dem 3. Jhdt. nach Christus belegt und bezeichnet einen Kreis von »Insidern« griechischer Philosophenschulen, die verschiedenartiges »Sonderwissen« besitzen – im Gegensatz zu *»exôterikós«* als Bezeichnung für die ›Massen draußen‹, denen mangels Kenntnissen und entsprechender Vorbereitung nicht die gleiche Form der Lehre zuteil werden kann.[3] Dementsprechend wird das Stichwort »Esoterik« in der Religionswissenschaft benutzt.[4]

Allerdings wird in der Fachdiskussion kaum beachtet, daß das Substantiv »Esoterik« *(esotèrisme)* erst um 1870 von einem ›Insider‹, Eliphas Lévi,[5] geprägt wurde und damit – anders als das zugehörige Adjektiv »esoterisch« – ein spezifisch moderner Begriff ist.[6] Aus der selben Zeit – und vermutlich vom selben Urheber – stammt auch das Substantiv »Okkultismus« *(occultisme)*, das 1881 durch den Theosophen A.D. Sinnet vom Französischen ins Englische (und vermutlich auf ähnlichem Wege auch ins Deutsche) übertragen wurde.[7]

---

3. *»Exôterikós«* findet sich schon bei bei Aristoteles mit Bezug auf Platons Lehrbetrieb (Nikomachische Ethik 1,13); vgl. Cancik (1990); vgl. auch Konrad Gaiser: Platons esoterische Lehre, in: P. Koslowski (Hrsg.): Gnosis und Mystik in der Geschichte der Philosophie, Zürich und München: Artemis, 1988, 13-40.
4. Wißmann (1982), 366, definiert: »Esoterik ist das Charakteristikum von Verhaltensweisen, Verhältnissen und Kenntnissen, die nur in einem inneren ... Bereich bekannt sein können oder dürfen und auch nur von denen in diesem Bereich verstanden werden können oder dürfen, zu denen also der Zugang nur bestimmten Menschen nicht verwehrt wird im Gegensatz zu denen, die außerhalb bleiben müssen«. Häufig sei die Weitergabe solchen Wissens mit organisierten besonderen Sozialstrukturen, z. B. Geheimbünden, verknüpft (ebd., 366f., im Rückgriff auf ältere religionsphänomenologische und soziologische Literatur, wo allerdings das Wort »Esoterik« selbst nirgends zu finden ist).
5. Zu Lévi vgl. oben, Kap.6.2.2.6.
6. Vgl. Faivre (1987), 156; auf frühere Veröffentlichungen Faivres stützt sich Eliade (1976), 53f.
7. Vgl. Faivre (1987a), 36.38; Eliade (1976), 55; vgl auch G.R.S.Mead (1917), 444. Zur Unterscheidung von »Okkultismus« und »Esoterik« wird in der Literatur häufig auf den Soziologen Edward A. Tiryakian verwiesen, der mit dem ersteren Begriff die Praktiken geheimnisvoller Naturbeherrschung und mit dem letzteren die diesen zugrundeliegenden Theorien im Sinne von »religiös-philosophischen Glaubenssystemen« versteht (Toward the Sociology of Esoteric Culture, in: American Journal of Sociology 78 (1972), 491-502, hier 498f., zitiert bei Faivre (1987a), 36 und bei Eliade (1976), 53f.). Die Unterscheidung ist in Tyriakians empirisch-sichtendem Zugang durchaus plausibel, für eine ideengeschichtliche Analyse aber wenig erhellend und wird auch von Faivre und Eliade nicht durchgehalten (Faivre (1987a), 36, nennt selbst gegenteilige Beispiele aus der neueren Literatur).

Natürlich gab es schon früher »esoterische« Wissenschaften und viele Varianten »okkulter Philosophie«, aber das Bewußtsein darum, daß es sich bei Hermetizismus, Astrologie, Rosenkreuzertum, Theosophie, Illuminismus, Freimaurerei, spiritistischen Lehren, verschiedenen magischen Künsten und dahinterstehenden Lehrgebäuden um einen zusammenhängenden Komplex handele, entwickelte sich erst im Kontrast zu den »modernen« Wissenschaften und zur aufgeklärten Philosophie: »Esoterik« dient seit Lévi als Sammelbegriff für verschiedene ›alte‹ und ›geheime‹ Wissenstraditionen und daraus abgeleitete Praktiken, die nur durch besondere Schulung und »Einweihung« zugänglich sind. Es handelt sich um solche »Wissenschaften«, die die Voraussetzungen des modernen naturwissenschaftlichen Weltbildes und seiner philosophischen Grundlagen nicht teilen.[8]

> Denn Theorie und Praxis esoterisch-okkulter Phänomene sind nicht zu trennen. Das zeigt sich sowohl an der älteren Begriffsgeschichte, z.B. im Titel des Werks »De occulta philosophia libres tres« (1531) des Agrippa von Nettesheim, als auch im wechselweisen Gebrauch der beiden Substantive in neueren Lexika (vgl. oben, Anm.3). Sinnvoller ist es daher, beides synonym zu verstehen.
> In neuerer Zeit wird das Stichwort »Okkultismus« in der Öffentlichkeit allerdings stark negativ bewertet und häufig mit »Satanismus«, »schwarzer Magie« und Spiritismus identifiziert (Vgl. z.B. W.Christmann (Hrsg.): Arbeitsblätter zum Thema New Age. Esoterik, Okkultismus und mehr, VKR-Materialdienst (Verband katholischer Religionslehrer in berufsbildenden Schulen), Dezember 1989). Dies dürfte wesentlich zur größeren Ausbreitung des Synonyms »Esoterik« beigetragen haben (vgl. dazu auch Wichmann (1990), 13). Es entspricht aber keineswegs den begriffsgeschichtlichen Hintergründen.
> 8. Faivre (1987), 156, systematisiert als Zweige der »Esoterik« (die der Sache nach älter sei als der zusammenfassende Begriff): Theurgie, Theosophie, Astrologie und Alchemie. Er sieht den Beginn einer spezifisch esoterischen Wissenstradition im 14. Jahrhundert. Sie sei die geistesgeschichtliche Gegenbewegung zur damals einsetzenden »Säkularisierung des Kosmos«, »when official thought began to adopt a kind of formal Aristotelianism and to reject the belief in a series of living relationships uniting God or the divine world, man, and the universe«. Genau diese Beziehungen seien fundamental für esoterische Traditionen. Sie entsprächen einem grundlegenden Bedürfnis des Geistes, dessen Befriedigung seit jener Zeit zugunsten des Erfolgs der technischen Wissenschaften von der Philosophie nicht mehr erfüllt werden könne. »Esoterisch« ist nach dieser Beschreibung das Attribut einer besonderen, existentiell relevanten Form von »Wissen«, das den Menschen in einen größeren ›kosmischen‹ Zusammenhang einbettet (ebd., 157).
> Trotz seines geistesgeschichtlichen Ansatzpunktes kann aber auch Faivre eine strikte Kontinuität jener Tradition seit dem 14. Jahrhundert nicht nachweisen. Sein »historischer Überblick« ((1987), 160-163) hat vielmehr den Charakter einer Sammlung von Bewegungen und Einzelentwürfen, die erst aus moderner Retrospektive als zusammengehörig wahrgenommen werden (Ähnliches ist auch zu Eliades Darstellung zu sagen). Die engen Verknüpfungen »esoterischer« und »naturwissenschaftlicher« Wissenstraditionen von der Renaissance bis zum 17. und 18. Jahrhundert lassen die von ihm konstatierte Dichotomie als ein nachträgliches Konstrukt erscheinen, das der geistesgeschichtlichen Entwicklung nicht voll entspricht. Erst in der Moderne läßt sich diese Spaltung – und eine entsprechende Zusammenschau verschiedener »esoterischer« Alternativ-Entwürfe – tatsächlich fassen.

8.1.2 »Esoterik« als »innerer Weg«

Das gegenwärtige Bedeutungsfeld von »Esoterik« wird (abgesehen von der religionswissenschaftlichen Fachsprache) durch mehrere Wörterbücher und allgemeinverständliche Gesamtdarstellungen abgesteckt, die zumeist den Terminus (bzw. das synonyme Stichwort »Geheimwissen«) im Titel führen und häufig auf der Grenzlinie zwischen ›Insider‹- und Beobachter-Position anzusiedeln sind. Sie zeigen eine recht unterschiedliche Behandlung des Themas und belegen damit, daß der Terminus »Esoterik« nicht eindeutig besetzt ist.[9]

Auffällig ist, daß der Ausdruck selbst verschieden erklärt wird. Drury definiert »Esoterik« (im Sinne des oben genannten religionswissenschaftlichen Sprachgebrauchs) als: »Bezeichnung für Geheimlehren, die nur den Eingeweihten einer Gemeinschaft zugänglich sind; oft gleichbedeutend mit geheimnisvolles, okkultes, ›verborgenes Wissen‹.«[10] Dies entspricht dem Selbstverständnis älterer »Esoteriker« wie Eliphas Lévi, Mme. Blavatsky und den von ihnen geprägten Schultraditionen.

---

9. Miers ([6]1986); Werner (1991); Nevill Drury: Lexikon esoterischen Wissens, München: Knaur, 1988 (engl. Original 1985); Gerhard Wehr: Wörterbuch der Esoterik, Freiburg: Herder, 1989; Rainer Kakuska: Esoterik. Von Abrakadabra bis Zombie, Weinheim und Basel: Beltz, 1991. Ferner ist auf neuere deutschsprachige Überblicksdarstellungen und »Einführungen« hinzuweisen: Wichmann (1990); Leuenberger (1985); ders. (1989); Thorwald Dethlefsen: Schicksal als Chance. Das Urwissen zur Vollkommenheit des Menschen, München: Goldmann, [8]1984 (zuerst München: Bertelsmann, 1979). Einen historischen Hintergrund bieten die materialreichen Bücher von Karl R.H. Frick, (1973), (1975) und (1978), der aus historiographischen Gründen statt »Esoterik« zumeist den Begriff des »Illuminismus« gebraucht.

Dethlefsen, Leuenberger und Wehr identifizieren sich – jeder auf seine Weise – selbst ausdrücklich mit ihrem Gegenstand (Zu Wehrs »esoterischem Christentum«, das sich wesentlich von den anderen Positionen unterscheidet, vgl. unten, Kap.8.1.3.). Die Bücher von Werner, Drury, Miers, Kakuska, Wichmann und Frick sind dagegen aus ›beobachtender‹ Sicht geschrieben, zeigen aber dennoch alle eine mehr oder weniger starke Identifikation der Autoren mit ›esoterischen‹ Grundpositionen, so z.B. in der Annahme einer besonderen, aus der Antike stammenden und alle Jahrhunderte durchziehenden esoterischen Wissenstradition, die in keinem der Bücher tatsächlich nachgewiesen wird. (Auch Frick (1973) bietet lediglich eine – überaus kenntnisreiche! – Kompilation unterschiedlicher Traditionen wie Gnosis, Neuplatonismus und magischer Geheimlehren, deren inneren Zusammenhang er nicht systematisch begründet). Dies suggeriert eine ›Andersheit‹ esoterischer Traditionen gegenüber einem ›Mainstream‹ abendländischer Geistesgeschichte, der seinerseits kaum in solcher Weise als Einheit zu fassen sein dürfte. In Wirklichkeit durchmischen sich sog. »esoterische« und »exoterische« Elemente in allen Epochen: Gnostische Elemente finden sich bei den Kirchenvätern, Neuplatonisches und die Hermetika in der Scholastik, ebenso wie umgekehrt die herangezogenen Zeugen, z.B. Meister Eckhardt, nicht nur »Mystiker«, sondern auch scholastische Theologen waren. Ein gutes Beispiel ist die verwickelte Rezeptionsgeschichte des Dionysius Areopagita; das Corpus erlangte »eine nahezu apostolische Autorität« (H. Langerbeck: Art. »Dionysius Areopagita«, in: RGG³ Bd.2, 201f.).

10. Drury (1985), 176.

Dagegen lösen Frick und andere Autoren, u.a. Wehr, Leuenberger, Wichmann und Werner, den Ausdruck von seinem begriffsgeschichtlichen Kontext und beziehen sich unmittelbar auf die etymologische Wurzel: »Esoterik« stamme von griechisch »esô« ab und bedeute: »innen«, »innerlich«, »nach innen gerichtet«. Frick versteht daher »Esoterik« als »Methode, ›nach innen zu‹ gerichtete Verhaltensweise«, die von vielen Gruppen für unterschiedliche Lehrziele benutzt werde.[11] Die Bedeutung verliert dadurch ihren soziologischen Aspekt der Schulbezogenheit und das Odium der Arkandisziplin. »Esoterik« bezeichnet nun einen individuellen Weg, der prinzipiell jedem offen stehe.

Der Ausdruck rückt damit in die Nähe der durch Swedenborg transformierten spiritualistischen Tradition, die eine innere (›esoterische‹) von einer äußeren (›exoterischen‹) Bedeutung biblischer oder anderer Inhalte und Lehren unterscheidet.[12]

8.1.3 Neuere Versuche einer Synthese

Vermutlich ist schon in Lévis Begriffsprägung beides gemeint, die Arkandisziplin und die »Innerlichkeit«. Jedenfalls gibt es in neuerer Zeit häufig Versuche zur Verschmelzung der unterschiedlichen Bedeutungsvarianten von »Esoterik«. So formuliert Wehr: »Esoterik ... meint zunächst das innen Erfahrene, das man nicht beliebig mitteilen kann, sodann das für einen engeren Kreis bestimmte, weil es einer gewissen Vorbereitung oder Einweihung ... bedarf.«[13] (Wehr kehrt damit die begriffsgeschichtliche Entwicklung gerade um).

Einige Autoren begründen diese Bedeutungsverschiebung. So schreibt z.B. Wichmann:

»Die bis vor kurzem übliche Deutung war, daß es sich bei der Esoterik um die Lehre von Geheimbünden handle ... In jüngster Zeit hat der Begriff eine erhebliche Erweiterung erfahren. Es ist offensichtlich unsinnig, von einer Literaturgattung, die bald zehn Prozent des deutschen Buchmarktes einnimmt, zu behaupten, es handle sich dabei um eine geheime Lehre, die nur wenigen – dem inneren, ›esoterischen‹ Kreis – vorbehalten sei. Die sogenannte ›esoterische Literatur‹ ist heute ausgesprochen exoterisch.«[14]

Helmut Werner geht noch einen Schritt weiter. Er unterwirft die Bedeutungsverschiebung von »Esoterik« seinerseits einer »esoterischen« Zeitdeutung, indem er sie mit der Erwartung des anbrechenden »Wassermann-Zeitalters« verknüpft:

»Die heutigen Esoteriker, von denen einige Auflagenmillionäre sind, wollen auch gar nicht, daß ihre Lehren geheim bleiben ... Zum Preis eines Taschenbuches gibt die Avantgarde der Esoteriker ihr Wissen der Öffentlichkeit preis. Die New-Age-Bewegung, die davon ausgeht, daß das

---

11. Frick (1980), 251.
12. Vgl. dazu oben, Kap.6.2.
13. Wehr (1989), 46f.; vgl. auch ders. (1975), 11f.
14. Wichmann (1990), 14.

kommende Zeitalter, das des Wassermanns, schon begonnen hat bzw. kurz bevorsteht, hat als erklärtes Ziel die Bewußtseinsveränderung möglichst vieler Menschen. ... Im Sprachgebrauch der Gegenwart bedeutet deshalb Esoterik der *Weg nach Innen*, der dem einzelnen Menschen die Selbsterkenntnis bzw. -findung und die Selbstverwirklichung aufzeigt.«[15]

Ein Ziel dieser Umdeutung ist es, den Begriff der »Esoterik« »vom Beigeschmack des Elitären und Diskriminierenden zu befreien«.[16] Doch versuchen verschiedene Autoren eine tiefergehende Begründung: Der sozialen Abgrenzung eines ›inneren Kreises‹ von der allgemeinverständlichen, populärwissenschaftlichen Wissensvermittlung entspreche die Verschiedenheit der von beiden Wissensformen gelehrten Inhalte; nicht die Arkandisziplin als solche, sondern die besondere Qualität der Inhalte sei das Wesentliche. In diesem Sinne schreibt schon Rudolf Steiner:

»So wenig Naturwissenschaft eine ›natürliche‹ Wissenschaft in dem Sinne genannt werden kann, daß sie jedem ›von Natur eigen‹ ist, so wenig denkt sich der Verfasser unter ›Geheimwissenschaft‹ eine ›geheime‹ Wissenschaft, sondern eine solche, welche sich auf das in den Welterscheinungen für die gewöhnliche Erkenntnisart *Unoffenbare*, ›Geheime‹ bezieht, eine Wissenschaft von dem ›Geheimen‹, von dem ›offenbaren Geheimnis‹. Geheimnis aber soll diese Wissenschaft für niemand sein, der ihre Erkenntnisse auf den ihr entsprechenden Wegen sucht.«[17]

Dennoch ist ein Wandel im Charakter des Begriffs nicht zu übersehen. Hatten die älteren Benutzer (selbstverständlich auch Steiner) die Notwendigkeit besonderer Schulung und Disziplin betont, so ist »Esoterik« beim gegenwärtigen Buchhändler in erster Linie ein Begriff religiöser Individualkultur nach dem Motto: »Du hast alles in Dir, suche es auf!« (Eine ganz andere Füllung erfährt der Begriff allerdings bei Gerhard Wehr, der von »christlicher Esoterik« im Unterschied zu rationalisierenden Strömen christlicher Theologie und Lebensführung spricht.[18])

Diese Entwicklung erklärt sich aus den Wirkungen der in den vorangehenden Kapiteln beschriebenen Pluralisierungsprozesse der Moderne. Sie hängt auch mit der spiritualistischen Wendung religiöser Begründungsstrukturen seit der Reformationszeit zusammen. Auf diese Weise wurde »Esoterik« von 1870 bis zur Gegenwart von einer besonderen Wissenstradition zu einem eigenen Typus von »Religion«, dem »Weg nach innen« (Gegenbegriff ist die Religion der »dogmatischen Theologie« und der äußeren kirchlichen Institution, die nicht nach inneren Erfahrungen frage). »Esoterik« wurde damit – ähnlich dem Wort »Spiritualität« – zu einem Ersatzwort für »Religion«, das deren subjektivistische, auf innere Erfahrung bezogenen Elemente akzentuiert. Man könnte eigentlich statt dessen von »Frömmigkeit« sprechen; doch wird

---

15. Werner (1991), 5.
16. So begründet es Leuenberger (1985), 21.
17. Rudolf Steiner: Die Geheimwissenschaft im Umriß, Gesamtausgabe Bd.13, Dornach 1989, 28 (zit.n. M.Frensch (Hrsg.): Lust an der Erkenntnis: Esoterik. Von der Antike bis zur Gegenwart. Ein Lesebuch, München und Zürich: Piper, 1991, 15).
18. Vgl. zusammenfassend ders.: Wesen und Legitimation christlicher Esoterik, in: Religionen, Geschichte, Oekumene. In Memoriam Ernst Benz, hrsg.v. R.Flasche u. E.Geldbach, Leiden: E.J.Brill, 1981, 105-115.

dieser Ausdruck wegen seiner Zuordnung zu pietistisch-christlicher Religiosität von »Esoterikern« eher gemieden und als ›blinder Glaube‹ im Unterschied zum esoterischen ›Wissen‹ gesehen.[19] »Esoterik« steht somit für einen soziologischen Typus der Religion, der die individuell-innerlichen Bedürfnisse des Subjekts (wie sie im Pietismus des 18. Jahrhunderts begründet sind) mit einer neuartigen religiösen Mobilität verknüpft, die sich durch den Anspruch der Übereinstimmung mit den modernen Gegebenheiten der Lebenswelt zu legitimieren versucht.

Trotz dieser Entwicklungen im Begriff der Esoterik (der zumindest im Regal des Buchhändlers den älteren ›Wissensaspekt‹ nach wie vor mitbezeichnet) ist das Verhältnis von »Wissenschaft« und »Religion« weiterhin ein zentrales Thema neuer religiöser Entwürfe. Dazu bedarf es in der Gegenwart jedoch nicht mehr der »Esoteriker« im Sinne von Vertretern besonderer Wissenstraditionen, denn die Naturwissenschaftler selber sind auf den Plan getreten und thematisieren die gleichen Fragen in ›säkularen‹ Sachbüchern, die Swedenborg zur Aufgabe seiner Forschungstätigkeit und Abfassung visionärer Schriften nötigten.[20]

8.2 Zur Bedeutung des Ausdrucks »Spiritualität«

Auch der Begriff der »Spiritualität« kann im Zusammenhang der ideengeschichtlichen Analysen zu »New Age« genauer bestimmt werden. Seine Bedeutung erscheint besonders verwirrend, weil im deutschen Sprachgebrauch zwei begriffsgeschichtliche Traditionen vorliegen, die inhaltlich Verschiedenes bezeichnen. Die eine ist französischer und katholisch-ordenstheologischer Herkunft *(spiritualité)*; sie wurde seit etwa 1940 von katholischen Theologen ins Deutsche eingeführt,[21] entwickelte seit Mitte der 60er Jahre eine neuartige Breitenwirkung und wurde seither auch im Protestantismus bekannt. Die andere Tradition ist angelsächsischer und protestantischer bzw. freireligiöser Provenienz *(spirituality)* und findet sich im Deutschen seit Ende der 70er Jahre (etwa gleichzeitig mit »New Age«) im Zuge der Rezeption neuer religiöser Bewegungen außerhalb des pastoralen Bereichs der Kirchen.[22] Der Begriff »Spiritualität« wird auch in der Ökumenischen Bewegung benutzt, wobei sich beide Traditionslinien durchmischen.[23]

---

19. Wie die Biographie Swedenborgs zeigt, sind die historischen Voraussetzungen beider Typen von ›innerer‹ Religiosität weitgehend identisch.
20. Vgl. dazu unten, Kap.10-12.
21. Sudbrack (1987), 76, nennt Alfred Delp als frühen Benutzer.
22. Bereits 1894 gebrauchte allerdings Franz Hartmann den Begriff »Spiritualität« in einem ähnlichen Sinne; vgl. dazu das Zitat in Kap.6.2.1., Anm.8.
23. Vgl. dazu Hans-Georg Link: Art. »Ökumenische Spiritualität«, in: C. Schütz (Hrsg.): Praktisches Lexikon der Spiritualität, Freiburg i.B.: Herder, ²1992 (¹1988), 1207-1212.

8.2.1 Romanische Traditionslinie

»Spiritualität« leitet sich ab vom Adjektiv »*spirit(u)alis*«, einer christlichen Neuprägung der ersten Jahrhunderte zur Übersetzung des ntl. »*pneumatikós*«. Das Abstraktum »*spiritualitas*« findet sich bereits seit dem 5. Jahrhundert vereinzelt in unterschiedlichem Zusammenhang.[24] Im Mittelalter bezeichnet »*spiritualis*« »geistliche« im Unterschied zu »weltlichen«, »zeitlichen«, »materiellen« oder »körperlichen« Dingen[25] und wird insbesondere auf das Mönchtum bezogen.[26] Seit dem 17. Jahrhundert entwickelte sich im Französischen das Wort »*spiritualité*« als »Bezeichnung der persönlichen Beziehung des Menschen zu Gott.«[27] »*Spiritualitas*« steht damit – geprägt durch monastische Lebens- und Glaubensformen – in der Nähe von »Frömmigkeit«.[28]

Demgemäß wird im »Lexikon für Theologie und Kirche« (Bd.9, 1964) »Spiritualität« mit »Frömmigkeit« gleichgesetzt.[29] »Frömmigkeit« wird als »menschliche Grundhaltung« verstanden; die monastische Prägung wird stark betont, und es werden moderne Ansätze einer »Laienspiritualität« beschrieben, die die »inkarnatorische Kraft« christlicher Frömmigkeit verstärken solle.[30] Als Hintergrund dieser Beschreibung werden französische Autoren wie P.Pourat und der angelsächsische liberalkatholische Autor Friedrich von Hügel (1852-1925) genannt.

Seit Mitte der 60er Jahre wird »Spiritualität« zunehmend von »Frömmigkeit« abgesetzt.[31] Der katholische Theologe Johannes Gründel stellte 1967 einen Bezug zwischen Spiritualität und Berufsleben her und definierte sie als eine »religiös verwurzelte und aus christlichem Glauben heraus existentiell vollzogene Lebenshaltung des ganzen Menschen, nicht nur seines Geistes«, die »neben den Glaubenswahrheiten auch das Welt- und Menschenverständnis sowie die Daseinserfahrung der jeweiligen Zeit berücksichtigt«.[32] »Frömmigkeit« sei dagegen »das eigentlich religiöse Leben

---

24. Vgl. dazu Josef Sudbrack: Art. »Spiritualität«, in: Sacramentum Mundi, Bd.4, Freiburg i.B. u.a., 1969, Sp. 674-691, hier 675f (= 1969).
25. Vgl. Margaret Chatterjee: The Concept of Spirituality, New Delhi u.a.: Allied Publishers, 1989, hier 11.
26. Vgl. Sudbrack (1969), 675f. Das Adjektiv könne im Mittelalter »als *das* distinktive Beiwort des eigentlich Christlichen« angesehen werden.
27. Sudbrack (1969), 676.
28. Vgl. dazu ausführlich Marcel Viller S.J. (Hrsg.): Dictionnaire de Spiritualité. Ascétique et Mystique. Doctrine et Histoire, Paris 1937ff (bisher 14 Bde.).
29. »Spiritualität« ist lediglich Verweisstichwort und hat keinen eigenen Artikel (LThK², Bd.9 (1964), 975).
30. Alfons Auer: Art. »Frömmigkeit II«, in: LThK² Bd.4 (1960), 400-405.
31. Zur Entwicklung des Ausdrucks »Spiritualität« seit den 60er Jahren vgl. auch Gisbert Greshake: Art. »Spiritualität«, in: U.Ruh u.a. (Hrsg.): Handwörterbuch religiöser Gegenwartsfragen, Freiburg u.a.: Herder, 1986, 443-448.
32. Johannes Gründel: Neue Wege der Spiritualität – Beruf als Chance christlichen Lebens, in: Glaube – Wissenschaft – Zukunft. Katholischer deutscher Akademikertag München 1967 (o.O., o.J.), 137-164, hier 138. ›Traditionsbildend‹ – da häufig zitiert – wirkten einige Publikationen Hans Urs v. Balthasars: »Spiritualität«, in: Verbum Caro, Einsiedeln 1960, 226-244; ders.: Das Evangelium als Norm und Kritik aller Spiritualität in der Kirche, in: Concilium 1 (1965), 715-722.

des Menschen«, das »auch weiterhin von den bleibenden Werten christlicher Frömmigkeit der Vergangenheit geprägt« sei, insbesondere in der Gestalt des monastischen Lebens und seiner Gelübde. Doch müsse »Frömmigkeit« der Gegenwart und Zukunft von der »christlichen Spiritualität«, d.h. von der allgemeinen Befindlichkeit des christlichen Lebens und seiner aktiven Konsequenzen, bestimmt werden, wenn sie nicht anachronistisch werden solle.

Noch umfassender interpretierte der Benediktiner Christian Schütz den Begriff im Jahr 1988. »Spiritualität« bezeichne mehr als »Frömmigkeit«, »welche generell die subjektive Seite der Religion« ausdrücke, »mit Innerlichkeit gleichgesetzt und einer stark individualistischen und spiritualistischen Note versehen« werde.[33] »Spiritualität« sei »christliches Leben als Leben aus dem Geist Gottes«, das seinen interpretativen Ansatzpunkt im Mysterium der Menschwerdung Gottes haben müsse. Schütz nennt als typisch für das gegenwärtige Profil des Begriffs den biblischen Bezug, die Christozentrik, die dialogische Struktur, den Alltagsbezug und das humane Engagement.[34] Ähnlich begründete der Jesuit Josef Sudbrack, langjähriger Dozent für »geistliche Theologie« an der Universität Innsbruck, bereits seit Ende der 60er Jahre »Spiritualität« als umfassende Kategorie christlichen Glaubenslebens und zeichnete ihre Geschichte durch zweitausend Jahre christlicher Tradition nach.[35]

Schütz wie Sudbrack betonen einerseits die notwendige Verknüpfung des kontemplativen Aspekts im spirituellen Leben mit der Alltagsbezogenheit und -tauglichkeit von Spiritualität, andererseits den Rückbezug auf die christlichen Grundlagen und ihre kirchliche Vermittlung.[36] Dazu gehört auch die Gemeinschaftsbezogenheit von »Spiritualität« im Unterschied zur »individualistischen« Struktur des Frömmigkeitsbegriffs.[37] Die Einheit dieser Momente im Begriff der Spiritualität sei die Voraussetzung seiner ›inkarnatorischen Kraft‹.

---

33. Christian Schütz: Art. »Spiritualität, christliche«, in: ders. (Hrsg.): Praktisches Lexikon der Spiritualität, Freiburg i.B.: Herder, ²1992 (¹1988), 1170-1180, hier 1171 (= Schütz (1988a)).
34. Schütz (1988a), 1171f.1174.1178f.
35. Sudbrack (1969), 684-691; ders.: Art. »Geschichte der Spiritualität«, in: C. Schütz (Hrsg.) (1988), 1180-1187 (= Sudbrack (1988a)). Zu Sudbracks Verständnis von Spiritualität vgl. im ganzen auch ders.: Probleme – Prognosen einer kommenden Spiritualität, Würzburg 1969 (= 1969a).
36. Vgl. dazu auch Sudbrack (1969).
37. Das betont auch Greshake (1986), 444: Der Begriff der »Frömmigkeit« habe seit Beginn des 19. Jahrhunderts, vor allem ausgelöst durch den Pietismus, eine starke Beziehung zum Gefühlsleben des glaubenden Individuums erhalten. »Diese individualistische und emotionale Verkürzung ... war vermutlich einer der Hauptgründe für den in den 50er Jahren mit Macht einsetzenden Wortwandel ... Nicht Frömmigkeit, sondern Spiritualität, nicht Fromm-sein, sondern Spirituell-sein, so bringen diese adversativen Formulierungen den Abschied von einer emotional-subjektiven Verkürzung zugunsten eines ganzheitlichen, alle Dimensionen umfassenden Frömmigkeitsverständnisses sowie die Abwehr einer individualistischen Religiosität zugunsten einer ekklesial-gemeinschaftlichen Verwirklichung des Glaubens zum Ausdruck.«

Andere katholische Autoren legen den Akzent stärker auf den Aspekt der befreienden Kraft des gelebten Glaubens in der konkreten Wirklichkeit, die in gesellschaftlichem und politischem Engagement zum Ausdruck komme. Thomas Sartory versucht im Jahr 1967, das weltliche Engagement selbst als wahrhaft moderne Form der »Spiritualität« zu begründen.[38] Er spricht – in Anlehnung an den französischen Dominikaner Albert-Marie Besnard[39] – von einem »Strukturwandel« christlicher Spiritualität: Das »geistliche Leben« sei nicht mehr mit dem religiösen Leben identisch, und man müsse die »religiöse Verengung« des Begriffs aufsprengen: Spiritualität müsse »welthaft« werden (nach Besnard); »das alltägliche Leben selbst« müsse zum ›Gottesdienst‹ werden. Primärer Ausdruck christlicher Spiritualität sei die Bruderliebe. In diesem Sinne könne man auch von einer ›Spiritualität der Politik‹ sprechen.[40] Eine ähnliche Bedeutung hat das Wort »Spiritualität« in der Befreiungstheologie.[41]

Allen Ansätzen ist gemeinsam, daß sie von einer gewandelten Zeitsituation ausgehen und in deren Rahmen »Frömmigkeit« oder »Spiritualität« neu zu begründen versuchen.[42] Sie reagieren damit einerseits (besonders Sartory) auf moderne, säkulare Erwartungen an das Christentum, das seine moralische Kraft in der gegenwärtigen Weltsituation beweisen könne und solle, andererseits (besonders Sudbrack und Schütz) auf den Zerfall der überkommenen, in traditionelle Lebensformen eingebetteten Frömmigkeit, die durch Rückbesinnung erneuert werden solle.

Im evangelischen Bereich wurde seit der Nachkriegszeit in einigen kirchlichen ›Subkulturen‹, besonders in der Bewegung von Taizé/Frankreich und verwandten Bewegungen des deutschen Sprachraums, die katholisch-monastische Tradition aufgenommen und in einer der reformatorischen Theologie angepaßten Form neu belebt. In diesem Zusammenhang ist – zuerst in französischer Sprache – auch von »Spiritualität« die Rede.[43] In den 70er Jahren erlangten diese Bewegungen, und mit ihnen das

38. Thomas Sartory (1967): Wandel christlicher Spiritualität, Einsiedeln 1967. Vgl. dazu die Kritik bei Sudbrack (1969a), 15.
39. A.-M.Besnard: Kraftlinien der geistlichen Strömungen unserer Zeit, in: Concilium 1 (1965), zit. b. Sartory S.18.25.
40. Sartory (1967), 25.28. Der Autor resümiert: »Die neue Spiritualität liebt das Wort ›Selbstheiligung‹ nicht. Dahinter steht nicht sittlicher Laxismus, sondern die Überzeugung, daß kein Mensch sich selbst heiligen kann, daß Heiligkeit nur bedeuten kann, daß Gottes Geist (der heilige und heiligende Geist) in ihm mächtig ist« (ebd. 61).
41. Z.B. bei Gustavo Gutiérrez: Theologie der Befreiung, München und Mainz, ⁹1986 (span. Original 1972), hier 190ff.
42. Gründel (1967) schreibt: »Christliche Frömmigkeit von heute und morgen wird nicht mehr vornehmlich getragen werden von einer religiös geschlossenen christlichen Gesellschaft oder von einer noch durch und durch christlich bestimmten Tradition, sondern vom Glauben, der aus einem persönlichen, unmittelbaren Gottesverhältnis entspringt.« (S.159).
43. Vgl. z.B.: Die Regel von Taizé, Gütersloh 1963 (frz. Original 1962). Sie enthält einen Abschnitt: »Les disciplines spirituelles«, in dem es um die Ausrichtung des Lebens an Gebet und Gottesdienst geht. In der deutschen Übersetzung steht: »Die geistlichen Disziplinen«. Das Wort »spirituell« wird noch nicht gebraucht. Dies ist typisch für die Situation in den 60er Jahren. Die in neuerer Zeit damit verbundenen Inhalte werden durch das Wortpaar »Aktion und Kontemplation« abgedeckt, das ebenfalls maßgeblich von Frère

Stichwort der »Spiritualität«, eine breitere Wirkung in der kirchlichen Öffentlichkeit.[44] Das dokumentiert die EKD-Studie »Evangelische Spiritualität« aus dem Jahr 1979, an der auch Mitglieder kommunitärer Gemeinschaften beteiligt waren.[45] Die Studie unterscheidet drei »Stränge erneuerter Spiritualität«:
a) eine »bibelorientierte, evangelistische Spiritualität«, der auch die charismatisch-pfingstliche Spiritualität verwandt sei;
b) eine liturgisch-meditative Spiritualität, z.B. in den evangelischen Kommunitäten;
c) eine »emanzipatorisch-politische Spiritualität«, die sich als Solidarität mit den Armen darstellt.[46]
Die beiden letztgenannten »Stränge« entsprechen im katholischen Bereich in etwa den Anliegen Sudbracks und Schütz' einerseits, Sartorys und Gutiérrez' andererseits. Wie diese Autoren beginnt die Studie mit einer Reflexion der kirchlichen Zeitsituation, die ein Umdenken erforderlich mache.[47] Im »Reflex der Krise« (gemeint sind säkulare Krisenphänomene verschiedener Art) werden Themen wie »Entfremdung von der Schöpfung« und Energiekrise genannt:

> Roger, dem Prior von Taizé, geprägt ist. Im Deutschen erscheint das Wortpaar z.B. bei Gerd Heinz-Mohr: Christsein in Kommunitäten, Stuttgart 1968, 43, als Kapitelüberschrift; vgl. auch Max Thurian (Bruder von Taizé): Der Glaube in der Entscheidung, Freiburg 1969, 71.

44. In RGG³ (1957-1965) erscheint »Spiritualität« weder als Stichwort noch im Register. Auch im »Wörterbuch des Christentums«, hrsg.v. V.Drehsen u.a., Gütersloh und Zürich 1988, gibt es keinen eigenen Artikel. Doch zeigen zahlreiche Verweisungen im Register, daß der Terminus mittlerweile eingeführt und verbreitet ist.
45. Evangelische Spiritualität. Überlegungen und Anstöße zur Neuorientierung, vorgelegt von einer Arbeitsgruppe der Evangelischen Kirche in Deutschland, hrsg. v.d. Kirchenkanzlei im Auftrag des Rates der EKD, Gütersloh 1979. Beteiligt war u.a. Hans Eisenberg, Prior der Kommunität Imshausen bei Bebra.
46. Ebd., 13. Zum Begriff »Spiritualität« selbst wird ausgeführt, er entstamme der katholischen Ordenstheologie Frankreichs und unterscheide sich vom evangelischen Begriff der Frömmigkeit dadurch, »daß er Glaube, Frömmigkeitsübung und Lebensgestaltung zusammenschließt«. Er biete somit »eine Alternative zu spätprotestantischer, entweder einseitig wortorientierter oder ebenso einseitig handlungsorientierter oder ebenso einseitig stimmungsorientierter Frömmigkeit«. Die Studie versucht ausdrücklich, die katholische Tradition des Begriffs »Spiritualität« für den Protestantismus zu übernehmen; allerdings müsse im Blick auf die Verknüpfung von Glaube und Frömmigkeitsübung von der Rechtfertigungs-Theologie her »eine kritische Frage wachgehalten werden« (ebd., 10f.).
47. Um 1970 sei »ein starker Umbruch des gesellschaftlichen Bewußtseins im Verhältnis zu den Kirchen in der Bundesrepublik Deutschland spürbar« geworden, der die Kirchen zu soziologischen Analysen über die Kirchenmitgliedschaft und zu verschiedenen Reformansätzen gezwungen habe. Eine dieser Analysen habe erbracht, daß bei Menschen, deren Wertsystem von dem der Kirche abweiche und die deshalb nicht zur Kirche gingen, dennoch eine »tragend vorhandene spirituelle Verankerung« zu finden sei, die anscheinend eine »größere Belastbarkeit für das Aushalten von Spannungen« und »die auseinanderklaffenden Wertsysteme« bewirke. So dürfe man folgern, »daß missionarische Chancen in der Kombination von spiritueller Grundorientierung und einem gesellschaftlichen Engagement liegen, das dieser Orientierung entspricht« (ebd., 16, nach G. Schmidtchen: Gottesdienst in der rationalen Welt, 1973).

»Überall wird deutlich, daß die bisherigen Wert- und Ordnungsvorstellungen nicht mehr zureichen. Diese Grunderfahrung durchzieht heute fast alle Gruppen in den entwickelteren Gesellschaften: Das Menschsein des Menschen ist durch die rapide, materielle, quantitativ orientierte Besinnung geradezu aufgenötigt. Damit ist die religiöse Vertiefung gegeben. Spiritualität erscheint in diesem Zusammenhang also als zukunftsorientiertes Denken, als Sorge um das Überleben der Menschheit. Es geht um die nichtmaterielle Dimension der Lebensqualität. Das materielle Wachstum stößt an Grenzen, das geistige nicht.«[48]

Die Studie spricht damit eine Verknüpfung säkularer Krisenerscheinungen und religiöser Weltdeutung an, die etwa gleichzeitig im Rahmen der beginnenden »New Age«-Diskussion mit dem ganz anders gelagerten Spiritualitäts-Begriff aus amerikanischem Kontext umschrieben werden.[49] Diese zeitgenössische Ausweitung des Stichworts »Spiritualität« jenseits des Bereichs der christlichen Kirchen wird von den Verfassern als eine »Herausforderung« verstanden und mit zwei kurzen Abschnitten über »Neureligiosität« bedacht.[50] Sie sehen es (ähnlich den neueren Arbeiten Sudbracks zum Thema) als ihre Aufgabe, den Unterschied zur *christlichen* Spiritualität deutlich zu machen.[51]

Der offene Zugang der Studie mit ihrer Anknüpfung an katholische Traditionen ist im Bereich des Protestantismus nicht unumstritten. Auch in neuerer Zeit wird das Thema der »Spiritualität« – besonders im Wirkungskreis der Dialektischen Theologie – ambivalent betrachtet.[52]

48. Ebd., 17.
49. Vgl. dazu unten, Kap.8.2.2.
50. Ebd., 18-21. Die Darstellung ist im Vergleich zu der neueren VELKD-Studie über »Religionen, Religiosität und christlicher Glaube« (1991) sachlich und unpolemisch und beschränkt sich auf eine Formulierung seelsorgerlicher Aufgaben im Gegenüber zu »östlicher Meditation« und den »Jugendreligionen«. Dagegen wird in der Studie von 1991 »New Age« pauschalisierend als »Okkultismus« und dieser als »säkularistischer Religionsersatz« beschrieben (S.38; zur Behandlung des Themas »Religiosität« in der VELKD-Studie vgl. oben, Kap.6.2.3.3., Anm.158). Das Stichwort »Spiritualität« wird nur mit der Aussage aufgegriffen, daß es durch Marilyn Ferguson »vereinnahmt« worden sei (sowie mit einem Hinweis auf das mangelnde Interesse des Hinduismus am Christentum, das mit der »Lücke im Bereich der spirituellen Praxis« des letzteren zu tun habe (S.49)). Was man unter »Spiritualität« zu verstehen habe, wird nicht gesagt. Dies ist ein schwerer Mangel, da der Terminus in der gegenwärtigen kirchlichen Religiosität eine ungeahnte Verbreitung erlebt und dringend weiterer Klärung bedürfte.
51. Vgl. z.B. Sudbrack (1987), 75f.
52. Ein eindrückliches Beispiel ist Rudolf Bohrens Artikel über »Evangelische Spiritualität« in dem genannten Lexikon von Christian Schütz. Er beginnt mit den Sätzen: »Da der Hl. Geist sich mit Menschlich-Allzumenschlichem vermischt, ist immer neu zu prüfen, wes Geistes Kind die Spiritualität sei. Sie ist am Evangelium zu messen und wird im Brauchen und Genießen des Christus gelebtes Evangelium (Luther) [sic!]. Sie trauert um die Korruptheit alles Lebens [sic!], freut sich der Rechtfertigung, hofft auf die Vollendung und übt sich in der Gemeinschaft der Liebe. Ihre Schäden zeigen sich in einer Vergesetzlichung des Evangeliums; die Heiligung genügt sich in Bürgertugenden; den Glauben des einzelnen schützt die Scham, regrediert zu reiner Innerlichkeit, die Kirche wird Dienstlei-

Es ist auffällig, daß »Spiritualität« in beiden Konfessionen zumeist auf pragmatisch orientierte Entwürfe beschränkt bleibt. Sie entstammen in aller Regel dem Bereich der praktischen Theologie, katholischer Ordenstheologie sowie politischer Theologien wie der Befreiungstheologie, die die Praxisbezogenheit ihrer theoretischen Reflexionen in den Vordergrund stellen. Der Versuch einer systematischen Vertiefung ist eher selten.[53]

Einen Ansatz dazu bietet Wolfhart Pannenberg.[54] Er identifiziert »Spiritualität« mit »Frömmigkeit«. Jedoch legt er diesen Begriff nicht wie die bisher genannten Autoren auf bestimmte inhaltliche Konnotationen wie z.B. »Innerlichkeit« fest.[55] Pannenberg spricht von unterschiedlichen historischen »Frömmigkeitstypen«, die in einem Bezug zu zentralen theologischen Themen der jeweiligen Epoche stehen.[56] Dadurch wird »Spiritualität« zu einer Beschreibungskategorie. Die subjektive Qualität von »Religion«, für die »Spiritualität« steht, wird als Faktum dargestellt und dem Zugriff pauschaler Wertungen (*für* oder *gegen* »Spiritualität«) enthoben. Statt dessen wird die kritische Frage möglich, »inwieweit eine Frömmigkeitsform realitätsgerecht ist«, d.h. ob ihre »Beziehung zur Erfahrung der jeweiligen Lebenswelt« mit deren zeitbedingten Erfordernissen übereinstimmt. Zugleich löst Pannenberg den Begriff aus seiner konfessionalistischen Verengung (Gefahr der Werkgerechtigkeit *contra* Rechtferti-

stungsbetrieb. – In der Erosion der sogenannten Volkskirchen regen sich zahlreiche spirituelle Kräfte, die z.B. an den Kirchentagen sichtbar werden« (Schütz (Hrsg.) (1988), 1192f.). Besonders der erste Satz ist – zumindest für einen in dialektischer Theologie ungeschulten Laien – ausgesprochen doppeldeutig. Mit spiritualistischer Böswilligkeit interpretiert, zeigt er große Skepsis gegenüber dem Wirken der dritten göttlichen Person (eine Erklärung des Autors für die hauptsächlich katholischen Adressaten des Lexikons, wie das richtig zu verstehen ist, wird nicht gegeben). Durch seine konfessionalistische und zugleich antimodernistische Argumentationsstruktur verdeutlicht der Artikel die Hilflosigkeit dialektischer Theologie im Umgang mit neuen religiösen Phänomenen nicht nur außerhalb, sondern selbst im Bereich der Kirchen. Die Betonung der Entgegengesetztheit von göttlicher Offenbarung und menschlicher »Religion« paßt in der Tat mit dem Begriff der »Spiritualität« – trotz entsprechender Vermittlungsversuche – denkbar schlecht zusammen.

53. Katholischerseits wäre vor allem Karl Rahner zu nennen (vgl. ders.: Praxis des Glaubens, Zürich und Freiburg 1985).
54. Wolfhart Pannenberg: Christliche Spiritualität. Theologische Aspekte, Göttingen 1986 (z.T. schon 1976 verfaßt; vgl. ebd., 24).
55. Dies entspricht neueren Entwicklungen in der Frömmigkeitsforschung der Religionssoziologie; vgl. zusammenfassend Drehsen (1988), bes. 519-531.
56. »Die Haupttypen christlicher Frömmigkeit sind nicht nur Ausdruck von subjektiven Einstellungen, wie sie die traditionelle Religionspsychologie unter dem Namen der Frömmigkeit diskutiert hat, sondern sie repräsentieren auch jeweils eine komplexe Konstellation gesellschaftlicher und historischer Bedingungen und sind so der Erscheinung verwandt, die man als Geist eines Zeitalters bezeichnet hat.« (Pannenberg (1986), 7). »Spiritualität« bzw. »Frömmigkeit« wird zu einer Art »Unterbau von Theologie«. Charakteristika solcher Frömmigkeitstypen seien »die Auszeichnung eines bestimmten Brennpunktes innerhalb der christlichen Lehre«, »spezifische Auffassungen der Welt persönlicher und gesellschaftlicher Erfahrung« und »ein charakteristischer Lebensstil oder auch eine Mehrzahl von komplementären Lebensstilen« (ebd., 6-8).

gungslehre), zumal er anders als die übrigen protestantischen Autoren nicht bei der katholisch-monastischen Begriffsprägung ansetzt, sondern von spezifisch protestantischen Kontexten ausgeht. Der Frömmigkeitstypus der Reformation sei gekennzeichnet durch die »Unmittelbarkeit des einzelnen im Verhältnis zu Gott auf der Basis der Sündenvergebung und ein Leben des Dienstes an den Mitmenschen unter dem Gesichtspunkt der je individuellen Berufung.«[57] Im Pietismus habe sich daraus der Typus der »Bußfrömmigkeit« entwickelt, der seither die protestantische Spiritualität weithin kennzeichne. Diese habe »zunehmend neurotische Züge« angenommen. Die zugrundeliegende Botschaft von der christlichen Freiheit sei »verdunkelt von der zunehmenden Anstrengung des Bemühens, dem Sündenbewußtsein durch kräftige Schläge mit dem Hammer des göttlichen Gesetzes seine Empfindlichkeit zu erhalten.«[58] Die »Spürhunde der Selbstaggression«, die sich darum bemühten, »die eigene Einstellung zu kontrollieren und in Ordnung zu halten«, gerieten leicht außer Kontrolle, so daß die ursprünglich mit der Rechtfertigungslehre gemeinte Freiheit des Christen zur Farce werde.[59] Aus diesem Grund sei die Rechtfertigungslehre im praktischen Glaubensvollzug unwirksam geworden. Die »Suche nach neuen Formen christlicher Frömmigkeit und Lebensführung« sei unvermeidlich.[60]

Dazu schlägt Pannenberg vor, das in säkularen Erscheinungen der Gegenwart erkennbare Gemeinschaftsbedürfnis[61] durch entsprechende ekklesiologische Aspekte der reformatorischen Theologie zu beantworten, womit die letztlich religiöse Natur dieses Bedürfnisses deutlich gemacht werden solle, das auch unter Bedingungen der Moderne – ob das den Beteiligten bewußt ist oder nicht – die Kompetenz von Kirche und Theologie herausfordere. Wie die zunehmende Bedeutung des Abendmahls im protestantischen Gottesdienst zeige, könne eine neue Sakramentenlehre (Abendmahls- und Taufehre) dazu die nötige theologische Basis verschaffen. Pannenberg sieht darin einen Ausgleich evangelischer Spiritualität gegenüber der »individualistischen Tendenz« der Bußfrömmigkeit.[62]

Nach einem Kapitel über »politische Theologie« (die Pannenberg in der Nähe chiliastischer Traditionslinien sieht) folgt im Schlußteil ein Vergleich mit »buddhistischer Spiritualität« anhand anthropologischer Grundfragen, insbesondere der Frage

57. Pannenberg (1986), 8. Auffällig ist die Differenz zur Definition Bohrens (vgl. oben, Anm.52), die ebenfalls von der Rechtfertigungslehre ausgeht, aber die Geschichtlichkeit menschlicher Antwort auf den Ruf Gottes nicht berücksichtigt und auf diese Weise »Spiritualität« unmittelbar in die Schemata der Offenbarungstheologie hineinzieht.
58. Pannenberg (1986), 18.
59. Pannenberg (1986), 19.
60. Pannenberg (1986), 19.24.
61. Pannenberg nennt einerseits den Sozialismus, andererseits die »Jugendbewegungen westlicher Länder mit ihren Subkulturen« (ebd., 28).
62. Pannenberg (1986), 26. Die Frömmigkeit des Pietismus und der Erweckungsbewegungen habe – trotz des sozialen Engagements und der Missions- und Evangelisationsbemühungen – in erster Linie der Erlösung des einzelnen gegolten. »Der Andere erschien dabei als ein anderes Ich, das sich ebenfalls mit der Frage nach seinem oder ihrem ewigen Heil abmüht.«

nach dem »Selbst« und der individuellen Identität.[63] Der Buddhismus scheine »eine bemerkenswert große Relevanz für die spirituellen Bedürfnisse des sich als entfremdet erlebenden Individuums in modernen säkularen Gesellschaften zu besitzen.«[64] Auch dies sieht Pannenberg als Herausforderung nicht nur für Seelsorge und kirchliche Einrichtungen eines kontemplativen Lebens, sondern auch für die systematische Reflexion.

Die Themenzusammenstellung repräsentiert wichtige Elemente der gegenwärtigen Diskussion des Ausdrucks »Spiritualität« im außerkirchlichen Bereich, obwohl dieser von Pannenberg nur am Rande erwähnt wird. Das spricht für sein Vorgehen, den Begriff aus der Fixierung auf den katholisch-monastischen Hintergrund zu lösen, der die oben dargestellte Verengung auf kirchliche Bereiche von »Religion« mit sich bringt.[65] Es wäre illusionär, die hochkirchliche Bewegung oder die evangelischen Kommunitäten, Sudbracks »geistliche Theologie«, benediktinische Angebote eines »Klosters auf Zeit« und ähnliche Ansätze allein als ausreichende Antwort auf religiöse Bedürfnisse der gegenwärtigen Lebenskultur zu sehen – ebenso wie eine »Spiritualität der Politik« (Sartory) allein nicht »Gottesdienst« ist. Es handelt sich dabei um spezifische Entwicklungen innerhalb der kirchlichen Strukturen, die Teil der religiösen Gesamtsituation sind, sie aber nicht im ganzen repräsentieren.

8.2.2 Angelsächsische Traditionslinie

Was in allen genannten Studien fehlt, ist eine Analyse der eigenständigen angelsächsischen Bedeutungstradition des Ausdrucks »Spiritualität«, der hinter der Rezeption bei Marilyn Ferguson und anderen Autoren der freireligiösen Szenerie steht. Das führte zu Mißverständnissen und zu einer inkorrekten Indienstnahme der Differenz jener Bedeutung gegenüber der katholisch-ordenstheologischen Traditionslinie zu apologetischen Zwecken.[66] Dieser zweite Teil der Begriffsgeschichte hängt inhaltlich eng mit dem Themenkomplex des »Spiritualismus« zusammen, wie er in den vorangehenden Kapiteln dargestellt wurde.

63. Pannenberg (1986), 82ff.
64. Pannenberg (1986), 83.
65. Auffällig ist z.B. bei Greshake (1986), daß er zwar die »ganzheitliche« Gestalt und pluralistische Vielfalt von »Spiritualität« betont – in diesem Sinne spricht er sogar von »asiatischer Spiritualität« (S.447) – dies aber wie selbstverständlich als christlich beschreibt. Mit keinem Wort wird gesagt, daß es sich dabei um etwas anderes als die Spiritualität asiatischer *Christen* handeln könnte.
66. Sudbrack (1987), bes. 75f., konfrontiert das von ihm seit den 60er Jahren entwickelte Programm kontemplativer christlicher Spiritualität unmittelbar mit der ›angelsächsischen‹ Bedeutung des Terminus bei Autoren der Neuen religiösen Szenerie wie Ferguson: Erst seit den 80er Jahren, »im angelsächsischen Raum wohl schon früher«, sei »Spiritualität« aus seinem spezifisch christlichen Kontext gelöst, »zu einem allgemein benutzten Begriff« geworden, und habe »die anti-instutionelle und ungreifbare Bedeutung von verschwommener ›Religiosität‹« angenommen.« Vgl. dazu z.B. das Zitat von Franz Hartmann aus dem Jahr 1894! (vgl. oben, Kap.6.2.1., Anm.8).

»Spirituality« bezeichnet schon am Ende des vorigen Jahrhunderts eine sich auf innere Erfahrung berufende, vollmächtige und freigeistige Haltung gegenüber religiösen Fragen, die sich im Gegensatz zur »dogmatischen Religion« traditioneller Christlichkeit sieht. Ein frühes Beispiel ist der Bericht des amerikanischen Unitariers »Dr. Martineau«[67] über den Besuch des indischen Lehrers Keshub Chandra Sen in Amerika im Jahr 1870/71:

»Did this man believe, as Christians believe, about the whence Christ had come from and the whither Christ had gone? He did not believe the history of resurrection; yet at the same time I could not but feel that he was an impersonation of the ethics and the *spirituality* of Christ. It appears to me that the visit of Keshub C. Sen was a demonstration that our churches are wrong in their definition of Christianity and that the very essence of it lies, not in the doctrinal and historical machinery, but in the *spirituality* of which this machinery is the mere vehicle to our souls.«[68]

Ähnlich wird das Stichwort 1893 beim »World Parliament of Religions« in Chicago von Sv. Vivekânanda im Blick auf den Hinduismus gebraucht:

»The religion of the Hindus is divided into two parts: the ceremonial and the spiritual. The spiritual portion is specially studied by monks. In that there is no caste ... Caste is simply a social institution.«[69]

Beide Autoren haben gemeinsam, daß sie »Spiritualität« und »Ethik« zusammenkoppeln, der eine explizit, der andere implizit durch die Herabsetzung des im Westen aus ethischen Gründen kritisierten Kastensystems zur sozialen Institution, die nichts mit dem Kern der Hindu-Religion zu tun habe.[70] Diese Verkoppelung erklärt sich aus der allgemeinen Bedeutung der Ethik in der Theologie des 19. Jahrhunderts, die als zentrales Kriterium des Religiösen verstanden wurde. Sie hat aber auch spezifische spiritualistische Vorbilder, wie oben am Beispiel Sebastian Francks gezeigt wurde.[71]

Vivekânanda stellt den Begriff »*spirituality*« in den Dienst seiner Apologie des Hinduismus. »*Spirituality*« steht für die Lehren über den Geist, die Seele und Gott, die Indien der Welt und besonders dem modernen Westen anzubieten habe.[72]:

67. Es handelt sich vermutlich um James Martineau (1805-1900), einen führenden Unitarier der letzten Jahrzehnte des 19. Jahrhunderts (vgl. RGG³ Bd.4, 780).
68. Zitat aus P.K.Sen: Biography of a New Faith, Vol II, 49, hier zitiert nach Paul D. Devanandan: Hindu Missions to the West, in: IRM 48 (1959), 398-408, hier 402 (Hervorhebungen von mir).
69. Vivekânanda: Addresses at the Parliament of Religions (1893), in: The Complete Works of Swami Vivekananda. Mayavati Memorial Edition, Vol. I, Calcutta ¹²1965, 1-24, hier 21f.
70. Zur Begründung der ethischen Qualität des Hinduismus und ihrer Funktion in Vivekânandas Apologie sowie zu seiner Abhängigkeit von Schopenhauer und Deussen vgl. Halbfass (1988), 238-240; zur Durchführung der Sozialprogramme Vivekânandas vgl. Hans-Peter Müller: Die Râmakrishna-Bewegung. Studien zu ihrer Entstehung, Verbreitung und Gestalt, Gütersloh 1986, 173ff.
71. Vgl. oben, Kap.6.2.1.
72. Vgl. Halbfass (1988), ebd.

»Let others talk of politics ... of the power and spread of commercialism, of the glorious fountain of physical liberty; but these the Hindu mind does not understand and does not want to understand. Touch him on *spirituality*, on religion, on God, on the soul, on the infinite, on *spiritual freedom*, and I assure you, the lowest peasant in India is better informed on these subjects than many a so-called philosopher in other lands.«

»India alone was to be, of all lands, the land of toleration and of *spirituality* ... our country has become the glorious land of religious toleration.« [73]

Diese Ausführungen stehen im Kontext des sog. »Inklusivismus«, der integrativen Haltung Vivekânandas und anderer Vertreter des Neo-Hinduismus gegenüber der Vielfalt der Religionen, die in der indischen Philosophie, genauer gesagt im *advaita vedânta,* den gemeinsamen Kern aller religiösen Lehren zu erkennen glaubt und die unterschiedlichen Religionen als verschiedene historische Ausformungen des einen Kerns versteht.[74] Der Ausdruck »*Spirituality*« wird hier synonym mit »*Religion*« gebraucht, bezeichnet aber besonders deren traditionsübergreifenden, ›ewigen‹ Aspekt, wie er in den Upanishaden und ihrer advaitischen Deutung zum Ausdruck komme.[75]

»*Spirituality*« ist seit der Jahrhundertwende auch eng verbunden mit dem Konzept der »Erfahrung«. »*Experience*« wird als unmittelbarer Zugang zu jenem Kern des Religiösen verstanden und der historischen Kontingenz der »Dogmen« oder »Doktrinen« in den verschiedenen Religionen entgegengesetzt.[76] Neo-hinduistische Vertreter sprechen daher verschiedentlich von »*spiritual experience*« anstelle des von westlichen Autoren wie William James geprägten Ausdrucks »*religious experience*«.[77]

Wie das Zitat Martineaus zeigt, stammt nicht nur der Ausdruck »religiöse Erfahrung«, sondern auch »Spiritualität« bereits aus westlichem Kontext. Ebenso läßt sich der inklusivistische Bezug von »*spirituality*« auf einen umfassenden Allgemeinbegriff von »Religion«, der die historischen Traditionen transzendiert, als asiatische Variation über ein »spiritualistisches« Thema des Abendlandes interpretieren. Hintergrund ist in allen Fällen die »spiritualistische« Tradition der modernen Religionsgeschichte, wie sie zum Beispiel bei Sebastian Franck dokumentiert ist.[78]

73. Vivekânanda: Complete Works Bd.3, 148. 186f., zit.n. Halbfass (1988), 231 (Hervorhebungen von mir).
74. Der Terminus »Inklusivismus« wurde von dem Indologen Paul Hacker (1913-1979) geprägt: vgl. ders.: Inklusivismus. Eine indische Denkform, posthum hrsg. v. G. Oberhammer, Wien 1983, 11-28; vgl. dazu auch Halbfass (1988), 403-418.
75. Zur Illustration ein weiteres Zitat Vivekânandas aus dem Jahr 1893, das auch die Rolle des »Spirituellen« innerhalb seiner Sicht der Religionen verdeutlicht: »Unity in variety is the plan of nature, and the Hindu has recognized it. Every other religion lays down certain fixed dogmas, and tries to force society to adopt them. ... The Hindus have discovered that the absolute can only be realized, or thought of, or statet, through the relative, and the images, crosses, and crescents are simply so many symbols – so many pegs to hang the spiritual ideas on« (Vivekânanda (1893), 17).
76. Zum Erfahrungsbegriff vgl. unten, Kap.12.1.4.
77. So u.a. Sarvepalli Radhakrishnan und Shrî Aurobindo Ghose; Zitate dazu bei Halbfass (1988), 383.385.
78. Vgl. oben, Kap.6.2.1. Mit dieser Deutung kann und soll dem sog. Neo-Hinduismus freilich nicht die Verbundenheit zum indischen Hintergrund abgesprochen werden. Dazu müßte im

Moderne Autoren, die den Terminus »*Spirituality*« im Sinne einer von Dogma und Glaubensbekenntnis unabhängigen Erfahrungsreligion gebrauchen,[79] sind daher in guter Gesellschaft. Allerdings durchlief der Begriff »Spiritualität« zusammen mit zugehörigen Termini wie »Erfahrung«, »Selbsterkenntnis« und »Bewußtseinserweiterung« einen Prozeß der Säkularisierung und Entspezifizierung, aufgrund dessen die traditionalen Momente erst wieder herausgearbeitet werden müssen.

Als Beispiel einer zusammenhängenden neueren Deutung sei Marilyn Fergusons Buch »The Aquarian Conspiracy« ausgewählt, das ein eigenes Kapitel über den »spirituellen« Aspekt der von ihr beschriebenen »Transformation« enthält: »Spiritual Adventure. Connection to the Source«.[80]

Fergusons Deutung der Gegenwartsentwicklungen des Religiösen bezieht sich zunächst – ähnlich wie die oben genannten kirchlichen Autoren – auf Ergebnisse verschiedener Umfragen: 80 Prozent der Befragten hätten ein starkes Interesse für »eine innere Suche nach Sinn« bekundet; 40 Prozent glaubten, eigene »mystische Erfahrungen« gehabt zu haben. Signifikant sei das ambivalente Verhältnis der westlichen Anhänger östlicher Traditionen zum Thema Religion: Sie seien zwar im allgemeinen keine Kirchgänger, hielten aber gleichwohl ihre »religious beliefs« für sehr wichtig in ihrem Leben. Die Anhänger des »spiritual shift« seien mit soziologisch-statistischen Kriterien, z.B. anhand von Mitgliederlisten und ähnlichen ›objektiven‹ Parametern, kaum zu fassen.[81] Es handle sich vielmehr um ein »individuelles Phänomen«, das nicht mehr nur Subkulturen jüngerer Altersgruppen umfasse, sondern zu einer Mittelklassen-Erscheinung geworden sei.[82]

Die Darstellung liest sich auf weite Strecken wie eine Illustration der Prognosen Ernst Troeltschs für die Zunahme des »mystischen« bzw. »spiritualistischen« Typus religiöser Soziallehren unter modernen Bedingungen. Das gilt nicht nur für die religionssoziologische Struktur, sondern auch für die Inhalte.

Der Begriff »*spirituality*« wird bei Ferguson nicht eigentlich definiert;[83] statt dessen klingt die ältere angelsächsische Bedeutungstradition mit ihrem spiritualistischen

---

   einzelnen untersucht werden, ob und inwiefern entsprechende Topoi neben der westlichen auch in der indischen Tradition vorgeprägt sind. Nur so könnte man entscheiden, ob es sich bei der angesprochenen Terminologie um Übernahmen aus dem Westen oder um zufällige oder bewußt akzentuierte Konsonanzerscheinungen euro-amerikanischer und indischer Religionsgeschichte handelt. Für die vorliegende Fragestellung ist lediglich festzuhalten, daß der indische Einfluß im Westen weithin mit Hilfe der Kategorie des »Spiritualismus« interpretierbar ist. Daraus kann geschlossen werden, daß die indischen Bestandteile in der Begriffsgeschichte von »Spiritualität« innerhalb der westlichen Tradition zwar eine machtvolle Verstärkung vorhandener Elemente, aber kaum etwas grundlegend Neues bedeuten.

79. Vgl. die Zusammenstellung bei Schorsch (1988), 56ff.
80. Ferguson (1980), 361-386.
81. Ferguson (1980), 364f., mit Hinweisen auf entsprechende Deutungen William McCreadys vom »National Opinion Research«.
82. Ebd., 365, nach Workshop-Beobachtungen von Ram Dass (= Richard Alpert).
83. Ferguson schreibt: »The unnamed shores, the power, the spirit – these are the subjects of this chapter. We will look at the spiritual experience in contemporary America, an experience that has little to do with religion as our culture has known it« (ebd., 366f.).

Hintergrund an vielen Stellen an – sowohl in Zitaten als auch in eigenen Formulierungen der Autorin. Es ist die Rede von »mystical experience«, »personal religion«, »direct connection«, »spontaneous experience«, »direct experience«, »an inner search for meaning«, »the spirit demanding interiority«, »a new spiritual force transcending religous, cultural, and national boundaries«, »a shift from religion mediated by authorities to one of direct spiritual experience«, »the idea of God within«, »knowing is superseding belief«, »direct knowing«, »direct perception of nature's unity«, »a great turning point toward consciousness and freedom«.[84]

»Spirituality« bezeichnet dabei den Aspekt der »Transformation«, der Weiterentwicklung der Religion auf eine höhere Stufe. Das drückt sich in der Formulierung: »From Religion to Spirituality« aus.[85] Folgende Charakteristika lassen sich herausstellen:

(1) Spiritualität beruht auf direkter, unmittelbarer, persönlicher »Erfahrung« anstelle von »Glaube aus zweiter Hand«, der durch »Autoritäten« vermittelt wird.
(2) Spiritualität bezeichnet eine Verinnerlichung der Religion.[86]
(3) Spiritualität ist universal und transzendiert die Grenzen der Religionen, Kulturen und Nationen.
(4) Spiritualität richtet sich auf den »inneren Gott«, d.h. auf das Wort Gottes im Menschen, das nicht in Dogmen extrapolierbar ist.
(5) Spiritualität bezeichnet einen Fortschritt vom »Glauben« zum »direkten Wissen« in *religiösen* Dingen.
(6) Spiritualität bezeichnet parallel dazu einen Fortschritt in der *naturwissenschaftlichen* Wahrnehmung der Welt. »Direktes Wissen« erlaube eine unmittelbare Wahrnehmung auch der Dinge der Natur und sei deshalb der modernen Naturwissenschaft ebenbürtig und geeignet für eine ökologische Ethik, die deren negative Folgen zu kompensieren hilft.

Das Ganze liest sich wie eine Nutzanwendung der oben im Abschnitt über »Spiritualismus« dargestellten Kriterien für moderne Zwecke der Weltdeutung.[87] So werden die letzten beiden Punkte von der Autorin besonders hervorgehoben und stellen die Brücke zum übrigen, ›säkularen‹ Inhalt ihres Buches dar. Ziel des Übergangs von der »Religion« zur »Spiritualität« sei das Erreichen eines »kognitiven Stadiums«, das ein »kohärenteres Verstehen« der Wirklichkeit erlaube. Nach Herbert Koplowitz, einem kanadischen Psychologen, nennt Ferguson dies: »Unitary Operational Thinking«, eine Denkweise, die zugleich »mystisch« und »wissenschaftlich« sei:

---

84. Ferguson (1980), 361-386. Die Formulierungen stammen von dem ehemaligen Sicherheitsberater Zbigniew Brzezinski, dem katholischen Theologen Anthony Padovano, einer Delegation verschiedener religiöser Bewegungen vor der UNO, aus verschiedenen Umfragen sowie von der Autorin selbst.
85. Überschrift eines Abschnitts, ebd., S.367.
86. Ferguson (1980) zitiert Padovano: »The great turmoil in the religions is caused by the spirit demanding interiority. Faith is not dying in the West. It is merely turning inside.«
87. Vgl. oben, Kap.6.2.1.

»Just as mysticism is not a rejection of science but a transcendence of it, science is not a rejection of mysticism but a precursor of it.« [88]

Das erinnert stark an die Swedenborgische Deutung naturwissenschaftlicher Entwicklungen als Vorläufer einer geistigen Weltsicht, die die Gegensätze zwischen Naturwissenschaft und Religion zu überwinden beansprucht und sich selbst als eine Art ›höherer Naturwissenschaft‹ präsentiert, die identisch ist mit ›geistiger Religion‹. Wie die ›hergebrachte‹ Religion auf der Basis von »faith« und »beliefs« sich durch das Moment des Wissens zur »Spiritualität« transformiere, so schreite die »Wissenschaft« von »intellektuellen Konzepten« zu »direktem Wissen« fort.[89] »Bloßer Glaube« wird dabei mit »intellektuellen Konzepten« in eins gesetzt, deren Wirklichkeitsrelevanz nicht durch unmittelbare Erfahrung verifiziert ist. In diesem Sinne deutet Ferguson Fritjof Capras vielzitierte »Strandvision«[90]:

»Physicist Fritjof Capra recounts such an experience in which he no longer merely believed in a dynamic universe, based on his intellectual understanding, but *knew* it to be so.«

Das läßt sich folgendermaßen paraphrasieren: Capra *glaubte* an die wissenschaftlichen Theorien seines Fachs (wie Relativitäts- und Quantentheorie), bis er *erfuhr*, daß sie stimmen. Die »Transformation« geschah in der Weise, daß Capra die Identität seiner Fachtheorien mit »mystischen« Aussagen des Ostens erkannte, indem er das Pulsieren der Wellen am Strand als Erscheinung des tanzenden Gottes Shiva »erfuhr«.

Capra ist nicht der einzige Wissenschaftler, der als Zeuge für den Übergang von der »Religion« zur »Spiritualität« fungiert. Ferguson referiert ausführlich die »holographische« Theorie des Neurologen Karl Pribram und die »transpersonale Psychologie« des Psychiaters Stan Grof, die beide eine Integration »spiritueller« Erfahrungen in wissenschaftliche Theorien ermöglichen würden.[91] Ergebnis solcher Verschmelzung sei in allen Fällen ein »principle of wholeness – non-distinction«. Der einzelne Mensch werde in einen größeren, ganzheitlichen Kosmos eingebunden. Was Grof mit holotroper Therapie zu erreichen versuche, sei bereits das Ziel uralter Meditationstechniken wie Yoga. Ziel aller Techniken unmittelbarer Erfahrung sei die Verbindung zu einem »großen Selbst«.[92]

Die Bindung »direkten Wissens« an Erfahrung setzt ein unmittelbares Erlebnis des Individuums voraus. Das Kriterium der intersubjektiven Überprüfbarkeit wird dahingehend eingeschränkt, daß andere Individuen dieselbe Erfahrung machen können. Erst dann könnten sie die objektive Stimmigkeit entsprechender Aussagen prüfen – objektiver Erfahrungsinhalt und subjektive Aneignung müssen somit unterschieden werden. Das verdeutlicht Ferguson am Stichwort des »Mystischen«:

88. Herbert Koplowitz, zit. n. Ferguson (1980), 372.
89. Ferguson (1980), 373. 376.
90. Vgl. unten, Kap.11.3.3.
91. Ferguson (1980), 373-376.
92. In diesem Sinne zitiert Ferguson, 380, die Formel *tat tvam asi* »das bist du«, aus Chândogya-Upanishad VI.

»The dictionary's first definition of mystical is ›direct communion with ultimate reality.‹ The second meaning: ›vague or incomprehensible‹. Here is the central problem: Direct communion with the ultimate reality is vague and incomprehensible to those who have not experienced it.«[93]

»Spiritualität« ist bei Ferguson also ein auf Erfahrung beruhendes, individuelles religiöses Wissen, das nicht mehr auf »Glauben« *(faith)* beruht, sondern erst entstehen kann, wenn man die »Glaubensinhalte« *(beliefs)* fallen läßt.[94] Das Zentrum der »spirituellen Erfahrung« sei ein »Wissen aus erster Hand«.[95]

Ferguson ist sich der Hintergründe dieser Begrifflichkeit in der amerikanischen Religionsgeschichte durchaus bewußt. Sie stellt mit Recht moderne »Spiritualität«[96] als ein *westliches* (in Fergusons Perspektive ein spezifisch *amerikanisches*) Phänomen heraus, das zwar – vornehmlich zur methodischen Bereicherung – Momente östlicher Traditionen aufgenommen habe, aber im wesentlichen auf »mystische« Traditionen des Westens zurückgehe. Dabei beruft sie sich auf den Religionswissenschaftler Robert S. Ellwood.[97] Sie schreibt:

»The emergent spiritual tradition is not new in American history ... Rather, it is the revitalization of a stream ›going back as far as Transcendentalism‹ [Zitat Ellwood]. ... Long before the spiritual revolution we see now, Eastern and Western mystics influenced mainstream American thought. ... Yet, as Ellwood pointed out, all these exports are filtered through the American psyche and experience. Zen, Swedenborgianism, Theosophy, or Vedanta in the United States are not what they were in Japan, eighteenth-century England, or nineteenth-century India. American adherents may sometimes use Eastern symbols, but their essential spiritual life is better understood through the American lineage of Emerson, Thoreau, Whitman, the Shakers, and others ... We turn East for completion ... The East does not represent a culture or a religion so much as the methodology for achieving a larger, liberating vision. In that sense, the ›East‹ has existed in Western mystical traditions.«[98]

Die historische Unterscheidung der Quellen wird verknüpft mit einer an neohinduistische Autoren erinnernden Interpretation des »Mystischen«, der »unmittelbaren Erfahrung«, als Kern der Religionen einschließlich der westlichen »doktrinären« Traditionen. Das Spezifikum der gegenwärtigen Entwicklung sei die Stärkung des »mystischen« Anteils gegenüber dem »dokrinären« Bestand der Religionen:

»Ironically, every organized religion has been based on the claims of direct experience of one or more persons, whose revelations are then handed down as articles of faith. Those who want

93. Ferguson (1980), 371.
94. Ferguson schreibt: »In the West religious issues are customarily supposed to be resolved by faith, but a teacher in the traditions of direct knowing encourages questions, even doubts. This spirituality asks the seeker to drop beliefs, not add to them« (Ferguson (1980), 376).
95. »The Radical Center of spiritual experience seems to be knowing without doctrine ... doctrine, on the other hand, is second-hand knowledge, a danger« (Ferguson (1980), 377).
96. An einer Stelle als »New Age spirituality« bezeichnet: ebd., 370.
97. Robert S. Ellwood: Alternative Altars. Unconventional and Eastern Spirituality in America, Chicago u. London, 1979.
98. Ferguson (1980), 367f.

direct knowledge, the mystics, have always been treated more or less as heretics ... Now the heretics are gaining ground, doctrine is losing its authority, and knowing is superseding belief.«[99]

Fergusons Verständnis von »Spiritualität« kann als paradigmatisch für diejenigen Entwürfe der Neuen religiösen Szenerie bezeichnet werden, die auf die spiritualistisch-freireligiöse Tradition des Begriffs im angelsächsischen Sprachraum zurückgreifen und nicht in der Tradition katholischer Ordenstheologie stehen.

Ähnlich wie Ferguson äußert sich der Psychiater Stan Grof, einer der Mitbegründer der »Transpersonalen Psychologie«. Auch er identifiziert »spirituality« mit »mysticism« und bezeichnet beides als eine Art Kern-Religion im Gegensatz zu den doktrinären Besonderheiten einzelner historischer Religionen.[100] Er führt die Religionskritik in Psychiatrie und Psychologie darauf zurück, daß diese gewöhnlich nicht unterscheiden könnten »zwischen den engstirnigen und oberflächlichen religiösen Überzeugungen, die für die führenden Religionen der Welt charakteristisch sind, und zwischen der Tiefe der echten mystischen Traditionen oder der großen spirituellen Philosophien.«[101] Letztere seien das »Ergebnis jahrhundertelanger Erforschungen des menschlichen Geistes ..., in denen systematisches Beobachten, Experimentieren und Theoretisieren in einer Weise verknüpft worden sind, die der wissenschaftlichen Methode ähnelt.«[102] Im Unterschied zu Ferguson nennt er als Beispiele ausschließlich östliche Traditionen.[103] Aus der Praxis der von ihm durchgeführten psychedelischen Therapie sei eine enge »Beziehung zwischen menschlicher Persönlichkeit und Spiritualität« zu erkennen.[104] Grof definiert:

»Nach den neuen Erkenntnissen ist Spiritualität eine der Psyche innewohnende Eigenschaft und tritt spontan in Erscheinung, wenn der Prozeß der Selbsterforschung tief genug fortgeschritten ist. Das unmittelbare Erleben perinataler und transpersonaler Elemente des Unbewußten geht immer einher mit einem spontanen Erwachen der Spiritualität, das ganz unabhängig ist von den

---

99. Ferguson (1980), 370f.
100. Grof (1985), bes. 316-320. 350-353; vgl. auch ders. (1987), bes. 318-328. Grof beruft sich seinerseits auf Abraham Maslow, der »spontane mystische Erfahrungen oder ›Gipfelerlebnisse‹« zur Grundlage seiner »radikal neuen Psychologie« gemacht habe. Außerdem weist er auf C.G.Jung und Roberto Assagioli hin, die in ihren psychotherapeutischen Ansätzen ebenfalls die religiöse Dimension in der Selbsterfahrung hervorgehoben hätten (Grof (1985), 350).
101. Grof (1985), 316.
102. Grof (1985), 316.319.
103. Grof (1985), 316. Grof spricht häufig von »östlicher Spiritualität«, so auf S.39.84f.91.127.
104. Das Gleiche gilt in verstärktem Maß für die seit 1978 entwickelte »Holotrope Therapie« 'Grofs, in der mit Hilfe von Hyperventilation (Sauerstoff-Überversorgung des Gehirns durch starkes Atmen) Trance-Zustände erzeugt werden, wodurch ein Eindringen in tiefe Bewußtseinssphären und eine Selbsttranszendierung in Bereiche jenseits der individuellen Identität zu induzieren versucht wird; vgl. z.B. Stanislav Grof: Neue Perspektiven in der Psychotherapie und der Selbsterforschung, in: Anita Bachmann und Michael Schaeffer (Hrsg.): Neue Wege – neue Ziele. Denkanstöße und Orientierungshilfen in der Wendezeit, München: Heyne. 1990, 378-403, bes. 395 (= Grof (1990a)).

individuellen Kindheitserlebnissen, der religiösen Erziehung, der Bindung an eine Kirche und sogar der Zugehörigkeit zu einer bestimmten Kultur oder einer bestimmten Rasse. Die Person, die den Zugang zu diesen Ebenen ihrer Psyche gewonnen hat, entwickelt automatisch eine neue Weltanschauung, in der Spiritualität den Rang eines natürlichen, wesentlichen und absolut lebenswichtigen Elements des Daseins einnimmt.«[105]

Auch hier geht es also um »unmittelbares Erleben«, die Unabhängigkeit der »Spiritualität« von religiösen Traditionen (hier sozio-psychologisch gewendet als Unabhängigkeit von religiöser Sozialisation) und den Zusammenhang von Selbst- und Weltbild des Individuums. Als wesentlichen Inhalt solcher spontaner Erlebnisse nennt Grof demgemäß die »Einheit mit dem Kosmos«. Diese Erfahrung habe eine überaus große psychotherapeutische Wirkung für die Integration des Patienten in seine Umwelt und seine Einstellung zum eigenen Leben.[106]

Jedoch bleibt der Begriff »Spiritualität« bei Grof inhaltlich auffällig unbestimmt. Der Autor kommt über die Aussage der grundsätzlichen Vergleichbarkeit psychotherapeutischer Erfahrungen und »mystischer« bzw. religiöser Erfahrungen in verschiedenen Traditionen nicht hinaus – geschweige denn können diese präzise in ihrer jeweiligen Eigenart benannt werden. Persönlich nachgefragt,[107] verwies er mich auf die »wunderbaren Vorträge« des Benediktiners David Steindl-Rast, der sehr genau erklären könne, was unter »Spiritualität« zu verstehen sei.

Den gleichen Hinweis auf Bruder David Steindl-Rast gab der Autor Fritjof Capra bei einem Gespräch (ebenfalls 1988). Auch Capra nimmt in seinen Publikationen das Wort »Spiritualität« auf und akzentuiert dabei insbesondere die ethischen und umweltethischen Konsequenzen der erfahrenen Einheit mit dem Kosmos.[108] Im Gespräch unterschied er »Religion« und »Spiritualität« und identifizierte letzteres mit einer »Erfahrung der Verbundenheit mit dem Kosmos«. Diese Erfahrung beeinflusse Leben, Ethik und Erkenntnisweise des Menschen, der sie durchlebt hat. So sei »Spiritualität« das zentrale Kriterium der »Tiefenökologie«, die über einen »oberflächlichen« Umweltschutz hinaus nach einer systematischen Integration von Mensch, Natur und Kultur in Theorie und Praxis strebe.[109]

8.2.3 Neuere Versuche einer Synthese

Wie die Zeugnisse von Grof und Capra zeigen, hat Bruder David Steindl-Rast eine wichtige Vermittlerrolle zwischen christlicher Tradition und der Neuen religiösen Szenerie. Er ist – wie die beiden anderen – ein Kalifornier mitteleuropäischer Herkunft. Er promovierte in Psychologie, ist benediktinischer Laienbruder und praktiziert seit langer Zeit Zen-Meditation. Seine Interessen liegen nicht im Bereich theolo-

---

105. Grof (1985), 351.
106. Grof (1985), 352.
107. Gespräch bei einem Theorieseminar im November 1988 in München.
108. Gespräch am 25.5.1988.
109. Gespräch am 25.5.1988. Zu Capra vgl. unten, Kap.11 und 12.

gischer Fachdiskussion, sondern in praktischen Aspekten kontemplativer Disziplinen, der Seelsorge und des Dialogs mit Vertretern der Neuen religiösen Szenerie. Steindl-Rast war an der in Kapitel 3 der Arbeit genannten Konferenz »Andere Wirklichkeiten« 1983 in Alpbach/Tirol beteiligt. Seine Bücher – nicht religiöse Fach- oder Sachbücher, sondern eher ›Erbauungsbücher‹ in einer modernen Form – wurden vom Dianus-Trikont-Verlag erfolgreich auf dem deutschen Buchmarkt plaziert.[110]

Steindl-Rasts Definition von »Spiritualität« unterscheidet sich an einem wichtigen Punkt von den bisher referierten Positionen:[111] Er bemüht sich eindringlich um eine positive Verhältnisbestimmung zwischen »Religion« und »Spiritualität«. Dabei ergibt sich eine Begriffsverschiebung: Was Capra und Grof »Spiritualität« nennen, ist bei ihm »Religiosität«.

Wie Grof bezieht sich auch Steindl-Rast auf den psychologischen Ansatz Abraham Maslows. Die von diesem beschriebenen »Gipfelerlebnisse« (bzw. »Grenzerfahrungen«) seien Grundlage für religiöses Empfinden.[112] »Mystik« (auch von Steindl-Rast als Gegensatz zu »Dogmatik« verstanden) sei im wesentlichen das »Erlebnis der Einheit und Zugehörigkeit zum letzten Urgrund des Seins.«[113] Alle Religion sei im Erleben des Menschen verankert und davon nur unter Verlust ihrer grundlegenden Dimensionen ablösbar. Die Begriffe »Religiosität« und »Leben« hängen bei Steindl-Rast eng zusammen: Religiosität mache lebendig, und »echte Lebendigkeit« mache religiös.

Die Frage ist nun, wie sich »Religiosität« zu »Religion« verhält, d.h. wie aus der Lebendigkeit des mystischen Augenblickserlebnisses »Religion« als historische und institutionelle Größe entsteht. Steindl-Rast erklärt dies durch die Eigendynamik des religiösen Grundempfindens:[114] Der Intellekt des Menschen reflektiere unweigerlich das religiöse Erleben; daraus entstünden die religiösen Lehren. Ebenso unweigerlich nehme der Wille Stellung zu diesem Erlebnis, woraus die Moral oder Ethik entstehe. Schließlich wolle das Gefühl unweigerlich das Erlebte feiern, und daraus entstehe der Ritus. Sobald sich das Erlebte in dieser Weise dogmatisch und institutionell verfestigt habe, entstehe »die Gefahr, daß es irregeht«. Man feiere die »früheren Feiern«, orientiere Lehre und Moral nicht mehr am religiösen Erlebnis selbst, sondern am überlieferten Bestand, nicht mehr an der Gegenwart des Lebendigen, sondern an toter Vergangenheit. Dadurch habe die Religion die Tendenz, »irreligiös« zu werden. Dann

---

110. David Steindl-Rast: Fülle und Nichts. Die Wiedergeburt christlicher Mystik, München: Goldmann, ²1988 (dt. zuerst München: Dianus-Trikont, 1985; engl. Original 1984); ders.: Die Achtsamkeit des Herzens. Ein Leben in Kontemplation, München: Goldmann, 1988 (engl. Original 1988). Beide Bücher wurden vom Goldmann-Verlag übernommen und waren nach Auskunft des zuständigen Lektors ausgesprochene »self-sellers«, die ohne besondere Werbung vergleichsweise hohe Verkaufszahlen erreichten.
111. Die folgende Darstellung beruht auf einem ausführlichen persönlichen Gespräch am 4.8.1989; vgl. auch Capra und Steindl-Rast (1991), 26-30 et passim.
112. Vgl. Abraham Maslow: Psychologie des Seins. Ein Entwurf, München 1973 (engl. Original 1968), bes. 81-138.
113. Gespräch am 4.8.1989.
114. Vgl. auch Capra und Steindl-Rast (1991), 29f.

müsse man sie »wieder religiös machen«,[115] indem man neuerlich die gegenwartsbezogenen Momente von »Religiosität« zu wecken versucht. Auf diese Weise deckt bei Steindl-Rast das Stichwort der »Religiosität« in etwa das ab, was sonst im angelsächsischen Sprachraum »Spiritualität« genannt wird. Der üblicherweise zugrundegelegte Gegensatz zwischen ›gelebter‹ und ›dogmatisch verfestigter‹ Religion wird als unumgängliches Strukturmerkmal des Entfaltungsprozesses des Religiösen zwischen der Spontaneität religiöser Lebensäußerungen und ihrer Reflexion, Habitualisierung und Institutionalisierung verstanden. Das Wort »Spiritualität« selbst reserviert Steindl-Rast – im Unterschied zu Grof, Capra oder Ferguson – für religiöse Disziplinen und die aus dem religiösen Leben fließende Praxis, die eine besondere Qualität des Alltagslebens zugleich ermögliche und fordere.[116] Damit schließt er an die romanische Begriffstradition an, die jenen Autoren unbekannt ist. Sein Entwurf ist somit ein Versuch, beide begriffsgeschichtlichen Traditionen von »Spiritualität« in der Sache miteinander zu verknüpfen.

Ein ähnlicher Versuch zur Synthese findet sich bei Raimon Panikkar, der ebenso wie Steindl-Rast durch seine Biographie mit beiden Traditionslinien des Begriffs vertraut ist.[117] Panikkar schreibt:

115. Vgl. David Steindl-Rast: Die Religion religiös machen (Vortrag bei der Konferenz »Andere Wirklichkeiten« in Alpbach im September 1983), in: R. Kakuska (Hrsg.): Andere Wirklichkeiten. Die neue Konvergenz von Naturwissenschaften und spirituellen Traditionen, München: Goldmann, 1986 (Erstausgabe: Dianus-Trikont, 1984), 195-204 (= Steindl-Rast (1984a)).
116. Das Verhältnis von »RELIGION« als Grundkategorie, »Religionen« als deren historisch-konkreter Ausdrucksformen und »Spiritualität« konkretisiert sich in Steindl-Rasts Definitionsversuch im Gespräch mit Capra: »RELIGION, wie ich sie verstehe, steht der Spiritualität sehr nahe. Sie ist die Begegnung mit dem Mysterium, mit dem Sinn. Wir brauchen uns nur unserer Gipfelerfahrungen zu erinnern. In diesen Augenblicken haben die Dinge Sinn. ... Es ist eine Einsicht in den Sinn des Lebens, noch bevor das zu einem klaren Bild wird. Es ist ein Erleben des Sinnes – wobei Sinn das ist, worin wir Ruhe finden. ... Haben wir eines dieser ›Das ist es‹-Erlebnisse, dann ist dies der Kern von RELIGION. ... In diesem speziellen Sinne wäre ›Spiritualität‹ das Handeln aus dieser Erfahrung heraus, von RELIGION in jedem Aspekt des täglichen Lebens. Spiritualität läßt Sinn ins Alltagsleben einfließen. Wer ein Gipfelerlebnis hat, es abschüttelt und danach weiterlebt, als hätte er nie eines gehabt, der besitzt keine Spiritualität. ... Spiritualität läßt RELIGION in Ihre Weise zu essen, zu schreiben, ja selbst in das Beschneiden Ihrer Fingernägel fließen« (Capra und Steindl-Rast (1991), 27).
117. Panikkar (geb. 1918) ist katholischer Theologe und Religionsphilosoph spanisch-indischer Herkunft. Nach Studium und akademischer Tätigkeit in Europa verbrachte er viele Jahre in Indien. Neben verschiedenen akademischen Funktionen wandte er sich kontemplativen Traditionen des Hinduismus zu. Von 1971 bis zu seiner Emeritierung im Jahr 1986 lehrte er vergleichende Religionsphilosophie und Religionsgeschichte an der Universität von Californien in Santa Barbara, wo er zu einem wichtigen Mittler zwischen akademischer Religionswissenschaft, christlicher Theologie und Neuer religiöser Szenerie wurde (wichtige Publikationen: Kultmysterium in Hinduismus und Christentum, Stuttgart 1964; The Unknown Christ of Hinduism, zuerst London 1964; The Vedic Experience (Hrsg.), zuerst London 1977; The Intrareligious Dialogue, New York 1978; Myth, Faith

»Das Wort Spiritualität hat gute und schlechte Beiklänge: Es ist sehr hilfreich, weil es die doktrinären Aspekte umgeht, die mit dem Wort Religion gewöhnlich verbunden sind. Spiritualität ist nicht so gebrandmarkt durch dogmatische Unterschiede und doktrinäre Spitzfindigkeiten. Zudem hat das Wort den Vorteil, daß es die Geschlossenheit der Religionen als mit faden Grenzen abgesonderter Gebiete überspringt. Z.B. gibt es eine Spiritualität der Liebe oder des politischen Engagements, die sich quer durch die verschiedenen Religionen zieht. Zugleich hat das Wort auch schlechte Beiklänge, weil es andeutet, es hätte nur mit dem ›Spirit‹, dem Geist, zu tun, als ob wir alles andere vernachlässigen könnten. Das wäre eine falsche Spiritualität, weil sie die Materialität, die Erdhaftigkeit verloren hat.«[118]

Ähnlich wie bei Steindl-Rast steht auch bei Panikkar das Thema der »Spiritualität« im Kontext des Versuches, die Realität des Religiösen als eines »Ursprünglichen« *vor* den »Entfaltungen und Ausgestaltungen« der konkreten historischen Religion*en* zu erweisen. Eine moderne religiöse Sprache, die der »Verdünnung der Vergangenheit« infolge der Säkularisierung begegnen wolle, müsse »im Bereich der menschlichen Grundbefindlichkeit« ansetzen. Über Steindl-Rasts pragmatische Orientierung hinausgehend, setzt Panikkar »Religion« und »Religionen« in einen hermeneutisch-religionstheologischen Bezug.[119]

So ergibt sich – sowohl bei Steindl-Rast wie bei Panikkar – eine Verkoppelung des »mundanen«, handlungs- und weltbezogenen Aspekts der neueren romanischen Begriffstradition mit dem Aspekt der Erfahrungsreligiosität, der institutionellen Offenheit und den damit verbundenen Topoi anti-dogmatischer Freiheitlichkeit, Toleranz und Innerlichkeit, wie sie dem angelsächsischen Hintergrund von »Spiritualität« eigen sind. Als Brücke zwischen beiden Aspekten dient die ehrwürdige Qualität des monastischen kontemplativen Lebens, das seinerseits einer Verinnerlichung unterwor-

and Hermeneutics, New York 1979). Panikkar ist schon seit den 60er Jahren ein wesentlicher Impulsgeber der Theologie der Religionen, insbesondere der »pluralistischen Theologie« im angelsächsischen Sprachraum (vgl. dazu M. Siguan (Hrsg.): Philosophia pacis. Homenaje a Raimon Panikkar, Madrid 1989; vgl. auch Francis X. D'Sa: Der ›Synkretismus‹ von Raimundo Panikkar, in: Siller (Hrsg.) (1991), 117-129).

118. Raimon Panikkar: Der Weisheit eine Wohnung bereiten, hrsg.v. C.Bochinger, München: Kösel, 1991, hier 46.

119. Panikkar entwirft dazu ein anthropologisches Strukturschema, die »Quaternitas perfecta«, in die menschliche Erfahrungen unterschiedlicher Art und Tradition eingezeichnet werden sollen (ebd., 41-93; vgl. auch ders.: Der Mensch – ein trinitarisches Mysterium, in: ders. und W. Strolz (Hrsg.): Die Verantwortung des Menschen für eine bewohnbare Welt im Christentum, Hinduismus und Buddhismus, Freiburg i.B., 1985, 147-190, bes. 162ff.). Die »Quaternitas« hat die doppelte Funktion, einerseits die anthropologischen und kosmologischen Universalansprüche einzelner Traditionen kritisch zu hinterfragen und zu relativieren, andererseits eine »künstliche Verdünnung der Traditionen« zu vermeiden, die diese »um der Einheit willen auf einen gemeinsamen Nenner zu bringen versucht« (Panikkar (1991), 41f.). Als prägend für Panikkars Schema erweisen sich bei genauerer Analyse – obwohl er sich um eine möglichst große Weite der herangezogenen religionsgeschichtlichen Inhalte bemüht – einerseits Traditionen der franziskanischen Scholastik, insbesondere Bonaventura, andererseits indische Traditionen, vor allem des *advaita vedânta*.

fen wird. Der ›moderne Mönch‹, ein »Archetyp« (Panikkar), wird dadurch zur Personifikation von »Spiritualität«. Er/sie braucht keinem Orden anzugehören; sein Alltagsleben ist religiös durchdrungen, wo immer er sich aufhält; er betätigt sich politisch, kennt aber die Gefahren der Veräußerlichung in blindem Aktionismus;[120] er weiß sich aufgehoben, zugehörig zum Kosmos und seinen Gesetzen; er kennt die Balance zwischen geistigen und materiellen, erdhaften Bereichen des Lebens und kann daher »geistig« sein, ohne den Bezug zur Erde und zum ›normalen‹ äußerlichen Leben zu verlieren. Vor allem lebt er ein Leben in Einfachheit und anerkennt die elementaren Gesetzmäßigkeiten des Lebendigen.[121]

Sucht man einen gewachsenen historischen Hintergrund solcher Deutung, wird man nicht fehlgehen, ihn in der Tradition des joachitischen »Geistzeitalters« zu sehen. Steindl-Rast und Panikkar, die darauf nicht explizit Bezug nehmen, stellen sich gleichwohl in den Kontext jener Vision eines verinnerlichten Mönchtums, das nicht mehr auf Orden und andere kirchliche Institutionen beschränkt ist, sondern eine innere Qualität des Menschen darstellt.

Ob diese Vision in der gegenwärtigen religionsgeschichtlichen Situation einlösbar ist, muß offen bleiben. Die Bedeutungsstruktur des Begriffs »Spiritualität« zeigt, daß die verschiedenen Verstehensweisen weit auseinanderliegen und wohl kaum zu einer kollektiven *intelligentia spiritualis* konvergieren. Das Muster oder der Archetyp des beide Begriffstraditionen integrierenden ›spirituellen Mönchs‹ ist offenbar – abgesehen von Grenzgängern wie David Steindl-Rast oder Raimon Panikkar – mehr Wunsch als reale Möglichkeit. Eine systematische Begründung und Durchdringung des Begriffs wird – mit Ausnahme weniger Ansätze – weder von der kirchlichen noch von der freireligiösen Seite geleistet. Die kirchlichen Autoren des deutschen Sprachraums (besonders auf katholischer Seite) neigen dazu, die Pluralität des Religiösen in der Gegenwart zu verkennen und identifizieren »Spiritualität« *de facto* mit »christlicher Spiritualität«.[122] Das Stichwort der »Ganzheitlichkeit«, das als wichtiges inhaltliches Kriterium von »Spiritualität« gilt, wird offenbar unbewußt mit dem ekklesiologischen Kriterium der »Katholizität« vermengt. Dabei wird unterschlagen, daß »Katholizität« sowohl im engeren konfessionellen wie im weiteren religionstheologischen Sinne unter heutigen Bedingungen eine Aufgabe und nicht ein Attribut tatsächlicher Strukturen ist: Die Römisch-Katholische Kirche ist *eine* christliche Kirche *neben anderen*, und die christliche Kirche im ganzen repräsentiert *eine* Religion *neben anderen*. Wenn »Spiritualität« daher ausschließlich von der Gegenwartssituation christlicher Kirchen

---

120. Vgl. dazu den Abschnitt über Befreiungstheologie in: Capra und Steindl-Rast (1991), 261ff.; vgl. auch Raimon Panikkar: Den Mönch in sich entdecken, München: Kösel, 1989 (engl. Original 1982), 118ff.
121. Vgl. dazu ausführlich: Panikkar (1982). Sieben Jahre vor dem Ersterscheinen dieses Buches hielt Steindl-Rast bei den legendären, von William I. Thompson veranstalteten Lindisfarne-Conferences (vgl. oben, Kap.2.1.2.3.) einen Vortrag mit dem Titel: »Der Mönch in uns«, in dem die entsprechenden Themen bereits anklingen (abgedruckt in: Antwort der Erde (1977), 22-30).
122. Vgl. dazu oben, Anm.65.

bestimmt wird, kann der universale Anspruch des Begriffs nicht eingelöst werden, der mit seiner angelsächsischen Bedeutungstradition verbunden ist.

Auf der Seite der Neuen religiösen Szenerie bleiben dagegen die Inhalte des Begriffs vage und unbestimmt, weil er aufgrund seiner Protestfunktion in der Auseinandersetzung mit traditionellen kirchlichen Strukturen keine eigenständige Basis gewinnen kann und über klischeehafte Gegensatzformulierungen wie »Wissen aus erster Hand« *contra* »Glauben aus zweiter Hand« oder »Mystik« *contra* »Dogma« nicht hinauskommt. Das erklärt die besondere Bedeutung von Grenzgängern wie Steindl-Rast oder Panikkar, die – auf der Basis einer weiten Fassung des Wortes »katholisch« – die christlichen (im wesentlichen monastisch-katholischen) Inhalte so aufzubereiten versuchen, daß sie für Angehörige der freireligiösen Szenerie zugänglich werden. Doch dürfte eine ›Heimkehr‹ der Neuen religiösen Bewegungen in traditionelle kirchliche Strukturen ebenso illusionär sein wie die Selbstauflösung oder grundlegende Umgestaltung der Kirchen im Sinne eines spiritualistischen Neuen Zeitalters.

9. Auswertung des zweiten Hauptteils: Neue religiöse Szenerie zwischen Tradition, Säkularisierung und religiöser Reinterpretation

9.1 Ein eigenständiger Sektor moderner Religionsgeschichte

Im bisherigen Verlauf der Arbeit wurde das Phänomen »New Age« in einen zeit- und ideengeschichtlichen Rahmen gestellt, um es für religionswissenschaftliche Forschung operationalisierbar zu machen. Es zeigte sich zunächst (Hauptteil I), daß dem Gegenstand »New Age« nicht durch Abgrenzung beizukommen ist. Der Ausdruck beschreibt weder eine soziologisch definierbare »Bewegung« noch eine hinreichend geschlossene »Weltanschauung«. Er steht vielmehr für einen bestimmten Typus abendländischer Religiosität, der für die gegenwärtige Situation des Religiösen *im ganzen* – außerhalb wie innerhalb der klassischen Sozialgestalten des Christentums – charakteristisch ist. Die Thematik gewinnt jedoch eine besondere Ausprägung bei Individuen und Gruppen, die sich infolge der Säkularisierungsprozesse der Moderne keiner traditionellen Religion zugehörig fühlen und insbesondere der christlichen Religion distanziert gegenüberstehen. Sie lassen keinen Zugang zu den überkommenen theologischen Denkmustern und kirchlichen Sozialisationsformen der christlichen Religion erkennen. Religiosität (oder »Spiritualität«) ist daher bei ihnen nicht identisch mit der Zugehörigkeit zur christlichen Religion bzw. einer anderen der klassischen Weltreligionen.

Der auffällige Sprachjargon und die neuartige Veranstaltungs- und Bücherkultur, auf Grund deren sich in der Öffentlichkeit der Eindruck einer neuen religiösen »Bewegung« oder »Weltanschauung« namens »New Age« verbreitet hat, erklärt sich als Folge jener Entfremdungseffekte: Nicht nur die »Welt«, sondern auch die »Religion« ist seit etwas mehr als 200 Jahren Gegenstand von Säkularisierungsprozessen. »New Age« steht zusammen mit anderen Phänomenen religiöser Zeitgeschichte für das Ergebnis, die ›säkularisierte Religion‹. Wie sich in den letzten Jahren zeigte, ist diese zu unerwarteter Eigendynamik fähig.

Im zweiten Hauptteil der Arbeit wurde die Ideen- und Begriffsgeschichte des Ausdrucks »New Age« und seines Synonyms »Wassermann-Zeitalter« untersucht. Dabei kristallisierten sich typische Fragestellungen, Themen und zugehörige Begriffe heraus, die den freireligiösen Anteil der modernen Religionsgeschichte im besonderen charakterisieren. Sie lassen sich in drei Kategorien einteilen:

Die *erste* Kategorie besteht aus Themen, die am Beginn der Moderne entstanden und die heutige religiöse Szenerie mit Bewegungen dieser Zeit verbinden:
(a) Am wichtigsten ist die Verhältnisbestimmung zwischen »Wissenschaft« und »Religion«. Dieses Thema wurde oben am Beispiel Swedenborgs und der neuentstan-

denen religiösen Bewegungen des 19. Jahrhunderts analysiert. Obwohl »Wissenschaft« in diesem Zusammenhang zumeist »Naturwissenschaft« *(science)* bedeutet, gibt es ähnliche Fragestellungen auch im Bereich der Geistes- und Kulturwissenschaften. So zeigt das moderne Mythologem des »Wassermann-Zeitalters«, in welcher Weise sich altertumswissenschaftliche und esoterisch-religiöse Denkmodelle miteinander verschränken können.

(b) Mit diesem Thema hängt der Versuch des Ausgleichs zwischen »Rationalität« und »Intuition« zusammen. Er konkretisiert sich in neuen religiösen Bewegungen seit Swedenborg als ›übernatürlicher Rationalismus‹, als ein Streben nach einer Verknüpfung von »Rationalität« und »Intuition«, das in Spannung einerseits zur modernen Philosophie und Erkenntnistheorie, andererseits zum Hauptstrom des naturwissenschaftlichen Weltbildes steht und gerade aus dieser doppelten Spannung zu leben scheint.

(c) Ebenso wird ein Ausgleich zwischen privatisierter Religion und säkularisierten Formen des politischen Engagements in Gestalt eines zugleich politischen und religiös-esoterischen Utopismus gesucht.

Die *zweite* Kategorie hat einen komplizierteren religionsgeschichtlichen Hintergrund. Es handelt sich um Themen der abendländischen Religionsgeschichte, die in verschiedenen Zeiten immer wieder auftraten, häufig miteinander verknüpft waren und in dieser Kombination unter den Bedingungen der Moderne neue Formen annahmen:

(a) Am wichtigsten ist die Konzeption des »Neuen Zeitalters« selbst, dessen Wurzeln die neutestamentliche Apokalyptik, chiliastische Erwartungen, die Voraussagen Joachim von Fiores, antike Vorstellungen des »Goldenen Zeitalters« und der ewigen Wiederkehr des Gleichen sowie astrologische Zeitalterlehren sind. Sie konkretisiert sich in der Moderne zur Erwartung einer neuen himmlischen (bzw. kosmischen) Ordnung, die die oben genannten Vermittlungen zwischen ›Rationalität‹ und ›Intuition‹, ›Wissenschaft‹ und ›Religion‹ usw. ermöglichen soll.

(b) Weit verzweigt ist auch die Konzeption einer spiritualistischen Auslegung biblischer Inhalte oder anderer heiliger Schriften. Sie ist durch Joachims Erwartung eines »Reiches des Geistes«, in dem das *evangelium aeternum* als geistiger Schriftsinn jedem Menschen zugänglich sei, mit dem Thema der Zeitalterlehren eng verknüpft. Die modernen Begriffe des »Neuen Bewußtseins« und der »Bewußtseinserweiterung«, beide zum Sprachjargon der sog. »New Age-Grundbegriffe« gehörend, haben hier ihre Wurzeln.[1]

(c) Nicht weit davon entfernt ist das Thema der »Spiritualität«. Dabei geht es um eine freie, in eigener Erfahrung gründende und an ihrer Vertiefung sich orientierende religiöse Praxis im Gegensatz zur Religion der »Kirche« und ihrer Theologie, die als »dogmatisch«, vom Subjekt und seinem Erleben abgelöst und daher als ›kalt‹ erlebt

---

1. Zwar wurden diese Begriffe in ihrer gegenwärtigen Bedeutung vornehmlich von der ›säkularen‹ Psychologie der vergangenen Jahrzehnte geprägt, doch zeigt sich bei Autoren wie Stanislav Grof eine »spirituelle« Argumentationslinie, die auf ältere, eigentlich fachfremde Traditionen zurückgreift (vgl. dazu oben, Kap.8.2.; vgl. auch ders. (1985), 316ff.350ff et passim).

wird. Zwar ist das Substantiv »Spiritualität« neuen Datums; doch obwohl sich die zugehörige Konzeption heute modisch als religiöse Erlebniskultur geriert, geht der zugrundeliegende Konflikt zwischen »Erfahrung« und »Dogma« in der abendländischen Religionsgeschichte weit zurück. Er hat seine Wurzeln in der selben Frage nach der Quelle christlicher Wahrheit, die auch die Diskussion um das »innere Wort« prägt.[2] Auch die Begriffsgeschichte von »Spiritualität« ist hier verwurzelt.

Die *dritte* Kategorie enthält gegenwartsspezifische Themen, die religiöse und säkulare Aspekte miteinander verbinden und deren religiöse Qualität häufig aus Momenten der ersten beiden Kategorien gespeist wird:
(a) Hierzu gehört das Thema der »Ökologie«, das sich einerseits aus der ›säkularen‹ Gegenwartserfahrung einer weltweiten Umweltverschmutzung begründet, durch die häufige Verbindung mit dem Stichwort »Ganzheitlichkeit« aber zugleich mit älteren, religiös qualifizierten Konzepten verkoppelt wird (vgl. z.B. das Stichwort »Tiefenökologie« und seine inhaltliche Füllung durch Fritjof Capra[3]).
(b) Ebenso gegenwartsbezogen ist das Thema der »Selbstorganisation« und des »Netzwerks«, das gleichzeitig für ›alternative‹ Organisationsformen menschlicher Gemeinschaft wie für ›alternative‹ naturwissenschaftliche Denkmodelle zur Organisation der Natur erscheint und gerade aus dieser Doppeldeutigkeit seine Lebenskraft bezieht. Es knüpft zugleich, soweit mit religiösen Aspekten versehen, an spiritualistische, anti-hierarchische Modelle religiöser ›Selbstorganisation‹ an.
(c) Auch das Thema der »feministischen Spiritualität«, das bei der Genese der gegenwärtigen freireligiösen Szenerie eine entscheidende Rolle spielte, setzt moderne Emanzipationsbemühungen voraus, wie sie erst im 20. Jahrhundert in genügender Breite zum Tragen kamen. Gleichwohl sind auch hier historische Impulse aus früheren Zeiten mitverwertet, die der heutigen Bewegung erst ihre tiefere Qualität verleihen.

Zusammen mit den genannten Themen läßt sich auch der ›Sprachjargon‹ der Neuen religiösen Szenerie in einen historischen Kontext stellen. Neben »Neues Zeitalter«, »Bewußtseinserweiterung« und »Spiritualität« können weitere der bei Spangler (1984) und Schorsch (1988) zusammengestellten »Grundbegriffe der New Age-Bewegung« historisch erklärt werden:[4] »Selbstverwirklichung« ist ein zentrales Stichwort unterschiedlicher neureligiöser Bewegungen seit Beginn des 20. Jahrhunderts, wie die Verwendung bei Hermann Graf Keyserling[5] oder bei Paramahamsa Yogâ-

2. Vgl. dazu oben, Kap.6.2.1.
3. S.u., Kap.11.
4. Die übrigen »Grundbegriffe« (Schorsch nennt noch »Paradigma«, »Transformation« und »Planetares Bewußtsein«) entstammen aus anderen, modernen Kontexten. Zum Stichwort »Paradigma« vgl. unten, Kap.12.2.
5. Vgl. H. Graf Keyserling (1918): Selbstverwirklichung ist für Keyserling das Ziel des religiösen Weges. Er schreibt gleich zu Beginn: »Was mich hinaustreibt in die weite Welt, ist eben das, was so viele ins Kloster getrieben hat: die Sehnsucht nach Selbstverwirklichung« (S.14). Der Ausdruck erscheint häufig in seinem Buch und war auch grundlegend für die »Schule der Weisheit«, die er nach seinen Weltreisen in Darmstadt gründete. Vgl. dazu auch A. Keyserling (1990), bes. 18ff.

nanda zeigt.⁶ Abraham Maslow und Roberto Assagioli waren vermutlich die ersten, die den Ausdruck im Bereich der Psychologie und Psychotherapie benutzten.⁷ »Androgynität« ist ein altes mythologisches Konzept, das in neuerer Zeit u.a. von C.G. Jung (Animus und Anima) benutzt wurde.⁸

Auf dieser Basis läßt sich nun präziser zwischen Phänomenen einer religionsgeschichtlichen Epoche einerseits, zusammenhängenden religiösen Bewegungen andererseits unterscheiden. Wenn z.b. Hartmut Zinser »Themen, Begriffe, Denkmodelle aber auch Handlungsweisen« sowie »Kulte des New Age« benennt, die »von der Religionswissenschaft unter den Bereich der Religion subsumiert werden«,⁹ so kann dies nun dahingehend präzisiert werden, daß die beobachteten religiösen Phänomene als *geprägte Formen und Themen der abendländischen Religionsgeschichte seit 1750* zu interpretieren sind. Sie belegen demnach nicht, daß »New Age« eine eigene »Religion« oder »Weltanschauung« ist, sondern sie sind allgemeine Ausdrucksformen der »Religionsgeschichte der Moderne« als einer *Epoche*.¹⁰ Die »religiösen« Merkmale des Autors Trevelyan stehen z.b. im Rahmen einer anthroposophischen Tradition, bei Capra vor dem Hintergrund der Hippie-Bewegung und einer lebenspraktischen Rezeption östlicher Religionen im Westen.¹¹ Unmittelbare religionshistorische Beziehungen zwischen beiden sind nicht vorhanden. Was sie verbindet, ist die Zeitgenossenschaft moderner Auseinandersetzung mit dem Thema der Religion.

6. Yogânandas amerikanische Organisation heißt seit den 20er Jahren: »Self Realization Fellowship« (vgl. Hummel (1980), 45).
7. Abraham Maslow: Motivation und Persönlichkeit, Reinbek 1989 (dt. zuerst 1977, engl. Original 1954), bes. 179ff.; Roberto Assagioli: Selbstverwirklichung und psychologische Störungen, in ders.: Psychosynthese. Prinzipien, Methoden und Techniken, Adliswil/Zürich: Astrologisch-Psychologisches Institut, 1990, 48ff (dt. zuerst Freiburg: Aurum, 1978; engl. Original 1965; das betreffende Kapitel wurde bereits 1933 erstmals veröffentlicht). Assagioli (1888-1974) war ein Vorreiter der Verknüpfung psychologischer und religiösesoterischer Thematik. Er war bereits seit den 20er Jahren vertraut mit theosophischem Gedankengut im Umkreis von Annie Besant und Alice Bailey (vgl. dazu dies. (1949), 224f.).
8. Vgl. Wehr (1989), 13f.
9. Zinser (1992), 34.38; vgl. dazu oben, Kap.1.2.5.
10. Zu diesem Ergebnis kommt auch Zinser (ebd., 42ff.), was allerdings im unaufgelösten Widerspruch zu den affirmativen Aussagen im Eingangsteil seines Aufsatzes steht (vgl. dazu oben, Kap.1.2.5).
11. Vgl. Trevelyan (1977); Capra (1987).

9.2 Im Spannungsfeld moderner Selbstreflexion zwischen Rationalität und Kritik am Rationalen

Die Thematik des Ausgleichs zwischen »Rationalität« und »Intuition«, die in fast allen freireligiösen Bewegungen seit etwa 1750 eine wichtige Bedeutung hat, ist gleichwohl kein Spezifikum der »Esoterik«, sondern gehört zu den zentralen Themen der modernen Geistesgeschichte. Sie spiegelt eine eigentümliche Selbstreflexion des modernen Subjekts wider, die sich auch in den ›irrationalen‹ Strömungen des Pietismus oder der Erweckungsbewegungen Ausdruck verschaffte, aber in ihrer Tragweite über diese innerkirchlichen bzw. kirchennahen Erscheinungen weit hinausreicht. Wie besonders das Beispiel Emanuel Swedenborgs zeigt, brachte die ›rationale‹ Durchdringung der äußeren Wirklichkeit nicht nur die moderne Religionskritik hervor, sondern führte auch zu einem neuartigen, religiös qualifizierten Irrationalismus ›im eigenen Hause‹ im Sinne einer Selbstinfragestellung moderner Rationalität. Zwar gab es schon immer ›irrationale‹ Ansätze der Weltdeutung, die sich auf besondere, z.B. visionäre Erkenntnismittel beriefen. Doch anders als frühere Visionsberichte geben sich Swedenborgs Darstellungen, wie oben analysiert, in Stil und Argumentationsweise präzise und ›rational‹, und sein Gesamtentwurf weist einen hohen Grad an intellektueller Reflektiertheit auf. Dahinter steht ein neuartiger Anspruch, die moderne Rationalität mitzuvertreten.

Die Thematisierung von »Rationalität« hängt eng zusammen mit der Frage der naturwissenschaftlichen Weltbeherrschung und ihren anthropologischen Konsequenzen. Sie konkretisiert sich bald nach Swedenborg in einer Kritik vieler Autoren an der eigenen Gegenwart als dem zu überwindenden »mechanistischen Zeitalter«. Wie schon gesehen, wird Newton als Personifikation des naturwissenschaftlichen Zeitalters bei Blake als Satan dargestellt.[12] Eine ähnliche Kritik findet sich in vielen Entwürfen der gegenwärtigen religiösen Szenerie (Capra erwähnt neben Newton ausdrücklich auch Descartes, der für die philosophischen Grundlagen des naturwissenschaftlichen Weltbildes verantwortlich sei). So ist eines der wenigen durchgehenden gedanklichen Konzepte der sog. »New Age-Autoren« die Kritik am »mechanistischen« oder »kartesianisch-Newtonschen« Zeitalter. Wie die Beispiele Cranes und Carpenters zeigen,[13] gibt es zwischen Blake und der heutigen Diskussion zahlreiche Zwischenglieder.

Man könnte fragen, worin sich die Utopien des »Neuen Zeitalters« von »fundamentalistischen« Typen der Modernekritik unterscheiden.[14] Als deren Kennzeichen

---

12. Vgl. dazu oben, Kap.6.3.1.5.
13. Vgl. oben, Kap.6.3.2.4. und 7.2.3.
14. An dieser Stelle ist eine Erläuterung des Stichworts »Fundamentalismus« nötig, das gelegentlich mit »New Age« identifiziert wird.
    Reinhart Hummel beschreibt den »Neo-Fundamentalismus« der USA und die »New Age-Bewegung« als »feindliche Brüder«, die als »zwei verschiedene Reaktionen auf das gleiche Phänomen«, die Veränderungen moderner Gesellschafts- und Denkstrukturen, zu verstehen seien (Hummel 1988a, 38 u.ö.). Die Charakterisierung ist sicherlich zutreffend,

wird ebenfalls eine ambivalente Haltung zur Moderne angegeben, die die technologischen Segnungen zwar annimmt, die geistesgeschichtliche Seite aber ablehnt.[15] Im Unterschied dazu nehmen die meisten Vertreter der Neuen religiösen Bewegungen seit Swedenborg beides für sich in Anspruch, wollen es allerdings durch Ausgleich zwischen ›Rationalität‹ und ›Intuition‹ in einen gewandelten Rahmen stellen. Auch wenn die Argumentation häufig zur Seite des Antirationalen ›umkippt‹, kann sie doch nicht einfach als ›irrationalistisch‹ oder ›traditionalistisch‹ gedeutet werden, sondern versteht sich im Zusammenhang eines Harmoniemodells nach dem Vorbild William

was die zentralen *Themen* der Auseinandersetzung in diesen Bewegungen anbelangt. Doch sind die *Antworten* durchaus verschieden. Daher ist das Phänomen der Modernekritik nicht zur inhaltlichen Charakterisierung einzelner Bewegungen geeignet und sollte schon gar nicht als Sammelkategorie benutzt werden.

Das ignoriert Thomas Meyer (Fundamentalismus. Aufstand gegen die Moderne, Reinbek 1989, bes. S.120ff.). Er definiert »Fundamentalismus« ausschließlich anhand des Antimodernismus-Kriteriums als prinzipiellen Aufstand gegen die Selbstbeschränkung der Erkenntnismittel und Handlungsmaximen der modernen Vernunft. Folglich identifiziert er den »grünen Fundamentalismus« Rudolf Bahros und die »immer mehr in die Breite schwappende New Age-Welle« mit dem »religiösen Fundamentalismus« im Iran und in den USA, wie auch mit dem »Fundamentalismus« der Rote-Armee-Fraktion.

Der Autor unterschätzt dabei die pluralisierenden Folgen moderner Denkstrukturen und die Eigendynamik der »Religion in der Moderne« (S.36-40), die wohl kaum auf den Protestantismus als einzig noch legitime Religionsform eingegrenzt werden kann. Zwar sind im akademischen Protestantismus des Westens die Konsequenzen der Moderne für die Religion mehr als anderswo reflektiert, doch wäre es ein Verrat an den eigenen aufgeklärten Denkprinzipien, von dieser Grundlage aus die faktische Struktur des Religiösen in das platte Schema ›aufgeklärt‹ – ›aufklärungsverweigerisch‹ fügen zu wollen. »Fundamentalismus« wird so zu einer häresiologischen Kategorie in den Diensten moderner Rechtgläubigkeit, die den Protestantismus aufgrund seiner Reflektiertheit von der Religionskritik ausnimmt und deren Geschosse umso heftiger den religiösen Konkurrenten zukommen läßt. Aus religionsgeschichtlicher Sicht ist Meyers Zugang zu unscharf, weil er den jeweiligen Kontext der ganz unterschiedlichen Bewegungen ignoriert (vgl. dazu auch Hans G. Kippenberg: Revolt Against Modernism. A Note on Some Recent Comparative Studies in Fundamentalism, in: Numen 38 (1991), 128-133; Hermann Timm: Am Ende der Modernitätsorthodoxie. Standortbestimmung zwischen New Age und Neofundamentalismus, in: ders.: Wahr-Zeichen. Angebote zur Erneuerung religiöser Symbolkultur, Stuttgart 1993, 32-55).

Eine methodische Klärung der soziologischen Verwendung des Begriffs »Fundamentalismus« bietet Riesebrodt (1990). Man müsse die seit Max Weber verinnerlichte Sichtweise der westlichen Entwicklung der letzten 150 Jahre als »Normalfall« aufgeben, in deren Konsequenz alles andere als »Abweichung« identifiziert werde. »Fundamentalismus« sei eine »städtische Bewegung, die primär gegen die Auflösung personalistisch-patriarchalischer Ordnungsvorstellungen und Sozialbeziehungen sowie deren Ersetzung durch versachlichte Prinzipien gerichtet ist« (S.11).

15. Diese Kennzeichnung stammt von Martin E. Marty (Fundamentalism as a Social Phenomenon, in: Bulletin of the American Academy of Arts and Sciences 42,2 (1988), 15-29). Bassam Tibi brachte das Phänomen auf die plakative Formel: »Der Traum von der halben Moderne« (Diskussionsbeitrag bei einem Colloquium der Herbert Quandt-Stiftung am 23.6.1992 in München).

Blakes. Mit anderen Worten: Modernekritik und der Anspruch auf die Vollendung der Moderne (oft mit der Euphorie des evolutionistischen ›Gipfelbewußtseins‹ vorgetragen) gehören zusammen und stehen in fortwährender dialektischer Spannung – angesichts der reflexiven Struktur der Moderne kann das auch nicht anders sein.

9.3 Ambivalenz der Säkularisierungsprozesse

Die geistesgeschichtliche Dimension der Säkularisierung erweist sich angesichts der beschriebenen Phänomene nicht erst heute, sondern von Anbeginn der Moderne als ambivalent. Nicht nur der seit Max Weber mit dem Säkularisierungsbegriff verbundene moderne Rationalismus und seine theologische Reflexion, Kritik und Adaption, sondern auch die Entwürfe der modernen religiösen Bewegungen mit ihren ›irrationalen‹ Momenten, die Himmelsreisen Swedenborgs, die Kontakte moderner Theosophen mit »tibetischen Meistern« oder die ekstatischen Erlebnisse der Hippies in Haight Ashbury sind als Begleiterscheinungen und Ergebnisse dieses Prozesses zu interpretieren.

Zwar handelt es sich dabei um marginale Erscheinungen der Geistesgeschichte, aber die Tatsache, daß sie in der Gegenwart plötzlich eine starke soziale Relevanz bekommen (siehe erster Hauptteil), läßt aufhorchen. Jedenfalls widerspräche es der vorfindlichen Realität, jene Erscheinungen aus der Moderne hinauszudefinieren und lediglich als Relikte vormoderner Denkformen und Sozialstrukturen zu interpretieren. Vielmehr sind sie selbst als Produkte der Moderne anzusehen, auch dort, wo sie vormoderne Inhalte in neuer Form rezipieren. Denn solche Rezeption geschieht – wie das Beispiel des Topos »Wassermann-Zeitalter« belegt – in eigentümlicher Weise: ›Wissenschaftliche‹ und ›esoterische‹ Theorien verschränken sich.[16] Dabei entstehen neuartige Mythologeme, die im Unterschied zu ihren vormodernen Vorbildern durch die schillernde Gleichzeitigkeit von mythischer und rational-reflexiver Ebene gekennzeichnet sind.

Auch in soziologischer Perspektive ist der Säkularisierungsprozeß ambivalent: Trotz zunehmender Desintegration der Bevölkerung aus traditionellen religiösen Bindungen blüht eine neue Religiosität, die die Ergebnisse der Säkularisierung zumindest partiell rückgängig zu machen scheint. In diesem Zusammenhang wird häufig – mit ausdrücklicher Bezugnahme auf Max Webers Terminus der »Entzauberung« – von einer »Wiederverzauberung der Welt« gesprochen.[17]

16. Dafür steht in der einschlägigen Literatur z.B. das Stichwort »Grenzwissenschaften« (u.a. Reihentitel bei Goldmann, auch vom O.W.Barth-Verlag in den 60er Jahren zur Programmbezeichnung benutzt), das als ein positiv wertendes Synonym für das zu irrationalistisch klingende Wort »Esoterik« verstanden werden will (Auskunft W.v.Fritsch).
17. So Berman (1981) (Originaltitel: Reenchantment of the World); zu Max Weber vgl. ebd., 10. Die gleiche Denkfigur – in anderer Perspektive – zeigt der Titel des EZW-Buches: »Die Rückkehr der Zauberer« (Hemminger (Hrsg.) (1987)); vgl. außerdem auch David R.

Im Bild gesprochen, ist nach der Rodung des ›Urwaldes‹ der Religion durch die Säkularisierungsprozesse ein ›Sekundärwald‹ entstanden, der nicht mehr identisch mit dem Vorgänger ist und in dem eigene Gesetzmäßigkeiten herrschen. Sämlinge der alten Waldbestände mischten sich mit zufällig eingeschleusten oder bewußt gepflanzten ›Exoten‹, vi l Erde wurde weggeschwämmt, allerhand ›Säkularisierungsmüll‹ blieb liegen, und auch die eingezäunten künstlichen Reservate haben den ›Zauber‹ des alten Urwalds längst verloren. Manche ›Bewohner‹ der religiösen Landschaft reflektieren die neue Situation, andere lassen keine spezifische Reaktion erkennen, obwohl alle gleichermaßen von den Veränderungen betroffen sind.

Säkularisierung und Wiederverzauberung sind fortan als synchrone Prozesse zu verstehen, die zu keinem eindeutigen Endergebnis führen. In diesem Sinn ist die disparate Struktur der gegenwärtigen religiösen Szenerie – einschließlich der Wiederverzauberungserscheinungen – ein Ergebnis von Säkularisierungsprozessen.

9.4 Pluralistische Struktur der modernen Religionsgeschichte

Die Gleichzeitigkeit rationaler und irrationaler, wissenschaftlicher und esoterischer, säkularer und religiöser Reflexionsebenen wird ermöglicht durch die pluralistische, »vielspältige«[18] Struktur der modernen Geistesgeschichte. Dem entspricht auf soziologischer Ebene eine Diversifizierung der religiösen Sozialgestalten. Es gibt Bereiche des Religiösen, die nicht in traditioneller Form als »Kirchen« oder »Sekten« organisiert sind. In der Terminologie Ernst Troeltschs wären sie dem dritten Typus der Soziallehren, der »Mystik« zuzuordnen. Dessen Einzugsbereich hat sich sowohl quantitativ wie auch hinsichtlich der verfügbaren Inhalte und Lehren in der Gegenwart enorm ausgeweitet. Die einst von einzelnen Literaten vertretenen Konzeptionen sind heute öffentlich zugänglich und werden breit aufgenommen. Ein wichtiges inhaltliches Kennzeichen der Veränderungen ist die starke Rezeption nicht-christlicher religiöser Traditionen im Westen, die häufig – genauso wie die übernommenen Elemente der abendländischen Religionsgeschichte – aus ihrem ursprünglichen Kontext gelöst und entsprechend der modernen Situation umgewandelt werden.

Die Ursachen dieser Diversifikation der religiösen Landschaft liegen nicht in erster Linie in der missionarischen Aktivität östlicher Religionen, einer ›gnostischen Geheimverschwörung‹ oder auf andere Weise von ›außen‹ kommender Herausforderungen des ›ansässigen‹ christlichen Glaubens, sondern sie sind ›hausgemacht‹: Der religiöse Pluralismus der Gegenwart ist selbst als ein Effekt der westlichen Moderne

---

Griffin (Hrsg.): The Reenchantment of Science: Postmodern Proposals, Albany: SUNY-Press, 1988.
18. Zu diesem Stichwort vgl. Trutz Rendtorff: Vielspältiges. Protestantische Beiträge zur ethischen Kultur, Stuttgart 1991.

und ihrer Auseinandersetzung mit den christlichen Wurzeln zu sehen.[19] Dementsprechend wäre es auch verfehlt, die gegenwärtige religiöse Szenerie zu scharf in einen »christlichen« und einen »außerchristlichen« Teil scheiden zu wollen. Denn im Bereich der christlichen Kirchen existiert prinzipiell dieselbe Vielfalt religiöser Erscheinungen, wie sie »New Age«-Kongresse oder einschlägige Taschenbuchreihen kennzeichnet.[20]

Die sog. »New Age«-Entwürfe haben als Gemeinsamkeit nur ein negatives Kriterium, nämlich die Absetzung von entsprechenden kirchlich sanktionierten Deutungen derselben Fragen: In der Gegenwart gibt es religiöse Deutungsansprüche, die gleichwohl nicht im wissenssoziologischen Rahmen traditioneller Theologie und Kirche liegen. Diese Besonderheit in der Systematik moderner religiöser Weltdeutungen ergibt sich aus der oben diskutierten pluralistischen Gegenwartsstruktur, die mit einem »Monopolverlust« (R. Hummel und andere nach P.L. Berger) kirchlicher und theologischer Lehrautorität verbunden ist.

9.5 Säkulare Themen in religiöser Deutung

Die Ambivalenz der Säkularisierung drückt sich schließlich auch in charakteristischen Themen aus, die die Reflexion der gegenwärtigen religiösen Szenerie kennzeichnen. Sie entstammen säkularen Zusammenhängen des Denkens, der Wahrnehmung der Welt und des Menschen, werden aber einer erneuten religiösen Deutung zugeführt. So ist z.B. die Frage nach der Auswirkung naturwissenschaftlicher Erkenntnisse auf das Weltbild des Menschen zunächst säkularer Natur, wird aber von Autoren wie dem Physiker Capra zur Grundlage einer Werteethik mit religiösen Implikationen gemacht.

Auch diese Eigenart gegenwärtiger religiöser Erscheinungen hat ihre Vorbilder in den religiösen und literarischen Entwürfen, die in den vergangenen Kapiteln dargestellt wurden. Dabei zeigt sich, daß Säkularisierung und Resakralisierung komplementäre Erscheinungen der modernen Religionsgeschichte sind, die gleichzeitig oder nacheinander auftreten können. Spiritualistische Konzeptionen, wie sie oben in Kapitel 6.2.1 dargestellt wurden, dienen häufig als Hilfsmittel solcher Verwandlungsprozesse in beiden Richtungen.

So wurde bei Swedenborg, stärker noch bei Blake, die Frage der älteren Spiritualisten nach der Präsenz Gottes im Innern der Seele in die kosmologische Frage nach der Göttlichkeit der Welt überführt, indem die Welt in ihrem innersten Wesen als »Homo

---

19. Vgl. Trutz Rendtorff: Theologie in der Moderne. Über Religion im Prozeß der Aufklärung, Gütersloh 1991, bes. 72ff.: »Religiöser Pluralismus und die Absolutheit des Christentums«, 201ff.: »Neuzeit als ein Kapitel der Christentumsgeschichte. Über das Erbe des historischen Bewußtseins«, und 273ff.: »Verborgene Kontinuitäten. Studien zur Religion im Kontext der Moderne.«

20. Eine aktuelle Charakterisierung des binnenkirchlichen Pluralismus in ekklesiologischer Reflexion bietet Tanner (1992).

Maximus« bzw. »Divine Humanity« bezeichnet und auf diese Weise Kosmologie und Anthropologie miteinander verwoben wurden.[21] Eine ähnliche Verkoppelung kosmologischer und anthropologischer Fragestellungen liegt im Konzept der Identität von *brahman* und *âtman* in der indischen Philosophie vor; sie kommt besonders in der Formel *tat tvam asi* (»das bist du«) zum Ausdruck.[22] Die konzeptionelle Ähnlichkeit mit dem säkularisierten abendländischen Spiritualismus dürfte – neben der ethischen Interpretation jener Formel bei Schopenhauer, Deussen und Neohinduisten wie Vivekânanda – ein wichtiger Grund für ihre häufige Rezeption im Westen sein, die vom Ende des 19. Jahrhunderts bis in die Gegenwart reicht.[23] Ein weiteres Beispiel der ›Säkularisierung‹ spiritualistischer Charakteristika ist die Übertragung antidogmatischer Positionen von theologischen auf politisch-gesellschaftliche Fragen, wie sie in der Ablehnung der ›Dogmen‹ des Sozialismus zugunsten seiner ›inneren Werte‹ in der Zeitschrift »The New Age« veranschaulicht wird.

21. Entsprechende Vorüberlegungen, die sich aus neuplatonischen Wurzeln speisen, gibt es zwar schon bei Sebastian Franck oder Paracelsus (vgl. oben, Kap.6.2.1.), doch stehen diese in einem theologischen Rahmen, während sie sich in der Moderne aus diesem Rahmen lösen und die Theologie ersetzen können. Insofern handelt es sich dabei um einen ›Säkularisierungseffekt‹.
22. Chândogya-Upanishad 6, vgl. unten, Kap.12.1.1.
23. Zur Aufnahme bei Ferguson vgl. oben, Kap.8.2.2, Anm.92; zu Capra vgl. unten, Kap.12.1.1.

Dritter Hauptteil:
Säkulare Themen in religiöser Deutung: Themenwahl und Struktur neuer religiöser Entwürfe

10. Einleitung und Übersicht

Für den systematischen Schlußteil der Arbeit können nun mit Hilfe der Analysen des zweiten Hauptteils aus der verwirrenden Fülle gegenwärtiger Entwürfe einige übergreifende Themenbereiche herausdestilliert werden. Zunächst sollen dazu die allgemeinen Fragestellungen noch einmal aufgelistet werden, die mit ihrer Verknüpfung säkularer Themen und religiöser Deutungen als typisch für die Religionsgeschichte der Moderne seit Ende des 18. Jahrhunderts nachgewiesen werden konnten, und die sich in der sog.»New Age«-Literatur der Gegenwart wiederfinden. Im zweiten Schritt soll dann versucht werden, spezifische Interessenbereiche der Gegenwart zu benennen, in denen sich jene allgemeinen Fragen bevorzugt manifestieren. Beides zusammen ermöglicht eine einigermaßen systematische Einteilung des »New-Age«-Literatursyndroms, ohne der Gefahr einer überzogenen Systematisierung zu erliegen, die zu einer künstlichen Verengung der verschiedenen Fragestellungen auf eine »Weltanschauung« führen müßte.

10.1 Zur Weiterführung allgemeiner Fragestellungen der modernen Religionsgeschichte in der Gegenwart

(1) Auffallend ist auch heute die weitverbreitete Kritik am »mechanistischen Zeitalter«, als deren prägende Gestalten zumeist Descartes (für die philosophischen Grundlagen) und Newton (für die physikalische Konkretion) bezeichnet werden. Man ver-

1. Die Identifikation der Newtonschen »Mechanik« mit dem kartesianischen Denken und die Kritik am »kartesianischen« oder »kartesianisch-Newtonschen Paradigma« bzw. am synonym verstandenen »mechanistischen Zeitalter« ist eine der wenigen inhaltlichen Gemeinsamkeiten der meisten sog. »New Age«-Entwürfe und der zugrundeliegenden Quellenliteratur. Sie findet sich u.a. bei Ferguson (1980), 30; Capra (1982), passim; Herbert Pietschmann: Das Ende der naturwissenschaftlichen Zeitalters, Wien und Hamburg: Paul Zsolnay, 1980, 25 et passim; Berman (1981), 24ff et passim; Grof (1985), 20 et passim; Gregory Bateson: Ökologie des Geistes. Anthropologische, psychologische, biologische und epistemologische Perspektiven, Frankfurt a.M.: Suhrkamp 1985 (dt. Erstausgabe: 1981; engl. Original 1972), hier 22ff.; ders. und Mary C.Bateson: Angels Fear: Toward an Epistemology of the Sacred, New York: Macmillan, 1987, hier 11 et passim; Christian Sailer: Die Sünde wider die Natur und die Hoffnung auf eine neue Erde, in: P.M.Pflüger (Hrsg.), Wendepunkte Erde Frau Gott (1987), 11-32, hier 12f. Fritjof Capra erklärte mir im persönlichen Gespräch, er habe erst allmählich erkannt, daß die Newtonsche Physik ihre Voraussetzung im Kartesianischen Denken habe. Infolgedessen ist in seinem ersten Buch, »Das Tao der Physik« (1975), noch nicht von Descartes die Rede.

sucht, die von der kartesianischen Philosophie getrennten Bereiche des Geistes und der Materie (*res cogitans* und *res extensa*) in neuer Weise in Beziehung zu setzen.[1] Dahinter läßt sich mehr oder weniger explizit der Versuch einer Versöhnung von »Wissenschaft« und »Religion« erkennen.[2] Dieser ist zumeist auch kritisch gegenüber dem Christentum als einer »dualistisch« (und damit quasi ›mechanistisch‹) verstandenen Religion artikuliert. Er kulminiert gegenwärtig im Begriff einer »neuen Wissenschaft«, die jene Versöhnung zu leisten im Stande sei.[3]

(2) Die Kritik verbindet sich mit dem Wunsch nach einer neuen Harmonie von ›Rationalität‹ und ›Intuition‹, die als »Bewußtseinserweiterung«, aber auch als neue »Körperkultur«, als notwendige Verbindung von Geist und Leib verstanden wird.

(3) Als drittes Hauptthema erscheint der Entwurf einer ›spirituellen Politik‹, die Verknüpfung einer Werteethik mit praktischen politischen Zielen (heute oft umwelt- und entwicklungspolitisch akzentuiert), wobei sich politische Überzeugungen und religiös begründete Werte gegenseitig legitimieren.

(4) Ein weiterer wichtiger Themenbereich ist die Begegnung und Auseinandersetzung mit nicht-westlichen Religionen (hauptsächlich asiatischer Provenienz), verschiedenen Naturreligionen (einschließlich vorchristlicher Religionen Europas) und bestimmten subkulturellen und esoterischen Traditionen der abendländischen Religionsgeschichte mit dem Ziel einer über-kulturellen Neufassung von Religion und religiöser Praxis, die sich als Neubestimmung des Verhältnisses von »Religion« und »Religionen« versteht.

(5) Schließlich ist das Thema der Frauenemanzipation und eines neuen Geschlechterverhältnisses von zentraler Bedeutung.[4] Es ist mit den anderen genannten Interessen-

2. Programmatisch bei G. u. M.C.Bateson (1987). Capra, der von Gregory Bateson beeinflußt ist, betonte im persönlichen Gespräch, das eigentliche Problem des Kartesianischen Weltbildes liege in der erst später erfolgten Subtraktion des Gottesbegriffs, wodurch sich der Gegensatz von Geist und Materie erst zu jenem »dualistischen« Weltbild verselbständigt habe. Descartes selbst habe noch an der übergeordneten Stellung Gottes festgehalten, der der Schöpfer sowohl des Geistes wie der Materie sei.
3. Wie noch zu zeigen (Kap.11.2.), ist ein Hauptunterschied der gegenwärtigen Diskussion um »New Age« zum 19. und frühen 20. Jahrhundert die Aufspaltung der Naturwissenschaften (bes. der Physik) in einen »klassischen« und einen »neuen« Aspekt, wodurch die Auseinandersetzung zwischen naturwissenschaftlichem und »visionärem« Weltbild in den Bereich der Naturwissenschaften selbst verlegt wird. Der erstere Aspekt, der oft mit dem Namen Newton verbunden ist, fällt dem alten Verdikt des »Mechanistischen« anheim, wie es schon Blake formulierte; der letztere beansprucht die Versöhnung von Wissenschaft und Religion, die früher nur im Rahmen ›metaphysischer‹ Theorien, z.B. im Spiritismus oder in der New-Thought-Bewegung formuliert, nicht aber selbst als Interpretation naturwissenschaftlicher Theorien dargelegt wurde.
4. In diesem Sinne bezeichnete Susanne Schaup, Lektorin und Übersetzerin wichtiger Publikationen im deutschen Sprachraum, den Feminismus neben der »neuen Wissenschaft« und der Begegnung der Religionen als eine der drei Hauptquellen der Neuen religiösen Szenerie (Gespräch am 1.6.1990).

bereichen mannigfach verknüpft und steht im Rahmen einer generellen anthropologischen Infragestellung gesellschaftlich sanktionierter Werte und Rollenzuweisungen an die Individuen.

Den Interessenbereichen ist gemeinsam, daß sie eine starke säkulare Identifikationskraft besitzen, moderne Menschen mobilisieren und keineswegs notwendig an spezifische religiöse Überzeugungen gekoppelt sind.[5] Bezeichnend ist aber, daß es in modernen sozialen Bewegungen ›spirituelle Flügel‹ gibt, bei den »Grünen« ebenso wie in der Frauenbewegung.[6] Obwohl jeweils auch entsprechende Interessengruppen innerhalb der Kirchen existieren, decken diese das ›spirituelle‹ Feld nicht ab, sondern die zugehörigen Fragen bilden außerdem Themenschwerpunkte im Bereich der kirchenunabhängigen religiösen Literatur.

Als zugrundeliegender Rahmen dieser Interessenbereiche ergab sich aus den Untersuchungen der vorangehenden Kapitel eine fortlaufende Selbstreflexion der Moderne, die bereits im 18. Jahrhundert einsetzte und deren Ende wohl nicht abzusehen ist. Insofern stehen weltanschauliche Entwürfe und Ideologien, die säkulare Themen gegenwärtiger Diskussion mit religiösen Deutungen versehen, ohne sich in den Zusammenhang der christlichen Theologie zu stellen, in einer geistesgeschichtlichen Kontinuität zu den esoterischen Bewegungen seit dem 18. Jahrhundert.

Die Zusammenstellung solcher Themenbereiche sollte nicht dazu verleiten, nun doch noch eine »New Age-Weltanschauung« zu konstruieren. Denn die genannten Gemeinsamkeiten der Einzelentwürfe erweisen sich bei genauerer Analyse als Ausdruck einer viel breiteren religiösen und gedanklichen Strömung, die nicht als eigenständige »Religion« oder »Weltanschauung«, sondern nur historiographisch als »Religionsgeschichte der Moderne« im Sinne einer Epoche auf einen Nenner zu bringen ist.[7] So ist es kaum verwunderlich, wenn diese historisch gewachsenen Themenbereiche der Verknüpfung säkularer und religiöser Moderne-Deutung in sehr unterschiedlichen Entwürfen der Gegenwart wiederzufinden sind.

---

5. Das gilt auch für den vierten Themenbereich, wie die zunehmende ›Säkularisierung‹ mancher Meditationstechniken und Lehren (wie z.B. Yoga) im Westen zeigt.
6. Vgl. Hesse und Wiebe (Hrsg.) (1988), bes. den Beitrag von Karin Zeitler: Auf dem Weg ins neue Zeitalter, ebd., 106-116; Zur spirituellen Frauenbewegung vgl. unten, Anm.27.
7. Das wird auch daran deutlich, daß sich die in der Öffentlichkeit als »New Age«-Spezifika wahrgenommenen Themen, nachdem sie in der modernen Vermittlungskultur der Verlage und öffentlichen Veranstalter für einige Zeit verbündet waren, seit etwa 1988 wieder verselbständigten. Das zeigt z.B. die Entwicklung im Goldmann-Verlag, wo ehemalige Bücher der Rubrik »New Age« mittlerweile ins normale Sachbuchprogramm umgestellt wurden (vgl. dazu oben, Kap.3.1.).

10.2 Interessenbereiche der Neuen religiösen Szenerie

Die obige Einteilung der fünf Themenbereiche, die sich aus der Logik religions-, geistes- und sozialgeschichtlicher Entwicklungen der Moderne ergibt, konkretisiert sich in einer Anzahl gegenwartsspezifischer Interessenbereiche, die eine einigermaßen systematische Aufgliederung der sog. »New Age«-Literatur ermöglichen:[8]

(1) Entwürfe mit naturwissenschaftlichem und/oder systemtheoretischem Hintergrund, die ein Interesse an geisteswissenschaftlichen Themen, an »Religion« und »Spiritualität«, an bestimmten philosophischen Theorien (z.b. Whiteheads Prozeßphilosophie oder neovitalistischen Theorien) erkennen lassen.

(2) Entwürfe zu einer interdisziplinären Epistemologie auf naturwissenschaftlicher und neurologischer Grundlage; hierzu gehören auch Überlegungen im Gefolge der Diskussion um Thomas S. Kuhns These des »Paradigmenwechsels«, die die Entstehung von Wissen in einen soziologischen Rahmen einordnen.

(3) Psychologische, psychotherapeutische und psychiatrische Entwürfe zur Integration von Körper und Psyche (sog. Körperarbeit), von Bewußtsein und Unbewußtem, von Individuum und »transpersonalen« Daseinsbereichen.

(4) Ökologische und soziale Entwürfe zur Integration von Mensch und Natur, für eine gerechtere Ressourcen-Verteilung, für soziale Gleichberechtigung, Selbstbestimmung und Frieden (auch zwischen den Geschlechtern), und zur Gestaltung einer weltweiten menschenwürdigen Zukunft.

(5) Ethnologische und volkskundliche Entwürfe zur Rezeption der Kultur und Religion von »Naturvölkern«, die von den jeweiligen »Hochkulturen« physisch verdrängt oder durch »Kolonialismus« ökonomisch und kulturell unterdrückt wurden (in den USA besonders die Kultur der nordamerikanischen Indianer, in Europa u.a. die »Kelten«).

(6) Spezifisch religiöse Entwürfe zur Rezeption der »Spiritualität«, der Meditationstechniken, Rituale und gewisser Lehrelemente östlicher Religionen, Religionen der »Naturvölker« (u.a. »Schamanismus«) und vorchristlicher sowie »mystischer« und »esoterischer« Traditionen des Westens (einschließlich Entwürfen zur »weiblichen Spiritualität«). Trotz fließender Übergänge lassen sich diese Entwürfe danach unterteilen, in welchem Verhältnis sie zum Christentum und zu den Kirchen stehen. Zum einen gibt es neue religiöse Bewegungen, die deutlich zwischen »Spiritualität« und »Christentum« unterscheiden und sich den dogmatischen und institutionellen Vorga-

---

8. Vgl. zu den folgenden Sachgruppen Abschnitt 1.2. bis 1.8. sowie 3.2. im Dokumentationsteil.

ben christlicher Tradition nicht unterwerfen; zum anderen gibt es christliche Versuche zur Integration nichtchristlicher religiöser Traditionen und interreligiöser Erfahrung sowie zum Dialog mit den erstgenannten Gruppen.

(7) Weitere Themen der sog. »New Age«-Literatur sind u.a. die Beschäftigung mit Kunst und Musik, die Weiterführung verschiedener »esoterischer« und »metaphysischer« Neuansätze des 19. Jahrhunderts und alternative Wirtschaftstheorien.

(8) Schließlich gibt es kompilatorische Darstellungen und Ansätze zur Theoriebildung und zu einer allgemeinen Zeitdiagnose, die mehrere oder alle der oben genannten Themenbereiche miteinander verknüpfen. Außer den (relativ wenigen und nur in Ansätzen systematisch argumentierenden) Entwürfen einzelner Autoren gibt es zahlreiche Sammelbände, die Beiträge zu den verschiedenen genannten Themen enthalten und häufig infolge von Kongressen und Tagungen enstanden.

Selbstverständlich sind alle genannten Interessenbereiche mit Ausnahme des letzten nicht auf die sog. »New Age«-Literatur zu beschränken. Andererseits macht es wenig Sinn, »New Age« auf die kompilatorischen Darstellungen und Sammelbände einzugrenzen, weil auf diese Weise nur die ›Vermittler‹ übrig blieben und die ›Quellen‹, d.h. alle Literatur mit spezifischem fachlichem Hintergrund, hinausdefiniert würden. Durch eine Kombination der Liste zeitspezifischer Themen mit der obigen Auflistung allgemeiner Fragestellungen alternativer Religiosität in der Moderne läßt sich aber ein Syndrom beschreiben: Es besteht aus Entwürfen, die die gegenwartsspezifischen Interessenbereiche (Kap.10.2., Nr.1-7) mit jenen Fragestellungen (Kap.10.1., Nr.1-5), verknüpfen und zugleich einen gewissen methodischen Synkretismus aufweisen (sowohl bezüglich der interdisziplinären Zusammenführung natur- und geisteswissenschaftlicher Fragestellungen wie auch hinsichtlich der Bereitschaft zur Rezeption unterschiedlicher religiöser Traditionen).

Es ist nun zu fragen, ob dies auf einen gemeinsamen Oberbegriff zu bringen ist, der über die üblichen affirmativen, jargonhaften Formulierungen hinausgeht. Dazu soll nun kurz auf bereits vorhandene Systematisierungsversuche eingegangen werden.

10.3 Ansätze zur Systematisierung am Beispiel des Kongresses »Geist und Natur«

Im deutschen Sprachraum wohl am stärksten reflektiert war der Kongreß »Geist und Natur« im Jahr 1988 in Hannover, dessen Geschichte und Ablauf im ersten Teil der Arbeit schon kurz dargestellt wurde.[9] Der Kongreß wurde von subkulturellen Organisatoren initiiert, von der Niedersachsenstiftung unter dem Vorsitz des Ministerpräsi-

---

9. Vgl. oben, Kap.3.4.2.

denten Ernst Albrecht finanziert und von einem wissenschaftlichen Beirat schon im Vorfeld begleitet. Ein gewisser Zwang zur Systematisierung war auch durch die große Zahl der eingeladenen Referenten gegeben.

Der Kongreß umfaßte folgende Tagesthemen: »Erkennen und Wissen«, »Erkenntnis und Affekt«, »Erkenntnis und Zeit«, »Bewußtsein und Körpererfahrung«, »Mensch und Natur« und »Die Verantwortung des Menschen«.

Diese Tagesthemen wurden in Einzelvorträgen und Symposien (mit jeweils vier oder mehr Referaten und einem ›Panel‹) umgesetzt. Die insgesamt vierzehn »Symposien« hatten folgende Titel: »Grundlagen wissenschaftlicher Weltbilder«, »Zur Theorie des Paradigmenwechsels«, »Erkenntnis und Erfahrung«, »Wissenschaftliche Weltbilder und die Ganzheit des Menschen«, »Hirn und Bewußtsein«, »Zeitbewußtsein und Einheitserfahrung«, »Zeiterfahrung und Krankheit«, »Zeiterfahrung in der Mystik«, »Symbole, Rituale und Körpererfahrung«, »Bewußtsein und Meditation«, »Wandel der Erfahrung – Wandel der Werte?«, »Technologie und Ethik«, »Die Verantwortung des Menschen«.

Vergleicht man diese Themen mit der obigen Liste gegenwärtiger »Interessenbereiche« (Abschnitt B), wird man (so hofft der Verfasser) das meiste wiederfinden können. Doch wirkt die Zusammenstellung der Symposien unsystematisch (was mit den Unwägbarkeiten einer solchen Großveranstaltung zu tun hat). Einen Versuch zur Systematisierung bietet der von dem Philosophen Walther Chr. Zimmerli und dem Physiker Hans-Peter Dürr herausgegebene Sammelband zur Tagung, der folgende Abschnitte umfaßt:
- »I Welt, Wissenschaft, Wirklichkeit«,
- »II Geist, Gehirn, Ästhetische Wahrnehmung«,
- »III Natur, Ökologie, Ökonomie«,
- »IV Ganzheitliche Rationalität, Mystik, Mythos«,
- »V Zeitlichkeit, Kontemplation, Religion«,
- »VI Wiederverzauberte Natur, Versöhnung, Neue Spiritualität«,
- »VII Technische Wissenschaft, Natur, Westliche Kultur«.[10]

Die Einteilung spiegelt die meisten der oben in den beiden Listen (Kap.10.1. und 10.2.) zusammengestellten Themen- und Interessenbereiche wider. Manche Zuordnung ist auch in diesem Sammelband offenbar weniger durch systematische Kriterien als durch die disparaten Vortragsthemen bedingt. So erhielten z.B. die Sekundärbeiträge über »New Age« von Hans Sebald[11] und Christof Schorsch[12] den eigenen Abschnitt VI, dessen Überschrift sich mit Abschnitt V überschneidet[13].

---

10. Dürr und Zimmerli (Hrsg.) (1989). Zimmerli schreibt zwar im Vorwort, die vorgelegte Auswahl von Beiträgen weiche in ihrer Akzentsetzung wesentlich »von der sorgfältig vorbereiteten Struktur des Kongresses ab« (Vorwort, S.11), doch hat dies seine Gründe eben in jener Notwendigkeit der Systematisierung, die der »wissenschaftlich-technischen Rationalität des Westens« (Zimmerli, ebd.) eigen ist.
11. Sebald (1989).
12. Christof Schorsch: Versöhnung von Geist und Natur? Eine Kritik, ebd., 342-354.
13. Abschnitt V enthält folgende Beiträge: Rocque Lobo: Der Umgang mit der Verunsicherungsthese der Zeiterfahrung. Zu einer lebensnahen Theorie der Samâdhi-Erfahrung in

Sie waren beim Kongreß selbst unterschiedlichen »Symposien« zugeordnet. Der Titel des Kongresses, »Geist und Natur«, den auch der Sammelband trägt, kann als ein gewisser Oberbegriff für die hier zu systematisierende Thematik angesehen werden. Er wurde bezeichnenderweise weder von Zimmerli und Dürr noch von den Beteiligten des akademisch-wissenschaftlichen Beirates, sondern von den ›subkulturellen‹ Initiatoren des Kongresses, Knut Pflughaupt und Frank Köchling, eingebracht.[14] Der eigentliche Urheber dieses Titels ist der anglo-amerikanische Anthropologe Gregory Bateson, was Zimmerli in seinem Vorwort nicht einmal erwähnt.[15]

Köchling, der später unter dem selben Titel eine Zeitschrift herausgab,[16] verwies im persönlichen Gespräch ausdrücklich auf Bateson als Quelle des Kongreßtitels und der dahinterstehenden Intention. Das ist kein Versuch zur nachträglichen Legitimation von Zufälligkeiten, denn Bateson war schon für das von Pflughaupt und Köchling organisierte »Forum Psychologie« im Jahr 1979/1980 ein entscheidender Impulsgeber gewesen. Seine Person stand auch maßgeblich hinter dem von beiden organisierten Kongreß in Saragossa im Jahr 1980, der eine Art Urbild der europäischen »New Age«-Kongresse war.[17] So ist, wie oben schon dargestellt, auch »Geist und Natur« ein Erbe jener subkulturellen Impulse.

10.4 Vorreiter in der Systematisierung der Interessenbereiche

Der Hinweis auf Gregory Bateson (1904 – 1980) ist deshalb nötig, weil dieser als ›professioneller Interdisziplinarist‹ die Kernanliegen des gegenwärtigen Literatur-Syndroms, wie sie oben in Abschnitt 10.2. dargestellt sind, prototypisch verkörpert: Bei Bateson finden sich scharfsinnige Analysen der Kulturbedingtheit moderner westlicher Weltwahrnehmung und natur- und humanwissenschaftlicher Theorien und ein frühes aktives Interesse an Kybernetik und Systemtheorie (Thema Nr.1), eingehende Studien über den Zusammenhang von psychischen Störungen und allgemeinen menschlichen Kommunikationsmustern (Nr.3), die intellektuelle und praktische Auseinan-

---

Yoga und Zen; Michael von Brück: Zeitlichkeit und mystische Einheitserfahrung; Hugo M. Enomiya-Lassalle SJ: Zen – Erleuchtungsweg und christliche Mystik; David Steindl-Rast: Arbeit und Schweigen – Handeln und Kontemplation; Franz König: Die Verantwortung des Christen für eine Welt von morgen.

14. So Frank Köchling in einem persönlichen Gespräch am 4.12.90; vgl. auch Gudrun Hofrichter : Interview mit Frank Köchling (über den Kongreß »Geist und Natur« in Hannover), in: Flensburger Hefte 13 (1988), 135-139. Das bestätigt Michael von Brück, der Mitglied jenes wissenschaftlichen Beirates war.
15. Vgl. Bateson (1979).
16. Geist und Natur. Das Magazin für Zukunftsfragen. Verlag Sirius, Erftstadt; es erschienen zwei Ausgaben (1988 und 1989).
17. Vgl. dazu oben, Kap.3.4.2.

dersetzung mit Kulturen sog. Naturvölker (Nr.5), intensive Überlegungen zu einer ökologischen Weltsicht (Nr.4) und zusammenfassende »epistemologische« Studien mit interdisziplinärem Augangspunkt und einer Ausrichtung auf das »Heilige« (Nr.2 und 6).[18]

Bateson ist in der angelsächsischen Öffentlichkeit sehr bekannt und wird von vielen Autoren als Lehrer, Vorbild und Impulsgeber der eigenen Entwürfe zitiert, u.a. von Fritjof Capra, Morris Berman, Erich Jantsch, William I. Thompson. Da Bateson besonders in den letzten Lebensjahren stark auf William Blake und die angelsächsische freireligiöse Tradition des 19. Jahrhunderts Bezug nahm, könnte eine genauere Analyse seines Denkens exemplarisch den Zusammenhang zwischen den im zweiten Hauptteil der Arbeit ermittelten religionsgeschichtlichen Hintergründen und den zeitgeschichtlichen Fragen verdeutlichen. Dies erfordert aufgrund der Weite seines Entwurfs und der Disparatheit der von ihm bearbeiteten Disziplinen weiterführende Studien, die den Rahmen der vorliegenden Arbeit sprengen würden.

Ähnliches gilt für einen anderen, fast gleichaltrigen Vorreiter der oben systematisierten Fragestellungen, Jean Gebser (1905-1973), der in der Nachkriegszeit einen weit ausgreifenden kulturtheoretischen Entwurf vorlegte.[19] Obwohl Gebser in der Öffentlichkeit wenig bekannt und noch weniger erforscht ist,[20] hatte sein Entwurf großen Einfluß auf bedeutende Vertreter heutiger religiöser Bewegungen.[21] »Ursprung

18. Bateson war ursprünglich Anthropologe. In seinen frühen Arbeiten, z.T. zusammen mit seiner ersten Frau, Margaret Mead, geschrieben, veröffentlichte er Ergebnisse von Feldforschungen in Neuguinea und auf Bali (u.a. »Naven«, 1936; »Culture Contact and Schismogenesis«, 1935), in denen er die Kulturbedingtheit und nur relative Gültigkeit moderner anthropologischer und psychologischer Theorien, insbesondere der Freudschen Ödipus-Theorie, nachzuweisen versuchte. Später gab er seine anthropologischen Forschungen auf und arbeitete in psychiatrischen Kliniken in Californien. Dort entwickelte er die bis heute diskutierte *double-bind*-Theorie zur Entstehung der Schizophrenie (»Beziehungsfalle«), die auf familiäre Kontaktstörungen und Beziehungsunfähigkeit der Eltern gegenüber dem Kind zurückzuführen sei (zuerst in: »Social Planning and the Concept of Deutero-Learning«, 1943). Später beschäftigte sich Bateson mit der Evolutionstheorie, der Kommunikation von Delphinen, epistemologischen, ökologischen und anderen Themen, die er gegen Ende seines Lebens zu einer »Ökologie des Geistes« zusammenfaßte (= Bateson (1972)). Posthum erschien 1987 ein Buch, dessen Manuskript er zusammen mit seiner Tochter, Mary Catherine Bateson, begonnen hatte (G. u. M.C.Bateson (1987)). Auf dem Umschlag ist ein Kupferstich William Blakes abgebildet, dessen Denken – inklusive seiner religiösen Züge – Bateson in den späten Lebensjahren stark prägte (vgl. dazu auch M.C.Bateson (1984), 116).
19. Jean Gebser: Ursprung und Gegenwart, 3 Bde., München: dtv, 1973 (Erstausgabe: Stuttgart 1949-53 und 1966).
20. Eine Biographie über Gebser von Gerhard Wehr ist im Erscheinen begriffen (persönliche Auskunft), aber bis jetzt (Herbst 1992) noch nicht zugänglich. Eine Rezeption der Gebserschen Bewußtseinstheorie im Zusammenhang der Deutung von »New Age« versucht Schorsch (1988), 199ff.
21. Gebser war in der Nachkriegszeit eng mit der Arbeit des O.W.Barth-Verlages verbunden (vgl. oben, Kap.3.2.2.). Ken Wilbers Buch »Halbzeit der Evolution« (Wilber (1981)) ist ebenfalls an zentraler Stelle Gebser verpflichtet.

und Gegenwart« stellt eine Art moderner Zeitalterlehre dar, die in vielen Aspekten die ideengeschichtlichen Traditionen der im zweiten Hauptteil der Arbeit analysierten religiösen Zeitalterlehren vergangener Epochen weiterführt und diese mit kulturanthropologischen, kunsthistorischen, naturwissenschaftlichen und anderen ›säkularen‹ Erkenntnissen verknüpft. Gebser war auch Vorreiter eines intensiven geistigen Dialogs mit asiatischer Kultur und Weltanschauung.[22] Auch hier besteht Forschungsbedarf.

Die ideengeschichtlichen Analysen können an dieser Stelle aus Raumgründen nicht weitergeführt werden. Vielmehr soll im folgenden Schlußteil ein Beispiel aus dem Kreis der ›Vermittler‹ jener gegenwartsspezifischen Themen in der Öffentlichkeit genauer untersucht werden.

10.5 Auswahlkriterien für die folgenden Arbeitsschritte

Die praktische Schwierigkeit bei der systematischen Bearbeitung der oben zusammengestellten Themenkomplexe liegt in deren Breite und in der fehlenden inneren Geschlossenheit der meisten einschlägigen Entwürfe. Stützt man sich auf die reiche Zahl von Tagungsbänden, Aufsatzsammlungen, Kompilationen,[23] so entsteht zwar der Eindruck einer gewissen Einheitlichkeit der Interessen, der Einstellungen und der Terminologie, aber die Tiefenschärfe des Inhalts ist oft mangelhaft, bestimmte Kombinationen von Vorstellungen wiederholen sich fortlaufend ohne erkennbaren heuristischen Fortschritt, so daß die Analyse und Interpretation zwangsläufig ebenso oberflächlich-zirkulär ausfällt, wie es den analysierten Texten attestiert werden muß.[24]

Unter den Publikationen auf dem gegenwärtigen Buchmarkt sind zwar auch Entwürfe mit einem hohen Reflexionsgrad und eigenständigen Ideen zu finden. Sobald man aber solche Entwürfe genauer untersucht und in ihre Wurzeln zurückverfolgt, entfernt man sich von der interdisziplinären und praxisbezogenen Thematik der Sammelbände und Kompilationen und muß sich mit höchst unterschiedlichen Vorgaben, Denktraditionen und religiösen Quellen befassen, was nur in enger Auswahl möglich ist. Auch wäre es verfehlt, die Systematik einzelner Autoren als Systematik von »New Age« zu interpretieren, zumal diese sich selbst zumeist nicht als Theoretiker einer

---

22. Vgl. ders.: Abendländische Wandlung, Zürich und New York, 1945; ders.: Asien lächelt anders, Berlin: Ullstein, 1968.
23. Vgl. Dokumentationsteil, Abschnitt 1.2.1.
24. Bekanntes Beispiel solcher Kompilationen ist Marilyn Fergusons Buch »Die sanfte Verschwörung«, das in Kapitel 2.1.4., 7.3.2.4. und 8.2.2. der Arbeit bereits referiert wurde. Obwohl dieses Buch in der Sekundärliteratur als »Klassiker« der »New Age-Bewegung« gehandelt wird, erscheint eine eingehendere Analyse wegen seiner geringen Strukturiertheit für die folgende systematische Fragestellung wenig sinnvoll. Gleichwohl ist ihm eine prägende Funktion bei der Entstehung des Sprachjargons der Neuen religiösen Szenerie zuzubilligen.

entsprechenden Bewegung verstehen und dieser zugehörig fühlen.[25] Es gibt nur wenige Entwürfe von ›Insidern‹, die die praxisbezogene Thematik selbst zum Gegenstand theoretischer Reflexion machen und gleichzeitig einen synthetischen Standpunkt einnehmen (z.B. vergleichbar mit Schwendters »Theorie der Subkultur« zu Beginn der 70er Jahre). Zu nennen sind vor allem Theodore Roszak, Morris Berman, David Spangler und William Thompson.[26]

Wie schon im Einleitungsteil der Arbeit begründet, gehören sowohl die »Quellen« als auch die »Vermittler« zu den Trägerschichten der gegenwärtigen religiösen Szenerie. Deshalb beschränkt sich die folgende Darstellung darauf, *einen* ›synthetischen‹ und im deutschen Sprachraum besonders verbreiteten Entwurf in seinen einzelnen Entwicklungsphasen, Quellenstrukturen und systematischen Schlußfolgerungen nachzuzeichnen, nämlich die Bücher des Autors Fritjof Capra. In diesen sind die meisten der aufgelisteten Fragestellungen und Interessenbereiche moderner religiöser Entwürfe gut repräsentiert.[27] Sie sollen nur in dem Sinn als ›Klassiker‹ verstanden werden, als sie für die öffentliche Diskussion seit Beginn der 80er Jahre eine zentrale Rolle spielten.

25. Z.B. distanziert sich Ken Wilber, der von Josef Sudbrack als »›Systematiker‹ des ›New Age‹« bezeichnet wurde (Sudbrack (1987), 30), mit einiger Schärfe von einer solchen Bewegung. Er schreibt: »Die ›New-Age‹-Bewegung ist ... meines Erachtens eine seltsame Mischung einer Handvoll wahrhaft transpersonaler Seelen mit Massen von präpersonalen Süchtigen« (Wilber (1981), 370). Ähnlich äußern sich viele andere Beteiligte oder Beobachter, z.B. Carl Friedrich von Weizsäcker (persönliches Gespräch am 21.6.1990).
26. Vgl. Roszak (1968/69), (1972), (1972a), (1975), (1978); Berman (1981); ders.: Coming to Our Senses. Body and Spirit in the Hidden History of the West, London u.a.: Unwin, 1990; Spangler (1984) sowie Spangler und Thompson (1991). Im deutschen Sprachraum gibt es keine entsprechend übergreifenden Darstellungen. Ansätze dazu finden sich zwar bei Giger (Hrsg.) (1989), Gruber (1989) und Ulli Olvedi: Die neue Lust am Irrationalen. Chancen und Fallen der New-Age-Bewegung, Freiburg: Herder, 1988, doch sind diese Bücher theoretisch wenig ausgearbeitet. Umgekehrt vertritt z.B. Rudolf Bahro: Logik der Rettung. Wer kann die Apokalypse aufhalten? Ein Versuch über die Grundlagen ökologischer Politik, Stuttgart und Wien: Edition Weitbrecht, 1987, einen hohen Theorieanspruch, hat aber einen zu individuellen Zugang, als daß er die Neue religiöse Szenerie im ganzen repräsentieren könnte.
27. Die ›spirituelle Frauenbewegung‹ kann im folgenden Teil der Arbeit aus Gründen der thematischen Beschränkung nicht genügend berücksichtigt werden. Ihr Einfluß wird von Capra, Sheldrake und anderen hervorgehoben (z.B. Capra (1987), 245ff.), was von feministischen Vertreterinnen jedoch oft als Vereinnahmung zurückgewiesen wird (so z.B. Angelina Hermanns: »New Age – der neue Weg ins Frauenparadies? in: Neue Gesellschaft/Frankfurter Hefte 7/1987, 616-618). In diesem Bereich der Neuen religiösen Szenerie gibt es vergleichsweise reichliche und inhaltlich gut reflektierte Quellen- und Sekundärliteratur, was dem Engagement der Frauen entspricht. Vgl. dazu Pahnke (1991), bes. 145ff (dort weitere Primär- und Sekundärliteratur); Susanne Lanwerd: Zur Bedeutung von »Feministischer Spiritualität« in der Literatur des New Age, in: Antes und Pahnke (Hrsg.) (1989), 269-277; Susanne Heine: »Lieber fünf Worte mit Verstand...« Ein Plädoyer für die Dimension der Vernunft in der Theologie, in: Die Vernunft zur Vernunft bringen, Tutzing: Tutzinger Materialie Nr.56 (1988), S.33-58; Doris Brockmann: Ganze Menschen – ganze Götter. C.G.Jung in der feministischen Theologie, Paderborn: Schöningh, 1991; Pflüger (Hrsg.) (1987).

11. Naturwissenschaft und Religion bei Fritjof Capra

11.1 Zugang

11.1.1 Capras Gegenwartsdeutung und die öffentliche Diskussion um »New Age«

Das Phänomen »New Age« verbindet sich in der deutschsprachigen Öffentlichkeit in starkem Maß mit den Büchern Fritjof Capras.[1] Anders als im angelsächsischen Sprachraum, wo Capra in erster Linie durch das Buch »Tao of Physics« bekannt ist,[2] wurde hier »Wendezeit« zu seinem wichtigsten Bestseller. Das Buch kam im Jahr 1983 auf den deutschen Markt, als der Goldmann-Verlag seine »New Age«-Reihe plante, und schon wegen des Gleichklangs des Titels mit dem Stichwort »New Age« schien es einen Schlüssel zum Verständnis dieses Phänomens zu bieten.[3] Bis zur Mitte des Jahres 1988, als die Diskussion um »New Age« in Deutschland ihren Höhepunkt erreichte, wurden von der deutschen Ausgabe ca. 350 000 Exemplare gedruckt.[4] So könnte man annehmen, daß Capra ein Exempel für »New Age«, ein paradigmatischer Vertreter des »Paradigmenwechsels« sei.

1. – The Tao of Physics, London 1975 (überarbeitete Neuausgabe 1983; dt. Titel: »Der kosmische Reigen«, München: O.W.Barth, 1977; seit 1986 als »Das Tao der Physik«; Taschenbuchausgabe 1992 bei dtv; im folgenden wird nach der 10. Aufl. der dt. Neuausgabe (1988) zitiert);
   – The Turning Point, 1982 (dt. Titel: »Wendezeit. Bausteine für ein neues Weltbild«, München: Scherz, 1983; überarbeitete Neuausgabe 1986; Taschenbuchausgaben bei Knaur und dtv; im folgenden wird nach der 14. Aufl. der dt. Ausgabe (1987) zitiert);
   – Uncommon Wisdom, 1987 (dt. Titel: »Das Neue Denken«, München: Scherz, 1987; im folgenden nach der 2. Aufl. (1987) zitiert), eine autobiographische Darstellung der Quellen und Gespräche, aus denen Capra die »Wendezeit« entwickelt hatte.
   – A Sense of Belonging, 1991 (zusammen mit David Steindl-Rast und Thomas Matus; dt. Titel: »Wendezeit im Christentum. Perspektiven für eine aufgeklärte Theologie«, München: Scherz, 1991; im folgenden nach der 1. dt. Aufl. (1991) zitiert).
2. Bis Mitte 1988 wurden weltweit 700 000 Exemplare verkauft; das Buch wurde in mehrere Sprachen übersetzt, auch ins Chinesische (Shanghai 1988).
3. Wie mir der damalige zuständige Lektor des Goldmann-Verlags, Peter Wilfert, sagte, hätte er Capras Buch gerne an den Anfang seiner »New Age«-Reihe gestellt; doch waren die Rechte nicht zu haben.
4. Nach brieflichen Angaben des zuständigen Lektorats wurden bis Januar 1988 etwa 150 000 Exemplare von »Der kosmische Reigen«/«Das Tao der Physik«, ca. 250 000 Exemplare der »Wendezeit« und ca. 50 000 Exemplare von »Das Neue Denken« gedruckt. Im selben

Doch Vorsicht ist geboten: Das Wort »New Age« erscheint in keinem der Bücher Capras. Der Autor versichert glaubhaft, der »New Age«-Bewegung nicht anzugehören. »New Age« sei der erstarrte Teil eines Konglomerats von Bewegungen in Californien, die sich in den 70er-Jahren aus der Hippie-Kultur heraus zunächst im Bereich der humanistischen Psychologie, der Meditation und der ganzheitlichen Gesundheitspflege entwickelt hätten. Seit Anfang der 80er-Jahre hätte der größere und maßgebliche Teil dieser Bewegungen politisches Bewußtsein, soziale und ökologische Solidarität entdeckt, sich für die Indianer und gegen den Nord-Süd-Konflikt, für die Gleichstellung der Frau, die Friedens- und Rüstungsproblematik, den Umweltschutz und andere politische Themen engagiert.[5] In der Bundesrepublik Deutschland sei die Entwicklung umgekehrt verlaufen: von der politischen Studentenbewegung am Ende der 60er-Jahre, der Friedens- und der Frauenbewegung hin zu einem Interesse an humanistischer Psychologie, ganzheitlicher Gesundheit, Esoterik, Spiritualiät.[6]

Die Entwicklung habe in den USA wie in Deutschland zum gleichen Ergebnis geführt: Es sei erkannt worden, daß innere und äußere Entwicklung sich ergänzen und einhergehen müßten. Nun würden die vormals getrennten Bewegungen zusammenfließen und zusammen »eine machtvolle Kraft gesellschaftlicher Umgestaltung« bilden: »Die politischen Erfolge der grünen Bewegung sind wohl das eindrucksvollste Beispiel dieses Prozesses des Zusammenfließens«.[7]

Die Bewegungen stünden im Kontext einer vom Menschen selbst verursachten, alle Lebensbereiche umfassenden Krise: Zahlreiche Probleme der Gegenwart wie atomare Bedrohung, Umweltzerstörung, neue Armut seien letztlich »nur verschiedene Facetten ein und derselben Krise ... , die im wesentlichen eine Krise der Wahrnehmung ist.«[8] Mit der Konvergenz der Krisensymptome ist für Capra auch die Ein-

Jahr wurde im Knaur-Verlag, München, eine Taschenbuchausgabe der »Wendezeit« aufgelegt, von der nach Auskunft Fritjof Capras bis Ende Mai bereits weitere 90 000 Exemplare verkauft waren.
5. Capra (1988), 15f. Diese Sicht Capras entspricht nicht unbedingt den historischen Tatsachen, gibt aber seinen Standpunkt innerhalb der alternativen Szenerie gut wieder und begründet seine Vermittlerfunktion in den 80er Jahren. Bereits die Hippie-Bewegung der späten 60er Jahre enthielt ein politisches Moment. Seit etwa 1965 gab es in der ›Szene‹ San Franciscos Verbindungen zwischen den Utopisten von Haight Ashbury und ›orthodoxen‹ Studenten-Radikalen; eine Mittlerrolle spielte Jerry Rubin (Slogan eines »Be-Ins« in San Francisco im Jahr 1967: »to create a union of love and activism«). Rubin war auch Hauptorganisator der gemeinsamen Protestdemonstration von Hippies und Radikalen gegen den Vietnamkrieg vor dem Pentagon im Oktober 1967 (vgl. dazu Webb (1976), 461ff.). Rubins Buch »Do it!« wurde 1977 im Münchener Trikont-Verlag publiziert und hatte damit auch einigen Einfluß auf die späteren Entwicklungen in Deutschland (s. Dokumentationsteil, Abschnitt 8.2.1.). In den 80er Jahren, als Capra seine »Wendezeit« schrieb, waren diese subkulturellen Vorläufer bereits Geschichte geworden.
6. Capra (1988), ebd.
7. Capra (1988), 14; vgl. auch ders. (1982), 44: Capra nennt das Zusammenfließen der Bürgerinitiativbewegung (entstanden durch »steigende Beschäftigung mit Ökologie«), die »ganzheitliche Gesundheitsbewegung«, »verschiedene spirituelle Bewegungen« und »das wachsende feministische Bewußtsein, das aus der Frauenbewegung erwächst«.
8. Capra (1988), 11.

heitlichkeit des Lösungsmodells gegeben: Ansätze in verschiedenen Wissenschaften und lebensweltlichen Bereichen könnten in ihrer Intention miteinander identifiziert werden.

Das ist – in Kürze – Capras Zeitanalyse. »Wendezeit« bedeutet demnach auf gesellschaftlicher Ebene, daß die Menschen im Begriff seien, zu einer neuen Sicht sowohl der Innen- als auch der Außenwelt vorzudringen. Die Argumentation gibt sich säkular und rational. Der Autor benutzt weder die geprägten Vorstellungen der antiken Weltalterlehren, noch stützt er sich auf die Topoi apokalyptischer oder millenaristischer Zukunftserwartung, wie sie in Teil II der vorliegenden Arbeit nachgezeichnet wurden. Lediglich der Titel des Buches, »Wendezeit«, und das zugehörige Motto lassen aufhorchen und schaffen eine gewisse Brücke:

»Nach einer Zeit des Zerfalls kommt die Wendezeit. Das starke Licht, das zuvor vertrieben war, tritt wieder ein. Es gibt Bewegung. Diese Bewegung ist aber nicht erzwungen... Es ist eine natürliche Bewegung, die sich von selbst ergibt. Darum ist die Umgestaltung des Alten auch ganz leicht. Altes wird abgeschafft, Neues wird eingeführt, beides entspricht der Zeit und bringt daher keinen Schaden«.[9]

Capra gibt fälschlich an, das Motto sei ein Zitat aus dem chinesischen Buch *I-ching*, »einem der ältesten Weisheitsbücher der Menschheit«.[10] In Wirklichkeit ist es eine Erläuterung des deutschen Übersetzers Richard Wilhelm.[11] Lediglich das Wort »Wendezeit« selbst stellt eine unmittelbare Übersetzung dar; es wird von Wilhelm als Entsprechung für *Fu*, »Wiederkehr«, in Klammern mitgegeben.[12]

An diesem Beispiel wird zunächst deutlich, daß Capra sich nicht sehr intensiv mit dem Buch *I-ching* befaßt hat. (Das Gleiche gilt für Capras Kritiker, die das nicht bemerkt haben.[13]) Wichtiger aber ist der Rückschluß, daß er in seiner Sicht des Ostens schon einem westlichen Erbe verpflichtet ist, oder anders gesagt: Östliche Inhalte wurden – durch Vermittlung breitenwirksamer Orientkenner wie Richard Wilhelm – schon seit Generationen in der westlichen Öffentlichkeit so weitgehend inkulturiert, daß ein orientalistischer Laie wie Capra die westliche Rezeption östlicher Inhalte mit diesen selbst verwechselt und Aussagen Wilhelms für die eines chinesischen Quellentextes hält.

Was hat das mit »New Age« zu tun? Capra liefert nicht die Theorie einer empirisch abgrenzbaren Bewegung, sondern versucht eine Gegenwartsbeschreibung, die er mit Hilfe des Buchtitels »Wendezeit« in das Gewand einer östlichen Weltalterlehre kleidet. Voraussetzung dafür ist seine Deutung der Gegenwart als einer globalen Übergangsphase. Dabei vertritt er trotz seiner veränderten Terminologie und Argumentationsweise ähnliche Interessen, wie sie oben in der modernen Ideengeschichte des »Neu-

9. Zitiert in: Capra (1982), 7.
10. Capra (1982), 30.
11. Vgl. Richard Wilhelm: I Ging. Text und Materialien, Köln: Diederichs, 14. Aufl. 1987 (zuerst 1924), 104; Wilhelm erläutert sein Vorgehen auf S. 22.
12. Wilhelm (1924), 104.
13. So schreibt z.B. Schorsch (1988), 21, das Motto entstamme dem *I-ching*, und zitiert den Fundort der Wilhelmschen Erläuterung.

en Zeitalters« zu beobachten waren. Wie schon dort sind auch bei Capra die Interessen trotz des Rückgriffs auf »östliche« Traditionen im wesentlichen »westlicher« Natur: Das Etwas, das er beschreibt, umfaßt verschiedene Zweige alternativer Lebenskultur, die er anhand neuer naturwissenschaftlicher Entwürfe und vor dem Hintergrund uralter religiöser Traditionen und ebenso alter Lebenskunst zu interpretieren versucht.

Capra sortiert und ordnet das so entstehende Weltbild zu einer Ganzheit, die er mit Erfolg publiziert und in den öffentlichen Diskussionsraum einbringt. Man kann sich nun mit ihr identifizieren oder von ihr distanzieren. »New Age« ist daher – wenn man die Diskussion um Fritjof Capra mit diesem Ausdruck identifizieren will – nichts anderes als eine Zusammenstellung von Reflexions- und Interaktionsprozessen der gegenwärtigen Öffentlichkeit. Die Funktion der Bücher Capras ist dabei mit dem Fundus im Theater zu vergleichen: Eine dem analytischen Blick chaotisch und redundant wirkende, für die Zwecke der Akteure aber durchaus sinnvoll gestaltete Sammlung alter und neuer, immer leicht verstaubter Utensilien aus verschiedenen Stücken und Zusammenhängen, die nach Bedarf auf der Bühne des öffentlichen Bewußtseins eingesetzt werden können und ungezählte Anregungen zum schöpferischen Tun der Regisseure, Bühnenbildner und Ausstatter in sich enthalten.

Dieser Fundus soll im folgenden gesichtet werden. Dabei ist Capra nicht in erster Linie als Fachmann für theoretische Physik, sondern als breitenwirksamer Publizist zu sehen, der eine bestimmte Kombination von Elementen unserer disparaten, aber letztlich gemeinsamen zeitgenössischen Weltwahrnehmung reflektiert und somit beschreibbar macht.

Die besondere Schwierigkeit ist dabei, daß kein Mensch alle von Capra rezipierten Ansätze durchschauen kann: Der Physiker versteht zu wenig von Religion, der Religionswissenschaftler von Psychologie, der Psychologe von Klimaforschung usw. Daher ist in der Sekundärliteratur die Tendenz zu erkennen, Capra dort zu kritisieren, wo man sich selbst auskennt und von hier aus auf das Ganze zu schließen.[14] Das führt häufig dazu, den jeweils unbekannten ›Rest‹ als vorgegebene Einheit aufzufassen und diese Einheit nicht erst der Syntheseleistung Capras, sondern bereits den von ihm referierten Quellen zuzuschreiben. So übernehmen z.B. viele Kritiker ungeprüft Capras Sicht östlicher Religionen, was zu problematischen Fehlschlüssen führen kann.[15] Andererseits führt die einseitig-fachbezogene Kritik dazu, daß die historischen Hintergründe und Vorbilder von Capras interdisziplinärer Argumentationsweise nicht aufgearbeitet werden.

Ferner muß beachtet werden, daß Capras Bücher auf Breitenwirkung hin angelegt sind und nicht zur Fachliteratur gezählt werden können. Daher müssen andere Maßstäbe von »richtig« oder »falsch« angelegt werden als innerhalb der fachwissenschaftlichen Spezialdiskussion. Abgesehen von der physikalischen Ebene, auf der der Autor als eine Art Wissenschaftsjournalist, als Übersetzer komplizierter Fachzusammenhänge in eine allgemeinverständliche Sprache fungiert, ist er Laie in allen Gebieten, über die er schreibt. (Des dabei entstehenden Dilettantismus ist er sich bewußt, nimmt ihn aber

---

14. Dieses Verfahren wählt z.B. Hemminger (1987a), vgl. S. 125.
15. So z.B. Mutschler (1990), der seine fundierte naturwissenschaftliche Kritik an Capra durch ein überaus verschwommenes Bild der »östlichen Religionen« trübt.

als notwendig in Kauf.[16]) Aus religionsgeschichtlicher und orientalistischer Sicht ist das meiste, was über Allgemeinplätze hinausgeht, falsch oder grob lückenhaft zu nennen.[17] Auch ein Wissenssoziologe wird an Capra wenig Fachfreude haben.

Aber eine solche Fachkritik trifft nicht den Kern der Sache. Capras Bücher wären nicht Bestseller, wenn sie nicht eine öffentliche Interessenkonstellation repräsentieren würden. Ursache ihrer Verbreitung ist zunächst die Fähigkeit Capras, abstrakte Fragestellungen insbesondere der Physik interessant zu machen und in einen interdisziplinären Kontext zu stellen, womit sie zugleich einer lebensweltlichen Deutung zugänglich werden. Damit füllt der Autor ein Vakuum in der öffentlichen Wissensvermittlung, das von den Fachleuten der verschiedenen spezialisierten Wissensprovinzen der Moderne häufig ignoriert wird.

Hinzu kommt ein Bedarf an religiöser und philosophischer Weltdeutung, die dem Zugriff der Allgemeinheit offensteht. Zwar gibt es auch in der modernen Gesellschaft Theologen und Philosophen, die sich mit kosmologischen, naturwissenschaftlichen und ähnlichen Themen auseinandersetzen und Modelle für ihre lebensweltliche und religiöse Deutung bereitstellen, aber diese Modelle stehen selbst im Rahmen der pluralistischen Wissensstruktur der Gegenwart und sind daher prinzipiell nur bedingt konsensfähig. Ihre dogmatischen oder systematischen Vorgaben werden von der Öffentlichkeit nicht als allgemeingültig akzeptiert: Wer nicht in einen traditionell christlichen Kontext eingebunden ist, für den ist eine um Vermittlung bemühte »ökologische Schöpfungslehre«[18] nicht weniger exotisch als die Vorstellung, daß die Welt in sechs Tagen erschaffen worden sei oder von Shivas kosmischem Tanz hervorgebracht, erhalten und zerstört werde; und wer nicht philosophisch gebildet ist, dem sagt es wenig, daß schon Kant eine Kritik der reinen und der praktischen Vernunft formuliert habe, mit der der technokratisch-ideologischen Hybris der Industriegesellschaft wirksam zu begegnen sei.

Capras Entwurf steht nicht für sich allein, sondern ist ein Beispiel für die neuartige ›Berufsgruppe‹ der ›Vermittler‹ religiösen und wissenschaftlichen Gedankenguts mit Hilfe säkularer und allgemeinverständlicher Sprache. Als Fundus lebensweltlicher, naturwissenschaftlicher und religiöser Themen kommt er dem Bedürfnis der Öffentlichkeit entgegen, angesichts der Pluralität möglicher Weltdeutungen *auswählen* zu können, was gerade brauchbar scheint. So erklärt sich die gelegentlich wütende Reaktion des Publikums auf Vorträge in den Jahren 1987 und 1988, die das damals auf dem Höhepunkt öffentlicher Wirksamkeit befindliche Stichwort »New Age« (d.h. inhaltlich auf weite Strecken das Denken Capras) »auf dem Prüfstand der philosophischen Kritik« auseinandernahmen, was als arrogante Bevormundung der Öffentlichkeit durch die zur interdispziplinären Zusammenschau unfähigen »Wissenschaftler« aufgefaßt

---

16. Vgl. Capra (1982), IX: »Dabei bin ich mir durchaus dessen bewußt, daß meine Darstellung sehr komplizierter Entwicklungen in verschiedenen Wissensgebieten zwangsläufig oberflächlich sein muß – entsprechend der Begrenzung des verfügbaren Platzes, meiner Zeit und meinem Wissensstand.«
17. Vgl. dazu unten, Kap.12.1.1.
18. Vgl. Jürgen Moltmann: Gott in der Schöpfung. Ökologische Schöpfungslehre, München: Kaiser, 1985.

wurde.[19] Dies macht deutlich, daß keine gemeinsame Basis für eine sachliche Auseinandersetzung erreicht ist.

Um eine solche Basis zu gewinnen, muß Capras Entwurf mit aller Sorgfalt in einen angemessenen zeitgeschichtlichen und religionssoziologischen Rahmen gestellt werden. Im Licht der Ergebnisse der obigen Arbeitsschritte ist klar, daß Capra nicht ein Vertreter *von* »New Age«, wohl aber ein Autor *für* »New Age« ist, d.h. für die öffentliche Diskussion, die mit jenem Etikett verbunden ist. So kann die Analyse seines Entwurfs einige Auskunft über die Struktur der Fragen geben, die diese Diskussion prägen.

11.1.2 Aufbau des Entwurfs, Themenbereiche und Anfragen

In Capras Büchern ist der schrittweise Aufbau einer Wirklichkeitssicht zu erkennen, die auf *Konvergenz* abhebt: Zunächst tritt er mit der These an die Öffentlichkeit, bestimmte Aussagen moderner Physik seien östlich-weisheitlichen Aussagen gleichlautend und entsprechend.[20] In einer zweiten Etappe beschreibt er die interdisziplinäre Konvergenz verschiedener Natur-, Human- und Sozialwissenschaften in ihren derzeitigen Fragestellungen, ihrer inneren Problematik und den Ansätzen zur Überwindung dieser Problematik.[21] Drittens verknüpft Capra in seinen Büchern einen wissenschaftlichen mit einem lebensweltlichen Wahrnehmungshorizont; beide werden gezielt miteinander verschränkt. Das führt – viertens – zu einem »Systembild des Lebens«, das sowohl den wissenschaftlichen Bedürfnissen nach »Paradigmenwechsel« als auch einer alternativen Gestaltung der Lebenswelt genügen will. Das System wird am Ende zum Modell eines »tiefenökologischen«, »spirituellen«, lebenspraktischen und dennoch wissenschaftlich gespiegelten Welt- und Selbstverhältnisses des modernen Menschen.[22]

Capras Entwurf läßt sich demgemäß in drei Themenbereiche aufgliedern:
- Ausgangspunkt und Mitte ist die Deutung verschiedener Entwicklungen der theoretischen Physik: Sie dient als Muster, das Probleme und Lösungswege aufzeigen soll, und in diesem Spiegel sollen die anderen Wissenschaften die eigene Situation reflektieren.
- Der zweite Themenbereich ist Capras Rekurs auf »östliche Weisheit« und seine Parallelisierung »mystischer« Aussagen mit Aussagen der modernen Physik.
- Der Dritte Bereich ist die Übertragung der so entwickelten ›Quantenmystik‹ auf lebensweltliche Themen, insbesondere die Frage nach der Überwindung der festgestellten »Krise« der Gegenwart.

In den folgenden Abschnitten soll der Entwurf anhand dieser Dreiteilung nachgezeichnet werden. Obwohl der zweite Themenbereich in Capras Büchern den gering-

---

19. So W.Chr. Zimmerlis Schicksal 1987 bei einer Tagung der Kath. Akademie in München; ähnlich erging es Chr. Schorsch 1988 in Aschaffenburg bei einer Tagung der Ev. Akademie Tutzing.
20. Zuerst in Capra (1975).
21. Capra (1982), Teil III – IV.
22. Vgl. dazu bes. Capra (1982), Kap.9 und 12.

sten Raum einnimmt, kommt ihm in der Systematik des Gesamtentwurfes eine Schlüsselstellung zu. Daher ist der besondere Zielpunkt der vorliegenden Untersuchung die Frage, welchen Ort Capras Entwurf religiösen Themen zuweist, und wofür er traditionelle religiöse Aussagen in Anspruch nimmt. Da Capra fast ausschließlich religiöse Inhalte aus nicht-westlichen Traditionen rezipiert, diese aber mit ›westlicher‹ Physik konfrontiert, ergibt sich eine interkulturelle Fragerichtung. Dabei soll beachtet werden, auf welcher Ebene jeweils die Vergleiche und Analogien liegen.

Im einzelnen ergeben sich folgende Anfragen:
- Sind die als Grundlage des Vergleichs dienenden Analogien sprachlicher, logischer, struktural er, erkenntnistheoretischer, ontologischer, physikalisch-naturwissenschaftlicher, religiöser Art?
- Beschreibt der Vergleich nur eine ›Wegkreuzung‹, auf der sich ›Wanderer‹ mit unterschiedlicher Herkunft und unterschiedlichen Zielen vorübergehend und punktuell begegnen, oder geht es um Konvergenz, ein tatsächliches Zusammenlaufen der verschiedenen ›Wege‹?[23]
- Worin unterscheidet sich Capras Ansatz konzeptionell und intentional von den stärker disziplinär gebundenen Entwürfen der Fachleute in Sachen Religion, auf die er sich im einzelnen beruft?

Diese Fragen werden im nächsten Kapitel (12.1) in religionswissenschaftlichem Blickwinkel analysiert, wodurch ein Bezug zu den Ergebnissen des zweiten Hauptteils der Arbeit hergestellt werden soll. Dann folgt eine begriffssystematische Darstellung und Interpretation des Stichworts »Paradigmenwechsel«, das die von Capra repräsentierte Verknüpfung von Naturwissenschaft, Religion, Kultur und Alltagswelt zu einer Gesamtdeutung besonders gut repräsentiert (Kap.12.2). Zuvor müssen die sachlichen Grundlagen in Capras Darstellung der Physik (Kap.11.2), der »östlichen Mystik« (Kap.11.3) und seiner Gegenwartsdeutung (Kap.11.4) genauer dargestellt werden.

11.2 Capras Deutung physikalischer Themen

11.2.1 »Alte« und »Neue« Physik

Capras Deutung der »neuen Physik« muß vor dem Hintergrund der »klassischen Physik« gesehen werden, die er in ihren Grundlagen durch Isaac Newton formuliert sieht:[24]

---

23. Vgl. den Titel des Sammelbandes: »Viele Wege. Paradigmen einer neuen Politik«, hrsg.v. Satish Kumar und Roswitha Henschtel, München: Dianus-Trikont, 1985.
24. Die folgende Darstellung der physikalischen und naturwissenschaftlichen Argumentation Capras beschränkt sich auf einige für die weitere Deutung wichtige Grundaussagen. Sie

»Bühne« des »Newtonschen Universums ... war der dreidimensionale Raum der klassischen Euklidischen Geometrie. Es war ein absoluter Raum, immer ruhend und unveränderlich ... Alle Veränderungen in der physikalischen Welt wurden mit den Begriffen einer weiteren Dimension, genannt Zeit, beschrieben, welche wiederum absolut war, keine Verbindung mit der Welt der Materie hatte und gleichförmig von der Vergangenheit durch die Gegenwart in die Zukunft floß.«[25]

Newtons Universum sei als ein Raum vorzustellen, der Masseteilchen enthält, zwischen denen die Schwerkraft wirkt. Schwerkraft sei bei Newton eine Funktion der Masse und der Entfernung zwischen den Teilchen. Zur Berechnung der daraus resultierenden Gravitation habe Newton die Differentialrechnung entwickelt.

»Alle physikalischen Erscheinungen werden in der Newtonschen Mechanik auf die Bewegung von Massepunkten im Raum reduziert, die durch ihre gegenseitige Anziehung, d.h. durch die Gravitation, verursacht wird.«[26]

Hinter Newtons Welt stehe ein deistisches Gottesverständnis: Gott sei als Urheber der Masse, der Kräfte und ihrer Wirkungsgesetze anzusehen, aus denen alles Existierende in Raum und Zeit ›von selbst‹ hervorgegangen sei. Daher spricht Capra von der »Newtonschen Weltmaschine«.[27]

Die Newtonschen physikalischen Grundlagen hätten sich als sehr tragfähig erwiesen und so die weitere Ausgestaltung der Theorie in den folgenden Jahrhunderten und die Integration neuer Forschungsergebnisse in der Schwingungs- und Wärmelehre ermöglicht.[28] Die Grenzen dieser höchst erfolgreichen »mechanistischen Weltsicht«[29] seien erstmals durch die Entdeckung des elektromagnetischen Feldes (Maxwell, Faraday) ersichtlich geworden.[30]

»Jetzt wurde der Kraft-Begriff durch den viel subtileren Begriff eines Feldes ersetzt, welches seine eigene Realität hat und ohne Bezug auf materielle Körper studiert werden konnte.«[31]

Den eigentlichen Wendepunkt zur »modernen Physik« legt Capra in das Jahr 1905, als Einstein seine Spezielle Relativitätstheorie vorstellte[32] und gleichzeitig die Fundamente der später von anderen ausgearbeiteten Quantentheorie gelegt habe. Als Gemeinsamkeit der Speziellen und der 1915 vorgelegten Allgemeinen Relativistätstheo-

     stützt sich in erster Linie auf Capra (1975); vgl. auch ders. (1982), 51ff. Eine ausführliche Auseinandersetzung bietet Mutschler (1990), bes. 125ff.; vgl. auch Lambeck (1989); Edgar Lüscher: Physik und Wirklichkeit, in: Bürkle (Hrsg.) (1988), 25-41; Hemminger (1987a).
25. Capra (1975), 53.
26. Ebd., 53f., Übersetzungsfehler korrigiert.
27. Capra (1982), 51.
28. Capra (1975), 56.
29. Vgl. Capra (1975), 19ff.
30. Ebd., 57.
31. Ebd., 58.
32. Ebd., 59.

rie sieht Capra die Auflösung der »Newtonschen« Vorstellung eines dreidimensionalen, unendlichen Raumes und einer gleichförmig verlaufenden Zeit, die als voneinander unabhängige Größen das Universum bestimmen. Einstein gehe statt dessen von einem »Raum-Zeit-Kontinuum« aus. Capra schreibt:

»In der Relativitätstheorie wird der Newtonsche Begriff vom absoluten Raum als Bühne der physikalischen Erscheinungen aufgegeben, ebenso der Begriff von der absoluten Zeit. Raum und Zeit werden zu bloßen Wörtern, die ein bestimmter Beobachter zur Beschreibung der beobachteten Phänomene benutzt.«[33]

Abgeleitet von dieser Aussage erscheine Masse nun als Energieform:

»Selbst ein ruhendes Subjekt enthält in seiner Masse Energie, und der Zusammenhang zwischen beiden wird durch die berühmte Formel $E = mc^2$ gegeben, worin c die Lichtgeschwindigkeit bedeutet.«[34]

11.2.2 Die paradoxe Struktur der quantenphysikalischen Wirklichkeit

Capra beschreibt nun Entwicklungen und Diskussionen im Zusammenhang der Quantentheorie. Hier falle besonders eine paradoxe Wirklichkeitsstruktur auf:

»Jedesmal, wenn die Physiker mit einem atomaren Experiment der Natur eine Frage stellten, antwortete die Natur mit einem Paradox, und je mehr sie die Lage zu klären versuchten, desto größer wurden die Paradoxa. Sie brauchten lange, um die Tatsache zu akzeptieren, daß diese Paradoxa zur inneren Struktur der Atomphysik gehören, und um festzustellen, daß sie immer auftreten, wenn man versucht, atomare Vorgänge mit den traditionellen Begriffen der Physik zu beschreiben. Als dies erkannt war, lernten die Physiker, die richtigen Fragen zu stellen und Widersprüche zu vermeiden.«[35]

Die neue Theorie habe damit »die klassischen Begriffe von festen Körpern zerstört«:

»Auf der subatomaren Ebene lösen sich die Festkörper der klassischen Physik in wellenartige Wahrscheinlichkeitsbilder auf, und diese Bilder endlich stellen nicht die Wahrscheinlichkeit

33. Ebd., 61.
34. Ebd. Mutschler (1990), 147f., weist darauf hin, daß die Gleichung selbstverständlich auch umgekehrt gelesen werden kann: Wenn man sich den Spaß erlaube, die Aussage auf diese Weise umzudrehen, könne man aus Energie eine Form der Materie machen und somit aus der Gleichung ebensogut »einen biederen Materialismus« ableiten wie den von den »New Age-Physikern« vertretenen »mystischen Spiritualismus«. Dabei übersieht Mutschler m.E. aber den eigentlichen Zielpunkt der Rezeption jener Einsteinschen Formel in der gegenwärtigen nicht-physikalischen Diskussion: Es geht dabei nicht um den Nachweis, daß ›alles‹ aus Energie bestehe, sondern um die Auflösung der monokategorialen Struktur des Begriffs »Materie« (wie auch – so kann man folgern – des Begriffs der »Energie«).
35. Ebd., 65f.

von Dingen dar, sondern von Zusammenhängen. Eine sorgfältige Untersuchung der Beobachtungsprozesse in der Atomphysik zeigte, daß subatomare Teilchen keine Bedeutung als isolierte Gebilde haben, sondern nur als Zusammenhang zwischen der Vorbereitung eines Experiments und der darauffolgenden Messung zu verstehen sind.«[36]

Dazu beschreibt Capra am Beispiel eines Elektronen-Beschleunigers die Übereinkunft der sog. Kopenhagener Deutung der Quantenphysik, die das beobachtete System (Objekt) vom beobachtenden System (einschließlich eines oder mehrerer beobachtenden Personen) unterscheide.[37] Über das erstere könnten Aussagen nur in Form von Wahrscheinlichkeiten gemacht werden, während letzteres, die Versuchs-Anordnung usw., mit der Sprache der »klassischen Physik« beschrieben werde.[38] Der Beobachtungsvorgang gliedere sich in eine Phase der Vorbereitung (hier: Teilchenbeschleunigung) und die Messung selbst (hier: Aufprall des beschleunigten Teilchens auf andere in einer Blasenkammer). Dabei ergebe sich als grundsätzlich unlösbares Problem, daß »das beobachtete System« einerseits »isoliert sein muß, um definiert zu werden«, andererseits »aber wechselwirkend, um beobachtet zu werden«.[39]

Der der Kopenhagener Deutung zugrundeliegende Begriff eines beobachteten Objekts sei also nur unter bestimmten Versuchsbedingungen haltbar, in denen Definitions- und Beobachtungssphäre künstlich voneinander getrennt sind. Dazu sei insbesondere ein genügend großer zeitlicher und räumlicher Abstand zwischen Vorbereitung und Messung notwendig, den das Teilchen als »Zwischensystem« zwischen Beschleunigung und Aufprall durchwandert. Das »Teilchen« ist für Capra nichts anderes als ein System von Wechselbeziehungen; eine Definition sei streng genommen schon eine Idealisierung der Wirklichkeit. Die Kopenhagener Deutung erfordere ein Wirklichkeitsmodell, in dem das Universum nicht beliebig in voneinander unabhängige Teile zerlegt werden kann. Die Auftrennung eines Beobachtungsprozesses in Beobachter- und Experimentalbereich (wie sie von der Kopenhagener Deutung vorausgesetzt wird) entspreche aber nicht dieser Wirklichkeit, sondern sei eine artifizielle Hilfskonstruktion, um das unentwirrbare Ineinander verschiedener Wechselwirkungen auf ein beobachtungsfähiges Maß zu reduzieren. Capra folgert, daß man unabhängig von bestimmten Deutungsmodellen wie der »Kopenhagener Deutung«, aber auch der konkurrierenden Theorie David Bohms,[40] von einem »Universalzusammenhang der Dinge und Ereignisse« ausgehen müsse, der somit »ein Grundzug der Realität zu sein

36. Ebd., 67.
37. Im folgenden Abschnitt soll zunächst lediglich Capras Position im Zusammenhang referiert werden. Zur naturwissenschaftlichen Kritik seiner Interpretation des Welle-Teilchen-Paradoxons und der »Kopenhagener Deutung« vgl. Lambeck (1989).
38. In der »Kopenhagener Deutung« wird daraus allerdings gerade die Aufrechterhaltung der Trennung von ›Beobachter‹ und beobachtetem Objekt gefolgert; vgl. dazu Lambeck (1989), 5f., 10ff.
39. H.P.Stapp (1971), zitiert nach Capra (1975), 137.
40. Vgl. dazu die allgemeinverständlichen Veröffentlichungen Bohms, der sich selbst im Dialog zwischen »Naturwissenschaft« und »Mystik« intensiv engagierte, besonders durch seine veröffentlichten Dialoge mit Jiddu Krishnamurti (s. Dokumentationsteil, Abschnitt 1.3. und 1.7.4.).

scheint«.⁴¹ Als Beleg führt er eine Aussage Heisenbergs an, die »wie eine Beschreibung der mystischen Erfahrung der Natur« klinge:

»Die Welt erscheint in dieser Weise als ein kompliziertes Gewebe von Vorgängen, in dem sehr verschiedenartige Verknüpfungen sich abwechseln, sich überschneiden und zusammenwirken und in dieser Weise schließlich die Struktur des ganzen Gewebes bestimmen.« ⁴²

Capra selbst deutet das so:

»Die Quantentheorie zwingt uns, das Universum nicht als eine Ansammlung physikalischer Objekte zu sehen, sondern als kompliziertes Gewebe von Beziehungen zwischen den verschiedenen Teilen eines vereinigten Ganzen. Dies ist jedoch die Art, in der östliche Mystiker die Welt erfahren haben.« ⁴³

Als Beispiel zitiert er den buddhistischen Philosophen Nâgârjuna (2. Jhdt. n. Chr.): »Dinge leiten ihre Natur und ihr Sein von gegenseitiger Abhängigkeit her und sind nichts in sich selbst«.⁴⁴

Diese Interpretation macht folgendes deutlich:
– Capra schließt von der Struktur einzelner physikalischer Beobachtungen auf die ›Natur‹ des Universums. Da Teilchen im wesentlichen durch »Beziehungen« definiert seien, sei das Universum als ganzes ebenso zu beschreiben. Diese Schlußfolgerung setzt die Überzeugung voraus, daß die von der Quantenphysik untersuchte Gesetzmäßigkeit subatomarer Vorgänge auf eine Art Weltformel hinausläuft und zutreffend beschreibt, »was die Welt im Innersten zusammenhält«.
– Capra identifiziert das »Sehen« des Physikers mit dem »Erfahren« des »Mystikers«. Die subtilen Forschungen der Quantenphysiker beziehen sich auf das ›Innerste‹ der Objektwelt des »Sehens«. Auch im buddhistischen Denken Nâgârjunas geht es um eine Analyse der ›innersten Natur‹ der Dinge, die aber – anders als in der modernen Physik – nur als Reflex einer komplizierten Analyse der menschlichen Selbstwahrnehmung und -erfahrung verstanden werden können. Für Capra ist beides letztlich identisch; die ›innere‹ und die ›äußere‹ Wirklichkeit haben für ihn eine einheitliche Grundstruktur.
– Capra argumentiert, sowohl der Physiker wie der »Mystiker« – so getrennt ihre Erkenntniswege auch verliefen – kämen zu der Aussage, daß jene ›Natur‹ wesentlich durch ›Beziehungshaftigkeit‹ bestimmt sei. Aber was ist jeweils ›Beziehungshaftigkeit‹, und was ist jeweils ›Natur‹? Auch wenn die Aussagen Nâgârjunas ähnlich klingen mögen wie die der Quantenphysiker, sagt das noch nicht, das beide auch das gleiche beschreiben. Dies wird von Capra nur unzureichend reflektiert.⁴⁵

41. Capra (1975), 139.
42. Werner Heisenberg: Physik und Philosophie, Berlin 1973, 85, zit.n. Capra (1975), 140.
43. Capra (1975), 139.
44. Capra (1975), 139, zitiert nach T.R.V.Murti. Hintergrund der Aussage Nâgârjunas ist die buddhistische Lehre von der »bedingten Entstehung«, *pratîtyasamutpâda* (vgl. dazu unten, Kap.11.3.3. und 12.1.).
45. Capra hat sich diesen Einwand zumindest zu Beginn seiner vergleichenden Überlegungen

- Die Begriffe »Beziehung« und »Ganzheit« lassen wegen ihres philosophischen Kontextes vermuten, daß Capra mit Hilfe des Vergleichs zwischen physikalischer und »mystischer« Weltsicht eine *Wertebene* in die Physik einzuführen versucht. Diese Vermutung konkretisiert sich durch Ausführungen Capras an anderer Stelle.

11.2.3 Werte, Erfahrung und ihr Einfluß auf das »Weltbild«

Zur Neuausgabe seines Buches: »Das Tao der Physik« schrieb Capra im Jahr 1982:

»Heisenbergs Beiträge zur Quantentheorie ... führen eindeutig zu der Erkenntnis, daß das klassische Ideal wissenschaftlicher Objektivität nicht mehr aufrechterhalten werden kann. Die moderne Physik stellt damit auch den Mythos einer wertfreien Naturwissenschaft in Frage. Die von den Naturwissenschaftlern in der Natur beobachteten Strukturen hängen aufs engste mit den Strukturen ihres Geistes zusammen – mit ihren Begriffen, Gedanken und Wertvorstellungen. Daher werden ihre wissenschaftlichen Ergebnisse und deren technische Anwendungen durch ihre eigene Geisteshaltung konditioniert. Wenn auch viele ihrer Forschungsaktivitäten im einzelnen nicht unbedingt von ihren Wertvorstellungen abhängig sein müssen, kann der umfassende Rahmen der Forschung niemals wertfrei sein. Wissenschaftler sind daher nicht nur intellektuell, sondern auch moralisch für ihre Forschung verantwortlich.«[46]

Die Passage enthält zwei sehr verschiedene Aussagen, die durch den Begriff des »Wertes« zusammengehalten sind:

(1) Die von René Descartes formulierte Unterscheidung von *res extensa* und *res cogitans*, Voraussetzung des neuzeitlichen naturwissenschaftlichen Experimentierens, aus der sich eine strikte Trennung von Beobachter und Beobachtetem ableitet, erweise sich im Licht der Quantentheorie und der ihr zugrundeliegenden Versuche in der subatomaren Forschung als eine Idealisierung der physikalischen Wirklichkeit. Das Objektivitätsideal müsse dem Bewußtsein um ein vom Subjekt (Physiker) mitbestimmtes Geschehen weichen: *Bewertung im Sinne einer subjektiven Strukturierung und Deutung der Beobachtungen* sei Teil der naturwissenschaftlichen Arbeit.

---

selbst formuliert; vgl. dazu ders.: (1987), 45f.: »Als ich zum ersten Male die Parallelen zwischen moderner Physik und östlicher Mystik entdeckte, schienen mir die Ähnlichkeiten [...] zwar auffallend, doch blieb ich skeptisch. Schließlich konnte das nichts weiter als die Ähnlichkeit von Begriffen sein, auf die man immer wieder stößt, wenn man verschiedene Denkweisen miteinander vergleicht, da uns schließlich nur ein begrenzter Sprachschatz zur Verfügung steht.« Später sei er sich immer sicherer geworden, daß es sich dabei »um eine tiefreichende Harmonie zwischen zwei Weltanschauungen« handele, »zu denen man auf ganz unterschiedliche Weise gelangt war.«
46. Capra (1975), 3.

(2) Der Physiker sei selbst verantwortlich für die Folgen seines Tuns. Die Physik müsse eine ethische Dimension bzw. einen ethischen Rahmen entwickeln und sich mit *ethisch-moralischen Werten* auseinandersetzen.[47]

Capra faßt beide Aussagen als eine Einheit auf. Er mißt der Physik einen erheblichen Einfluß auf das Weltbild des Menschen und seine Beziehung zum Universum bei, so daß ein Wandel des physikalischen Weltbildes einen Wandel des Selbst- und Weltverhältnisses des Menschen und ein gewandeltes Werte-Bewußtsein nach sich ziehe.[48] Er spricht der Physik damit eine wertsetzende Funktion zu.

Zwar betont Capra, daß auch umgekehrt die Naturwissenschaft und im besonderen die Physik durch philosophische und theologische Vorgaben und Werte bestimmt sei; doch scheint das von ihr erzeugte Bild der Wirklichkeit die Macht zu haben, diese Vorgaben als unvollkommen oder nicht adäquat zu entlarven. Daher spricht er zum Beispiel von einer »Newtonschen Psychologie«, die er vom Standpunkt eines *physikalischen* Paradigmenwechsels zu kritisieren beansprucht, obwohl in den beschriebenen psychologischen Theorien Newton niemals explizit genannt wird; es existieren lediglich – nach Capras Deutung – Strukturparallelen.

Die durch die Physik beobachtbaren Veränderungen in der Wertestruktur des modernen abendländischen Menschen werden in einem weiteren Schritt in einen weit größeren zeitlichen Rahmen gestellt und als Schlußpunkt einer jahrtausendealten Entwicklung interpretiert. Für Capra ist das Denken des Abendlandes seit den Anfängen der griechischen Philosophie von der Annahme eines von der Welt gesonderten göttlichen Prinzips bestimmt, was bereits bei den griechischen Atomisten zur Aufspaltung der Welt in Geist und Materie geführt habe.[49] Die Trennung von Geist und Materie sei durch Aristoteles systematisiert und durch Descartes für die Neuzeit absolutgesetzt worden,[50] ein Vorgang, der von der indischen Philosophie von alters her als *avidyâ* (Nichtwissen) bezeichnet werde.[51] Auf Descartes' Trennung von *res cogitans* und *res extensa* baue nun die neuzeitliche Naturwissenschaft ihre Gesetze, was zum sog. kartesianisch-Newtonschen Paradigma geführt habe.[52]

Seit Ende des letzten Jahrhunderts sei jedoch die Physik an die Grenzen dieses Paradigma gestoßen, indem sie sich zu Aussagen genötigt gesehen habe, die den fundamentalen, bisher nicht hinterfragten Rahmensetzungen der Unterscheidung von Geist und Materie, Raum und Zeit usw. widersprächen. Die neue Physik formuliere ein

---

47. Ähnlich formuliert Carl Friedrich von Weizsäcker: »Die Wissenschaft muß erwachsen werden, d.h. sie muß einsehen lernen, daß sie, zwar nicht legal, aber moralisch, die Verantwortung für ihre Folgen selber trägt. Solange wir Wissenschaftler nicht ebensoviel Sorgfalt auf die Folgen unserer Entdeckungen verwenden wie auf die Entdeckungen selbst, werden wir wachsendes Unheil produzieren.« (Bewußtseinswandel, München und Wien: Hanser, 1988, 65; zur weiteren Diskussion der damit zusammenhängenden Fragen vgl. unten, Kap.12.3.).
48. Vgl. Capra (1975), 13.
49. Ebd., 17f.
50. Ebd., 19.
51. Ebd., 20.
52. Zu Capras Gebrauch des Begriffs »Paradigma« vgl. unten, Kap.12.2..

Weltbild, dessen Grundbestimmungen die Einheit (bzw. die wechselseitige Bezogenheit seiner Teile) und dynamische Struktur des Universums seien.[53] Diese Grundbestimmungen entsprächen den Aussagen, die »der östlichen Mystik«, nämlich Hinduismus, Buddhismus, Taoismus und dem Buch *I-ching,* gemeinsam seien.[54] Damit steht für Capra eigentlich nicht nur ein naturwissenschaftlicher »Paradigmenwechsel« ins (abendländische) Haus, sondern er nimmt die nahezu überzeitlichen philosophischen und theologischen Fundamente des abendländischen Weltbildes ins Visier. Die Physik scheint zu ›beweisen‹, daß östliche philosophische Systeme der »Wirklichkeit« adäquater seien als die abendländischen *»seit den Eleaten«,* weil sie im Gegensatz zu diesen mit den neuen physikalischen Erkenntnissen übereinstimmten und ihnen daher einen philosophisch-spekulativen Rahmen geben könnten.[55]

Hier zeigt sich, daß Capra weniger auf die Richtigkeit seiner physikalischen Aussagen als auf die philosophisch-lebensweltliche Deutung dieser Aussagen hin befragt werden muß, die sich in eigentümlicher Weise mit der Diskussion bestimmter physikalisch-naturwissenschaftlicher Theorien vermischt.[56] Zwar fungiert er auch als eine Art Wissenschaftsjournalist, der in der Tat eine breite, gebildete Öffentlichkeit mit Aspekten der neueren theoretischen Physik vertraut machte; dies erweist sich jedoch angesichts seines Anspruchs eher als Nebeneffekt. Sein eigentliches Interesse liegt weniger im Transfer physikalischen Wissens als in der Formulierung von Deutungsmodellen, die aus der Physik heraus in einen gesamtgesellschaftlichen Rahmen hineinwirken sollen.

Daher trifft die von Naturwissenschaftlern gelegentlich geführte Kritik an seiner Darstellung physikalischer Zusammenhänge nicht eigentlich den Kern der Sache. So geht z.B. Martin Lambecks Kritik der »New-Age«-Physik weitgehend ins Leere, weil sie den Capraschen Transformationsprozeß von der physikalischen zur lebensweltlichen und ›spirituellen‹ Ebene nicht als solchen erkennt.[57] Lambeck nivelliert daher ebenso wie Capra die wissenssoziologische Grundlage der Quantenphysiker in ein

---

53. Capra (1975), 22.
54. Ebd., 21.
55. An anderer Stelle faßt Capra diese These scheinbar präziser und schreibt, daß östliche Philosophie *der Naturwissenschaft* – also nicht der »Wirklichkeit« selbst, sondern ihrer naturwissenschaftlichen Erforschung – adäquater sei als andere philosophische Traditionen. Doch grenzt das die Tragweite seines Anspruchs kaum ein, sondern verdeutlicht trotz gegenteiliger Formulierungen, daß für Capra »Wirklichkeit« und »Naturwissenschaft« in einer exklusiven reziproken Beziehung stehen. So äußert er im Gespräch mit der Philosophin Renée Weber: »Ich glaube, daß der gegenwärtige Stand der Naturwissenschaft bereits erkennen läßt, daß die Mystik oder die Ewige Philosophie [eine eigenständig extrapolierbare Größe?] den stimmigsten philosophischen Hintergrund für alle [!] naturwissenschaftlichen Theorien abgibt. Man nenne mir doch einmal eine andere philosophische Überlieferung, die mit moderner Physik, Biologie und Psychologie [eine Naturwissenschaft?] mehr übereinstimmt!« (R.Weber (1981), 233; Einschübe in eckigen Klammern von mir).
56. Darauf wurde schon mehrfach hingewiesen: vgl. Hemminger (1987a), bes. 118; Mutschler (1990), passim.
57. Lambeck (1989).

epistemologisches Meta-Paradigma, so daß er Capras metaphorische Gleichsetzung des »kosmischen Reigens« der Teilchen mit dem Tanz des Gottes Shiva als verfehlte quantenphysikalische Deutung interpretiert.[58]

11.3 »Östliche Mystik« bei Capra

11.3.1 Mystik als Interpretationshilfe der Physik – Physik als Legitimation der Mystik

Die Parallelisierung »östlicher Mystik« und »neuer Physik« ist das ›Markenzeichen‹ der Bücher Capras.[59] Dabei überlagern sich zwei verschiedene Begründungsstrukturen. Zum einen geht es um Probleme der Physiker bei der Interpretation und Bewertung ihrer eigenen Arbeit im Kontext gesellschaftlicher Wissenskonstruktion, zum andern um die Legitimation »östlicher Mystik« im Rahmen westlicher Weltanschauung.

Zunächst zur Interessensstruktur des *Physikers* Capra: Die in abstrakte mathematische Formeln gefaßten Aussagen z.b. der Heisenbergschen Unschärferelation lassen sich nur schwer in allgemeinverständliche Sprache übersetzen. Schlimmer noch, die paradoxe Struktur der physikalischen Theorien scheint dem lebensweltlichen *sensus communis* der abendländischen Gesellschaft, ihrem ›gesunden Menschenverstand‹ und dessen Grundlagen in der Philosophie fundamental zu widersprechen. In einer Welt, die Vorstellbarkeit, Logik und Sprache aneinanderkoppelt, sind theoretische Physiker anscheinend zur Sprachlosigkeit verurteilt. Eine zusätzliche ethische Dimension gewinnt das Problem, wenn sie der furchtbar lebensnahen Folgen ihrer abstrakten Forschungen gewahr werden, Beispiel Atombombe. Das Festhalten an der Zweiteilung der Wahrnehmung in abstrakte, physikalische Spezialwelt einerseits, soziale Alltagswelt andererseits erscheint schizophren und muß durch ein übergeordnetes Wertesystem aufgehoben werden. Capra ist der Meinung, die »östliche Mystik« wisse von alters her darum,

»daß die Realität über die gewöhnliche Sprache hinausgeht, und die Weisen des Ostens scheuten sich nicht, die Grenzen der Logik und der normalen Begriffe zu überschreiten. Darin sehe ich den Hauptgrund dafür, daß ihre Modelle der Wirklichkeit einen geeigneteren philosophischen Hintergrund für die moderne Physik abgeben als die Modelle der westlichen Philosophie.«[60]

---

58. So Lambeck bei einer Podiumsveranstaltung zum Thema »New Age« des Peutinger-Instituts für angewandte Wissenschaften am 18.5.1990 in München. Zu Capras Shiva-Vision vgl. unten, Kap.11.3.3.
59. Capra schreibt am Anfang seines Buches: »Das Tao der Physik«: »Der Zweck dieses Buches ist die Erforschung dieses Zusammenhangs zwischen den Begriffen der modernen Physik und den Grundprinzipien der fernöstlichen philosophischen und religiösen Traditionen« (Capra (1975), 14f.).
60. Capra (1975), 44.

Anders als die westliche Physik sei die »östliche Mystik« durch eine unmittelbare, direkte Erfahrung der Wirklichkeit bestimmt, wodurch eine Überschreitung der ›normalen‹ Denkstrukturen ermöglicht werde.

Capras Anliegen ist es also in diesem Zusammenhang, einen Übersetzungsrahmen für die Aussagen der neuen Physik zu schaffen, eine Verbindung herzustellen zwischen physikalischen und lebensweltlichen, erfahrungsbezogenen Wirklichkeitsmodellen. Den Rahmen dafür hofft er in den Grundstrukturen östlichen Denkens zu finden; darum setzt er sich mit ihnen auseinander. Er greift dabei auf Vermutungen zurück, die schon Bohr, Heisenberg und andere geäußert hatten. So zitiert er Bohr:

»Um zur Lehre der Atomtheorie eine Parallele zu finden ... müssen wir uns den erkenntnistheoretischen Problemen zuwenden, mit denen sich bereits Denker wie Buddha und Lao-tzu auseinandersetzten, wenn wir einen Ausgleich schaffen wollen zwischen unserer Position als Zuschauer und Akteure im großen Drama des Daseins.«[61]

Die große Verbreitung des »Tao der Physik« läßt sich so aber noch nicht erklären. Den *Lesern* Capras müssen paradoxe Aussagen östlicher Mystik ebenso fremd erscheinen wie die der modernen Physik, wenn sie nicht schon ein Interesse daran mitbringen. Und so hebt sich in wissenssoziologischer Analyse eine zweite Begründungsweise von dieser ersten ab: Es geht um die Legitimation der als vormodern und unwissenschaftlich beargwöhnten »östlichen Mystik« durch die »harten« Fakten des Physikers Capra.[62]

Bei Capra selbst verschwimmen die beiden Problemhorizonte ineinander. Sein Interesse an der »östlichen Mystik« ist doppelt begründet: Zum einen leitet er aus den Grundstrukturen der *physis* mit Hilfe ihrer Interpretation durch »östliche Weisheit« die Grundbestimmungen für ein adäquates Denken und Philosophieren im Westen ab. Umgekehrt legitimiert die Physik in seiner Deutung die Integration »östlicher Mystik« in die westliche Alltagswelt.

Aus dieser Doppelheit seines Anliegens begründet sich auch, daß Capra nach Abschluß des »Tao der Physik« der naturwissenschaftlichen Arbeit weitgehend den Rücken kehrte und sich als Laie anderen westlichen Wissenschaften, bestimmten östlichen Meditationsformen und verschiedenen Bereichen der Lebenswelt zuwandte, auf die er nun die Aussagen übertrug, die er an der Physik gewonnen hatte.[63]

Als Brücke zwischen beiden Argumentationssträngen und den zugrundeliegenden lebensweltlichen Interessen dienen Begriffe, die zugleich bei der Deutung quantenphysikalischer Phänomene und östlicher Weltsicht herangezogen werden können und außerdem einen lebensweltlichen Bezug haben: Hinter der oben bereits erläuterten Verwendung des Wertbegriffs erscheint nun der Begriff der »Erfahrung«, der im Rahmen östlicher Anschauungen eine ausgeprägte Deutungstradition aufweist und bei

---

61. Niels Bohr: Atomic Physics and Human Knowledge, New York 1958, 20, zit.n. Capra (1975), 14.
62. Das Wort »hart« findet sich in diesem Zusammenhang häufig in der »Wendezeit«, vgl. z.B. S. 68.
63. Vgl. dazu Capra (1987), 7.

Capra ähnlich wie der Terminus »Wert« mehrdeutig gebraucht wird.⁶⁴ Auch der Begriff der »Spontaneität« wird zugleich als physikalischer Deutebegriff, als Interpretament chinesischer Philosophie und als Idealbegriff praktischer Lebenskunst benutzt.

11.3.2 Capras Darstellung östlicher Religionen

Im zweiten Teil seines Buches: »Das Tao der Physik« bietet Capra mit Abschnitten über Hinduismus, Buddhismus, »Chinesisches Denken«, Taoismus und Zen (eigens neben dem Buddhismus) ein Kaleidoskop aus verschiedenen östlichen Lehren. Sie alle zielten, so Capra, »auf die direkte mystische Erfahrung der Wirklichkeit« ab, die »von Natur aus religiös« sei.⁶⁵ Capra sieht »östliche Mystik« im wesentlichen als identisch mit »Religion« überhaupt, die er als eine Art ›natürlicher Religion‹ zu fassen versucht.⁶⁶

Im Bereich des Hinduismus sei die Brahman-Lehre »der einigende Begriff«; sie gebe dieser Religion trotz ihres Polytheismus einen »monistischen Charakter«: Die »Vielzahl von Dingen und Ereignissen« entstehe nur aus »verschiedenen Manifestationen derselben letzten Wirklichkeit«, d.i. *brahman*.⁶⁷ »Brahmans Manifestation in der menschlichen Seele« heiße *âtman*, und die Vorstellung der Identität von *brahman* und *âtman* sei die Essenz der Upanishaden.⁶⁸ Die Welt der Vielheit, Spiel und illusio-

---

64. Vgl. dazu unten, Kap.12.1.4.
65. Capra (1975), 85.
66. Schon in älteren religionswissenschaftlichen Entwürfen ist die Verwendung des Ausdrucks »Mystik« für die zusammenfassende Beschreibung östlicher Religionen und Denkformen zu beobachten; klassisch bei R.Otto (1926); Albert Schweitzer: Die Weltanschauung der indischen Denker. Mystik und Ethik, München: C.H.Beck, 1934. Zur Kritik an dem damit verbundenen »natürlichen Religionsverständnis« Ottos und seiner Nachfolger vgl. Wagner (1986), bes. 324. Bei westlichen Vertretern und Vermittlern östlicher Religionen wie D.T.Suzuki, H.Enomiya-Lassalle, H.Dumoulin, Lama A. Govinda wird der Begriff »Mystik« mit östlichen Religions- und Denkformen, insbesondere mit dem Zen verbunden; vgl. dazu oben, Kap.3.2.2.
67. Capra zitiert BhG 13,12: »Brahman, ohne Anfang, allerhöchstes: Jenseits des Seienden und des Nichtseienden« (Capra (1975), 87, nach der Übersetzung Juan Mascarós: The Bhagavad Gita, London: Penguin, 1962, 100: »It is Brahman, beginningless, supreme: beyond what is and beyond what is not«).
Gerade diese Passage der Bhagavadgîtâ ist stark von der dualistischen Samkhya-Philosophie geprägt, deren Grundlagen der Deutung Capras fundamental widersprechen. *Brahman* ist an dieser Stelle keineswegs das »Eine ohne ein Zweites« der Advaita-Philosophie, sondern, so Zaehner, »simply the cosmos seen as aggregate of mind-bearing matter ensouled by eternal spirit« (Robert C. Zaehner: The Bhagavad-Gîtâ, with a Commentary Based on the Original Sources, Oxford 1972, hier 340). Capras Deutung ist mitbedingt durch die irreführende Übersetzung Mascaros. Zaehner übersetzt: »The highest Brahman It is called, – beginningless, – It is not Being nor is It Not-Being« (ebd., 337; vgl. dazu unten, Kap. 12.1.1.).
68. Capra (1975), ebd. Capra zitiert die bekannte Formulierung der Chândogya-Upanishad über die Einheit von *brahman* und *âtman: tat tvam asi*, »das bist du« (6,9,4 u.ö.); vgl. dazu unten, Kap.12.1.1.

437

närer Zauber, werde durch »die dynamische Kraft« des *karma* in ständiger Bewegung gehalten. Nach Bhagavadgîtâ (BhG) 8,3 sei *karma* »die Kraft der Schöpfung, von der alle Dinge ihr Leben haben.« Capra folgert:

»Es *(karma)* ist das aktive Prinzip des Schauspiels, das ganze Universum in Aktion, wo alles mit allem dynamisch verbunden ist.« [69]

Das Denken »unter Mayas Zauber« bedeute, daß »unsere Ansicht von der Welt zersplittert ist«.[70] Die Menschen würden dadurch der Illusion anhängen, von ihrer Umwelt getrennt zu sein und unabhängig handeln zu können. Die Bedeutung von *karma* und *mâyâ* werde auch auf die menschliche (psychologische) Ebene »heruntergeführt« und führe zu der Einsicht, daß der Mensch »die Einheit und Harmonie der ganzen Natur« erkennen müsse, um sich so vom Karma-Gesetz zu befreien. Dafür beruft sich Capra wiederum auf die *Gîtâ*.[71] Der Abschnitt schließt mit einigen Ausführungen über die Wege, zur Befreiung *(moksha)* zu gelangen, über die indische Götterverehrung und über das positive Verhältnis indischer Religion gegenüber der Sinnenfreude, die »im Hinduismus niemals unterdrückt« werde, weil der »Körper immer als integraler Bestandteil des Menschen« betrachtet und nicht vom Geist getrennt werde.[72]

Während der Hinduismus »mythologisch und ritualistisch« ausgerichtet sei, sei der Buddhismus »ausgesprochen psychologisch«, d.h. »psychotherapeutisch, nicht metaphysisch«.[73] Die erste der vier edlen Wahrheiten des Buddha, die die letztliche Leidhaftigkeit *(duhkha*[74]*)* allen Lebens besagt und in der Lehre von den »drei Merkmalen« *(trilakshana)* mit der Anattâ-Lehre und der Aussage über die Vergänglichkeit *(anitya)* alles Seienden verbunden ist, wurzele – so Capra – in dem »Wissen, daß Fließen und Wechsel das Wesen der Natur ausmachen.« Deshalb bezeichne die buddhistische Lehre »die Idee eines selbständigen Individuums« als »Illusion«:[75]

Aufgrund von »Ignoranz« *(avidyâ)* »unterteilen wir die wahrgenommene Welt in individuelle, einzelne Dinge und beschränken somit die fließenden Formen der Realität auf fixierte Kategorien, die der Verstand erschaffen hat ... Klammern wir uns an Dinge, die wir als fest und beständ-

---

69. Capra (1975), 88. BhG 8,3 lautet in der Übersetzung Zaehners: »The Imperishable is the highest Brahman; it is called ›inherent nature‹ in so far as it appertains to [an individual] self, – as the creative force *(visarga)* known as ›works‹ *(karma)* which gives rise to the [seperate] natures of contingent beings« (Zaehner (Übs.) (1972), 72). Zur Kritik an Capras Deutung vgl. unten, Kap.12.1.1.
70. Capra (1975), 89.
71. BhG 3,27f.; vgl. dazu unten, Kap.12.1.1.
72. Capra (1975), 89f. Aufgrund ihres pauschalen Charakters sind die Aussagen religionsgeschichtlich keinesfalls haltbar (man denke nur an die Vielfalt asketischer, ausgesprochen ›leibfeindlicher‹ Traditionen im Hinduismus). Zur Kritik vgl. unten, Kap.12.1.
73. Capra (1975), 97.
74. Capra zitiert buddhistische Lehrbegriffe, wie im Mahâyâna-Buddhismus gebräuchlich, jeweils in ihrer Sanskrit-, nicht Pâli-Form.
75. Capra (1975), 99.

dig sehen, die in Wirklichkeit aber ewig wechselnde Übergänge sind, so sind wir in einem Circulus vitiosus gefangen, wo jede Handlung weitere Handlungen erzeugt und die Antwort auf jede Frage neue Fragen stellt.«[76]

Nirvâna als der Ausweg aus dem so entstehenden Kreislauf des Daseins *(samsâra)* sei ein »Zustand der vollständigen Befreiung«, ein »Bewußtseinszustand jenseits aller intellektuellen Begriffe«:

»In diesem Zustand sind die falschen Vorstellungen von einem eigenständigen Selbst für immer verschwunden, und man nimmt nur noch die Einheit allen Lebens wahr. Nirvana ist das gleiche wie *moksha* in der Hindu-Philosophie.«[77]

Im Mahâyâna-Buddhismus formuliere Nâgârjuna, daß alle Begriffe von der Realität letztlich leer seien. »Leere« *(shûnyatâ)* sei aber »kein Zustand des bloßen Nichts, sondern die eigentliche Quelle allen Lebens und die Essenz aller Formen.«[78] Capra identifiziert die Vorstellung vom *dharmakâya* in der buddhistischen *trikâya*-Lehre mit dem *brahman* des Hinduismus.[79] Im *Avatamsaka-Sûtra* schließlich werde »die Einheit und der innere Zusammenhang aller Dinge und Ereignisse gelehrt«.[80]
Auch in China sieht Capra entsprechende Denkmodelle:

»Die Chinesen glaubten wie die Inder, daß es eine letzte Realität gibt, die den von uns beobachteten Dingen und Ereignissen zugrunde liegt und die sie vereinigt.«[81]

Der Begriff »Tao«, der grundlegend für das Denken der Chinesen sei, bedeute ursprünglich »Weg« oder »Prozeß des Universums«, »Ordnung der Natur«:[82]

»In seinem ursprünglichen, kosmischen Sinn ist das Tao die letzte, undefinierbare Realität und damit das Gegenstück zum hinduistischen *brahman* und dem buddhistischen *dharmakâya*. Es unterscheidet sich jedoch von diesen indischen Begriffen durch seine innere Dynamik, die nach

76. Capra (1975), 99.
77. Capra (1975), 100. Capras Identifikation von *nirvâna* und *moksha* verschleiert nötige Unterscheidungen in der Struktur buddhistischer und hinduistischer Erlösungslehren; *moksha* setzt im allgemeinen die Existenz eines Subjekts voraus, das z.B. bei Shankara als der *âtman* identifiziert wird (vgl. Michael von Brück: Einheit der Wirklichkeit, München ²1987 (zuerst 1986), hier 108). *Nirvâna* setzt dagegen das Aufhören aller Subjekthaftigkeit voraus, weshalb der Buddha *an-attâ*, die Negation des *âtman* lehrt (zur Anatta-Lehre vgl. unten, Kap.12.1.1).
78. Capra (1975), 102.
79. Capra (1975), 102, vgl. auch 190.
80. Capra (1975), 104.
81. Capra (1975), 108. In dieser Allgemeinheit ist das sicher richtig, aber nicht gerade aussagekräftig, denn es gilt nicht nur für China und Indien, sondern genauso für aristotelisches oder hegelianisches Denken und für andere Richtungen westlicher Philosophie. Die Aussage ist beispielhaft für die amorphe Allgemeingültigkeit der Argumentation Capras an vielen Stellen (vgl. dazu unten, Kap.12.1.1.).
82. Capra (1975), 108.

439

chinesischer Ansicht die Essenz des Universums ist. Das Tao ist der kosmische Prozeß, an dem alle Dinge beteiligt sind; die Welt wird als dauerndes Fließen und dauernder Wandel gesehen.«[83]

Der stetige Wandel, »alle Entwicklung in der Natur, in der physischen Welt und in der menschlichen Situation, verlaufe nach chinesischer Vorstellung in Zyklen »des Kommens und Gehens, der Ausdehnung und der Kontraktion«.[84] Der Weise gehe davon aus, daß jede Situation sich eines Tages von selbst in ihr Gegenteil wenden werde und daher jedes Übermaß zu vermeiden sei.[85] Diese ›Philosophie des Wandels‹ sei seit ältester Zeit vom Buch *I-ching* geprägt worden.[86]

Als »definiertes Gerüst« dieser Vorstellung und »Grundbegriff der chinesischen Gedankenwelt« habe sich die Lehre von *yin* und *yang* entwickelt: »Sie sind die beiden Pole, die den Zyklus des Wandels in seine Grenzen setzen.«[87] In den zyklischen Vorgängen seien die beiden Pole jeweils abwechslungsweise dominant, so daß »jedesmal, wenn eine der beiden Kräfte ihren Extremwert erreicht, sie bereits die Saat des Gegenteils in sich trägt.«[88]

Als »mystisch orientierte« Denkrichtung (neben dem »ritualistischen« und pragmatischen Konfuzianismus) sei der Taoismus von besonderer Bedeutung für den »Vergleich mit der modernen Physik«.[89] Die Taoisten hätten eine sorgfältige Naturbeobachtung mit intuitiven Erkenntnissen verknüpft und dabei Anschauungen entwickelt, die »von modernen wissenschaftlichen Theorien bestätigt werden.«[90] (Wegen ihrer tiefen Abneigung gegenüber »konventionellem Wissen und Argumentieren« und gegenüber »der analytischen Methode« hätten sie aber keine »richtigen wissenschaftlichen Theorien« aufgestellt[91]):

»Die Taoisten sahen jede Wandlung der Natur als Manifestation des Zusammenspiels zwischen den Gegenpolen Yin und Yang, und so glaubten sie, daß in jedem Gegensatzpaar die Pole dynamisch aufeinander bezogen sind.«[92]

Der taoistische Begriff des Wandels sei »nicht als Folge einer Kraft zu sehen ... sondern eher als Tendenz, die allen Dingen und Situationen eigen ist. ... Das taoistische Prinzip der Aktion ist Spontaneität.«[93]

Aus dieser Haltung ergebe sich als ethische Implikation, nicht mit Willensanstrengung nach dem Guten zu streben, sondern »eher ein dynamisches Gleichgewicht zwischen Gut und Böse herzustellen«, weil man sonst mit dem Streben nach dem Guten

---

83. Capra (1975), 108f.
84. Capra (1975), 109.
85. Capra (1975), 109, mit Verweis auf das Tao-te Ching.
86. Capra (1975), 112-115.
87. Capra (1975), 110.
88. Capra (1975), 111.
89. Capra (1975), 116.
90. Capra (1975), 117.
91. Capra (1975), 116f.
92. Capra (1975), 117.
93. Capra (1975), 119f.

letztlich das polare Gegenstück, das Böse stärken würde.[94] Da Spontaneität das Prinzip der Aktion in der Natur sei, solle es nach taoistischer Einsicht auch ein Merkmal aller menschlichen Handlungen sein:

»In Harmonie mit der Natur zu leben, meint somit für den Taoisten, spontan und entsprechend seiner wahren Natur zu handeln. Es meint, der intuitiven Intelligenz zu trauen, die dem menschlichen Verstand innewohnt, so wie die Gesetze des Wandels in allen Dingen um uns herum enthalten sind. Die Handlungen des taoistischen Weisen entstehen somit aus seiner intuitiven Weisheit, spontan und in Harmonie mit seiner Umgebung. Er braucht weder sich noch seine Umwelt zu zwingen, sondern paßt lediglich seine Handlungen den Bewegungen des Tao an.«[95]

Das sei die Handlungsweise des *wu-wei* (»Nicht-Tun«). Capra zitiert hierzu Joseph Needham, der diesen chinesischen Ausdruck als »Enthaltung von gegen die Natur gerichteten Handlungen« übersetzt. Das sei so zu deuten, daß Handeln nur dann erfolgreich sei, wenn man sich der »Handlungen gegen die Natur« enthalte.[96]

Capra vergleicht nun die taoistische »Weltanschauung« mit der Lehre des Heraklit. Seinem Ausspruch: »alles fließt« entspreche die Vorstellung, »daß alle Wandlungen zyklisch sind«.[97] Sowohl die Taoisten als auch Heraklit hätten aus diesem Konzept des Wandels die »Entdeckung« abgeleitet, »daß alle Gegensätze polar und somit vereinigt sind.«[98] Das soll heißen, daß »Gegensätze« nicht als Antinomien sondern als Pole eines umfassenden, harmonischen Ganzen zu deuten sind.[99]

Schließlich erwähnt Capra die Tradition des Zen, die in besonderer Weise das Wesen östlicher Erfahrungsreligiosität verkörpere:

94. Capra (1975), 118.
95. Capra (1975), 120.
96. Capra (1975), 120, nach Joseph Needham: Science and Civilization in China, 7 Bde. in 20 Teilbänden., London 1956ff. In seiner Kurzfassung des ersten Bandes schreibt Colin A. Ronan: »Im Chuang Tzu heißt es, daß der, der sein Wissen ruhigen Gemüts nährt, sich der Anwendung dieses Wissens ›im Handeln gegen die Natur‹ versagen wird. So, glaubt wenigstens Joseph Needham, müssen die Worte *wu wei* übersetzt werden, denn er verwirft die übliche Übersetzung, die ›Untätigkeit‹ beinhaltet. Mit anderen Worten, die Taoisten müssen darauf verzichten, den Dingen gegen ihre Natur Funktionen aufzwingen zu wollen, für die sie ungeeignet sind; und ebenso sollen die Taoisten nicht versuchen sollen, bei menschlichen Angelegenheiten Gewalt anzuwenden [...] So stimmen alle Passagen in taoistischen Schriften über *wu wei,* wenn man sie in Needhams Sinn übersetzt, gut mit diesem (naturgemäßen) Verhalten überein. Die geschliffene Kürze des *Tao Te Ching* [...] wird so verständlich: ›Handle nicht [gegen die Natur], und es gibt nichts, was nicht wohlgeordnet wäre‹« (Colin A. Ronan (Bearb): Joseph Needham, Wissenschaft und Zivilisation in China, Frankfurt a.M. 1988, 127f.; engl. Original 1978, zit. als: Needham u. Ronan (1978)).
97. Capra (1975), 119. Wiederum ist zu sagen, daß die Vergleichsbasis zu unspezifisch ist: Bei solcher Allgemeinheit kann man nicht nur Heraklit »taoistisch« nennen, sondern mit gleichem Recht auch jeden beliebigen Typus einer zyklischen Weltalterlehre, die Mundanastrologie, die römische Generationenvorstellung und vieles mehr.
98. Capra (1975), 119.
99. Zum Stichwort »Polarität« vgl. Manfred Porkert: Die Bindung und Lösung unserer Erkenntnis, in: Eranos Jahrbuch 51 (1982), 141-155, bes. 141ff (= Porkert (1982a)).

»Zen ist ... eine einzigartige Mischung der Philosophien und Eigenheiten dreier verschiedener Kulturen. Er ist eine typisch japanische Lebensweise und reflektiert doch die Mystik Indiens, die taoistische Liebe zur Natürlichkeit und Spontaneität und den gründlichen Pragmatismus des konfuzianischen Geistes. Dennoch ist Zen seinem Wesen nach rein buddhistisch, weil sein Ziel kein anderes als das des Buddha selbst ist: die Erleuchtung, eine Erfahrung, die im Zen ›satori‹ genannt wird. Die Erfahrung der Erleuchtung ist die Essenz aller Schulen östlicher Philosophie, aber Zen ist einzigartig darin, daß er sich ausschließlich auf diese Erfahrung konzentriert und an keinerlei weiteren Deutungen interessiert ist. ... Die Erfahrung des Zen ist somit die Erfahrung des Satori, und da diese Erfahrung letztlich alle Denkkategorien überschreitet, ist Zen an keinerlei Abstraktion oder begrifflichem Denken interessiert. Er hat keine spezielle Philosophie oder Doktrin, keine Glaubensbekenntnisse oder Dogmen und versichert, daß diese Freiheit von allem fixierten Glauben ihn wahrhaft geistig mache. Mehr als alle anderen Schulen östlicher Herkunft ist Zen überzeugt, daß Worte niemals die letzte Wahrheit ausdrücken können. Er muß diese Überzeugung vom Taoismus geerbt haben, der die gleiche kompromißlose Haltung zeigt.«[100]

Wie die Taoisten hätten auch die Zen-Meister nicht viel geredet; sie »verachteten alles Theoretisieren und Spekulieren.« Sie hätten Methoden entwickelt, »direkt auf die Wahrheit zu zeigen, mit plötzlichen und spontanen Handlungen oder Worten, die die Paradoxa des begrifflichen Denkens enthüllten und [...] den Denkprozeß stoppen sollten, um den Lernenden für die mystische Erfahrung bereit zu machen.«[101]

Im Zen bedeute Erleuchtung aber nicht Rückzug von der Welt, sondern »aktive Teilnahme an den Dingen des Alltags«. *Satori* bedeute daher die »unmittelbare Erfahrung der Buddha-Natur aller Dinge«. Da dies znächst einfach die Dinge des täglichen Lebens seien, sei Zen zugleich praktisch und »tief mystisch«. Die »Vollendung des Zen« bestehe darin, »das tägliche Leben natürlich und spontan zu leben.[102]

Grundlage dieser »Natürlichkeit und Spontaneität« des Zen sei der »streng buddhistische [...] Glaube an die Vollkommenheit unserer ursprünglichen Natur, die Erkenntnis, daß der Vorgang der Erleuchtung lediglich darin besteht, zu werden, was wir schon von Anfang an waren.«[103]

---

100. Capra (1975), 122f.
101. Capra (1975), 123.
102. Capra (1975), 124f.
103. Capra (1975), 125. Capra rekurriert hier auf die mahâyânistische Lehre von der Buddha-Natur aller Wesen *(buddhatâ)*. Die Lehre ist nicht – wie Capras Formulierung vorgibt – allgemeinbuddhistisch, sondern kam in der Mahâsanghika-Schule auf und spielte erst in der Yogâcâra-Schule bzw. im Lankâvatâra-Sûtra wirklich eine Rolle. Eine Natur- oder gar Körperlichkeitsverehrung des Buddhismus läßt sich daraus nicht ableiten (vgl. Edward Conze: Buddhistisches Denken. Drei Phasen buddhistischer Philosophie in Indien, Frankfurt a.M.: Suhrkamp, 1990 (engl. Original 1962), 282.330ff.).

11.3.3 »Östliche Weltanschauung« als Muster eines westlich-alternativen Denkens

Capras Darstellung zielt darauf ab, aus den verschiedenen referierten Traditionen einen gemeinsamen Kern herauszuarbeiten, den er als »östliche Mystik« zusammenfaßt und in einem zweiten Schritt mit moderner westlicher Physik konfrontiert:

> »Obwohl die [...] beschriebenen spirituellen Traditionen sich in vielen Details unterscheiden, ist ihre Weltanschauung im wesentlichen die gleiche. Es ist eine auf mystischer Erfahrung basierende Anschauung. Diese direkte, nichtintellektuelle Erfahrung der Wirklichkeit hat einige Grundzüge, die vom geographischen, historischen oder kulturellen Hintergrund des Mystikers unabhängig sind. Ein Hindu und ein Taoist mögen verschiedene Aspekte der Erfahrung hervorheben; ein japanischer Buddhist mag seine Erfahrung mit Ausdrücken deuten, die sich von denen eines indischen Buddhisten sehr unterscheiden: Die Grundelemente der Weltanschauung in all diesen Traditionen sind die gleichen.«[104]

Gemäß Capras Ausführungen kann diese »östliche Weltanschauung« in ihren Grundzügen so zusammengefaßt werden:

(1) Hinter der Vielheit der Dinge stehe eine letztliche Einheit der Wirklichkeit, die im Hinduismus *brahman*, im (Mahâyâna-)Buddhismus *dharmakâya* oder *tathatâ*, im chinesischen Denken *tao* heiße.[105]

(2) Eine dem Kosmos innewohnende »dynamische Kraft«, ein »aktives Prinzip« (in Indien *karma*, in China ebenfalls *tao* genannt) bringe aus dieser Einheit die Welt der Vielheit hervor, die in Indien als *lîlâ* (Spiel der Götter) und *mâyâ* (Illusion, Zauber) bezeichnet werde. Die Welt der Vielfalt sei durch »ewigen Wandel« gekennzeichnet, was der dynamischen Grundstruktur des Universums entspreche. (Im Taoismus sei der Begriff des Wandels als eine den Dingen selbst innewohnende Tendenz zu sehen.)

(3) Aufgrund des »aktiven Prinzips« hänge in der Welt der Vielfalt alles mit allem zusammen, und nichts bestehe durch sich selbst *(pratîtyasamutpâda)*. Die scheinbaren Gegensätze in der Welt der Vielheit seien in Wahrheit zusammengehörige Pole der einen Wirklichkeit (*yin* und *yang*).

(4) Auch der Mensch sei in diese umfassende Beziehungshaftigkeit aller Dinge eingebunden. Die Spiegelungen der *mâyâ* und des ewigen Wandels hinderten ihn aber daran, die Welt in ihrer ursprünglichen Einheit und sich selbst als Teil der Welt zu sehen. Dadurch entstehe die Illusion, daß der Mensch von der Welt getrennt, ein selbständiges Individuum sei und unabhängig handeln könne. Aus dieser Illusion rührten alle Formen von Egoismus und unethischem Verhalten her. Durch die Nichtbeachtung der beziehungshaften Realität bzw. der polaren Einheit aller Dinge werde

---

104. Capra (1975), 131.
105. Capra (1975), 190.

der Mensch an die Welt der Vielheit gebunden und falle aus der ursprünglichen Harmonie heraus.

(5) Durch diese Entfremdung entstehe eine einseitige Form des Denkens, das sich der polaren Wirklichkeitsstruktur nicht mehr bewußt sei, die Vielgestalt der Welt mit ihrem wahren Wesen verwechsle, aus den auf einander bezogenen Polen absolute Gegensätze mache und so ein dualistisches Weltbild produziere. Dieser Rationalismus und Intellektualismus sei ein »konventionelles Wissen und Argumentieren«, »Theoretisieren und Spekulieren«, das im Kreisen der eigenen Gedanken befangen bleibe und nicht zur mystischen Selbsttranszendierung fähig sei.

(6) Ziel der östlichen religiösen Wege sei es, die letzte Wirklichkeit in ihren vielfältigen Manifestationen, die »Einheit und Harmonie der ganzen Natur« zu erkennen und sich dadurch vom Gesetz des *karma* zu befreien. *Moksha, nirvâna* und *satori* bezeichneten dieselbe Erfahrung, und diese sei die »Essenz aller Schulen östlicher Philosophie«. In der Sprache der Advaita-Philosophie ausgedrückt, sei es die Erkenntnis der Identität von *brahman* und *âtman*.[106]

(7) Diese Erkenntnis beruhe auf einer »direkten, nichtintellektuellen« Erfahrung und sei mystischer Art. Sie transzendiere die »Grenzen der intellektuellen Unterscheidungen und Gegensätze« hin zu einer Welt des Undenkbaren, »wo die Wirklichkeit als ungeteiltes und undifferenziertes ›So-Sein‹ existiert.«[107]

(8) Aus dieser Erfahrung der Befreiung lehrten die östlichen Schulen eine ethische Haltung gegenüber der Welt der Vielfalt, in der der Mensch sich als Teil des stetigen Wandels verstehen solle und zu einem Leben in Harmonie mit der Natur befähigt werde. Er handle dann nach dem Prinzip des *wu-wei*, des Tuns im Nichttun, das keine künstlichen Veränderungen erzwinge, sondern sich den Bewegungen des *tao* anpasse und gerade dadurch notwendige Veränderungen ermögliche, anstatt sie durch egoistisches, ›eigenmächtiges‹ Tun zu verhindern. Durch die umfassende Verbundenheit, die sowohl in der buddhistischen Lehre von der »bedingten Entstehung« als auch im polaren Zusammenwirken von *yin* und *yang* der chinesischen Philosophie ausgesagt sei, sei eine mitfühlende Haltung dem ganzen Kosmos gegenüber, eine im weitesten Sinne ökologische Ethik möglich.

(9) Daneben befähige die mystische Einsicht in die Zusammengehörigkeit aller Dinge und die polare Struktur der Wirklichkeit zu einer intuitiven Naturerkenntnis, deren Anschauungen modernen naturwissenschaftlichen Theorien entsprächen, was

---

106. Capra zitiert die Formel *tat tvam asi*, »das bist du«, aus Chândogya-Upanishad VI; vgl. dazu unten, am Schluß dieses Abschnitts und Kap.12.1.1.
107. Capra (1975), 98. Der Ausdruck »So-Sein« (bzw. »So-heit«), der auf Meister Eckhardt rekurriert, wird bei Daisetz T. Suzuki als Übersetzung für »Tathata« benutzt; vgl. ders.: Der westliche und der östliche Weg, Frankfurt: Ullstein, 1986 (engl. Original 1957), 16 et passim.

die Zusammengehörigkeit und Ebenbürtigkeit von Rationalität und Intuition beweise.[108]

Bevor diese Darstellung Capras unter religionswissenschaftlichen Kriterien genauer analysiert wird,[109] muß darauf hingewiesen werden, daß sie offenbar ihren ›Sitz im Leben‹ nicht im Osten, sondern im Westen hat: Die von Capra ermittelte Einheit »östlicher Weltanschauung« wird nämlich gleichzeitig mit verschiedenen Elementen seiner eigenen Weltsicht parallelisiert, die sich als Weltsicht eines westlich sozialisierten Physikers mit ökologisch-postmodernen Interessen erweist:

(1) Capra benutzt taoistische und buddhistische Aussagen zur Kritik am diskursiven Denken und am exklusiven »Rationalismus« des Westens,[110] dem er ein »mystisches Denken« gegenüberstellt«. So schreibt er über den Buddhismus:

»Wie immer in der östlichen Mystik wird [im Buddhismus] der Intellekt lediglich als Mittel betrachtet, den Weg zur direkten mystischen Erfahrung freizumachen, welche die Buddhisten das ›Erwachen‹ nennen. Das Wesen dieser Erfahrung liegt darin, daß die Grenzen der intellektuellen Unterscheidungen und Gegensätze überschritten werden, um die Welt von *acintya* zu erreichen, das Undenkbare, wo die Wirklichkeit als ungeteiltes und undifferenziertes ›So-Sein‹ existiert.«[111]

Hier ist das Anliegen herauszuspüren, dem modernen westlichen Menschen einen Ausweg aus der empfundenen Verabsolutierung des Rationalen und dem damit verbunden Reduktionismus zu weisen. Intellektualität wird als Gegenbegriff zu »mystischer Erfahrung« verstanden, was sich erst aus diesem Anliegen erklärt. Das konkretisiert sich in Capras Sicht des Taoismus, den er als die »mystisch orientierte« unter den chinesischen Denkrichtungen versteht:

»Wie Hinduismus und Buddhismus ist der Taoismus mehr an intuitiver Weisheit interessiert als an rationalem Wissen. In Erkenntnis der Grenzen und der Relativität des rationalen Denkens ist der Taoismus im Grunde ein Weg der Befreiung von dieser Welt und in dieser Hinsicht mit den Wegen des Yoga und des Vedanta im Hinduismus oder mit dem Achtfachen Pfad des Buddha vergleichbar.«[112]

Im Taoismus gebe es ein besonders starkes »Mißtrauen gegenüber konventionellem Wissen und Argumentieren«; dieses »basiert auf dem festen Glauben, daß der menschliche Intellekt niemals das Tao verstehen kann.«[113] Daher schätzten die Taoisten »Argumentation und Diskussion« gering.[114] Die Fortsetzung der Argumentation Capras

---

108. Zur Terminologie (»Rationalität«) vgl. unten, Kap.12.1.1., Anm.15.
109. Vgl. dazu unten, Kap.12.1.1.
110. Capra selbst spricht häufig von einem »Reduktionismus« bzw. »reduktionistischer Anschauungsweise«, so. z.B. in ders.: (1982), 48 et passim.
111. Capra (1975), 98.
112. Capra (1975), 116.
113. Capra (1975), 116.
114. Capra (1975), 116, zitiert Chuang-tzu: »Ein Hund gilt nicht als gut, weil er gut bellt, und

scheint weniger eine Interpretation taoistischer Inhalte denn ein Stück Lebensphilosophie der Hippie-Bewegung zu sein:

»Logisches Argumentieren sowie gesellschaftliche Etikette und Moral betrachteten die Taoisten als Teil der künstlichen Welt des Menschen. Sie waren an dieser Welt überhaupt nicht interessiert, sondern konzentrierten ihre Aufmerksamkeit ganz auf die Beobachtung der Natur, um die ›Merkmale des Tao‹ zu erkennen. So entwickelten sie eine im Grunde wissenschaftliche Haltung, und nur ihr tiefes Mißtrauen gegenüber der analytischen Methode hielt sie davon ab, richtige wissenschaftliche Theorien aufzustellen. Nichtsdestoweniger führte die sorgfältige Beobachtung der Natur, kombiniert mit starker mystischer Intuition, die taoistischen Weisen zu tiefen Einsichten, die von modernen wissenschaftlichen Theorien bestätigt werden.«[115]

(2) Capra kritisiert die »Fragmentierung der Wirklichkeit«, die im Westen infolge jenes einseitig rationalen Denkens entstanden sei, und versucht statt dessen, eine Einheit der Wirklichkeit nachzuweisen, die durch Intuition, Erfahrung und Naturbeobachtung wahrgenommen werden könne und gleichzeitig den Ergebnissen der fortschrittlichsten Zweige der westlichen Naturwissenschaft entspreche. So schreibt er über das *Avatamsaka-Sûtra*, in dem er (in erkennbarer Anlehnung an D.T.Suzuki) einen Höhepunkt der buddhistischen Weltsicht sieht:

»Das Zentralthema des *Avatamsaka* ist die Einheit und der innere Zusammenhang aller Dinge und Ereignisse, eine Vorstellung, die nicht nur die eigentliche Essenz der östlichen Weltanschauung ist, sondern auch eines der Grundelemente der Weltanschauung der modernen Physik. Daher wird man sehen, daß das *Avatamsaka-Sutra*, dieser alte religiöse Text, die auffallendsten Parallelen zu den Modellen und Theorien der modernen Physik bietet.«[116]

Ähnlich schreibt er im Blick auf taoistische Vorstellungen:

»Es fällt dem westlichen Denken außerordentlich schwer, diese Vorstellung von der Einheit aller Gegensätze zu akzeptieren. Es erscheint uns ausgesprochen paradox, daß Erfahrungen und Werte, die wir immer für gegensätzlich hielten, am Ende Aspekte derselben Sache sein sollen. Im Osten jedoch wurde es immer als wichtig für die Erleuchtung betrachtet, ›über irdische Gegensätze hinaus‹ zu gehen, und in China liegt die polare Beziehung aller Gegensätze direkt an der Basis des taoistischen Denkens. So sagt Chuang-tzu: ›Dieses ist auch Jenes. Jenes ist auch Dieses [...] Die eigentliche Essenz des Tao ist, daß ›Jenes‹ und ›Dieses‹ aufhören, Gegensätze zu sein. Diese Essenz allein, als Achse gleichsam, ist der Mittelpunkt des Kreises und reagiert auf die endlosen Wandlungen.‹«[117]

ein Mann gilt nicht als weise, weil er gewandt redet.« »Der Disput ist ein Beweis dafür, daß keine Klarheit herrscht.« (Chuang-tzu, Kap.24 und Kap.2).
115. Capra (1975), 117.
116. Capra (1975), 104.
117. Capra (1975), 117, Chuang-tzu, zitiert nach Fung Yu-lan: A Short History of Chinese Philosophy. Beides sei nicht nur inhaltlich, sondern auch historisch verwandt: »Als der Mahayana-Buddhismus sich über Asien ausbreitete, regte dieses Sutra [das Avatamsaka-Sûtra] mehr als alles andere chinesische und japanische Denker an. Der Kontrast zwischen Chinesen und Japanern einerseits und Indern andererseits ist so groß, daß man sag-

(3) Capra leitet aus dem Taoismus eine *ökologische Weltanschauung* ab, wobei er sich an Joseph Needham anlehnt (»Tun im Nichttun« als Vermeiden von Handlungen, die gegen die Natur gerichtet sind).[118]

(4) Capra vertritt eine Ethik der Harmonie und des Ausgleichs der Gegensätze, die er ebenfalls vor allem aus chinesischen Lehren ableitet.

(5) Schließlich zeigt Capra Parallelen zwischen der paradoxen Struktur mancher östlicher Aussagen, vor allem in den Zen-Koans, und paradoxen Erscheinungen und Sätzen der Quantenphysik auf, wie sie z.B. die Heisenbergschen Gleichungen der »Unschärferelation« kennzeichnen.

Die Themen sind zwei unterschiedlichen Bereichen eines westlich-alternativen Interesses zuzuordnen: Zum einen geht es um eine religiöse Interpretation naturwissenschaftlicher Aussagen über die Wirklichkeit (mit der oben schon aufgezeigten doppelten Werte-Struktur), zum anderen um eine ethisch-religiöse Begründung lebensweltlicher Fragen im Blick auf Naturerfahrung, Umweltproblematik, Geschlechterverhältnis, gesellschaftliche und wirtschaftliche Problemstellungen. Die religiöse Wirklichkeitsdeutung Capras unterscheidet sich darin von anderen, daß er in beiden Interessensbereichen nicht auf traditionelle Gehalte christlicher oder jüdischer Religion zurückgreift, sondern statt dessen »östliche« Deutungsmuster rezipiert, obwohl die zugrundeliegenden Fragestellungen und Probleme jeweils *westlicher* Herkunft sind. (Sie sind allerdings global verbreitet, weil sie im Zuge der technologischen, ökonomischen und geisteswissenschaftlichen Expansion des Westens in den letzten 150 Jahren von Europa und Nordamerika in die übrige Welt exportiert wurden.)

Der erste Interessensbereich Capras bündelt sich in seinem Visionsbericht im Vorwort zur Erstausgabe des »Tao der Physik«:

»Vor fünf Jahren hatte ich ein wunderbares Erlebnis, worauf ich den Weg einschlug, der zum Schreiben dieses Buches führte. Eines Nachmittags im Spätsommer saß ich am Meer und sah, wie die Wellen anrollten, und fühlte den Rhythmus meines Atems, als ich mir plötzlich meiner Umgebung als Teil eines gigantischen kosmischen Tanzes bewußt wurde. Als Physiker wußte ich, daß der Sand und die Felsen, das Wasser und die Luft um mich her sich aus vibrierenden Molekülen und Atomen zusammensetzten. Diese wiederum bestehen aus Teilchen, die durch Erzeugung und Zerstörung anderer Teilchen miteinander reagieren. Ich wußte auch, daß unsere Atmosphäre ständig durch Ströme kosmischer Strahlen bombardiert wird, Teilchen von hoher Energie, die beim Durchdringen der Luft vielfache Zusammenstöße erleiden. All dies war mir von meiner Forschungstätigkeit in Hochenergie-Physik vertraut, aber bis zu diesem Augenblick beschränkte sich meine Erfahrung auf graphische Darstellungen, Diagramme und mathematische Theorien. Als ich an diesem Strand saß, gewannen meine früheren Experimente Leben. Ich

> te, sie repräsentieren zwei Pole des menschlichen Geistes [...] Als die chinesischen und japanischen Philosophen das *Avatamsaka* [...] übersetzten und deuteten, vereinten sich beide Pole und bildeten eine neue dynamische Einheit. Das Ergebnis war die *Hua-yen*-Philosophie in China und die *Kegon*-Philosophie in Japan« (Capra (1975), 103).

118. Zu Needham vgl. unten, Kap.12.1.2.

›sah‹ förmlich, wie aus dem Weltraum Energie in Kaskaden herabkam und ihre Teilchen rhythmisch erzeugt und zerstört wurden. Ich ›sah‹ die Atome der Elemente und die meines Körpers als Teil dieses kosmischen Energie-Tanzes; ich fühlte seinen Rhythmus und ›hörte‹ seinen Klang, und in diesem Augenblick wußte ich, daß dies der Tanz Shivas war, des Gottes der Tänzer, den die Hindus verehren.«[119]

Als interpretatorische Grundlage dieser Identifikation »östlicher« Lehren mit westlichen Themenstellungen benutzt Capra die logische Struktur einer traditionellen östlichen Konzeption: Er nimmt die Anschauung der *Advaita*-Philosophie auf, daß hinter der Vielfalt der Erscheinungen eine doppelte, äußere und innere Einheit zu sehen sei: Nicht nur stehe hinter dieser Vielheit die eine Weltseele und »universale Wirklichkeit«[120], *brahman*, und hinter der Vergänglichkeit des menschlichen Daseins das eine Selbst, *âtman*, sondern beide seien identisch *(tat tvam asi)*.[121] Capra setzt nun *brahman* mit der Erkenntniswelt des westlichen Physikers, *âtman* mit dem Zielpunkt der buddhistischen Lehre von der »bedingten Entstehung« – *pratîtyasamutpâda* – gleich:

»So kommen der Mystiker und der Physiker zu derselben Schlußfolgerung, der eine ausgehend vom Reich des Inneren, der andere von der äußeren Welt. Die Harmonie zwischen ihren Ansichten bestätigt die alte indische Weisheit, daß Brahman, die letzte äußere Realität, mit Atman, der inneren Realität, identisch ist.«[122]

11.4 Capras Sicht von Krise und Wandlung

11.4.1 Zur Übertragung naturwissenschaftlicher und religionsphilosophischer Weltdeutungsmuster in die Alltagswelt

Im vorigen Abschnitt wurde der dritte der eingangs genannten Themenbereiche Capras bereits eingeführt, nämlich die Übertragung quantenphysikalischer und östlich-religiöser Aussagen auf lebensweltliche Fragen seiner Generation. Die Durchführung dieses Themas nimmt in Capras Buch »Wendezeit« breiten Raum ein. Er versucht nachzuweisen, daß sich wie in der Naturwissenschaft so auch in der Ökonomie, Ökologie, Psychologie, Medizin und in vielen anderen Bereichen gegenwärtig ein Bewußtseinswandel vollziehe, der auf die Integration profaner und »spiritueller« Wirklichkeitsdeutung abzielt. Es macht wenig Sinn, die einzelnen Themen *an Capras Beispiel* im Stil der vorigen Abschnitte detailliert darzustellen, denn Capra

119. Capra (1975), 7.
120. Vgl. Brück (1986), 32ff.
121. Chândogya-Upanishad VI; vgl. dazu Frauwallner (1953), 88ff.; Jan Gonda: Die Religionen Indiens Bd.1: Veda und älterer Hinduismus, Stuttgart 1960, 203.
122. Capra (1975), 305. Zur Kritik an seiner Deutung vgl. unten, Kap.12.1.1.

referiert jeweils vorhandene Entwürfe anderer Autoren und versucht, diese mit seinen eigenen Grundüberzeugungen aus Physik und »östlicher Mystik« in Verbindung zu bringen. Daher ist das Buch »Wendezeit«, besonders die Teile III und IV, nach der oben in Kap.10 dargestellten Klassifizierung der Literatur den »Kompilationen« zuzurechnen.

Heuristisch sinnvoller als eine Analyse einzelner Themen (die nicht an Capra selbst, sondern anhand der einzelnen Quellen erfolgen müßte) ist die Frage nach dem Kompositionsschema, das sie miteinander verbindet. Hierbei fällt zunächst der Begriff des »Paradigmenwechsels« auf, den Capra in »Das Tao der Physik« noch nicht verwendete.[123] Der Ausdruck ist eng verbunden mit der Thematik von »Krise und Wandlung«,[124] die das Buch von seinem Motto bis zur letzten Seite durchzieht.

11.4.2 Gegenwartserfahrung als Krisenerfahrung

Wie schon im Kapitel 11.1. dargestellt, interpretiert Capra die der gegenwärtigen Lebenswelt attestierte multi-dimensionale Krise als Folge ungenügender bzw. unentwickelter Wahrnehmung. Dies verkoppelt er mit den Inhalten der physikalischen und der »spirituellen« Fragestellungen: Die »Krise« der physikalischen ›Weltanschauung‹ wird zunächst als prinzipielles epistemologisches Phänomen beschrieben, wozu ›östliches‹ Denken und insbesondere die Zen-Methode der Koans herangezogen wird. Es handele sich dabei letztlich um eine Wahrnehmungskrise, die immer dann auftritt, wenn die oberflächlich-materielle und ›statische‹ Ebene der Wirklichkeitssicht in Richtung auf eine den tatsächlichen Gegebenheiten besser entsprechende Tiefendimension durchstoßen werde, wie das sowohl bei der Zen-Meditation wie in der theoretischen Physik der Fall sei. Im Gegenzug wird eine positive Bewertung des Phänomens »Krise« ermöglicht: Krisenhaftigkeit, Paradoxie der Welterfahrung ist nicht etwas Anormales, sondern ein fundamentales Merkmal in der Struktur der Wirklichkeit. Daraus sei nun gerade nicht ein stumpfer Fatalismus gegenüber der letztlichen Unerklärbarkeit der Welt abzuleiten, sondern (das betont Capra in seiner Darstellung des Zen) der Mensch müsse sich bemühen, die Widersprüche ›auf einer höheren Ebene‹ zu verstehen und zu integrieren.

Mit ihrer Übersetzung in Bereiche ökologischer Interessen, der Werteethik, der Verknüpfung von Religion und Wissenschaft, erhält die Thematik der Wahrnehmungskrise eine zeitliche und lebensweltliche Dimension: Die Gegenwart wird als eine besondere Zeit der Krise angesehen, weil sie – aus der Perspektive Capras – auf verschiedenen Ebenen gleichzeitig die Tiefenstrukturen der menschlichen Lebenswelt aufdeckt, die mit Hilfe von Technik und anderen Mitteln moderner Weltbeherrschung bislang (bewußt oder unbewußt) verborgen worden sei.

Zu Beginn der »Wendezeit« systematisiert Fritjof Capra seine Ansicht über die gegenwärtige »weltweite [...] vielschichtige, multidimensionale Krise«:

---

123. Zur Geschichte und Bedeutung dieses Begriffs vgl. unten, Kap.12.2.
124. Überschrift des ersten Kapitels, S. 15.
125. Capra (1982), 19.

»Ob wir von Krebs, Verbrechen, Umweltverschmutzung, Kernkraft, Inflation oder Energieknappheit sprechen – all diesen Problemen liegt dieselbe Dynamik zugrunde. Hauptzweck dieses Buches ist es, diese Dynamik zu analysieren und Richtungen für einen Wandel aufzuzeigen.«[125]

Es handle sich wesentlich um eine »Kulturkrise«, die »im Zusammenhang der menschlichen kulturellen Evolution« gesehen werden müsse:[126]

»Wir müssen unsere Perspektive verlagern vom Starren auf das Ende des zwanzigsten Jahrhunderts auf den Überblick über eine Zeitspanne, die Tausende von Jahren umfaßt [...] Aus dieser Perspektive betrachtet, erscheint die Krise als ein Aspekt der Umwandlung. Die Chinesen [...] scheinen sich des tiefen Zusammenhangs zwischen Krise und Wandel wohlbewußt. Der Begriff, den sie für ›Krise‹ verwenden, *wei-ji*, setzt sich aus den Schriftzeichen für ›Gefahr‹ und ›gute Gelegenheit‹ zusammen.«[127]

11.4.3 Säkulare Zeitalterlehren: Toynbee, Sorokin, Mumford in Capras Deutung

Capra bezieht sich nun auf verschiedene Zyklentheorien westlicher Historiker und Soziologen. Er referiert zunächst die Theorie von Arnold Toynbee,[128] die »sehr gut auch auf unsere gegenwärtige Situation zu passen« scheine. Capra resümiert:

»Schauen wir uns die Art unserer Herausforderungen an, [...] dann erkennen wir das Zusammenfließen mehrerer Übergangsbewegungen [...] Einige [...] gehören zum oben zitierten Muster von Aufstieg und Niedergang. Jeder dieser Prozesse verläuft innerhalb einer bestimmten Zeitspanne oder Periodizität, doch bei allen zeigen sich Übergangsperioden, die gegenwärtig zusammenzufallen scheinen. Drei von ihnen werden die Grundlagen unseres Lebens erschüttern und unser gesellschaftliches, wirtschaftliches und politisches System tief beeinflussen.«[129]

Es handle sich dabei – so Capra – *erstens* um den Verfall des Patriarchats, *zweitens* um das nahe Ende des Zeitalters der fossilen Brennstoffe und *drittens* um einen kulturellen »Paradigmen-Wechsel«, einen »tiefgreifenden Wandel des Denkens, der Wahrnehmungen und Werte, die eine besondere Sicht der Wirklichkeit bewirken.«[130] Das jetzt zu Ende gehende kulturelle Paradigma sei vor allem von der »wissenschaftlichen Revolution« zu Beginn der Neuzeit, der Aufklärung im 18. Jahrhundert und der industriellen Revolution im 19. Jahrhundert geprägt worden. Seine Werte beinhalten nach Capra:

»den Glauben an die wissenschaftliche Methode als einzig gültigen Zugang zur Erkenntnis, die Auffassung des Universums als eines mechanischen Systems, das sich aus elementaren Bausteinen zusammensetzt, sowie das Bild des Lebens in einer Gemeinschaft als Konkurrenzkampf um

---

126. Capra (1982), 21.
127. Capra (1982), 21.
128. Arnold Toynbee: Der Gang der Weltgeschichte, Stuttgart 1950 (Original: A Study of History, 12 Bde., 1934-1961, Kurzfassung Bd.1-6 in einem Band, 1947).
129. Capra (1982), 24.
130. Capra (1982), 25-26.

die Existenz. Schließlich gehört dazu auch der Glaube an den unbegrenzten materiellen Fortschritt, der durch wirtschaftliches und technologisches Wachstum erreicht werden kann.«[131]

Diese Werte erschienen heute überholt. In der »breiteren Perspektive der kulturellen Evolution«, wie sie durch Toynbees Zyklenmodell des Auf- und Niedergangs von Kulturen ermöglicht werde, sei der »gegenwärtige Paradigmen-Wechsel« als »Teil eines umfassenden Prozesses, einer erstaunlich regelmäßigen Fluktuation von Wertsystemen« zu sehen, »wie man sie in der gesamten abendländischen Zivilisation und in den meisten anderen Kulturen antrifft.«[132]

Capra geht nun auf das Zyklenmodell des russisch-amerikanischen Soziologen Pitirim Sorokin (1889-1968) ein, der die kulturelle Entwicklung des Abendlandes aus der Wechselwirkung dreier konkurrierender Wertsysteme ableitet, eines wahrnehmungsbestimmten, eines ideenfundierten und eines idealistischen Wertsystems.[133] Der konstatierte kulturelle Paradigmenwechsel und Niedergang des Industriellen Zeitalters in der Gegenwart sei als eine Periode des Niedergangs des wahrnehmungsbestimmten oder sinneorientierten Wertsystems zu begreifen, die ihrerseits die vorherigen Perioden des »ideenfundierten« christlichen Zeitalters und des »idealistischen« (auf Ausgleich zwischen den beiden anderen Wertorientierungen bedachten) Zeitalters der Renaissance abgelöst habe.[134]

Dann erwähnt Capra den oben im Zusammenhang der Begriffsgeschichte von »New Age« schon genannten Lewis Mumford,[135] der eine kulturgeschichtliche Zyklentheorie mit langfristigen Perioden vertrat: »Animal into Human«, »Archaic Man«, »Civilized Man« (frühe Hochkulturen), »Axial Man«[136], »Old World Man«[137], »New World Man« (seit Kolumbus) und eine neue, mit der Gegenwart beginnende Epoche, die entweder im negativen Sinne zum »Post-historic Man« oder im positven zur »World Culture« führe.[138] »Post-historic Man« wird definiert als Zustand einer zunehmenden

---

131. Capra (1982), 26.
132. Capra (1982) 27.
133. Pitirim Sorokin: Social and Cultural Dynamics, 4 Bde., 1937-1941, 2. Aufl. New York 1962, zitiert bei Capra (1982), 27.
134. Zitiert bei Capra (1982), 28.
135. Mumford (1956), vgl. oben, Kap.6.3.2.3.
136. Damit ist der Mensch der »Achsenzeit« gemeint, wie ihn Karl Jaspers beschreibt; vgl. Mumford (1956), 57.
137. D.h. die euro-asiatisch-nordafrikanischen Kulturen in der Zeit vor 1492.
138. Den Terminus »post-historic man« übernimmt Mumford von Roderick Seidenberg (vgl. Mumford (1956), 120). Die Grenze zur vorigen Epoche werde – so Mumford – durch den Zweiten Weltkrieg markiert. Er beschreibt die Zeitsituation folgendermaßen: »Where the archaic and axial components of human culture have worne thin, so that New World criteria are uppermost – as notably in the United States and Soviet Russia – the powers New World man so confidently evoked now threaten to turn against him, as in the tale of the Sorcerer's Apprentice. Mankind now lives under the threat of self-destruction [...] A single hoicidal command, escaping such rational controls as remain, might trigger a world catastrophe. Even if that does not happen, an equally dark future seems already visible: post-historic man. We must face this final threat before turning to a consideration of happier alternatives« (Mumford (1956), 119).

zwangsweisen Anpassung des Menschen an die Maschine und ein Überhandnehmen der »kalten Intelligenz«.[139] Für die Alternative einer »World Culture« folgert Mumford, der Mensch müsse sein Bewußtsein transformieren und so statt der drohenden Un-Kultur von ›Zehnjährigen mit atomarem Spielzeug‹ eine bewußte Weltkultur emanzipierter und miteinander verbundener ›Erwachsenener‹ schaffen, die von der »mechanistischen« zur »organischen« Einheit fortschreiten müsse:

»Man's principle task today is to create a new self, adequate to command the forces that now operate so aimlessly and yet so compulsively. This self will necessarily take as its province the entire world, known and knowable, and will seek, not to impose a mechanical uniformity, but to bring about an organic unity, based upon the fullest utilisation of all the varied resources that both nature and history have revealed to modern man. Such a vision must be nourished, not only by a new vision of the whole, but a new vision of a self capable of understanding and cooperating with the whole. In short, the moment for another great historic transformation has come. If we shrink from that effort we tactily elect the post-historic substitute. The political unification of mankind cannot be realistically conceived except as part of this effort at self-transformation: without that aim we might produce uneasy balances of power with a temporary easing of tensions, but no fullness of development.« [140]

Mumford stellt sich ausdrücklich in die Tradition historischer Zeitalter-Erwartungen, wie sie im zweiten Teil der Arbeit dargestellt wurden:

»Fortunately, this unification is not a sudden desperate move, prompted only by the threat of universal extermination. So deeply is it bound up with the whole brad movement of culture that it has long been taken as the goal of history by many prophetic minds: by Isaiah, Mo Ti, Joachim of Floris, to mention only a few...« (ebd., 139).

Mumfords Werk verbindet, wie schon oben gezeigt, ältere zivilisations- und technikkritische Reformbewegungen und neuere Autoren wie Capra, Ferguson, Trevelyan, Spangler und Wilber. In der Tat ist er eine der wenigen unmittelbar gemeinsamen Quellen der sog. »New Age«-Autoren.

Was Capra nicht erwähnt, sind zwei moderne deutschsprachige Varianten ebenfalls kulturgeschichtlich ausgerichteter Weltalterlehren, zum einen der Entwurf Oswald Spenglers, »Der Untergang des Abendlandes«,[141] zum andern Jean Gebsers »Ursprung und Gegenwart«.[142]

---

139. Mumford (1956), 121. Der posthistorische Mensch sei eine »wholly subservient creature of the machine, dismally adapted to the pseudo-life of its mechanical collectives« (ebd., 137). Die Anklänge an Patrick Geddes sind deutlich, vgl. dazu oben, Kap.6.3.2.3.
140. Mumford (1956), 138f.
141. Oswald Spengler: Der Untergang des Abendlandes, Bd.1: Gestalt und Wirklichkeit, München [33]1923 (zuerst 1917), Bd.2: Welthistorische Perspektiven, München, [31]1922.
142. Vgl. dazu oben, Kap.10.4.

11.4.4 »Wendezeit« als wiederverzauberte Zeitalterlehre

Capra parallelisiert die oben beschriebenen Zyklentheorien – gemäß seinem Motto und Buchtitel – mit der Auffassung der »Wandlung« im chinesischen Buch *I-ching* (in den Deutungen Richard Wilhelms und Joseph Needhams), das einen sanften Übergang lehre. Capra schreibt:

> »Während dieser Phase der Neubewertung und kulturellen Wiedergeburt wird es darauf ankommen, die Not, die Zwietracht und die gewaltsamen Ereignisse, die in einer Periode großen gesellschaftlichen Wandels unvermeidlich auftreten, so gering wie möglich zu gestalten. [...] Nur dann werden wir imstande sein, uns der Form harmonischen und friedlichen kulturellen Übergangs zu nähern, die in einem der ältesten Weisheitsbücher der Menschheit beschrieben ist, dem chinesischen *I Ging*«.[143]

Die Begriffe »Not«, »Zwietracht« und »gewaltsame Ereignisse« erinnern an apokalyptische Endzeitvorstellungen, die jedoch bei Capra anhand säkularer Themen (Umweltkrise usw.) ›innerweltlich‹ begründet werden. In religionswissenschaftlicher Sicht hat dieser Rekurs auf das *I-ching* eine ähnliche abschwächende und harmonisierende Funktion wie die Aufnahme mundanastrologischer Vorstellungen in der ›Apokalypse‹ des »Wassermann Evangeliums« gegenüber den entsprechenden synoptischen Perikopen des NT:[144] Die ›Sterne‹ werden nicht vom Himmel fallen, sondern eine neue Ordnung wird entstehen. Obwohl Capra die Verantwortlichkeit für die Veränderungen (oder die Katastrophe) anders als Levi H. Dowling ausschließlich in die Hand der Menschen legt, bilden die Zyklenmodelle (vor allem in der rhythmischen Form Sorokins) einen ›mythischen‹ Untergrund, der die eigene Selbstdeutung ermöglichen und so die nötigen Handlungen erleichtern soll.

So zeigt sich, daß auch Capras Entwurf Weltalterlehren zugrundeliegen, mit deren Rezeption er sich in den gedanklichen Zusammenhang der im zweiten Teil der Arbeit dargestellten Thematik einreiht. Am Beispiel Mumfords wird die neue, kulturgeschichtliche Wendung dieser Lehren, die auch Capras Entwurf für sich beansprucht, erkennbar. In diesem Zusammenhang zeigt sich jedenfalls, daß der Begriff »Paradigmenwechsel«, der im folgenden Kapitel noch genauer untersucht werden muß, bei Capra Ausdruck einer modernen, säkularen und zugleich ›resakralisierenden‹ Weltalterlehre ist.

---

143. Capra (1982), 30.
144. Vgl. oben, Kap.7.3.1.2.

12. Auf der Suche nach einem Diskussionsrahmen zu Capras Entwurf

12.1 Religionsgeschichtliche Hintergründe

12.1.1 Sachliche Bewertung und Zuordnung der Konzeption Capras

Aus religionsgeschichtlicher Sicht ist Capras Konstruktion einer homogenen »östlichen Mystik« oder »Weltanschauung« nicht haltbar: Der Buddhismus vertritt gerade nicht die *âtman*-Lehre der Upanishaden, sondern verneint sie (*an-attâ*-Lehre).[1] Bei der buddhistischen Lehre von der »bedingten Entstehung«, *pratîtyasamutpâda*, handelt es sich zumindest ursprünglich nicht um eine Kosmologie, sondern die Lehre steht im Zusammenhang der soteriologischen Frage nach der Herkunft des Leidens, auf den sie sich selbst ausdrücklich begrenzt.[2] Diese soteriologische Grund-

---

1. Vgl. z.B. das Anattâ-lakkhana-Sutta, Suttanipata 22,59; Samyutta-Nikâya 3, 66-90. Zwar sind die Aussagen über die Negation eines »Selbstes« immer so angelegt, daß sie nur die fünf *skandhas*, d.h. die empirischen Daseinsfaktoren, für *an-attâ* erklären und nichts über die Existenz oder Nicht-Existenz eines »Selbst« außerhalb der *skandhas* besagen (vgl. Conze (1962), 49). Doch ist das Fehlen von Aussagen über eine Existenzweise jenseits der *skandhas* kein Zufall. Es gehört zum Wesen der Lehre des Buddha, Spekulationen über solche Fragen mit methodischer Strenge abzulehnen, da diese nicht zum Erwachen führen könnten, sondern nur »ins Gestrüpp der Meinungen, zur Verwirrung, weg von dem, was allein nötig und sinnvoll ist, nämlich vom Weg zur Erlösung« (Heinz Bechert: Buddhistische Perspektiven, in: H. Küng u.a.: Christentum und Weltreligionen, München 1984, 411ff. 465ff. 508ff. 560ff., hier 430). Daher ist eine spekulative Verschmelzung des Buddhismus mit der indischen *âtman*-Lehre jedenfalls verfehlt, wie sie auch in späteren buddhistischen Schulen (mit Ausnahme der mahâyânistischen Tathâgatagarbha-Schule) nicht vollzogen wurde (vgl. dazu Lambert Schmithausen: Art. Atman, in: HWP, Bd.1 (1971), 602f.).
   Die Differenz wird bereits im klassischen Indien ausdrücklich formuliert. So kritisiert der Mîmâmsâ-Philosoph Kumârila im 7. Jhdt. n. Chr. die Buddhisten wegen ihrer Leugnung eines *âtman* (vgl. dazu Gonda (1960/63), Bd.2, 81).
2. Vgl. dazu exemplarisch Samyutta-Nikâya 12,35 (zitiert nach der Übersetzung Nyanatilokas: Das Wort des Buddha, Konstanz ⁵1989 (zuerst 1906), hier 58f.): »Durch Unwissenheit *(avijjâ)* bedingt sind die Karmaformationen; durch die Karmaformationen *(sankhâra)* das Bewußtsein ...; durch das Bewußtsein *(vinnâna)* das Geistige und Körperliche; durch das Geistige und Körperliche *(nâma-rûpa)* die sechs Grundlagen; durch die sechs Grundlagen *(sal-âyatana)* der Bewußtseinseindruck; durch den Bewußtseinseindruck *(phassa)* das Gefühl; durch das Gefühl *(vedanâ)* das Begehren; durch das Begehren *(tanhâ)* das Anhaften; durch das Anhaften *(upâdâna)* der Werdeprozeß; durch den Werdeprozeß *(bhava)* die Wiedergeburt; durch die Wiedergeburt *(jâti)* aber bedingt kommt es zu Altern und

ausrichtung bleibt auch in späteren Lehrentwicklungen des Mahâyana-Buddhismus erhalten.

Auch ist die indische *brahman*-Konzeption keinesfalls Grundlage einer »Physik«, schon gar nicht im modernen westlichen Sinne. So vielgestaltig die Bedeutung des Begriffs *brahman* ist, bezeichnet er jedenfalls nicht die Außenwelt, den meß-, beobacht- und theoretisierbaren Gegenstand der Physik, auch nicht in der durch Einstein oder die Quantentheorie neu formulierten Gestalt. In den Texten der Upanishaden, auf die sich Capra beruft, bezeichnet *brahman* – ganz im Gegenteil – ein in sich selbst schlechthin Unerfaßbares, das im Menschen ausschließlich als *âtman* präsent ist.[3] Daher ist Capras Deutung des *tat tvam asi* als Einheit eines ›äußeren‹ und eines ›inneren‹ Weges der Erkenntnis – Physik einerseits, »Mystik« andererseits[4] – verfehlt. Es geht in den Texten um die Möglichkeit einer Erkenntnis des *brahman* schlechthin. Dazu gibt es nur einen Weg, nicht zwei. Nur weil der erkennbare *âtman* identisch mit *brahman* ist, kann *brahman* überhaupt erkannt werden, indem man *âtman* erkennt.

Weiter besteht in den verschiedenen Traditionen indischer Philosophie kein Konsens hinsichtlich der Einheit oder Dualität der Wirklichkeit, was die pauschale Identifikation von »westlich« und »dualistisch« versus »östlich« und »monistisch« verbietet.[5] So unterscheidet die Sâmkhya-Philosophie, das älteste der klassischen philosophischen Systeme, zwischen »Geist« *(purusha)* und »Materie« bzw. »Natur« *(prakriti)* als getrennten Prinzipien und ist daher »dualistisch« zu nennen.[6] Gerade die von Capra zitierten Bhagavadgîtâ-Stellen 13,12 und 3,27f setzen die Sâmkhya-Begrifflichkeit voraus bzw. stehen im Kontext der Auseinandersetzung mit ihr und können daher nicht als Belege einer in Capras Sinne »monistischen« Grundhaltung des indischen Denkens herangezogen werden. Denn *karma* gehört nach dieser Tradition ausschließlich auf die Seite der ungeistigen ›Materie‹ *(prakriti),* während der Geist *(purusha)* erkennend, aber »untätig« *(a-karma)* ist.[7] Daher ist der Karma-Begriff der Bhagavadgîtâ nicht geeignet, den »Zusammenhang aller Dinge« im Sinne der Auflö-

---

Sterben *(jarâ-marana),* Sorge, Jammer, Schmerz, Trübsal und Verzweiflung. So kommt es zur Entstehung dieser ganzen Leidensfülle. Das nennt man die Bedingte Entstehung« *(paticcasamuppâda).*
3. Vgl. Frauwallner (1953), 69ff. Frauwallner erklärt zusammenfassend: »Die höchste Wesenheit, der Kern der Natur, ist das Brahma. Dieses ist seinem Wesen nach Erkennen *(vijnânam)* und Wonne *(ânandah).* Weitere Bestimmungen sind nicht möglich. Denn das Subjekt des Erkennens kann selbst nicht erkannt werden. Es liegt vielmehr außerhalb des Bereichs jeder Erkenntnismöglichkeit und außerhalb aller Formen der menschlichen Erkenntnis. Nur durch die Ablehnung aller Bestimmungen kann es bestimmt werden, nur durch das Erkennen seiner Unerkennbarkeit erkannt werden« (ebd., 74f.).
4. Vgl. oben, Kap.11.3.3.
5. Auch die westliche Seite dieser Identifikation ist geistesgeschichtlich und theologisch selbstverständlich unhaltbar, wie schon die Existenz der Trinitätslehre und besonders die Lehre von der *creatio ex nihilo* zeigt.
6. Vgl. dazu Gerald J. Larson: Classical Sâmkhya. An Interpretation of its History and Meaning, Delhi u.a.: Motilal Banarsidass, ²1979 (zuerst 1969), bes. 160ff.
7. Vgl. dazu Frauwallner (1953), 315; Larson, ebd. (s. vorige Anm.), 167ff.

sung der Unterscheidung von Subjekt (>Geist<) und Objekt des Erkennens (>Materie<, >Natur<) zu beschreiben.
Capras Deutung der entsprechenden Textstellen erklärt sich z.T. aus der von ihm benutzten englischen Übersetzung. Das Zitat von BhG 3,27f in »Das Tao der Physik« entstammt der Ausgabe Juan Mascarós:

»All actions take place in time by the interweaving of the forces of Nature; [but the man lost in selfish delusion thinks that he himself is the actor.] But the man who knows the relation between the forces of Nature and actions, sees how some forces of Nature work upon other forces of Nature, and becomes not their slave.«[8]

Zum Vergleich zwei andere englische Übersetzungen. Zaehner gibt die Stelle folgendermaßen wieder:

»It is material Nature's *(prakriti)* [three] constituents *(guna)* that do all works *(karma)* wherever [works are done]; [but] he whose self is by the ego fooled thinks, >It is I who do<. /
But he who knows how constituents and works are parcelled out in categories, seeing things as they are, thinks thus: >Constituents on constituents act<, [and thus thinking] remains unattached.«[9]

Van Buitenen übersetzt:

»At any rate, actions are performed by the three forces of nature, but, deluded by self-attribution, one thinks: »I did it!« But he who knows the principles that govern the distribution of those forces and their actions knows that the forces are operating on the forces, and he takes no interest in action.«[10]

Capra deutet die Stelle so, daß man »die Einheit und Harmonie der ganzen Natur« nur dann erkennen könne, wenn man die Illusion aufgibt, »von unserer Umwelt getrennt existieren und unabhängig handeln« zu können:

»Von Mayas Zauber frei zu sein, die Bande des Karma zu lösen, heißt, zu erkennen, daß alle von unseren Sinnen wahrgenommenen Phänomene Teil derselben Wirklichkeit sind.«[11]

Das ist gerade nicht die Aussage des Textes. Die Stelle lehrt nicht die Erfahrung der Einheit und des Zusammenhangs der Wirklichkeit, sondern empfiehlt die Loslösung aus den karmischen Bindungen als Voraussetzung wahrer Erkenntnis.[12] *Karma* ist nicht eine kosmische Grundkraft, eine *vis vitalis,* die in einer advaitischen Identität von

8. Mascaró (Übs.) (1962), 58; vgl. Capra (1975), 89 (die in eckige Klammern gesetzte Passage wird von Capra ausgelassen).
9. Zaehner (Übs.) (1972), 56.
10. J.A.B.van Buitenen: The Bhagavadgîtâ in the Mahâbhârata. Text and Translation, Chicago und London, 1981, hier 83f.
11. Capra (1975), 89.
12. Zaehner (Übs.) (1972), 171, kommentiert: »In this passage the underlying theory is almost pure *Sâmkhya* – an almost complete dualism of spirit and matter.«

brahman und *âtman* aufgehen könnte, sondern die entgegengerichtete Kraft, die jene Einheit gerade verhindert. Daher ist auch Capras Verwendung der Stelle zur Parallelisierung mit dem chinesischen Begriff *tao*, der nach seiner Deutung sowohl für *brahman* als auch für *karma* steht,[13] irreführend.

Zwar kann man in der Tat aus der Übersetzung Mascarós herauslesen, daß in BhG 3,28 eine kosmologische Einsicht in den »Zusammenhang der Kräfte« gemeint sei; das ist aber sachlich falsch, denn es geht um die Einsicht, daß die karmische Verflochtenheit des Daseins die Erlösung verhindert. Die ›Einbindung‹, die hier gemeint ist, ist also nicht das Ziel des religiösen Weges, sondern die Fessel, von der sich der Mensch befreien muß, wenn er jenen Weg gehen will.

Andere Unstimmigkeiten der Deutung religionsgeschichtlicher Texte durch Capra wurden in den Anmerkungen zu Kapitel 11.3.2. und 11.3.3. schon benannt.

Bei vielen der von Capra als »Details« eingestuften Unterschiede zwischen den einzelnen östlichen Traditionen handelt es sich – wie hier nur angedeutet werden kann – um fundamentale Differenzen, die der von ihm thematisierten Dichotomie von »östlichem« und »westlichem« Denken nicht nachstehen.[14] Häufig verkennt oder nivelliert Capra diese Unterschiede. An anderen Stellen formuliert er so amorph, daß seine Aussagen auf fast jede »Weltanschauung« – sei sie westlich oder östlich – anwendbar sind und damit für eine präzise Beschreibung etwaiger Gemeinsamkeiten östlicher Philosophien und Religionen keinen heuristischen Wert haben.

Oft beruft sich Capra auch in seiner Kritik westlicher Denkstrukturen zu Unrecht auf östliche Traditionen:
– Die Kritik an der intellektuellen Einseitigkeit westlichen Denkens setzt einen modernen Rationalitätsbegriff voraus, der in den zitierten Texten des Zen-Buddhismus oder des Taoismus mit ihrer Ablehnung von »Spekulation«, »Disput« und Wortklauberei nicht gemeint ist. Solche ablehnenden Formulierungen stehen im Rahmen ihrer jeweis eigenen Traditionen, des Buddhismus bzw. des chinesischen Denkens. Sie artikulieren Widerstand gegen andere, stärker spekulativ, pragmatisch oder ritualistisch ausgerichtete Strömungen innerhalb derselben Traditionen, die ebenfalls kein im modernen Sinne »rationales« Weltverhältnis aufweisen (im Taoismus ist insbesondere der Konfuzianismus als Gegenüber zu denken).[15]

13. Vgl. dazu oben, Kap.11.3.2.
14. Carl Friedrich von Weizsäcker, der in seinem Buch »Bewußtseinswandel« (1988) in ähnlichem Zusammenhang wie Capra eine Kurzdarstellung östlicher religiöser Traditionen unternimmt, zieht daraus – ganz anders als dieser – den Schluß, daß der Hinduismus – wenn man so globale Einteilungen vornehmen wolle – nicht zum Osten, sondern zum »Westen« zu rechnen sei: »Kenner der euro-asiatischen Philosophiegeschichte haben mir versichert, daß die tiefe Kluft zwischen West und Ost längs der Grenze des Hindu-Denkens gegen das buddhistische Denken verläuft« (190). Aus religionswissenschaftlicher Sicht müßte man die Aussage Weizsäckers dahingehend präzisieren, daß es nicht um einen Graben zwischen Hinduismus und Buddhismus (der ja ebenfalls aus Indien stammt), sondern zwischen indischer und ostasiatischer Religionsgeschichte – einschließlich der ostasiatischen Transformationen des Buddhismus – geht.
15. An dieser Stelle muß Capras Gebrauch des Wortes »rational« hinterfragt werden. Dazu bietet sich eine Anknüpfung an Max Webers Typenbildung an, die in der neueren Weber-

- Auch wenn man den Begriff der Rationalität aus dem engeren Kontext der westlichen Moderne-Diskussion löst und ihn auf vormoderne Traditionen anwendet, so ist dennoch der von Capra thematisierte Gegensatz zwischen West und Ost nicht mit den Begriffen »Rationalität« und »Mystik« abzudecken: Die »Vier edlen Wahrheiten« des Buddha sind, nach buddhistischen Texten zu urteilen, zwar durch ›Intuition‹ zustandegekommen,[16] aber in ihrer Struktur ausgesprochen ›rational‹ auf-

Forschung eingehend thematisiert wurde (vgl. Wolfgang Schluchter: Rationalismus der Weltbeherrschung. Studien zu Max Weber, Frankfurt a.M. 1980; Stephen Kalberg: Max Webers Typen der Rationalität, in: W.M.Sprondel und C.Seyfarth, Hrsg.: Max Weber und die Rationalisierung sozialen Handelns, Stuttgart 1981; Johannes Weiß: Rationalität als Kommunikabilität, ebd., 39-58; Dirk Käsler: Das Konzept der Rationalisierung, in: ders.: Revolution und Veralltäglichung, München 1977, 202-211). Weber spricht von »Rationalität«, »Rationalismus« und »Rationalisierung«. Die ersten beiden Begriffe gebraucht er synonym, der dritte beschreibt den Prozeß, der zu einer rationalen Gesellschafts- oder Lebensordnung führt. Nach Schluchter lassen sich in Webers Argumentation drei Typen von »Rationalismus« ermitteln, die sich gegenseitig durchdringen und beeinflussen, aber analytisch zu unterscheiden sind:
- »wissenschaftlich-technischer Rationalismus«, d.h. »die Fähigkeit, Dinge durch Berechnung zu beherrschen«;
- »metaphysisch-ethischer Rationalismus«, d.h. die »Systematisierung von Sinnzusammenhängen«;
- »praktischer Rationalismus«, d.h. die »Ausbildung einer methodische Lebensführung« als »Folge der Institutionalisierung von Sinn- und Interessenzusammenhängen« (Schluchter, ebd., 10).

Ferner unterscheidet Weber geographisch-historisch zwischen einem orientalischen und einem okzidentalen Typus des Rationalismus. Den letzteren beschreibt er als »Eigenart der Sozialordnung des Okzidents« und hebt besonders eine moderne Version desselben hervor, die sich von klassischen Formen nochmals grundlegend unterscheide: Der »spezifisch geartete ›Rationalismus‹ der okzidentalen Kultur« ist gekennzeichnet durch moderne Kalkulation, Technologie (technische Verwendung wissenschaftlicher Erkenntnisse), rationale Struktur des Rechts und der Verwaltung »in rechtstechnischer und formalistischer Vollendung«, schließlich »bestimmte Arten praktisch-rationaler Lebensführung« (Max Weber: »Vorbemerkung«, in ders. (1920/21), Bd.1, 11f.; vgl. dazu Schluchter (1980), 13).

Wenn Capra von »rationalem Denken« spricht, steht offensichtlich ein wissenschaftlich-technisches Verständnis von Rationalität bzw. Rationalismus im Vordergrund, das er als zentrales Charakteristikum der modernen okzidentalen Gesellschaft versteht. Doch macht der häufig vorkommende und synonym verstandene Ausdruck »Reduktionismus« (vgl. oben, Kap.11.3.3., Anm.110) durch seinen Wertbezug deutlich, daß der Zusammenhang zum metaphysisch-ethischen Typus des Rationalismus stets mitzudenken ist. Außerdem fällt auf, daß Capra die Differenzen zwischen orientalisch-traditionaler und okzidental-moderner Rationalität bzw. Rationalitätskritik übergeht. So konfrontiert er Zen- und Taoismus-Texte, deren Kritik am ›Rationalen‹ in einem traditionalen östlichen Kontext stehen, unmittelbar mit dem modernen westlichen »Rationalismus«. Dadurch vermischen sich die unterschiedlichen Fragestellungen der West-Ost-Beziehungen und der Moderne-Diskussion im Westen selbst.

16. Vgl. z.B. Vinayapitaka III,3f.

gebaut[17] – von der Scholastik mancher Mahâyâna-Schulen ganz zu schweigen. Ebenso sind auch im Hinduismus und in China ›mystische‹ und ›rationale‹ Elemente immer nebeneinander zu finden. Nach dem Urteil Max Webers bietet z.b. die indische Karma-Lehre die »formal vollkommenste Lösung« des Theodizee-Problems, einer Fragestellung, die erst im Zusammenhang der »Rationalisierung« religiöser Weltbilder auftrete;[18] auch der chinesische »Pragmatismus« kann kaum »irrational« genannt werden. Und mit einigem Recht haben moderne Buddhisten und Hindus ihre Religionen als »wissenschaftlich« und mit rationalen Kriterien vereinbar dargestellt.[19]

Wie oben schon ermittelt wurde,[20] ist Capras Darstellung von einer massiven westlichen Interessenkonstellation geprägt, so daß sich der Verdacht nahelegt, er habe die »östlichen« Momente seiner Darstellung nur zur Ausschmückung und Verdeutlichung einer eigentlich westlichen Thematik benutzt: der drängenden Analyse moderner Rationalität. (Capras Ansatz ist gerade durch die Vernachlässigung der westlichen Geistesgeschichte und die unmittelbare Konfrontation mit der ganz anders gearteten West-Ost-Thematik selbst ein Beispiel für den Verlust der historischen Dimension in der gegenwärtigen Diskussion des modernen Rationalitäts-Begriffs[21]).

17. Mit den Worten von Wilhelm Halbfass: »(1) that worldly existence coincides with *duhkha*, i.e. pain and frustration; (2) that this condition has an origin *(samudaya)*; (3) that it has also an end or cessation *(nirodha);* and (4) that there is a way leading to this goal, the ›noble eightfold path‹« (W. Halbfass, Tradition and Reflection. Explorations in Indian Thought, New York 1991, mit Bezug auf *Mahâvagga* 1,6,10ff.).
18. Weber (1921), Bd.1, 318. Weber läßt »im ganzen nur drei ... Gedankensysteme« gelten, »welche rational befriedigende Antworten auf die Frage nach dem Grunde der Inkongruenz zwischen Schicksal und Verdienst gaben: die indische Karmanlehre, den zarathustrischen Dualismus und das Prädestinationsdekret des Deus absconditus« (ders. (1920/21), Bd.1, 246f.; vgl. auch Bd.1, 571-573; Bd.3, 330 et passim; zum Theodizeeproblem im allgemeinen vgl. Bd.1, 517; Bd.2, 117ff et passim; kritisch dazu Wendy O'Flaherty: Emotion und Karma. Überlegungen zu Max Webers Interpretation der indischen Theodizee, in: W. Schluchter (Hrsg.): Max Webers Studie über Hinduismus und Buddhismus. Interpretation und Kritik, Frankfurt a.M. 1984, 87-103).
19. Für den ceylonesischen Buddhismus sei beispielhaft Jayatilleke genannt; vgl. dazu Gottfried Rothermund: Buddhismus für die moderne Welt. Die Religionsphilosophie K.N.Jayatillekes, Stuttgart 1979. Bei frühen deutschen Buddhisten war aus ähnlichen Gründen die Anwendung des Ausdrucks »Mystik« (mit seiner ›anti-rationalen‹ Konnotation) auf den Buddhismus umstritten; vgl. dazu Notz (1984), 221f.; zum Gebrauch bei D.T.Suzuki vgl. unten, Kap.12.1.2., Anm.42. Ob abgelehnt oder aufgenommen, wurde dabei »Mystik« allerdings als apologetischer Begriff eingesetzt, ohne daß eine ideen- und begriffsgeschichtliche Klärung erfolgt wäre.
20. Vgl. oben, Kap.11.3.3. und 11.4.
21. Der deutschen Neuausgabe seines Buches »Wendezeit« im Jahr 1986 hat Capra ein Kapitel über »Das ganzheitlich-ökologische Denken in der deutschen Geistesgeschichte« vorangestellt, das nach eigenem Bekunden als Reaktion auf die bei Vorträgen häufig gehörte Kritik entstand, daß in seinem Buch die Philosophie und insbesondere die deutsche Geistesgeschichte zu kurz komme (Capra (1982), Vorwort zur dt. Neuausgabe 1986, XIf.). Das Kapitel fügt sich jedoch schlecht in den Duktus des Buches und verdeutlicht gerade

Eine solche fragmentarische Adaption fremder Tradition für eigene Zwecke erscheint illegitim. Doch darf nicht übersehen werden, daß Capra bereits in einem geprägten religionsgeschichtlichen Kontext steht. Das Aufgreifen östlicher Traditionen für westliche Themen verbindet ihn mit den oben untersuchten Bewegungen der abendländischen Religionsgeschichte wie z.b. der Theosophischen Gesellschaft (obwohl keine unmittelbaren Bezüge erkennbar sind). Im Licht einer solchen Religionsgeschichte der Moderne lassen sich seine Argumente besser erklären:

Als zentrales Thema erscheint der Wunsch nach einer neuen Harmonie von »Rationalität« und »Intuition« in der Weltdeutung. Wie schon seine Beschäftigung mit naturwissenschaftlichen Themen zeigt, geht es Capra trotz der Polemik gegen rationales Denken nicht um eine generelle Außerkraftsetzung des »Rationalen«, sondern um den Nachweis, daß es mit »Intuition« und »Mystik« verbunden werden müsse und daß unter den Bedingungen der Moderne diese beiden ›Pole‹ nicht im Gleichgewicht seien.[22] Wenn die »östlichen Mystiker« mit ihrer Erkenntnis vor Jahrtausenden zu einer ähnlichen Weltsicht gekommen sind wie die rationale Physik des modernen Westens, so spricht das nach seiner Ansicht für die Gleichwertigkeit des »Mystischen« mit dem »Rationalen«.

Capra ist damit ein Erbe jenes Phänomens im modernen westlichen Denken, das oben am Beispiel Swedenborgs und seiner Nachfolger als ›*übernatürlicher Rationalismus*‹ bezeichnet wurde.[23] Wie schon die Vorgänger seit dem 19. Jahrhundert benutzt auch Capra traditionelle östliche Aussagen für diese moderne westliche Problematik. Das ist aus religionsgeschichtlicher Sicht problematisch, erscheint aber angesichts der pluralistischen Rahmenbedingungen der Gegenwart durchaus nachvollziehbar: Unabhängig von ihrem ursprünglichen Sinnzusammenhang sollen die von Capra zitierten östlichen Aussagen zu Katalysatoren eines Umdenkens, einer religiösen Neubesinnung in der Gegenwart werden (wofür sich heutzutage wegen der fortgeschrittenen Säkularisierung mit ihrem Effekt der allgemeinen Entfremdung von Kirche und Theologie etwa das Swedenborgische Modell, das in der christlichen Tradition wichtige Verstehensvoraussetzungen hat, nur noch bedingt eignen könnte).

Capras Anknüpfung an östliche Traditionen kann sich auf Zen- und Taoismusanhänger der amerikanischen »Gegenkultur« seit Allen Ginsberg, Gary Snyder und

---

    dadurch die tatsächliche Ausblendung westlich-geistesgeschichtlicher Fragen aus seinem Argumentationsgang.
22. Vgl. dazu Capra (1982), 35: »Das Rationale und das Intuitive sind komplementäre Formen der Funktion des menschlichen Geistes. Rationales Denken ist linear, fokussiert, analytisch. Es gehört zum Bereich des Intellekts, der die Funktion hat, zu unterscheiden, zu messen und zu kategorisieren. Dementsprechend tendiert rationales Denken zur Zersplitterung. Intuitives Wissen dagegen beruht auf unmittelbarer, nicht intellektueller Erfahrung der Wirklichkeit, die in einem Zustand erweiterten Bewußtseins entsteht. Es ist ganzheitlich oder ›holistisch‹, nichlinear und strebt nach Synthese. Daraus läßt sich folgern, daß vernunftorientiertes Wissen wahrscheinlich Ich-bezogene oder *Yang*-Aktivität hervorbringt, während intuitive Weisheit die Grundlage ökologischer Aktivität oder *Yin*-Aktivität ist.«
23. Vgl. oben, Kap.6.2.3.

Jack Kerouac berufen.[24] Der Historiker Theodore Roszak kommentierte ihren ›Eklektizismus‹ Ende der 60er Jahre folgendermaßen:

»Selbst wenn Zen, so wie er von den meisten der Generation Ginsbergs verstanden und verbreitet wurde, durch grobe Vereinfachungen verwässert worden ist, muß doch anerkannt werden, daß das, was die Jungen auf diese Art unters Volk brachten, ein Vorstellungssystem ist, das ... eine radikale Kritik an den üblichen wissenschaftlichen Konzepten von Menschen und von der Natur einschließt. Mochten die Jugendlichen mit oberflächlichem Verständnis vom Zen Besitz ergreifen, so wandten sie sich ihm doch mit einem gesunden Instinkt zu ... und halfen so mit, die Atmosphäre herzustellen, in der einige klare Geister von größerer Einsicht ihre Kritik an der vorherrschenden Kultur äußern konnten. Vielleicht hat das, was die Jugendlichen für Zen halten, wenig Beziehung zu einer ehrwürdigen und schwer faßbaren Tradition; was sie jedoch so schnell übernahmen, war die sanftherzige und freudige Ablehnung des Positivistischen und zwanghaft Verstandesmäßigen. Es war der Beginn einer Jugendkultur, die seither fortgesetzt den spontanen Drang verkörpert, der freudlosen, raffgierigen und egoistischen Ordnung unserer technologischen Gesellschaft Widerstand entgegenzusetzen. Anders ausgedrückt heißt dies, daß, von einem bestimmten Punkt an, es nurmehr pedantisch sein kann, danach zu fragen, wie original buddhistisch ein Gedicht wie Ginsbergs *Sunflower Sutra* (1955) ist. Vielleicht nicht sehr, aber es *ist* ein Gedicht von großer Zärtlichkeit ... Es legt Beweis ab von einer Sensibilität, in der die anthropozentische Arroganz in Frage gestellt wird, mit der unsere Gesellschaft darangegangen ist, ihre Umwelt im Namen des Fortschritts zu mechanisieren und zu brutalisieren. Es ist ferner ein Kommentar zu dem, was unsere Gesellschaft für ihre ›Religion‹ hält. Darüber hinaus ist es bezeichnend, daß der Dichter ... für seine Inspiration zu einer so exotischen Tradition vorstoßen mußte, um diese wunderbaren menschlichen Beweggründe auszudrücken.«[25]

Wie sich noch zeigen wird, beschritten viele neuere asiatische, vor allem indische Denker ähnliche Wege bei der Neuinterpretation ihrer eigenen Traditionen mit Hilfe westlicher Konzepte.

Daher ist es für eine adäquate religionsgeschichtliche Einordnung sinnvoll, Capras Entwurf in die Tradition der westlichen Religionsgeschichte sowie der west-östlichen Religionsbegegnung der letzten hundertfünfzig Jahre zu stellen und ihn nicht direkt mit Shankara, dem Pâli-Kanon, dem Avatamsaka-Sutra oder anderen östlichen Quellen zu konfrontieren. In diesem Deutungsrahmen wäre Capras Fragestellung dann so umzuformen: Gibt es Analogien in traditionellen östlichen Denkmodellen, die einer westlichen Kritik eines durch moderne Denk- und Lebensumstände verengten Rationalitätsverständnisses zusätzliche Nahrung geben können? Als weitere Frage kommt die Übersetzbarkeit physikalischer Aussagen in allgemeinverständliche Weltdeutungsmuster hinzu. Zur Vertiefung dieser Fragen sollen nun einige Elemente der angesprochenen interreligiösen Thematik im historischen Zusammenhang dargestellt werden:

---

24. Vgl. z.B. Kerouac (1958).
25. Roszak (1968/69), 200-202.

12.1.2 Analyse der verwendeten Literatur

Die Literaturangaben Capras zum Thema östlicher Religionen lassen erkennen, daß sein Interpretationsmuster im wesentlichen einem bereits vorhandenen Komplex westöstlicher Dialogthemen entstammt, der lange vor ihm geformt wurde.[26] Sie spiegeln eine seit Ende des 19. Jahrhunderts vor allem im angelsächsischen Sprachraum geführte Diskussion wider. Die Struktur dieser Quellen soll im folgenden genauer untersucht werden, um daraus Rückschlüsse über den religionsgeschichtlichen Hintergrund der Aussagen Capras gewinnen zu können.

(1) Im Bereich des *Hinduismus* bezieht sich Capra – abgesehen von Textzitaten aus den Upanishaden und der Bhagavadgîtâ – fast ausschließlich auf neuere indische Autoren, die eine westliche Bildung durchliefen und ihrerseits schon in einem doppelseitigen Auseinandersetzungsprozeß mit dem Westen stehen: Er nennt Shrî Aurobindo, Ananda K. Coomaraswamy, Jiddu Krishnamurti, Maharishi Mahesh Yogi, Sarvepalli Radhakrishnan, Sw. Vivekânanda, dazu einige Textausgaben sowie den deutschen Indologen Heinrich Zimmer.[27] Capras Deutung indischer Texte (v.a. Bhagavad Gîtâ und einige Passagen aus den Upanishaden) ist durch die Wahl der jeweiligen Übersetzung ebenfalls stark präfiguriert.[28] Doch ist Capra selbst nicht nur passiv, sondern auch aktiv an der weiteren Entwicklung dieses Rahmens beteiligt, da sein Buch sowohl in Indien als auch im Westen erfolgreich wirkte – in beiden Fällen allerdings nur in bestimmten Schichten mit Schwerpunkt in der aus traditionalen Lebensformen herausgelösten, urbanen, intellektuell gebildeten Mittelklasse.[29]

(2) Im Bereich *chinesischer Religionen* bezieht sich Capra hauptsächlich auf übersetzte Quellentexte, das Buch *I-ching,* das *Tao-te ching* und *Chuang-tzu;* dabei ist er

26. Die folgende Auswertung bezieht sich auf die Literaturangaben in Capras »Tao der Physik« (das Literaturverzeichnis der deutschen Ausgabe von 1988 ist mit dem der englischen Originalausgabe von 1975 bis auf die z.T. falsche Zitation deutscher Übersetzungen identisch). In seinen späteren Publikationen hat Capra offenbar keine weitere Literatur zu östlichen Religionen verarbeitet. Die Bibliographie der Bücher »Wendezeit« und »Das Neue Denken« enthält lediglich weitere Bücher von Alan Watts (vgl. dazu unten, Kap.12.1.3.).
27. Capra nennt Shrî Aurobindo: »The Synthesis of Yoga« und »On Yoga II«; Ananda K. Coomaraswamy: »Hinduism and Buddhism« und »The Dance of Shiva«; Jiddu Krishnamurti: »Freedom from the Known«; Sarvepalli Radhakrishnan: »Indian Philosophy«; Svami Vivekananda: »Jnana Yoga«; Heinrich Zimmer: »Indische Mythen und Symbole«.
28. Capra benutzt im wesentlichen die Bhagavad-Gîtâ-Übersetzung Juan Mascarós (vgl. oben, Anm.8), außerdem die Ausgabe Maharishi Mahesh Yogis (1.-6. Gesang); für die Upanishaden gibt er R. E. Hume (Übs.): »The thirteen Principal Upanishads« und A. Hillenbrandt (Übs.): »Upanishaden« (nur in der dt. Ausgabe) an.
29. Vgl. Wilhelm Halbfass: »The Concept of Experience in the Encounter Between India and the West«, in: ders. (1988), 378-402, hier 400f. Ein Vergleich der sozialen Trägergruppen – sozusagen des indischen »New Age« mit dem westlichen – wäre interessant, sprengt aber den Rahmen der vorliegenden Arbeit.

von Richard Wilhelm (als Übersetzer), Joseph Needhams Buch »Science and Civilization in China« (London 1956) und von Alan Watts' Sicht des Taoismus stark geprägt; außerdem wird noch das Buch von Fung Yu-lan: A Short History of Chinese Philosophy (New York 1958) zitiert.[30]

(3) Im Bereich des *Buddhismus* ist Capras Literaturbasis breiter. An Quellentexten nennt er den Dhammapada,[31] Ashvagosha,[32] das Avatamsaka-Sûtra,[33] eine Pâli- und eine Mahâyâna-Textsammlung.[34] Die zitierte Sekundärliteratur, teilweise wissenschaftlicher, teilweise populärer Art, ist fast ausschließlich auf den Mahâyâna-Buddhismus bezogen: A. David-Neel: Tibetan Journey; C. Eliot: Japanese Buddhism, Lama A. Govinda, Grundlagen tibetischer Mystik; E. Herrigel: Zen in der Kunst des Bogenschießens; P. Kapleau: Die drei Pfeiler des Zen; T. Leggett: A First Zen Reader; I. Miura und R. F. Sasaki: The Zen Koan; T.R.V. Murti: The Central Philosophy of Buddhism; Alan Watts: Zen. Tradition und lebendiger Weg; zahlreiche Bücher von D.T. Suzuki.

Die wichtigsten dieser Gewährsleute Capras sind nach eigenem Bekunden Alan Watts (1915-1973), Daisetz T. Suzuki (1870-1966) und Jiddu Krishnamurti (1895-1986).[35] Außerdem sind unter den Quellen folgende Personen hervorzuheben, die im Text häufig zitiert werden oder bestimmte Themen vorgeprägt haben: Lama Anagarika Govinda (1898-1985), Joseph Needham (geb. 1900), Richard Wilhelm (1873-1930) und Ananda K. Coomaraswamy (1877-1947).

Diese Personen, die fast alle (wie auch Capra) nicht aus den USA stammen, aber dort eine weitreichende Wirkung hatten, sind paradigmatisch für unterschiedliche Faktoren der west-östlichen Religionsbegegnung: Lama Govinda und Alan Watts (auf den noch zurückzukommen ist) sind europäischer Herkunft und mit ihrer asiatischen Prägung frühe und vorbildhafte Vertreter der modernen Suchbewegung des Westens

---

30. Chuang-tzu, Übs. James Legge; dass., »Inner Chapters«, Übs. Gia-Fu Feng und Jane English; Fung Yu-lan: A Short History of Chinese Philosophy; Kuan-tzu, Übs. W. Rickett; Lao-tzu: Tao Te Ching, Übs. Ch'u Ta-Kao; dass., Übs. Gia-Fu Feng und Jane English; Joseph Needham: Science and Civilisation in China (gemeint ist Bd.1 des 20-bändigen Werkes oder die von Colin A. Ronan zusammengestellte Kurzfassung: Needham u. Ronan (1978)); Richard Wilhelm (Übs. und Komm.): I Ging. Das Buch der Wandlungen; ders. (Übs. und Komm., zusammen mit C.G.Jung): Das Geheimnis der Goldenen Blüte.
31. Übs. J. Mascaro.
32. Übersetzung D.T.Suzuki.
33. Capra nennt keine Übersetzung; vermutlich standen ihm nur die Auszüge bei Suzuki zur Verfügung (D.T.Suzuki: Avatamsaka Sûtra. Epitomized by Japanese Scholars and Translated into English, zuerst in: The Eastern Buddhist (Kyoto), 1 (1921)). Die Übersetzung Thomas Clearys erschien erst 1983.
34. F.L.Woodward: Some Sayings of the Buddha; Buddhist Mahayana-Sutras, SBE, Bd.49.
35. Vgl. Capra (1987), 24-30. Während die Wirkung vor allem des erstgenannten, aber auch Suzukis in den Texten gut zu erkennen ist, wird Krishnamurti in den Anmerkungen der Bücher Capras nicht als Quelle zitiert; sein Einfluß ist nach Zeugnis Capras mehr persönlicher Art.

in Richtung auf Zen-Buddhismus, Taoismus und tibetischen Buddhismus. Govinda (Geburtsname Ernst Lothar Hoffmann), der aus Sachsen stammte,[36] befaßte sich als einer der ersten Europäer bereits seit den 20er Jahren mit buddhistischer Meditation und war später vor allem für die Rezeption des tibetischen Buddhismus im Westen sowohl in Europa als auch in den USA von großer Bedeutung.[37] Der Engländer Watts ist ein Vordenker (und Vorbild) der populären amerikanischen Buddhismus- und Taoismusrezeption, dessen Biographie ebenfalls seit jungen Jahren wichtige Elemente der modernen freireligiösen und esoterischen Szenerie enthält.[38] Needham, ein englischer Wissenschaftshistoriker und Biochemiker, hat mit seinem monumentalen Werk »Science and Civilization in China« einen wesentlichen Beitrag zur Taoismus-Rezeption im Westen geleistet. Er ging über seinen naturwissenschaftlichen Ausgangspunkt weit in Richtung auf ethische und philosophische Fragen hinaus und kann damit als Wegbereiter entsprechender Fragestellungen Capras gelten.[39] Richard Wilhelm war ursprünglich Jesuitenmissionar, der durch seinen 30-jährigen Chinaaufenthalt zu einem frühen populären Mittler chinesischer Geisteskultur in den Westen wurde.

Der Japaner Suzuki und die Inder Krishnamurti und Coomaraswamy repräsentieren die andere, östliche Seite dieses Dialogs: Suzuki war ein überaus wichtiger Mittler des Zen im Westen, auf den sich auch Watts' Deutung maßgeblich bezog.[40] Krishnamurti, ein souveräner Neuinterpret religiöser Themen, war seit früher Jugend eng mit der abendländisch-östlichen Suchbewegung der Gegenwart verbunden, obgleich er sich in charakteristischer Weise von ihr absetzte.[41] Coomaraswamy, halb indischer, halb europäischer Herkunft, war ein wichtiger Vordenker einer hinduistischen, am Vedânta orientierten Renaissance, die maßgeblich durch westliche Einflüsse während der englischen Kolonialherrschaft geprägt wurde und später in eine starke Wechselwirkung mit der modernen Religionsthematik des Westens trat.

Im einzelnen lassen sich den Autoren unter anderem folgende Motive Capras zuordnen, die an manchen Stellen allerdings von ihm weiterentwickelt wurden:

(1) Suzukis Einfluß ist unter anderem terminologischer Art. So findet sich bei ihm eine frühe Deutung des Zen als »Mystik« (im Vergleich zur Mystik Meister Eck-

---

36. Capra (1975), 143.150 et passim, zitiert u.a.: Grundlagen tibetischer Mystik. Nach esoterischen Lehren des Großen Mantra Om mani padme hum, Zürich und Stuttgart 1957 (8. Aufl.: München, O.W.Barth, 1991).
37. Vgl. Notz (1984), 87-90.
38. Vgl. dazu unten, Kap.12.1.3.
39. Zur Bedeutung Needhams für die angelsächsische Taoismus-Rezeption vgl. T.H.Barrett: Art. »Taoism. History of Study, in: ER 14 (1987), 329-332, bes. 331, sowie Geoffrey Parrinder, Art. »Peace«, in: ER 11 (1987), 221-224, hier 222. Zur Biographie Needhams vgl.: Explorations in the History of Science and Technology in China. Compiled in Honour of the Eightieth Birthday of Dr. Joseph Needham, FRS, FBA, hrsg. v. Li Guohao, Zhang Mengwen und Cao Tianqin, Shanghai 1982, bes. Iff (Vorwort) und 1-38 (Lu Gwei-Djen: The First Half-Life of Joseph Needham).
40. Zu Suzuki vgl. Dumoulin (1990), 16-20. 43-45; dort weitere Sekundärliteratur.
41. Vgl. Pupul Jayakar: Krishnamurti. Leben und Lehre, Freiburg i.B.: Bauer, 1988 (Original: Krishnamurti – A Biography, San Francisco: Harper & Row, 1986).

hardts).⁴² Suzuki steht auch maßgeblich hinter der Zen-Deutung Alan Watts', an die sich Capra anschließt.

(2) Govinda wird als »tantrischer Buddhist« zitiert. Von ihm hat Capra unter anderem die Interpretation der buddhistischen Lehre von der »bedingten Entstehung« *(pratîtyasamutpâda)* als ein »Gewebe« *(tantra)* der Wirklichkeit aufgenommen, »in dem die Fäden aller Kräfte und aller Ereignisse ... zu einem unauflöslichen Netz von endlosen, sich gegenseitig beeinflussenden Zusammenhängen verwoben sind.«⁴³ Capra deutet dies nun eigenständig im Zusammenhang seiner quantenphysikalischen Fragestellungen.⁴⁴

(3) Capras Darstellung des Taoismus stützt sich in den meisten Aussagen auf den Einleitungsteil des monumentalen Werkes von Joseph Needham über die chinesische Wissenschaftsgeschichte.⁴⁵ Für Needham ist der Taoismus »das einzige System der Mystik auf der ganzen Welt, das nicht zutiefst antiwissenschaftlich eingestellt war.«⁴⁶ »Tao« sei der »Weg, den das Universum geht«⁴⁷:

42. Suzuki (1957). Suzuki hat sich später selbst kritisch zu seiner Anwendung des Begriffs »Mystik« auf den Zen-Buddhismus gewandt (vgl. Waldenfels (1976), 161). Auch andere buddhistische Vertreter kritisieren die Identifikation des Zen als »Mystik«; vgl. Shizuteru Ueda: Der Zen-Buddhismus als ›Nicht-Mystik‹ unter besonderer Berücksichtigung des Vergleichs zur Mystik Meister Eckharts, in: G. Schulz (Hrsg.): Transparente Welt. Festschrift zum 60. Geburtstag von Jean Gebser, Bern und Stuttgart: Hans Huber, 1965, 291-313.
43. Govinda (1956), zitiert bei Capra (1975), 143, nach der 1973 erschienenen englischen Ausgabe des Buches von Govinda. Das Zitat findet sich in der 2. dt. Aufl. Govindas (1966) auf S. 102: »Der Buddhist glaubt nicht an eine unabhängig oder getrennt von ihm existierende objektive Außenwelt, in deren Triebkräfte er sich einschalten könnte. Innen- und Außenwelt sind für ihn die zwei Seiten desselben Gewebes, in dem die Fäden aller Kräfte und alles Geschehens, aller Bewußtseinsformen und -objekte zu einem unzertrennbaren Netz endloser gegenseitig sich bedingender Beziehungen verwoben sind.« Die Identifikation des Terminus *pratîtyasamutpâda (bzw. paticcasamuppâda)* mit *tantra* findet sich bei Govinda selbst im folgenden Absatz: »Das Wort ›Tantra‹ ... hat vielerlei Bedeutungen, die sich alle mehr oder weniger aus dem Begriff des ›Fadens‹, des ›Webens‹, des ›Gewobenen‹ ableiten lassen. *Tantra* deutet hin auf das Verwobensein aller Dinge und Handlungen, die gegenseitige Abhängigkeit alles Bestehenden ...« (ebd., 102f.).
44. Ähnliche Auffassungen vertrat Alan Watts, zog aber andere Schlüsse daraus als Govinda; vgl. z.B. die folgende Passage aus »Zeit zu leben« (Watts (1972), 131): »Das Universum scheint eine komplizierte Dynamik ausgewogener Gegensätze zu sein, die sich gegenseitig bedingen, in einer geradezu unheimlichen Harmonie. Denn diese Harmonie kann niemals zerstört werden, so daß ›einfach alles‹ möglich wäre. In den Worten, die der heiligen Juliana von Norwich zugeschrieben werden: ›Die Sünde ist zwar erlaubt, dennoch ist das Ganze gut, und jede Art Ding ist gut.‹« Zu Watts vgl. unten, Kap.12.1.3.
45. Needham (1956ff.). Die meisten klassischen Textstellen und Needham-Zitate des Taoismus-Abschnittes bei Capra sind auch in der Kurzfassung von Colin A. Ronan (Needham und Ronan, 1978) enthalten, vgl. S.113ff der deutschen Ausgabe.
46. Needham und Ronan (1978), 113.
47. Ebd., 115.

»Das Tao, die Ordnung der Natur, die alle Dinge hervorgebracht hat und sie beherrscht in ihrem Wirken, tat dies nicht mit Gewalt, sondern durch eine Art natürlicher Krümmung von Raum und Zeit. Indem er der Natur folgt und ihr nicht etwa vorgefaßte Ideen aufzwingt, wird der Mensch wahrhaftig befähigt zu beobachten und zu verstehen, zu beherrschen und zu kontrollieren.«[48]

Ebenfalls findet sich schon bei Needham der Gedanke Capras, daß der Taoismus die genaue Naturbeobachtung an die Stelle metaphysischer Spekulation setze, und vor allem der daraus resultierende, von Capra auf die neue Physik übertragene Gedanke der »Spontaneität der Natur«. Dies ist Needhams Übersetzung für den taoistischen Begriff *tzu-jan:*

»Für den Taoisten war die Natur nicht nur eines und unabhängig von menschlichen Normen; sie war sich selbst genügend und ungeschaffen. Ihr Schlüsselwort war *tzu-jan:* spontan, selbstschöpfend, natürlich. Wie Lao Tzu sagt: ›Die Wege des Menschen folgen denen der Erde, die Wege der Erde denen des Himmels, die Wege des Himmels denen des Tao und das Tao kam durch sich selbst ins Dasein *(tzu-jan)*‹; eine Formel, die die naturwissenschaftliche Orientierung grundlegend bejaht.«[49]

Für die im engeren Sinne ökologische Interpretation des *wu-wei* und die Anwendung der Übersetzungen taoistischer Begriffe (insbesondere »Spontaneität«) auf Fragen der neuen Physik des 20. Jahrhunderts ist Capra selbst verantwortlich. Allerdings gibt es Ansätze dazu ebenfalls schon bei Needham.[50]

(4) Von Coomaraswamy stammt die Vorlage zu Capras Deutung seiner Vision am Strand mit ihrer Parallelisierung von meditativer und wissenschaftlicher Weltsicht innerhalb einer homogenen Gesamtwirklichkeit.[51] Coomaraswamy wagt diese Identifikation freilich nur gefiltert durch die Ästhetik eines berühmten indischen Kunstwerkes. Am Ende seiner Deutung des *Shiva Natarâja,* der Plastik des tanzenden Gottes Shiva, schreibt er:

»Now to summarize the whole interpretation we find that The Essential Significance of Shiva's Dance is threefold: First, it is the image of his Rhythmic Play as the Source of all Movement within the Cosmos ... Secondly, the purpose of his Dance is to Release the Countless souls of men from the Snare of Illusion: Thirdly the Place of Dance ... is within the Heart.
So far I have refrained from all aesthetic criticism ... But it may not be out of place to call attention to the grandeur of this conception itself as a synthesis of science, religion and art. How amazing the range of thought and sympathy of those rishi-artists who first conceived such a type as this, affording an image of reality, a key to the complex tissue of life, a theory of nature, not merely satisfactory to a single clique or race, nor acceptable to the thinkers of one century only, but universal in its appeal to the philosopher, the lover, and the artist of all ages and all countries. ...

48. Ebd., 116.
49. Ebd., 119f.
50. Vgl. ebd., 118.
51. Vgl. Ananda K. Coomaraswamy: The Dance of Shiva. Fourteen Indian Essays, New York: The Sunwise Turn, 1918. Capra gibt diesen Sammelband im Literaturverzeichnis an: (1975), 333; vgl. auch das Zitat S.242 und Anm.3.

In these days of specialization, we are not accustomed to such a synthesis of thought; but for those who ›saw‹ such images as this, there could have been no division of life and thought into water-tight compartments. Nor do we always realize, when we criticise the merits of individual works, the full extent of the creative power which, to borrow a musical analogy, could discover a mode so expressive of fundamental rhythms and so profoundly significant and inevitable.

Every part of such an image as this is directly expressive, not of any mere superstition or dogma, but of evident facts. No artist of today ... could more exactly or more wisely create an image of that Energy which science must postulate behind all phenomena. If we would reconcile Time with Eternity, we can scarcely do so otherwise than by the conception of alternations of phase extending over vast regions of space and great tracts of time. Especially significant, then, is the phase alternation implied by the drum, and the fire which ›changes‹, not destroys. These are visual symbols of the theory of the day and night of Brahmâ.

In the night of Brahmâ, Nature is inert, and cannot dance till Shiva wills it: He rises from His rapture, and dancing sends through inert matter pulsing waves of awakening sound, and lo! matter also dances appering as a glory round about Him. Dancing, He sustains its manifold phenomena. In the fulness of time, still dancing, he destroys all forms and names by fire and gives new rest. This is poetry; but none the less, science.«[52]

Dieser Abschnitt nimmt viele Elemente der Weltsicht Capras vorweg: das »rhythmische Spiel« als *vis vitalis* des Weltganzen; die Idee einer Synthese von Wissenschaft und Religion (und Kunst); der Gedanke einer universalen Weltanschauung, die die Moderne mit uralten Traditionen verbindet; die Konfrontation einer solchen Anschauung mit der modernen Welt der »Spezialisierung«; die Gegenüberstellung von »direktem Ausdruck« und »Aberglaube oder Dogma«; die Energie, die hinter allen konkreten Phänomenen wahrgenommen werden muß; der Wandel, der nicht zerstört (Feuermetapher); die Einordnung der kosmischen Prozesse in Zyklen.

(5) Neben dem veränderten physikalischen Hintergrund unterscheidet sich Capras Konzeption durch einen gewandelten soziologischen Kontext von den Entwürfen am Anfang des Jahrhunderts. Seit etwa 1930, insbesondere aber seit den 50er Jahren, entstand eine neue Generation subkultureller Gruppen und Individuen mit Interessen an »östlicher Weisheit«. Sie legten den Akzent stärker als ihre Vorgänger auf praktische Aspekte und Anwendungen östlicher Lehren, die auf diese Weise zur Begründung eines neuartigen, subkulturellen Lebensstils dienten und zur praktischen Lebensphilosophie verwandelt wurden. Dieser engere zeitgeschichtliche Kontext der Überlegungen Capras, dessen wichtigstes Kennzeichen die Öffnung zum Zen-Buddhismus und Taoismus sowie zum tibetischen Buddhismus ist, soll im folgenden Abschnitt an der Gestalt Alan Watts' genauer untersucht werden.

---

52. Coomaraswamy (1918), 65f (die Orthographie ist originalgetreu wiedergegeben).

12.1.3 Zur Rolle von Alan Watts in der amerikanischen religiösen Szenerie

Alan Watts (1915-1973) ist zweifellos der bedeutsamste Gewährsmann Capras für sein Bild östlicher Religionen und ihre Interpretation im Rahmen westlicher Fragestellungen. An seiner Person verdeutlicht sich zugleich die indirekte Prägung Capras durch die älteren religionsgeschichtlichen Strömungen, die im zweiten Hauptteil der Arbeit dargestellt wurden.

Ähnlich wie Capra heute beschrieb Watts schon in den 30er Jahren Zen als »a way of life, work and art«.[53] Er verknüpfte Traditionen des Zen und Mahâyâna-Buddhismus mit Taoismus und Ideen des Adavaita-Vedânta. Watts hatte auch wesentlichen Anteil an der Identifikation moderner Tiefenpsychologie und östlicher »Weisheit«.[54] Auch das Stichwort »mystische Religion« wird von ihm benutzt.[55]

Watts' Biographie und Denkweise ist für das Verständnis der neueren Rezeption östlicher Religionen in amerikanischen religiösen Bewegungen der Subkultur von exemplarischer Bedeutung. Er war u.a. prägend bei der Gründung des Esalen-Instituts in Big Sur beteiligt.[56] Nicht von ungefähr war er auch ein früher und wichtiger Autor der im ersten Hauptteil der Arbeit dargestellten neuen religiösen Literatur im deutschen Sprachraum. An seiner Bibliographie werden die unterschiedlichen Stadien des Zusammenfließens der esoterischen mit der subkulturellen Jugendbewegung der 60er und 70er Jahre erkennbar. Als erste deutsche Ausgabe eines Buchs von Watts erschien 1955 im O.W.-Barth-Verlag »Weisheit des ungesicherten Lebens«. Bald folgten weitere Bücher in verschiedenen Verlagen.[57] Ende der 70er Jahre brachte der Sphinx-Verlag, Basel, mehrere seiner Bücher heraus, wodurch der Zusammenhang zur ›Jugendbewegung‹ hergestellt wurde; und schließlich ist in der »New Age«-Reihe des Goldmann-Verlages (neben zahlreichen Lizenzausgaben im Esoterik-Programm, die von Sphinx und anderen Kleinverlagen übernommen wurden) die deutsche Erstausgabe einer frühen Publikation Watts' mit starker Identifikationskraft für die Neue religiöse Szenerie erschienen.[58]

53. Vgl. den frühen Buchtitel: The Spirit of Zen. A Way of Life, Work and Art in the Far East, London 1936 (im folgenden zit.n.d. dt. Ausgabe: Vom Geist des Zen, Basel und Stuttgart: Schwabe, 1956).
54. Zuerst in ders.: The Meaning of Happiness. The Quest for Freedom of the Spirit in modern Psychology & the Wisdom of the East, London: Harper & Brothers, 1940; (im folgenden zit.n.d. dt.Ausgabe: Die sanfte Befreiung. Moderne Psychologie und östliche Weisheit, München: Goldmann, 1985 (= dt. Erstveröffentl.), Neuaufl. 1988); vgl. dazu auch Watts (1972), 132-136.
55. Vgl. ders.: Behold the Spirit. A Study in the Necessity of Mystical Religion, New York: Vintage Books, 1972 (zuerst 1947). Watts schreibt dazu: »Intelligente Christen begrüßen denn auch, ja, hungern förmlich nach einer tieferen Dimension der religiösen Erfahrung. So kam es, daß ich bald Tage der Einkehr abhielt und von Leuten im ganzen Land um spirituellen Rat gebeten wurde.« (Watts (1972), 174).
56. Zu Esalen vgl. Dalichow (1992); Myrell u.a. (1987), 31ff.
57. Vgl. Dokumentationsteil, Abschnitt 3.7.3.
58. Watts (1940). Die Pflege des Autors Watts im Goldmann-Verlag und neuerdings im Heyne-Verlag (vgl. Dokumentation) dürfte maßgeblich Michael Görden zu verdanken sein.

Alan Watts, in England geboren, wurde 1930 als Fünfzehnjähriger Mitglied der »Buddhist Lodge« in London.[59] Die Leiter der Loge waren der Jurist Christmas Humphreys und dessen Frau Aileen. Beide waren nach Watts' Urteil weniger Buddhisten als Theosophen, Schüler H.P. Blavatskys, die damals eine wichtige Funktion bei der Verbreitung östlichen Gedankenguts im Westen innehatte.[60] Watts schreibt über seinen langjährigen Mentor Humphreys rückblickend:

»Ich stimme nicht mit all seinen Ansichten überein, denn in seinem Buddhismus steckten Madame Blavatsky und ein heimlicher Protestantismus ... Aber er ist ein Mann von immenser Großzügigkeit und Nachsicht, und durch seinen Sinn für orientalische Kunst und Literatur geht von ihm etwas Warmes, Geheimnisvolles aus. Er brachte mich in den japanischen *Budokai* in London, wo wir Judo und Kendo ... übten und ... *Juno-kata*... Obwohl ich diese Künste nie wirklich beherrschte, lehrten mich diese Übungen, meine Füße zu gebrauchen, zu tanzen und vor allem, durch den Weg des geringsten Widerstandes Energie zu erhalten. Gemeinsam widmeten wir uns dem gründlichen Studium der ... Schriften von D.T. Suzuki über den Zen-Buddhismus, und ich besaß die Unverfrorenheit, sie in klarerer und volkstümlicherer Form in einem Büchlein mit dem Titel *The Spirit of Zen* herauszugeben. Ich schrieb es an den Abenden eines Monats, als ich gerade zwanzig Jahre alt war.«[61]

Durch Humphreys und dessen Freunde sowie beim »Weltkongreß der Religionen« 1936 in London, bei dessen Organisation und Durchführung er mitarbeitete, kam Watts früh in persönliche Berührung mit D.T. Suzuki, G.P. Malalasekera aus Ceylon, Alice Bailey, Jiddu Krishnamurti, vielen russischen Emigranten, Dimitrije Mitrinovic[62] und las Vivekânanda, Hermann Graf Keyserling, Lafcadio Hearn, Robert Graves, C.G. Jung, »die ganze Literatur, die als ›ausgefallen‹ galt und im Lehrplan meiner Schule nicht vorgesehen war.«[63]

1938 übersiedelte er in die Vereinigten Staaten und hielt auf privater Basis Vorträge und Seminare. Bis zum Jahr 1940, als er 24 Jahre alt war, hatte er bereits fünf Bücher über religiöse Themen, hauptsächlich über Zen-Buddhismus, veröffentlicht, die z.T. bis heute sowohl im angelsächsischen Sprachraum als in deutschen Übersetzungen weit verbreitet sind.[64] Er wandte sich nun der Episcopal Church zu und ließ sich in

59. Vgl. dazu Watts (1972), hier 68ff.
60. Vgl. Watts (1972), 72: »Madame Blavatskys umfangreiche Werke verraten nur höchst fragmentarische Kenntnisse des tibetischen Buddhismus, aber sie war eine geniale Schöpferin okkulter und metaphysischer Science-fiction. ... Vielleicht war sie ein Scharlatan, aber sie spielte ihre Rolle meisterhaft, und sie veranlaßte eine große Anzahl britischer Aristokraten und Literaten, sich mit den Upanischaden, den Yoga-Sutren des Patanjali, der Bhagavad-Gita und dem buddhistischen Tripitaka zu beschäftigen. ... So kam es, daß Toby [= Chr. Humphreys] durch das Werk der Blavatsky mit diesen Traditionen in Berührung kam, als er in Cambridge studierte. Er trat dem Zweig der Theosophischen Gesellschaft in Cambridge bei und gründete später in London eine unabhängige Buddhistische Gesellschaft oder Loge, deren Präsident und Hauptguru er immer noch ist, obwohl keine formelle Verbindung mit den Theosophen mehr besteht.«
61. Watts (1972), 101.
62. Vgl. dazu Watts (1972), 112, vgl. auch 97-101. 109-111.
63. Watts (1972), 94, vgl. auch 73.76.
64. Vgl. Dokumentationsteil, Abschnitt 3.7.3.

Chicago zum Priester ausbilden, um auf diese Weise aus seinen religiösen Neigungen einen »den Traditionen der westlichen Kultur« adäquaten Beruf zu machen.[65] 1945 wurde er ordiniert und arbeitete bis 1950 in der Studentenmission seiner Kirche am Campus der Northwestern University in Evanston. Im Rückblick schreibt er:

»Ich erkannte damals noch nicht, daß zehn bis fünfzehn Jahre später die Rolle eines Pfarrers, wenigstens für die intelligente jüngere Generation, wirkungslos und veraltet sein und außerhalb der Hauptströmungen westlicher Kultur liegen sollte. Ich konnte zunächst auch nicht voraussehen, daß Mitte der 50er Jahre die Intelligenz nichts besonders Verrücktes mehr darin sehen würde, daß man ein Buddhist war; daß indische, chinesische und besonders japanische Einflüsse nach Amerika gelangen sollten; daß Theologen über den Tod Gottes und die Möglichkeiten eines ›religionslosen‹ Christentums diskutieren würden; oder – um noch weiter zu gehen – daß prominente Wissenschaftler sowohl die grundsätzlichen Prämissen als auch die praktischen Anwendungen der Wissenschaft in Frage stellen und auf die katastrophalen Konsequenzen der westlichen Pläne zur Unterwerfung der Natur hinweisen würden, so daß deswegen eine grundlegende Revision unserer Vorstellung vom Universum als einem künstlichen Mechanismus bevorstehen mußte. Damals dachte ich, ich würde etwas so zeitlos Nützliches tun, als wenn ich Arzt geworden wäre.«[66]

Während seiner kirchlichen Tätigkeit befaßte sich Watts weiter mit östlichen Themen und kehrte »schließlich zur buddhistischen Praxis des inneren Lebens« zurück.[67] Er wandte sich vorübergehend der religionsphilosophischen Position der sog. »Traditionalist School« zu, über die er im Rückblick schreibt:

»[It] regards every orthodox spiritual tradition as a more-or-less deliberate adaptation of the *philosophia perennis* to the needs of different cultures. They incline to see the purest form of this perennial wisdom in the non-dualist (advaita) Vedanta, which is the central viewpoint (darshan) of Hinduism.«[68]

Neben dieser theologischen Entwicklung führten ihn seine moralischen Überzeugungen, besonders hinsichtlich der Einstellung zur Sexualität, zu einer fundamentalen Kritik kirchlicher Positionen, weshalb er 1950 sein Amt niederlegte und aus der Kirche austrat.[69] 1951 bis 1956 lehrte Watts, der selbst – abgesehen von seiner Priesterausbildung – ein Autodidakt war, an der »American Academy of Asian Studies« in San Francisco, einer freien und unkonventionellen Studieneinrichtung, die kurz zuvor von dem Philosophen Frederic Spiegelberg begründet worden war.[70] Dann machte er sich völlig selbständig:

65. Vgl. Watts (1972), 141ff.
66. Watts (1972), 141f.
67. Watts (1972), 174.
68. Alan Watts: Beyond Theology. The Art of Godmanship, New York: Vintage Books, 1973 (zuerst 1964), hier XI-XII; vgl. auch ders. (1972), 174f. Zur *philosophia perennis*-Schule vgl. unten, Anm.86.
69. Vgl. Watts (1972), 175-195; vgl. auch ders.: Nature, Man and Woman. A New Approach to Sexual Experience, London: Thames & Hudson, 1958 (im folgenden zit.n.d. dt. Ausg.: Im Einklang mit der Natur. Der Mensch in der natürlichen Welt und die Liebe von Mann und Frau, München: Kösel, 1981).
70. Vgl. Watts (1972), 219-221.241f.248.251.

»Ende 1956 wurde mir klar, daß ich in den akademischen Gefilden ebenso fehl am Platz war wie in der Kirche, daß ich nie und nimmer ein Organisationsmensch werden würde und mich entschließen mußte, meinen Weg allein zu gehen.«[71]

Er lebte bis zu seinem Tod im Jahr 1973 »ohne feste Stellung« als freier Schriftsteller und Vortragender und prägte in dieser Zeit alternative Einrichtungen Californiens wie das Esalen Institute in Big Sur, dessen Gründer, Michael Murphy und Richard Price, Schüler seiner »American Academy of Asian Studies« gewesen waren.[72]

Watts' bemerkenswerte Biographie ist gekoppelt mit einer ausgesprochen freizügigen Rezeption und Interpretation östlicher und westlicher Traditionen, die diese aus methodischer Überzeugung einer doppelten ›Verunreinigung‹ preisgibt: Sie legt weder auf die Reinheit ihrer Praxis noch auf die wissenschaftliche Reinheit ihrer Dokumentation besonderen Wert, obwohl sie sich dieser eigenen Wirkung durchaus bewußt ist.

Erst in seiner letzten Lebensphase – zum ersten Mal im Jahr 1961 – reiste Watts nach Japan, woher er von Jugend an die wesentlichen Momente seiner eigenen religiösen Überzeugung bezogen hatte.[73] Er schreibt darüber:

»Man hätte denken können, daß ich wegen meines lebenslangen Interesses für den Zen-Buddhismus schon viel früher nach Japan gegangen wäre ... um die klösterliche Disziplin des lebendigen Zen kennenzulernen, zu Füßen eines Meisters zu sitzen, Erleuchtung zu erlangen und mit einem Diplom als Beweis meiner erfolgreichen Bemühungen zurückzukehren. Ich habe gegen diese Dinge nichts einzuwenden, ... aber mein Weg ist es nicht.«[74]

Watts hält Traditionalismus jeder Art für Spießertum und setzt sich von einem »Square Zen« solcher Art ebenso ab wie von seinem Gegenstück, einem modisch-oberflächlichen »Beat Zen« der amerikanischen Bohemiens:

»Mit diesem Ausdruck [Square Zen] hatte ich die traditionellen und offiziellen Zen-Schulen Japans, Rinzai und Soto, bezeichnet, denen in der Tat viele Schüler aus dem Westen angehören. Ich selbst gehöre weder dazu noch repräsentiere ich sie irgendwie. ... Ich würde mich selber nicht einmal als Zen-Buddhisten hinstellen. Denn der Aspekt des Zen-Buddhismus, der mich persönlich interessiert, hat nichts, das organisiert, gelehrt, vermittelt, benotet oder in irgendein System verpackt werden könnte. Es gibt da nicht einmal Richtlinien, da er von jedem selbst gefunden werden muß.«[75]

Für diese Haltung beruft sich Watts auf D.T. Suzuki:

---

71. Watts (1972), 251.
72. Watts (1972), 218.243.270ff.
73. Watts (1972), 324ff.
74. Watts (1972), 324.
75. Alan Watts: Beat Zen, Square Zen, and Zen, in ders.: This is it, and other Essays on Zen and Spiritual Experience, London: John Murray, 1960 (zuerst 1958; im folgenden zit.n.d. dt. Ausg.: Beat-Zen, Spießer-Zen und Zen, in: Dies ist Es, Basel: Sphinx, 1979, 61-89, bes. 62.73); vgl. dazu auch Roszak (1968/9), 200f.

»Suzuki stand dem traditionellen Zen, wie es in Japan praktiziert wurde, sogar äußerst kritisch gegenüber und machte einmal die Bemerkung, daß es das Beste wäre, wenn alle Zen-Klöster niederbrennen würden... Soviel ich weiß, übte er nur gelegentlich Zazen ... so wie ich es tue, wenn ich dazu in der Stimmung bin. Ich ziehe die aktivere Zen-Meditation im Gehen, Bogenschießen, Üben von T'ai Chi, Singen von Mantras, üben von chinesischer Kaligraphie, Zen in der Teezeremonie, im Schwimmen und Kochen vor. Zu viel *Za-zen* verwandelt einen Menschen leicht in einen Buddha aus Stein. ... Denn Zen war nach dem Beispiel Suzukis ein Leben aus spontaner Einsicht, ohne Berechnung und ohne starre begriffliche Unterscheidungen zwischen dem Selbst und anderen, zwischen dem Wissenden und dem Gewußten.«[76]

Watts scheut sich nicht, zu schreiben, die Atmosphäre um D.T. Suzuki sei »eher taoistisch als zen-buddhistisch« gewesen.[77] Dies deutet schon an, daß er nicht nur östliche Inhalte auf seine eigenen religiösen Fragestellungen übertrug, sondern auch verschiedene östliche Traditionen für seine Zwecke in einen Zusammenhang zu stellen versuchte. In der Tat ist die oben beschriebene Konzeption »östlicher Mystik« in Capras »Tao der Physik« schon in einem frühen Buch Watts' mit Abschnitten über Vedânta, frühen Buddhismus, Mahâyâna-Buddhismus, Taoismus und Zen-Buddhismus exakt vorgezeichnet:[78] Zunächst unabhängige Entwicklungen der indischen und chinesischen Philosophie seien im 8. Jahrhundert nach Christus in China zu ihrem Höhepunkt gekommen und im Zen zusammengeflossen. Grundgedanke sei einerseits die *brahman-âtman*-Spekulation der Upanishaden, andererseits die Prinzipien des *tao, te* und *wu-wei* im Taoismus. Als Brücke habe der Buddhismus fungiert, der einerseits die indischen Konzeptionen in verwandelter und stärker psychologischer Form weitergeführt habe, andererseits mit dem Taoismus in einer Weise geistesverwandt sei, »daß die beiden Glaubensrichtungen oft vermischt werden und sich gegenseitig in vieler Hinsicht befruchten konnten.«[79]

Wie Capra faßt auch Watts Vedânta, Buddhismus, Taoismus und Zen (ebenfalls eigens erwähnt) als geistige Einheit auf und identifiziert *moksha* mit *nirvâna* und *satori* oder *shûnyata* mit *brahman* und *tao*. Anders als Capra ist er sich der interpretatorischen Qualität solcher Identifikation aber bewußt und schreibt daher:

»Man hält mich häufig für einen Popularisierer von Zen, Vedanta und Taoismus, der gerne die ›Fakten verdreht‹, um diese seinen Anschauungen anzupassen. Ein Grund, warum ich diesen Eindruck erwecke, ist der, daß mein Stil sich für eine gewundene Darstellung mit endlosen Qualifikationen, Vorbehalten und Aufzählungen feiner Unterschiede nicht hergibt. Diese Dinge sind mir jedoch durchaus bewußt, wenn ich sie auslasse ... und außerdem kann ich die nötigen wissenschaftlichen Beweise für meine Schlußfolgerungen erbringen, wenn ich danach gefragt werde. ... Wenn man mir also eine leichtfertige Gleichsetzung des buddhistischen Nirvana mit dem hinduistischen Moksha oder Nagarjunas Shunyata mit Shankaras Brahman vorhält, kann ich jedem, der gewillt ist, mir solange zuzuhören, triftige Gründe für diese Ansicht nennen.«[80]

---

76. Watts (1972), 108.
77. Watts (1972), 107.
78. Vgl. Watts (1940).
79. Watts (1940), 188.
80. Watts (1972), 237.

Ähnlich verteidigt er sich auf der Ebene religiöser Praxis und Disziplin gegenüber den traditionsgebundenen Zen-Anhängern:

»In manchen Kreisen herrscht die Meinung, daß ich Zen ernstlich verfälscht hätte, weil ich die Bedeutung der Disziplin des Za-zen ... nicht betont, ja, sogar in Frage gestellt habe. Es wird daher behauptet, daß meine lässige, freie Einstellung zu Zen weitgehend für den berüchtigten ›Zen-Boom‹ verantwortlich war, der unter Künstlern und ›Pseudointellektuellen‹ in den späten 50er Jahre grassierte und zu dem frivolen ›Beatnik-Zen‹ von Jack Kerouacs Roman *Gammler, Zen und hohe Berge* oder zu Franz Klines schwarzweißen Abstraktionen und zu John Cages stummen Konzerten führte. Von Anfang an ging es mir nie darum, ›Zen zu beherrschen‹ im Sinn von Meisterschaft in einer traditionellen Disziplin ... Über einen solchen Ehrgeiz war ich hinaus ... In meinen Augen war das formelle Studium des Zen ›Geschäftigkeit‹. ... Ich sah im Zen einen intuitiven Weg zum Verständnis des Lebens, indem man das törichte Streben und Fragen ablehnt. ... Ich sage dies, um anzudeuten, wie ich meine Arbeit an der Academy of Asian Studies auffaßte: ich wollte – hauptsächlich auf der Grundlage der Lehren von Laotse und Chuang-tzu – eine Einrichtung schaffen, die ein Gegengewicht zu dem militanten, mechanisierten Stechschritt unserer Zeit bilden und diesen häßlichen Marsch überlisten würde. Sie sollten unseren zackigen Lebensrhythmus dämpfen, der uns mindestens seit dem Stampfen der römischen Legionäre kreischend wie eine Säge in den Ohren liegt. ... Zen scheint wegen seiner Assoziation mit dem kriegerischen Geist der Samurai vielleicht ein ungeeigneter Verbündeter ..., aber ich lernte von D.T. Suzuki ..., daß Zen im Grunde Taoismus ist – der Lauf des Wassers. Dadurch lernten die Samurai, daß die höchste Vollkommenheit der Schwertkunst und des Bogenschießens darin bestand, ohne Schwert zu fechten und ohne Pfeil zu schießen.«[81]

Die Zitate machen deutlich, daß Watts sich weder als Wissenschaftler noch als Konservator religiöser Traditionen verstand, sondern eigene religiöse Werte zu schaffen versuchte. Er schrieb nicht als Religionswissenschaftler, sondern als ein freier Priester, Seelsorger und religiöser Schriftsteller, der in freier Anwendung seiner durchaus umfangreichen Fachkenntnisse eine lebenspraktische Philosophie oder ›Theologie‹ formulierte. Dabei bezog er sich seinerseits bereits auf Vorläufer wie D.T. Suzuki oder A.K. Coomaraswamy und steht im weiteren Sinne – wie seine Biographie zeigt – in der oben beschriebenen Tradition moderner Religionsgeschichte.[82] Auch benutzte er mit Selbstverständlichkeit die in diesem Zusammenhang eingeführte Begrifflichkeit (wie »spirituality«, »mystical religion«, »self-realization«, »cosmic consciousness«, »evolution of consciousness« usw.).

Doch werden im Vergleich zu seinen Vorgängern auch Unterschiede deutlich: Anders als bei Blavatsky und bereits bei Swedenborg (und – wie oben gezeigt – bei Capra und anderen sog. »New Age«-Autoren) ist das Verhältnis von Naturwissen-

81. Watts (1972), 237-241.
82. Außer der von Watts selbst dokumentierten Prägung durch theosophische Einflüsse ist in diesem Zusammenhang ein Bonmot des ›LSD-Mystikers‹ Timothy Leary interessant, der sich bei den Engländern William Blake und Alfred R.Orage für ihren Nachkommen Alan Watts bedankt habe (zitiert bei Webb (1976), 447). Bei Watts selbst ist von beiden nicht die Rede, doch stand er in seiner Jugend durch die Gruppe um Dimitrij Mitrinovic z.B. in Kontakt mit dem von Orage protegierten »Social Credit« des Major Douglas (Watts (1972), 100, vgl. dazu oben, Kap.6.3.2.1.).

schaft und Religion für Watts kein besonderes Thema. Im Gegenteil sind seine Aussagen in einem Sinne ›anarchisch‹, daß sie die Fragen moderner Naturwissenschaft im Namen eines mystisch-spirituellen Weltempfindens eher zu unterminieren versuchen, als daß sie sie zur Abstützung eigener Ansprüche als Autorität verwenden würden.[83]

Ein zweiter Punkt kommt hinzu: Watts versuchte lebenslang mit methodischer Raffinesse, sich einem Allgemeingültigkeitsanspruch eigener Aussagen zu entziehen, wie er für viele esoterische Strömungen der abendländischen Moderne typisch ist. Hier zeigt sich der Einfluß Jiddu Krishnamurtis, der auf die Gefahr einer grenzenlosen Aufblähung des Ego hinwies, wenn man den Systemcharakter einer Lehre verabsolutiere und sich auf diese Weise mit der eigenen Lehre verwechsele.[84] So verstand

83. Watts schreibt 1950: »Wissenschaft und Religion reden beide vom gleichen Universum, doch benutzen sie eine verschiedene Sprache. Allgemein gesagt, beziehen sich die Feststellungen der Wissenschaft auf Vergangenheit und Zukunft. Der Wissenschaftler beschreibt Ereignisse. Er sagt uns, ›wie‹ die Dinge geschehen, indem er uns bis ins einzelne Rechenschaft gibt über das, was geschehen ist. Er ist der Ansicht, daß Ereignisse sich in mannigfaltiger Wiederholung und Ordnung vollziehen, und auf dieser Grundlage kommt er zu Wetten und Voraussagen ... Um diese Wetten einzugehen, braucht er nichts von Gott und dem ewigen Leben zu wissen. Er muß die Vergangenheit kennen – was bereits geschehen ist.
Auf der anderen Seite beziehen sich die Feststellungen der Religion auf die Gegenwart. Jedoch sind sowohl religiöse als auch wissenschaftliche Kreise unter dem Eindruck, daß gerade die Religion sich mehr mit Vergangenheit und Zukunft beschäftigt. Das ist ein durchaus natürliches Mißverständnis, denn Religion scheint Behauptungen darüber aufzustellen, wie die Welt begonnen hat und wie sie enden wird. ... Nichtsdestoweniger gab es in der Geschichte jeder bedeutenden Religionslehre Menschen, die religiöse Ideen und Feststellungen sehr verschieden verstanden ... Von diesem anderen, – und nach unserer Ansicht tieferen – Gesichtspunkt her ist Religion nicht ein System von Voraussagen. Ihre Lehren befassen sich nicht mit der Zukunft und dem Andauernden, sondern mit der Gegenwart und dem Ewigen. Sie sind nicht eine Sammlung von Glauben und Hoffnungen, sondern im Gegenteil eine Zusammenstellung von Symbolen über die gegenwärtige Erfahrung ... Der wahre Glanz der Wissenschaft liegt nicht so sehr darin, daß sie benennt und einreiht ... sondern daß sie beobachtet und die Fakten kennen lernen möchte, wie auch immer sie sein mögen. Wie sehr sie auch Tatsachen mit vorhandenen Begriffen, Wirklichkeiten mit willkürlichen Einteilungen durcheinanderbringen wird, so liegt in dieser Offenheit und Ehrlichkeit des Denkens doch eine gewisse Ähnlichkeit mit der Religion ... Je größer der Wissenschaftler ist, je tiefer ist er von seiner Unkenntnis der Wirklichkeit beeindruckt und desto mehr erkennt er, daß seine Gesetze und Bezeichnungen, seine Beschreibungen und Erklärungen nur Erzeugnisse seines eigenen Geistes sind. Sie helfen ihm zwar, sich die Welt für seine eigenen Zwecke zurechtzuzimmern, nicht aber sie zu verstehen und zu erklären« (Weisheit des ungesicherten Lebens, übs. v. E. Rothe, München-Planegg: O.W.Barth, 1955, 132f.145; Original: The Wisdom of Insecurity, New York: Vintage Books, 1951).
84. Vgl. dazu v.a. Watts (1951). Über sein »The Meaning of Happiness« (1940) schreibt Watts in ähnlichem Sinne (wobei die Verkoppelung von Lehren und Praktiken deutlich wird): »In ›Die Bedeutung des Glücks‹ versuchte ich, meine Position zu definieren und mich der Kritik der Systemanhänger entgegenzusetzen. Der Anschluß an ein System ist oft ein ausgeklügelter, subtiler Ego-Trip, bei dem die Leute ihr Ego aufblähen, während sie es ver-

sich Watts nicht als ›Guru‹ und beanspruchte, daß sein Denken nicht in ein System zu bringen sei.[85]

Das wird u.a. daran deutlich, daß er die *philosophia-perennis*-Spekulation, die er hauptsächlich durch Coomaraswamy aufgenommen hatte und 1950 in seinem Buch »The Supreme Identity« verarbeitete, später wieder aufgab.[86] Insbesondere das Christentum mit seinem Absolutheitsanspruch lasse sich weder theoretisch noch praktisch unter einen gemeinsamen Nenner aller Religionen bringen.[87] Solche Skepsis verhin-

> nichten wollen, und die übermenschliche Schwierigkeit der Aufgabe hervorheben. ... Die Abtötung des Ego ist der Versuch, etwas abzulegen, was es gar nicht gibt, oder – und das kommt auf dasselbe hinaus – das Gefühl loszuwerden, daß es ein Ego gibt. ... Ich meinte und meine immer noch, daß die Große Verwirklichung, nach der alle diese Systeme streben, nicht etwas in der Zukunft zu Erreichendes ist, sondern eine gegenwärtige Tatsache, daß dieser jetzige Augenblick die Ewigkeit ist, den man jetzt erkennen muß oder nie. Denn jetzt, in diesem Augenblick, finden wir das problematische Ego nicht« (Watts (1972), 134).
> 85. Vgl. Watts (1972), 252f.: »Zu hause schreibe ich, und ansonsten durchstreife ich das Land, halte Vorträge und Seminare oder leite informelle Tagungen. Den Tagungsteilnehmern sage ich, daß meine Rolle mehr die eines Arztes als die eines Pfarrers ist, denn der erstere bemüht sich, seine Klienten loszuwerden, der letztere aber will permanente Anhänger gewinnen. Ich bestehe darauf, daß meine Schüler nach einiger Zeit, wenn sie alles Wichtige, das ich zu sagen habe, mitbekommen haben, nicht mehr meine Kurse besuchen ... Ebensowenig, wie ich den Professoren ihren Rang streitig mache, konkurriere ich auch nicht mit Gurus oder Psychotherapeuten. Ich sehe meine Aufgabe darin, philosophische und spirituelle Anregungen zu geben...«
> 86. Die *philosophia-perennis*-Lehre (sog. »Traditionalist School«) vertritt die Auffassung, daß es eine esoterische Mitte und Einheit aller Religionen hinter der Vielfalt ihrer äußeren Erscheinungen gebe. Die Lehre wurde u.a. von verschiedenen neo-hinduistischen Lehrern vertreten, darunter Ananda K.Coomaraswamy und Sv. Prabhavânanda, die sie mit dem indischen Begriff *sanâtana dharma* identifizierten und auf diese Weise an amerikanische Autoren wie Gerald Heard und Aldous Huxley vermittelten. Zum Überblick vgl. Jacob Needleman (Hrsg.): The Sword of Gnosis. Metaphysics, Cosmology, Tradition, Symbolism, London u.a.: Arkana (Penguin), ²1986 (¹1974); Seyyed Hossein Nasr: The Philosophia Perennis and the Study of Religion, in: Whaling (Hrsg.) (1984), 181-200; vgl. auch Halbfass (1988), 343-345 et passim). Weitere Literatur s. Dokumentationsteil, Abschnitt 3.7.4.
> 87. Vgl. dazu die bissige Kritik Watts' am Christentum (in: ders. (1964), XII-XIII): »There is not a scrap of evidence that the Christian hierarchy was ever aware of itself as one among several lines of transmission for a universal tradition. Christians, whether of the right wing of the Catholics or the left wing of the Protestants, do not take at all kindly to ideas that even begin to question the unique and supreme position of the historical Jesus. Any attempt to mary the Vedanta to Christianity must take full account of the fact that Christianity is a contentious faith which requires an all-or-nothing commitment to Jesus as the one and only incarnation of the Son of God. Even very liberal ›modernist‹ Christians with doubts about the actual Godhead of Jesus will nevertheless maintain that he was ›divine‹ in the sense of being far-and-away the best and greatest of men.
> My previous discussions did not take proper account of that whole aspect of Christianity which is uncompromising, ornery, militant, rigorous, imperious, and invincibly self-righ-

dert bei Watts vollmundige Behauptungen über die Einheit der Religionsgeschichte, die gewöhnlich auf die Verabsolutierung der eigenen Lehre als Mittelpunkt derselben hinausläuft.[88] Dagegen behauptet Watts die Einheit ›östlicher Spiritualität‹, die aber nicht solche Ansprüche erhebt, sondern als eine im praktischen Zusammenhang der religiösen Suche und Lehrtätigkeit formulierte Hypothese anzusehen ist.

Gerade wegen dieser expliziten und impliziten Selbstzurücknahme Watts' zeigt sein Modell einer »mystischen Religion« eine Geschlossenheit und Konkretheit, die es erlaubt, von einer einigermaßen festen ›Position‹, einem Knotenpunkt innerhalb der gegenwärtigen religiösen Szenerie zu sprechen. Daraus erklärt sich auch die Prägung der religionsgeschichtlichen Darstellung bei Capra durch Watts, die – wie gezeigt – über die übliche eklektische Zitatkultur weit hinausgeht.

Dabei ist zu beachten, daß der Charakter des Vorbildes und der Rahmensetzung Watts' für Capra nicht eigentlich (wie dieser vorgibt) religions*wissenschaftlicher*, sondern religiöser Art ist. Capra unterschätzt die lebenspraktisch-philosophische Qualität des Autors Watts und faßt ihn statt dessen als einen ›objektiven‹ religionswissenschaftlichen Gewährsmann auf. Dadurch geht der Sinnzusammenhang der Aussagen verloren, und aus Watts' thetischen Interpretationsmodellen werden *falsche* Wahrheiten.

Während Watts Lao-tse und Chuang-tzu, Zen-Texte, das Avatamsaka-Sûtra und die Upanishaden als Grundlagen seiner eigenen, freizügigen Interpretationen benutzt, wird bei Capra diese Interpretation zur Quelle eigener Deutung, so daß eine Metadeutung moderner westlicher Rezeption östlicher Traditionen entsteht. Capra ist damit ein Zeitzeuge, der die Inkulturation solcher östlicher Traditionen im Westen dokumentiert (gerade deshalb, weil er sie nicht mehr in ihrer kontextuellen Besonderheit wahrnimmt und sich der religionsgeschichtlichen Hintergründe – ganz anders als Watts – nicht mehr bewußt ist). Ferner ist Capra ein Mittler von der amerikanischen Westküste nach Europa, wo es in der Nachkriegszeit bis in die 80er Jahre keine entsprechende Zen-Rezeption der Gegenkultur mit herausragenden Einzelgestalten wie Alan Watts, Gary Snyder oder Allen Ginsberg gab.[89] Doch ist dieser Übermittlungsvorgang insofern ein Rückschritt, als Capra dabei all jene kryptodogmatischen Allgemeingültigkeitsansprüche wiederbelebt, die für die esoterischen Bewegungen der modernen Reli-

    teous. They did not give sufficient weight to the Church's disagreeable insistence on the reality of the totally malignant spirit of cosmic evil, on everlasting damnation, and on the absolute distinction between the Creator and creature. These thorny and objectionable facets of Christianity cannot be shrugged off as temporary distortions or errors. They play an essential part in the Christian way of life, though in a manner that must necessarily be surprising and unexpected – as I shall try to show. Only such a uniquely ›impossible‹ religion could be the catalyst for the remarkable developments of human consciousness and self-knowledge which distinguish Western culture since 1500. These developments are now swelling into a crisis on every level of human life – a crisis that cannot be handled unless we know, among other things, the role that Christianity has played in bringing it about.«

88. Zur Kritik solcher Positionen vgl. Raimon Panikkar: Der neue religiöse Weg. Im Dialog der Religionen leben, München: Kösel, 1990 (engl. Original 1978).
89. Das beklagte schon in den 70er Jahren Reimar Lenz, s.o., Kap.4.3.

gionsgeschichte typisch sind und von Watts mit beißender Schärfe kritisiert und als unaufgearbeitetes Erbe westlich-abrahamitischer Religionsgeschichte bezeichnet wurden.

12.1.4 »Wissenschaftliche Religion« und Erfahrungsbegriff im Kontext des indisch-europäischen Kulturkontaktes

Der nächste Schritt der Analyse muß darin bestehen, die oben ermittelten Inkulturationsvorgänge östlicher Religionen im Westen selbst zum Gegenstand zu machen. Die unmittelbaren Zeugen Capras stehen in einem breiten Strom moderner asiatisch-europäischer Geistesbegegnung. Obwohl es bei oberflächlicher Betrachtung anders scheinen mag, ist auch Capras Wirklichkeitsdeutung, sein Weltbild und seine religiöse Kategorialität (z.B. die Rede von »Mystik« und »Erfahrung«) von diesem Strom entscheidend geprägt. D.h. sein Entwurf ist nicht nur in der Deutung östlicher Religionen als solcher, sondern auch bezüglich der interesseleitenden Themen einer Kette von Vorgängern verpflichtet. Versucht man ›stromaufwärts‹ zu gehen, stößt man wiederum auf eine eigene, vielgestaltige Landschaft, deren Quellgebiet – wie so oft in der vorliegenden Arbeit – am Ende des 18. Jahrhunderts zu lokalisieren ist.

Die Analyse verlagert sich dadurch von der in den bisherigen Kapiteln gewählten Ebene moderner Religionsgeschichte des Westens in ein interkulturelles Feld west-östlicher Religionsbegegnung. Es wäre ein eigenes Forschungsvorhaben und würde den Rahmen der vorliegenden Arbeit sprengen, dieses Feld mit der erforderlichen Intensität zu untersuchen. Der folgende Abschnitt beschränkt sich – im Rückgriff auf Analysen des Indologen Wilhelm Halbfass – darauf, anhand von neohinduistischen Varianten einer »wissenschaftlichen Religion« und der Rezeption des Erfahrungsbegriffs den Nachweis zu führen, daß die bei Capra zu beobachtende Durchdringung östlicher Konzeptionen und westlicher Fragestellungen kein exzentrischer Einzelfall, sondern in ähnlicher Form – und mit größerer historischer Tiefenschärfe – in der west-östlichen Auseinandersetzung der vergangenen 150 Jahre immer wieder zu beobachten ist. Wie schon mehrfach angemerkt,[90] kann und soll mit dem Nachweis westlicher Kategorialität in Themen west-östlicher Auseinandersetzung nicht den östlichen Gesprächspartnern die Verbundenheit zu ihrer eigenen Tradition abgestritten werden. Deren Analyse wäre in der Tat ein eigenes Thema, das einen eigenen methodischen Rahmen erfordern würde.

Der Erfahrungsbegriff dient nicht nur bei Capra sondern schon in verschiedenen indischen Entwürfen des späten 19. und frühen 20. Jahrhunderts als Brücke zwischen »Religion« und »Wissenschaft«. Wilhelm Halbfass weist darauf hin, daß die Struktur des Erfahrungsbegriffs schon im Westen höchst unklar ist.[91] Die Spannweite von *experience* reicht von experimenteller Überprüfung naturwissenschaftlicher Vorgänge

---

90. Vgl. oben, Kap.8.2.2., Anm. 78.
91. Wilhelm Halbfass: The Concept of Experience in the Encounter between India and the West, in: ders. (1988), 378-402, hier 378.

bis zur Beschreibung mystischer Erlebnisinhalte. Dementsprechend lebt auch Capras Interpretation davon, daß *experience* sowohl im Kontext wissenschaftlicher Forschung als auch im Zusammenhang des religiösen »Gefühls« beheimatet ist, das jede Methode und Rahmensetzung menschlichen Denkens zu übersteigen beansprucht.[92]

Von dieser Doppeldeutigkeit des Erfahrungsbegriffs zehrt schon seine Verwendung bei indischen Autoren seit Ende des letzten Jahrhunderts, die verschiedene Sanskrit-Wörter in diesem Kontext interpretieren: Der indische Begriff *darshana*, der als Entsprechung für »Philosophie« benutzt wird, leite sich von *drish*, »sehen« ab, was als Zeugnis für die Priorität des »Sehens« und der »direkten Erfahrung« im indischen Denken verstanden werde:[93] Der Hinduismus werde daher als die Religion der Erfahrung *par excellence* aufgefaßt und insbesondere westlicher Religion entgegengesetzt, die Dogma und theoretische Strukturen stärker betone, wodurch der prinzipielle Erfahrungsbezug aller Religion gefährdet werde.[94] »Erfahrung« werde als universal und – zumindest potentiell – als universal zugänglich verstanden, so daß der Hinduismus zum Hort religiöser Toleranz und Universalität werde, indem er den Erfahrungsbezug für alle religiösen Traditionen bewahre und offenhalte.[95]

Neben *darshana* und einigen anderen Termini traditioneller indischer Philosophie werde der Begriff *anubhava* von Radhakrishnan und anderen Autoren mit »Experience« übersetzt. Er bekommt im Neo-Hinduismus die Bedeutung einer unmittelbaren inneren Wahrheitserkenntnis, die als Maßstab zur Beurteilung des traditionell übermittelten Wissens dient.[96] Halbfass bemerkt, zwar gebe es in den klassischen Traditionen des Hinduismus »Erfahrungserkenntnis« in unterschiedlicher Form, doch werde diese in den orthodoxen Schulen nur im Zusammenspiel mit der Autorität des die Augenblickserfahrung transzendierenden Veda gesehen. Auch die Buddhisten, »the greates and most consistent champions of personal experience in the history of Indian philosophy«, hätten die epistemologischen Gefahren von ›Erfahrungserkenntnis‹ genau beschrieben, indem sie mögliche Täuschungen der Bewußtseinszustände detailliert diskutierten.[97] »Erfahrung« – so der gemeinsame Nenner – kann trügerisch sein und ist daher, soweit nicht durch bestimmte methodische Hilfestellungen überprüfbar gemacht, kein Kriterium für die Wahrheit.

Dagegen habe Debendranath Tagore (1817-1905) als eigentliches Wahrheitskriterium das »reine Herz« bezeichnet, »das mit dem Licht intuitiven Wissens gefüllt ist«.[98] In Fortführung dieser Konzeption spreche Shrî Aurobindo von einem »mystical empiricism«, mit dessen Hilfe der Wahrheitsgehalt einzelner Aussagen der Upanishaden beurteilt werden könne.[99]

92. Halbfass (1988), 379, nach Oxford English Dictionary.
93. Halbfass (1988), 381, mit Verweis auf verschiedene indische Autoren.
94. Halbfass (1988), 381f., zitiert in diesem Sinne u.a. Sarvepalli Radhakrishnan.
95. Halbfass (1988), 383.
96. Halbfass führt diese Entwicklung auf Debendranath Tagore (1817-1905) zurück; sie sei dann vor allem von Shrî Aurobindo (1878-1950) weiterentwickelt worden (vgl. ebd., 396ff.).
97. Halbfass (1988) 393.
98. Zitiert bei Halbfass (1988), 396.
99. Halbfass (1988), 397.

Diese Akzentuierung der Erfahrungskonzeption zeigt eine Geistesverwandtschaft mit spiritualistischen Traditionen in den zeitgleichen religiösen Strömungen des Westens; und so ist es nicht verwunderlich, daß u.a. Radhakrishnan und Aurobindo den Begriff »spiritual experience« in diesem Sinne benutzten. Ein weiteres wichtiges Moment ist ihr transkulturelles, universalistisches und synkretistisches Potential, das – so Halbfass – vor allem durch Keshab Chandra Sen (1838-1884) eingebracht worden und im klassischen Hinduismus ebenfalls undenkbar sei.[100] Als Zielpunkt beschreibt Halbfass zusammenfassend:

»As we have noticed, the Neo-Hindu appeal to religious or mystical experience often involves the claim that religion can and should be scientific, and that Hinduism, and Vedânta in particular, has a scientific and experimental basis. The concept of experience has thus become one of the most significant devices for presenting and interpreting the Hindu tradition to a world dominated by science and technology. Westerners, too, have been attracted by this idea: ›Experience‹, with its suggestive ambiguity and its broad range of connotations, seems to indicate a possible reconciliation or merger of science and religion, providing religion with a new measure of certainty and science with a new dimension of meaning.«[101]

Das beschreibt den religionsgeschichtlichen Kontext der Capraschen Rezeption »östlicher Mystik« und macht seinen indirekten Bezug zu den im zweiten Hauptteil der Arbeit beschriebenen religionsgeschichtlichen Entwicklungen im Westen deutlich, bei denen ebenfalls die Frage der Vermittlung von Wissenschaft und Religion von entscheidender Bedeutung war.

Zusammenfassend sei festgehalten: Die neo-hinduistische Erfahrungskonzeption, die im Kontext der Auseinandersetzung mit der Kultur und Religion des Westens steht, ist eine Parallelentwicklung zu westlichen Konzeptionen, die sich (neben dem Erfahrungsbegriff) in Begriffen wie »Spiritualität«, »Esoterik«, der Frage nach dem »Selbst« (anstelle der alten Seelenvorstellung), in neuen psychologischen Konzepten und anderswo artikulierten. Sie bietet einerseits einen Ansatzpunkt für die traditionale Anbindung weltweiter Bedürfnisse nach »wissenschaftlicher Religion« und »religiöser Wissenschaft« bei gleichzeitiger Kritik an religiösen Institutionen, Dogmen und Riten. Andererseits stellt sie eine Art Gegenstoß gegen die Dominanz der westlichen materiellen Kultur in Indien dar und versucht in apologetischer Absicht, den Vorrang der geistigen Kultur Indiens gegenüber dem Westen zu begründen. Insofern enthält die Formulierung einer »wissenschaftlichen Religion« bei gleichzeitiger »Universalität« und »Toleranz« eine implizite anti-christliche Komponente: An die christlichen Dogmen müsse man glauben (was selbst im Westen zunehmend auf Kritik stößt), während man die Wahrheit des *Vedânta* selbst erfahren, prüfen und wissen könne. Der Widerspruch von »Wissenschaftlichkeit« und Materialismuskritik (die auch eine Kritik an den naturwissenschaftlichen Grundlagen des technologischen Zeitalters ist) wird schließlich aufgehoben in der Einheitsschau des Neo-Advaita. Der ›Weg nach innen‹ wird darum entweder als ebenbürtig mit dem ›Weg nach außen‹ verstanden oder ihm

---

100. Halbfass (1988), 397.
101. Halbfass (1988), 398f.

als der eigentliche Erkenntnisweg übergeordnet, und der Erfahrungsbegriff hält durch seine Doppeldeutigkeit beide zusammen.[102]

Der Einfluß des Neo-Vedânta auf die westliche freireligiöse Szenerie setzte bereits in der Kolonialzeit ein und war in der Anfangszeit des west-östlichen Dialogs – insbesondere in Großbritannien – wesentlich stärker als die Impulse anderer östlicher Lehren. Vergleicht man die Situation zu Beginn des 20. Jahrhunderts mit der heutigen, so werden einige wesentliche Veränderungen in den Rahmenbedingungen erkennbar: Neben dem gewandelten soziologischen Kontext der Rezeption östlicher Lehren im Westen, wie oben am Beispiel Alan Watts' dargestellt, ist auf die Neuentwicklungen der Naturwissenschaften, insbesondere der theoretischen Physik, in den 20er Jahren hinzuweisen. Dadurch entstand die Möglichkeit, die Kritik am »materialistischen Denken« (als »mechanistisches«, »Newtonsches« Denken von neuen physikalischen Hypothesen abgesetzt) auf eine andere Ebene zu verlegen. Capra benutzt die Neuentwicklungen, um die schon am Anfang des Jahrhunderts aufgekommene These zu stützen, daß »Wissenschaft« nichts anderes sei als die Rückkehr zu den uralten Weisheiten der Upanishaden.[103] Er löst die Dichotomie von »Religion« und »Wissenschaft« dahingehend auf, daß er die kritischen Argumente der neoadvaitischen und entsprechender westlicher Erfahrungskonzeptionen nur gegenüber Newton, aber nicht gegenüber Einstein und den Quantentheoretikern gelten läßt. Der von den letzteren entwickelten Variante der Physik attestiert er vielmehr einen implizit religiösen Charakter.

Damit ist der Anteil östlicher und ost-westlicher Religionsthematik am Weltbild Capras im wesentlichen erfaßt. Doch erschöpft sich darin noch nicht das Interesse einer religionsgeschichtlichen Analyse. Als weiteres Konzept der Capraschen Weltsicht soll im folgenden der Begriff des »Paradigmenwechsels« untersucht werden, der bei Capra wichtige Bedeutung hat und die Gestalt einer säkularen Weltalterlehre annimmt. Damit steht Capra nicht allein, denn »Paradigmenwechsel« ist in der gegenwärtigen Diskussion um »New Age« ein geläufiges Theorem. Hinter dieser Entwicklung steht ein weiterer komplizierter Rezeptionsprozeß, der vom wissenschaftshistorischen Ursprung dieses Ausdrucks (Thomas S. Kuhn) über seine soziokulturelle Aufnahme und Umprägung (z.B. bei Arthur Koestler und Marilyn Ferguson) zu Capras neuerlicher Verwendung im Rahmen physikalischer Weltdeutung führt.

---

102. Aurobindo stellt in diesem Sinne »external experimentation« der Naturwissenschaften und »inner ›experimentation‹«, durch Bewußtseinsschulung zu erzielen, gleichgeordnet nebeneinander (vgl. Halbfass, 384f.). Ähnliche Ansätze zu einer Parallelisierung des ›westlich-wissenschaftlichen‹ und des ›östlich-religiösen Weges‹ gibt es u.a. schon bei Ram Mohan Roy, Keshab Chandra Sen und Vivekânanda; ein Vorläufer Capras ist auch Sir John Woodroffe (Arthur Avalon), dessen Bücher über Tantrismus in den 60er Jahren vom O.W.Barth-Verlag ins Deutsche übersetzt wurden (vgl. dazu Halbfass, ebd., 399f., zu Woodroffe vgl. Dokumentationsteil, Abschnitt 8.1.2.). Ob auch die bei Capra vorliegende Deutung des tat tvam asi als Identifikation des »inneren« (religiös-mystischen) Weges mit dem »äußeren« (wissenschaftlichen) Weg zur Erkenntnis (s.o., Kap.11.3.3., 12.1.1.) schon aus indischen Quellen entnommen ist, konnte ich nicht verifizieren.

103. Vgl. Halbfass (1988), 399.

12.2 »Paradigmenwechsel« zwischen Wissenschaftsgeschichte, Epistemologie und postmoderner Zeitalterlehre

Der Fund
Viele Jahre schlummerte das Wort in den Zettelkästen der winzigen Gelehrtenschar, unabgegriffen, weil so selten benutzt wie das Messerbänkchen der Großmutter. Nur Fachleute warfen das Wort hin und wieder in den hitzigen Disput, um ein abseitiges Problem grammatikalischer Kompetenz der Lösung näherzubringen. Dann verschwindet das Wort wieder und hinterläßt keine Spur. Dann kommt jemand, stöbert im Zettelkasten, stößt auf das Wort, stutzt, Licht geht ihm auf, ein Aha. Das ist es, das Langgesuchte, das Einzige, mit dem sich trefflich sagen läßt, was sonst im Unausdrückbaren bliebe. Jener hebt das Wort an die Sonne der Öffentlichkeit. Es strahlt. Es nicht zu kennen, zu verwenden im kleinen und großen Fachgespräch, gilt fortan als Mangel weltmännischer Bildung. Über Nacht wird aus dem Findelkind im Zettelkasten ein Schlagwort, eine bedeutungsschwere Metapher, ein Glaubensbekenntnis, ein Mythos mit dunklem Hintergrund. Alle führen es im Munde, das elegante Wort. Jeder meint, es sagend, etwas anderes. Doch was tut's. Die Welt ist reich und bunt. Und das Wort, eines ihrer vielen Geheimnisse zu beschreiben, es wurde geboren. Heureka. Welches Wort gemeint ist? – Paradigma[104]

Das Stichwort »Paradigma« bzw. »Paradigmenwechsel« hat in Capras Buch »Wendezeit« als Kapitelüberschrift[105] einen zentralen Stellenwert. Der Ausdruck hat in den USA und in Europa in neuerer Zeit Karriere gemacht und scheint ein ähnliches Schicksal wie das Wort »New Age« zu haben: Irgendwann im öffentlichen Bewußtsein eingebürgert, ist sein Bedeutungsfeld heute diffus und hat einen gewissen Modecharakter angenommen.[106] In diesem Fall ist jedoch die Geschichte leichter zu erzählen, denn sie hat einen klar bestimmbaren Anfangspunkt in Thomas S. Kuhns Buch: »Die Struktur wissenschaftlicher Revolutionen«[107].

In den folgenden Abschnitten soll zuerst Kuhns Begriffsprägung im Zusammenhang dargestellt werden. Dann kann anhand der Rezeption Capras und seiner Vorläufer in der Umdeutung des Kuhnschen Begriff die weitere, von diesem Urheber unabhängige Entwicklung in der Öffentlichkeit verfolgt und gefragt werden, warum der Begriff in »New-Age«-Büchern erscheint.

---

104. Jürgen Voigt, in: Myrell u.a. (1987), 83.
105. »Die beiden Paradigmen«, in: Capra (1982), 49ff.
106. Schorsch (1988), rechnet den Begriff »Paradigma« unter die »Grundbegriffe der New-Age-Bewegung«: S.24-31.
107. Kuhn (1962).

12.2.1 Thomas S. Kuhns Begriffsprägung

Kuhn prägte die Worte »Paradigma« und »Paradigmenwechsel« in wissenschaftstheoretischem und -historischem Zusammenhang.[108] Er definiert »Paradigma« als eine »wissenschaftliche Leistung«, die »beispiellos genug« ist, »um eine beständige Gruppe von Anhängern anzuziehen, hinweg von den wetteifernden Verfahren wissenschaftlicher Tätigkeit, und gleichzeitig ... noch offen genug, um der neubestimmten Gruppe von Fachleuten alle möglichen Probleme zur Lösung zu überlassen.«[109] Als Beispiele nennt er u.a. die *Physica* des Aristoteles, den *Almagest* des Ptolemäus, die *Principia* Newtons und Lavoisiers *Chimie*.[110]

Ein Paradigma konstituiere eine Gruppe von Wissenschaftlern, eine Schule, die innerhalb eines gegebenen Theorierahmens Forschung betreibt. Das Paradigma bestimme die Wahl von Teilbereichen der Wirklichkeit (gemeint ist bei Kuhn vor allem die naturwissenschaftliche Wirklichkeit), die nun mit besonderer Genauigkeit untersucht werden.[111] Wissenschaftliche Forschung innerhalb dieses Rahmens – Kuhn nennt sie »normale Wissenschaft« – hat folgende Brennpunkte:

- Sie beschreibt Fakten, die für die Natur der Dinge in der Perspektive des eigenen Paradigma besonders signifikant sind;
- Sie befaßt sich mit der gegenseitigen Anpassung von Fakten und Theorie, d.h. sie untersucht Naturvorgänge, die unmittelbar mit Voraussagen der Paradigma-Theorie verglichen werden können;
- Sie präzisiert die zugrundeliegende Paradigma-Theorie, differenziert, schafft neue Unterteilungen, stellt quantitative Gesetzmäßigkeiten auf.[112]

Die Fragestellungen »normaler Wissenschaft« haben die Eigenart von Rätseln: Von vornherein ist klar, daß es eine Lösung gibt; die Aufgabe besteht darin, den optimalen Lösungs*weg* zu finden. Forschungsergebnisse richten sich nicht darauf,

---

108. Kuhns Essay steht im Kontext der Auseinandersetzung mit der Wissenschaftstheorie Karl Poppers und hat eine weitreichende Diskussion entfacht; vgl. dazu Dokumentationsteil, Abschnitt 3.3. Kuhn hat seine Thesen später modifiziert und erweitert; vgl. ders.: Die Entstehung des Neuen. Studien zur Struktur der Wissenschaftsgeschichte, Frankfurt a.M. 1977 (engl. Original 1977), darin besonders der Aufsatz: »Neue Überlegungen zum Begriff des Paradigma«; vgl. auch ders.: Was sind wissenschaftliche Revolutionen?, München 1982 (= gedrucktes Manuskript der C.-F.-v.-Siemens-Stiftung).
109. Kuhn (1962), 25.
110. Im Postskriptum aus dem Jahr 1969 zur zweiten Auflage seines Buches erläutert Kuhn, der Ausdruck »Paradigma« werde von ihm selbst in zwei verschiedenen Varianten gebraucht: Die erste nennt er die »soziologische«: »an entire constellation of beliefs, values, techniques, and so on shared by the members of a given community« (S. 175 der englischen Ausgabe, Chicago ²1970). Die andere bezeichnet – wie oben zitiert – die konkreten Problemlösungen, die Muster, an denen sich die Wissenschaftler-Gemeinschaft orientiert (ebd., = S. 186 der 2. dt. Aufl. 1976). Kuhn reagierte damit auf Kritik an den Unschärfen des von ihm eingeführten Terminus (vgl. dazu unten, Anm. 178). In der Tat gibt er keine Definition, die alle beschriebenen Aspekte gleichzeitig umfaßt.
111. Kuhn (1962), 38.
112. Kuhn (1962), 39-44.

»bedeutende Neuheiten hervorzubringen, sei es als Begriff oder als Phänomen.«[113] Bestimmte Regeln werden beachtet, die mit zum »Paradigma« gehören. Die Interpretation dieses »Paradigma« bleibt offen. Jeder kann es auf seine Weise deuten, er muß es nur gelten lassen.

Die Herausbildung von Paradigmen sei kennzeichnend für »reife« Wissenschaften[114]: Die Fähigkeit zu entsprechender Standardisierung des Theorierahmens, der zu bearbeitenden Problemstellungen und der Regeln beim Umgang mit diesen müsse in jeder wissenschaftlichen Disziplin zuerst entwickelt werden.

Ist einmal ein Paradigma installiert, bleibt es nicht für allezeit bestehen, sondern es kommt zu immanenten Entwicklungen, die auf die Dauer seine Autorität aushöhlen. Das ist die Ursache der »wissenschaftlichen Revolutionen«, des »Zusammenbruchs der normalen Technik des Rätsellösens«, wodurch eine interne Krise des jeweiligen Wissenschaftszweiges ausgelöst wird, die nur mit Hilfe eines »Paradigmenwechsels« überwunden werden kann:

»Wissenschaftliche Revolutionen [sind] jene nichtkumulativen Entwicklungsepisoden ..., in denen ein älteres ›Paradigma‹ ganz oder teilweise durch ein nicht mit ihm vereinbares neues ersetzt wird.«[115]

---

113. Kuhn (1962), 49ff.
114. Kuhn (1962), 27; Kuhn zählt darunter eigentlich nur Naturwissenschaften, hält aber sein Darstellungsschema für verallgemeinerbar, vgl. ebd., 39. 175f und besonders das Postskriptum zur 2. Auflage, S.189.
Es gibt inzwischen zahlreiche Versuche zur Übertragung seines Schemas in den Bereich der Sozial- und Humanwissenschaften. Vgl. u.a. Ekkehard Klausa: Soziologische Wahrheit zwischen subjektiver Tatsache und wissenschaftlichem Werturteil, Berlin 1974 (ein Vergleich der Theorien Thomas Kuhns und des Soziologen Alvin Gouldner); Barry Barnes: T.S.Kuhn and Social Sciences, New York 1982; Wolfgang Schmidt: Struktur, Bedingungen und Funktionen von Paradigmen und Paradigmenwechsel. Eine wissenschaftshistorisch-systematische Untersuchung der Theorie T.S.Kuhns am Beispiel der Empirischen Psychologie, Frankfurt a.M. u.a., 1981.
Zu erwähnen ist auch die theologische Rezeption des Paradigma-Konzepts bei Hans Küng u.a.; vgl. ders. und David Tracy (Hrsg): Theologie – Wohin? Auf dem Weg zu einem neuen Paradigma, Zürich, Köln u. Gütersloh, 1984 (bes. Küngs Beitrag: Paradigmenwechsel in der Theologie, S. 37-75); dies.: Das neue Paradigma von Theologie. Strukturen und Dimensionen, ebd., 1986. Bezeichnenderweise übernimmt Küng ((1984), 41) nur die »soziologische« der beiden Definitionen Kuhns aus dem Postskriptum 1969 (s.o. Anm. 110). Küngs Anliegen ist die Frage nach einem lockeren – zugleich pluralistischen wie verbindenden – Grundkonsens von Theologie unter Bedingungen moderner Aufspaltung der theoretischen und praktischen Zugänge. Dabei ist von vornherein klar, daß es nur um eine »ganze Konstellation von Überzeugungen, Werten, Verfahrensweisen« gehen kann und nicht um eine einzelne, »wissenschaftliche Leistung«, von der Kuhn ursprünglich ausging. Auf diese Weise zeigt gerade die Aufnahme der Kuhnschen Terminologie außerhalb der Naturwissenschaften die Besonderheit naturwissenschaftlicher Theoriebildung und damit auch die Begrenztheit des Kuhnschen Modells.
115. Kuhn (1962), 104.

Kuhns Musterbeispiel eines solchen Paradigmenwechsels ist der Übergang der Astronomie vom ptolemäischen zum kopernikanischen Welt- und Himmelsbild.[116] Kuhn teilt die sich der »normalen Wissenschaft« darbietenden Phänomene in drei Klassen ein: Die meisten von ihnen könnten von der existierenden Theorie gut erklärt werden; einige seien zwar grundsätzlich mit ihr übereinzubringen, erforderten aber eine Präzisierung der Theorie im Detail; schließlich gebe es »anerkannte Anomalien, deren charakteristisches Merkmal ihre hartnäckige Weigerung ist, sich den existierenden Paradigmata anpassen zu lassen.«[117] Die letztere Phänomenklasse führe zwangsläufig nach längerem Bekanntsein und vergeblichen Integrationsversuchen zunächst zu neuen, das alte Modell erweiternden Theorien und schließlich – wenn das alte Modell auch durch solche Erweiterungen nicht mehr aufrecht zu erhalten ist – zu einem neuen Paradigma, das nicht mehr mit dem alten übereinzubringen ist.[118] Wissenschaftliche Revolutionen erfolgen daher – so Kuhn – mit zwingender Logik.

So ergibt sich bei »reifen Wissenschaften« ein Schema der regelmäßigen Abfolge von »normaler Wissenschaft« und »wissenschaftlichen Revolutionen«, d.h. von »Paradigma« und »Paradigmenwechsel«. In den Perioden der »normalen Wissenschaft« werde Präzision und Detailkenntnis ausgebildet, die »Revolutionen« sicherten die Weiterentwicklung der Wissenschaft selbst und die Entwicklung neuer Fragestellungen. Krisen seien ein wichtiges Moment dieses Prozesses.

Kuhn vertritt nun die These, daß sich bei einem »Paradigmenwechsel« nicht nur der Interpretations*rahmen*, sondern das gesehene Bild selbst verändert: Wissenschaftliche Revolutionen seien nicht kumulativ (d.h. sie beschränken sich nicht darauf, zum bestehenden Fundus Neues hinzuzufügen).

»Es ist fast, als wäre die Fachgemeinschaft plötzlich auf einen anderen Planeten versetzt worden«.[119]

Ein »visueller Gestaltwandel« finde statt. Was vorher »Enten« waren, seien nachher »Kaninchen«.[120] Kuhn vergleicht die Wirkung eines Paradigmenwechsel mit der Ausbildung der Studenten von Laien zu Spezialisten: Der Forscher lernt, *anders* zu sehen, so wie der Student eine Anzahl von Umwandlungen des Sehbildes vollziehen muß, bis er »ein Einwohner der Welt des Wissenschaftlers« geworden ist.[121] Selbst die empirischen Daten blieben bei einer wissenschaftlichen Revolution nicht vollständig stabil, und auch der Wissenschaftler, der sie mitvollziehe, bleibe nicht derselbe, der er vorher war.[122]

116. Kuhn (1962), 80f., et passim.
117. Kuhn (1962), 110.
118. Kuhn (1962), 104.
119. Kuhn (1962), 123.
120. Kuhn (1962), 123. Dies ist ein epistemologisch anfechtbarer Vergleich, der logisch nicht mit dem in Kuhns Darstellung folgenden ›Kastenbeispiel‹ (Ausbildung von Wissenschaftlern) kompatibel ist. Kuhns Buch enthält häufig solche Brüche, weshalb er später seine Position – einschließlich der Terminologie – an vielen Stellen modifizierte. Diese Diskussion kann im vorliegenden Kontext nicht weiter verfolgt werden. Zur Kritik an der unscharfen Terminologie und zu Kuhns Stellungnahme vgl. unten, Anm. 178.
121. Kuhn (1962), 124.
122. Kuhn (1962), 133.

Operationen und Messungen sind also Paradigma-bedingt.[123] Für Kuhn sind Theorien damit mehr als bloße Ordnungsmuster eines unveränderlich gegebenen Materials. Eine neue Theorie, die diesen Namen verdient, widerlege ihre Vorgängerin und mache sie nicht bloß zum »Spezialfall«. Wie bei politischen Revolutionen »eine Wahl zwischen unvereinbaren Lebensweisen der Gemeinschaft« stattfinde, so auch bei wissenschaftlichen Revolutionen zwischen konkurrierenden Forschungsweisen der Wissenschaftlergemeinschaft:[124]

»Die Einsteinsche Theorie kann nur in der Erkenntnis akzeptiert werden, daß die Newtonsche falsch war«.[125]

Wäre es anders, so könnte im Prinzip jede veraltete Theorie als Spezialfall der neuen interpretiert werden, wenn sich nur die Einschränkungen ihres Gültigkeitsbereichs (bei Newton z.b. niedrige Geschwindigkeiten) angeben lassen. Damit aber würde nicht mehr besagt, als daß innerhalb eines schon gegebenen theoretischen Rahmens die Aussagen über Phänomene diesem Rahmen kongruent sind, für Kuhn eine Tautologie. Wissenschaft sei dagegen darauf angewiesen, bisher Fremdes, Neues in den Blick zu nehmen, sonst gehe ihr Forschungscharakter verloren.[126]

Zwar gibt es, so Kuhn, auch nach Einsteins »Revolution« weiterhin die Begriffe Masse, Zeit, räumliche Lage usw., und sie seien weiterhin im Newtonschen Sinne meßbare Größen.

»Aber die physikalischen Beziehungen dieser Einsteinschen Begriffe sind auf keinen Fall mit denen der Newtonschen Begriffe gleichen Namens identisch.«[127]

Die Newtonsche Theorie ist also kein Grenzfall der Einsteinschen:

»Denn bei diesem Grenzübergang haben sich nicht nur die Gesetze geändert. Gleichzeitig haben wir die fundamentalen Strukturelemente abwandeln müssen, aus denen sich das Universum, auf welches sie angewandt werden, zusammensetzt.«[128]

Wissenschaftliche Revolutionen bewirken – so Kuhn – eine »Verschiebung des Begriffsnetzes«.[129] Paradigmen wirkten nicht nur auf das Bild der Natur (Gegenstandsbeschreibung), »sondern auch wieder zurück auf die Wissenschaft, die sie hervorbrachte«. Problemstellungen und Normen verlagerten sich. Es könne sein, daß eine Neudefinition der Wissenschaft als ganzer erforderlich werde.[130]

Am Ende seines Buchs verläßt Kuhn die relativ enge Begrenzung seiner Aussagen auf Naturwissenschaften und Mathematik. Er sieht den Widerstand der wissenschaftli-

---

123. Kuhn (1962), 138.
124. Kuhn (1962), 106.
125. Kuhn (1962), 111.
126. Kuhn (1962), 110-113.
127. Kuhn (1962), 114.
128. Kuhn (1962), 114f.
129. Kuhn (1962), 115.
130. Kuhn (1962), 116.

chen Mehrheit gegen die dargelegte Sicht des wissenschaftlichen »Fortschritts« in einem »traditionellen erkenntnistheoretischen Paradigma« begründet, das nichts anderes sei als das »philosophische Paradigma, das von Descartes ins Leben gerufen und gleichzeitig als Newtonsche Dynamik entwickelt wurde.« Es ist eine Art Über-Paradigma:

> »Heutige Forschungsarbeiten auf Teilgebieten der Philosophie, Psychologie, Linguistik und sogar der Kunstgeschichte konvergieren alle in dem Hinweis darauf, daß das traditionelle Paradigma irgendwie schief liegt. Diese mangelnde Übereinstimmung mit der Wirklichkeit wird auch durch das Studium der Wissenschaftsgeschichte, dem unsere Aufmerksamkeit hier in erster Linie gilt, immer deutlicher gemacht.«[131]

Zusammenfassend läßt sich sagen:
(1) Bei Kuhn treten mehrere Paradigmen *gleichzeitig* auf. Die Gemeinschaft, die durch ein Paradigma jeweils bestimmt ist, ist die *Gemeinschaft der Fachkollegen* einer wissenschaftlichen Disziplin, Teildisziplin oder Schule; auf der umfassendsten epistemologischen Ebene ist es die *Gemeinschaft der Wissenschaftler* der Neuzeit. Interdisziplinäre Fragestellungen unterhalb dieser Global-Ebene (z.B. holistische Theorien, deren Vertreter aus verschiedenen Disziplinen stammen) werden nicht untersucht. Kuhn entwickelt seine Darstellung an der Geschichte der *Naturwissenschaften*. Geisteswissenschaftliche Vorgänge kommen in der konkreten wissenschaftshistorischen Argumentation nicht vor, sozialwissenschaftliche sind nur am Rande berührt.
(2) Leitend für die Kuhnschen Überlegungen ist die neuere Entwicklung der theoretischen Physik, mithin die Frage, wie die »Revolution« Einsteins wissenschaftstheoretisch zu beurteilen sei. Sie erscheint bei Kuhn als *das* neue Paradigma *par excellence*; ihr Pendant ist die Newtonsche Physik, *das* alte Paradigma.
(3) Trotz der naturwissenschaftlich orientierten Darstellung beansprucht Kuhn die grundsätzliche Gültigkeit der erkannten Gesetzmäßigkeiten für *alle* Wissenschaften, wobei sich die Anwendbarkeit dieser Aussagen aus dem jeweiligen Reifegrad der Wissenschaft bestimmt. So setzt Kuhn ungeprüft voraus, daß philosophische, religionswissenschaftliche oder theologische Schulen (sofern sie »reif« sind) sich nach derselben Logik entwickeln wie naturwissenschaftliche.[132]
(4) Kuhns Interesse ist wissenschaftsgeschichtlicher Art, daher beziehen sich alle genannten Begriffe – Paradigma, Paradigmenwechsel, Revolution, Krise usw. – auf Vorgänge innerhalb der wissenschaftlichen Arbeit. Kuhn sagt nichts über Kultur, Politik, Kunst oder Religion.[133]

---

131. Kuhn (1962), 133.
132. Zur Kritik vgl. oben, Anm. 114.
133. Kuhn erwähnt zwar kulturelle und kunsthistorische Zyklenmodelle (vgl. unten, Anm.136), benutzt diese aber als Vorbilder für seine Aussagen im Bereich der Wissenschaftsgeschichte, während Capra solche Vergleiche in umgekehrter Richtung vollzieht und die naturwissenschaftlichen ›Zyklen‹ auf kulturelle Phänomene zu übertragen versucht.

Damit ist sein Verständnis des Paradigmenwechsels soweit umrissen, daß nun die Veränderungen des Begriffs bei Capra und anderen Autoren erkennbar werden.

12.2.2 Umdeutung als ›kultureller Wandel‹ bei Ferguson und Capra

Capra führt das Stichwort Paradigmenwechsel in seinem Buch »Wendezeit« so ein:

»Die dritte Übergangsbewegung betrifft unsere kulturellen Werte. Sie ist ein Teil des neuerdings oft zitierten ›Paradigmen-Wechsels‹ – eines tiefgreifenden Wandels des Denkens, der Wahrnehmungen und Werte, die eine besondere Sicht der Wirklichkeit bewirken. Das Paradigma, das jetzt abgelöst wird, hat unsere Kultur mehrere hundert Jahre lang beherrscht. Während dieses Zeitraums hat es unsere moderne abendländische Kultur geformt und die übrige Welt in bemerkenswerter Weise beeinflußt. Es enthält eine Anzahl von Ideen und Werten, die sich wesentlich von denen des Mittelalters unterscheiden. Es sind dies Werte, die man mit den verschiedenen Strömungen der abendländischen Kultur in Verbindung gebracht hat wie der wissenschaftlichen Revolution, der Aufklärung und der Industriellen Revolution.« [134]

Capra beruft sich also auf einen schon im Gebrauch befindlichen Topos und beansprucht keine Entdeckerrechte. In der inhaltlichen Füllung unterscheidet er sich erheblich von Kuhn, was gerade die verbalen Anklänge deutlich machen: Das Paradigma Capras bezieht sich nicht wie bei Kuhn auf *Wissenschaft* (und die Gemeinschaft der Wissenschaftler), sondern auf *Kultur* (und die abendländische Gesellschaft der Neuzeit als ganze). »Wissenschaftliche Revolution« wird hier im Singular gebraucht – gemeint ist in etwa das, was Kuhn als »erkenntnistheoretisches Paradigma« mit den Namen Descartes und Newton verbindet. Capra hat daher im wesentlichen nur *einen* Paradigmenwechsel im Blick. Der differenzierte wissenssoziologische Bezugsrahmen der Kuhnschen Analysen (Gemeinschaft der Wissenschaften einer Zeit einerseits, Physik und Einzeldisziplinen wie z.B. Optik andererseits) entfällt. Von »Verfahrensweisen« – ein entscheidendes Element in Kuhns Beschreibung – ist daher bei Capra keine Rede.
In einer späteren Formulierung definiert Capra:

»Für mich bedeutet ein Paradigma die Gesamtheit der Gedanken, Wahrnehmungen und Wertvorstellungen, die eine besondere Sicht der Wirklichkeit formen, eine Anschauung, die die Grundlage dafür liefert, wie die Gesellschaft sich selbst organisiert.« [135]

Dementsprechend bedeute der jetzt bevorstehende Paradigmenwechsel eine kulturelle Transformation im Sinne von Pitirim Sorokins zyklischer Deutung der abendländischen Kulturgeschichte.[136]

134. Capra (1982), 26.
135. Capra (1987), 20. Capra orientiert sich erkennbar an Kuhns »soziologischer« Definition (s.o., Anm. 110), läßt aber bezeichnenderweise das Moment der »Verfahrensweisen« (*techniques*) beiseite.
136. Zu Sorokin vgl. oben, Kap.11.4.3. Die Entwicklung des Begriffs »Paradigmenwechsel«

In Capras Darstellung sind somit zwei verschiedene Aussagekontexte miteinander verknüpft: Kuhns Bezugspunkt bei der Beschreibung wissenschaftlicher Evolution, der Paradigmenwechsel in der theoretischen Physik zwischen 1905 und 1925, ist Capra als Physiker vertraut und naheliegend. Die Vorstellung einer zyklisch bestimmten Kulturentwicklung hat er dagegen nicht von Kuhn, sondern von anderen Autoren übernommen und unabhängig von Kuhn mit der Terminologie des Paradigmenwechsels in Verbindung gebracht.

Während »Paradigmenwechsel« bei Kuhn zur Beschreibung von strukturellen Merkmalen wissenschaftshistorischer Entwicklungen dient – in kleinen wie in größeren Maßstäben -, wird der Ausdruck bei Capra als Oberbegriff zweier historischer Epochen benutzt:[137] Teil II der »Wendezeit« ist überschrieben: »Die beiden Paradigmen«.[138] Er enthält die Kapitel: »Die Newtonsche Weltmaschine« und »Die Neue Physik«.[139] Die Paradigmen der Physik nach Beschreibung Kuhns werden hier zu Charakteristika von Kulturepochen, in denen sie auftreten. Die grobe Zweiteilung in »altes« und »neues Paradigma« entspricht der äußersten (und in Kuhns Buch am wenigsten analysierten) Rahmensetzung, die dort »erkenntnistheoretisches Paradigma« heißt. Demgemäß findet sich in Capras Kapitel über Newton ein längerer Abschnitt zu Descartes, der »im allgemeinen als Begründer der modernen Philosophie« gelte.[140] Das führt ihn zu der Epochen-Bezeichnung: »Kartesianisch-Newtonsches Paradigma«. Zur inhaltlichen Beschreibung dieses Paradigma benutzt Capra jedoch häufig fachspezifische, insbesondere physikalische Inhalte kleinerer Paradigma-Ebenen, hält also Kuhns Ebenen-Unterscheidung nicht ein.

Wie kommt es zu dieser Bedeutungs-Verlagerung der Worte »Paradigma« und »Paradigmenwechsel«? Es legt sich nahe, sie wegen der fachlichen Verwandtschaft – Kuhn ist wie Capra theoretischer Physiker – und wegen der schon in »Tao der Physik« zentralen Thematisierung des Übergangs von der Physik Newtons zu Einstein und zur

zu einer allgemeinen Zyklenlehre liegt keinesfalls in der Argumentationslinie Kuhns. Zwar nimmt er durchaus auf außerwissenschaftliche Perioden-Schemata Bezug, doch will er seine Theorie nicht als Deutungsmuster solcher Vorgänge verstanden wissen. Im »Postskriptum 1969« zur zweiten Auflage seines Buches schreibt er demgemäß, das Neue an seiner These sei gerade die Behauptung, daß Entwicklung auch in den Naturwissenschaften – ähnlich wie in der Kunst und anderswo – als Abfolge von traditionsgebundenen Perioden und nicht-kumulativen Umbrüchen beschreibbar sei. Er habe sich bei der Ausarbeitung seiner Theorie durch Beispiele aus der Literatur, der Musik, der bildender Kunst, der Politik und anderer nichtwissenschaftlicher Lebensbereiche inspirieren lassen, in deren Historiographie seit langem die »Periodisierung durch revolutionäre Umbrüche von Stil, Geschmack und institutioneller Struktur« zu den »Standardwerkzeugen« gehöre: »Wenn ich hinsichtlich solcher Vorstellungen originell war, dann hauptsächlich durch ihre Anwendung auf die Naturwissenschaften, auf Gebiete also, von denen man allgemein dachte, sie entwickelten sich anders.« Daher zeigt er sich (schon 1969!) verwirrt, daß nun seine eigene Theorie ihrerseits zu einem Vorbild für Theoriebildung in nicht-wissenschaftlichem Zusammenhang geworden sei (Kuhn (1962), 2.dt.Aufl. 1976, 220).

137. Das ist allerdings bei Kuhn (1962) teilweise schon angelegt; vgl. v.a. 171ff.
138. Capra (1982), 49.
139. Capra (1982), 51ff und 77ff.
140. Capra (1982), 55-62, Zitat auf S.55.

Quantentheorie Capra selbst zuzuschreiben.[141] Obwohl dieser nach eigenem Bekunden Kuhns These schon seit 1968 kannte,[142] zeigt sich jedoch bei genauerem Zusehen, daß er das Konzept des »Paradigmenwechsels«, wie er es in seinem Buch »Wendezeit« benutzt, nicht direkt von Kuhn, sondern vermittelt durch Marilyn Fergusons Buch: »Die sanfte Verschwörung« aufgenommen hat.[143] In »Das Tao der Physik« (zuerst 1975) kommt der Begriff noch nicht vor, obwohl dort die Grundlagen für die entsprechende Argumentation in der »Wendezeit« gelegt sind. Capra erwähnt das Wort erstmals 1982 in seinem Vorwort zur deutschen Ausgabe des Buches von Ferguson:

»Marilyn Ferguson zeigt überzeugend, daß ein zentraler Aspekt unserer kulturellen Transformation ein, *wie sie es nennt,* ›Paradigmenwechsel‹ ist.«[144]

Ferguson weist in ihrem Buch auf Kuhn hin, der den Begriff »Paradigmenwechsel ... in seinem bahnbrechenden, 1962 erschienenen Buch ... erstmals verwendet« habe. »Obwohl sich Kuhn auf die Wissenschaft bezog«, habe der Begriff »allgemeine Verwendung« gefunden. Paradigma sei ein »Gedankenrahmen ... ein Schema, um gewisse Aspekte der Wirklichkeit zu verstehen und zu erklären«.[145] Ferguson benutzt nun den Begriff, der sich in der Tat längst von seinem Urheber Kuhn selbständig gemacht hatte, für ihre globale Vision gesellschaftlich-kultureller Selbst- und Weltwahrnehmung.[146]

141. So schreibt Hemminger (1987a), 116, Capras Forderung nach einem neuen Paradigma der Wissenschaft lasse sich überall in der »New Age-Bewegung« wiederfinden. Er sei der »bei weitem bekannteste Wissenschaftler des New Age«.
142. Capra schreibt rückblickend im Jahr 1987: »Ich war von diesem vieldiskutierten Buch leicht enttäuscht, als ich entdeckte, daß mir die Hauptgedanken bereits durch die häufige Lektüre Heisenbergs vertraut waren.« Das Buch habe ihn aber »mit dem Begriff des wissenschaftlichen Paradigmenwechsels vertraut« gemacht, der »Jahre später in den Mittelpunkt meiner Arbeit rückte«. Capra referiert dann kurz, Kuhn habe mit dem Wort den einer Gemeinschaft von Wissenschaftlern gemeinsamen begrifflichen Rahmen bezeichnet. »In den folgenden zwanzig Jahren wurde es sehr populär, von Paradigmen und Paradigmenwechsel auch außerhalb der Naturwissenschaften zu sprechen, und in ›Wendezeit‹ habe ich diese Ausdrücke in sehr breiter Bedeutung verwendet« (Capra (1987), 20). Er hat sie also aus der inzwischen entstanden Diskussion neu rezipiert.
143. Ferguson (1980).
144. Capra, Vorwort, in: Ferguson (1980), 11-15, hier 12 (Hervorhebung von mir). Capra definiert »Paradigmenwechsel« hier als »eine dramatische Veränderung in bezug auf die Gedanken, Wahrnehmungen und Wertbegriffe, die ein besonderes Realitätsempfinden entstehen lassen. Das umfaßt eine große Anzahl von Vorstellungen, die unsere Gesellschaft während Hunderten von Jahren beherrscht haben; Werte, die mit verschiedenen Strömungen westlicher Kultur verknüpft gewesen sind, unter ihnen die wissenschaftliche Revolution des siebzehnten Jahrhunderts, die Aufklärung, und die Industrielle Revolution« (ebd.).
145. Ferguson (1980), 29.
146. Schon vor Ferguson war das Wort »Paradigmenwechsel« außerhalb des engeren wissenschaftshistorischen und -theoretischen Zusammenhangs als Metapher kultureller oder anderer Veränderungen benutzt worden; so u.a. bei Arthur Koestler: Der Mensch – Irrläufer der Evolution. Die Kluft zwischen unserem Denken und Handeln – eine Anatomie

Ende 1982, ein halbes Jahr nach dem Erscheinen der deutschen Ausgabe von »Die sanfte Verschwörung«, wurde Capras Buch »The Turning Point« publiziert. Obwohl die Kuhnsche Terminologie in diesem Buch breit benutzt wird, findet sich sein Name nicht im Register. Der einzige Hinweis auf Kuhn ist eine pauschale Anmerkung bei der Einführung des Begriffs:

»Kuhn (1970) bringt eine ausführliche Schilderung der Paradigmen und der Paradigma-Verlagerungen«.[147]

Capras Vorgaben zum Stichwort »Paradigmenwechsel« sind daher nicht primär physikalischer und wissenschaftstheoretischer Art, sondern einem journalistisch zusammengetragenen, lebensweltlichen Kontext entsprungen: Das Stichwort war zunächst aus seinem ursprünglichen Kontext auf solche Fragestellungen übertragen worden – dafür steht Fergusons Buch (mit seinen Vorbildern in der Literatur der 70er Jahre). Erst in einem zweiten Schritt wird es von Capra wiederum auf wissenschaftshistorische Aussagen zurückbezogen, wobei er aber – wie an der Definition im Vorwort zu Ferguson und in seinem eigenen Buch »Wendezeit« ersichtlich – die inzwischen vollzogene Umprägung beibehält. *Diese* Sorte Paradigma und Paradigma-Verlagerung wird bei Kuhn nicht, wie von Capra in jener Anmerkung dargestellt, ausführlich geschildert; sie kommt bei ihm überhaupt nicht vor.

12.2.3 »Kartesianisches Paradigma« als heuristisches Modell zur Epochenbezeichnung

Capras spezifisches Interesse ist, wie gesehen, die Zusammenschau naturwissenschaftlicher und kultureller Wandlungen im 20. Jahrhundert. Er hat sie in seinem ersten Buch entwickelt, und er benutzt in der »Wendezeit« den Begriff des Paradigmenwechsels zur Explikation. Die Zusammenschau als solche ist sowohl im deutschsprachigen wie im angelsächsischen Raum nicht neu. Neu ist lediglich die Aufnahme der Kuhnschen Terminologie für diese Thematik. Capras Anknüpfungspunkt ist dabei der Übergang vom Mittelalter zur Neuzeit im 16. und 17. Jahrhundert einerseits und das gegenwärtige Geschehen im 20. Jahrhundert andererseits als Zeiten besonderer Umbrüche, wobei ersterer eine Art historisches Muster für die Deutung des letzteren bildet. Dies entspricht in seiner Struktur der leitenden Fragestellung Kuhns, das Newtonsche mit dem Einsteinschen Weltbild zu vergleichen.

---

menschlicher Vernunft und Unvernunft, München: Goldmann, 1981 (engl. Original 1978). Rüdiger Lutz gibt 1984 eine Tabelle wieder, die bereits 1976 zusammengestellt worden sei. Sie stellt das »Industriegesellschafts-Paradigma« dem »Nachindustriellen Paradigma« gegenüber (Die sanfte Wende. Aufbruch ins ökologische Zeitalter, München: Kösel 1984, hier 21). Leider gibt Lutz keine Quelle an. Zur Rezeption im sozial- und humanwissenschaftlichen Bereich vgl. oben, Anm.114 und Dokumentationsteil, Abschnitt 3.3.
147. Capra (1982), 490 (Anm.17 zu S.26).

Angelpunkt dieser Zusammenschau bei Capra ist, wie gesehen, René Descartes, der »im allgemeinen als Begründer der modernen Philosophie« gelte.[148] Capra beschreibt ihn als »brillanten Mathematiker«, dessen »philosophische Anschauung ... zutiefst von der neuen Physik und Astronomie beeinflußt« worden sei.[149] Er fährt fort:

»Der Glaube an die Gewißheit der wissenschaftlichen Erkenntnis bildet die eigentliche Grundlage der kartesianischen Philosophie und der daraus abgeleiteten Weltanschauung; und gerade hier, schon am Ausgangspunkt, irrte Descartes. Die Physik des 20. Jahrhunderts hat uns sehr deutlich gezeigt, daß es in der Wissenschaft keine absolute Wahrheit gibt, daß alle unsere Vorstellungen und Theorien nur begrenzt gültig sind und sich der Wirklichkeit nur annähern.«[150]

Hier ist nicht erkannt, daß es gerade die Frage der Gewißheit von Erkenntnis ist, die Descartes zu seinem Standpunkt des methodischen Zweifels führte. Wenn die Physik des 20. Jahrhunderts dem Menschen eindrucksvoll vor Augen führt, daß »Vorstellungen und Theorien nur begrenzt gültig sind«, so ist die Bedingung der Möglichkeit einer solchen Aussage gerade durch jenes »kartesianische Paradigma« gegeben, das zur Grundlage der neuzeitlichen Naturwissenschaften gehört. Descartes, der am Anfang der Entwicklung steht, wäre hier – beim Gespräch über die Zeiten hinweg – eher der Theoretiker eines kritischen Denkens als Capra, der die Verstrickung seiner eigenen Aussagen in das epistemologische Metaparadigma, das er zu überwinden beansprucht, nicht durchschaut. Capra erkennt zwar die innere Beziehung zwischen kartesianischer Philosophie und den Newtonschen Gesetzen, prüft aber nicht die Umkehrbarkeit dieser Beziehung und schließt daher unreflektiert von der naturwissenschaftlichen Kritik an Newton auf eine entsprechende philosophische Kritik an Descartes zurück.

Im folgenden beschreibt Capra die strukturalen Folgen der kartesianischen Weichenstellungen des methodischen Zweifels,[151] des »*cogito ergo sum*«,[152] der analytischen Methode, »Gedanken und Probleme in Stücke zu zerlegen und diese in ihrer logischen Ordnung aufzureihen.«[153] Die Kritik Capras an Descartes bezieht sich vor allem darauf, daß dieser, als Folge des *cogito*, den Geist des Menschen für gewisser erachtet habe als die Materie: »Das brachte ihn zu der Schlußfolgerung, die beiden seien getrennt und fundamental voneinander verschieden.«[154] *Res cogitans* und *res extensa* seien bei Descartes als »Schöpfungen Gottes« gedacht, »des Ursprungs der exakten natürlichen Ordnung und des Lichtes des Verstandes.«[155] Diese »Bezugnahme auf Gott« sei aber in späteren Jahrhunderten verlorengegangen, so daß sich »die Theorien der Wissenschaftler ... entsprechend der kartesianischen« Trennung weiterentwickelt hätten: »Die Geisteswissenschaften konzentrierten sich auf die res cogi-

148. Capra (1982), 55.
149. Capra (1982), 55.
150. Capra (1982), 56.
151. Capra (1982), 57.
152. Capra (1982), 58.
153. Capra (1982), 58.
154. Capra (1982), 58.
155. Capra (1982), 59.

tans und die Naturwissenschaften auf die res extensa.«[156] Die Auffassung vom materiellen Universum sei so zu dem einer Maschine geworden, dessen mechanische Gesetze nicht nur in der Physik, sondern auch in der belebten Natur und damit in der Biologie und Medizin Gültigkeit haben: »Das Problem dabei ist, daß die erfolgreiche Behandlung lebender Organismen als Maschinen die Wissenschaftler schließlich glauben ließen, sie seien nichts *als Maschinen*«[157] – eben typische Folgen paradigmaorientierter »normaler Wissenschaft« im Sinne Kuhns.

Einmal in die Welt gesetzt, habe das kartesianische Denken sich selbständig gemacht: Das mittelalterliche Bild der Erde als eines »lebendigen Organismus und einer Nährmutter«, das »als kulturelle Schranke vor den Handlungen der Menschen« gestanden hatte, verschwand, »sobald die Mechanisierung der Naturwissenschaft einsetzte. Die kartesianische Anschauung vom Universum als einem mechanischen System lieferte eine ›wissenschaftliche‹ Rechtfertigung für die Manipulation und Ausbeutung der Natur, die so typisch für die abendländische Kultur geworden ist.«[158]

Was zu Descartes Lebzeiten Vision blieb, sei schließlich von Isaac Newton verwirklicht worden, der »eine vollständige Ausformulierung der mechanistischen Naturauffassung« entwickelt »und damit eine großartige Synthese der Arbeiten von Kopernikus und Kepler, Bacon, Galilei und Descartes« geschaffen habe.[159]

Nun beschreibt Capra die Newtonsche Physik, wie im »Tao der Physik« dargestellt.[160] Außerdem führt er die Evolutionstheorie an, die sich dem Newtonschen Denken mit seinem statischen Weltkonzept grundsätzlich entzogen habe. Sie habe in Darwins Theorie von der Entstehung der Arten ihren Höhepunkt erreicht:

»Die Entdeckung der Evolution in der Biologie zwang die Wissenschaftler zur Aufgabe der kartesianischen Auffassung von der Welt als Maschine, die fix und fertig aus den Händen des Schöpfers hervorgegangen ist. Statt dessen mußte man jetzt das Universum als ein sich entwickelndes und ständig sich änderndes System beschreiben, in dem sich komplexe Strukturen aus einfacheren Formen bilden.«[161]

Schließlich habe Einstein im Jahr 1905 die Grundlagen eines neuen Paradigma geschaffen, das dann in den zwanziger Jahren von anderen ausgearbeitet worden sei:

»Aus dieser revolutionären Wandlung unserer Vorstellung von der Wirklichkeit, die von der modernen Physik in Gang gebracht wurde, geht heutzutage eine in sich stimmige Weltanschauung hervor ... Im Gegensatz zur mechanistischen kartesianischen Weltanschauung kann man ... (sie) mit Worten wie organisch, ganzheitlich und ökologisch charakterisieren. ... Das Universum wird nicht mehr als Maschine betrachtet, die aus einer Vielzahl von Objekten besteht, sondern muß als ein unteilbares, dynamisches Ganzes beschrieben werden, dessen Teile auf ganz

---

156. Capra (1982), 59.
157. Capra (1982), 61.
158. Capra (1982), 60.
159. Capra (1982), 62.
160. Vgl. oben, Kap.11.2.
161. Capra (1982), 73.

wesentliche Weise in Wechselbeziehung stehen und nur als Strukturen eines Vorganges von kosmischen Dimensionen verstanden werden können.«[162]

Capra faßt zusammen:

»Jeder zeitgenössische Physiker wird ... das Leitmotiv meiner Darstellung akzeptieren – daß die moderne Physik die mechanistische kartesianische Weltanschauung überwunden hat und uns zu einer ganzheitlichen und zutiefst dynamischen Auffassung vom Universum führt.«[163]

Er erläutert dann das weitere Konzept des Buchs:

»Für die nachfolgende Beschreibung des Gedankengebäudes einer multi-disziplinären, ganzheitlichen Schau der Wirklichkeit ist es von Nutzen, sich einen Überblick darüber zu verschaffen, wie die anderen Wissenschaften die kartesianische Weltanschauung angenommen und ihre Vorstellungen und Theorien nach denen der klassischen Physik geformt haben. Wenn dabei zugleich die Grenzen des kartesianischen Paradigmas in den Natur- und Gesellschaftswissenschaften enthüllt werden, kann das Wissenschaftlern und Laien helfen, ihre überkommene Weltanschauung zu ändern und an der gegenwärtigen kulturellen Umgestaltung mitzuwirken.«[164]

Der Reiz solcher Beschreibung liegt darin, daß physikalische und wissenschaftsgeschichtliche Zusammenhänge mit kulturtheoretischen und philosophischen Grundlagenkonzepten in eins gesetzt werden, die eine ähnliche Terminologie verwenden. Die Tatsache, daß physikalische Forschung via Entwicklung verschiedenster Technologien in zentrale kulturelle Ausdrucksweisen hineinwirkt und damit die Kultur der Neuzeit sichtbar geprägt hat, wird benutzt, um Kultur als Funktion physikalischer Rahmensetzungen darzustellen. Das wird ermöglicht durch die (bei Kuhn allerdings schon angelegte) Verschmelzung des ›physikalischen Paradigma‹ (Newton) mit dem »philosophischen Paradigma« (Descartes) zu einem einzigen, kulturstiftenden (bzw. -lähmenden) Fundament der Neuzeit. Damit höhlt Capra den Kuhnschen Paradigma-Begriff aus, der an greifbare soziologische Größen, nämlich Wissenschaftler-Gemeinschaften geknüpft ist.[165]

Ferner verschleiert diese Verschmelzung die unterschiedliche Struktur naturwissenschaftlicher und philosophischer Aussagen über die Wirklichkeit trotz gelegentlicher Überschneidungen der Terminologie. Obwohl eine Einwirkung physikalischer Erkenntnisse auf die allgemeine Struktur des »Weltbildes« der Gegenwart sicher nicht abzustreiten ist, kann die Parallelität naturwissenschaftlicher Wandlungsprozesse und der Veränderungen des »philosophischen« oder »epistemologischen« Metaparadigma der westlichen Kultur im 20. Jahrhundert auf dieser Basis lediglich als Phänomen beschrieben, aber nicht als Gesetzmäßigkeit nachgewiesen werden. Aus dem »Para-

---

162. Capra (1982), 80.
163. Capra (1982), 103.
164. Capra (1982), 103.
165. Vgl. Kuhn (1962), 179: »Die Gruppe ... darf jedoch nicht wahllos aus der Gesellschaft als ganzer ausgewählt sein, sie ist vielmehr die wohldefinierte Gemeinschaft der Fachgenossen des Wissenschaftlers.«

digmenwechsel« der theoretischen Physik in den 20er-Jahren läßt sich z.b. keineswegs schließen, daß eine Ähnlichkeit zwischen der Struktur der Materie und der des Geistes bestehe, nur weil die Quantenmechanik vielleicht »ganzheitlichere« philosophische Prämissen benötigt als die Newtonsche Mechanik.[166]

12.2.4 Systematische Unterschiede und Anknüpfungspunkte zwischen Kuhn und Capra

Wie in den vorangegangenen Abschnitten dargestellt, hat der Begriff »Paradigmenwechsel« durch Autoren wie Capra und Ferguson eine Umstrukturierung erfahren. Diese (und nicht Kuhns Theoriebildung) ist Gegenstand der vorliegenden Arbeit. Es macht daher keinen Sinn, Nichtübereinstimmungen zwischen Kuhn und Capra zum Zweck der Kritik des letzteren hervorzuheben. Die folgenden Unterscheidungen sollen vielmehr den Blick für das Verständnis der Beziehung zwischen »Wissenschaft« und »Kultur« schärfen, wie sie bei Capra beschrieben und vorausgesetzt wird. Im zweiten Teil des Abschnitts soll dann gezeigt werden, daß manche Voraussetzungen der ›kulturtheoretischen‹ Umdeutung des Begriffs »Paradigmenwechsel« schon bei seinem Urheber, Thomas Kuhn, angelegt sind. Doch zunächst zu den Unterschieden:

(1) Eine wesentliche Grundlage der Argumentation Kuhns ist die Differenz zwischen »Kultur« als einem gesellschaftlichen Total und »Wissenschaft« im Sinne von exakter, *per definitionem* spezialisierter Naturwissenschaft. Wie schon gezeigt, hat Kuhn interdisziplinäre Fragestellungen nicht analysiert; mit lebensweltlichen Fragen setzt er sich schon gar nicht auseinander. Kuhns Argumentation hat nur insofern einen »kulturellen« Aspekt, als er einen Teilbereich von Kultur, nämlich Wissenschaft, in einer zeitübergreifenden Perspektive betrachtet.

Für Capra stehen dagegen, wie die Teile III und IV der »Wendezeit« zeigen, interdisziplinäre Aspekte im Mittelpunkt. Es geht um die Wirklichkeitssicht der Gesellschaft als Total und ihren Fortschritt, zu dem »die Wissenschaft« bestenfalls ihren Teil beitragen kann, und das nur, wenn ihre Fragestellungen über den eigenen Fachbereich hinauswirken. Capra zeigt daher in seiner Diskussion des Begriffs »Paradigmenwechsel« kein Interesse an den ›kleineren‹ Paradigmen, weil sie von kleineren Gemeinschaften mit größerem Spezialisierungsgrad getragen sind. Entscheidend für Paradigmen, wie er sie versteht, ist deren Fähigkeit, in die Lebenswelt hineinzuwirken, Kultur zu schaffen und zu transformieren. So zeigt sich, daß die Begriffsübernahme Capras von Kuhn (über die genannten Zwischenstationen, u.a. Marilyn Ferguson) nicht auf inhaltlicher, sondern lediglich auf struktureller Parallelität der Aussagen beruht.

(2) Das verdeutlicht sich am Stichwort der »Krise«, das beide Autoren verschieden verwenden. Bei Kuhn steht die Beschreibung von Krisen im Zusammenhang der sy-

---

166. Interessant ist Carl Friedrich von Weizsäckers Stellungnahme zu dieser Frage; vgl. dazu unten, Kap.12.3.

stematischen Auswertung wissenschaftshistorischer Vorgänge, bei Capra dient sie der Thematisierung soziologischer, anthropologischer und ökologischer Fragestellungen.[167] Bei Kuhn entsteht eine Krise, wenn »normale Wissenschaft« theoretisch versagt.[168] Krisen sind ihrerseits ›normale‹ Erscheinungen, die gemäß dem Schema von Paradigma und Paradigmenwechsel Teil des Fortschritts wissenschaftlicher Arbeit sind. Bei Capra geht es um eine allumfassende Menschheits- und Weltkrise der Gegenwart, bei der keineswegs klar sein kann, ob sie zu einer neuen Kulturstufe führen oder in eine völlige Katastrophe münden und somit die letzte Stufe der Menschheit beschließen wird. Eine Entwicklung ist jedenfalls nicht inhärent, und eine solche hätte nur Sinn, wenn sie in einer schon im voraus ersehbaren Richtung Erfolg hat (weniger Umweltverschmutzung, gerechtere Weltwirtschaftsordnung usw.).

Gerade das kann es bei Kuhn nicht geben: Da es keine unzweideutigen Kriterien für die Wahl eines Paradigma gibt, kann letztlich niemand übersehen, ob und in welcher Weise das neue gegenüber dem alten Paradigma einen Fortschritt bedeutet.[169] Capras »Paradigmenwechsel« *muß* Fortschritt bedeuten, sonst ist die Welt am Ende. Durch die Übertragung in Capras Zusammenhang erhalten die Kuhnschen historischen Analysen (ausgelöst durch die Frage, welche Veränderungen Naturwissenschaften im Zuge eines »Paradigmenwechsels«, z.B. in der theoretischen Physik von Newton bis zu Einstein, durchlaufen) eine fast prophetische Qualität und Funktion, die an die Korrelationsmethode spiritualistischer Bibelexegese erinnert.[170]

(3) Ein weiterer Unterschied ist das Beharren Kuhns auf der autonomen Organisation von Wissenschaft als einer ihrer Grundvoraussetzungen.[171] Daraus ergibt sich, daß »Wert« und »Werte« für ihn wissenschafts-interne Größen sind. Am Grad der Autonomie ihrer Werte bemißt sich der Reifegrad einer Wissenschaft[172]. Somit wäre für Kuhn ein neues Paradigma – soweit überhaupt möglich – nur aus der Wissenschaft selbst begründbar. Die Forderung nach einem neuen Paradigma kann nicht durch Hungersnöte in Afrika, das Ozonloch oder steigende Selbstmordraten untermauert werden, sondern allein durch das Versagen einer volkswirtschaftlichen, psychiatrischen oder anderen Fachtheorie.

167. Vgl. Capra (1982), Teil I: »Krise und Wandlung« (S.13ff.).
168. Kuhn (1962), Kap VII (79ff.).
169. Kuhn schreibt: »Wir haben schon festgestellt, daß eine solche Gruppe einen Paradigmawechsel als Fortschritt sehen muß. Jetzt können wir erkennen, daß diese Wahrnehmung in mancher Hinsicht eine Selbsterfüllung ist« (Kuhn (1962), 180).
170. Vgl. dazu oben, Kap.6.2.1.
171. Vgl. Kuhn (1962), 179f.
172. Kuhn (1962), 175: Es gebe »keine anderen Berufsgemeinschaften, in welchen die kreative Arbeit des einzelnen so ausschließlich an andere Mitglieder der Gruppe gerichtet ist und von diesen bewertet wird. Der esoterischste Dichter oder der abstrakteste Theologe ist weit mehr als der Wissenschaftler um die Anerkennung seiner Arbeit durch den Laien besorgt, mag ihn auch Anerkennung allgemein weniger berühren. Dieser Unterschied ist folgenreich. Gerade weil er nur für einen Kreis von Kollegen arbeitet, also für ein Publikum, das seine Werte und Überzeugungen teilt, kann der Wissenschaftler ein einziges System von Normen als gegeben annehmen.«

Für Capra dagegen ist »Wert« ein kultureller Begriff von hoher ethischer Relevanz. Er versucht nachzuweisen, daß die Selbstbeschränkung der Wissenschaften auf ihre Spezialgebiete und das Fehlen eines ganzheitlichen Zusammenhangs überwunden werden müssen, um die lebensweltlichen Krisenphänomene mit wissenschaftlichen Mitteln lösen zu können. In Kuhnschen Begriffen wäre das eine Art Krisen-Management-Technologie, die paradigma-bedingte Vorgaben hat, aber selbst sowenig am Prozeß von »normaler Wissenschaft« und »Paradigmenwechsel« beteiligt ist wie ein Justizminister an der Formulierung neuer chemischer Gesetze.

Trotz dieser Unterschiede legt es sich nahe, in gewissen Zügen des Kuhnschen Entwurfes selber die Ansatzpunkte der späteren ›kulturtheoretischen‹ Umdeutung der Begriffe »Paradigma« und »Paradigmenwechsel« zu suchen. Wie schon gezeigt, hat nicht erst Capra die Veränderungen an diesen Begriffen vorgenommen.[173] Die Verwendung in einem kulturell bestimmten Kontext hat sich offenbar angeboten und ist ein Phänomen in der Öffentlichkeit des soziologischen und psychologischen Sachbuchmarktes seit Mitte der 70er Jahre.

Mögliche Anknüpfungspunkte haben sich schon aus den vorigen Abschnitten ergeben:

(1) Schon genannt ist Kuhns Rede vom »erkenntnistheoretischen Paradigma« als einer Art Über-Paradigma der einzelnen Naturwissenschaften. Hier lassen sich Brücken schlagen etwa zu Fragestellungen Gregory Batesons, der seinerseits erhebliche Wirkung auf Capra hatte.[174]

(2) Wie oben referiert, ist für Kuhn die Bewertung von Wahrnehmungsdaten von zentralem Interesse. Ändert sich durch einen Paradigmenwechsel die Interpretation der Daten, oder ändern sich diese selbst? Lassen sie sich unabhängig vom theoretischen Rahmen als »objektiv« beschreiben? Zwar legt er sich hinsichtlich des empirischen Charakters der »Welt« fest: Obwohl sich Wissenschaftler »fast...auf einen anderen Planeten versetzt« fühlen, »geschieht in Wirklichkeit nicht ganz dies: es gibt keine geographische Verpflanzung; außerhalb des Labors gehen die alltäglichen Geschehnisse wie bisher weiter.«[175] Aber die Frage der grundsätzlichen Gültigkeit sogenannt objektiver Daten ist gestellt und kann nun in weiterem Kontext diskutiert werden. Das paßt in die Argumentationslinie kulturvergleichender Studien, die der sogenannten Wissenschaft weltweit nicht den gleichen Stellenwert einräumen, wie sie sie in der Kultur des neuzeitlichen Abendlandes einnimmt. Für Kuhn mag diese Richtung nicht vorprogrammiert sein, aber im nachhinein erscheint sie für die Begründung der Rezeptionsvorgänge durchaus wesentlich.

(3) Kuhn knüpft bereits die Frage nach dem Status wissenschaftlicher Objekte an den Namen Descartes' und spricht in diesem Zusammenhang von »kartesianischem Den-

---

173. S.o., Anm.146.
174. Vgl. dazu oben, Kap.10.4.
175. Kuhn (1962) 123.

ken«. Auch macht er die Namen Newton und Einstein schon zu Chiffren für komplexe wissenschaftliche Theorien. So legt es sich nahe, nun vom »newtonschen« oder »kartesianischen« Paradigma zu sprechen. Und selbst die Verknüpfung beider Namen (»kartesianisch-Newtonsches Paradigma«) ist bei Kuhn vorbereitet, weil er schwerpunktmäßig Physikalisches referiert, wenn er von »Wissenschaft« (science) redet.

(4) Weiter ist die These Kuhns bedeutsam, daß ein neues Paradigma das alte nicht nur erweitert, sondern widerlegt. Das betont den revolutionären Aspekt des Paradigmenwechsels, und es bietet eine Erklärung für die Schwierigkeiten, die die Anhänger mit der Durchsetzung haben: beides Aspekte, die sich bei der wissenschaftlichen Begründung der »Gegenkultur« (Th.Roszak) zur Identifikation anbieten.[176]

(5) Schließlich schafft die Einordnung des neuzeitlichen Denkens, der Physik und der Technologie in ein übergeordnetes Perioden-Schema die Möglichkeit der Auswahl und des detaillierten Umgangs mit den ›veralteten‹ Denkmustern. Man kann auf diese Weise gleichzeitig die negativen Folgen des »kartesianisch-Newtonschen Paradigma« im ganzen kritisieren und Teile davon, die man für brauchbar hält, in das angestrebte ›neue Weltbild‹ integrieren.[177]

(6) Während die bisher genannten Anknüpfungspunkte eher formaler Art sind, ist auf einer systematischen Ebene zu fragen, ob nicht Kuhns Entwurf selbst Unklarheiten enthält, die die diffuse Verbreitung des Begriffs »Paradigmenwechsel« förderten und von den Rezipienten übernommen wurden.[178] Beim Studium der Beispiele Kuhns für Paradigma und Paradigmenwechsel fällt nämlich auf, daß er ausschließlich abendländische und fast ausschließlich neuzeitliche Phänomene im Blick hat. Das entspricht auch seinem Wissenschaftsbegriff, der sich nur auf ganz bestimmte Disziplinen bezieht, die alle in diesen neuzeitlich-abendländischen Rahmen gehören (Ausnahmen sind die Astronomie und die Mathematik, deren vor-neuzeitliche Geschichte – zum Beispiel im Verhältnis zur Astrologie – aber nicht näher analysiert wird). Astrologie, Alchemie oder mittelalterliche Medizin sind für Kuhn keine Wissenschaften.[179]

176. An diesem Punkt bezieht sich z.B. Morris Berman auf Kuhn: Berman (1981), 199.
177. Vgl. dazu z.B. Capra (1982), 56: »Die kartesianische Denkmethode und ihre Sicht der Natur haben alle Zweige der modernen Wissenschaft beeinflußt, und sie können auch heute durchaus noch nützlich sein. Diese Nützlichkeit ist jedoch nur gegeben, wenn man sich ihrer Grenzen bewußt ist.« Ebd., 62: »Selbst heute noch, wo die Grenzen der kartesianischen Weltanschauung in allen Wissenschaften erkennbar werden, bleiben Descartes' allgemeine Methode, intellektuelle Probleme anzupacken, sowie seine Klarheit des Denkens von unschätzbarem Wert«.
178. Eine allgemeine Kritik an der Begrifflichkeit Kuhns bietet Margaret Mastermann: Die Natur eines Paradigmas, in: I.Lakatos und A.Musgrave (Hrsg.): Kritik und Erkenntnisfortschritt, Braunschweig 1974 (Original: Criticism and the Growth of Knowledge, Cambridge 1970), 59-88. Mastermann weist nach, daß der Begriff bei Kuhn sehr unscharf gebraucht wird. Sie findet in seinem Essay mindestens 22 verschiedene Bedeutungen (vgl. dazu Thomas Kuhn: Postscriptum 1969 (in der 2. dt. Auflage), 186.193) und ders. (1977).
179. Vgl. Kuhn (1977) 366.

Wenn es aber »Wissenschaft« in diesem Sinn nur in der Neuzeit und nur in deren abendländischer Traditionslinie gibt, dann können auch Kuhns historiographische Strukturbeschreibungen der wissenschaftlichen Revolutionen Gültigkeit nur in diesem Rahmen beanspruchen. Sie unterliegen selbst den Vorgaben dessen, was Kuhn das »erkenntnistheoretische Paradigma« des René Descartes nennt.
Kuhn stellt also nicht Descartes (bzw. den mit seinem Namen verbundenen Typus wissenschaftlichen Denkens und Vorgehens) in den größeren Rahmen einer universalen Wissenschaftsgeschichte; er beschreibt mit seinem Entwicklungsschema nichts anderes als *diesen* Typus, Wissenschaft zu betreiben.[180] Von daher ließe sich auch die Fixierung Kuhns auf ›harte‹ Wissenschaften erklären, die durch die Quantifizierbarkeit ihrer Daten und Aussagen den Idealen des kartesianischen Wissensbegriffs am besten entsprechen.[181]

Insofern ist es durchaus folgerichtig, wenn Capra und Ferguson von Paradigma und wissenschaftlicher Revolution im Singular sprechen. Denn die von Kuhn beschriebene »Struktur wissenschaftlicher Revolutionen« ist offenbar ein Binnenvorgang innerhalb des »kartesianischen« Rahmens, und die Kuhnsche Periodisierung wissenschaftlicher Prozesse hat ihr Ende im Ende des kartesianischen Paradigma. Ob nach seiner Revolutionierung überhaupt noch »Paradigmen« auftreten und welche Strukturen sie möglicherweise einnehmen werden, bleibt abzuwarten. Die Unvereinbarkeit neuer Forschungen mit dem alten epistemologischen Paradigma von der Physik bis zur Kunstgeschichte ist ein Indiz der Paralyse des alten, nicht der schon erfolgten Entstehung eines neuen Meta-Paradigma. Sollte die Kuhnsche Paradigma-Theorie auf diese Phänomene angewandt werden, müßte sie einen größeren wissenschaftsgeschicht-

---

180. Vgl. dazu Descartes' Argumentationsgang in: Discours de la methode, II/1 (zit.n.d. frz.-dt. Ausgabe, hrsg.v. L.Gäbe, Hamburg: Meiner, 1964): Descartes betrachtet allgemeine Proportionen, »damit ich sie nachher um so besser auf alles andere, worauf sie passen möchten, anwenden könnte«. Das ist Kuhns Begriff des »Paradigma« und der »normalen Wissenschaft« sehr ähnlich.
181. Vgl. dazu die Kritik Prigogines und Stengers' an Kuhn, die der Paradigma-Theorie – trotz des eigenen Plädoyers für ein nicht-monotones Modell des wissenschaftlichen Fortschritts – einen noch engeren zeitlichen Rahmen setzen und ihm sogar innerhalb dieser Zeitspanne die Allgemeingültigkeit absprechen: Kuhns Darstellung sei »positivistisch«, indem sie »zu fortschreitender Spezialisierung und Fächerabgrenzung« tendiere und die Möglichkeit interdisziplinärer Neuerungen nicht im Blick habe. Darüber hinaus sei sie »historisch lokalisiert und partiell: *Historisch lokalisiert*, weil die wissenschaftliche Aktivität der Auffassung Kuhns umso mehr entspricht, wenn man sie im Rahmen der heutigen Universitäten betrachtet.« Die Struktur dieses Forschungstypus sei erst ein Produkt des 19. Jahrhunderts und keineswegs der einzige denkbare Typus von Forschung. »Nur innerhalb dieses Rahmens finden wir den Schlüssel zu dem impliziten Wissen, nämlich zu dem ›Paradigma‹, auf dem nach Kuhn die gesamte ›normale‹ Forschung beruht. ... Mit *partiell* ist gemeint, daß Kuhns Darstellung sich selbst in unserer Zeit – und für diese Zeit besitzt sie die größte Relevanz – nur auf einen spezifischen Aspekt der wissenschaftlichen Aktivität bezieht.« Gemeint ist die enge, fachspezifische Forscherperspektive, die der Realität tatsächlicher Forschung trotz aller Spezialisierung nicht entspreche (Ilya Prigogine und Isabelle Stengers: Dialog mit der Natur. Neue Wege naturwissenschaftlichen Denkens, München und Zürich: Piper, 6. Aufl. 1990 (dt. zuerst 1981, engl. Original 1980), hier 277f.).

lichen Kontext in den Blick nehmen. Schon jetzt kann aber gesagt werden, daß man gerade dann das »kartesianische Denken« verabsolutiert, wenn man die an ihm erkannten Aporien in eins setzt mit Beschreibungen, die außerhalb des abendländischneuzeitlichen – eben »kartesianischen« – Rahmens über Aporien des Wissens und seine Paradoxien gegeben werden.[182]

12.2.5 Zur Rückwirkung der These des »Paradigmenwechsels« auf das Selbstverständnis von Naturwissenschaftlern und die Interpretation ihres lebensweltlichen Kontextes

Capras Verknüpfung kulturtheoretischer und wissenschaftshistorischer Fragestellungen wurde zu Recht als methodische Ebenenverwechslung, als *metabasis eis allos genos* kritisiert.[183] Doch sollte man damit die Thematik als solche nicht für erledigt halten.[184] Außer dem Ansatz Capras lassen sich andere naturwissenschaftliche und historische Entwürfe finden, in denen ein ähnlicher Konnex hergestellt, aber methodisch stärker reflektiert wird.[185] Isaac Newton und der hinter ihm wahrgenommene René Descartes werden als Begründer nicht nur der klassischen Naturwissenschaften, sondern einer durch diese bestimmten Weltanschauung der Neuzeit gesehen, die nun zusammen mit der neuen Physik einem grundlegenden Wandel unterliege. Mit Hilfe der Terminologie Kuhns wird von einem »Newtonschen« oder »kartesianischen Paradigma« gesprochen, das nicht nur die Grundlagen neuzeitlicher Physik und Naturwissenschaft bestimme, sondern darüber hinaus ein kollektives Grundmuster des Denkens darstelle. Die Denkmodelle der Naturwissenschaft würden mittels der modernen Technik und Technologie in lebensweltlich relevante Muster umgesetzt, die ihrerseits das Urteils- und Denkvermögen der modernen Menschen – einschließlich der Naturwissenschaftler – bestimmen würden.[186]

Kuhns Terminologie bewirkte somit eine wissenssoziologische Reflexion der Naturwissenschaftler, die die Naturgesetze als soziologisch relevante, vom Menschen nicht nur erforschte, sondern auch kollektiv bestimmte (und damit beeinflußbare)

---

182. C.F.v.Weizsäcker hält demgegenüber die Übertragbarkeit der Kuhnschen Wissenschaftsdeutung auf andere Epochen für durchaus sinnvoll (vgl. dazu unten, Kap.12.3.3.).
183. Vgl. Schorsch (1988), 210; vgl. auch Mutschler (1990), passim.
184. Schorsch bietet – anders als Mutschler – eine eingehende Reflexion der wissenschaftshistorischen Diskussion der Thesen Kuhns und ihrer Folgen für den Konnex zwischen Wissenschaftsbegriff und lebensweltlichen Deutungsmodellen der sog. »New Age-Autoren« (S.120ff. 208ff.).
185. In Auswahl sei genannt: Erich Jantsch: Die Selbstorganisation des Universums, München: dtv 1982 (zuerst 1979); Pietschmann (1980); Prigogine und Stengers (1980) (kritisch); Berman (1981); Ken Wilber: Die drei Augen der Erkenntnis. Auf dem Weg zu einem neuen Weltbild, München: Kösel 1988 (engl. Original 1983 (=1983a); Grof (1985); Sheldrake (1988).
186. So argumentierte z.B. Rupert Sheldrake (persönliches Gespräch im Frühjahr 1992; vgl. auch ders. (1988), 323ff.).

Größen erkennen. Während Carl Friedrich von Weizsäcker diese Reflexion, die er mit ähnlichen Überlegungen Werner Heisenbergs vergleicht, in einem relativ statischen Rahmen der Ortsbestimmung von Physik, Philosophie und Theologie durchführt,[187] stellen andere Naturwissenschaftler und Historiker in Anlehnung an konstruktivistische und postmoderne philosophische Theorien die Grenzen solcher Ortsbestimmung in Frage: Die gegenseitige Abhängigkeit naturwissenschaftlicher und philosophischweltanschaulicher Themen lasse die Grenzen brüchig werden und erlaube nicht nur, sondern erfordere geradezu Grenzüberschreitungen in beiden Richtungen.[188]

In stärker populären Entwürfen wie z.B. bei Ferguson und Capra ergibt sich daraus eine charakteristische Umkehrung des von Kuhn und anderen ausgearbeiteten soziologischen Rahmens für die Beschreibung der Entwicklung der Naturwissenschaften: Kuhns Darstellung wissenschaftlicher Krisen und ›neuer wissenschaftlicher Zeitalter‹ wird als eine Gesetzmäßigkeit verstanden, die zur Deutung kultureller Vorgänge und weltanschaulicher Wandlungsprozesse herangezogen werden kann. Das Stichwort »Paradigmenwechsel« wird somit zum säkularen Synonym für »Neues Zeitalter« und für die dahinter stehenden Vorstellungen mit ihrer religiösen Relevanz. Umgekehrt werden Begriffe aus religiösem Zusammenhang wie z.B. »Mystik« auf den Bereich naturwissenschaftlicher Erkenntnis bezogen.[189]

Die Rede von Krise, Wende und Integration gewinnt also dort eine spezifische, ›religionshaltige‹ Ausformung, wo naturwissenschaftliche Inhalte nicht nur (wie z.B. bei Weizsäcker[190]) mit kulturellen, weltanschaulichen, religiösen oder mystischen Aussagen in deutende Beziehung gesetzt werden, sondern *selbst zur Basis solcher Überlegungen werden*. Auf diese Weise entsteht ein neuartiges Gewebe aus naturwissenschaftlichen, philosophischen und religiösen Fragestellungen, das strukturelle Ähnlichkeiten mit der im zweiten Teil der Arbeit beschriebenen Verkoppelung von »Wissenschaft« und »Religion« in der Esoterik und Altertumswissenschaft der Jahrhundertwende zeigt.

---

187. Vgl. dazu nächster Abschnitt.
188. Vgl. z.B. Jantsch (1979).
189. Fritjof Capra sagte in einem persönlichen Gespräch am 25.5.1988, die Grunderfahrung der »Mystik« sei in allen religiösen Systemen identisch; die Beschreibungen dieser Erfahrung in unterschiedlichen kulturellen und religiösen Kontexten sei analog, die Erfahrung selbst sei »eins«: »Wenn sie zwölf Mystiker aus verschiedenen Religionen haben, so haben sie nur eine Mystik«. Ich fragte daraufhin, ob Heisenberg der ›dreizehnte Mystiker‹ sei, d.h. ob die (pars pro toto) mit seinem Namen verknüpfte Quantentheorie als ein ›mystisches System‹ verstanden werden könne. Capra bejahte die Frage spontan.
190. Vgl. nächster Abschnitt.

12.3 Verknüpfung säkularer und religiöser Themen bei Fritjof Capra im Vergleich mit entsprechenden Fragestellungen bei Carl Friedrich von Weizsäcker

Es bleibt zu klären, inwiefern Capras Verknüpfung naturwissenschaftlicher, religiöser und lebensweltlicher Fragen repräsentativ für gegenwärtige Fragestellungen im Bereich des Verhältnisses von Theologie und Naturwissenschaft ist. Dazu soll Capras Denken im folgenden mit entsprechenden Äußerungen des Physikers und Philosophen Carl Friedrich von Weizsäcker konfrontiert werden, der weniger spektakulär als Capra, aber mit ungleich stärkerer Reflexion des philosophischen Hintergrundes, seit Jahrzehnten ähnliche Fragen zwischen Physik, ihrer lebensweltlichen Deutung, philosophischen Grundlagen, Religion, Ethik, Politik und Ökologie thematisiert.[191] Der Abschnitt kann das Denken Weizsäckers aus Gründen der thematischen Beschränkung nicht zusammenhängend darstellen und würdigen. Er hat lediglich die Funktion, die Eigenart des Ansatzes Fritjof Capras und der von ihm vertretenen neuartigen Religionsthematik durch den Vergleich mit den an vielen Stellen scheinbar ähnlichen Aussagen Weizsäckers besser herauszustellen.[192]

Anders als Capra war Weizsäcker als Schüler und Kollege Heisenbergs selbst an den grundlegenden Formulierungen der Quantentheorie beteiligt. Auch war er mit ihren praktischen Folgen in der Entwicklung der Atombombe befaßt und setzte sich

---

191. Zur Bibliographie vgl. Dokumentationsteil, Abschnitt 3.1.
192. Die Notwendigkeit eines solchen Arbeitsschritts ergibt sich auch aus der Tatsache, daß Weizsäcker gelegentlich in der Sekundärliteratur in die Nähe von »New Age« gerückt wird, so z.B. bei Mutschler (1990). Da Weizsäcker zu diesem Thema nicht in schriftlicher Form explizit Stellung nahm, sei seine Einschätzung im folgenden anhand eines zweistündigen persönlichen Gesprächs wiedergegeben, das ich am 21.6.1990 in Starnberg mit ihm führte: Weizsäcker hält die Verknüpfung naturwissenschaftlicher Themen mit Fragen der Religion und »Mystik«, auch außerhalb der Sphäre traditioneller christlicher Religionsthematik, prinzipiell für nützlich und notwendig. Vieles am »New Age« sei in Wirklichkeit nicht neu, sondern eher »good old age« (weshalb er das Pathos des »Neuen« im Präsentationsstil der sog. »New Age«-Entwürfe für unangemessen hält), aber es sei erst in der Gegenwart in der breiten Öffentlichkeit zum Thema geworden. Grund dafür sei zunächst ganz äußerlich die Möglichkeit weltweiten Reisens, die die Grenzen der überkommenen Wahrnehmungsmuster einzelner Kulturen für jeden Menschen greifbar werden lasse. Ein zweiter, mehr systematischer Grund sei die allmähliche Integration der physikalischen Theorien der 20er Jahre, die die festen Vorstellungen des 17. Jahrhunderts aufgegeben hätten, in das ›normale‹ Schulbuch- und Fachwissen der Physiker. Erst durch diesen Normalisierungsprozeß im Lauf zweier Generationen würden die in vieler Hinsicht revolutionären Implikationen jener Theorien einer breiteren Öffentlichkeit bewußt. Diese Theorien hätten in der Tat ein »New Age der Physik« begründet, das auch Auswirkungen auf die Gesellschaft und das allgemeine Weltbild habe. Allerdings hätten die neuen Theorien im Zug ihrer Integration in den normalen Wissenschaftsbetrieb zwangsläufig einen Teil ihrer ursprünglichen ›revolutionären‹ Potenz verloren.

damit später wie kaum ein anderer Beteiligter auseinander. Anders als bei Capra sind bei Weizsäcker die religiösen Aspekte jener Fragestellungen von einem dezidiert christlichen Hintergrund bestimmt. Dieser ist allerdings durch große Offenheit gegenüber nichtchristlichen Religionen gekennzeichnet. Weizsäcker hat sich selbst mit indischer Meditation befaßt und reiht sich mit Sachkenntnis in die entsprechenden Fragestellungen des interreligiösen Dialogs ein.[193]

12.3.1 Zeitdiagnose: Multidimensionale Krise und Bewußtseinswandel

Auch Weizsäcker benutzt das Stichwort »Bewußtseinswandel« und die zugehörige Thematik der multidimensionalen Krise der Gegenwart als zentrales Kompositionsschema.[194] Ausgangsthese des gleichnamigen Buches aus dem Jahr 1988 ist folgende Aussage:

»Ich habe seit langem die Meinung vertreten, daß alle politischen, ökonomischen, ökologischen Probleme unserer Gegenwart und Zukunft grundsätzlich in gemeinsam angewandter Vernunft lösbar wären. Diese Vernunft aber besteht heute noch nicht. Sie setzt einen tiefgehenden Bewußtseinswandel voraus. Der Bewußtseinswandel ist unterwegs, aber er ist zu langsam und geht nicht tief genug.«[195]

Das entspricht der Aussage Capras, daß die gegenwärtige »Krise des Bewußtseins« auf ein falsches, veraltetes Denken zurückzuführen sei, das den Menschen zu unvernünftigem Handeln bewege.[196]

Von der »Wende« zum »Neuen Zeitalter« ist der Weg nicht weit. Die Logik der Krisenbeschreibung enthält ein utopisches Moment bereits in sich. Dieses kann rein privativ als Beseitigung der Krisenursachen, aber auch positiv als eine neue »Kulturstu-

---

193. Zum christlichen Hintergrund Weizsäckers vgl. u.a. ders.: Theologie und Meditation, in ders.: Der Garten des Menschlichen. Beiträge zur geschichtlichen Anthropologie, Frankfurt a.M.: Fischer, 1987 (zuerst München: Hanser, 1977), 328-411; ders. u. Pinchas Lapide: Die Seligpreisungen. Ein Glaubensgespräch, Stuttgart und München: Calwer und Kösel, 1980; ders.: Zeit und Wissen, München u. Wien: Hanser, 1992, bes. 513ff., 1039ff.; ders.: Die Sterne sind glühende Gaskugeln und Gott ist gegenwärtig. Über Religion und Naturwissenschaft (hrsg.v. Th.Görnitz), Freiburg i.B. u.a.: Herder, 1992. Zum interreligiösen Dialog und verwandten Themen vgl. u.a. ders. (1988), 179ff.; ders.: Meditation in unserer Zeit – ihr Wesen und ihre Bedeutung (Interview von Udo Reiter), in: Reiter (Hrsg.) (1976), 169-187; ders. und Gopi Krishna: Die biologische Basis der religiösen Erfahrung, Frankfurt a.M.: Suhrkamp, 1988 (zuerst Weilheim: O.W.Barth, 1971).
194. Vgl. ders. (1988), Kap.2.2: »Über die Krise« (geschrieben 1984). Ganz ähnlich wie Capra verknüpft auch Weizsäcker an dieser Stelle die Analyse der »Ebenen und Krisen in der Wissenschaft« (im Rekurs auf Thomas S. Kuhn und entsprechende Denkmodelle Heisenbergs) mit lebensweltlichen Krisenerscheinungen der Gegenwart.
195. Weizsäcker (1988), 10.
196. Vgl. Capra (1982), 15ff.

fe« ausgeführt sein. Während bei Capra auf breiter Bahn neue Weltdeutungsmuster und Werte als unabdingbare Elemente zur Lösung der »Krise« vorgeschlagen werden, beschränkt sich der Entwurf Weizsäckers auf Analysen und pragmatische Vorschläge zur Behebung der einzelnen Krisensymptome.[197] Lediglich an einigen Endpunkten gehen die Vorschläge über ein kollektives Krisenmanagement hinaus und entwerfen dann ebenfalls neue Muster und Werte. So schreibt Weizsäcker z.b. zum Energieproblem:

»Ich kann mich dem Eindruck nicht entziehen, daß wir einer *mehr asketischen Weltkultur* entgegengehen. Askese möchte ich hier definieren als Verzicht auf Güter, die man haben könnte. In der alten Gesellschaftsordnung, unter dem Ethos des Herrschens und Dienens, gab es drei geforderte Arten des Verzichts auf Güter: die Bescheidenheit der Dienenden, die Selbstbeherrschung der Herrschenden und die echte Askese der Entsagenden. In der Zukunft, sofern die Gesellschaft imstande sein sollte, dem Ethos der Freiheit und Gleichheit Genüge zu tun, wäre eine Vereinigung von Bescheidenheit und Selbstbeherrschung, eine ›demokratische Askese‹ nötig. Gesehen habe ich das noch nicht, außer in begrenzten Räumen oder in Randgruppen der Gesellschaft. Es wäre notwendig. Und die echte Askese der Entsagenden würde wohl neue Formen annehmen, über ihre traditionelle religiöse Form hinaus: als ›Luxurierende Selbstbeherrschung‹, als Zeichen.«[198]

Zum Vergleich nun eine ›prognostische‹ Passage bei Capra:

»Die neue Sicht der Wirklichkeit ist eine ökologische Anschauung in einem Sinne, der weit über die unmittelbaren Fragen des Umweltschutzes hinausreicht. ... Das oberflächliche Umweltdenken sorgt sich um eine wirksamere Kontrolle und besseres Management der natürlichen Umwelt zum Nutzen der Menschheit, während die tiefe Ökologiebewegung erkennt, daß das ökologische Gleichgewicht tiefgreifende Wandlungen in unserer Auffassung von der Rolle des Menschen im planetaren Ökosystem erforderlich macht. Wird der Begriff des transzendenten menschlichen Geistes in diesem Sinne verstanden, als Bewußtseinsform, in der sich das Individuum mit dem Kosmos als Ganzem verbunden fühlt, dann wird deutlich, daß ökologisches Bewußtsein im wahrsten Sinne des Wortes spirituell ist ... Der philosophische und spirituelle Bezug der tiefen Ökologie ist nicht etwas völlig Neues ...« (Capra zählt nun verschiedene »spirituelle Traditionen« auf, u.a. Taoismus, die Lehre Heraklits, Anschauungen Franz von Assisis, Werke westlicher Philosophen wie Spinoza und Heidegger, die Kultur der Indianer und Poeten wie Walt Whitman und Gary Snyder). »Die tiefe Ökologiebewegung schlägt also keine völlig neue Weltanschauung vor, sondern belebt eine Bewußtheit, die Teil unseres kulturellen Erbes ist. Wirklich neu ist vielleicht die Ausdehnung der ökologischen Sicht auf die planetare Ebene, unterstützt durch die eindrucksvollen Erfahrungen der Astronauten und ausgedrückt in neuen Maximen wie ›Denke global, handle lokal‹.«[199]

Im Vergleich beider Zitate fällt zunächst auf, daß Capra bereits von der Existenz einer sozialen Bewegung mit gesamtgesellschaftlicher Wirkung ausgeht, während Weizsäcker dieselbe Bewegung als »Randgruppe« einstuft und ihr ebendiese Wir-

197. Vgl. Weizsäcker (1988), Schlußkapitel: »Eine lebensfähige Menschheit«, S.431ff., mit Abschnitten über »Struktur und Bewußtsein«, »Wirtschaft«, »Staat und Gesellschaft«, »Technik und Natur«, »Krieg und Frieden«.
198. Weizsäcker (1988), 460.
199. Capra (1982), 465f.

kung auf den von beiden Autoren als notwendig diagnostizierten »Bewußtseinswandel« der Gesamtgesellschaft vorläufig nicht zubilligt. Außerdem versucht Capra, das Ethos der »tiefen Ökologiebewegung« in ein weitreichendes Feld von Traditionen einzubetten, wofür er verschiedenste Zweige der Religions- und Philosophiegeschichte heranzieht. Demgegenüber beschränkt sich Weizsäcker auf Bestände eines traditionellen westlichen Ethos, denen er eine bisher nicht bekannte Form der »Askese« gegenüberstellt.

12.3.2 Religiöser Ausgangspunkt und Rekonstruktion des Religiösen

Weizsäckers Entwurf zur Weltdeutung ist geprägt von religiösen Überzeugungen, die sich in einen klassischen Kosmos der Arbeitsteilung von Naturwissenschaft, Philosophie und Theologie einfügen. Er geht von der eigenständigen Existenz historischer Religionen aus, die jeweils nur als Ganzheiten, nicht aber in Einzelaspekten aufeinander abgebildet werden können: Christentum, Hinduismus, Buddhismus, Konfuzianismus.[200] Obwohl er infolge der neuen weltgeschichtlichen Situation ein isoliertes Fortleben der einzelnen religiösen Systeme nicht mehr für möglich hält, argumentiert er von einem erkennbar *christlichen* Standpunkt, den er im Sinne des interreligiösen Dialogs zu einem pluralistischen Religionskonzept ausweitet.

Bei Capra gibt es keinen ›interreligiösen Dialog‹ (der nur vom Standpunkt einer bestimmten religiösen Tradition aus formuliert werden könnte), sondern eine Art allgemeiner ›Religionsphilosophie‹, ein eklektisches Konzept, das nach eigenen Kriterien bestimmt, welche Momente religiöser oder philosophischer Traditionen zur Grundlegung einer spirituellen »Tiefenökologie« herangezogen werden sollen. Das ist auch der Grund für den Mangel an Unterscheidung zwischen den Sphären der Religion, der Philosophie und der Naturwissenschaft, der oben schon beschrieben wurde.[201] Der bei

---

200. Vgl. Weizsäcker (1988), Kap.4: »Die unvollendete Religion« (S.179ff.), bes. die Abschnitte: »Was war Religion?«.
201. Hans-Dieter Mutschler, Physiker und Theologe, macht dies zum zentralen Kritikpunkt an den Weltdeutungen der »New Age-Physiker« (so nennt er Fritjof Capra und David Bohm; in deren Nähe er auch den Chemie-Nobelpreisträger Ilya Prigogine sieht): Ihre Entwürfe bedeuteten eine wahllose Vermischung der »verschiedenen Perspektiven von Theologie, Philosophie und Naturwissenschaft« (Mutschler (1990), 41). »New Age« zeige einen Bedarf an Weltdeutung auf, der durch den modernen »Physikalismus« und die damit verbundene Wissenschaftsgläubigkeit ausgelöst worden sei: Wissenschaft und Religion müßten in der Tat aufeinander bezogen werden, da die Naturwissenschaften keine »Sinnperspektive« und keinen hermeneutischen Gesichtspunkt in sich enthielten. Sie verdanke ihre Exaktheit der Ausblendung praktischer, ethischer, religiöser und lebensweltlicher Perspektiven, die nur durch Einbezug von Erfahrung mitberücksichtigt werden könnten. Dazu aber bedürfe es der Philosophie, und die Physik dürfe sich nicht zur Ersatzphilosophie erklären. Das gerade sei aber die Neigung moderner theoretischer Physiker, die die Physik überschätzten und meinten, einen unmittelbaren Überschwung zur »Religion« machen zu

Weizsäcker zu beobachtende Kosmos der Weltdeutung aus naturwissenschaftlichen, philosophischen und religiösen Elementen ist nur aufrechtzuerhalten, wenn alle drei beteiligten Bereiche klar voneinander abgrenzbar sind und in einem Bezug zur eigenen Existenz stehen. Das ist bei Capra offenbar nicht der Fall.[202] Muß er sich zuerst ›taufen‹ lassen, um seine naturwissenschaftlichen und lebensweltlichen Themen legitim zu deuten?[203]
Eine solche Voraussetzung ist unter modernen Bedingungen wenig sinnvoll. Wenn schon innerhalb der Konfessionskirchen eine »neue Unübersichtlichkeit« besteht, kann man kaum davon ausgehen, daß es »Religion« nur noch innerhalb dieses Rahmens gibt. Daher muß die Suche weitergehen, ob es neben und außerhalb traditioneller theologischer Vorgaben auch eine ›säkulare Theologie‹ geben könnte. Ihre Spuren werden im latenten religiösen Gehalt säkularer Begriffe wie »Paradigmenwechsel«, »Neues Zeitalter« oder »Bewußtseinswandel« erkennbar. Diese latente Wertigkeit könnte ein Grund für die Grenzverwischungen Capras im Vergleich zur Darstellung derselben Zusammenhänge bei Weizsäcker sein.

können, wobei sie dann nur noch auf »irrationalistische Mystik« zurückgreifen könnten. Das habe eine Ortlosigkeit der politischen Vernunft zur Folge, die ebenfalls nur durch die »Sinnerschließung« der Philosophie zustande kommen könne. Auch Carl Friedrich von Weizsäcker repräsentiere einen solchen »Physikalismus« und zerfalle als Autor scheinbar in drei Personen, den Naturwissenschaftler, den politischen Mahner und den »mystisch-religiösen Weizsäcker« (S.183f.).
Als Alternative sieht Mutschler ein Verfahren, Naturwissenschaft, Philosophie und Religion »erst einmal sauber zu trennen, jedoch nicht ohne sie hinterher wieder aufeinander zu beziehen.« Er trennt sein Weltdeutungsmodell in die Sphären der »Gesetzlichkeit« (Naturwissenschaft), »Sinnerschließung« (Philosophie) und »Sinnerfüllung« (Theologie) (S.33ff.). Ob ein solches Verfahren, das auf die Neubelebung eines christlichen Aristotelismus hinausläuft, unter gegenwärtigen Bedingungen naturwissenschaftlicher Selbstreflexion konsensfähig ist, ist zu bezweifeln, weil es von einer zu statischen Trennung jener Bereiche ausgeht. Der wissenssoziologische Hintergrund der Debatte um Thomas Kuhns These des »Paradigmenwechsels« (s.o., 12.2.5.) wird von Mutschler außer acht gelassen. Das Wort »Paradigmenwechsel« kommt in seinem Buch nicht vor, und die gesamte wissenschaftstheoretische Kontroverse um Popper und Kuhn bleibt unberücksichtigt. Auch Autoren wie Erich Jantsch oder Morris Berman, die die naturwissenschaftlichen Welterklärungsmodelle von Prigogine und anderen »New Age-Naturwissenschaftlern« in einen stärker historisch reflektierten Zusammenhang stellen und dabei auf Kuhn rekurrieren, werden nicht genannt.

202. Capra scheint in den letzten Jahren eine persönliche Entwicklung in Richtung auf die christliche Tradition gemacht zu haben; vgl. ders. und Steindl-Rast (1991).
203. Das wäre die Konsequenz aus der Kritik von Mutschler (1990). Sein Ansatz der Verknüpfung von Naturwissenschaft, Philosophie und Religion ist nur unter der Voraussetzung durchführbar, daß klar ist, woran man glaubt. Gerade das aber kann in der modernen Gesellschaft aufgrund der vielfältigen Säkularisierungsprozesse nicht angenommen werden, und Mutschlers Modell kann daher für Zeitgenossen, die sich nicht auf seine theologische Weltdeutung einlassen wollen, nicht konsensfähig sein. Die von Ernst Troeltsch angeregte religionssoziologische Diskussion um »Kirche«, »Sekte« und »Mystik« fällt dabei völlig aus.

12.3.3 Zur Übertragbarkeit naturwissenschaftlicher Aussagen über ›Krisen‹ und ihre Lösungen auf alltagsweltliche Probleme

Der Topos der Krise und Wandlung bietet ein Kriterium, anhand dessen sich die Systematik entsprechender Entwürfe stärker spezifizieren läßt: Was Capra als multidimensionale Krise der Gegenwart beschreibt, ist eine Krise nicht nur auf der Objektebene (vergiftete Umwelt, unheilbare Patienten, lebensbedrohende Atomwaffen), sondern zugleich auf der Ebene der beschreibenden und analysierenden Subjekte: Die Apparate, Methoden und Steuerungsmechanismen des Technikers, des Arztes, des Militärstrategen, des Nationalökonomen scheinen den komplexen Krisen der Gegenwart nicht gewachsen zu sein (oder haben das Vertrauen der Bevölkerung verloren, da sie in Zukunft unkontrollierbare Katastrophen heraufbeschwören könnten). Zugleich entwickeln sich in verschiedenen wissenschaftlichen Disziplinen Neuansätze, die die Steuerungsprobleme solcher Strategien den überkommenen Methoden und Denkmustern selbst zurechnen: Wer die Probleme nicht ›in den Griff bekommt‹, offenbare damit die Krise der eigenen Disziplin. Solche Erkenntnisse führten zu einer Selbstreflexion von Wissenschaftlern und Technikern, die den engeren Bereich ihrer eigenen Disziplin notwendig überschreitet und »ethische«, »philosophische« bzw. »wissenschaftstheoretische« Fragestellungen mit aufnimmt. Die gegenwärtige Diskussion der »Technikfolgenabschätzung« ist ein Beispiel jener Grenzüberschreitung.[204] Ähnliche Themen werden auch von Weizsäcker seit Jahrzehnten bearbeitet.[205]

Capra repräsentiert mit seinen Büchern eine populärphilosophisch ausgeweitete Version solcher Reflexion. Was ihn von Weizsäcker an diesem Punkt unterscheidet, ist ein Konnex zwischen dem lebensweltlichen Krisensyndrom auf der Objektebene und der nach seiner Ansicht zugehörigen methodologischen Krise in Wissenschaft und Technik, deren Lösung zugleich die Behebung der objektiven Krisensymptome ermöglichen würde.

Capra wie Weizsäcker sprechen von einem notwendigen kulturellen Bewußtseinswandel zur Überwindung der gegenwärtigen Krisensymptome.[206] Nach Weizsäckers Entwurf kann dieser jedoch nicht mit möglichen methodologischen Krisen und Lösungsmodellen der Naturwissenschaften identifiziert werden. Die Bewußtseinskrise der gegenwärtigen Menschheit sei mit Vernunft und Zivilcourage zu beheben; anders lasse sie sich nicht beheben. Bei Capra dagegen ist die Logik des geforderten lebensweltlichen »Bewußtseinswandels« von einem nach seiner Ansicht bereits erfolgten »wissenschaftlichen« Bewußtseinswandel abzuleiten.

---

204. Auch Hans Dieter Mutschler arbeitet – laut Klappentext (Mutschler (1990)) – in einem Projekt mit dieser Zielsetzung.
205. Vgl. ders: Zum Weltbild der Physik, Stuttgart: S.Hirzel, 1963; ders.: Die Tragweite der Wissenschaft, Bd.1: Schöpfung und Weltentstehung. Die Geschichte zweier Begriffe, ebd., 1964; ders.: Die philosophische Interpretation der modernen Physik. Zwei Vorlesungen, in: Nova Acta Leopoldina (Leipzig) 37 (1972); ders. (1977), bezeichnenderweise aber nicht in ders. (1988).
206. Weizsäcker (1988), 244 et passim; Capra (1982), passim.

Als zentrales Stichwort dieser Verknüpfung kann der Ausdruck »Paradigmenwechsel« gelten. Weizsäcker, der die Diskussion um Thomas S. Kuhn bereits 1977 in Deutschland einer breiteren Öffentlichkeit zugänglich machte, beläßt den Begriff in seinem wissenschaftshistorischen Zusammenhang.[207] Dagegen wird die Bedeutung von »Paradigmenwechsel« bei Capra (nach dem Vorbild Marilyn Fergusons[208]) ausgedehnt: Hier geht es weniger um die Deutung des Übergangs von Newton zu Einstein oder Heisenberg als um einen kulturellen Paradigmenwechsel, der mit dem geforderten »Bewußtseinswandel« identifiziert wird. Der naturwissenschaftliche und der popularphilosophische Deutungszusammenhang werden als verschiedene Manifestationen desselben Wandlungsprozesses verstanden. Krise, Wandlung und Integration (bzw. »Ganzheitlichkeit«) bekommen damit eine ontische Eigenständigkeit, auf die die verschiedenen realen Krisenphänomene abgebildet werden. Sie werden so zu einem Welterklärungsmodell mit umfassenden Geltungsansprüchen. Die breite wissenschaftshistorische Diskussion zu Kuhns Thesen wird dabei als Basis benutzt, um aus diesen Thesen (so wie sie von Ferguson und Capra aufgefaßt werden) eine *Gesetzmäßigkeit* kultureller Wandlungsprozesse abzuleiten.

12.4 Auswertung: Säkulare Fassung religiöser Topoi – religiöse Deutung säkularer Themen – säkulare Religionsvermittlung

Die Einzelanalysen der vorangegangenen Abschnitte untermauern exemplarisch an den Büchern Capras die in Kap. 10 versuchte Interpretation der mit dem Ausdruck »New Age« verbundenen Phänomene als Verkoppelung säkularer Themen und religiöser Deutungen. Für die ›säkulare‹ Seite steht bei Capra vornehmlich die theoretische Physik des 20. Jahrhunderts, für die ›religiöse‹ die »Weltanschauung östlicher Mystik«. Beides steht im Spannungsfeld moderner westlicher Fragestellungen in der Alltagswelt.

(1) Die Parallelisierung von »östlicher Weisheit« und theoretischer Physik bei Capra hat die doppelte Funktion, ein ›transzendenzhaltiges‹ Weltdeutungsmodell zur Interpretation physikalischer Aussagen zur Verfügung zu stellen und zugleich die weltanschaulich-religiösen Interessen des Autors und seiner Leser durch ›harte‹ Fakten der Physik zu legitimieren.[209]

207. Vgl. Weizsäcker (1977), 12f et passim.
208. Vgl. dazu oben, Kap.12.2.2.
209. So schreibt Capra zu Anfang des »Tao der Physik«: »Wir werden sehen, wie die ... Fundamente der Physik des zwanzigsten Jahrhunderts ... uns *zwingen*, die Welt auf sehr ähnliche Weise zu sehen, wie ein Hindu, Buddhist oder Taoist sie sieht« (Capra (1975), 15, Hervorhebung von mir).

(2) Der Versuch der Einführung eines Wertbegriffs in die Physik wird einerseits begründet mit einer veränderten Selbstdeutung der Physiker infolge der quantentheoretischen Paradoxa (Deutung der Heisenbergschen Unschärferelation als Neubestimmung des Verhältnisses von Subjekt und Objekt physikalischer Forschung), andererseits mit der notwendigen Verantwortlichkeit des Physikers für die lebensweltlichen Folgen seines Tuns. Während die erste Begründung ›säkularer‹ Art ist, erstrebt die zweite eine Revision der neuzeitlichen Spezialisierung der Wahrnehmung der Wirklichkeit zugunsten eines integrativen Weltbildes mit religiösen Konnotationen.

(3) Capra fordert jedoch nicht die Wiedereinsetzung traditioneller christlicher Weltdeutungsmuster. Auch hat er offenbar keinen Zugang zu modernen Verhältnisbestimmungen zwischen Theologie und Naturwissenschaft. Vielmehr ist »Tiefenökologie«, das zentrale Stichwort Capras für jene religiös begründete neue Weltsicht, seinerseits ein säkular-religiöser Zwitter, ein Versuch zur religiösen Vertiefung und Letztbegründung der säkularen Überzeugung, daß der Mensch ein Teil der Natur sei und daher die Umwelt (oder besser: Mitwelt) schützen solle. Im Unterschied zu theologischen Versuchen der Verankerung der Ökologie in der Schöpfungslehre[210] ist dabei die Ökologie nicht nur Schauplatz und Betätigungsfeld einer religiös begründeten Verantwortlichkeit des Menschen, sondern wird selbst zur Quelle von »Spiritualität«, die unabhängig von bestimmten theologischen Voraussetzungen (etwa in der Gotteslehre) sei: Wenn sich der Mensch tiefgehend und existentiell mit der Situation des Menschen in der Gegenwart auseinandersetzt, wird er – so Capra – erkennen, daß ›alles mit allem zusammenhängt‹, daß er selbst Teil eines größeren Ganzen ist; und dieses Erkennen wird seinem Tun, seiner ›Selbstsicht‹, seinem Weltbild, seiner Verantwortlichkeit eine spirituelle Dimension erschließen. Das bedeutet aber nicht notwendig, daß er Christ werden oder sich einer anderen der traditionellen Weltreligionen anschließen wird; denn »Tiefenökologie« wird selbst zu ›Religion‹.

(4) Capra benutzt die Lehren östlicher Religionen zur Verankerung ›tiefenökologischer Spiritualität‹: Besonders den Taoismus beschreibt er (in Anknüpfung an Joseph Needham) als »wissenschaftliche« Welthaltung. Übersetzt man dies in das hier verwandte Deutungsschema, kann man statt »wissenschaftlich« auch »säkular« sagen, da Capra spezifisch moderne Vorstellungen von Wissenschaftlichkeit wie z.B. die Unabhängigkeit von ›dogmatischer‹ Fremdbestimmung voraussetzt. Auf diese Weise entsteht eine Komplementärbewegung zur ›Spiritualisierung‹ der Ökologie: Wie »Tiefenökologie« religiös ist, so ist »östliche Weisheit« im modernen, säkularen Sinne wissenschaftlich.

(5) Die Verkoppelung säkularer Themen und religiöser Deutungsmomente erklärt auch, warum Capra traditionelle Aussagen östlicher Religionen zur Binnenkritik moderner westlicher »Rationalität« benutzt. »Mystisches Denken« erscheint so als Gegensatz zu »diskursivem Denken«, »Intellektualität« und »Rationalismus«. Dies ist – wie oben ausführlich begründet – kein bloßer Antirationalismus im Sinne der Ablehnung mo-

210. Vgl. z.B. Moltmann (1985); Altner (1987); ders. (Hrsg.) (1989).

derner Errungenschaften und der Regression in vormoderne Bewußtseinszustände; sondern infolge der naturwissenschaftlichen Begründung des »mystischen Denkens« (s. Punkt 1 dieser Aufstellung) tritt dieses selbst mit einem »rationalen« Anspruch auf. Auch hier läßt sich die säkular-religiöse Ambivalenz der Weltdeutung Capras erkennen.

(6) In ähnlicher Weise kritisiert Capra mit Hilfe östlicher Aussagen *und* der Forschungsergebnisse der in seiner Sicht fortschrittlichsten Wissenschaftszweige die »Fraktionierung der Wirklichkeit« im Westen, die einem veralteten (im Vergleich zu den östlichen Weisheitslehren aber reichlich unerfahrenen) westlichen Paradigma entstamme.

(7) Die Verkoppelung säkularer Themen und religiöser Deutungen führt zu einer weitgehenden Ausschaltung der theologischen und philosophischen Reflexions-Ebene bei der Konstruktion und Deutung des Capraschen Weltbildes. »Östliche Mystik« und die ›Philosophie der Quantentheorie‹ werden zu einem Konglomerat verschmolzen, das die unterschiedlichen Ebenen der Naturwahrnehmung, -deutung und der Letztbegründung dieser Deutung zusammenfaßt.[211] So beansprucht Capra, das »kartesianische Paradigma« der westlichen Philosophie mit Hilfe einer Analyse seiner physikalischen Umsetzung bei Newton und der folgenden Rezeption der Newtonschen Physik in der modernen technisierten Alltagswelt kritisieren zu können. Ähnlich spricht er von »Newtonscher Psychologie«. Zentraler Begriff seiner Interpretation philosophischer, psychologischer, soziologischer und ökonomischer Weltdeutung in der Neuzeit ist »mechanistisches Zeitalter« (gleichbedeutend mit: »kartesianisch-Newtonsches Paradigma«). »Mechanistisch« wird auch synonym mit »dualistisch« verstanden, weil die kartesianische Trennung von Geist und Materie als Ursache der gesetzhaften Weltsicht der Neuzeit gesehen wird. »Dualismus« ist andererseits ein Begriff mit religionsphilosophischer und -historischer Relevanz, so daß auch hier eine Verschmelzung säkularer und religiöser Kontexte greifbar ist. Daher ordnet Capra auch die Topoi traditioneller theologischer Dogmatik, die er im Gegensatz zum ganzheitlichen Denken der Mystik sieht, in jenes Schema ein. Man könnte sozusagen von einer »mechanistischen Theologie« sprechen.

(8) Wie schon am Schluß von Teil II der vorliegenden Arbeit zusammengestellt, konkretisiert sich die Verkoppelung säkularer Themen und religiöser Deutungen in einer Anzahl unterschiedlicher Topoi, die nicht nur bei Capra, sondern auch bei anderen Beteiligten der Diskussion entsprechender Gegenwartsfragen erscheinen. Zunächst

---

211. Das ist die zentrale These von Mutschler (1990); vgl. S.38ff., bes. 45. Allerdings macht es sich der Autor mit der Interpretation dieses Phänomens zu einfach, indem er »New Age« pauschal als Rückfall auf eine undifferenzierte Kulturstufe beschreibt, in der Physik und Religion noch nicht durch die philosophische Reflexion ihrer Beziehung getrennt ist. Dabei übersieht er einerseits die reflexiven und Moderne-spezifischen Aspekte jenes »Rückfalls«, andererseits die Widersprüche seines eigenen christlichen Neuaristotelismus gegenüber modernen, pluralistischen Anforderungen an philosophisch reflektierte Weltbilder. Zur Kritik vgl. oben, Anm.201 und 203.

ist das Stichwort der »Krise« zu nennen, das mit Hilfe der Terminologie des »Paradigmenwechsels« als Erkennungmerkmal einer umfassenden, zugleich religiösen und säkularen Übergangszeit interpretiert wird. Positives Pendant zur »Krise« ist das Stichwort »Bewußtseinswandel«: Kern und Ursache der multi-dimensionalen Krise der Gegenwart sei eine »Krise der Wahrnehmung«, die durch einen Paradigmenwechsel des Bewußtseins überwunden werden müsse. Wie gezeigt, ist »Bewußtseinswandel« seinerseits eine bedeutungsschwere Metapher, die tief in der Religionsgeschichte des Spiritualismus verankert ist. Die Vorstellung des »Paradigmenwechsels« wird auf diese Weise zu einer Zeitalterlehre, in der wiederum säkulare und religiöse Elemente miteinander verknüpft werden (s. Kap.12.2.) und deren Struktur ohne die Hintergründe der Religionsgeschichte des »Neuen Zeitalters« kaum zu interpretieren ist.

(9) Nicht nur die Inhalte von Capras Büchern nehmen eine charakteristische Zwitterstellung zwischen ›religiösen‹ und ›säkularen‹ Themen und Deutungen ein. Das gleiche gilt für den Autor selbst und seine Wirkung in der Öffentlichkeit: Bei aller Kritik an den zahlreichen gedanklichen Unschärfen und Grenzüberschreitungen Capras sollte nicht übersehen werden, daß er den Typus einer neuartigen ›Berufsgruppe‹ verkörpert, die Gruppe der säkularen Vermittler religiöser Inhalte. Capra ist nicht Priester, Prediger, Theologe, auch kein ›Guru‹, sondern Physiker, und gerade das qualifiziert ihn als Autorität für die Vermittlung religiöser Inhalte in der säkularisierten Öffentlichkeit.

Obwohl von hause aus Wissenschaftler, betätigt sich Capra seit Beginn der 70er Jahre nicht mehr nennenswert (und mit Bezahlung) in Forschung oder Lehre seines Fachs, sondern lebt vom Schreiben und von seiner Vortragstätigkeit (vom Erlös seiner Bücher hat Capra mittlerweile ein privates Forschungsinstitut in Berkeley aufgebaut).[212] Zwar befaßt er sich nach eigenen Angaben weiterhin mit Inhalten seines Fachs und setzt dies in seiner öffentlichen Tätigkeit um, aber die Redundanz der Darstellung und die vergleichsweise kleine Spannbreite der »wissenschaftlichen« Themen[213] beweist, daß er im wesentlichen nicht als Erforscher physikalischer Zusammenhänge wirkt.

---

212. Vgl. Capra (1987), 7: »Im April 1970 erhielt ich das letzte Gehalt für meine Forschungstätigkeit auf dem Gebiet der theoretischen Teilchenphysik ... Seit 1970 hat meine physikalische Forschung nämlich, obwohl für meine Tätigkeit nach wie vor wesentlich, nur einen verhältnismäßig kleinen Teil meiner Arbeitszeit in Anspruch genommen. Weit größeren Raum beanspruchte die Forschungsarbeit in einem viel umfassenderen Bereich ... Obwohl ich meine Studien ebenso beharrlich, systematisch und sorgfältig betrieben habe wie meine Kollegen die ihren ..., ist deren Thematik zu neuartig und kontrovers, als daß eine akademische Institution sie unterstützen würde.« Der Abschnitt enthält ein gerüttelt Maß an Selbststilisierung, scheint aber gerade dadurch zu erklären, welche Erwartungen Capra in der Öffentlichkeit seiner Leserschaft erfüllt: Obwohl seine Bücher – abgesehen von der Kunst des Schreibens – in keinem der neu erschlossenen Arbeitsgebiete professionelle Kenntnisse verraten, versteht er sich als »Forscher«, nicht als »Schriftsteller«.
213. Z.B. ist die Theorie Geoffrey Chews, auf den sich Capra in seinen Büchern breit bezieht, im wesentlichen bereits in den 60er Jahren entstanden und hat in der physikalischen Fachwelt der Gegenwart kaum den Stellenwert, der ihm in der Darstellung Capras zugeschrieben wird (so die gleichlautende Einschätzung zweier theoretischer Physiker, Dr. Leo Sto-

Capra steht damit nicht allein. Es gibt zahlreiche andere ›Vermittler‹, die als Autoren, Vortragsreisende und Organisatoren ihren Lebensunterhalt verdienen. Die wenigsten von ihnen sind Theologen oder Mönche, und doch werden sie in der Öffentlichkeit als Fachleute für ›Religion‹ angesehen. Dieser Sachverhalt ist durchaus symptomatisch für die Struktur der gegenwärtigen religiösen Szenerie und sollte nicht für Ausgrenzungsstrategien von kirchlicher Seite mißbraucht werden: In der Öffentlichkeit besteht ein wachsender Bedarf an Vermittlung religiöser Inhalte durch Autoren und andere Mittler, die sich durch eine säkulare Qualifikation und nicht durch theologische oder religionswissenschaftliche Ausbildung empfehlen. Das ist nicht nur eine Frage des ›Images‹ der Kirche und ihrer Vertreter, sondern entspricht exakt der Struktur der Inhalte der freireligiösen Szenerie, wie sie oben dargestellt wurden: »Professionalität« in Sachen Religion erweckt – genauso wie die Anzeichen einer intensiven kirchlichen Bindung – in der religiös interessierten Öffentlichkeit der Gegenwart den Verdacht der Parteilichkeit und der Abhängigkeit von fremdbestimmten ›Dogmen‹ und ›Glaubenswahrheiten‹. Die beste Qualifikation für die Glaubwürdigkeit eines ›religiösen Vermittlers‹ in der freireligiösen Szenerie ist daher seine Herkunft aus einem möglichst weit von der »Religion« entfernten Sektor der modernen Wirklichkeitswahrnehmung: Wenn sich ein Physiker mit »Religion« befaßt, dann ›muß was d'ran sein‹.

Weniger salopp gesagt: Die freireligiöse Szenerie hat ein Gespür dafür, daß »der Geist weht, wo er will« (Joh 3,8). Sie macht daher die Unabhängigkeit von religiösen Institutionen und traditionellen Lehren zum Kriterium für die Glaubwürdigkeit religiöser Vermittler. Dabei findet eine Ebenenverwechslung statt, auf Grund deren die Information über religiöse Inhalte von diesen selbst nicht mehr unterschieden werden kann. Auf diese Weise wird ein visionäres Erlebnis wie Capras ›Strandvision‹ zum Kriterium für einen religiösen ›Experten‹, obwohl sie herzlich wenig mit religionsgeschichtlichem oder theologischem Wissen über Hinduismus, Buddhismus, Taoismus oder Christentum zu tun hat.

dolsky vom Max-Planck-Institut für Theoretische Physik in Garching und Prof. Dr. Georg Süßmann von der Universität München). Der Grund für die breite Rezeption Chews bei Capra ist offenbar biographischer Art, denn Capra hat Ende der 60er Jahre in Chews Institut in Berkeley gearbeitet (vgl. Capra (1987), 53ff.). Darauf kommt es auch gar nicht an: Die physikalischen Theorien haben in der Darstellung Capras im wesentlichen die Funktion von Wegzeigern, die exemplarisch die Verbindung von Naturwissenschaft und Religion aufzeigen sollen.

Schlußbetrachtung

Zusammenfassung

Die Untersuchung ergab, daß der Ausdruck »New Age« in seiner gegenwärtigen Bedeutung ein zusammenfassendes Etikett der öffentlichen Diskussion für eine Reihe disparater Themen ist. Diese sind weder einer zusammenhängenden sozialen Bewegung zuzuordnen noch auf eine zusammenhängende Weltanschauung zu reduzieren. Gemeinsame Mitte ist eine charakteristische Weise der Verknüpfung unterschiedlicher Themen, eine Reihe von Vorstellungen, die zum Zweck dieser Verknüpfung herangezogen werden, und ein bestimmter Sprachjargon, der sich bei einigen Autoren zu einem ›Sprachspiel‹ verdichtet. Diese Gemeinsamkeiten erzeugen in der Öffentlichkeit eine ›Klangfarbe‹, ein ›Muster‹, eine ›Struktur‹, ohne daß es einen gemeinsamen substantiellen Kern gäbe.

Um das Phänomen »New Age« zu bearbeiten, mußte sukzessive ein methodisches Konzept erstellt werden, das einerseits der pluralen, uneinheitlichen Struktur des Gegenstandes entspricht und diesen nicht durch künstliche Übersystematisierung verfremdet, andererseits brauchbare religionswissenschaftliche Zuordnungs- und Deutungskriterien bereitstellt, um die Gefahr einer bloßen Paraphrase der ausgewählten ›Ideen‹ und ihrer öffentlichen Diskussion zu vermeiden.

1. Methodischer Ausgangspunkt: Ein Phantom und seine Spuren in der Wirklichkeit

Zunächst stellte sich heraus, daß »New Age« in Deutschland ›nie gelebt hat‹, daß kaum jemand sich damit identifizierte und daß – zumindest im deutschen Sprachraum – keine nennenswerte Theoriebildung von ›Insidern‹ vorliegt, auf deren Basis eine inhaltliche Näherbestimmung zurückgreifen könnte. Gleichwohl gibt es in der Öffentlichkeit eine breite Diskussion um das Phänomen »New Age«; allein die Sekundärliteratur aus dem kirchlichen Bereich umfaßt mehr als 200 Monographien, Aufsätze und andere Druckerzeugnisse.

Um dieses Paradoxon aufzuklären, wurde zunächst die Geschichte der Verbreitung jenes Anglizismus im deutschen Sprachraum analysiert. Es ließen sich zwei Abschnitte der deutschsprachigen Rezeption von »New Age« unterscheiden: In den 70er Jahren trat der Ausdruck zunächst in Übersetzungen englischer Bücher auf, die aus verschiedenen subkulturellen (religiösen oder sozialen) Bewegungen stammten, insbesondere aus der schottischen Findhorn-Bewegung und den mit ihr verbundenen amerikanischen Zentren sowie aus der amerikanischen »Gegenkultur« der späten 60er Jahre, die mit etwa 10jähriger Zeitdifferenz im deutschen Sprachraum rezipiert wurde.

Zwischen 1978 und 1984 wurde der Terminus dann – zusammen mit seinem Synonym »Wassermann-Zeitalter« – zum Oberbegriff einer neuen religiösen Thematik, deren ideelle Hintergründe ebenfalls stark im angelsächsischen Sprachraum verankert sind, die aber dennoch nicht identisch ist mit der unter dem gleichen Namen gehandelten amerikanischen Szenerie. Vorreiter dieser Entwicklung war im deutschen Sprachraum die Zeitschrift »Esotera« aus Freiburg, die 1978 eine Rubrik unter dem Titel »New Age« einführte. In den 80er Jahren wurde der Ausdruck dann vor allem durch Marilyn Fergusons Buch »Die sanfte Verschwörung« (dt. Ausgabe 1982) in dieser Funktion festgelegt. Als Schlüssel für »New Age« wurde auch Fritjof Capras Buch »Wendezeit« (dt. 1983) aufgenommen. Der Begriff »New Age« selbst kommt allerdings bei Ferguson nur am Rande, bei Capra überhaupt nicht vor. Die beiden Autoren sind daher nicht für die schnelle Verbreitung des Ausdrucks »New Age« seit etwa 1985 verantwortlich zu machen, sondern ihre Bücher liefern mit ihrem kompilationsartigen Stil nur die nötige inhaltliche Unterfütterung.

2. New Age« als Verlagsetikett

Die weite Verbreitung des Ausdrucks »New Age« Mitte der 80er Jahre war vielmehr in erster Linie ein Produkt von Lektoren breitenwirksamer Publikumsverlage und anderer öffentlicher Informationsvermittler. Ausgangspunkt war – abgesehen von der schon genannten Rubrik in der Zeitschrift »Esotera« – die »New Age«-Buchreihe im Münchener Goldmann-Verlag seit Ende 1984, deren Konzeption auf die gleichnamige Reihe des amerikanischen Bantam-Verlags in New York zurückging. Andere Verlage schlossen sich mit ähnlichen Reihen an. Auf diese Weise wurde »New Age« nicht nur im übertragenen, sondern auch im wörtlichen Sinne zu einem »Etikett«, und so erklärt es sich auch, daß die mit diesem Etikett transportierten Inhalte in sich wenig geschlossen und noch weniger systematisierbar sind.

3. »New Age« als Chiffre für nichtkirchliche Religiosität in der öffentlichen Diskussion der 80er Jahre

In der zweiten Hälfte der 80er Jahre wurde »New Age« zu einem vielbenutzten Ausdruck der öffentlichen Diskussion. Neben den genannten Taschenbuchreihen wurden zahlreiche Bücher *über* New Age publiziert. Die Thematik beherrschte Akademietagungen, Volkshochschulkurse, Gemeindeabende, kirchliche Zeitschriften sowie religionspädagogische und andere Fachliteratur. Der Schwerpunkt dieser Diskussion lag, gemessen am Umfang der Literatur, im engeren und weiteren Umfeld der Kirchen, deren Weltanschauungs-Beauftragte die früheste Sekundärliteratur verfaßten. Doch auch andere gesellschaftliche Kreise bezogen Stellung; daher gibt es Literatur über

»New Age« auch aus der Linken und Ökologischen Bewegung, aus der Frauenbewegung, aus esoterisch-religiösen Bewegungen wie z.B. der Anthroposophie sowie aus allgemeinorientierten publizistischen Kreisen. Es entstand eine weitgehende Übereinstimmung, Fritjof Capra und Marilyn Ferguson als »Klassiker der New Age-Bewegung« zu bezeichnen und an ihrem Denken die Struktur und Inhalte von »New Age« zu ermitteln. Gelegentlich gab es auch Hinweise auf andere Bedeutungskontexte. Vor allem wurde die Theosophin Alice Bailey genannt. Auch die Findhorn-Bewegung galt gelegentlich als »Wiege des New Age«. Was zumeist übersehen wurde, ist die Tatsache, daß bei Ferguson und Capra kein Wort über Bailey oder Findhorn zu finden ist, und daß darüber hinaus die mit dem Ausdruck »New Age« assoziierten Inhalte jeweils verschieden sind.[1]

Die Diskussion um »New Age« bekam durch die Sekundärliteratur eine starke Eigendynamik, die das Phänomen durch Fremdbestimmungen unterschiedlicher Art inhaltlich festzulegen versuchte. Stellungnahmen *pro* und *contra* lagen im Streit. Massive Interessen an einer Erneuerung kirchlicher Frömmigkeitsformen, an Ökologie, an östlicher Meditation und »Spiritualität«, am Verhältnis von Naturwissenschaft, moderner Technik und Religion, an bestimmten politischen Positionen und eine ebenso massive Kritik aller dieser Interessen wurden mit Hilfe des unscharfen Begriffs »New Age« transportiert. Charakteristisch für viele Zeugnisse der öffentlichen »New Age«-Diskussion ist das Schillern zwischen ›Insider‹- und Beobachter-Position. Sie macht es fast unmöglich, zwischen Quellen- und Sekundärliteratur zu unterscheiden.[2]

Ende der 80er Jahre verschwand der Begriff weitgehend aus der öffentlichen Diskussion: Er war nun stark negativ besetzt. Die Verlage versuchten, ihre Buchprogramme »aus der New Age-Ecke herauszuführen«. Viele der Bücher wurden ins normale Sachbuchprogramm umgestellt. Für einige der zuvor unter »New Age« subsumierten Themen wurde nun »Esoterik« als Oberbegriff verwandt.

Die Gründe dieses Rückgangs dürften auf zwei unterschiedlichen Ebenen liegen: Zum einen war das Buchmarkt-Phänomen »New Age« durch eine Fülle von Lizenzausgaben zumeist amerikanischer Autoren gekennzeichnet, die bei den Käufern nach heutiger Einschätzung von Buchhändlern, Verlagsvertretern und Lektoren Frustration auslösten. Unterschiedliche Themen wurden unter demselben Oberbegriff »New Age« jeweils in mehreren Büchern gleichzeitig auf dem deutschen Buchmarkt etabliert. Die Qualität war unterschiedlich, und der Käufer war überfordert, das Erwünschte herauszufinden. Ein zweiter Grund ist – das ist meine These – die Benutzung des Begriffs als Transportmittel für unterschiedliche Debatten in der kirchlichen und sonstigen Sekundärliteratur. Der von Lektoren eingeführte Ausdruck »New Age« war dadurch überfrachtet. Die ›Insider‹ der freireligiösen Szenerie fühlten sich weder von

---

1. In der evangelikalen Literatur über »New Age« wurde dies gelegentlich als absichtliche Verschleierungstaktik der »geheimen Verschwörung« der »New Age-Bewegung« verstanden. Es handelt sich dabei offensichtlich um eine Fehlinterpretation des englischen Titels von Fergusons Buch: »The Hidden Conspiracy« (1980), der auf eine Wortprägung Teilhard de Chardins zurückgreift und nicht wörtlich, sondern metaphorisch zu verstehen ist.
2. Aus diesem Grund wurde die anschließende Literatur-Dokumentation in einzelne Sachgebiete unterteilt (vgl. Dokumentationsteil, Abschnitt 1. – 6.).

Abwehr- noch Vereinnahmungsstrategien angesprochen und ließen den Begriff – soweit sie sich um 1985 damit identifiziert hatten – einfach fallen. Konsequenz dieser Entwicklung ist, daß zwar der Ausdruck »New Age« selbst weithin aus dem öffentlichen Gebrauch verschwand, aber die mit ihm in der zweiten Hälfte der 80er Jahre in der Öffentlichkeit etablierten Themen weiterhin große Bedeutung haben.

Als Kern der öffentlichen »New Age«-Debatte der 80er Jahre ergibt sich eine Auseinandersetzung mit Formen von »Religion«, die sich nicht in die geläufigen Strukturen der abendländischen Kirchen- und Religionsgeschichte einfügen. Das Vorhandensein nichtkirchlicher Religiosität und ihre Verbreitung durch säkulare Buchverlage und andere Institutionen der modernen Informationsvermittlung provozierte sowohl auf kirchlicher wie auf religionskritischer Seite eine neue Variante der allgemeineren Debatte um die Wirkungen der »Moderne« und der »Säkularisierung«, die den Begriff »New Age« als ›Aufhänger‹ benutzte.

4. Methodische Folgerung: Zugang zur religiösen Zeitgeschichte über die Vermittler religiöser Informationen in säkularen Medien

Aus diesen Analysen ergaben sich grundsätzliche inhaltliche und methodische Fragen zur Struktur der religiösen Zeitgeschichte. Das Beispiel der schnellen Verbreitung und des ebenso schnellen Verschwindens des Ausdrucks »New Age« in Deutschland macht deutlich, daß moderne religionsgeschichtliche Phänomene eng mit den Gesetzmäßigkeiten der gegenwärtigen Medienkultur verkoppelt sind: Der Buchmarkt ist schnellebig geworden. Die Fülle der verfügbaren Information überfordert den ›Konsumenten‹. Zugleich entfällt für einen immer größer werdenden Teil der Bevölkerung infolge des Rückgangs kirchlicher Bindungen die Vorstrukturierung des religiösen Informationsangebotes durch kirchliche, theologisch geschulte Sachverständige. Dadurch erhält die Rolle säkularer ›Vermittler‹ wie z.B. Verlagslektoren eine besondere Bedeutung: Sie strukturieren jenes Informationsangebot, ohne seine inhaltlichen Merkmale nach theologischen Kriterien zu selektieren.

Gleichwohl wäre es zu kurz gegriffen, das Phänomen »New Age« als Produkt von Taschenbuchlektoren im Sinne einer werbetaktischen Manipulation der Öffentlichkeit zu interpretieren: »New Age« ist nicht »herbeigeredet«. Die Lektoren griffen mit ihren Systematisierungsversuchen ein Thema auf, das bereits ›in der Luft lag‹. Die Analyse der genannten Taschenbuch-Reihen ergab, daß breitenwirksame Publikumsverlage wie Goldmann, Knaur oder Rowohlt ihrerseits bereits auf Programme von Kleinverlagen aus dem Bereich verschiedener religiös-esoterischer und sozialer Subkulturen zurückgriffen. Hier waren die wichtigsten, programmbildenden Publikationen zu »New Age« schon vorher erschienen und hatten sich zunächst in subkulturellen Kreisen verbreitet, waren aber in diesem Stadium noch nicht mit dem Oberbegriff »New Age« versehen. Die Bezeichnung »New Age« ist somit als Ergebnis einer Diffusion subkultureller Themenstellungen in die breite Öffentlichkeit anzusehen.

5. »New Age« als heuristisches Feld: Impulse aus der Subkultur und ihre Wirkung in der Öffentlichkeit

Als nächster Arbeitsschritt wurde die Geschichte von Programmverlagen analysiert, woraus eine genauere Aufklärung über die mit »New Age« verbundenen inhaltlichen Konzeptionen, ihre soziologischen Trägergruppen und deren Verhältnis zum kirchlichen ›Mainstreem‹ der religiösen Zeitgeschichte zu erwarten war. Exemplarisch wurde der O.W.Barth-Verlag (Zeitraum zwischen 1948 und 1972) und der Dianus-Trikont-Verlag (1968 bis 1986) ausgewählt. In beiden Fällen war das über einen längeren Zeitraum aufgebaute Programm eng mit der Biographie der Verlegerin/des Verlegers verknüpft und – ganz anders als bei breitenwirksamen Taschenbuchverlagen – mit spezifischen religiösen Fragestellungen und Interessen verbunden. Beide Verlage repräsentieren mit diesen Interessen zugleich einen Teil der Trägergruppen von »New Age«.

Der O.W.Barth-Verlag steht für die Rezeption verschiedener okkulter und esoterischer Lehren und ihre Verschmelzung mit der Thematik des west-östlichen Dialogs in der Nachkriegszeit. Er hatte bis zum Ende der 60er Jahre nahezu ein Monopol im Bereich deutschsprachiger, allgemeinverständlicher Literatur über Zen-Buddhismus und gab auch der Rezeption des Yoga, des tibetischen Buddhismus und vieler anderer östlicher Lehren und meditativer Praktiken wesentliche Impulse. Die Verlegerin, Ursula von Mangoldt, war eine promovierte evangelische Theologin, die sich mit großem Engagement der modernen Integration und Übersetzung solcher Lehren zur Beförderung persönlicher Entwicklung und einer Intensivierung erfahrungsbezogener Religiosität widmete. Durch ihre Verlegertätigkeit zwischen 1948 und 1972 wurden viele Themen esoterischer Herkunft in der Öffentlichkeit ›salonfähig‹. Das Programm wird bis heute von Lektoren anderer Verlage, die im gleichen Sektor tätig sind, mit Anerkennung und Respekt betrachtet.

Dianus-Trikont repräsentiert den Beitrag der 68er-Bewegung zur gegenwärtigen religiösen Szenerie. Er war 1967 entstanden, hatte zunächst »linke« Literatur produziert, bis er 1980 eine charakteristische Wendung zu »spirituellen« Themen vollzog. Dies wurde zwar von seiten der Linken als pekuniär begründeter Opportunismus kritisiert, doch zeigen die Editorials und frühere Publikationen des Verlegers Herbert Röttgen einen intensiven Wahrnehmungs- und Denkprozeß, der diese Wandlung programmatisch begründet. Dianus-Trikont hat beispielhafte Bedeutung für die Entdeckung des »Mythos«, nichtchristlicher Religionen, Stammeskulturen, der Hexen und ähnlicher Themen in Teilen der aus den späten 60er Jahren stammenden Linken Bewegung. Der Goldmann-Verlag und andere Taschenbuchverlage benutzten dieses Programm später als eine Art ›Steinbruch‹ und übernahmen zahlreiche Lizenzen. Dies spiegelt den Übergang der von Dianus-Trikont vertretenen Themen von der Subkultur in die allgemeine Öffentlichkeit wider (der Verlag selbst konnte sich am Markt nicht halten; Röttgen meldete 1986 Konkurs an).

Die von den beiden Verlagen repräsentierten Themen und Interessen flossen etwa seit 1980 zusammen, wurden durch breitenwirksame Verlage aus ihrer subkulturellen Herkunft in die Öffentlichkeit übertragen und bilden seither zusammen mit Themen anderer Herkunft ein ›heuristisches Feld‹, das – mit dem Ausdruck »New Age« verbunden – als Einheit wahrgenommen wird. Bei beiden Verlagen finden sich auch Bücher zur Verkoppelung naturwissenschaftlicher und religiöser Fragestellungen (bei O.W.Barth die Bücher Capras, bei Dianus-Trikont u.a. ein Buch David Bohms), die typisch für die neueren Entwicklungen in diesem Feld geworden ist.

6. Rückfrage nach dem geistesgeschichtlichen Kontext

Nachdem die Themenstruktur auf diese Weise einigermaßen bestimmt war, war als nächster Arbeitsschritt die Rückfrage nach dem geistesgeschichtlichen Kontext dieser Themen notwendig. Es gibt in dem ermittelten ›heuristischen Feld‹ eine bestimmte Begrifflichkeit, einen Sprachjargon und ein Set bestimmter Vorstellungen, die die Grundlage für die zusammenfassende Tätigkeit der ›Vermittler‹ in den Verlagen bilden. Gleichwohl wäre es verfehlt, aus diesen Elementen eine zusammenhängende »Weltanschauung« zu konstruieren, was bereits die Existenz einer systematischen Einheit in jenem ›Feld‹ voraussetzen würde und daher ein Zirkelschluß wäre. Statt dessen wurde der schon von anderen Autoren ermittelte Sprachjargon auf seine ideen- und begriffsgeschichtlichen Hintergründe untersucht. Das Wort »New Age« und sein Synonym »Wassermann-Zeitalter« wurden dabei als Wegweiser benutzt.

Zunächst zeigte sich, daß der Ausdruck »New Age« nicht – wie häufig von Beobachtern und auch ›Insidern‹ angegeben – auf die Theosophin Alice Bailey zurückgeht, sondern bereits zu Beginn des 19. Jahrhunderts von William Blake geprägt wurde. Blake ist seinerseits abhängig von Emanuel Swedenborgs Konzept der »Neuen Kirche«, und der Ausdruck »New Age« wird sowohl von Blake als auch von Swedenborgianern des 19. und 20. Jahrhunderts in entsprechendem Sinne gebraucht. Damit ist ein religionsgeschichtlicher Fixpunkt markiert, von dem aus sich weitere historische Analysen ›nach vorne‹ wie ›nach hinten‹ ergeben.

7. Kontinuierliche Auseinandersetzung christlicher Eschatologie mit außerchristlichen Zeitalterlehren als Hintergrund des Ausdrucks »New Age«

Swedenborgs visionäre Weltsicht und seine Erwartung einer neuen himmlischen und irdischen Dispensation stehen im Kontext des spiritualistischen Traditionsstroms der christlichen Religionsgeschichte. Bei Blake kommt eine eingehende Beschäftigung mit platonischen und anderen Lehren der vorchristlichen Antike hinzu, die auch schon bei Swedenborg eine (allerdings versteckte) Rolle spielen.

»New Age« und »Neue Kirche« gehen daher auf festgefügte ideengeschichtliche Topoi zurück, die bis in die Entstehungszeit der jüdischen und christlichen Apokalyptik zu verfolgen sind. Dahinter steht die Auseinandersetzung eschatologischer Geschichtsdeutung und Zukunftserwartung mit Zeitdeutungsmodellen des hellenistischen Umfeldes, der Lehre Hesiods von vier depravierenden Zeitaltern, der bei Vergil zum Höhepunkt kommenden Lehre von der ewigen Wiederkehr des Gleichen und ähnlichen Zeitalterlehren, wozu auch die astrologische Thema-mundi-Spekulation zu rechnen ist. Obwohl diese Vorstellungen nach Inhalt und Herkunft untereinander verschieden sind, wird aus ihrer Konfrontation mit christlichen Endzeitvorstellungen ein zusammengehöriger Komplex, der in mannigfachen Variationen fortwährenden Konfliktstoff produziert und die abendländische Religionsgeschichte durchzieht. Aufgrund dessen ergibt die Geschichte des Verhältnisses christlicher und außerchristlicher Zeitalter-Vorstellungen einen kontinuierlichen ›roten Faden‹, mit dessen Hilfe eine historische Verankerung der modernen Vorstellungen von »Neuer Kirche« und »Neuem Zeitalter« sowie entsprechender Interpretationen des »Neuen Jerusalem« (Offb 21f.) ermöglicht wird. Er konnte in der vorliegenden Arbeit nicht in voller Länge nachgezeichnet werden, doch wurden einige für die modernen Vorstellungen besonders wichtige Abschnitte exemplarisch dargestellt.

Die Idee einer kirchlichen Erneuerung, die im Begriff der »Neuen Kirche« aufscheint, läßt sich vor allem auf Joachim von Fiore zurückführen. In der Idee des »Neuen Zeitalters« zeigt sich nicht erst bei Blake, sondern schon im Florenz des späten 15. Jahrhunderts eine Verkoppelung christlicher Eschatologie und platonischer Zeitalter-Vorstellungen, die Identifikation des »Neuen Jerusalem« mit dem »Goldenen Zeitalter«. Außer der Ermittlung der ideengeschichtlichen Hintergründe zu »New Age« ließen sich im Zusammenhang dieser historischen Recherchen weitere Ortsbestimmungen moderner freireligiöser Begriffe und Ideen vornehmen, die zumeist eng mit der Problemgeschichte des Spiritualismus verwoben sind.

8. Ablösung des Spiritualismus aus dem christlichen Rahmen als ideengeschichtlicher Ausgangspunkt der freireligiösen Bewegungen

Bei Swedenborg und Blake entsteht ein neues Beziehungsfeld für die überlieferten religiösen Vorstellungen. Ihr »Neues Zeitalter« ist das spiritualistisch gedeutete Zeitalter der Moderne. Sie vertreten eine Kritik an der Aufklärung, die selbst von dieser geprägt ist und die moderne Rationalität nicht außer Kraft setzen, sondern mit transrationalen Erkenntnisweisen in Harmonie bringen will. Beide verknüpfen – jeder auf seine Weise – Naturwissenschaft und Religion.

Swedenborg versucht, das naturwissenschaftliche Weltbild um »geistige« Bereiche zu erweitern, die ihm infolge der neuen himmlischen Dispensation zugänglich geworden seien. Er beansprucht, die eigene frühere Tätigkeit als führender Naturwissenschaftler seines Landes in dieses Weltbild integrieren zu können. Strukturell ähnlich wird auch die christliche Zeitvorstellung mit ihrer Ausrichtung auf das Ende der Geschichte multiplikativ erweitert: Es gibt mehrere Zeitalter, und am Ende eines jeden findet ein »Jüngstes Gericht« statt. Swedenborg wurde damit zum Vorbild und Impulsgeber vieler religiöser Bewegungen des 19. Jahrhunderts.

Blake geht einen Schritt weiter und kritisiert Newtons »Single Vision«, die Reduktion der Wahrnehmung auf die naturwissenschaftliche Wirklichkeit, als Sündenfall des Menschen, der sich von der Göttlichkeit der Welt abkehrt. Newton wird zum personifizierten Satan. Das ist keine bloße Reaktion gegen die Moderne, die auf eine Verklärung der ›Urzeit‹ hinauslaufen würde, sondern das Goldene Zeitalter des »New Age« liegt für Blake in der Zukunft, die schon mit der Gegenwart beginnt. Die Moderne – einschließlich der Newtonschen Physik – ist seine Voraussetzung. Das Satanische ist – so Blake – nicht der naturwissenschaftliche Fortschritt als solcher, sondern seine verführerische Macht, die übrigen Dimensionen menschlicher Entwicklung auszuschalten. Es handele sich dabei um die dämonische Wirkung der Selbst-Perversion der Naturwissenschaft, die ihre eigenen Grenzen und den nötigen Ausgleich mit jenen anderen Dimensionen verkennt. Daher ist auch bei Blake »Wissenschaft« und »Religion« kein Gegensatz und ihre Harmonisierung eine zentrale Aufgabe des modernen Menschen.

Auch aus religionssoziologischer Perspektive markieren Swedenborg und Blake einen historischen Wendepunkt. Swedenborg war noch vertraut mit theologischen Denkmustern und blieb zeitlebens Mitglied der lutherischen Kirche in Schweden, obwohl er sich schon seit seiner Jugend von der kirchlichen Praxis abgewandt hatte. Sein zusammenfassendes Alterswerk, *Vera Christiana Religio* (1771), ist der Form nach ähnlich einer Dogmatik aufgebaut. Auch pietistische Inhalte spielen eine wichtige Rolle in seinem Werk. Doch bildet sein Denken die Grundlage für eine religiöse Sozialgestalt, die sich nicht nur wie der Pietismus von traditionellen christlichen Institutionalisierungs- und Lehrformen lossagte, sondern die Fundamente des christlichen Glaubens selbst, die altkirchlichen Dogmen, in ihre Neuerungen einbezog. Es ist kein Zufall, daß »Neue Kirche« bei Swedenborg in erster Linie eine Zeitstufe und nicht eine Gemeinschaft beschreibt. Zwar entstand nach seinem Tod alsbald eine Gemeinschaft unter demselben Namen, aber Swedenborgs Impuls reicht weit über diese Institution hinaus, die sein unmittelbares Erbe pflegt.

Viel offener als Swedenborg verknüpfte Blake christliche mit vorchristlichen Vorstellungen und begründete eine freigeistige Form der Religiosität, die keinen Bezug zur christlichen Theologie mehr herstellt. Er löst seine religiöse Begrifflichkeit weitgehend von den biblischen Inhalten und unterzieht diese – wenn sie noch vorkommen – einer Meta-Allegorisierung auf der Basis der Swedenborgischen Entsprechungslehre. Blake bereitet damit den Weg für eine neue, vollständig aus den christlichen Bindungen gelöste Form religiöser Existenz.

9. ›Säkulare Religion‹ als Verbindung von Religion und Wissenschaft, Rationalität und Intuition

Trotz seiner Ablösung von der christlichen Tradition bringt der moderne Spiritualismus eine Art Lehrtradition hervor, die sich von Swedenborg über Blake, die Transzendentalisten, die ›Theoretiker‹ des »New Thought« und anderer religiöser Bewegungen im 19. und 20. Jahrhundert kontinuierlich weiterverfolgen läßt. Er bildet einen eigenen Strom der Religionsgeschichte der Moderne und ist nicht auf »vagabundierende Religiosität« im Sinne eines individualistischen Verfallsproduktes christlicher Religion zu reduzieren.[3] Sein Charakteristikum ist die Vermischung ›säkularer‹ und ›religiöser‹ Lehren und der Versuch einer Synthese von »Wissenschaft« und »Religion«. Man könnte daher von ›säkularer Religion‹ sprechen.

Am Beispiel Swedenborgs und Blakes wird deutlich, daß die freireligiösen Bewegungen auch aus geistesgeschichtlicher Perspektive nicht als Relikte vormoderner Zeiten, sondern als Kinder der Moderne zu interpretieren sind. Zwar greifen sie häufig auf vormoderne Denkformen und Inhalte zurück, und auch ihre Kritik an der »Rationalität« der Aufklärung scheint ihren vormodernen Charakter zu belegen, doch ist diese Kritik in charakteristischer Weise mit reflexiven, moderntypischen Momenten durchsetzt. Wissenssoziologisch könnte man von der ›Rückseite der Aufklärung‹ sprechen.

3. Insofern zeigt der moderne »Spiritualismus« mehr Kontinuität und ideelle Eigenständigkeit, als ihm das von Ernst Troeltsch im Rahmen seiner religionssoziologischen Typenbildung zugestanden wird (vgl. oben, Kap.1.3.3.). Analog zur soziologischen Diskussion um die »Neuen sozialen Bewegungen«, die sich nicht mehr ohne weiteres in das Schichtenmodell Max Webers einfügen lassen (vgl. Kap.4), wäre wohl auch hier eine behutsame terminologische Revision der religionssoziologischen Klassiker vorzunehmen, was im Rahmen der vorliegenden Arbeit aber nicht durchgeführt werden kann.

10. Verkoppelung politisch-progressiver und religiöser Utopien in der Begriffsgeschichte von »New Age«

Mit William Blake beginnt auch die eigentliche Begriffsgeschichte von »New Age«. Der Terminus wurde im 19. und beginnenden 20. Jahrhundert im englischen Sprachraum u.a. als Titel zahlreicher Zeitschriften religiösen Inhalts verwandt. Wie schon bei Blakes Begriffsprägung läßt sich auch an den weiteren Belegen häufig eine Verknüpfung politisch-progressiver mit religiösen Utopien erkennen, so z.B. in der Zeitschrift des Literaturkritikers A.R.Orage in London. In der Biographie zahlreicher Vertreter moderner religiöser Bewegungen zeigt sich ein intensives gesellschaftliches Engagement. Dies widerlegt ein gängiges Deutungsschema, nach dem spiritualistische Religiosität pauschal als regressive Innerlichkeit ausgelegt wird. Im Blick auf »New Age« kommt dieses Schema z.B. in der Dichotomisierung von »Utopie« und »Mythos« zum Ausdruck (so Christof Schorsch im Rückgriff auf Ernst Blochs Begriffsbildung). Sofern von theologischer Seite geäußert, steckt hinter dieser Dichotomisierung offenbar der Versuch, die Argumente der Religionskritik Feuerbachs und Marx' auf die nicht-kirchlichen Typen religiöser Soziallehren umzuleiten. Sofern von politisch-progressiver Seite geäußert, beweist dieses Schema bei pauschaler Anwendung ein fehlendes Bewußtsein gegenüber den eigenen historischen Grundlagen.

Für die vorliegende Thematik ist daraus zu folgern, daß aus der individualistischen Struktur des Spiritualismus nicht automatisch auf seine ethische und sozialethische Inkompetenz geschlossen werden darf. Sozialethische Konsequenzen aus religiösen Überzeugungen gibt es auch im Spiritualismus – vielleicht stärker als anderswo – aber sie werden nicht wie in den Kirchen und Sekten im Rahmen der religiösen Gemeinschaftsformen, z.B. in kirchlichen Sozialprogrammen, zum Ausdruck gebracht, sondern in ein säkulares soziales Engagement – innerhalb von Parteien oder anderen nicht-religiösen Organisationen – verlagert.

11. Esoterik als Vermittlungsinstanz zwischen »wissenschaftlicher« und »religiöser« Weltdeutung am Beispiel des Topos »Wassermann-Zeitalter«

Im Begriff der »Esoterik« – als Substantiv erst um 1870 geprägt – verdichtet sich der in These (9) beschriebene Charakter des modernen Spiritualismus als ›säkulare Religion‹. Der Topos »Wassermann-Zeitalter« (erstmals 1908 belegt) zeigt beispielhaft die Durchdringung wissenschaftlicher und religiöser Themen in esoterischen Weltdeutungsmodellen. Er ist ein Produkt der Moderne und nicht – wie häufig ohne nähere Prüfung angenommen – ein altes Thema der Mundanastrologie.

Zwar gibt es bereits in der Antike astrologische Weltalterspekulationen *(thema mundi)*, die in der arabischen Philosophie und Naturwissenschaft seit etwa 800 n.Chr. aufgenommen und weiterentwickelt wurden, aber diese Lehren verstehen sich (mit Ausnahme der Katastrophen- und Endzeiterwartungen bei bestimmten Konjunktionen) nicht als Hilfsmittel zur Gegenwarts- und Zukunftsdeutung, sondern stellen Schemata zur Interpretation der Vergangenheit und zur astrologischen Konkretion allgemeiner Zeitalter-Vorstellungen zur Verfügung. Erst in der Altertumskunde des ausgehenden 19. Jahrhunderts wurden die Lehren in der Weise interpretiert, daß die Alten *selbst* (insbesondere die Babylonier, von denen jene Lehren häufig hergeleitet wurden) sie zur Deutung ihrer eigenen Gegenwart herangezogen und bewußt ihren Kult danach ausgerichtet hätten. Dies adaptierten zu Anfang des 20. Jahrhunderts »Esoteriker« im Umkreis der Theosophischen Gesellschaft. Nach Muster der astralmythologischen Präzessionshypothese interpretierten sie die eigene Gegenwart als Übergang zum »Wassermann-Zeitalter«, das von der bisherigen Geschichte des Christentums (identisch mit dem »Fische-Zeitalter«) abgesetzt wurde.

Das Beispiel des Alttestamentlers Alfred Jeremias – mehr noch seines assyriologischen Kollegen Hugo Winckler – zeigt, daß nicht nur die Weltbilder der »Esoteriker« von denen der »Wissenschaftler« beeinflußt waren, sondern daß auch umgekehrte Wirkungen vorliegen. Das gilt zwar nur in Ausnahmefällen für konkrete historische Details, läßt sich aber im Blick auf grundlegende Fragen, die den Zugriffsbereich einer spezifischen wissenschaftlichen Disziplin transzendieren, durchaus verallgemeinern. Dies ist ein weiterer Grund dafür, die »Weltanschauung« der esoterischen und freireligiösen Bewegungen – soweit überhaupt im Singular zu bezeichnen – nicht als besondere Einheit oder Randerscheinung, sondern als Teil allgemeiner modernetypischer Überlegungen zur Integration der disparaten Wissensdaten in ein zusammenhängendes Weltbild zu interpretieren.

12. Spiritualität und Spiritualismus

Der Terminus »Spiritualität« ist mit seiner doppelten Bedeutung ein gutes Beispiel für die Gründe der Verständigungsschwierigkeiten zwischen Angehörigen kirchlicher und spiritualistischer Religionsformen in der Gegenwart. In seiner angelsächsischen Bedeutung bezeichnet er seit mindestens einem Jahrhundert einen inneren, freigeistigen Umgang mit religiösen Themen, der nicht auf »äußere Dogmen« angewiesen ist und zumeist eine interreligiöse Ausrichtung nahelegt. Daneben gibt es eine romanische Bedeutungstradition, die der katholischen Ordenstheologie Frankreichs entspringt und unter »Spiritualität« die praktische Umsetzung christlicher Überzeugungen sowohl in kontemplative Lebensformen wie in weltliches Engagement versteht. Im deutschen Sprachraum überschneiden sich beide Bedeutungen seit etwa Mitte der 70er Jahre. Kirchliche Beobachter der Neuen religiösen Szenerie, die in der ›romanischen‹ Tradition des Begriffs beheimatet sind, sehen die aus dem angelsächsischen Sprachraum übernommene Bedeutung häufig als Vereinnahmung christlicher Inhalte und neigen dazu, ihre eigenen christlich-monastischen Anliegen als Lösungsmittel für die empfundene ›religiöse Krise‹ zu verallgemeinern. Sie verkennen dabei die eigenständige Struktur spiritualistischer Religiosität, die in einer zweihundertjährigen Tradition steht.

Umgekehrt führt die klischeehafte Entgegensetzung von »Wissen« und »Dogma« bei den freireligiösen Bewegungen dazu, daß der Begriff »Spiritualität« in der Tat unscharf bleibt und nur aus dem Gegensatz zu kirchlicher »Religion« sein Leben gewinnt. Beides entspricht nicht den religionsgeschichtlichen Hintergründen, die bisher nur von wenigen Grenzgängern in einen interpretativen Zusammenhang gebracht und noch weniger systematisch reflektiert wurden.

13. Fritjof Capras Entwurf als Fortsetzung spiritualistischer Traditionen in der Gegenwart

Fritjof Capras Verknüpfung naturwissenschaftlicher Inhalte mit Aussagen »östlicher Mystik« ist eine zeitgenössische Fortsetzung spiritualistischer Entwicklungen, die säkulare Themen (von den Paradoxa der Quantentheorie bis zu ökologischen Fragen) mit Hilfe religiöser Konzeptionen deutet (so wird bei Capra »Tiefenökologie« als eine spirituelle Praxis und Theorie beschrieben). Capra hat nach eigener Aussage keine christliche Sozialisation erlebt, sondern entdeckte das Thema der Religion durch Beschäftigung mit östlichen Lehren. Gleichwohl lassen sich viele konkrete Details seines Entwurf mit den oben dargestellten Schemata des westlichen Spiritualismus deuten. Außerdem zeigt die religionswissenschaftliche Analyse, daß die Themen »östlicher Mystik« in seiner Darstellung ebenfalls mit westlich-spiritualistischen Interessen und Fragestellungen verknüpft sind. Es gibt also eine ideengeschichtliche Kontinuität spiritualistischer Themen und Interessen, die sich so weit von traditionellen religiösen Kontexten verselbständigt hat, daß ihr religiöser Charakter und Ursprung den Beteiligten selbst nicht mehr bewußt ist.

14. »New Age« als säkularisierte und wiederverzauberte Zeitalterlehre

Capra ist zwar kein »New Age«-Autor, aber insofern ein Autor *für* »New Age«, als er den Sprachjargon und die Argumentationsstruktur reproduziert, die in der Öffentlichkeit mit jenem Etikett versehen wurden. Er benutzt die Stichworte der »Krise«, des »Paradigmenwechsels«, des »Bewußtseinswandels« zur Gegenwartsdeutung und zur Beschreibung erhoffter kultureller Veränderungen. Dabei werden säkulare Themen mit religiösen Deutungen vermischt. So bekommt z.b. der Begriff »Paradigmenwechsel«, ursprünglich ein beschreibender Terminus der wissenschaftshistorischen Diskussion und später auf allgemeine kulturelle Überlegungen übertragen, eine ›prophetische‹ Qualität, weil er eine Gesetzmäßigkeit nahelegt, die der beobachteten »Krise« ein neues »Paradigma« folgen läßt. Das führt zu spekulativen weltanschaulichen Folgerungen, die im Rahmen der Ideengeschichte von »New Age« interpretierbar sind.

Was an Capras Beispiel ermittelt wurde, läßt sich auf andere Benutzer desselben Sprachspiels übertragen, sofern sie die beteiligten Begriffe in gleicher Weise verstehen. Daher ist es am Ende doch nicht zufällig, daß sich gerade das Stichwort »New Age« als Sammelbegriff säkular-religiöser Entwürfe der Gegenwart etablierte – trotz moderner Medienkultur, christlicher Ausgrenzungsstrategien und anderer eher akzidentieller Gründe seiner Verbreitung in den 80er Jahren.

Kritische Rückfragen an Religionswissenschaft und Theologie

Die vorliegende Arbeit hat sich bewußt darauf beschränkt, zeit- und religionsgeschichtliche Hintergründe des Phänomens »New Age« zu recherchieren und einen methodischen Rahmen für seine religionswissenschaftliche Bearbeitung zu erstellen. Sie verzichtete sowohl auf den Versuch einer Gesamtdarstellung, als auch auf eine explizite theologische Bewertung und Deutung. Wie sich zeigte, kann »New Age« selbst bei solcher Beschränkung nicht ohne ausführlichen Rekurs auf Gehalte christlicher Kirchen- und Theologiegeschichte dargestellt werden. Ebenso zeigte sich, daß ohne fundierte religionswissenschaftliche Hintergrundrecherchen eine theologische Auseinandersetzung mit »New Age« illusionär ist, weil sie am erstbesten Klischee des komplizierten Geflechts aus Selbst- und Fremddeutung der sog. »New Age-Bewegung« stecken bleiben würde. Darüber hinaus vertritt die Arbeit die These, daß eine solche Auseinandersetzung der Theologie mit der freireligiösen Szenerie ein notwendiger Bestandteil der Ortsbestimmung des Religiösen in der Gegenwart ist, weil ohne diese ein wichtiger Teilbereich moderner Verfaßtheit von »Religion« ausgeklammert würde.

So versteht sich die Arbeit als Plädoyer für einen auf beiden Seiten offenen Dialog zwischen Religionswissenschaft und Theologie, der die pluralistische Situation der religiösen Zeitgeschichte nicht als Bedrohung jeweiliger Identität bekämpft, sondern als reale Gegebenheit zum Ausgangspunkt weiterführender Überlegungen macht.

Das hat sowohl für die Religionswissenschaft als auch für die Theologie Konsequenzen, die im folgenden in Form von kritischen Rückfragen artikuliert werden sollen:

1. Rückfragen an die Religionswissenschaft

Ein Hauptproblem der Methodik zur vorliegenden Arbeit war das Fehlen einer brauchbaren Arbeitsdefinition von »Religion«. Die religionswissenschaftliche Theoriebildung sollte diese Problematik nicht länger ausgrenzen. Sie kann zwar – wie die Geschichte des Fachs belegt – nicht definitiv gelöst, darf aber auch nicht ignoriert werden.[4] Gerade weil eine »Definition« nicht möglich ist, kann eine Annäherung an das

---

4. Unverständlich ist z.B., daß im fünfbändigen »Handbuch religionswissenschaftlicher Grundbegriffe« (HrwG) kein Artikel über »Religion« vorgesehen ist. Das Ignorieren der komplizierten Problemgeschichte trägt gewiß nicht zur Klärung dringend nötiger und in jenem Lexikon angestrebter Fragen der fachspezifischen Methodologie bei.

Problem nur durch fortlaufende methodische Rückfragen innerhalb der konkreten religionswissenschaftlichen Arbeit am Gegenstand erfolgen. Wenn die Problematik dieses Grundbegriffs des eigenen Faches bei der Forschung nicht stets mitreflektiert wird, schlägt die methodische Unklarheit zurück auf die konkrete Arbeit. Dies offenbart sich besonders in zeitgeschichtlichen Arbeitsgebieten, in denen die ›Religionshaltigkeit‹ des Gegenstandes nicht von vorneherein vorausgesetzt werden kann (wie z.B. beim Gegenstand »New Age«), ist aber – wie schon im Eingangsteil begründet – ein generelles hermeneutisches Problem, das auch in anderen Arbeitsgebieten der Religionswissenschaft klärungsbedürftig ist. Die Ausklammerung der Problematik bewirkt *de facto*, daß die Religionswissenschaft ihre Religionsdefinition unreflektiert aus dem öffentlichen Sprachgebrauch entnimmt und sich tendenziell auf solche Gebiete beschränkt, in denen jener Begriff relativ unstrittig ist. Das verhindert jede weitergehende Klärung der zugrundeliegenden hermeneutischen Problematik, die eigentlich Sache der Religionswissenschaft wäre.

Einen interessanten Reflexionsansatz bietet der Theologe John B. Cobb in einem Beitrag zur Diskussion der »pluralistischen Theologie«. Cobb sieht den Begriff »Religion« als Sammelkategorie, die eine Reihe unterschiedlicher Vorstellungen in sich enthält, von denen je nach Bedarf eine bestimmte Auswahl aktiviert und in Gebrauch genommen wird.[5] So ist z.B. »Religion« im christlich-islamischen Dialog vermutlich anders definiert als im christlich-buddhistischen Dialog (man könnte ergänzen: vermutlich nochmals anders in einem islamisch-buddhistischen Dialog).

Eine weitere Überlegung sei angefügt: Die Tatsache, daß Religion ein *westlicher* und im wesentlichen *christlich* geprägter Begriff ist,[6] erfordert zum Zweck der methodischen Selbstklärung eine Auseinandersetzung der Religionswissenschaft mit Gegenständen im Bereich abendländischer und christlicher Religionsgeschichte, die sie nach eingeführter Fächersystematik gewöhnlich der Theologie überläßt. Religionswissenschaft sollte sich daher im eigenen Interesse von der im deutschen Sprachraum besonders ausgeprägten Selbstabschottung gegenüber der Theologie befreien. Nur so kann sie die theologische Dominierung religionsspezifischer Themen in der Öffentlichkeit hinterfragen und sich einen eigenen Platz in der öffentlichen Wahrnehmung von »Religion« erschließen.

---

5. John B. Cobb Jr.: Beyond ›Pluralism‹, in: G. D'Costa (Hrsg.): Christian Uniqueness Reconsidered. The Myth of a Pluralistic Theology of Religions, Maryknoll (NY): Orbis, 1991, 81-95, hier 82. Cobb wörtlich: »a family of traits or characteristics that guides the use of the term *religion* for most people«.
6. Mit diesem Thema setzte sich der 16. Kongreß der *International Association for the History of Religions* in Rom im Jahr 1990 auseinander. Generalthema war: »The Notion of ›Religion‹ in Comparative Research«.

2. Rückfragen an die Theologie

Die grundsätzliche Rückfrage an die Theologie richtet sich darauf, warum der freireligiöse Bereich der modernen Religionsgeschichte in der Vergangenheit nicht einer stärkeren systematischen Reflexion und Auseinandersetzung unterworfen wurde. Die Theologie hat sich – besonders protestantischerseits – seit mehr als hundert Jahren intensiv mit den Folgen der Aufklärung, der Religionskritik, der »Säkularisierung«, der »Moderne« beschäftigt und deren spezifische Fragestellungen theologisch reflektiert. Wie die Literaturangaben[7] nur lückenhaft dokumentieren können, besteht ein breiter Austausch mit entsprechenden Nachbarwissenschaften, insbesondere mit der Philosophie, Soziologie und Psychologie, wie auch das Verhältnis von Naturwissenschaft und Theologie unter dem Aspekt der »Entzauberung« des modernen Weltbildes fortlaufend (wenn auch weniger erschöpfend) thematisiert wurde. Dagegen blieb der in der vorliegenden Arbeit behandelte Bereich der modernen Geistes- und Religionsgeschichte wenigen Theologen überlassen und nimmt im Gesamt der theologischen Fragestellungen eine extrem marginalisierte Stellung ein.[8] Das hängt offenbar mit dem Bemühen der Theologie zusammen, sich der Herausforderung der Aufklärung und der Religionskritik des 19. Jahrhunderts zu stellen, um die Modernität der eigenen Disziplin zu sichern. Daher übernimmt sie im allgemeinen – selbst in konfessionalistischen Schulen – die Kritik der Aufklärung an modernen anti-aufklärerischen Bewegungen, die als Relikte überkommenen ›Aberglaubens‹ interpretiert werden. Es ist symptomatisch, daß Emanuel Swedenborg häufig nur in der Kritik durch Kants Schrift »Träume eines Geistersehers« bekannt ist, obwohl er in der neueren Philosophie-, Theologie- und Geistesgeschichte nachweislich Spuren hinterließ.[9] Ähnliches gilt auch für andere Autoren auf der ›Rückseite der Modern‹ wie z.B. William Blake, dessen Werk bezeichnenderweise in deutscher Sprache kaum erschlossen ist.

Nur eine systematische Reflexion der Grundlagen dieses Bereichs der modernen Religionsgeschichte bietet die Voraussetzung, zu den zeitgeschichtlichen Ausprägungen des Themas, wie der Diskussion um »New Age«, fundiert Stellung zu beziehen. Es wäre z.B. verfehlt, beim derzeitigen Stand der Dinge Fritjof Capras Entwurf auf dogmatische Themen abzubilden, weshalb in der vorliegenden Arbeit auf ein theologisches Schlußkapitel, etwa unter dem Titel: »Capra und die Rechtfertigungslehre«, bewußt verzichtet wurde. Eine solche Auseinandersetzung müßte zunächst einmal bei William Blake oder den Transzendentalisten ansetzen. Sie kann auch nicht die Arbeit eines einzelnen sein.

---

7. Vgl. Dokumentationsteil, bes. Abschnitt 5.
8. Im Bereich der deutschsprachigen Theologie der Nachkriegszeit ist als Ausnahme Ernst Benz zu nennen, der als Kirchenhistoriker zahlreiche entsprechende Themen bearbeitete. Eine ebenso intensive Aufarbeitung der hierbei anklingenden Fragen ist auf dem Gebiet der systematischen Theologie abgesehen von den Ansätzen bei Paul Tillich seit Ernst Troeltsch kaum geleistet worden.
9. Vgl. dazu Horn (1954); Benz (^{2}1969); ders. (1979).

Die mangelhafte systematische Basis der Auseinandersetzung mit »New Age« äußert sich konkret darin, daß in vorhandenen Entwürfen unzulässige Übertragungen theologischer Fragestellungen auf entsprechende »New Age«-Entwürfe erfolgen. In Ermangelung einer historisch-kritischen Analyse ihres geistes- und religionsgeschichtlichen Kontextes wird die »Weltanschauung« von »New Age« zu einer Alternativ-Theologie stilisiert. Dies entspricht nicht den tatsächlichen Gegebenheiten. Es überfordert einerseits die systematische Tiefenschärfe der meisten behandelten Entwürfe und führt andererseits die theologische Auseinandersetzung auf ein reduziertes Niveau herab, weil auf diese Weise die aus den geistesgeschichtlichen Hintergründen abzuleitenden Anfragen an die Theologie ignoriert werden.

Dazu ein Beispiel: In der kirchlichen Öffentlichkeit wird häufig gesagt, die Reinkarnationslehre, die in den freireligiösen Bewegungen des Westens seit Beginn des 20. Jahrhunderts eine zunehmende Rolle spielte, sei die »Eschatologie des New Age«.[10] Diese Aussage ist in zweifacher Hinsicht falsch:

a) Reinkarnationsvorstellung und Eschatologie setzen zwei gänzlich verschiedene Zeitvorstellungen voraus; »Reinkarnations-Eschatologie« ist daher ein logischer Widerspruch.

b) Man könnte die Aussage dahingehend reformulieren, daß in der »New Age-Weltanschauung« die Reinkarnationslehre eine entsprechende Funktion habe, wie sie in der christlichen Theologie der Eschatologie zukommt. Doch auch dies ist falsch: Die Reinkarnationslehre kommt in den meisten der in der Öffentlichkeit unter »New Age« subsumierten Entwürfe nicht vor.[11] Sie widerspricht strukturell zentralen Wei-

---

10. So z.B. Thiede (1988); wesentlich stärker reflektiert und mit ausführlichen Literaturangaben zur christlichen »New Age«-Rezeption versehen ist der spätere Aufsatz Thiedes: »Religiosität und Hoffnung im Kontext von New Age«, in: KD 37 (1991), 62-93; doch erscheint auch hier wiederum die These, daß »die gängige ›individuelle Eschatologie‹ der ›neuen Zeit‹... auf dem Reinkarnationsgedanken« basiere (S.80). Ähnlich auch der Skopus der theologischen Diplomarbeit von Angela Feder (1991).
11. Die Reinkarnationslehre erscheint bei den wenigsten der in Kap.2.2.3. aus der Sekundärliteratur zusammengestellten »New Age«-Autoren. Nicht einmal bei Ken Wilber spielt sie eine nennenswerte Rolle, obwohl dieser unter den genannten am stärksten die Traditionen von Hinduismus und Buddhismus aufnimmt und – besonders in seinem Buch: »The Atman Project« eine ausgearbeitete Anthropologie erkennen läßt (Ken Wilber: Das Atman Projekt. Der Mensch in transpersonaler Sicht, Paderborn: Junfermann, 1990 (engl. Original 1980)).
Feder (1991) benennt zwar diesen Sachverhalt (S.30), geht aber dennoch davon aus, daß »die Reinkarnationshypothese von einem repräsentativen Teil der New-Age-Bewegung vertreten« werde, auch wenn sie in den einzelnen Entwürfen – wie z.B. bei Capra und Ferguson – nicht explizit erwähnt sei. Die These wird nicht näher begründet. Umgekehrt muß gesagt werden, daß die von der Autorin dargestellten »Beispiele«, Jane Roberts, George Trevelyan und Thorwald Dethlefsen, kaum durch andere ersetzt werden könnten: Gerade bei ihnen spielt *auch einmal* die Reinkarnationstheorie eine Rolle, bei Roberts in einem spiritistischen Kontext, bei Trevelyan bedingt durch die Prägung von Rudolf Steiner, bei Dethlefsen durch die von ihm selbst entwickelte Reinkarnationstherapie. Die Autoren können daher ohne Beweis des Gegenteils – der schwerlich zu führen wäre – nicht als repräsentativ für die Neue religiöse Szenerie im ganzen gesehen werden.

chenstellungen der meisten von ihnen: Zum einen spielt der Seelenbegriff kaum eine Rolle, sofern nicht spezifische religionsgeschichtliche Voraussetzungen, z.B. aus der theosophischen und anthroposophischen Bewegung oder aus dem Spiritismus wirksam sind. Die meisten Entwürfe stehen eher in der Tradition C.G.Jungs und ersetzen den Seelenbegriff durch den Begriff des »Selbstes«. Überträgt man die Reinkarnationslehre in diesen Kontext, wird aus der konkreten Vorstellung über das Schicksal der Seele nach dem Tod ein abstrakter spekulativer Komplex, der kaum die Funktion einer theologischen Lehre über die Bestimmung des Menschen erfüllen kann. Die »Transpersonale Psychologie«, die eine wichtige Funktion für die psychologische Theoriebildung der sog. »New Age«-Entwürfe innehat, setzt ihr Interesse weniger in das weitere Schicksal eines individuellen Selbstes als in dessen transpersonale Transzendierung. Auch hier spielt die Reinkarnationslehre für die *Theoriebildung* (und eine mögliche ›theologische‹ bzw. weltanschauliche Überhöhung der Seelenwanderungsvorstellung) keine Rolle.[12]

Berücksichtigt man den religionsgeschichtlichen Hintergrund der entsprechenden Fragestellungen, erklärt sich dies nicht als Zufälligkeit, sondern als Folge der widerstreitenden Vorstellungen zur Seelenentwicklung nach dem Tod in den metaphysischen Bewegungen des 19. Jahrhunderts.[13] Die Bearbeitung dieser Fragestellung wäre aber nicht mehr am Gegenstand »New Age« auszutragen, sondern ein allgemeines Thema moderner Geistesgeschichte, das auch innerhalb der Theologie und der von ihr reflektierten christlichen Glaubensvorstellungen bedeutsam ist. Es geht dabei nicht um eine Konfrontation von Reinkarnationsvorstellung und *Eschatologie*, sondern um die Frage, *wie* unter Bedingungen des modernen Weltbildes eine Existenz der Seele nach dem Tode zu denken sei, also etwa eine Konfrontation der Reinkarnationsvorstellung mit der Frage des »Zwischenzustandes« in der Dogmatik, die ihrerseits mit Weltbild und Zeitvorstellung der Moderne nicht leicht zu vermitteln ist. Der hartnäckige Versuch der kirchlichen Öffentlichkeit, »New Age« und »Reinkarnation« in denselben ›Topf‹ zu stecken, muß als Wirkung jener theologischen Perspektivenverengung gesehen werden, die »New Age« unwillkürlich als alternative ›Theologie‹ auffaßt und daher *erstens* ungeprüft von der Voraussetzung ausgeht, daß es in der »Welt-

---

12. Bei der »holotropen Therapie« Stan Grofs treten zwar gelegentlich Rückerinnerungserfahrungen an frühere Leben auf, denen Grof eine wichtige praktische Funktion bei der Persönlichkeitsintegration seiner Patienten zuspricht. Doch läßt er offen, ob es sich dabei um tatsächliche Seelenwanderung oder um intrapsychische Integrationsvorgänge handelt. Die Reinkarnationslehre spielt für seine theoretischen Vorgaben keine Rolle, denn diese beschränken sich auf »perinatale« und »pränatale« Erinnerungen an die eigene Geburt und »transpersonale« Erfahrungen, die das eigene »Selbst« (damit auch das Subjekt der Reinkarnationserfahrung) transzendieren (vgl. dazu Grof (1985), (1987); ders.: Auf der Schwelle zum Leben. Die Geburt: Tor zur Transpersonalität und Spiritualität, München: Heyne, 1989). Der Autor bestätigte diese Darstellung ausdrücklich auf meine Rückfrage bei einem Seminar im Jahr 1988. Er verwies den Glauben an Reinkarnationsvorstellungen in den Bereich privater Überzeugungen, die nicht Gegenstand seiner Theorie seien. Als Psychiater interessiere ihn der Therapieerfolg; wie er zustande komme, sei zwar für den Klienten, aber nicht für die Therapie selbst relevant.
13. Vgl. oben, Kap.6.3.1.4., bes. Anm.20.

anschauung« von »New Age« eine »Eschatologie« geben müsse, *zweitens* ebenso ungeprüft den theologischen Ort der Lehre über das Weiterleben der Seele nach dem Tod in der Eschatologie auf die Strukturen dieser »Weltanschauung« überträgt.[14] In der Tat gibt es einen Zusammenhang zwischen »New Age« und »Eschatologie«, aber er läßt sich nicht über die Reinkarnationslehre, sondern über die spiritualistische Tradition des »Neuen Zeitalters« mit seinen kosmologischen Implikationen erschließen.

3. Schlußfolgerung zum Verhältnis Theologie – Religion in der Gesellschaft

Als Grund für die spärliche Beschäftigung der Theologie mit Themen auf der ›Rückseite der Moderne‹ läßt sich zunächst, wie oben dargestellt, die ungenügende Vorarbeit der Religionswissenschaft anführen (im Unterschied etwa zur religionssoziologischen Forschung und Theoriebildung im Bereich der »Säkularisierung«). Doch gibt es darüber hinaus eine wissenssoziologische Erklärung: Auch wenn Karl Barths theologische Position nicht als repräsentativ für den Protestantismus im ganzen und noch weniger für andere konfessionelle Richtungen gelten kann, so ist doch seine Aussage, daß Theologie eine Funktion der Kirche sei, in wissenssoziologischer Perspektive zumindest für den deutschen Sprachraum verallgemeinerbar.[15] Das Berufsbild der Theologen ist – abgesehen von Sonderfunktionen – durch Pfarramt und Religionsunterricht definiert. Pfarrer wie Religionslehrer stehen unmittelbar oder vermittelt durch Verträge zwischen Staat und Kirche in kirchlichen Diensten. Auch Lehre und Forschung in den Universitäten sind deshalb, obwohl staatlich organisiert und bezahlt, vorwiegend auf den kirchlichen Bedarf an Theologie ausgerichtet. Das hat zur Folge, daß eine entsprechend intensive und professionelle Reflexion theologischer Themen in der Perspektive freireligiöser Bewegungen nicht erfolgt. Die Religionswissenschaft kann eine solche Reflexion aufgrund der geforderten Neutralität und Distanz gegenüber ihrem Gegenstand nicht leisten.

Obgleich also die Theologie weithin auf kirchliche Perspektiven begrenzt ist, gelten Theologen auch in der säkularisierten Öffentlichkeit als Sachverständige für »Religion« im ganzen. Es gilt eine Art Subsidiaritätsprinzip: Eine staatliche Stelle, die in Funktion und Ausstattung etwa der Evangelischen Zentralstelle für Weltanschauungs-

14. In diesem Sinne schreibt Feder (1991), 30, in den Entwürfen Capras und Fergusons fehle »nicht nur das Stichwort Reinkarnation, sondern überhaupt das Thema ›Leben nach dem Tod‹«.
15. Karl Barth: Die kirchliche Dogmatik, Bd.1: Die Lehre vom Wort Gottes. Prolegomena zur kirchlichen Dogmatik, 1. Halbband, § 1, Nr.1, S.1 (zuerst 1932). Ganz ähnlich beginnt auch Paul Tillichs Systematische Theologie mit dem Satz: »Theologie ist eine Funktion der christlichen Kirche, sie muß den Erfordernissen der Kirche entsprechen« (Systematische Theologie Band I, Berlin u.a. 1987, 9 (dt. zuerst 1958, engl. Original 1951)).

fragen entspräche, gibt es in Deutschland nicht. Wie schon eingangs an der »Jugendsekten«-Debatte dargestellt, sind daher die kirchlichen Weltanschauungs- und Sektenbeauftragten mit wenigen Ausnahmen die einzigen »professionellen« Sachverständigen für neue religiöse Bewegungen in Deutschland. Das ist ein wesentlicher Grund für die Perspektivenverengung bei der Interpretation jener Bewegungen auch außerhalb des unmittelbaren Einflußbereiches der Kirchen. Doch kann man für dieses Desiderat nicht die kirchlichen Sektenbeauftragten allein verantwortlich machen. Denn es fehlen die nötigen theologischen Grundlagenkonzepte. Die öffentliche Perspektivenverengung im Blick auf die Neuen religiösen Bewegungen ist daher ihrerseits Folge der Perspektivenverengung der Theologie gegenüber der ›Rückseite der Moderne‹.

Diese Perspektivenverengung wird nicht leicht zu beheben sein. Auf seiten der Neuen religiösen Szenerie scheint im allgemeinen durchaus die Bereitschaft zum Dialog vorhanden, und es besteht darüber hinaus ein erhebliches Informations- und Aufklärungsbedürfnis, so daß man als theologisch ausgebildeter Beobachter vom Interviewer schnell zum Informanten wird – manchmal auch zum Missionar. Doch muß sich die Theologie von der Vorstellung lösen, die gegenwärtige religiöse Szenerie in die überkommenen ekklesiologischen Strukturen ›heimholen‹ zu können. Auch läßt sich das Problem nicht durch innerkirchliche ›Synkretismen‹ lösen – indem man sozusagen eine kleine Pyramide in der Kirche aufstellt. Vielmehr ist es die effektivste Form christlicher Apologetik, wenn sich die Theologie auf breiter Basis – sowohl in historischen als auch systematischen Aspekten – mit dem Thema der abendländischen Religionsgeschichte auseinandersetzt, die schon seit Beginn der Moderne nicht mehr deckungsgleich mit der christlichen Kirchengeschichte ist. So kann ein fundierter Diskurs entstehen, von dem auch die Anhänger der Neuen religiösen Szenerie profitieren.

Dokumentationsteil

A. Literaturdokumentation zur Neuen religiösen Szenerie

Vorbemerkung und Hinweis zur Benutzung:
Die Sichtung der Literatur versteht sich als wesentlicher Bestandteil der vorliegenden Arbeit. Aufgrund der Fülle an Publikationen über »New Age«, Neue religiöse Bewegungen und der erforderlichen Hintergrundliteratur (die folgende Liste enthält ca. 1800 Titel) macht es wenig Sinn, die Titel in alphabetischer Reihenfolge anzuführen. Eine einfache Unterscheidung nach Quellen- und Sekundärliteratur ist – wie im Eingangsteil der Arbeit ausführlich begründet – nur bedingt möglich. Daher wurde die Literatur nach sachlichen Kriterien in einzelne Gruppen eingeteilt. Im Einzelfall ließen sich Überschneidungen nicht vermeiden. Darauf wurde nach Möglichkeit hingewiesen (kursive Textverweise).

Vollständigkeit kann in keiner der Abteilungen beansprucht werden, doch nimmt die Breite der zitierten Literatur von Gruppe 1 bis 6 kontinuierlich ab: Teil A versteht sich als Dokumentation und enthält auch Titel, die in der Arbeit selbst nicht zitiert werden; in Teil B wurde nur die für die Arbeit benutzte Literatur zusammengetragen.

Am Schluß des Dokumentationsteils befinden sich alphabetische Listen der Abkürzungen und der im Textteil mehrfach (in Kurzform) zitierten Literatur. Dort sind auch die vollständigen Titel der abgekürzt zitierten Sammelbände verzeichnet.

1. Quellenliteratur

1.1 Führer, Berichte und eigenes Schrifttum einzelner Gemeinschaften und Projekte

A Course in Miracles. The Text, Workbook for Students and Manual for Teachers, London: Arkana (Penguin), 1985 (Erstausgabe: Tiburon/CA, 1975).

Alte Wege zur Neuen Welt. Ein Handbuch für den Pilger unserer Zeit, Obernhain: Irisiana, 1977 (Original: A Pilgrim's Guide to Planet Earth, San Rafael/Cal.: Spiritual Community Publications, 1974).

Börger, Renate (1992): Der Lebensgarten. Alternative Gemeinschaft Steyerberg, in: Esotera 7/92 (1992), 26-31.

Caddy, Eileen (1971): Gott sprach zu mir, Kimratshofen: Greuth Hof Verlag, 1988 (Original: God Spoke to me, 1971).

Caddy, Eileen (1976): Findhorn. Zentrum des Lichts, Heidelberg, 1983 (Original: Foundation of Findhorn, Forres, Scotland 1976).

Caddy, Eileen (1977): The Spirit of Findhorn. Words to live by from the cofounder of the extraordinary Findhorn Community, Romford/GB: Fowler.

Caddy, Eileen (1988): Flug in die innere Freiheit. Autobiographie der Mitbegründerin der Findhorn-Gemeinschaft Eileen Caddy, Kimratshofen: Greuth Hof Verlag, 1988 (Original: Flight into Freedom, 1988).

Caddy, Peter (1975): Der Mensch schafft den Garten, in: Der Findhorn Garten (1975), 1-31.

Case u.a. (1979): s. 5.1.

Creme, Benjamin (1983): Transmission. Eine Meditation für das Neue Zeitalter, München: Edition Tetraeder, 2. erw. Aufl. 1987 (dt. Erstausgabe 1984; Original: Transmission – A Meditation for the New Age, London: The Tara Press, 1983).

Creme, Benjamin (o.J.): Maitreya – Christus und die Meister der Weisheit, München: Edition Tetraeder.

Dahlberg, Brita (Hrsg.) (1987): Connexions New Age. Kontakte zur spirituellen Szene, Klingelbach: Mandala Verlag P.Meyer.

Dahlberg, Brita und Wolfgang (1987a): Der Ruf des Adlers. Neues Bewußtsein in den USA, Wiesbaden: Aviva (= Abdruck mehrerer Berichte der beiden Autoren in der Zeitschrift »Wege« (Frankfurt a.M.), Nr. 85/3 und 86/3).

Dalichow, Irene (1992): Mit dreißig schon Legende. Das spirituelle Weltzentrum Esalen – ein Interview mit Esalen-Gründer Michael Murphy, in: Esotera 6/92 (1992), 34-39.

Der Findhorn Garten, Berlin: Frank Schickler, 1981 (mit Beiträgen von Sir George Trevelyan, Peter Caddy, Eileen Caddy, Dorothy Maclean, Robert O. Crombie (Roc), David Spangler u.a.; Original: The Findhorn Garden, 1975).

Duhm, Dieter und Ehrenpreis, Rainer und Niklas, Joachim (1982): Modell einer Lebensalternative. Das Kulturprojekt Bauhütte, Heidelberg..

Dürckheim (1988/92): s. Abschn. 1.7.1.

Eichler, Norbert A. (1975): Sonnenstadt im Nebel. Über das Paradies in den magischen Gärten von Findhorn, Obernhain: Irisiana, ³1978 (¹1975).

Goetz, Rolf (²1985): Spirituelle Gemeinschaften. Ein Wegweiser für das Neue Zeitalter. Katzenelnbogen: Mandala Verlag P.Meyer, 2., erw. Aufl. 1985 (zuerst 1984).
Hawken, Paul (1975): Der Zauber von Findhorn. Ein Bericht, München: Hugendubel, 1980 (Original: The Magic of Findhorn, New York 1975).
Jampolsky, Gerald G. (1983): Wenn deine Botschaft Liebe ist... Wie wir einander helfen können, Heilung und inneren Frieden zu finden, München: Kösel, 1985 (über »A Course in Miracles«, s.o.; Original: Teach Only Love, New York: Bantam, 1983).
Maclean, Dorothy (1975): Das Deva-Bewußtsein. Die Botschaften, in: Der Findhorn-Garten (1975), 54-77. 78-99.
Maclean, Dorothy (1980): To Hear the Angels Sing, Middleton (WI): Lorian Press.
Maynard, Edwin (Hrsg.) (1981): Leben in Findhorn. Modell einer Welt von morgen, Feiburg i.Br.
Myrell u.a. (1987): s. 2.6.
Roszak (1969), (1972), (1975): s. 1.2.2.
Schaup, Susanne (1985): Wo Leben wieder menschlich wird. An der Schwelle des New Age – Alternatives Leben in Amerika, Freiburg: Herder (Tb.).
Skutch, Robert (1984): Journey Without Distance. The Story Behind A Course in Miracles, Berkeley/CA: Celestial Arts.
Spangler, David (1975): Von der Dominanz zur Synthese, in: Der Findhorn Garten (1975), 128-147.
Spangler, David (1977): New Age – Die Geburt eines neuen Zeitalters, Kimratshofen: Greuth Hof Verlag, 1983 (engl.: Revelation – The Birth of a New Age, Forres/Scotland 1977).
Spangler, David (1980/82): Der Geist der Synthese. Gespräche mit John, Kimratshofen: Greuth Hof Verlag, 1985 (Original: Conversations with John / Cooperation with Spirit. Further Conversations with John, Lorian Assoc., USA, 1980/1982.
Spangler und Thompson (1991): s. 1.2.2.
Spirituelles Adreßbuch 1988/89, Ahlerstedt.
Uebel, Jochen F. (1988): Ein Ende, aber kein Abschied, in: Trendwende 4/1988, 2-3 (über die Zeitschrift »Trendwende«).

1.2 Kompilatorische Darstellungen, Ansätze zur Theoriebildung

1.2.1 Sammelbände, Lexika usw.

Antwort der Erde. Wegweiser zu einer planetaren Kultur, München: Ahorn, 1978 (Original: Earth's Answer: Explorations of Planetary Culture at the Lindisfarne Conferences, New York: Harper & Row: Lindisfarne Books, 1977).
Bachmann, Anita und Schaeffer, Michael (Hrsg.) (1988): Neues Bewußtsein – neues Leben. Bausteine für eine menschliche Welt, München: Heyne (Originalausgabe).
Bachmann, Anita und Schaeffer, Michael (Hrsg.) (1990): Neue Wege – neue Ziele. Denkanstöße und Orientierungshilfen in der Wendezeit, München: Heyne (Originalausgabe).
Brockman, John (1988): Neue Realität. Das Bild einer neuen Wirklichkeit – von den bedeutendsten Vor-Denkern entworfen, München: Heyne, 1990 (Original: The Reality Club 1, New York: Lynx, 1988).

Button, John, und Bloom, William (Hrsg.) (1992): The Seeker's Guide. A New Age Resource Book, London: The Aquarian Press (HarperCollins Publishers).
Dittmer, Jens (Hrsg.) (1986): Esoterik Almanach 86/87. New Age, PSI, Astrologie, Lebenshilfe u.a. Gesamtverzeichnis der Literatur und Fakten für das Neue Zeitalter, München: Rossipaul.
Dürr und Zimmerli (Hrsg.) (1989): s. 3.1.
Geisler, Gert (Hrsg.) (1984): New Age – Zeugnisse der Zeitenwende, Freiburg i. B.: Bauer, (Tb.), ^{2}1987 (^{1}1984).
Grof, Stanislav (Hrsg.) (1984): Alte Weisheit und modernes Denken, Spirituelle Dimensionen in Ost und West im Dialog mit der neuen Wissenschaft, München: Kösel, 1986 (Original: Ancient Wisdom and Modern Science, New York 1984, mit Beiträgen von S.Grof, F.Vaughan, Sv.Muktânanda, Mutter Teresa, B. Griffiths, Karan Singh, D.Mookerjee, F.Capra, R.Sheldrake, K.H.Pribram u.a.).
Grof, Stanislav (Hrsg.) (1988): Die Chance der Menschheit. Bewußtseinsentwicklung – der Ausweg aus der globalen Krise, München: Kösel, 1988 (Original: Human Survival and Consciousness Evolution, Albany (NY): SUNY-Press, 1988, mit Beiträgen von R.Walsh, M-L.v. Franz, J.Kornfield, K.Singh, W.I.Thompson, F.Varela, D.Steindl-Rast, F.Vaughan, E.Kübler-Ross u.a.).
Gruber Elmar R., und Fassberg, Susan (1986): New-Age-Wörterbuch. 300 Schlüsselbegriffe von A – Z, Freiburg i.B.: Herder (Tb., »Zeitwende«).
Hummel, Karlheinz (1989): New Age Handbuch, München: Heyne.
Kakuska, Rainer (Hrsg.) (1984): Andere Wirklichkeiten. Die neue Konvergenz von Naturwissenschaften und spirituellen Traditionen, München: Goldmann (Tb., »New Age«), 1986 (Erstausgabe München: Dianus-Trikont, 1984).
Kranich, Rainer (Hrsg.) (1973): Dialektische Meditation. Materialien zum Bewußtseinswandel, Wuppertal: Jugenddienst-Verlag (mit Beiträgen von Laing, Gebser, C.F.v.Weizsäcker, Watts u.a.).
Kumar, Satish und Hentschel, Roswitha (Hrsg.) (1985): Viele Wege. Paradigmen einer neuen Politik, München: Dianus-Trikont.
Kumar, Satish und Hentschel, Roswitha (Hrsg.) (1985a): Metapolitik. Die Ernst-Friedrich Schumacher Lectures. Mit einem Vorwort von Carl Amery, München: Dianus-Trikont.
Martin, Bruno (1983): Handbuch der spirituellen Wege, Reinbek: Rowohlt (Tb., Reihe »transformation«), 1985 (überarbeitete Neuausgabe, dt. Erstausgabe hrsg. von der »Alexandria-Studiengruppe«, Südergellersen: Verlag Bruno Martin, 1983).
Roszak, Theodore (Hrsg.) (1972a): Sources. An Anthology of Contemporary Materials Useful for Preserving Personal Sanity while Braving the Great Technological Wilderness, New York und London: Harper & Row, 1972.
Sillescu, Daniel: Das New Age-Buch, ^{2}1987 (Eigenverlag).
Thurn, Christiane und Röttgen, Herbert (Hrsg.) (1981): Die Rückkehr des Imaginären. Märchen, Magie, Mystik, Mythos, Anfänge einer anderen Politik, München: Dianus-Trikont.
Villoldo, Alberto und Dychtwald, Ken (Hrsg.) (1981): Millenium. Wege ins Dritte Jahrtausend. Basel: Sphinx, 1984 (Original: Millenium, Los Angeles 1981).
Wilber, Ken (Hrsg.) (1982): Das holographische Weltbild. Wissenschaft und Forschung auf dem Weg zu einem ganzheitlichen Weltverständnis, München: Heyne, o.J. (dt. Erstausgabe München: Scherz, 1990; Original: The Holografic Paradigm and other Paradoxes, Boston 1982; mit Beiträgen von Ken Wilber, Marilyn Ferguson, Karl H. Pribram, Renée Weber, Ken Dychtwald, Bob Samples, John Welwood, John R. Battista).

1.2.2 Einzelentwürfe

Arguelles, Jose (1975): The Transformative Vision. Reflections on the Nature and History of Human Expression, Berkeley (CA): Shambala.

Bahro, Rudolf (1987): Logik der Rettung. Wer kann die Apokalypse aufhalten? Ein Versuch über die Grundlagen ökologischer Politik, Stuttgart und Wien: Edition Weitbrecht.

Berman, Morris (1981): Die Wiederverzauberung der Welt. Am Ende des Newtonschen Zeitalters, Reinbek: Rowohlt (Tb., »transformation«), 1985; dt. Erstausgabe München: Dianus-Trikont 1983; Original: Reenchantment of the World, Ithaca und London 1981.

Berman, Morris (1990): Coming to Our Senses. Body and Spirit in the Hidden History of the West, London u.a.: Unwin.

Capra, Fritjof (1982): Wendezeit. Bausteine für ein neues Weltbild. Überarbeitete und erweiterte Ausgabe, München: Scherz, ¹⁴1987 (1. Aufl. der Neuausgabe 1985, dt. Erstausgabe 1983, Taschenbuchausgaben: München: Knaur »Esoterik«, 1988; München: dtv, 1991; Original: The Turning Point, 1982).

Capra, Fritjof (1987): Das Neue Denken. Die Entstehung eines ganzheitlichen Weltbildes im Spannungsfeld zwischen Naturwissenschaft und Mystik, München: Scherz (Original: Uncommon Wisdom. Conversations with Remarkable People, 1987).

Capra, Fritjof (1988): Die neue Sicht der Dinge, in: Bürkle (Hrsg.) (1988), 11-24.

Capra F. (1975): s. 1.3.

Capra, F.: s. auch Hölzle und Janowski (1987).

Capra F., und Steindl-Rast, D. (1991): s. 1.7.1.

Dahlberg, Wolfgang (1989): Transformation – oder die Kunst, sich zu wandeln, in: Wege 89/6, 5-16.

Duhm Dieter (1979): Synthese der Wissenschaft. Der werdende Mensch, Heidelberg: Kübler.

Duhm, Dieter (1982): Aufbruch zur neuen Kultur. Von der Verweigerung zur Neugestaltung, München: Kösel.

Ferguson, Marilyn (1980): Die sanfte Verschwörung. Persönliche und gesellschaftliche Transformation im Zeitalter des Wassermanns, München: Knaur (Tb., »Esoterik-New Age«), o.J. (dt. Erstausgabe Basel: Sphinx 1982; Original: The Aquarian Conspiracy. Personal and Social Transformation in Our Time, Los Angeles: J.P.Tarcher, 1980).

Giger, Andreas (1990): Vom Chaos zur Ekstase oder Bewußtseinserweiterung macht Spaß, Reinbek: Rowohlt (Tb., »transformation«).

Gruber, Elmar R. (1987): Was ist New Age? Bewußtseinstransformation und neue Spiritualität, Freiburg i.B.: Herder (Tb., »Zeitwende«).

Gruber, Elmar R. (1989): Sanfte Verschwörung oder sanfte Verblödung? Kontroversen um New Age, Freiburg: Herder (Tb., »Zeitwende«).

Hanefeld, Erhardt (1984): New Age – was ist das eigentlich?, in: Geisler (Hrsg.) (1984), 29-37.

Hölzle, Peter, und Janowski, Hans N. (1987): Für ein neues Weltbild. Gespräch mit Fritjof Capra, in: EK 9/87, 519-522.

Jantsch, Erich (1979): Die Selbstorganisation des Universums, München: dtv 1982 (Erstausgabe: München: Hanser, 1979).

Kautz, William H. und Branon, Melanie (1987): Globale Transformation. Vision und Prognose der Veränderungen unserer Welt in den neunziger Jahren – der NEW AGE- Ausblick in die nächste Zukunft, München: Heyne (Tb.), 1990 (Original: Intuiting the Future, San Francisco: Harper & Row, 1987).

Muller, Robert (1982): Die Neuerschaffung der Welt. Auf dem Wege zu einer globalen Spiritualität, München: Goldmann (Tb., »New Age«), 1985 (Original: New Genesis. Shaping a Global Spirituality, New York 1982).

Muller, Robert (1985): Planet der Hoffnung. Wege zur Weltgemeinschaft, München: Goldmann (Tb.), 1986 (Original 1985).
Mynarek, Hubertus: s. Abschn. 1.7.3. und 2.3.
Roszak, Theodore (1969): Gegenkultur. Gedanken über die technokratische Gesellschaft und die Opposition der Jugend, Düsseldorf und Wien: Econ, 1971 (Original: The Making of a Counter Culture, New York 1968/69).
Roszak, Theodore (1972): Where the Wasteland Ends. Politics and Transcendence in Postindustrial Society, Garden City (New York).
Roszak, Theodore (1975): Das unvollendete Tier. Eine neue Stufe in der Entwicklung des Menschen, Reinbek: Rowohlt (Tb., »transformation«) 1985 (dt. Erstausgabe München: Dianus-Trikont, 1982; Original: Unfinished Animal, 1975).
Roszak, Theodore (1978): Mensch und Erde auf dem Weg zur Einheit. Ein Manifest, Reinbek: Rowohlt (Tb., »transformation«), 1986 (dt. Erstausgabe bei Ahorn Verlag, Soyen, 1982; Original: Person/Planet. The Creative Disintegration of Industrial Society, New York: Anchor/ Doubleday 1978).
Roszak, Theodore (1986): Der Verlust des Denkens. Über die Mythen des Computer-Zeitalters, München: Knaur (Tb.), 1988 (dt. Erstausgabe: Knaur, 1986; Original: The Cult of Information, 1986).
Röttgen, Herbert, und Rabe, Florian (1978): Vulkantänze. Linke und alternative Ausgänge, München: Trikont.
Russell, Peter (1982): Die erwachende Erde. Unser nächster Evolutionssprung, München: Heyne, 1984 (Orignial: The Awakening Earth. The Global Brain, 1982).
Samples, Bob (1981): Der Geist von Mutter Erde. Ganzheitlichkeit und planetares Bewußtsein, Basel: Sphinx (Original: Mind of our Mother. Toward Holonomy and Planetary Consciousness (Introduction by John and Toni Lilly), Reading (MA): Addison-Wesley, 1981).
Scheidt, Jürgen vom (1988): Im Zeichen einer neuen Zeit. Der Aufbruch des Menschen in eine andere Zukunft, Freiburg i.B.: Herder (Tb., »zeitwende«).
Scheidt, J.v.: s. auch 1.4.
Spangler, David (1977): Die Rolle des Esoterischen in der Planetaren Kultur, in: Antwort der Erde (1977), 202-215.
Spangler, David (1984): Emergence. The Rebirth of the Sacred, New York.
Spangler, David, und Thompson, William I. (1991): Re-Imagination of the World. A Critique of the New Age, Science, and Popular Culture. The Chinook Summer Conferences ... July 1988 and 1989, Santa Fe (NM): Bear & Comp.
Thompson, William I. (1974): Am Tor der Zukunft. Raum-Zeit-Passagen. Eine Studie über die neue planetare Kultur, Freiburg: Aurum, 1975 (Original: Passages About Earth, New York 1974).
Thompson, William I. (1981): Der Fall in die Zeit. Mythologie, Sexualität und der Ursprung der Kultur, Reinbek: Rowohlt (Tb., »transformation«), 1987 (dt. Erstausgabe: Stuttgart: Ed. Weitbrecht/Thienemann, 1985; Original: The Time Falling Bodies Take To Light, 1981).
Thompson, William I. (1984): Die pazifische Herausforderung. Re-Vision des politischen Denkens, München: Dianus-Trikont, 1985 (Original: The Pacific Shift, 1984).
Thurn, Christiane und Röttgen, Herbert (Hrsg.) (1981): Die Rückkehr des Imaginären. Märchen, Magie, Mystik, Mythos, Anfänge einer anderen Politik, München: Dianus-Trikont, 1981.
Trevelyan, George (1980): Eine Vision des Wassermannzeitalters. Gesetze und Hintergründe des »New Age«, München: Goldmann (Tb., »New Age«), ^{3}1986 (dt. Erstausgabe: Freiburg i.B.: GTP-Verlag 1980; Original: A Vision of the Aquarian Age, London 1977).
Trevelyan, George (1981): Unternehmen Erlösung. Hoffnung für die Menschheit, Freiburg: GTP-

Verlag, 1983 (Original: Operation Redemption. A Vision of Hope in an Age of Turmoil, Wellingborough (GB) 1981).
Trevelyan, Sir George (1986): Summons to a High Crusade, Forres (Scotland): Findhorn Press.
Trevelyan, George (*1990): Die spirituelle Bildung der Menschheit, in: Uexküll u. Dost (Hrsg.) (*1990), 386-389.
Wilber, Ken (1981): Halbzeit der Evolution. Der Mensch auf dem Weg vom animalischen zum kosmischen Bewußtsein, München: Goldmann (Tb., »New Age«) 1988 (dt. Erstausgabe München: Scherz, 1987; Original: Up from Eden. A Transpersonal View of Human Evolution, Garden City, N.Y.: Anchor/Doubleday, 1981, engl. Zitate nach der Ausgabe: Boston: Shambala (New Science Library), 1986).
Wilber, Ken (1983a): Die drei Augen der Erkenntnis. Auf dem Weg zu einem neuen Weltbild, München: Kösel 1988 (Original: Eye to Eye. The Quest for the New Paradigm, New York 1983).
Wilber, Ken: s. auch 1.3., 1.4., 1.7.1.
Wilfert, Peter und Hagenbach, Dieter A. (1985): New Age – die neue Dimension im Buchhandel, in: BuchMarkt 11/1985, 96-100.
Wilfert, Peter und Jost, Bernd (1985): Lust am geistigen Abenteuer (Vorstellung der Reihen »New Age – Modelle für morgen« und »transformation«, in: BuchMarkt 2/1985, 76-79).
Wilson, Robert A. (1983): Der neue Prometheus. Die Evolution unserer Intelligenz, Reinbek: Rowohlt, 1985 (dt. Erstausgabe: Sphinx; Original: Prometheus Rising, Scottsdale (AZ), New Falcons Pubns., 1983).
Young, Arthur (1976): Der Kreative Kosmos. Am Wendepunkt der Evolution, München, Knauer (Tb.), 1990 (dt. Erstausgabe München: Kösel, 1987; Original: The Reflexive Universe. Evolution and Consciousness, New York 1976).

1.3 Interdisziplinäre Zugänge mit naturwissenschaftlichem und systemtheoretischem Hintergrund zur Verknüpfung von Materie und Geist

(S. auch Abschnitt 3.2!)
Bohm, David (1980): Die implizite Ordnung, München: Goldmann (Tb., »New Age«), 1987 (dt. Erstausgabe München: Dianus-Trikont 1985; Original: Wholeness and the Implicate Order, London: Routledge & Kegan, 1980).
Bohm, David und Factor, Donald (1985): Die verborgene Ordnung des Lebens, Grafing: Aquamarin, 1988 (Original: Unfolding Meaning. A Weekend Dialogue with David Bohm, ed. by D. Factor, Mickleton/GB 1985).
Bohm, D.: s. auch Peat und Bohm (1987); Weber, R. (1978); Krishnamurti und Bohm (1977) und (1985) (Abschnitt 3.7.1.).
Briggs, John, und Peat, F. David (1984): Looking Glass Universe. The Emerging Science of Wholeness, Glasgow: Fontana 1985 (zuerst New York: Cornerstone Libr., 1984).
Capra, Fritjof (1975): Das Tao der Physik. Die Konvergenz von westlicher Wissenschaft und östlicher Philosophie, 10. Aufl. der Neuausgabe, München: O.W. Barth im Scherz-Verlag, 1988 (dt. zuerst unter dem Titel: Der kosmische Reigen, Weilheim und München: O.W. Barth, 1975; Original: The Tao of Physics. An Exploration of the Parallels between Modern Physics and Eastern Mysticism, London: Wildwood House, 1975).

Capra, Fritjof: Der kosmische Reigen: s. Das Tao der Physik (1975).
Capra (1982), (1987), (1988), (1991): s. Abschn. 1.2.2., 1.7.1.
Capra: s. auch Weber, R. (1981).
Charon, E. (1982): Der Geist der Materie, Frankfurt.
Der blinde Tanz zur lautlosen Musik. Die Auto-Organisation von Systemen. Fritjof Capra, Francisco Varela, Gottlieb Guntern, Jane Goodall. Proceedings der Intern. ISO-Symposien 3, Brig (CH): Institut für Systemwissenschaft Oberwallis, 1987.
Hawking, Stephen W. (*1988): Eine kurze Geschichte der Zeit, Hamburg.
Jantsch (1970): s. Abschn. 1.2.2.
Koestler, Arthur und Smythies, John R. (Hrsg.) (1969): Das neue Menschenbild. Die Revolutionierung der Wissenschaften vom Leben, Wien u.a.: Molden (Original: Beyond Reductionism. The Alpbach Symposium 1968, London: Hutchinson, 1969).
Küppers, Bernd-Olaf (Hrsg.) (1987): Ordnung aus dem Chaos. Prinzipien der Selbstorganisation und Evolution des Lebens, München nat.
Lovelock, James (1979): Unsere Erde wird überleben. GAIA – Eine optimistische Ökologie, München und Zürich: Piper, 1982 (Original: Gaia – A New Look at Life on Earth, Oxford 1979).
Lovelock, James (1988): Das Gaia-Prinzip. Die Biographie unseres Planeten, Zürich und München: Artemis, 1991 (Original: The Ages of Gaia. A Biography of Our Living Earth, New York und London: W.W. Norton, 1988).
Peat, F. David (1987a): Synchronizität. Das sinnvolle Zusammentreffen kausal nicht verbundener Geschehnisse. Die moderne Wissenschaft auf der Suche nach dem zeitlosen Ordnungsprinzip jenseits von Zufall und Notwendigkeit, München: O.W.Barth, 1989 (Original: Synchronicity. The Bridge Between Matter and Mind, Toronto u.a.: Bantam, 1987).
Peat, F. David, und Bohm, David (1987): Das neue Weltbild. Naturwissenschaft, Ordnung und Kreativität, München: Goldmann: 1990 (dt. Erstveröffentl.; Original: Science, Order and Creativity, Toronto u.a.: Bantam, 1987).
Pietschmann, Herbert (1980): Das Ende des naturwissenschaftlichen Zeitalters, Wien und Hamburg: Paul Zsolnay.
Pietschmann, Herbert (1990): Die Wahrheit liegt nicht in der Mitte. Von der Öffnung des naturwissenschaftlichen Denkens, Stuttgart und Wien: Edition Weitbrecht/K.Thienemanns.
Prigogine, Ilya (*1979): Vom Sein zum Werden. Zeit und Komplexität in den Naturwissenschaften, München und Zürich ^{4}1985 (^{1}München 1979; Original: From Being to Becoming – Time and Complexity in Physical Sciences, San Francisco: W.H.Freeman, 1980).
Prigogine, Ilya, und Stengers, Isabelle (1980): Dialog mit der Natur. Neue Wege naturwissenschaftlichen Denkens, München und Zürich: Piper, 6. Aufl. 1990 (dt. zuerst 1981, engl. Original 1980).
Riedl, Rupert (1990): Die Ordnung des Lebendigen. Systembedingungen der Evolution, München: Piper.
Riedl (1982), (1985), (1988), Riedl und Wuketis (Hrsg.) (1987): s. Abschn. 3.2.
Sheldrake, Rupert (1981): Das schöpferische Universum. die Theorie des morphogenetischen Feldes, München: Goldmann (Tb., »New Age«), ^{2}1987 (1. Aufl. des Tb. 1985, dt. Erstausgabe München: Meyster, 1984; Original: A New Science of Life, London: Blond & Briggs, 1981).
Sheldrake, Rupert (1988): Das Gedächtnis der Natur. Das Geheimnis der Entstehung der Formen in der Natur, Bern u.a.: Scherz, 1990 (Original: The Presence of the Past, 1988).
Sheldrake, Rupert (1990): Die Wiedergeburt der Natur. Wissenschaftliche Grundlagen eines neuen Verstehens der Lebendigkeit und Heiligkeit der Natur, München: Scherz, 1991 (Original: The Rebirth of Nature. The Greening of Science and God, London: Random, 1990).

Strzempa-Depré, Michael (1988): Die Physik der Erleuchtung, München: Goldmann (Tb., »New Age«).
Weber, Renée (1978): The Enfolding-Unfolding Universe. A Conversation with David Bohm, in: Wilber (Hrsg.) (1982), 44-104 (in der dt. Ausgabe S. 48-115, engl. zuerst 1978).
Weber, Renée (1981): Gibt es ein ›Tao der Physik‹?. Ein Gespräch mit Fritjof Capra, in: Wilber (Hrsg.) (1982), 220-257 (Original: The Tao of Physics Revisited. A Conversation with Fritjof Capra, 215-248 der engl. Ausgabe, des Sammelbandes, zuerst veröffentl. in: Re-Vision Journal, 1981).
Weber, Renée (1987): Wissenschaftler und Weise. Gespräche über die Einheit des Seins, Grafing: Aquamarin.
Wilber, Ken (Hrsg.) (1984): Quantum Questions: Mystical Writings of the World's Great Physicists, Bolder 1984.
Wilber, Ken: s. auch 1.2.2, 1.4, 1.7.1.
Zukav, Gary (1979): Die tanzenden Wu Li Meister. Der östliche Pfad zum Verständnis der modernen Physik: Vom Quantensprung zum Schwarzen Loch, Reinbek, Rowohlt (Tb., »transformation«), 1985 (dt. Erstausgabe: Rowohlt 1981; Original: The Dancing Wu Li Masters, New York: W. Morrow, 1979).

1.4 Psychologische, psychotherapeutische und medizinische Zugänge zur Integration von Körper-, Selbst- und Transzendenzerfahrung

(s. auch Abschn. 3.4!)
Ammon, Günter (1985): Der mehrdimensionale Mensch, in: Dynamische Psychiatrie 18/2 (1985), 99-110.
Ammon, Günter (1986): Der mehrdimensionale Mensch. Zur ganzheitlichen Schau von Mensch und Wissenschaft, München.
Amrito (Jan Foudraine) (1982): Bhagwan, Krishnamurti, C.G. Jung und die Psychotherapie, Essen: Synthesis, 1983 (Original: Meester/Antimeester end de psychotherapie, Deventer 1982).
Bard, Sharon R. (1992): Wandeln in zwei Welten. Interview mit Charles T. Tart, in: Esotera 6/92 (1992), 14-20.98-99.
Bühler, Charlotte und Allen, Melanie (1983): Einführung in die humanistische Psychologie, Frankfurt a.M.: Klett-Cotta / Ullstein (Tb.).
Dahlberg, Wolfgang (1992): Die transpersonale Wissenschaft. Interview mit Prof. DDr. Stanislav Grof, in: Wege Magazin, Nr. 92/3, 2-7.
Dethlefsen, Thorwald und Dahlke, Rüdiger (1989): Krankheit als Weg. Deutung und Be-deutung der Krankheitsbilder, München: Goldmann (Tb., »Grenzwiss./Esoterik«).
Fiedler, Peter (1988): Paradigmenwechsel in der Psychotherapie-Forschung, in: Univ. 2/88, 1055-1064.
Fittkau, Bernd (1987): Transpersonale Reflexionen, in: Magazin 2000, Nr. 67 (1987), 55-59.
Grof, Stanislav (1985): Geburt, Tod, Transzendenz. Neue Dimensionen in der Psychologie, München: Kösel (Original: Beyond the Brain. Birth, Death and Trancendence in Psychiatry, 1985).

Grof, Stanislav und Christina (^{2}1986): Jenseits des Todes, München: Kösel.

Grof, Stanislav (1987): Das Abenteuer der Selbstentdeckung. Heilung durch veränderte Bewußtseinszustände. Ein Leitfaden, München: Kösel (Original: The Adventure of Selfdiscovery, 1987).

Grof, Stanislav (1989): Auf der Schwelle zum Leben. Die Geburt: Tor zur Transpersonalität und Spiritualität, München: Heyne.

Grof, Stanislav (1990): Psychedelische Therapie und Holonomische Integration, in: Zundel und Fittkau (Hrsg.) (1990), 399-423.

Grof, Stanislav (1990a): Neue Perspektiven in der Psychotherapie, in: Bachmann und Schaeffer (Hrsg.) (1990), 378-403.

Grof, S.: s. auch Dahlberg (1992); s. auch Abschn. 1.2.1.

Houston, Jean (1980): Der mögliche Mensch. Handbuch zur Entwicklung des menschlichen Potentials, Basel 1984 (Später als Taschenbuch bei Rowohlt; Original: Lifeforce. The Psycho-Historical Recovery of the Self, New York, Delacorte, 1980).

Kübler-Ross, Elisabeth (1988): AIDS. Herausforderung zur Menschlichkeit, (dt.) Stuttgart.

Laing, Ronald D. (1960): Das geteilte Selbst. Eine existentielle Studie über geistige Gesundheit und Wahnsinn, Köln: Kiepenheuer & Witsch, 1972 (Original: The Divided Self, London: Tavistock, 1960).

Laing, Ronald D. (1961): Das Selbst und die Anderen, Köln: Kiepenheuer & Witsch, ^{2}1973 (Original: Self and Others, London: Tavistock, 1961, ^{2}1969).

Laing, Ronald D. (1969/71): Die Politik der Familie, Köln: Kiepenheuer & Witsch, 1974 (Original: The Politics of the Family, 1969 und 1971).

Laing, Ronald D. (1976): Die Tatsachen des Lebens, Köln 1978 (Original: The Facts of Life, 1976).

Lilly, John C. (1972): Das Zentrum des Zyklons. Eine Reise in die inneren Räume. Neue Wege der Bewußtseinserweiterung, Frankfurt: Fischer (Tb.), 1976 (Original: The Centre of the Cyclone. An Autobiography of Inner Space, 1972).

Lowen, Alexander (1975*): Bio-Energetik. Therapie der Seele durch Arbeit mit dem Körper, Reinbek: Rowohlt (Tb.), 1979 (dt. Erstausgabe: Bern und München: Scherz; engl. Original 1975).

Lowen, Alexander (1979): Lust. Der Weg zum kreativen Leben, München: Kösel.

Lukoschik, Andreas und Bauer, Erich (1989): Die richtige Körpertherapie. Ein Wegweiser durch westliche und östliche Methoden, München: Kösel.

Maruani, Guy (Hrsg.) (1982): L'interaction en médecine et en psychiatrie. Hommage à Gregory Bateson, Paris.

Maslow, Abraham A. (1954): Motivation und Persönlichkeit, Reinbek: Rowohlt (»Sachbuch«), 1981 (dt. Erstausgabe Olten: Walter, 1977; Original: New York 1954).

Maslow, Abraham A. (1968): Psychologie des Seins, Frankfurt a.M.: Fischer (Tb.); 1988 (dt. Erstausgabe München: Kindler 1973; Original: Toward a Psychology of Being, New York 1968).

Milz, Helmut (1985): Ganzheitliche Medizin. Neue Wege zur Gesundheit. Mit einem Vorwort von Fritjof Capra, Frankfurt a.M.: Athenäum, ^{2}1986 (Erstausgabe 1985).

Naranjo, Claudio (1973): Die Reise zum Ich. Psychotherapie mit heilenden Drogen, Frankfurt a.M.: Fischer, 1979 (Original: The Healing Journey, New York 1973).

Obrist, Willy (1988): Neues Bewußtsein und Religiosität. Evolution zum ganzheitlichen Menschen, Olten: Walter.

Pflüger (Hrsg.) (1987), (1989), (1990): s. 2.6.

Priskil, P. und Hoevels, F.E. (1987): Jesus – Bhagwan... Eine psychoanalytische Studie, Freiburg.

Scheidt, Jürgen vom (1989): Der Weg ist das Ziel. Selbsterfahrung, München: Knaur (Tb.).
Scheidt, Jürgen vom (1988): s.1.2.2.
Tart, Charles (1969): Altered States of Consciousness, Garden City (NY): Anchor.
Tart, Charles (u.a.) (1975): Transpersonale Psychologie. Olten: Walter, 1978 (Original: Transpersonal Psychologies, New York: Harper & Row, 1975).
Tart, Charles (1992): s. auch Bard (1992).
Walsh, Roger N. und Vaughan, Frances (Hrsg.) (1980): Psychologie in der Wende, Grundlagen, Methoden und Ziele der Transpersonalen Psychologie. Eine Einführung in die Psychologie des Neuen Bewußtseins, Reinbek: Rowohlt (Tb., »transformation«), 1987 (dt. Erstausgabe: München und andere: Scherz, ²1985; engl. Original: Beyond Ego, 1980).
Whitmont, Edward C. (1982): Die Rückkehr der Göttin. Von der Kraft des Weiblichen in Individuum und Gesellschaft, München: Kösel, 1989 (Original: Return of the Goddess, 1982).
Wilber, Ken (1977): Das Spektrum des Bewußtseins. Ein metaphysisches Modell des Bewußtseins und der Disziplinen, die es erforschen, München: Scherz, 1987 (Original: The Spectrum of Consciousness, Wheaton (Ill.): Theos. Publ. House, 1977).
Wilber, Ken (1979a): A Developmental View of Consciousness, in: Journal of Transpersonal Psychology 11/1 (1979).
Wilber: s. auch 1.2.2., 1.3., 1.7.1.
Zundel, Edith und Fittkau, Bernd (Hrsg.) (1989): Spirituelle Wege und Transpersonale Psychotherapie, Paderborn: Junfermann.

1.5 Zugänge mit ethnologischem und volkskundlichem Hintergrund: Zur Rezeption der Kultur der Indianer und zur Wiederaufnahme vorchristlicher Traditionen

(Vgl. auch Abschn. 3.7.3, sowie das Programm des Dianus-Trikont-Verlages seit 1980: Abschn. 8.2.2!)
Akwesasne – Wo das Rebhuhn balzt. Indianische Texte aus dem Widerstand. Von Wounded Knee 1973 bis Genf 1977 (aus den »Akwesasne Notes«), hrsg.v.d. Gesellschaft für bedrohte Völker, Koordinationsgruppe Indianer, München: Trikont, 1978.
Auf den Spuren Carlos Castanedas. Studien zu einer anderen Ansicht der Welt. Mit Beiträgen von Sam Keen und anderen, Rheinberg: Zero-Verlag, 1981 (erweiterte Ausgabe des Ulcus-Molle-Sonder-Info Nr. 2, Bottrop 1976).
Bateson, Gregory: s. Abschn. 3.2.
Boyd, Doug (*1978): Rolling Thunder. Erfahrungen mit einem Schamanen der neuen Indianerbewegung, München: Trikont (mehrere Neuauflagen).
Buschenreiter, Alexander (1989): Mit der Erde für das Leben. Der Hopi-Weg der Hoffnung, Freiburg: Bauer.
Caro Baroja, Julio: Hexen und ihre Welt, Stuttgart 1967.
Castaneda, Carlos (1968): Die Lehren des Don Juan. Ein Yaqui-Weg des Wissens, Frankfurt: Fischer (Tb.), 1989 (dt. Erstausgabe u.d.T.: Die andere Realität. Die Lehren des Don Juan, Frankfurt: März, 1972; Original: The Teachings of Don Juan, Berkeley & Los Angeles: Berkeley University Press, 1968).
Castaneda, Carlos (1971): Eine andere Wirklichkeit. Neue Gespräche mit Don Juan, Frank-

furt a.M.: S. Fischer, 1973 (Original: A Separate Reality, New York: Simon & Schuster, 1971).
Castaneda, Carlos (1972): Reise nach Ixtlan. Die Lehre des Don Juan, Frankfurt a.M.: Fischer, 1975 (Original: Journey to Ixtlan, New York: Simon & Schuster, 1972).
Castaneda, Carlos (1974): Der Ring der Kraft. Don Juan in den Städten, Frankfurt a.M.: S. Fischer, 1974 (Original: Tales of Power, New York: Simon & Schuster, 1974).
Castaneda, Carlos (1977): Der zweite Ring der Kraft, Frankfurt a.M.: S. Fischer, ³1978 (Original: The Second Ring of Power, New York: Simon & Schuster, 1977).
Chatwin, Bruce (*1990): Traumpfade. The Songlines. Roman, München und Wien: Hanser.
Cushing, Frank Hamilton (*1983): Ein weißer Indianer. Mein Leben mit den Zuni, Olten und Freiburg: Walter.
Deloria, Vine (1979): The Metaphysics of Modern Existence, San Francisco.
Deloria, Vine jr. (1970): Nur Stämme werden überleben, München: Dianus-Trikont, 1982 (dt. zuerst Trikont: 1976, 4. Aufl. 1978, Neuausgabe 1982, davon 2. Aufl. 1985, danach bei Goldmann; Original: We Talk – You Listen, 1970).
Die Wunden der Freiheit. Selbstzeugnisse, Kommentare und Dokumente aus dem Kampf der Indianer gegen die weiße Eroberung und heutige Unterdrückung in den USA, vom Beginn der Kolonialisierung bis 1975, München: Trikont, 1975.
Duerr, Hans P. (1978): Traumzeit, Frankfurt.
Golowin, Sergius (1980): Magische Gegenwart. Forschungsfahrt durch eine Zivilisation in Wandlung, München: Trikont-Dianus.
Golowin, Sergius (1980a): Der ewige Zigeuner im Abendland, München: Trikont-Dianus.
Golowin, Sergius (1981): Das Reich des Schamanen. Der eurasische Weg der Weisheit, Basel: Sphinx.
Golowin, Sergius (1985): Die weisen Frauen. Die Hexen und ihr Heilwissen, München.
Graichen, Gisela (1988): Das Kultplatzbuch. Ein Führer zu alten Opferplätzen, Heiligtümern und Kultstätten in Deutschland, München: Knaur, 1991 (zuerst Hamburg: Hoffmann & Campe, 1988).
Hoffman, Kaye (1984): Tanz, Trance, Transformation, München: Knaur (Tb.,»Esoterik«), o. J. (Erstausgabe München: Dianus-Trikont 1984).
Hoffman, Kaye (1990): Die ökologische Ekstase, in: Wege 90/6, 12-16.
Kalweit, Holger (1984): Traumzeit und innerer Raum. Die Welt der Schamanen, Bern und München und Wien: O.W.Barth/Scherz, 1984.
Kunze, Gerhard (1982): Ihr baut die Windmühlen – Den Wind rufen wir. Alternative Technik und indianische Stammestradition, München: Dianus-Trikont.
Lehner, Thomas (Hrsg.) (1985): Keltisches Bewußtsein. Wissenschaft, Musik, Poesie, München: Goldmann, 1988 (Erstausgabe München: Dianus-Trikont, 1985).
Mille, Richard de (1976): Die Reisen des Carlos Castaneda, Bern 1980 (Original: Castaneda's Journey, Santa Barbara/Cal., 1976).
Mille, Richard de (1980): The Don Juan Papers. Further Castaneda Controversies, Santa Barbara.
Schlesier, Karl H. (1985): Die Wölfe des Himmels. Welterfahrung der Cheyenne, Düsseldorf: Diederichs.
Sharon, Douglas (1978): Magier der vier Winde. Der Weg eines peruanischen Schamanen, Freiburg: H. Bauer, 1980 (Original: Wizard of the Four Winds, New York: The Free Prees/Macmillan, 1978).
Sills-Fuchs, Martha (1983): Wiederkehr der Kelten, München: Knaur, 1986 (zuerst: Dianus-Trikont, 1983).
Wir sind ein Teil der Erde. Die Rede des Häuptlings Seattle an den Präsidenten der Vereinigten Staaten von Amerika im Jahre 1855, Olten und Freiburg: Walter, o.J.

1.6 Ökologische und politische Zugänge: Integration von Mensch und Natur, Friedensproblematik

Amery, Carl (1974): Das Ende der Vorsehung. Die gnadenlosen Folgen des Christentums, Reinbek: Rowohlt (Tb.).
Capra, Fritjof: s. 1.2.2.
Copray, Norbert (1988): Theologie ökologisch oder: Der Natur ein Sabbat (Literaturbericht), in: Börsenblatt 23/1988, 1007-1015.
Denken wie ein Berg. Ganzheitliche Ökologie: Die Konferenz des Lebens. Mit Beiträgen von John Seed u.a., Freiburg: Bauer (Edition Pax), 1989 (Original: Thinking like a Mountain. Towards a Council of All Beings, Philadelphia: New Society Publishers, 1988).
Devall, Bill, und Sessions, George (1985): Deep Ecology. Living as if Nature Mattered, Salt Lake City: Gibbs Smith.
Harnisch, Günter (1988): Einfach leben, besser leben – Lebensstil im New Age, Freiburg: Herder (Tb., »Zeit-Wende-Zeit«).
Henderson, Hazel (1985): Das Ende der Ökonomie. Die ersten Tage des nach-industriellen Zeitalters, hrsg. v. Rüdiger Lutz. Vorwort von C. und E. U. v. Weizsäcker, München: Goldmann, 1985 (Erstausgabe München, Dianus-Trikont; Original: Creating Alternative Futures. The Politics of the Solar Age).
Henderson, Hazel (1985a): Das kommende Solarzeitalter, in: Kumar und Hentschel (Hrsg.) (1985), 54-65.
Hesse, Gunter und Wiebe, Hans-Hermann (Hrsg.) (1988): Die Grünen und die Religion, Frankfurt a.M.: Athenäum.
Illich, Ivan (1973): Selbstbegrenzung. Eine politische Kritik der Technik, Reinbek 1975 (Original: Tools for Coniviality, New York 1973).
Kieffer, Karl W. (Hrsg.) (1986): Beginn eines neuen Denkens. Zum Gedenken an E.F. Schumacher, hrsg. v.d. Georg-Michael-Pfaff-Gedächtnisstiftung, Redaktion Karl W. Kieffer, Karlsruhe.
Kirk, Geoffrey (Hrsg.) (1982): Schumacher on Energy. Speeches and Writings of E.F. Schumacher, London.
Kunze, G. (Hrsg.): s. Abschn. 1.5.
La Chapelle, Dolores (1978): Weisheit der Erde. Eine spirituelle Ökologie, Saarbrücken: Verlag Neue Erde, 1990 (Original: Earth Wisdom, Silverton (Col.), 1978).
Landolt, Johannes G. (1988): Verbraucher im New Age. Steht die Wirtschaft vor einer Wende?, Freiburg i.B.: Herder (Tb., »Zeitwende«).
Lott, Jürgen (1988): Schöpfungstheologie, ›weibliche‹ Spiritualität und Naturmystik: Religiöse Strömungen bei den Grünen, in: Hesse und Wiebe (Hrsg.) (1988), 185-214.
Lutz, Rüdiger (Hrsg.) (1981): Sanfte Alternativen, Öko-Log-Buch 1, Weinheim und Basel: Beltz.
Lutz, Rüdiger (Hrsg.) (1983): Bewußtseins(R)evolution, Öko-Log-Buch 2, Weinheim und Basel: Beltz.
Lutz, Rüdiger (1984): Die sanfte Wende. Aufbruch ins ökologische Zeitalter. Mit einem Vorwort von Fritjof Capra, Frankfurt: Ullstein (Tb.), 1987 (Erstausgabe: München: Kösel, 1984).
Macy, Joanna (1983): Mut in der Bedrohung, München: Kösel, 1986 (Original: Despair and Personal Power in the Nuclear Age, Philadelphia 1983).
Mayer-Tasch, Peter C. (1987): Ein Netz für Ikarus. Zur Wiedergewinnung der Einheit von Natur, Kultur und Leben, München: Goldmann (Tb.), ²1990 (¹1987).
Pestalozzi, Hans A. (1979): Nach uns die Zukunft. Von der positiven Subversion, München: Kösel o.J. (Erstausgaube: Zytglogge, Bern, 1979).

Pestalozzi, Hans A. (1989): Auf die Bäume ihr Affen, Bern: Zytglogge, ⁷1990 (zuerst 1989).
Prokol-Gruppe, Berlin (Hrsg.) (1976): Der sanfte Weg. Technik einer neuen Gesellschaft (verfaßt von Wolf-Rüdiger Lutz, Wolfgang Martin, Andreas Müller, Norbert R. Müller, Rolf-Peter Owsianowski, Helga Strucksberg, mit Beiträgen von Robert Jungk), Stuttgart: DVA.
Röhrung, Klaus (1989): Kann den Technik Schöpfung sein? in: Altner (Hrsg.) (1989).
Sailer, Christian (1987): Die Sünde wider die Natur und die Hoffnung auf eine neue Erde, in: Pflüger (Hrsg.) (1987), 11-32.
Schleip, Holger (Hrsg.) (1986): Zurück zur Natur-Religion? Wege zur Ehrfurcht vor allem Leben, Freiburg i.B.: Hermann Bauer.
Schorsch, Christof (1987): Die große Vernetzung. Wege zu einer ökologischen Philosophie, Freiburg: Bauer (»esotera«-Tb.).
Schumacher, Ernst Friedrich (1973): Small is beautiful. A Study of Economics as if People Mattered, London: ³1974 (¹1973).
Schumacher, Ernst Friedrich (1974): Es geht auch anders. Jenseits des Wachstums. Technik und Wirtschaft nach Menschenmaß, München: Desch.
Schumacher, Ernst Friedrich (1977): Rat für die Ratlosen. Vom sinnerfüllten Leben, Reinbek: Rowohlt, 1979 (Original: A Guide for the Perplexed, London: Cape).
Schumacher, Ernst Friedrich (1979): Das Ende unserer Epoche. Reden und Aufsätze, Reinbek: Rowohlt, 1980 (Original: Good Work, 1979).
Schwarz, Dorothy und Walther (1989): Alternative Zukunft. Ein Handbuch der spirituellen Ökologie, Freiburg: Bauer.
Spretnak, Charlene (Hrsg.) (1982): The Politics of Women's Spirituality, Doubleday.
Spretnak, Charlene, und Capra, Fritjof (1984): Die Grünen. Nicht links, nicht rechts, sondern vorne, München: Goldmann (Tb.,»New Age«), 1985 (Original: Green Politics. The Global Promise, New York 1984; die dt. Ausgabe ist stark überarbeitet).
Timm, Hermann (Hrsg.) (1987): Wie Grün darf die Zukunft sein? Naturbewußtsein in der Umweltkrise, Gütersloh: Gütersloher-Tb.
Toffler, Alvin (1975): Die Grenzen der Krise. Warum geraten die Welt und unsere Wirtschaft außer Kontrolle? Alle reden von Krise. Hier lernen wir sie verstehen, München u.a.: Scherz, 1975 (Original: The Eco-Spasm Report, 1975).
Uexküll, Jakob von (1988): Zukunftsfähige Alternativen – von den Chancen Neuen Denkens, in: Die Vernunft zur Vernunft bringen, Tutzing: Tutzinger Materialie Nr. 56 (1988), 59-67.
Uexküll, Jakob von, und Dost, Bernd (Hrsg.) (1990): Projekte der Hoffnung. Der alternative Nobelpreis, München: Raben-Verlag, 1990 (= Neubearbeitung von: J.v.Uexküll (Hrsg.): Der alternative Nobelpreis, München: Dianus Trikont, 1985).
Universitas. Zeitschrift für interdisziplinäre Wissenschaft, 2/1990 = Schwerpunktheft: Ganzheitlicher Umweltschutz.
Weizsäcker, Carl F. von (1975): Fragen zur Weltpolitik, München: Hanser.
Weizsäcker, Carl F. von (1976): Wege in der Gefahr. Eine Studie über Wirtschaft, Gesellschaft und Kriegsverhütung, München: Hanser.
Weizsäcker, Carl F. von (1988): Bewußtseinswandel, München und Wien: Hanser.
Weizsäcker, Carl F. von (1990): Bedingungen der Freiheit. Reden 1989-1990, München und Wien: Hanser, 1990.
Weizsäcker, Ernst U. von (²1990): Erdpolitik. Ökologische Realpolitik an der Schwelle zum Jahrhundert der Umwelt, Darmstadt.
Wood, Barbara (1984): E.F. Schumacher. His Life and Thougt, New York.
Zeitler, Karin (1988): Auf dem Weg ins Neue Zeitalter, in: Hesse und Wiebe (Hrsg.) (1988), 106-116.

1.7 Religiöse Wege

1.7.1 ›Insider‹-Literatur aus neuen religiösen Bewegungen

(Vgl. auch Abschnitt 3.7!)
Baba Ram Dass (Richard Alpert) (1971): Be Here Now.
Brinton Perera, Sylvia (1983): Der Weg zur Göttin der Tiefe. Die Erlösung der dunklen Schwester: eine Initiation für Frauen, Interlaken, Schweiz: Ansata, 1985 (Original: Descent to the Goddess, Toronto 1983).
Capra, Fritjof, und Steindl-Rast, David (1991): Wendezeit im Christentum. Perspektiven für eine aufgeklärte Theologie, München: Scherz, 1991 (Original: A Sense of Belonging, 1991).
Capra, Fritjof: s. auch Abschn. 1.2.2. und 1.3.
Colegrave, Sukie (1979): Yin und Yang. Die Kräfte des Weiblichen und des Männlichen. Eine inspirierende Synthese von westlicher Psychologie und östlicher Weisheit, Frankfurt am Main: Fischer (Tb.), 1984 (dt. Erstausgabe Weilheim/München: O.W. Barth/Scherz; Original: The Spirit of the Valley, 1979).
Dürckheim, Karlfried Graf (1975): Der Ruf nach dem Meister. Die Bedeutung geistiger Führung auf dem Weg zum Selbst, Weilheim: O.W. Barth 1986 (zuerst ebd., 1975).
Dürckheim, Karlfried Graf (1979): Mein Weg zur Mitte, Gespräche mit Alphonse Goettmann, Freiburg: Herder (Tb.), 1988 (dt. Erstausgabe: München: O.W. Barth, frz. Original 1979).
Dürckheim, Karlfried Graf (1988/92): Weg der Übung. Geschenk der Gnade. Frankfurter Vorträge, hrsg. v. Christa Well, Aachen: N.F. Weitz, Bd. 1: 1988, Bd. 2: 1992.
Dürckheim, Karlfried Graf: s. auch Abschn. 3.1., 3.6., 3.7.2.
Eichler, Norbert A. (1989): Die Erleuchtung ist gratis. Ein westlicher Weg zur Vollkommenheit, Reinbek: Rowohlt (Tb., »rororo transformation«), 1989 (Originalausgabe).
Eichler, Norbert A. (1990): Das Buch der Wirklichkeit. Das I Ging für das Wassermann-Zeitalter, Reinbek: Rowohlt (Tb., »rororo transformation«), 1990 (Originalausgabe: Hamburg: Papyrus Verlag, 1983).
Elten, Jörg Andreas (Satyananda) (1977): Ganz entspannt im Hier und Jetzt, Reinbek: Rowohlt.
Elten, Jörg Andreas (Satyananda) (1990): Alles ganz easy in Santa Barbara. Wie ich das Ende der Rajneesh-Kommune in Oregon erlebte und was mir danach in Kalifornien widerfuhr, Hamburg: Hoffmann und Campe.
Feild, Reshad (1976): Ich ging den Weg des Derwisch. Das Abenteuer der Selbstfindung, München: Diederichs, [6]1991 ([1]1977); Original: The Last Barrier, London: Turnstone, 1976.
Feild, Reshad (1983): Schritte in die Freiheit. Die Alchemie des Herzens, Südergellersen: Bruno Martin, 1984 (Original: Steps to Freedom, 1983).
Feild, Reshad (1985): Leben um zu heilen, Südergellersen: Bruno Martin, 1985 (Original: Here to Heal, 1985).
Francia, Luisa (1986): Mond, Tanz, Magie, München.
Ginsberg, Allen (1961): Empty Mirrors, New York: Totem Press.
Göttner-Abendroth, Heide (1982): Die tanzende Göttin. Prinzipien einer matriarchalen Ästhetik, München.
Huxley, A. (1954/56): Die Pforten der Wahrnehmung. Himmel und Hölle. Erfahrungen mit Drogen, München: Piper (Serie Piper), [13]1989 (dt. Erstausgabe 1970; Original: The Doors of Perception /Heaven and Hell, London 1954/56).
Iglehart, Hallie (1983): Weibliche Spiritualität. Traumarbeit, Meditationen und Rituale, Mün-

chen: Kösel, 1987 (Original: Womanspirit. A Guide to Women's Wisdom, New York: Harper & Row, 1983).
Keyserling, Arnold (1990): Von der Schule der Weisheit zur Weisheit des Rades, Wien: Edition S.
Klostermann, Michael (1976): Auroville. Stadt des Zukunftsmenschen, Frankfurt: Fischer (Tb.).
Koestler, Arthur (1959): Von Heiligen und Automaten, Bern 1961 (Original: The Lotus and the Robot, 1959).
Leary, Timothy, und Metzner, Ralph, und Alpert, Richard (1964): The Psychedelic Experience, New Hyde Park (NY).
Lenz, Reimar (1969): Der neue Glaube. Bemerkungen zur Gesellschaftstheologie der jungen Linken und zur geistigen Situation, Wuppertal: Jugenddienst.
Lenz, Reimar (1976): Thesen zur Selbstkritik der religiösen Subkultur, in: Riedel (Hrsg.) (1976), 96-103.
Lenz, Reimar (1976a): Meditation in der religiösen Subkultur, in: Reiter (Hrsg.) (1976), 98-127.
Martin, Bruno (Hrsg.) (1986): Der Sufi-Weg heute. Interviews und Informationen, Verlag Bruno Martin.
Michel, Peter (1988): Karma und Gnade, Grafing: Aquamarin.
Pirsig, Robert M. (1974): Zen und die Kunst ein Motorrad zu warten. Ein Versuch über Werte, Frankfurt a.M.: Fischer (Tb.), 1978 (dt. Erstausgabe Frankfurt: S. Fischer, 1976; Original. Zen and the Art of Motorcycle Maintenance, 1974).
Starhawk [i.e. Miriam Simos] (1987): Truth or Dare. Encounters with Power, Authority, and Mystery, San Francisco: Harper & Row.
Thorwesten, Hans (1983): Sind wir nur einmal auf Erden? Die Idee der Reinkarnation angesichts des Auferstehungsglaubens, Freiburg u.a.: Herder.
Walf, Knut (Hrsg.) (1983): Stille Fluchten. Zur Veränderung des religiösen Bewußtseins, München: Kösel.
Watts, Alan: s. Abschnitt 3.7.3.
Wehr, Gerhard (1988): Karlfried Graf Dürckheim. Ein Leben im Zeichen der Wandlung, München: Kösel.
Wetering, Janwillem van de (1972): Der leere Spiegel. Erfahrungen in einem japanischen Zen-Kloster, Reinbek: Rowohlt (Tb.), 1981 (Original: De lege Spiegel, Amsterdam 1972).
Wilber, Ken (1979): Wege zum Selbst. Östliche und westliche Ansätze zu persönlichem Wachstum, München: Kösel ^{4}1986 (^{1}1984; Original: No Boundary. Eastern and Western Approaches to Personal Growth, Los Angeles, Center Publications, 1979; engl. Zitate nach der Ausgabe: Boston & London: Shambala, 1985).
Wilber, Ken (1980): Das Atman Projekt. Der Mensch in transpersonaler Sicht, Paderborn: Junfermann, 1990 (Original: The Atman Project, Wheaton: Quest-Book (The Theosophical Publishing House), 1980).
Wilber, Ken (1983): Der glaubende Mensch. Die Suche nach Transzendenz, München: Goldmann (Tb.), 1988 (Original: A Sociable God, New York 1983).
Wilber, Ken: s. auch 1.2.2., 1.3., 1.4.
Winter, Gayan S. (1989): Die neuen Priesterinnen. Frauen des New Age, Reinbek: Rowohlt (Tb., »transformation«).
Wunderli, Jörg (1976): Yoga und Meditation, in: Reiter (Hrsg.) (1976), 29-54.

1.7.2 Neue Esoterik und Weiterentwicklungen metaphysischer Bewegungen des 19. Jahrhunderts

Allen, Marcus (1984): Astrologie für das Neue Zeitalter, Reinbek: Rowohlt, 1988 (vorher: Werkstatt Edition, ²1986; Original: Astrology for the New Age, Mil Valley (CA), 1979).

Carter, Mary Ellen (1969): Das Neue Zeitalter. Authentische Visionen des Edgar Cayce, Genf und München: Ariston, 5. Aufl. 1990 (1. dt. Aufl. 1971; Original: Edgar Cayce on Prophecy, New York 1969).

Dethlefsen, Thorwald (1979): Schicksal als Chance. Das Urwissen zur Vollkommenheit des Menschen, München: Goldmann 1980 (zuerst München: Bertelsmann, 1979).

Dethlefsen, Thorwald (1990): Ödipus der Rätsellöser. Der Mensch zwischen Schuld und Erlösung, München: Goldmann, 1992 (Original München: Bertelsmann, 1990.

Griscom, Chris (*1986): Zeit ist eine Illusion, München: Goldmann.

Griscom, Chris (*1988): Die Frequenz der Ekstase. Bewustseinsentwicklung durch die Kraft des Lichts, München: Goldmann.

Kakuska, Rainer (1991): Esoterik. Von Abrakadabra bis Zombie, Weinheim und Basel: Beltz.

Keyserling, Arnold (1990): Von der Schule der Weisheit zur Weisheit des Rades, Wien: Edition S.

Landscheidt, Theodor (1987): Wir sind Kinder des Lichts. Kosmisches Bewußtsein als Quelle der Lebensbejahung, Freiburg i.B.: Herder (Tb., »Zeitwende«).

Leuenberger, Hans-Dieter (1985): Das ist Esoterik. Eine Einführung in esoterisches Denken und in die esoterische Sprache. Dem Neugierigen wird das notwendige Grundwissen vermittelt, Bauer, (Tb.), 4. erw. Aufl. 1989 (¹1985).

Leuenberger, Hans-Dieter (1989): Sieben Säulen der Esoterik. Grundwissen für Suchende, Freiburg: Bauer.

Love, Jeff (1976): Die Quantengötter. Ein neues Verständnis der Kabbalah, Düsseldorf und Köln: Diederichs, 1979 (Original: The Quantum Gods, Tisbury/GB 1976).

MacLaine, Shirley (1984): Zwischenleben, München: Goldmann (Tb., »Grenzwiss./Esoterik«).

MacLaine, Shirley (1989): Die Reise nach innen. Mein Weg zu spirituellem Bewußtsein, München: Goldmann, 1989 (Original: Going within, New York: Bantam, 1989).

Michell, John (1975): Die vergessene Kraft der Erde. Ihre Zentren, Strömungen und Wirkungsweisen, Frauenberg 1981 (engl. Original: The Earth Spirit. It's Ways, Shrines and Mysteries, London 1975).

Murphy, Joseph (*1991): Die Praxis des Positiven Denkens. Wie ein positives Leben unseren Alltag verändern kann, München: Goldmann.

Murphy, Joseph (¹²1987): Das Wunder Ihres Geistes, Ariston-Verlag.

Pauwels, Louis und Bergier, Jacques (1960): Aufbruch ins dritte Jahrtausend. Von der Zukunft der phantastischen Vernunft, München: Goldmann (Tb., »Grenzwissenschaften«), 1979 (dt. Erstausgabe Bern und München: Scherz, 1962. 1965; Heyne 1976; Goldmann »New Age«, 1986; Original: Le Matin des Magiciens, Paris 1960).

Roberts, Jane (1970): The Seth Material, Englewood Cliffs (NY): Prentice Hall.

Roberts, Jane (1975): Dialogues of the Soul and Mortal Self in Time, Englewood Cliffs (NY): Prenctice Hall.

1.7.3 Rezeption neuer religiöser Bewegungen im Christentum, christliche Meditationskultur

Vgl. auch Abschnitte 2.3 (christlich orientierte Sekundärliteratur über Neue religiöse Bewegungen) und 3.7. (interreligiöser Dialog und christliche Rezeption östlicher Religionen)!

Albrecht, Erika (^{3}1985): Im ewigen Jetzt. Erfahrung lebendiger Eckhardt-Mystik. Mit einem Vorwort von Karlfried Graf Dürckheim, Aachen: N.F. Weitz.

Baatz, Ursula (Hrsg.) (1990): Gott näher treten. Begegnung mit dem Ganz Anderen, Freiburg: Herder.

Breidenstein (1988), (1989), (1990): s. 2.2.

Brück, Michael von (1985a): Aufkeimendes Bewußtsein für eine neue Menschheit, in: ders. (Hrsg.) (1985) 65-76.

Die Regel von Taizé, Gütersloh 1963 (frz. Original: La Règle de Taizé, 1962).

Ebert, Andreas: Und welcher Typ bist du? in: Evang. Sonntagsblatt, 17.9. 1989, 12-13.

Enomiya-Lassalle, Hugo M. (1981): Am Morgen einer besseren Welt. Der Mensch im Durchbruch zu einem neuen Bewußtsein, Freiburg u.a.: Herder, 1984 (dt. Erstausgabe unter dem Titel: Wohin geht der Mensch?, Zürich u.a.: Benziger, 1981).

Enomiya-Lassalle, Hugo M. (1986): Leben im neuen Bewußtsein. Ausgewählte Texte zu Fragen unserer Zeit, hrsg. v. Roland Ropers, München: Kösel.

Enomiya-Lassalle, Hugo M. (1989): Von der Katastrophe zur Erneuerung, München: Kösel.

Enomiya-Lassalle, H.M.: vgl. auch Abschn. 3.7.1.!

Fox, Matthew (1983): Original Blessing. A Primer in Creation Spirituality, Santa Fe (NM): Bear & Co.

Fox, Matthew (1988): Der kosmische Christus, Stuttgart: Kreuz, 1991 (engl. Original: The Coming of the Cosmic Christ, San Francisco: Harper & Row, 1988).

Geduhn, Adalbert (1990): Mystik als Grundstrom neuer Innerlichkeit, Olten: Walter.

Griffiths, Bede (1989): Die neue Wirklichkeit. Westliche Wissenschaft, östliche Mystik und christlicher Glaube, Grafing: Aquamarin, 1990 (engl. Original: London 1989).

Griffiths, Bede: vgl. auch Abschn. 3.7.1.!

Heinz-Mohr, Gerd (1968): Christsein in Kommunitäten, Stuttgart.

Holl, Adolf (1977): Mystik für Anfänger. 14 Lektionen über das Geheimnis des Alltäglichen, Reinbek: Rowohlt (Tb.), 1979 (Erstausgabe: Stuttgart 1977).

Jäger, Willigis (1982): Eckehart und die ›Wolke des Nichtwissens‹, Salzburg: O.Müller.

Johnston, William (1986): Spiritualität und Transformation, München: Kösel.

Lotz, Johannes B. (1976): Christliche Meditation, in: Reiter (Hrsg.) (1976), 29-54.

Mangoldt, Ursula v. (Hrsg.) (1970): Wege der Meditation heute. Information und Diskussion, Weilheim: O.W.Barth.

Mangoldt, Ursula von (1956): Das Menschenbild. Stufen der menschlichen Entwicklung, Planegg: O.W.Barth.

Mangoldt, Ursula von (1960): Meditation. Heilkraft im Alltag, Planegg: O.W.Barth.

Mangoldt, Ursula von (1963): Auf der Schwelle zwischen gestern und morgen. Begegnungen und Erlebnisse, Weilheim: O.W.Barth.

Mangoldt, Ursula von (1966): Meditation und Kontemplation aus christlicher Tradition, Weilheim: O.W.Barth.

Mangoldt, Ursula von (1977): Östliche und westliche Meditation. Einführung und Abgrenzung, München: Kösel.

Mangoldt, Ursula von (1979): Das Glück der Gelassenheit. Lebenserfahrungen, Freiburg: Herder.

Mangoldt, Ursula von (1979a): Auf der anderen Seite der Verzweiflung oder Rückkehr zu einem christlichen Bewußtsein, Olten: Walter.
Mangoldt, Ursula von (1981): Gebrochene Lebenslinien. Mein Weg zwischen den Zeiten, Freiburg u.a.: Herder (Tb.).
Matus, Thomas (1984): Yoga and the Jesus Prayer Tradition. An Experiment in Faith, New York: Paulist Press.
Moltmann-Wendel, Elisabeth (1989): Wenn Gott und Körper sich begegnen. Feministische Perspektiven der Leiblichkeit, Gütersloh.
Mynarek, Hubertus (1986): Ökologische Religion, München: Goldmann (Tb.).
Mynarek, Hubertus (1988): Die Vernunft des Universums. Auf der Suche nach den Lebensgesetzen von Kosmos und Psyche, München: Goldmann (Tb.»New Age«).
Mynarek, Hubertus (1989): Die Kunst zu sein. Philosophie, Ethik und Ästhetik sinnerfüllten Lebens, Düsseldorf: Verlag Mehr Wissen.
Mynarek, H.: s. auch 2.3.
Panikkar, Raimon (1982): Den Mönch in sich entdecken, München: Kösel, 1989 (Original: Blessed Simplicity. The Monk as Universal Archetype, New York: Seabury, 1982).
Panikkar, R.: vgl. auch Abschn. 6.2.1.
Riedel (Hrsg.) (1976): s. Abschn. 2.3.
Rohr, Richard und Ebert, Andreas (1989): Das Enneagramm. Die 9 Gesichter der Seele, München: Claudius.
Snela, Bogdan und Nonhoff, Winfried (1989): Mönch und Weltbürger, in: Börsenblatt 1989/19, 827-830 (über das religiöse Verlagsprogramm des Kösel-Verlags).
Steindl-Rast, David (1977): Der Mönch in uns, in: Antwort der Erde (1977), 22-30.
Steindl-Rast, David (1984): Fülle und Nichts. Die Wiedergeburt christlicher Mystik, 2. Aufl. München: Goldmann, 1988 (dt. Erstausgabe München, Dianus-Trikont, 1985; Original: The Heart of Prayer, 1984).
Steindl-Rast, David (1984a): Die Religion religiös machen, in: Kakuska (Hrsg.) (1984), 195-204.
Steindl-Rast, David (1988): Die Achtsamkeit des Herzens. Ein Leben in Kontemplation, München: Goldmann, 1988 (engl. Original 1988).
Strebel, Albrecht (1976): Meditation in West und Ost. Wesen und Formen, Stuttgart: EZW, Informationen Nr. 65, 1976.
Watts, Alan: s. Abschn. 3.7.3.
Zacharias, Carna (1989): Es geht immer um die Spannung zwischen heil und unheil. Interview mit Bruder David Steindl-Rast, in: Börsenblatt 1989/19, 818-819.

1.8 Weitere Themen im Zusammenhang von »New Age«

Berendt, Joachim-Ernst (1983): Nada Brahma. Die Welt als Klang, Frankfurt a.M.
Berendt, Joachim-Ernst (1985): Das dritte Ohr, Reinbek.
Berendt, Joachim-Ernst (1988): Musik und Spiritualität, in: Drehsen und Häring (Hrsg.) (1988), 844-846.
Bretz, Hartmut (1988): Unternehmertum und fortschrittsfähige Organisation, Diss., München.
Gerken, Gerd (1988): Die Geburt der neuen Kultur. Vom Industrialismus zum Light Age, Düsseldorf: Econ.

Horx, Matthias (1988): Eine Seele für Manager (Interview mit G. Gerken), in: Zeitmagazin, 8.1.1988, 20-23.
Körner, Heinz (1978): Johannes. Erzählung, Fellbach: Lucy Körner Verlag.
Lutz, Rüdiger (Hrsg.) (1984a): Frauenzukünfte (Ökologbuch 3), Weinheim und Basel: Beltz.
Rudhyar, Dane (1982): Die Magie der Töne, München und Kassel: dtv und Bärenreiter, 1988 (dt. zuerst Bern u.a. 1984; Original: The Magic of Tone and the Art of Music, Boston: Shambala, 1982).
Schaup, Susanne (1988): Wandel des Weiblichen. Der Aufbruch der Frau ins New Age, Freiburg i.B.,: Herder (Tb., »zeitwende«), 1988.

2. Sekundärliteratur über »New Age« und Neue religiöse Bewegungen im Westen

2.1 ›Insider‹-Stellungnahmen und Auseinandersetzung einzelner religiöser und sozialer Bewegungen mit »New Age«

Bohnke, Ben (1989): Die schöne Illusion der Wassermänner. New Age, die Zukunft der sanften Verschwörung, Düsseldorf u.a.: Econ.
Flensburger Hefte 13, 2. Aufl. Sommer 1988: Hexen, New Age, Okkultismus.
Giger, Andreas (Hrsg.) (1989): Was bleibt vom New Age? Freiburg: Bauer.
Hermanns, Angelina (1987): »New Age« – der neue Weg ins Frauenparadies? in: Neue Gesellschaft/Frankfurter Hefte 7/1987, 616-618.
Hofrichter, Gudrun (1988): Interview mit Frank Köchling (über den Kongreß »Geist und Natur« in Hannover), in: Flensburger Hefte 13 (1988), 135-139.
Kursbuch Nr. 86 (1986): Esoterik oder Die Macht des Schicksals, Berlin: Kursbuch Verlag.
Kursbuch Nr. 93 (1988): Glauben, Berlin: Kursbuch Verlag.
Lessing, Lukas (1993): New Age & Co. Einkauf im spirituellen Supermarkt, München: Knesebeck.
Neumann, Klaus-Dieter (1988): New Age – Alter Wein in alten Schläuchen. Interview mit Herbert Wimbauer, in: Flensburger Hefte 13 (1988), 109-130.
Olvedi, Ulli (1988): Die neue Lust am Irrationalen. Chancen und Fallen der New-Age-Bewegung, Freiburg: Herder (Tb., »Zeit-Wende-Zeit«).
Pestalozzi, Hans A. (1985): Die sanfte Verblödung. Gegen falsche New-Age-Heilslehren und ihre Überbringer – ein Pamphlet, Düsseldorf: Hermes Verlag.
Pflüger (Hrsg.) (1987): s. 2.6.
Sailer, Christian (1988): New Age – Illusion oder realistische Hoffnung? in: Das Baugerüst 1/1988, 38-44.
Sjöö, Monica (1992): New Age and Armageddon. The Goddess or the Gurus? Towards a Feminist Vision of the Future, London: The Women's Press.
Wedemeyer, Friedrich-Ludwig (1989): New Age – Fakten und Folgen, Sindelfingen: Libertas.
Wimbauer, Herbert (1981): Die Stunde der Verführer, o.O.

2.2 Kirchliche und freikirchliche Autoren über »New Age«

Aagaard, Johannes (1982): Moderne synkretistische Bewegungen – ein Überblick, in: MD 1982, 180-187 (zuerst in: New Religious Movement Up-date Jg.5 (1981), 29-36).
Aagaard, Johannes (1992): Dialog and Apologetics, in: Update and Dialog (Arhus/Dänemark), Jg. 1 (1992), 12-15.

Afflerbach, Horst (1987): Die sanfte Umdeutung des Evangeliums. Eine biblische Analyse des Neuen Bewußtseins, Wuppertal: R.Brockhaus (»ABC-Team«), ²1988 (zuerst 1987).

Albrecht, Mark (1981): New Age Spirituality. A General Overview, in: New Religious Movements Up-date Jg.5 (1981), 2-5.

Berger, Klaus (o.J): New Age – Ausweg oder Irrweg?, Asslar: Schulte & Geerth, o.J.

Beyerhaus, Peter und Padberg, Lutz E. von (1989): Eine Welt – Eine Religion? Die synkretistische Bedrohung unseres Glaubens im Zeichen von New Age, Asslar: Schulte & Geerth.

Breidenstein, Gerhard (1988): Alles nur Mode? Suche nach neuen Erfahrungen, in: Das Baugerüst 1/1988, 23-26.

Breidenstein, Gerhard (1989): Was hoffen wir Christen? in: JK 50 (1989), 19-27.

Breidenstein, Gerhard (1990): Hoffen inmitten der Krisen. Von Krankheit und Heilung unserer Gesellschaft, Frankfurt: Fischer (Tb., »fischer perspektiven«).

Bürkle, Horst (1989): New Age: Auf die Zeichen der Zeit achten. Neue weltanschauliche Herausforderungen, in: Pädagogische Welt 43 (1989), 146-148.

Bürkle, Horst (1991): Die Idee vom ›neuen Menschen‹ in der New Age-Bewegung. Eine Herausforderung für das christliche Menschenbild, in: Haneke und Huttner (Hrsg.) (1991), 62-75.

Bürkle, Horst (Hrsg.) (1988): New Age. Kritische Anfragen an eine verlockende Bewegung, Düsseldorf.

Christmann, W. (Hrsg.) (1989): Arbeitsblätter zum Thema New Age. Esoterik, Okkultismus und mehr, VKR-Materialdienst (Verband katholischer Religionslehrer an berufsbildenden Schulen), Dezember 1989.

Cumbey, Constance (1983): Die sanfte Verführung. Hintergrund und Gefahren der New-Age-Bewegung, Asslar: Schulte & Geerth, ⁶1987 (dt. Erstausg. 1986; Original: The Hidden Dangers of the Rainbow, Shreveport (LA), 1983).

Dalichow, Irene (1992a): »Ich verstehe mich als Anwalt suchender Menschen«. Interview mit Bernhard Wolf, in: Esotera 7/92 (1992), 20-24.

Das Baugerüst 1/88 (1988): Die Reise nach innen. Mit Beiträgen von J. Sudbrack, G. Schiwy, Christian Sailer, H. Pestalozzi u.a.

Die neue religiöse Welle. Pastorale Hilfen zur Auseinandersetzung mit neuen religiösen Bewegungen außerhalb der Kirchen (Hrsg.) v. der Katholischen Sozialethischen Arbeitsstelle der Deutschen Bischofskonferenz, Referat Sekten und Weltanschauungsfragen, Hamm, 1985.

Eggenberger, Oswald und Keller, Carl A. und Mischo, Johannes und Müller, Joachim und Voss, Gerhard (1987): New Age aus christlicher Sicht. New Age, Apokalyptik, Gnosis, Astrologie, Okkultismus, Freiburg/Schweiz: Paulus.

Eimuth, Kurt-Helmuth (1988): New Age. Die Kirchen haben ihr Religionsmonopol verloren, in: Forum 5 (Mai 1988), hrsg. von der AG Neue religiöse Gem. e.V., 14-20.

Feder, Angela (1991): Reinkarnationshypothese in der New Age-Bewegung, Nettetal: Steyler Verlag.

Frohnhofen, Herbert (1988): Art. »New Age«, in: C.Schütz (Hrsg.) (1988), 929-931.

Fuchs, Gotthard (1987): »Öko statt Ego«. New-Age-Spiritualität und christlicher Glaube, in: Diakonia. Intern. Zeitschrift f.d. Praxis der Kirche 18 (1987), 254-260.

Fuchs, Gotthard (1987a): Geheimnis des Glaubens – neues Bewußtsein. Christliche Mystagogie und New-Age-Spiritualität, in: KatBl 112 (1987), 824-834.

Fuchs, Gotthard (1987b): Göttlicher Beziehungsreichtum. (Selbst-)kritisches theologisches Gespräch mit der New-Age-Bewegung, in: Mitteilungen für Religionslehrer, hrsg.v.d. Diözese Limburg, 1987, 7-11.

Fuchs, Gotthard (1987c): New-Age als Kirchenkritik. Theologische Anmerkungen zur heutigen Esoterik- und Okkult-Szene, in: rhs 30 (1987), 276-286.

Fuchs, Gotthard (1988): Neues Bewußtsein – neues Leben (Literaturbericht über christliche Mystik), in: Börsenblatt 23/1988, 1056-1057.

Fuchs, Gotthard (Hrsg.) (1989): Mensch und Natur. Auf der Suche nach der verlorenen Einheit, Frankfurt a.M.: Knecht.

Fuß, Michael (1988): Art. »New Age«, in: Waldenfels (Hrsg.) (²1988), 458f.

Gassmann, Lothar (²1987): New Age – Kommt die Welteinheitsreligion? Bad Liebenzell: Verlag der Liebenzeller Mission, 2., erw. Aufl. 1987.

Gerber, Uwe (1989): New Age – ein Beispiel neuzeitlichen Hoffnungs- und Utopie-Verlusts, in: JK 50 (1989), 92-104.

Groothuis, Douglas (1989): Was tun gegen New Age? Aufruf zum Widerstand, Asslar: Schulte & Geerth.

Grün, Joachim Friedrich (1988): Die Fische und der Wassermann: Hoffnung zwischen Kirche und New Age, München: Claudius.

Haack, Friedrich-Wilhelm (1988): Die Lebensgottheit und der Bibelgott. New Age/Okkultismus/ Christenglaube, München: Arbeitsgemeinschaft für Religions- und Weltanschauungsfragen.

Haack, Friedrich-Wilhelm (1991): Das ›New Age‹ als Pseudophänomen? Über den Sinn und Unsinn einer schillernden Worthülse, in: Haneke und Huttner (Hrsg.) (1991), 102-113.

Haberer, Erwin (1987): Auf dem Weg ins Wassermann-Zeitalter. Auseinandersetzungen mit religiösen Strömungen der Zeit (Referat vor der Synode der Evang.-Luth. Kirche in Bayern), in: Nachrichten 1987, 447-449.

Haberer, Erwin (1988): Die Kirche auf dem Weg ins Wassermannzeitalter, in: Praktikum für Prediger und Seelsorger, Pastoralblätter 88/3, 529-536.

Haberer, Erwin (1989): Herausforderung New Age. Zur christlichen Auseinandersetzung mit neuem Denken, München: Evangelischer Presseverband (»Münchener Reihe«).

Haneke, Burkhard, und Huttner, Karltheodor (Hrsg.) (1991): Spirituelle Aufbrüche. New Age und ›Neue Religiosität‹ als Herausforderung an Gesellschaft und Kirche, Regensburg.

Hanselmann, Johannes (1989): Der Landesbischof der Evang.-Lutherischen Kirche in Bayern. Brief an die Gemeinden, München (»Fastenbrief«).

Hauth, Rüdiger (1988): Nichts Neues unter der Sonne. Theologische Anmerkungen zu New Age, in: Das Baugerüst 1/1988, 54-58.

Heine, Susanne (1988): »Lieber fünf Worte mit Verstand...« Ein Plädoyer für die Dimension der Vernunft in der Theologie, in: Die Vernunft zur Vernunft bringen, Tutzing: Tutzinger Materialie Nr. 56 (1988), 33-58.

Hemminger, Hansjörg (1988): Fritjof Capra in Stuttgart: Tiefenökologie statt New Age, in: MD 6/88, 183-186.

Hemminger, Hansjörg (1990): Der Markt des Übersinnlichen. Hoffnungen auf Lebenshilfe im New Age, Stuttgart: EZW-Texte: Impulse Nr. 31, V/1990.

Hemminger, Hansjörg (Hrsg.) (1987): Die Rückkehr der Zauberer. New Age – Eine Kritik, Reinbek: Rowohlt.

Hemminger, H: vgl. auch Abschn. 3.1.
Hölzle, Peter, und Janwoski, Hans N. (1987): s. 1.2.

Homann, Ursula (1988): New Age als Provokation, in: LM 27 (1988), 302-304.

Homann, Ursula (1989): Anfragen an New Age. Ein Literaturbericht, in: ZW 1989, 179-185.

Homann, Ursula (1989a): Wie realistisch sind die Träume und Visionen von New Age?, in: Aus Politik und Zeitgeschichte. Beilage zur Wochenzeitung »Das Parlament« Nr. B40/89 vom 29.9.89, 11-19.

Höntsch, Ursula (1987): Christentum und New Age – unvereinbar?!, o.O. (Eigenverlag).

Hummel, Reinhart (1987): Zwischen den Zeiten und Kulturen. Die New Age-Bewegung, in: Hemminger (Hrsg.) (1987), 15-57.

Hummel, Reinhart (1987a): Neue religiöse Bewegungen, in: VF 32, 78-95.
Hummel, Reinhart (1989): Neue Religiosität und New Age, in: Schilson (Hrsg.) (1989), 61-77.
Hummel, Reinhart (1989a): New Age und die Zukunft der Religion. Eine Antwort auf die Vorschläge von Hermann Timm, in: LM 28 (1989), 489-492.
Hummel, Reinhart (1989b): New Age: Das »neue Zeitalter« als Herausforderung für die alten Kirchen, in: Aus Politik und Zeitgeschichte. Beilage zur Wochenzeitung »Das Parlament«, Nr. B40/89 vom 29.9.89, 30-38.
Hummel, R.: vgl. auch Abschn. 2.4.
Kaiser, Jürgen (1988): Der Streit um das Weltbild. Umdenken oder völlig neu denken?, in: Leben und Glauben 27/1988, 24-27.
Kehl, Medard (1988): New Age oder Neuer Bund? Christen im Gespräch mit Wendezeit, Esoterik und Okkultismus, Mainz: Grünewald (Tb., »topos«).
Kerls, Rüdiger (1988): Heilsame Glaubenskräfte. Kirche in Auseinandersetzung mit New Age, München: Kösel.
Knackstedt, Wilhelm und Ruppert, Hans-Jürgen (1989): Die New Age-Bewegung. Darstellung und Kritik, Stuttgart: EZW-Texte, Information Nr. 105.
König, Reinhard (³1987): New Age, geheime Gehirnwäsche. Wie man uns heute für morgen programmiert, Neuhausen b. Stuttgart: Hänssler.
Küenzlen, G.: s. Abschn. 2.5.
Ledergerber, Karl und Bieri, Peter (1988): Was geht New Age die Christen an? Brücken zum gegenseitigen Verständnis, Freiburg i.B.: Herder (Tb., »zeitwende«).
MacClain, Elissa L. (*1988): Vom Wassermann zu Jesus Christus, Weichs: Memra-Verlag (Original: The Rest from the Quest).
Mangoldt, Ursula von (1983): Was birgt uns in der Gefahr? An der Schwelle eines neuen Zeitalters, Freiburg u.a.: Herder.
Martin, Gerhard Marcel (1989): Werdet Vorübergehende. Das Thomas-Evangelium zwischen Alter Kirche und New Age, Stuttgart: Radius.
Martin, Walter R. (1989): The New Age Cult, Minneapolis.
Moltmann, Jürgen (1983): Zeit der Wende. Über Bücher von Fritjof Capra, in: EK 11/83, 623-625.
Nastaincyk, Wolfgang (1989): New Age und Esoterik. Religionspädagogische Herausforderungen, in: Die Christenlehre 12/89, 365-371.
Neue Religiosität? Sonderheft der Zs.: EvErz 41 (1989).
New Age: Rettung der Erde oder Supermarkt der Weltanschauungen? epd-Dokumentation Nr. 39/1987.
›New Age – christlicher Glaube passé‹? = Themenheft 2/1988 der Zeitschrift Kontraste (Freiburg i.Br.).
New Age im Spiegel christlicher Beurteilung (Dokumentation), in: MD 51 (1988), 11-18.
Nientiedt, Klaus (1987): »Man möchte die Probleme ohne transzendenten Gott in den Griff bekommen«. Fragen an Josef Sudbrack zur New Age-Bewegung, in: HerKorr 12/87, 584-590.
Nientiedt, Klaus (1987a): Durch neues Denken in ein neues Zeitalter? in: HerKorr 12/87, 579-584.
Nientiedt, Klaus (1987b): Weihnachtsfest und Zeitenwende, in: Glauben und Leben 52/1987, 24-26.
Padberg, Lutz von (1987): New Age und Feminismus. Die neue Spiritualität, Asslar: Schulte und Geerth.
Panikkar, Raimon (1986): New Age – durch Bewußtseinsveränderung auf dem Weg zu einer neuen Friedenskultur? (Tonbandaufzeichnung eines Vortrags, München: Buchhandlung Pfeiffer, 6.5.86).

Religionen, Religiosität und christlicher Glaube. Eine Studie, hrsg. im Auftrag des Vorstandes der Arnoldshainer Konferenz und der Kirchenleitung der Vereinigten Evangelisch Lutherischen Kirche Deutschlands von der Geschäftsstelle der Arnoldshainer Konferenz und dem Lutherischen Kirchenamt Hannover, Gütersloh 1991.

Riedl, Gerda (1991): ›Kosmischer Christus‹ und ›Christus der Kirche‹. Ein kommentierter Literaturbericht über mögliche Verhältnisbestimmungen zwischen New Age und Christentum, in: Haneke und Huttner (Hrsg.) (1991).

Rücker, Waltraud (1989): »New Age« – Was ist das eigentlich? in: Unsere Jugend 8/89, 348-356.

Ruppert, Hans-Jürgen (1985): New Age. Endzeit oder Wendezeit? Wiesbaden: Coprint.

Ruppert, Hans-Jürgen (1986): »New Age« – das »Neue Zeitalter«, in: Meditation 4/1986, 153-158.

Ruppert, Hans-Jürgen (1987): Neues Denken auf alten Wegen. New Age und Esoterik, in: Hemminger (Hrsg.) (1987), 60-114.

Ruppert, Hans-Jürgen (1988): Durchbruch zur Innenwelt. Spirituelle Impulse aus New Age und Esoterik in kritischer Betrachtung, Stuttgart: Quell.

Ruppert, Hans-Jürgen (1988a): New Age-Bewußtsein und Esoterik. Hintergründe ihrer gesellschaftlichen Plausibilität, in: MD 51 (1988), 161-177.

Schiwy, G. (1987): Der Geist des neuen Zeitalters. New-Age-Spiritualität und Christentum, München: Kösel.

Schiwy, Günther (1987a): Auf der Suche nach der verlorenen Einheit (Literaturbericht), in: Börsenblatt 16/1987, 502-510.

Schiwy, Günther (1987b): Was will die New-Age-Bewegung? Zwischen Esoterik und Politik, in: Nachrichten 42), 366-369.

Schiwy, Günther (1988): Befreiung ohne Verbindlichkeit, Liebe und Lebenshilfe ohne Beziehung, Sieg und Erfog ohne Scheitern und Schwachheit? (Literaturbericht), in: Börsenblatt 1988/23, 996-1001.

Schiwy, Günther (1989): »Du enthülle dein Gesicht, damit du mich als Spiegel deines Gesichtes findest und es dir deutlich wird, daß ich ein Spiegel bin« (Literaturbericht), in: Börsenblatt 1989/19, 740-747.

Schiwy, Günther (1990): Der kosmische Christus. Spuren Gottes ins Neue Zeitalter, München: Kösel.

Schlink, Basilea (1987): New Age aus biblischer Sicht, Darmstadt-Eberstadt: Evang. Marienschwesternschaft.

Schmidt, Walter (1987): »Wegbereiter der Wendezeit«. Der Kernphysiker Capra, in: Theol. Berichte 18 (1987), 252-256.

Schmidt, Walter und Flöther, Eckart und Matriciana, Caryl (1985): New Age. Die Macht von Morgen, Neuhausen-Stuttgart: Hänssler, ²1987 (dt. Erstausgabe u.d.Titel: Die Götter des New Age; Original: The Gods of the New Age, Eugene/Oregon, 1985).

Schütz, Georg J. (1988): »New Age«-Bewegung, in: Arbeitsblätter für den Religionsunterricht, Hannover: VKR-Materialdienst, 1988.

Simpson, Wolfgang (1989): Glauben an die Neue Zeit? New Age – die andere Religion, Basel: Brunnen (Tb., »ABC-Team«).

Sturm, Wilhelm (1989): Neues Denken – alte Geister? New Age und die neue Esoterik, in: Spectrum 4/89, 2-6.

Sudbrack, Josef (1989): New Age und Neue Religiosität, in: Aus Politik und Zeitgeschichte. Beilage zur Wochenzeitung »Das Parlament«, Nr. B40/89 vom 29.9.1989, 20-29.

Sudbrack, Josef (²1988): Die vergessene Mystik und die Herausforderung des Christentums durch New Age, Würzburg: Echter.

Sudbrack, J.: vgl. auch Abschn. 2.3.
Thiede, Werner (1988): Okkultismus und Esoterik im Zeichen des Wassermanns. New-Age-Spiritualität als Herausforderung für evangelische Erzieher, in: GEE-Rundbrief, Herbst 1988, 2-5.
Thiede, Werner (1991): Religiosität und Hoffnung im Kontext von New Age, in: KuD 37 (1991), 62-93.
Timm, Hermann (1989): Zum Zauberstab der Analogie greifen. Querfragen an die protestantische New-Age-Deutung, in: LM 1989, 448-452.
Timm, Hermann (1990a): Evangelische Unterscheidung tut not. Noch einmal: Zur protestantischen Abwehr von New Age, in: LM 29 (1990), 229-231.
Timm, Hermann (1992): Am Ende der Modernitätsorthodoxie. Christentum zwischen New Age und Neofundamentalismus. Eine EZW-Kritik (Manuskript, jetzt veröffentlicht in ders.: Wahr-Zeichen. Angebote zur Erneuerung religiöser Symbolkultur, Stuttgart: Kohlhammer, 1993).
Toolan, David (1987): Facing West from California's Shores. A Jesuit's Journey into New Age Consciousness, New York.
Tutzinger Materialien, Nr. 56/1988 (mit Beiträgen von G. Schiwy, R. Denker, S. Heine, J.v.Uexküll).
Verkuyl, I. (1989): De New Age-bewegung, Kampen: Kok.

2.3 Kirchliche und freikirchliche Autoren über neue Religiosität, Neue religiöse Bewegungen, Esoterik und entsprechende Sachthemen

Vgl. auch Abschn. 1.7.3. (Rezeption neuer religiöser Bewegungen im Christentum und christliche Meditationskultur).
Bannach, Klaus (1989): Standfestigkeit und Dialog (über die EZW), in: Börsenblatt 19/1989, 821-823.
Bertsch, Ludwig, und Schlösser, Felix (Hrsg.) (1978): Kirchliche und nichtkirchliche Religiosität, Freiburg u.a.: Herder.
Brockway, Allan R. und Rajashekar, J. Paul (Hrsg.) (1987): New Religious Movements and the Church, Genf: WCC Publications).
Butterworth, John (1984): Das Buch der Sekten und Kulte, Wuppertal: R. Brockhaus.
Cox, Harvey (1972): Abschied vom bürgerlichen Leben. Versuche mit einem neuen Lebensstil, hrsg.v. R. Reitz, Hamburg: Furche (Aufsatzsammlung, darin S. 52-74: Religion im Zeitalter des Wassermanns/ Religion in the Age of Aquarius, = Interview aus dem Jahr 1970).
Cox, Harvey (1977): Licht aus Asien. Verheißung und Versuchung östlicher Religiosität, Stuttgart und Berlin, 1978 (Original: Turning East. The Promise and Peril of the New Orientalism, New York: Simon & Schuster, 1977).
Eimuth, Kurt-Helmuth und Oelke, M. (Hrsg.) (1979): Jugendreligionen und religiöse Subkultur, Frankfurt a.M.
Evangelische Spiritualität. Überlegungen und Anstöße zur Neuorientierung, vorgelegt von einer Arbeitsgruppe der EKD, Gütersloh 1979.
Geyer, Carl-Friedrich (1986): Rationalitätskritik und ›neue Mythologien‹, in: Philosophische Rundschau 33 (1986), 210-241.

Greive, Wolfgang, und Niemann, Raul (Hrsg.) (1990): Neu glauben? Religionsvielfalt und neue religiöse Strömungen als Herausforderung an das Christentum, Gütersloh: Gerd Mohn.

Grom, Bernhard (1988): Esoterik – das schillernde Optimismusangebot, in: CPB 1988, 3-5.

Grom, Bernhard (1988a): Art. »Esoterik«, in: C.Schütz (Hrsg.) (1988), 346f.

Grom, Bernhard (1993): Faszination Esoterik, in: Aus Politik und Zeitgeschichte. Beilage zur Wochenzeitung Das Parlament, 8. Okt. 1993, 9-15.

Großmann, Siegfried (^{2}1987): Hoffnung gewinnen. Glauben und Leben in der Jahrtausendkrise, Wuppertal und Kassel: Oncken.

Gründel Johannes (1967): Neue Wege der Spiritualität – Beruf als Chance christlichen Lebens, in: Glaube – Wissenschaft – Zukunft. Katholischer deutscher Akademikertag München 1967 (o.O., o.J.), 137-164.

Haack, Friedrich-Wilhelm (1974): Neue Jugendreligionen, München.

Hahn, Ferdinand (1970): Christlicher Glaube in nachchristlicher Zeit, in: FZPhTh 17 (1970), 289-307.

Heilung – medizinische und theologische Aspekte, Sonderheft der Zs. Theologia Practica 24 (1/ 1989).

Hieronimus, Ekkehard (1975): Der Traum von den Urkulturen. Vorgeschichte als Sinngebung der Gegenwart, München: Gedrucktes Manuskript der Carl-Friedrich-von-Siemens-Stiftung.

Hutten, Kurt (1950): Seher Grübler Enthusiasten. Sekten und religiöse Sondergemeinschaften der Gegenwart, Stuttgart: Quell, überarb. Neuaufl. 1968 (Erstausgabe 1950).

Janowski, Norbert (Hrsg.) (1987): Die kanalisierte Botschaft. Religion in den Medien – Medienreligion, Gütersloh (Tb.).

Janzen, Wolfram (1989): Okkultismus in der Schule, in: EvErz 41 (1989 = Sonderheft: Neue Religiosität?), 138-151.

Jungclaussen, Emmanuel (1971): Bewußtseinserweiterung und Selbstfindung in der Hippie-Spiritualität, in: U.v.Mangoldt (Hrsg.): Chancen zum Überleben, Weilheim: O.W. Barth, 1971, 125-139.

Kaufmann, Franz-Xaver, und Metz, Johann Baptist (1987): Zukunftsfähigkeit. Suchbewegungen im Christentum, Freiburg i.B. u.a.: Herder.

Kongregation für die Glaubenslehre: Schreiben an die Bischöfe der katholischen Kirche über einige Aspekte der christlichen Meditation, hrsg. v. Sekretariat der Deutschen Bischofskonferenz, Bonn 1989.

Laßt den Schrei des Lebens nicht verstummen. Die neue Frömmigkeit, hrsg.v. Harald Pawlowski und Publik Forum, Freiburg: Christophorus, 1989.

Luckmann, Thomas und Döring, Heinrich, und Zulehner, Paul M. (1980): Anonymität und persönliche Identität, Freiburg u.a.

Martin, Gerhard Marcel (1976): Neue Religiosität in den USA, in: Riedel (Hrsg.) (1976), 117-134.

Martin, Gerhard Marcel (1977): Hautnah Amerika. Profane und religiöse Erfahrungen, München.

Mildenberger, Michael (1977): Spiritualität als Alternative, Stuttgart: EZW, Informationen Nr. 69 (1977).

Mildenberger, Michael (1982): Die religiöse Szene. Kirchliche Apologetik als Sündenbock, EK 15 (1982), 190-192.

Mynarek, Hubertus (1983): Religiös ohne Gott? Neue Religiosität der Gegenwart in Selbstzeugnissen, Düsseldorf: Erb Verlag.

Mynarek, Hubertus: weitere Lit. s. Abschn. 1.7.3.

Neue religiöse Strömungen. Handreichungen für Lehrerinnen und Lehrer, hrsg.v.d. Schulreferenten des Bischöflichen Ordinariats Rottenburg/Stuttgart, der Erzdiözese Freiburg, des Evang. Oberkirchenrats Karlsruhe, des Evang. Oberkirchenrats Stuttgart, Stuttgart 1991.

Religionen, Religiosität und christlicher Glaube. Eine Studie, hrsg. im Auftrag des Vorstandes der Arnoldshainer Konferenz und der Kirchenleitung der Vereinigten Evangelisch Lutherischen Kirche Deutschlands von der Geschäftsstelle der Arnoldshainer Konferenz und dem Lutherischen Kirchenamt Hannover, Gütersloh 1991.

Reller, Horst (Hrsg.) (1978): Handbuch religiöse Gemeinschaften, Gütersloh.

Riedel, Ingrid (Hrsg.) (1976): Der unverbrauchte Gott. Neue Wege der Religiosität, Bern u.a.: Scherz (mit Beiträgen von D. Sölle, G. Szczesny, H. Aichelin, U. Olvedi, H. Wöller, R. Lenz, P.M. Hamel, G.M. Martin, S. Schaup, F.-A. Viallet, Th. Sartory, R. Steckel, I. Riedel).

Riedel, Ingrid (1976a): Nachwort, in: dies. (Hrsg.) (1976), 223-249.

Riedel, Ingrid (1976b): Zum Thema, in: Pflüger (Hrsg.) (1976), 8-21.

Rosenberg, Alfons (1969): Experiment Christentum, München: Kösel, ²1990 (Erstausgabe: München: Pfeiffer, 1969).

Ruppert, Hans-Jürgen (1989/90): Umgang mit dem Okkulten I – III, in: Studienbriefe: Seelsorge 21-23, hrsg.v. der Arbeitsgemeinschaft Missionarische Dienste, Stuttgart 1989/90.

Sartory, Thomas (1967): Wandel christlicher Spiritualität, Einsiedeln.

Sartory, Thomas und Wöller, Hildegunde (1976): Berichte über die Tagung ›Neue Religiosität?‹ der Evangelischen Akademie Hofgeismar zu Pfingsten 1974, in: Riedel (Hrsg.) (1976), 198-203.

Schibilsky, Michael (1975): Marginalität und Religiosität. Alternative Jugendkultur als Gegenstand der Religionssoziologie, in: R. Volp (Hrsg.): Chancen der Religion, Gütersloh 1975, 90-128.

Schibilsky, Michael (1976): Religiöse Erfahrung und Interaktion: Die Lebenswelt jugendlicher Randgruppen, Stuttgart u.a.: Kohlhammer.

Schibilsky, Michael (1976a): Kirchliche Outsider – religiöse Insider, in: J. Lell und F.W. Menne (Hrsg.): Religiöse Gruppen. Alternativen in Großkirchen und Gesellschaft. Berichte, Meinungen, Materialien, Düsseldorf und Göttingen, 1976, 149-168.

Schilson, Arno (Hrsg.) (1989): Gottes Weisheit im Mysterium. Vergessene Wege christlicher Spiritualität, Mainz: Matthias-Grünewald.

Schipflinger, Thomas (1989): Sophia – Maria. Eine ganzheitliche Vision der Schöpfung, München und Zürich: Neue Stadt.

Schmid, Georg (1992): Im Dschungel der neuen Religiosität. Esoterik, östliche Mystik, Sekten, Islam, Fundamentalismus, Volkskirchen, Stuttgart: Kreuz.

Schulze-Berndt, Hermann, u.a. (1986): Neue religiöse Bewegungen innerhalb und außerhalb der Kirchen, München: Kösel.

Schütz, Christian (Hrsg.) (1988): Praktisches Lexikon der Spiritualität, Freiburg i.B.: Herder, ²1992 (¹1988).

Schütz, Christian (1988a): Art.»Spiritualität, christliche«, in: ders. (Hrsg.) (1988), 1170-1180.

Siller, Hermann P. (Hrsg.) (1991): Suchbewegungen. Synkretismus – kulturelle Identität und kirchliches Bekenntnis, Darmstadt: Wissenschaftliche Buchgesellschaft.

Sudbrack, Josef (1969): Art.»Spiritualität«, in: Sacramentum Mundi, Bd.4, Freiburg i.B. u.a., 1969, Sp. 674-691.

Sudbrack, Josef (1969a): Probleme – Prognosen einer kommenden Spiritualität, Würzburg.

Sudbrack, Josef (1987): Neue Religiosität. Herausforderung für die Christen, Mainz: Matthias-Grünewald (Tb., »topos«).

Sudbrack, Josef (1988a): Art.»Geschichte der Spiritualität«, in: C.Schütz (Hrsg.) (1988), 1180-1187.

Sudbrack, J.: vgl. auch Abschn. 2.2.

Thiede, Werner (1987): Der neuzeitliche Okkultismus in theologischer Perspektive, in: KuD 1987, 279-302.

Timm, Hermann und Drehsen, Volker (Hrsg.) (1988): Auf der Suche nach Religion? Gütersloh (Tb.).

Wehr, Gerhard: s. 4.2.1.

Weinrich, Michael (1988): Der Teufel weicht nicht vor Beelzebub. Gesellschaftliche Analyse und theologische Kritik von Okkultismus, Spiritismus und Satanismus, in: Religion heute 2/ 1988, 108-115.

Wenisch, Bernhard (1988): Satanismus. Schwarze Messen – Dämonenglaube – Hexenkulte, Mainz und Stuttgart: Grünewald und Quell.

Zahrnt, Heinz (1989): Gotteswende. Christsein zwischen Atheismus und neuer Religiosität, München und Zürich: Piper.

Zulehner, Paul M. (Hrsg.) (1984): Neue Religiosität, neues Bewußtsein, neuer Lebensstil, München und Zürich.

2.4 Religionswissenschaftliche Beiträge über »New Age« und Neue religiöse Bewegungen im Westen

Vgl. auch Abschn. 2.5 (sozialwissensch. Literatur über Neue religiöse Bewegungen), 6.1. (religionswissenschaftl. Fachliteratur)!

Barker, Eileen (1984): The Making of a Moonie, Oxford.

Barker, Eileen (Hrsg.) (1982): New Religious Movements. A Perspective for Understanding Society, New York u.a. (Studies in Religion and Society 3).

Bednarowski, Mary Farrell (1991): Literature of the New Age. A Review of Representative Sources, in: Religious Studies Review 17 (Santa Barbara/Calif., 1991), 209-216.

Benz, Ernst (1970a): Der Heilige Geist in Amerika, Düsseldorf: Diederichs.

Benz, Ernst (1971): Neue Religionen, Stuttgart.

Bergler, Manfred (1988): Licht aus Asien. Die Sehnsucht nach dem anderen Zustand, in: ZRGG 1988, 72-79.

Bochinger, Christoph (1991): Theorien des ›New Age‹ und der Geist der Gegenwart, in: Haneke und Huttner (Hrsg.) (1991), 34-46.

Eliade, Mircea (1976): Das Okkulte und die moderne Welt. Zeitströmungen in der Sicht der Religionsgeschichte, Salzburg 1978 (Original: Occultism, Witchcraft, and Cultural Fashions, Essays in Comparative Religions, Chicago und London 1976).

Ellwood, Robert S. (1973): Religious and Spiritual Groups in Modern America, Englewood Cliffs /New York.

Faber, Richard und Schlesier, R. (Hrsg.) (1986): Die Restauration der Götter. Antike Religion und Neo-Paganismus, Würzburg.

Flasche, Rainer (1985): Neuer Wein in alten Schläuchen – zur religiösen Symbolik in Neuen Religionen, in: Symbolon, N.F. Bd. 7 (1985).

Flasche, Rainer (1986): Gnostische Tendenzen innerhalb neuer Religionen, in: Una Sancta 4/ 86, 339-352.

Flasche, Rainer (1987): »New Age« – Gegenstand der Religionswissenschaft?, in: Spirita. Zeitschrift für Religionswissenschaft (Marburg) 1/1987, 39-41.

Flasche, Rainer (1987a): The Unification Church in the Context of East-Asian Religious Traditions, in: Acta Comparanda II, Faculteit voor Vergelijkende Godsdienstwetenschappen, Antwerpen 1987, 25-48.

Flasche, Rainer (1988): Einige Bemerkungen zum Umgang mit den sogenannten »Jugendreligionen«, in: ZRGG 40 (1988), 44-53.
Frank, Walter A. (1987): New Age, Wissenschaft, Gesellschaft, in: Spirita Nr. 1 (1987), 41-43.
Fuller, Robert C. (1987): Unorthodox Medicine and American Religious Life, in: JR 67 (Chicago 1987), 50-65.
Gladigow, Burkhard: s. 6.1.
Heenan, Edward F. (Hrsg.) (1973): Mystery, Magic and Miracle. Religion in Post-Aquarian Age, Englewood Cliffs /New York.
Holl, Adolf (1986): Wassermannzeit, in: Kursbuch 86 (1986), 17-30 (nochmals abgedruckt in: Pilger und Rink (Hrsg.) (1989), 45-57).
Hummel, Reinhart (1980): Indische Mission und neue Frömmigkeit im Westen. Religiöse Bewegungen Indiens in westlichen Kulturen, Stuttgart.
Hummel, Reinhart (1985): Die sogenannten Jugendreligionen als religiöse und gesellschaftliche Phänomene, in: Essener Gespräche zum Thema Staat und Kirche Bd.19, Münster.
Hummel, Reinhart (1988a): Neue Religiosität als synkretistisches Phänomen, in: MD 1988, 33-42.
Hummel, Reinhart (1988c): Kult statt Kirche. Wurzeln und Erscheinungsformen neuer Religiosität außerhalb und am Rande der Kirchen, in: Baadte und Rauscher (Hrsg.) (1988), 43-61.
Hummel, Reinhart (1989d): Im Zeichen des Wassermanns. Zu den Hintergründen der New Age-Bewegung, in: Pilger und Rink (Hrsg.) (1989), 38-44.
Hummel, Reinhart: vgl. auch 2.2. und 2.3.
Karow, Yvonne (1989): Bhagwan-Bewegung und Vereinigungskirche, Stuttgart.
Kehrer, Günter (Hrsg.) (1981): Das Entstehen einer neuen Religion. Das Beispiel der Vereinigungskirche, München: Kösel.
Kehrer, Günter: vgl. auch 2.5.
Keller, Carl A. (1987): Christliche Gnosis und Gnosisversuche der Neuzeit – Was ist Erkenntnis?, in: Eggenberger u.a. (1987), 51-94.
Klöcker, Michael und Tworuschka, Udo (1988): Überlegungen zum Verhältnis von Gesundheit und Religionen, in: Umwelt & Gesundheit (Köln) 1988, Heft 3/4, 2-11.
Lanwerd, Susanne (1989): Zur Bedeutung von »Feministischer Spiritualität« in der Literatur des New Age, in: Antes und Pahnke (Hrsg.) (1989), 269-277.
Ling, Trevor (1978): Religious Change and the Secular State, Calcutta.
Melton, J. Gordon (1986): Encyclopedic Handbook of Cults in America, New York & London: Garland.
Melton, J. Gordon (1986a): Biographical Dictionary of American Cult und Sect Leaders, New York und London.
Melton, J. Gordon, und Clark, Jerome, und Kelly, Aidan A. (1990): The New Age Encyclopedia, Detroit: Gale Research.
Melton, J. Gordon, und Clark, Jerome, und Kelly, Aidan A. (1991): New Age Almanac. The One Fact Book You Need for New Age Understanding, Detroit: Gale Research.
Mildenberger, Michael (1974): Heil aus Asien? Hinduistische und buddhistische Bewegungen im Westen, Stuttgart.
Needleman, Jacob (1970): The New Religions, London 1972 (Erstausgabe: New York 1970).
Needleman, Jacob, und Baker, George (Hrsg.) (1978): Understanding the New Religions, New York.
Pahnke, Donate (1989): Die feministische Spiritualität als Beispiel einer ›ökologischen Religion‹, in: G. Rinschede und K. Rudolph, Kurt (Hrsg.): Geographia Religionum Bd. 6. Beiträge zur Religion-Umwelt-Forschung 1, Berlin 1989.
Pahnke, Donate (1989a): Postmoderne Religion: Ökologisch, magisch, weiblich? in: Antes und Pahnke (Hrsg.) (1989), 243-255.

Pahnke, Donate (1991): Ethik und Geschlecht. Menschenbild und Religion in Patriarchat und Feminismus, Marburg: Diagonal-Verlag.

Pilger, Matthias und Rink, Steffen (Hrsg.) (1989): Zwischen den Zeiten. Das New Age in der Diskussion, Marburg: Diagonal-Verlag.

Religion 23,2 (1993, London): Sonderheft: Aspects of the New Age, mit Beiträgen von Paul Heelas: The New Age in Cultural Context: The Premodern, the Modern and the Postmodern, 103-116; David Lyon: A Bit of a Circus: Notes on Postmodernity and New Age, 117-126; Tony Walter: Death in the New Age, 127-145; Marion Bowman: Reinventing the Celts, 147-156; David Smith: The Premodern and the Postmodern: Some Parallels, with Special Reference to Hinduism, 157-165; Lina Woodhead: Post-Christian Spiritualities, 167-181.

Rink, Steffen (1989): Ein neues Lied, ein bessres Lied...?, in: Pilger und ders. (Hrsg.) (1989), 11-24.

Rink, Steffen und Schweer, Thomas (1987): Bücher, Märkte und New Age. Überlegungen über den Zusammenhang von Buchproduktion, Buchmarkt und New Age, in: Spirita. Zeitschrift für Religionswissenschaft (Marburg), Nr. 1/1987, 25-38.

Schreiner, Lothar und Mildenberger, Michael (1980): Christus und die Gurus. Asiatische religiöse Gruppen im Westen, Stuttgart: Kreuz.

Schweer, Thomas (1987): Neues Denken – neue Zeit – Neue Welt. Chiliastische Elemente im »New Age«, in: Spirita. Zeitschrift für Religionswissenschaft (Marburg) 1/1987, 17-20.

Usarski, Frank (1988): Die Stigmatisierung neuer spiritueller Bewegungen in der Bundesrepublik Deutschland, Köln und Wien: Böhlau.

Wagner, Herwig (1989): Synkretismus – Anzeichen eines unbewältigen Wandels / Interreligiöser Gottesdienst im Zeitalter des Synkretismus / Dialog und Synkretismus, in: Nachrichten 44 (1989), 1ff. 29ff. 91ff.

Zaehner, R.C.: s. 3.7.1., 6.1.

Zinser, Hartmut (1987): Schamanismus im New Age. Zur Widerkehr schamanistischer Praktiken und Seancen in Europa, in: Pilger und Rink (Hrsg.) (1989), 63-71 (zuerst in: ZRGG 1987).

Zinser, Hartmut (1988a): Ekstase und Entfremdung. Zur Analyse neuerer ekstatischer Kultveranstaltungen, in: ders. (Hrsg.) (1988), 274-284.

Zinser, Hartmut (1989): Wissenschaftsverständnis und Bildungsaberglaube. Überlegungen zur Wiederkehr okkulter Praktiken, in: Antes und Pahnke (Hrsg.) (1989), 257-268.

Zinser, Hartmut (1992): Ist das New Age eine Religion? Oder brauchen wir einen neuen Religionsbegriff?, in: ZRGG 44 (1992), 33-50.

Zinser, Hartmut (1993): Moderner Okkultismus als kulturelles Phänomen unter Schülern und Erwachsenen, in: Aus Politik und Zeitgeschichte. Beilage zur Wochenzeitung Das Parlament, 8. Okt. 1993, 16-24.

2.5 Soziologische, ethnologische, historische und philosophische Beiträge über »New Age« und Neue religiöse Bewegungen im Westen

Baadte, Günter und Rauscher, Anton (Hrsg.) (1988): Neue Religiosität und säkulare Kultur, Graz u.a.: Styria.
Beckford, James E., (Hrsg.) (1986) (on behalf of Research Committee 22 of the International Sociological Association): New Religious Movements and Rapid Social Change, London: Sage/Unesco.
Binder, Louis R. (1933): Modern Religious Cults and Society, Boston (Reprint: New York 1970).
Bromley, David G., und Hammond, Ph.E. (Hrsg.) (1987): The Future of Religious Movements, Macon.
Daiber, Karl-Fritz (1990): Alltagssynkretismus und dogmatische Tradition. Zur religiösen Kultur unserer Gesellschaft und einiger Defizite im protestantischen Glauben, in: Greive und Niemann (Hrsg.) (1990), 101-113.
Delden, Gisela van (1989): »Jugendreligionen«. Neue Religiosität oder Keimzelle der Gewalt?, Frankfurt u.a.: Peter Lang.
Drehsen, Volker (1983): Kontinuität und Wandel der Religion. Die strukturell-funktionale Analyse in der deutschen Religions- und Kirchensoziologie nach 1945, in: Daiber und Luckmann (Hrsg.) (1983), 86-135.
Drehsen, Volker (1990): Vom Beat zur Bricolage. Synkretismus als jugendliches Protestverhalten, in: Greive und Niemann (Hrsg.) (1990), 114-134.
Eberlein, Gerald L. (1988): Synkretistische Ersatzreligion? in: EK 21 (1988), 41-43.
Fürstenberg, Friedrich (1983): Soziale Integrationsformen moderner Religiosität, in: Schweizerische Zeitschrift für Soziologie 9/3 (1983).
Geyer, Carl-Friedrich (1981): Gegenkultur und Mythos, in: Orientierung. Katholische Blätter für weltanschauliche Information, 31.10.1981.
Glock, Charles Y., und Bellah, Robert N. (Hrsg.) (1976): The New Religious Consciousness, Berkeley u.a.
Greverus, I. und Welz, G. (Hrsg.) (1990): Spirituelle Wege und Orte. Untersuchungen zum New Age im urbanen Raum, Frankfurt (Schriftenreihe des Instituts für Kulturanthropologie und Europäische Ethnologie der Universität Frankfurt am Main, Bd. 33).
Greverus, Ina-Maria (1990a): Neues Zeitalter oder Verkehrte Welt. Anthropologie als Kritik, Darmstadt: Wiss. Buchges.
Gugenberger, Eduard, und Schweidlenka, Roman (1987): Mutter Erde, Magie und Politik. Zwischen Faschismus und Neuer Gesellschaft, Wien: Verlag für Gesellschaftskritik.
Haller, Max u.a. (Hrsg.) (1989): Kultur und Gesellschaft. Verhandlungen des 24. Dt. Soziologentags [...] in Zürich 1988, Frankfurt: Campus (darin S. 277ff: Plenum D: Religion und Kultur: im Zeichen des Wassermanns?, mit Beiträgen von F.-X. Kaufmann, A. Saurma, I. Moerth und J. Matthes).
Henschel, Gerhard (1991): Kopfüber ins New Age, in: Merkur 45 (1991), 505-515.
Höhn, Hans-Joachim (1989): City Religion. Soziologische Glossen zur »neuen« Religiosität, in: Orien. 53 (1989), 102-105.
Höhn, Hans-Joachim (1989a): Krise der Vernunft – Kritik der Vernunft. Motive und Perspektiven der aktuellen Rationalitätskritik, in: Schilson (Hrsg.) (1989), 27-43.
Höhn, Hans-Joachim (1990): Religiös im Vorübergehen? in: StZ 6/1990.
Kehrer, Günter: Soziale Bedingungen für nicht-kirchliche religiöse Gruppen in der Bundesrepublik, in: ders. (Hrsg.) (1980), 93-116.

Knoblauch, Hubert (1989): Das unsichtbare neue Zeitalter. »New Age«, privatisierte Religion und kultisches Milieu, in: KZS 41 (1989), 504-525.

Knoblauch, Hubert (1991): Die Welt der Wünschelrutengänger und Pendler, Frankfurt a.M. u. New York.

Küenzlen, Gottfried (1986): New Age – ein neues Paradigma? Anmerkungen zur Grundlagenkrise der Moderne, in: MD 49 (1986), 28-38.

Küenzlen, Gottfried (1987): Das Unbehagen an der Moderne. Der kulturelle und gesellschaftliche Hintergrund der New Age-Bewegung, in: Hemminger (Hrsg.) (1987), 187-222.

Küenzlen, Gottfried (1988): New Age und grüne Bewegung, in: Hesse und Wiebe (Hrsg.) (1988), 244-259.

Küenzlen, Gottfried (1989): Vagabundierende Religiosität am Beispiel des New-Age-Syndroms, in: EvErz 41 (1989 = Sonderheft: Neue Religiosität?), 111-121.

Küenzlen, Gottfried (1990): Charisma und neue Religiosität. Eine kultursoziologische Studie am Beispiel der »New Age«-Bewegung (Manuskript).

Kuner, Wolfgang (1983): Soziogenese der Mitgliedschaft in drei neuen religiösen Bewegungen, Frankfurt u.a.: Peter Lang.

Leone, M.P, und Zaretzky I.I. (Hrsg.) (1974): Religious Movements in Contemporary America, Princeton/NY.

Mildenberger, Michael (1989): Die religiöse Revolte. Jugend zwischen Flucht und Aufbruch, Frankfurt: Fischer (Tb.).

Mörth, Ingo (1989a): New Age – neue Religion? Theoretische Überlegungen und empirische Hinweise zur sozialen Bedeutung des Wendezeit-Syndroms, in: Haller u.a. (Hrsg.) (1989), 297-320.

Neuhoff, Monika (1990): ›Transformation kennt kein Heimatland‹. New Age-Anbieter und ihre Interaktion mit dem sozialräumlichen Umfeld, in: Greverus und Welz (Hrsg.) (1990), 31-66.

Religion im Untergrund. Die religiösen Randgruppen Jugendlicher in der Schweiz. Eine Herausforderung, hrsg. vom Schweiz. Beratungsdienst Jugend und Gesellschaft, Benziger 1975.

Rigby, Andrew, und Turner, Bryan S. (1972): Findhorn Community. A Sociological Study of New Forms of Religion, in: M. Hill (Hrsg.): Sociological Yearbook of Religion in Britain 5, London 1972, 72-86.

Robbins, Thomas (1988): Cults, Converts and Charisma. The Society of New Religious Movements, London: Sage Publications.

Roszak, Theodore, s. Abschn. 1.2.1., 1.2.2.

Schibilsky, Michael: s. Abschn. 2.3.

Schmidtchen, Gerhard (1987): Sekten und Psychokultur. Reichweite und Attraktivität von Jugendreligionen in der Bundesrepublik Deutschland, Freiburg: Herder.

Schneider, Michael (1989): New Age Projekt. Quantitative Erhebung – Ergebnisband und Schülerbefragung – Ergebnisband (Manuskript).

Schneider, Michael (1991): New Age. Empirische Studien zur NEW AGE Bewegung. Glaubensspielräume, hrsg.v. G.Eberlein und A.M. Kirchdorfer, Vaduz: Bild- und Verlagsanstalt.

Schöbinger, Gertrud T. (1987): Die Bedeutung östlicher Bewegungen für junge Menschen im Westen. Untersuchung am Beispiel der Neo-Sannyas-Bewegung, Diss., Aachen.

Schorsch, Christof (1988): Die New Age Bewegung. Utopie und Mythos der Neuen Zeit. Eine kritische Auseinandersetzung, Gütersloh: Gerd Mohn.

Schorsch, Christof (1989): Die Krise der Moderne. Entstehungsbedingungen der New Age-Bewegung, in: Aus Politik und Zeitgeschichte. Beilage zur Wochenzeitung »Das Parlament«, Nr. B40/89 vom 29.9.1989, 3-10.

Schorsch, Christof (1989a): Geister, Geist und Außerirdische. Über die neue Lust am Irrationalen, in: Univ. 1989.

Schorsch, Christof (1989b): Utopie und Mythos der Neuen Zeit. Zur Problematik des »New Age«, in: ThR 54 (1989), 315-330).
Schorsch, Christof (1989c): Versöhnung von Geist und Natur? Eine Kritik, in: Dürr und Zimmerli (Hrsg.) (1989), 342-354.
Schorsch, Christof (1990): Der Drang nach Ganzheit, in: Greive und Niemann (Hrsg.) (1990), 135-145.
Schweidlenka, Roman (1989): Altes blüht aus den Ruinen. New Age und Neues Bewußtsein, Wien.
Sebald, Hans (1981): Die Romantik des ›New Age‹. Der studentische Angriff auf Wissenschaft, Objektivität und Realismus, in: H. P. Duerr (Hrsg.): Der Wissenschaftler und das Irrationale Bd. II, Frankfurt: Syndikat, 1981, 226-248.
Sebald, Hans (1988): New-Age-Spiritualität, in: Kursbuch 93 (1988), 105-122.
Sebald, Hans (1989): New-Age-Spiritualität. Religiöse Synthese in der westlichen Welt von heute, in: Dürr und Zimmerli (Hrsg.) (1989), 313-341 (= neu übersetzte und leicht bearbeitete Fassung von Sebald (1988)).
Sebald, Hans (1989a): Das Leben wird mystifiziert. Interview mit H. S. von Thomas Schweer, in: Pilger und Rink (Hrsg.) (1989), 180-184.
Stenger, Horst (1989): Der »okkulte« Alltag. Beschreibungen und wissenssoziologische Deutungen des »New Age«, in: ZfS 18 (1989), 119-135.
Stenger, Horst (1990): Kontext und Sinn. Ein typologischer Versuch zu den Sinnstrukturen des »New Age«, in: Soziale Welt 1990, 383-403.
Stenger, Horst (1993): Die soziale Konstruktion okkulter Wirklichkeit. Eine Soziologie des »New Age«, Opladen: Leske und Budrich.
Tiryakian, Edward A. (1974): Towards a Sociology of the Esoteric Culture, in: ders. (Hrsg.): On the Margins of the Visible. Sociology, the Esoteric and the Occult, New York 1974, 257-280.
Weißmann, Karlheinz (1991): Druiden, Goden, Weise Frauen. Zurück zu Europas alten Göttern, Freiburg i.Br. u.a.: Herder.
Welz, Gisela (1990a): Urbanität und Spiritualität. New Age als städtische Subkultur, in: Greverus und dies. (Hrsg.) (1990), 9-29.
Widerspruch. Münchner Zeitschrift für Philosophie; H. 15 (1989): Neues Denken.
Wiesberger, Franz (1990): Bausteine zu einer soziologischen Theorie der Konversion, Berlin: Duncker u. Humblot.
Willers, Christiane (1988): Die Aurobindo-Bewegung. Bestandsaufnahme und Strukturen in feldtheoretischer Perspektive, Frankfurt a.M.: P. Lang.
Zimmerli, Walther C. (1988a): Das Zeitalter der angekündigten neuen Zeitalter. »New Age« auf dem Prüfstand der philosophischen Kritik, in: Bürkle (Hrsg.) (1988), 42-61.

2.6 Sonstige Sekundärliteratur über »New Age«, Neue religiöse Bewegungen und verwandte Themen in ihrer Öffentlichkeitswirkung

Kritik von naturwissenschaftlicher Seite: s. Abschn. 3.1.
Bubmann, Peter (1989): Urklang der Zukunft. New Age und Musik, Stuttgart: Quell.
Bubmann, Peter (1989a): New Age und Musik – Neues Leben im Klang der Welt? in: EvErz 41 (1989 = Sonderheft: Neue Religiosität?), 129-138.
Coignard, Sophie (1990): Les possédés du New Age, in: Le Point No. 924, 4.6.1990, 84-89.

Duda, Gunther (1988): Okkulte Gehirnwäsche. Die östlichen Religionen bedrohen Freiheit und Kultur der Völker, Pähl: Verlag Hohe Warte von Bebenburg.

Eco, Umberto (1989): Das Foucaultsche Pendel. Roman, München und Wien: Hanser 1989 (Original: Il pendolo di Foucault, 1989).

Erb, Dieter (1988): Eine neue Kulturbewegung. New Age: Signale und Symptome, Eine Studie für die Konrad Adenauer-Stiftung/Politische Akademie Eichholz (Manuskript).

Ferchel, Irene (1989): »Was wir heute esoterisch nennen, ist morgen Gewißheit und übermorgen Gewohnheit« (Interview mit Günther Berkau, Aurum-Verlag), in: Börsenblatt 23/1989, 1110-1111.

Gasper, H., und Müller, J., und Valentin, F. (Hrsg.) (^{3}1991): Lexikon der Sekten, Sondergruppen und Weltanschauungen. Fakten, Hintergründe, Erklärungen, Freiburg i.Br. u.a.: Herder.

Giger (Hrsg.) (1989): s. Abschn. 2.1.

Haneke, Burkhard (1989/90): Mystischer Aufbruch ins Neue Zeitalter. Bewußtseinstransformation und kosmische Evolution im Zeichen des »New Age«, in: Scheidewege. Jahresschrift für skeptisches Denken, Bd. 19 (1989/90), 125-146.

Karbe, Klaus G. und Müller-Küppers, Manfred (Hrsg.) (1983): Destruktive Kulte, Göttingen: Vandenhoek & Rupprecht.

Konitzer, Martin (1989): New Age. Über das Alte im neuen Zeitalter, Hamburg: Junius.

Koslowski, Peter (1988): Bindungen und Rückbindungen. Eine Diskussion mit Schülerzeitungsredakteuren über das neue Zeitalter, in: SZ, 30./31. 1. 1988.

Kugler, Walter (1988): Haben wir schon einmal gelebt? (Literaturbericht über Reinkarnation), in: Börsenblatt 1988/23, 1049-1054.

Kursbuch Nr. 88 (1987): Gesundheit, Berlin: Kursbuch-Verlag.

Meyer, Thomas (1989): Fundamentalismus. Aufstand gegen die Moderne, Reinbek: Rowohlt (Tb.).

Minhoff, Christoph und Lösch, Holger (1988): Neureligiöse Bewegungen. Strukturen, Ziele, Wirkungen, München: Bayer. Landeszentrale für politische Bildungsarbeit.

Mohler, Armin und Peisl, Anton (Hrsg.) (1980): Kursbuch der Weltanschauungen, Frankfurt a.M.

Müller, Ulrich (1989): Ergebnisse einer Umfrage unter bayrischen Schülern und Schülerinnen zu Okkultismus und Spiritismus, Regensburg: S. Roderer.

Myrell, Günter, Voigt, Jürgen und Schmandt, Walther (1987): Neues Denken – Alte Geister. New Age unter der Lupe, Niedernhausen/Ts.: Falken.

New Age. Im Zeichen des Wassermanns stricken zukunftsgläubige Optimisten am neuen Weltbild, Zeitmagazin (Sonderheft), 8. 1. 1989.

Notz, Klaus-Josef (1988): Esoterik und New Age in der Erwachsenenbildung, in: MD 88, 79-87.

Notz, Klaus-Josef (1989): Aufklärung versus Esoterik. »Regeln für weltanschaulich relevante Bildungsarbeit« am Beispiel der Münchner Volkshochschule, in: Die österreichische Volkshochschule, 40. Jg (1989), 1-7.

Notz, Klaus-Josef (1989a): Kritische Rationalität – Plattform für Bewertung oder hauseigene Ideologie? (Manuskript: internes Diskussionspapier der Münchner Volkshochschule und des Bayerischen Volkshochschulverbandes).

Pflüger, Peter Michael (Hrsg.) (1976): Religiöse Erfahrung im Ausbruch aus den Traditionen, Stuttgart.

Pflüger, Peter Michael (Hrsg.) (1987): Wendepunkte Erde Frau Gott. Am Anfang eines neuen Zeitalters, Olten und Freiburg: Walter.

Pflüger, Peter Michael (Hrsg.) (1989): Der Mann im Umbruch. Patriarchat am Ende?, Olten und Freiburg: Walter, 1989.

Pflüger, Peter Michael (Hrsg.) (1990): Die Suche nach Sinn heute, Olten und Freiburg: Walter, 1990.
Schlüter, Hermann (1988): Zur Esoterik-Diskussion in der Volkshochschule, in: dasforum 2/88, 42-44.
Schüler, Andreas (1987): Alte Gefahren, neue Zeit? Zivilisationskritik und Prophetie des »New Age«, in: Univ. 1987, 1016-1026.

B. Literatur zu einzelnen Sachfragen (Quellen- und Sekundärliteratur) und allgemeine Fachliteratur

3. Hintergrundliteratur zu einzelnen Sachgebieten

3.1 Naturwissenschaft, »Weltbild«, »Religion«

Altner, Günter (1987): Die Überlebenskrise in der Gegenwart. Ansätze zum Dialog in Naturwissenschaft und Theologie, Darmstadt.
Altner, Günter (Hrsg.) (1981): Darwinismus, Darmstadt.
Altner, Günter (Hrsg.) (1986): Die Welt als offenes System. Eine Kontroverse um das Werk von Ilya Prigogine, Frankfurt: Fischer (Tb.).
Briggs, John, und Peat, Francis D. (1990): Die Entdeckung des Chaos. Eine Reise durch die Chaos-Theorie, München: Hanser, 1990 (Original: Turbulent Mirror, New York: Harper Collins, 1990).
Driesch, Hans (1905): Der Vitalismus als Geschichte und als Lehre, Leipzig (^{2}1922).
Driesch, Hans (1909): Philosophie des Organischen, 2 Bde., Leipzig.
Dürr, Hans-Peter (1988): Das Netz des Physikers. Naturwissenschaftliche Erkenntnis in der Verantwortung, München: Hanser.
Dürr, Hans-Peter (Hrsg.) (1986): Physik und Transzendenz. Die großen Physiker unseres Jahrhunderts über ihre Begegnung mit dem Wunderbaren, München: Knaur (Tb.), 1990 (Erstausgabe: München u.a.: Scherz, 1986).
Dürr, Hans-Peter und Zimmerli, Walther C. (Hrsg.) (1989): Geist und Natur. Über den Widerspruch zwischen naturwissenschaftlicher Erkenntnis und philosophischer Welterfahrung, München: Scherz.
Einstein, Albert (1934): Mein Weltbild, Frankfurt a.M.: Ullstein, 1988 (Erstdruck: Amsterdam 1934).
Fritzsch, Harald (1983): Vom Urknall zum Zerfall, München und Zürich.
Gladigow, B. (1986), (1989), (1989a): s. Abschn. 6.1.
Haken, Hermann (1984): Erfolgsgeheimnisse der Natur, Frankfurt a.M.
Heisenberg, Werner (1969): Der Teil und das Ganze. Gespräche im Umkreis der Atomphysik, München: Piper.
Hemminger, Hansjörg (1987a): Über Glaube und Zweifel. Das New Age in der Naturwissenschaft, in: ders. (Hrsg.) (1987), 115-185.
Lambeck, Martin (1989): Physik im New Age, Stuttgart: EZW-Texte, Information Nr. 110, IX/1989.
Lüscher, Edgar (1988): Physik und Wirklichkeit, in: Bürkle (Hrsg.) (1988), 25-41.
Meyer-Abich, Adolf (1948): Naturphilosophie auf neuen Wegen, Stuttgart.
Meyer-Abich, Adolf (1954): Holismus – Ein Weg synthetischer Naturwissenschaften, in: F. Heske und P. Jordan und ders.: Organik, Berlin 1954, 135-172.
Monod, Jacques (1979): Zufall und Notwendigkeit, München.
Mutschler, Hans-Dieter (1990): Physik, Religion, New Age, Würzburg: Echter.
Needham, Joseph (1978): Wissenschaft und Zivilisation in China. Band 1 der von Colin A. Ronan bearbeiteten Ausgabe, Frankfurt a.M.: Suhrkamp Taschenbuch, 1988 (dt. Erstausgabe: Frankfurt 1984; Original: Colin A. Ronan: The Shorter Science and Civilization in China. An Abridgement of Joseph Needham's Original Text. Vol. 1, Cambridge 1978).
Needham, Joseph (1956ff): Science and Civilization in China, London, 7 Bde. in 20 Teilbänden.

Needham, Joseph (1982): Explorations in the History of Science and Technology in China. Compiled in Honour of the Eightieth Birthday of Dr. Joseph Needham, FRS, FBA, hrsg. v. Li Guohao, Zhang Mengwen und Cao Tianqin, Shanghai.
Schilpp, P.A. (Hrsg.) (1983): Albert Einstein als Philosoph und Naturforscher. Eine Auswahl, Braunschweig und Wiesbaden.
Smuts, Jan-Christiaan (1926): Die holistische Welt, hrsg.v. H. Minkowski, Berlin 1938 (Original: Holism and Evolution, New York 1926).
Weizsäcker, Carl F. von (1963): Zum Weltbild der Physik, Stuttgart: S. Hirzel.
Weizsäcker, Carl F. von (1964): Die Tragweite der Wissenschaft, Bd. 1: Schöpfung und Weltentstehung. Die Geschichte zweier Begriffe, Stuttgart: S. Hirzel.
Weizsäcker, Carl F. von (1971): Die Einheit der Natur, München: dtv, 1974 (Erstausgabe München, 1971).
Weizsäcker, Carl F. von (1972): Die philosophische Interpretation der modernen Physik. Zwei Vorlesungen, in: Nova Acta Leopoldina (Leipzig) 37 (1972).
Weizsäcker, Carl F. von (1992): Die Sterne sind glühende Gaskugeln und Gott ist gegenwärtig. Über Religion und Naturwissenschaft (hrsg.v. Th. Görnitz), Freiburg i.Br. u.a.: Herder.
Weizsäcker, Carl F. von (1992a): Zeit und Wissen, München und Wien: Hanser.
Weizsäcker, Carl F. von, und Gopi Krishna (1971a): Die biologische Basis der religiösen Erfahrung, Frankfurt a.M.: Suhrkamp (Tb.), 1988 (Erstausgabe München: O.W. Barth, 1971).

3.2 Erkenntnistheorien interdisziplinär: Kognitionswissenschaft, Konstruktivismus, kulturanthropologische Beiträge zur Epistemologie und ihre Diskussion

(Vgl. auch Abschnitt 1.3.).
Bateson, Gregory (1972): Ökologie des Geistes. Anthropologische, psychologische, biologische und epistemologische Perspektiven, Frankfurt a.M.: Suhrkamp (Tb.), 1985 (dt. Erstausgabe: ebd., 1981; Original: Steps to an Ecology of Mind, 1972).
Bateson, Gregory (1979): Geist und Natur. Eine notwendige Einheit, Frankfurt: Suhrkamp (Tb.), [2]1990 (dt. Erstausgabe: ebd., 1982; Original: Mind and Nature. A Necessary Unit, New York 1979).
Bateson, Gregory, und Bateson, Mary Catherine (1987): Angels Fear: Toward an Epistemology of the Sacred.
Bateson, M. Catherine (1984): Mit den Augen einer Tochter. Erinnerungen an Margaret Mead und Gregory Bateson, Reinbek: Rowohlt (Tb.), 1986 (Original: With a Daughter's Eye. A Memoir of Margaret Mead and Gregory Bateson, New York 1984).
Bentov, Itzhak (1977): Auf der Spur des wilden Pendels. Abenteuer im Bewußtsein, Reinbek: Rowohlt (Tb.,»transformation«), 1986 (dt. Erstausgabe u.d.T.: Töne, Wellen, Vibrationen, München: Dianus-Trikont 1984; Original: Stalking the Wild Pendulum, New York 1977).
Beobachter. Konvergenz der Erkenntnistheorien? Niklas Luhmann, Humberto Maturana, Mikio Namiki, Volker Redder, Francisco Varela, München: W. Fink, 1990.
Brockman, John (Hrsg.) (1977): Essays on G. Bateson, New York.
Eco, Umberto (1986): Nachschrift zum ›Namen der Rose‹, München: dtv.

Ferguson, Marilyn (1973): Geist und Evolution, 1986 (Original: The Brain Revolution. The Frontiers of Mind Research, New York: Taplinger, 1973).

Feyerabend, Paul (*1988): Wider den Methodenzwang, Frankfurt a.M.: Suhrkamp, ³1991 (Against Method, London, Neuaufl. 1988).

Geertz, Clifford (1988): Die künstlichen Wilden. Anthropologen als Schriftsteller, München: Hanser 1990 (Original: Works and Lives. The Anthropologist as Author, Stanford 1988).

Griffin, David Ray (Hrsg.) (1988): The Reenchantment of Science: Postmodern Proposals, Albany: SUNY-Press.

Hayward, Jeremy W. (1990): Die Erforschung der Innenwelt. Neue Wege zum wissenschaftlichen Verständnis von Wahrnehmung, Erkennen und Bewußtsein, München u.a.: Scherz.

Holl Hans G. (1985): Das lockere und das strenge Denken. Essays über Gregory Bateson, Weinheim und Basel: Beltz.

Koestler, Arthur (1978): Der Mensch – Irrläufer der Evolution. Die Kluft zwischen unserem Denken und Handeln – eine Anatomie menschlicher Vernunft und Unvernunft, München: Goldmann (Tb.), 1981 (dt. Erstausgabe: Bern und München: Scherz; Original: Janus. A Summing Up, London 1978).

Maturana, Humberto R. (1982): Erkennen. Die Organisation und Verkörperung von Wirklichkeit. Ausgewählte Arbeiten zur biologischen Epistemologie, Braunschweig u.a.: Vieweg.

Maturana, Humberto R., und Varela, Francisco J. (1980): Autopoiesis and Cognition, Dordrecht und Boston.

Maturana, Humberto R., und Varela, Francisco J. (1984): Der Baum der Erkenntnis. Wie wir die Welt durch unsere Wahrnehmung erschaffen – die biologischen Wurzeln des menschlichen Erkennens, München: Scherz 1987 (Original: El árbol de conocimiento, 1984).

Maturana, H.: s. auch Riegas und Vetter (1990).

Popper, Karl R. und Eccles, John C. (1977): Das Ich und Sein Gehirn, München: Piper, 1982, ⁸1988 (Original: The Self and its Brain, Berlin: Springer, 1977).

Pribram, Karl Harry (1971): Languages of the Brain, Brooks/Cole 1977 (zuerst 1971).

Riedl, Rupert (1982): Evolution und Erkenntnis. Antworten auf Fragen unserer Zeit, München: Piper.

Riedl, Rupert (1985): Die Spaltung des Weltbildes. Biologische Grundlagen des Erklärens und Verstehens, Berlin u.a.: Parey.

Riedl, Rupert (1988): Biologie der Erkenntnis. Die stammesgeschichtlichen Grundlagen der Vernunft, München: dtv.

Riedl, Rupert und Wuketis, Franz (Hrsg.) (1987): Die evolutionäre Erkenntnistheorie. Bedingungen – Lösungen – Kontroversen, Berlin.

Riedl, R. (1990): s. Abschn. 1.3.

Riegas, Volker und Vetter, Christian (Hrsg.) (1990): Zur Biologie der Kognition. Ein Gespräch mit Humberto R. Maturana und Beiträge zur Diskussion seines Werkes, Frankfurt a.M.: Suhrkamp (Tb).

Segal, Lynn (1988): Das 18. Kamel oder die Welt als Erfindung. Zum Konstruktivismus Heinz von Foersters, München und Zürich.

Varela, Francisco J. (Hrsg.) (1992): Understanding Origins. Views on the Origins of Life, Mind and Society, Dordrecht u.a.: Kluwer.

Varela, Francisco J., und Thompson, Evan (1991): Der Mittlere Weg der Erkenntnis. Die Beziehung von Ich und Welt in der Kognitionswissenschaft – der Brückenschlag zwischen wissenschaftlicher Theorie und menschlicher Erfahrung, München und andere: Scherz, 1992 (Original: The Embodied Mind. Cognitive Science and Human Experience, Cambridge: MIT-Press, 1991).

Varela, F.J.: s. auch Maturana.

Watzlawik, Paul (Hrsg.) (1981): Die erfundene Wirklichkeit. Wie wissen wir, was wir zu wissen glauben? Beiträge zum Konstruktivismus, München und Zürich: Piper (Tb.), ⁶1990 (Erstausgabe ebd., 1981).

Watzlawik, Paul und Weakland, John H. und Fisch, Richard (1974): Lösungen. Zur Theorie und Praxis menschlichen Wandels, Bern u. a.

3.3 Zur Diskussion der Thesen Thomas S. Kuhns

Barnes, Barry (1982): T.S.Kuhn and Social Sciences, New York.

Bayertz, Kurt (Hrsg.) (1981): Wissenschaftsgeschichte und wissenschaftliche Revolutionen, o.O. (Pahl-Rugenstein-Verlag) (mit Beiträgen von Th.S.Kuhn u.a.).

Braun, Hans-Joachim und Kluwe, Rainer H. (Hrsg.) (1985): Entwicklung und Selbstverständnis von Wissenschaften. Ein interdisziplinäres Colloquium, Frankfurt a.M. u.a. (Studien zur Technik-, Wirtschafts- und Sozialgeschichte Bd.1).

Crombie, Alastair C. (Hrsg.) (1963): Scientific Change. Historical Studies in the Intellectual, Social and Technical Conditions for Scientific Discovery and Technical Invention, from Antiquity to the Present. Symposium on the History of Science [...] 1961, London 1963 (darin 347-398: Th.S.Kuhn, The Function of Dogma in Scientific Research, mit Diskussion).

Diemer, Alwin (Hrsg.) (1977): Die Struktur wissenschaftlicher Revolutionen und die Geschichte der Wissenschaften. Symposion der Gesellschaft für Wissenschaftsgeschichte (...), Meisenheim am Glan (= Studien zur wissenschaftstheorie Bd. 10).

Eberlein, Gerald L. (1987): Über pseudowissenschaftliche Vorurteile und vorurteilshafte Wissenschaft, in: Jahrbuch 1986 der Akademie Forum Masonicum, Bonn 1987, 15-25.

Eberlein, Gerald L. (1988): Brauchen die Schulwissenschaften ein neues Paradigma? in: Grenzgebiete der Wissenschaft 37 (1988), 195-214.

Eberlein, Gerald L. (1989): Schulwissenschaft – Parawissenschaft – Pseudowissenschaft, in: Univ. 1989, 321-329.

Gutting, Gary (Hrsg.) (1980): Paradigms and Revolutions. Appraisals and Applications of Thomas S. Kuhn's Philosophy of Science, London.

Jacob, Margeret C. (1988): The Cultural Meaning of the Scientific Revolution, Philadelphia.

Klausa, Ekkehard (1974): Soziologische Wahrheit zwischen subjektiver Tatsache und wissenschaftlichem Werturteil. Wissenssoziologische Überlegungen, ausgehend von Alvin Gouldner, Berlin.

Kuhn, Thomas S. (1957): Die kopernikanische Revolution, Braunschweig und Wiesbaden 1981 (= The Copernican Revolution. Planetary Astronomy in the Development of Western Thought, Harvard 1957).

Kuhn, Thomas S. (1962): Die Struktur wissenschaftlicher Revolutionen, Frankfurt a.M.: 2., rev. und um das Postscriptum von 1969 ergänzte Aufl., 1976 (dt. Erstausgabe 1967; Original: The Structure of Scientific Revolutions, Chicago ¹1962, ²1970).

Kuhn, Thomas S. (1977): Die Entstehung des Neuen. Studien zur Struktur der Wissenschaftsgeschichte, Frankfurt a.M (Original: The Essential Tension. Selected Studies in Scientific Tradition and Change, Chicago und London 1977).

Kuhn, Thomas S. (1977a): Neue Überlegungen zum Begriff des Paradigma, in: ders., Die Entstehung des Neuen (s.o.).

Kuhn, Thomas S. (1982): Was sind wissenschaftliche Revolutionen?, München (= gedrucktes Manuskript der C.-F.-v.-Siemens-Stiftung).

Lakatos, Imre und Musgrave, Alan (Hrsg.) (1970): Kritik und Erkenntnisfortschritt, Braunschweig 1974 (Original: Criticism and the Growth of Knowledge, Cambridge 1970).
Mastermann, Margaret (1970): Die Natur eines Paradigmas, in: Lakatos und Musgrave (Hrsg.) (1970) 59-88 (s.o.).
Müller, K. und Schepers, H. und Tobok, W. (Hrsg.) (1977): Die Bedeutung der Wissenschaftsgeschichte für die Wissenschaftstheorie. Symposion der Leibniz-Gesellschaft (...) 1974, Wiesbaden (= Studia Leibnitiana, Sonderheft 6).
Popper, Karl R. (1974) (1974): Reply to my Critics, in: P.A.Schilpp (Hrsg.), The Philosophy of Karl Popper, 2 vols, La Salle (Illinois).
Popper, Karl R. (^{5}1974): Conjectures and Refutations: The Growth of Scientific Knowledge, London.
Scharnberg, Max (1984): The Myth of Paradigm-shift, or How to Lie with Methodology, Uppsala (= Acta Universitatis Uppsaliensis, Uppsala Studies in Education Vol. 20).
Schmidt, Wolfgang (1981): Struktur, Bedingungen und Funktionen von Paradigmen und Paradigmenwechsel. Eine wissenschafts-historisch-systematische Untersuchung der Theorie T.S.Kuhns am Beispiel der Empirischen Psychologie, Frankfurt a.M. und Bern.
Seiler, Signe (1979): Wissenschaftstheorie in der Ethnologie. Zur Kritik und Weiterführung der Theorie von Thomas S. Kuhn anhand ethnographischen Materials, Berlin.
Stegmüller, Wolfgang (1975) und (1986): Hauptströmungen der Gegenwartsphilosophie. Eine kritische Einführung, Stuttgart Bd. 2: 1975; Bd. 3: 1986.
Stegmüller, Wolfgang (1980): Neue Wege der Wissenschaftsphilosophie, Berlin u.a.
Suppe, Frederick (Hrsg.) (1974): The Stucture of Scientific Theories, Urbana und Chicago und London (Symposium Urbana 1969).
Verronen, Veli (1986): The Growth of Knowledge. An Inquiriy into the Kuhnian Theory, Jyväskylä (Finnland).
Weizsäcker, Carl F. von (1977): Der Garten des Menschlichen. Beiträge zur geschichtlichen Anthropologie, Frankfurt a.M.: Fischer (Tb.), 1980 (Erstausgabe: München 1977).
Wittich, Dieter (1978): Eine aufschlußreiche Quelle für das Verständnis der gesellschaftlichen Rolle des Denkens von Thomas S. Kuhn, in: DZPh 26 (1978), 105-113.

3.4 Psychologie, Medizin und »Ganzheitlichkeit«

Assagioli, Roberto (1965): Handbuch der Psychosynthese. Prinzipien, Methoden und Techniken, Adliswil/Zürich: Verlag Astrologisch-Psychologisches Institut, überarb. Neuausg. 1988 (dt. Erstausgabe: Freiburg: Aurum, 1978; Original: Psychosynthesis – a Manual of Principles and Techniques, New York 1965).
Bateson, Gregory, und Ruesch, Jurgen (1987): Communication. The Social Matrix of Psychiatry, New York (New Ed.).
Boadella, David (1980): Wilhelm Reich. Leben und Werk des Mannes, der in der Sexualität das Problem der modernen Gesellschaft erkannte und der Psychologie neue Wege wies, Frankfurt: Fischer (Tb.), 1983 (dt. Erstausgabe München u.a.: Scherz, 1981; Original: Wilhelm Reich. The Evolution of His Work, 1980).
Brockmann, Doris (1991): s. 6.2.2.
Büntig, Wolf E. (1977): Die Gestalttherapie Fritz Perls, in: Die Psychologie des 20. Jahrhunderts, Bd. III: Freud und die Folgen, Hrsg. D. Eicke, Bern u.a.: Kindler, 1977, 1044-1066.

Dürckheim, Karlfried Graf (1934): Gemeinschaft, in: O. Klemm, H. Volkelt und ders. (Hrsg.): Ganzheit und Struktur. Festschrift Felix Krueger, München 1934, 195-214.
Dürckheim, Karlfried Graf: s. auch Abschn. 1.7.1., 3.6, 3.7.2.
Ehrenfels, Christian von (1890): Über ›Gestaltqualitäten‹, in: Vierteljahresschrift für wissenschaftliche Philosophie Bd. 14 (1890), Neudruck, hrsg. v. F. Weinhandl: Darmstadt 1960.
Fine, R. (1986): Narcissism, the Self and Society, New York: Columbia University Press.
Fromm, Erich (1956): Die Kunst des Liebens, Frankfurt und Berlin: Ullstein (Tb.), 1980 (dt. Erstausgabe Stuttgart: DVA; Original: The Art of Loving, New York 1956).
Fromm, Erich (1976): Haben oder Sein. Die seelischen Grundlagen einer neuen Gesellschaft, München: dtv, 1979 (dt. Erstausgabe Stuttgart: DVA, 1976; Original: To Have or to Be? New York u.a., 1976).
Fromm, Erich und Suzuki, Daisetz Teitaro und Martino, Richard de (1960): Zen-Buddhismus und Psychoanalyse, Frankfurt a.M.: Suhrkamp (Tb.), [7]1979 (dt. Erstausgabe 1963; Original: Zen-Buddhism and Psychoanalysis / The Human Situation and Zen-Buddhism, 1960).
Gottwald, Peter (1989): In der Vorschule einer freien Psychologie. Forschungsbericht eines Hochschullehrers und Zen-Schülers, Oldenburg: Heinz Holzberg Verlag.
Herrmann, Theo (1976): Ganzheitspsychologie, in: H. Balmer (Hrsg.): Psychologie des 20. Jahrhunderts, Bd. 1: Die europäische Tradition, Zürich 1976, 573-658.
Herrmann, Theo (1979): Psychologie als Problem. Herausforderungen der psychologischen Wissenschaft, Stuttgart: Klett-Cotta.
Janus, Ludwig (1990): Das Seelenleben des Ungeborenen – eine Wurzel unseres Unbewußten, Pfaffenweiler: Centaurus.
Janus, Ludwig ([2]1990): Die Psychoanalyse der vorgeburtlichen Lebenszeit und der Geburt, Pfaffenweiler: Centaurus.
Jung, Carl G. (1951): Aion. Beiträge zur Symbolik des Selbst (1951), in: Gesammelte Werke Bd. 9,2, Olten und Freiburg i.B., 1976.
Jung, Carl G. (1954): Zur Empirie des Individuationsprozesses (mit fünf Bildtafeln), in: Eranos-Jahrbuch 1 (1954), 201-214.
Jung, Carl G. (1958): Ein moderner Mythus. Von Dingen, die am Himmel gesehen werden (1958), in: Gesammelte Werke Bd. 10, Olten und Freiburg i.B., 1974, 337-474.
Jung, Carl G. (1971): Synchronizität, Akausalität und Okkultismus, München: dtv, 1990 (Erstausgabe: Olten: Walter, 1971).
Jung, Carl G. (1971a): Erinnerungen, Träume Gedanken, hrsg.v. Aniela Jaffé, Olten: Walter.
Klemm, O., Volkelt, H., und Dürckheim, K. Graf (Hrsg.) (1934): Ganzheit und Struktur. Festschrift Felix Krueger zum 60. Geburtstag, 3 Bde., München.
Konitzer, Martin (1987): Wilhelm Reich zur Einführung, Hamburg: Junius.
Krueger, Felix (1948): Lehre von dem Ganzen, Bern.
Krueger, Felix (1953): Zur Philosophie und Psychologie der Ganzheit. Schriften aus den Jahren 1918 bis 1940, hrsg. von E. Heuss, Berlin.
Marrow, Alfred J. (1969): Kurt Lewin – Leben und Werk, Stuttgart: Ernst Klett, 1977 (Original: The Practical Theorist. The Life and Work of Kurt Lewin, New York 1969).
Meier-Seethaler, Carola (1989): Ursprünge und Befreiungen. Eine dissidente Kulturtheorie, Zürich: Arche.
Metzger, W. (1976): Gestalttheorie im Exil, in: H. Balmer (Hrsg.): Die Psychologie des 20 Jahrhunderts Bd. 1: Die europäische Tradition, Zürich 1976, 659-683.
Neumann, Erich (1953): Kulturentwicklung und Religion, Frankfurt: Fischer (Tb.), 1978 (Erstausgabe Zürich 1953).
Perls, Fritz (1969): Gestalttherapie in Aktion, Stuttgart: Ernst Klett, 1974 (Original: Gestalt Therapy Verbatim, Lafayette/Calif., 1969).

Placzek, Beverley R. (Hrsg.) (1981): Zeugnisse einer Freundschaft. Der Briefwechsel zwischen Wilhelm Reich und A.S. Neill 1936-1957, Köln: Kiepenheuer & Witsch, 1986 (Original: Record of a Friendship. The Correspondence of Wilhelm Reich and A.S. Neill, New York 1981).
Porkert, Manfred (1982): Die chinesische Medizin. Mit einem Geleitwort von Veronika Carstens, Düsseldorf: Econ (Tb.), ²1989 (¹1982).
Reich, Wilhelm (1933): Die Massenpsychologie des Faschismus, Köln: Kiepenheuer & Witsch, 1986 (1.Aufl. dieser Ausgabe 1971; engl.: The Mass Psycology of Fascism, 1933, 1934, 1979).
Reich, Wilhelm (1933/1945): Charakteranalyse, Frankfurt: Fischer (Tb.), 1973 (1.Aufl. dieser Ausgabe Köln: Kiepenheuer & Witsch, 1970; dt. zuerst 1933 und 1961; engl. Ausgabe: Character Analysis, 1945 und 1949).
Reich, Wilhelm (1936): Die sexuelle Revolution, Frankfurt: Fischer (Tb.), 1971 (Originalausgabe u.d.T.: Die Sexualität im Kulturkampf, Kopenhagen: Sexpol-Verlag, 1936; engl. Ausgabe: The Sexual Revolution, 1945 und 1962).
Sander, F. und Volkelt, H. (²1967): Ganzheitspsychologie. Grundlagen, Ergebnisse, Anwendungen (Gesammelte Abhandlungen), München.
Watts, A.: s. Abschn. 3.7.3.
Wegener-Stratmann, Martina (1990): C. G. Jung und die östliche Weisheit. Perspektiven heute, Olten und Freiburg: Walter.
Wehr, Gerhard (1985): Carl Gustav Jung. Leben, Werk und Wirkung, München: Kösel.
Wellek, Albert (1950): Die Wiederherstellung der Seelenwissenschaft im Lebenswerk Felix Kruegers, Hamburg.
Wellek, Albert (1954): Die genetische Ganzheitspsychologie der Leipziger Schule und ihrer Verzweigungen (= Neue Psychologische Studien 15.3).
Wellek, Albert (1963): Psychologie, München: Francke (UTB), ³1971 (¹1963).
Wellek, Albert (²1969): Ganzheitspsychologie und Strukturtheorie, München und Bern.

3.5 Vorläufer heutiger religiöser und sozialer Alternativbewegungen und ihr Reflex in der Öffentlichkeit

Brenken, Anna und Dressler, Fritz (1989): Künstlerdorf Worpswede, Hamburg: Ellert & Richter.
Conti, C. (1984): Abschied vom Bürgertum. Alternative Bewegungen in Deutschland von 1890 bis heute, Reinbek: Rowohlt.
Hennig, Christoph (1989): Die Entfesselung der Seele. Romantischer Individualismus in den deutschen Alternativkulturen, Frankfurt a.M.
Kreuzer, Helmut (1968): Die Boheme. Analyse und Dokumentation einer intellektuellen Subkultur vom 19. Jahrhundert zur Gegenwart, Stuttgart.
Linse, Ulrich (1974): Die Kommune der deutschen Jugendbewegung. Ein Versuch zur Überwindung des Klassenkampfs, München: C.H.Beck.
Linse, Ulrich (1981): Die entschiedene Jugend. Deutschlands erste revolutionäre Schüler- und Studentenbewegung.
Linse, Ulrich (Hrsg.) (1983): Zurück o Mensch zur Mutter Erde. Landkommunen in Deutschland 1890-1933, München: dtv.

Linse, Ulrich (1986): Ökopax und Anarchie. Eine Geschichte der ökologischen Bewegungen in Deutschland, München: dtv.
Mairet, Philip (1936): A.R. Orage. A Memoir, London.
Monte Verità. Berg der Wahrheit. Lokale Anthropologie als Beitrag zur Wiederentdeckung einer neuzeitlichen sakralen Topographie, hrsg. v. d. Agentur für geistige Gastarbeit (Harald Szeemann und Electra Editrice), Milano: Electra Editrice, o.J.
Orage A[lfred] R[ichard] (*1926): An Editor's Progress, in: The New Age (London), März-April 1926, 235f. 246f. 258. 271f. 283f. 295f (Reprint aus: »Commonweal« (USA)).
Rosenbaum-Kroeber, Sybille (o.J.): Was ist Eranos und wer war Olga Fröbe Capteyn?, in: Monte Verità (o.J.), 117-119 (s.o.).

3.6 Kulturtheoretische Grundlagenkonzepte zur Entwicklung des Menschen und seines Bewußtseins

Friedell, Egon (1927-1931): Kulturgeschichte der Neuzeit, 2 Bde., München: dtv 1976 (Erstausgabe München: C.H.Beck).
Gebser, Jean (1945): Abendländische Wandlung, Zürich und New York.
Gebser, Jean (1949ff): Ursprung und Gegenwart, 3 Bde., München: dtv, 1973 (Erstausgabe: Stuttgart 1949-53 und 1966).
Gebser, Jean (1962): In der Bewährung. Zehn Hinweise auf das neue Bewußtsein, Bern und München: Francke.
Gebser, Jean (1970): Der unsichtbare Ursprung. Evolution als Nachvollzug, Olten und Freiburg: Walter (überarbeiteter Vortrag, geh. auf Schloß Elmau 14.5.67).
Gebser, Jean (1974): Verfall und Teilhabe. Über Polarität, Dualität, Identität und Ursprung, Salzburg: O. Müller.
Guardini, Romano (1950): Das Ende der Neuzeit. Ein Versuch zur Orientierung, Basel.
Illies, Joachim (1975): A. Portmann – J. Gebser – J. Bachofen. Drei Kulturforscher – Drei Bilder vom Menschen, Zürich: Edition Interfrom.
Keyserling, Arnold (1968): Geschichte der Denkstile, Wien.
Mumford, Lewis (1956): The Transformations of Man, London 1957 (zuerst New York: Harper, 1956).
Mumford, Lewis (1967): The Myth of the Machine, New York.
Phillips, Denis Charles (1976): Holistic Thougt in Social Science, Stanford.
Rosenberg, Alfons (1973): Die Welt im Feuer. Wandlungen meines Lebens, Freiburg i.Br.: Herder.
Schneider-Fassbaender, Martha (1978): Leopold Ziegler. Leben und Werk Pfullingen: Neske.
Schubart, Walter (1938): Europa und die Seele des Ostens, Luzern: 6./7. Aufl. 1947 (^{1}1938).
Schulz, Günter (Hrsg.) (1965): Transparente Welt. Festschrift zum sechzigsten Geburtstag von Jean Gebser, Bern und Stuttgart: Hans Huber.
Stein, Erwin (Hrsg.) (1981): Leopold Ziegler. Denker des erinnernden Urwissens – Deuter des Weltsinnes – Weg-Weiser in die Zukunft, Freiburg: Aurum.
Teilhard de Chardin, P.: s. unten, Abschnitt 6.2.2.
Weizsäcker, Viktor von (^{2}1960): Gestalt und Zeit.
Wirth, Herman (1931ff): Die Heilige Urschrift der Menschheit. Symbolgeschichtliche Untersuchungen diesseits und jenseits des Nordatlantik, 12 Bde., Leipzig 1931ff; Neuaufl. Frauenberg: Mutter-Erde-Verlag, o.J.

3.7 Nichtchristliche Religionen und interreligiöser Dialog im Westen (ohne Fachliteratur)

3.7.1 Vermittler östlicher Religionen im Westen, Übersetzungen

Vgl. auch: 1.7.1 (›Insider‹-Literatur aus neuen religiösen Bewegungen im Westen), 1.7.3 (Rezeption neuer religiöser Bewegungen im Christentum und christliche Meditationskultur), 6.1 (religionswissenschaftliche Fachliteratur)!

Anila, Varana-Râya (1940): Shrî Aurobindo and the New Age, London: J. Watkins.

Aurobindo, Shrî (1957): Der integrale Yoga (hrsg. v. Otto Wolff), Reinbek: Rowohlt.

Brantschen, Nikolaus (1989): Einer, der Zeichen setzt und zum Zeichen wird (über H.M. Enomiya-Lassalle), in: Börsenblatt 19/1989, 800-803.

Brück, Michael von (Hrsg.) (1985): Dialog der Religionen. Bewußtseinswandel der Menschheit, München: Goldmann, 1987 (Original: Emerging Consciousness for a New Humankind, Bangalore, Indien, 1985).

Coomaraswamy, Ananda K. (1918): The Dance of Shiva. Fourteen Indian Essays, New York: The Sunwise Turn.

Dargyay, Eva K. und Dargyay, Geshe Lobsang (Übs.) (1977): Das tibetische Buch der Toten. Die 1. Originalübertragung aus dem Tibetischen, Weilheim und München: O.W.Barth.

Enomiya-Lassalle, Hugo M. (1966): Zen und christliche Mystik, Freiburg i.Br.: Aurum, ³1986 (1. Aufl. u.d.T.: Zen-Buddhismus, Köln: J.P.Bachem, 1966, ²1972).

Enomiya-Lassalle, Hugo M. (1968): Erleuchtungsweg des Zen-Buddhismus und christliche Mystik, in: W. Bitter (Hrsg.): Abendländische Therapie und östliche Weisheit, Tagungsbericht, Stuttgart, 81-107 (Tagung: »Abendländische Therapie und östliche Weisheit« in Schloß Elmau, veranstaltet von der Gemeinschaft »Arzt und Seelsorger«).

Enomiya-Lassalle, Hugo M. (1969): Zen-Meditation für Christen, Weilheim: O.W.Barth.

Enomiya-Lassalle, Hugo M. (1976): Die Zen-Meditation, in: Reiter (Hrsg.) (1976), 55-75.

Enomiya-Lassalle, Hugo M. (1987): Zen und christliche Spiritualität, hrsg. v. R. Ropers u. B. Snela, München: Kösel.

Enomiya-Lassalle, Hugo M. (1988): Vorwort, in: Dürckheim (1988), 7f.

Enomiya-Lassalle, Hugo M. (1988a): Mein Weg zum Zen, München: Kösel.

Enomiya-Lassalle, Hugo M. (³1988): Zen-Unterweisung, München: Kösel.

Evans-Wentz, Walter Y. (Hrsg.) (1927): Das Tibetanische Totenbuch. Mit einem psychologischen Kommentar von C.G. Jung, Zürich und Leipzig: Rascher, 1935 (Aus d. engl. Fassung des Lama Kazi Dawa Samdup, hrsg. v. Walter Y. Evans Wentz, London: 1927, übs. von L. Göpfert-March).

Gopi Krishna (1988): Kundalini im New Age, hrsg. v. Gene Kieffer, Freiburg i.B.: Bauer (Tb.), 1989 (Original: Kundalini for the New Age, New York: Bantam, 1988).

Griffiths, Bede (*1983): Die Hochzeit von Ost und West, Salzburg: Otto Müller.

Griffiths, Bede (1976): Rückkehr zur Mitte. Das Gemeinsame östlicher und westlicher Spiritualität, München: Kösel (Original: Return to the Centre, 1976).

Gyatso, Tenzin, S.H., der XIV. Dalai Lama (1984): Logik der Liebe. Aus den Lehren des Tibetischen Buddhismus für den Westen, München: Goldmann, 1989 (Original: Kindness – Clarity – Insight, Ithaca (NY), 1984).

Gyatso, Tenzin, S.H., der XIV. Dalai Lama (1985): Das Auge einer neuen Achtsamkeit. Traditionen und Wege des tibetischen Buddhismus. Eine Einführung aus östlicher Sicht, München: Goldmann (Tb.), 1987 (Original: London 1985).

Jayakar, Pupul (1986): Krishnamurti. Leben und Lehre, Freiburg i.b.: Bauer, 1988 (Original: Krishnamurti – A Biography, San Francisco: Harper & Row, 1986).
Keesing, Elisabeth (1981): Hazrat Inayat Khan. A Biography, New Delhi.
Krishnamurti, Jiddu, und Bohm, David (1977): Truth and Actuality (Discussions [...] between J.Krishnamurti and D.Bohm and others), London 1977.
Krishnamurti, Jiddu, und Bohm, David (1985): Vom Werden zum Sein. Der große Weisheitslehrer des Ostens im Dialog mit einem der führenden Physiker des Westens, Weilheim: O.W.Barth, 1987; München: Goldmann, 1992 (Original: The Ending of Time, Cambridge: Harper & Row, 1985).
Mangoldt, Ursula von (1958): Buddha lächelt, Maria weint. Die zwei Weisen des Heils, Planegg: O.W. Barth.
Mangoldt, U.v.: vgl. auch Abschn. 1.7.3.!
Mascaró, Juan (Übs.) (1962): The Bhagavad Gita, London: Penguin.
Merton, Thomas (1978): Der Berg der sieben Stufen. Die Autobiographie eines radikalen Christen, München: Goldmann (Tb.), 1988 (dt. Erstausgabe Köln: Benziger, 1984; Original: The Seven Storey Montain, New York: Octagon, 1978).
Schwarz, Wolfgang (o.J.): Hoffnung im Nichts. Radhakrishnan, Gebser und der westöstliche Geist, Krailling b. München: H.G. Müller, o.J..
Stachel, Günter (Hrsg.) (1978): Munen muso. Ungegenständliche Meditation. Festschrift für Pater Hugo M. Enomiya-Lassalle SJ zum 80. Geburtstag, Mainz: Grünewald, ^{3}1986 (^{11}1978).
Vivekânanda Sv. (1893): Addresses at the Parliament of Religions, in: The Complete Works of Swami Vivekananda. Mayavati Memorial Edition, Vol. I, Calcutta ^{12}1965, 1-24.
Wilhelm, Richard (Hrsg.) (1924): I Ging. Text und Materialien, Köln: Eugen Diederichs, ^{14}1987 (1. Aufl. dieser Ausgabe 1973 = Nachdruck der Ausgabe von 1924).
Wilhelm, Richard und Jung, Carl G. (1929): Geheimnis der Goldenen Blüte. Das Buch vom Bewußtsein und Leben, Köln: Diederichs, 1986 (zuerst München: Dorn-Verlag, 1929).
Yogânanda, Paramahansa (1946): Autobiographie eines Yogi. Vorwort von W.Y. Evans-Wentz, München u.a.: O.W. Barth, ^{16}1988 (dt. Erstausgabe 1950; Original: Autobiography of a Yogi, Los Angeles: Self-Realization Fellowship, 1946).
Yogânanda, Paramahansa (1953): Religion als Wissenschaft, München und Weilheim: O.W.Barth, ^{2}1976 (Original: The Science of Religion, 1953).

3.7.2 Deutschsprachige Literatur über Zen-Buddhismus bis 1966

(Viele der Bücher sind bis heute im Programm; zumeist mehrere Auflagen im gleichen Verlag.)

1925   Faust, August, und Ohasama, Schûej: Zen – Der lebendige Buddhismus in Japan. Ausgewählte Stücke des Zen-Textes. Mit einem Vorwort von Rudolf Otto, Gotha (entstanden unter Mitarbeit von Eugen Herrigel).

1939   Suzuki, Daisetz T.: Die große Befreiung. Einführung in den Zen-Buddhismus, Leipzig: Carl Weller (übs.v. Heinrich Zimmer); dass. Konstanz: Carl Weller, 3. Aufl. 1947, später Zürich: Rascher (^{4}1958), danach Weilheim: O.W.Barth (Original: An Introduction to Zen-Buddhism, 1934).

1941   Suzuki, Daisetz T.: Zen und die Kultur Japans, Stuttgart und Berlin: DVA, später Reinbek: Rowohlt (seit 1958); (Original: Zen Buddhism and its Influence on Japanese Culture, 1938).

1948   Herrigel, Eugen: Zen in der Kunst des Bogenschießens, Konstanz: Carl Weller (später München-Planegg: O.W.Barth).

1950   Dürckheim, Karlfried Graf v.: Japan und die Kultur der Stille, Planegg: O.W.Barth.

1951	Dürckheim, Karlfried Graf v.: Im Zeichen der Großen Erfahrung, Planegg: O.W.Barth.
1951	Humphreys, Christmas: Zen Buddhismus (übs. v. U.v.Mangoldt), Planegg: O.W.Barth.
1955	Suzuki, Daisetz T.: Leben aus Zen, übs. v. U.v. Mangoldt, Planegg: O.W.Barth (Original: Living by Zen, 1949).
1956	Dürckheim, Karlfried Graf v.: Hara. Die Erdmitte des Menschen, Planegg: O.W.Barth.
1956	Watts, Alan: Vom Geist des Zen, Basel und Stuttgart: Schwabe, (Original: The Spirit of Zen, London 1936).
1957	Suzuki, Daisetz T.: Die Zen-Lehre vom Nicht-Bewußtsein. Die Bedeutung des Sutra von Hui-Neng, Planegg: O.W.Barth (Original: The Zen-Doctrine of No-Mind, 1949).
1957	Suzuki, Daisetz T.: Der Weg zur Erleuchtung, Baden-Baden: Holle (Original: The Koan Exercise, = Teilausgabe von: Essays in Zen Buddhism, 3 Bde., London 1927-1934).
1958	Benoit, Hubert: Die hohe Lehre. Der Zen-Buddhismus als Grundlage psychologischer Betrachtungen (aus dem Frz.), Planegg: O.W.Barth.
1958	Herrigel, Eugen: Der Zen Weg, hrsg.v. H.Tausend u. G.Herrigel, Planegg: O.W.Barth.
1959	Dumoulin, Heinrich: Zen. Geschichte und Gestalt, Bern: Francke.
1960	Suzuki, Daisetz T.: Der westliche und der östliche Weg, Frankfurt a.M.: Ullstein (Original: Mysticism, Christian and Buddhist, 1957).
1960	Enomiya-Lassalle, Hugo M.: Zen, Weg zur Erleuchtung, Freiburg u. Wien: Herder.
1960	Die Zen-Lehre des chinesischen Meisters Huang-Po, Weilheim: O.W.Barth.
1961	Dürckheim, Karlfried Graf v.: Zen und wir, Weilheim: O.W.Barth.
1961	Watts, Alan: Zen-Buddhismus Reinbek: Rowohlt (Original: The Way of Zen, 1957).
1961	Wendt, Ingeborg: Zen, Japan und der Westen, München: List.
1961	Hasumi, Toshimitsu: Zen in der japanischen Dichtung, Weilheim: O.W.Barth.
1962	Benz, Ernst: Zen in westlicher Sicht, Weilheim: O.W.Barth.
1962	Mangoldt, Ursula v. (Hrsg.): Höhen, Klöster, Ashrams. Religiöse Gemeinschaften in Indien und Japan, Weilheim: O.W.Barth.
1963	Fromm, Erich und Suzuki, Daisetz Teitaro und Martino, Richard de: Zen-Buddhismus und Psychoanalyse, Frankfurt a.M.: Suhrkamp (^{7}1979; Original: Zen-Buddhism and Psychoanalysis / The Human Situation and Zen-Buddhism, 1960).
1963	Kerouac, Jack: Gammler, Zen und Hohe Berge, Reinbek, Rowohlt (Original: The Dharma Bums, 1958).
1964	Dürckheim, Karlfried Graf v.: Wunderbare Katze und andere Zen-Texte, Weilheim: O.W.Barth.
1965	Ueda, Shizuteru: Die Gottesgeburt in der Seele und der Durchbruch zur Gottheit. Die mystische Anthropologie Meister Eckhardts [...], Gütersloh: Mohn.
1966	Ital, Gerta: Der Meister, die Mönche und ich, Weilheim: O.W.Barth.
1966	Dumoulin, Heinrich: Östliche Meditation und christliche Mystik, Freiburg u. München: Alber.
1966	Enomiya-Lassalle, Hugo M.: Zen-Buddhismus, Köln: Bachem.

3.7.3 Literaturliste Alan Watts

1932	An Outline of Zen Buddhism, London: Golden Vista Press, 1932 (abgedruckt in: The Early Writings of Alan Watts. Essays by the leading interpreter of Zen to the West, ed. J. Snelling, D.T. Sibley, M. Watts, London u.a. 1987, 38-54).
1934	Buddhism in the Modern World, London: J.M. Watkins, 1934 (zuerst in: Buddhism in England (1933), abgedruckt in: The Early Writings..., 89-114).
1936	The Spirit of Zen. A Way of Life, Work and Art in the Far East, London: John Murray,

	1936; dt.: Vom Geist des Zen, Basel und Stuttgart: Schwabe, 1956; Nachdruck: Frankfurt a.M.: Suhrkamp, 1986.
1937	The Legacy of Asia and Western Man. A Study of the Middle Way, London: John Murray.
1940	The Meaning of Happiness. The Quest for Freedom of the Spirit in modern Psychology & the Wisdom of the East, London: Harper & Brothers, 1940; dt.: Die sanfte Befreiung. Moderne Psychologie und östliche Weisheit, München: Goldmann (Tb., »New Age«), 1985 (= dt. Erstveröffentl.), Neuaufl. 1988.
1947	Behold the Spirit. A Study in the Necessity of Mystical Religion, London: John Murray, 1947.
1947	Zen Buddhism. A New Outline and Introduction, London: Buddhist Society, 1947.
1950	Easter. Its History and Meaning, New York: Schumann, 1950.
1950	The Supreme Identity. An Essay on Oriental Metaphysic and the Christian Religion, New York: Pantheon, und London: Faber & Faber, 1950.
1951	The Wisdom of Insecurity, New York: Vintage Books, 1951; dt.: Weisheit des ungesicherten Lebens, München-Planegg: O.W.Barth, 1955 (^{2}1978, ^{3}1981, Neudruck 1988).
1953	Myth and Ritual in Christianity, New York: Vanguard Press, 1953; dt.: Mythus und Ritus des Christentums, München-Planegg: O.W. Barth, 1956 (Übs.: U.v. Mangoldt); Nachdruck München: Heyne-Tb., 1991).
1957	The Way of Zen, London: Thames & Hudson, 1957; dt.: Zen-Buddhismus. Tradition und lebendige Gegenwart, Reinbek: Rowohlt, 1961, Übs. Manfred Andreae (Nachdruck als: Zen. Tradition und lebendiger Weg, 1981).
1958	Nature, Man and Woman. A New Approach to Sexual Experience, London: Thames & Hudson, 1958; dt. zuerst u.d.T.: Das Mißverständnis des Geistes, Köln: Dumont, 1960; Neuübersetzung von S. Schaup: Im Einklang mit der Natur. Der Mensch in der natürlichen Welt und die Liebe von Mann und Frau, München: Kösel, 1981; Nachdruck München: Goldmann-Tb., Reihe »New Age«, 1986.
1959	Beat Zen, Square Zen, and Zen, San Francisco 1959 (zuerst 1958 in: The Chicago Review, später abgedruckt in: This is it... (1960)).
1960	This is it, and other Essays on Zen and Spiritual Experience, London: John Murray, 1960; dt.: Dies ist Es. Über Zen und spirituelle Erfahrungen, Basel: Sphinx, 1979; Nachdruck München: Goldmann-Tb., 1985.
1961	Psychotherapy East and West, New York: Pantheon, 1961; dt.: Psychotherapie und östliche Befreiungswege, München: Kösel, 1981; Nachdruck München: Goldmann-Tb., Reihe »Sachbuch«, 1986.
1962	The Joyous Cosmology. Adventures in the Chemistry of Consciousness, Foreword by Timothy Leary and Richard Alpert, New York 1962; dt.: Kosmologie der Freude, Darmstadt: Melzer, 1972.
1963	Patterns of Myth, New York: Braziller, 1963.
1963	The Two Hands of God. The Myths of Polarity, New York: George Braziller, 1963.
1964	Beyond Theology. The Art of Godmanship, New York: Pantheon, 1964.
1966	The Book on the Taboo against Knowing who you are, New York: Pantheon, 1966; dt.: Die Illusion des Ich. Westliche Zivilisation in der Krise, Versuch einer Neuorientierung, München: Kösel, 1980; Nachdruck München: Goldmann Tb., 1985.
1972	In My Own Way, New York: Pantheon, 1972; dt.: Zeit zu leben. Erinnerungen eines ›heiligen Barbaren‹, München und Bern: Scherz, 1979; Nachdruck München: Heyne (Tb.), 1988.
1975	Tao. The Watercourse Way, New York ^{1}1975 (posthum); dt.: Der Lauf des Wassers. Eine Einführung in den Taoismus, Weilheim: O.W. Barth, 1976 (Übs. S. Schaup); Nachdruck Frankfurt a. M.: Suhrkamp, 1982.

1983 The Way of Liberation. Essays and Lectures on the Transformation of the Self, New York: Weatherhill, ¹1983 (posthum).

Deutsche Ausgabe der »Essenz von Alan Watts« (The Essence of Alan Watts): 9 kleinere Bücher über: Gott, Meditation, Nichts, Tod, Die Natur des Menschen, Zeit, Kosmisches Drama, Philosophische Phantasien und Ego, bereits 1979 im Programm des Sphinx-Verlages, Basel; Nachdruck einiger Bände bei Goldmann, 1984/85.

3.7.4 Zur Philosophia-Perennis-Lehre

Coomaraswamy, Ananda K. (1989): What is Civilization, and other Essays (hrsg.v. S.H.Nasr), Oxford u.a.: Oxford Univ. Press.

Heard, Gerald (1949): Die Philosophia Perennis, in: C.Isherwood (Hrsg.): Vedanta und wir, München-Pasing: Drei Eichen, 1963 (Original: Vedanta for the Western World, 1949), 345-348.

Huxley, Aldous (1944): Die ewige Philosophie. Philosophia perennis, München und Zürich: Piper, 1987 (dt. Erstausgabe Zürich: Steinberg, 1949; Original: The Perennial Philosophy, London 1944).

Nasr, Seyyed Hossein (1981): Knowledge and the Sacred, New York (deutsche Ausgabe: Die Erkenntnis und das Heilige, München: Diederichs, 1990).

Nasr, Seyyed Hossein (1984): The Philosophia Perennis and the Study of Religion, in: Whaling (Hrsg.) (1984), 181-200.

Needleman, Jacob (Hrsg.) (1974): The Sword of Gnosis. Metaphysics, Cosmology, Tradition, Symbolism, London und Boston (MA), ²1986 (zuerst Baltimore 1974).

Schuon, Fritjof (1968): Von der inneren Einheit der Religionen, Interlaken: Ansata, ²1981 (Original: De l'unité transcendante des religions, Paris: Gallimard, 1968, ²1979).

Schuon, Fritjof (1976): Das Ewige im Vergänglichen. Von der einen Wahrheit in den großen Religionen, Weilheim ²1984 (¹1970); (Original: Regards sur les mondes anciens, Paris: Ed. Traditionelles, 1976).

3.7.5 Sonstige Hintergrundliteratur über nichtchristliche Religionen und interreligiöse Themen im Westen

(Religionswissenschaftliche und religionstheologische Fachliteratur s. unten, 6.1 und 6.2.1).

Biedermann, Hanns (1989): Knaurs Lexikon der Symbole, München.

Campbell, Joseph (*1985): Lebendiger Mythos, München: Dianus-Trikont.

Campbell, Joseph (1986): Die Mitte ist überall. Die Sprache von Mythos, Religion und Kunst, München: Kösel, 1992 (Original: The Inner Reaches the Outer Space, Metaphor as Myth and as Religion, New York 1986).

Cousineau, Phil (Hrsg.) (1990): The Heroe's Journey. The World of Joseph Campbell, San Francisco: Harper & Row.

Gottwald, P. (1989): s.Abschn. 3.4.

Govinda, Lama Anagarika (1957): Grundlagen tibetischer Mystik. Nach esoterischen Lehren des Großen Mantra Om mani padme hum, München u.a.: O.W.Barth, 8. Aufl. 1991 (zuerst 1957).

Lengyel, Lancelot (1969): Das geheime Wissen der Kelten. Enträtselt aus druidisch-keltischer

Mythik und Symbolik, Freiburg i.Br.: Hermann Bauer, ^{7}1991 (^{1}1976); Original: Le Secret des Celtes, 1969.

Markale, Jean (*1985): Die Druiden. Gesellschaft und Götter der Kelten, München: C. Bertelsmann (dt. Erstausgabe München: Dianus-Trikont, 1985; Original: Le Druidisme – Traditions et Dieux des Celtes).

Markale, Jean (1972): Die keltische Frau. Mythos, Geschichte, Soziale Stellung, München: Goldmann, 1990 (dt. zuerst München: Dianus-Trikont, 1984; Original: La femme celte, Paris 1972).

Needham, J.: s. oben, Abschn. 3.1.

Reiter, Udo (Hrsg.) (1976): Meditation – Wege zum Selbst, München: Mosaik.

Rosenberg, Alfons (Hrsg.) (1974): Leben nach dem Sterben, München: Kösel.

Tolstoy, Nikolai (1985): Auf der Suche nach Merlin. Mythos und geschichtliche Wahrheit, München: Diederichs, ^{2}1988 (^{1}1985); Original: The Quest for Merlin, London 1985.

Wegener-Stratmann, M.: s.Abschn. 3.4.

Weizsäcker, Carl F. von (1976a): Meditation in dieser Zeit – ihr Wesen und ihre Bedeutung (Interview von Udo Reiter), in: Reiter (Hrsg.) (1976), 169-187.

4. Zur Religionsgeschichte des Neuen Zeitalters und zur westlichen Geschichte der Neuen religiösen Szenerie

4.1 Zeitalterlehren

(Vgl. auch Abschn. 4.3 (Astrologiegeschichte) und 6.2.2 (Theologie)).

Benz, Ernst (1934): Ecclesia spiritualis. Kirchenidee und Geschichte der franziskanischen Reformation, Stuttgart (Nachdruck Darmstadt 1969).

Benz, Ernst (1956): Creator Spiritus. Die Geistlehre des Joachim von Fiore, in: Eranos-Jahrbuch 25 (1956), 285-355.

Benz, Ernst (1965): Schöpfungsglaube und Endzeiterwartung. Antwort auf Teilhard de Chardins Theologie der Evolution, München.

Benz, Ernst (1973): Endzeiterwartungen zwischen Ost und West. Studien zur christlichen Eschatologie, Freiburg i.Br.

Benz, Ernst (1973a): Die Kategorien des eschatologischen Zeitbewußtseins. Studien zur Geschichtstheologie der Franziskanerspiritualen, in: ders. (1973), 9-37 (s.o.).

Benz, Ernst (1973b): Verheißung und Erfüllung. Über die theologischen Grundlagen des deutschen Geschichtsbewußtseins, in: ders. (1973), 38-89 (s.o.).

Boll, Franz (1913): Die Lebensalter (1913), in: ders. (1950), 156-224.

Bonet-Maury, Gaston (1908): Art.»Ages of the World: Christian«, in: ERE Bd.1 (1908), 190-192.

Cohn, Norman (1957): Das Ringen um das Tausendjährige Reich. Revolutionärer Messianismus im Mittelalter und sein Fortleben in den modernen totalitären Bewegungen, Bern und München: Francke, 1961 (Original: The Pursuit of the Millenium, London 1957).

Dempf, Alois (1929): Sacrum Imperium. Geschichts- und Staatsphilosophie des Mittelalters und der politischen Renaissance, Darmstadt 1973 (Nachdruck der Ausgabe München und Berlin 1929).

Eliade, Mircea (1949): Der Mythos der ewigen Wiederkehr, Düsseldorf 1953 (frz. Original: Paris 1949).

Gatz, Bodo (1967): Weltalter, goldene Zeit und sinnverwandte Vorstellungen, Hildesheim: Georg Olms.

Gray, L.H. u.a. (1908): Art.»Ages of the World«, in: ERE Bd.1 (1908), 183-210.

Grundmann, Herbert (1927): Studien über Joachim von Fiore, Darmstadt 1966 (= Neudruck der Ausgabe Leipzig und Berlin, 1927).

Grundmann, Herbert (1931): Dante und Joachim von Fiore (1931), in: ders. (1977), 166-210.

Grundmann, Herbert (1934): Die Grundzüge der mittelalterlichen Geschichtsanschauungen (1934), in: ders. (1977), 211-219.

Grundmann, Herbert (1935): Religiöse Bewegungen im Mittelalter, Neudruck Darmstadt 1977 (Erstausgabe 1935).

Grundmann, Herbert (1950): Neue Forschungen über Joachim von Fiore.

Grundmann, Herbert (1977): Ausgewählte Aufsätze, Teil 2: Joachim, Stuttgart (Schriften der MGH, Bd.25,2).

Jacoby, H. (1908): Art. »Ages of the World. Indian«, in: ERE Bd.1 (1908), 200-202.
Kerény, Károly (1936): Das persische Millenium im Mahabharata, bei der Sybille und Vergil, in: Klio 29 (1936), 1-35.
Lerner, Robert E. (1988): Art. »Joachim von Fiore«, in: TRE Bd.17 (1988), 84-88.
Löwith, Karl (1949/53): Weltgeschichte und Heilsgeschehen. Die theologischen Voraussetzungen der Geschichtsphilosophie (1949/53), in: ders.: Sämtliche Schriften Bd. 2, Stuttgart 1983, 7-239.
Peuckert, Will-Erich (1966): Die große Wende, 2 Bde., Darmstadt (Bd.1: Das apokalyptische Saeculum und Luther; Bd 2: Geistesgeschichte und Volkskunde).
Raine, Kathleen (1988): W.B. Yeats and the New Age, in: Beshara No. 9 (1988) (Frilford, Abingdon/Oxford), 35-37.
Reeves, Marjorie E. (1969): The Influence of Prophecy in the Later Middle Ages. A Study of Joachimism, Oxford.
Reeves, Marjorie E. (1976): Joachim of Fiore and the Prophetic Future, London.
Reeves, Marjorie E. (1987): Art. Joachim of Fiore, in: ER Bd.8 (1987), 95f.
Rosenberg, Alfons (Hrsg.) (1955): Joachim von Fiore, Das Zeitalter des heiligen Geistes, Bietigheim: Turm-Verlag 1977 (Erstausgabe: München-Planegg: O.W.Barth, 1955).
Schmidt, Roderich (1955/6): Aetates mundi. Die Weltalter als Gliederungsprinzip der Geschichte, in: ZKG 67 (1955/6), 288-317.
Schwartz, Hillel (1987): Art. »Millenarianism. An Overview«, in: ER Bd.9 (1987), 521-532.
Smith, Jonathan Z. (1987): Art. »Ages of the World«, in: ER Bd.1 (1987), 128-133.
Smith, Kirby F. (1908): Art. »Ages of the World« (Greek and Roman), in: ERE Bd.1 (1908), 192-200, hier 192f.
Sorokin, Pitirim A. (1937-41): Social and Cultural Dynamics, 4 Bde., 1937-1941, 2. Aufl. New York 1962.
Sorokin, Pitirim A. (1941): The Crisis of our Age, New York: Dutton.
Spengler, Oswald (1917): Der Untergang des Abendlandes. München, Bd I: Gestalt und Wirklichkeit, [33]1923, Bd. II: Welthistorische Perspektiven, München, [31]1922 (Bd. 1 zuerst 1917).
Topitsch, Ernst (1990): Heil und Zeit. Ein Kapitel zur Weltanschauungsanalyse, Tübingen.
Toynbee, Arnold J. (1947): Der Gang der Weltgeschichte. Aufstieg und Verfall der Kulturen, Stuttgart [2]1949 (Original: A Study of History, 12 Bde., 1934-1961, Kurzfassung Bd. 1-6 in einem Band, 1947).
Trompf, Gary W. (1979): The Idea of Historical Recurrence in Western Thought. From Antiquity to the Reformation, Berkeley u.a.
Vallée-Poussin, Louis de la (1908): Art. »Ages of the World. Buddhist«, in: ERE Bd.1 (1908), 187-190.
Weinstein, Donald (1970): Savonarola and Florence. Prophecy and Patriotism in the Renaissance, Princeton.
West, Delno C. (Hrsg.) (1975): Joachim of Fiore in Christian Thought. Essays on the Influence of the Calabrian Prophet, 2 Bde., New York.
Wikenhauser, Alfred (1947): Weltwoche und tausendjähriges Reich, ThQ 127 (1947), 399-417.

4.2 Esoterische und freireligiöse Bewegungen

4.2.1 Allgemeine Darstellungen und ältere esoterische Strömungen

Bächtold-Stäubli, Hanns (Hrsg.) (1927-1942): Handwörterbuch des deutschen Aberglaubens, 10 Bde., Berlin und Leipzig: De Gruyter.

Benz, Ernst (1955): Adam, der Mythos vom Urmenschen, Planegg: O.W. Barth.

Benz, Ernst (1967): Esoterisches Christentum, in: ZRGG 19 (1967), 193-214.

Biedermann, Hans (1968): Handlexikon der magischen Künste von der Spätantike bis zum 19. Jahrhundert, 2 Bde., Graz: Akad. Druck- und Verlagsanstalt.

Cavendish, Richard (Hrsg.) (1974): Encyclopedia of the Unexplained. Magic, Occultism and Parapsychology. The ultimate guide to the unknown, the esoteric and the unproven, London: Arkana, 1989 (Erstausgabe London 1974).

Drury, Nevill (1985): Lexikon esoterischen Wissens, München: Knaur (Tb., »Esoterik«) 1988, (Original: Dictionary of Mysticism and the Occult, 1985).

Dülmen, Richard van (1989a): Reformationsutopie und Sozietätsprojekte bei Johann Valentin Andreae, in: ders. (1989), 70-89.

Dülmen, Richard van (Hrsg.) (1973): Johann Valentin Andreae: Fama Fraternitatis (1614), Confessio Fraternitatis (1615), Chymische Hochzeit Christiani Rosenkreutz, Anno 1459 (1616), Stuttgart 1973.

Faivre, Antoine (1973): L'esoterisme au XVIIIe siècle, Paris.

Faivre, Antoine (1986): Accès de l'esotérisme occidental, Paris.

Faivre, Antoine (1987): Art. »Esotericism«, in: ER Bd.5 (1987), 156-163.

Faivre, Antoine (1987a): Art. »Occultism«, in: ER Bd.11 (1987), 36-40.

Faivre, Antoine und Zimmermann, R.C. (Hrsg.) (1979): Epochen der Naturmystik, Berlin.

Frensch, Michael (Hrsg.) (1991): Lust an der Erkenntnis: Esoterik. Von der Antike bis zur Gegenwart. Ein Lesebuch, München und Zürich: Piper.

Frick, Karl R.H. (1973): Die Erleuchteten. Gnostisch-theosophische und alchemistisch-rosenkreuzerische Geheimgesellschaften bis zum Ende des 18. Jahrhunderts – Ein Beitrag zur Geistesgeschichte der Neuzeit, Graz: Akademische Druck- und Verlagsanstalt.

Frick, Karl R.H. (1975) und (1978): Licht und Finsternis. Gnostisch-theosophische und freimaurerisch-okkulte Geheimgesellschaften bis an die Wende zum 20. Jahrhundert, Bd.1: Ursprünge und Anfänge (= Die Erleuchteten II,1), Graz 1975; Bd. II: Geschichte ihrer Lehren, Rituale und Organisationen (= Die Erleuchteten II,2), Graz 1978.

Frick, Karl R.H. (1980): Weltanschauungen des »modernen« Illuminismus, in: Mohler und Peisl (Hrsg.) (1980), 245-300.

Gaiser, Konrad (1988): Platons esoterische Lehre, in: Koslowski (Hrsg.) (1988), 13-40.

Goodspeed, Edgar J. (1956): Modern Apocrypha, Boston.

Hieronymus, Ekkehard (1980): Okkultismus und phantastische Wissenschaft, in: Mohler und Peisl (Hrsg.) (1980), 301-349.

Howe, Ellic (1974): Art. »German Occult Groups«, in: Cavendish (Hrsg.) (1974), 89-92.

Judah, J. Stillson (1967): The History and Philosophy of the Metaphysical Movements in America, Philadelphia.

Kakuska, R. (1991): s. Abschn. 1.7.2.

Kiesewetter, Carl (1891) und (1895): Geschichte des [neueren] Occultismus, Teil 1: Geheimwissenschaftliche Systeme von Agrippa von Nettesheim bis zu Karl du Prel, Leipzig: Max Altheim, 1891 (^{2}1909); Teil 2: Die Geheimwissenschaften, Leipzig: Wilh. Friedrich, ^{2}1925 (^{1}1895). [Titel variieren jeweils in den beiden Auflagen].

Kiesewetter, Carl (1895/96): Der Occultismus des Altertums, Leipzig: Wilhelm Friedrich, 3 Bde. (Bd. 1: Akkader – Babylonier – Chaldäer – Assyrier – Meder – Perser – Inder – Ägypter – Hebräer; Bd. 2: Griechen – Römer – Alexandriner – Neupythagoräer – Neuplatoniker – Gnostiker – Manichäer – Germanen und Kelten; Bd. 3: Ergänzungsband: nordamerikanische Indianer).
Köberle, Adolf (1960): Art. »Okkultismus«, in: RGG³ Bd.4 (1960), 1614-1619.
Leuenberger H. (1985) und (1989): s. Abschn. 1.7.2.
Mead, G.R.S. (1917): Art. »Occultism«, in: ERE Bd.9 (1917), 444-448.
Miers, Horst E. (⁶1986): Lexikon des Geheimwissens, München: Goldmann, ⁶1986 (¹1976, = Neubearbeitung der Originalausgabe: Freiburg: H. Bauer, 1970).
Thorndyke, Lynn (1964): A History of Magic and Experiental Science During the first Thirteen Centuries of Our Era, Bd. 2, New York und London.
Webb, James (1974): The Occult Underground, La Salle/Ill.
Webb, James (1976): The Occult Establishment, La Salle/Ill.
Wehr, Gerhard (1971): Jakob Böhme in Selbstzeugnissen und Bilddokumenten, Reinbek: Rowohlt.
Wehr, Gerhard (1975): Esoterisches Christentum, Stuttgart: Klett.
Wehr, Gerhard (1979): Paracelsus, Freiburg: Aurum.
Wehr, Gerhard (1980): Christian Rosenkreuz, Freiburg.
Wehr, Gerhard (1981): Wesen und Legitimation christlicher Esoterik, in: R.Flasche u. E.Geldbach (Hrsg.): Religionen – Geschichte – Ökumene. In Memoriam Ernst Benz, Leiden: E.J.Brill, 1981, 105-115.
Wehr, Gerhard (1989): Wörterbuch der Esoterik. Zugänge zum spirituellen Wissen von A – Z, Freiburg: Herder (Tb., »Zeitwende«).
Wehr, Gerhard (Hrsg.) (1991): Jakob Böhme. Im Zeichen der Lilie. Aus den Werken des christlichen Mystikers, Köln.
Werner, Helmut (1991): Lexikon der Esoterik, Wiesbaden: Fourier.
Wichmann, Jörg (1990): Die Renaissance der Esoterik. Eine kritische Orientierung, Stuttgart: Kreuz.
Wilson, Colin (1971): Das Okkulte, Wiesbaden: Fourier, 1988 (dt. Erstausgabe 1982; Original: The Occult, 1971).

4.2.2 Swedenborg, Blake und der Transzendentalismus

Bellin, Harvey F., und Ruhl, Darrell, (Hrsg.) (1985): Blake and Swedenborg. Opposition is True Friendship, New York: Swedenborg Foundation.
Benz, Ernst (1979): Vision und Offenbarung. Gesammelte Swedenborg-Aufsätze, Zürich: Swedenborg Verlag, 1979.
Benz, Ernst (²1969): Emanuel Swedenborg. Naturforscher und Seher, Zürich: Swedenborg Verlag (zuerst 1948).
Bergmann, Horst, und Zwink, Eberhard (Bearb.) (1988): Emanuel Swedenborg 1688-1772. Naturforscher und Künder der Überwelt. Begleitbuch zu einer Ausstellung und Vortragsreihe der Württembergischen Landesbibliothek Stuttgart, 29.1.-25.3.1988, Stuttgart.
Blake, William: s. Keynes, G. (Hrsg.).
Block, Marguerite Beck (1932): The New Church in the New World. A Study of Swedenborgianism in America, New York: Octagon, 1968 (Erstausgabe: 1932).
Brock, Erland J. u.a. (Hrsg.) (1988): Swedenborg and his Influence, Bryn Athyn (Penns.): The Academy of the New Church.

Cameron, Kenneth W. (1984): Emerson's Trancendentalism and British Swedenborgianism, Hartford: Transcendental Books (enthält einen Abdruck des »Biblical Assistant and Book of Practical Piety« von D.G.Goyder, Glasgow 1841, das starke Einflüsse Emersons auf die Swedenborgische Kirche zeigt).

Cayton, Mary K. (1989): Emerson's Emergence. Self and Society in the Transformation of New England, 1800 – 1845, Chapell Hill.

Chadwick, John (Hrsg.) (1975-1990): A Lexicon to the Latin Txt of the Theological Writings of Emanuel Swedenborg, 8 Bde., London 1975-1990.

Damon, S. Foster (Hrsg.) (1965): A Blake Dictionary, Providence.

Deck, Raymond H. (Jr.) (1978): Blake and Swedenborg, Brandeis University (Ph.D.).

Dole, George F. (1988): True Christian Religion as Apologetic Theology, in: Brock u.a. (Hrsg.) (1988), 339-355 (s.o.).

Erdman, David V. (Hrsg.) (1967): A Concordance to the Writings of William Blake, 2 Bde., Ithaca (N.Y.).

Ericson, Edward L. (1986): Emerson on Transcendentalism (Textsammlung), New York.

Horn, Friedemann (1954): Schelling und Swedenborg. Ein Beitrag zur Problemgeschichte des deutschen Idealismus und zur Geschichte Swedenborgs in Deutschland, Zürich: Swedenborg-Verlag (zugl. Diss. Marburg).

Horn, Friedemann (1974): Reinkarnation und christlicher Glaube, in: Alfons Rosenberg (Hrsg.): Leben nach dem Sterben, München: Kösel, 1974.

Ihrig, Mary A. (1982): Emerson's Transcendental Vocabulary. A Concordance, New York & London: Garland.

Jonsson, Inge (1988): Swedenborg and His Influence, in: Brock u.a. (Hrsg.) (1988), 29-43 (s.o.).

Judah (1967): s.oben, 4.2.1.

Keynes, Geoffrey (Hrsg.) (*1966): The Complete Writings of William Blake, Oxford (Neuausgabe).

Kirven, Robert H. (1988): Swedenborgs Theologie im Überblick – eine Lesehilfe zu seinen Werken, in: Bergmann und Zwink (Bearb.) (1988), 44-72 (s.o.).

Lang, Bernhard (1988): Glimpses of Heaven in the Age of Swedenborg, in: Brock u.a. (Hrsg.) (1988), 309-338 (s.o.).

Lindsay, Jack (1978): William Blake. His Life and Work, London.

Pütz, Manfred (Hrsg.) (1982): Ralph Waldo Emerson: Die Natur. Ausgewählte Essays, Stuttgart: Reclam.

Raine, Kathleen (1968): Blake and Tradition, 2 Bde., Princeton/New Jersey.

Raine, Kathleen (1977): Berkeley, Blake and the New Age, in: dies. (1979), 151-159 (zuerst 1977).

Raine, Kathleen (1979): Blake and the New Age, London.

Raine, Kathleen (1985): William Blake. Die Verwandlung eines Zeitalters, in: Kumar und Hentschel (1985), 292-305.

Raine, Kathleen (1985a): The Swedenborgian Songs, in: Bellin und Ruhl (Hrsg.), 1985, 69-85 (s.o.).

Raine, Kathleen (1985b): The Human Face of God, in: Bellin und Ruhl (Hrsg.), 1985, 87-101 (s.o.).

Sellner, Albert (1981): Die Vermählung von Himmel und Hölle. Rekurs auf die spirituelle Tradition Europas am Beispiel William Blake's, in: Thurn u. Röttgen (Hrsg.) (1981), 200-233.

Swedenborg, Emanuel (1749-56): Himmlische Geheimnisse im Worte Gottes, die nun enthüllt sind, 9 Bde., übs.v. I. Tafel u.a., Zürich: Swedenborg-Verlag, o.J. (Original: Arcana Coelestia, 1749-56).

Swedenborg, Emanuel (1758): Himmel und Hölle. Aufgrund von Gehörtem und Gesehenem beschrieben, Zürich: Swedenborg Verlag, 1977 (Original: De Coelo et ejus mirabilibus, et de inferno ex auditis et visis..., 1758).

Swedenborg, Emanuel (1766): Enthüllte Offenbarung Johannis oder vielmehr Jesu Christi, worin die Geheimnisse, die in derselben vorhergesagt und bisher verborgen gewesen waren, aufgeschlossen werden, Zürich: Swedenborg Verlag, o.J. (Original: Apocalypsis revelata, Amsterdam 1766).

Swedenborg, Emanuel (1768): Die eheliche Liebe, Zürich o.J. (Original: Delitiae sapientiae de Amore conjugiali, 1768).

Swedenborg, Emanuel (1771): Die wahre christliche Religion, enthaltend die ganze Theologie der Neuen Kirche, wie sie vom Herrn bei Daniel Kap VII, 13,14 und in der Offenbarung Kap XXI, 1,1 vorausgesagt wurde. Neu übersetzt von F. Horn, 4 Bde., Zürich o.J. (Original: Vera Christiana Religio, 1771).

Swedenborg, Emanuel (*1771a): Coronis oder Anhang zur wahren christlichen Religion, Übs. Ad.L.Goerwitz, Zürich: Swedenborg-Verlag, o.J. (Original: Coronis, posthum aus Manuskripten zusammengestellt).

Williams-Hogan, Jane K. (1988): Swedenborg. A Biography, in: Brock u.a. (Hrsg.) (1988), 3-27 (s.o.).

Woofenden, William R. (1988): Swedenborg Researcher's Manual. A Research Reference Manual for Writers of Academic Dissertations, and for Other Scholars, Bryn Athyn (Penns.): The Swedenborg Scientific Association.

4.2.3 Einzelne Bewegungen zwischen 1840 und 1950

Bailey, Alice A. (1944/5): Jüngerschaft im Neuen Zeitalter, Genf: Lucis Trust, Bd. 1: 1974, Bd. 2: 1975 (Original: Discipleship in the New Age, New York 1944/45).

Bailey, Alice A. (1948): Die Wiederkunft Christi, Genf: Lucis Verlag, ²1970 (dt. Erstausgabe ebd., 1954; Original: The Reappearance of the Christ, New York 1948).

Bailey, Alice A. (1949): Die Unvollendete Autobiographie, Genf und Ludwigsburg o.J.: Lucis Trust (Original: The Unfinished Autobiography, erstmals veröffentlicht von Foster Bailey, 1949).

Bailey, Alice A. (1954): Erziehung im Neuen Zeitalter, Genf: Lucis Trust, und Bietigheim: Turm, ²1980 (¹1966; Original: Education in the New Age, 1954).

Baker-Eddy, Mary (1874): Dictionary of Correspondences, Representatives, and Significances. Derived from the Word of the Lord, Boston.

Bennett, John G. (1973): Gurdjieff – Der Aufbau einer neuen Welt, Freiburg: Aurum 1976 (Original: »Gurdjieff – Making a New World«, 1973).

Bennett, John G. (1974): Witness. The Autobiography of John Bennett, Wellingborough/GB: Turnstone, ²1983 (Erstausgabe 1974).

Bennett, John G. (1984): Die inneren Welten des Menschen (Hrsg.) v. A.G.E. Blake, Südgellersen: Bruno Martin (Original: Deeper Man).

Blavatsky, Helena Petrowna (1877): Isis entschleiert. Ein Meisterschlüssel zu den Geheimnissen alter und neuer Wissenschaften und Theologie. Bd. 1: Wissenschaft; Bd. 2: Theologie, Den Haag: J.J. Couvreur, o.J. (dt. Erstausgabe (?) u.d.T.: Die entschleierte Isis, 3 Bde., Leipzig: Theosoph. Verlagshaus, 1922; Originalausgabe: Isis Unveiled, 1877).

Blavatsky, Helena Petrowna (1888): Die Geheimlehre. Die Vereinigung von Wissenschaft, Religion und Philosophie, übs. v. Robert Froebe, 6 Bde., Den Haag: J.J. Couvreur o.J. (dt. Erstausgabe 1899; 1909 erschien eine Ausgabe »2 Bde. in Lexikon-Format« bei Max Altmann in Leipzig; Originalausgabe: The Secret Doctrine. The Synthesis of Science, Religion and Philosophy, 1888). Bd. 1: Kosmogenesis, Teil A: Kosmische Evolution, Teil B: Entwicklung der Symbolik; Bd. 2: Anthropogenesis, Teil A: Zwölf Strophen aus dem Buche des Dzyan, Teil B: Die archaische Symbolik der Weltreligionen und Zusätze; Bd. 3: Esoterik; Bd. 4: Indexband.

Blavatsky, Helena Petrowna (1899): Die Stimme der Stille. Und andere ausgewählte Bruckstükke aus dem ›Buch der goldenen Lehren‹, Graz: Adyar, ⁶1982 (¹1953; Original: The Voice of the Silence, 1899).

Grom, Bernhard (1989): Anthroposophie und Christentum, München: Kösel.

Guénon, René (1921): Le Théosophisme, histoire d'une pseudo-religion, Paris.

Gurdjieff, G.I. (*1950): Beelzebubs Erzählungen für seinen Enkel. Eine objektive unparteiische Kritik des Lebens der Menschen, 3 Bde., Basel: Sphinx, ²1983 (dt. Erstausgabe 1981; engl. Ausgabe New York 1974; frz. Erstausgabe Paris 1950).

Gurdjieff, G.I. (*1975/8): Das Leben ist nur dann wirklich wenn ›ich bin‹, Basel: Sphinx, 1987 (zuerst veröffentl.: Life is real only when ›I am‹, 1975 und 1978).

Keyserling, Arnold (1966): Die Metaphysik des Uhrmachers von Gustav Meyrink (= Ausgabe des »Uhrmachers« von Meyrink mit Kommentar Keyserlings), Wien: Verlag der Palme.

Keyserling, Arnold (Hrsg.) (1981): Das Erbe der Schule der Weisheit. Unveröffentlichte Essays und Buchbesprechungen 1920-1946 aus dem Mitteilungsblatt der Schule der Weisheit: Der Weg zur Vollendung, von Graf Hermann Keyserling, Wien: Verlag der Palme, 2 Bde.

Keyserling, Hermann Graf (1918): Das Reisetagebuch eines Philosophen, Frankfurt a.M.: Ullstein, 1990 (zuerst 1918).

Kybalion. Eine Studie über die hermetische Philosophie des alten Ägypten und Griechenlands, München: Akasha o.J. (dt. Ersausgabe Heidelberg: Arkana o.J.).

Larsen, Martin A. (1985): New Thought Religion or a Modern Religious Approach. The Philosophy of Health, Happiness, and Prosperity, New York: Philosophical Library.

Le Forestier, René (1987-1990): Die templerische und okkultistische Freimaurerei im 18. und 19. Jahrhundert, Bd. 1-3, Leimen.

Lennhoff, Eugen (1981): Die Freimaurer, Bayreuth: Gondrom.

Lutz, Walter (³1979): Die Grundfragen des Lebens in der Schau des Offenbarungswerks Jakob Lorbers, Bietigheim: Lorber-Verlag.

Meyrink, G. (1916): Das grüne Gesicht, Freiburg i.B.: Hermann Bauer, 1963 (Erstausgabe 1916).

Nicoll, Maurice: Vom neuen Menschen. Die Deutung einiger Gleichnisse und Wunder Christi, Berlin: Edition Plejaden, 1981 (Original: The New Man, London und Dalverton, 1950, übs. von Edith und E.F. Schumacher).

Ouspensky, P.D. (*1970): Ein neues Modell des Universums. Die Prinzipien der Psychologischen Methode in ihrer Anwendung auf Probleme der Wissenschaft, Religion und Kunst, Basel: Sphinx, 1986 (dt. Erstausgabe: Weilheim: O.W. Barth, 1970; Original: A New Modell of the Universe).

Ouspensky, Peter D. (*1966): Auf der Suche nach dem Wunderbaren, München und Weilheim: Scherz/Barth, ⁴1982 (¹1966); engl. Ausgabe: In Search of the Miraculous. Fragments of an Unknown Teaching, übs. von Arnold Keyserling und Louise March).

Ouspensky, Peter D. (1916): Gespräche mit einem Teufel, hrsg. v. J.G. Bennett, Freiburg: Aurum, 1976 (engl. Erstausgabe: Talks with a Devil, 1972; Original: Petrograd 1916).

Purucker, Gottfried von (³1986): Grundlagen der esoterischen Philosophie, 2 Bde., Hannover: Verlag esoterische Philosophie.

Rust, Hans (1931): Art. »Spiritismus«, in: RGG² Bd.5 (1931), 702.

Schmidt, Karl Otto (Hrsg.) (1932): Neugeist. Die Bewegung des neuen Zeitalters. Organisation, Reform-Programm, Arbeitsweise und Erfolgstechnik. Anweisung zu Gründung und Leitung neugeistiger Tat-Gemeinschaften. Im Auftrag der Neugeistzentrale hrsg. v. K.O. Schmidt, Pfullingen/Württ.: Johannes Baum, o.J. (1932).

Schmidt, Karl Otto (1946): Die Zukunft der Menschheit. Eine Reise durch die Zeit, Reutlingen: Isis.
Steiner, Rudolf (1912): Von Jesus zu Christus. Ein Zyklus von zehn Vorträgen..., Dornach (Schweiz): Rudolf Steiner Verlag, 1982 (zuerst 1912).
Steiner, Rudolf (1919): Die Kernpunkte der sozialen Frage in den Lebensnotwendigkeiten der Gegenwart und Zukunft, Dornach/Schweiz: Rudolf Steiner Verlag, 1973 (Erstausgabe 1919).
Székely, Edmond B. (Hrsg.) (1977/8): Das Friedensevangelium der Essener, Bd 1-4, Frankfurt: Bruno Martin.
Székely, Edmond B. (Hrsg.) (1979): Die Lehren der Essener, Bd. 1-3, Frankfurt: Bruno Martin.
Székely, Edmond B., und Zimmermann, Werner (Hrsg.) (1940): Heliand. Die Gesundheitslehren einer ... Evangelienhandschrift, Buckow (= Teil 1 von Székely (Hrsg.) (1977/8)).
Tegtmeier, Ralph (1989): Aleister Crowley. Die tausend Masken des Meisters, München: Knaur (Tb.).
Webb, James (1974a): Art. »Davis«, in: Cavendish (Hrsg.) (1974), 73.
Webb, James (1980): The Harmonic Circle. The Lives and Work of G.I. Gurdjieff, P.D. Ouspensky and their Followers, New York: Putnam's Sons.
Wehr, Gerhard (1987): Rudolf Steiner. Leben, Erkenntnis, Kulturimpuls, München: Kösel.

4.2.4 Zur Bedeutung esoterischer Traditionen für die Entstehung der modernen Welt

Benz, Ernst (1968): Les sources mystiques de la philosophie romantique allemand, Paris.
Dobbs, Betty J.T. (1975): The Foundation of Newton's Alchemy or the ›Hunting of the Green Lyon', Cambridge/G.B..
Dülmen, Richard van (1989): Religion und Gesellschaft. Beiträge zur Religionsgeschichte der Neuzeit, Frankfurt a.M.
Dülmen, Richard van (1989b): Entzauberung der Welt: Christentum, Aufklärung, Magie, in: ders. (1989), 204-214.
Eliade, M. (1976): s. Abschn. 2.5..
Graßl, Hans (1968): Aufbruch zur Romantik – Bayerns Beitrag zur dt. Geistesgeschichte, München.
Krohn, Wolfgang (1986): Abrakadabra. Die dunkle Abstammung der modernen Wissenschaft, in: Kursbuch 86 (1986), 65-81.
Mercier, Alain (1969-74): Les sources ésotériques et occultes de la poésie symboliste. 1870-1914, 2 Bde., Paris.
Westfall, Richard S. (1958): Science and Religion in the 17th-Century England, New Haven.
Westman, R.S. und McGuire, J.E. (1977): Hermeticism and the Scientific Revolution, Los Angeles.
Yates, Frances A. (1931): Giordano Bruno in der englischen Renaissance, Berlin: Wagenbach, 1989 (engl. Original: London, The Warburg Institute, 1938/1981).
Yates, Frances A. (1947): The French Academies of the 16th Century London (Studies of the Warburg Institute, 15).
Yates, Frances A. (1964): Giordano Bruno and the Hermetic Tradition, London.
Yates, Frances A. (1966): The Art of Memory, London.
Yates, Frances A. (1972): Aufklärung im Zeichen des Rosenkreuzes, Stuttgart: Klett, 1975 (Original: The Rosicrucian Enlightenment, London und Boston, 1972).
Yates, Frances A. (1975): Astraea. The Imperial Theme in the 16th Century, London und Boston.

4.3 Astrologie

4.3.1 Astrologiegeschichte, Astronomiegeschichte, ältere astrologische Geschichtskonstruktionen, »Stern der Weisen«

Bailly, Jean S. (1777): Geschichte der Sternkunde des Altertums bis auf die Errichtung der Schule von Alexandrien, 2 Bde., Leipzig 1777 (Neudruck Walluf b. Wiesbaden, 1972).
Bauer, Ulrike (1983): Der liber introductorius des Michael Scotus [...], München.
Becker, Udo (1981): Lexikon der Astrologie. Astrologie, Astronomie, Kosmologie, Herrsching: Pawlak, 1988 (zuerst Freiburg: Herder, 1981; Tb.-Ausg. München: Goldmann, 1984).
Beskow, Per (1977): Art. »Astrologie I«, in: TRE Bd.1 (1977), 277-280.
Bezold, Friedrich von (1892): Astrologische Geschichtskonstruktion im Mittelalter, in: ders.: Aus Mittelalter und Renaissance. Kulturgeschichtliche Studien, München und Berlin 1918 (zuerst 1892).
Boll Franz (1950): Kleine Schriften zur Sternkunde des Altertums, Leipzig.
Boll, Franz (1903): Sphaera. Neue griechische Texte und Untersuchungen zur Geschichte der Sternbilder, Leipzig.
Boll, Franz (1908): Die Erforschung der antiken Astrologie (1908), in: ders. (1950), 1-28.
Boll, Franz (1917): Der Stern der Weisen (1917), in: ders. (1950), 135-142.
Boll, Franz (1922): Die vierte Ekloge des Virgil (1922), in: ders. (1950), 332-356.
Boll, Franz (^{4}1931): Sternglaube und Sterndeutung. Die Geschichte und das Wesen der Astrologie. Unter Mitwirkung von Carl Bezold, 4. Aufl. hrsg. v. Wilhelm Gundel, Leipzig und Berlin, 1931 (^{1}1917).
Bouché-Leclercq, A. (1899): L'astrologie grecque, Paris.
Carmody, F.J. (1956): Arabic Astronomical and Astrological Sciences in Latin Translation. A Critical Bibliography, Berkeley und Los Angeles.
Cheetham, Erika (1974): Art. »Nostradamus«, in: Cavendish (Hrsg.) (1974), 156-158.
Culianu, Joan Petru (1987): Art. »Astrology«, in: ER Bd.1 (1987), 472-475.
Dieterici, Fr. (1858-1876): Die Philosophie der Araber im X. Jahrhundert n. Chr. Aus den Schriften der lautern Brüder herausgegeben von Fr. Dieterici, Leipzig und Berlin, 8 Bde.
Dieterici, Fr. (*1861): Die Naturanschauung und Naturphilosophie der Araber im zehnten Jahrhundert. Aus den Schriften der lautern Brüder übersetzt von Fr. Dieterici, Berlin (= 2. Aufl. Bd. 5 der Gesamtausgabe).
Dieterici, Fr. (1873): Die Lehre von der Weltseele, Leipzig (= Die Philosophie der Araber..., Bd. 8).
Dieterici, Fr. (1885): Der Makrokosmos, Berlin und Leipzig (= Die Philosophie der Araber..., Bd. 1).
Diwald, Susanne (1975): Arabische Philosophie und Wissenschaft in der Enzyklopädie: Kitâb Ihwân as-safâ (III). Die Lehre von Seele und Intellekt, Wiesbaden.
Duhem, Pierre (1913ff): Le Système du monde. Histoire des doctrines cosmologiques de Platon a Copernic, 5 Bde., Paris.
Ebach, Jürgen (1990): Art. »Astrologie«, in: HrwG Bd.2 (1990), 82-89.
Ferrari d'Occhieppo, Konradin (^{2}1977): Der Stern der Weisen. Geschichte oder Legende?, Wien und München: Herold, ^{2}1977 (1. Aufl. ca. 1968).
Firmicus Maternus: s. Rhys Bram, Jean (Hrsg.) (1975).
Fischer, Hanns (1936): Aberglaube oder Volksweisheit, Breslau.
Gettings, Fred (1985): Dictionary of Astrology, London u.a.

Grauert, Hermann (1902): Meister Johann von Toledo, Sitzungsberichte der Königlich-Bayerischen Akademie der Wissenschaften, Phil.- hist. Cl., 1901, München 1902, 111-325.

Gundel, Wilhelm (1931): s. auch Boll (⁴1931).

Gundel, Wilhelm (²1959): Sternglaube, Sternreligion und Sternorakel, Heidelberg ²1959 (1. Aufl. ca. 1933).

Gundel, Wilhelm und Hans Georg (1964): Art. »Planeten bei Griechen und Römern«, in: Pauly-Wissowa, Bd.20,2 (1964), 2017-2185.

Gundel, Wilhelm und Hans Georg (1966): Astrologumena. Die astrologische Literatur in der Antike und ihre Geschichte, Wiesbaden.

Hellmann, G. (1914): Aus der Blütezeit der Astrometeorologie. J. Stöfflers Prognose für das Jahr 1524, in: ders. (Hrsg.): Beiträge zur Meteorologie Bd. 1, Berlin 1914, 5-102.

Herrmann, Joachim (1973): Dtv-Atlas zur Astronomie, München.

Kennedy, Edward S. (1964): Ramifications of the World-Year Concept in Islamic Astrology, in: Ithaca: Actes du dixième Congrès International d'Histoire des Sciences (1962), Paris 1964, 23-45.

Kepler, Johannes: s. Strauß, H.A. und Strauß-Kloebe, S. (Hrsg.) (1926).

Klöckler, H[erbert] von (1929): Kursus der Astrologie, Berlin: Astra-Verlag H.F.A. Timm, Bd. 1 (³1956); Bd. 2 (³1952); Bd. 3 (²1953) (Erstausgabe 1929).

Knappich, Wilhelm (1967): Geschichte der Astrologie, Frankfurt a.M.: Vittorio Klostermann, ²1984 (¹1967).

Kritzinger, Hans-Hermann (1911): Der Stern der Weisen, Gütersloh.

Krupp, Edwin C. (Hrsg.) (1977): Astronomen, Priester, Pyramiden. Das Abenteuer der Archäoastronomie, München: C.H.Beck 1980 (engl. Original 1977).

Kunitzsch, Paul (1974): Der Almagest. Die Syntax Mathematica des Claudius Ptolemäus in arabisch-lateinischer Überlieferung, Wiesbaden.

Lemay, R. (1971): Art. »Astrologie«, in: HWP Bd.1 (1971), 584-587.

Lenz, Chr. (1950): Art. »Apokatastasis«, in: RAC Bd.1 (1950), 510-516.

Loth, Otto (1875): Al-Kindî als Astrolog, in: Morgenländische Forschungen. Festschrift H.L.Fleischer, Leipzig 1875, 261-309.

Martin Luther und die Reformation in Deutschland. Ausstellung zum 500. Geburtstag Martin Luthers. Veranstaltet vom Germanischen Nationalmuseum Nürnberg in Zusammenarbeit mit dem Verein für Reformationsgeschichte, Frankfurt a.M. 1983 (Ausstellungskatalog).

Meller, Bernhard (1954): Studien zur Erkenntnislehre des Peter von Ailly, Freiburg.

Münter, Friedrich (1825): Sinnbilder und Kunstvorstellungen der Alten Christen, Altona 1825.

Münter, Friedrich (1827): Der Stern der Weisen. Untersuchungen über das Geburtsjahr Christi, Kopenhagen.

Niehenke, Peter (1987): Kritische Astrologie. Zur erkenntnistheoretischen und empirisch-psychologischen Überprüfung ihres Anspruchs, Freiburg i.B.: Aurum (zugleich Diss. am Fb. Psychologie/Sportwissenschaften der Univ. Bielefeld).

Peuckert, Will-Erich (1960): Astrologie. Geschichte der Geheimwissenschaften Bd. 1, Stuttgart: Kohlhammer.

Pingree, David (1968): The Thousands of Abû Maʿshar, London.

Pingree, David, und Kennedy, Edward S. (1971): The Astrological History of Mâshâʾallâh, Cambridge (Mass.).

Pluta, Olaf (1987): Die philosophische Psychologie des Peter von Ailly. Ein Beitrag zur Geschichte der Philosophie des späten Mittelalters, Amsterdam.

Rhy Bram, Jean (Hrsg.) (1975): Ancient Astrology. Theory and Practice. Matheseos Libri VIII by Firmicus Maternus, Park Ridge (New Jersey).

Ring, Thomas (1939): Das Lebewesen im Rhythmus des Weltraums, Stuttgart und Berlin.

Ring, Thomas (1956-1959): Astrologische Menschenkunde, Bd. 1-3, Stuttgart.

Rosenberg, Alfons (1949): Zeichen am Himmel. Das Weltbild der Astrologie, München: Kösel, ²1984 (Erstausgabe Zürich: Metz, 1949).

Sarton, George (1927ff): Introduction to the History of Science. Bd. 1: From Homer to Omar Khayyam, Baltimore 1927; Bd. 2: From Rabbi Ben Ezra to Roger Bacon, London 1931; Bd. 3: Science and Learning in the 14th Century, Baltimore 1947/8.

Scribner, R.W. (1981): For the Sake of the Simple Folk. Popular Propaganda for the German Reformation, Cambridge.

Sezgin, Fuat (1979): Geschichte des arabischen Schrifttums Bd. 7: Astrologie – Meteorologie und Verwandtes bis ca. 430 H., Leiden.

Strauss, Heinz Artur (1926): Der astrologische Gedanke in der deutschen Vergangenheit, München und Berlin.

Strauß, Heinz Arthur, und Strauß-Kloebe, Sigrid (Hrsg.) (1926): Die Astrologie des Johannes Kepler. Eine Auswahl aus seinen Schriften, München und Berlin.

Strauß-Kloebe, Sigrid (1968): Kosmische Bedingtheit der Psyche. Kosmische Konstellation und seelische Disposition, Weilheim: O.W. Barth.

Taton, René (Hrsg.) (1963): History of Science, Vol 1: Anicent and Medieval Science from the Beginnings to 1450, New York.

Tester, Jim (1987): A History of Western Astrology, Bury St. Edmonds (G.B.).

Tiede, Ernst (1922): Astrologisches Lexikon, Leipzig.

Toomer, G.J. (Hrsg.) (1984): Ptolemy's Almagest, London.

Voigt, Heinrich G. (1911): Die Geschichte Jesu und die Astrologie. Eine religionsgeschichtliche und chronologische Untersuchung zu der Erzählung von den Weisen aus dem Morgenlande, Leipzig.

Waerden, B[artel] L[eendert] van der (1966): Die Anfänge der Astronomie (= Erwachende Wissenschaft, Bd. 2), Groningen.

Warburg, Aby (1920): Heidnisch-antike Weissagung in Wort und Bild zu Luthers Zeiten, Heidelberg (Sitzungsberichte der Heidelberger Akademie der Wissenschaften, philos.-histor. Klasse).

Wöllner, Christian (1926): Das Mysterium des Nostradamus, Leipzig und Dresden. Astra-Verlag H. Timm.

Zinner, Ernst (1931): Die Geschichte der Sternkunde. Von den ersten Anfängen bis zur Gegenwart, Berlin.

Zinner, Ernst (1953): Sternglaube und Sternforschung, Freiburg und München.

4.3.2. Astralmythologie und moderne astrologische Zeitalterlehren seit 1780

(Über »Wassermann-Zeitalter« vgl. auch Abschn. 1.8.).

Anonymus (= R. Freih.v. Sebottendorf) (1925): Die Symbole des Tierkreises. Der Schlüssel zu dem astrologischen Weltbild, Leipzig: Theosophisches Verlagshaus (= Astrologische Bibliothek, Bd. 19).

Busch, Moritz (1869/70): Die Urgeschichte des Orients bis zu den medischen Kriegen. Nach den neuesten Forschungen und vorzüglich nach Lenormants Manuiel d'histoire ancienne de l'Orient, 3 Bde., Leipzig ²1871 (¹1869/70).

Carpenter, Edward (1889): Die Civilisation. Ihre Ursache und ihre Heilung, übs. v. Karl Federn, Leipzig 1903 (Original: Civilization. Its Cause and Cure, London 1889, ⁵1897, ⁷1902).

Carpenter, Edward (1896): Wenn die Menschen reif zur Liebe werden, übs. v. Karl Federn, Leipzig 1902 (Original: Love's Coming of Age, Manchester 1896).

Carpenter, Edward (1920): Pagan and Christian Creeds, London ²1921 (¹1920).

Creuzer, Georg Friedrich (1810): Symbolik und Mythologie der alten Völker, besonders der Griechen, Bd. 1-4, Neudruck Hildesheim 1973 (1. Aufl. 1810; 2. Aufl. 1822; 3. Aufl. Leipzig und Darmstadt, 1837-1842; frz. Übs. von J.D. Guigniant, 1825-1835). .

Dowling, Eva S. (1911): Einleitung, in: Dowling (1908) (seit der 3. Aufl. 1911), 9-20 (s.u.).

Dowling, Levi H. (Pseudonym: »Levi«) (1908): Das Wassermannevangelium von Jesus dem Christus, München: Hugendubel, ⁹1990 (dt. Erstausgabe 1980; Original: The Aquarian Gospel of Jesus the Christ. The Philosophical and Practical Basis of the Religion of the Aquarian Age of the World and of the Church Universal. Transcribed from the Book of God's Remembrance, known as the Akashic Records, by Levi, with introduction by Eva S. Dowling, London und Los Angeles, 1911 (Erstveröffentlichung: ... with introduction by Hon. Henry A. Coffeen, London und Los Angeles: 1908).

Drews, Arthur (1910/11): Die Christusmythe, Jena: Eugen Diederichs.

Drews, Arthur (1923): Der Sternenhimmel in der Dichtung und Religion der alten Völker und des Christentums. Einführung in die Astralmythologie, Jena: Eugen Diederichs.

Dupuis, Charles François (1794): L'origine de tous les cultes ou la religion universelle, 12 Oktavbände und 4-bändige Großausgabe, Paris 1794.

Dupuis, Charles François (1798): Ursprung der Gottesverehrung. Die Glaubenslehren und Religionsgebräuche aller Zeiten und Völker und die damit verbundene Herrschaft des Priestertums und Aberglaubens in ihrer Entstehung und Entwicklung, dt. hrsg. v. Friedrich Streißler, Leipzig 1910 (Auszug aus: »L'origine de tous les cultes«, von Dupuis selbst besorgte Kurzfassung in 1 Bd., erschien frz. erstmals 1798, mehrere Auflagen im 19. Jhdt.).

Edsman, C.-M. (1961): Art. »Panbabylonismus«, in: RGG³ Bd.5, 35f.

Ennemoser, Josef (1860): Das Horoskop in der Weltgeschichte, München 1924 (zahlreiche Aufl., zuerst München 1860).

Geometry in Religion and the exact dates in Biblical History after the monuments; or, the fundamental principles of christianity; the precessional year etc, As based on the teaching of the ancients by the cube, square, circle, pyramid etc., London 1890.

Heindel, Max (*1922): Die Botschaft der Sterne, übs. R.v.Sebottendorf, Leipzig: Theosoph. Verlagshaus (das engl. Original entstand zwischen 1908 und 1919, kein genaues Datum verfügbar).

Heindel, Max (*1920): Vereinfachte wissenschaftliche Astrologie, Leipzig.

Jeremias, Alfred (¹1904, ²1906, ⁴1930): Das Alte Testament im Lichte des Alten Orients, Leipzig, Erstausgabe 1904, zweite, völlig neu bearbeitete Aufl. 1906; vierte, völlig erneuerte Aufl., 1930.

Jeremias, Alfred (1903): Hölle und Paradies bei den Babyloniern, in: Der Alte Orient. Gemeinverständliche Darstellungen, hrsg. v. d. Vorderasiatischen Gesellschaft, Bd. 1, H. 3, Leipzig.

Jeremias, Alfred (1903): Im Kampf um Babel und Bibel, Leipzig.

Jeremias, Alfred (1908): Art. »Ages of the World (Babylonian)«, ERE Bd.1 (1908), 183-187.

Jeremias, Alfred (1908a): Das Alter der babylonischen Astrologie, Leipzig (Reihe: Im Kampf um den Alten Orient, Wehr- und Streitschriften, hrsg.v. A.Jeremias u. H.Winckler, Bd.3).

Jeremias, Alfred (1913, ²1929): Handbuch der Altorientalischen Geisteskultur, Berlin und Leipzig, zweite, völlig erneuerte Aufl., 1929 (Erstausgabe 1913).

Jeremias, Alfred (1927): Die Erlösererwartung aller Völker. Zeugnisse aller Jahrtausende. In ihrer Einheitlichkeit dargestellt, Berlin.

Jeremias, Alfred (1927a): Buddhistische und theosophische Frömmigkeit, Leipzig.

Jeremias, Alfred (1930): Art. »Panbabylonismus«, in: RGG², Bd.4 (1930), 879-881.

Jungbauer, Gustav (1934/5): Art. »Periode«, in: H. Bächtold-Stäubli (Hrsg.): Handwörterbuch des deutschen Aberglaubens Bd.6, Berlin und Leipzig, 1934/5, 1492-1496.
Jünger, Ernst (1959): An der Zeitmauer, Stuttgart: Ernst Klett.
Kiesewetter: Der Occultismus des Altertums (1895/6), s. Abschn. 4.2.1.
Köthner, Paul (Hrsg.) (1908): Raphael: Hermetische Lehrbriefe über die große und die kleine Welt. Nach englischen Originalen ins Deutsche übertragen von: »Raphael« [i.e. Dr. Paul Köthner], Leipzig: Centrale für Reformliteratur, Dr. Hugo Vollrath, 1908.
Kritzinger, Hans-Hermann (1924): Der Pulsschlag der Welt, Kempten.
Kritzinger, H. (1911): s. oben, Abschn. 4.3.1.
Kugler, Franz Xaver (1907ff): Sternkunde und Sterndienst in Babel. Assyriologische, astronomische und astralmythologische Untersuchungen, Münster (Bd. 1: Entwicklung der babylonischen Planetenkunde von ihren Anfängen bis auf Christus, 1907; Bd. 2: Natur, Mythus und Geschichte als Grundlagen babylonischr Zeitordnung nebst eingehenden Untersuchungen der älteren Sternkunde und Meteorologie, Teil 1 1909/10, Teil 2 1912; Ergänzungen zum 1. und 2. Buch: Astronomie und Chronologie der älteren Zeit, 1913; 3. Ergänzungsheft zum ersten und zweiten Buch von Johannes Schaumberger, 1935).
Kugler, Franz Xaver (1909): Auf den Trümmern des Panbabylonismus, in: Anthropos 4 (1909), 477-499.
Kugler, Franz Xaver (1910): Im Bannkreis Babels. Panbabylonistische Konstruktionen und Religionsgeschichtliche Tatsachen, Münster.
Künkel, Hans: Das große Jahr (1922). Der Mythos von den Weltzeitaltern, Waakirchen: Urania, 1980 (Erstausgabe Jena: Diederichs, 1922, verb. 2. Aufl. ebd., 1938).
Le Cour, Paul (1937): L'Ere Du Verseau. Le secret du zodiaque, le proche avenir de l'humanité... Nouvelle édition, revue, corrigée et augmentée par Jacques d'Arès, Croissy-Beaubourg: Dervy-Livres, 1991 (Erstausgabe 1937).
Lenormant, Francois (1874): Die Geheimwissenschaften Asiens. Die Magie und Wahrsagekunst der Chaldäer, Berlin [2]1920 (zwei Teile in einem Band; dt. zuerst 1878, frz. Original 1874).
Maier-Parm, Heinrich Christian (1937): Ein Blick ins Wassermann-Zeitalter. Versuch eines geschichtlich-astronomischen Rückblickes und Vorausblickes, Memmingen: Uranus-Verlag.
Niebuhr, Marcus von (1857): Geschichte Assur's und Babel's seit Phul. Aus der Concordanz des Alten Testamentes, des Berossos, des Kanons der Könige und der griechischen Schriftsteller. Nebst Versuchen über die vorgeschichtliche Zeit, Berlin.
Papke, Werner (1978): Die Keilschriftserie Mul.Apin. Dokument wissenschaftlicher Astronomie im 3. Jahrtausend, Diss., Tübingen.
Papke, Werner (1989): Die Sterne von Babylon. Die geheime Botschaft des Gilgamesch – nach 4000 Jahren entschlüsselt, Bergisch Gladbach: Gustav Lübbe.
Paris, Ernst-Günter (1981): Das Horoskop der Menschheit. Unser Weg aus urfernen Zeiten in die Zukunft, Waakirchen 1981 (= Propheten, Priester, Professoren, 1957).
Putzien, Rudolf (1963): Der Allbrandfelsen. Das geistige Erbe von Atlantis für das Wassermannzeitalter, Engelberg und München: Drei Eichen Verlag.
Raphael (1908): s. Köthner, Paul.
Ripota, Peter (1987): Die Geburt des Wassermannzeitalters, München.
Robertson, John Mackinnon (1900): Christianity and Mythology, London [2]1910 ([1]1900).
Robertson, John Mackinnon (1903): Pagan Christs, London.
Rosenberg, Alfons (1958): Durchbruch zur Zukunft. Der Mench im Wassermannzeitalter, Bietigheim: Turm, 2. Aufl. o.J. (ca. 1971), (Erstausgabe München-Planegg: O.W. Barth, 1958).
Santillana, Giorgio de, und Dechend, Hertha von (1969): Hamlet's Mill. An Essay on Myth and the Frame of Time, Boston.

Schmidt, Karl Otto (1971): Der kosmische Weg der Menschheit im Wassermannzeitalter, München und Engelberg: Drei Eichen, ²1980, ¹1971).

Schmidt, Karl Otto (1978): Der Weg zur Vollendung durch Medition und Kontemplation, München und Engelberg: Drei Eichen, 4. Aufl. o.J. (zuerst 1978).

Sebottendorf, Rudolf Freih. von (1923): Geschichte der Astrologie. Bd. 1: Urzeit und Altertum, Leipzig: Theosophisches Verlagshaus, o.J. (= Astrologische Bibliothek Bd. 15; weitere Bde. Sebottendorfs sind nicht erschienen).

Sebottendorf (1925): s. Anonymus (1925).

Sellin, Ernst (1931): Art. »Altorientalische Weltanschauung«, in: RGG² Bd.5 (1931), 1826-1827.

Sterneder, Hans (1963): Das kosmische Weltbild, Garmisch-Partenkirchen: G.E. Schroeder.

Stucken, Eduard (1896-1907): Astralmythen der Hebräer, Babylonier und Ägypter. Religionsgeschichtliche Untersuchungen, Bd. 1-5, Leipzig.

Volney, Constantin Francois Chasseboeuf de (1791): Die Ruinen. Betrachtungen über den Auf- und Untergang der Reiche, Berlin 1792 (zahlreiche weitere dt. Auflagen; frz. Original: Les ruines, ou Méditation sur les révolutions des empires, Paris 1791, engl. Übs.: The Ruins, or, A survey of the revolutions of empires, London 1795).

Waerden, B[artel] L[eendert] van der (1952): Das Große Jahr und die ewige Widerkehr, in: Hermes 80 (1952), 129-155.

Winckler, Hugo (1895/1900): Geschichte Israels in Einzeldarstellungen, Leipzig Bd. 1: 1895; Bd. 2: 1900.

Winckler, Hugo (1901): Die Weltanschauung des Alten Orients, in: Preußische Jahrbücher 104 (1901), 224-275.

Winckler, Hugo (²1903): Die Völker Vorderasiens, in: Der Alte Orient. Gemeinverständliche Darstellungen, hrsg. v. d. Vorderasiatischen Gesellschaft, Bd. 1, H. 1, (2. Aufl.), Leipzig.

Winckler, Hugo (²1903a): Himmels- und Weltenbild der Babylonier als Grundlage der Weltanschauung und Mythologie aller Völker, in: Der Alte Orient. Gemeinverständliche Darstellungen, hrsg. v. d. Vorderasiatischen Gesellschaft, Bd. 3, H. 2/3 (2. Aufl), Leipzig.

5. Zum soziologischen Deutungsrahmen religiöser Zeitgeschichte

5.1 »Neue soziale Bewegungen« und »Gegenkultur«

Brand, Karl-Werner (1982): Neue soziale Bewegungen. Entstehung, Funktion und Perspektive neuer Protestpotentiale. Eine Zwischenbilanz, Opladen.

Brand, Karl-Werner und Büsser, Detlef und Rucht, Dieter (1983): Aufbruch in eine andere Gesellschaft. Neue soziale Bewegungen in der Bundesrepublik, Frankfurt und New York: Campus.

Brand, Karl-Werner (Hrsg.) (1985): Neue soziale Bewegungen in Westeuropa und den USA. Ein internationaler Vergleich, Frankfurt a.M.: Campus.

Brand, Karl-Werner (1987): Kontinuität und Diskontinuität in den neuen sozialen Bewegungen, in: Roth und Rucht (Hrsg.) (1987), 30-44.

Case, John, und Taylor, Rosemary C.R. (Hrsg.) (1979): Soziale Experimente in der Bewährung. Sanfte Veränderung einer harten Wirklichkeit. Berichte aus den USA, Frankfurt: Fischer (Tb., »alternativ«), 1981 (Original: Co-ops, Communes, and Collectives. Experiments in Social Change in the 1960s and 1970s, New York 1979).

Haller, Michael (Hrsg.) (1981): Aussteigen oder rebellieren. Jugendliche gegen Staat und Gesellschaft, Hamburg und Reinbek: Spiegel und Rowohlt (Tb.).

Hollstein, Walter (1969): Der Untergrund, Neuwied.

Hollstein, Walter (1979): Die Gegengesellschaft, Bonn.

Huber, Joseph (Hrsg.) (1984): Bunt wie der Regenbogen. Die alternative Bewegung in der BRD, Stuttgart.

Huber, Josef (1985): Die Regenbogen-Gesellschaft. Ökologie und Sozialpolitik, Frankfurt.

Huber, Josef (1986): Die verlorene Unschuld der Ökologie, Frankfurt: Fischer (Tb.), Neuaufl. 1986.

Hüllen, Rudolf van (1990): Ideologie und Machtkampf bei den Grünen. Untersuchung zur programmatischen und innerorganisatorischen Entwicklung einer deutschen »Bewegungspartei«, Bonn (Diss.).

Kaiser, Rolf-Ulrich (1969): Underground? Pop? Nein! Gegenkultur!, Köln.

Kaiser, Rolf-Ulrich (Hrsg.) (1968): Protestfibel. Formen einer neuen Kultur, Bern u.a.: Scherz.

Mayer-Tasch, Peter C. (1976): Die Bürgerinitiativbewegung. Der aktive Bürger als rechts- und politikwissenschaftliches Problem, Reinbek: Rowohlt.

Murphy, Detlev, und Roth, Roland: In viele Richtungen zugleich. Die Grünen – ein Artefakt der Fünf-Prozent-Klausel?, in: Roth und Rucht (Hrsg.) (1987), 303-324.

Raschke, Joachim (1985): Soziale Bewegungen. Ein historisch-systematischer Grundriß, Frankfurt und New York.

Raschke, Joachim (1987): Zum Begriff der sozialen Bewegung, in: Roth und Rucht (Hrsg.) (1987), 19-29.

Roth, Roland (1985): Neue soziale Bewegungen in der Bundesrepublik Deutschland. Eine vorläufige Skizze, in: Brand (Hrsg.) (1985), 20-82 (s.o.).

Roth, Roland und Rucht, Dieter (Hrsg.) (1987): Neue soziale Bewegungen in der Bundesrepublik Deutschland, Frankfurt und New York: Campus.

Schwendter, Rolf (1971): Theorie der Subkultur, Köln und Berlin.
Schwendter, Rolf (1988): Grüne und Religion, in: Hesse und Wiebe (Hrsg.) (1988), 215-223.
Starr, Paul (1979): Die Phantom-Gemeinschaft, in: Case und Taylor (Hrsg.) (1979) (s.o.).
Vester, Michael (1989): Neue soziale Bewegungen und soziale Schichten, in: Wasmuht (Hrsg.) (1989) (s.u.).
Wasmuht, Ulrike (Hrsg.) (1989): Alternativen zur alten Politik? Neue soziale Bewegungen in der Diskussion, Darmstadt: Wiss. Buchges.

5.2 Wertewandel- und Postmoderne-Diskussion

Baumgartner, Hans M. (Hrsg.) (1985): Am Ende der Neuzeit? Die Forderung eines fundamentalen Wertwandels und ihre Probleme, Würzburg.
Beck, Ulrich (1986): Risikogesellschaft. Auf dem Weg in eine andere Moderne, Frankfurt.
Bell, Daniel (1976): Die Zukunft der westlichen Welt. Kultur und Technologie im Widerstreit, Frankfurt.
Berger, Peter L. und Berger, Brigitte und Kellner, Hansfried (1973): Das Unbehagen in der Modernität, Frankfurt a.M.: Campus, 1987 (Original: The Homeless Mind. Modernization and Consciousness, New York 1973).
Derrida, Jacques (1986): Schibboleth. Für Paul Celan, hrsg.v. P. Engelmann, Graz: Böhlau, 1986 (Original: Schibboleth. Pour P.C., Paris: 1986).
Habermas, Jürgen (1985): Die neue Unübersichtlichkeit, Frankfurt: Suhrkamp.
Habermas, Jürgen (1988): Die Moderne – ein unvollendetes Projekt, in: Welsch (Hrsg.) (1988) 177-192 (s.u.).
Hillmann, Karl-Heinz (1986): Umweltkrise und Wertwandel, Würzburg.
Hillmann, Karl-Heinz (^{2}1989): Wertwandel. Zur Frage der sozio-kulturellen Voraussetzungen alternativer Lebensformen.
Huyssen, A. und Scherpe, K.R. (Hrsg.) (1986): Postmoderne. Zeichen eines kulturellen Wandels, Reinbek: Rowohlt (Tb.).
Inglehart, Ronald (1977): The Silent Revolution, Princeton.
Inglehart, Ronald (1989): Kultureller Umbruch. Wertwandel in der westlichen Welt, Frankfurt und New York.
Klages, Helmut und Kmieciak, Peter (Hrsg.) (1979): Wertwandel und gesellschaftlicher Wandel, Frankfurt am Main: Campus.
Klipstein, Michael von, und Strümpel, Burkhard (Hrsg.) (1985): Gewandelte Werte – Erstarrte Strukturen. Wie die Bürger Wirtschaft und Arbeit erleben, Bonn.
Koslowski, Peter (1987): Die postmoderne Kultur. Gesellschaftlich-kulturelle Konsequenzen der technischen Entwicklung, München: C.H. Beck.
Koslowski, Peter und Spaemann, Robert und Löw, Reinhard (Hrsg.) (1986): Moderne oder Postmoderne? Zur Signatur des gegenwärtigen Zeitalters, Weinheim: VCH Verlagsgesellsch.
Levinas, Emmanuel (1986): Ethik und Unendliches, hrsg. v. P. Engelmann, Graz und Wien: Edition Passagen, 1986.
Luthe, H.O. und Meulemann, H. (Hrsg.) (1988): Wertwandel – Faktum oder Fiktion? Frankfurt und New York.
Lyotard, Jean François (1986): Das postmoderne Wissen. Ein Bericht, Graz und Wien: Edition Passagen.
Welsch, Wolfgang (1989): Unsere postmoderne Moderne, Weinheim: VCH Acta humaniora.

Welsch, Wolfgang (Hrsg.) (1988): Wege aus der Moderne. Schlüsseltexte der Postmoderne-Diskussion, Weinheim: VCH Acta humaniora.

Zimmerli, Walther C. (Hrsg.) (1988): Technologisches Zeitalter oder Postmoderne? München: W. Fink.

5.3 Neuere Beiträge über inhaltliche und strukturelle Folgen von »Säkularisierung« und »Moderne«

Berger, Peter L., und Luckmann, Thomas (1966): Secularization and Pluralism,in: IJRS 2, Köln-Opladen 1966.

Berger, Peter L. (1967): Zur Dialektik von Religion und Gesellschaft. Elemente einer soziologischen Theorie, Frankfurt a.m. 1988 (dt. Erstausgabe 1973; Original: The Sacred Canopy, Garden City/New York, 1967).

Drehsen, Volker (1988): Neuzeitliche Konstitutionsbedingungen der Praktischen Theologie, 2 Bde., Gütersloh: Mohn.

Hanselmann, Johannes und Hild, Helmut und Lohse, Eduard (Hrsg.) (1984): Was wird aus der Kirche? Gütersloh.

Hild, Helmut (Hrsg.) (1974): Wie stabil ist die Kirche?, Gelnhausen und Berlin.

Kaufmann, Franz-Xaver (1989): Religion und Modernität. Sozialwissenschaftliche Perspektiven, Tübingen.

Kleger, Heinz, und Müller, Alois (Hrsg.) (1986): Religion des Bürgers. Zivilreligion in Amerika und Europa, München.

Kodalle, Klaus-M. (Hrsg.) (1988): Gott und Politik in USA. Über den Einfluß des Religiösen. Eine Bestandsaufnahme, Frankfurt: Athenäum.

Koslowski, Peter (Hrsg.) (1985): Die religiöse Dimension der Gesellschaft. Religion und ihre Theorien, Tübingen.

Küenzlen, Gottfried (1987): Secular Religion and its Futuristic-Eschatological Conceptions, in: Studies in Soviet Thought 33 (1987), 209-228.

Küenzlen, Gottfried (1989): Die säkulare Religionsgeschichte der Moderne, in: Synthesis Philosophica 4,1 (1989), 45-66.

Lübbe, Hermann (1986): Religion nach der Aufklärung, Graz u.a., ²1990 (Erstausgabe 1986).

Luckmann, Thomas (1967): Die unsichtbare Religion, Frankfurt a.M.: Suhrkamp, 1991 (Original: The Invisible Religion, New York 1967; = Überarbeitung von: Das Problem der Religion in der modernen Gesellschaft, Freiburg 1963).

Luckmann, Thomas (1971): Verfall, Fortbestand oder Verwandlung des Religiösen in der modernen Gesellschaft? in: O. Schatz (Hrsg.): Hat die Religion Zukunft? Graz u.a.: 1971.

Luckmann, Thomas (1972): Das Problem der Religion in der modernen Soziologie, in: D.Käsler (Hrsg.): Max Weber. Sein Werk und seine Wirkung, München 1972.

Müller, W. (Hrsg.): Bürgertum und Christentum, Freiburg u.a.: Herder, 1982.

Pannenberg, Wolfhart (1985): Civil Religion? Religionsfreiheit und pluralistischer Staat. Das theologische Fundament der Gesellschaft, in: P. Koslowski (Hrsg.): Die religiöse Dimension der Gesellschaft (1985), 63-75.

Rendtorff, Trutz (1958): Kirchengemeinde und Kerngemeinde. Kirchensoziologische Bemerkungen zur Gestalt der Ortsgemeinde (zuerst 1958), in: F. Fürstenberg (Hrsg.): Religionssoziologie, Neuwied 1964, 235-247.

Rendtorff, Trutz (1966): Zur Säkularisierungsproblematik. Über die Weiterentwicklung der Kirchensoziologie zur Religionssoziologie, in: J. Matthes (Hrsg.): Religion und Gesellschaft. Einführung in die Religionssoziologie I, Reinbek 1969, 208-229 (zuerst in: IJRS 2 (1966), 51-72).

Rendtorff, Trutz (1969): Christentum außerhalb der Kirche. Konkretionen der Aufklärung, Hamburg.

Rendtorff, Trutz (1985a): Die Religion in der Moderne – die Moderne in der Religion, in: ThLZ 110 (1985), 561-574.

Rendtorff, Trutz (1988): Christsein in der Volkskirche. Aus dem Grundsatzreferat vor der Synode, in: Nachrichten 43 (1988), 165-169.

Rendtorff, Trutz (Hrsg.) (1980a): Religion als Problem der Aufklärung, Göttingen.

Rendtorff, T.: s. auch unten, Abschn. 6.2.2 und 6.3.

Rothenstreich, Nathan (1985): Religion, Modernity and Post-Modernity, in: Int. Journal for Philosophy of Religion 18 (1985), 33-49.

Ruh, Ulrich (1980): Säkularisierung als Interpretationskategorie, Freiburg u.a.

Schrey, H.H. (Hrsg.) (1981): Säkularisierung, Darmstadt.

Treiber, Hubert (1989): Nietzsches »Kloster für freie Geister«. Nietzsche und Weber als Erzieher, in: Antes und Pahnke (Hrsg.) (1989) 117-161.

6. Allgemeine Fachliteratur

6.1 Religionswissenschaft, Orientalistik und verwandte Gebiete

Antes, Peter, und Pahnke, Donate (Hrsg.) (1989): Die Religion von Oberschichten. Religion – Profession – Intellektualismus, Marburg: Diagonal (Veröffentlichungen der 19. Jahrestagung der Deutschen Vereinigung für Religionsgeschichte vom 3. bis 7. Oktober 1988 in Hannover).

Barrett, T.H. (1987): Art. »Taoism. History of Study, in: ER Bd.14 (1987), 329-332.

Bechert, Heinz (1984): Buddhistische Perspektiven, in: H.Küng u.a.: Christentum und Weltreligionen. Islam, Hinduismus, Buddhismus, München: Piper, 411ff. 465ff. 508ff. 560ff.

Benz, Ernst (1962): Zen in westlicher Sicht. Zenbuddhismus und Zensnobismus, Weilheim: O.W. Barth.

Benz, Ernst (1970): Buddhismus in der westlichen Welt, in: H. Dumoulin (Hrsg.), Buddhismus der Gegenwart, Freiburg 1970, 191-204.

Bergler, Manfred (1981): Die Anthropologie des Grafen Karlfried von Dürckheim im Rahmen der Rezeptionsgeschichte des Zen-Buddhismus in Deutschland, Diss., Erlangen.

Berner, Ulrich (1979): Der Begriff ›Synkretismus‹ – ein Instrument historischer Erkenntis?, in: Saeculum 30 (1979), 68-85.

Berner, Ulrich (1982): Untersuchungen zur Verwendung des Synkretismus-Begriffs, Wiesbaden.

Berner, Ulrich (1988): Religionswissenschaft und Theologie. Das Programm der Religionsgeschichtlichen Schule, in: Zinser (Hrsg.) (1988), 216-238.

Böhlig, Alexander (1989): Gnosis und Synkretismus, 2 Bde., Tübingen.

Buitenen, J.A.B. van (1981): The Bhagavadgîtâ in the Mahâbhârata. Text and Translation, Chicago und London.

Campbell, Joseph: s. 1.7.5.

Cancik, Hubert (1990): Art. »Esoterik«, in: HrwG Bd.2 (1990), 345f.

Cancik, Hubert A. (Hrsg.) (1982): Religions- und Geistesgeschichte der Weimarer Republik, Düsseldorf 1982.

Cancik, Hubert, und Gladigow, Burkhard, und Laubscher, Matthias (Hrsg.) (1988ff): Handbuch religionswissenschaftlicher Grundbegriffe (= HrwG), Bd. I und II, Stuttgart.

Chatterjee, Margaret (1989): The Concept of Spirituality, New Delhi u.a.: Allied Publishers.

Colpe, Carsten (1975): Synkretismus, Renaissance, Säkularisation und Neubildung von Religionen in der Gegenwart, in: J.P.Asmussen u.a. (Hrsg.): Handbuch der Religionsgeschichte Bd. 3, Göttingen 1975, 441-523.

Colpe, Carsten (Hrsg.) (1977): Die Diskussion um das Heilige, Darmstadt.

Colpe, Carsten (1981): Art. »Gnosis II (Gnostizismus)«, in: RAC Bd.11 (1981).

Colpe, Carsten (1987): Art. »Syncretism«, in: ER Bd.14 (1987), 218-227.

Colpe, Carsten (1988): Zur Neubegründung einer Phänomenologie der Religionen und der Religion, in: Zinser (Hrsg.) (1988), 131ff.

Colpe, Carsten (*1989): Die Zeit in drei asiatischen Hochkulturen (Babylonien – Iran – Indien), in: H.Gumin und H.Meier (Hrsg.): Die Zeit. Dauer und Augenblick. Veröffentlichungen der

Carl Friedrich von Siemens Stiftung Bd. 2, München und Zürich: Piper, ³1992 (¹1989), 225-256 (zuerst 1983).
Conze, Edward (1970): Buddhism and Gnosis, in: U. Bianchi (Hrsg.): Le Origini dello Gnosticismo, Leiden 1970, 651ff.
Duerr, Hans P. (Hrsg.) (1981): Der Wissenschaftler und das Irrationale, Bd. 1: Beiträge aus Ethnologie und Anthropologie, Frankfurt a.M.: Syndikat.
Duerr, Hans P. (Hrsg.) (1984): Die Mitte der Welt. Aufsätze zu Mircea Eliade, Frankfurt.
Dumoulin, Heinrich (1982): Begegnung mit dem Buddhismus. Eine Einführung, Freiburg i.Br.: Herder.
Dumoulin, Heinrich (1990): Zen im 20. Jahrhundert, München: Kösel.
Dumoulin, Heinrich (Hrsg.) (1970): Buddhismus der Gegenwart, Freiburg u.a.: Herder.
Eliade, Mircea (1949): Die Religionen und das Heilige. Elemente der Religionsgeschichte, Frankfurt a.M.: Insel, 1986 (dt. zuerst 1954; Original: Traité d'histoire des religions, Paris 1949.
Eliade, Mircea (1951): Le temps et l'éternité dans la pensée indienne, in: Eranos-Jahrbuch 20 (1951), 219-252.
Eliade, Mircea (1951): Schamanismus und archaische Ekstasetechnik, Zürich und Stuttgart: Rascher, 1957 (Original: Le chamanisme et les techniques archaiques de l'extase, Paris 1951).
Eliade, Mircea (1956): Schmiede und Alchemisten, Stuttgart: Klett-Cotta, ²1980 (Original: Forgerons et Alchimistes, Paris 1956).
Ellwood, Robert S. (1979): Alternative Altars. Unconventional and Eastern Spirituality in America, Chicago u. London, 1979.
Faber, Richard und Schlesier, R. (Hrsg.) (1986): Die Restauration der Götter. Antike Religion und Neo-Paganismus, Würzburg.
Faber, Richard (1990): Art. »Bewegung«, in: HrwG Bd.2, 135-139.
Falaturi, Abdoldjawad und Klöcker, Michael und Tworuschka, Udo (Hrsg.) (1983): Religionsgeschichte in der Öffentlichkeit, Köln und Wien.
Flasche, Rainer (1989): Religiöse Entwürfe und religiöse Wirkungen von Religionswissenschaftlern, in: Antes und Pahnke (Hrsg.) (1989), 203-217.
Frauwallner, Erich (1953) und (1956): Geschichte der indischen Philosophie, Salzburg, Bd. 1 (1953), Bd. 2 (1956).
Fuchs, Christian (1990): Yoga in Deutschland. Rezeption, Organisation, Typologie, Stuttgart: Kohlhammer.
Gerlitz, Peter (1971): Die Religionen und die neue Moral. Wirkungen einer weltweiten Säkularisation, München.
Gerlitz, Peter (1984): Religion und Matriarchat, Wiesbaden.
Gerlitz, Peter (1988): Mutterrecht und Totenkult bei den Khasi von Meghalaya, in: ZRGG 40 (1988), 54-69.
Geyer, Carl-Friedrich (1988): Die Gnostiker der Spätantike, in: Koslowski (Hrsg.) (1988), 41-59.
Gladigow, Burkhard (1986): »Wir gläubigen Physiker«. Zur Religionsgeschichte physikalischer Entwicklungen, in: H.Zinser (Hrsg.): Der Untergang von Religionen, Berlin 1986, 321-336.
Gladigow, Burkhard (1988): Religionsgeschichte des Gegenstandes – Gegenstände der Religionsgeschichte, in: Zinser (Hrsg.) (1988), 6-37.
Gladigow, Burkhard (1988a): Gegenstände und wissenschaftlicher Kontext von Religionswissenschaft, in: HrwG Bd. 1 (1988), 26-38.
Gladigow, Burkhard (1989a): Pantheismus als »Religion« von Naturwissenschaftlern, in: Antes und Pahnke (Hrsg.) (1989), 219-239.
Gladigow, Burkhard (Hrsg.) (1989): Religionsgeschichte naturwissenschaftlicher Entwicklungen, Tübingen 1989.

Gladigow, Burkhard und Kippenberg, Hans G. (Hrsg.) (1983): Neue Ansätze in der Religionswissenschaft, München.

Glasenapp, Hermann von (1960): Das Indienbild deutscher Denker, Stuttgart.

Gonda, Jan (1960) und (1963): Die Religionen Indiens, Stuttgart, Bd. 1 (1960), Bd. 2 (1963).

Grönbold, Günter (1985): Jesus in Indien. Das Ende einer Legende, München: Kösel.

Guariglia, Guglielmo (1959): Prophetismus und Heilserwartungs-Bewegungen als völkerkundliches und religionsgeschichtliches Problem, Wien (= Wiener Beiträge zur Kulturgeschichte und Linguistik XIII).

Hacker, Paul (1978): Toleranz und Intoleranz im Hinduismus, in: ders., Kleine Schriften, Wiesbaden 1980, 376-388.

Hacker, Paul (1983): Inklusivismus. Eine indische Denkform, posthum hrsg.v. G. Oberhammer, Wien 1983.

Halbfass, Wilhelm (1988): India and Europe. An Essay in Understanding, New York 1988 (erweiterte Neuausgabe von: Indien und Europa, Basel 1981).

Halbfass, Wilhelm (1991): Tradition and Reflection. Explorations in Indian Thought, New York.

Heiler, Friedrich (1961): Erscheinungsformen und Wesen der Religion, Stuttgart: Kohlhammer.

Heissig, Walther und Klimkeit, Hans-Joachim (Hrsg.) (1987): Synkretismus in den Religionen Zentralasiens (Ergebnisse eines Kolloquiums vom 24.5. bis 26.5.1983 in St. Augustin bei Bonn), Wiesbaden.

Henrich, Dieter (Hrsg.) (1985): All-Einheit. Wege eines Gedankens in Ost und West, Stuttgart: Klett-Cotta.

Huber, Friedrich (1992): Die Reinkarnationsvorstellungen in den asiatischen Religionen und im Europa des 20. Jahrhunderts, in: ZRGG 44 (1992), 15-32.

Hummel, Reinhart (1988b): Reinkarnation. Weltbilder des Reinkarnationsglaubens und das Christentum, Mainz und Stuttgart.

Kehrer, Günter (Hrsg.) (1980): Zur Religionsgeschichte der Bundesrepublik Deutschland, München: Kösel (Forum Religionswissenschaft).

Keller, Carl A. (1987): Christliche Gnosis und Gnosisversuche der Neuzeit – Was ist Erkenntnis?, in: O. Eggenberger u.a. (1987), 51-94.

Kippenberg, Hans G. (1981): Intellektualismus und Gnosis, in: W. Schluchter (Hrsg.), Max Webers Studie über das antike Judentum. Interpretation und Kritik, Frankfurt 1981, 201-215.

Kippenberg, Hans G. (1990): Art.»Apokalyptik / Messianismus / Chiliasmus«, in: HrwG Bd.2 (1990), 9-26.

Kippenberg, Hans G. (1991): Revolt against Modernism. A Note on Some Recent Comparative Studies in Fundamentalism, in: Numen 38 (1991), 128-133.

Koslowski, Peter (Hrsg.) (1988): Gnosis und Mystik in der Geschichte der Philosophie, München und Zürich: Artemis.

Lanczkowski, Günter (1978): Art.»Apokalyptik/Apokalypsen I: Religionsgeschichte«, in: TRE Bd.3 (1978), 189-191.

Lanczkowski, Günter (1980): Einführung in die Religionswissenschaft, Darmstadt: Wiss. Buchgesellschaft.

Lanwerd, Susanne (1990): Art.»Dualismus«, in: HrwG Bd.2 (1990), 233-236.

Larson, Gerald J. (1969): Classical Sâmkhya. An Interpretation of its History and Meaning, Delhi u.a.: Motilal Banarsidass ^{2}1979 (zuerst 1969).

Leeuw, Gerardus van der (1933): Phänomenologie der Religion, Tübingen.

Leeuw, Gerardus von der (1925): Einführung in die Phänomenologie der Religion, München.

Marsch, Wolf Dieter, u.a. (1973): Plädoyers in Sachen Religion, Gütersloh.

Melton, J. Gordon (1988): The Encyclopedia of American Religion: Religious Creeds, Detroit.

Melton, J. Gordon (1989): The Encyclopedia of American Religions, Detroit.

Mildenberger, Michael (1980): Religiöser Humanismus. Zum europäischen Erbe im deutschen Buddhismus, in: Kehrer (Hrsg.) (1980), 49-76.

Motzki, Harald (1977): Schamanismus als Problem religionswissenschaftlicher Terminologie, Köln.

Müller, Hans-Peter (1986): Die Râmakrishna-Bewegung. Studien zu ihrer Entstehung, Verbreitung und Gestalt, Gütersloh.

Müller, Werner (1976): Indianische Welterfahrung, Stuttgart ²1985: Klett-Cotta (Erstausgabe 1976).

Mylius, Klaus (1988): Geschichte der altindischen Literatur, Darmstadt: Wissensch. Buchgesellsch.

Netton, Ian R. (1982): Muslim Neoplatonists. An Introduction to the Thought of the Brethren of Purity, London u.a.

Nishimura, Eshin (1978): Die Öffnung des Rinzai-Zen in die Breite – ihr Sinn und ihre Grenze, in: Stachel (Hrsg.) (1978), 96-109.

Nishitani, Keiji (1980): Was ist Religion?, Frankfurt a.M. ²1986 (¹1982; japan. Original 1980).

Notz, Klaus-Josef (1984): Der Buddhismus in Deutschland in seinen Selbstdarstellungen, Frankfurt u.a.: P. Lang.

O'Flaherty, Wendy (1984): Emotion und Karma. Überlegungen zu Max Webers Interpretation der indischen Theodizee, in: W. Schluchter (Hrsg.): Max Webers Studie über Hinduismus und Buddhismus. Interpretation und Kritik, Frankfurt a.M. 1984, 87-103.

Opitz, Peter-Joachim (1967): Lao-Tzu. Die Ordnungsspekulation im Tao-tê-ching, München.

Opitz, Peter-Joachim (Hrsg.) (1968): Chinesisches Altertum und konfuzianische Klassik. Politisches Denken von der Chou-Zeit bis zum Han-Reich, München.

Otto, Rudolf (1917): Das Heilige. Über das Irrationale in der Idee des Göttlichen und sein Verhältnis zum Rationalen, München: C.H.Beck 1979 (¹1917).

Otto, Rudolf (1926): West-östliche Mystik. Vergleich und Unterscheidung zur Wesensdeutung, München: C.H.Beck, ³1971 (¹1926).

Parrinder, Geoffrey (1987): Art.»Peace«, in: ER Bd.11 (1987), 221-224.

Pye, Michael und Stegerhoff, Renate (Hrsg.) (1987): Religion in fremder Kultur, Saarbrücken.

Quispel, Gilles (1951): Gnosis als Weltreligion, Zürich.

Rothermund, Gottfried (1979): Buddhismus für die moderne Welt. Die Religionsphilosophie K.N.Jayatillekes, Stuttgart.

Rudolph, Kurt (1962): Die Religionsgeschichte an der Leipziger Fakultät und die Entwicklung der Religionswissenschaft. Ein Beitrag zur Wissenschaftsgeschichte und zum Problem der Religionswissenschaft, Berlin: Akademie-Verlag.

Rudolph, Kurt (1977): Die Gnosis. Wesen und Geschichte einer spätantiken Religion, Göttingen ²1980 (1. Aufl. Leipzig 1977).

Rudolph, Kurt (1989): Intellektuelle, Intellektuellenreligion und ihre Repräsentation in Gnosis und Manichäismus, in: Antes und Pahnke (Hrsg.) (1989), 23-34.

Schimmel, Annemarie (1975): Mystische Dimensionen des Islam. Die Geschichte des Sufismus, Köln: Diederichs, 1985 (Original: Mystical Dimensions of Islam, Chapel Hill 1975).

Schmithausen, Lambert (1971): Art.»Atman«, in: HWP Bd.1 (1971), 602f.

Schmökel, Hartmut (1961): Mesopotamien, in: ders. (Hrsg.): Kulturgeschichte des Alten Orient, Stuttgart 1961.

Scholem, Gershom (1957): Die jüdische Mystik in ihren Hauptströmungen, Frankfurt am Main 1967 (Neudruck der Ausgabe Zürich 1957).

Shimizu, M. (1981): Das Selbst im Mahayana-Buddhismus in japanischer Sicht und die Person im Christentum in der Sicht des NT, Leiden.

Söderblom, Nathan (1913): Art.»Holiness: General and Primitive«, in: ERE Bd. 6 (1913), 731-741.

Stephenson, G. (Hrsg.) (1976): Der Religionswandel unserer Zeit im Spiegel der Religionswissenschaft, Darmstadt.
Stietencron, Heinrich von (1989): Geplanter Synkretismus: Kaiser Akbars Religionspolitik, in: Antes und Pahnke (Hrsg.) (1989), 53-72.
Stroumsa, G.G. (1985): Die Gnosis und die christliche ›Entzauberung der Welt‹, in: W. Schluchter (Hrsg.): Max Webers Sicht des antiken Christentums, Frankfurt 1985, 486-508.
Swain, Tony (1991): The Mother Earth Conspiracy: An Australian Episode, in: Numen 38 (1991).
Ueda, Shizuteru (1965): Der Zen-Buddhismus als ›Nicht-Mystik‹ unter besonderer Berücksichtigung des Vergleichs zur Mystik Meister Eckharts, in: G. Schulz (Hrsg.): Transparente Welt. Festschrift zum 60. Geburtstag von Jean Gebser, Bern und Stuttgart: Hans Huber, 1965, 291-313.
Usarski, Frank (1989): Das Bekenntnis zum Buddhismus als Bildungsprivileg. Strukturmomente »lebensweltlicher« Theravada-Rezeption in Deutschland während des Zeitraums zwischen 1888 und 1924, in: Antes und Pahnke (Hrsg.) (1989), 75-86.
Waardenburg, Jacques (1986): Religionen und Religion, Berlin.
Wach, Joachim (1958): Vergleichende Religionsforschung, Stuttgart: Kohlhammer, 1962 (engl. Original 1958).
Wiessner, Gernot (Hrsg.) (1978): Synkretismusforschung. Theorie und Praxis, Wiesbaden: Otto Harrassowitz.
Wißmann, Hans (1982): Art. Esoterik I: Religionsgeschichtlich, in: TRE Bd.10 (1982), 366f.
Zaehner, Robert C. (1970): Mystik. Harmonie und Dissonanz. Die östlichen und westlichen Religionen, Olten und Freiburg: Walter, 1980 (Original: Concordant Discord. The Interdependance of Faiths. The Gifford Lectures Edinburgh 1967-69, Oxford 1970).
Zaehner, Robert C. (1971): Evolution in Religion. A Study in Shrî Aurobindo and Pierre Teilhard de Chardin, Oxford.
Zinser, Hartmut (1981): Der Mythos vom Mutterrecht, Frankfurt u.a.: Ullstein.
Zinser, Hartmut (1985): Faszination des Schamanismus, in: Journal für Geschichte 1 (1985).
Zinser, Hartmut (Hrsg.) (1988): Religionswissenschaft. Eine Einführung, Berlin.

6.2 Theologie und verwandte Gebiete

6.2.1 Theologie der Religionen

Bernhardt, Reinhold (1990): Der Absolutheitsanspruch des Christentums, Gütersloh: Mohn.
Brück, Michael von (1986): Einheit der Wirklichkeit. Gott, Gotteserfahrung und Meditation im hinduistisch-christlichen Dialog, München: Chr. Kaiser ²1987, ¹1986).
Brück, Michael von (1990): Christliche Mystik und Zen-Buddhismus. Synkretistische Zugänge, in: Greive und Niemann, 1990, 146-166.
Bsteh, Andreas (Hrsg.) (1987): Dialog aus der Mitte der christlichen Theologie, Mödling.
Cobb, John, Jr. (1991): Beyond ›Pluralism‹, in: Gavin D'Costa (Hrsg.): Christian Uniqueness Reconsidered. The Myth of a Pluralistic Theology of Religions, Maryknoll (NY): Orbis, 1991, 81-95.
Colpe, Carsten (1968): Die Funktion religionsgeschichtlicher Studien in der evangelischen Theologie, in: ders. und W. Holsten und H.J. Margull, Religion – Mission – Ökumene, in: VF 13/ 2 (1968), 1-12.
Cox, Harvey (1988): Göttliche Spiele. Meine Erfahrungen mit den Religionen, Freiburg: Herder, 1989 (Original: Many Mansions. A Christian's Encounter With Other Faiths, Boston (MA), 1988).

Devanandan, Paul D. (1959): Hindu Missions to the West, in: IRM 48 (1959), 398-408.
Grafe, Hugald (1988): Selbstfindung und Selbstverwirklichung als indogenes religionstheologisches Problem (Manuskript: Habilitationsvortrag an der Univ. Erlangen).
Hick, John (1985): Problems of Religious Pluralism, Basingstoke u.a.: Macmillan.
Hollenweger, Walter, J. (1988): Geist und Materie. Interkulturelle Theologie III, München.
Knitter, Paul F. (1985): Ein Gott – viele Religionen. Gegen den Absolutheitsanspruch des Christentums, München: Kösel, 1988 (Original: No Other Name? A Critical Survey of Christian Attitudes Toward the World Religions, Maryknoll/NY: Orbis, 1985).
Panikkar, Raimon (1970): Gottes Schweigen. Die Antwort des Buddha für unsere Zeit, München: Kösel, 1992 (Original: El silencio del dios, Madrid 1970).
Panikkar, Raimon (1978): Der neue religiöse Weg. Im Dialog der Religionen leben, München: Kösel, 1990 (Original: The Intrareligious Dialogue, New York: Paulist, 1978).
Panikkar, Raimundo und Strolz, Walter (Hrsg.) (1985): Die Verantwortung des Menschen für eine bewohnbare Welt im Christentum, Hinduismus und Buddhismus, Freiburg: Herder.
Panikkar, Raimon (1985a): Der Mensch – ein trinitarisches Mysterium, in: ders. und W. Strolz (Hrsg.) (1985), 147-190 (s.o.).
Panikkar, Raimon (1991): Der Weisheit eine Wohnung bereiten, hrsg.v. C.Bochinger, München: Kösel.
Pannenberg, Wolfhart (1967): Erwägungen zu einer Theologie der Religionsgeschichte, in: ders., Grundfragen systematischer Theologie Bd. 1, Göttingen 1967, 252-295.
Pannenberg, Wolfhart (1973): Religionswissenschaft als Theologie der Religionen, in: ders., Wissenschaftstheorie und Theologie, Frankfurt.
Pannenberg, Wolfhart (1982): Auf der Suche nach dem wahren Selbst. Anthropologie als Ort der Begegnung zwischen christlichem und buddhistischem Denken, in: A. Bsteh (Hrsg.): Erlösung in Christentum und Buddhismus, Mödling 1982, 128-146.
Pannenberg, W.: s. auch unten, Abschn. 6.2.2.
Rahner, Karl (1962): Christentum und die nichtchristlichen Religionen, in: ders.: Schriften Bd. V (^{3}1968), 136-158 (Erstveröffentl. 1962).
Rahner, Karl (1972): Bemerkungen zum Problem des »anonymen Christen«, in: ders.: Schriften Bd. X (1972), 531-546 (= Erstveröffentl.).
Rahner, Karl (1974): Jesus Christus in den nichtchristlichen Religionen, in: ders.: Schriften Bd. XII (1975), 370-383 (Erstveröffentl. 1974).
Rahner, Karl (1975): Kirchliche und außerkirchliche Religiosität. Anonymer und expliziter Glaube, in: ders.: Schriften Bd. XII (1975), 582-598 (= Erstveröffentl.).
Schmidt-Leukel, Perry (1992): ›Den Löwen brüllen hören‹. Zur Hermeneutik eines christlichen Verständnisses der buddhistischen Heilsbotschaft, Paderborn: Schöningh, 1992 (zugl. Diss. München 1989).
Schweitzer, Albert (1934): Die Weltanschauung der indischen Denker. Mystik und Ethik, München: C.H.Beck.
Smith, Wilfred C. (1964): The Meaning and End of Religion, New York.
Smith, Wilfred C. (1981): Towards a World Theology, London/Basingstoke.
Waldenfels, Hans (1976): Absolutes Nichts. Zur Grundlegung des Dialogs zwischen Buddhismus und Christentum, Freiburg i.Br.: Herder.
Waspada, Ketut (1987): Harmonie als Problem des Dialogs. Zur Bedeutung einer zentralen religiösen Kategorie in der Begegnung des Christentums mit dem Hinduismus auf Bali, Frankfurt a.M.: Peter Lang, 1987.
Whaling, Frank (Hrsg.) (1984): The World's Religious Traditions, Edinburgh (= Festschrift W.C.Smith).

6.2.2 Sonstige theologische Literatur

Altner, Günther (Hrsg.) (1989): Ökologische Theologie, Stuttgart.
Altizer, Thomas J.J. (1967): The New Apocalypse. The Radical Christian Vision of William Blake, East Lansing/Mich.
Auer, Alfons (1960): Art. »Frömmigkeit«, in: LThK² Bd.4 (1960), 400-405.
Ball, Bryan W. (1975): A Great Expectation. Eschatological Thought in English Protestantism to 1660, Leiden.
Ball, Bryan W. (1981): The English Connection. The Puritan Roots of Seventh-day Adventist Belief, Cambridge.
Barth, Christoph (1974): Diesseits und Jenseits im Glauben des späten Israel, Stuttgart: Kath. Bibelwerk.
Barth, Karl (1932): Die kirchliche Dogmatik, Bd. 1: Die Lehre vom Wort Gottes. Prolegomena zur Kirchlichen Dogmatik, 1. Halbband, zuerst Stuttgart 1932.
Barth, Karl (1947): Die protestantische Theologie im 19. Jahrhundert, Berlin: Evang. Verlagsanstalt, ³1961.
Bauckham, Richard (1981): Art. »Chiliasmus IV: Reformation und Neuzeit«, TRE Bd.7 (1981), 737-745.
Bauer, J.E. (1990): Art. »Deismus«, in: HrwG Bd.2 (1990), 207-215.
Bauer, W. (1954): Art.: »Chiliasmus«, in: RAC Bd.2 (1954), 1073-1078.
Bäumler, Christof (1984): Kommunikative Gemeindepraxis, München.
Berger, Klaus (1990): Art. »Form- und Gattungsgeschichte«, in: HrwG Bd.2 (1990), 430-445.
Beyerhaus, Peter (³1967): Die Selbständigkeit der jungen Kirchen als missionarisches Problem, Wuppertal.
Blank, Josef (1987): Die überforderte Rationalität. Zur Aktualität des Mythos, in: Kairos 29 (1987), 29-44.
Blum, Georg Günter (1981): Art. »Chiliasmus II: Alte Kirche«, in: TRE Bd.7 (1981), 729-733.
Bochinger, Christoph (1987): Ganzheit und Gemeinschaft. Zum Verhältnis von theologischer und anthropologischer Fragestellung im Werk Bruno Gutmanns, Frankfurt a.M. u. a.
Böcher, Otto (1975): Die Johannesapokalypse, Darmstadt.
Böcher, Otto (1981): Art. »Chiliasmus I«, in: TRE Bd.7 (1981), 723-729.
Bohren, Rudolf (1988): Art. »Evangelische Spiritualität«, in: C.Schütz (Hrsg.) (1988), 1192f.
Borné, Gerhard F. (1979): Christlicher Atheismus und radikales Christentum. Studien zur Theologie von Thomas Altizer im Zusammenhang mit Ketzereien der Kirchengeschichte, der Dichtung von William Blake und der Philosophie von Georg Friedrich Wilhelm Hegel, München: Chr. Kaiser.
Bousset, Wilhelm (⁴1966): Die Religion des Judentums im späthellenistischen Zeitalter, hrsg. v. Hugo Gressmann, Tübingen.
Broch, Thomas (1989): Pierre Teilhard de Chardin. Wegbereiter des New Age?, Mainz: Grünewald.
Brockmann, Doris (1991): Ganze Menschen – ganze Götter. C.G. Jung in der feministischen Theologie, Paderborn: Schöningh (Diss.).
Brox, Norbert (1989): Erleuchtung und Wiedergeburt. Aktualität der Gnosis, München: Kösel.
Bultmann, Rudolf (1948-53): Theologie des Neuen Testaments, Tübingen: Mohr, ⁹1984 (zuerst 1948-1953).
Duft, Johannes (1956): Iromanie – Irophobie. Fragen um die frühmittelalterliche Irenmission, exemplifiziert an St. Gallus und Alemannien, in: Zeitschrift für Schweiz. Kirchengeschichte 50 (1956), 241-262.
Ebeling, Gerhard (1958): Art. »Geist und Buchstabe«, in: RGG³ Bd.2 (1958), 1290-1296.

Fraas, Hans-Jürgen (1990): Die Religiosität des Menschen. Ein Grundriß der Religionspsychologie, Göttingen.
Gensichen, Hans-Werner (1985): Mission und Kultur. Gesammelte Aufsätze, hrsg.v. Th.Sundermeier und W.Gern, München: Kaiser.
Gläßer, Alfred (1984): Evolutive Welt und christlicher Glaube. Pierre Teilhard de Chardin 1881-1955, Regensburg: Pustet.
Goeters, J.F.G. (1962): Art. »Spiritualisten, religiöse«, in: RGG³ Bd.6 (1962), 255-257.
Goldammer, Kurt (1955/56): Friedensidee und Toleranzgedanke bei Paracelsus und den Spiritualisten, in: Archiv für Reformationsgeschichte 46 (1955), 20-46 und 47 (1956), 180-211.
Greshake, Gisbert (1986): Art. »Spiritualität«, In: U.Ruh u.a. (Hrsg.): Handwörterbuch Religiöser Gegenwartsfragen, Freiburg i.B. u.a.: Herder, 1986, 443-448.
Gutiérrez, Gustavo (1972): Theologie der Befreiung, München und Mainz: Kaiser und Grünewald, ⁶1986 (span. Original 1972).
Hegler, Alfred (1892): Geist und Schrift bei Sebastian Franck. Eine Studie zur Geschichte des Spiritualismus in der Reformationszeit, Freiburg i.B.
Heine, Susanne (1987): Wiederbelebung der Göttinnen? Zur systematischen Kritik einer feministischen Theologie, Göttingen.
Herbst, Michael (1987): Missionarischer Gemeindeaufbau in der Volkskirche, Stuttgart.
Herms, Eilert (1990): Erfahrbare Kirche. Beiträge zur Ekklesiologie, Tübingen: Mohr, 1990.
Hinrichs, Carl (1955): Luther und Müntzer. Ihre Auseinandersetzung über Obrigkeit und Widerstandsrecht, Berlin, ²1962 (¹1955).
Hummel, Gert (1972): Theologische Anthropologie und die Wirklichkeit der Psyche, Darmstadt.
Jüngel, Eberhard (⁵1986): Gott als Geheimnis der Welt, Tübingen.
Junghans, Helmar (1975): Das Wort Gottes bei Luther während seiner ersten Psalmenvorlesung, in: ThLz 100 (1975), 161-174.
Koch, Klaus, u.a. (1980): Das Buch Daniel, Darmstadt: Wiss. Buchges., 1980.
Koch, Klaus, und Schmidt, J.M. (Hrsg.) (1982): Apokalyptik, Darmstadt: Wiss. Buchgesellsch..
Konrad, Robert (1978): Art. »Apokalyptik/Apokalypsen VI: Mittelalter, in: TRE Bd.3 (1978), 275-280.
Konrad, Robert (1981): Art. »Chiliasmus III: Mittelalter«, TRE Bd.7 (1981), 734-737.
Kretschmar, Georg (1985): Die Offenbarung des Johannes. Die Geschichte ihrer Auslegung im 1. Jahrtausend, Stuttgart.
Küng, Hans, und Tracy, David (Hrsg.) (1984): Theologie – Wohin? Auf dem Weg zu einem neuen Paradigma, Zürich, Köln u. Gütersloh.
Küng, Hans (1984a): Paradigmenwechsel in der Theologie, in: ebd., 37-75.
Küng, Hans, und Tracy, David (Hrsg.) (1986): Das neue Paradigma von Theologie. Strukturen und Dimensionen, Zürich, Köln und Gütersloh.
Lebram, Jürgen (1978): Art. »Apokalyptik/Apokalypsen II: Altes Testament«, in: TRE Bd.3 (1978), 192-202.
Lebram, Jürgen (1981): Art. »Daniel/Danielbuch und Zusätze«, in: TRE Bd.8 (1981), 325-349.
Link, Hans-Georg (1988): Art. »Ökumenische Spiritualität«, in: C.Schütz (Hrsg.) (1988), 1207-1212.
Maier, Gerhard (1981): Die Johannesoffenbarung und die Kirche, Tübingen.
Maier, Johann (1990): Zwischen den Testamenten. Geschichte und Religion in der Zeit des zweiten Tempels, Würzburg: Echter.
Marsden, George M. (1987): Art. »Evangelical and Fundamental Christianity«, in: ER Bd.5 (1987), 190-197.
Martin, Gerhard Marcel (1984): Weltuntergang. Gefahr und Sinn apokalyptischer Visionen, Stuttgart: Kreuz.

Maurer, Wilhelm (1957): Art. »Aufklärung«, in: RGG³ Bd.1 (1957), 728.

Mieth, Dietmar (1969): Die Einheit von vita activa und vita contemplativa in den deutschen Predigten und Traktaten Meister Eckharts und bei Johannes Tauler. Untersuchungen zur Struktur des christlichen Lebens, Regensburg: Pustet.

Möller, Christian (1987ff): Lehre vom Gemeindeaufbau, 2 Bde., Göttingen.

Moltmann, Jürgen (1960): J. Brocard als Vorläufer der Reich-Gottes-Theologie, in: ZKG 61 (1960), 110ff.

Moltmann, Jürgen (1964): Theologie der Hoffnung, München: Kaiser, ¹¹1980 (zuerst 1964).

Moltmann, Jürgen: Gott in der Schöpfung. Ökologische Schöpfungslehre, München: Kaiser, 1985.

Nielsen, Fr. (1903): Art. »Münter«, in: RE³ Bd.13 (1903), 553-556.

Nigg, Walter (²1954): Das ewige Reich. Geschichte einer Hoffnung, Zürich.

Pannenberg, Wolfhart (1961): Dogmatische Thesen zur Lehre von der Offenbarung, in: ders. u.a.: Offenbarung als Geschichte, Göttingen, ⁵1982 (¹1961).

Pannenberg, Wolfhart (1967a): Die Begründung der Ethik bei Ernst Troeltsch, in: ders.: Ethik und Ekklesiologie, Göttingen 1967, 70-96.

Pannenberg, Wolfhart (1983): Anthropologie in theologischer Perspektive, Göttingen: Vandenhoek und Ruprecht.

Pannenberg, Wolfhart (1986): Christliche Spiritualität. Theologische Aspekte, Göttingen 1986.

Pannenberg, Wolfhart (1988): Systematische Theologie Bd. 1, Göttingen: Vandenhoeck und Ruprecht.

Rad, Gerhard von (1962): Theologie des Alten Testaments Bd. 2, München: Chr. Kaiser.

Reinalter, Helmut (Hrsg.) (1973): Evolution der Welt, Innsbruck.

Rendtorff, Trutz (1976): Institution der Freiheit. Volkskirche in der Dimension des Bekenntnisses, in: LM 15 (1976), 18-21.

Rendtorff, Trutz (1991): Vielspältiges. Protestantische Beiträge zur ethischen Kultur, Stuttgart.

Rendtorff, Trutz (1991a): Volkskirche in einer säkularen Welt, in: ders. (1991), 231-247 (s.o.).

Rendtorff, Trutz (1991b): Theologie in der Moderne. Über Religion im Prozeß der Aufklärung, Gütersloh: Mohn.

Rendtorff, Trutz (Hrsg.) (1980): Europäische Theologie. Versuche einer Ortsbestimmung, Gütersloh.

Ruh, Kurt (1985): Meister Eckhardt – Theologe, Prediger, Mystiker, München.

Sasse, Hermann (1933): Art. »Aiôn«, in: ThWNT Bd.1 (1933), 197-209.

Schiwy, Günther (1981): Teilhard de Chardin. Sein Leben und seine Zeit, 2 Bde., München: Kösel.

Schmitz-Moormann, Karl (Hrsg.) (1986): Teilhard de Chardin in der Diskussion, Darmstadt: Wiss. Buchgesellschaft.

Schwarte, Karl-Heinz (1978): Art. »Apokalyptik/Apokalypsen V: Alte Kirche«, in: TRE Bd.3 (1978), 257-275.

Schwarz, Reinhard (1977): Die apokalyptische Theologie Thomas Müntzers und der Taboriten, Tübingen.

Sebaß, Gottfried (1978): Art. »Apokalyptik/Apokalypsen VII: Reformation und Neuzeit«, in: TRE Bd.3 (1978), 280-289.

Séguenny, André (1983): Art. »Sebastian Franck«, in: TRE Bd.11 (1983), 307-312.

Semisch, Carl Gottlieb, und Bratke, Eduard (1897): Art. »Chiliasmus«, in: RE³ Bd.3 (1897), 805-817.

Strobel, August (1977): Ursprung und Geschichte des frühchristlichen Osterkalenders, Berlin.

Tanner, Klaus (1992): Zur Theologie der empirischen Kirche. Erwägungen über die Spannung zwischen protestantischer Frömmigkeit und theologischem Integrationsanspruch (Manuskript: Habilitationsvortrag an der Evang.-Theol. Fakultät der Univ. München 1992).

Teilhard de Chardin, Pierre (1956): Der Mensch im Kosmos, München: dtv, ^{5}1988 (dt. Erstausgabe: München 1959 (Original: Le phénomène humain, Paris 1956).

Teilhard de Chardin, Pierre (1956a): Die Entstehung des Menschen, München: dtv, ^{3}1987 (dt. Erstausgabe 1961; Original: Le Groupe Zoologique Humain, Paris 1956).

Thurian, Max (*1969): Der Glaube in der Entscheidung, Freiburg.

Tillich, Paul (1963): Das Christentum und die Begegnung der Weltreligionen (zuerst 1963), in: ders.: Gesammelte Werke Bd. 5, Stuttgart ^{2}1978, 51-98.

Timm, Hermann (1988): Diesseits des Himmels. Von Welt- und Menschenbildung, Gütersloh.

Timm, Hermann (1990): Das ästhetische Jahrzehnt. Zur Postmodernisierung der Religion, Gütersloh.

Timm, Hermann (^{2}1984): Zwischenfälle. Die religiöse Grundierung des Alltags, Gütersloh.

Troeltsch, Ernst (1895): Religion und Kirche (zuerst 1895), in: ders.: Ges. Schriften Bd. 2, Neudruck Aalen 1981, 146-182.

Troeltsch, Ernst (1898): Art. »Deismus«, in: RE^3 Bd.4 (1898), 532-559.

Troeltsch, Ernst (1902): Grundprobleme der Ethik (zuerst 1902), in: ders.: Ges. Schriften Bd. 2, Neudruck Aalen 1981, 552-672.

Troeltsch, Ernst (1903): Die theologische und religiöse Lage der Gegenwart (1903), in: ders.: Ges. Schriften Bd. 2, Neudruck Aalen 1981, 1-21.

Troeltsch, Ernst (1910a): Aus der religiösen Bewegung der Gegenwart (zuerst 1910), in ders.: Ges. Schriften Bd. 2, Neudruck Aalen 1981, 22-44.

Troeltsch, Ernst (1910b): Religiöser Individualismus und Kirche (zuerst 1910), in: ders.: Ges. Schriften Bd. 2, Neudruck Aalen 1981, 109-133.

Troeltsch, Ernst (1911): Die Kirche im Leben der Gegenwart (zuerst 1911), in: ders.: Ges. Schriften Bd. 2, Neudruck Aalen 1981, 91-108.

Troeltsch, Ernst (1912): Die Soziallehren der christlichen Kirchen und Gruppen, Neudruck Aalen 1977 (zuerst 1912).

Troeltsch, Ernst (1912a): Die Religion im deutschen Staate (zuerst 1912), in: ders.: Ges. Schriften Bd. 2, Neudruck Aalen 1981, 68-90.

Troeltsch, Ernst (1913): Ideologische und soziologische Methoden in der Geschichtsforschung, in: ders.: Gesammelte Schriften Bd. 4, Tübingen 1925, 721ff.

Troeltsch, Ernst (1919): Zur Religionsphilosophie. Aus Anlaß des Buches von R. Otto über Das Heilige, in: KaSt 23 (1919), 67-76.

Vielhauer, Philipp (^{2}1978): Geschichte der urchristlichen Literatur. Einleitung in das Neue Testament, die Apokryphen und die Apostolischen Väter, Berlin: de Gruyter.

Viller, Marcel, S.J. (Hrsg.) (1937ff): Dictionnaire de Spiritualité. Ascétique et Mystique. Doctrine et Histoire, Paris 1937ff (bisher 14 Bde.).

Wacker, Marie-Theres (1988): Wir fordern die Hälfte des Himmels (Literaturbericht über feministische Theologie) in: Börsenblatt 1988/23, 1030-1034.

Wacker, Marie-Theres (Hrsg.) (1987): Der Gott der Männer und die Frauen, Düsseldorf.

Wagner, Falk (1986): Was ist Religion? Studien zu ihrem Begriff und Thema in Geschichte und Gegenwart, Gütersloh: Gerd Mohn.

Wallmann, Johannes (1982): Zwischen Reformation und Pietismus. Religionsgeschichte und Chiliasmus in der lutherischen Orthodoxie, in: E. Jüngel, ders. u. E. Werbeck (Hrsg.): Verifikationen. Festschrift Gerhard Ebeling zum 70. Geburtstag, Tübingen 1982, 187-205.

Winter, Urs (^{2}1987): Frau und Göttin. Exegetische und ikonographische Studien zum weiblichen Gottesbild im Alten Israel, Göttingen: Vandenhoek.

Zöckler, Otto (1904): Art. »Polytheismus«, in: RE^3 Bd.15 (1904), 538-549.

6.3 Soziologie und Kulturanthropologie

Religionssoziologie s.auch bei 6.1.

Becker, Howard S. (*1973): Außenseiter. Zur Soziologie abweichenden Verhaltens, Frankfurt a.M.

Berger, Peter L. und Luckmann, Thomas (1966): Die gesellschaftliche Konstruktion der Wirklichkeit. Eine Theorie der Wissenssoziologie, Frankfurt 1980 (dt. Erstausgabe 1969; engl. Original: The Social Construction of Reality, New York 1966).

Berger, Peter L. (1969): Auf den Spuren der Engel. Die moderne Gesellschaft und die Wiederentdeckung der Transzendenz, Frankfurt: S. Fischer, 1970 (Original: A Rumor of Angels, 1969).

Berger, Peter L. (1979): Der Zwang zur Häresie. Religion in der pluralistischen Gesellschaft, Frankfurt: S. Fischer, 1980 (Original: The Heretical Imperative. Contemporary Possibilities of Religious Affirmation, Garden City/N.Y., 1979).

Berger, P.L.: s. auch Abschn. 5.3.

Daiber, Karl-Fritz und Luckmann, Thomas (Hrsg.) (1983): Religion in den Gegenwartsströmungen der deutschen Soziologie, München.

Deltgen, Florian (1969): »Bewegung« als historischer und soziologischer Begriff. Versuch einer theoretischen Präzisierung, Diss. Köln.

Deltgen, Florian (1969): Was kann unter einer »Bewegung« verstanden werden?, in: KZS 21 (1969), Sonderheft 13, 410-429.

Durkheim, Emile (1895): Die Regeln der soziologischen Methode, dt. Neuwied ^{2}1961 (frz. Original 1895).

Durkheim, Emile (1912): Die elementaren Formen des religiösen Lebens, Frankfurt a.M.: Suhrkamp, 1981 (frz. Original 1912).

Elias, Norbert, und Scotson, John L (1990): Etablierte und Außenseiter, Frankfurt a.M.: Suhrkamp 1990 (engl. Original 1990).

Fiedler, Leslie (1986): Die Rückkehr des verschwundenen Amerikaners, Reinbek: Rowohlt (Tb.).

Gouldner, Alvin (1970): Die westliche Soziologie in der Krise, 2 Bde., Reinbek: Rowohlt, 1974 (Original: The Coming Crisis of Western Sociology, New York und London 1970).

Greverus, Ina-Maria (1978): Kultur und Alltagswelt, München.

Hach, Jürgen (1980): Gesellschaft und Religion in der Bundesrepublik Deutschland. Eine Einführung in die Religionssoziologie, Heidelberg.

Käsler, Dirk (1977): Revolution und Veralltäglichung, München.

Küenzlen, Gottfried (1980): Die Religionssoziologie Max Webers. Eine Darstellung ihrer Entwicklung, Berlin.

Lanternari, Vittorio (1960): Religiöse Freiheits- und Heilsbewegungen unterdrückter Völker, Neuwied und Berlin.

Lévi-Strauss, Claude (1962): Das Ende des Totemismus, Frankfurt a.M.: Suhrkamp, 1965 (Original: Le Totémisme aujourd'hui, Paris 1962).

Luckmann, Thomas (1980): Lebenswelt und Gesellschaft, Paderborn.

Luckmann, Th.: s. auch Abschn. 2.3., 5.3.

Marty, Martin E. (1988): Fundamentalism as a Social Phenomenon, in: Bulletin of the American Academy of Arts and Sciences 42,2 (1988), 15-29.

Matthes, Joachim (1967): Religion und Gesellschaft. Einführung in die Religionssoziologie Bd. I, Reinbek.

Mörth, Ingo (1986): Lebenswelt und religiöse Sinnstiftung. Ein Beitrag zur Theorie des Alltagslebens, München.

Mühlmann, Wilhelm E. (²1964): Chiliasmus und Nativismus, Berlin.
Niebuhr, H. Richard (1929): The Social Sources of Denominationalism, New York.
O'Dea, Thomas F.: Art. »Sects and Cults«, in: Int. Encyclopedia of the Social Sciences Bd.14, New York 1968, 130-136.
Parsons, Talcott (1968): Art. Christianity, in: International Encyclopaedia of the Social Sciences, Bd.2 (1968), 425-447.
Rendtorff, Trutz (Hrsg.) (1985): Charisma und Institution, Gütersloh.
Riesebrodt, Martin (1990): Fundamentalismus als patriarchalische Protestbewegung. Amerikanische Protestanten (1910-28) und iranische Schiiten (1961-79) im Vergleich, Tübingen.
Schlatter, Gerhard (1988): Religionsethnologie, in: HrwG Bd. 1 (1988), 157-194.
Schluchter, Wolfgang (1980): Rationalismus der Weltbeherrschung. Studien zu Max Weber, Frankfurt am Main.
Schluchter, Wolfgang (1984): Max Webers Studie über Hinduismus und Buddhismus. Interpretation und Kritik, Frankfurt a.M.
Schütz, Alfred (1971): Gesammelte Aufsätze Bd. 1: Das Problem der sozialen Wirklichkeit, Den Haag.
Schütz, Alfred und Luckmann, Thomas (1975) und (1984): Strukturen der Lebenswelt, Bd. I, Darmstadt und Neuwied: 1975; Bd. II, Frankfurt: 1984.
Sprondel, W.M., und Seyfarth, C. (Hrsg.) (1981): Max Weber und die Rationalisierung sozialen Handelns, Stuttgart.
Tenbruck, Friedrich H. (1975): Das Werk Max Webers, in: KZS 27 (1975), 663-702.
Troeltsch, E.: s. Abschn. 6.2.2.
Weber, Max (1920/1): Gesammelte Aufsätze zur Religionssoziologie, 3. Bde., hrsg. v. Marianne Weber, Tübingen: 7. und 8. Aufl. 1988 (Erstausgabe 1920/21).
Weber, Max (1921): Wirtschaft und Gesellschaft. Grundriß der verstehenden Soziologie, 2 Bde., Tübingen ⁵1976 (zuerst 1921).
Weber, Max (1921a): Soziologische Grundbegriffe, Tübingen: 6. Aufl., hrsg. v. J. Winckelmann, 1984 (Sonderausgabe aus: Weber, Max: Wirtschaft und Gesellschaft, Tübingen 1921, 1-30).
Weber, Max (1922): Gesammelte Aufsätze zur Wissenschaftslehre, hrsg.v. J. Winckelmann, Tübingen 4. Aufl. 1973 (zuerst 1922).
Weiß, Johannes (1981): Rationalität und Kommunikabilität, in: Sprondel und Seyfarth (Hrsg.) (1981), 39-58.
Weiß, Johannes (Hrsg.) (1989): Max Weber heute. Erträge und Probleme der Forschung, Frankfurt a.M.: Suhrkamp.
Wiese, Leopold von (1924/28): System der allgemeinen Soziologie als Lehre von den sozialen Prozessen und den sozialen Gebilden der Menschen, Berlin ³1955 (²1933, Erstausgabe in zweil Teilen: Teil I: Beziehungslehre, 1924; Teil II: Gebildelehre, 1928).
Wiese, Leopold von (u. Becker, Howard P.) (1932): Systematic Sociology. On the Basis of the Beziehungslehre and Gebildelehre of Leopold von Wiese adapted and amplified by Howard Becker, New York 1974 (= Nachdruck der Erstausgabe von 1932).
Wilson, B.R. (1973): Magic and the Millenium. A Social Study of Religious Movements of Protest among Tribal and Third-World Peoples, London.

6.4 Sonstige Fachliteratur

(Religionsphilosophie s. auch bei 6.1).
Betz, Werner (1980): Zur Geschichte des Wortes »Weltanschauung«, in: Mohler und Peisl (Hrsg.) (1980).
Descartes, René (1637): Von der Methode des richtigen Vernunftgebrauchs und der wissenschaftlichen Forschung (Discours de la methode), frz.-dt. Ausgabe, hrsg. v. L. Gäbe, Hamburg: Meiner, 1964.
Diels, Hermann (*1957): Die Fragmente der Vorsokratiker, Hamburg: Rowohlt.
Duerr, Hans P. (Hrsg.) (1981): Der Wissenschaftler und das Irrationale, Bd. 1: Beiträge aus Ethnologie und Anthropologie; Bd. 2: Beiträge aus Philosophie und Psychologie, Frankfurt a.M.: Syndikat.
Estermann, Monika und Knoche, Michael (1990): Von Goeschen bis Rowohlt (Festschrift für Heinz Sarkowski), Wiesbaden: Harassowitz.
Freud, Sigmund (1930): Das Unbehagen in der Kultur (1930), in: Freud-Studienausgabe Bd. IX, hrsg.v. A.Mitscherlich u.a., Frankfurt a.M. 1974, 191-270.
Gerl, Hanna-Barbara (1989): Einführung in die Philosophie der Renaissance, Darmstadt.
Hübinger, Gangolf (1987): Kulturkritik und Kulturpolitik des Eugen-Diederichs-Verlags im Wilhelminismus. Auswege aus der Krise der Moderne?, in: F.W. Graf und H. Renz (Hrsg.): Troeltsch-Studien Bd. 4, Gütersloh 1987, 92-114.
Hübner, Kurt (1985): Die Wahrheit des Mythos, München: C.H. Beck.
Kant, Immanuel (1766): Träume eines Geistersehers, erläutert durch die Träume der Metaphysik (1766), in: ders.: Werke in zehn Bänden, hrsg.v. W. Weischedel, Darmstadt 1983, Bd. 2, 919-989.
Kant, Immanuel (1793): Die Religion innerhalb der Grenzen der bloßen Vernunft, in: ders.: Werke in zehn Bänden, hrsg. v. W. Weischedel, Darmstadt ^{5}1983, Bd. 7, 645-879.
Kutschera, Franz v. (1982): Grundfragen der Erkenntnistheorie, Berlin und New York.
Lüling, Günter (1988): Die Wahrheit des Mythos (Buchbesprechung), in: ZRGG 1988, 81-87.
Meier, Helmut G. (1967): »Weltanschauung«. Studien zu einer Geschichte und Theorie des Begriffs, Diss., Münster.
Ní Chatáin, Proinseas, und Richter, Michael (Hrsg.) (1984): Irland und Europa. Die Kirche im Frühmittelalter, Stuttgart: Klett-Cotta.
Pfeifer, Martin (Hrsg.) (1977): Hermann Hesses weltweite Wirkung. Internationale Rezeptionsgeschichte, Frankfurt a.M.: Suhrkamp (Tb.), 1977.
Pflug, G. (1990): Eugen Diederichs und Henri Bergson, in: M. Estermann und M. Knoche (Hrsg.): Von Goeschen bis Rowohlt (Festschrift Heinz Sarkowski), Wiesbaden 1990, 159-176.
Richter, Hans-Friedemann (1988): Zum Problem des Mythos, in: ZRGG 1988, 24ff.
Schischkoff, Georgi (Hrsg.) (^{21}1978): Philosophisches Wörterbuch, Stuttgart: Kröner.
Schlette, Heinz Robert (1988): Art. »Weltanschauung«, in: Wörterbuch des Christentums, Gütersloh 1988, 1358.
Sloterdijk, Peter (1983): Kritik der zynischen Vernunft, 2 Bde., Frankfurt: Suhrkamp.
Viehöfer, Erich (1988): Der Verleger als Organisator. Eugen Diederichs und die bürgerlichen Reformbewegungen der Jahrhundertwende, Frankfurt a.M.: Buchhändler-Vereinigung (zugl. Diss., Freiburg i.Br. 1983).
Weizsäcker, Carl F. von (1983): Wahrnehmung der Neuzeit, München: dtv, 1985 (Erstausgabe: München 1983).

C. Ergänzende Dokumentation zu einzelnen Teilen der Arbeit

7. Angelsächsische Zeitschriften mit dem Titel »New Age« und »Aquarius« (zu Kap. 6.3 und 7.3)

Quellen:
- *The Waterloo Directory of Victorian Periodicals 1824-1900, Waterloo o.J. (= W);*
- *Union List of Serials, New York 1943 (= U);*
- *British Union Catalogue of Periodicals, London 1957 (sowie neuere Auflagen) (= B);*
- *James P. Danky, ed.: Undergrounds. A Union List of Alternative Periodicals, Madison 1974 (= D);*
- *John Noyce (Hrsg.): The Directory of British Alternative Periodicals 1965-1974, Hassochs/ Sussex o.J. (= N);*
- *Leu Fulton (Hrsg.): The International Directory of Little Magazines and Small Press, Paradise (CA): Dustbooks, 26. Aufl. 1990/1 (=F);*
- *ZDB (Mikrofiche-Katalog deutscher Bibliotheksbestände) (= Z).*

7.1 »New Age«

1. New Age. Concordium Gazette and Temperance Advocate, London 1843-1845 (U, W).
2. The New Age, London 1845 (No. 1-10, 26.4.-28.6.1845) (W).
3. New Age. A Weekly Journal, Devoted to Odd Fellowship, the Arts and Sciences, and General Literature, San Francisco 1865-1885 (U).
4. New Age. Freedom and Fellowship in Human Life, Boston 1875-1877 (U).
5. The New Age. New Series, London 1887-88 (11.6.1887-14.7.1888); spätere Titel: The New Age and Tattler (1888); The Tattler and the New Age (1888); The Tattler (21.7.1888-26.10.1889); The Pelican (2.11.1889 bis April 1920) (W).
6. The New Age. A Magazine of Spiritual Knowledge and Psychical Research, Edinburgh 1894 (Sept. 1894ff, vermutlich 8 Jahrgänge; hrsg.v. Alex. Duguid, Subjects: »Magazines, Philosophy, Psychical Research, Religion«; keine weiteren Ausgaben verzeichnet) (W).
7. The New Age, London 1894-1938, wechselnde Herausgeber und Untertitel (Quelle: Exemplar der Deutschen Staatsbibliothek Berlin):
- Vol I (No. 1 vom 4.10.1894): »A Weekly Record of Christian Culture, Social Service, and Literary Life«; hrsg.v. Frederick A. Atkins;
- Vol II (Ausgabe vom 5.12.1895): ohne Untertitel, hrsg.v. A.E.Fletcher (seit Oktober d.J. inhaltlich stärker sozial ausgerichtet);
- Vol XIX (No. 640 vom 3.1.1907): »A Democratic Review«, hrsg.v. Joseph Clayton;

Neue Serie (ab No. 660 der alten Serie):
- Vol I (No. 1 vom 2.5.1907): »An Independent Socialist Review of Politics, Literature, and Art«, hrsg.v. A.R. Orage und Holbrook Jackson;
- Vol II (No. 1 vom 31.10.1907): »A Weekly Review of Politics, Literature, and Art« (hrsg.v. Orage und Jackson);

623

- Vol III-XXX: von 1908 bis April 1922 ist Orage alleiniger Herausgeber, Untertitel wie bei Vol II;
  Vol XXXI (No. 23, 5.10.1922): hrsg.v. Arthur Moore (unveränderter Titel);
- Vol XXXIX (Mai bis Oktober 1926): hrsg.v. Arthur Brenton (Mitglied des »Social Credit«), unveränderter Titel.
- Vol LXI (No. 1 vom 6.5.37): »Organ of the New Age Social Credit Society, Incorporating ›Credit Power‹«, hrsg.v. Arthur Brenton;
- Vol LXII (No. 22 vom 7.4. 1938): Letzte Ausgabe.
8. The New Age, Calcutta 1897-1901 (W).
9. New Age Magazine, Washington 1904ff (Herausgeber: Supreme Council of the 33d Degree, Ancient and Accepted Scottish Rite of Free Masonry) (U).
10. New Age Magazine, Boston und Los Angeles 1908-1910; versch. Titel (U):
    1908 u.d.T. »New Theology Magazine«;
    1908-1910 »New Age Magazine«;
    1910-1918 »Aquarian New Age. A Magazine of Aquarian Thought«; seit 1918 Aquarian Age, Santa Barbara (CA).
11. New Age, Buffalo (NY) 1912-1927 (?), Jg. 1-11 (U).
12. New Age Illustrated, New York 1918-1928 (U).
13. New Age, Chicago 1921ff (»Farmer-labor voice«) (U).
14. New Age Social Credit Society Bulletin, 1938 (No. 1, 10.3.1938; offenbar Nachfolgeorgan von Zeitschrift Nr. 7, aber keine späteren Ausgaben verzeichnet) (W).
15. New Age. A Family Journal of Social Economic Progress, Montreal 1939 (U).
16. New Age Weekly, Delhi, 1953ff (»superseeds Crossroads«) (Z,W).
17. New Age. Communist Party Weekly, Delhi (nachgewiesen ist Jg. 5 (1957); vermutlich identisch mit Zeitschrift Nr. 16) (Z,W).
18. New Age. Central Organ of the Communist Party of India, New Delhi 1953ff (nachgewiesen ist Jg. 12 (1964); vermutlich identisch mit Zeitschrift Nr. 16 und 17) (Z,W).
19. New Age, Cape Town, 1954-60. 1960-1962 (1960 zeitweise wegen Zensur verboten) (W).
20. New Age (Hrsg. Astralian Labour Party), Brisbane 1958ff (W).
21. New Age Philosophy Bulletin (Hrsg. Lincoln Philosophical Research Foundation), Cleveland 1958ff (W).
22. New Age, hrsg.v. Ben Rhydding, vierteljährl. in England erschienen, 1962f (W).
23. New Age, St. Maarten (Niederl. Antillen) 1971ff (weekly) (W).
24. New Age Journal, 1974-1976 (Hrsg. New Age Communications Inc.; vorher: New Journal; später: New Age, s. Zeitschrift Nr. 25) (W).
25. New Age, Brookline Village (MA) 1976-1983 (monthly; vorher: New Age Journal (1974-1976), s. Zeitschrift Nr. 24).
26. New Age Community, Vancouver 1975ff (W).
27. New Age, Denver 1977 (W).
28. New Age, Manchester 1977 (monthly) (W).
29. New Age Concern Today (Hrsg. Age Concern England), London (zuerst Mitcham) 1977ff (Quaterly; Nachfolger: New Age, s. nächste Zeitschrift) (Z,W).
30. New Age, London (nach 1978, Nachfolger von: »New Age Concern Today«) (Z, W).
31. New Age Press, Keala Kekua (HI) 1982ff (hrsg.v. Jim Butler) (F).
32. New Age Digest, Keala Kekua (HI) 1983ff (Hrsg. New Age Press, s.o.) (F).
33. New Age Journal, Albastone, später Brighton (MA) and Boston (MA), 1982ff (Hrsg. Rising Star Associates) (Z,W).
33a. The New Age. The Official Journal of the New Church in Australia, Wahroonga (NSW), ohne Jahresangabe (Quelle: Woofenden (1988), 170).

7.2 »Aquarius«

(Hinweis: Im British Union Catalogue 1957 noch kein Eintrag unter »Aquarius«).
34. Aquarian New Age, Boston u. Los Angeles 1910ff und Aquarian Age, Santa Barbara 1918ff: *s.o bei Zeitschrift Nr. 10.*
35. Aquarius, London 1969ff (oder 1968ff; Quaterly, hrsg.v. Eddie S. Linden, Inhalt: »Poetry, Fiction, Articles, Reviews«) (F,W).
36. Aquarian Age, Albany (NY) 1969ff (Monthly) (W,D).
37. Aquarian Herald, Nyack (NY) 1969ff (W,D).
38. Viewpoint Aquarius. Theosophical Aspects of the Occult and UFOs, London 1971 (?), hrsg.v. Jean Coulsting (N).
39. Aquarian Angel, Woodstock (NY) 1972ff (W).
40. Aquarius, San Juan (P.R.) 1972 (Quaterly, in spanischer Sprache) (W).
41. Aquarian Agent. The Astrological Newspaper, New York (neueren Datums, keine Jahresangabe) (D).
42. Aquarian Herald, Virginia Beach (VA) (neueren Datums, keine Jahresangabe) (D).
43. The Aquarian Times, Easley (SC) (neueren Datums, keine Jahresangabe) (D).
44. Aquarian Weekly, Hackensack (NY) (neueren Datums, keine Jahresangabe) (D).
45. Aquarius, Berkeley (CA) (neueren Datums, keine Jahresangabe) (D).
46. Aquarius, St. Catherines (Ont.), Hrsg. The Niagara Peninsula Free Press (neueren Datums, keine Jahresangabe) (D).
47. Aquarian Oracle of the Western Quadrant, Santa Monica (CA) (neueren Datums, keine Jahresangabe) (D).

8. Literaturgeschichtliche Recherchen

8.1 Buchprogramm des O.W.Barth-Verlages (zu Kap. 3.2)

Quellen: Archivkatalog des O.W.Barth-Verlags, München (unvollständig); Kartei der Pflichtstelle der Bayerischen Staatsbibliothek, München (nur Nachkriegsprogramm); Verlagsprospekte; Esoterik-Bibliographie des Verlagsgründers O.W. Barth aus dem Jahr 1927 (»Verinnerlichung. Wegweiser der Geistes- und Geheimwissenschaften. Literarischer Jahresbericht«, Berlin: Deutsches Verlagshaus für Naturopathie, Otto Wilhelm Barth & Co, mit verschlüsselter Verlagsbezeichnung); Hinweise bei Frick (1973), (1976), (1978); weitere Einzelfundorte (jeweils angegeben).

8.1.0 Die deutsche Ephemeride

Bereits in der Vorkriegszeit wurde das astrologische Tabellenwerk: »Die deutsche Ephemeride« begründet, das in verschiedenen Bänden für jedes Jahr die astrologischen Konstellationen angibt. Es handelte sich dabei um ein wichtiges »Handwerkszeug« für Astrologen im deutschen Sprachraum und war über Jahrzehnte das »Brotbuch« des Verlages. Erst durch das Aufkommen von Computer-Horoskopen hat es diese Bedeutung eingebüßt, ist aber weiterhin im Verlagsprogramm.

Bd. 1: 1850-1889;
Bd. 2: 1890-1930;
Bd. 3: 1931-1950;
Bd. 4: 1951-1960;
Bd. 5: 1961-1970 (teilweise: 1966-1970);
Bd. 6: 1971-1980;
Bd. 7: 1981-2000 (1. Aufl. 1979);
Bd. 8: 2001-2020 (1. Aufl. 1982).

8.1.1 Vorkriegszeit (soweit ermittelbar)

Zu Beginn der 20er Jahre führte Otto Wilhelm Barth in München, Schellingstr. 61, eine Buchhandlung »Asokthebu« für okkulte Literatur. Zwischen 1921 und 1924 erschienen dort einige Publikationen mit persönlichem Urheberrecht bei Barth, 1922 und 1923 auch bereits die ersten Bände einer Gesamtausgabe der Schriften von Paracelsus, die lt. Vorwort des Herausgebers Karl Sudhoff (Bd. I,6, 1922 und mehrere Neuauflagen) – auf Otto Wilhelm Barths persönliche Initiative zurückging.

Seit Dezember 1924 ändert sich die Publikations-Angabe in: »Otto Wilhelm Barth Verlag GmbH, München-Planegg« – in einigen Fällen auch: »Wien-München-Planegg-Leipzig«. Seit diesem Zeitpunkt war Fritz Werle mitbeteiligt, der spätere Inhaber, der in Planegg bei München wohnte und seit 1925 u.a. als Herausgeber der Werkausgabe Eliphas Lévis in Erscheinung trat.

Der Namensgeber selbst, Otto Wilhelm Barth, arbeitete anscheinend unabhängig vom Verlag weiter. Im Jahr 1927 gab er einen ausführlichen Katalog damals lieferbarer okkulter Literatur heraus (»Verinnerlichung...«, s.o. bei der Quellenangabe); als Lieferant der angebotenen Bücher gab er nun eine Buchhandlung »Eclaros. Gesellschaft für okkulte Forschung. Buchvertrieb und Verlag mbh, München, Adalbertstr. 37« an.
Bei den späteren Verlagsangehörigen, Wolf von Fritsch und Susanne Schaup, ist über den Namensgeber nichts mehr bekannt. Gegen Ende der 20er Jahre, als Ursula von Mangoldt mit dem Verlag in Kontakt kam, gehörte er bereits Fritz Werle.

Seit 1921 Zeitschrift: »Lotusblätter. Erscheint monatlich nur für die Mitglieder der Lotusgesellschaft«:
Jg. 1: 1921; Jg. 2: 1922; Jg. 3: 1923; Jg. 4: 1924; Jg. 5: 1925 (nur noch Heft 1, dann erloschen);
Seit 1923 als Beilage: Zeitschrift »Buddhistischer Weltspiegel« (Jg. 5), hrsg. von Georg Grimm, vorher (Jg. 1-4) bei Max Altmann in Leipzig erschienen, vorherige Hrsg.: Georg Grimm und Karl Seidenstücker.
Die »Lotusgesellschaft« wurde 1921 von Otto Wilhelm Barth zusammen mit Heinrich Tränker aus Leipzig gegründet und verstand sich – lt. Heft I,1 der Zeitschrift – als »Synthese der drei Wege der Mystik, Philosophie und des Okkultismus«. Sie scheint insbesondere dem Erbe des Theosophen Franz Hartmann (1838-1912) verbunden gewesen zu sein. Die Zeitschrift enthält Beiträge u.a. über Astrologie, Alchemie, Zahlenmystik, Chiromantie, Telepathie, Paracelsus, Pythagoras; Abdruck der aktuellen Ephemeriden zum astrologischen Gebrauch; Teilabdruck aus okkultistischen Werken, u.a. von Franz Hartmann.

ca. 1921 Barth, Otto Wilhelm (Hrsg.): Ratgeber okkulter Literatur (erschienen bei Asokthebu).

1921 Bressendorff, Otto v.: Die Grundzüge der Hindu-Astrologie.

Seit 1922 Theophrast von Hohenheim, genannt Paracelsus: Sämtliche Werke, hrsg.v. Karl Sudhoff und Wilhelm Mathiessen,
Abt. I: Die medizinischen, naturwissenschaftlichen und naturphilosophischen Schriften (hrsg.v. Sudhoff): 14 Bde., 1922-1933. *(seit 1928 zusammen mit dem Oldenbourg-Verlag, München und Berlin, publiziert).*
Abt. II: Die theologischen und religionsphilosophischen Schriften (hrsg.v. Matthiesen). Bd. 1: Philosophia Magna, (1923). *(Die Ausgabe wurde in der Nachkriegszeit zunächst bei Oldenbourg, später bei Franz Steiner fortgesetzt. 1960 erschien ein Registerband. Herausgeber war nun Kurt Goldammer).*

Seit 1923 Buchreihe: »Pansophia. Urquellen des inneren Lebens. Zum Heile der Welt neu kundgegeben von einem ›Collegium Pansophicum‹. Ein Archiv in zwangloser Folge.«
Bd. I,1: Die Pansophie der hermetischen Bruderschaft vom Rosenkreuz, die besonderen Aufgaben ihrer Helferseelen und mystische Grundlagen in Ewigkeit und Zeit, hrsg.v. Heinrich Tränker, 1923 (Neudruck: Hiram-Edition (Pfr. Haack), Nr. 13).
Bd. II,1: Im Vorhof des Tempels der Weisheit, enthaltend die Geschichte der wahren und falschen Rosenkreuzer. Mit einer Einführung in die Mysterien der Hermetischen Philosophie von Franz Hartmann, M.D., aus dem Englischen von Bruder Recnartus, 1924.
Außer O.W. Barth, der als Inhaber der Urheberrechte zeichnet, werden zunächst nur Ordensnamen genannt. Beteiligt war offenbar wiederum Heinrich Tränker (nach Miers ([6]1986), 411, ist »Fr. Recnartus« ein Pseudonym Tränkers), der noch in späteren Jahren in Leipzig die Gesellschaft »Pansophia« betrieb. Im dortigen »Pansophia-

Verlag«, hinter dem sich wohl ebenfalls Tränker verbirgt, erschienen einige weitere Bände des »Archivs des Collegium Pansophicum«:
»Mystischer Feuerschein, d.i. einfältige Lehre der hermetischen Bruderschaft im fixen Osten«; »Weg zum Sanktuarium. Das magische Werk der großen weißen Bruderschaft«; »Das Herz des Meisters« (ein Separatdruck aus dem vorigen Band); »Mystisch-magisches Bilderbuch für fleißig übende ABC-Schützen der Fraternität vom Rosenkreuz« (in mehreren kostbaren Ausgaben); Dr. Bernhard Beyer: »Das Lehrsystem der Gold- und Rosenkreuzer«; Br. Dr. Lair: »Die fünfte Kraft«. (Quelle: Anzeige des Verlages, in: O.W. Barth, (Hrsg.): Verinnerlichung, Berlin 1927).

1923	Bressendorff, Otto v.: Der Maya-Kult. Die Verkörperung der atlantischen Religion.
1923	Haase, Hermann: Der Schatz des Lebens. Zwanzig Hymnen der Mandäer. Eine Umdichtung.
1924	Libra, C. Aq.: Handbuch der Astrologie, aus dem Holländischen übertragen (Anzeige in den »Lotusblättern«).
1924	Bartel, Hermann: Der Mumien-Magier. Roman (bei »Asokthebu« erschienen).
1924	Pegius: Geburtsstundenbuch. Faksimilenachdruck eines astrologischen Werkes aus dem Jahre 1570, = Klassiker der Astrologie Bd. 1 (bei Asokthebu erschienen).
1925	Thomas v. Aquino: Abhandlungen über den Stein der Weisen (übs., hrsg. und eingel. v. Gustav Meyrink).
1925	Karutz, Richard: Maria im fernen Osten. Das Problem des Kuan Yin.
1925-28	Lévi, Eliphas (Constant, Alphonse Louis): Gesamtausgabe seiner wichtigsten esoterischen Werke in deutscher Übersetzung, übs. u. hrsg. v. Fritz Werle, Bd. 1: Das Große Geheimnis (1925); Bd. 2: Geschichte der Magie (1. Halbband, 1926): Bd. 3: Geschichte der Magie (2. Halbband, vor 1927); Bd. 4: Dogma und Ritual der Hohen Magie (1. Halbband); Bd. 5: Dogma und Ritual der Hohen Magie (2. Halbband: Das Ritual, 1927); Bd. 6: Die Salomonischen Schlüssel (1927); Bd. 7: Das Buch der Weisen (1928); Bd. 8: Der Schlüssel zu den großen Mysterien nach Henoch, Abraham, Hermes Trismegistos und Salomon (1928). *Quelle: Karl. R.H. Frick, Die Erleuchteten Bd. II/2 (1978), S. 416, sowie Archivkatalog des O.W.Barth-Verlags; nur der vorletzte Band der Originalausgabe ist in der Münchener Staatsbibliothek verzeichnet. Es handelt sich um die bis heute einzige Gesamtausgabe der Hauptwerke Lévis in deutscher Sprache.*
1925-27	Sindbad (i.e. Schwickert, Friedrich) und Weiss, Adolf: Bausteine der Astrologie: Bd. 1 Die astrologischen Elemente (1925, 2. Aufl. 1950); Bd. 2 Die astrologische Synthese (vor 1927); Bd. 3 Die astrologische Tektonik (vor 1927).
1926	Paracelsus, Theophrastus: Vom Holz Guajaes gründlicher Heilung (1529).
1926	Werle, Fritz: Künstlerhoroskope.
1926	D'Olivet, Fabre: Die goldenen Verse des Pythagoras (hrsg.v. Baronin Wolff).
Vor 1927	Tao te King. Neue Übertragung von Walter Jerven. *(aufwendige Ausgabe in kleiner Auflage, später mehrere auszugsweise Nachdrucke).*
1927	Schmieder, Karl Christoph: Geschichte der Alchemie, 1. Nachdruck, hrsg. und eingel. v. Franz Strunz. *(Original: Halle, Buchhandlung des Waisenhauses, 1832; zitiert nach Frick, 1973, 89).*
1927	Grunewaldt, V.v.: Von Mesmer zu Coué. Ein Beitrag zu den suggestiven Heilmethoden.

1927	Strunz, Franz: Johannes Hus. Sein Leben und Werk.
1928	Heimsoeth, K.-G.: Charakter, Konstellation, mit besonderer Berücksichtigung der Gleichgeschlechtlichkeit.
1928	Strunz, Franz: Astrologie, Alchemie, Mystik. Ein Beitrag zur Geschichte der Naturwissenschaften.
1929	Pettersson, W.: Der Endkampf der Geschlechter. Das Untergehen männlicher Vormacht.
1930	Bittner, Karl Gustav: Magie – Mutter aller Kultur.
1930	Bressendorff, Otto v., und Koch, W.A.: Astrologische Farbenlehre.
1930	Carter, Charles E.O.: Astropsychologisches Lexikon.
1930	Neumann, Ing. H.: Das graphische Direktionsverfahren.
1930	Wiesel, Erich: Das astrologische Häuserproblem. Eine kritische Betrachtung über 14 Häuserberechnungen.
1932	Bittner, Karl Gustav: Sternenweisheit und Mythos. Die erkenntnistheoretischen Grundlagen der Astrologie.
1932	Werle, Fritz: Das All und die Lebenslinie (über Astrologie).
1933	Schott, Paul Julius: Weltall und Menschenkörper.
1934	Mangoldt, Ursula von: Der Kosmos in der Hand.
1934	Werle, Fritz: Seelenwelt und Himmelsraum. Vom Tierkreis und seinen Teilungen.
1934	Neugebauer, Hugo: Platonische Mystik.
1935	Werle, Fritz: Schicksal und Erdraum. Von den Erdhäusern und der Tektonik des Horoskops.
1935	Alastair (Bearb. + Übs.): Johanna die Jungfrau.
1935	Scholem, Gerschom: Die Geheimnisse der Schöpfung. Ein Kapitel aus dem Sohar.
1937	Evans-Wentz, Walter Y.: Milarepa. Tibets großer Yogi, (Übs. aus dem Engl. von »Alterego«, Neuausg. 1971).
1937	Evans-Wentz, Walter Y.: Yoga und Geheimlehren Tibets (bearb. »Alterego«, engl. Original: Tibetan Yoga, 1935); (Neuaufl. 1951; später bei Sphinx).
1937	Brunton, Paul: Der Weg nach innen (The Secret Path; 6. Aufl. 1971).
1938	Brunton, Paul: Als Einsiedler im Himalaya (Übs. aus dem Engl. von »Alterego«), (2.A. 1951, 3.A. 1965, bis 1972 4 Aufl.).
1938	Werle, Fritz: Vom Wesen der Totalität. Ein Versuch.
1938	Mukerji, Dhan Gopal: Das Antlitz des Schweigens (Übs. aus dem Engl. von »Alterego«).
1938	Raman, B.V.: Hindu Astrologie.
1939	Wachlmayr, Alois: Das Christusgeburtsbild der frühen Sakralkunst.
1940	Ribbach, S.H.: Drogpa Namgyal, ein Tibeterleben.

8.1.2 Zeitraum von 1948 – 1972 (vollständig, soweit möglich)

seit 1948	Die deutsche Ephemeride (Neudruck, s.o.).
1949	Mangoldt, Ursula v.: Die Hand, 2. Aufl. (1. Aufl. Leipzig: Kampmann, 1932).
1949	Geissler, Horst Wolfram: Der ewige Tempel. (Astrologie).
1949	Reich, Heinrich: Das Geheimnis des Tierkreises.
1949	Brunton, Paul: Der Weg nach innen, 2. Aufl. (1. Aufl. 1937; 6. Aufl. 1971).
1950	Dürckheim, Karlfried Graf v.: Japan und die Kultur der Stille (4.Aufl. 1964).
1950	Mangoldt, Ursula v.: Sinnesstörungen in der Signatur der Hand.

1950	Hoffman, Helmut: Mi – La – Ras – Pa. Sieben Legenden.
1950	Sindbad (i.e. Schwickert, Friedrich) und Weiss, Adolf: Die astrologische Synthese (Bausteine der Astrologie, Bd. 2) (= Neuaufl. der Ausgabe von ca. 1925, s.o.).
1950	Yogânanda, Paramahansa: Autobiographie eines Yogi (6. Aufl. 1967, 7.Aufl. 1971).
1950	Kerneïz, C. [d.i. Félix Guyot]: Der Karma Yoga (Übs. U.v.Mangoldt).
1951	Herrigel, Eugen: Zen in der Kunst des Bogenschießens (zuerst Konstanz: Curt Weller 1948, 11. A. 1964, 29. A. 1989).
1951	Kerneïz, C. [d.i. Félix Guyot]: Yoga für den Westen (Übs. U.v.Mangoldt).
1951	Dürckheim, Karlfried Graf v.: Im Zeichen der Großen Erfahrung (2. Aufl. 1958, Neuausgabe 1974).
1951	Evans-Wentz, Walter Y.: Yoga und die Geheimlehren Tibets (Neuaufl. der Ausgabe von 1937, s.o.).
1951	Brunton, Paul: Als Einsiedler im Himalaya, 2. Aufl. (1. Aufl. 1938).
1951	Beer, Hans: Neue Astrologie.
1951	Mangoldt, Ursula v.: Kinderhände sprechen.
1951	Mangin, Henri: Die Hand, ein Sinnbild des Menschen.
1951	Humphreys, Christmas: Zen Buddhismus (Übs. U.v.Mangoldt).
1951	Meister Yüan-Kuang: I Ging. Das Buch der chinesischen Weissagungen (aus d. Frz.).
1951	Schmidt, Kurt: Worte des Erwachten.
1952-60	Reihe: »Lebendige Quellen zum Wissen um die Ganzheit des Menschen«, hrsg.v. Fritz Werle und Ursula v. Mangoldt, 44 Bde.: So spricht Lao Tse (Tao te King), Ramakrishna, Walther Rathenau, (Carl Gustav) Carus, der Koran, Balzac, Nietzsche, Herder, Hölderlin, Lessing, Ignatius von Loyola, Tolstoj, Franz v. Baader, Kierkegaard, Gandhi, Confucius, die Kabbala, die Gnosis, Vivekananda, Spinoza, Pascal, Franz von Assisi, Buddha, Augustinus, Jakob Böhme, Swedenborg, Zarathustra, Luther, Calvin, die Mystik der Ostkirche, Paracelsus, das Gesetz der Bibel, Shri Aurobindo, das Yoga-Sutra des Patanjali, Pestalozzi, Fr. Chr. Oetinger, Schelling, Angelus Silesius, Schopenhauer, Meister Eckhardt, Albert Talhoff, Napoleon in seinen schönsten Briefen, Nikolaus von Kues, Zen. Als Bearbeiter hat u.a. Alfons Rosenberg mitgewirkt (Kabbala, Gnosis, Franziskus, ostkirchliche Mystik, Oetinger, Angelus Silesius, Meister Eckhardt). Ursula v. Mangoldt selbst hat die Bände über Carus, den Koran, Calvin, Patanjali und Zen bearbeitet.
1952	Sivananda Sarasvati, Sv. [Shivânanda, Sarasvatî]: Übungen zu Konzentration und Meditation (^{2}1959, Übs. U.v.Mangoldt).
1952	Kerneïz, C. [d.i. Félix Guyot]: Lehre und Praxis des Hatha-Yoga. Stellungen und Atemübungen (Übs. U.v.Mangoldt).
1952	David-Neel, Alexandra: Liebeszauber und Schwarze Magie (Übs. Fritz Werle).
1952	Adams-Beck, Lily (Beck, Lily Adams): Garten der Erleuchtung.
1953	Eliade, Mircea: Nächte in Serampore. Zwei Novellen.
1953	Herbert, Jean: Indischer Mythos als geistige Realität (Reihe: »Weisheit aus dem Osten«, hrsg.v. Jean Herbert).
1953	Burckhardt, Titus: Vom Sufitum. Einführung in die Mystik des Islams (Reihe: »Weisheit aus dem Osten«, hrsg.v. J. Herbert).
1953	Racanelli, Francesco: Gabe des Heilens (Medicina bioradiante).
1953	Bohm, Werner: Chakras. Lebenskräfte und Bewußtseinszentren im Menschen (bis 1972 2 Aufl.).
1953	Tibetisch-mystische Lebensweisung (Unto thee I grant, dt.), hrsg. vom Verlag in Verbindung mit dem Ant. Ordo Rosae Crucis Germaniae.
1953	Sivananda Sarasvati, Sv. [Shivânanda, Sarasvatî]: Kundalini-Yoga.

1954-60	Reihe: »Dokumente religiöser Erfahrung«, hrsg.v. Alfons Rosenberg, 1954-60 (insgesamt 12 Bände, in der folgenden Aufstellung enthalten).
1954	Salter, Andrew: Eigenhypnose – Fremdhypnose.
1954	Eller, Karl: Der Heilige Berg Athos.
1954	Hilarion [Pseudonym]: Das Erwachen der Seele. Meditation und Kontemplation als Führer zum neuen Leben, Vorwort von K.O.Schmidt.
1954	Krishnamurti, Jiddu: Vertrauen zum Leben.
1954	Rosenberg, Alfons (Hrsg.): Unbekannte Worte Jesu (2. Aufl. u.d.T.: Verborgene Worte Jesu, vor 1972).
1954	Coster, Geraldine: Yoga und Tiefenpsychologie.
1954	Carty, Charles M.: Pater Pio. Der stigmatisierte Mönch (Übs. U.v.Mangoldt).
1955-60	Reihe: »Weisheitsbücher der Menschheit«, hrsg.v. Jean Gebser, 1955-60 (insgesamt 9 Bände, in der folgenden Aufstellung enthalten).
1955	Callistus und Ignatius: Das Herzensgebet.
1955	Adams-Beck, Lily: Das diamantene Szepter. Roman (The House of Fulfilment, dt.).
1955	Schuré, Edouard: Die großen Eingeweihten. Skizze einer Geheimlehre der Religionen (hrsg.v. Fritz Werle, Lizenz Max Altmann, Leipzig, dort vor 1925 erschienen, [12]1956 bei O.W.Barth).
1955	Evola, Julius: Das Mysterium des Grals.
1955	Mangoldt, Ursula v., und Dürckheim, Karlfried Graf v.: Der Mensch im Spiegel der Hand (2. Aufl. vor 1972).
1955	Suzuki, Daisetz T.: Leben aus Zen (Living by Zen (1949), dt., später u.d.Titel: Erfülltes Leben aus Zen).
1955	Das tibetische Buch der großen Befreiung (Padmasambhava), hrsg.v. Walter Y. Evans-Wentz, mit einem Kommentar von C.G. Jung (von der engl. Ausgabe, London 1954, ins Deutsche übertragen von »Alterego«; seit 1972 (3.Aufl.) u.d.T.: Der geheime Pfad der großen Befreiung).
1955	Watts, Alan: Weisheit des ungesicherten Lebens (= erste deutsche Ausgabe eines Buchs von Watts; Original: The Wisdom of Insecurity, 1951).
1955	Mangoldt, Ursula v.: Auftrag der Frau.
1955	Rosenberg, Alfons: Die christliche Bildmeditation.
1955	Aurobindo [Ghose, Shrî]: Zyklus der menschlichen Entwicklung.
1955	Weisheit des Talmud. Mystische Texte und Traumdeutungslehre, hrsg. u. eingel. von Alfons Rosenberg.
1955	Joachim von Fiore: Das Reich des Heiligen Geistes, bearb. v. Alfons Rosenberg (später Bietigheit: Turm, 1977).
1955	David-Neel, Alexandra: Unbekannte tibetische Texte.
1955	Dionysius Areopagita: Die Hierarchien der Engel und der Kirche, Einführung von Hugo Ball, Übs. W. Tritsch.
1955	Ägyptisches Totenbuch, Übs. u. komm. v. Grégoire Kolpaktchy (2. Aufl. vor 1972).
1955	Friedrich, Adolf und Buddruss, Georg: Schamanengeschichten aus Sibirien (aus dem Russischen).
1955	Gedichte des Rig-Veda, ausgew. u. übs. von Hermann Lommel.
1955	Benz, Ernst: Adam. Der Mythos vom Urmenschen.
1956	Dürckheim, Karlfried Graf v.: Hara. Die Erdmitte des Menschen (3.A. 1967, bis 1972 fünf Aufl.).
1956	Krishnamurti, Jiddu: Schöpferische Freiheit.
1956	Watts, Alan: Mythus und Ritus des Christentums (Original: Myth und Ritual in Christianity, 1953).

1956	Chan, Wing Tsit: Religiöses Leben im heutigen China.
1956	Guénon, René: König der Welt (Erstausgabe (o.J.) wohl schon in der Vorkriegszeit erschienen).
1956	Begegnung mit Engeln (mit Beiträgen von Alfons Rosenberg, G. und W. Stählin).
1956	Mangoldt, Ursula v.: Das Menschenbild. Stufen der menschlichen Entwicklung.
1956	Herrigel, Gusti L.: Der Blumenweg. Eine Einführung in den Geist der japanischen Kunst des Blumenstellens.
1956	Langer, Georg: Liebesmystik der Kabbala.
1956	Dionysius Areopagita: Mystische Texte und andere Schriften, Übs. W. Tritsch.
1957	Yogânanada, Paramahansa: Meditation zur Selbstverwirklichung (3. Aufl. vor 1972).
1957	Suzuki, Daisetz T.: Die Zen-Lehre vom Nicht-Bewußtsein. Die Bedeutung des Sutra von Hui-neng (The Zen-Doctrine of No-Mind, 1949).
1957	Mukerji, Dhan Gopal: Das Antlitz des Schweigens (Neuaufl. der Ausgabe von 1938).
1957	Mangoldt, Ursula v.: Der Tod als Anwort auf das Leben.
1957	Gebser, Jean (Hrsg.): Die Welt in neuer Sicht, Bd. 1 (Vortragsreihe, mit Beiträgen von J. Gebser, W. Gerlach, A. Portmann, G. Heyer, I.v.Salis, W. Bürgi).
1957	Mangoldt, Ursula v.: Der Teufel ward auf die Erde geworfen und muß als Teufel schaffen.
1957	Isherwood, Christopher (Hrsg.): Shankara. Das Kleinod der Unterscheidung.
1957	Andreae, Johann Valentin: Die chymische Hochzeit Christiani Rosenkreutz anno 1459; hrsg.v. Alfons Rosenberg).
1957	Prière – Die unerschütterliche Hilfe. Macht und Wirkung des Gebets (Übs. Alstaire).
1958	Sacharow, Yogiraj Boris: Das Öffnen des dritten Auges.
1958	Foerst-Crato, Ilse: Ausblicke ins Paradies.
1958	Benoit, Hubert: Die hohe Lehre. Der Zen-Buddhismus als Grundlage psychologischer Betrachtungen.
1958	Reinl, Kurt: Grundriß des Seins. Ein Beitrag zum Weltbild des Atomzeitalters.
1958	Mangoldt, Ursula v.: Buddha lächelt, Maria weint. Die zwei Weisen des Heils.
1958	Herrigel, Eugen: Der Zen-Weg. Aufzeichnungen aus dem Nachlaß, hrsg.v. H. Tausend und G. Herrigel.
1958	Rosenberg, Alfons: Durchbruch zur Zukunft (2. Aufl. Bietigheim: Turm-Verlag, 1971).
1958	Lüdecke, Barbara: Diese Zeit hab ich gar lieb. Ein Weihnachtsbuch (= Das Buch im Couvert Bd. 1. Eine Geschenkbuchreihe).
1958	Hammitzsch, Horst: Cha-Do, der Tee-Weg. Eine Einführung in den Geist der japanischen Lehre vom Tee.
1958	Rosenberg, Alfons (Hrsg.): Macht und Wirklichkeit des Bösen.
1959	Gebser, Jean (Hrsg.): Die Welt in neuer Sicht, Bd. 2 (Vortragsreihe 1959, mit Beiträgen von Gebser, T. Walz, H. Kahlefeld, O. Wolff, W. Weber; 1. Band s. o. 1957).
1959	Lüdecke, Barbara: Geliebte Mutter. Ein Geschenkbuch (= Das Buch im Couvert Bd. 2).
1959	Weil, Simone: Vorchristliche Schau (Übs. Fritz Werle).
1959	Osborne, Arthur: Ramana Maharshi und der Weg der Selbsterkenntnis.
1959	Gefährdung und Bewahrung des Menschen im Umbruch der Zeit (Tagung 1958).
1959	Mangoldt, Ursula v.: Die Innenhand. Die Bedeutung der Handberge und Handlinien (2. Aufl. vor 1972).
1959	Rosenberg, Alfons (Hrsg.): Christentum und Buddhismus. Verwandtes und Unterscheidendes.
1959	Langer, Georg M.: Neun Tore. Das Geheimnis der Chassidim (Übs. aus dem Tschech.).
1960	Hasumi, Toshimitsu: Zen in der japanischen Kunst.
1960	Rosenberg, Alfons: Sybille und Prophetin.

1960	Die Zen-Lehre des chinesischen Meisters Huang-Po (Vorwort v. Jean Gebser).
1960	Dhyana. Meditationsanweisungen des chinesischen Meisters Chi-Chi [Chih-i] im Tempel Shiu-Ch'an (Übs. U.v.Mangoldt).
1960	Mangoldt, Ursula v.: Meditation. Heilkraft im Alltag.
1960	Lüdecke, Barbara: Für Dich. Liebe und Freundschaft. Ein Geschenkband (= Das Buch im Couvert, Bd. 3).
1961	Mangoldt, Ursula v. (Hrsg.): Jeder Tag ein guter Tag. Der Tag als Gabe und Aufgabe (u.a. Beitrag von Jean Gebser: »Vom spielenden Gelingen«).
1961	Hernegger, Rudolf: Religion, Frömmigkeit, Kult. Einbruch heidnischer Religiosität in den christlichen Glauben.
1961	Avalon, Artur [i.e. Woodroffe, John]: Die Schlangenkraft. Die Entfaltung schöpferischer Kräfte im Menschen (Kundalini), 2. Aufl. vor 1972.
1961	Hernegger, Rudolf: Ideologie und Glaube, Bd. I.
1961	Dürckheim, Karlfried Graf v.: Zen und wir (bis 1972 zwei Aufl.).
1961	Hasumi, Toshimitsu: Zen in der japanischen Dichtung.
1961	Eller, Karl: Gelebte Stille. Begegnungen mit Athos-Mönchen.
1962-64	Reihe: »Zeichen und Symbole« (kein Herausgeber genannt; insgesamt 7 Bände, in der folgenden Aufstellung enthalten).
1962	Inayat Khan, Vilayat: Stufen einer Meditation.
1962	Swedenborg, Emmanuel: Homo Maximus (dt. Textsammlung).
1962	Gottschalk, Herbert: Weltbewegende Macht Islam.
1962	Mangoldt, Ursula v. (Hrsg.): Höhlen, Klöster, Ashrams. Religiöse Gemeinschaften in Indien und Japan.
1962	Avalon, Artur [i.e. Woodroffe, John]: Shakti und Shakta. Lehre und Ritual des Tantra-Shastras.
1962	Mangoldt, Ursula v.: Das Leben ist doch schön.
1962	Lüdecke, Barbara: In der Stille. Ein Geschenkbuch (= Das Buch im Couvert, Bd. 4).
1962	Werle, Fritz: Kosmos und Psyche. Symbol, Planet, Tierkreis.
1962	Benz, Ernst: Zen in westlicher Sicht.
1962	Aurobindo [Ghose, Shrî]: Stufen der Vollendung (2. Aufl. 1972, 3. Aufl. 1975).
1963	Râmakrishna [Shrî]: Leben – Gleichnis – Wort (Textauswahl, bearb. v. U.v. Mangoldt, 2. Aufl. vor 1972).
1963	Eller, Karl: In den Stufen des Heiligtums. Betende Ostkirche.
1963	Mangoldt, Ursula v.: Auf der Schwelle zwischen gestern und morgen. Begegnungen und Erlebnisse (Autobiographie).
1963	Schütz, Paul: Das schöpferische Ärgernis. 7 Gespräche mit Ursula von Mangoldt über das Christliche.
1963	Yukteshwar Giri, [Sv. Shrî], und Jnanavatar, Sv. [Shrî]: Kaibalya Darshanan. Die heilige Wissenschaft (^{2}1970, ^{3}1974).
1963	Panikkar, Raimundo: Die vielen Götter und der eine Herr. Beiträge zum ökumenischen Gespräch der Weltreligionen.
1963	Müller[-Elmau], Johannes: Ja zur Wirklichkeit, hrsg.v. Bernhard Müller-Elmau.
1964	Lurker, Manfred: Symbole der alten Ägypter. Einführung und kleines Wörterbuch. Ein Wegweiser durch die ägyptische Symbolwelt.
1964	Dürckheim, Karlfried Graf v.: Wunderbare Katze und andere Zen-Texte (2. Aufl. vor 1972).
1964	Reimers, Emil: Meditationen über fernöstliche Symbole.
1964	Mangoldt, Ursula v. (Hrsg.): Novalis. Europa oder die Christenheit. Utopie oder Wirklichkeit.

1965	Zils, Maria S.: Vietnam. Land ohne Frieden.
1965	Gardner, Gerald B.: Ursprung und Wirklichkeit der Hexen.
1965	Look, Maria van: Jahre der Freundschaft mit Reinhold Schneider. Aus Tagebuchblättern.
1965	Strecker, Gabriele: Frau sein – heute.
1965	Mangoldt, Ursula v.: Lebenshilfe für gute und schlechte Tage.
1965	Ouspensky, P[iotr] D.: Vom inneren Wachstum des Menschen.
1966	Mangoldt, Ursula v.: Meditation und Kontemplation aus christlicher Tradition.
1966	Ital, Gerta: Der Meister, die Mönche und ich (bis 1972 drei Aufl.).
1966	Lévi, Eliphas: Der Schlüssel zu den großen Mysterien. Nach Henoch, Abraham, Hermes Trismegistos und Salomon (Neuauflage der Ausgabe von 1928).
1966	Ouspensky, P[iotr] D.: Auf der Suche nach dem Wunderbaren (2. Aufl. 1978).
1966	Mangoldt, Ursula v. (Hrsg.): Kleines Wörterbuch zum Verständnis asiatischer Weltanschauung.
1966	Lüdecke, Barbara: Abendsterne. Ein Geschenkband (= Das Buch im Couvert, Bd. 5).
1966	Hippius, Maria (Hrsg.): Transzendenz als Erfahrung. Beitrag und Widerhall. Festschrift zum 70. Geburtstag von Graf Dürckheim.
1967	Der Sinn des Lebens nach den fünf Weltreligionen, hrsg.v. J.A. Irving und R.C. Chalmers.
1967	Maschmann, Melita: Der Tiger singt Kirtana. Indienfahrt mit einer Hindu-Heiligen.
1967	Mangoldt, Ursula v. (Hrsg.): Eva, wo bist du?
1967	Rathenau, Walther: Eine Streitschrift. Auseinandersetzungen mit dem Transzendenten.
1967	Haldenwang, Richard: Der Morgenstrauß. Ein zeitloser Gedichtband für Freunde der Besinnlichkeit.
1967	Lao Tse: Tao te king (Übs. W. Jerven, Neuaufl. der Ausgabe von ca. 1927).
1967	Mangoldt, Ursula v.: Zwischen Zeit und Ewigkeit. Lebensprobleme des Menschen.
1967	Mangoldt, Ursula v. (Hrsg.): Das große Buch der Hand. Deutung der Hand durch fünf Jahrhunderte (später als Goldmann-Taschenbuch).
1968	Avalon, Artur [i.e. Woodroffe, John]: Die Girlande der Buchstaben. Studien über das Mantra-Shastra.
1968	Palos, Stephan: Atem und Meditation. Moderne chinesische Atemtherapie als Vorschule zur Meditation. Theorie – Praxis – Originaltexte (vor 1972).
1968	Krishna, Gopi: Kundalini. Erweckung der geistigen Kraft im Menschen.
1968	Dürckheim, Karlfried Graf v.: Überweltliches Leben in der Welt. Der Sinn der Mündigkeit (^{2}1972).
1968	Mangoldt, Ursula v.: Der harte Gott. Eine Wirklichkeit.
1968	Strauß-Kloebe, Sigrid: Kosmische Bedingtheit der Psyche. Kosmische Konstellation und seelische Disposition.
1968	Sivananda Sarasvati, Sv. [Shivânanda, Sarasvatî]: Erfolg im Leben und Selbstverwirklichung (Übs. U.v.Mangoldt).
1968	Holzhausen, Marie von (Hrsg.): Du bist nicht allein. Ein Geschenkband.
1968	Mullen, Robert: Die Mormonen. Geschichte einer Glaubensbewegung.
1969	Hungerleider, Fritz, und Hohenberger, Siegfried: Gespräche eines Buddhisten mit einem Christen. Zur Frage der Toleranz.
1969	Strecker, Gabriele: Frauenträume – Frauentränen. Über den unterhaltenden deutschen Frauenroman.
1969	Kammer, Reinhard: Die Kunst der Bergdämonen.
1969	Spetter, Matthew J.: Bruder wider Willen. Das Phänomen des menschlichen Mutes.

1969	Enomiya-Lassalle, Hugo M.: Zen-Meditation für Christen.
1969	Yogânanda, Paramahansa: Religion als Wissenschaft.
1969	Iyengar, B.K.S.: Licht auf Yoga.
1970	Satprem: Sri Aurobindo. Das Abenteuer des Bewußtseins (Biographie).
1970	Grimm, Georg: Ewige Fragen. Religiöse Probleme und ihre Lösung im indischen Geiste. Eine Einführung in die philosophischen Religionen.
1970	Wolf, Charlotte: Die Hand des Menschen. Eine wissenschaftliche Studie.
1970	Ott, Elisabeth: Christentum als Totalrevolution. Interpretationen biblischer Texte.
1970	Langewiesche, Marianne: Spuren in der Wüste? Heilige und Verräter in der biblischen Geschichte.
1970	Blofeld, John: Der Weg zur Macht.
1970	Mangoldt, Ursula v. (Hrsg.): Wege der Meditation heute. Information und Diskussion.
1970	Selawry, Alla (Hrsg.): Das immerwährende Herzensgebet. Ein Weg geistiger Erfahrung.
1970	Ouspensky, P.D.: Ein neues Modell des Universums.
1970	Schuon, Fritjof: Das Ewige im Vergänglichen. Von der einen Wahrheit in den alten Kulturen.
1971	Ital, Gerta: Auf dem Weg zu Satori.
1971	Schilling, Werner: Einst Konfuzius – heute Mao Tse-Tung. Die Mao-Faszination und ihre Hintergründe.
1971	Yogânanda, Paramahansa: Wissenschaftliche Heilmeditation.
1971	Leary, Timothy und Metzner, Ralph und Alpert, Richard: Psychedelische Erfahrungen. Ein Handbuch nach Weisungen des tibetanischen Totenbuchs (Vorwort v. U.v.Mangoldt, kurz nach Erscheinen zurückgezogen, 1972 und 1973 nicht im Prospekt).
1971	Kwon, Jae Hwa: Zen-Kunst der Selbstverteidigung. Karate – Taekwon-Do.
1971	Krishna, Gopi, und Weizsäcker, Carl Friedrich v.: Die biologische Basis religiöser Erfahrung.
1971	Mangoldt, Ursula v. (Hrsg.): Chancen zum Überleben. Umdenken, Bewußtseinsveränderung, Wandlung.
1971	Wadulla, Annamaria: Yoga für die Praxis.
1971	Mangoldt, Ursula v. (Hrsg.): Yoga heute. Eine Hilfe für den Westen.
[2]1971	Mangoldt, Ursula von: Zeichen des Schicksals im Bild der Hand (Erstausgabe: Olten und Freiburg: Walter, 1961).
1972	Viallet, François-Albert: Zen – Weg zum Andern.
1972	Hooykaas, Else M. und Schierbeek, Bert: Zazen (Übs.: U.v.Mangoldt).
1972	Kreisen des Lichtes. Die Erfahrung der goldenen Blüte (Übs. und kommentiert von Mokusen Miyuki).
1972	Tucci, Guiseppe: Geheimnis des Mandala. Theorie und Praxis.
1972	Schaya, Leo: Ursprung und Ziel des Menschen im Lichte der Kabbala.
1972	Abehsera, Michael: Zen-Kochkunst. Eine Sammlung makrobiotischer Rezepte.
1972	Eastcott, Michal J.: Weg der Stille. Eine Einführung in die Meditation.
1972	Lysebeth, André van: Pranayama. Die Große Kraft des Atems (u.ö.).
1972	Dürckheim, Karlfried Graf v.: Der Ruf nach dem Meister (u.ö.).
[6]1972	Suzuki, Daisetz T.: Die große Befreiung. Einführung in den Zen-Buddhismus (Original: An Introduction to Zen-Buddhism, 1934; dt. Erstausgabe Leipzig: Weller, 1939, dann Konstanz: Weller, [3]1947, dann Zürich: Rascher, [4]1958 und öfter).
[3]1972	Govinda, Lama Anagarika: Grundlagen tibetischer Mystik (Erstausgabe: Zürich: Ra-

scher, 1957, ebd., ²1966, ³1972 bei O.W.Barth, später auch als Fischer-Taschenbuch: 1975).
²1972   Kapleau, Philip: Die drei Pfeiler des Zen (dt. Erstausgabe: Zürich: Rascher, 1969).

8.1.3 70er und 80er Jahre (Auswahl)

8.1.3.1 Neuauflagen und Übernahmen (zumeist Neubearbeitungen)

	Suzuki, Daisetz T.: Leben aus Zen (mehrere Neuauflagen).
³1972	Ital, Gerta: Der Meister, die Mönche und ich.
³1973	Ägyptisches Totenbuch, hrsg.v. Grégoire Kolpaktchy.
²1973	Govinda, Lama Anagarika: Der Weg der weißen Wolken. Erlebnisse eines buddhistischen Pilgers in Tibet (Original: The Way of the White Cloud, dt. Erstausgabe: Zürich: Rascher, 1969; ²1973 bei O.W.Barth; später auch als Taschenbuch: Knaur 1988).
*1974	Mangoldt, Ursula v.: Schicksal in der Hand (= Neubearbeitung der 1940 im Origo-Verlag erschienenen Originalausgabe, nach 1974 mehrere Neuauflagen).
³1974	Bohm, Werner: Chakras (und mehrere Neuauflagen).
²1974	Aurobindo [Ghose, Shrî]: Zyklus der menschlichen Entwicklung.
⁴1975	Brunton, Paul: Als Einsiedler im Himalaya (1. Aufl. 1938).
³1975	Aurobindo [Ghose, Shrî]: Stufen der Vollendung.
*1975	Mangoldt, Ursula v. (Hrsg.): Ramakrishna, Leben und Gleichnis.
²1975	Chi-Chi [Chih-i]: Die Kunst der Versenkung.
²1975	Inayat Khan, Vilayat: Sufismus (vorher u.d.T.: Stufen einer Meditation).
²1975	Iyengar, B.K.S.: Licht auf Yoga.
⁷1976	Brunton, Paul: Der Weg nach innen (1. Aufl. 1937).
²1976	Lao-tse: Tao Te King (Übs. W. Jerven); 2. Aufl. 1976 (1. Aufl. der Neuausgabe 1966. Originalausgabe vor 1927).
¹⁵1976	Schuré, Edouard: Die großen Eingeweihten.
³1977	Lysebeth, André van: Die große Kraft des Atems (Pranayama).
⁸1978	Suzuki, Daisetz T.: Die große Befreiung; neu übs. 1976.
*1978	Evans-Wentz, Walter Y.: Milarepa (Erstausgabe 1937).
²1978	Ouspensky, P[iotr].D.: Auf der Suche nach dem Wunderbaren.
⁸1984	Dürckheim, Karlfried Graf v.: Japan und die Kultur der Stille.
*1984	Schuon, Fritjof: Das Ewige im Vergänglichen (Neuausg.).
*1987	Avalon, Artur [i.e. Woodroffe, John]: Shakti und Shakta.
*1987	Ders.: Girlande der Buchstaben.
¹⁶1988	Yogânanda, Paramahansa: Autobiographie.
³²1992	Herrigel, Eugen: Zen in der Kunst des Bogenschießens.

8.1.3.2 Neue Bücher

1973	Ouspensky, P[iotr] D.: Tertium Organum. Der dritte Kanon des Denkens (aus dem Frz.).
1973	Yogânanda, Paramahansa: Worte des Meisters.
1974	Humphreys, Christmas: Karma und Wiedergeburt (2.Aufl. 1980).
1974	Blofeld, John: Das Geheime und Erhabene. Mystizismus und Magie des Taoismus.
1974	Guenther, Herbert V.: Tantra als Lebensanschauung (Übs. U.v. Mangoldt).
1974	Suzuki, Daisetz T.: Amida. Der Buddha der Liebe (u. mehrere Neuauflagen).

1975	Merton, Thomas: Weisheit der Stille.
1975	Krishna, Gopi: Die neue Dimension des Yoga. Kundalini und Naturwissenschaft (Übs. U.v. Mangoldt).
1975	Dalai Lama XIV: Das Auge der Weisheit.
1975	Aurobindo [Ghose, Shrî], und »die Mutter« (Mira Alfassa): Alles Leben ist Yoga (aus dem Engl., 1. Aufl.).
1976	Blofeld, John: Jenseits der Götter.
1976	Patanjali: Wurzeln des Yoga.
1976	Krishnamurti, Jiddu: Gespräche über das Sein.
1977	Champdor, A.: Das ägyptische Totenbuch.
1977	Anders, F.: Tai Chi Chuan.
1977	Dargyay, Eva K. und Dargyay, Geshe Lobsang (Übs.): Das tibetische Buch der Toten. Die 1. Originalübertragung aus dem Tibetischen.
1977	Capra, Fritjof: Der kosmische Reigen.
1977	Cooper, J.C.: Der Weg des Tao.
1978	Mookerjee, A. und Madhu Khamma: Die Welt des Tantra in Bild und Deutung.
1979	Le Saux, Henri (Sv. Abhishiktananda): Das Feuer der Weisheit.
1979	Kinsley, D.R.: Flöte und Schwert.
1979ff	Prana. Jahrbuch für Yoga und ostasiatische Meditationstechniken und ihre Anwendung in der westlichen Welt, hrsg.v. Rocque Lobo.
1980	Colegrave, Suki: Yin und Yang (und 1982).
1980	Krishna, Gopi: Die verborgene Kammer des Bewußtseins.
1980	Tarthang Tulku: Selbstheilung.
1981	Halifax, Joan: Die andere Wirklichkeit der Schamanen (Neuaufl. 1984).
1981	Rahim: Das Totenbuch des Islam.
1983	Tarthang Tulku: Raum, Zeit und Erkenntnis.
1983	Govinda, Lama Anagarika: Buddhistische Reflexionen. Die Bedeutung von Lehre und Methode des Buddhismus für westliche Menschen.
1983	Capra, Fritjof: Wendezeit.
1984	Capra, Fritjof: Das Tao der Physik (Neuausgabe von: Der kosmische Reigen).
1984	Kalweit, Holger: Traumzeit (und Neuausgabe 1987).
1986	Das holographische Weltbild, hrsg.v. Ken Wilber (und Neuaufl. 1988).
1986	Lexikon der östlichen Weisheitslehren, hrsg. v. Ingrid Fischer-Schreiber u.a..
1986	Trungpa, Chögyam: Das Buch vom meditativen Leben.
1986	Govinda, Lama Anagarika: Lebendiger Buddhismus im Abendland.
1987	Krishnamurti, Jiddu: Vom Werden zum Sein.
1988	Schuon, Fritjof: Den Islam verstehen.
1988	Wehr, Gerhard: Deutsche Mystik.
1988	Tart, Charles Hellwach und bewußt leben.
1988	Wilber, Ken: Psychologie der Befreiung.
1989	Peat, F. David: Synchronizität.
1990	Hayward, Jeremy W.: Die Erforschung der Innenwelt.

8.1.4 Bücher und Bearbeitungen von Ursula von Mangoldt

8.1.4.1 Eigene Publikationen im O.W. Barth-Verlag

1934	Der Kosmos in der Hand.
1949	Die Hand, 2. Aufl. (1. Aufl. Leipzig: Kampmann, 1932).
1950	Sinnesstörungen in der Signatur der Hand.
1951	Kinderhände sprechen.
1955	Der Mensch im Spiegel der Hand (zus. mit Karlfried Graf Dürckheim).
1955	Auftrag der Frau.
1956	Das Menschenbild. Stufen der menschlichen Entwicklung.
1957	Der Tod als Anwort auf das Leben.
1957	Der Teufel ward auf die Erde geworfen und muß als Teufel schaffen.
1958	Buddha lächelt, Maria weint.
1959	Die Innenhand.
1960	Meditation. Heilkraft im Alltag.
1962	Das Leben ist doch schön.
1963	Auf der Schwelle zwischen gestern und morgen. Begegnungen und Erlebnisse (Autobiographie).
1963	Schütz, Paul: Schöpferisches Ärgernis. 7 Gespräche mit Ursula von Mangoldt über das Christliche.
1965	Lebenshilfe für gute und schlechte Tage.
1966	Meditation und Kontemplation aus christlicher Tradition.
1966	Kleines Wörterbuch zum Verständnis asiatischer Weltanschauung.
1967	Zwischen Zeit und Ewigkeit. Lebensprobleme des Menschen.
1967	Das große Buch der Hand.
1968	Der harte Gott. Eine Wirklichkeit.

8.1.4.2 Publikationen bei anderen Verlagen

1932	Die Hand (Leipzig: Kampmann).
1940	Schicksal in der Hand. Diagnosen und Prognosen (Origo-Verlag; Neubearbeitung 1974 bei O.W.Barth).
1961	Zeichen des Schicksals im Bild der Hand (Olten: Walter, 2.Aufl. 1971 bei O.W.Barth).
1977	Östliche und westliche Meditation (München: Kösel).
1979	Das Glück der Gelassenheit (Freiburg u.a.: Herder).
1979	Auf der anderen Seite der Verzweiflung oder Rückkehr zu einem christlichen Bewußtsein (Olten: Walter).
1981	Gebrochene Lebenslinien (Überarbeitung von: Auf der Schwelle zwischen gestern und morgen; Freiburg u.a.: Herder).
1983	Was birgt uns in der Gefahr? (Überarbeitung von: Auf der anderen Seite der Verzweiflung; Freiburg u.a.: Herder).
1984	Was steckt in meinem Kind? Anlagen und Begabungen im Spiegel der Kinderhand (Freiburg u.a.: Herder).
1984	Lichtspuren des Glaubens (Freiburg u.a.: Herder).

8.1.4.3 Bearbeitungen, Herausgeberschaft und Tagungsbände

1952-60	Herausgabe der Reihe: »Lebendige Quellen zum Wissen um die Ganzheit des Menschen«: »So spricht...« (zusammen mit Fritz Werle).
1953	So spricht (Carl Gustav) Carus (Bearb.).
1953	So spricht der Koran (Bearb.).
1956	So spricht Calvin (Bearb.).
1957	So spricht das Yoga-Sutra des Patañjali.
1957ff	Die Welt in neuer Sicht (Vortragsreihen).
1959	Gefährdung und Bewahrung des Menschen im Umbruch der Zeit (Tagung 1958).
1960	So spricht Zen.
1961	Jeder Tag ein guter Tag (Hg.).
1962	Höhlen, Klöster, Ashrams. Religiöse Gemeinschaften in Indien und Japan (Hg.).
1964	Novalis. Europa oder die Christenheit. Utopie oder Wirklichkeit (Hg.).
1967	Eva, wo bist du? (Hg.).
1970	Wege der Meditation heute (Hg., 2. Aufl. 1975).
1971	Chancen zum Überleben. Umdenken, Bewußtseinsveränderung, Wandlung (Hg.).
1971	Yoga heute. Hilfe für den Westen (Hg.).
1982	Ein Wort verwandelte mein Leben. Erfahrungen mit dem Neuen Testament. 16 Zeugnisse von Zeitgenossen (Hg., Regensburg: Pustet).
1983	Wo unsere Zukunft heller wird (Hg.; Freiburg u.a.: Herder).

8.1.4.4 Übersetzungen aus dem Englischen und Französischen sowie Bearbeitungen (soweit ermittelbar)

In einigen Fällen ist als Übersetzer »Alterego« angegeben. Es handelt sich dabei um ein sowohl von Ursula von Mangoldt als auch von Fritz Werle benutztes Pseudonym.

1937	Evans-Wentz, Walter Y.: Milarepa. Tibets großer Yogi (Übs. »Alterego«), Planegg: Barth, 1937 (Neuausg. 1971).
1937	Evans-Wentz, Walter Y.: Yoga und Geheimlehren Tibets (bearb. »Alterego«), Planegg: Barth, 1937 (engl. Original: Tibetan Yoga, 1935); (Neuaufl. 1951 u.ö.; später bei Sphinx).
1938	Brunton, Paul: Als Einsiedler im Himalaya (Übs. »Alterego«), 1938 (2.A. 1951, 3.A. 1965, 4.A. 1975).
1938	Mukerji, Dhan Gopal: Das Antlitz des Schweigens (Übs. »Alterego«; Neuaufl. 1957).
1950	Yogânanda, Paramahansa: Autobiographie eines Yogi (Übs. F. Werle und U.v. Mangoldt (6. Aufl. 1967, 7.Aufl. 1971).
1950	Kerneïz, C. [d.i. Félix Guyot]: Der Karma Yoga (aus dem Frz.).
1951	Kerneïz, C. [d.i. Félix Guyot]: Yoga für den Westen (aus dem Frz.).
1951	Mangin, Henri: Die Hand, ein Sinnbild des Menschen.
1951	Humphreys, Christmas: Zen Buddhismus.
1952	Sivananda, Sarasvati, Sv. [Shivânanda, Sarasvatî]: Übungen zu Konzentration und Meditation (aus dem Frz.; 2. Aufl. 1959).
1952	Kerneïz, C. [d.i. Félix Guyot]: Lehre und Praxis des Hatha-Yoga. Stellungen und Atemübungen (aus dem Frz.).
1953	Sivananda, Sarasvati, Sv. [Shivânanda, Sarasvatî]: Kundalini-Yoga.
1954	Coster, Geraldine: Yoga und Tiefenpsychologie.
1954	Carty, Charles M.: Pater Pio. Der stigmatisierte Mönch.

1955	Suzuki, Daisetz T.: Leben aus Zen (Original: Living by Zen, 1949; später u.d.T.: Erfülltes Leben aus Zen).
1955	(Padmasambhava:) Das tibetische Buch der großen Befreiung, hg.v. W.Y. Evans-Wentz, mit einem Kommentar von C.G. Jung (von der engl. Ausgabe, London 1954, ins Deutsche übertr. durch »Alterego«), (seit 1972 (3.Aufl.) u.d.T.: Der geheime Pfad der großen Befreiung).
1955	Aurobindo: Zyklus der menschlichen Entwicklung.
1955	David-Neel, Alexandra: Unbekannte tibetische Texte (aus dem Frz.).
1956	Watts, Alan: Mythus und Ritus des Christentums (Original: Myth und Ritual in Christianity, 1953).
1956	Guénon, René: König der Welt.
1957	Isherwood, Christopher, (Hg.): Shankara. Das Kleinod der Unterscheidung.
1959	Osborne, Arthur: Ramana Maharshi und der Weg der Selbsterkenntnis.
1960	Die Zen-Lehre des chinesischen Meisters Huang-Po (aus dem Engl.).
1960	Großer Meister Chi-Chi: Dhyana (aus dem Engl.).
1960	Dhyana. Meditationsanweisungen des chinesischen Meisters Chi-Chi [Chih-i] im Tempel Shiu-Ch'an.
1961	Inayat Khan, Vilayat: Stufen einer Meditation.
1962	Avalon, Artur (Woodroffe, John): Shakti und Shakta.
1963	Ramakrishna: Leben – Gleichnis – Wort (Textauswahl u. Bearb. v. U.v. Mangoldt).
1965	Gardner, Gerald B.: Ursprung und Wirklichkeit der Hexen.
1967	Der Sinn des Lebens nach den fünf Weltreligionen, Hg. J.A. Irving und R.C. Chalmers.
1968	Avalon, Artur (Woodroffe, John): Die Girlande der Buchstaben. Studien über das Mantra-Shastra.
1968	Krishna, Gopi: Kundalini.
1968	Sivananda, Sarasvati, Sv. [Shivânanda, Sarasvatî]: Erfolg in Leben und Selbstverwirklichung.
1969	Iyengar, B.K.S.: Licht auf Yoga.
1969	Spetter, M.J.: Bruder wider Willen. Das Phänomen des menschlichen Mutes.
1970	Blofeld, John: Der Weg zur Macht (über Tantra).
1970	Wolff, Charlotte: Die Hand des Menschen.
1971	Leary, Timothy und Metzner, Ralph und Alpert, Richard: Psychedelische Erfahrungen. Ein Handbuch nach Weisungen des tibetanischen Totenbuchs.
1972	Hooykaas, Else M. und Schierbeek, Bert: Zazen.
1974	Mishra, Rammurti S.: Vollendung durch Yoga.
1974	Shibayama, Zenkei: Zen in Gleichnis und Bild.
1974	Guenther, Herbert V.: Tantra als Lebensanschauung.
1975	Krishna, Gopi: Die neue Dimension des Yoga.

8.2 Buchprogramm des Dianus Trikont-Verlages (zu Kap. 3.3)

Quellen: Eingangskartei der Pflichtstelle der Bayerischen Staatsbibliothek, München; Trikont-Archiv (Christine Dombrowsky), München; diverse Verlagsprospekte und Backlists.

8.2.1 1967 bis Frühjahr 1980 (Auswahl)

1967	Guevara, Ernesto »Che«: Botschaft an die Völker der Welt; und Castro, Fidel: Rede vom 13. März.
1967	Worte des Vorsitzenden Mao Tsetung (= das sog. »Rote Buch«: Vertrieb für Westdeutschland durch den Trikont-Verlag bis 1976, nach Auskunft von Verlagsmitarbeitern innerhalb dieser Zeit ca. 100 000 verkaufte Exemplare).
1968	Guevara, Ernesto »Che«: Bolivianisches Tagebuch (zahlreiche Auflagen, 11. Aufl. 1981 mit »einer notwendigen Einführung« von H. Röttgen und Chr. Thurn).
1968	Lê Châu: Bauernrevolution in Südvietnam.
1968	Ho Chi Minh: Gegen die amerikanische Aggression.
1968	Debray, Régis, und Karol, K.S., und Castro, Fidel, und Mandel, Gisela: Der lange Marsch.
1968	Forman, James, und Carmichael, Stokely, und Guérin, Daniel, und Brown, Rap H.: NOW. Der schwarze Aufstand, hrsg.v. V. H. Brandes u. Joyce Burke.
1969	Chaliand, Gerard: Bewaffneter Kampf in Afrika.
1970	Mitchell, Juliet, u.a.: Frauenemanzipation. Antiautoritäres Mißverständnis oder Beitrag zur Konsolidierung der Arbeiterbewegung? (Übs. aus d. Schwedischen).
1972	Lotta Continua: Nehmen wir uns die Stadt. Klassenanalyse, Organisationspapier, Kampfprogramm. Beiträge der Lotta Continua zur Totalisierung der Kämpfe.
1973	Poulantzas, Nicos: Faschismus und Diktatur. Die kommunistische Internationale und der Faschismus.
1973	Sartre, Jean P. u.a.: Der Westen wird rot. Die »Maos« in Frankreich. Gespräche und Reportagen.
1974	Häuserrat Frankfurt: Wohnungskampf in Frankfurt.
1974	Frauen in der Offensive. Lohn für die Hausarbeit oder: Auch Berufstätigkeit macht nicht frei. Texte: Power of Women Collectiv, London. Lotta Femminista, Italien. Brigitte Galtier, Paris (Reihe »Frauenoffensive« im Trikont-Verlag).
1975	Stephan, Verena: Häutungen *(Verlag Frauenoffensive, der nach Auskunft Röttgens bei Erscheinen des Buches noch innerhalb des Trikont-Verlages firmierte, später selbständig wurde).*
1975	Die Wunden der Freiheit. Selbstzeugnisse, Kommentare und Dokumente aus dem Kampf der Indianer gegen die weiße Eroberung und heutige Unterdrückung in den USA, vom Beginn der Kolonialisierung bis 1975 (^{2}1976).
1975	Baumann, Michael (›Bommi‹): Wie alles anfing (Nachdrucke als Gemeinschaftsausgabe, Frankfurt a.M.: 1976, 1977, 1980).
1975	Cohn-Bendit, Daniel: Der große Basar. Gespräche mit Michel Lévy, Jean-Marc Salmon, Maren Sell (Übs. aus dem Frz.).
1976	Müller, Hans W., Pilgrim, Volker E., Pross, Herbert, Roesch, Karl H., Schörling,

	Walter, Speck, Wieland, Teising, Bodo: Männerbilder. Geschichten und Protokolle von Männern (3. Aufl. 1977).
1976	Deloria, Vine (Jr.): Nur Stämme werden überleben. Indianische Vorschläge für eine Radikalkur des wildgewordenen Westens, hrsg.v. d. Arbeitsgruppe für Nordamerikanische Indianer, München (4. Aufl. 1978, Neuausgabe 1982, davon 2. Aufl. 1985, danach bei Goldmann).
1976	Bock, Gisela: Die ›andere‹ Arbeiterbewegung in den USA von 1905 – 1922. Die Industrial Workers of the World.
1977	Langhans, Rainer, und Teufel, Fritz: Klau mich (Nachdruck der Ausgabe von 1968: Edition Voltaire, Frankfurt und Berlin).
1977	Ökologiegruppe Frankfurt (Hrsg.): Kleines Handbuch für Atomkraftwerksgegner. Ein Leitfaden für den Widerstand (^{2}1978).
1977	Rubin, Jerry: Do it! Scenarios für die Revolution (Übs. aus dem Amerik.; dt. Ausgabe zuerst bei Rowohlt, 1971).
1977	Pilgrim, Volker E.: Manifest für den freien Mann (^{3}1978).
1978	Dickson, David: Alternative Technologie. Strategien der technischen Veränderung.
1978	Boyd, Doug: Rolling Thunder. Erfahrungen mit einem Schamanen der neuen Indianerbewegung (^{3}1981; ^{4}1983; ^{5}1984).
1978	Anonymus (»Jean«): Vom Freiheitskampf der Korsen.
1978	Schult, Peter: Besuche in Sackgassen. Aufzeichnungen eines homosexuellen Anarchisten.
1978	Akwesasne – Wo das Rebhuhn balzt. Indianische Texte aus dem Widerstand. Von Wounded Knee 1973 bis Genf 1977 (aus den Akwesasne Notes), hrsg.v.d. Gesellschaft für bedrohte Völker, Koordinationsgruppe Indiander, München.
1978	Röttgen, Herbert, und Rabe, Florian: Vulkantänze (^{2}1978, ^{3}1981; »Florian Rabe« ist ein Pseudonym für Herbert Röttgen, der das Buch nach eigener Auskunft allein verfaßte).
1979	Geronimo. Ein indianischer Krieger erzählt sein Leben, hrsg.v. S.M. Barrett.
1979	Diawara, Fodé: Manifest des primitiven Menschen.
1979	Michels, Peter M.: Rastafari (2. Aufl. 1980, 3. Aufl. 1981).
1979	Kraus, Bärbel (Hrsg.): Gestohlene Märchen.
1979	Vollmar, Klausbernd: Wasserberg. Versuche in der BRD zu leben.
1979	Genner, Michael: Spartakus. Die Gegengeschichte des Altertums nach den Legenden der Zigeuner, Bd. 1 (Bd. 2: 1980).
1979	Praunheim, Rosa von: Armee der Liebenden oder Aufstand der Perversen.
1979	Negri, Toni: Ratlosigkeit oder Zerstörung?
1979	Arnold, Jürgen, und Schult, Peter (Hrsg.): Ein Buch wird verboten. Bommi Baumann Dokumentation.
1980	Göbbel, Heide-Marie. VR China. Atomwirtschaft und -politik.

8.2.2 Herbst 1980 bis 1986 (vollständig, soweit erreichbar)

1980	Golowin, Sergius: Magische Gegenwart. Forschungsfahrt durch eine Zivilisation in Wandlung. *(Neuausgabe, bereits 1969 verfaßt).*
1980	Golowin, Sergius: Der ewige Zigeuner im Abendland.
1980	Hansen, Harold A.: Der Hexengarten (2. Aufl. 1981).
1980	Steiner, Stan: Der Untergang des weißen Mannes?

1980	Dorje, Konchok: Marxismus und Meditation.
1980	Bildlexikon der Symbole, hrsg.v. Wolfgang Bauer, Irmtraud Dümotz, Sergius Golowin, Herbert Röttgen (später mehrfach bearbeitet bei anderen Verlagen, jetzt bei Heyne).
1980	Myerhoff, Barbara G.: Der Peyote-Kult.
1980	Reinaga, Fausto: America India und das Abendland.
1980	Daniel, Yann: Das Nebelpferd. Geschichten aus der Bretagne.
1980	Estrada, Alvaro: Maria Sabina. Botin der heiligen Pilze (2. Aufl. 1981, über traditionellen Drogengebrauch in Südamerika).
1980	Halifax, Joan: Stimmen der Schamanen.
1981	Ehni, René, und Schittly, Louis: Die Hochzeit der Gudrun (Roman über Gudrun Ensslin und Andreas Baader).
1981	Die Rückkehr des Imaginären. Märchen, Magie, Mystik, Mythos. Anfänge einer anderen Politik, hrsg.v. Christiane Thurn und Herbert Röttgen (Sammelband).
1981	Sun Bear & Wabun: Das Medizinrad. Eine Astrologie der Erde (9. Aufl. 1986, später in mehreren Bänden und mit Ergänzungen bei Goldmann: indianische Astrologie).
1981	Wongar, Bahumir: Spuren der Traumzeit. Geschichten der australischen Ureinwohner.
1981	Leginger, Thomas: Urwald. Eine Reise zu den Schamanen des Amazonas.
1981	Harhammer, Wolf: Zwei Wirklichkeiten. Zirkus- und Rummelportraits (Bildband).
1982	Martino, Ernesto de: Katholizismus, Magie, Aufklärung. Religionswissenschaftliche Studie am Beispiel Süd-Italiens.
1982	Ehrlich, Joseph: Schabbat. Religion und Ritus einer polnischen Judenfamilie.
1982	Kunze, Gerhard: Ihr baut die Windmühlen – Den Wind rufen wir. Alternative Technik und indianische Stammestradition.
1982	Roszak, Theodore: Das Unvollendete Tier. Eine neue Stufe in der Entwicklung des Menschen (später bei Rororo).
1982	Warner, Marina: Maria. Geburt, Triumph, Niedergang – Rückkehr eines Mythos.
1982	Schulz, Nicola, und Albers, Karl Heinz: Nicht nur Bäume haben Wurzeln. Eine Streitschrift für einen Rückschritt zum Fortschritt.
1982	Dömpke, Stephan (Hrsg.): Tod unter dem kurzen Regenbogen. Das Colorado-Plateau als Heiliges Land – Indianische Traditionen, Energieentwicklung und Neue Physik.
1982	Pennick, Nigel: Die alte Wissenschaft der Geomantie. Der Mensch im Einklang mit der Erde.
1983	Berman, Morris: Wiederverzauberung der Welt. Am Ende des Newtonschen Zeitalters (Neuaufl. 1984; später bei Rowohlt).
1983	Kazimiroff, Theodore: Der Letzte vom Stamme der Algonkin.
1983	Boyd, Doug: Swami Rama. Erfahrungen mit den heiligen Männern Indiens.
1983	Kravette, Steve: Meditation – das unbegrenzte Abenteuer. Ein Handbuch.
1983	Skinner, Stephen: Chinesische Geomantie. Die gesamte Lehre des Feng-Shui.
1983	Sills-Fuchs, Martha: Wiederkehr der Kelten (^{5}1985).
1983	Lever, Maurice: Zepter und Narrenkappe. Geschichte des Hofnarren.
1983	Roqueta, Max: Grünes Paradies. Geschichten aus Okzitanien.
1983	Vusamazulu Credo Mutawa: Indaba. Ein Medizinmann erzählt die Geschichte seines Volkes.
1984	Doczi, György: Die Kraft der Grenzen. Harmonische Proportionen in Natur, Kunst und Architektur (2. Aufl. 1985).
1984	Deloria, Vine, Jr.: Gott ist rot. Eine indianische Provokation (von Deloria s. auch oben, 1976).

1984	Braun, Reinhold: Ahimsa. Ein indisches Tagebuch.
1984	Arrwosmith, William, und Korth, Michael: »Meine Worte sind wie Sterne – sie gehen nicht unter« – Reden der Indianerhäuptlinge.
1984	Bancaud, Henri, und Bourgeot, André: Die Tuareg. Volk aus der Wüste (Bildband).
1984	Borromée, Antoine, und Palmer, Sandra: Chinas Weg zwischen Traum und Wirklichkeit.
1984	Borromée, Antoine, Dagpo Rinpoche u. Laforêt, Claude: Der Dalai Lama. Weltliche und spirituelle Macht.
1984	Bentov, Itzhak: Töne, Wellen, Vibrationen. Qualität und Quantität des Bewußtseins (später bei Rowohlt; Entwurf einer prozeßorientierten Epistemologie).
1984	Markale, Jean: Die keltische Frau. Mythos, Geschichte, soziale Stellung (später bei Goldmann; prähistorische und volkskundliche Studie).
1984	Michell, John: Die Geomantie von Atlantis. Wissenschaft und Mythos der Erdenergien.
1984	Bates, Brian: Wyrd. Der Weg eines angelsächsischen Zauberers.
1984	Steiner, Gertraud: Die Frau im Berg. Die Verwandlungsfahrten der Wildfrauen (volkskundliche Studie).
1984	Kakuska, Rainer (Hrsg.): Andere Wirklichkeiten. Die neue Konvergenz von Naturwissenschaften und spirituellen Traditionen (2. Aufl. 1985/6, später bei Goldmann, 1991 vergriffen).
1984	Kazantzakis, Nikos: Buddha. Der blaue Fluß (Erzählung).
1984	Hoffman, Kaye: Tanz, Trance, Transformation (später bei Knaur, 1991 vergriffen; Buch über Trance-Tanz mit praktischer Ausrichtung und teilweise ethnologischem Hintergrund).
1984	White, Kenneth: Das weiße Land. Essays.
1985	Thompson, William I.: Die pazifische Herausforderung. Re-Vision des politischen Denkens (später bei Goldmann, 1991 vergriffen).
1985	Bohm, David: Die implizite Ordnung. Grundlagen eines dynamischen Holismus (Wholeness and the Implicate Order; später bei Goldmann, 1991 vergriffen).
1985	Lehner, Thomas (Hrsg.): Keltisches Bewußtsein (Sammelband).
1985	Durrell, Lawrence: Das Lächeln des Tao.
1985	Viele Wege. Paradigmen einer neuen Politik, hrsg.v. Satish Kumar und Roswitha Hentschel (Sammelband).
1985	Metapolitik. Die Ernst-Friedrich Schumacher Lectures, hrsg.v. Satish Kumar und Roswitha Hentschel (Sammelband).
1985	Steindl-Rast, David: Fülle und Nichts. Die Wiedergeburt des christlichen Mythos (später bei Goldmann).
1985	Uexküll, Jacob von (Hrsg.): Der alternative Nobelpreis.
1985	Campbell, Joseph: Lebendiger Mythos.
1985	König der Bäume. Das altirische Epos von der »Ekstase der Suibhne« (Buile Suibhne), übs. und hrsg.v. Róisín O'Mara.
1985	Miranda-Luizaga, Jorge: Das Sonnentor. Vom Überleben der archaischen Andenkultur.
1985	Sarkisyanz, Manuel: Vom Beben in den Anden. Propheten des indianischen Aufbruchs in Peru.
1985	Olvedi, Ulli: Evolution und Alltag. Bewußtseinsentwicklung aus der Sicht der buddhistischen Psychologie (später bei Goldmann, 1991 vergriffen).
1985	Talayesva, Don C.: Die Sonne der Hopi. Sun Chief – eine Autobiographie.
1985	Muller, Robert: Ich lernte zu leben. Eine Autobiographie.

1985	Markale, Jean: Die Druiden. Gesellschaft und Götter der Kelten (später bei Goldmann).
1985	Henderson, Hazel: Das Ende der Ökonomie. Die ersten Tage des nach-industriellen Zeitalters (später bei Goldmann, 1991 vergriffen).
1986	Blue Cloud, Peter: Ein sanftes Erdbeben. Geschichten und Gedichte.
1986	Allione, Tsültrim: Tibets weise Frauen.
1986	Dalai Lama XIV: Logik der Liebe, hrsg. v. M. v. Brück.

8.3 Reihenprogramme von Taschenbuchverlagen (zu Kap. 3.1)

8.3.1 Bantam-Verlag, New York: Reihe »New Age« (Stand 1983)

H.R. Pagels: The Cosmic Code.
Sh. Gawain: Creative Visualization.
G. Zukav: The Dancing Wu Li Masters.
E.J. Callenbach: Ecotopia.
Ders.: Ecotopia Emerging.
J. Deken: The Electronic Cottage.
Sh. Kopp: An End to Innocence.
J. Rifkin / T. Howard: Entropy.
S. Weinberg: The First Three Minutes.
E.T. Gendlin: Focusing.
E. Davis: A Guide to Midwifery.
A.C. Hastings u.a. (Hrsg.): Health for the Whole Person.
A. Hollander: How to Help Your Child Have a Spiritual Life.
S. Reifler: I Ching: A New Interpretation for Modern Times.
Sh. Kopp: If You Meet the Buddha in the Road, Kill him!
M. Kolbenschlag: Kiss Sleeping Beauty Goodbye.
L. Watson: Lifetide.
L. Thomas: The Lives of a Cell.
Carnesale/Doty u.a.: Living with Nuclear Weapons.
J. Needleman: Lost Christianity.
J. Ch. Pearce: Magical Child.
L. Thomas: The Medusa and the Snail.
G. Bateson: Mind and Nature.
Sh. Kopp: Mirror, Mask and Shadow.
M. Talbot: Mysticism and the New Physics.
D. Yankelovich: New Rules.
H. Reinghold und R. Aero: The New Technology Colouring Book.
Sh. Kopp: The Pickpocket and the Saint.
J. C. Lilly: The Scientist.
Hawken u.a.: Seven Tomorrows.
G. Leonard: The Silent Pulse.
B. Toben und A. Wolf: Space-Time and Beyond.

B. B. Brown: Stress and the Art of Biofeedback.
B. B. Brown: Supermind.
E. Fromm: To Have or to Be?
F. Capra: The Tao of Physics.
Ders.: Turning Point.
D. Elgin: Voluntary Simplicity.
M. Harner: The Way of the Shaman. A Guide to Power and Healing.
R.M. Pirsig: Zen and the Art of Motorcycle Maintenance.
M. Mountain: The Zen Invironment.

8.3.2 Goldmann-Verlag, Reihe »Sachbuch« (Auszug)

11349	Pestalozzi Hans, A.: Nach uns die Zukunft.
11356	Lowen, Alexander: Liebe und Orgasmus.
11367	Lowen, Alexander: Lust.
11410	Watts, Alan: Psychotherapie und östliche Befreiungswege (dt. Erstausgabe München: Kösel 1981; Original: Psychotherapy East and West, 1961).
11430	Henderson, Hazel: Das Ende der Ökonomie, 1987 (dt. Erstausgabe Dianus-Trikont 1985, 1991 vergriffen).
11472	Dethlefsen, Thorwald, und Dahlke, Rüdiger: Krankheit als Weg (Originalausgabe Bertelsmann 1983).
11474	Markale Jean: Die Druiden, 1989 (dt. Erstausgabe Dianus-Trikont 1985).
11478	Sheldrake, Rupert: Das schöpferische Universum (vorher Nr. 14014: Reihe »New Age«).
11485	Mynarek, Hubertus: Religiös ohne Gott?
11498	Wilber, Ken: Halbzeit der Evolution (vorher Nr. 14040, Reihe »New Age«).
11681	Markale, Jean: Die keltische Frau, 1990 (vorher Nr. 14023, Reihe »New Age«; dt. Erstausgabe Dianus-Trikont 1984).
11477	Lowen, Alexander: Angst vor dem Leben.
11489	Bohm, David, und Peat, David F.: Das neue Weltbild.
12001	Steindl-Rast, David: Fülle und Nichts, 2.Aufl.1988; dt. Erstausgabe Dianus-Trikont 1985.
12005	Mynarek, Hubertus: Ökologische Religon.
12009	Buschenreiter, Alexander: Unser Ende ist Euer Untergang.
12016	Merton, Thomas: Keiner ist eine Insel.
12018	Mayer-Tasch, Peter C.: Ein Netz für Ikarus, 1987 (Originalausgabe).
12024	Lehner, Thomas (Hrsg.): Keltisches Bewußtsein, 1988 (dt. Erstausgabe Dianus-Trikont 1985, 1991 vergriffen).
12030	Merton, Thomas: Der Berg der sieben Stufen. Die Autobiographie eines radikalen Christen, 1988 (dt. Erstausgabe Benziger 1984).
12032	Merton, Thomas: Meditation eines Einsiedlers.

8.3.3 Goldmann-Verlag, Reihe »Esoterik/ Grenzwissenschaften« (Auszug)

11078	Miers, Horst E.: Geheimwissen, 1986 (Original H. Bauer-Verlag, 1970) (1991 vergriffen).
11704	Mangoldt, Ursula v.: Das große Buch der Hand.

11723	Dethlefsen, Thorwald: Schicksal als Chance.
11736	Murphy, Joseph: Die Quelle ihrer Kraft.
11748	Dethlefsen, Thorwald: Das Leben nach dem Leben.
11749	Dethlefsen, Thorwals: Erlebnis Wiedergeburt.
11740	Freitag, Erhard F.: Unterbewußtsein.
11753	Krishnamurti, Jiddu: Fragen und Antworten.
11756	Halifax, Joan: Die andere Wirklichkeit der Schamanen.
11758	Rampa, Lobsang [Pseudonym]: Das dritte Auge (seit 79 bei Goldmann, dt. Erstausgabe Piper, 50er-Jahre).
11774	Freitag, Erhard F.: Hilfe aus dem Unbewußten, seit 1985 bei Goldmann.
11782	Weidelener, Herman: Abendländische Meditation, 1986.
11787	Griscom, Chris: Zeit ist eine Illusion.
11891	Sun Bear: Der Pfad der Kraft.
11838	Griscom, Chris: Die Frequenz der Ekstase.
11803	Dalai Lama [XIV]: Das Auge einer neuen Achtsamkeit, 1987 (= dt. Erstausgabe).
11812	Freitag, Erhard F., und Zacharias, K: Geistige Kraft.
11885	Golowin, Sergius: Das Reich des Schamanen.
12006	Muller, Robert: Planet der Hoffnung, 1986 (= dt. Erstausg., 1991 vergriffen).
12010	Brück, Michael v.: Dialog der Religionen, 1987 (= dt. Erstausgabe, 1991 vergriffen).
12012	Deloria, Vine Jr.: Nur Stämme werden überleben (dt. Erstausgabe Dianus-Trikont 1976, 1991 vergriffen).
12013	Daniel, Yann: Die Heiligen vom Ende der Welt. Bretonische Mythen (1991 vergriffen).
12068	Golowin, Sergius: Die weisen Frauen, früher 14004 (dt. Erstausgabe 1985).
12079	MacLaine, Shirley: Zwischenleben (seit 1984 bei Goldmann).

8.3.4 Goldmann-Verlag, Reihe »New Age – Modelle für morgen«

11446	Winter, Silvia: Die erwachende Göttin. Ein Leben auf dem Weg in das New Age, 1990.
14001	Trevelyan, George: Eine Vision des Wassermannzeitalters, 1984 (dt. Erstausgabe GTP-Verlag (Freiburg i.Br.), 1980).
14002	Buscaglia, Leo: Leben Lieben Lernen. Brücken bauen, nicht Barrieren, 1984.
14004	Golowin, Sergius: Die weisen Frauen, 1985 (später Nr. 12068: Reihe »Esoterik«).
14005	Watts, Alan: Die sanfte Befreiung. Moderne Psychologie und östliche Weisheit, 1985 (= dt. Erstausgabe; Original: The Meaning of Happiness, 1940).
14006	Thomas, Lewis: Das Leben überlebt, 1985 (1991 vergriffen).
14007	Grossinger, Richard: Wege des Heilens. Vom Schamanismus der Steinzeit zur heutigen alternativen Medizin, 1985 (1991 vergriffen).
14008	Spretnak, Charlene: Die Grünen, 1985 (= dt. Erstausgabe, 1991 vergriffen).
14009	Hickmann, Craig A., und Silva, Michael A.: Der Weg zu Spitzenleistungen, 1990.
14010	Buscaglia, Leo: Ganz Mensch sein. Die Kunst, mit sich selbst Freundschaft zu schließen, 1985.
14011	Ferguson, Marilyn: Geist und Evolution, 1986 (1991 vergriffen).
14012	Thomas, Lewis: Die Meduse und die Schnecke. Gedanken eines Biologen über die Mysterien von Mensch und Tier, 1985 (1991 vergriffen).
14013	Burroughs, William S.: Dead Roads. Roman, 1985.
14014	Sheldrake, Rupert: Das schöpferische Universum, 1985 (Meyster, 1984), (später Nr. 11478: Reihe Sachbuch).

14015	Pauwels, Louis, und Bergier, Jacques: Aufbruch ins dritte Jahrtausend. Von der Zukunft der phantastischen Vernunft, 1986 (vorher in der Reihe: »Grenzwissenschaften«, seit 1979; dt. Erstausgabe Scherz 1962. 1965; außerdem Heyne 1976; Original: Le Matin des Magiciens, Paris 1960) (1991 vergriffen).
14016	Kakuska, Rainer (Hrsg.): Andere Wirklichkeiten, 1986 (dt. Erstausgabe Dianus-Trikont 1984, 1991 vergriffen).
14018	Watts, Alan: Im Einklang mit der Natur. Der Mensch in der natürlichen Welt und die Liebe von Mann und Frau, 1986 (diese Ausgabe zuerst 1981 bei Kösel, dt. Erstausgabe 1960; Original: Nature, Man and Woman, 1958) (1991 vergriffen).
14019	Muller, Robert: Die Neuerschaffung der Welt. Auf dem Weg zu einer globalen Spiritualität, 1985 (= dt. Erstausgabe, 1991 vergriffen).
14021	Buscaglia, Leo: Das Elixier des Lebens. Liebe, das größte Abenteuer, 1986.
14022	Lackner, Stephan: Die friedfertige Natur. Symbiose statt Kampf, 1986 (1991 vergriffen).
14023	Markale, Jean: Die Keltische Frau, 1986 (später Nr. 11681: Sachbuch; dt. Erstausgabe Dianus-Trikont, 1984).
14024	Lilly, John C.: Der Scientist. Irdische und kosmische Realität, 1986 (1991 vergriffen).
14025	Samples, Bob: Der Geist von Mutter Erde. Ganzheitlichkeit und planetares Bewußtsein, 1986 (1991 vergriffen).
14027	Keen, Sam: Die Lust an der Liebe, 1986 (1991 vergriffen).
14028	Lilly, John C.: Ein Paar werden. Das dyadische Erlebnis zweier außergewöhnlicher Menschen, 1987 (1991 vergriffen).
14030	Toffler, Alvin: Die dritte Welle. Zukunftschance, 1987 (1991 vergriffen).
14031	Rushforth, Winifred: Dein Wille wird geschehen. Spiritualität und Tiefenpsychologie im New Age, 1987 (1991 vergriffen).
14032	Thompson, William I.: Die pazifische Herausforderung. Re-Vision des politischen Denkens, 1986 (dt. Erstausgabe Dianus-Trikont 1985, 1991 vergriffen).
14035	Morgan, Robin: Anatomie der Freiheit. Feminismus, Physik und Weltpolitik, 1987 (1991 vergriffen).
14036	Bohm, David: Die implizite Ordnung, 1987 (dt. Erstausgabe Dianus-Trikont 1985, 1991 vergriffen).
14037	Olvedi, Ulli: Die Evolution im Alltag, 1987 (dt. Erstausgabe Dianus-Trikont 1985, 1991 vergriffen).
14039	Buscaglia, Leo: Einander lieben, 1988.
14040	Wilber, Ken: Halbzeit der Evolution, 1988 (dt. Erstausgabe Scherz 1987), später Nr. 11498: Sachbuch.
14041	Mynarek, Hubertus: Die Vernunft des Universums, 1988 (= Originalausgabe).
14042	Wilber, Ken: Der glaubende Mensch, 1988.
14043	Holland, Jack R.: Die Macht der Liebe, 1988 (1991 vergriffen).
14044	Rowan, John: Der verwundete Mann, 1988 (1991 vergriffen).
14045	Strzempa-Depré, Michael: Die Physik der Erleuchtung, 1988 (1991 vergriffen).
14046	Macy, Joanna: Mut in der Bedrohung, 1988 (1991 vergriffen).
14049	Price, John R.: Deine Zukunft ist jetzt. Aufruf zur Rettung der Erde, 1989.
14050	Koltuv, Barbara B.: Des Geheimnis Lilith. Oder die verteufelte Göttin, 1988 (1991 vergriffen).
14053	Stone, Merlin: Als Gott eine Frau war.
14528	Weis, Margaret: Die Legenden der Drachenlanze, 1990 (Bd. 2: Die Stadt der Göttin).

8.3.5 Knaur-Verlag, Reihe »Esoterik – New Age« (Auszug)

Drury, Nevill: Lexikon Esoterischen Wissens, 1988 (= dt. Erstausgabe).
Ferguson, Marilyn: Die sanfte Verschwörung, 1985 (dt. Erstausgabe Sphinx 1982).
Capra, Fritjof: Wendezeit, 1988-89 (dt. Erstausgabe Scherz 1983, später Dtv).
Hoffman, Kaye: Tanz, Trance, Transformation, (dt. Erstausgabe Dianus-Trikont, 1991 vergriffen).
Krishnamurti, Jiddu: Religiöse Erneuerung.
Mangoldt, Ursula v.: Schicksal in der Hand.
Meyrink, Gustav: Das grüne Gesicht.
Meyrink, Gustav: Der Engel.
Ram Dass, Baba [i.e. Richard Alpert]: Reise des Erwachens.
Shah, Idries: Wege des Lernens.
Young, Arthur: Der kreative Kosmos.

8.3.6 Herder-Verlag, Reihe »Zeit – Wende – Zeit«

(alles Original-Ausgaben, zum größten Teil inzwischen vergriffen).
Gruber, Elmar, und Fassberg, Susan: New-Age-Wörterbuch, 1986.
Gruber, Elmar: Was ist New Age?, 1987.
Landscheidt, Theodor: Wir sind Kinder des Lichts. Kosmisches Bewußtsein als Quelle der Lebensbejahung, 1987.
Landolt, Johannes G.: Verbraucher im New Age, 1988.
Ledergerber, Karl, und Bieri, Peter: Was geht New Age die Christen an?, 1988.
Schaup, Susanne: Wandel des Weiblichen. Der Aufbruch der Frau ins New Age, 1988.
Scheidt, Jürgen vom: Im Zeichen einer neuen Zeit, 1988.
Gruber, Elmar: Sanfte Verschwörung oder sanfte Verblödung? Kontroversen um New Age, 1989.
Wehr, Gerhard: Wörterbuch der Esoterik, 1989.
Olvedi, Ulli: Die neue Lust am Irrationalen. Chancen und Fallen der New-Age-Bewegung, 1988.
Harnisch, Günter: Einfach leben – besser leben. Lebensstil im New Age, 1988.
Bartsch, Günter: Weisheit, die die Erde heilt. Eine ökosophische Zeit bricht an, 1990.

8.3.7 Fischer-Verlag, Reihe »Perspektiven« (Auszug)

4162	Heinrich, Klaus: Vernunft und Mythos.
4165	Hemminger, Hansjörg: Der Mensch – Eine Marionette der Evolution? Eine Kritik an der Soziobiologie.
4181	Weingarten, Rüdiger: Die Verkabelung der Sprache. Grenzen der Technisierung von Kommunikation.
4184	Copray, Norbert (Hrsg.): Hoffnung schaffen. Weshalb Menschen heute glauben.
4186	Benesch, Hellmuth, Zwischen Leib und Seele. Grundlagen einer Psychokybernetik.
4189	Binswanger, H.Chr. und Frisch, H. und Nutziger, H.G. u.a.: Arbeit ohne Umweltzerstörung. Strategien für eine neue Wirtschaftspolitik.
4193	Schönherr, H.-M.: Von der Schwierigkeit, Natur zu verstehen. Entwurf einer negativen Ökologie.
4282	Koestler, Arthur: Der Mensch.
10098	Govinda, Lama Anagarika: Buddhistische Reflexionen.

10230 Breidenstein, Gerhard: Hoffen inmitten der Krisen, 1990.
10231 Paracelsus. Der andere Arzt.

8.3.8 Rowohlt-Verlag, Reihe »Rororo Transformation« (Auszug)

Allen, Marcus: Astrologie für das Neue Zeitalter, 1988 (dt. Erstausgabe: Werkstatt Edition, ²1986, 1991 noch im Programm).
Bentov, Itzhak: Auf der Spur des wilden Pendels, 1986 (dt. Erstausgabe u.d.T.: Töne, Wellen, Vibrationen, Dianus-Trikont 1984) (1991 noch im Programm).
Bentov, Itzhak: Co(s)mic Book, 1987 (1991 noch im Programm).
Berendt, Joachim-Ernst: Nada Brahma, zw. 85 und 87 (1991 noch im Programm).
Berendt, Joachim-Ernst: Das Dritte Ohr (1991 noch im Programm).
Berman, Morris: Die Wiederverzauberung der Welt, 1985 (dt. Erstausgabe Dianus-Trikont 1983) (1991 noch im Programm).
Dossey, Larry: Die Medizin von Raum und Zeit, 1987 (1991 noch im Programm).
Eichler, Norbert A.: Das Buch der Wirklichkeit. Das I Ging im Wassermann-Zeitalter, erschienen 1985 oder früher (1991 noch im Programm).
Feild, Reshad: Leben um zu heilen (1991 noch im Programm).
Feild, Reshad: Schritte in die Freiheit (1991 noch im Programm).
Ferrucci, Piero: Werde was du bist. Selbstverwirklichung durch Psychosynthese, zw. 85 und 87 (1991 noch im Programm).
Giger, Andreas: Vom Chaos zur Ekstase, 1990 (= Originalausgabe) (1991 noch im Programm).
Harner, Michael: Der Weg des Schamanen, zw. 85 u. 87 (1991 noch im Programm).
Hawken, Paul: Der Zauber von Findhorn, zw. 85 u. 87 (1991 noch im Programm).
Houston, Jean: Der mögliche Mensch. Handbuch zur Entwicklung des menchlichen Potentials, 1987 (1991 noch im Programm).
Love, Jeff: Die Quantengötter. Ursprung und Natur von Materie und Bewußtsein, 1988 oder früher (1991 vergriffen).
Martin, Bruno: Handbuch der spirituellen Wege. Neuausgabe, 1985 oder früher, 1991 vergriffen.
Roszak, Theodore: Mensch und Erde, 1986 (dt. Erstausgabe Ahorn-Verlag (München und Soyen), 1982), 1991 vergriffen.
Roszak, Theodore: Das Unvollendete Tier, 1985 (dt. Erstausgabe Dianus-Trikont 1982, 1991 vergriffen).
Sabetti, Stefano: Lebensenergie. Erscheinungsformen und Wirkungsweise – ein ganzheitliches Erklärungsmodell (1991 noch im Programm).
Schumacher, E[rnst] F[riedrich]: Rat für die Ratlosen, 1987 oder früher (1991 vergriffen).
Shah, Idries: Das Zauberkloster. Alte und neue Sufi-Geschichten, 1987 oder früher (1991 noch im Programm).
Shah, Idries: Denker des Ostens. Studien in experimenteller Philosophie (1991 vergriffen).
Thompson, William I.: Der Fall in die Zeit. Mythologie, Sexualität und Ursprung der Kultur, 1987 (dt. Erstausgabe Edition Weitbrecht 1985), (1991 vergriffen).
Walsh, Roger N., und Vaughan Frances (Hrsg.): Psychologie in der Wende, 1987 (dt. Erstausgabe Scherz ²1985) (1991 noch im Programm).
Watts, Alan: Dies ist Es. Über Zen und spirituelle Erfahrungen, 1985 oder früher (dt. Erstausgabe Sphinx (Basel), 1979; Original: This is it, 1960) (1991 vergriffen).
Wetering, Janwillem van de: Ein Blick ins Nichts. Erfahrungen in einer amerikanischen Zen-Gemeinde, 1985 (1991 noch im Programm).

Winter, Gayan S.: Die neuen Priesterinnen. Frauen des New Age, 1989 (= Originalausgabe) (1991 noch im Programm).
Zukav, Gary: Die tanzenden Wu Li Meister (1985, schon seit 81 bei Rowohlt) (1991 noch im Programm).

9. Archivmaterial des Dianus Trikont-Verlages (zu Kap. 3.3)

(Archivmaterial von Herbert Röttgen und Christine Dombrowsky, München. Nicht enthalten sind die Verlagsprogramme, jeweils Frühjahrs- und Herbstprogramm, sowie Sonderpräsentationen aus den Jahren 1978 bis 1986.).

9.1 Zeitschrift »Autonomie« (seit 1976)

Inhalt u.a.:
Nr. 6/77: Carlo Jaeger: Die Rückkehr des Magischen, S. 18-20 (über amerikanische Alternativprojekte und Meditationskultur).
Nr. 8/77: Wolfgang Dorsch, Gisela Hellinger: Rezensionen von Jack Kerouac: »Unterwegs« und R.M. Pirsig: »Zen und die Kunst ein Motorrad zu warten«, S. 44-52; Florian Rabe: Reise durch Sizilien. Eine Rückkehr in die Natur, S. 56-63.

9.2 Reaktionen auf: Herbert Röttgen und Florian Rabe: »Vulkantänze« (1978)

1. Brief von Volker Schlöndorff, persönlich an Herbert Röttgen, 10.6.78 (Kommentar: anerkennend, aber zu irrational).
2. Westdeutscher Rundfunk (Lothar Baier): ausführliche Rezension, 8.3.79 (Kommentar: Kitsch, Verschnitt des revolutionären Bewußtseins, Ausklinken aus dem rationalen Diskurs).
3. Zs. »Radikal« 98/81: Textausschnitte.
4. Zs. »Offensiv links« (Wien), Herbst 1980: Rezension.
5. Zs. »Zitty« 23/1978: Persiflage (Kommentar: »Alternatives Kaffe-Recycling«).
6. Korrespondenz Prof. Hans Schwerte wegen Umschlagbild (25.4.79 und 7.8. 79).
7. Zs. »Blatt« (?) Rezension von Andreas Leitwolf (Kommentar: positiv).
8. Thomas Steffens: Wiederbelebungsversuche (ausführliche Rezension in einer literarischen Zeitschrift, Quelle?).
9. «Süddeutsche Zeitung«, 30.6./1.7. 1979: Ausführlicher Artikel von Lothar Baier: »Eine neue zweite Kultur? Kurzer Streifzug durch Debatten und Texte um die Alternativbewegung«:
»›Vulkantänze‹ ist ein Kulturdokument, das einige Merkmale der zweiten Kultur (das Stichwort ist von Peter Glotz aufgenommen) deutlich widerspiegelt; was dabei literaturkritisch als Mangel an Stil zu verzeichnen wäre, ist gerade typisch für die zweite Kultur, die nicht

nach einem unverwechselbar eigenen Stil sucht, sondern sich die Freiheit nimmt, in dem Angebot der traditionellen Kultur zu wühlen wie auf einem Kaufhaustisch.... Zweifellos schmarotzt die zweite Kultur in der ersten, läßt sich von ihr mit Themen und Stoffen beliefern. Die meistgelesenen Autoren in der ›Scene‹, Charles Bukowski und Carlos Castaneda zum Beispiel, wurden nicht von ihr entdeckt, sondern zunächst vom bürgerlichen Kulturbetrieb vermittelt. Aber es gehört wiederum zu den Merkmalen der zweiten Kultur, daß sie nicht den Anspruch auf Originalität erhebt; daß etwas schon einmal gebraucht worden war, ist, wie bei den Kleidern vom Flohmarkt, eher ein Argument dafür als dagegen.«.

10. Klaus-Bernd Vollmar: Rezension in »Pardon«, 3.3.79 (Kommentar: »Das Buch ist meine neue Zweierbeziehung«).
11. Zs. »Criticón« 49/1979: Rezension von Günter Bartsch (stellt Bezug zu Nietzsche her).
12. Zs. »NRF« (?), Dez. 1978: Rezension von Michael Hopp (Kommentar: »Spontiphilosophie«).
13. Korrespondenz Volker Elis Pilgrim, persönlich, 28.6. 78 und 12.8.78 (Kommentar: fühlt sich mißverstanden und genießt das Buch trotzdem).
14. Eine Antwort (MS) auf Rossis »Buchbesprechung« (s.u. Nr. 19, Autor unklar).
15. Zs. »Focus« 99/1978: Textauszüge über Charles Bukowski (mit verzerrenden Kommentaren der Redaktion).
16. Zs. »Blatt« (München), Juli 78: Erwähnung in der »Liste der besten Bücher«.
17. Zs. »Ulcus Molle« 5/6: Nr 1. Erwähnung in der Liste: »Die elf Anmacher«; und Leseprobe.
18. Korrespondenz Gerhard Wagner, Zs. »Nürnberger Blätter für Literatur«.
19. G. Rossi: Der Tanz um einen erloschenen Vulkan (Buchbesprechung, Erscheinungsort unklar): Kommentar: Der Autor versucht, sich von 12 Jahren seiner Geschichte loszusagen, sie wird zum »Ballspiel eines bürgerlichen Intellektuellen mit Begriffen«... »In der Aussage des Buches gibt es kein ›break on through to the other side‹ mehr, sondern nur noch ›unterhalb und oberhalb jeder Kritik‹ liegende Mythen.«.

9.3 Reaktionen auf das Editorial vom Herbst 1980

(Titel: »Uns sind die Schuppen von den Augen gefallen, wir sehen unsere Träume ganz klar«, Sonderdruck mit neuem Verlagsprogramm, in leicht erweiterter Fassung auch als Nachwort zu Sergius Golowins Buch: Magische Gegenwart, 1980).
1. «ID« (»Informationsdienst zur Verbreitung unterbliebener Nachrichten«, Frankfurt):
– Nr. 352, 3.10. 1980: Gekürzte und sichtlich entstellte Wiedergabe des Trikont-Dianus-Editorials (als Verfasser werden angegeben: «Christian Thurn und Herbert Röttiger«).
– 6.10.1980 Leserbrief zu diesem Vorfall von Trikont-Dianus an: »Tageszeitung«, »Informationsdienst«, »Blatt« und »Pflasterstrand«. (Kommentar zum Vorgehen des ID: »Zensur«).
– 24.10. Abdruck des Leserbriefs in ID Nr. 355, Kommentar zweier ID-Mitarbeiter (»gefährliche Tatsache, daß hier ein Rückzug angepriesen wird, der eben jene von Dianus abgelehnte ›makabre Identität‹ in den Köpfen derer, die daran glauben, aufbaut«).
– 26.10. Neuer Leserbrief von Trikont-Dianus, abgedruckt am 31.10.
– November, 1980, ID Nr. 358: »Nachschlag zur Trikont-Diskussion« Kommentar von ID: »Es gibt keine mit Chance um Einheit ringende Linke mehr... Die linken Verlage hinken zunehmend hinter ihren Lesern her... Trikont und Wagenbach sind Schülerverlage geworden (d.h. das Lesevergnügen bei ihren Büchern bewegt sich zwischen ideologischen Plattheiten,

einem Ausweichen vor dem wirklich Pragmatischen und einigen phantasievollen An-Sätzen in der Idee...)«.
2. «Blatt« (München), 7.11.80: vollständige Wiedergabe des Editorials mit Kommentar der Redaktion (Kommentar wohlwollend: »Der Weg ist da, wo unsere Angst ist«).
3. «Ulcus Molle«, Herbst 80: Abdruck beider Teile des Editorials und Verlagsprogramm.
4. «Irminsul. Stimme der Armanenschaft«, 1981: »Janus-Dianus als Sinnbild der fruchtbaren Vereinigung von weltanschaulichen Gegensätzen« Der Verlag wird als Vertreter einer neuen Jugend bezeichnet, die man ernst nehmen müsse; vollständiger Abdruck des Editorials.
5. Auseinandersetzung mit dem »Verband des linken Buchhandels« (VlB):
   - vor 24.1.81 (ohne Datum) offener Brief des Trikont-Dianus-Verlags an den VlB (verfaßt von Röttgen und Metzler);
   - 24.1.81: Brief des Trikont-Dianus-Verlags an mehrere Buchhandlungen wegen Rabatt- (und Kommunikations-) Schwierigkeiten (verfaßt von Röttgen und Metzler);
   - 29.-31.1.81 Tagungsprotokoll des VlB-Süd, München: Selbstdarstellung des Trikont-Dianusverlags (polemischer Ton, vgl. zur selben Veranstaltung unten, 9.1.4., Nr. 8);
   - offener Brief des Trikont-Dianus-Verlags an den VlB (abgedruckt im Editorial Frühjahr 1981).
6. 13.2.81 Presseerklärung: »Bommi Baumann kehrt zurück – weil alles weitergeht« (Ankündigung einer Neuauflage von Baumanns Buch, die jedoch nicht zustande kam);
   15.2.81: Abdruck in der »Tageszeitung«;
   13.3.81: Abdruck in »Pflasterstrand«.
7. «Tageszeitung«, 19.3.81: Interview mit H. Röttgen: »Wer glaubt noch an die Revolution?«
8. «Arbeiterkampf«, 30.3.81: Replik (polemisch).

9.4 Reaktionen auf das erweiterte Editorial vom Frühjahr 1981

(Titel: »Wir sind konservativ geworden und revolutionär geblieben«, = Erweiterte Fassung des Editorials vom Herbst 1980).
1. «Münchner Buchmagazin«, Juni 1981: über das Editorial.
2. «BuchMarkt«, August 1981: Trendbericht.
3. «Heilbronner Stimme«, Besprechung: »Bildlexikon der Symbole« (Überschrift: »Der Wandel eines Verlages«).
4. «Jedermann«, Nr. 430, Sept. 1981: Teilabdruck (wohlwollender Kommentar).
5. «Orientierung. Katholische Blätter für weltanschauliche Information«, 31.10.1981: Carl-Friedrich Geyer: Gegenkultur und Mythos (ausführliche Darstellung der Wende des Verlags im Rahmen der zeitgeschichtlichen Situation).
6. «Stadtrevue Köln«, Nov. 81: Artikel von Eberhard Tressel mit Auszügen aus dem Editorial (kritisch).
7. «Titanic« 3/1981: Persiflage.
8. «ZERO-Magazin« Nr. 18: Interview und Bericht über das Treffen des VlB-Süd in München Januar 1981 (Autor: Dirk van Gunsteren).
9. «Schlaglichter« 2/1981 (Falken) (Kommentar negativ: »Wie gesagt, Trikont/Dianus hat sich verabschiedet«).
10. «Nürnberger Zeitung«, 1.9.81; Überschrift: »Polka und Gruppensex« (über Trikont-Plattenprogramm).

11. «Konkret« 9/81: Wolfgang Pohrt: »Eine Zukunft für die Vergangenheit« (über historische Entsprechungen zwischen Alternativbewegung und Faschismus, darin Bezug auf das taz-Interview vom 19.3.81 mit Herbert Röttgen; Vorwurf faschistoider Romantik).
12. «Sounds« 5/81: Erwähnung auf der »Ätzliste« (Negativ-Liste schlechter Bücher): »Trikont Verlag. Für neo-mystische Hippie-Scheiße im pseudo-linken Gewand und anderen reaktionären Unfug«.
13. «Der Spiegel« 13/1981: Jörg Mettke: ›Verantwortlich: Milli Tanz & Anna Schie« (Ausführlicher Bericht über Alternativblätter und alternative Gesinnung). Kommentar: »tendenzgewendete Verleger«, Verführbarkeit durch Vielfalt der Quellen.
14. «Der Spiegel« 15/1981: Zitat des Slogans in einem Artikel über Ernst Jünger von Michael Rutschky (Kommentar: »da sieht man es doch, wie die Regression marschiert«).

9.5 Reaktionen auf das Editorial vom Herbst 1981

(Titel: »Die Mythen des 20. Jahrhunderts«; = Abdruck der gemeinsam verfaßten Einleitung zum Sammelband: Die Rückkehr des Imaginären. Märchen, Magie, Mystik und Mythos. Anfänge einer anderen Politik; teilweise wörtlich identisch mit einem weiteren Vorwort von Thurn und Röttgen zur 11. Auflage des seit 1967 bei Trikont publizierten »Bolivianischen Tagebuchs« von Che Guevara).

1. «Blatt« (München), Nr. 208, Oktober 1981: vollständiger Abdruck des Vorworts.
2. «Monochrom« (Köln), Nr. 1, Nov. 1981: vollständiger Abdruck des Vorworts.
3. «Börsenblatt des dt. Buchhandels«, 2.2.1982: Artikel über den Verlag: »Radikale Traditionalisten« von Hartmut Panskus.
4. «City« 4/82 (München) Besprechung der Autorenlesung und der VlB-Kritik (s.u, 9.6.).
5. «Münchner Buch Magazin«, Nr. 10: dto.
6. «Ulcus Molle« (1981 oder 82): »Die Elf Anmacher« (Buchempfehlung).
7. «Ketchup« 2/82: Buchbesprechung (Kommentar: kritisch).
8. «Blatt« 219 (Kommentar: kritisch).
9. «Konkret extra«: Die okkulte Welle (1982): Literaturhinweis.
10. «Entwicklung und Zusammenarbeit« (»E+Z«), 7/82 (Hinweis).
11. «Konkret« 1/82: ausführliche Besprechung von Heiner Boehncke (Kommentar negativ gegenüber den Herausgebern: »allesamt bekommen sie (d.h. die Autoren) das Werbeschild der neuen Dianus-Politik umgehängt«: »magische Trendmaker, Mythenverkäufer, die nun nicht mehr mit Marx und Che handeln, sondern mit Hexen oder Wetterbeterei«).
12. «Irminsul« 1982 (Zeitschrift der »Armanenschaft«): zustimmende Notiz.
13. «Rotenburger Kreiszeitung«, Dezember 1981: (Kommentar: kritisch-zustimmend).
14. «Nordwind« 12/81 (Kommentar: zustimmend).
15. Wolfgang J. Schmidt: Besprechung (Kommentar: positiv) (Erscheinungsort unklar).
16. «Lampertsheimer Zeitung«, 24.11.81 (Hinweis).
17. «Kanari-Mitteilungsblatt« (Graz); Kommentar: »sehr instruktives Grundlagenmaterial zur Ideengeschichte der neuesten Zeit«.
18. «Jedermann«, Nov. 81: Besprechung.

9.6 Auseinandersetzung mit dem Verband des linken Buchhandels (VlB) im Frühjahr/Sommer 1982

(Hauptsächlicher Anlaß: Vorwort zur 11. Aufl. von Che Guevaras »Bolivianischem Tagebuch« von H.Röttgen und C.Thurn, 1981/82 (s. voriger Abschnitt; der erste Teil der Auseinandersetzung fand bereits im Jahr 1981 statt: s.o., 9.3).
1. Offener Brief des VlB-Nord-Treffens am 27./28.2.1982 an Trikont: »... einstimmig festgestellt, daß wir euer neues Vorwort nicht akzeptieren.«.
2. Thesenpapier des »Guten-Morgen-Buchladens«, Braunschweig (Ende März 1982): »Die katastrophalen Mythen des Trikont-Verlags oder: wie verarscht sich die Linke am besten?«.
3. VlB-Mitte-Nord: Einladung an Trikont-Dianus zur Tagung am 15./16.5.82, Als Tagesordnungspunkt angeführt: »Che Guevara-Vorwort oder ›Der Untergang des Hauses Trikont‹«.
4. (Vor 15.5.) Offener Brief des Verlages (verfaßt von Röttgen) zu diesem TOP: Stichwort »metapolitisch« (»Im Namen einer *sanften* Verschwörung verabschiedet sich von Euch ein altersschwacher Trikont und grüßt Euch Dianus, der Gott allen Anfangs«).
5. Kündigung der Lieferverträge am 24.5. gegenüber den Firmen »Sova« (Frankfurt), »Pinkus« (Zürich), »Winter« (Wien), »Zirk und Ellenrieder« (Berlin) und gegenüber einzelnen Vertretern. (Ankündigung einer »Denkpause« bis zur Buchmesse; bis dann solle entschieden sein, ob neue Verhandlungen oder Auflösung des Verlags).

9.7 Texte zum »Schamanenkongreß« in Alpbach/Tirol vom 25.5.-4.6. 1982

(Veranstalter des Kongresses war das »Forum Humanistische Psychologie«, Stuttgart, und das »Zentrum Coloman« (Crystal, München); Pressearbeit: Trikont-Dianus).

9.7.1 Verlagstexte

1. Editorial: C. Thurn und H. Röttgen: »Brauchen wir Europäer Entwicklungshilfe?« (Frühjahr 1982).
(anschließend Abdruck des Artikels von C. F. Geyer über die Wandlung des Verlages in der Zeitschrift »Orientierung«, s.o., Abschnitt 9.4., Nr. 5).
2. Programm: »Die Schamanen kommen« (mehrere Veranstaltungen im deutschsprachigen Raum rund um den Kongreß).
3. Technische Hinweise des Veranstalters: »Crystal. Vereinigung für Lebensforschung, Kommunikation und Kultur e.V.«, Agnesstr. 16, 8 München 40).
4. Einladung zu einer Pressekonferenz am 5.6.82.
5. Einladung zu einer Pressekonferenz mit Rolling Thunder in Köln am 9.6.82.

9.7.2 Reaktionen

1. «Esotera», Juli 1982: Bericht des Chefredakteurs, Gert Geisler, zwei Interviews und ausführlicher Artikel von Rolling Thunder.
2. «Der Spiegel», Nr. 24/1982: Fritz Rumler: »Von Bhagwan zum Wigwam?« (zweiseitiger Bericht; »...ein Stück Steinzeit steckt uns allen in den Knochen«).
3. «Titanic« 7/82: Replik (Kommentar: positiv gegenüber den Indianern, negativ gegenüber ihren »Vermarktern«).
4. Gugenberger und Schweidlenka: Mutter Erde (Wien, 1987, S. 272-4).[1]

9.8 Frankfurter Buchmesse 1982: Veranstaltungen des Dianus-Trikont-Verlags

- *9.10. »Das Gleichgewicht der Erde« (Großveranstaltung mit dem Dalai Lama und einer Hopi-Indianerin);*
- *10.10. Internat. Pressekonferenz: Vorstellung des Buches über die Hopi (»Tod unter dem kurzen Regenbogen«);*
- *10.10. »Fremde Religionen – Erneuerung Europas«: Podiumsdiskussion, Leitung H. Röttgen;*
- *10.10. Eröffnung einer Hopi-Ausstellung.*

1. «BuchMarkt« 8/82 »Religion und Hilflosigkeit« (Selbstdarstellung von Thurn und Röttgen im Blick auf die Vorbereitung der Buchmesse, die das Thema »Religion« erhalten hatte).
2. «Börsenblatt für den dt. Buchhandel«, 1.9.82: Selbstdarstellung von Thurn und Röttgen; Präsentation des neuen Programms und Ankündigung der Veranstaltungen auf der Messe.
3. «Pflasterstrand«, 25.9.-8.10.82: »Das Gleichgewicht der Erde« (Selbstdarstellung von Thurn und Röttgen).
4. «Das Gleichgewicht der Erde«: Programm der Veranstaltung am 9.10.
5. Ansprache von H. Röttgen am 9.10.
6. Buchkatalog Herbst 82/Frühjahr 83; mit zwei Aufsätzen: H. Röttgen: »Die Odyssee eines Verlages«; Chr. Thurn und H. Röttgen: »Das Gleichgewicht der Erde. Zum Besuch des Dalai Lama und zwei traditionellen Hopipriestern auf der Frankfurter Buchmesse am 9.10.82«.

---

1. S. Kap. 1.2.3.5.

9.9 Kongreß: »Keltisches Bewußtsein. Wissenschaft, Musik, Poesie«, 29.8.-2.9.1984 im Stift Zwettl/Niederösterreich

9.9.1 Verlagstexte

(vgl. auch Sammelband zur Tagung: Thomas Lehner, Keltisches Bewußtsein, 1985).
1. Werbebrief, Juni 1984.
2. «Keltisches Bewußtsein. Wissenschaft, Musik, Poesie«, Programm mit Einleitungstext vom Verlag und ausführlicher Vorstellung der Themen und Beteiligten. Themen: Keltisches Bewußtsein und neuzeitliches Denken (B.Bates, J.Hill, J. Markale); Die Kunst der Barden (H.C.Artmann, R.O'Mara, Th.Lehner); Keltischer Naturglaube und Druiden (J.Markale, M.Sills-Fuchs); Die keltische Frau (H.Göttner-Abendroth, L.Francia); Das keltische Christentum (M.Bischof, G.Steiner); Keltisches Bewußtsein und Politik (M.Cazenave, R.Kearney); Die Kelten und die Musik (G.v.Einem, L.Ingrisch, P.Ewen u.a.); Keltisches Bewußtsein und moderne Kunst (D.Mezricky, F.Righi).

9.9.2 Reaktionen

1. Hinweise und redaktionelle Vorankündigungen in: »BDA-Informationen« (Bund dt. Architekten) 1984/3; »Börsenblatt des dt. Buchhandels« 63, 7.8.84; »Frankfurter Allgemeine Zeitung«, 17.8.84; »Kurier«, Wien, 7.8.84; »Main Post«, 2.8.84.
2. «Der Spiegel«, 17.9.84: »Kehrt wieder, Kelten, wir brauchen euch« (ausführlicher kritischer Bericht von P.Brügge).
3. «Wochenpresse« 8/84: »Die Kelten im Kopf« (kritischer Bericht von R.J. Wojta).
4. (Vgl. auch Gugenberger und Schweidlenka: Mutter Erde, S. 276-280).[2]

9.10 Verlagstexte zum Kongreß: »Metapolitik« (München, 7. Oktober 1985)

1. Programm mit Aufsatz: »Portrait eines Verlages – Von der Politik zur Metapolitik« von H. Röttgen.
2. Pressemitteilung: Vortrag mit demselben Titel: München, 22.11.85.

2. S. Kap. 1.2.3.5.

9.11 Verlagstext zum Kongreß: »Raum und Zeit«, Grainau 1986

Programm mit Vortragsthemen: Dalai Lama, »Raum und Zeit im Buddhismus«; C.F.v.Weizsäcker, »Raum und Zeit in den modernen Naturwissenschaften«; M.L.v.Franz: »Das Gesetz der Synchronizität«; R.Panikkar: »Die Bedeutung der raum-zeitlichen Begegnung von Ost und West«; J.Needham, »Raum und Zeit in der chinesischen Geistesgeschichte«; Chunglian Al Huang, »T'ai Ji – Erfahrungen von Raum und Zeit als Energie«.

9.12 Weitere Buchbesprechungen

Sammelbesprechung über »Hexen«-Bücher von Trikont und Frauenoffensive, von Thomas Lehner (zustimmend), in: »Geist und Psyche« 6/79.
B.Wongar, Spuren der Traumzeit (1981, über Aborigines); Besprechungen in: »Ulcus Molle« 7/8, 1982; »Twen Magazin Bücher«, Mai 1982; »Löschblatt« (1982); »Trickster« No. 8; »Die Zeit«, 2.7.82 (Kinder- und Jugendbücher, ab 14 Jahre).
D.Boyd: Rolling Thunder (1978): Besprechung in: »Kurier« (Wien) 1981.
Schulz/Albers: Nicht nur Bäume haben Wurzeln (1982): Besprechung in: »Tageszeitung«, 7.7.82 (kritisch).

D. Alphabetische Listen

10. Abkürzungsverzeichnis

(Hier nicht verzeichnete Abkürzungen richten sich nach dem Abkürzungsverzeichnis der Theologischen Realenzyklopädie, Berlin 1976)

Börsenblatt	Börsenblatt des deutschen Buchhandels, Frankfurt a.m.
CPB	Christlich Pädagogische Beiträge (Österreich).
Diak.	Diakonia. Internationale Zeitschrift für die Praxis der Kirche, Mainz.
ER	Encyclopedia of Religion, hrsg. v. M. Eliade, 12 Bde., Chicago 1987.
EvErz	Der Evangelische Erzieher, Frankfurt a.M.
HrwG	Handbuch religionswissenschaftlicher Grundbegriffe, hrsg. v. Hubert Cancik, Burkhard Gladigow und Matthias Laubscher, Stuttgart u.a., 1988ff (bisher Bd. 1, 1988, und Bd. 2, 1990).
HWP	Historisches Wörterbuch der Philosophie, hrsg. v. Joachim Ritter, Basel u.a., 1971ff (Lizenzausgabe Darmstadt 1971ff).
IJRS	Internationales Jahrbuch für Religionssoziologie, Köln und Opladen.
IRM	International Review of Mission, Genf.
MD	Materialdienst der Evangelischen Zentralstelle für Weltanschauungsfragen, Stuttgart.
Nachrichten	Nachrichten der Evangelisch-Lutherischen Kirche in Bayern, München.
RE²	Realencyklopädie für protestantische Theologie und Kirche, 2. Aufl., hrsg. v. I. Herzog und G.Plitt, Leipzig 1877-1888.
RE³	Realencyklopädie für protestantische Theologie und Kirche, 3. Aufl., hrsg. v. A. Albert Hauck, Leipzig 1896-1909.
RGG³	Die Religion in Geschichte und Gegenwart, 3. Aufl., hrsg. v. Kurt Galling, Tübingen 1957-65.
SZ	Süddeutsche Zeitung, München.
ZfS	Zeitschrift für Soziologie.

11. Mehrfach zitierte Literatur und Sammelbände

Altner, Günther (Hrsg.) (1989): Ökologische Theologie, Stuttgart.
Anonymus (1925): [i.e. R. Freih.v. Sebottendorf:] Die Symbole des Tierkreises. Der Schlüssel zu dem astrologischen Weltbild, Leipzig: Theosophisches Verlagshaus (= Astrologische Bibliothek, Bd. 19).
Antes, Peter, und Pahnke, Donate (Hrsg.) (1989): Die Religion von Oberschichten. Religion – Profession – Intellektualismus, Marburg: Diagonal (Veröffentlichungen der 19. Jahrestagung der Deutschen Vereinigung für Religionsgeschichte vom 3. bis 7. Oktober 1988 in Hannover).
Antwort der Erde. Wegweiser zu einer planetaren Kultur, München: Ahorn, 1978 (Original: Earth's Answer: Explorations of Planetary Culture at the Lindisfarne Conferences, New York: Harper & Row: Lindisfarne Books, 1977).
Baadte, Günter und Rauscher, Anton (Hrsg.) (1988): Neue Religiosität und säkulare Kultur, Graz u.a.: Styria.
Bachmann, Anita und Schaeffer, Michael (Hrsg.) (1990): Neue Wege – neue Ziele. Denkanstöße und Orientierungshilfen in der Wendezeit, München: Heyne (Originalausgabe).
Bächtold-Stäubli, Hanns (Hrsg.) (1927-1942): Handwörterbuch des deutschen Aberglaubens, 10 Bde., Berlin und Leipzig: De Gruyter.
Bailey, Alice A. (1948): Die Wiederkunft Christi, Genf: Lucis Verlag, ²1970 (dt. Erstausgabe ebd., 1954; Original: The Reappearance of the Christ, New York 1948).
Bailey, Alice A. (1949): Die Unvollendete Autobiographie, Genf und Ludwigsburg o.J.: Lucis Trust (Original: The Unfinished Autobiography, erstmals veröffentlicht von Foster Bailey, 1949).
Bailey, Alice A. (1954): Erziehung im Neuen Zeitalter, Genf: Lucis Trust und Bietigheim: Turm, ²1980 (¹1966; Original: Education in the New Age, 1954).
Ball, Bryan W. (1975): A Great Expectation. Eschatological Thought in English Protestantism to 1660, Leiden.
Bateson, Gregory (1972): Ökologie des Geistes. Anthropologische, psychologische, biologische und epistemologische Perspektiven, Frankfurt a.M.: Suhrkamp (Tb.), 1985 (dt. Erstausgabe: ebd., 1981; Original: Steps to an Ecology of Mind, 1972).
Bateson, Gregory (1979): Geist und Natur. Eine notwendige Einheit, Frankfurt: Suhrkamp (Tb.), ²1990 (dt. Erstausgabe: ebd., 1982; Original: Mind and Nature. A Necessary Unit, New York 1979).
Bateson, Gregory und Bateson, Mary Catherine (1987): Angels Fear: Toward an Epistemology of the Sacred, New York: Macmillan.
Bateson, M. Catherine (1984): Mit den Augen einer Tochter. Erinnerungen an Margaret Mead und Gregory Bateson, Reinbek: Rowohlt (Tb.), 1986 (Original: With a Daughter's Eye. A Memoir of Margaret Mead and Gregory Bateson, New York 1984).
Bauckham, Richard (1981): Art. »Chiliasmus IV: Reformation und Neuzeit«, TRE Bd.7 (1981), 737-745.
Becker, Udo (1981): Lexikon der Astrologie. Astrologie, Astronomie, Kosmologie, Herrsching: Pawlak, 1988 (zuerst Freiburg: Herder, 1981; Tb.-Ausg. München: Goldmann, 1984).
Benz, Ernst (1934): Ecclesia spiritualis. Kirchenidee und Geschichte der franziskanischen Reformation, Stuttgart (Nachdruck Darmstadt 1969).
Benz, Ernst (1956): Creator Spiritus. Die Geistlehre des Joachim von Fiore, in: Eranos-Jahrbuch 25 (1956), 285-355.

Benz, Ernst (1965): Schöpfungsglaube und Endzeiterwartung. Antwort auf Teilhard de Chardins Theologie der Evolution, München.
Benz, Ernst (1973): Endzeiterwartungen zwischen Ost und West. Studien zur christlichen Eschatologie, Freiburg i.Br.
Benz, Ernst (1979): Vision und Offenbarung. Gesammelte Swedenborg-Aufsätze, Zürich: Swedenborg Verlag, 1979.
Benz, Ernst (^{2}1969): Emanuel Swedenborg. Naturforscher und Seher, Zürich: Swedenborg Verlag (zuerst 1948).
Berger, Peter L. (1967): Zur Dialektik von Religion und Gesellschaft. Elemente einer soziologischen Theorie, Frankfurt a.M. 1988 (dt. Erstausgabe 1973; Original: The Sacred Canopy, Garden City/New York, 1967).
Berger, Peter L. (1979): Der Zwang zur Häresie. Religion in der pluralistischen Gesellschaft, Frankfurt: S. Fischer, 1980 (Original: The Heretical Imperative. Contemporary Possibilities of Religious Affirmation, Garden City/N.Y., 1979).
Bergler, Manfred (1981): Die Anthropologie des Grafen Karlfried von Dürckheim im Rahmen der Rezeptionsgeschichte des Zen-Buddhismus in Deutschland, ungedr. Diss., Erlangen.
Bergmann, Horst, und Zwink, Eberhard (Bearb.) (1988): Emanuel Swedenborg 1688-1772. Naturforscher und Künder der Überwelt. Begleitbuch zu einer Ausstellung und Vortragsreihe der Württembergischen Landesbibliothek Stuttgart, 29.1.-25.3.1988, Stuttgart.
Berman, Morris (1981): Die Wiederverzauberung der Welt. Am Ende des Newtonschen Zeitalters, Reinbek: Rowohlt (Tb., »transformation«), 1985, dt. Erstausgabe München: Dianus-Trikont 1983; Original: Reenchantment of the World, Ithaca und London 1981.
Bezold, Friedrich v. (1892): Astrologische Geschichtskonstruktion im Mittelalter, in: ders.: Aus Mittelalter und Renaissance. Kulturgeschichtliche Studien, München und Berlin 1918 (zuerst 1892).
Blavatsky, Helena Petrowna (1877): Isis entschleiert. Ein Meisterschlüssel zu den Geheimnissen alter und neuer Wissenschaften und Theologie. Bd. 1: Wissenschaft; Bd. 2: Theologie, Den Haag: J.J. Couvreur, o.J. (dt. Erstausgabe (?) u.d.T.: Die entschleierte Isis, 3 Bde., Leipzig: Theosoph. Verlagshaus, 1922; Originalausgabe: Isis Unveiled, 1877).
Blavatsky, Helena Petrowna (1888): Die Geheimlehre. Die Vereinigung von Wissenschaft, Religion und Philosophie, übs. v. Robert Froebe, 6 Bde., Den Haag: J.J. Couvreur o.J. (dt. Erstausgabe 1899; 1909 erschien eine Ausgabe »2 Bde. in Lexikon-Format« bei Max Altmann in Leipzig; Originalausgabe: The Secret Doctrine. The Synthesis of Science, Religion and Philosophy, 1888). Bd. 1: Kosmogenesis, Teil A: Kosmische Evolution, Teil B: Entwicklung der Symbolik; Bd. 2: Anthropogenesis, Teil A: Zwölf Strophen aus dem Buche des Dzyan, Teil B: Die archaische Symbolik der Weltreligionen und Zusätze; Bd. 3: Esoterik; Bd. 4: Indexband.
Block, Marguerite Beck (1932): The New Church in the New World. A Study of Swedenborgianism in America, New York: Octagon, 1968 (Erstausgabe: 1932).
Böcher, Otto (1981): Art. »Chiliasmus I«, in: TRE Bd.7 (1981), 723-729.
Bochinger, Christoph (1987): Ganzheit und Gemeinschaft. Zurm Verhältnis von theologischer und anthropologischer Fragestellung im Werk Bruno Gutmanns, Frankfurt a.M. u.a.
Bohnke, Ben (1989): Die schöne Illusion der Wassermänner. New Age, die Zukunft der sanften Verschwörung, Düsseldorf u.a.: Econ.
Boll Franz (1950): Kleine Schriften zur Sternkunde des Altertums, Leipzig.
Boll, Franz (1903): Sphaera. Neue griechische Texte und Untersuchungen zur Geschichte der Sternbilder, Leipzig.
Boll, Franz (1908): Die Erforschung der antiken Astrologie (1908), in: ders. (1950), 1-28.
Bonet-Maury, Gaston (1908): Art. »Ages of the World: Christian«, in: ERE Bd.1 (1908), 190-192.

Brück, Michael von (Hrsg.) (1985): Dialog der Religionen. Bewußtseinswandel der Menschheit, München: Goldmann, 1987 (Original: Emerging Consciousness for a New Humankind, Bangalore, Indien, 1985).

Brück, Michael von (1986): Einheit der Wirklichkeit. Gott, Gotteserfahrung und Meditation im hinduistisch-christlichen Dialog, München: Chr. Kaiser ²1987, ¹1986).

Bürkle, Horst (Hrsg.) (1988): New Age. Kritische Anfragen an eine verlockende Bewegung, Düsseldorf.

Caddy, Eileen (1977): The Spirit of Findhorn. Words to live by from the cofounder of the extraordinary Findhorn Community, Romford/GB: Fowler, 1977.

Caddy, Eileen (1988): Flug in die innere Freiheit. Autobiographie der Mitbegründerin der Findhorn-Gemeinschaft Eileen Caddy, Kimratshofen: Greuth Hof Verlag, 1988 (Original: Flight into Freedom, Longmead (G.B.) 1988).

Cancik, Hubert (1990): Art.»Esoterik«, in: HrwG Bd.2 (1990), 345f.

Cancik, Hubert, und Gladigow, Burkhard, und Laubscher, Matthias (Hrsg.) (1988ff): Handbuch religionswissenschaftlicher Grundbegriffe (= HrwG), Bd.I und II, Stuttgart.

Capra, Fritjof (1975): Das Tao der Physik. Die Konvergenz von westlicher Wissenschaft und östlicher Philosophie, 10. Aufl. der Neuausgabe, München: O.W. Barth im Scherz-Verlag, 1988 (dt. zuerst unter dem Titel: Der kosmische Reigen, Weilheim und München: O.W. Barth, 1977; Taschenbuchausgabe: dtv, 1992; Original: The Tao of Physics. An Exploration of the Parallels between Modern Physics and Eastern Mysticism, London: Wildwood House, 1975).

Capra, Fritjof (1982): Wendezeit. Bausteine für ein neues Weltbild. Überarbeitete und erweiterte Ausgabe, München: Scherz, 14. Aufl. 1987 (= überarbeitete Neuausgabe 1985, dt. Erstausgabe 1983, Taschenbuchausgaben: Knaur (Reihe»Esoterik«), 1988; München: dtv, 1991; Original: The Turning Point, 1982).

Capra, Fritjof (1987): Das Neue Denken. Die Entstehung eines ganzheitlichen Weltbildes im Spannungsfeld zwischen Naturwissenschaft und Mystik, München: Scherz, 1987 (Original: Uncommon Wisdom. Conversations with Remarkable People, 1987).

Capra, Fritjof (1988): Die neue Sicht der Dinge, in: Bürkle (Hrsg.) (1988), 11-24.

Capra, Fritjof, und Steindl-Rast, David (1991): Wendezeit im Christentum. Perspektiven für eine aufgeklärte Theologie, München: Scherz, 1991 (Original: A Sense of Belonging, 1991).

Carpenter, Edward (1896): Frühe Gestirn- und Geschlechtsriten, in: ders.: Wenn die Menschen reif zur Liebe werden, übs. v. Karl Federn, Leipzig 1902 (Original: Love's Coming of Age, Manchester 1896), 259-270.

Carpenter, Edward (1920): Pagan and Christian Creeds, London ²1921 (¹1920).

Cavendish, Richard (Hrsg.) (1974): Encyclopedia of the Unexplained. Magic, Occultism and Parapsychology. The ultimate guide to the unknown, the esoteric and the unproven, London: Arkana, 1989 (Erstausgabe London 1974).

Colpe, Carsten (1989): Die Zeit in drei asiatischen Hochkulturen (Babylonien – Iran – Indien), in: H.Gumin und H.Meier (Hrsg.): Die Zeit. Dauer und Augenblick. Veröffentlichungen der Carl Friedrich von Siemens Stiftung Bd. 2, München und Zürich: Piper, ³1992 (²1989), 225-256 (zuerst 1983).

Cohn, Norman (1957): Das Ringen um das Tausendjährige Reich. Revolutionärer Messianismus im Mittelalter und sein Fortleben in den modernen totalitären Bewegungen, Bern und München: Francke, 1961 (Original: The Pursuit of the Millenium, London 1957).

Conze, Edward (1962): Buddhistisches Denken. Drei Phasen buddhistischer Philosophie in Indien, Frankfurt a.M.: Suhrkamp, 1990 (dt. Erstausgabe 1988; Original: Buddhist Thought in India, 1962, ²1983).

Coomaraswamy, Ananda K. (1918): The Dance of Shiva. Fourteen Indian Essays, New York: The Sunwise Turn.

Daiber, Karl-Fritz und Luckmann, Thomas (Hrsg.) (1983): Religion in den Gegenwartsströmungen der deutschen Soziologie, München.

Deck, Raymond H. (Jr.) (1978): Blake and Swedenborg, Brandeis University (Ph.D.).

Deltgen, Florian (1969): »Bewegung« als historischer und soziologischer Begriff. Versuch einer theoretischen Präzisierung, Diss. Köln.

Dempf, Alois (1929): Sacrum Imperium. Geschichts- und Staatsphilosophie des Mittelalters und der politischen Renaissance, Darmstadt 1973 (Nachdruck der Ausgabe München und Berlin 1929).

Der Findhorn Garten, Berlin: Frank Schickler Verlag, 1981 (mit Beiträgen von Sir George Trevelyan, Peter Caddy, Eileen Caddy, Dorothy Maclean, Robert O. Crombie (Roc), David Spangler u.a.; Original: The Findhorn Garden, 1975).

Diels, Hermann (*1957): Die Fragmente der Vorsokratiker, Hamburg: Rowohlt.

Diwald, Susanne (1975): Arabische Philosophie und Wissenschaft in der Enzyklopädie: Kitâb Ihwân as-safâ (III). Die Lehre von Seele und Intellekt, Wiesbaden.

Dowling, Eva S. (1911): Einleitung, in: Dowling (1908) (seit der 3. Aufl. 1911), 9-20.

Dowling, Levi H. (Pseudonym: »Levi«) (1908): Das Wassermannevangelium von Jesus dem Christus, München: Hugendubel, ^{9}1990 (dt. Erstausgabe 1980; Original: The Aquarian Gospel of Jesus the Christ. The Philosophical and Practical Basis of the Religion of the Aquarian Age of the World and of the Church Universal. Transcribed from the Book of God's Remembrance, known as the Akashic Records, by Levi, with introduction by Eva S. Dowling, London und Los Angeles, 1911 (Erstveröffentlichung: ... with introduction by Hon. Henry A. Coffeen, London und Los Angeles: 1908).

Drehsen, Volker (1988): Neuzeitliche Konstitutionsbedingungen der Praktischen Theologie, 2 Bde., Gütersloh: Mohn.

Drehsen, Volker und Häring, Hermann u.a. (Hrsg.) (1988): Wörterbuch des Christentums, Gütersloh.

Drews, Arthur (1923): Der Sternenhimmel in der Dichtung und Religion der alten Völker und des Christentums. Einführung in die Astralmythologie, Jena: Eugen Diederichs.

Drury, Nevill (1985): Lexikon esoterischen Wissens, München: Knaur (Tb., »Esoterik«) 1988, (Original: Dictionary of Mysticism and the Occult, 1985).

Duhem, Pierre (1913ff): Le Système du monde. Histoire des doctrines cosmologiques de Platon a Copernic, 5 Bde., Paris.

Dülmen, Richard van (1989): Religion und Gesellschaft. Beiträge zur Religionsgeschichte der Neuzeit, Frankfurt a.M.

Dülmen, Richard van (1989a): Reformationsutopie und Sozietätsprojekte bei Johann Valentin Andreae, in: ders. (1989), 70-89.

Dumoulin, Heinrich (1990): Zen im 20. Jahrhundert, München: Kösel.

Dumoulin, Heinrich (Hrsg.) (1970): Buddhismus der Gegenwart, Freiburg u.a.: Herder.

Dürckheim, Karlfried Graf (1951): Im Zeichen der Großen Erfahrung, Planegg : O.W.Barth.

Dürckheim, Karlfried Graf (1988) und (1992): Weg der Übung. Geschenk der Gnade. Frankfurter Vorträge, hrsg. v. Christa Well, Aachen: N.F. Weitz, Bd.1 1988, Bd.2 1992.

Dürr, Hans-Peter und Zimmerli, Walther Ch. (Hrsg.) (1989): Geist und Natur. Über den Widerspruch zwischen naturwissenschaftlicher Erkenntnis und philosophischer Welterfahrung, München: Scherz.

Ebeling, Gerhard (1958): Art. »Geist und Buchstabe«, in: RGG^3 Bd.2 (1958), 1290-1296.

Eggenberger, Oswald und Keller, Carl A. und Mischo, Johannes und Müller, Joachim und Voss, Gerhard (1987): New Age aus christlicher Sicht. New Age, Apokalyptik, Gnosis, Astrologie, Okkultismus, Freiburg/Schweiz: Paulus.

Eliade, Mircea (1976): Das Okkulte und die moderne Welt. Zeitströmungen in der Sicht der

Religionsgeschichte, Salzburg 1978 (Original: Occultism, Witchcraft, and Cultural Fashions, Essays in Comparative Religions, Chicago und London 1976).

Erdman, David V. (Hrsg.) (1967): A Concordance to the Writings of William Blake, 2 Bde., Ithaca (N.Y.).

Faivre, Antoine (1987): Art. »Esotericism«, in: ER Bd.5 (1987), 156-163.

Faivre, Antoine (1987a): Art. »Occultism«, in: ER Bd.11 (1987), 36-40.

Feder, Angela (1991): Reinkarnationshypothese in der New Age-Bewegung, Nettetal: Steyler Verlag.

Ferguson, Marilyn (1980): Die sanfte Verschwörung. Persönliche und gesellschaftliche Transformation im Zeitalter des Wassermanns, München: Knaur (Tb., »Esoterik-New Age«), o.J. (dt. Erstausgabe Basel: Sphinx 1982; Original: The Aquarian Conspiracy. Personal and Social Transformation in Our Time, Los Angeles: J.P.Tarcher, 1980) (Seitenangaben beziehen sich auf die englische Ausgabe).

Flasche, Rainer (1987): »New Age« – Gegenstand der Religionswissenschaft?, in: Spirita. Zeitschrift für Religionswissenschaft (Marburg) 1/1987, 39-41.

Frank, Walter A. (1987): New Age, Wissenschaft, Gesellschaft, in: Spirita Nr. 1 (1987), 41-43.

Frauwallner, Erich (1953): Geschichte der indischen Philosophie Bd.1, Salzburg: Otto Müller.

Frick, Karl R.H. (1973): Die Erleuchteten. Gnostisch-theosophische und alchemistisch-rosenkreuzerische Geheimgesellschaften bis zum Ende des 18. Jahrhunderts – Ein Beitrag zur Geistesgeschichte der Neuzeit, Graz: Akademische Druck- und Verlagsanstalt.

Frick, Karl R.H. (1975): Licht und Finsternis. Gnostisch-theosophische und freimaurerischokkulte Geheimgesellschaften bis an die Wende zum 20. Jahrhundert, Bd.1: Ursprünge und Anfänge (= Die Erleuchteten II,1), Graz: Akademische Druck- und Verlagsanstalt.

Frick, Karl R.H. (1978): Licht und Finsternis. Gnostisch-theosophische und freimaurerischokkulte Geheimgesellschaften bis an die Wende zum 20. Jahrhundert, Bd.2: Geschichte ihrer Lehren, Rituale und Organisationen (= Die Erleuchteten II,2), Graz.

Frick, Karl R.H. (1980): Weltanschauungen des »modernen« Illuminismus, in: Mohler und Peisl (Hrsg.) (1980), 245-300.

Gatz, Bodo (1967): Weltalter, goldene Zeit und sinnverwandte Vorstellungen, Hildesheim: Georg Olms.

Geisler, Gert (Hrsg.) (1984): New Age – Zeugnisse der Zeitenwende, Freiburg i. B.: Bauer, (Tb.), ²1987 (¹1984).

Geometry (1890): Geometry in Religion and the exact dates in Biblical History after the monuments; or, the fundamental principles of christianity; the precessional year etc, As based on the teaching of the ancients by the cube, square, circle, pyramid etc., London.

Gerl, Hanna-Barbara (1989): Einführung in die Philosophie der Renaissance, Darmstadt.

Geyer, Carl-Friedrich (1981): Gegenkultur und Mythos, in: Orientierung. Katholische Blätter für weltanschauliche Information, 31.10.1981.

Giger, Andreas (Hrsg.) (1989): Was bleibt vom New Age? Freiburg: Bauer.

Gonda, Jan (1960/63): Die Religionen Indiens, Stuttgart, Bd.1 (1960), Bd.2 (1963).

Greive, Wolfgang und Niemann, Raul (Hrsg.) (1990): Neu glauben? Religionsvielfalt und neue religiöse Strömungen als Herausforderung an das Christentum, Gütersloh: Gerd Mohn.

Greshake, Gisbert (1986): Art. »Spiritualität«, in: U.Ruh u.a. (Hrsg.): Handwörterbuch religiöser Gegenwartsfragen, Freiburg i.Br. u.a.: Herder, 1986, 443-448.

Greverus, I. und Welz, G. (Hrsg.) (1990): Spirituelle Wege und Orte. Untersuchungen zum New Age im urbanen Raum, Frankfurt (Schriftenreihe des Instituts für Kulturanthropologie und Europäische Ethnologie der Universität Frankfurt am Main, Bd.33).

Greverus, Ina-Maria (1990a): Neues Zeitalter oder Verkehrte Welt. Anthropologie als Kritik, Darmstadt: Wiss. Buchges.

Grof, Stanislav (1985): Geburt, Tod, Transzendenz. Neue Dimensionen in der Psychologie,

München: Kösel 1985 (Original: Beyond the Brain. Birth, Death and Trancendence in Psychiatry, Albany (NY): SUNY-Press, 1985).
Grof, Stanislav (1987): Das Abenteuer der Selbstentdeckung. Heilung durch veränderte Bewußtseinszustände. Ein Leitfaden, München: Kösel 1987 (Original: The Adventure of Selfdiscovery, Albany (NY): SUNY-Press, 1987).
Grönbold, Günter (1985): Jesus in Indien. Das Ende einer Legende, München: Kösel.
Gruber Elmar R., und Fassberg, Susan (1986): New-Age-Wörterbuch. 300 Schlüsselbegriffe von A – Z, Freiburg i.B.: Herder (Tb., »Zeitwende«).
Gruber, Elmar R. (1989): Sanfte Verschwörung oder sanfte Verblödung? Kontroversen um New Age, Freiburg: Herder (Tb., »Zeitwende«).
Gründel Johannes (1967): Neue Wege der Spiritualität – Beruf als Chance christlichen Lebens, in: Glaube – Wissenschaft – Zukunft. Katholischer deutscher Akademikertag München 1967 (o.O., o.J.), 137-164.
Grundmann, Herbert (1927): Studien über Joachim von Fiore, Darmstadt 1966 (= Neudruck der Ausgabe Leipzig und Berlin, 1927).
Grundmann, Herbert (1934): Die Grundzüge der mittelalterlichen Geschichtsanschauungen (1934), in: ders. (1977), 211-219.
Grundmann, Herbert (1977): Ausgewählte Aufsätze, Teil 2: Joachim, Stuttgart (Schriften der MGH, Bd.25,2).
Guariglia, Guglielmo (1959): Prophetismus und Heilserwartungs-Bewegungen als völkerkundliches und religionsgeschichtliches Problem, Wien (= Wiener Beiträge zur Kulturgeschichte und Linguistik XIII).
Gugenberger, Eduard und Schweidlenka, Roman (1987): Mutter Erde, Magie und Politik. Zwischen Faschismus und Neuer Gesellschaft, Wien: Verlag für Gesellschaftskritik.
Gundel, Wilhelm und Hans Georg (1966): Astrologumena. Die astrologische Literatur in der Antike und ihre Geschichte, Wiesbaden.
Halbfass, Wilhelm (1988): India and Europe. An Essay in Understanding, New York 1988 (erweiterte Neuausgabe von: Indien und Europa, Basel 1981).
Haller, Max u.a. (Hrsg.) (1989): Kultur und Gesellschaft. Verhandlungen des 24. Dt. Soziologentags ... in Zürich 1988, Frankfurt: Campus (darin S. 277ff: Plenum D: Religion und Kultur: im Zeichen des Wassermanns?, mit Beiträgen von F.-X. Kaufmann, A. Saurma, I. Moerth und J. Matthes).
Haneke, Burkhard, und Huttner, Karltheodor (Hrsg.) (1991): Spirituelle Aufbrüche. New Age und ›Neue Religiosität‹ als Herausforderung an Gesellschaft und Kirche, Regensburg.
Hawken, Paul (1975): Der Zauber von Findhorn. Ein Bericht, München: Hugendubel, 1980 (Original: The Magic of Findhorn, New York 1975).
Hegler, Alfred (1892): Geist und Schrift bei Sebastian Franck. Eine Studie zur Geschichte des Spiritualismus in der Reformationszeit, Freiburg i.B.
Hellmann, G. (1914): Aus der Blütezeit der Astrometeorologie. J. Stöfflers Prognose für das Jahr 1524, in: ders. (Hrsg.): Beiträge zur Meteorologie Bd.1, Berlin 1914, 5-102.
Hemminger, Hansjörg (1987a): Über Glaube und Zweifel. Das New Age in der Naturwissenschaft, in: ders. (Hrsg.) (1987), 115-185.
Hemminger, Hansjörg (Hrsg.) (1987): Die Rückkehr der Zauberer. New Age – Eine Kritik, Reinbek: Rowohlt.
Herrigel, Eugen (1948): Zen in der Kunst des Bogenschießens, München u.a.: O.W.Barth/Scherz, [29]1989 (Erstausgabe Konstanz: Carl Weller, 1948, 2. Aufl. München u. Planegg: O.W.Barth, 1951).
Herrigel, Eugen (1958): Der Zen-Weg. Aufzeichnungen aus dem Nachlaß, hrsg.v. H.Tausend u. G.Herrigel, München-Planegg: O.W.Barth.

Hesse, Gunter, und Wiebe, Hans-Hermann (Hrsg.) (1988): Die Grünen und die Religion, Frankfurt a.M.: Athenäum.

Hinrichs, Carl (1955): Luther und Müntzer. Ihre Auseinandersetzung über Obrigkeit und Widerstandsrecht, Berlin, ²1962 (¹1955).

Hollstein, Walter (1969): Der Untergrund, Neuwied.

Horn, Friedemann (1954): Schelling und Swedenborg. Ein Beitrag zur Problemgeschichte des deutschen Idealismus und zur Geschichte Swedenborgs in Deutschland, Zürich: Swedenborg-Verlag (zugl. Diss. Marburg).

Horn, Friedemann (1974): Reinkarnation und christlicher Glaube, in: Alfons Rosenberg (Hrsg.): Leben nach dem Sterben, München: Kösel, 1974.

Hübner, Kurt (1985): Die Wahrheit des Mythos, München: C.H. Beck.

Hummel, Reinhart (1980): Indische Mission und neue Frömmigkeit im Westen. Religiöse Bewegungen Indiens in westlichen Kulturen, Stuttgart.

Hummel, Reinhart (1988a): Neue Religiosität als synkretistisches Phänomen, in: MD 1988, 33-42.

Hummel, Reinhart (1988c): Kult statt Kirche. Wurzeln und Erscheinungsformen neuer Religiosität außerhalb und am Rande der Kirchen, in: G. Baadte und A. Rauscher (Hrsg.) (1988): Neue Religiosität und säkulare Kultur, 43-61.

Hummel, Reinhart (1989): Neue Religiosität und New Age, in: A. Schilson (Hrsg.) (1989), 61-77.

Hummel, Reinhart (1989a): New Age und die Zukunft der Religion. Eine Antwort auf die Vorschläge von Hermann Timm, in: LM 28 (1989), 489-492.

Jantsch, Erich (1979): Die Selbstorganisation des Universums, München: dtv 1982 (Erstausgabe: München: Hanser, 1979).

Jeremias, Alfred (¹1904, ²1906, ⁴1930): Das Alte Testament im Lichte des Alten Orients, Leipzig, Erstausgabe 1904, zweite, völlig neu bearbeitete Aufl. 1906, vierte, völlig erneuerte Aufl., 1930.

Jeremias, Alfred (1908a): Das Alter der babylonischen Astrologie, Leipzig (Reihe: Im Kampf um den Alten Orient, Wehr- und Streitschriften, hrsg.v. A.Jeremias u. H.Winckler, Bd.3).

Jeremias, Alfred (1913, ²1929): Handbuch der Altorientalischen Geisteskultur, Berlin und Leipzig, zweite, völlig erneuerte Aufl., 1929 (Erstausgabe 1913).

Judah, J. Stillson (1967): The History and Philosophy of the Metaphysical Movements in America, Philadelphia.

Jung, Carl G. (1951): Aion. Beiträge zur Symbolik des Selbst (1951), in: Gesammelte Werke Bd.9,2, Olten und Freiburg i.B., 1976.

Jung, Carl G. (1958): Ein moderner Mythus. Von Dingen, die am Himmel gesehen werden (1958), in: Gesammelte Werke Bd.10, Olten und Freiburg i.B., 1974, 337-474.

Jung, Carl G. (1971a): Erinnerungen, Träume Gedanken, hrsg.v. Aniela Jaffé, Olten: Walter.

Kakuska, Rainer (Hrsg.) (1984): Andere Wirklichkeiten. Die neue Konvergenz von Naturwissenschaften und spirituellen Traditionen, München: Goldmann (Tb., »New Age«) 1986 (Erstausgabe München: Dianus-Trikont, 1984).

Kaufmann, Franz-Xaver (1989): Religion und Modernität. Sozialwissenschaftliche Perspektiven, Tübingen.

Kehrer, Günter (Hrsg.) (1980): Zur Religionsgeschichte der Bundesrepublik Deutschland, München: Kösel (Forum Religionswissenschaft).

Keller, Carl A. (1987): Christliche Gnosis und Gnosisversuche der Neuzeit – Was ist Erkenntnis?, in: O. Eggenberger u.a. (1987), 51-94.

Kerouac, Jack (1958): Gammler, Zen und Hohe Berge, Reinbek, Rowohlt (Tb.), 1971 u.ö. (dt. zuerst: Rowohlt 1963; Original: The Dharma Bums, New York: Viking, 1958).

Keynes, Geoffrey (Hrsg.) (*1966): The Complete Writings of William Blake, Oxford (Neuausgabe).

Keyserling, Arnold (1968): Geschichte der Denkstile, Wien.

Keyserling, Arnold (1990): Von der Schule der Weisheit zur Weisheit des Rades, Wien: Edition S.

Keyserling, Hermann Graf (1918): Das Reisetagebuch eines Philosophen, Frankfurt a.M.: Ullstein, 1990 (zuerst 1918).

Kiesewetter, Carl (1891): Geschichte des [neueren] Occultismus, Teil 1: Geheimwissenschaftliche Systeme von Agrippa von Nettesheim bis zu Karl du Prel, Leipzig: Max Altheim, 1891 (^{2}1909) [Titel variiert in den beiden Auflagen].

Kiesewetter, Carl (1895/96): Der Occultismus des Altertums, Leipzig: Wilhelm Friedrich, 3 Bde. (Bd.1: Akkader – Babylonier – Chaldäer – Assyrier – Meder – Perser – Inder – Ägypter – Hebräer; Bd.2: Griechen – Römer – Alexandriner – Neupythagoräer – Neuplatoniker – Gnostiker – Manichäer – Germanen und Kelten; Bd.3: Ergänzungsband: nordamerikanische Indianer).

Kippenberg, Hans G. (1990): Art.»Apokalyptik / Messianismus / Chiliasmus«, in: HrwG Bd.2 (1990), 9-26.

Kirven, Robert H. (1988): Swedenborgs Theologie im Überblick – eine Lesehilfe zu seinen Werken, in: Bergmann und Zwink (Bearb.) (1988), 44-72.

Knappich, Wilhelm (1967): Geschichte der Astrologie, Frankfurt a.M.: Vittorio Klostermann, ^{2}1984 (^{1}1967).

Knitter, Paul F. (1985): Ein Gott – viele Religionen. Gegen den Absolutheitsanspruch des Christentums, München: Kösel, 1988 (Original: No Other Name? A Critical Survey of Christian Attitudes Toward the World Religions, Maryknoll/NY: Orbis, 1985).

Knoblauch, Hubert (1989): Das unsichtbare neue Zeitalter.»New Age«, privatisierte Religion und kultisches Milieu, in: KZS 41 (1989), 504-525.

Koch, Klaus, u.a. (1980): Das Buch Daniel, Darmstadt: Wiss. Buchges., 1980.

Konitzer, Martin (1989): New Age. Über das Alte im neuen Zeitalter, Hamburg: Junius.

Konrad, Robert (1978): Art.»Apokalyptik/Apokalypsen VI: Mittelalter, in: TRE Bd.3 (1978), 275-280.

Konrad, Robert (1981): Art.»Chiliasmus III: Mittelalter«, TRE Bd.7 (1981), 734-737.

Koslowski, Peter (Hrsg.) (1988): Gnosis und Mystik in der Geschichte der Philosophie, München und Zürich: Artemis.

Kretschmar, Georg (1985): Die Offenbarung des Johannes. Die Geschichte ihrer Auslegung im 1. Jahrtausend, Stuttgart.

Kritzinger, Hans-Hermann (1911): Der Stern der Weisen, Gütersloh.

Küenzlen, Gottfried (1987): Das Unbehagen an der Moderne. Der kulturelle und gesellschaftliche Hintergrund der New Age-Bewegung, in: Hemminger (Hrsg.) (1987), 187-222.

Kugler, Franz Xaver (1907ff): Sternkunde und Sterndienst in Babel. Assyriologische, astronomische und astralmythologische Untersuchungen, Münster (Bd.1: Entwicklung der babylonischen Planetenkunde von ihren Anfängen bis auf Christus, 1907; Bd.2: Natur, Mythus und Geschichte als Grundlagen babylonischr Zeitordnung nebst eingehenden Untersuchungen der älteren Sternkunde und Meteorologie, Teil 1 1909/10, Teil 2 1912; Ergänzungen zum 1. und 2. Buch: Astronomie und Chronologie der älteren Zeit, 1913; 3. Ergänzungsheft zum ersten und zweiten Buch von Johannes Schaumberger, 1935).

Kugler, Franz Xaver (1909): Auf den Trümmern des Panbabylonismus, in: Anthropos IV (1909), 477-499.

Kugler, Franz Xaver (1910): Im Bannkreis Babels. Panbabylonistische Konstruktionen und Religionsgeschichtliche Tatsachen, Münster.

Kuhn, Thomas S. (1962): Die Struktur wissenschaftlicher Revolutionen, Frankfurt a.M.: 2., rev. und um das Postscriptum von 1969 ergänzte Aufl., 1976 (dt. Erstausgabe 1967; Original: The Structure of Scientific Revolutions, Chicago ^{1}1962, ^{2}1970).

Kuhn, Thomas S. (1977): Die Entstehung des Neuen. Studien zur Struktur der Wissenschaftsgeschichte, Frankfurt a.M. (Original: The Essential Tension. Selected Studies in Scientific Tradition and Change, Chicago und London 1977).

Kumar, Satish und Hentschel, Roswitha (Hrsg.) (1985): Viele Wege. Paradigmen einer neuen Politik, München: Dianus-Trikont.

Künkel, Hans: Das große Jahr (1922). Der Mythos von den Weltzeitaltern, Waakirchen: Urania, 1980 (Erstausgabe Jena: Diederichs, 1922, verb. 2. Aufl. ebd., 1938).

Kursbuch Nr. 86 (1986): Esoterik oder Die Macht des Schicksals, Berlin: Kursbuch Verlag.

Kursbuch Nr. 88 (1987): Gesundheit, Berlin: Kursbuch-Verlag.

Kursbuch Nr. 93 (1988): Glauben, Berlin: Kursbuch Verlag.

Kybalion. Eine Studie über die hermetische Philosophie des alten Ägypten und Griechenlands, München: Akasha o.J. (dt. Ersausgabe Heidelberg: Arkana o.J.).

Lambeck, Martin (1989): Physik im New Age, Stuttgart: EZW-Texte, Information Nr. 110, IX/1989.

Lebram, Jürgen (1978): Art. »Apokalyptik/Apokalypsen II: Altes Testament«, in: TRE Bd.3 (1978), 192-202.

Lenormant, Francois (1874): Die Geheimwissenschaften Asiens. Die Magie und Wahrsagekunst der Chaldäer, Berlin ^{2}1920 (zwei Teile in einem Band; dt. zuerst 1878, frz. Original 1874).

Lenz, Reimar (1976): Thesen zur Selbstkritik der religiösen Subkultur, in: Riedel (Hrsg.) (1976), 96-103.

Lerner, Robert E. (1988): Art. »Joachim von Fiore«, in: TRE Bd.17 (1988), 84-88.

Leuenberger, Hans-Dieter (1985): Das ist Esoterik. Eine Einführung in esoterisches Denken und in die esoterische Sprache. Dem Neugierigen wird das notwendige Grundwissen vermittelt, Bauer, (Tb.), 4. erw. Aufl. 1989 (^{1}1985).

Leuenberger, Hans-Dieter (1989): Sieben Säulen der Esoterik. Grundwissen für Suchende, Freiburg: Bauer.

Linse, Ulrich (1986): Ökopax und Anarchie. Eine Geschichte der ökologischen Bewegungen in Deutschland, München: dtv.

Linse, Ulrich (Hrsg.) (1983): Zurück o Mensch zur Mutter Erde. Landkommunen in Deutschland 1890-1933, München: dtv.

Lübbe, Hermann (1986): Religion nach der Aufklärung, Graz u.a., ^{2}1990 (Erstausgabe 1986).

Maclean, Dorothy (1975): Das Deva-Bewußtsein. Die Botschaften, in: Der Findhorn-Garten (1975), 54-77. 78-99.

Maier, Gerhard (1981): Die Johannesoffenbarung und die Kirche, Tübingen.

Maier, Johann (1990): Zwischen den Testamenten. Geschichte und Religion in der Zeit des zweiten Tempels, Würzburg: Echter.

Mangoldt, Ursula von (1958): Buddha lächelt, Maria weint. Die zwei Weisen des Heils, Planegg: O.W. Barth.

Mangoldt, Ursula von (1963): Auf der Schwelle zwischen gestern und morgen. Begegnungen und Erlebnisse, Weilheim: O.W.Barth.

Mangoldt, Ursula von (1977): Östliche und westliche Meditation. Einführung und Abgrenzung, München: Kösel.

Mangoldt, Ursula von (1979a): Auf der anderen Seite der Verzweiflung oder Rückkehr zu einem christlichen Bewußtsein, Olten: Walter.

Mangoldt, Ursula von (1981): Gebrochene Lebenslinien. Mein Weg zwischen den Zeiten, Freiburg u.a.: Herder (Tb.).

Mangoldt, Ursula von (1983): Was birgt uns in der Gefahr? An der Schwelle eines neuen Zeitalters, Freiburg u.a.: Herder.
Mascaró, Juan (Übs.) (1962): The Bhagavad Gita, London: Penguin.
Mead, G.R.S. (1917): Art. »Occultism«, in: ERE Bd.9 (1917), 444-448.
Meller, Bernhard (1954): Studien zur Erkenntnislehre des Peter von Ailly, Freiburg.
Melton, J. Gordon (1989): The Encyclopedia of American Religions, Detroit.
Miers, Horst E. (^{6}1986): Lexikon des Geheimwissens, München: Goldmann, ^{6}1986 (^{1}1976, = Neubearbeitung der Originalausgabe: Freiburg: H. Bauer, 1970).
Mohler, Armin und Peisl, Anton (Hrsg.) (1980): Kursbuch der Weltanschauungen, Frankfurt a.M.
Mühlmann, Wilhelm E. (^{2}1964): Chiliasmus und Nativismus, Berlin.
Mumford, Lewis (1956): The Transformations of Man, London 1957 (zuerst New York: Harper, 1956).
Münter, Friedrich (1827): Der Stern der Weisen. Untersuchungen über das Geburtsjahr Christi, Kopenhagen.
Mutschler, Hans-Dieter (1990): Physik, Religion, New Age, Würzburg: Echter.
Myrell, Günter, Voigt, Jürgen und Schmandt, Walther (1987): Neues Denken – Alte Geister. New Age unter der Lupe, Niedernhausen/Ts.: Falken.
Needham und Ronan (1978) = Needham, Joseph: Wissenschaft und Zivilisation in China. Band 1 der von Colin A. Ronan bearbeiteten Ausgabe, Frankfurt a.M.: Suhrkamp Taschenbuch, 1988 (dt. Erstausgabe: Frankfurt 1984; Original: Colin A. Ronan: The Shorter Science and Civilization in China. An abridgement of Joseph Needham's original text. Vol. 1, Cambridge 1978).
Needham, Joseph (1956ff): Science and Civilization in China, London, 7 Bde. in 20 Teilbänden.
Nigg, Walter (^{2}1954): Das ewige Reich. Geschichte einer Hoffnung, Zürich.
Notz, Klaus-Josef (1984): Der Buddhismus in Deutschland in seinen Selbstdarstellungen, Frankfurt u.a.: P. Lang.
Orage A[lfred] R[ichard] (*1926): An Editor's Progress, in: The New Age, März-April 1926, 235f. 246f. 258. 271f. 283f. 295f (Reprint aus: »Commonweal« (USA)).
Otto, Rudolf (1917): Das Heilige. Über das Irrationale in der Idee des Göttlichen und sein Verhältnis zum Rationalen, München: C.H.Beck 1979 (^{1}1917).
Otto, Rudolf (1926): West-östliche Mystik. Vergleich und Unterscheidung zur Wesensdeutung, München: C.H.Beck, ^{3}1971 (^{1}1926).
Pahnke, Donate (1989a): Postmoderne Religion: Ökologisch, magisch, weiblich? in: Antes und Pahnke (Hrsg.) (1989), 243-255.
Pahnke, Donate (1991): Ethik und Geschlecht. Menschenbild und Religion in Patriarchat und Feminismus, Marburg: Diagonal-Verlag.
Panikkar, Raimon (1982): Den Mönch in sich entdecken, München: Kösel, 1989 (Original: Blessed Simplicity. The Monk as Universal Archetype, New York: Seabury, 1982.
Pannenberg, Wolfhart (1986): Christliche Spiritualität. Theologische Aspekte, Göttingen 1986.
Papke, Werner (1989): Die Sterne von Babylon. Die geheime Botschaft des Gilgamesch – nach 4000 Jahren entschlüsselt, Bergisch Gladbach: Gustav Lübbe.
Paris, Ernst-Günter (1981): Das Horoskop der Menschheit. Unser Weg aus urfernen Zeiten in die Zukunft, Waakirchen 1981 (= Propheten, Priester, Professoren, 1957).
Peuckert, Will-Erich (1960): Astrologie. Geschichte der Geheimwissenschaften Bd.1, Stuttgart: Kohlhammer.
Pflüger, Peter Michael (Hrsg.) (1976): Religiöse Erfahrung im Ausbruch aus den Traditionen, Stuttgart.
Pflüger, Peter Michael (Hrsg.) (1987): Wendepunkte Erde Frau Gott. Am Anfang eines neuen Zeitalters, Olten und Freiburg: Walter.
Pietschmann, Herbert (1980): Das Ende des naturwissenschaftlichen Zeitalters, Wien und Hamburg: Paul Zsolnay.

Pilger, Matthias und Rink, Steffen (Hrsg.) (1989): Zwischen den Zeiten. Das New Age in der Diskussion, Marburg: Diagonal-Verlag.

Pingree, David (1968): The Thousands of Abû Maʿshar, London.

Prigogine, Ilya, und Stengers, Isabelle (1980): Dialog mit der Natur. Neue Wege naturwissenschaftlichen Denkens, München und Zürich: Piper, 6. Aufl. 1990 (dt. zuerst 1981, engl. Original 1980).

Putzien, Rudolf (1963): Der Allbrandfelsen. Das geistige Erbe von Atlantis für das Wassermannzeitalter, Engelberg und München: Drei Eichen Verlag.

Raine, Kathleen (1968): Blake and Tradition, 2 Bde., Princeton/New Jersey.

Raine, Kathleen (1977): Berkeley, Blake and the New Age, in: dies. (1979), 151-159 (zuerst 1977).

Raine, Kathleen (1979): Blake and the New Age, London.

Raschke, Joachim (1985): Soziale Bewegungen. Ein historisch-systematischer Grundriß, Frankfurt und New York.

Raschke, Joachim (1987): Zum Begriff der sozialen Bewegung, in: Roth und Rucht (Hrsg.) (1987), 19-29.

Reeves, Marjorie E. (1969): The Influence of Prophecy in the Later Middle Ages. A Study of Joachimism, Oxford.

Reeves, Marjorie E. (1976): Joachim of Fiore and the Prophetic Future, London.

Reiter, Udo (Hrsg.) (1976): Meditation – Wege zum Selbst, München: Mosaik.

Religionen, Religiosität und christlicher Glaube. Eine Studie, hrsg. im Auftrag des Vorstandes der Arnoldshainer Konferenz und der Kirchenleitung der Vereinigten Evangelisch Lutherischen Kirche Deutschlands von der Geschäftsstelle der Arnoldshainer Konferenz und dem Lutherischen Kirchenamt Hannover, Gütersloh 1991.

Riedel, Ingrid (Hrsg.) (1976): Der unverbrauchte Gott. Neue Wege der Religiosität, Bern u.a.: Scherz (mit Beiträgen von D. Sölle, G. Szczesny, H. Aichelin, U. Olvedi, H. Wöller, R. Lenz, P.M. Hamel, G.M. Martin, S. Schaup, F.-A. Viallet, Th. Sartory, R. Steckel, I. Riedel).

Riedel, Ingrid (1976a): Nachwort, in: dies. (Hrsg.) (1976), 223-249.

Riesebrodt, Martin (1990): Fundamentalismus als patriarchalische Protestbewegung. Amerikanische Protestanten (1910-28) und iranische Schiiten (1961-79) im Vergleich, Tübingen.

Rosenberg, Alfons (1949): Zeichen am Himmel. Das Weltbild der Astrologie, München: Kösel, ²1984 (Erstausgabe Zürich: Metz, 1949).

Rosenberg, Alfons (1958): Durchbruch zur Zukunft. Der Mench im Wassermannzeitalter, Bietigheim: Turm, 2. Aufl. o.J. (ca. 1971), (Erstausgabe München-Planegg: O.W. Barth, 1958).

Rosenberg, Alfons (1973): Die Welt im Feuer. Wandlungen meines Lebens, Freiburg i.Br.: Herder.

Rosenberg, Alfons, Hrsg (1955): Joachim von Fiore, Das Zeitalter des heiligen Geistes, Bietigheim: Turm-Verlag 1977 (Erstausgabe: München-Planegg: O.W.Barth, 1955).

Roszak, Theodore (1968/69): Gegenkultur. Gedanken über die technokratische Gesellschaft und die Opposition der Jugend, Düsseldorf und Wien: Econ, 1971 (Original: The Making of a Counter Culture, New York 1968/69).

Roszak, Theodore (1972): Where the Wasteland Ends. Politics and Transcendence in Postindustrial Society, Garden City (New York).

Roszak, Theodore (1975): Das unvollendete Tier. Eine neue Stufe in der Entwicklung des Menschen, Reinbek: Rowohlt (Tb., »transformation«) 1985 (dt. Erstausgabe München: Dianus-Trikont, 1982; Original: Unfinished Animal, 1975).

Roszak, Theodore (1978): Mensch und Erde auf dem Weg zur Einheit. Ein Manifest, Reinbek: Rowohlt (Tb., »transformation«), 1986 (dt. Erstausgabe bei Ahorn Verlag, Soyen, 1982; Original: Person/Planet. The Creative Disintegration of Industrial Society, New York: Anchor/Doubleday 1978).

Roszak, Theorore (Hrsg.) (1972a): Sources. An Anthology of Contemporary Materials Useful for Preserving Personal Sanity while Braving the Great Technological Wilderness, New York und London: Harper & Row.

Roth, Roland, und Rucht, Dieter (Hrsg.) (1987): Neue soziale Bewegungen in der Bundesrepublik Deutschland, Frankfurt und New York: Campus.

Röttgen, Herbert, und Rabe, Florian (1978): Vulkantänze. Linke und alternative Ausgänge, München: Trikont.

Rudolph, Kurt (1977): Die Gnosis. Wesen und Geschichte einer spätantiken Religion, Göttingen ^{2}1980 (1. Aufl. Leipzig 1977).

Ruppert, Hans-Jürgen (1985): New Age. Endzeit oder Wendezeit? Wiesbaden: Coprint.

Ruppert, Hans-Jürgen (1988): Durchbruch zur Innenwelt. Spirituelle Impulse aus New Age und Esoterik in kritischer Betrachtung, Stuttgart: Quell.

Russell, Peter (1982): Die erwachende Erde. Unser nächster Evolutionssprung, München: Heyne, 1984 (Orignial: The Awakening Earth. The Global Brain, 1982).

Santillana, Giorgio de, und Dechend, Hertha von (1969): Hamlet's Mill. An Essay on Myth and the Frame of Time, Boston.

Sarton, George (1927ff): Introduction to the History of Science. Bd.1: From Homer to Omar Khayyam, Baltimore 1927; Bd.2: From Rabbi Ben Ezra to Roger Bacon, London 1931; Bd.3: Science and Learning in the 14th Century, Baltimore 1947/8.

Sartory, Thomas (1967): Wandel christlicher Spiritualität, Einsiedeln.

Sasse, Hermann (1933): Art.»Aiôn«, in: ThWNT Bd.1 (1933), 197-209.

Schaup, Susanne (1985): Wo Leben wieder menschlich wird. An der Schwelle des New Age – Alternatives Leben in Amerika, Freiburg: Herder (Tb.).

Schibilsky, Michael (1976): Religiöse Erfahrung und Interaktion: Die Lebenswelt jugendlicher Randgruppen, Stuttgart u.a.: Kohlhammer.

Schilson, Arno (Hrsg.) (1989): Gottes Weisheit im Mysterium. Vergessene Wege christlicher Spiritualität, Mainz: Matthias-Grünewald.

Schiwy, Günther (1987): Der Geist des neuen Zeitalters. New-Age-Spiritualität und Christentum, München: Kösel.

Schluchter, Wolfgang (1980): Rationalismus der Weltbeherrschung. Studien zu Max Weber, Frankfurt am Main.

Schluchter, Wolfgang (1984): Max Webers Studie über Hinduismus und Buddhismus. Interpretation und Kritik, Frankfurt a.M.

Schmidt, Karl Otto (1971): Der kosmische Weg der Menschheit im Wassermannzeitalter, München und Engelberg: Drei Eichen, ^{2}1980 ^{1}1971).

Schmidt, Karl Otto (1978): Der Weg zur Vollendung durch Medition und Kontemplation, München und Engelberg: Drei Eichen, 4. Aufl. o.J. (zuerst 1978).

Schmidt, Karl Otto (Hrsg.) (1932): Neugeist. Die Bewegung des neuen Zeitalters. Organisation, Reform-Programm, Arbeitsweise und Erfolgstechnik. Anweisung zu Gründung und Leitung neugeistiger Tat-Gemeinschaften. Im Auftrag der Neugeistzentrale hrsg. v. K.O. Schmidt, Pfullingen/Württ.. Johannes Baum, o.J. (1932).

Schmidt, Roderich (1955/6): Aetates mundi. Die Weltalter als Gliederungsprinzip der Geschichte, in: ZKG 67 (1955/6), 288-317.

Schmidt-Leukel, Perry (1992): ›Den Löwen brüllen hören‹. Zur Hermeneutik eines christlichen Verständnisses der buddhistischen Heilsbotschaft, Paderborn: Schöningh, 1992 (zugl. Diss. München 1989).

Schneider, Michael (1991): New Age. Empirische Studien zur NEW AGE Bewegung. Glaubensspielräume, hrsg. v. Gerald Eberlein und Anton Maria Kirchdorfer, Vaduz: Bild- und Verlagsanstalt.

Schorsch, Christof (1988): Die New Age Bewegung. Utopie und Mythos der Neuen Zeit. Eine kritische Auseinandersetzung, Gütersloh: Gerd Mohn.

Schulze-Berndt, Hermann, u.a. (1986): Neue religiöse Bewegungen innerhalb und außerhalb der Kirchen, München: Kösel.

Schütz, Christian (1988a): Art. »Spiritualität, christliche«, in: ders. (Hrsg.) (1988), 1170-1180.

Schütz, Christian (Hrsg.) (1988): Praktisches Lexikon der Spiritualität, Freiburg i.B.: Herder, ²1992 (¹1988).

Schwarte, Karl-Heinz (1978): Art. »Apokalyptik/Apokalypsen V: Alte Kirche«, in: TRE Bd.3 (1978), 257-275.

Schwarz, Reinhard (1977): Die apokalyptische Theologie Thomas Müntzers und der Taboriten, Tübingen.

Schwendter, Rolf (1971): Theorie der Subkultur, Köln und Berlin.

Schwendter, Rolf (1988): Grüne und Religion, in: Hesse und Wiebe (Hrsg.) (1988), 215-223.

Sebald, Hans (1988): New-Age-Spiritualität, in: Kursbuch 93 (1988), 105-122.

Sebottendorf, Rudolf Freih. von (1923): Geschichte der Astrologie. Bd.1: Urzeit und Altertum, Leipzig: Theosophisches Verlagshaus, o.J. (= Astrologische Bibliothek Bd.15; weitere Bde. Sebottendorfs sind nicht erschienen).

Séguenny, André (1983): Art. »Sebastian Franck«, in: TRE Bd.11 (1983), 307-312.

Sellin, Ernst (1931): Art. »Altorientalische Weltanschauung«, in: RGG² Bd.5 (1931), 1826-1827.

Sellner, Albert (1981): Die Vermählung von Himmel und Hölle. Rekurs auf die spirituelle Tradition Europas am Beispiel William Blake's, in: Thurn u. Röttgen (Hrsg.) (1981), 200-233.

Sheldrake, Rupert (1988): Das Gedächtnis der Natur. Das Geheimnis der Entstehung der Formen in der Natur, Bern u.a.: Scherz, 1990 (Original: The Presence of the Past, 1988).

Sheldrake, Rupert (1990): Die Wiedergeburt der Natur. Wissenschaftliche Grundlagen eines neuen Verstehens der Lebendigkeit und Heiligkeit der Natur, München: Scherz, 1991 (Original: The Rebirth of Nature. The Greening of Science and God, London: Random, 1990).

Siller, Hermann P. (Hrsg.) (1991): Suchbewegungen. Synkretismus – kulturelle Identität und kirchliches Bekenntnis, Darmstadt: Wissenschaftliche Buchgesellschaft.

Smith, Jonathan Z. (1987): Art. »Ages of the World«, in: ER Bd.1 (1987), 128-133.

Smith, Kirby F. (1908): Ages of the World (Greek and Roman), in: ERE 1 (1908), 192-200, hier 192f.

Spangler, David (1971): New Age – Die Geburt eines neuen Zeitalters, Kimratshofen: Greuth Hof Verlag, 1983 (engl.: Revelation – The Birth of a New Age, Forres/Scotland: Findhorn Foundation 1971, später mehrfach bearbeitet).

Spangler, David (1984): Emergence. The Rebirth of the Sacred, New York.

Spangler, David, und Thompson, William I. (1991): Re-Imagination of the World. A Critique of the New Age, Science, and Popular Culture. The Chinook Summer Conferences ... July 1988 and 1989, Santa Fe (NM): Bear & Comp.

Sprondel, W.M., und Seyfarth, C. (Hrsg.) (1981): Max Weber und die Rationalisierung sozialen Handelns, Stuttgart.

Stachel, Günter (Hrsg.) (1978): Munen muso. Ungegenständliche Meditation. Festschrift für Pater Hugo M. Enomiya-Lassalle SJ zum 80. Geburtstag, Mainz: Grünewald, ³1986 (¹1978).

Starr, Paul (1979): Die Phantom-Gemeinschaft, in: J. Case und R. Taylor (Hrsg.): Soziale Experimente in der Bewährung, Frankfurt 1981 (Original: Co-ops, Communes, and Collectives, New York 1979).

Stenger, Horst (1989): Der »okkulte« Alltag. Beschreibungen und wissenssoziologische Deutungen des »New Age«, in: ZfS 18 (1989), 119-135.

Strauß, Heinz A., und Strauß-Kloebe, Sigrid (Hrsg.) (1926): Die Astrologie des Johannes Kepler. Eine Auswahl aus seinen Schriften, München und Berlin.

Strobel, August (1977): Ursprung und Geschichte des frühchristlichen Osterkalenders, Berlin.
Stucken, Eduard (1896-1907): Astralmythen der Hebräer, Babylonier und Ägypter. Religionsgeschichtliche Untersuchungen, Bd.1-5, Leipzig.
Sudbrack, Josef (1969): Art. »Spiritualität«, in: Sacramentum Mundi, Bd.4, Freiburg i.B. u.a., 1969, Sp. 674-691.
Sudbrack, Josef (1969a): Probleme – Prognosen einer kommenden Spiritualität, Würzburg.
Sudbrack, Josef (1987): Neue Religiosität. Herausforderung für die Christen, Mainz: Matthias-Grünewald (Tb., »topos«).
Sudbrack, Josef (^{2}1988): Die vergessene Mystik und die Herausforderung des Christentums durch New Age, Würzburg: Echter.
Suzuki, Daitaro T. (1957): Der westliche und der östliche Weg, Frankfurt a.M.: Ullstein (dt. Erstausgabe ebd., 1960; Original: Mysticism, Christian and Buddhist, 1957).
Swedenborg, Emanuel (1749-56): Himmlische Geheimnisse im Worte Gottes, die nun enthüllt sind, 9 Bde., übs.v. I. Tafel u.a., Zürich: Swedenborg-Verlag, o.J. (Original: Arcana Coelestia, 1749-56).
Swedenborg, Emanuel (1771): Die wahre christliche Religion, enthaltend die ganze Theologie der Neuen Kirche, wie sie vom Herrn bei Daniel Kap VII, 13,14 und in der Offenbarung Kap XXI, 1,1 vorausgesagt wurde. Neu übersetzt von F. Horn, 4 Bde., Zürich o.J. (Original: Vera Christiana Religio, 1771).
Tanner, Klaus (1992): Zur Theologie der empirischen Kirche. Erwägungen über die Spannung zwischen protestantischer Frömmigkeit und theologischem Integrationsanspruch (Habilitationsvortrag an der Evang.-Theol. Fakultät der Univ. München 1992, bisher ungedruckt).
Thiede, Werner (1988): Okkultismus und Esoterik im Zeichen des Wassermanns. New-Age-Spiritualität als Herausforderung für evangelische Erzieher, in: GEE-Rundbrief, Herbst 1988, 2-5.
Thompson, William I. (1974): Am Tor der Zukunft. Raum-Zeit-Passagen. Eine Studie über die neue planetare Kultur, Freiburg: Aurum, 1975 (Original: Passages About Earth, New York 1974).
Thorndyke, Lynn (1964): A History of Magic and Experiental Science During the first Thirteen Centuries of Our Era, Bd.2, New York und London.
Thurn, Christiane und Röttgen, Herbert (Hrsg.) (1981): Die Rückkehr des Imaginären. Märchen, Magie, Mystik, Mythos, Anfänge einer anderen Politik, München: Dianus-Trikont.
Trevelyan, George (1977): Eine Vision des Wassermannzeitalters. Gesetze und Hintergründe des »New Age«, München: Goldmann (Tb., »New Age«), ^{3}1986 (dt. Erstausgabe: Freiburg i.B.: GTP-Verlag 1980; Original: A Vision of the Aquarian Age, London 1977).
Troeltsch, Ernst (1903): Die theologische und religiöse Lage der Gegenwart (1903), in: ders.: Ges. Schriften Bd.2, Neudruck Aalen 1981, 1-21.
Troeltsch, Ernst (1910a): Aus der religiösen Bewegung der Gegenwart (zuerst 1910), in ders.: Ges. Schriften Bd.2, Neudruck Aalen 1981, 22-44.
Troeltsch, Ernst (1910b): Religiöser Individualismus und Kirche (zuerst 1910), in: ders.: Ges. Schriften Bd.2, Neudruck Aalen 1981, 109-133.
Troeltsch, Ernst (1911): Die Kirche im Leben der Gegenwart (zuerst 1911), in: ders.: Ges. Schriften Bd.2, Neudruck Aalen 1981, 91-108.
Troeltsch, Ernst (1912): Die Sozialehren der christlichen Kirchen und Gruppen, Neudruck Aalen 1977 (zuerst 1912).
Trompf, Gary W. (1979): The Idea of Historical Recurrence in Western Thought. From Antiquity to the Reformation, Berkeley u.a.
Uexküll, Jakob von, und Dost, Bernd (Hrsg.) (1990): Projekte der Hoffnung. Der alternative Nobelpreis, München: Raben-Verlag, 1990 (= Neubearbeitung von: J.v.Uexküll (Hrsg.): Der alternative Nobelpreis, München: Dianus Trikont, 1985).

Usarski, Frank (1988): Die Stigmatisierung neuer spiritueller Bewegungen in der Bundesrepublik Deutschland, Köln und Wien: Böhlau.

Usarski, Frank (1989): Das Bekenntnis zum Buddhismus als Bildungsprivileg. Strukturmomente »lebensweltlicher« Theravada-Rezeption in Deutschland während des Zeitraums zwischen 1888 und 1924, in: Antes und Pahnke (Hrsg.) (1989), 75-86.

Vester, Michael (1989): Neue soziale Bewegungen und soziale Schichten, in: U. Wasmuht (Hrsg.) (1989).

Vielhauer, Philipp (^{2}1978): Geschichte der urchristlichen Literatur. Einleitung in das Neue Testament, die Apokryphen und die Apostolischen Väter, Berlin: de Gruyter.

Vivekânanda (1893): Addresses at the Parliament of Religions, in: The Complete Works of Swami Vivekananda. Mayavati Memorial Edition, Vol. I, Calcutta ^{12}1965, 1-24.

Volney, Constantin Francois Chasseboeuf de (1791): Die Ruinen. Betrachtungen über den Auf- und Untergang der Reiche, Berlin 1792 (zahlreiche weitere dt. Auflagen; frz. Original: Les ruines, ou Méditation sur les révolutions des empires, Paris 1791, engl. Übs.: The Ruins, or, A survey of the revolutions of empires, London 1795).

Waardenburg, Jacques (1986): Religionen und Religion, Berlin.

Waerden, B[artel] L[eendert] van der (1952): Das Große Jahr und die ewige Widerkehr, in: Hermes 80 (1952), 129-155.

Wagner, Falk (1986): Was ist Religion? Studien zu ihrem Begriff und Thema in Geschichte und Gegenwart, Gütersloh: Gerd Mohn.

Waldenfels, Hans (1976): Absolutes Nichts. Zur Grundlegung des Dialogs zwischen Buddhismus und Christentum, Freiburg i.Br.: Herder.

Waldenfels, Hans (Hrsg.) (^{2}1988): Lexikon der Religionen. Phänomene, Geschichte, Ideen, begr. v. Franz König, Freiburg i.Br. u.a.: Herder, 1992 (erste Aufl. der Neuausgabe 1988).

Wallmann, Johannes (1982): Zwischen Reformation und Pietismus. Religionsgeschichte und Chiliasmus in der lutherischen Orthodoxie, in: E. Jüngel, ders. u. E. Werbeck (Hrsg.): Verifikationen. Festschrift Gerhard Ebeling zum 70. Geburtstag, Tübingen 1982, 187-205.

Wasmuht, Ulrike (Hrsg.) (1989): Alternativen zur alten Politik? Neue soziale Bewegungen in der Diskussion, Darmstadt: Wiss. Buchges.

Watts, Alan (1940): Die sanfte Befreiung. Moderne Psychologie und östliche Weisheit, München: Goldmann (Tb., »New Age«), 1985 (= dt. Erstveröffentl.; Original: The Meaning of Happiness. The Quest for Freedom of the Spirit in modern Psychology & the Wisdom of the East, London: Harper & Brothers, 1940; mehrere Neuausgaben).

Watts, Alan (1951): Weisheit des ungesicherten Lebens, München-Planegg: O.W.Barth, 1955 (^{2}1978, ^{3}1981; Original: The Wisdom of Insecurity, New York: Vintage Books, 1951).

Watts, Alan (1964): Beyond Theology. The Art of Godmanship, New York: Vintage Books, 1973 (zuerst: Pantheon, 1964).

Watts, Alan (1972): Zeit zu leben. Erinnerungen eines ›heiligen Barbaren‹, München: Heyne (Tb.), 1988 (dt. Erstausgabe: München und Bern: Scherz, 1979; Original: In My Own Way, New York: Pantheon, 1972).

Webb, James (1976): The Occult Establishment, La Salle/Ill.

Webb, James (1980): The Harmonic Circle. The Lives and Work of G.I. Gurdjieff, P.D. Ouspensky and their Followers, New York: Putnam's Sons.

Weber, Max (1920/21): Gesammelte Aufsätze zur Religionssoziologie, hrsg.v. Marianne Weber, 3 Bde., Tübingen ^{8}1988 (zuerst 1920/21).

Weber, Max (1921): Wirtschaft und Gesellschaft. Grundriß der verstehenden Soziologie, 2 Bde., Tübingen ^{5}1976 (zuerst 1921).

Weber, Renée (1981): Gibt es ein ›Tao der Physik‹?. Ein Gespräch mit Fritjof Capra, in: Wilber (Hrsg.) (1982), 220-257 (Original: The Tao of Physics Revisited. A Conversation with Fritjof Capra, 215-248 der engl. Ausgabe des Sammelbandes, zuerst veröffentl. in: Re-Vision Journal, 1981).

Wehr, Gerhard (1975): Esoterisches Christentum, Stuttgart: Klett.

Wehr, Gerhard (1987): Rudolf Steiner. Leben, Erkenntnis, Kulturimpuls, München: Kösel.

Wehr, Gerhard (1988): Karlfried Graf Dürckheim. Ein Leben im Zeichen der Wandlung, München: Kösel.

Wehr, Gerhard (1989): Wörterbuch der Esoterik. Zugänge zum spirituellen Wissen von A – Z, Freiburg: Herder (Tb., »Zeitwende«).

Weinstein, Donald (1970): Savonarola and Florence. Prophecy and Patriotism in the Renaissance, Princeton.

Weiß, Johannes (Hrsg.) (1989): Max Weber heute. Erträge und Probleme der Forschung, Frankfurt a.M.: Suhrkamp.

Weizsäcker, Carl F. von (1977): Der Garten des Menschlichen. Beiträge zur geschichtlichen Anthropologie, Frankfurt a.M.: Fischer (Tb.), 1980 (Erstausgabe: München 1977).

Weizsäcker, Carl F. von (1988): Bewußtseinswandel, München und Wien: Hanser.

Welsch, Wolfgang (Hrsg.) (1988): Wege aus der Moderne. Schlüsseltexte der Postmoderne-Diskussion, Weinheim: VCH Acta humaniora.

Welz, Gisela (1990a): Urbanität und Spiritualität. New Age als städtische Subkultur, in: Greverus und dies. (Hrsg.) (1990), 9-29.

Werner, Helmut (1991): Lexikon der Esoterik, Wiesbaden: Fourier.

Whaling, Frank (Hrsg.) (1984): The World's Religious Traditions, Edinburgh (= Festschrift W.C.Smith).

Wichmann, Jörg (1990): Die Renaissance der Esoterik. Eine kritische Orientierung, Stuttgart: Kreuz.

Wilber, Ken (1981): Halbzeit der Evolution. Der Mensch auf dem Weg vom animalischen zum kosmischen Bewußtsein, München: Goldmann (Tb., »New Age«) 1988 (dt. Erstausgabe München: Scherz, 1987; Original: Up from Eden. A Transpersonal View of Human Evolution, Garden City, N.Y.: Anchor/Doubleday, 1981, engl. Zitate nach der Ausgabe: Boston: Shambala (New Science Library), 1986).

Wilber, Ken (Hrsg.) (1982): Das holographische Weltbild. Wissenschaft und Forschung auf dem Weg zu einem ganzheitlichen Weltverständnis, München: Heyne, o.J. (dt. Erstausgabe München: Scherz, 1990; Original: The Holografic Paradigm and other Paradoxes, Boston 1982); mit Beiträgen von Ken Wilber, Marilyn Ferguson, Karl H. Pribram, Renée Weber, Ken Dychtwald, Bob Samples, John Welwood, John R. Battista.

Wilhelm, Richard (Hrsg.) (1924): I Ging. Text und Materialien, Köln: Eugen Diederichs, [14]1987 (1. Aufl. dieser Ausgabe 1973 = Nachdruck der Ausgabe von 1924).

Winckler, Hugo (1895/1900): Geschichte Israels in Einzeldarstellungen, Leipzig Bd.1: 1895; Bd.2: 1900.

Winckler, Hugo (1901): Die Weltanschauung des Alten Orients, in: Preußische Jahrbücher 104 (1901), 224-275.

Winckler, Hugo ([2]1903a): Himmels- und Weltenbild der Babylonier als Grundlage der Weltanschauung und Mythologie aller Völker, in: Der Alte Orient. Gemeinverständliche Darstellungen, hrsg. v. d. Vorderasiatischen Gesellschaft, Bd.3, H. 2/3 (2. Aufl), Leipzig.

Wöllner, Christian (1926): Das Mysterium des Nostradamus, Leipzig und Dresden: Astra-Verlag H. Timm.

Woofenden, William R. (1988): Swedenborg Researcher's Manual. A Research Reference Manual for Writers of Academic Dissertations, and for Other Scholars, Bryn Athyn (Penns.): The Swedenborg Scientific Association.

Yates, Frances A. (1964): Giordano Bruno and the Hermetic Tradition, London.

Yates, Frances A. (1972): Aufklärung im Zeichen des Rosenkreuzes, Stuttgart: Klett, 1975 (Original: The Rosicrucian Enlightenment, London und Boston, 1972).

Zaehner, Robert C. (Übs.) (1972): The Bhagavad Gîtâ. With a Commentary Based on the Original Sources, Oxford.

Zimmerli, Walther C. (1988a): Das Zeitalter der angekündigten neuen Zeitalter. »New Age« auf dem Prüfstand der philosophischen Kritik, in: Bürkle (Hrsg.) (1988), 42-61.

Zinner, Ernst (1931): Die Geschichte der Sternkunde. Von den ersten Anfängen bis zur Gegenwart, Berlin.

Zinner, Ernst (1953): Sternglaube und Sternforschung, Freiburg und München.

Zinser, Hartmut (1987): Schamanismus im New Age. Zur Wiederkehr schamanistischer Praktiken und Seancen in Europa, in: Pilger und Rink (Hrsg.) (1989), 63-71 (zuerst in: ZRGG 1987).

Zinser, Hartmut (Hrsg.) (1988): Religionswissenschaft. Eine Einführung, Berlin.

Zinser, Hartmut (1992): Ist das New Age eine Religion? Oder brauchen wir einen neuen Religionsbegriff?, in: ZRGG 44 (1992), 33-50.

Zöckler, Otto (1904): Art. »Polytheismus«, in: RE³ Bd.15 (1904), 538-549.

Zundel, Edith und Fittkau, Bernd (Hrsg.) (1989): Spirituelle Wege und Transpersonale Psychotherapie, Paderborn: Junfermann.

E. Register

Personenregister

Hinweis: Das Verzeichnis wurde nach folgenden Auswahlkriterien zusammengestellt: Im Text genannte Quellen und wirkungsgeschichtlich relevante Autoren wurden möglichst vollständig erfaßt. Autoren wissenschaftlicher und sonstiger Sekundärliteratur sind nur angeführt, wenn grundlegende Thesen übernommen wurden und/oder eine explizite Auseinandersetzung mit ihnen erfolgt. Reine Beleg-Zitate wurden nicht aufgenommen. Bei häufig vorkommenden Namen wurden wichtige Stellen ausgewählt. Kursive Seitenzahlen bezeichnen Fundorte in den Anmerkungen.

Abrabanel *321*
Abraham b. Chasdai *321*
Abû l-Saqr al Qabîsî *313*
Abû Maʿshar *313f.*
Agrippa v. Nettesheim *373*
al-Kindî von Basra *313f.*
al-Maqdisî *314*
Albertus Magnus 316
Albrecht, E. 416
Albrecht, M. 52
Alpert, R. *388*
Alt, F. 37
Altizer, Th. 291
Ammon, G. 133
Andreae, J.V. 154f.
Aristoteles 235, *372*, 433, *439*, 482
Arnd, J. 257
Arnold, G. *265*
Arthur, G. *363*
Artmann, Ch.B. *362*
Ashvaghosha 463
Assagioli, R. *392*, 400
Augustinus 208, *216*, 225-235, 242f., 247, 304
Aurobindo 35, *46*, *387*, 462, 478-480
Averroes 235
Bacon, F. 34, *236*, 285, 492
Bacon, R. 317
Baggesen, J. *61*
Bahro, R. 37f., 133, 301, *404*, *420*
Bailey, A. 35, *76*, 109-111, 114, 117, 119-122, 125, 134, *299*, 300, 307, 310, 334, 349-352, 355, 360-364, 366, *368*, *402*, 469, 517, 520
Bailly, J.S. *323*, *325*, 333, *335*
Baker Eddy, M. 270
Baker, R. 112, 130
Ball, B.W. 242
Balthasar, H.U.v. *378*
Barbault, A. *353*
Barth, K. 533
Barth, O.W. 144
Bateson, G. 33f., 111f., *133*, 174f., *412*, 417f., 496
Bateson, M.C. 38, *418*
Bechert, H. 454
Beck, U. 78
Becker, H. (P.) *98*
Becker, Th. *347*
Beda Venerabilis 227
Bengel, J.A. 242
Benivieni, G. 237-239
Bennett, J.G. 360
Benz, E. *45*, 147, 228-233, 244, 257-267, 273f., *530*
Berendt, J.-E. 133
Berger, P. L. 29f., *47*, 61, 274, 407
Bergler, M. 147, *150*
Berkeley, G. 281, *289*
Berman, M. 29, 133, 162, *287*, 418, 420, *497*, *499*, *505*
Berner, U. *79*, *92*
Berossos *217*, 218, *333*
Berry, Ch.A. 294
Besant, A. 155, *285*, 299, *352*, *402*
Besnard, A.-M. 380
Bezold, F.v. *317*
Blake, W. 106, 111f., 125, 167f., 170, 239f., 249, 259, 268, 274, 280-293, 297, 305-307, 338, 344, 362, 403-405, 407, *412*, 418, *473*, 520-524, 530
Blavatsky, H.P. *45*, 119, 134, *269*, 270, 279, 285, 310, 312, 323f., *326*, 333-339, 344, 349, 351f., 366, *368*, 374, 469, 473
Böhme, J. 232, 250, *260*, 274, 306
Bohm, D. 130, 133, 141, 162, 430, *504*, 520
Bohnke, B. *76f.*
Bohr, N. 436
Bohren, R. *382*, 384
Boll, F. *215*, *321*, 325, 329, 332
Bonaventura 231, 236, *260*, 396
Brahmagupta 315
Brand, K.-W. 195, 199f.
Brandler-Pracht, K. *347*
Branford, V. *301*
Brenton, A. *296*
Brocard, J. 234
Brown, N.O. 168
Brück, M.v. *59*, 133
Buitenen, J.A.B.v. 456
Bukowski, Ch. 166, 168

683

Burke, E. *285*
Buscaglia, L. 126, 141
Busch, M. *326,* 365
Caddy, E. u. P. *64,* 107f., 112, 114, 133
Calvin, J. 265, *267*
Campbell, J. 33, *162*
Capra, F. 33f., 37, 41, 54, 59, 117f., 126, 130, 133, *136,* 279, 301, 306f., *357,* 369, 390, 393-395, 402, 411, *412,* 418, *420,* 421-468, 472f., 476-481, 487-511, 517, 520, 526f., 530
Carlyle, Th. 268
Carpenter, E. 326f., 349, 351, *358,* 365f., 403
Castaneda, C. *161,* 166
Castellione, S. *234*
Cayce, E. 123, 134
Chaney, R. u. E. 300
Chastanier, B. *271*
Chew, G. *510f.*
Clayton, J. 295
Cobb, J.B. 529
Coffeen, H.A. *342*
Cohn, N. 224
Colegrave, S. 133
Coleridge, S. 268, 283
Colpe, C. *79, 86, 208, 213*
Conze, E. *454*
Coomaraswamy, A.K. 462-464, 466, 473, 475
Crane, W. 303, 403
Creme, B. 122f., 133
Creuzer, G.F. 326, 333
Cromwell, O. 233
Crookes, W. *245*
Crowley, A. 35, 134, *144*
Cumbey, C. 127
Dahlberg, B. u. W. 133, 135, *152*
Dahlke, P. *147*
Dalai Lama XIV *148,* 160
Dante Alighieri 235
Darby, J.N. 223
David-Neel, A. 147f., 463
Davis, A.J. *268f.,* 273-275
Dechend, H.v. *218,* 319

Delp, A. *377*
Deltgen, F. 199f.
Denck, H. 223, 243, 250, 252
Descartes, R. 34, 403, 411f., 432f., 486-499, 509
Dethlefsen, Th. 134, 141, *374, 531*
Deussen, P. *386,* 408
Dieterici, F. *314*
Dilthey, W. 243, 252
Dionysios Areopagita 247, *374*
Dionysios v. Alex. 225
Dionysius Exiguus *208*
Diwald, S. *314*
Douglas, C.H. 296, *473*
Dowling, E.S. 312, *342,* 343f., 352, 361, 363f.
Dowling, L.H. *269,* 300, 308f., 342-345, 350
Drehsen, V. *31*
Drews, A. 311f., *324,* 331f., 366, 369
Drury, N. *374*
Dubois, P. *235*
Dürckheim, K. Graf 130, 145, *148,* 150-152
Dürr, H.-P. 416f.
Duke, C. 348
Dumoulin, H. *437*
Dupuis, C.F. 323-331, 333, *340,* 356, 365f.
Durkheim, E. 86f.
Ebeling, G. 247
Eberlein, G. *300*
Eckhart 151, *257, 374,* 444, 464f.
Egidio da Viterbo *234*
Eichler, N.A. *108f.,* 133
Einstein, A. 34, 428, 455, 480, 485f., 488, 490, 492f., 495, 497, 507
Eisenberg, H. *381*
Eliade, M. 33, *161, 372f.*
Eliot, C. 463
Ellwood, R.S. 391
Emerson, R.W. 268, 273f., 283, 292, 391

Empedokles 166
Ennemoser, J. *219*
Enomiya-Lassalle, H.M. *59,* 133, *148,* 179f., *437*
Erasmus v. Rotterdam 254
Eusebius v. Caesarea 225
Evans, W.F. 270
Evans-Wentz, W.Y. 147
Evola, J. *151*
Faivre, A. *372f.*
Feder, A. 134, *531, 533*
Ferguson, M. 33f., 41, 115-117, 125f., 130, 133, 301, 306f., 360, 362, 364, 388-392, 395, *419,* 489f., 494, 500, 507, 516f.
Ficino, M. 236-240, *276,* 304, *310*
Filmore, Ch. u. M. 270
Firmicus Maternus 216-218, *319*
Fittkau, B. 133
Flasche, R. 70, 90f.
Flaxman, J. 283
Fox, J. 269
Francia, L. 165
Franck, S. 223, 233, 243-245, 247, 249-257, *408*
Frank, W.A. 70
Franz v. Assisi *232*
Frauwallner, E. *455*
Freitag, E.F. 141
Freud, S. 62
Frick, K.R.H. *245, 374,* 375
Friedell, E. 347f.
Fritsch, W.v. 144f., 154, 157, *405*
Fuchs, G. 50
Fung Yu-lan 463
Gaiser, K. *372*
Galilei, G. *236,* 492
Gaskin, S. 129
Gatz, B. 208, 212f., *214*
Gebser, J. 33, 134, 145, 152, 353, 358, 418f.
Geddes, P. 301
Geisler, G. 114f., 133
Gerhard v. Cremona *316*
Gerhard, J. 222

Gerken, G. *128,* 133
Gherardino di Borgo San Donnino *232*
Giger, A. 71, *420*
Ginsberg, A. 460f., 476
Gladigow, B. 86, *89,* 90
Görden, M. 139-141, 164, 171, *468f.*
Golowin, S. 126, 133, 160
Goodspeed, E.J. *342*
Govinda, Lama A. *437,* 463-465
Graves, R. 469
Greshake, G. *379, 385*
Greverus, I.-M. 65f., 198
Griffiths, B. 133, 179
Griscom, Ch. *128,* 134, 141
Grof, S. 34, *59,* 128, 133, 179, 390, 392-395, *400, 532*
Groves, W.J. *340*
Gruber, E.R. *113,* 133, 135, 140, *420*
Gründel, J. 378, *380*
Grundmann, H. 228-232
Guénon, R. *151*
Guevara, »Che« 167
Gugenberger, E. 63
Gundel, W. u. H. 216, *310*
Gurdjieff, G.I. 134, 298f., *307,* 360
Gutiérrez, G. *380*
Gutmann, B. *303*
Haack, F.-W. 47, *136,* 175
Habermas, J. *276*
Hacker, P. 387
Hagenbach, D. *116,* 131f.
Halbfass, W. *46, 459,* 477-480
Harnack, A.v. 154f., 244
Harrison, Th. 242
Hartmann, F. 144, 155, *245f., 338, 345,* 377
Heard, G. *475*
Hearn, L. 469
Hegler, A. 244-257
Heiler, F. 88
Heindel, M. 345f., 364
Heinz-Mohr, G. *381*
Heisenberg, W. 34, 431f., 435f., 447, *489,* 500f., *502,* 507f.
Held, H.L. 156
Hellmann, G *318*
Hemminger, H. *424, 489*
Henderson, H. 133, 141
Heraklit 213, 216, 441
Hermanns, A. *420*
Hermes Trismegistos 216, 237f., 240, *310,* 335, 368
Herrigel, E. 148-150, 463
Hesemann, M. *33,* 133, 135
Hesiod 213f., 216, 521
Hieronymus 225f.
Higgins, G. 333, *335*
Hindmarsh, R. 283
Hinrichs, C. *241*
Hipparch v. Nikaia *308,* 338
Hippius, M. 130, 151
Hippolyt v. Rom *225,* 226
Hitchcock, E.A. *269*
Höhn, H.-J. *79*
Hofmann, Melchior 242
Holbach, P.Th. de *325*
Holl, A. 71
Hollstein, W. 186-188
Horn, F. *261, 282,* 285
Houston, J. 133, 360
Hügel, F.v. 378
Hummel, R. 44-46, *53f.,* 72, 182, *245, 403f.,* 407
Humphreys, C. u. A. *45,* 469
Hungerleider, F. *148*
Hus, J. 242
Huxley, A. 33, *475*
Ibn Esra *321*
Ideler, L. 321
Isidor v. Sevilla 227
James, W. 387
Jantsch, E. 34, 133, 418, *499f., 505*
Jayatilleke, K.N. *459*
Jeremias, A. *218,* 311f., 321f., 330-332, 340, 352, 367f., *525*
Joachim von Fiore 157, 227-236, 243, 247, 249f., 252, 256, 260f., 274, 291, 304, 356, 400, 521
Johann v. Toledo *318*
Joris, D. *234*
Jost, B. 131f.
Judah, J.S. *268,* 301, *342*
Judge, W. 120, *368*
Jünger, E. 356
Julius Africanus *225*
Jung, C.G. 33, 125, 134, 155, 172, 271, *309,* 311f., *322,* 330, 352, 355, *363, 392,* 402, 469, 532
Jung-Stilling, H. 271
Jungbauer, G. *348*
Kahn-Ackermann, S. 165
Kakuska, R. *374*
Kant, I. 88f., 267, 275-277, 425, 530
Kapleau, Ph. 463
Keen, S. 130
Kellner, K. 155
Kepler, J. *219, 236,* 319-322, 337-339, 352, 492
Kerouac, J. 461
Keyserling, A. 114, 116, 125, 133, *302,* 359f., 364
Keyserling, H. Graf 155, 301, *302f.,* 359f., 401, 469
Khan, Pir Vilayat 112
Kiesewetter, C. *269, 323, 324f.*
Kirven, R.H. *262,* 263
Klöckler, H.v. *309*
Knappich, W. *318*
Knoblauch, H. 68f., 98f.
Köchling, F. 173-175, 360, 417
Koestler, A. *489*
Konitzer, M. 61-63, 278
Kopernikus, N. *236,* 492
Körner, H. 133
Köthner, P. *368*
Kretschmar, G. *211, 225*
Krishna, G. 152
Krishnamurti, J. *46,* 155, *430,* 462-464, 469, 474
Kritzinger, H.-H. 321, *327*
Kriyânanda 130
Kroeger, F. 133, *152*
Krueger, F. 151, *303*

Küenzlen, G. 54-57
Küng, H. *483, 486*
Künkel, H. 345, 356, 359, 364
Kugler, F.X. 329-332
Kuhn, Th.S. 117, 369f., 414, 481-490, 493-499, *502, 505,* 507
Lactantius *234*
Lambeck, M. *277f., 430,* 434f.
Lanczkowski, G. *90*
Langhans, R. 159
Lao-Tzu 151, 466, 476
Lawrence, D.H. 296
Leadbeater, Ch.W. *285,* 356
Leary, T. *473*
Leeuw, G.v.d. *88*
Lenormant, F. 323, 326, 328, *329,* 365
Lentz, A. 178
Lenz, R. 46, 188f., 191, 195
Leonardo da Vinci *236*
Leuenberger, H.-D. *374,* 375f.
Lévi, E. 144, 270f., *299,* 372-375
Lévi-Strauss, C. *87*
Levi: s. Dowling, L.H.!
Lilly, J.C. 133
Lindsay, H. 223
Linse, U. *302*
Locke, J. 285
Lovelock, J. 34, 133
Löwith, K. 214, 285
Luckmann, Th. 68
Lübbe, H. 127, 137
Luther, M. *240, 250,* 254, *255,* 266f.
Lutz, R. 133, 135, *490*
Macchiavelli, N. *235*
MacLaine, Sh. 123, *128,* 134, 141
Maclean, D. 107
Maharishi Mahesh Yogi 35, *46, 244,* 462
Maier-Parm, H. *347,* 348
Malalasekera, G.P. 469
Mangoldt, U.v. *143,* 145- 158, 358, 519
Mann, Ch.H. 271f.
Mann, K. 271f.
Mansfield, K. 296
Marsilius v. Padua *235*
Martin, B. 178
Martin, G.M. 192
Martineau, J. 386f.
Marty, M.E. *404*
Marx, K. 166f.
Mascaró, J. *437,* 456f., *462*
Mâshâ'allâh *313f.*
Maslow, A. 128, 359, *392,* 394, 402
Mastermann, M. *497*
Maturana, H.R. 34
May, R. 130
Mead, M. *38, 418*
Meister Eckhart: s. Eckhart!
Melanchthon, Ph. *240, 267*
Melton, J.G. 301
Merx, A. *321*
Meyer, Th. *404*
Meyrink, G. 301f.
Michael Scotus *316*
Michel, H. *347*
Michel, P. *128,* 177f.
Miers, H.E. *245, 374*
Mitrinovic, D. 469, *473*
Moore, A. 296
Morris, W. *295*
Müller, Max F. *45*
Müller-Elmau, J. *303*
Münter, F. 312, 321f.
Müntzer, Th. 223, 233, 241-243, 249f.
Muller, R. 133
Mumford, L. 301-303, 353
Murphy, J. 123
Murphy, M. *359,* 471
Mutschler, H.-D. *84, 424, 428f., 499, 501, 504f., 509*
Myrell, G. 129
Naess, A. 178
Nâgârjuna 431, 439
Nasr, S.H. 33
Naumann, G. *347*
Needham, J. 33, 441, 447, 463-466, 508
Nesi, G. 237-239, *318*
Neuhoff, M. 66
Neumann, K.-E. 146, 148
Newton, I. 34, 117, *236,* 258, *276,* 278, 285-287, 289f., 305f., 403, 411, *412,* 427-429, 433, 480, 482, 485-499, 507, 509, 522
Niebuhr, H.R. *98*
Niehenke, P. *309*
Nietzsche, F. 166, 285, 297
Nork, F. 326, *342*
Nostradamus *219,* 318f., *338,* 356
Notovitch, N. *342*
Nyanatiloka 148
Nydahl, O. *148*
Occhino, B. *234*
Oefele, F.v. 321
Olcott, H.S. 295
Olivi, P.J. *232*
Olvedi, U. *420*
Orage, A.R. 293, 295-299, 302, 307, *407,* 524
Origenes 225, 247, 263, *309*
Otto, R. *87,* 88-90, 150, *354, 437*
Ouspensky, P.D. 297f., 360
Ovid 213
Pahnke, B. 72f.
Panikkar, R. 33, *35,* 395-398
Pannenberg, W. *87, 97,* 210, 383-385
Papke, W. 332f., 366
Paracelsus 145, *236, 257, 408*
Paris, E.-G. 355, 361
Parsons, T. *78*
Pasqually, M. de 271
Paul v. Middelburg 236
Paulos Alexandrinos *217*
Paulos v. Tarsos 229, *231,* 246f., *253*
Penty, A. *296*
Pernety, A.J. 271
Pestalozzi, H.A. 130
Peter v. Abano 316-318
Petrarca *235,* 239
Peuckert, W.-E. 317

Pfaff, J.W. *321*
Pflughaupt, K. 173-175, 360, 417
Pico d. Mirandola, Gianfr. 238
Pico d. Mirandola, Giov. 237-240, 306
Pierre d'Ailly 317f.
Pietschmann, H. *499*
Platon *214*, 216f., *372*
Pohl, H. *346*
Polybios 213
Popper, K. *482, 505*
Poseidonios *215*
Postel, G. *234*
Pound, E. 296
Pourat, P. 378
Prabhavânanda *475*
Prater, R. *368*
Pribram, K. 390
Price, R. 471
Prigogine, I. 34, 130, *498f., 504f.*
Proclos *309*
Ptolemaios *309*, 315, *319, 339*, 482, 484
Purucker, G.v. *119*
Putzien, R. 356
Pythagoras *335*
Quanier, J. 114f.
Quimhey, Ph. P. 270, 273
Radhakrishnan, S. *387*, 420, 478f.
Raine, K. 280-282, *284, 286, 289*, 290f.
Rajneesh 37, *67*, 168
Raphael *368*
Raschke, J. 196-201
Recnartus, Fr., s. Tränker, H.!
Reeves, M. 231-237, 241f.
Reich, W. 33
Rendtorff, T. *54*, 56
Reuß, Th. 155
Riedel, I. 190
Riesebrodt, M. *29, 404*
Rijckenborgh, J.v. 301
Rink, S. 71f.
Ripota, P. 124, 133
Ritschl, A. *255*

Roberts, J. 133, *531*
Röttgen, H. 118, 160, 164-171, 194, 200, *358*, 519f.
Ronan, C.A. *441*
Rosenberg, Alfons *124*, 125, 133, 145, 157f., 180, *212*, 311, 352-362
Rosenberg, Alfred *165, 303*
Roszak, Th. *77*, 105f., 130, 133, 162, 169, 188, 240, *287*, 289, 301, *306*, 420, 461
Roth, R. 194, 196
Roy, R.M. *480*
Rubin, J. *422*
Rucht, D. 194
Rudolph, K. *89*
Rüdiger, A. *257*
Rupert v. Deutz 228
Ruppert H.-J. 41, 49-53, *82*, 127, 133
Ruskin, J. *295*
Russell, P. *128*, 133, *362*
Rust, H. *245*
Sabetti, S. 133
Saltmarsh, J. *234*
Samples, B. 133
Santillana, G.d. *218*, 319
Sartory, Th. 190, 380, 385
Savonarola, G. 236-239, 243, 304
Schaup, S. *144, 412*
Schibilsky, M. 42-44
Schiwy, G. 37f., 127, 133
Schlatter, G. 87
Schluchter, W. *458*
Schmidt, K.O. *300*, 356-358, 364
Schmidt, R. *226*
Schmidt-Leukel, P. *51, 84*
Schneider, M. 32, 57, 136
Schopenhauer, A. *386*, 408
Schorsch, C. 41, 54, 58-61, 63, *75f.*, 132f., *308*, 401, 416, *418, 423, 426, 499*, 524
Schütz, A. *78*
Schütz, Ch. 379f.
Schulze-Berndt, H. 51

Schumacher, E.F. 33, 112, *307*
Schutz, R. *380f.*
Schwarz, R. *233*, 241
Schweidlenka, R. 63f.
Schweitzer, A. *437*
Schwenckfeld, K.v. *257*
Schwendter, R. 186-192, 196
Sebald, H. 64f., *130*, 416
Sebottendorf, R.v. 322, *337*, 346, 348, 364
Séguenny, A. *245*
Sellner, A. *76*, 168
Sen, K.Ch. 386, 479, *480*
Servet, M. *234*
Shankara *439*
Sharon, D. *161*
Shaw, G.B. 296
Sheldrake, R. 34, 130, 133, 141, 369f., *420, 499*
Siger v. Brabant *235*
Sills-Fuchs, M. 358, 364
Simmel, G. 193
Singh, K. *279*
Sinnet, A.D. *372*
Smith, W.C. 88
Snela, B. 179
Snyder, G. 133, 460, 476
Sokrates 238
Soleri, P. 112
Sorokin, P. 353, 487
Spangler, D. *58, 77*, 106-113, 115-118, 125, 133, 301, 306f., 401, 420
Spengler, O. 347, 353
Spiegelberg, F. *470*
Starr, P. 192f.
Steindl-Rast, D. 112, 133, 163, 393-398
Steiner, R. 110, 122, 155, 252, *285*, 297, *299, 345*, 376, *531*
Stenger, H. *54*, 67f.
Stengers, I. *498f.*
Stephan, V. 166
Sterneder, H. 356
Stodolsky, L. *510f.*
Stöffler, J. *318*

687

Strzempa-Depré, M. *279*
Stucken, E. 324, 330, 332
Sudbrack, J. 37, *82, 84, 377,* 379-382, *385, 420*
Süßmann, G. *510f.*
Suzuki, D.T. *437, 444,* 446, *459,* 464f., *469,* 471-473
Suzuki, Sh. *45,* 130
Swedberg, J. 257
Swedenborg, E. 207, 240, 244, 249f., 253, 256-280, 282-285, 291-293, 305f., 338, *351f.,* 375, 400, 403-405, 407, 460, 473, 520-523, 530
Swift Deer 360
Tafel, I. *282*
Tagore, D. *478*
Tagore, R. 155, 360
Tanner, K. *407*
Taylor, R. 326
Taylor, Th. *281*
Teilhard de Chardin, P. 33, 115f., 134, 180, *517*
Tenbruck, F. 54, *56, 78,* 188
Theon v. Alexandria *309, 338*
Thiede, E. *347*
Thiede, W. *531*
Tholuck, F. *241*
Thompson, W.I. 111f., 125, 133, 162, *397,* 418, 420
Thorndyke, L. 317
Thurian, M. *381*
Thurn, C. 160, 167
Tibi, B. *404*
Ticonius *226,* 231
Tillich, P. *83,* 530, *533*
Timm, H. *53f.*
Tingley, K. 120
Tiryakan, E.A. *372*

Toffler, A. 133
Toynbee, A. 353
Tränker, H. 144
Trevelyan, Sir G. 110-112, 114f., 117f., 125f., 133, 139, 141, 303, 361, 402, *531*
Trithemius, J. *318*
Troeltsch, E. 28, 31, 33, 43, 57, 69, 91-99, 185, 193, *240, 242,* 244-257, 388, 406, *505, 523, 530*
Trompf, G.W. *212, 214f.*
Tulk, Ch.A. *268,* 283
Ubertino v. Casale *232*
Uebel, J.F. 133, 135, 172
Usarski, F. 32, 36, 47f., 60, *147*
Varela, F. 34, 133
Vergil 213f., *217,* 521
Villani, G. *318*
Vivekânanda *45, 244, 279,* 386f., 408, 462, 469, *480*
Voigt, H.G. 321
Vollrath, H. *144*
Volney, C.F. de 325f., 333, 365
Waardenburg, J. 86f., 90
Wach, J. *88*
Waerden, B.L.v.d. *217, 220,* 332
Wagner, F. *87,* 88, *90, 437*
Wake, Ch.St. 334
Wallace, H.C. 294
Warschauer, J. 294
Watts, A. 33, *45,* 126, 133, *462,* 463-465, 468-477
Webb, J. *46,* 271, 301, *302, 306,* 361, *363*
Weber, M. 28, 43, 54, 56, *78, 98,* 185, 193, 198f.,

404, 405, *457f.,* 459, *523*
Weber, R. *434*
Wehr, G. 230, *374,* 375f., *418*
Weinstein, D. 236-239
Weißmann, K. *158*
Weizsäcker, C.F.v. 130, 175, *420, 433, 457, 499,* 500-507
Welz, G. *33, 43,* 65f., 198
Werle, F. 144f., 154, *156*
Werner, H. *374,* 375
Whitehead, N. 132, 414
Wichmann, J. *374,* 375
Wilber, K. 33, 73, 133, 141, 301, 360, *418, 420, 499, 531*
Wilfert, P. 131f., 138f., *421*
Wilhelm, R. 33, 146, 155, 221, 360, 423, 463f.
Wilson, R.A. 133
Wimbauer, H. 122
Winckler, H. 312, 328-332, 367, 525
Wisselinck, E. 130
Wißmann, H. *371f.*
Wöllner, Ch. *338*
Wolf, B. 37
Wolff, Ch. 257
Woodroffe, J. *480*
Yates, F. *240,* 277
Yeats, W.B. 33, 296
Yogânanda *45,* 130, 220f., *244, 301,* 401f.
Young, A. 133, 360
Yukteshvar 220, 356
Zaehner, R.C. *437,* 456
Zeitler, K. 133
Zimmer, H. 462
Zimmerli, W.C. *38,* 416f., *426*
Zinser, H. 71, 73-75, 402

Sachregister

Hinweis: Aus Gründen der besseren Lesbarkeit wurden die im Text benutzten Anführungszeichen weggelassen. Kursive Seitenzahlen bezeichnen Fundorte in den Anmerkungen. An einigen Stellen sind auch Seiten angeführt, in denen das Stichwort selbst nicht vorkommt, wohl aber die Sache, die es beschreibt (Schlagwortprinzip).

Advaita Vedânta   387, 391, 396, *437,* 444, 448, 456, 468, 479
Adventisten   242, 335f.
Adyar-TG: s. Theosophische Gesellschaft!
Äonen   209-211, 214, 224f., *239*
Ahorn-Verlag   169, 172
Akademien, kirchl.   181, 190
Akasha-Chronik   *310,* 342
Alchemie   62, 258, *269,* 271, *276,* 278, *373,* 497
Almagest   315
Ananda-Community   130
Anattâ   438, *439,* 454
Androgynität   402
Ante legem – sub lege – sub gratia- Schema   *231*
Anthroposophie   122, *285,* 402, 517, 532
Anti-Cult-Movement: s. Cult!
Antichrist   227, 232-234, *240,* 284, *288*
Antitrinitarier   *234,* 252
Anubhava   478
Apokalyptik: s. Enderwartung!
Apokryphen, Neue   342, 368
Apologetik, christl.   51, 94, 97
Aquamarin-Verlag   *128,* 177
Aquarian Age: s. Wassermann-Zeitalter!
Aquarian Age: s. Wassermann-Zeitalter!
Aquarian Brotherhood of Christ   348
Aquarian Educational Group (Sedona, AR)   *360f.*
Aquarian Fellowship Church (San Jose, CA)   *361*
Aquarian Foundation (Seattle)   *361*
Aquarian Gospel   342-345, 363
Aquarian New Age / Aquarian Age (Santa Barbara, CA)   345, *361*
Arkandispziplin   375f.
Arkanschule   119-121, *299,* 300, 349, 351, 360, 366

Arts and Crafts Movement   303
Astara Foundation   300
Astralmythologie   312f., 323-333, 339-341, *344,* 345f., 352, 363f., 366-370, 525
Astrologie
– Allgemeines und moderne A.   116, 124f., 131, 135, 144f., 155, *205,* 212, 215-219, 235-238, 271, 308-371, 373
– ägyptische   323f., 326, *340*
– arabische   218, 309, 313-318, 320, 338, 525
– babylonische   322f., 326, 328-332, 339, 346f., 367
– chinesische   322
– christliche   352-355
– Esoterische   309, 337, 349, 355
– indische   220, 322f., *325, 335,* 339
– jüdische   320f.
– westliche (bis frühe Neuzeit)   309, *310,* 316-318
Astrologiekritik   *309*
Astrologische Jahrbücher   355
Astrologumena   216
Atlantis   316, 356, 366
Atman   408, 437, *439,* 448, 455
Auroville   110
Aurum-Verlag   177
Avatamsaka-Sûtra   439, 446, *447,* 463, 476
Averroïsmus   315
Babtist Union   294
Babylonien *(s. auch Astrologie, babyl.!)*   215, *217,* 332, 334
Bantam-Books   138, 516
Barnabas-Brief   *225,* 227
Befreiungstheologie   380, *397*
Bergpredigt, spiritualist. Rezeption   *252f., 265*
Bewegung als Begriff   166f., 186, 193f., 196-201

689

Bewegungen
- Metaphysische *113,* 268, *342,* 532
- Neue soziale 35, 59, 185, 193-196, 198f., 205, *523*

Bewußtsein, Planetares / Kosmisches *401,* 473
Bewußtseinseinserweiterung / -wandel 388, 400, 412, 473, 507, 510
Bhagavadgîtâ *437,* 438, 455-457, 462
Bibelauslegung, spiritualist. 229-231, 233, 241-243, 246f., 249f., 259f., 262f., 265f., 274, 290f., 305, 400, 495
Brahman 408, 437, 439, 443, 448, 455, 457, 472
Brahman-Atman-Identität: s. Tat tvam asi!
Brâhmasphutasiddhânta 315
Brain/Mind-Bulletin 134
Buchmarkt, rel.-esot. 26-28, 39f., 83, 104, 126f., 129, 132, 134, 138-180, 369, 371, 377, *413,* 516f., 519f.
Buddha Maitreya, s. Maitreya!
Buddhismus 454, 458f., 472, 478, 504, *531*
- westliche Rezeption 32, *45,* 52, 334, 350, 385, 434, 437-439, 442, 445, 463, 469
- Mahâyâna-B. 146f., 439, *442, 446,* 455, 463, 468, 472
- tantrischer 465
- tibetischer 145, 147f., 464, 467, 519
- Zen-B. *45,* 130, 145, 147-151, 180, *301,* 391, 437, 441f., 447, 449, 457, *458,* 460f., 464f., 467-473, 476, 519
Buddhistisches Haus, Berlin *147*
Channelling 177
Chaosforschung 132
Charakterologie 144, 155
Chiliasmus 210, 222-227, 231-233, 238, 240-243, 304f., 400
China-Rezeption, westliche 437, 439-447, 457, 462, 472
Chirologie 151, 153, 155
Christian Science 244, *268,* 270
Chuang-Tzu *441, 445f.,* 462, 476
Collegium Pansophicum 144
Congregational Union 294
Connection (Zeitschrift) 134
Corpus Hermeticum 240, *277, 310*
Cult, Anti-Cult-Movement 69, 98f.
Curt-Weller-Verlag 149
Das Neue Zeitalter (Zeitschrift) 134, 172
Deutsche Transpersonale Gesellschaft (DPG) 130, 175

Dialog, interreligiöser 135, 156, *382,* 412, 502, 504, 529
Dianus-Trikont-Verlag 141f., 158-172, 394, *422,* 519f.
Die Grünen 194-196, 413, 422
Die Neue Zeitung 173
Diggers (Calif.) 362
Dispensationalismus 223
Double-Bind-Theorie *418*
Dritte Welt 159, *161f.*
Dualismus 444, 455, *459,* 509
Dux des kommenden Zeitalters *232f.*
Ecclesia spirit(u)alis *230,* 231
Ekpyrôsis: s. Weltenbrand!
Elterninitiativen 48
Enderwartung, apokalypt. 209-212, 214, 224f., 237, 240, 284, *291,* 304, 306, 318, 320, 335f., 338, 340, 343f., *352,* 353, 364f., 400, 423, 521, 525
Epistemologie 135, *418, 484,* 491
Eranos-Tagungen 271
Erfahrung 32, 34, 43, *62,* 72, 86, 89, 113, 132, 137, 143, 146, 149-151, 157, 171, 180, 184, 250, 375, 387-396, 401, 431, 436, 444f., 477-480, 532
Esalen-Institut 130, 135, 192, *359,* 468, 471
Esotera (Zeitschrift) 114f., 118, 125, 134, 172, 516
Esoterik *(s. auch Okkultismus!)*
- Begriffsgeschichte u. Bedeutung *156,* 271, 308, 371-377, 405, 479, 524f.
- christliche 230, *374,* 376
ESP (Extra Sensual Perception) 109
Eugen-Diederichs-Verlag 146, 331
Ev. Zentralst. f. Weltanschauungsfragen (EZW) 49, 54, 181f., 533f.
Evangelium aeternum 229, 260, 291, 400
Exist... Rütte 130, 152
Fabian Society 296, *299*
Faschismus 63f., 158, 166, *233*
Festival for Mind and Body, London 1978 114
Findhorn-Gemeinschaft *64,* 69, 106-108, 110-113, 115f., 118, 125, 130, 139, 142, 307, 515, 517
Fisch-Symbolik, frühchristliche 311f., 330, *331,* 344, *349,* 351
Fische-Zeitalter 124, 219, 311f., 317, 322, 330, *331,* 339f., 344-358, 362, 364f., 368, 525

Fischer-Taschenbuch-Verlag 140f.
Florenz 232, 236-240, 242f., 281, 304f., *318*, 365, 521
Forum humanistische Psychologie *160*, 174, 417
Frankfurter Ring 133f., *152*
Franziskaner-Spiritualen *230, 232*, 292
Fraternitas Saturni *144*
Frauenbewegung 72f., 131, 159, 164f., 194, 412f., *420*, 422, 517
Frauenrechte 293f.
Freimaurer 271, 300, 373
Friedensbewegung 136, 195, 200, 422
Frömmigkeit 376, 378-381, 383f.
Frühlingspunkt: s. Präzession!
Fundamentalismus 29, 223, *403f.*
Ganymed 343, 357
Ganzheitlichkeit 401, 432, 507
Ganzheitspsychologie, genetische *152, 303*
Gegenkultur 35, 65, 105f., 125, 169, 186-190, 193f., 282, 460, 497, 515
Geist und Buchstabe 247, 263, 305, 401
Geist und Materie 429, 433
Geist und Natur (Kongreß 1988) 46, 175f., 415-417
Gemeindeaufbau 57
Geomantie 161, 271
Geometry in Religion (1908) 330, 340f., 363
Germanen *158f.*, 162
Germanen-Orden *346*
Geschlechterverhältnis 72f., 131, 412f., 422, 447
Gilgamesch-Epos *333*, 356
Gnosis 29, 52, 78-80, *82, 374*
Goldmann-Verlag 126f., 131f., 138-142, 161, 172f., *394, 405, 413*, 468, 516, 519
Grenzwissenschaften *405*
Greuth-Hof-Verlag 142
Guild Socialism 296, 298, 301, 303
Haight Ashbury, San Francisco 362f., *422*
Hair, Musical 127, 362
Handlesen: s. Chirologie!
Hellenismus 212, 215f., 521
Herder-Verlag 140, 178
Hermann-Bauer-Verlag 176
Hermetik 236, 238, 271, 275, 336, 367, 373, *374*
Hexen, neue 165, 168, 519
Hinduismus *(s. auch Indienrezeption; Neohinduismus!)* 386, 434, 437f., 443, 445, 454, 457, 462, 464, 478, 504, *531*
Hippie-Bewegung 61, 79f., 106, 129, 129f., 187, 362-364, 402, 405, 422, 446
Holismus: s. Ganzheitlichkeit!
Hologramm (Zeitschrift) 134, 172
Homo Maximus 264f., 407f.
Hopi-Indianer 160
Human Potential Movement 359
Humanistische Psychologie 174, 359, 422
I-Ching 145, 423, 434, 440, 462
Illuminismus 271, 373f.
Independent Associated Spiritualists 348
Indianer 159-161, 422
Indienrezeption, westl. 44-46, 52, 145, 180, 334, 442
Individualisierung als Modernespezifikum 66, 69, *93*, 96, 99, 182, 198, 246, 248, 294, 302, *303*, 384, 524
Informationsgesellschaft, moderne 24, 26-28
Intelligentia spirit(u)alis 229, 231, 247, 250, 397
Internationale Theosophische Verbrüderung *144*
Intuition 404, 460
Invokation, Große 120
Jahr, Großes / Platonisches 158, *213, 217*, 235, 316, 334
Jehovas Zeugen 242
Jesus in Indien 342
Jesus-Christus-Dichotomie 252, 269, 272, 342f.
Joachiten, Joachimismus 239, 241f., *244*, 397
Jugendbewegung der Jh.-Wende 110, 194, 301-303
– *68er-Bewegung: s. Studentenbewegung!*
Jugendreligionen, -sekten 35, 43, 46-48, 99, *382*, 534
Jungfrau-Zeitalter 356
Kabbala 345
Kalb, Goldenes 327, 339, 351, *358*
Kalenderreform 328, *330*, 332, *333*
Kalpa: s. Zeitaltertheorien, östliche!
Karma *(s. auch Reinkarnation!)* 189, 200, 351, 438, 443f., 455-457, 459
Karma-Kagyü *148*
Kataklysmos: s. Sintflut!

691

Katastrophenankündigungen 318, 320, *353*, 355, 357, 361, 525
Kelten *159*, 161f., 168, 358, 364
Kirche, religionssoziolog. 54-58, 82, 92-99, 246, 407
Kirchenverfall, Lehre vom 227-229, 233, 236f., 240f., 243, 266, 521
Kitâb Ihwân as-safâ 314
Knaur-Verlag 140
Koan 447, 449
Körpertherapien, rel.-esot. Bezüge 131, 422
Kösel-Verlag 179
Kollektivismuskritik: s. Individualisierung!
Kommunität Imshausen *381*
Kommunität von Taizé *146*, 380
Konferenzkultur 46, 111, 114, 116, 165, 173-176
Konfuzianismus 457, 504
Kongregationalismus *241*
Konjunktion, Große (Jupiter u. Saturn) 218f., 238, 311-322, *334*, 338f., 345, *346*, 352, 359, 364f., 525
Krebs-Zeitalter 353, 356
Krise als Deutungsbegriff 448-453, 484, 494, 496, 502f., 506f., 510, 526
Kult 74, 99
Kybalion *310*
Kybernetik 132
Lama Foundation 129
Lautere Brüder von Basra: s. Kitâb Ihwân as-safâ!
Lectorium Rosicrucianum 301
Light Age 128
Lilienzeitalter 232
Lindisfarne Association 111, 125, *397*
Löwe-Zeitalter 356
Loge Pansophia *144*
Lotusblätter (Zeitschrift) 144
Lucis Trust 120
Magazin 2000 *33*, 116, 134f., 172, *360*
Magie, magische Weltanschauung 68, 73, 131, 137, 271, 371, 373, *374*
Mahâ-Yuga: s. Zeitaltertheorien, östliche!
Maitreya 121f.
Makrobiotik 131, 371, 422
Manager-Training 136
Materialismuskritik, moderne 97, 302, 357, 366, 480
Matriarchat 131

Mâyâ 438, 443, 456
Media & Congress 175f.
Meditation 131f., 135, 138, 145f., 148, 151, 156f., 174, 179, 181, *382*, 414, 422, 464, 472, 502, 517, 519
Metaphysical Movements: s. Bewegungen, metaphys.!
Mikrokosmos-Makrokosmos-Korrelation *157*, 218, *258*, 264, 285, 287, 367f.
Milleniarismus: s. Chiliasmus!
Millenium: s. Zwischenreich!
Moksha 438f., 444, 472
Monopolverlust, kirchl. 47f., 55, 57, 83, 85, 93, 407
Mormonen 242
Mystik
- religionssoziologisch 43, 57, 69, 94-96, 98, 185, 246, 248, 254, *255*, 406
- im religiösen und religionswiss. Sprachgebrauch 28, 98, 34, 91, 98f., 144, 149f., 390-392, 394, 426, 445, 448, 459f., 464f., 468, 473, 476-478, 500, *501*, 509
- christliche / westliche *50*, 153, 250, *374*, 464
- östliche 91, 117, 147, 150, 157, 421-453, 454, 458, 472, 479, 507, 509, 526
National Spiritualist Association of Churches 269, *279*
Nationalsozialismus 63, 154, 194, *233*, 303, 346
Nativität Jesu *312*, 320-322, 337f., 344
Nechepso und Petosiris 216
Neohinduismus 244, 387f., 391, 408, 459, 461f., *475*, 477-480
Netzwerk 401
Neue Kirche 236, 239, 243f., 260-262, 266-268, 273, 282-284, 291, 304f., 352, 520-523
Neues Jerusalem 230, 236-239, 242f., 261, 280, 281f., 292, 304-306, 340, 362, 521
Neugeist-Bewegung: s. New Thought!
Neuoffenbarungen: s. Apokryphen!
Neuplatonismus: s. Platonismus!
New Age Art 128
New Age Bible Center (L.A.) 300
New Age Church of Truth (Deming, NM) *301*
New Age Magazine (Santa Barbara, CA) 345, *361*
New Age Music 127

New Age Samaritan Church *301*
New Age Teachings (Brookfield, MA) *301*
New Group of World Servers 120f.
New Theology Magazine (Santa Barbara, CA) *361*
New Thought *268*, 270, 275, 300, *301*, 356-358, 364, *412*
Niedersachsenstiftung 415
Nirvâna 439, 444, 472
Nonkonformismus 241, 305
O.W.Barth-Verlag 141-158, 172, 352f., 358, 405, *418*, 468, *480*, 519f.
Ökologie, ökol. Bewegung 34, 63f., *65*, 72f., 110, *112*, 114, 131, 135f., 138, 193, 195, *302*, 307, 361, 381, 389, 393, 401, 412, 414, *418*, 422, 444f., 447f., 495, 501-503, 508, 517, 526
Ojai-Foundation 129
Okkultismus *(s. auch Esoterik!)*
– in der ggwt. Öffentlichkeit 52, 69, 73, 78, *373*
– Begriffsgeschichte 271, *371*, 372
– Bewegungen/Traditionen 49, *93*, 143f., 154f., *299*, 517
– okkulte Praktiken 30, 32, *67*, 99, 137, *157*
Ordo Templi Orientalis (O.T.O.) 155
Palingenesie 212, 214, 237, 240, 285, 400, 521
Panbabylonismus 328-332, 334, *344*, 346, 351, 366-369
Papstkritik 227, 231, *232f.*, 236, 242
Paradigma, erkenntnistheoretisches 486-488, 491, 496
Paradigma, Paradigmenwechsel 26, 58, 117, 130f., 135, 138, 370, *401*, 414, 421, 426, 433f., 449, 481-500, *505*, 507, 509f., 526f.
Passah-Lamm 327, 339, 351
Philosophia perennis 291, 470, 475
Physik, theoretische 426-436, 440, 443, 448f., 466, 480, 486, 488, 493-495, *501*, *504f.*, 507, *511*
Pietismus 242, 253, 257, 272, 275, 305, 377, *379*, 384, 403, 522
Piper-Verlag 145f.
Platonismus / Neuplatonismus 236-240, 254f., 259, 262, 271f., 275, 281, 284, *287*, 292, 305f., *314*, 351, 367, *374*, *408*, 521
Polarität 441, 443f., 446
Positives Denken / Positive Thinking 123, 131, 270

Postmilleniarismus 223, *228*, *231*
Postmoderne-Diskussion 276
Prämilleniarismus 223
Präzession der Fixsternsphäre 124, 218-220, 308f., 312-332, *333f.*, 338-341, 344-348, 351f., 355f., 358, 363, 366, 525
Pratîtyasamutpâda *431*, 443f., 448, 454f., 465
Psychotherapie, rel.-esot. Bezüge 128, 131f., 135, 151f., 172, 174, 179, 371, 414
Puritanismus 241f.
Quantentheorie 428-436, 447, 455, 465, 480, 489, 494, *500*, 501, 508f., 526
Quasireligion (Tillich) 83
Quintomonarchisten 242
Rascher-Verlag 145, 147
Rationalität, Rationalismus 306, 400, 403f., 412, 444, 457-460, 508, 522f.
Raum und Zeit (Kongreß 1986) 161
Raum-Zeit-Kontinuum 429
Rechtfertigungslehre, spiritualist. Kritik 252f., 265-267
Reich des Heiligen Geistes 228-231, 233, 247, 249, 260f., 304, 397, 400
Reinkarnation 200, 265, 285, 337, 342, 350, *351f.*, 531-533
Relativitätstheorie 428f.
Religionsgeschichtliche Schule 91
Resakralisierung: s. Wiederverzauberung!
Revolutionen, wissenschaftliche 483-485, 487
Rosenkreuzertum 144, 154, 271, 300, 373
Rosicrucian Fellowship of California 345
Rowohlt-Verlag 131, 140f., 145, 169
Sabäismus-Hypothese 312, 323
Säkularisierung 29f., 54f., 68f., 74, 91, 127, 239f., 244, *249*, 292, 305, 354, 364-370, 396, 399-402, 405-408, *413*, 460, *505*, 507-511, 518, 530, 533
Samkhya *437*, 455
San Francisco Oracle 363
Sanâtana Dharma 291, *475*
Satanismus 135, 283, *373*
Schamanismus 71, 131, 160-162, 168, 414
Scherz-Verlag *136*, 141
Schule der Weisheit (Darmstadt) 360, *401*
Science-Fiction 138
Sekte, religionssoziologisch 43, 136, 199, 246
Selbsterlösung 49-52, *82*
Selbstorganisation 31, 58, 401

693

Selbstverwirklichung 401, 473
Self-Realization-Fellowship 45, 130, 220
Share International 123
Shiva Natarâja 466f.
Shûnyatâ 439, 472
Sinn als Deutungsbegriff 49, 54f., 59, 68, 78
Sintflut 213f., *318*, 319, 334, *335, 353*, 357, 359
Social Credit 293, 296, 298f., *473*
Social Reference Bible 223
Solarzeitalter 117
Sonnenmythos *324*, 332f.
Sozialismus 293f., *296*, 297f.
Sphaera Barbarica / Sphaera Graeca *325*
Sphinx-Magazin 134, 172
Sphinx-Verlag 116, 131, 141, 172, 468
Spiritismus 111, 123, 135, 245, 268f., 271, 275, 285, 300, *301*, 348, 361, 373, *412, 531*, 532f.
Spiritualismus 112f., 185, 230f., 233f., 240-243, 244-257, 262, 266, 273, 276, 279, 305, 375f., 385-389, 392, 407f., 479, 510, 521f., 523f., 526
Spiritualität 36, 58, *82*, 91, 131, 157, 163, 179, 192, 196, 230, 376-398, 400f., 414, 473, 479, 508, 517, 525f.
– feministische, weibliche 73, 165, 401, 414, *420*
– östliche 190, 384, *385, 392*, 476
Spontaneität 440f., 466
Spuren (Zeitschrift) 134
Stern der Weisen 311-313, 320, 322, 330, 352
Stier-Zeitalter 328, 330, 344-349, *353*, 356, 358, 365, 368
Studentenbewegung (68er-Bew.) 25, 35, 53, 142, *159*, 162-172, 187-195, 369, 422, 468, 517, 519
Subkultur 43, 118, 142, 170f., 176, 186-196, 200, 304, 361-363, 369, 388, 412, 467f., 515, 518-520
Sufismus *314*
Supranaturalismus *276*
Swedenborgianismus 267-271, 283, 285, 292f., 300, 306, 344, 390f., 460, 520
Swedenborgischer Ritus 271
Synkretismus 29, 44, *45*, 52, 72, 79, 83, 99, 137
Systemtheorie 132, 135

T'ai-chi-ch'uan 472
Taboriten 233, 241f., 249f.
Täufer 233, 240, 243, 252-254
Tantra 465
Tantrismus *(s. auch Buddhismus, tantr.!)* *480*
Tao 439-441, 443f., 457, 466, 472
Tao-te Ching 145, 151, *440f.*, 462
Taoismus 434, 437, 440-447, 457, *458*, 460, 463-468, 472, 508
Tat tvam asi *390*, 408, 437, 444, 448, 455-457, 472, *480*
The New Age (Zeitschrift, London) 293-299, 408
Thema Mundi 216-218, 318f., *338*, 521, 525
Theologie der Religionen 51, 83, *396*, 529
Theosophical Review 297
Theosophie 154, 300, *301*, 345, 350, 352, 364, 373, 391, 405, 473, 532
Theosophische Gesellschaft 44, 119, 122, 155f., 270, 275, 285, 295-297, *299*, 306, 310, 333, *335*, 339, 342, *345*, 348, *352*, 355, 361, 366, 460, 469, 525
Theosophische Zentralbuchhandlung Leipzig *144*
Theosophisches Verlagshaus Leipzig *345*, 347
Thule-Gesellschaft *346*
Tiefenökologie 27, 178, 393, 401, 503f., 508, 526
Tiefenpsychologie 151, 468
Toledanerbriefe 318, 320
Toledo 316
Toleranzgedanke, rel. 253, 255, 298f.
Totenbuch, Tibetisches 147f.
Traditionalist School: s. Philosophia perennis!
Trägergruppen der Neuen rel. Szenerie 27, 30-35
Transformation 388-390, *401*
Transpersonale Psychologie *59*, 128, 130, 133, 364, 392, 414, 532
Transzendentalismus 111, 268, 274, 292, 306f., 338, 344, 360, 364, 391, 523, 530
Trendwende (Zeitschrift) 135, 172
Trepidation 319, *338*
UFO 109, 177
Umweltproblematik: s. Ökologie!
Unitarier *301*
Unity School of Christianity 270

Unschärferelation 435, 447, 508
Upanishaden 146, 387, 437, 454f., 462, 472, 476, 478, 480
Utopie 293, 299, 302, 304, 363f., 400, 403, 502, 524
Vedânta *(s. auch Advaita Ved.!)* 445, 464, 472, 479
Vereinigungskirche *90*
Verlag Frauenoffensive 165
Verlag für esoterische Philosophie, Hannover *119*
Verlag Neue Erde 178
Vermittler religiöser Inhalte, säkulare 27, 30, 425, 511, 518, 520
Versiegelung heiliger Texte 211, 310
Vitalismus 62f., 258, 414
Volkskirche 55-58
Waage-Zeitalter *324f.*, 356
Wahrscheinlichkeitsrechnung 429f.
Walter-Verlag 145
Wassermann-Evangelium: s. Aquarian Gospel!
Wassermann-Zeitalter 41, 109, 115, 118, 124-127, 157, *205*, 207, 280, 300f., 308-370, 375, 515, 524
Wassermann: s. Ganymed!
Wege (Zeitschrift) 134
Weisheit, östliche *(s. auch Mystik, Spiritualität!)* 131f., 143, 146, 152f., 157, 278, 371, 426, 467f., 507f.
Weltalter *(s. auch Zeitaltertheorien!)* 206-398, 423, 510
Weltanschauung 24, 31, 58, 60, *61*, 68, 105, 129f., 132, 137, 520, 525, 533
– *Altorientalische: s. Panbabylonismus!*
Weltbild
– kartesianisch-Newtonsches *412*, 433
– kopernikanisches 484
– mechanistisches 428, 480, 493
Weltenkreislauf: s. Palingenesie!
Weltenbrand 213f., 217, 334

Weltenflut: s. Sintflut!
Weltensabbat 210
Weltreiche Daniels (Dan 2; 7) 210, 224f., 241-243, 274, 344
Werteethik 407, 432f., 435, 437, 440, 444, 447, *458*, 495f., 501, 503, 508
Wertwandel 28, *49*, 59, 131
Widder-Zeitalter 327f., 330, 346-349, 353, 356, 358, 365, 368
Wiederkehr des Gleichen: s. Palingenesie!
Wiederverzauberung 28, 405-407
Wissenschaft und Religion 278-280, 399f., 412, 473f., 479f., 500, 508, 523
Woodcraft Movement 110
World Parliament of Religions, Chicago 1893 275, *279*, 386
Worpsweder Kreis 172f.
Wort, Inneres: s. Geist und Buchstabe!
Wu-wei 441, 444, 466, 472
Yin – Yang 440, 443f., *460*
Yoga im Westen 145f., 155f., *413*, 445, 519
Yuga: s. Zeitaltertheorien, östliche!
Zeitalter des Hl. Geistes: s. Reich des Hl. Geistes!
Zeitalter, Goldenes 213, 235-238, 260, 304, 316, 400, 521f.
Zeitalter, kartesianisch-Newtonsches 403, 411
– mechanistisches 79, 132, 403, 411f.
Zeitaltertheorien
– arabische 313-316
– christliche 209-212, 224-227, 238, *291*
– östliche 219-221, 285, 306, 334f., 337, 356, 423
– zyklische 212f., 215-221, 235, 241, 285, 304, 316, 320, 336, 338, 344, 351, 353, 365
Zen: s. Buddhismus!
Zentralsonne 344
Zwillings-Zeitalter 328, 330, *353*, 356
Zwischenreich 212, 228, 242, 304

Christof Schorsch

Die New Age-Bewegung
Utopie und Mythos der Neuen Zeit.
Eine kritische Auseinandersetzung. 3. Auflage.
255 Seiten mit Abbildungen. Kt.
[3-579-00281-3]

Die apokalyptische Bedrohung der Menschheit und die Suche nach neuen Orientierungen haben eine weltweite Bewegung hervorgebracht, die auf ein bevorstehendes »Neues Zeitalter« hofft. Dieses Buch analysiert die Weltanschauung der New Age-Bewegung und erörtert ihre Entstehungsbedingungen, ihre Denkfehler und Widersprüche. Es schließt somit eine erhebliche Informationslücke, indem es hilft, das Phänomen »New Age« zu verstehen und einer fundierten Kritik zugänglich zu machen.

Obwohl die New Age-Bewegung einerseits Auswege aus der globalen Zivilisationskrise zu erkunden sucht, werden andererseits Wunsch und Wirklichkeit verwechselt und naive Hoffnungen auf eine Rückkehr zur paradiesischen Unschuld genährt. Dieses Buch untersucht und beurteilt die utopischen und mythischen Aspekte der Bewegung in vielschichtiger Weise. Mit dieser grundlegenden Arbeit leistet der Autor einen fundierten Beitrag zur Entmythologisierung eines postmodernen und höchst aktuellen Phänomens.

Gütersloher Verlagshaus

**➡ Ein Nachschlagewerk
für Wissenschaft und Praxis**

**Wörterbuch
der Religionssoziologie**
Hrsg. von Siegfried R. Dunde. 384 Seiten. Geb.
[3-579-00287-2]

Die wichtigsten Themen und Arbeitsfelder der Religionssoziologie werden mit diesem Wörterbuch zum ersten Mal in lexikalischer Weise geordnet einem breiten Publikum zugänglich gemacht.

Die zunehmende Akzeptanz neuer religiöser Bewegungen wie das »New Age« in den westlichen Industrienationen oder der Einfluß shintoistischer Traditionen auf die japanische Arbeitsgesellschaft belegen, wie religiöse Traditionen eine Gesellschaft prägen.
Das Interesse an der Religionssoziologie ist wiedererwacht.

**Gütersloher
Verlagshaus**

➡ Ein Nachschlagewerk für Analyse und Praxis von Glauben und religiösem Leben

Wörterbuch der Religionspsychologie
Herausgegeben von Siegfried R. Dunde.
368 Seiten. Geb. [3-579-00286-4]

Zum ersten Mal – auch international – wird religionspsychologisches Wissen gebündelt, aufbereitet und für ein breites Publikum lexikalisch geordnet zugänglich gemacht.

Renommierte Autorinnen und Autoren unterschiedlicher Disziplinen bereiten das weite Feld religionspsychologischen Wissens so auf, daß alle am Thema »Religion« Interessierten dieses Wörterbuch mit Gewinn lesen und studieren können. Im Mittelpunkt steht die Frage, welche Erklärungsmuster die Psychologie für religiöse Phänomene anzubieten hat, wie Religion im menschlichen Leben psychologisch gedeutet werden kann und welche Angebote die Psychologie für die Analyse und Praxis von Glauben und religiösem Leben unterbreiten kann.

WÖRTERBUCH DER RELIGIONSPSYCHOLOGIE
GÜTERSLOHER VERLAGSHAUS

◯ Gütersloher
⬥ Verlagshaus

☞ Der Tod ist keine Bagatelle

Werner Thiede
Die mit dem Tod spielen
Okkultismus – Reinkarnation – Sterbeforschung.
144 Seiten. DM 19,80/öS 155/sFr 20,80
[3-579-00975-3] GTB 975

Der Tod ist in unserer materialistisch orientierten Gesellschaft ein »verbotenes« Thema. Mittlerweile tritt aber – im Horizont spiritualistisch-esoterisch gestimmter Weltanschauungen – neben die anhaltende Tabuisierung eine Art spielerischer Umgang mit Tod und Sterben. Thiede analysiert in diesem Spannungsbereich die okkulte Welle, den esoterischen Reinkarnationsgedanken und die Todesnähe-Forschung. Seine kritischen Analysen münden in ein Plädoyer für die christliche Auferstehungshoffnung, die realitätsbezogen und ganzheitlich ausgerichtet ist.

○ Gütersloher
♁ Verlagshaus